T. PAKRADUNY / DIE WELT DER GEHEIMEN MÄCHTE

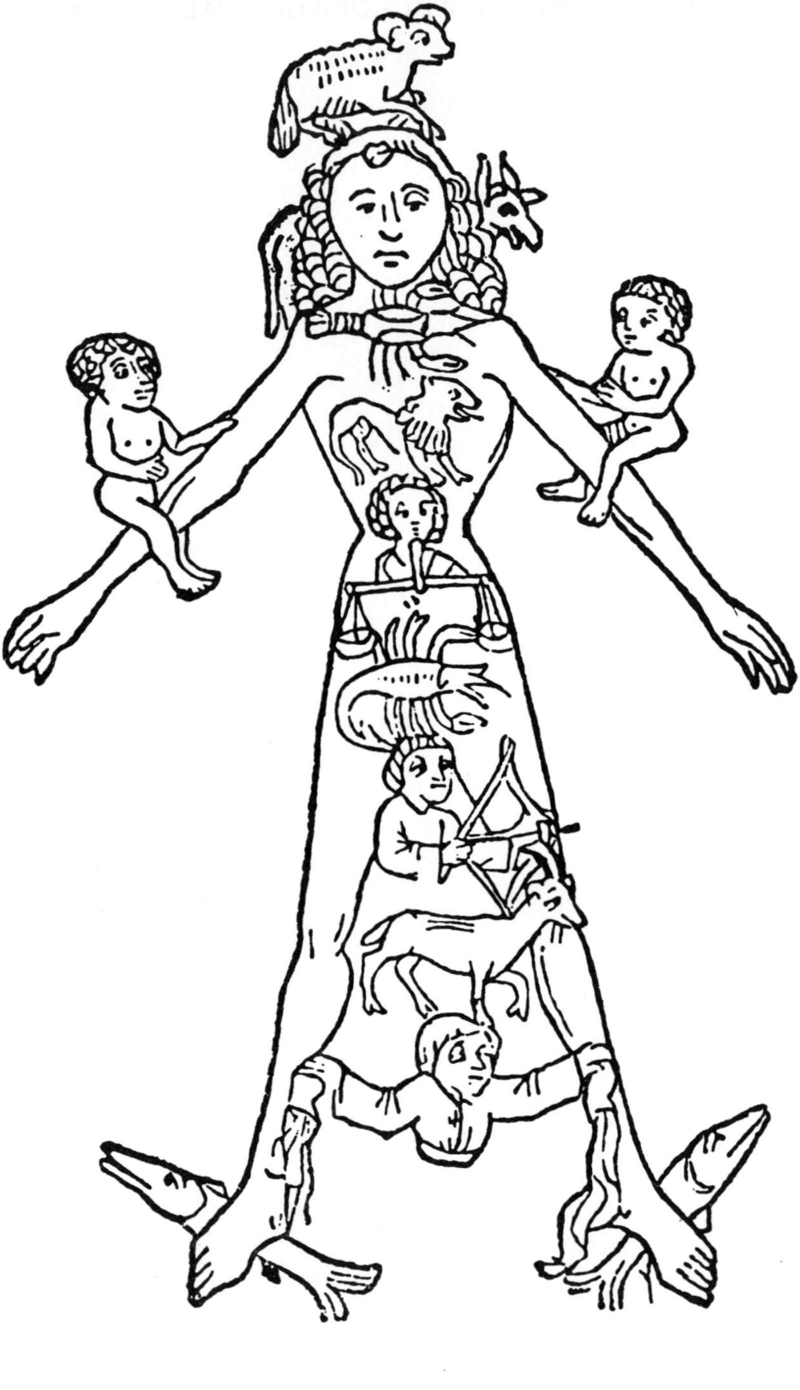

T. PAKRADUNY

DIE WELT DER GEHEIMEN MÄCHTE

Graphologie · Chiromantie
und Handexpertise · Gesichtsausdruckskunde und
Schädellehre · Suggestion und Hypnose · Siderisches Pendel
Wünschelrute · Parapsychologie · Spiritismus · Biorhythmik
Astrologie · Astrologische Psychogramme · Symbolik,
Mystik und Traditionskraft der Farben · Prophetie
Magie · Yoga und Psychosomatik

VERLEGT BEI
KAISER

Mit Beiträgen von:
Dr. Willi Schlösser, Prof. Helmuth Wolff, Hans-Wilhelm Smolik,
Ob.-Ing. Siegfried Wittmann, Heinrich Reblitz, Theodor Weimann,
Herbert A. Löhlein, Ferdinand Struma, Dita Wichert, Dr. Heinrich Reich

Berechtigte Ausgabe für den Neuen Kaiser Verlag — Buch und Welt,
Hans Kaiser, Klagenfurt

Schutzumschlag: Volkmar Reiter, Schutzumschlag-Rückseite: Fotos
von Ferienfarm Agathenhof A-9322 Micheldorf/Friesach
Reproduktion: Schlick KG, Graz
Druck: M. Theiss, Wolfsberg
Bindearbeit: Kaiser, Klagenfurt

VORWORT

Okkultismus oder Esoterik? Eine Begriffsentwirrung.

Mit dem seit den 70er Jahren explosionsartig zunehmenden Interesse der breiten Öffentlichkeit an der Wissenschaft von den okkulten und übersinnlichen Wahrnehmungen wurden eine Vielzahl neuer Begriffe geschaffen, denen eines gemeinsam ist: Sie sind mehr dazu angetan, Verwirrung zu stiften, als die Welt der geheimen Mächte zu erforschen.
Als Gegenstand von nahezu 10.000 populärwissenschaftlichen Darstellungen allein in deutscher Sprache bringt die Esoterik mit sich, daß die Verfasser dieser zahlreichen Titel fast zwangsläufig immer neue Namen für ein und dieselbe Sache „erfinden" mußten, um sich nicht ständig zu wiederholen — eine Erscheinung, die im übrigen jeden Lebensbereich überschattet, mit dem ein gutes Geschäft zu machen ist.
Betrachtet man nur einmal zwei Grundbegriffe, nämlich die „alte" Bezeichnung Okkultismus und den „neuen" Ausdruck Esoterik, so findet sich im Prinzip kein wesentlicher Unterschied: Das Wort Esoterik stammt vom griechischen Adverb *eso* ab und bedeutet *innen,* und der Komparativ *esotero* heißt *tiefer innen.* Der Begriff Okkultismus kommt von dem lateinischen Verb *occultare,* das nichts anderes als *verbergen* bedeutet. Übersetzt man nun noch den Ausdruck Parapsychologie als die *Lehre von den übersinnlichen, naturwissenschaftlich nicht erklärbaren Seelenkräften* sowie den Begriff Magie als *Beherrschung geheimer Kräfte,* so fällt eine sinngemäße Deckung auf, die lediglich auseinanderdefiniert worden ist.
Bei all diesen Bezeichnungen geht es um nichts anderes als um die *Welt der geheimen Mächte,* wie sie von Pakraduny in diesem vorliegenden Klassiker der Literatur über Okkultismus beschrieben wurde. Keineswegs soll jedoch

damit gemeint sein, daß sämtliches folgende Schrifttum zum Thema überflüssig sei — ganz im Gegenteil, denn es wurden beim ständigen Suchen in den geheimnisvollen Tiefen des verborgenen Lebens wertvolle Schätze ausgegraben, die zwar nicht als neu, aber als neu entdeckt bezeichnet werden dürfen.
Diese wiederbelebten Erkenntnisse sind ausgesprochen wichtig und kommen dem jahrtausendealten Drang der Menschheit entgegen, auf der Ebene der persönlichen Erfahrung die *Geheimnisse des Daseins* erlebbar zu machen. Denn betrachtet man beispielsweise die Smaragdene Tafel, auf der die legendäre Figur des alten Ägypten, der später mit dem Gott des Wissens Thoth identifizierte Hermes Trismegistos, die Grundgesetze des Kosmos eingraviert haben soll, so bedarf dieses in vier Botschaften zusammengefaßte Grundprinzip der abendländischen Esoterik durchaus zeitgemäßer Erweiterungen:

1. *Wie oben, so unten.*
2. *Alles in der Welt ist polar.*
3. *Zwischen den Polen herrscht ein Kraftfluß, der ein Neuses, ein Drittes entstehen läßt.*
4. *Alles im Kosmos läuft zyklisch, rhythmisch ab und untersteht dem Gesetz der Balance und Ausgewogenheit.*

Ob in der esoterischen Ausrichtung der Medizin, des Managements, der Musik, der Sexualität, der Erziehung oder anderen Lebensbereichen, immer stehen diese Grundgesetze Pate für die vielfältigen neu gefundenen Wege, Okkultismus zu erleben und zu leben. Und in diesem Sinne sind auch die neu ausgegrabenen oder gefundenen Wege in das Innere des Lebens als brauchbares Instrumentarium zu betrachten, mit deren Hilfe jeder Interessierte diese vier genannten Grundgesetze für seine persönliche Situation umsetzen und erleben kann.

Als kleiner Hinweis für diejenigen, die all dies als „mystischen Unsinn" abtun, soll an dieser Stelle auch der Begriff *Mystik* näher erklärt werden: Aldous Huxley setzte Mystik jener zentralen Erfahrung gleich, die allen Weltreligionen gemeinsam ist. Nachdem jedoch das aus dem Griechischen abstammende Wort *Mysterium* soviel wie *Geheimnis* bedeutet, wäre es nicht richtig, diese Lehre von den Geheimnissen ausschließlich im Zusammenhang mit religiösen Vorgängen zu nennen. Vielmehr bedeutet Mystik das *Einswerden des Menschen mit der Schöpfung als Lebenseinstellung*, die sich rational kaum erklären läßt. Zwar bestehen ernstzunehmende Ansätze, mystische Emotionen und Stimmungen mit Hilfe der Physik auch eingefleischten Rationalisten nahezubringen, doch bleibt zu bezweifeln, ob

die Menschheit jemals wieder auf die Stufe der Erkenntnis kommt, auf der sie in vergangenen Zeiten große Dinge schaffen konnte. Unerklärbar bleibt die Geometrie der Pyramiden oder das Phänomen der Schwerkraft aufhebenden Levitation, um nur zwei Beispiele aus dem Bereich der unerklärbaren Erscheinungen zu nennen.
Und vielleicht ist es auch gut so, denn seit langem bestehen innerhalb der Geheimdienste der Weltmächte Abteilungen, die sich mit Forschungen auf dem Gebiet des Okkultismus beschäftigen — ob allein zu friedlichen Zwekken, darf bezweifelt werden. Wohl aber kann die Esoterik als geeignetes Gegenmittel zu den wachsenden Existenzängsten der Menschheit nicht nur die Sehnsüchte nach einem erfüllten und sinnvollen Leben stillen, sondern auch die *Suche nach Selbsterkenntnis und lebensbeeinflussenden verborgenen Kräften* befriedigen.

New Age: Von den geheimen Mächten zum Zeitalter des Wassermanns

„Denke global und handle lokal" — mit dieser Aufforderung fließt der ganzheitliche Denkansatz des New Age zusammen: Die freiheitlich orientierte Menschlichkeit und geistige Ausrichtung des Wassermannzeitalters soll gerade darin seinen Ausdruck finden, daß die Geheimwissenschaften des Okkultismus und der Mystik durch globale Vernetzung auf allen Lebensebenen möglichst vielen Menschen zugänglich gemacht werden. Die Richtung weist also auf eine Entfernung von Geheimbünden und Sektierertum, hin zu offen zugänglichem Wissen als Grundlage für eine dem inneren Wesen zugekehrte Geisteshaltung.

Als einer der ersten Vertreter des New Age hat es Pakraduny wie kaum ein zweiter verstanden, mit seinem vorliegenden Grundlagenwerk manchen Schleier zu lüften und dem interessierten Leser bisher Geheimes allgemein verständlich nahezubringen. Er hatte als einer der ersten erkannt, daß die Menschheit reif für ein *Neues Zeitalter* ist — ein Denkansatz, der in Wissenschaft und Gesellschaft Hinweise für einen grundlegenden Wandel des gegenwärtigen Weltbilds sieht und dessen Bedeutung mit dem Übergang vom Mittelalter zur Neuzeit vergleicht.

Die andere Bezeichnung für New Age, Zeitalter des Wassermanns, ist ein astrologisch-esoterischer Ausdruck für den gegenwärtig anbrechenden Abschnitt des Weltenjahrs. Dieses Weltenjahr oder auch Platonische Jahr entspricht nach Angaben der Astrologen 25.868 Jahren — der Zeit, die die gedankliche Verlängerung der Erdachse benötigt, um einmal den gesamten

Tierkreis zu durchlaufen. Einen Weltenmonat oder 2156 Jahre verweilt die Erde in einem Tierkreiszeichen, und etwa zu Beginn der sechziger Jahre vollzog sich der Übergang vom Zeichen der Fische in das Zeitalter des Wassermanns. Das Symbol dieses neuen Zeitabschnitts, der Wassermann, der aus einer Amphore Wasser vom Himmel auf die Erde gießt, soll den Himmel mit der Erde verbinden und sämtliche Lebensbereiche mit *Frieden, Harmonie und Verständnis* erfüllen. Erinnert man sich an die Definition des Begriffs Mystik, nämlich dem Einswerden des Menschen mit der Schöpfung als Lebenseinstellung, so schließt sich mit dem Anbrechen des New Age ein Kreis, der das Ende einer jahrtausendealten Zerstörungswut des Menschen versinnbildlichen könnte. Wieder zu Hause, es kehrt Ruhe in den von wilder Disharmonie getriebenen Menschen ein!

Die New-Age-Bewegung ist kein Geheimbund, vielmehr berücksichtigt sie Erkenntnisse aus Physik, Chemie, Biologie, Wirtschafts- und Sozialwissenschaften, die von einer gegenseitigen Abhängigkeit und Verknüpfung aller Erscheinungen des Universums ausgehen und eine isolierende Betrachtung einzelner Gegenstände für ungeeignet halten, globale Krisenerscheinungen zu bewältigen. Und hier ist eine direkte Verbindung von Okkultismus, überlieferten Traditionen, Mythen und Brauchtümern mit den neuen alternativen Bewegungen zu erkennen, die der Ansicht sind, daß die Lösung der weltweiten Probleme mit den herkömmlichen Erklärungen und Strategien von Politik und Wissenschaft nicht möglich ist.

Diese Brücke heißt *Holismus* — ein von J. C. Smuts geprägter Begriff, der mit Ganzheitslehre übersetzt werden kann. Nach Smuts — und hier rufe man sich die Grundgesetze des Ägypters Hermes Trismegistos in Erinnerung — besteht der Kosmos vom Atom bis hin zum Universum aus vollkommenen Systemen. Der Holismus beschäftigt sich also mit den Organisationsprinzipien, die das wechselseitige Zusammenwirken einzelner Komponenten zu einem ganzheitlichen System ermöglichen — im Gegensatz zur bisher praktizierten Manie des kartesianischen Weltbilds, alles bis ins kleinste Detail zu zerlegen und zu analysieren, um es hernach lediglich im totalen Unverständnis um die Ganzheit beschreiben zu können.

Der *Holismus als praktizierbares Bindeglied zwischen geheimgehaltenen Mächten und dem Wassermannzeitalter* spielt mittlerweile in fast alle Lebensbereiche wie beispielsweise die Medizin oder die Ökologie hinein, wo es heute für die Vertreter des New Age bedeutsam ist, anstatt größtmögliches Wachstum zu betreiben, eine schützende Harmonie herzustellen. Der Mensch und damit das Leben als komplexes Netz von wechselseitigen Abhängigkeiten verlangt gemäß der Philosophie des New Age nach *Handeln in dem Bewußtsein, Teil eines umfassenden Gefüges zu sein,* wo an jedem Punkt Veränderungen ausgelöst werden können, die auf das Ganze einwirken.

Unter dem Eindruck dieser Überlegungen und mit einem geänderten Verständnis für die Natur der Dinge erscheinen nun die geheimen Mächte des Okkultismus unter einem neuen Licht, und eine wahre Massenbewegung hat sich aufgemacht, um unter der Sammelbezeichnung Esoterik längst vergessene Instrumente auszugraben, die dazu geeignet scheinen, den Holismus zu praktizieren.

Literaturhinweise:

Berger, K.: New Age — Ausweg oder Irrweg? Schulte & Gerth.
Brünger, H.: Der geistige Vorstoß in Neuland. Hannemann.
Bürkle, H. (Hrsg.): New Age — Kritische Anfragen an eine verlockende Bewegung. Patmos.
Connexions — New Age. Mandala.
Geisler, G. (Hrsg.): New Age — Zeugnisse der Zeitenwende. Bauer.
Gruber, E./S. Fassberg: New-Age-Wörterbuch. Herder.
König, R.: New Age — Geheime Gehirnwäsche. Hänssler.
Lionel, F.: Aufbruch zu neuem Bewußtsein an der Schwelle des dritten Jahrtausends. Ariston.
Myrell, G./W. Schmandt/J. Voigt: Neues Denken — alte Geister. Falken.
Ripota, P.: Die Geburt des Wassermann-Zeitalters. Goldmann.
Schorsch, Ch.: Die New-Age-Bewegung. Gütersloher Verlagshaus.
Trevelyan, G.: Eine Vision des Wassermann-Zeitalters. Goldmann.

Altes unter neuen Namen

Durch den geradezu modehaften Trend zur Esoterik scheint sich vieles in der *Welt der geheimen Mächte* geändert zu haben — neue Ausdrücke, Techniken und Lehren haben die Welt der geheimen Mächte nicht nur bereichert, sondern auch bedrängt. Der unbedarfte Laie sieht sich heute mit einer Flut von publizierten Meinungen konfrontiert, die in ihren vielfältigen Gewändern dazu angetan sind, den interessierten Okkultismus-Anfänger zu verstören.

Doch keine Angst — denn ganz so schlimm stellt sich dieses Problem in Wirklichkeit nicht, denn im Prinzip geht es tatsächlich um ein und dieselbe Sache, ob sie nun als *Okkultismus, New Age, Wassermannzeitalter, Mystik, Magie, Holismus oder Esoterik* betitelt wird: Es geht um die *Erkenntnis einer lange vergeblich gesuchten Wahrheit,* die nun in greifbare Nähe gerückt ist. Und es geht darum, unter dem Einfluß dieses Lichtschimmers zu leben, anstatt zu versuchen, dieses Zeichen der Schöpfung zu analysieren und zu knechten.

Zur Veranschaulichung dieser These seien im folgenden einige zeitgemäße Begriffe erklärt und verdeutlicht, die Pakraduny nicht wörtlich beschrieben hat — zum Teil, weil es sich um erst jüngst geschaffene Ausdrücke handelt, und zum Teil, weil er sie mit anderen Worten eben doch behandelt hat. *Allen Wissensgebieten jedoch ist gemein, daß sie auf diejenigen überlieferten Traditionen zurückfallen, die Pakraduny in seinem umfassenden Grundlagenwerk bearbeitet hat.*

Anthroposophie: Von dem Österreicher Rudolf Steiner (1861—1925) ins Leben gerufene esoterische Bewegung, die als erster großer Fühler des New Age bezeichnet werden darf. Steiners Anthroposophie (Menschenweisheit) hatte zum Ziel, die essentielle Spiritualität in der gesamten Schöpfung zu erkennen und diese in alle Bereiche des menschlichen Lebens zu integrieren. Hierzu beschäftigte sich der mit hellseherischer Begabung ausgestattete spirituelle Dozent und Verfasser vieler Schriften ausgiebig mit verschiedenen anerkannten Wissenschaften, aber auch mit Alchimie, Okkultismus, Geheimbünden und Magie. Mit der Übersetzung von allen, vornehmlich aus östlichen Systemen stammenden Okkultismus-Begriffen ins Deutsche, gelang es ihm erstmals, eine breite Öffentlichkeit für das esoterische Gedankengut zu interessieren. Berühmt ist seine Vorstellung von der vierfachen Natur des Menschen:

1. *der physische Körper;*
2. *der ätherische Körper mit gestaltenden Kräften;*
3. *der Astralkörper mit Trieben und Emotionen;*
4. *das Ego oder das Selbstbewußtsein.*

Steiner gelang es, seine Theorien tatsächlich in die Praxis umzusetzen, so daß es heute neben einer anthroposophischen Medizin ein hauptsächlich in den USA und Europa praktiziertes Erziehungssystem unter dem Namen Steiner-Schulen gibt. Der Lehrplan dieser Schulen basiert neben zeitgemäß-wissenschaftlichen Anforderungen auf den Lehren Steiners mit einer besonderen Ausrichtung auf Rhythmus und Kunst — Ausdrucksmittel, die zur Selbstfindung dienen. Der anthroposophische „Weg des Wissens" unterscheidet sich von den begrifflichen Neuschöpfungen New Age oder Wassermannzeitalter allein in dem Punkt, daß Steiner in Christus die zentrale Figur der Menschheitsgeschichte sah.

Literaturhinweise:

Abendroth, W.: Rudolf Steiner und die heutige Welt. Fischer.
Becker, K. E./H.-P. Schreiner: Rudolf Steiner — Praktizierte Anthroposophie. Fischer.
Brügge, P.: Die Anthroposophen. Rowohlt.

Energiesysteme: Unsere Wissenschaft basiert auf den vier großen Energiesystemen Schwerkraft, Elektromagnetismus, starke und schwache Kernenergie — Kräfte, die in den uralten östlichen Traditionen unbekannt waren. Die indische und chinesische Hochkultur kannte dafür eine Urenergie namens Prana oder Chi, die den gesamten Kosmos durchdringt. In unserer Kultur hatten es die Verfechter der Theorien um Aura oder odische Kraft nicht einfach — erst mit der zunehmenden Anerkennung der Radiästhesie mit den Instrumenten Wünschelrute und Pendel gelang es, die Existenz dieser Urenergie auch im Westen bekanntzumachen. Einer breiten Öffentlichkeit zugänglich wurde die kosmische Kraft mit dem triumphalen Import der Akupunktur und des Yoga — beides traditionelle Methoden, die mit Hilfe dieser Lebenskraft den Weg zu Gesundheit und geistigem Wachstum entschlüsseln. Mittlerweile wird in der wissenschaftlichen Forschung angestrengt an dem Nachweis der kosmischen Energie gearbeitet, denn nach den jüngsten Erkenntnissen der Planckschen Quantentheorie ist bewiesen, daß die „tote" Materie nicht nur von Energieströmen durchzogen ist, sondern daß Materie Energie ist. Hier ist besonders die parapsychologische Forschung zu erwähnen, die sich mit den PSI-Phänomenen wie beispielsweise Psychokinese, Präkognition, Telepathie und Hellsichtigkeit beschäftigt. Die Instrumente und Formen des Okkultismus sind von eben dieser Urenergie getragen, werden aber gerade wegen der Unfaßbarkeit der vielfältigen rational nicht zu deutenden Phänomene immer wieder bezweifelt und sogar bekämpft — letztendlich ein Armutszeugnis für die herrschende Wissenschaft, die unter dem nachhaltigen Eindruck des Newtonschen Weltbilds alles in Frage stellt, was sich nicht ebenso klar und deutlich erklären läßt wie die Funktionsweise eines Klappmessers.

Literaturhinweise:

Hirschmann, F.: Strahlen — die gesunde Energie. Goldmann.
König, H. L.: Unsichtbare Umwelt. König.
Müller, E.: Mensch und Schwingung. Hesemann.

Feuerlaufen: Eine geradezu spektakuläre Form der Psychotechnik ist das in mehreren Kulturkreisen verbreitete Laufen oder Tanzen auf glühenden Kohlen. Anders als die milden Techniken zur Selbstverwirklichung, wie beispielsweise Atmung, Tanz oder Meditation, zeigt das Hilfsmittel Feuerlaufen den direkten Beweis für die Existenz von ungeahnten Kräften, wenn die nackten Fußsohlen keinerlei Verbrennungszeichen aufweisen. Natürlich ist unter Feuerlaufen nicht das zurzeit mittels Workshops angebotene und fast manisch betriebene schnelle Überhuschen von glühenden Kohlen gemeint, denn wissenschaftliche Untersuchungen haben gezeigt, daß die Haut bei nur sehr kurzer Verweildauer auf den glühenden Kohlen in jedem Fall unbeschädigt bleibt. Gemeint ist mit Feuerlaufen vielmehr der ausgedehnte Kontakt, wie er zum Beispiel beim Tanzen auf dem Kohlenfeld auftritt. Erklärt wird dieses Phänomen — soweit nicht bewußtseinsverändernde Drogen mit im Spiel sind — mit einer ekstatischen inneren Konzentration, wie sie von Yogi-Meistern oder auch Fakiren bekannt ist. Inwieweit hierbei unbekannte Energiesysteme beteiligt sind, ist mit den heute zur Verfügung stehenden Mitteln nicht erforschbar, doch alles spricht dafür, daß es sich beim unbeschadeten Feuerlaufen um die unmittelbare Nutzbarmachung der kosmischen Urenergie handelt.

Literaturhinweise:

Everding, K.: Jeder ist ein Feuerläufer. Goldmann.
Sweighardt, K. E.: Feuerlaufen. Erd.

Führer: Als geistige Führer oder Meister hat sich seit Beginn der Menschheit eine ungezählte Anzahl von Menschen von der Masse abgehoben, und wie die Geschichte zeigt, verfolgten dabei nicht alle hehre Ziele. Im Bereich des Okkultismus, der Esoterik oder des New Age sollte man hierbei unter drei großen Gruppen differenzieren, die weniger nach den Lehren, sondern nach der Art der Mitteilung unterteilt sind.

Gurus: Diese Bezeichnung für spirituelle Lehrer und Erzieher in Indien hat auch im Westen Einzug gehalten und betitelt einen zum Teil selbsternannten Meister, um den sich eine mehr oder minder große Schar von Anhängern versammelt. Als Paradebeispiel für einen neuzeitlichen Guru gilt der indische Ex-Philosophieprofessor Bhagwan Shree Rajneesh (geboren 1931), dessen brillante und revolutionierende Ideen seit 1974 ganze Heerscharen hauptsächlich aus dem Westen stammender Menschen in das indische Poona anzogen. Die uniformiert gekleideten Sannyasins, wie sich die Anhänger Bhagwans nennen, schätzen vor allem seine neuartigen, auf den Westen bezogenen Therapiemethoden und Meditationstechniken, aber auch seine bewiesene Fähigkeit, spirituelle Praktiken direkt in wirtschaftlichen Erfolg umzusetzen. Das 1982 in Oregon/USA gegründete neue Weltzentrum seiner Bewegung wurde 1985 wegen Intrigen innerhalb der Organisation wieder aufgelöst — sicherlich dazu beigetragen hat auch die aufblühende Krankheit Aids, die dem freien und unbeschwerten Geschlechtsleben in den Ashrams (Meditationszentren) ein jähes Ende bereitete.

Anti-Gurus: „Weil ich frei bin, erwarte ich von denen, die mich verstehen, daß sie mir nicht folgen und aus mir keinen Käfig machen, der zu einer Religion oder Sekte wird" — mit dieser Botschaft löste Jiddu Krishnamurti (1895—1986) große Verwirrung unter den Theosophen aus. Eigens für den erst 16jährig zum Messias ausgerufenen indischen Brahmanensohn hatten sie den Orden Order of the Star of the East errichtet, den er im Alter von 34 Jahren auflöste: *„Ich sage euch, daß die Wahrheit ein pfadloses Land ist, dem ihr euch nicht auf einem festgetretenen Weg nähern könnt, durch keine Religion und keine Sekte. Die Wahrheit ist grenzenlos und unbeschränkt."* Mit diesem herausfordernden Grundthema seiner Lehrern bereiste Krishnamurti unermüdlich den Erdball, um in Vorträgen immer wieder herauszustellen, daß sich die Menschheit aus den Fesseln des Ego befreien und den Geist zur Ruhe bringen muß, um die eigene unermeßliche Bewegung zu erkennen.

Autoren: Als bekannte Vertreter dieses Wegs zur Verbreitung esoterischen Ausflusses zur direkten Umsetzung in die Praxis stehen *Fritjof Capra* („Das Tao der Physik", „Die Seele Indiens", „Das neue Denken", „Wendezeit"), *Dale Carnegie* („Sorge dich nicht — lebe!", „Wie man Freunde gewinnt"), *Erhard F. Freitag* („Die Macht Ihrer Gedanken", „Hilfe aus dem Unbewußten", „Kraftzentrale Unterbewußtsein", „Erkenne Deine geistige Kraft"), *Joseph Murphy* („Das I-Ging-Orakel Ihres Unterbewußtseins", „ASW — Ihre außersinnliche Kraft", „Energie aus dem Kosmos", „Finde Dein höheres Selbst", „Die Gesetze des Denkens und Glaubens", „Sie werden, was Sie denken und glauben", „Ihr Weg zu innerer Sicherheit", „Kernreligion", „Die kosmische Dimension Ihrer Kraft", „Leben in Harmonie", „Die Macht der Suggestion", „Die Macht Ihres Unterbewußtseins", „Die unendliche Quelle Ihrer Kraft", „Der Weg zu innerem und äußerem Reichtum", „Willst du reich werden?", „Das Wunder Ihres Geistes", „Ein Buch der Entdeckung und Wandlung") sowie *Norman V. Peale* („Heute fängt Dein Leben an", „Aufforderung zum Glücklichsein", „Das Abenteuer des Lebens", „Begeisterung wirkt Wunder", „Das Buch der Lebensfreude", „Darum seid getröstet", „Du kannst, wenn du glaubst, du kannst", „Das Ja zum Leben", „Der positive Mensch in unserer Zeit", „Die Kraft positiven Denkens", „Leben kann Freude sein", „So hast du mehr vom Leben", „So hilft positive Phantasie", „Trotzdem positiv", „Die Kraft Ihrer Gedanken", „Was Begeisterung vermag", „Die Wirksamkeit positiven Denkens").

Literaturhinweise:

Hauth, R.: Die nach der Seele greifen. Gütersloher Verlagshaus.
Hummel, R.: Gurus in Ost und West. Gütersloher Verlagshaus.

Geomantie: Um Orte der Kraft geht es bei dieser Lehre von den Beziehungen von Bauwerken zum Kosmos. Als Standorte von sakralen Gebäuden und Pilgerstätten in allen Kulturbereichen bekannt, zeichnen sich diese Stätten auch durch rituelle Architektur, bestimmte Ausrichtung und besondere Materialien aus. Anders als im Fernen Osten ist diese Form des Einklangs mit der Natur in unserem Kulturkreis durch eine unkontrollierte Urbanisation nahezu untergegangen. Zwar ist — hauptsächlich zur Bekämpfung der Volksseuche Krebs — eine zunehmende baubiologische Tendenz festzustellen, die sich radiästhetischer Mittel bedient, um lebensfeindliche Störquellen im Boden aufzuspüren, doch geht es hierbei nicht darum, Orte der Kraft zu finden, sondern Orte der Zerstörung zu meiden. Als Ansatz zur Wiederbelebung der Geomantie mag die jedoch vorwiegend experimentell betriebene Pyramidenbauweise von Gebäuden gelten.

Literaturhinweise:

Michell, J./W. Wagner: Maßsysteme der Tempel. Lentz.
Pennick, N.: Die alte Wissenschaft der Geomantie. Dianus Trikont.
Pieper, W. (Hrsg.): Starke Plätze: Orte, die zum Herzen sprechen. Grüne Kraft.

Holistische Medizin: Medizinische Lehre von der Gesamtheit des Menschen aus Körper, Seele und Geist in komplexem Zusammenhang. Schwerpunkt dieser von der Schulmedizin bestrittenen Richtung ist nicht so sehr die Heilung von Krankheiten, sondern das Wecken von Selbstheilungskräften im Menschen, die ebenfalls der Gesunderhaltung dienen. Angestrebt wird hierbei eine harmonische Beziehung des Menschen zu seiner Umwelt und das Fernhalten von Krankheiten durch die Pflege dieser Harmonie. Altüberlieferte traditionelle Heilweisen dienen der Holistischen Medizin als Instrumentarium zu medizinischen Leistungen, die von der vorwiegend auf biochemischen Erkenntnissen basierenden Schulmedizin ab einem bestimmten Punkt nicht mehr erbracht werden können. Als Beispiele der Vielseitigkeit dieser Methoden sei eine repräsentative Auswahl an Diagnose- und Therapiemethoden der Holistischen Medizin aufgeführt.

Akupunktur/Akupressur: Diese alte chinesische Heilkunst stützt sich auf das Prinzip, daß alle Erkrankungen, ob geistiger oder physischer Natur, in ca. 1000 beschriebenen Akupunkturpunkten auf dem Körper eine Überempfindlichkeit auslösen können, die nach eingetretener Heilung wieder zurückgeht bzw. verschwindet. Die imaginären Linien, auf denen sämtliche Punkte liegen, werden als Meridiane bezeichnet, in denen jene kosmische Kraft fließt, die auch als Urenergie bezeichnet wird. Als nadellose Akupunktur wird die Akupressur bezeichnet, die in China zur Selbsthilfe gebraucht wird. Hier werden die Punkte durch Fingerdruck oder Massage stimuliert, um den Energiefluß zu korrigieren und die Gesundheit wiederherzustellen.

Autogenes Training: In den 20er Jahren entwickelte psychotherapeutische Methode, die in direktem Zusammenhang mit Yoga und Hypnose steht. Als eine Art Selbsthypnose stehen im Mittelpunkt der Übungen Entspannung und Konzentration mit dem Ziel, körperliche und geistige Funktionen zu beeinflussen und zu normalisieren.

Fasten: Als die älteste bekannte Therapiemethode stellt das Fasten eine aus dem natürlichen Instinkt herrührende Nahrungsverweigerung bei physischen und psychischen Störungen dar, die von allen Kulturkreisen der Welt praktiziert wird. Neben Entgiftung und Entschlackung des Körpers erweitert das Fasten den spirituellen Horizont durch geistige Klarheit und Ruhe.

Geistheilung: „Wille + Imagination + magische Trance = magischer Akt“ – diese durchaus nicht magische Formel ist das Grundprinzip jeglichen Rituals, das paranormales Heilen zum Ziel hat. Ausdruck finden die in verschiedenen Kulturkreisen auch religiös gefärbten, wissenschaftlich nicht erklärbaren Heilungen unter anderem in Séancen, in der philippinischen Geistchirurgie, im haitianischen Voodoo, im brasilianischen Macumba sowie bei indianischen oder afrikanischen Medizinmännern. Oft wird hierbei die magische Trance durch das Einnehmen von mehr oder weniger aufwendig zubereitenen rituellen Drogen, durch rituelle Musik oder Tänze herbeigeführt, die eine Veränderung der Bewußtseinszustände bis zur Ekstase provozieren und den direkten Zugang zur kosmischen Kraft ermöglichen.

Homöopathie: Auch bei dieser von Samuel Hahnemann begründeten Therapieform steht die Behandlung des Menschen im Vordergrund und nicht die Behandlung der Krankheit. Als wichtigste Entdeckung der Homöopathie steht der Grundsatz, Gleiches mit Gleichem zu heilen, also beispielsweise Symptome einer Bleivergiftung durch winzige Gaben von Blei. Die homöopathische Gabe wird als Verdünnung in Wasser oder Alkohol verabreicht, wobei als Phänomen der Hochpotenzen gilt: Je stärker ein Mittel verdünnt ist, desto höher ist seine Wirksamkeit. Die Mittelfindung erfolgt durch Berücksichtigung der gesamten Persönlichkeit des Patienten sowie dessen Umfeld.

Kirlian-Fotografie: Von dem russischen Techniker Kirlian entwickeltes Verfahren zur Sichtbarmachung der Aura. Erkennbar wird durch diese Hochfrequenzfotografie die Corona-Abstrahlung von Blättern und anderen Gegenständen. In der Medizin dient das Verfahren als Diagnosemittel, d. h.

die Umfelder der abgelichteten Hände oder Füße werden nach einem bestimmten System mit dem physischen und psychischen Zustand der untersuchten Person in Verbindung gebracht.

Makrobiotik: Ernährungsweise auf dem Yin/Yang-Prinzip, den beiden gegensätzlichen, aber komplementären Kräften der kosmischen Energie. Hierbei erfolgt eine Unterteilung der Lebensmittel, denen entweder Yin- oder Yang-Charakter zugeordnet wird. Extreme Energieträger wie beispielsweise Zucker, Fleisch oder Auberginen sind bei dieser Lebenseinstellung zu vermeiden, der Schwerpunkt liegt bei der Getreideernährung. Die richtige Balance zwischen den Kräften zu finden, erfordert im schnellebigen Alltag Zeit und besondere Hinwendung, verspricht jedoch die Gesunderhaltung des Körpers.

Psychotherapie: Vielzahl unterschiedlicher psychologischer Verfahren zur Behandlung psychischer Konflikte und Störungen sowie seelisch bedingter körperlicher Erkrankungen. Seit Mitte der 70er Jahre ist ein regelrechter Psychoboom mit geschätzten 300 verschiedenen neuartigen Verfahren zu verzeichnen, wodurch sich sogar Fachleute kaum noch in der Lage sehen, ein fundiertes Urteil über die Tauglichkeit der einzelnen Therapien abzugeben. Hauptgefahr jeder Psychoptherapie ist die Möglichkeit, daß durch bestimmte unausgegorene therapeutische Prozesse vorhandene Symptome und Störungen verschärft werden können, die zu irreparablen Zerrüttungen der Gesamtpersönlichkeit führen können. Die Wurzel der Psychotherapie liegt in den traditionellen Ritualen der Naturvölker — ein Zusammenhang, der jedoch längst nicht mehr erkennbar ist.

Rebirthing: Als Hauptantriebskraft des Menschen ist die Atmung zu bezeichnen, ein natürlicher Vorgang, ohne den ein Überleben nur wenige Minuten möglich ist. Mit Hilfe von bestimmten Atemtechniken sollen Ängste, Blockaden und Krankheiten therapiert werden, die der Begründer des Rebirthing, Leonard Orr, auf das Geburtstrauma zurückführt. Ursprünglich unter Wasser praktiziert, wird die eigene Geburt wieder durchlebt und die Chance eröffnet, zu einer natürlichen Lebensenergie zurückzufinden.

Sanfte Geburt/Unterwassergeburt: „Moderne“ Geburtshilfe, die sich von der kühlen Klinikgeburt mit ihrem Trennungsschock abwendet und traditionelle Elemente der Naturvölker wiederbelebt. Als neue Form der sanften Geburt ist die Unterwasserentbindung zu betrachten, die zum einen der Mutter ein schmerzlinderndes und meditatives Gebären verspricht und zum anderen dem Neugeborenen den schockartigen Eintritt in eine grelle, fremde Welt erspart.

Schamanen: Medizinmänner hauptsächlich in Amerika und Asien, die als Mittelpunkt einer Stammesgemeinschaft multifunktional als Heiler,

Priester, Politiker, Ratgeber, Dichter und Initiationsmeister wirken. Ausgeprägtes Wissen um die Vorgänge und Zusammenhänge der Natur und die Gabe zu spiritueller Selbstverwirklichung befähigen den eingeweihten Schamanen zum Erkennen der kosmischen Ordnung, wozu er sich bewußtseinserweiternder Techniken und Drogen bedient.

Literaturhinweise:

Berkley Holistic Health Center (Hrsg.): Das Buch der gesamtheitlichen Gesund heit. O. W. Barth/Scherz.
Juchli, L.: Heilen durch Wiederentdecken der Ganzheit. Kreuz Verlag.
Leibold, G.: Das moderne Handbuch der Naturheilkunde. Falken.

PSI: Unter diesem 23. Buchstaben des griechischen Alphabets versteht man den Sammelbegriff für im Bereich der Parapsychologie angesiedelte außersinnliche Wahrnehmungen (ASW), wie beispielsweise Telepathie, Hellsichtigkeit, Prophetie und Psychokinese. Trotz verschiedener Forschungsprojekte bleibt die Parapsychologie nach wie vor umstritten, insbesondere, da sich auf diesem Gebiet eine große Anzahl zum Teil entlarvter Betrüger tummeln. Parapsychologische Phänomene lassen sich nicht erzeugen, sondern erfolgen spontan — ein weiterer Umstand, der die Vorurteile der konventionellen Wissenschaft nährt, die allein von naturwissenschaftlichen und materialistisch-mechanischen Erlebnissen zehrt. Paranormale Ereignisse, die sich den physikalischen Gesetzmäßigkeiten entziehen und einer eigenen okkulten Logik folgen, werden mit unseren derzeit zur Verfügung stehenden Mitteln nicht analysiert werden können, wohl aber denjenigen offenstehen, die, auf welche Weise auch immer, die Barriere zwischen unserer begrenzten Realitätsebene und unbekannten Dimensionen durchbrechen. Es ist anzunehmen, daß die traditionellen Kulturen mit ihren teilweise noch überlieferten Techniken die besseren Möglichkeiten hatten, paranormalen Okkultismus zu erleben und zu verstehen, als unsere tief in einer Sackgasse steckende Kultur der Zerstörung. Ein Hoffnungsschimmer liegt in der ernsthaften und aktiven Entwicklung der New-Age-Bewegung, die jedoch momentan von der Millionenschar haltloser Trendsetter eher behindert als gefördert wird. Solange das Zeitalter des Wassermanns vornehmlich geschäftsmäßig und im Hinblick auf umsatzträchtige esoterische Accessoires sowie zweifelhafte Workshops betrieben wird, ist die angestrebte neue Weltordnung dazu verdammt, lediglich das bisherige Fiasko um einen neuen Geschäftszweig zu bereichern.

Literaturhinweise:

Haack, F.-W.: PSI/Parapsychologie. Evang. Presseverband f. Bayern.
Pössinger, G.: PSI – rätselhafte Kräfte des Menschen? Humboldt.
Weed, J. J.: Psychoenergie. Goldmann.

Psychedelische Drogen: Als Zeichen der Disharmonie unseres Kulturbereichs steht die traurige Tatsache, daß uns die Fähigkeit abhanden gekommen ist, die Einnahme bewußtseinserweiternder Drogen zu kultivieren. Was, wie bei traditionellen Völkern, zur entspannenden rituellen Reise in eine spirituelle Welt dienen könnte, wurde durch völlig entfesselten Mißbrauch in einen kriminalisierten Eintopf geworfen, in dem sich vorwiegend Suchtdrogen wie Heroin, Opiate und Kokain tummeln. Diese Rauschgifte haben jedoch mit psychedelischen Drogen nichts gemein, die prinzipiell in zwei Gruppen unterteilt werden: Milde Wirkung weisen zum Beispiel die Drogen Marihuana, eine Reihe von hier meist nicht heimischen Kräutern, aber auch Lachgas und Kohlendioxid auf. Stark wirkende Drogen sind beispielsweise LSD, Mescalin, Psilocybin oder Yage, deren zum Teil langandauernde Effekte sich jeglicher Willenskontrolle entziehen können. Eine Mittelstellung nimmt die synthetische Droge Ecstasy ein, die sich vor allem zu therapeutischen Gruppensitzungen eignet, da unter ihrem Einfluß verringerte Abwehrmechanismen, Offenheit und tiefer Frieden auftreten.
Selbstverständlich sei trotz dieser positiven Schilderung und der Trennung von den Sucht provozierenden Opiaten vor einer unkontrollierten Einnahme von psychedelischen Drogen gewarnt, da sie die mehr als unangenehme Eigenschaft innehaben, bei entsprechender Disposition eine Verstärkung psychischer Störungen bis zum sogenannten Horrortrip hervorzurufen.

Literaturhinweise:

Davis, E. W.: Schlange und Regenbogen. Droemer Knaur.
Fichte, H: Xango. Fischer.
Huxley, A.: Moksha – auf der Suche nach der Wunderdroge. Piper.

Pyramidenenergie: Unerforscht ist bis heute das Geheimnis der Pyramiden – ein Ausdruck, der frei übersetzt soviel wie *„Feuer, das sich im Zentrum befindet"* bedeutet. Erwiesen ist jedoch durch eine Vielzahl von Experimenten, daß sich im Inneren einer Pyramide oder unter einer Pyramidennachbildung im exakten Verhältnis zur Cheopspyramide als Sammelpunkt kosmischer Kräfte erstaunliche Phänomene zeigen: Messer und Rasierklingen werden wieder scharf, Pflanzen wachsen besser, Lebensmittel bleiben

länger frisch, Aggressionen werden abgebaut und die Konzentration gesteigert. Die Botschaft und der Sinn der Pyramiden liegen jedoch im Dunkel, und die Erforschung dieses Geheimnisses darf als langersehnter Schlüssel zu einer ganzen Reihe von okkulten Erscheinungen betrachtet werden, die als Basis wilder Spekulationen dienen. Wichtig bei allen Experimenten mit Pyramiden ist das wirklich exakte Verhältnis zu den Maßen der Cheopspyramide, wobei eine flache Seite mittels Kompaß gegen den magnetischen Norden zeigen muß. Und hier als Beispiel nur eine verblüffende mathematische Spielerei im Zusammenhang mit der Pyramide:
Der Umfang der Pyramidenbasis geteilt durch die doppelte Pyramidenhöhe ergibt bis auf sieben Kommastellen genau den Wert für Pi — eine Zahl zur Berechnung des Kreises, die den Ägyptern nach unserer Kenntnis unbekannt war . . .

Literaturhinweise:

Liekens, P.: Die Geheimnisse der Pyramidenenergie. Schangrila.
Tompkins, P.: Cheops. Droemer Knaur.
Toth, M./G. Nielsen: Pyramid Power — Kosmische Energie der Pyramiden. Bauer.

Sekten: Eine überwiegend zweifelhafte Rolle im Umfeld der geheimen Mächte spielen die Sekten, die von einem Mitglied des Europaparlaments wie folgt beschrieben wird: *„Die Praktiken gewisser Organisationen konfrontieren uns mit dem traurigen Kapitel des menschlichen Elends. Es ist ein schreckliches Verzeichnis, das so abstoßende Dinge enthält wie z. B. Prostitution als Köder für neue Anhänger und zur Geldbeschaffung, sexuellen Mißbrauch von Kindern, Nötigung, geistige Unterwerfung, Gehirnwäsche und Anstiftung zu kriminellen Handlungen aus Geldgier.“* Diese Worte richten sich vor allem gegen die unter dem Namen Vereinigungskirche bekannte Moon-Sekte, aber auch gegen die Scientology-Bewegung, deren Aktivitäten sowohl in moralischer als auch in gesellschaftlicher Hinsicht als höchst bedenklich gelten. Im Jahre 1984 mußte daraufhin vom Europaparlament ein Kodex gebilligt werden, der die Forderung stellt, daß jeder in gleichem Maße das Recht hat, eine religiöse Bewegung ungehindert wieder zu verlassen, mit seiner Familie in Kontakt zu bleiben und in einem normalen Verhältnis zur Außenwelt zu leben. Bewegungen und Sekten, die sich nicht an solche humanen Minimalanforderungen halten und insbesondere haltlose Jugendliche mit esoterisch gefärbten Lockmitteln rekrutieren, um sie anschließend buchstäblich in Haft zu halten, müssen nach den gültigen Regeln unseres Gesellschaftssystems als kriminelle Vereinigungen bezeichnet werden.

Literaturhinweise:

Haack, F.-W: Sekten. Evang. Presseverband f. Bayern.
Reimer, H.-D. (Hrsg): Stichwort „Sekten". Quell.
Schmidtchen, G.: Sekten und Psychokultur. Herder.

Tantra: Tantriker sind antiasketisch, denn die Lehre des traditionellen indischen Tantra bejaht das Leben und die Vergnügungen des Lebens. Verschiedene Praktiken, zu denen vor allem die rituelle sexuelle Vereinigung gehört, führen zu innerer Erleuchtung und zu spiritueller Seligkeit. *„Der Tropfen wird eins mit dem Ozean"*, so drückt der Tantriker die Vereinigung des individuellen Selbst mit dem Kosmos aus — er benützt alle Sinne, den Geist und die Seele, um mystische Höhen zu erreichen. Insofern ist Tantra genau das Gegenteil der meisten übrigen Lehren, die um einer Belohnung in einer besseren Welt willen nichts von weltlichen Vergnügen halten. Tantra beschäftigt sich mit dem Konkreten — nicht mit dem Abstrakten.

Literaturhinweise:

Bharati, A.: Die Tantra-Tradition. Aurum.
Johari, H.: Wege zum Tantra. Bauer.
Rinpoche, K. S./J. Hopkins: Die Praxis des Tantra. Diederichs.

Trance: Im veränderten Bewußtseinszustand der Trance gelangt man zu höheren Bewußtseinsdimensionen, die beispielsweise den Kontakt mit Verstorbenen erlauben sollen. Bei der schamanischen Trance, die sich zu Ekstase und Besessenheit steigern kann, dringen Geister oder Gottheiten der entsprechenden Kultur in den Körper und provozieren außergewöhnliche Visionen. Als hilfreiche Mittel zur Erlangung von Trancezuständen dienen Hypnose, Meditation, rhythmische Musik, Tanzen und Singen sowie psychedelische Drogen. Auch die Trance verfolgt nichts anderes als den Zugang zum mystischen Erlebnis, um der kosmischen Kraft näherzukommen und Einblicke in die Welt der geheimen Mächte zu erlangen.

Paul Elling

Literaturhinweise:

Chesi, G.: Voodoo. Perlinger.
Gruber, E.: Traum, Trance und Tod. Herder.
Katz, R.: Heilen in Ekstase. Ansata.

INHALT

Schrift und Mensch

(Graphologie für alle)

A. EINFÜHRENDES

Die Graphologie zieht aus der im Schriftbild fixierten Schreibbewegung Schlüsse auf psychologische Gegebenheiten beim Schreiber, insbesondere auf dessen Charakter. Sie gehört zum Lehrstoff der Mehrzahl der deutschsprachigen Universitäten. In Kürze wird sich ihr keine mehr verschließen können.

Daraus könnte gefolgert werden, daß Graphologie doch eigentlich mit geheimen Kräften nichts zu tun hätte. Sagen wir, „nichts mehr" zu tun hätte, denn ihre Einordnung unter diese Gruppe hat sie tatsächlich zu einem Teil ihrer Vergangenheit zu verdanken. Wenn jener „erste praktische Graphologe", Adolf Hentze, in der Leipziger Illustrierten 1851 bis 1855 über 4000 aufsehenerregende Charakter-Beurteilungen brachte im Stile: „diesen Buchstaben sieht man an, daß sie kichern und andere zum besten haben", „kleine Buchstaben mit Schmollwinkeln", „lustige Vögel mit Doppelschlag, unbeschnittenen Flügeln und gelöster Zunge", so hat das nichts zu tun mit lehrbarer Wissenschaft. Nichts mit dem, was man messen, zählen, wägen kann, nichts mit jenem „Weisen", der — in Schillers Spaziergang — „sucht das vertraute Gesetz in des Zufalls grausenden Wundern, sucht den ruhenden Pol in der Erscheinungen Flucht". Es ist vielmehr allenfalls „aus der Tiefe des Gemüts geschöpfte" Intuition.

Entsprechend weist auch der Titel von Hentzes 1862 erschienenem Hauptwerk „Chirogrammatomantie" auf seine „Seherkunst" hin . . .

Gewiß enthalten heutige graphologische Charakter-Diagnosen derartige Kuriosa nicht mehr. Aber auch heute noch kann der Graphologe nicht völlig etwas wie eine intuitive Schau entbehren. Er braucht sie, um eine Art Einordnungsmaßstab zu gewinnen, wenn er die einzelnen objektiv analysierten Tatbestandsmerkmale des Schriftbildes ganz nach der jeweiligen Lebenssituation auswertet zur Synthese des Charakterbildes.

Weil auch heute noch ein irrationales Moment an einem Punkte der graphologischen Methode auftaucht, so mag auch das der Graphologie bei einem Teil der gegenwärtigen Kritik einen Zug des Geheimen, Unlehrbaren, nicht völlig Exakten, „mit Hebeln und mit Schrauben" nicht zu Offenbarenden verschaffen. Aber ist denn das Objekt der Deutung, der Mensch, „völlig exakt"?

Ein dritter Grund für die Einordnung der Graphologie in diese Gruppe liegt in dem erheblichen Umfange, den das Symbolische, geschöpft aus kollektiv-unbewußten Tiefen, einnimmt unter den verschiedenen Quellen der Schriftdeutung.

1. Einige geschichtliche Meilensteine der Graphologie

Die älteste uns überkommene graphische Tatbestandsaufnahme dürfte von Sueton, Historiker der römischen Kaiserzeit, vor fast 2000 Jahren niedergelegt sein in seiner Bemerkung zu Kaiser Augustus' Schrift: „Ich habe vornehmlich dies in seiner Handschrift gesehen: Er trennt die Worte nicht; er überträgt nicht auf die nächste Zeile die Buchstaben, die er am Ende der einen zuviel hat; sondern er setzt sie darunter und kreist sie ein mit einem Kringel." Diese Beobachtung sagt uns über den Kaiser mehr als alle Biographien. Die verbundene und sich senkende Schrift des Augustus zeigt uns mit zwingender Logik die kleinlich-sparsamen, zaghaften und mißtrauischen Charakterzüge des Kaisers sowie seine tief eingewurzelte Selbstsucht (A. De Rochetal in La Graphologie, Paris 1947). Aber hier können nur wenige von den Meilensteinen auf dem Wege der Graphologie genannt werden. Als ein solcher ist wieder anzusprechen Camillo Baldo, Arzt und Professor an der Hochschule von Bologna. In seiner 1622 erschienenen „Abhandlung über die Art und Weise, den Charakter und die Eigenschaften des Schreibers aus einem Briefe zu erkennen" sagt er: „Wer hört, daß es möglich ist, aus einem vertraulichen Briefe die Gedanken, Sitten und Anlagen des Schreibers zu erkennen, der lacht oder (wenn er bescheidener ist) verwundert sich darüber in hohem Maße. Beachtet er jedoch, daß jede Wirkung eine entsprechende Ursache hat, so wird es ihm auch möglich erscheinen, daß man nach einem alten Sprichwort ‚an der Klaue den Löwen erkennt'." Das ist bereits Graphologie, und schon Baldo hat uns eine kleine Anzahl zutreffender Merkmals-Beobachtungen (früher als „Zeichen" bestaunt) hinterlassen. Es kennzeichnet das unzureichende Verständnis eines Übersetzers (ins Lateinische), der 1644 Baldos Buch mit dem Untertitel verbösert: „. . . oder über die Weissagungskunst aus Briefen."

In Frankreich bringt der Abbé Michon als erster eine größere Anzahl von Schrifteigentümlichkeiten systematisch in Beziehung zu bestimmten

Charaktereigenschaften und übergibt in seinem „Système de la Graphologie" 1875 der Welt den herrschenden Namen der neuen diagnostischen Methode. Sein Werk wird fortgesetzt, gereinigt und vertieft durch J. Crepieux-Jamin, Handschrift und Charakter, Paris 1889, Deutsche Übersetzung 1901 durch Hans H. Busse. Mit dem von Michon noch benutzten Begriff des „festen Zeichens", dem unter allen Umständen eine ganz bestimmte Bedeutung entspricht, hat J. Crepieux-Jamin aufgeräumt. Für die Zuteilung der Schriftmerkmale auf bestimmte Charaktereigentümlichkeiten mußte nun aber ein Schlüssel gefunden werden, und diesen sieht Crepieux-Jamin in einem criterium, das schon bei Michon genannt wird: in der harmonischen Schrift. Der „harmonische" oder der „unharmonische" Mensch verkörpert die Elite oder den Ausschuß der menschlichen Gesellschaft. Die Handschrift der durch Verstand höher veranlagten Menschen wird als unterscheidendes Zeichen Klarheit, Einfachheit, wenn nicht Vornehmheit der Formen und maßvolle Federbewegungen haben. Sie wird rasch sein, vereinfacht und mit Ungleichmäßigkeiten, die der Stärke der Gedankenarbeit entsprechen. — Das ist „harmonisch".

Die Handschrift der niedrigstehenden Menschen wird verwirrt, wenigstens schlecht angeordnet sein, mit gewöhnlichen Formen, verwickelt, langsam, plump von Ansehen, mit Unregelmäßigkeiten, die das Auge verletzen, und mit großen Federbewegungen. — Diese Handschrift nennen wir unharmonisch.

Aber die Tendenz einer Lösung von der Zeichendeuterei begegnet in Frankreich starken konservativen Widerständen; über die Auswirkung der französischen Übersetzung von Klages graphologischen Hauptwerken läßt sich erst in Jahren sprechen (Graphologie, Paris 1943. Handschrift und Charakter, Neuchâtel-Paris 1948).

Diese Loslösung und die wissenschaftliche Begründung der Graphologie fand in Deutschland günstigere Verhältnisse. Professor Dr. Wilh. Theod. Preyer gelang in seiner „Psychologie des Schreibens" 1895 der Nachweis, daß nicht die Hand — oder Knie, Fuß oder Mund — schreibt, sondern das Hirn. Der Nervenarzt Dr. Georg Meyer ging ebenfalls den psychologischen Voraussetzungen der Handschrift nach und ihrer mechanischen Entstehung (Die wissenschaftlichen Grundlagen der Graphologie, 1901). Gemeinsame Arbeit verband diese beiden und den Dichter und Bildhauer Hans H. Busse in der „Deutschen Graphologischen Gesellschaft" 1897—1908 mit dem Philosophen und Psychologen Dr. Ludwig Klages. Ihm verdankt die Graphologie ihre entscheidende Wendung. Klages findet in der Bewegung der Schrift die ergiebigste Quelle des

Ausdruckes der Persönlichkeit. Sein bekanntes Werk „Handschrift und Charakter" erscheint 1917 in erster, 1951 in 23. Auflage — abgesehen von der französischen von 1948. Seine einzigartige Stellung erleichtert es, dem Leitmotiv des vorliegenden Werkes zu folgen, nicht auf die Worte eines Lehrers zu schwören. Wie unter den Landkarten die sogenannte Generalstabskarte die beste ist und die vielen anderen sich ihr im Range in der Reihenfolge anschließen, wie sie sich an sie anlehnen, so stehen Klages' „Grundlegung der Wissenschaft vom Ausdruck" (6. Auflage 1942) und seine Lehre über die psychologische Diagnostik aus der Schrift führend in der Graphologie.

In der Schweiz bringt Dr. Max Pulver psycho-analytische Gedankengänge in der Graphologie zur Geltung. Sein besonderes Verdienst liegt darin, neben den ausdrückenden und darstellenden Faktoren der Schreibbewegung auf den Umfang dabei beteiligter symbolischer Momente hingewiesen zu haben (Symbolik der Handschrift, Zürich-Leipzig 1931).

Der in England naturalisierte Tscheche Robert Saudek unterstreicht, anscheinend angelehnt an Klages'sche Hinweise, die Abhängigkeit der Schrift von äußeren Gegebenheiten, von der Schulvorlage und ihrem Wandel, von nationalen Eigentümlichkeiten, von Schreibmaterial und -werkzeug. Klages' Formniveau und J. Crepieux-Jamins Harmonie stellt er gegenüber seine Niveau-Klassen, für die entscheidend ist Natürlichkeit, harmonische Gliederung und Originalität der Formen. (Bemerkenswert scheint uns die Objektivität, mit der dieser gewiß unverdächtige Zeuge 1933 in „Anonymous Letters" jene Schrift-Experten ordnet, die 1897 im Dreyfuß-Prozeß zu einem „Ober-Gutachten" berufen wurden. Mit Abstand setzt er W. Preyer und J. Crepieux-Jamin vor die übrigen zehn Namen aus Frankreich, Schweiz, Belgien, England und USA.)

2. Einwände gegen die Graphologie

Wer die Graphologie kennt, kann nicht ihr „Gegner" sein. Er wird nämlich damit auch ihre Grenzen kennen. Einwände kommen also von den Uninformierten. Nicht, weil wir ihnen Bedeutung beimessen, beschäftigen wir uns mit ihnen, sie sind uns vielmehr ein willkommener Anlaß, den Leser über die bisherigen Andeutungen hinaus in Berührung zu bringen mit weiteren Gedankengängen um die Graphologie, mögen sie auch zu den kurzlebigen Gütern zählen.

1. „*Meine Schrift ist niemals die gleiche. Ich habe mehrere Schriften.*" — Sie haben gut beobachtet. Sie sind ja auch charakterlich höchst

differenziert. Wären Sie beharrlich, gleichmäßig, prinzipientreu, so sähe das anders aus. —

2. „*Meine Schrift ändert sich ganz entsprechend meiner seelischen Verfassung.*" —

Das eben ist es, was die Graphologie feststellt und ausdrucks-wissenschaftlich begründet (Bild 32, 2a und 2b). —

3. „*Aber ich kann meine Schrift verändern!*"

Verstellen kann man sich freilich. Man kann auch einem Arzt eine Krankheit simulieren oder dissimulieren, alles bis zu einem gewissen Grad und für begrenzte Zeit. — Lateinisches Sprichwort: Magst Du Deine Natur auch mit der Mistgabel austreiben — sie wird doch immer wieder zurückeilen. Die Graphologie findet „erworbene Schriftbestandteile" heraus.

4. „*Sie geben nur Gemeinplätze und lauter ‚Ungefähr' und andere Umstandswörter.*" —

Der geistige Aufwand hierbei ist so gering, daß eine völlig gleichwertige Entgegnung lauten könnte: „Sie haben anscheinend noch nie eine graphologische Beurteilung in der Hand gehabt." — Mit „Ungefähr" arbeitet kein Graphologe. Wo aber Konturen nicht scharf gezogen sind, da werden die weichen oder verschwommenen Umrisse des Objektes nicht unbeteiligt sein. —

5. „*Sie kennen wohl die Beurteilten, Sie sehen sie!*" —

Eben nicht. Das gibt ja der Graphologie ihre einzigartige Stellung, daß Raum und Zeit beliebig zwischen Entstehung und Deutung des Schriftbildes liegen können. Übrigens wird der Graphologe eine Beurteilung solcher Personen ablehnen, über die er auf anderen Wegen bereits so weitgehend teilinformiert ist, daß seine graphischen Funde dadurch beeinflußt werden können.

6. „*Es gibt doch aber bestimmte nationale Handschriften und nationale Eigenarten.*" —

Diese muß der Graphologe kennen. Er darf natürlich dann nicht mit dem Maßstab seiner heimischen Schulvorlage messen. Die Grundsätze des Ausdruckes aber gelten über die Grenzen der großen Kulturkreise hinaus.

7. „*Wer Graphologie beherrscht, kann seine Schrift ändern und sich Eigenschaften zulegen, die er nicht hat.*" —

Wie 3. Er kann es tatsächlich nicht, und auf die Dauer jedenfalls wird man sich nur diejenigen Erscheinungen zulegen, die einem gemäß sind, die zu einem passen, und damit wäre wieder die Richtigkeit der Graphologie bestätigt.

8. *„Es haben ja alle nach der gleichen Schulvorlage schreiben gelernt.“* — Und auch Sie können schon auf der Schulbank beobachten, wie jeder ABC-Schütze auf seine individuelle Art die Vorlage in seine persönliche

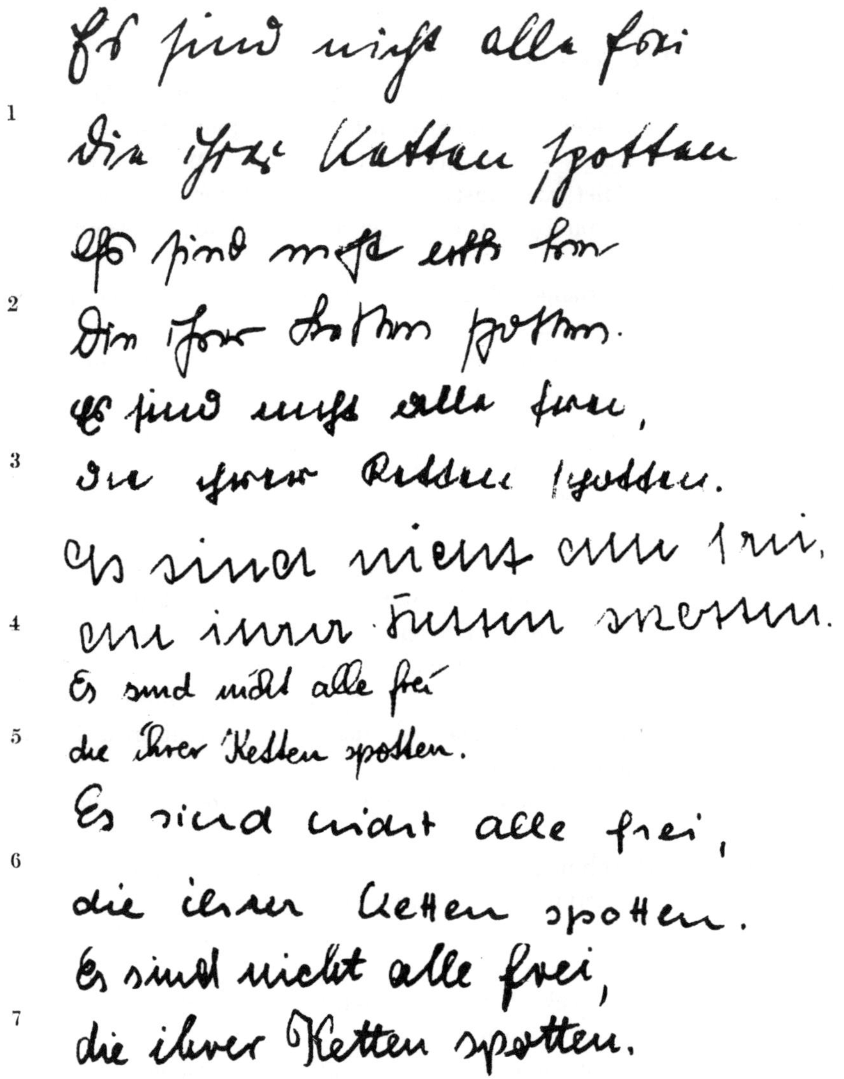

Bild 1 zeigt sieben Schriften aus der achten Klasse einer Realschule, einheitliche Schreibvorlage — aber welche individuellen Unterschiede haben sie entwickelt! Neben der regelmäßigen 4 sehen wir verschiedene Grade von Unregelmäßigkeit. Neben den geraderen Zeilen 4, 5 und 6 sehen wir unterschiedlich gewundene. Neben der

Schrift abgewandelt hat. Das ist wie beim Pferderennen: Geschlossen geht das Feld vom Start weg. Aber schon löst sich die Spitzengruppe vom Gros, und das Feld zieht sich mehr und mehr auseinander. Nach acht Jahren gemeinsamer Schulbank liefern uns die Klassenkameraden das Bild 1.

9. „*Wie können Sie den Charakter erkennen aus Modeschriften, die sich alle ähneln?*" —

Wie 8. und 3. Das Individuelle setzt sich durch, der Schreiber behält das ihm Entsprechende, er gibt ihm seine persönliche Note. Das Unpassende, Unangemessene bleibt unecht und geht über kurz oder lang wieder über Bord.

10. Es kommt ein enttäuschter bis empörter Brief zu Ihrer *Anfrage nach dem Geschlecht des Schrifturhebers: „Wenn Sie selbst das nicht einmal feststellen können*, wie wollen Sie da Vertrauen zu ihrer Arbeit erwarten!"

Ein anderer behauptet, in neun von zehn Fällen richtig zu treffen, ob eine Schrift von einer Dame oder einem Herrn stammt. — Klages berichtet über einen Versuch mit zehn Prozent Fehlurteilen bei männlichen und fünfzehn Prozent bei weiblichen Handschriften. Crepieux-Jamin kommt zu 21,8 Prozent Fehlern bei gemischten Schriften. Aufgabe der Graphologen ist es, aus der Schrift den Charakter zu erkennen. Alter, Beruf und Geschlecht sind aber keine Charaktereigenschaften. Nach diesen fragt er vielmehr. — Wenn man sich schon entschließt, die Charaktereigenschaften einzuteilen in mehr männliche oder mehr weibliche, dann kann man freilich sagen, im Charakter des Schrifturhebers überwiegen diese oder jene, aber man kann nicht sagen, ob der Organismus, in dem dieser Charakter eingebaut ist, nun durch männliche oder durch weibliche Keimdrüsen bestimmt ist. (Vgl. S. 75 ff.)

---

großen 4 die kleine 5. Die Bindungsform ist in 4 Winkel, 3 und 7 Winkelgirlande, 5 schulmäßig, 1 und 6 Girlande, 2 Arkade. 2 unterbricht nach jedem Oberzeichen, 1 und 5 nicht immer, 3 niemals. 7 ist stark unverbunden, 3 stark verbunden, 1 und 2 zeigen Einbindung von Oberzeichen, sonst keiner. 1, 2 und 3 bevorzugen deutsche, die anderen lateinische Schriftzeichen. Ein Längenunterschied zwischen Ober- und Kurzlängen ist bei 4 kaum bemerkbar, bei 7, 3, 2, 1 zunehmend größer. Am Ende der ersten Zeile fehlt der Endstrich bei 1 und 6, bei 2 ist er nach dem Oberzeichen angesetzt, bei 5, 6, 7 ist er winzig, bei 3 und 4 erreicht er etwas über halbe Höhe der Kurzlängen. Der Endzug der zweiten Zeile weist bei 1 nach rechts genau auf den Punkt, fehlt bei 4, wendet sich bei 2 nach links. Wie unterschiedlich die drei deutschen End-r in Zeile 2, und von den 4 lateinischen End-r halten sich 5 und 7 an das Grundstrich-r, 4 und 6 an das Haken-r. Welche Unterschiede in der Bauart und Gekonntheit bei den vorkommenden Großbuchstaben! 1 zeigt in deutscher Schrift lateinisches K, auch lateinisches a und geschlossene a und o; 2, 3 und 4 offene a und o. Die konstruktiv grundverschiedenen p in 1 und 3 und dazwischen das abgeschliffene, nur aus dem Zusammenhang erratbare p in 2.

11. „*Das Aussehen der Handschrift wird entscheidend bestimmt durch Bildung, Beruf und soziale Stufe.*" —

Freilich. Und weil gleichartige Bildung usw. die Charaktere gleichartig zu beeinflussen pflegt, weil zu bestimmten Berufen auch bestimmte Charaktere gehören, werden in den Schriftbildern derart ähnlicher Gruppen notwendig Ähnlichkeiten auftauchen. Der Arzt ist anders als der Techniker, der Bauer anders als der „Kaufmann". Und im kaufmännischen Beruf: Welch ein Unterschied zwischen Charakter und also auch Schriftbild des Herrn Oberbuchhalters gegenüber dem einer „Verkaufs-Kanone". (Versteht sich, wenn der richtige Mann auf dem richtigen Platze steht.)

12. „*Die Schrift ist abhängig von Äußerlichkeiten, von Feder, Papier, Tintenfarbe und -flüssigkeitsgrad.*" —

Ja. Aber der Schreiber hat sie sich selbst gewählt, sie sind ihm angemessen oder aber: es ist unter ungewöhnlichen äußeren Schreibumständen geschrieben worden: Mit einer Feder, die er nicht vertragen kann; bei 20 Grad Kälte, auf stürmischer Landstraße über den Sattel eines Motorrades gebeugt. Darum werden ja auch verlangt möglichst normale Schreibumstände oder aber Hinweis auf ungewöhnliche, und nicht allein über derartige Äußerlichkeiten, sondern auch über etwaige anormale innere Verfassung des Schreibers zur Zeit des Schreibens, wie Zorn, besondere Gehobenheit oder Niedergeschlagenheit der Stimmung.

13. „*Die Schrift ändert sich nach dem Zweck des Schreibens.*" —

Gut beobachtet, wie 2. Entsprechend dem anderen Zweck ist auch des Schreibers seelische Verfassung unterschiedlich. Wie anders ist diese doch, wenn man schreibt an sein Fräulein Braut oder an den Herrn Chef oder wenn man den 120. handschriftlichen Lebenslauf anfertigt für eine Bewerbung mit der sicheren Aussicht auf die gewohnte Absage.

14. „*Die Schrift wird bestimmt durch die Beschaffenheit des schreibenden Organs, der Hand oder des Armes, der Muskeln oder des Knochens.*" —

Das kann man nicht mehr sagen seit 1895, als Preyer nachgewiesen hat, daß sich immer ein in seinen wesentlichen Merkmalen übereinstimmendes Schriftbild ergibt, mag es nun angefertigt sein mit Hand, Fuß, Mund oder anderen Körperteilen. Daher die Erkenntnis: Handschrift ist Hirnschrift. Das bestätigen die Fälle, wo an Stelle der durch Kriegsverletzung verlorenen rechten Hand die linke das Schreiben zu übernehmen hatte.

15. „*Mit dem Alter ändert sich aber die Schrift!*" —

Es ändern sich die Zeiten und wir uns mit ihnen. Es kommt in der einen Zeitspanne dieser, in einer anderen jener Vorfahr mit seiner Erbmasse in unserem Charakter zu Worte. Am besten werden Sie das an ihren Kindern beobachten.

16. „*Aber Sie können sich irren!*" —

Gewiß. Auch der Graphologe nimmt dies menschliche Vorrecht in Anspruch. Welches diagnostische oder prognostische Tun ist fehlerfrei? Das des Arztes? Des Meteorologen? Man verwirft ja nicht gleich die medizinische Wissenschaft, wenn sich einer ihrer Jünger in der ärztlichen Kunst vergreift. Und dem Grade nach kann sich kein Graphologe so bitterlich vertun wie jene fünf oder sechs ärztliche Autoritäten, die einer nach dem anderen die Heiserkeit eines Patienten mit Emser Salz und Prießnitz-Umschlägen kurierten, bis endlich einer — die dreifach angekreuzte Lues feststellte. Oder haben Sie noch nie gehört von einem Ärzte-Konsilium am Bett eines ernsten Falles, bei dem die Meinungen auseinandergingen? Und doch hatten alle beteiligten Autoritäten gleiche Schule, gleiche theoretische und technische Möglichkeiten, gleiche staatliche Approbation. Es gehört eben zur ärztlichen Kunst das Fingerspitzengefühl der Intuition ebenso wie zur Kunst des Graphologen.— Das führt zum letzten möglichen Einwand.

17. „*Das graphologische Verfahren enthält eine Stelle, an welcher nicht verstandesmäßig, wissenschaftlich ableitend, sondern mit der Intuition gefühlsmäßig gearbeitet wird.* Ich meine Form-Niveau, Rhythmus, Eigenart, Ebenmaß, Harmonie, Niveau-Klassen oder ähnliches. Zur Intuition habe ich kein Vertrauen, und keine Kette ist stärker als ihr schwächstes Glied." —

Das klingt wie ein schweres Geschütz. Soweit hierin eine Komponente des Geschmackes steckt, kann man darüber nicht streiten; in Fall 16 sahen wir, daß auch in der ärztlichen Diagnose Intuition beteiligt ist. Wie viele bleiben dort zeitlebens unsichere Diagnostiker, weil sie „es nicht mitgebracht haben". Gleichmäßig für Ärzte wie Graphologen gilt in der Diagnose mit: „Wenn ihr's nicht fühlt, ihr werdet's nie erjagen." Das haben wir aber für die Medizin noch nie als Einwand gehört und bitten um gleiches Recht für die Graphologie. — Die Graphologie hat sich daran gewöhnt, vom („Nur"-)Psychologen unterschätzt zu werden. (Dafür mögen sie einige aus dem eigenen Nachwuchs manchmal überschätzen.) Aber „das Vorurteil gegen graphologische Interpretation der ausdruckshaltigen Schreibbewegung ist seit den bedeutenden Ergebnissen der Arbeiten von Klages nicht mehr zu vertreten". Mit diesem Zugeständnis hat der Psycho-Techniker und Arbeits-Psychologe Dr. Fritz Giese das Schlußwort gesprochen. —

3. Die Schriftprobe

Je mehr Schriftmaterial vorliegt, um so sicherer ist die Beurteilung frei von Beeinträchtigungen durch Zufall. Deshalb achten wir darauf, möglichst Schriftmaterial zu bekommen aus verschiedenen Zeitspannen. Der Schreiber benutze das gewohnte Schreibpapier in seinem gewohnten Format, Tinte der gewohnten Art und Flüssigkeit, die seiner Hand liegende Feder, richtige Schreibunterlage, Tisch von gewohnter Höhe. Bleistifte und besonders der gestrige Modeartikel „Kugelschreiber" sind unzulänglich. Postkarten gestatten kein zwangloses Schreiben, weil das Bemühen besteht, das kleine Format auszunutzen, „die Schrift stößt sich an den Rändern", die Möglichkeit der Auswertung der meisten Gliederungsmerkmale entfällt. Deshalb dürfen auch nicht Schnitzel von Briefen überreicht werden ohne Anrede oder Unterschrift. Die eigens für den Zweck der Untersuchung angefertigte Schriftprobe ist nur ein Notbehelf, weil sie nicht ungezwungen sein kann. Ebensowenig können Bewerbungsschreiben nebst dazugehörigem Lebenslauf als ungezwungen angesehen werden. Diese Forderung wird vielmehr allein erfüllt durch vertraute Briefe in einem Kreise, wo der Mensch sich völlig ungezwungen so gibt, wie er ist.

4. Gesamteindruck der Schrift

Da alle Schriftmerkmale in ihrer Bedeutung doppeldeutig*) (Klages) oder mehrdeutig (Pulver, O. Junge u. a.) sind, bedarf es eines Hilfsmittels, um unter mehreren Bedeutungen die zutreffende zu wählen. Die der führenden französischen und englischen Auffassung sind oben genannt. Der Gehalt an Lebensfülle ist nach Klages das Entscheidende: Jede Bewegung des Menschen hat das Gepräge der Eigenart, soweit sie von Leben getragen ist, in Sonderheit also die Schriftbewegung und deren bleibend gegenständlicher Niederschlag, die handschriftlich erzeugte Schriftgestalt. Wie sich innerhalb des Schriftfeldes das Leben des Rhythmus der Massenverteilung zeigt (aufgeteilt in den Verteilungsrhythmus der räumlichen Gliederung und den Ablaufrhythmus der Schreibbewegung), so ragt in Lebensfülle die eine Handschrift der anderen vor durch Überlegenheit an Eigenart und Ursprünglichkeit. Auch auf ebenmäßige Gliederung auf dem verfügbaren Raum ist zu achten. Den Lebensgehalt künstlerischer Gebilde nennt man „die Form". Und so liegt das Leben der Handschrift in der Stärke der Form. Lebendiger Rhythmus — als Wiederkehr des Ähnlichen in ähnlichen Zeitabschnitten — ist der Gegensatz zum toten Takt — Gleiches in gleichen

*) Vgl. S. 51.

Zeitabschnitten. Das klassische Beispiel für Rhythmus ist die Welle des Meeres. Dem Takt entspräche hier das menschengeschaffene Wellblech. Der Takt gehört nicht zum Leben. Versuchen Sie zu atmen nach dem Takte der Pendeluhr, zu singen nach der Begleitung des „elektrischen Klaviers". Wellblechschuppen am Meeresstrand — Takt und Rhythmus — Tod und Leben — „Der Geist als Widersacher der Seele": Titel des philosophischen Hauptwerkes von Klages.

Je höher der Eigenartsgrad einer Handschrift über der zeitgenössischen Schriftform steht, um so entscheidender gelten ihre Einzelzüge positiv — wie im umgekehrten Falle negativ. Wollen wir uns nun den Form- oder Lebensgehalt einer Handschrift völlig erschließen, so sollen wir fragen: Ist sie tief oder flach, voll oder leer, reich oder arm, dicht oder dünn, warm oder kalt? Die Stärke der Form erscheint als Teilgehalt des Ausdruckes, aber auch als Fülle, Dichtigkeit, Wärme, die Schwäche der Form gleichermaßen als Flachheit, Leerheit, Armut, Magerkeit, Kälte. — Man kann diese allgemeine Sicht bekämpfen, aber man kann ihr nur andere Namen geben, man kommt nicht ohne sie aus. Vergeblich haben sich Techniker, Mechaniker, Naturalisten um „Graphonomie" bemüht. — Hunderte und Hunderte von Schriftbildern müssen wir betrachten, um die allgemeine Sicht zu erlernen. Betrachten wir eines, dann konzentrieren wir uns völlig auf die Aufnahme des Ausdruckes dieses Schriftbildes, füllen uns saugfähig wie ein Schwamm, befreien uns von aller Vorliebe für die eine oder andere Schriftart, schalten völlig aus die beim Lesen sonst so beliebten Kategorien des „sympathischen" oder des „unsympathischen" Eindruckes einer Schrift, achten auch nicht auf die Rechtschreibung. Ganz besonders ist es verpönt, bei der Betrachtung einer Schrift deren Inhalt zu lesen (es sei denn, daß offensichtliche Anzeichen vorliegen für geistige Defekte des Schreibers). Wie wollten wir denn andernfalls fertig werden mit den Bewerbungsschreiben, die doch ausnahmslos nur verfaßt sind von den überlegensten Spitzenkönnern ihres Faches! Wir verschließen uns eben bei der Analyse gegen jede Beeinflussung aus anderen Quellen als dem Schriftbilde.

5. Die Schulvorlage

Lateinische Normalschrift

Als Schulvorlage wurde 1941 die sogenannte Normalschrift eingeführt. Ihr augenfälligstes Kennzeichen ist die geringe Längenunterschiedlichkeit: Beim f beispielsweise verhält sich die Höhe der Kurzbuchstaben — in der Mittelzone des dreiteiligen Liniensystems – zur Gesamthöhe etwa wie 1 : 2.

Die vorangegangene sogenannte Sütterlinschrift ist um 1923 eingeführt. Sie sah etwas weniger auf bewegungsparende Zweckmäßigkeit, denn sie zeigte noch eine Unterschiedlichkeit von 1:3 in deutscher und lateinischer Schrift übereinstimmend.

Vorher waren die Längenunterschiede noch größer bei den Schriften, die bis nach Ausgang des ersten Weltkrieges gelehrt wurden, nämlich in lateinischer Schrift 1:5 und in deutscher Schrift sogar 1:7.

B. EINZELNE SCHRIFTMERKMALE

6. Regelmäßigkeit und Unregelmäßigkeit (Reg-2, Unr-1)

Regelmäßig ist eine Schrift, die keine (erheblichen) Unterschiedlichkeiten aufweist bezüglich der drei Merkmale Größe, Weite, Neigungswinkel. Meist werden bei solchen Schriften die Zeilen praktisch gerade sein; sind sie aber gewunden, ziegelförmig fallend oder sonst „unregelmäßig", so beeinträchtigt auch dies die Regelmäßigkeit. Wir werden allerdings die nicht geraden Zeilen meist gepaart finden mit erheblichen Schwankungen bezüglich der genannten Merkmale der Buchstaben. Völlig regelmäßige Schriften kann natürlich Menschenhand nicht anfertigen, und selbst beim Druck der Maschinen zeigt das Mikroskop Unregelmäßigkeiten. Über die unbedeutenden Unregelmäßigkeiten der Handschriften sehen wir hinweg bei regelmäßiger Handschrift. Bei unregelmäßigen Handschriften sind diese Abweichungen erheblich. Die regelmäßigen Schriften rufen einen weniger lebendigen, starren, gespannten Eindruck hervor. Meist sind hierzu auch die Zuchtschriften zu rechnen wie Bild 32—1 und 42, vielleicht auch 20—3. Um regelmäßige Akte hervorzurufen, bedarf es des Einsatzes des Willens, um jede Unregelmäßigkeit zu unterdrücken, die aus gefühls- und triebmäßigen Quellen kommt. Regelmäßige Schrift spricht also einerseits für Stärke des Willens, gepaart mit Schwäche der Gefühlsseite. Unregelmäßige Schrift dagegen spricht für ein Überwiegen der Gefühle und Triebe über den Willen. Das allgemeinste Kennzeichen für die beiden Schriftmerkmale wäre also bei Regelmäßigkeit Vorherrschaft des Willens, bei Unregelmäßigkeit Vorherrschaft des Gefühles. Wir setzen nun dem als positiv bezeichneten Pol der Willensstärke den negativen der Gefühlskälte gegenüber; bei Unregelmäßigkeit dagegen dem positiven Pol der Gefühlsstärke den negativen der Willensschwäche. Manchem von uns ist vielleicht geholfen mit dem Hinweis, daß er sich die Eigenschaften (Allport bezeichnet sie bisweilen mit dem an Allgemeinheit nicht mehr zu übertreffenden Wort „Variable") vorstellt als Stabmagnete. Ihr eines Ende ist der positive, das andere der negative Pol. Dazwischen liegen alle denkbaren Abstufungen dieser „Variablen", es mögen Dutzende sein oder auch Hunderte, je nachdem wie grob oder fein abgestuft die Sprache diese „variable" Eigenschaft unterteilt hat. Diese Zahl ist durchaus nicht für alle Zeiten feststehend. Sie kann sich im Laufe fortschreitender kultureller Entwicklung oder psychologischer Forschung vermehren. Eigenschaftsgruppen lassen sich zurückführen auf weniger als 20 — Allports Beispiel eines Psychogramms nennt deren 14*) — während unsere Sprache für die bisher erkannten einzelnen Unterteilungen etwa 18000 Worte hat.

Eine Charaktereigenschaft ist nun niemals zu erkennen auf Grund nur eines einzigen Merkmales. Bevor wir uns auf Grund des Gesamteindruckes entscheiden, müssen wir stets die Einbettung der gerade untersuchten Eigenschaft in alle übrigen prüfen. Wir können deshalb beginnen mit besonders augenfälligen, ausdruckshaltigen, den „Dominanten".

Nach Obigem kann die folgende Übersicht aufgestellt werden für die Bedeutung der

Regelmäßigkeit (Bindung; Reg., 2) Vorherrschaft des Willens		und	Unregelmäßigkeit (Lösung; Unr., 1) Vorherrschaft des Gefühles	
+	—		+	—
Willensstärke	Gefühlskälte		Gefühlsstärke	Willensschwäche
Widerstandskraft	Nüchternheit		Gefühlslebhaftigkeit	Unbeständigkeit
Festigkeit	Gemütsarmut		Seelische Intensität	Wankelmut
Beständigkeit	Gleichgültigkeit		Leidenschaftlichkeit	Unberechenbarkeit
Entschiedenheit	Langweiligkeit		Impulsivität	Unbeharrlichkeit
Stetheit	Schablonenhaftigkeit		(Gemütswärme)	Unentschiedenheit
Ausdauer				Unentschlossenheit
Folgerichtigkeit				Ablenkbarkeit
„Konsequenz"				Planlosigkeit
Beharrlichkeit				Ziellosigkeit
(Ordnungssinn)				Verführbarkeit
(Pflichtgefühl)				„Inkonsequenz"

*) Dominanz — Nachgiebigkeit. Expansion — Zurückhaltung. Beharrlichkeit — Unbeständigkeit. Extraversion — Introversion. Selbstobjektivierung — Selbsttäuschung. Selbstsicherheit — Selbstunsicherheit. Geselligkeit — Vorliebe für Einsamkeit. Altruismen, soziales Verhalten — Egoismen, unsoziales Verhalten. Soziale Intelligenz, Takt — geringe soziale Intelligenz, Taktlosigkeit. Theoretisch — Nichttheoretisch. Ökonomisch — Nichtökonomisch. Ästhetisch — Nichtästhetisch. Politisch — Nichtpolitisch. Religiös — Nichtreligiös.

7. Rhythmus und Ebenmaß

Den Rhythmus lernten wir bereits kennen (Kap. 4), er ist der Maßstab des naturhaften Lebens. Das Ebenmaß wird uns gleichzeitig offenbar in der harmonisch befriedigenden räumlichen Gliederung innerhalb des verfügbaren Raumes. Eine Schrift ohne jeden Rand, oder bei der nachträglich noch die anfangs vorhandenen Ränder mit Nachschriften vollgestopft sind, kann uns nicht befriedigen, sie weist kein Ebenmaß auf.

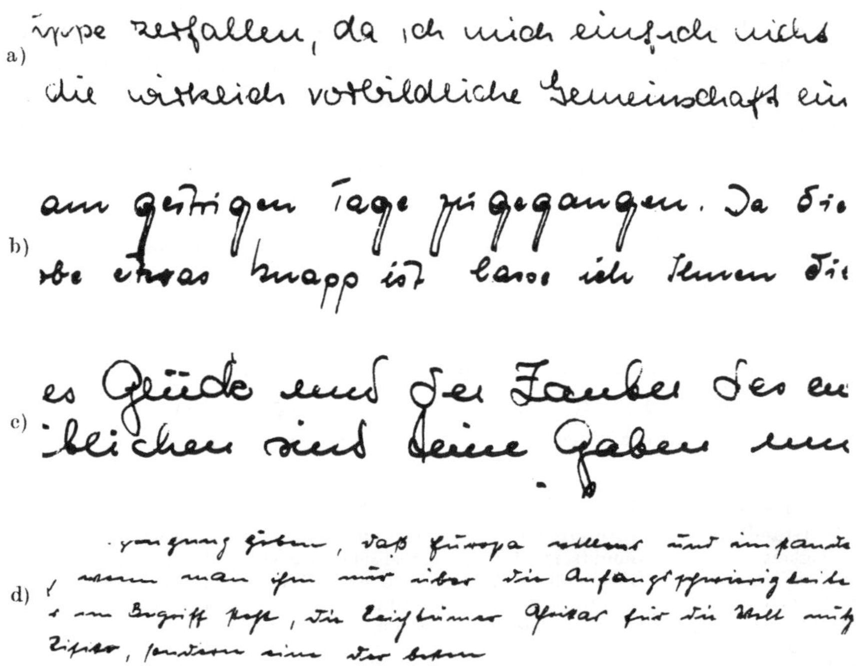

Bild 2. 4 Schriften verschiedenen Regelmäßigkeitsgrades: a: W 22; b: M 28; c: M 26; d: M 21. (Geschlecht und Alter des Schrifturhebers.)

In dem Maße, wie das Ebenmaß in dem Schriftbild fehlt, ist der Grad der persönlichen gefühlsmäßigen Ansprechbarkeit, Erregbarkeit, höher zu bewerten. Und umgekehrt: in gleichem Maße, wie wir das Ebenmaß der Gliederung als ausgeprägt feststellen, werden wir einen Mangel an persönlicher gefühlsbetonter Erregbarkeit bemerken.

Bindung: Mangel an Ebenmaß (Mebm. 4/6) Große Erregbarkeit		Lösung: Ebenmaß (Ebm. 3-5) Geringe Erregbarkeit	
+		+	
Aufgeschlossenheit	Störbarkeit	Gleichmut	Stumpfheit
Empfänglichkeit	Affizierbarkeit	Gelassenheit	Unempfänglichkeit
Zartheit	Reizbarkeit	Ruhe	Starrheit
Feingefühl	Irritierbarkeit	Beschaulichkeit	Indifferenz
Eindrucksvermögen	Verstimmbarkeit	„Harmonie"	Apathie
Sensibilität	Empfindlichkeit	(Heiterkeit)	Dickfelligkeit
Gewecktheit	Aufgeregtheit		
	Unruhe		
	Fahrigkeit		
	Launenhaftigkeit		
	(Krittelei)		
	(Sensationsbedürfnis)		
	(Neugierde)		
	(Klatschsucht)		

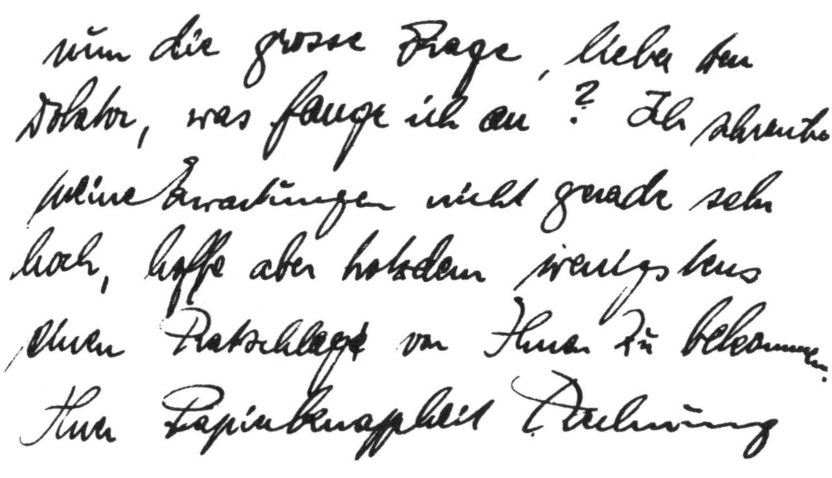

Bild 3. Unregelmäßige Schrift. M 47. Größe der Kurzlängen zwischen 2 und 7 mm. Enden der Zeilen enger als Anfänge. Neigungswinkel links steiler als rechts.

8. Verbundenheit und Unverbundenheit

Wir sind nun einmal bei unserer Arbeit angewiesen auf die Mittel und Möglichkeiten unseres menschlichen Verstandes. Versteht sich, falls wir uns desselben bedienen wollen (und nicht, wie die vorwissenschaftlichen Graphologen, mit der Intuition allein arbeiten), aber das müssen wir, wenn wir einwandfrei arbeiten wollen: frei von dem Einwand, daß ja unsere Ergebnisse nur Behauptungen seien, die wir „aus der Tiefe des Gemüts" schöpften, die wir aber nicht belegen oder beweisen könnten. Wir müssen also wissenschaftlich arbeiten. (Im Gegensatz etwa zum fahrenden orientalischen Deutungskünstler, der sich im Vorbeigehen ein paar Worte auf eine Zigarettenschachtel schreiben läßt und uns dann alles prophezeit, was wir wünschen.) Unser Verstand kann aber nur jeweils ein Merkmal gründlich durchforschen. Er muß daher suchen,

a)

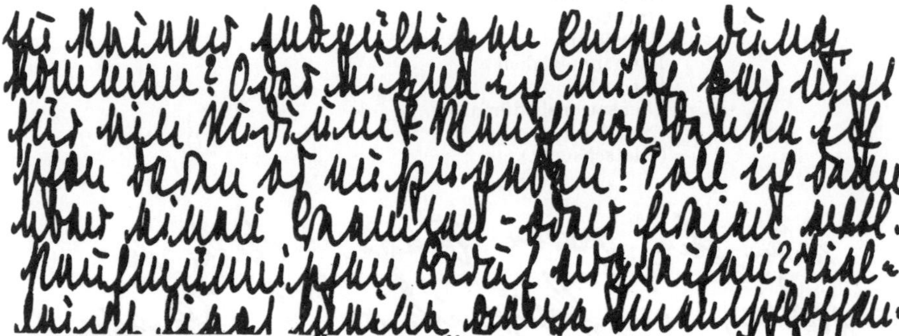

b)

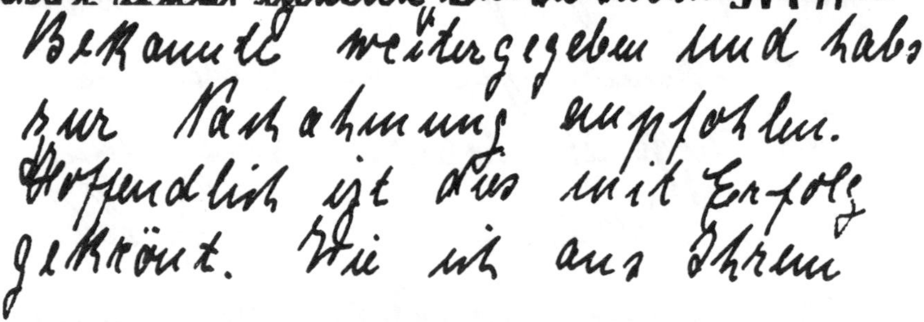

Bild 4. a) Verbunden. M 25. Noch stärker verbunden ist Bild 3. Rabrw = Linker Rand breiter werdend. Starke Zeilenverhäkelung. Girlandenbindung. b) Unverbunden. W 25. Raschmw = Rand schmaler werdend. Mäßige Zeilenverhäkelung. Gi.

das Schriftbild in möglichst viele sinnvolle untersuchbare und untersuchenswerte Einzelmerkmale aufzuspalten. Klages hatte den „überaus fruchtbaren und glücklichen Gedanken" (Wenzl) ein Bezugssystem einzuführen für die Schrifteigenschaften, nämlich nach Bindung und Lösung. Die Bindungsmerkmale entsprechen der Willensseite, die Lösungsmerkmale der Gefühlsseite. Zur Bindungsseite gehören also: Eingeengtheit oder Störung des Rhythmus und des Ebenmaßes, Formverminderung, Verstand, Stabilität, Stauung, Verzögerung, Egoismen.

Das Ich, Introversion (nach innen gekehrt), Zentripetalität, Selbstbehauptung, Straffheit. Entsprechend gehören zur Lösungsseite die Gegensätze: Lockerung, Ungestörtheit des Rhythmus und des Ebenmaßes, Extraversion (nach außen gekehrt), Gefühle, Formenvermehrung, Unbefangenheit, Labilität, Beschleunigung, Selbsthingabe, Altruismen. Das Du, Zentrifugalität, Laschheit.

Wir befreunden uns vielleicht am leichtesten mit dieser Aufteilung, wenn wir in der Lösungsseite den Antrieb aus Trieb und Gefühl heraus sehen, in der Bindungsseite aber die Hemmung aus Stabilität und Verstand. Lassen Sie uns noch eine Stufe weiter vereinfachen: Lösung und Motor, Verstand und Bremse. Das Ergebnis dürfen wir bezeichnen als Temperament. Das Bild läßt sich bis zu Knall und Trümmern des Verkehrsunfalles aus dem Vergleich mit dem mehr bis gar nicht gebremsten Auto weiterführen. —

Wir nennen in der Überschrift stets an erster Stelle das Merkmal der Bindung, an zweiter Stelle das der Lösung, und entsprechend sind die Tabellen aufgebaut. Wenn wir uns nun eine Übersicht der Merkmale anfertigen für spätere Deutungsarbeit, so können wir sie mit Abkürzungen bezeichnen. Wir verwenden die von W. H. Müller vorgeschlagenen. Noch einfacher ist die Kennzeichnung der Merkmale durch gerade und ungerade Ziffern. Wir bringen die von uns vorgeschlagenen Nummern in den Kapitel-Überschriften, und Sie werden es schnell heraushaben, nach welcher Methode wir die Merkmale numerieren. Wenn Sie jetzt auf der einen Seite eines senkrechten Striches die gefundenen geraden und auf der anderen Seite die ermittelten ungeraden Kennziffern der Merkmale anordnen, dann übersehen Sie mit einem Blick: hier überwiegt die Lösungsseite, dort überwiegt die Bindungsseite. So gewinnt Ihr Eindruck von der Person des Schrifturhebers immer festere Gestalt. Sie können auch einzelne Merkmale zu Gruppen zusammenfassen, etwa die der Ganzheit, die mehr verstandesmäßigen oder ordnenden, und werden sich so wieder weitere Ergebnisse ihrer Deutung vorbereiten. —

Der verbunden schreibende Mensch hat vor sich den Plan, was er denkt und sagen will. Er äußert sich also planmäßig, geordnet, übersichtlich, zusammenfassend. Wer dagegen unterbrochen schreibt, den leitet nicht Ordnungsbedürfnis, er denkt und äußert sich entsprechend seinen Einfällen, aber nicht planmäßig und systematisch, bei ihm liegen nicht gedankliche Knüpfung, Konzentration und Logik, sondern Intuition und unmittelbare Anschauung voran. Der unverbunden Schreibende würde also empirisch sammelnd die Einzelbefunde nebeneinander sehen, die Stärke seiner Geistesart wird mehr im Aufnehmen liegen, ihm entspräche mehr künstlerische Richtung und Gefühlserregbarkeit, an erster Stelle ständen bei ihm Tatsachensinn und Beobachtungsgabe. Dies sind einzelne Seiten des „haftenden" Charakter-Typs, denen der „schweifende Typ" des verbunden Schreibenden gegenübersteht. Er umfaßt die mehr abstrakten Köpfe, denen „das geistige Band" wichtiger ist als die Einzelbefunde, denen mehr die produktive, aktive (männliche) Geistesart entspricht mit geringerer Gefühlserregbarkeit und mehr wissenschaftlicher Betätigung (Klages).

Unverbundenheit
(Unv 8)

Anlagen und Interessen	Umwelteinstellung und Wertmaßstäbe	Ablauf, Struktur und Aufbau	Selbstbewußtsein
Tatsachensinn Beobachtungs- und Sammeltrieb Analytisches Denken Eindrucksgedächtnis Theoretische Interessen Haftende Denkungsart Denk- und Gefühlshemmungen Aussetzen der Assoziationen Kurzer Verstand Beziehungsloses Denken Unlogik	Anpassungsunfähig Sprunghaftigkeit Unberechenbarkeit Launenhaftigkeit Inkonsequenz Verbohrtheit Geiz Leistungsstörungen Unüberlegtheit Projektemacher „Utopist"	Desintegration aus zu starker Bewußtheit oder vitaler Gestörtheit Konfliktnaturen Hemmungen (Schizothym)	Unsicherheit Angst

Verbundenheit
(Verb 7)

Anlagen und Interessen	Umwelteinstellung und Wertmaßstäbe	Aufbau, Struktur und Ablauf	Selbstbewußtsein
Kombinationsgabe Logik, Systematik Synthetisches Denken Systemfreude Neigung zu Verallgemeinerungen Tatsachenblindheit Schweifendes und beziehendes Denken Spekulation Dialektik Assoziationsleichtigkeit Ideenflucht	Vordenkliche Berechnung Überlegung Konsequenz Anpassungsbereitschaft an praktische Forderungen Konzilianz Bindung an Gewohnheiten und Sitten Unselbständigkeit Einordnungsbereitschaft Verbindlichkeit	Integration aus mangelnder Bewußtheit (Zyklothym)	Sicherheit Ungehemmtheit Kontaktfähigkeit

Die bisherigen Merkmale haben uns wesentliche allgemeine Kennzeichnungen der Persönlichkeit gegeben. Die folgenden fünf Abschnitte beleuchten vornehmlich die Verstandesartung (auf der Bindungsseite) und auf der Lösungsseite die entsprechenden gefühlsmäßigen Charakterzüge.

9. Gegliedert (Geg-10) Ungegliedert (Ung-9)

Die völlig mißglückte Ungegliedertheit der Angstschrift in Bild drängt bereits die Folgerung nach pathologischen Ursachen auf.

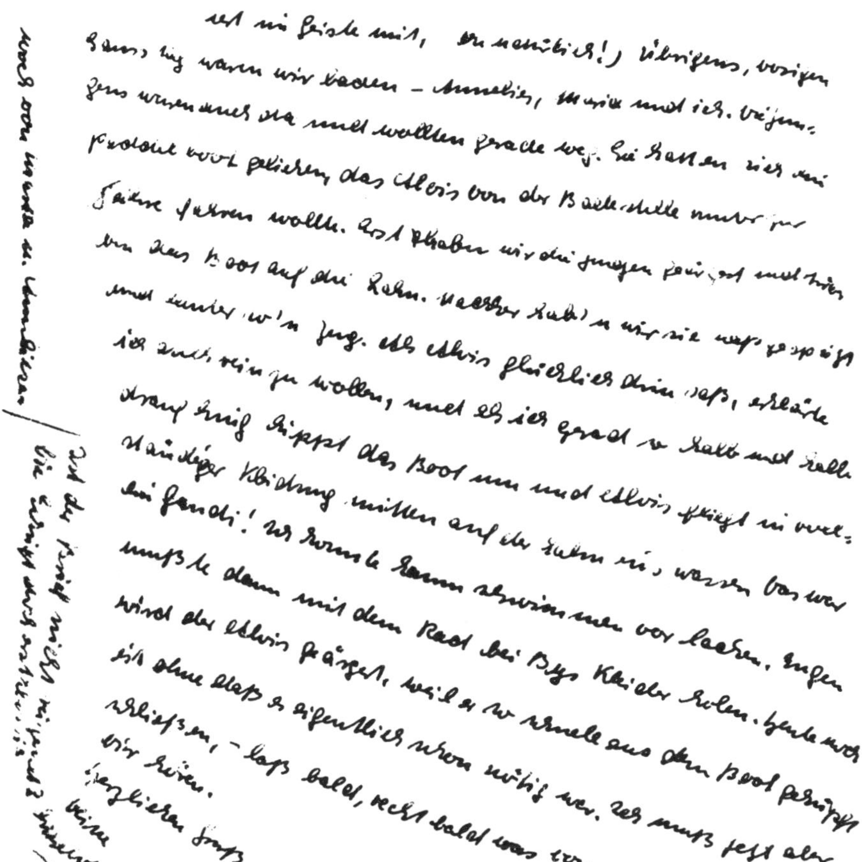

Bild 5. W 22. Derartig völlig mißratene Ungegliedertheit ist bereits in pathologischer Hinsicht bedenklich.

Eine gute Gliederung sowohl auf der ganzen Blattfläche wie in der Zeile spricht für Übersicht, Umsicht, Klarheit. Herrschen hier aber Mißverhältnisse, drängt sich der Text gegen Ende, oder ist der Rand gar zu erheblich verbreitert oder verschmälert, so entsprechen diesen Mißverhältnissen Unklarheit, Disharmonie, Mangel der Fähigkeit, umsichtig zu disponieren und größere Aufgaben klar zu überschauen. Der Abstand zwischen den Zeilen oder den Worten kann groß oder klein sein. Die gerade Zeile kann sowohl liegen in der Richtung von Beharrlichkeit, Festigkeit und Treue, wie auch von Gleichmut, Ordnungssinn, Mangel an Feinfühligkeit und Unlebendigkeit. Der gewundenen Zeile mögen entsprechen Stimmungsschwankungen und Gesinnungswechsel, Unsicherheit, Unzuverlässigkeit, aber auch Anpassungsfähigkeit, Weltgebundenheit.

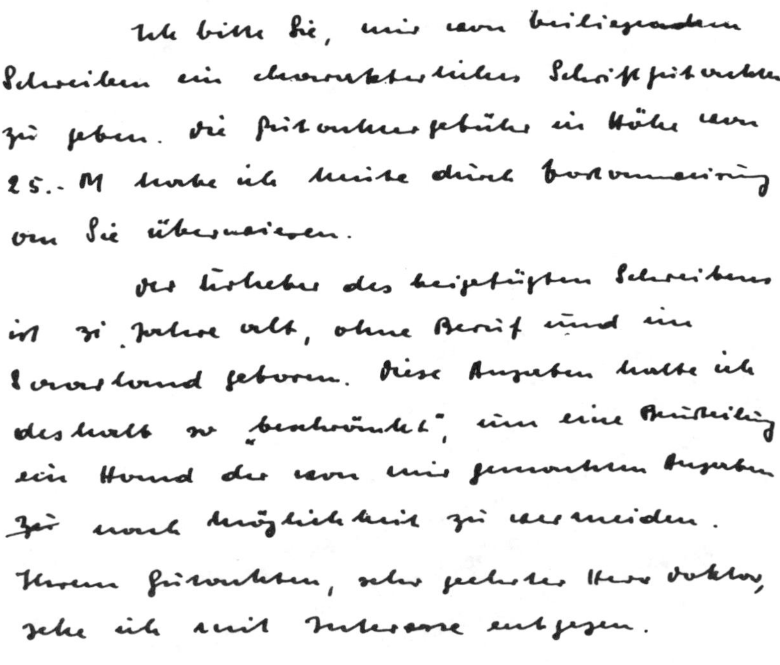
Ich bitte Sie, mir vom beiliegenden Schreiben ein charakterliches Schriftgutachten zu geben. Die Gutachtergebühr in Höhe von 25.- M habe ich heute durch Postanweisung an Sie überwiesen.

Der Urheber des beigefügten Schreibens ist 30 Jahre alt, ohne Beruf und im Saarland geboren. Diese Angaben habe ich deshalb so „beschränkt", um eine Beurteilung an Hand der von mir gemachten Angaben zu noch Möglichkeit zu vermeiden. Ihrem Gutachten, sehr geehrter Herr Doktor, sehe ich mit Interesse entgegen.

Bild 6. M 30. Gegliedert. Bild 6 zeigt ein klar gegliedertes Schreiben mit geraden, leicht steigenden Zeilen und deutlicher Unterteilung in Absätzen, klare Anordnung des Datums, Absenderangabe und Briefschluß. Der linke Rand ist nach unten leicht verbreitert.

Da jedes Wort einem bestimmten Begriff entspricht und also einen bestimmten Sinngehalt mitteilt, so entspricht ein deutlicher, großer Zwischenraum einem klaren Denken und klarer Bestimmung und Abgrenzung aller Begriffe und Sinngebungen voneinander. Die Übersteigerung der Wortzwischenräume kann dann sprechen für ein Zerflattern der Begriffe und ein Verlorengehen des Zusammenhanges und des verbindenden Sinnes, so daß der Schreibende gerade das logisch Bindende nicht mehr erkennt und ihm die Umwelt in Einzeltatsachen zerfliegt. Fehlende Wortzwischenräume lassen entsprechend schließen auf Unklarheiten des Denkens. Die Begriffe, Einzelwahrnehmungen und der Sinn der Dinge sind in Gefahr durcheinanderzu kommen. Ähnlich steht es mit der Bedeutung des Zwischenraumes der Zeilen, wo ebenfalls

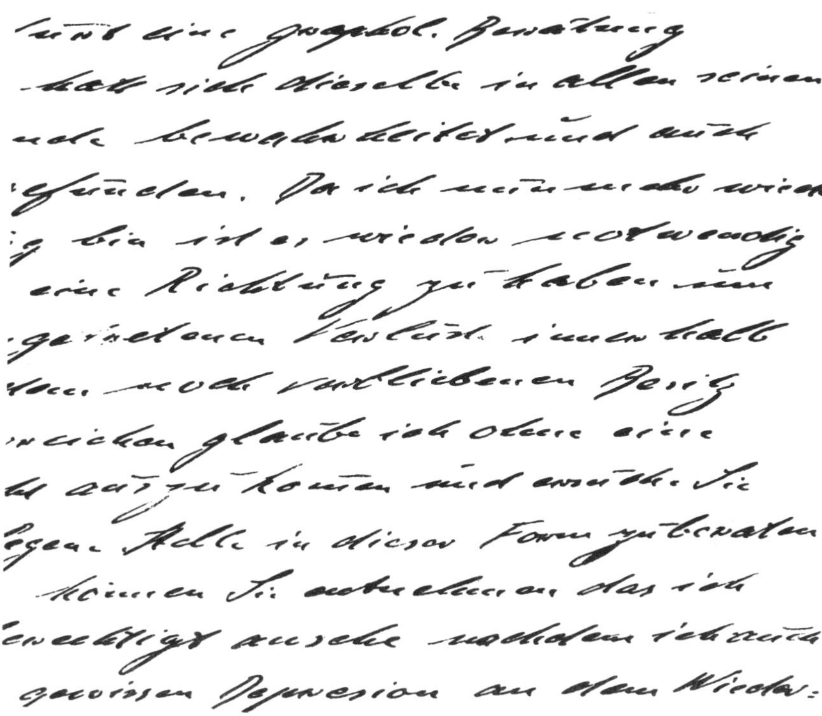

Bild 7. M 55. Ungegliedert. Bild 7 zeigt ein ungegliedertes Schreiben. Linker Rand ist gleichbleibend breit. Postkarten geben über Gliederung keine brauchbaren Aufschlüsse. Es ist also nur die volle Briefseite auswertbar.

dem größeren Abstande bis zu einem gewissen Grade die größere Klarheit entspricht. Das Ineinanderverhäkeln der einen Zeile mit den Oberlängen der nächsten entspricht buchstäblich vergleichbar dem Durcheinanderlaufen der einzelnen Gedankenabläufe und Betätigungsgebiete.

Gliederung (Geg 10) Ordnungsbedürfnis			Ungegliedertheit (Ung 9) Erlebnisabhängigkeit	
Normale Gliederung	Betont weite Gliederung	Übertriebene u. mißlungene Gliederung	In normaler Ausprägung	Übertrieben dichte Wort- u. Zeilenabstände
Begriffliches Denken Unterscheidungsgabe Einteilungsgabe Übersicht Umsicht Klarheit Bewußtheit Prinzipiell geordnetes Weltbild (intellektuelle, ästhetische, ethische Vernünftigkeit)	Persönlicher Raumanspruch Souveränität Weitblick Großzügigkeit Verschwendung Icherweiterungstendenzen (Machtanspruch des Politikers, des Großindustriellen, der „großen Dame" etc.)	Selbstbeobachtungshang Ichisolierung Kontaktlosigkeit Weltfremdheit Hilflosigkeit Neurotische Veranlagung Ressentiment Entwurzelung Intellektualismus	Erlebnisabhängiges Denken Eindrucksgedächtnis Anschauungsfreude Nahsinn Kontaktgefühl Umweltabhängigkeit Aufdringlichkeit Distanzlosigkeit Herdeninstinkte Unklares Denken Unselbständiges Urteil	Verschwommenes Denken Verworrenheit Fixe Ideen Besessenheit Wahnvorstellungen

10. Vereinfachung — Bereicherung

Werden die Formen der Schulvorlage durch die Persönlichkeit so abgewandelt, daß sie vereinfacht werden, und zwar in einer einfachen

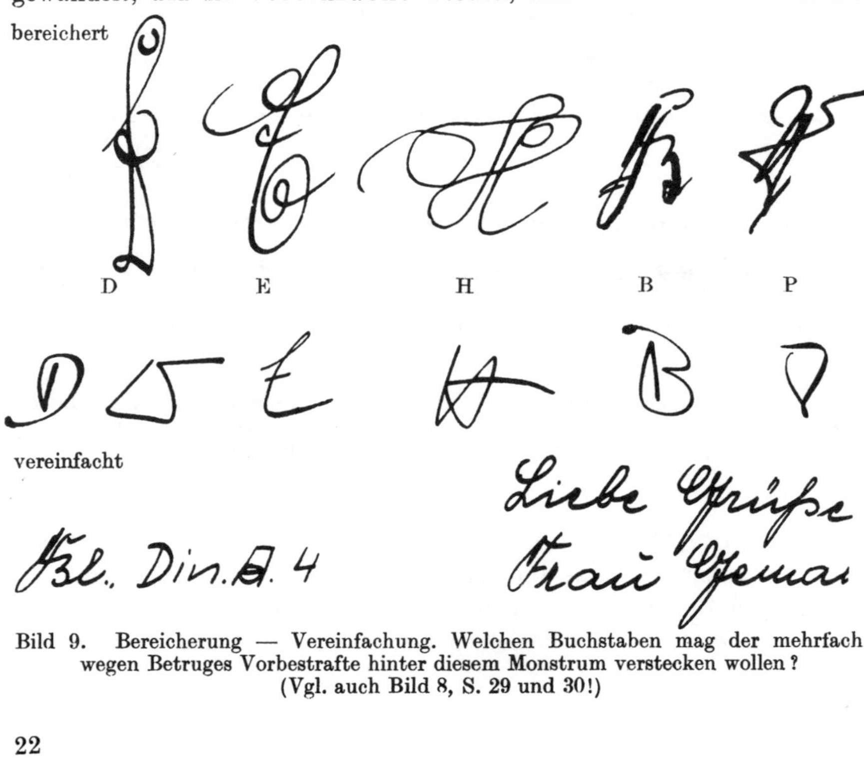

Bild 9. Bereicherung — Vereinfachung. Welchen Buchstaben mag der mehrfach wegen Betruges Vorbestrafte hinter diesem Monstrum verstecken wollen? (Vgl. auch Bild 8, S. 29 und 30!)

und vielleicht allein schon ästhetisch befriedigenden Weise, jedenfalls aber zweckmäßig, so läßt das auf entsprechende Eigenschaften des Schreibers schließen. Werden dagegen die Formen der Vorlage bereichert, mit Rankenwerk, Arabesken, Zierstrichen, Schnörkeln und sonstigem Beiwerk verziert, so ist in der Mehrzahl der Fälle keine andere Deutung als eine negative zu finden. Allenfalls könnte noch auf die überlegene Heiterkeit und den Optimismus des alle auslachenden Witzboldes gefolgert werden.

11. Magerkeit — Völle

Den Wert von Magerkeit oder Völle gewinnen wir durch Schätzung aus den Schleifen der Schrift. Wir deuten sie entsprechend der Symbolik des Schriftfeldes, je nachdem es sich um Kurzlängen in der Höhe des i — um Unterlängen unter der Schriftlinie — oder um Oberlängen über der Kurzzone des i handelt. In der Völle liegt Betonung bis Überbetonung, in der Magerkeit entsprechende Unterbetonung, Uninteressiertheit. Selten finden wir in allen Zonen den gleichen Grad der Flächigkeit. Sind die

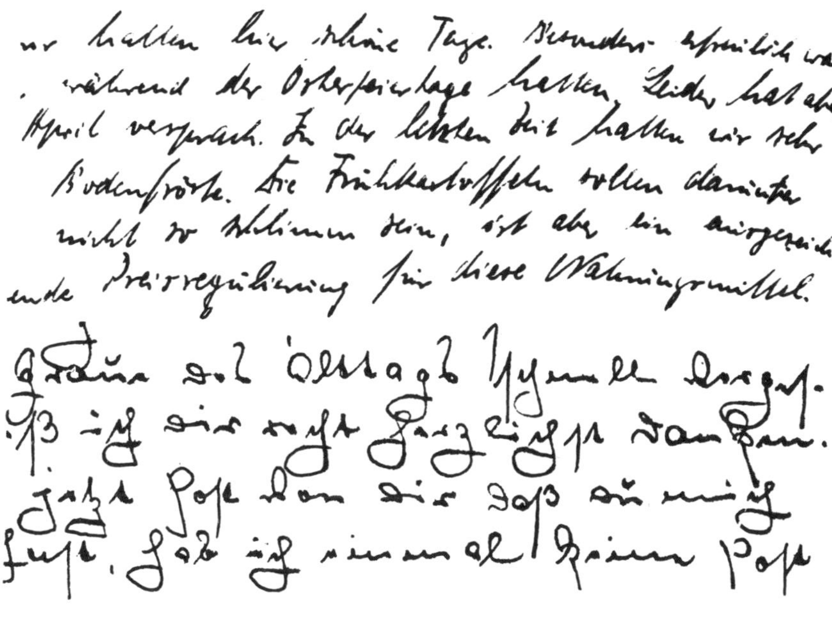

1)

2)

Bild 10. Magerkeit und Völle. 1. M 45. Höherer Beamter der Sozialversicherung. Magere Schleifen, meist teigig zugelaufen. Mittelzone — a und o — weniger mager. 2. M 31. Ingenieur. Stärkste Völle in den linksläufigen Unterlängen; Oberlängen zeigen Verkümmerungen, linksläufige „religiöse Schleife" des Schluß-s, doppelt geknickte Schleife des b in Zeile 4. — Vgl. Bild 27.

Kurzlängen voller als die Langlängen, so wird alles Persönliche betont. Wir schließen auf persönliche Anteilnahme, Gefühlsübertreibungen, subjektive, einseitige narzistische Selbstbespiegelung. Paart sich diese Erscheinung mit Linksläufigkeit, so bedeutet das eine Sicherung und Unterstreichung unserer Wertungen. Sind die Kurzlängen magerer als die Langlängen, so folgern wir auf geringe seelische Lebendigkeit, materiell betonte Persönlichkeit; wir erwarten Sachlichkeit, Nüchternheit, persönliche Unberührbarkeit, neurotische Gefühlslosigkeit. Übertreibung durch Völle kann folgen aus selbstanbeterischem Kult mit Seelischem.

Magerkeit
(Ma-14)

Anlagen und Interessen	Umwelteinstellung und Wertmaßstäbe	Ablauf, Struktur und Aufbau	Selbstgefühl
Urteilsbestimmtheit Kritik Scharfsinn Abstraktionsfähigkeit Theoretische Denkbegabung Sachlichkeit Mangel an Vorstellungsgabe Mangel an Anschauung Phantasielosigkeit	Disziplinierheit— Unbestechlichkeit Entschiedenheit — Ernst, Rationalismus Nüchternheit Herbheit, Strenge Humorlosigkeit — Geradheit, Puritanismus Trägheit des Herzens Prüderie Einseitigkeit Gefühlsscheu	Äußerungs-Betonung des hemmenden Intellekts	Schüchternheit Ängstlichkeit Empfindlichkeit Verlegenheit

Völle
(Vö-13)

Anlagen und Interessen		Umwelteinstellung und Wertmaßstäbe		Ablauf, Struktur und Aufbau	Selbstgefühl
Vorstellungsgabe Anschauungsvermögen Konkretes Denken Verstandesschwäche Kritiklosigkeit Unsachlichkeit Geistige Verschwommenheit	Gefühlsreichtum Phantasie Humor Einbildungskraft Phantastik Wunschbilder Verworrenheit	Gemüthaftigkeit Warmherzigkeit Gefühlsansprechbarkeit	Gefühlsurteil Subjektivität Eindrucksabhängigkeit Neigung zu Übertreibungen	Betonung d. Seelischen	Ichauftrieb Behäbigkeit Geschwollenheit Wichtigtuerei Breitspurigkeit Dreistigkeit

12. Schärfe und Teigigkeit

(Schä-16 — Tei-15)

Die scharfe Schrift entsteht durch Kurzhaltung des Griffels. Wir schließen auf Selbstdisziplin, Unfähigkeit zum Lebensgenuß, Genauigkeit, Sorgfalt. Teigigkeit entsteht durch lange Fassung des Schreibwerkzeuges, wobei zwar die eine Kante des Schriftzuges von der Spitze scharf gezogen wird, die andere aber, die zum Körper hin liegt, wird durch das unregelmäßige Abreißen der zwischen Papier und Feder haftenden Tinte unregelmäßig, unscharf und ausgezackt in der Kontur.

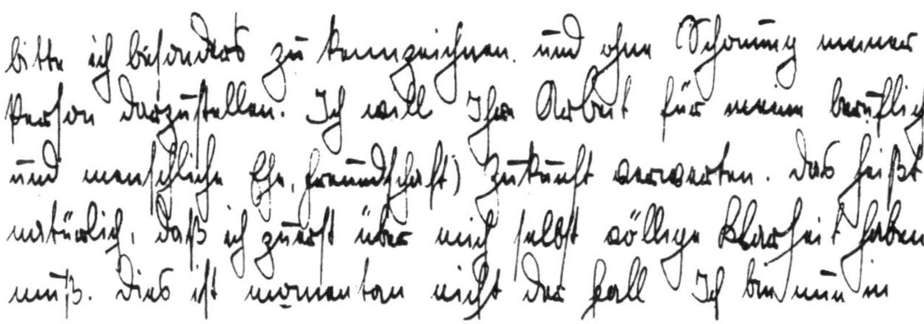

1)

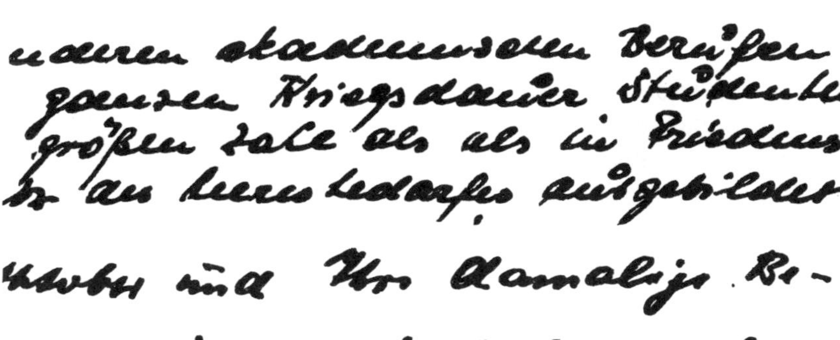

2)

Bild 11. 1. M 28. Kaufmann. Schärfe. — Unterlängenbetonung. Gerade Zeilen, Verhäkelung. — 2. M 30. Arzt. Teigig. — Linksläufig: u-Haken, kleiner werdende Wortenden. Ausreichend klare Zeilen. — 3. M 32. Bildender Künstler. Teigig. — Ziegelförmig fallende Zeile, klare Zeilengliederung.

Sie zeigt Sinnlichkeit, Ursprünglichkeit, bisweilen Farbsinn, Sensibilität, Unbekümmertheit, Triebhaftigkeit, Disziplinlosigkeit und Mangel an Geistigem.

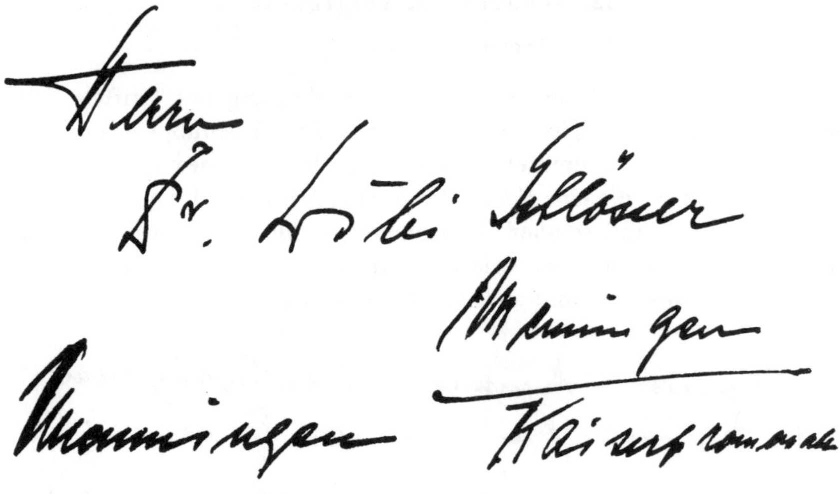

Bild 12. W 40. Optikermeisterin. Teigig. Teigigkeit zeigt sich auch in den neun zugelaufenen Schleifen, nicht nur im ausgezackten Unterrand des a — Vergrößerung. Linksläufigkeit im Anstrich des H. — Höchste Unregelmäßigkeit in den beiden l von Willi. — An Stelle der erforderlichen sechs weisen die mm in Memmingen nur vier Grundstriche auf; ein anderes Mal — links — deren fünf (vgl. Bild 16 und 17).

Bindung		Lösung	
Schärfe		Teigigkeit	
(16 = Schä)		(15 = Tei)	
+	—	+	—
„Spiritualität"	Mangel an Anschauungskraft	Anschauungsfreude	Mangel an Geistigkeit
Feinfühligkeit Reizsamkeit Sensibilität	Begrifflichkeit Gedankenblässe	„Sensualität" „Ursprünglichkeit" (Farbensinn)	Grobbesaitet Derbheit Dickfelligkeit
+	—	+	—
Selbstdisziplin	Sinnlichkeitsmangel	Triebhaftigkeit	Mangel an Selbstdisziplin
Haltung Straffheit Bestimmtheit Entschiedenheit	Genußfähigkeit Gezwungenheit Asketik	Sinnlichkeit Lebensfreude Genußfähigkeit Ungezwungenheit (Abwechslungsbedürfnis)	Sichgehenlassen Liederlichkeit Ausschweifungshang Vergnügungssucht

13. Kleinheit und Größe.

(Kl-18 — Gr-17)

Über die Größe der Schrift entscheidet die Länge der Kurzbuchstaben, die man über drei Millimeter groß, unter zwei Millimeter klein nennt (vgl. Bild 13). „Wer klein schreibt, stellt geringe Ansprüche an die Triebfülle und an das Leben"; umgekehrt hohe, wer groß schreibt. Dieser Dimension entspricht weiter die ganze Lebensäußerung der Person, ihr Platzbedarf, ihr Einfluß, ihre Wünsche, ihr Streben nach Verfügungsmacht. Klages spricht bei der Größe von Pathos bzw. dessen Mangel. Je nach dem Lebensgebiet, auf dem sich die jeweils untersuchte Eigenschaft äußert, ist sie der einen oder anderen Gruppe der folgenden Übersicht zu entnehmen. Kleinheit der Schrift verleitet übrigens zu den größten Fehlgriffen bei der Deutung.

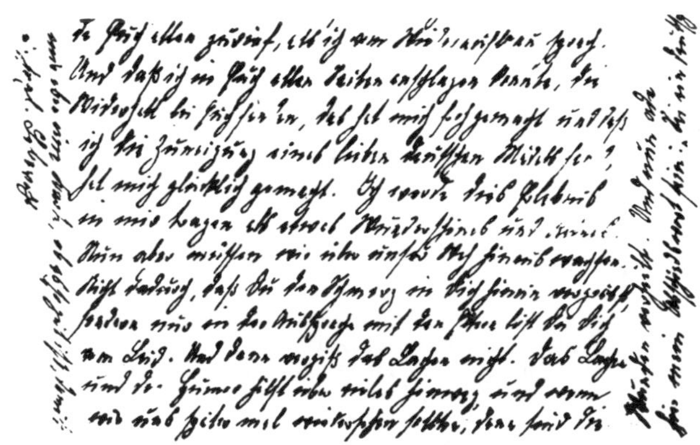

1)

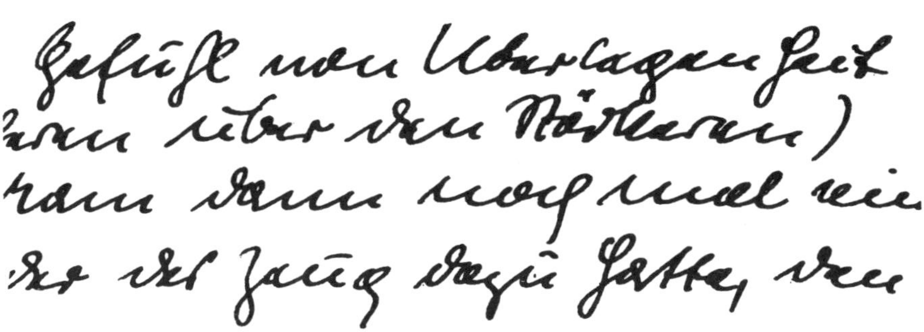

2)

Bild 13. 1. M 30. Dozent. Kleinheit. — Unverbundenheit. Nach links ausgewehte Unterschleifen der h, Schleifen nicht durchgezogen. Übergewicht der Unterlängen. — 2. W 40. Künstlerisch, philosophisch, naturwissenschaftlich interessiert. Größe. — Verbundenheit, einige i-Punkte und u-Haken sind eingebunden. Oberlängenbetonung

Kleinheit
(Kl-18)

Anlagen und Interessen	Umwelteinstellung und Wertmaßstäbe		Ablauf, Struktur und Aufbau	Selbstgefühl
Wirklichkeitssinn Realismus Beobachtungsgabe Konzentrationsgabe Aufmerksamkeit Feinfühligkeit Gründlichkeit Präzision	Sachlichkeit Unparteilichkeit Besonnenheit Bedachtsamkeit Pflichtgefühl Sammlung Umsicht Liebe zum Detail Sinn für Häuslichkeit	Beschränktheit Engherzigkeit Pedanterie Kleinlichkeit Kurzsichtigkeit Trockenheit Nüchternheit Schwunglosigkeit	Betonung alles Generellen Mäßigung Hemmung	Demut Ehrfurchtsfähigkeit Frömmigkeit Bescheidenheit Anspruchslosigkeit Genügsamkeit Ergebenheit Friedfertigkeit Fügsamkeit „Duldernatur" Kleingläubigkeit Selbstzweifel Kleinmut Ängstlichkeit Selbstquälerei Verkrochenheit Verstocktheit Feigheit Duckmäuser Kriecher

Größe
(Gr-17)

Anlagen und Interessen	Umwelteinstellung und Wertmaßstäbe		Ablauf, Struktur und Aufbau	Selbstgefühl
Schwung Elan Weitblick Begeisterungsfähigkeit Leidenschaftlichkeit Mut Kühnheit Mangel an Wirklichkeitssinn Kritiklosigkeit Fahrigkeit Zerstreutheit Konzentrationsunfähigkeit Flüchtigkeit	Großzügigkeit Großherzigkeit Verehrungsdrang Illusionismus Unternehmungslust Einsatzbereitschaft Tatendrang Freimut Enthusiasmus	Gefühlsgebundenheit Naivität Subjektivität Parteilichkeit Unvorsichtigkeit Leichtsinn Verschwendung Maßlosigkeit Übermut Schwärmerei Gewissenlosigkeit Inkonsequenz Rücksichtslosigkeit Taktlosigkeit	Betonung alles Personellen Überspanntheit Exaltiertheit	Stolz „Ahnenstolz" Vornehmheit Würde Feierlichkeit Ernst „Sich berufen fühlen" Feudalismus Ritterlichkeit Großmut „Noblesse oblige" Herrennatur Unabhängigkeitssinn Repräsentationsgabe Hoffart Aufgeblasenheit Anmaßlichkeit Großsprecherei Dünkel Hochmut Befehlshaberei Despotie „Prätention" Eingebildetheit Größenwahn

14. Langsamkeit und Eile

(La-20 — Ei-19)

Es kennzeichnet die eilige Schrift	im Gegensatz zur nichteiligen (langsamen) Schrift
1. zügige Schriftführung	unzügige Schriftführung
2. wachsende Langlängenschrägheit	gleichbleibende Längenschrägheit
3. Kürzung des Schreibweges	keine Wegkürzung
4. Oberzeichen strichförmig	Oberzeichen formgerecht
5. Oberzeichen voreilend	Oberzeichen richtungsgenau
6. Tendenz zur Höhe der O. Z.	Tendenz zur Niedrigkeit der O. Z.
7. Tendenz zu kurviger Schrift	Tendenz zu winkeliger Schrift
8. Auftauchen von Eilefaden	keine Eilefaden
9. Höherer Verbundenheitsgrad, eingebundene O. Z.	mehr Unterbrechungen
10. Tendenz zur Weite	Tendenz zur Enge

Der langsame Schreiber läßt sich Zeit zum Erwägen und Abwägen. Er ist ruhig und gelassen; bei negativer Auslegung fehlt es an der Kraft des Willens, an Aktivität, er verhält sich untätig oder er ist uninteressiert (vgl. Bild 1—7).

Eile spricht für Aktivität, Vorwärtsdrang, Zielstrebigkeit. Willensmotive sind vorherrschend. Die Hindernisse gelten dem eilig Schreibenden

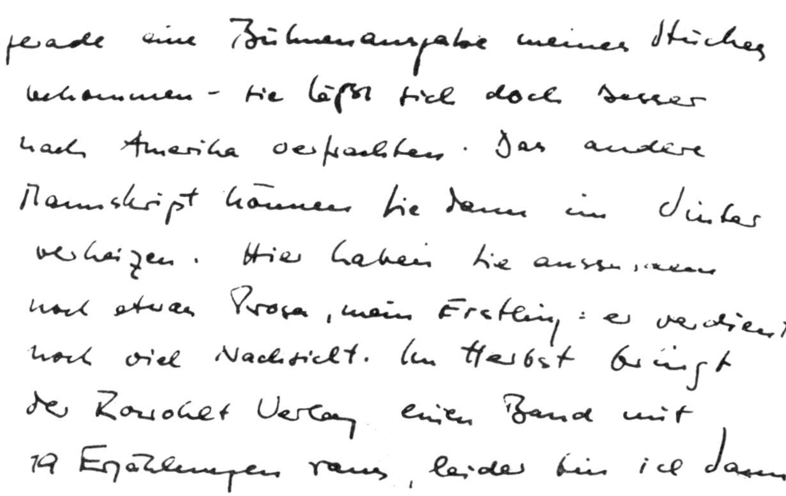
gerade eine Bühnenausgabe meines Stückes
bekommen - Sie läßt sich doch besser
nach Amerika verpflanzen. Das andere
Manuskript können Sie dann im Winter
verheizen. Hier haben Sie außerdem
noch etwas Prosa, mein Erstling: er verdient
noch viel Nachsicht. Im Herbst bringt
der Rowohlt Verlag einen Band mit
19 Erzählungen raus, leider bin ich dann

Bild 8. 1.

als gering, groß sieht er nur seinen Zweck, dessen Anziehungskraft ihn ansaugt. Lebhaft ist auch die innere Ansprechbarkeit, die sich richten

2)

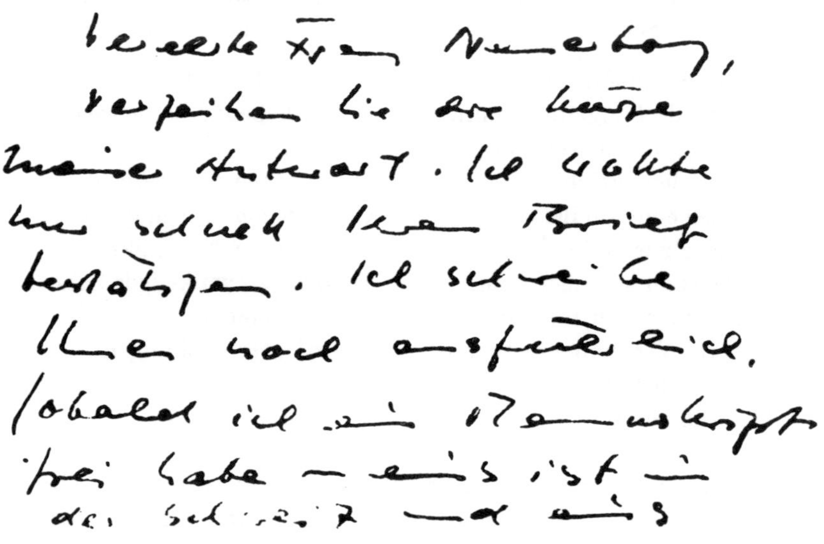

Bild 8, 2. M 25. Schrift Wolfgang Borchert †. 1 zeigt die starke Eigenart der wohlgelungenen Vereinfachungen in der eiligen Schrift des Dichters. 2 ist in lebhaftestem Tempo geschrieben und zeigt — gegen Schluß zunehmend — gesteigerte Vereinfachung und Eilefäden

kann an Verstand, Wille oder Gefühl (vgl. Bild 8), und es ergibt sich im einzelnen die folgende Übersicht:

Langsamkeit
(La-20)

Anlagen und Interessen	Umwelteinstellung und Wertmaßstäbe	Ablauf, Struktur und Aufbau	Selbstgefühl
Verstand:			
Haftendes Denken	Bedächtigkeit	Phlegma als	Verzagtheit
langsame Auffassung	Beständigkeit	Gehemmtheit und	Sieht mehr
Detailinteresse	Verläßlichkeit	Gestautheit	Hindernisse als da
Tatsachensinn	Vorsicht	Schwerfälliger	sind
Konkretes Denken	Besonnenheit	Ablauf	Furchtsamkeit
Ungewecktheit	Gelassenheit	Starre	
Begriffsstutzigkeit	Anhänglichkeit	Stagnation	
Sturheit	Seßhaftigkeit	Gequältheit	

Anlagen und Interessen	Umwelteinstellung und Wertmaßstäbe	Ablauf, Struktur und Aufbau	Selbstgefühl
Wille:	Konservatismus		
Passivität	Behaglichkeit		
Umständlichkeit	Behäbigkeit		
Unschlüssigkeit	Sorgfalt		
Unentschiedenheit	Förmlichkeit		
Schläfrigkeit	Verbohrtheit		
Faulheit	Zaudersucht		
Gefühl:	Pessimismus		
Gemütsschwere			
Beschaulichkeit			
Gleichmut			
Ruhe			
Indifferenz			
Apathie			
Stumpfheit			
Verblödung			

Eile
(Ei-19)

Verstand:			
Rasche Auffassung	Leichtblütigkeit	Sanguiniker	Draufgängertum
Kombinations-	Impulsivität	Lebhafter Antrieb	Sieht die
fähigkeit	Optimistische	Elan	Hindernisse nicht
Geistige	Einstellung	Hemmungslosigkeit	Übernimmt sich
Beweglichkeit	Umstellungs-	Flottheit	leicht
Gewecktheit	bereitschaft	Reibungsloser	
Schweifendes	Sorglosigkeit	Ablauf	
Denken	Abwechslungs-	Temperament	
Flüchtiges Denken	bedürfnis	Gehetztheit	
Gedankenlosigkeit	Unfestgelegtheit	Ahasvertum	
Wille:	Reaktion aus dem	Unseligkeit	
Strebsamkeit	Augenblick heraus	Getriebenheit	
Eifer	Zukunftsgläubigkeit		
Zielgebundenheit	Hoffnungsfreudigkeit		
Vorwärtsdrängen	Voreiligkeit		
Aktivität	Überstürzung		
Betriebsamkeit	Unüberlegtheit		
Geschäftigkeit	Oberflächlichkeit		
Emsigkeit	Ungründlichkeit		
Regsamkeit	Flüchtigkeit		
Initiative	Unzuverlässigkeit		
Rührigkeit	Untreue		
Einsatzbereitschaft	Wetterwendigkeit		
Unternehmungslust	Flatterhaftigkeit		
Rekordlust			
Gefühl:			
Lebhaftigkeit			
Erregbarkeit			
Ungeduld			
Heftigkeit			
Reizbarkeit			

15. Längenteilung

Betonung der Unterlängen (Uo-22)	Betonung der Oberlängen (Ou-21)

1)

2)

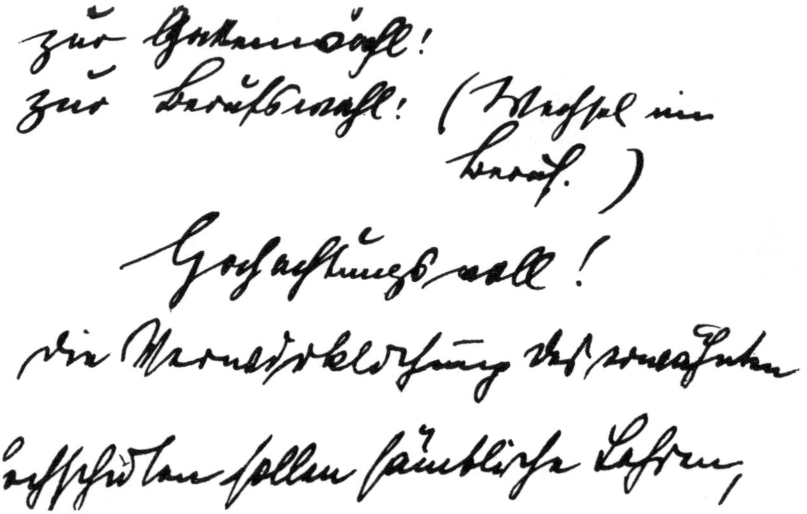

Oberlängenbetonung, Ou

Bild 14. 1. M 34. Weltverbesserer mit Anregungen für das Sichfinden und Verwandtes. Ou. — Betonte Gliederung. Zugespitzte Unterlängen — von der alten Graphologie als „Dolchspitze des Kritikers" gesehen. — 2. M 37. Weltverbesserer mit Plänen zur Förderung der Menschenkenntnis mit Hilfe der Besatzer ... Ou. — Hoher Verbundenheitsgrad, eingebundene Oberzeichen. Die Vergrößerung des Endbogens des deutschen w übersetzten die alten Graphologen als „rechthaberisch mit Freude am Dozieren", hier unterstützt durch den eigenwillig verlängerten Anstrich.

Aus der Symbolik des Schriftfeldes ziehen wir entsprechende Schlüsse, je nachdem ob die Betonung liegt in der Richtung auf Flächigkeit (z. B. Magerkeit oder Völle) oder auf Form (z. B. Formbereicherung durch besondere Ecken und Schleifen), mehr auf den Unterlängen oder den Oberlängen. Die für die Länge ausschlaggebende Bewegung ist bei der Unterlänge zentripetal, auf den Körper gerichtet, mittelpunktstrebig, bei der Oberlänge dagegen zentrifugal, vom Körper weg, mittelpunktflüchtig. Das erste erfordert Beugebewegung, diese benötigt geringeren Antriebseinsatz und ist daher leichter, als das zweite; denn die Oberlänge kommt durch Streckbewegung zustande. Man wird also für die Bewertung von O und U die dazu vom Schreiber aufzuwendende Antriebsleistung in Rechnung stellen und gelangt so dazu, daß bei gleich langen O und U der Oberlänge bereits ein Übergewicht zugesprochen wird.

Ou erfaßt den Trieb auf einerseits geistige Neigungen beweglicher, theoretischer oder ideeller Art; andererseits auf Triebunsicherheit intellektueller oder entwurzelter Wesensart.

Uo dagegen läßt schließen auf Triebsicherheit, praktische Neigungen, gemütsverhaftetes Wesen, Erdverbundenheit; andererseits Materialismus, Sinnlichkeit, triebgebundenes und schwerfälliges Wesen.

16. Steilheit gegenüber Schrägheit
(St-24) (Schr-23)

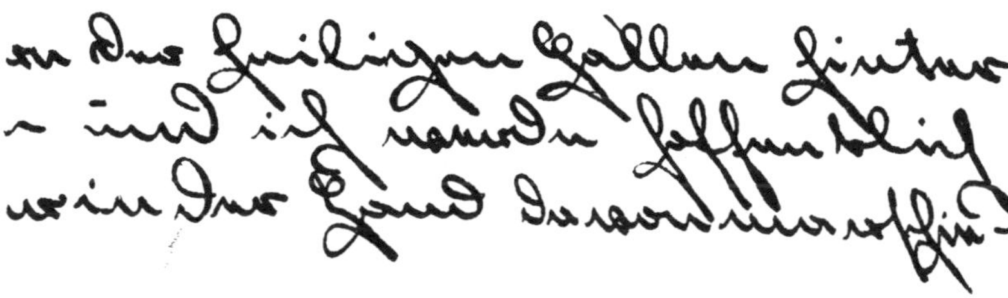

1)

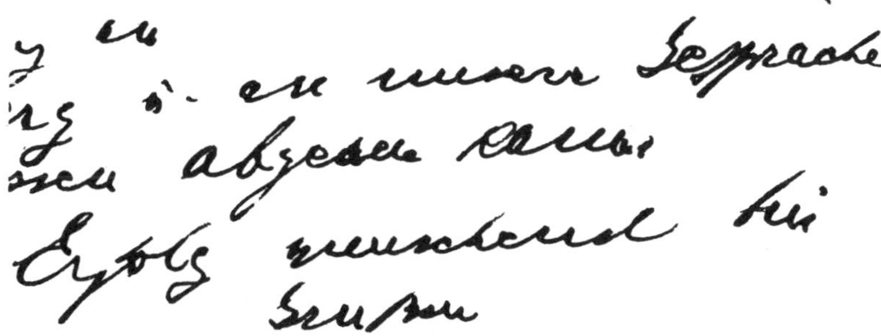

2)

Bild 15. Linksschräg und rechtsschräg. 1. M 22. Student. Linksschräg. — Uo, Li, Gi, End-Ar, Vö. Offene a, o. — 2. M 68. Syndikus. Schräg. — Li (Anstriche), Gi, End-Gi, Ma. Geschlossene a, o. (Steilschrift zeigt Bild 30, W 42. — Vgl. auch Bild 40.)

Schriften zeigen verschiedene Neigungswinkel gegenüber der Schreiblinie von ungefähr 45 Grad über 90 Grad bis um 120 Grad. Schon die Schulvorlage aus der Kaiserzeit mit ihren großen Längenunterschieden zeigte eine weit schrägere Schrift als die heutige Normalschrift. Wir haben also unterschiedliche Folgerungen zu ziehen aus dem Neigungswinkel, je nach der Zeit, zu welcher der jeweilige Schrifturheber schreiben gelernt hat, bei der Auswertung von Steilheit oder Schrägheit der Schrift. Heute ist Schrägschrift etwas besonderes, 1910 war es Steilschrift. Die Ergiebigkeit der alten Schrägschrift wächst für Schlüsse aus der Steilheit in gleichem Maße wie die Gradzahlen des Winkels. Sehen wir hiervon ab, so ist allgemein zu sagen, daß Steilschrift spricht für eine bewußte, klare, kühle, sachliche Einstellung zur Umwelt und zu sich selbst. Vollends der Linksschrägschreibende, der Übersteile, entscheidet sich für eine bewußte Haltung und legt Distanz zwischen sich und die Umwelt. Paaren sich diese Erscheinungen mit Arkadenbindung oder Linksläufigkeit, so bedeutet das Bestätigung und Unterstreichung des Gesagten. Den Rechtsschrägschreibenden treibt ein Einfluß aus Gefühlen und Leidenschaft, die Enthemmung wächst mit abnehmendem Winkel. Er ist mehr subjektiv als der Steilschreiber, auch seine Liebesfähigkeit und verwandte Altruismen sind stärker (Unterstreichung durch Rechtsläufigkeit, Girlande, Weite). (Vgl. S. 86.)

Steilheit (St-24)		Schrägheit (Schr-23)	
+	—	+	—
Vorwalten der Vernünftigkeit	Kälte	Vorwalten geselliger Gefühle	Unbesonnenheit
„Kopfgefühle"	Teilnahmslosigkeit	„Herzgefühle"	Maßlosigkeit
Besonnenheit	Kaltherzigkeit	Entzündbarkeit	Zügellosigkeit
Überlegung	Herzlosigkeit	Leidenschaftlichkeit	Haltlosigkeit
Mäßigung		Hinreißbarkeit	(Zuchtlosigkeit)
Selbstbeherrschung	Bewußtheit	Hingebungsvermögen	(„Leichtsinn")
Gefaßtheit	Isoliertheit	„Gemütsbedürfnisse"	
Disziplin	Ungeselligkeit	(Aufopferungsfähigkeit")	Mangel an Selbständigkeit
Wille		(Triebhaftigkeit)	
Widerstandskraft		(Ursprünglichkeit)	Veräußerlichung
Organisationsgabe		(Natürlichkeit)	Verflachung
Unbeirrbarkeit		(„Instinktmensch")	Unvernunft
Nachinnengekehrt		Nachaußengekehrt	Mußelosigkeit
Sammlung		Geselligkeit	Hast
		Geschmeidigkeit	Unruhe
		Weltgewandtheit	Unstetheit
		Anpassungsgabe	Zerfahrenheit
		Gelehrigkeit	

Linksschrägheit (Übersteilheit)
(LiSchr-24)

+	—	
Selbstüberwindung	Gezwungenheit	„Expansivität"
Selbstverleugnung	Gemachtheit	„Dynamik"
Selbstentäußerung	Affektation	„Unternehmungsgeist"
	Verstelltheit	
	Gekünsteltheit	
	Selbstgerechtigkeit	
	Selbstüberhebung	
	Unzugänglichkeit	
	Unnahbarkeit	
	(Hochmut)	

17. Enge und Weite

(En-26) (We-25)

Für Enge und Weite muß es ebenso wie für Kleinheit und Größe eine willkürliche Begriffsbestimmung geben. Nach dieser nennen wir weit eine Schrift, bei der in einem Kurzbuchstaben zwei benachbarte Grundstriche (etwa in m, n oder u) weiter voneinander entfernt sind als ihre Höhe beträgt. Höhe verwechseln wir nicht mit dem bei Kleinheit-Größe angewandten Begriff der Längen. Höhe ist vielmehr der Abstand der beiden Parallelen durch den Tiefst- und Höchstpunkt der Kurzbuchstaben. Ist die Entfernung der zwei Striche im u oder m aber kleiner als ihre Höhe, so nennen wir die Schrift eng. Weite kommt von ausgiebiger Bewegung, sie spricht von Tätigkeitsdrang, Aktivität, Zielstrebigkeit. Dagegen spricht also die enge Schrift von Zurückhaltung, Vorsicht, Ängstlichkeit, insbesondere wenn sie sich paart mit Linksläufigkeit, dem gewichtigsten Merkmal der Egoismen, zu denen ja „die Angst" rechnet. Der Vorsichtige ist sparsam bis geizig, der gelöste und weniger gehemmte Weitschreiber eher sorglos, unbekümmert, verschwenderisch. — Die Enge weist folgende wichtige Besonderheit auf: Folgen zwei gleiche oder verwechslungsfähige Kurzbuchstaben mit mehreren Grundstrichen aufeinander von der Art des m, n oder u, so machen einzelne Schriften einen deutlichen Unterschied zwischen dem Grundstrichabstand im Buchstaben und dem Zwischenraum zum nächsten Buchstaben, während andere diesen Unterschied unterlassen. Die erste Erscheinung, das Zusammenrücken der Grundstriche in Buchstaben in solchen Fällen wird „sekundäre Enge" genannt. Sie wird angewendet von Menschen, die rücksichtsvoll sind und die Wert darauf legen, daß sie richtig verstanden werden, sie prädestiniert also für Führungsaufgaben und spricht von dispositiven und organisatorischen Fähigkeiten. Beispiele zeigt Bild 16, dagegen zeigen Bild 12 und 17 Unleserlichkeit und die Fehler, die entstehen aus Verzicht auf sekundäre Enge. Dieser Name deckt übrigens nicht im vollen Umfange die Erscheinung. da sie auch zustandekommt durch deutliche Verlängerung des Verbindungsstriches zwischen den beiden ähnlichen Nachbarn, mit Unterbrechung kann das gleiche erreicht werden. Die an sich notwendigen sechs m-Grundstriche in „Memmingen" sehen wir einmal wiedergegeben mit vier, dann mit fünf, dann richtig, aber nur erratbar mit sechs, dann mit sieben Grundstrichen. Bei diesen Schreibern müssen alle Ordnungstendenzen einen Abstrich erfahren, und da sie einen solchen Mangel der Deutlichkeit sogar in der Briefadresse begehen, bedeutet das

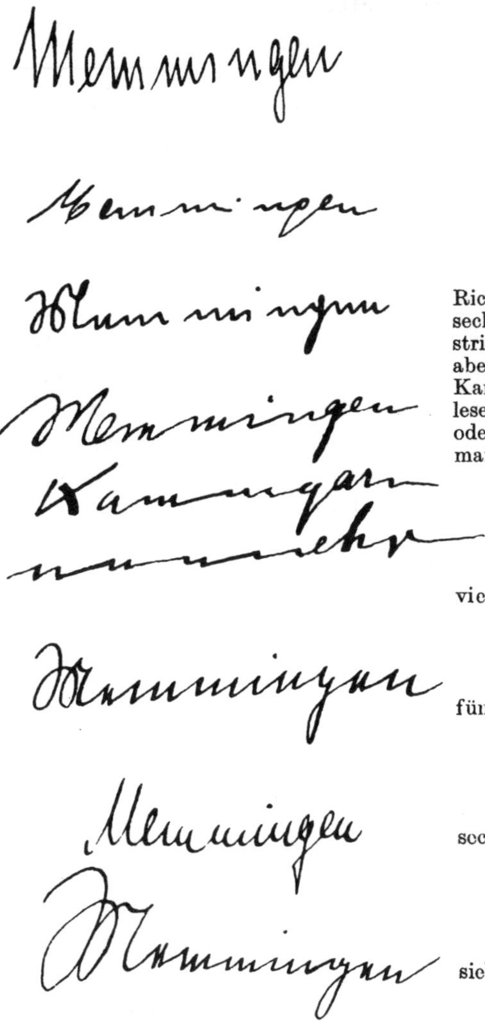

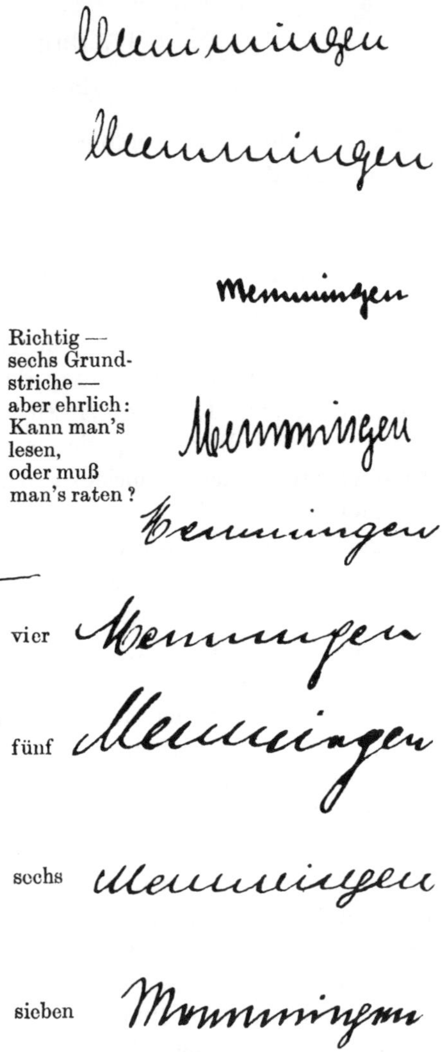

„Beine" haben die beiden m.

Bild 16. „Sekundäre Enge" trennt benachbarte verwechslungsfähige Kleinbuchstaben, weil der Schreiber auf Deutlichkeit Wert legt, sich besonders auf den Nebenmenschen einzustellen vermag, rücksichtsvoll ist. Seine organisatorischen und dispositiven Fähigkeiten verdienen Unterstreichung.

Bild 17. Fehlen der sekundären Enge. Diesen Damen und Herren Schrifturhebern kommt es so genau nicht darauf an. Die beiden benachbarten m zeigen vier, fünf, sieben und auch wirklich einigemale sechs Grundstriche. Aber es kostet Mühe, sie auseinanderzuzählen. „Der Postbote wird's schon wissen, was ich mir dabei (nicht) gedacht habe."

eine Unterstreichung des Mangels der Ordnungs- und verwandten Tendenzen.

Übersicht:

Enge (En-26) +	Enge (En-26) —	Weite (We-25) +	Weite (We-25) —
Selbstbeherrschung	Mangel an Unmittelbarkeit	Eifer	Ungebundenheit
Mäßigung Zügelung Zurückhaltung	Ängstlichkeit Egoistische Vorsicht Mißtrauen	Strebsamkeit Freimut Zwanglosigkeit	Flüchtigkeit Ungeduld Mangel an Gründlichkeit
„Haltung"	Zaghaftigkeit (Verlegenheit)	Frische Beweglichkeit (Liebe zur Sache)	Ungenauigkeit Nachlässigkeit (Bequemlichkeit) Unbeherrschtheit Unkonzentriertheit
	Berechnung Mangel an Sachlichkeit (Ehrgeiz) (Mißgunst) (Bosheit)		

18. Linksläufigkeit und Rechtsläufigkeit (Li-28) (Rl-27)

Die Entscheidung zwischen diesen beiden Polen bereitet erfahrungsgemäß dem Anfänger unter allen Merkmalen die größten Schwierigkeiten. Hier aber einen Fehler machen bedeutet, die ganze zwischenmenschliche

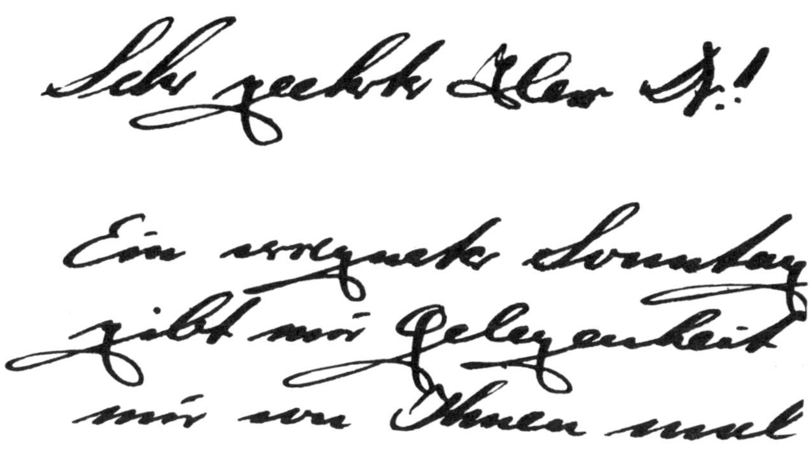

Bild 18. Linksläufigkeit. M 25. Beamter. Uo-Schr, Ḋrk, Wi, Li. Ein unheimlicher nicht sonderlich dezenter egoistischer Redeschwall bedroht uns. Der Versuch einer verstandesmäßigen Argumentierung wäre vergebliche Mühe.

Einstellung in ihr Gegenteil verkehren, aus dem Altruisten einen Egoisten, also ein X für ein U zu machen. Wir vergegenwärtigen uns, daß unsere Schrift von links nach rechts geht, also notwendig müssen in ihr „per Saldo" die nach rechts laufenden Striche das Übergewicht haben vor den nach links laufenden. Rechtsläufig ist, was aus meiner Schreibsituation nach rechts führt, nach vorwärts — Linksläufig ist das Zurücklaufende, nach meinen Ausgangspunkt weisende. Unsere Bezeichnung hat also nur zu tun mit der Schreibrichtung, nicht etwa mit dem Drehsinne des Uhrzeigers (rechtswendig) oder dessen Gegenteil (linkswendig).

Linksläufige Tendenz ist enthalten

a) in folgenden linksläufigen Abbiegungen: In dem oben nach links auswehenden kleinen d; nach links angesetzter t-Strich am Unterende des kleinen t, nach links stärker ausgedehnte Kreisschleife an Stelle des Verbindungshakens oder -striches zum nächsten Buchstaben beim t; das gleiche in der Mitte des kleinen f; in gebogenen Anstrichen in der Mittelzone, in dem nach links sich wendenden Endstrich; dem punktartigen Verweilen beim Anstrich; im Endstrich nach rechts schräg unten mit Druck; im rechts unten matt absinkenden Endstrich. In den nach links meist schalenförmig ausgeschwungenen Unterlängen, die formgerecht sich nach oben zur Schleife hätten schließen müssen; nach links weisende Spitzen an gleicher Stelle, nach links verwehte Unterschleifen — die also der Schreiblinie näher kommen, als sie bei annähernd gerader Fortsetzung der Kursrichtung eigentlich sollten, nach links weisender Endstrich der Schlußarkade: Bild 1, Probe 2; nach links aufgebauschte runde Schleifen: Bild 10, 2 — 11, 1 — 15, 1. — Nach links ausgedehnte, eckige Schleifen, übertriebene Unterlängen — (Bild 18).

b) In linksläufigen Hinzufügungen: Einrollungen; Verdrehungen, z. B. nach links ausgeführte Einbiegungen von Oberzeichen; Häkchen an diesen; „Schweineschwänzchen" statt Unterschleifen; nach links ausgebogener Haken in Arkadenform am unteren Ende der Unterlängen, die sich statt dessen nach oben zur Schleife schließen sollten. Rechtsläufige Abbiegungen und Verlängerungen: Nach rechts verlängerter t-Strich ohne Druck oder mit Enddruck; verlängerte Endstriche an Wortenden; kleine, nach rechts weisende zusätzliche Striche und Fäden. —

Die Deutung bereitet jetzt kaum noch Schwierigkeiten. Rechtsläufigkeit spricht für Hingebung an die Umwelt, Extravertiertheit, Altruismen:

Linksläufigkeit für Zurückwendung auf das eigene Ich, Introvertiertheit, Egoismen.

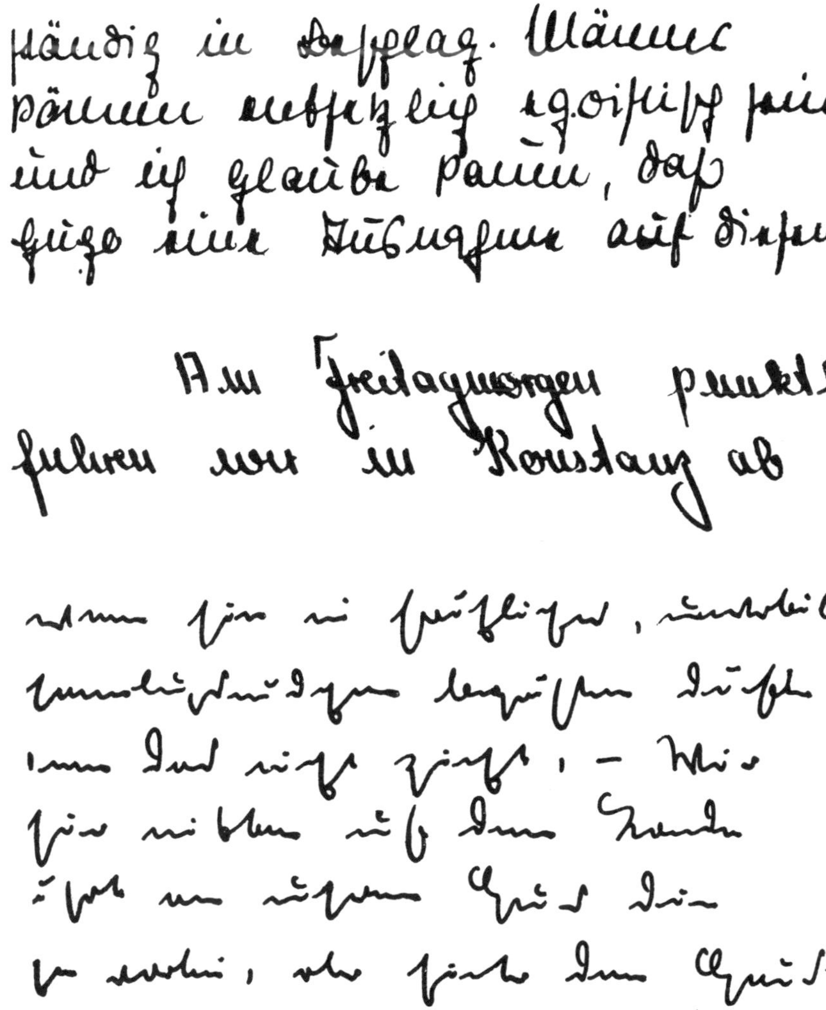

1)

2)

3)

Bild 19. Linksläufigkeit und Rechtsläufigkeit (Li-Rl). 1. W 25; Li: d, g - Schl, untere Schl des B, t-Schl, U-Schl in z, ch, g; Querstr. des A, Einrollung des a, des d. — 2. W 20; Li: Li-Schr, Mittel-Schl. des F, e c k U-Schl Mittel-Schl des f, betonter Anstr. des K. — 3. M 30; Rl: U-Schl bei f unterbleibt, kürzester Weg zum nächsten Buchstaben; t-Str. fehlt überhaupt; U-Schl bei h auf Häkchen reduziert, bei z ähnlich f ausgefallen; Vermeidung von linksweisenden Strichen in h (hier, Zeile 5) und L (Zeile 4). Fortfall der U-Schl in H - z (Zeile 5 und 6).

Linksläufigkeit (Li-28)		Rechtsläufigkeit (Rl-27)	
Egoismen; Aneignungstrieb		Altruismen; Schenktrieb	
+	—	+	—
Tatkraft	Selbstsucht	Uneigennützigkeit	Willensschwäche
Selbständigkeit	Mitgefühlsmangel	Güte	Unselbständigkeit
Entschiedenheit	Teilnahmslosigkeit	Wohlwollen	Unentschiedenheit
Selbsterhaltung	„Egoismus"	Mitgefühl	Beeinflußbarkeit
		Anpassungsneigung	
Erwerbssinn	Eigennutz	„Nächstenliebe"	
	Habsucht	„Humanität"	
		„Altruismus"	
	Neid		
	Bosheit		
	„Ressentiment"		

Innerlichkeit		Nach außen gekehrt	
+	—	+	—
Sammlung	Eigenbezüglichkeit	Tätigkeitsdrang	Mußelosigkeit
Beschaulichkeit	„Egozentrizität"	Unternehmungslust	Eilfertigkeit
„Kontemplation"	Empfindlichkeit	Betriebsamkeit	Mangel an Beschaulichkeit
„Lyrismus"	„Sentimentalität"	Gewandtheit	
	Übelnehmerei		Ruhelosigkeit

19. Arkaden und Girlanden, Winkel und Faden

Arkaden: Bild 21, Girlanden: Bild 20, Winkel: Bild 22, Faden: Bild 23

Die Bindungsform betrifft die Verbindung der einzelnen Grundstriche untereinander. Im allgemeinen zeigt die Schulvorlage der deutschen Schrift Winkel, die der lateinischen Schrift Bogen. Der Verbindungsbogen im lateinischen kleinen u befindet sich schulmäßig unten. Er ist nach oben offen und wird in Anlehnung an die hängende Form der Girlande als Girlandenbindung bezeichnet. Im Gegensatz dazu hat die Schulform im lateinischen kleinen n und m den Bogen oben: er ist nach unten offen nach Art des Bogens in der Architekturform der Arkade, und daher wird diese Bindungsform Arkadenbindung genannt. Die Winkelbindung zeigt statt des Bogens ein plötzliches Anhalten der Bewegung aus dem geraden Strich und nach kurzem Halt den Beginn eines neuen Striches in geänderter Richtung aus dem Scheitelpunkt des Winkels heraus. Der Doppelbogen, die seltenste Bindungsform, weist unten und oben einen Bogen auf. Er leitet über zum Faden, der an sich überhaupt keine ausgesprochene Bindungsform bedeutet, denn in ihm verschwinden einzelne Buchstaben völlig.

Die Bindungsform gibt Aufschluß über die Art der Beziehungen in der menschlichen Gesellschaft, über Art und Grad der Anpassung. —

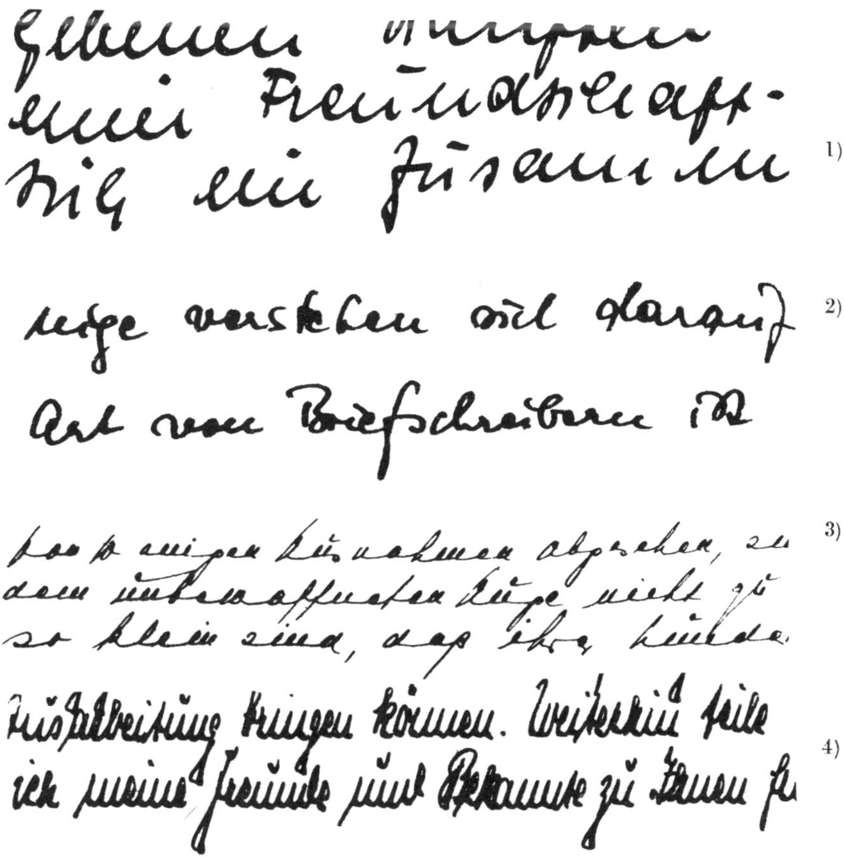

Bild 20. Verschiedene Formen der Girlandenbindung (Gi-29). — 1. W 50, Kauffrau. — Gewundene steigende Zeile. Dr. (Verb.) Vf. Vö in Kurzzone. — 2. W 27, Juristin. — Gerade fallende Z. Drl. Stark verb., eingebundene O Z. Teigigkeit. Vf. (Vö). — 3. M 48, Naturwissenschaftler. — Gehöhlte Z. Dr. Verb. Schärfe. Ma. — 4. M 32, Handelsvertreter. — Gerade fallende Z. Dr. Verb. Teigig. (Ma). — (Für welche Reihenfolge der Formhöhe würden Sie sich entscheiden? Rhythmus? Eigenartsgrad?

Die Girlande, die nach oben offene Schale, symbolisiert die Bereitschaft zur Aufnahme, also zur Anpassung. Die Arkadenbindung, ihr Gegenteil, symbolisiert einen nach oben geschlossenen Bogen, die Wirkung etwa der verdeckenden, gebogenen Hand, des devoten, gebückten

Rückens. Ihr Bedeutungsinhalt ist die innere Ich-Isolierung bei äußerlicher Anpassung.

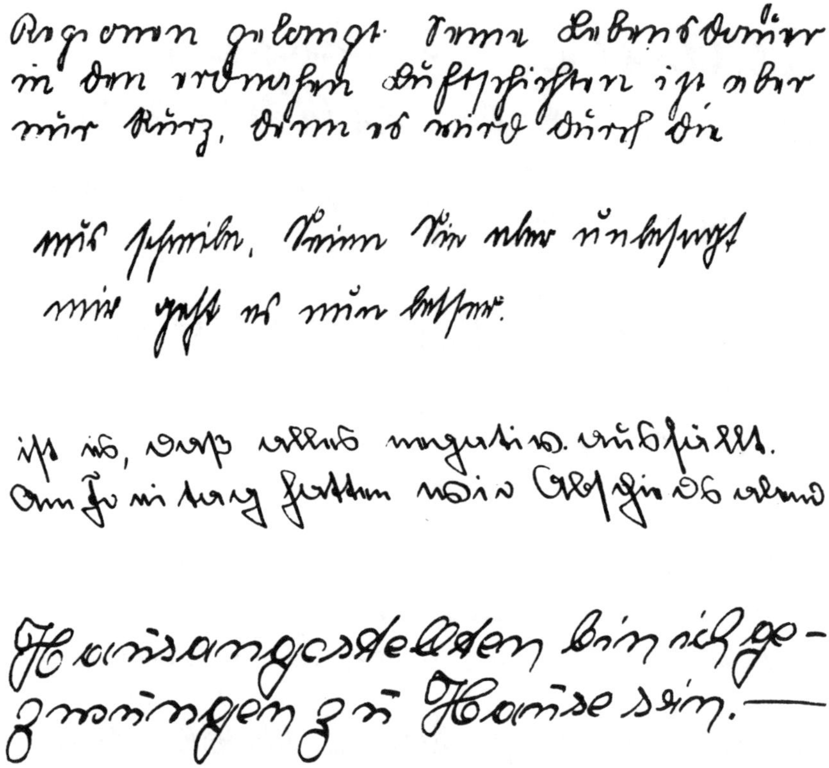

1)

2)

3)

4)

Bild 21. Verschiedene Formen der Arkadenbindung. — 1. W 27, Wirtschaftsleiterin. — 2. W 19, Studentin. — 3. W 38, Gärtnerin. — 4. W 25, Technische Assistentin.

Die Winkelbindung verlangt ständig erneuten Einsatz des Willens. Hier ist die Anpassung auf ein Minimum reduziert oder nicht vorhanden. An Stelle der Anpassung steht die Auseinandersetzung, Reibung, Widerstand der Umwelt gegenüber.

Der Faden symbolisiert das Ausweichen vor der Entscheidung, das schlangenmenschhafte vorbehaltlose Sichanschmiegenkönnen, das virtuose Sichhineinfinden, Sicheinfühlen. Es ist die Bindung des Taktikers, des Windigen und Wendigen, der sein Mäntelchen nach dem Winde hängt, des Psychologen, der sich in jede Persönlichkeit hineinfinden kann, des geborenen Diplomaten. Wer etwas zu verstecken wünscht,

1)

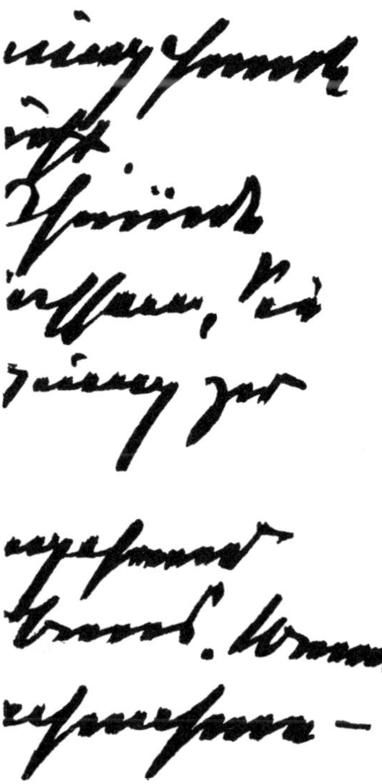

2)

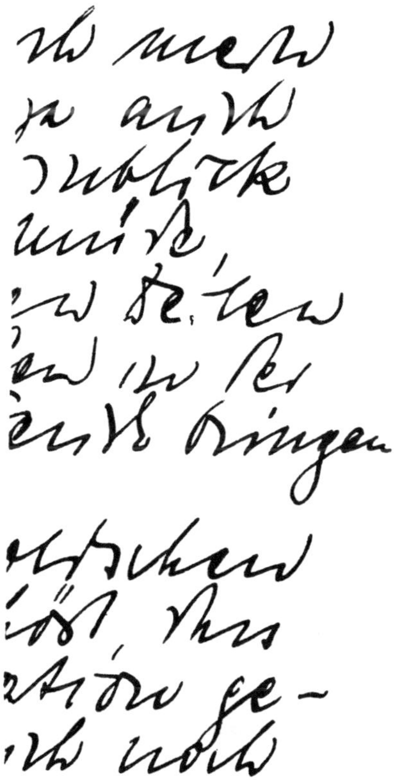

Bild 22. Winkelbindung. — 1. M 43. Bühnenagent. — 2. M 35. Chemotechniker. — Gemeinsam ist beiden Zeilengliederung und Gestaltung des Randes. Aber die Ausgeprägtheit des Winkels und seine Reinheit ist bei 1. stärker: 1. zeigt nur Winkel. 2. modifiziert sie durch girlandischen Einschlag, aber das Winkelmotiv klingt doch durch: Zeile 3 im c des ck, Z. 5 im e, Z. 7 in b und g von bringen, Z. 9, 10 und 11 im o, Z. 2 und 11 im c des ch. — Besonders in den Zeilenenden tritt der Unterschied zutage zwischen dem abrupten bis brutalen Schluß bei 1 und der verbindenden und verbindlichen Schlußgirlande in 2.

kann dies ebensogut unter der verdeckenden Hand der Arkade wie unter der unklaren Vertuschung des Fadens.

Eine besondere Erscheinung bei den Bindungsformen ist die „gestützte Nebenrichtung". Dabei läuft nach dem Wendepunkt eine Bewegung zunächst in der gleichen Spur zurück, wie sie gekommen ist, löst sich dann von dieser und geht zum neuen Wendepunkt, wo dann das gleiche wieder beginnt. Beispiele für gestützte Winkel: Bild 28 und 29; für gestützte Girlande: Bild 20—3 und 4; gestützte Arkade: Bild 21—1, 3 und 4. —

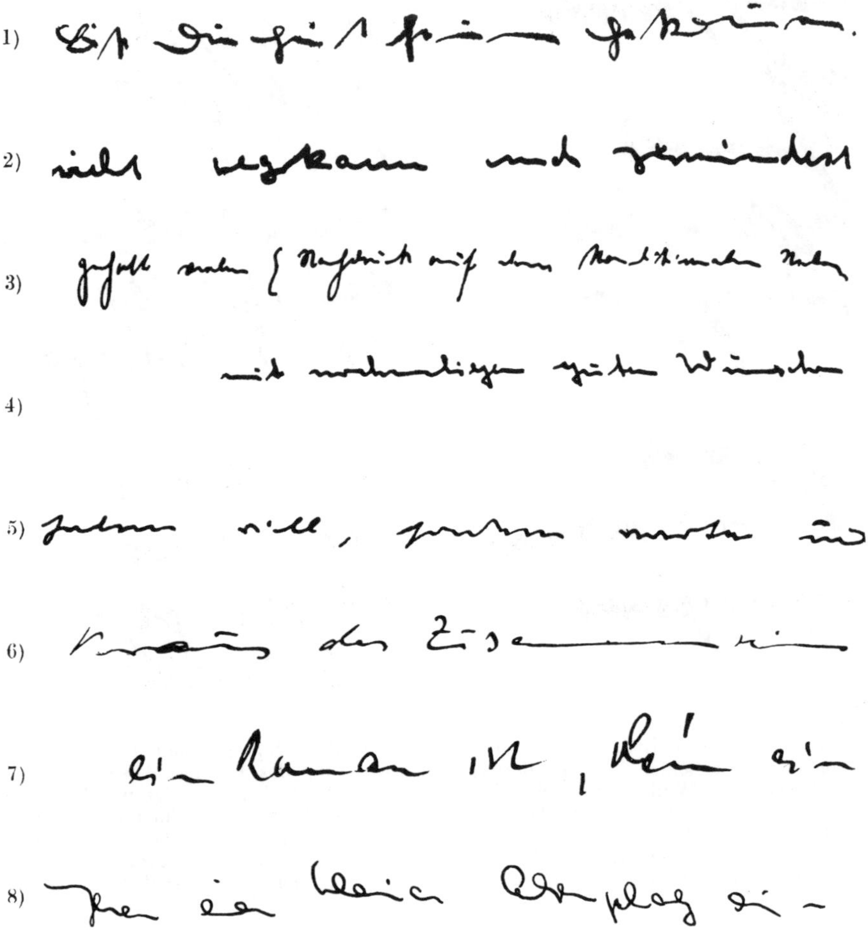

Bild 23. Faden. — 1. W 24; Hausfrau. — 2. W 25; Lehrerin. — 3. W 24; Germanistin. — 4. W 24; Studentin. — 5. W 23; Tänzerin. — 6. M 38; Arzt. — 7. M 33; Arzt. — 8. M 40; Maler. — Suchen wir hier zu unterscheiden den Binnenfaden von der zweckmäßigen Wegkürzung, dem Eilefaden und dem Endfaden. Welches ist jeweils das Motiv für Anwendung des Fadens? Welchen Grad hat die Beeinträchtigung des Mitteilungszweckes? Wie ist die Gesamteinbettung dieses charakterologisch so ergiebigen Merkmales? Klärung dieser Fragen muß der Auswertung vorangehen. — Findet sich übrigens in den Proben eine Nachbesserung, Anflickung? Welche Möglichkeiten bieten sich für die Deutung?

Es gibt bestimmte Kreise, in denen begegnen wir öfters dem Menschen, der „rechtwinklig an Leib und Seele" unbeirrbar, jedem Kompromiß und jeder Konzession feindlich an seinem Prinzip, seiner Auffassung, seinem Vorurteil festhält. Er schreibt Winkel. Man würde sagen, „stur wie ein Panzer", wenn das Bild nicht geschmeichelt wäre. Denn ein Panzer muß auch wendig sein. Aber das Bild eines Schienenfahrzeuges wäre richtig. Von der Straßenbahn wird man vergeblich erwarten, daß sie ausweicht. Ihre Anpassung ist völlig Null! Wem dies Bild das Verständnis erleichtert, der mag in der Winkelgirlande den Obus (Omnibus mit elektrischer Oberleitung), und in der reinen Girlande das frei bewegliche Auto wiedererkennen. Die können sich nicht bloß auf ihrer einen „Linie", sondern zweidimensional in der Fläche bewegen. Darüber käme der Raum, dreidimensional. Das dreidimensional bewegliche Flugzeug gibt einfach Verwindung, zieht steil in die Höhe, und weiß überallhin auszuweichen. Ihm können entsprechen der Faden und der Doppelbogen, die schulmäßige und die undefinierbare Mischbindung aller Sorten. (Unser Vergleich mit der Straßenbahnlinie hat sich allerlei bieten lassen; und doch ist die Arkade wieder leer ausgegangen; Klasse für sich. Sie tut nur so, als ob sie ausweicht, sich anpaßt; in Wirklichkeit bleibt sie unerkannt und unerkennbar auf ihren unsichtbaren Geleisen.)

Um einen Überblick über die Häufigkeit des Vorkommens der einzelnen Bindungsformen zu gewinnen, haben wir einmal tausend Schriften ausgezählt. Fast die Hälfte waren Girlanden und Verwandtes. Dann kamen mit ungefähr 30 Prozent die weniger markanten Formen wie Faden, schulmäßige und unklare Mischbindung. In den Rest teilten sich Winkel mit 16 Prozent und Arkaden mit 7 Prozent. Den Liebhabern genauer Zahlen möge die untenstehende Tabelle eine kleine Freude bereiten.

Gi	462	
Gifa	9	482
Giwi	11	
Ar	65	65
Wi	159	159
Fa	25	
schulm.	141	244
unklar	128	
	1000	1000

Der Bindungscharakter

Verhältnis der Triebe zur Selbsterhaltung

Arkade (Ar-30) +	Arkade (Ar-30) —	Girlande (Gi-29) +	Girlande (Gi-29) —
Zurückhaltung	Mangel an Offenheit	Güte	Unselbständigkeit
Überlegung	Unaufrichtigkeit	Wohlwollen	Ablenkbarkeit
Verschlossenheit	Lügenhaftigkeit	Bejahungsbereitschaft	Beeinflußbarkeit
Vorsicht	Mißtrauen	Anerkennungstrieb	Unentschiedenheit
Besonnenheit		Ehrfurchtsfähigkeit	Schwäche
Distinguiertheit	„Äußerlichkeit"		Mangel an Halt
„Vornehmheit"	Förmlichkeit	Duldsamkeit	Wankelmut
Gewählte Umgangsformen	Prätention	Nachgiebigkeit	Bestimmbarkeit
	„Suffisance"	Versöhnlichkeit	Sichgehenlassen
„Distanz"	(Subalternität)	Milde	
		Mitgefühl	Müßigkeit
		Entgegenkommen	Lässigkeit
			Bequemlichkeit
		„Natürlichkeit"	Mangel an Initiative
		Zwanglosigkeit	
		Sorglosigkeit	
		Aufgeschlossenheit	
		Vertraulichkeit	
		Offenheit	

Winkelbindung (Wi-32)		Fadenbindung (Dobo-Fa-31) hierzu Doppelbogen, schulmäßige und unklare gemischte Bindung	
Stabilität	—	Labilität	—
Widerstandskraft	Härte	Vielfältigkeit	Unbestimmtheit
Festigkeit	Teilnahmslosigkeit	Vielseitigkeit	Pathoforme
Entschiedenheit	Unnachsichtigkeit	Veränderlichkeit	Beeinflußbarkeit
Sicherheit	Unduldsamkeit	Anpassungsgabe	„Suggestibilität"
Standhaftigkeit	(Kälte)	Gewandtheit	„Reflexnatur"
Unbeirrbarkeit		„Begabung"	Vieldeutigkeit
		Politik	
		Diplomatie	
		Undurchdringlichkeit	
	Zwiespältigkeit		Unechtheit
	Uneinheitlichkeit		„Charakterlosigkeit"
	„Zerrissenheit"		Verstellungsgabe
			Verschlagenheit
	Schroffheit		Schauspielerei
	Reizbarkeit		Lebensneid
	Jähzorn		„Ressentiment"
	Tatkraft		Hysterische Mimikry

20. Druckstärke — Druckschwäche

(Drk-34) (Drl-33)

Die Schrift besteht vorlagegemäß aus Druck- und Haarstrichen. Die Anwendung von Druck erfordert Kraft und setzt weiter voraus das Vorhandensein der Freude an deren Betätigung. Druck gibt die wesentlichsten Aufschlüsse für Vitalität, Willenskraft, Beständigkeit. Druckschwäche folgt aus dem Fehlen der genannten Eigenschaften, sie spricht

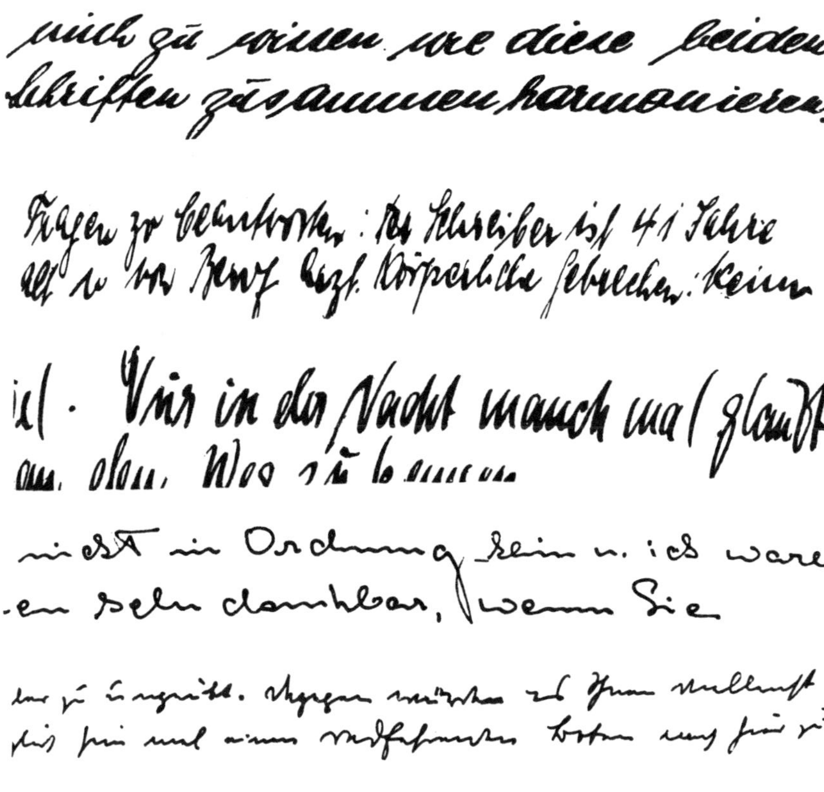

Bild 24. Druck — Drucklos. — 1. M 31. — 2. M 32. — 3. M 27. — 4. W 42. — 5. M 58. — Drk. auch Bild 15—2, 18, 19—2, 22; Drl: Bild 23 und 34.

für Anpassung, Schwäche des Willens, Beweglichkeit, Fügsamkeit, Vermeidung von Widerständen.

Druckstärke
(Drk-34)

Sich behaupten gegen Widerstände		Hervorrufen von Widerständen		Überwinden von Widerständen
Mehr Hemmung	Kompensation	Vitalität	Reaktivität	Aktivität
als Antrieb	gleichbleibender	Daseinsfreude	Selbstbehaup-	Spannungs-
(Langsamkeit)	Kräfte	Existenzgefühl	tungsdrang	stärke
Schwerfälligkeit	Beständigkeit	Kraftgefühl	Selbständigkeits-	Willensstärke
Gehemmtheit	Festigkeit	Gegenwarts-	drang	Willenskraft
		mensch		Nachdrücklich-
Befangenheit	Unnachgiebigkeit		Unabhängigkeits-	keit
			sinn	Entschiedenheit
Krampfhaftig-		Kontaktgefühl		
keit	Härte	(Sinnlichkeit)	Eigensinn	Entschlossenheit
(Gemütsschwere)	Selbst-	Plastizität	Trotz	Energie
(Gedrücktheit)	beherrschung	(Bildnerische	Unfügsamkeit	Tatkraft
Abhängigkeits-	Ausdauer	Fähigkeiten)	Eigenwille	Aktive Energie
sinn	Beharrlichkeit	Relief-	Rechthaberei	(Triebhaftigk.)
Gewissenhaftig-	Zähigkeit	verstärkung	Oppositionslust	(Triebstärke)
keit	Widerstands-	Verstärkung des	Widerspruchs-	„Virilismus"
Verläßlichkeit	kraft	Perspektivischen	geist	Virilität
Ernst	Standhaftigkeit	Seelische	Sich-an-jemand-	Mannhaftigkeit
Geduld	Stabilität	Hintergründig-	reiben	
Mäßigung	Halt	keit	Reizbarkeit	Impulsivität
	(Boden-	Tiefe	Affektivität	Leidenschaft-
	ständigkeit)		Hitzigkeit	lichkeit
			Heftigkeit	Gefühlskraft
(Nahblick, (Wirklichkeitssinn),		Kampflust, Streitbarkeit,		Agressivität
Ökonomie, (Fleiß)		Streitsucht, Unverträglichkeit		

Druckschwäche
(Drl-33)

Nachgeben gegen innere aus Enthemmung	Widerstände gegen äußere aus Mangel an Widerstandskraft	Kein Hervorrufen von Widerständen		Kein Überwinden von Widerständen
Hemmschwäche	Unbeständigkeit	Mangel an	Folgsamkeit	Spannungs-
Beweglichkeit	Ablenkbarkeit	Vitalität	Fügsamkeit	schwäche
Gewandtheit	Beeindruckbar-	Furchtsamkeit	Nachgiebigkeit	Willensschwäche
Rührigkeit	keit	Kraftlosigkeit	Bildsamkeit	Willenlosigkeit
Betriebsamkeit	Eindrucksfähig-	Schwäche	Erziehbarkeit	Unentschieden-
Tätigkeitslust	keit	Erschöpfbarkeit	Güte	heit
Aufgewecktheit	Empfindlichkeit	Schlappheit	Milde	Unentschlossen-
Wachheit	Verwundbarkeit	Kontakt-	Mitgefühl	heit
Ungebundenheit	Sensibilität	schwäche		Energielosigkeit
Erregbarkeit	Feingefühl	Flachheit		Triebschwäche
Fahrigkeit	Taktgefühl	Oberflächlichkeit		Triebfeder-
(Leichtblütig-	Zartgefühl			schwäche
keit)	(Geistigkeit)			Mangel an
(Optimismus)	Hingebungs-			Initiative
	vermögen			
Grundsatzlosig-	Labilität			Ziellosigkeit
keit				Untätigkeit
Ungeduld	„Suggestibilität"		Anpassungsgabe	
Hinreißungs-	Haltlosigkeit		(Verträglichkeit)	
fähigkeit	Mangel an			
	Bodenständigkeit			

21. Längenunterschiedlichkeit
LU

Wir gehen aus von der durch die Vorlage gegebenen Längenunterschiedlichkeit (Seite 11). Eine Längenunterschiedlichkeit, welche die Schulnorm überschreitet, spricht für Expansionsdrang, der zur Quelle haben kann entweder Strebsamkeit oder Unzufriedenheit (Bild 18, 15—1). Demgegenüber spricht geringe Längenunterschiedlichkeit für geringen Expansionsdrang, für geringe Ansprüche, und deren Quelle kann liegen entweder in Zufriedenheit oder in Gleichgültigkeit (Bild 1—4 und 29). Daraus ergibt sich die untenstehende Übersicht. — Besonderheiten:

Doppelt geknickte Langlängen: schwere Krisen seelischer oder körperlicher Art, jedenfalls seelisch sich auswirkend.

Rechts gehöhlte Langlängen: sich auflehnen gegen Hindernisse, mögen diese nun tatsächlicher Natur oder nur eingebildet sein, Hartnäckigkeit, Offensivgeist.

Links gehöhlte Langlängen sprechen im Gegensatz dazu von entmutigter und enttäuschter Stimmung, Beeinflußbarkeit, widerstandsloser Hingegebenheit Eindrücken gegenüber. —

Einzelne nach oben herausschießende Langlängen: Selbstbetonung aus Leistungsehrgeiz, Übertreibungslust, Unternehmungslust, Spekulationssucht.

Große Längenunterschiede (LU gr-36)		Geringe Längenunterschiede (LU kl-35)	
+	—	+	—
Strebsamkeit	Unzufriedenheit	Zufriedenheit	Gleichgültigkeit
Unternehmungslust	Selbstbetonung	Anspruchslosigkeit	Phlegma
Tätigkeitsdrang	Mißverhältnis zw. Wollen u. Können	Bescheidenheit	Indolenz
	Über-sich-hinauswollen	Genügsamkeit	Teilnahmslosigkeit
		In-sich-ruhen	
	Zerfahrenheit	Sachinteresse	Apathie
	Ehrgeiz	Mäßigung	

C. ZUR DEUTUNG DER SCHRIFT

22. Zu den Deutungsgrundlagen

Um wenigstens das tragende Gerüst der wesentlichsten Charaktereigenschaften zu bringen, hat die Form der Tabelle den Vorteil der Konzentration. Wer sich unserer Anregung, bei den einzelnen größeren Gruppen von Eigenschaften an den Magnetstab zu denken, erinnert, wird die Vorzüge der leichteren Einprägung und sinngemäßen Verarbeitung empfunden haben. Man sieht die Tabelle zunächst mit Unbehagen, um in einem zweiten Stadium an ihr zu kleben und erst auf der Stufe der Vollendung sich wieder von ihr zu befreien. So wird man auch erst in fortgeschrittenem Stadium den rechten Nutzen ziehen aus der Lektüre von Klages Büchlein „Graphologie", in dem er 15 Jahre nach Erscheinen seines graphologischen Hauptwerkes die unterste Lage des Fundamentes der Graphologie auf vier Sätze komprimiert:

1. In jeder Willkürbewegung erscheint der Charakter ihres Trägers, in der persönlichen Schreibbewegung also der Charakter des Schrifturhebers.
2. Jede ausdrückende Körperbewegung verwirklicht das Antriebserlebnis des ausgedrückten Gefühles (Überraschung, Freude, Zorn äußern sich grundverschieden).
3. Jede spontane Bewegung des Menschen wird unbewußt mitbestimmt von seinem persönlichen Leitbild; und es wird demgemäß die Schreibbewegung unbewußt mitbestimmt von persönlichem Raumsinn.
4. Die Ausdrucksfähigkeit ist nach Grad und Artung eine persönliche Eigenschaft.

23. Zur Charakterdarstellung

Es kann eine Charakterdarstellung sich nicht einfach halten an das Vorbild des Mosaiks, selbst wenn einzelne Charaktereigenschaften immerhin mit einem sinnvollen Zusammenhang nebeneinander gesetzt sind, wie beim Mosaik**bild**. Vollends kann nicht der Feldblumenstrauß als Vorbild dienen, der einfach eine Addition der gefundenen Eigenschaften in beliebiger Reihenfolge enthält. Die sinnvolle Darbietung muß vielmehr den Ergebnissen der Charakterforschung folgen und das Material nach Teilgebieten des Charakters, nach Schichten der Person zu erkennen trachten. In welcher Weise dann später das Ganze in eine literarisch genießbare und einleuchtende Form gebracht wird, das wird von der Darstellungskunst des Deuters abhängen.

Folgen wir bei der Stoffgliederung Klages'schen Gedankengängen für den Aufbau des Charakters, so erscheint zunächst

1. *der Stoff des Charakters, der die **Anlagen** der untersuchten Persönlichkeit nennt. Auf eine kurze Formel gebracht, wird hier zunächst die Frage beantwortet: **Was hat er**?*

2. *Es würde sich zeigen das Gefüge des Charakters, das die Interessen der Persönlichkeit nennt, und mit der Erkundung dieses weiteren Gebietes wäre beantwortet die Frage: Wohin will er?*

3. *Wir erwähnten oben bei unserer ersten Berührung mit den Begriffen Lösung und Bindung und der groben Veranschaulichung durch Antrieb und Hemmung, Motor und Bremse, bereits eine dritte Art der Schau des Charakters, nämlich seine Artung, sein Temperament. So verstanden, ergäbe sich aus dieser Schau die Antwort auf die Frage: Wie ist er?*

4. *Kann nun die Persönlichkeit uns auffallen durch die Besonderheit ihres Aufbaues. Wenn nämlich unser Mensch sich darstellt entweder als wenig widerspruchsvoll, also einheitlich oder als „ein Mensch mit seinem Widerspruch", als uneinheitlich, so würde sich die Antwort ergeben auf eine vierte Frage: Wie ist er zusammengesetzt?*

5. *Bietet uns die Persönlichkeit noch einen bestimmten Anblick, nennen wir ihn im Rahmen der soeben gebrauchten Stichworte den Aspekt, der sich uns nach der Verhaltensweise der Persönlichkeit in einzelnen Lebenssituationen bietet. Wir erarbeiten so die Antwort auf die Frage: Wie verhält er sich, wie benimmt er sich?*

24. Mehrdeutigkeit der Merkmale

Es darf nicht erwartet werden, daß mehrere verschiedene Deuter übereinstimmende Darstellungen des Charakters einer Persönlichkeit geben werden. Das wird insoweit einleuchten, als die Ursache etwa liegen mag in der abweichenden Art der literarischen Darstellung ihrer Erkenntnisse, welcher sich die verschiedenen Deuter je nach ihrem Stil bedienen. Es ist hier aber mehr noch zu denken an die Erscheinung der „Doppel- oder Mehrdeutigkeit" der einzelnen Merkmale. Keine Erscheinung in der Natur ist so simpel, daß sie sich allein aus einem Motiv erklären ließe. Solchen Vorgehens dürfte z. B. Klages zuallerletzt verdächtigt werden. Immerhin möchten wir aber eine „gegnerische" Stimme (Otto Junge) hören. Es werden die Charakterzüge erschlossen durch ausdruckswissenschaftliches Denken im Anschluß an die einzelnen Schrifteigenschaften. Der Gedanke, daß die Bedeutung der Schriftmerkmale eingeschränkt werden müsse, stößt nun aber auf Bedenken: Warum sollte z. B., wer labil ist, nur den einen oder anderen Zweig dieser Eigenschaft haben und nicht den ganzen Komplex der Klagesschen Tabelle? Es ist psychologisch viel wahrscheinlicher, daß sie sich in jeder Richtung seines seelischen Lebens auswirkt. Ebenso ist es mit Spannung, Willensvorherrschaft, Erregbarkeit, Stabilität usw., den einheitlichen Stammbedeutungen, die Klages dem Druck, der Regelmäßigkeit, der Unebenmäßigkeit, dem Winkel in seinen Tabellen gibt. Was er unter diesen einheitlichen Stammbedeutungen als Plus- und Minuseigenschaften angibt, sind nur Zweige dieser Stammbedeutung. Wo er keine solche Stammbedeutung angibt, wie etwa bei der Girlande, ist sie ebensogut vorhanden; nur fehlt der Sprache das Sammelwort dafür. Wenn man z. B. die Stammeigenschaft der Girlande mit ,,Weichheit'' oder ,,Empfänglichkeit'' oder ,,Plastizität'' bezeichnen wollte, so wäre das, für sich allein betrachtet, richtig, aber der Unterschied zum Faden wäre darin nicht ausgedrückt. Was bisher als Vieldeutigkeit aufgefaßt wurde, ist also nichts anderes als die Entfaltung einer eindeutigen Stammeigenschaft nach verschiedenen Richtungen. Denn ebenso wie die genannten ist auch jede andere klar ausgeprägte Schrifteigenschaft, rein als Ausdruck gesehen, eine fest umrissene Einheit (vgl. ,,Variable'', Seite 13).

Wer eine gewisse Stammeigenschaft hat, hat auch alle ihre Zweige bis zu einem gewissen Grade. Eine Einschränkung der Bedeutung der Stammeigenschaft auf gewisse Zweige ist ausdruckswissenschaftlich nicht zu rechtfertigen.

Um den fraglichen Tatbestand aus allen verundeutlichenden Verflechtungen herausgelöst untersuchen zu können, nehmen wir an, wir hätten zwei ,,identische'' Schriften vor uns, die sich nur dadurch unterscheiden, daß die eine klare Girlande, die andere reinen Winkel aufwiesen. Da würde jeder Graphologe mit uns einig gehen müssen in dem Schluß, daß der Winkelschreiber unter allen Umständen fester und entschlossener und widerstandsfähiger und tatkräftiger usw. wäre — die ganze Tabelle hinunter — als der Girlandenschreiber. Die Behauptung, der Girlandenschreiber sei — immer die Identität in allem übrigen vorausgesetzt — etwa härter, kühler, widerstandsfähiger als der Winkelschreiber, wäre ausdruckswissenschaftlich doch unmöglich. Also: Das Vorhandensein einer Stammeigenschaft verschiebt das ganze Charakterbild in der Richtung auf alle Zweige dieser Stammeigenschaft. Ein Grund, diese Verschiebung auf einzelne Zweige zu beschränken, ist nicht vorhanden.*)

---

* Ein einfaches Experiment wird das Verständnis erleichtern: In Ihren Mixbecher voll Manhattan-Cocktail kippen Sie bitte einen — in keiner Rezeptur vorgesehenen — großen Cognak. Sofort wird Sie jedes einzelne Gläschen entzücken mit seinem köstlichen weinigen Aroma. — Sie sind noch nicht überzeugt? Dann nehmen Sie bitte noch ein Kubikmillimeter Petroleum dazu.

Damit ist die Lehre von der Bedeutungsauswahl mit ihren Schwierigkeiten und Subjektivitäten gefallen. Wer schnell schreibt, hat nicht entweder Betriebsamkeit **oder** sanguinisches Temperament, Eifer oder hastige Gedankenfolge, Tätigkeitsdrang oder Unruhe, Strebsamkeit oder Unbeständigkeit, sondern Eifer **und** sanguinisches Temperament und Tätigkeitsdrang und Unruhe und Strebsamkeit und Unbeständigkeit — entsprechend der jeweiligen Lebensaufgabe. —

Der Deuter hüte sich davor, ein Charakterbild zu zeichnen, das so einseitig und eindeutig ist wie ein Laboratoriums-Präparat. Das „reine" Vitamin C in Form des Präparates Cebion ist doch nur „**rechnerisch**" dasselbe wie das Vitamin C in der Zitrone. Ähnlich liegt es mit dem Charakter. Es soll uns, falls unsere Persönlichkeitsbeurteilung einmal einen „Widerspruch" bringt, der aber wohlfundiert ist, nicht erschüttern, wenn ein Auftraggeber uns daraufhin eine schlechte Zensur erteilen möchte. Die Charaktere enthalten Gegensätze. Wir können Junge durchaus zustimmen, wenn er sieht, daß nicht nur die Intelligenz, auch der Wille, das Gefühl und andere Charaktereigenschaften in verschiedenen Lebenszonen des gleichen Charakters verschieden stark sind. Ihre jeweilige Stärke wird bedingt durch die nähere oder fernere Beziehung einer bestimmten Lebenszone zu der Triebgrundlage des Charakters. Eine Eigenschaft verdeckt und verdrängt zeitweise die entgegengesetzte; wechselnd nach Zeit und Umständen treten beide auf.

25. Beispiele für Mehrdeutigkeit und Gegensätzlichkeiten

Ein Geschäftsmann rechnet im Geschäft knickerig mit jedem Pfennig. Aber auf seinen Wochenendfahrten sitzt ihm das Geld so lose, daß er bei den Tankwarten, Portiers, Kellnern, Garderobefrauen der Ausflugsplätze wegen seiner generösen Trinkgelder bekannt ist. Auf den Wochenendfahrten ist der Geschäftsmann also verdrängt durch eine andere Triebfeder, etwa Eitelkeit oder Prahlsucht, oder den Trieb, wo er selber der Sklaverei des Alltags entronnen, froh und freudig ist, auch in seiner Umgebung Freude zu verbreiten; auch Kreditrücksichten können Werbungsaufwand machen aus der scheinbaren Verschwendung.

Von vielen wissenschaftlich hervorragenden, aber „zerstreuten" Professoren erzählen Anekdoten, wie unklar sie in ungewohnten Lagen des praktischen Lebens sind, denn, was ist „Zerstreutheit" und unpraktisches Wesen anders als Unklarheit auf Gebieten, die der Triebgrundlage ihres Charakters fernliegen? — Oder unter dem Gesichtspunkt des Willens gesehen: Als starke Konzentration auf dem Interessengebiet, Konzentrationsunfähigkeit im täglichen Leben?

Aus Bethovens Musik spricht eine wundervolle Klarheit und großartige Energie, aber auch er stand manchen Aufgaben des praktischen Lebens mit hilfloser Unklarheit und den Ausbeutungskünsten seines Neffen mit großer Willensschwäche gegenüber.

Ein Beispiel besonders exorbitanter Gegensätzlichkeit liefert uns Mutter Natur persönlich. Je nach dem Lebensgebiet, um das es sich handelt, je nachdem, welches ihrer Gebote es durchzusetzen gilt, zeigt sich die Natur als äußerst sparsam oder extrem verschwenderisch. Ihr alleroberstes Gebot Nr. 1 (I Moses 1, 28) lautet: „Seid fruchtbar und mehret Euch." Es betrifft die Erhaltung der Art, stellt auf die Allgemeinheit ab und steht also, wenn Sie wollen, unter sozialem Gesichtspunkt. Das 2. Gebot (I Moses 3, 19) befaßt sich mit der Erhaltung des Einzelwesens; es steht also unter individuellem Gesichtspunkte, die Ankündigung: „Im Schweiße deines Angesichtes sollst du dein Brot essen" entspricht etwa dem, was uns gestern als „ehernes Lohngesetz" die Nationalökonomen erläuterten: Es mag der Papierlohn noch so häufig „erhöht" werden — was wir uns dafür kaufen können, der Reallohn, sinkt doch schnell wieder herunter auf das Niveau vor der letzten Lohnerhöhung, weil die Preise unverzüglich wieder, dem Sog des größeren Geldbetrages in der Hand des Arbeiters folgend, steigen, womit der Reallohn wieder herabsinkt auf das knappe Existenz-Minimum, von dem in Genesis 3, 19 die Rede ist. Äußerste Sparsamkeit gilt also in der Frage der Erhaltung des Einzelwesens. Dagegen gestattet sich Mutter Natur einen Aufwand schlechthin göttlichen Ausmaßes, wenn es ihr darum geht, die Gattung Mensch zu erhalten: Dann setzt sie nämlich für das Zustandekommen eines einzigen neuen Exemplares einen 226millionenfachen — nach Lodes Berechnung — Sicherheitsfaktor ein — in Gestalt von ebenso vielen Samenfädchen, von denen überhaupt nur ein einziges sein Ziel, die weibliche Ei-Zelle, erreichen kann. (Daß übrigens die Rangfolge dieses ersten und zweiten Befehles der Natur in der Tierwelt streng beachtet wird, hat Prof. August Bier in „Die Seele", Seite 78ff., überzeugend ausgeführt.)

Auch der Graphologie ist die Tatsache, daß der Mensch entgegengesetzte Eigenschaften in sich vereinigt, ohne zwiespältig zu werden, durchaus geläufig: Wenn wir nicht gerade einen seltenen, in bestimmter Richtung annähernd reinen Typ vor uns haben, finden wir überall neben der Lösung auch Bindung, neben Rechts- auch Linksläufigkeit, neben Merkmalen der Eile solche der Langsamkeit. Dies sind nicht die einzigen, sondern nur Beispielsfälle der allgemeinen psychischen Tatsache, daß alle, auch entgegengesetzte Eigenschaften in der menschlichen Seele miteinander verständlich einhergehen können. —

26. Wertmaßstäbe

Das in der volkstümlichen Vorstellung so beliebte Einteilungsschema einer Charakterdarstellung nach „Vorzügen" und „Nachteilen" scheint uns recht bedenklich, weil solche Bewertung immer einen bestimmten Standpunkt voraussetzt. Des Roßtäuschers Vorzüge sind Mängel beim Pfarramtskandidaten. Je nachdem aber ob wir eine blühende Wiese betrachten vom ökonomischen Standpunkte des Landwirtes: „Die hätte auch schon längst geschnitten werden müssen", oder vom ästhetischen des Poeten, der die Fülle, den Artenreichtum, die Pracht der Farben und Formen an Blüten und Gräsern bewundert; oder drittens vom theoretischen Standpunkte des Wissenschaftlers aus, der uns die Unterschiedlichkeit der Flora einer sauren Moorwiese gegenüber einer Wiese auf subalpinem Kalkboden mit ihren süßen Gräsern gegenüberstellt, oder vom religiösen Standpunkte aus, dem sich gerade in solcher Fülle die Allmacht der göttlichen Schöpfung herrlich offenbart; oder aus dem Gesichtswinkel des Gewerkschaftssekretärs, für den soziale Gesichtspunkte bei der Entlohnung der Mitgliedschaft seines Verbandes das Maßgebende sind; oder schließlich in der politischen Beleuchtung des Herrn Landtagsabgeordneten, den die Wiese nur erinnern kann an seine Lastenausgleichssorgen oder an die Grundsteuernovelle seiner Partei: Wir werden sechs von einander abweichende Darstellungen erhalten. Aber niemals geht es im Leben so öde her, daß sich eine Erscheinung nur aus einer Schau völlig erklärte. Soll z. B. durch unsere Wiesenlandschaft eine Eisenbahnlinie gelegt werden, so gehen meist ökonomische und politische Bewertung des Falles entweder Hand in Hand miteinander oder feindlich aufeinander los: Um uns die Buntheit des Lebens zu veranschaulichen, pflegen sie sich nun nicht etwa einer klaren ökonomischen usw. Argumentierung zu bedienen, wenn es ihnen bei diesem Geschäft um die Erhöhung ihrer Grundstückspreise geht, sondern sie sprechen beispielsweise aus einer ästhetischen (Naturschutzbewegung) oder religiösen Schau zu uns und bedienen sich des sozialen Mäntelchens. —

27. Des Deuters Person und „sachliche Zuständigkeit"

Außer der Verschiedenartigkeit des Standpunktes käme bei einer Unterhaltung z. B. von zwei Bergsteigern noch hinzu, daß der eine vielleicht eine rosa, der andere eine dunkelbraune Sonnenbrille getragen hat, der eine Sonnenwetter, der andere Schneesturm hatte, womit auf die verschiedene Stimmungslage angespielt sei bei einem Schrifturheber, der verschiedene Schriftstücke seiner Hand begutachten läßt. Die Verschiedenheit der Sicht bei verschiedenen Graphologen ist weiter zurückzuführen auf persönliche Momente, nicht etwa im fachlichen Können des jeweiligen Deuters, sondern in seinem ganzen menschlichen Format.

Es wird aber noch aus ganz anderen Gründen ein und derselbe Mensch von verschieden Beurteilern, wie jeder beobachten kann, nicht voll übereinstimmend, sondern mehr oder weniger leicht verschieden beurteilt. (Wir schließen natürlich aus, daß der Grund dafür etwa im verschiedenen Grade des Könnens liegt.) Er entspricht eben den verschiedenen Beurteilern in verschiedenem Grade, er spricht sie verschieden an, hat ihnen mehr zu sagen oder weniger, weckt im einen Anti-, im anderen Sympathie.

Im gleichen Kinde sieht der eine Besucher einer Familie das Ebenbild der Mutter, der andere „ganz den Papa" — je nach den Zügen, durch die gerade e r vornehmlich angesprochen wird, sieht für ihn durch das Kindergesicht hindurch mehr dieser oder mehr jener Vorfahr.

So werden auch verschiedene Graphologen von einer bestimmten Schrift in verschiedener Weise angesprochen. Und dem gleichen Graphologen „liegen" verschiedene Charaktere — also wieder Schriften — durchaus verschieden: Wer förmlich lustbetont „fliegt" auf Defraudanten, Komödianten, Jahrmarktsfieranten, der kann bei exakten Wissenschaftlern, Offizieren, Kapazitäten der inneren Betriebsorganisation Schwierigkeiten begegnen. Er mag sich in Ärztinnen leichter hineinfinden, als in Koryphäen der haute couture, in Filmstars anders als in „Suffragetten", Politikerinnen, Juristinnen.

Jede neue Schrift stellt den Graphologen im Kern vor eine ähnliche Aufgabe, wie jener Auswahltest, bei dem der Geprüfte aus sechsmal 8 Photos von Triebbeeinträchtigten (Hysterikern, Sadisten, Depressiven, Manischen usw.) die zwei ihm am meisten liegenden und die zwei ihm am meisten gegen den Strich gehenden bezeichnet. Wie hier Szondis Triebdiagnostik neben den Triebnormalen die Triebbeeinträchtigten der verschiedenen Richtungen und Grade aufzeigt, so antwortet auch der Graphologe in jedem seiner Gutachten auf eine neue Frage jenes großen Szondi-Tests, den seine ganze Berufsausübung darstellt. —

Ähnlichen Zusammenhängen begegnen wir jeden Tag weit öfter, als uns bewußt wird, und es schien uns reizvoll, einmal darauf aufmerksam zu machen.

28. Genie und Spezialbegabung

Es wird jetzt verständlich, daß die Erkennung des Genies aus der Handschrift den Graphologen vor unlösbare Aufgaben stellt. Einer jeden genialen Spezialveranlagung, insbesondere der musikalischen, steht die Graphologie machtlos gegenüber. So lag uns kürzlich die Schrift eines zwölfjährigen Knaben zur Beurteilung vor. Sie zeigte eine sich dem Höchstmaß nähernde Entwicklungsfähigkeit und als Gegenpol auch einen nicht erheblich geringer ausgeprägten Ehrgeiz. Es folgten dann in der Reihenfolge des Grades der Ausgeprägtheit Gefühlsstärke, Begeisterungsfähigkeit, geistige Beweglichkeit und Äußerungsfähigkeit. Unter dem Durchschnitt lagen Ausdauer, Erinnerungsvermögen, Konzentrationsfähigkeit, Gemeinschaftsgefühl, Selbstbewußtheit und Selbstbeherrschung (Bild 25).

„Alles gut erkannt", so lautete etwa die Antwort, aber: Die Lehrerschaft des Jungen stimmte überein in dem Urteil: „Hohe Begabung bei glücklichem Naturell." Dies gilt für alle Disziplinen bis auf Musik.

Auf diesem Gebiete aber wird der Knabe als genial angesprochen. Er spielt alle Klassiker im Originaltext, teils vom Blatt, teils auswendig, und die kompositorischen Versuche lassen keinen Zweifel über das schöpferische Vermögen dieses hoffnungsvollen Kindes, das überdies mit dem absoluten Gehör begabt ist. Er hat das beste Zeugnis seiner Klasse. Der Junge wirkt nach außenhin still, beinahe naiv und beschäftigt sich in seinen Mußestunden, die ihn von der Musik fernhalten,

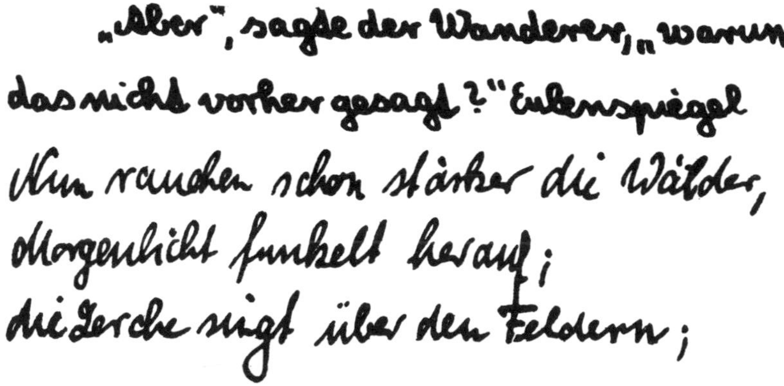

1)

2)

Bild 25. Zwölfjähriger Schüler. Während 1 in beliebigem Tempo bei einer Hausarbeit entstand, ist 2 einem schnellen Diktat entnommen. Bemerkenswert in der weit aufschlußreicheren 2 die große g-Schleife, das starke Linksgewicht der oberen L-Schleife, Anstrich und Endstrich beim W: Li. Ferner die winzigen t-Striche, die zum Kleinerwerden neigenden Wortenden, vornehmlich die fallende Form der n — auffällig in singt —: Mangel an Rl. — Diese Äußerungen der Nachinnengekehrtheit (Introversion) bestätigt uns die Spielschilderung, in der dies Wesentlichste gut erkannt ist.

mit kindlichem Spielzeug. Hierbei interessiert ihn am meisten ein Holzpferd mit einem prächtigen Wagen und ein Teddybär, der übrigens bei musikalischen Darbietungen (Klavier oder Geige) stets sein bester Zuhörer ist.

Die Linksschrägschrift — der Junge ist Naturlinkser — kennzeichnet seine Schrift seit fünf Jahren, und erstmalig in den letzten Wochen zeigte sich bei ihm eine Steilschriftlage."

Von diesen Eigenarten der Schrift erfuhren wir übrigens erst nachträglich, und bei rechtzeitiger Kenntnis, die natürlich notwendig gewesen wäre, wären einige besonders der zuletzt genannten Eigenschaften anders bewertet worden. Aber wir bekennen: dem Musikgenie gegenüber hatten wir versagen müssen. Die Erkennung eines W u n d e r k i n d e s, insbesondere mit einer solchen Spezialbegabung, liegt jenseits der Grenzen der Graphologie. (Vgl. Prinzhorns Lebenskurven in Psychotherapie, Lpz. 1929.)

29. Zur Symbolik in der Schrift

„Ich schnitt es gern in alle Rinden ein", jenes Symbol, das die Liebesbeziehung der durch Anfangsbuchstaben gekennzeichneten beiden Persönlichkeiten versinnbildlicht, das Herz. Während diese Form des Bekenntnisses sich an die Öffentlichkeit wendet, ist beim Liebesbrief gerade an den Ausschluß der Öffentlichkeit gedacht, und er bedient sich häufiger einschlägiger Worte. Immerhin bringt er in gewissen Verhältnissen auch oft genug das Symbol des Herzens zur Darstellung, Aber wes das Herz voll ist, des fleußt — in diesem Falle nun das Tintenfaß — über. Das Symbol des Herzens muß sich doch wohl in Einzelfällen auch unbewußt aus der Gefühlsfülle des Liebenden im Schriftbilde Ausdruck verschaffen. Sechzehnmal tritt es in Erscheinung auf einer einzigen Seite des Briefes eines Angehörigen eines wissenschaftlich-

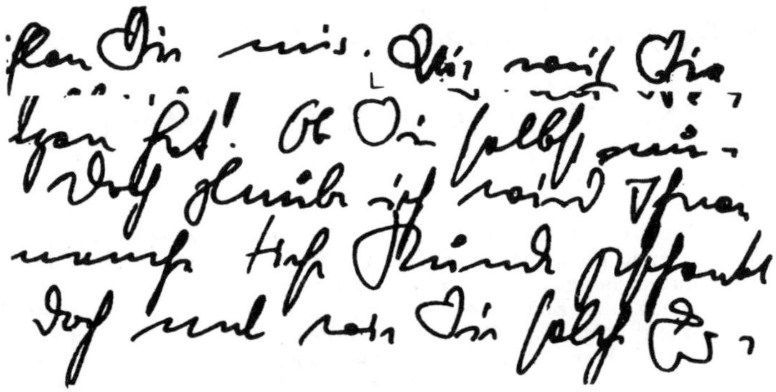

Bild 26. Fünfmal zeigt der kleine Ausschnitt aus dem Liebesbrief eines 25jährigen das Symbol des Herzens — wenn wir das Kopfgestellte am Schluß nicht mitrechnen.

künstlerischen Berufes. Bild Nr. 26 zeigt ihn im Ausschnitt mit fünf Herzsymbolen, sie sich uns aus S und W offenbaren.

30. Kinderschriften

Nicht selten begegnen wir der Auffassung, es könne doch erst die Schrift des erwachsenen Menschen graphologisch ausgewertet werden. Bei Kinderschriften sei das wohl nicht möglich. Vereinzelt wird dann gefragt, bis zu welchem Lebensjahr herunter man etwa die Schrift des jungen Menschen ausdeuten könne. Solchen Auffassungen mag zum Teil zugrunde liegen der Gedanke an die einheitliche Schulvorlage, dessen Unhaltbarkeit wir bereits bei den „Einwänden" gezeigt haben.

Tatsächlich gibt die Schrift nicht nur des Schulkindes, sondern sogar schon das Gekritzel des noch jüngeren Spielkindes Aufschluß über bestimmte Charakterinhalte. Es lassen sich da bereits erkennen Andeutungen der großen Gruppen Anordnung und Gliederung, Druck- und Äußerungstempo, Vorwärtsdrang und Besonderheiten der Linienführung. Daraus bieten sich Schlüsse auf des Kleinkindes Raumverständnis und Darstellungstendenz, Überlegung, Frühsymptome von dispositiven und organisatorischen Anlagen; Nachdruck, Lebhaftigkeit und Temperament: ruhige, reibungslose Betätigung und Einordnung im Widerstreit mit leidenschaftlichem Antrieb. — Andererseits kann aus Kritzelversuchen gezeigt werden der Mangel an planvoller Konzentration, geringe Tatkraft, Empfindungsfähigkeit und seelische Zartheit, sowie Unentschiedenheit und Eindrucksfähigkeit aus den ziellos über die Fläche führenden Zügen und deren Zartheit sowie der langsamen und weichen Schriftbewegung. In ihrer Graphologie der Kinderschrift bringt Minna Becker weitere wertvolle Aufschlüsse über dieses Sondergebiet.

D. EINZELNE ANWENDUNGSGEBIETE DER GRAPHOLOGIE

31. Beurteilung zur Selbsterkenntnis

Seit Sokrates ist über 2000 Jahre die Forderung nach Selbsterkenntnis erhoben und deren Erreichung als erstrebenswert empfohlen worden. Erst in der letzten Zeit melden sich vereinzelte Zweifel an der unbedingten allgemeinen Richtigkeit dieses Postulates. Die Fähigkeit zur Selbsterkenntnis ist bei verschiedenen Individuen dem Grade nach recht verschieden. Nennen wir den, der weitgehend über das Selbst unterrichtet ist, einsichtig, so dürfte die Zahl der Einsichtigen in der Minderheit sein. Dem Einsichtigen werden wir eine höhere Stufe des Menschentums zusprechen dürfen. Das Kennzeichen der Einsicht ist nach Allport (Persönlichkeit, Seite 220) Humor. Wir möchten diesen Begriff aber enger fassen und einschränken auf die Fähigkeit zur Selbstironie. Der wahrhaft kleine Mann, und in der Entwicklung der Mensch allgemein bis an die Anfangsjahre des dritten Jahrzehntes, sieht sich meist selbst viel zu sehr mit jenem „tierischen Ernst", der es ihm verbietet, über sich selbst zu lachen und sogar sich selbst der Lächerlichkeit preiszugeben, sich selbst zu ironisieren. Der Grad der „Bekömmlichkeit" der Selbsterkenntnis ist also individuell verschieden. Der in dieser engen Begrenzung einsichtige Mensch wird, ohne daß wir Bedenken zu haben brauchen, den ganzen Inhalt einer nach menschlichem Vermögen „vollständigen" Persönlichkeitsbegründung vertragen. Von ihm ist auch zu erwarten, daß er die ihm zugebilligte höhere Stufe des Menschentums insofern dadurch rechtfertigt, daß er mehr Wert beimißt der abschätzigen Bewertung oder tadelnden Kritik eines anerkannten Kenners, als dem „dreifachen Sieg-Heil" eines Schwätzers. Wir erinnern uns der Bitte des geschulten Handwerkers oder Einzelhändlers: „Waren Sie unzufrieden, so sagen Sie es bitte mir ..." Der im Gesichtskreis und im Menschtum beschränkte Krämer würde auf einen kritischen Hinweis höchst unerwünscht reagieren, er würde alles daransetzen, gegenüber dem Kunden im Recht zu bleiben.

Eine Fabel schildert einen Liebhaber-Maler, zu dem kommt ein Schwätzer und lobt ein Gemälde über den grünen Klee. Nach ihm kommt ein Kenner, und macht den Maler auf einige Unzulänglichkeiten aufmerksam. „Der Kenner war kaum zur Tür hinaus, da strich er schnell sein Kunstwerk aus." Der kleine Mann wäre beleidigt und je nach Temperament würde er die Offenheit des Kenners mehr oder weniger undankbar lohnen. Noch schwieriger ist es mit Charakterbeurteilungen, die auf Mängel hinweisen. Glaubt der Deuter nach sorgfältiger Prüfung auf voraussichtlich nicht besonders genehme Charaktereigenschaften aufmerksam machen zu müssen, ist mit gleicher Sorgfalt zu erwägen, in welcher Form der Befund mitzuteilen ist. Wir wollen ja demjenigen, der Selbsterkenntnis sucht, keine seelischen Verletzungen zufügen. Wir müssen uns also fragen, was verträgt der Auftraggeber, welche Worte muß ich wählen, um zur Seele dieses „Kindes" zu sprechen, ohne ihr Schaden zuzufügen. Diese Frage kann aber nicht so einfach behandelt werden, daß wir voraussichtlich Unangenehmes einfach fortlassen; denn jener will ja, wenn er in den Spiegel sieht, nicht ein euphemistisch verniedlichtes Idealbild sehen, sondern wir dürfen unterstellen, daß ihm daran liegt, hinzuzulernen, an sich zu arbeiten, sich zu vervollkommnen, Unzulänglichkeiten zu bekämpfen. Es gilt diejenige Form der Darstellung zu treffen, die dem Beurteilten schon zeigt, wie er es anzupacken hat, wie er weiterkommen kann, wie sein Vervollkommnungsstreben gefördert wird. Er muß den Kampf um sich schon halb gewonnen sehen. So etwa können wir ihm helfen.

32. Graphologie in der Berufsberatung

In der Berufsberatung ist die Graphologie eine von vielen Methoden der Diagnostik. Da die Prüflinge den Berufsberatern einen halben oder ganzen Tag zur Verfügung stehen, können mit psycho-technischen Methoden Aufschlüsse erzielt werden, beispielsweise über Intelligenzlage, Verstandes- und Gefühlsmäßiges, Handfertigkeit usw., zu denen es nicht erst der Schriftproben bedürfte. Zudem würde im Verhältnis zur großen Zahl der Prüflinge und der geringen auf den Einzelnen entfallenden Zeit eine allgemeine graphologische Vorprüfung Schwierigkeiten begegnen. Es ist mehr als fraglich, ob der dazu nötige Aufwand im rechten Verhältnis zum erwarteten Erfolge stände, der nur bestehen könnte in wesentlichen neuen Aufschlüssen zur Erleichterung der Frage der günstigsten beruflichen Unterbringung. Gegenüber den Feinheiten dieser Frage stehen aber meist erdrückend im Vordergrund so simple tatsächliche Gegebenheiten wie wirtschaftliche Lage, in erreichbarer Nähe befindliche wissenschaftliche, fachliche und technisch-betriebliche Ausbildungsmöglichkeiten, Verkehrsverbindungen. Angesichts dieser Machtfaktoren werden die einschlägigen Aufschlüsse aus der Graphologie nur in Ausnahmefällen bestimmend ins Gewicht fallen können. Wir finden deswegen bei den Berufsberatern jetzt zwar ausnahmslos graphologische Kenntnisse. Diese aber reichen mangels ständiger Inanspruchnahme nur selten aus für eine einschlägige vollständige Auswertung etwaigen Schriftmateriales.

33. Bewerber-Auslese

Um so intensiver wird die Graphologie in Anspruch genommen auf dem Gebiete der Bewerberauslese. Es entspricht leider selten ein Bewerbungsschreiben oder handschriftlicher Lebenslauf der Forderung völliger Ungezwungenheit. Außerdem liegt dem Untersuchenden nur in den seltensten Ausnahmefällen Schriftmaterial aus mehreren, wesentlich auseinander liegenden Zeitpunkten vor, sondern nur die Schrift des Lebenslaufes oder der Bewerbung. Über etwaige besondere Stimmungslagen bei der Abfassung des Prüfungsmateriales erfährt der Untersuchende niemals etwas. Allerdings werden diese Unvollkommenheiten dadurch meist unschädlich gemacht, daß es gewöhnlich für den jeweiligen speziellen beruflichen Bereich nicht auf die Darstellung der ganzen Persönlichkeit, sondern nur auf einen Ausschnitt ankommen soll. Die Darstellung *soll* also von vornherein unvollständig sein. Es muß damit gerechnet werden, daß sich daraufhin Mängel einschleichen, die bei späterer Zusammenarbeit also in der Zeit, wo sich graphologische Diagnose und Prognose bewähren sollen, zu Schwierigkeiten führen können. Aus diesem Grunde hat es sich eingeführt, daß von einer größeren

Zahl von Bewerbern nur die bestgeeigneten charakterlich voll dargestellt werden, während im übrigen die Ablehnung genügt, allenfalls mit kurzem begründenden Zusatz. Es liegt auf der Hand, daß der Anfänger sich am schnellsten befreien kann von der Versuchung, den Inhalt geprüfter Schreiben zur Kenntnis zu nehmen bei Durchsicht einer größeren Anzahl von Bewerbungsschreiben. Diese stammen — wenn man ihrem Inhalte trauen wollte — ausschließlich aus der Feder geborener Wirtschaftsführer höchsten Grades. Hier bestimmt aber den Graphologen die Verantwortung, seinen Auftraggeber auf den bestgeeigneten Mitarbeiter für den jeweiligen Platz aufmerksam zu machen. Das ist für die diesmal Abgewiesenen mehr Vorteil als Nachteil; auch für sie gibt es angemessene Arbeitsplätze. Es ist ohnehin nicht möglich, daß beispielsweise auf den beiden Arbeitsgebieten Buchhaltungschef und „Verkaufskanone" ein und dieselbe Persönlichkeit die Vollendung darstellt. Von entscheidender Bedeutung aber bei jeder Hereinnahme eines neuen Menschen in die Arbeitsgemeinschaft eines Betriebes ist die Frage, ob der Bewerber als würdig angesehen werden darf des Vertrauens, das man ihm einzuräumen gedenkt. —

34. Begutachtung der Vertrauenswürdigkeit (Ehrlichkeit, Glaubwürdigkeit)

Wer ist vertrauenswürdig? Wer sich so verhält, wie man es in seinen Kreisen auf Grund allgemein gültiger, wenn auch vielleicht unausgesprochener Normen erwarten darf; wer sein Versprechen hält. Die Vertrauenswürdigkeit ist eine Funktion gewisser Charaktereigenschaften und gewisser Umstände. Beide sind zunächst unbekannt, sie können von Fall zu Fall wechseln und „die Macht der Verhältnisse" wird immer ein Faktor von höchster Unsicherheit bleiben. Hiermit ist bereits gesagt, daß in jedem Fall auf die Normen des betreffenden Milieus abgestellt werden muß. Denn in der ehrwürdigen Gilde „ein ehrbarer Kaufmann" zu Hamburg gelten andere Usancen, als in einer Schwarzhandelszentrale; unter Roßtäuschern stellt man andere Anforderungen an die Vertrauenswürdigkeit, als in einem Mönchsorden. Wer sich vertrauenswürdig verhält, kann dafür höchst verschiedene Motive haben: Überkommene Moralbegriffe, Stolz, Ehrgefühl, Furcht vor den unerwünschten Folgen des Abweichens vom geraden Wege, Bequemlichkeit (Lüge z. B. verlangt gutes Gedächtnis, auch Gerissenheit und Wagemut), inneren Trotz gegen den selbst wahrgenommenen Hang zur Liederlichkeit, Pedanterie, Verpflichtung zum guten Beispiel usw. Das sind Größen, die wir schon für unsere charakterologischen Überlegungen verarbeiten können. Zu untersuchen ist weiter, aus welchen Gründen jemand von der Vertrauenswürdigkeit abweicht; weshalb er beispielsweise bei der Darstellung objektiv eindeutiger Sachverhalte individuelle Modulationen anwendet und die Grenzen zwischen wahr und unwahr überschreitet. Oft liegt der Grund im Mißtrauen, das bei Jugendlichen eine Äußerung des Selbstschutzes sein kann, darüber hinaus eine Maßnahme zur Wahrung jener „neutralen Zone" um den Kern der eigenen Persönlichkeit, in welchen nicht einem jeden Einblick und Zutritt gestattet sein soll. Solche Abweichungen von dem, was das Vertrauen verlangt, können weiter entspringen aus Angst, wenn es fehlt an Selbstbewußtsein und Durchsetzungskraft, bei schüchternen Personen. Heutige Zeitläufte mit ihrer brutalen Unterdrückung aller Individualität der Persönlichkeit durch Machtergreifer, Staat, Besatzer, Organisationen führen nicht selten dazu, daß der Einzelne sich einem „gegenwärtigen rechtswidrigen Angriff" auf sein Recht als Mensch ausgesetzt fühlt und in dieser notwehrähnlichen Lage z. B. anmaßende Fragen so beantwortet, daß er nur möglichst geringem Schaden bei solchen Angriffen ausgesetzt ist.

Viertens führt nicht selten die Phantasielüge zu „weitherziger" Auslegung der Grenzen zwischen Sein und Schein. Die fünfte Gruppe der Lügenhaftigkeit entspringt aus Mangel an sittlichen Hemmungen. Hier wird planmäßig um eigenen Vorteils willen Vertrauen mißbraucht und der strafrechtliche Tatbestand des Betruges erzeugt: Durch Erregen von Irrtum einen anderen zu einer Vermögensdisposition zu veranlassen, die dem Vertrauensunwürdigen rechtswidrigen Vermögensvorteil verschafft. Oder, wie Roda Wieser die Unehrlichkeit definiert als jene Verhaltensweise, die zwecks persönlicher Selbstbehauptung sich Dritten (? gemeint ist „Anderen") gegenüber bewußter Lügen und Täuschungsmanöver bedient. Hieraus entsteht die Straftat, sobald Fremdinteressen zugunsten der Eigeninteressen geschädigt sind.

Vertrauenswürdigkeit ist von grundlegend entscheidender Bedeutung im Wirtschaftsleben, in allen öffentlichen Beziehungen wie auch im allerpersönlichsten Bereich. Es versteht sich, daß diese Frage in Fällen der Auswahl von Sozien und Mitarbeitern; Gefährten für das Leben oder für Reisen usw., kurz für alle Fälle von Partnerschaften, die Menschen besonders lange oder intensiv aneinander binden, den Graphologen immer wieder beschäftigt. Unter den Gruppen der vom sozialen Verhalten, also auch von der Vertrauenswürdigkeit abweichenden Delinquenten hat Roda Wieser in ihren Untersuchungen über die Verbrecherhandschrift für den Betrüger — der dem hier geprüften Gesichtspunkt am nächsten kommt — folgende charakterlichen Befunde ermittelt:

Aus ihrem Untersuchungsmaterial weisen auf

schwache aktive Willenskraft	70%	Neigung zu Selbstüberschätzung	41%
gute Intelligenz	53%	stark ausgeprägter Eigennutz	69%
durchschnittliche Intelligenz	33%	frei von Eigennutz	0%
überdurchschnittliche Klarheit	9%	ausgeprägte Verlogenheit	76%
durchschnittliche Klarheit	51%	fehlende Verlogenheit	1%
Anpassungsfähigkeit	64%	mangelhafte Arbeitsqualität	90%
schwache Ausdauer und Widerstandskraft 88%			

Gemeinsam ist allen Verbrecherhandschriften die niedrige Stufe jenes durch allgemeinen Überblick auf Grund besonders reicher Erfahrung wahrnehmbaren „Merkmales", welches hier als Grundrhythmus eine

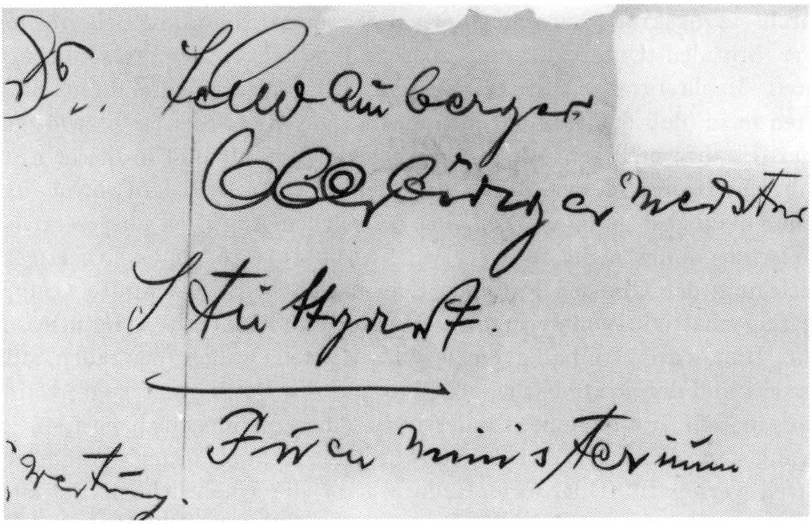

Bild 27. M 50. 12 — in extremer Ausgeprägtheit; 22 — die a; 13 — mehrere e; l; 14 — doppelte t-Striche; c — Li; unterer Haken des t in Stuttgart; 17. Störung von Rhythmus und Ebenmaß; Niveau — ?

besondere Sicht darstellt neben jenem allgemeinen Unterscheidungsmerkmal, für das wir Namen wie Formniveau, Gesamteindruck, Harmonie usw. kennen. Jedenfalls finden wir nach Obigem beim Betrüger und damit bei dem am meisten vorkommenden Vertrauensunwürdigen

vorhanden bis betont:	schwach bis fehlend:
Intelligenz	Grundrhythmus
Anpassungsgabe	Willenskraft
Selbstwertgefühl	Offenheit
Egoismen	Arbeitsqualität

Wir stellen die Übersicht der grundlegenden Charaktereigenschaften voran, weil für die Beurteilung der Gesamtfrage ein Überblick über diese fundamentalen Voraussetzungen in erster Linie notwendig ist. Wenn wir hiernach noch auf eine Reihe von Besonderheiten des im Schriftbild fixierten Ausdruckes der Persönlichkeit hinweisen, so ist damit alles andere bezweckt, als daß der Leser jetzt etwa zur Lupe greift und das Schriftbild absucht nach „Unaufrichtigkeitsmerkmalen". So etwas gibt es nicht. Diese Vokabel gehört in die Zeit der „Zeichendeuterei", die vor zwei Generationen ihr verdientes Ende gefunden haben sollte (selbst wenn sie noch unter der Jahreszahl 1948 in einem bei de Gruyter, Berlin, erschienenen Lehrbuche steht). Erst wenn sich der Deuter in Anlehnung an unsere Übersicht ein klares Bild von den im Schrifturheber lebendigen Anlagen, Eigenschaften und Verhaltensweisen antreibender und hemmender Art verschafft hat, wendet er seine Aufmerksamkeit auf diejenigen Gruppen meist individueller Merkmale, die für den Bereich des Täuschers einschlägig sind. Dieser will a) etwas verdecken, verstecken, undeutlich machen, einnebeln; er nimmt b) den Mund etwas reichlich voll, verspricht freigiebig auffällig viel und jedenfalls mehr, als ein kritischer Zuhörer für wahrscheinlich ansehen wird; es unterlaufen ihm aber c) dabei doch Fehler in der Leistungsqualität; und schließlich verrät er sich d) dem geschulten Auge durch eine gewisse Unsicherheit, selbst wenn er sich noch so großspurig tarnen will. — Wieser führt die vielfältigen Erscheinungsformen von sogenannten Unehrlichkeitsmerkmalen zurück auf drei Grundtendenzen der Schrift. Man findet ein Zuviel an Enge, ein Übermaß von Linksläufigkeit und das Auftauchen besonders abdeckender oder verschleiernder Bewegungen. Die Stellung der Prognose aber, ob man sich auf die Ehrlichkeit eines Schreibers verlassen kann oder nicht, bleibt eine der heikelsten Aufgaben für den Graphologen. Der Vorrang bei der Prüfung kommt immer der charakterologischen Gesamtschau zu. Denn einmal hat, wie wir gesehen haben, die Ehrlichkeit oder das Abweichen von ihr sehr verschiedene Motive, und dann äußert sich uns das entsprechende Verhalten auf verschiedenen Lebensgebieten verschieden. Zudem tritt bei verschiedenen Menschen die tief eingewurzelte Neigung, besonders eingeprägte Vorstellungsinhalte bildmäßig in der Schrift darzustellen, verschieden stark auf. Es gibt viele Schriften von Vertrauensunwürdigen, in denen jene ominösen Merkmale nur sehr knapp vertreten sind, oder in kaum wahrnehmbarer Ausgeprägtheit auftreten. Wir werden es immerhin als eine um so stärkere Bestätigung unseres nach Abwägung der Charaktereigenschaften gewonnenen Bildes ansehen, je mehr wir von den folgenden Erscheinungen (die nur die Bedeutung von Beispielsfällen haben) im Schriftbilde vorfinden (Vgl. Bild 40.)

Übersicht

über Schrifteigentümlichkeiten, welche eine charakterologisch begründete Vertrauensunwürdigkeit bekräftigen können.

a) Verdeckende Tendenz

1. Kleiner werdende Wortenden
2. Faden — im Wort und am Wortende
3. Faden als schwankende Zeile
4. Deckstriche (Gegenzug)
5. Verschlechternde Korrekturen
6. „Gestützte" Winkel oder Arkaden
7. Arkaden, besonders vereinzelt auftauchende
8. Falsch gesetzte Oberzeichen
9. Geschlossene deutsche a, o, g, qu
10. Kreisförmig geschlossene oder nach links offene u-Haken
11. Buchstabenvertauschung

b) Überleistungen

12. Völle
13. Doppelte Einrollungen der lateinischen a, d, e, g
14. Überleistung im engeren Sinne z. B. m mit vier, n mit drei Grundstrichen
15. Verschnörkelungen
16. Übermäßige Höhenausdehnung, Anfangsbetonung
17. Übermäßiger und schwankend starker Druck

c) Minderleistungen

18. Fehlende Buchstaben
19. Fehlen wesentlicher Buchstabenbestandteile
20. Vernachlässigung (verwandt mit a)
21. Endungen verstümmelt — ähnlich 2

d) Unsicherheit

22. Lautzeichenwechsel, besonders mit deutschem und lateinischem a, e oder g
23. Unverbundenheit, Buchstabenzerstückelung, Zerbrechen von Buchstaben in zwei oder mehr Züge
24. Punktierung
25. Die Feder stockt, strauchelt
26. Anflickungen an zu klein geratene Ober- oder Unterlängen
27. Öfteres Ansetzen zu einem Worte

e) Betonte Linksläufigkeiten, wie z. B.

28. Einrollung am Wortanfang, kreisförmiger Anstrich
29. Nach links eingekrümmte Schlußarkade
30. Endungen unter Wortende zurückgezogen.

In der Absicht, andere an Vollständigkeit ihrer Liste von „Unehrlichkeitsmerkmalen" in den Schatten zu stellen, gehen einzelne Autoren zu weit auf diesem an sich schon äußerst heiklen Wege. Pulver z. B. nennt auch „Unähnlichkeit von Schrift und Unterschrift". Dürfen wir es mit dem Makel der Unehrlichkeit kennzeichnen, wenn jemand anders aussehen möchte, als er ist? Und das geschieht doch in vielen abweichenden Unterschriften. Dürfen wir wirklich die Träger und Trägerinnen von

Preisboxerschultern oder Schwammgummibusen vertrauensunwürdig schelten? Mag sich auch der Betrüger geflissentlich hinter einer möglichst unleserlichen Unterschrift verstecken, so ist leider oft auch jene Unterschrift unlesbar geworden, die hundertfach am Tage wiederholt

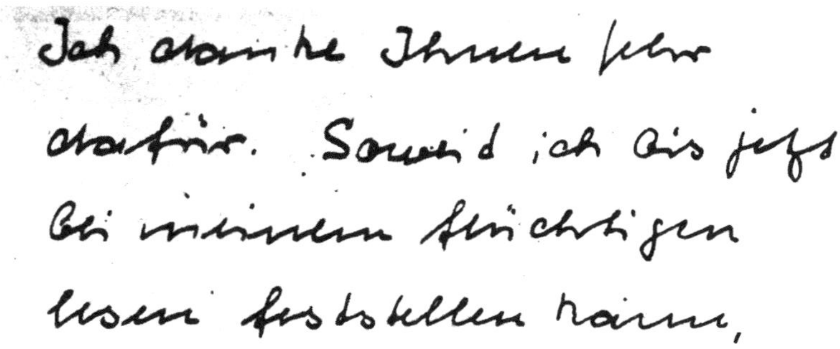

Bild 28. W 38. — 7: im Anstrich zu den a, im ü, in „bei"; 6: gestützte Winkel in vielen n und m.

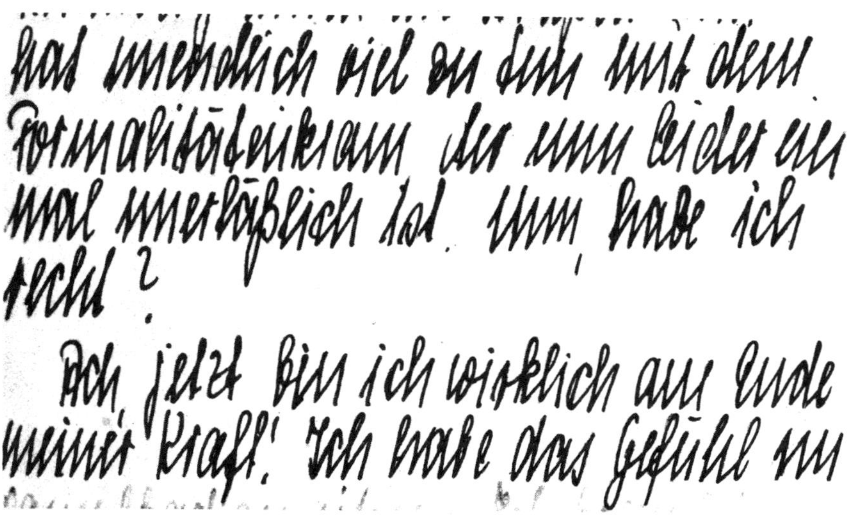

Bild 29. W 23. — Hypertrophie der Kurzzone, Geistiges tritt zurück, narzistische Überkultivierung von „Seele". — 6 — gestützte Winkel, „sacré coeur — Ductus". 4 — in t.

werden muß. — Ferner haben wir — aus ähnlichen Gründen — folgende Hilfen oben nicht genannt: Zuchtschrift, gekünstelte Schrift, zeichnerische Formbehandlung. Abgleitender Brückenzug, zu weitgehende

Formvereinfachung, Formvernachlässigung, Verschleifung, Verunklärung, undeutliche und zweideutige Formen. Anwachsende Buchstaben; Fleckigkeit; gezwungene Schrift; Langsamkeit, Stockungen, Lötschrift; ungleicher Verbundenheitsgrad; wechselnde Bindungsform.

Auf keinem anderen Gebiete zeigt sich so augenfällig die schwere Verantwortung, die auf dem Graphologen lastet, wie in der Frage der

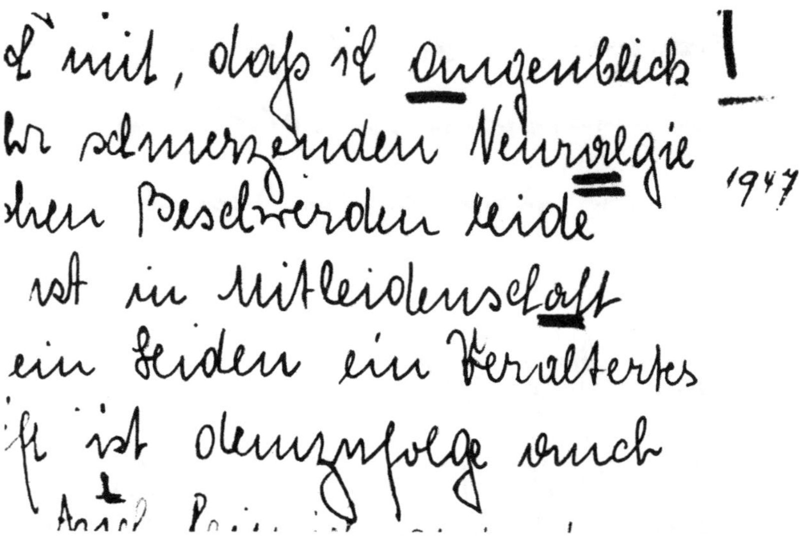

Bild 30. W 42. — 22 — die a.

Vertrauenswürdigkeit. Im Porzellanladen wäre der bekannte Elefant ein geschulter Verkäufer im Vergleich zu jenem halbfertigen Auchgraphologen, der nun die obige Tabelle zur Hand nähme und dann mit seiner binokularen Lupe dem Auftraggeber die Schrift des Bewerbers um den Oberbuchhalterposten vorführt: „Da sehen Sie selbst: unten sind g-Schleifen und oben h-Schleifen angeflickt, das ist d 26, ein klares Merkmal der Vertrauensunwürdigkeit!" — Keineswegs in allen Fällen. Es kennzeichnet vielmehr auch einen Mann von besonderer Gründlichkeit selbst bei lebhaftem Arbeitstempo; er wünscht auch von geistig Schwerfälligen unter allen Umständen klar verstanden zu werden; er liebt nicht die Ausrede der nicht deutlich verstandenen Anweisung; er ist eben gewohnt, sich in den nachgeordneten Mitarbeiter hineinzudenken. Könnte das nicht gerade für seine Führungsqualitäten sprechen?

Es muß hier also der Graphologe bei jedem Einzelbefund seine Deutung mit peinlichster Sorgfalt gesichert und andere Deutungsmöglichkeiten ausgeschlossen haben. Bei Fall 14 unserer Übersicht kann die Lage ähnlich sein, im Falle gewisser Überleistungen. —

Bei 5, Korrekturen, die die Leserlichkeit verschlechtern statt sie zu fördern, kann der Anlaß liegen in Papierfasern, Unreinigkeiten der Tinte, Zusammenfließen des späteren Striches mit dem noch frischen früheren. — Am ärgsten aber wird gesündigt an den Arkadenschreibern (7). Immer wieder erschrickt man, wie oft und bei welchen sonst angesehenen Beurteilern jeder Arkadenschreiber von vornherein mehr als verdächtig ist. Dabei bringen Winkelbindung und Faden einen weit höheren Prozentsatz an Vertrauensunwürdigen hervor als Arkaden-

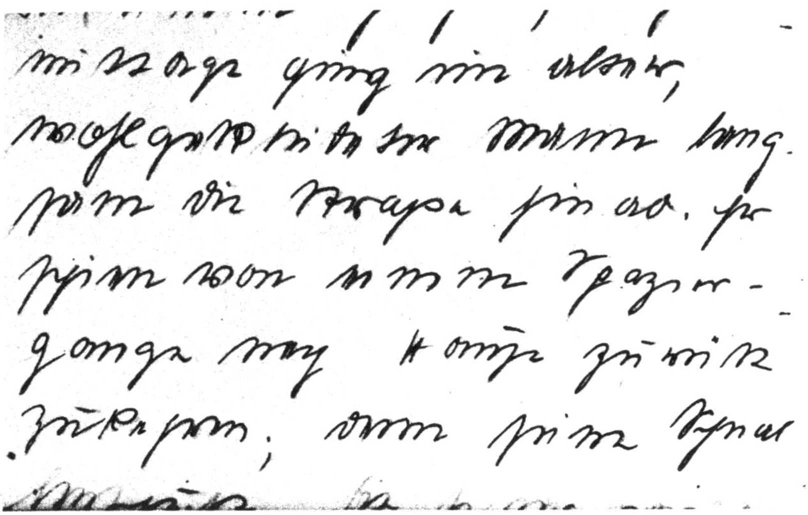

Bild 31. W 20, Dolmetscherin. — 7; 22 — lat. a in Straße.

schreiber. Die Arkade, Entsprechung etwa der äußerlichen Anpassung bei innerer Ich-Isoliertheit, kann mit ihrem „gebogenen Rücken" auch geradezu als ein Symbol gelten für den altgedienten Ministerialen, den Domestiken des feudalen Milieus, unter denen die Treuesten der Treuen zu finden waren.

Wird *unsere Meinung über die Vertrauenswürdigkeit* im Einzelfalle durch *eine* der obigen Erscheinungen *bestätigt*, so besagt das für den Befund der Unehrlichkeit —, nachdem sie allen nur denkbaren Möglichkeiten der Nachprüfung standgehalten hat, noch gar nichts. Bei zwei positiven Befunden ist eine verschärfte Nachprüfung der grundlegenden Charaktereigenschaften vonnöten, aber das Ergebnis wird auch hier oft noch ohne ausschlaggebenden Belang für unsere Frage sein. Erst bei einer Häufung positiver Befunde ist der warnende Finger zu erheben. Es handelt sich hier um eines Mitmenschen Ehre und Schicksal. Andererseits aber auch um das Schicksal eines anderen Menschen, um die Sauberkeit einer Verwaltung, um Gesundheit und Eigentum eines wirtschaftlichen Unternehmens und anderer Menschen. Seien wir darum streng bei der Auswertung des graphologischen Tatbestandes. Legen wir uns niemals fest ohne sorgfältigste Sicherung des Befundes. Aber mit dem sonst so vornehmen Grundsatz in dubio pro reo ist hier nur der einen Seite genug getan: und das genügt nicht. Die Aufgabe des Graphologen ist hier so schwer — das wollten wir zeigen — daß sie, wie das Amt eines Richters, nur zu oft die Grenze menschlichen Könnens streift.

35. Partnerberatung

Noch verhältnismäßig einfach ist die Arbeit des Graphologen bei den bisher behandelten Gebieten. In der Berufsberatung kommt es ausschließlich an auf die Persönlichkeit des Geprüften. Auch in der Bewerberauslese überwiegen diese Fälle. Nur selten einmal wird hier danach gefragt, wie der Betreffende mit diesem oder jenem, einem oder mehreren engeren Mitarbeitern zusammenklingen würde. Diese Frage des harmonischen Zusammenklingens spielt aber bereits eine wichtige Rolle, wenn nicht überhaupt die ausschlaggebende, bei der Auswahl etwa eines geschäftlichen Sozius, oder von Gefährten für eine Expedition, die ein Jahr und darüber dauern mag, zu gemeinsamer Sportausübung, wenn zwei sich ein Faltboot zulegen oder einige Urlaubswochen gemeinsam verbringen wollen. Hier kann eine Vergleichsberatung auf Grund der beiden Charakterbeurteilungen recht weitgehend die zu erwartende Wechselwirkung dieser Charaktere zeigen, zur fruchtbaren Gestaltung der Beziehungen anregen und Gefahrenpunkte aufdecken. Es gibt daher eine solche Charaktervergleichung schon vor Eingehung einer Partnerschaft ebenso bedeutungsvolle Aufschlüsse, wie hinterher, wenn es bereits etwas spät ist, wenn der Berufskonflikt, die Freundschaftskrise oder das Eheproblem schon knistert. Aber was auch auf diesem Gebiete an Schwierigkeiten auftauchen mag, es wird in den Schatten gestellt durch die besonderen Probleme der vorherigen graphologischen Eheberatung.

36. Graphologische Eheberatung

Schon der Dauer nach nimmt ja die Ehe gegenüber den anderen hier angedeuteten Lebensverhältnissen eine Sonderstellung ein, ist sie doch für längere Dauer projektiert als eine Faltbootreise; sagen wir überschläglich für die nächsten 50 Jahre. Schon die ältesten Weisheiten der Menschheit machen uns aufmerksam auf fundamentale Fehlerquellen. Alles fließt: „Man kann nicht zweimal in denselben Fluß steigen." (Heraklit 500 v. Chr.) Menschen und Umweltverhältnisse ändern sich. — Alles ist relativ. „Der richtige Zeitpunkt steht auf des Messers Schneide." (Hippokrates 360 v. Chr.) Also: Was heute richtig ist, ist morgen falsch. Können wir auch die beiden Menschen im Augenblick der Niederlegung ihrer Schriftproben bei der Eheberatung klar vor uns sehen, so fehlt uns doch die Kenntnis all der vielen und starken Einwirkungen, die der gewaltige Entwicklungsschub zur Folge hat, wie er dem so tiefgreifenden Ereignis der Eheschließung zu folgen pflegt.

Während dieser Spanne können nun verschiedene Ereignisse auf die Beziehungen der beiden Menschen einwirken, deren Eintritt teils unsicher, teils sicher ist, aber immer fundamental wirksam sein kann. Sicher ist der Eintritt des Alters mit seinen entsprechenden Änderungen der äußeren Erscheinung und des Wesens. Sofern die Beziehungen zwischen den beiden Ehegatten mehr oder weniger wesentlich durch entsprechende äußere Momente mitbestimmt sind, kann allein schon dieser Punkt mehr oder weniger merkbar Belastungen der Ehe mit sich bringen. Schlimmer sind schon unsichere Faktoren, welche als die dunklen oder heiteren Lose zu der Zeit, wo die Eheberatung erfolgen soll, noch in der Zeiten Schoße schlummern. Und wie sich Verschlechterung der wirtschaftlichen Lage, langwierige Krankheiten auswirken werden, das läßt sich weder nach Richtung noch nach Stärke erkennen. Vor welche überraschenden Situationen uns die politische Entwicklung stellen wird, davon kann sich auch eine verwegene Phantasie heute kein Bild machen. Wie sich der eine oder der andere der beiden Ehepartner verhalten werden im Falle des Eintreffens eines Kindes, das ist schon unsicher, noch unsicherer aber und gefahrvoller sind die Möglichkeiten unter Umständen beim Ausbleiben erhofften Kindersegens. Wir wissen auch nicht mit nur annähernder Sicherheit etwas von der Wirkung, die das Aufgehen anderer Sterne am Ehehimmel auf den einen oder den anderen der beiden Beteiligten ausüben würde. Wir müssen schon von der Voraussetzung ausgehen, daß der

Mensch es unterlassen hat, in die Beziehungen des jungen Paares einzubauen jene furchtbaren Fehlerquellen, die in gesellschaftlichen und finanziellen Rücksichten enthalten sind: Viele zueinander gehörende Menschen werden durch solche Fehlerquellen einander vorenthalten und geben Stoff für die lyrische und tragische Dichtung. Oder sie werden durch solche wirtschaftlichen Rücksichten zusammengeführt, damit das Geld zum Gelde komme, der Acker zum Acker, das Fertigerzeugnis zum Halbfabrikat, und leben uns über Jahrzehnte hingeschleppte Katastrophen vor. Von diesen Fehlerquellen pflegt der Graphologe aber kaum jemals etwas zu erfahren. Vielfach werden sie auch den Beteiligten erst später bewußt.

Idealerweise pflegen wir ja bei der Ehe zu rechnen mit einer hier noch nicht genannten, aber gewaltigen Macht, mit der Liebe. Diese, für das Zusammenhalten das Wichtigste überhaupt, ist uns nach Richtung und Gewicht ebenfalls nicht voll erkennbar. Nur über die Fähigkeit zu lieben können wir uns äußern. Aber wir wissen nicht, ob sie mit ihrer Gesamtintensität — oder welchem Teil davon — auf den in Rede stehenden Partner strahlt. Der Liebe geht voran jener andere Zustand von höchst verschiedener Dauer, der seinen Anfang nimmt aus dem Aufmerksamwerden mindestens eines Partners auf den anderen oder beider aufeinander. Es ist dies das Stadium der Verliebtheit. Es stellt die größte Fehlerquelle dar, welcher der Mensch in den Beziehungen zum anderen Geschlecht überhaupt ausgesetzt ist. Wir Menschen bleiben ja trotz aller Kultur im Grunde doch Kinder der Allmutter Natur. In welcher ungeheuerlichen Weise diese ihr Ziel, die Art zu erhalten, allen anderen Zielen, und ganz besonders dem der Erhaltung des Einzelwesens, im Range voranstellt, das haben wir gesehen (Seite 54). So liegt ihr hier in erster Linie daran, ein Paar zusammenzubringen. Wie es dann zusammen bleibt — das scheint fast völlig außerhalb des Interesses der Natur zu liegen, verglichen mit den Mitteln, die sie für das Zustandekommen des Beginnes der Beziehungen einsetzt. Verliebtheit ist eine Erscheinung der Aufmerksamkeit. Waren uns soeben noch alle Menschen eines bestimmten Kreises gleich interessant und gleich uninteressant, so ist es mit dieser Ausgewogenheit vorbei in dem Moment, wo irgend eine Besonderheit eines Menschen aus dem für uns in Frage kommenden Kreise des anderen Geschlechtes unseren Blick auf sich zieht. Hatten wir beispielsweise eben noch eine bestimmte Szene gleichmäßig beleuchtet mit dem großen Winkel eines Breitstrahlers von 90 Grad, so reißt sich jetzt das ganze Strahlenbündel zusammen auf das Geliebte, alles andere versinkt im

Halb- oder Volldunkel, während wir im hellsten, schönsten und edelsten Lichte den einen Gegenstand auf ungewöhnliche Art von der übrigen Welt isolieren. Wir können unsere Gedanken nicht mehr von ihm lassen. So wird unser Bewußtsein eingeengt, verödet und gelähmt (vgl. Ortega y Gasset, Liebe). Unsere Aufmerksamkeit kann nicht mehr von einem Objekt zum anderen gleiten. Der Verliebte selbst gewinnt den Eindruck, daß das Leben seines Bewußtseins reicher geworden ist. Seine Welt verdichtet sich, indem sie sich beschränkt. So befindet sich der Verliebte tatsächlich in einem untergeordneten Geisteszustand, einer Art vorübergehenden Schwachsinns. Wer es vergessen hat, den mag Goethe erinnern:

....Wo ich ihn nicht hab',
Ist mir das Grab,
Die ganze Welt
Ist mir vergällt;
Mein armer Kopf
Ist mir verrückt,
Mein armer Sinn
Ist mir zerstückt.
Meine Ruh' ist hin ....

Eine andere Verliebte schilderte 2500 Jahre früher ihren bejammerns- und beklagenswerten Zustand in noch weit reicherer Symptomatik (wir wissen wohl, daß uns ein kleiner Fehler vorgehalten werden könnte, wenn wir Sappho zitieren, aber vielleicht ist es hier gar kein Fehler):

..O, dann
Zuckt mein Herz im Busen im jähen Schmerz auf.
Wenn ich Dich erschaue, so bin ich keines
Lautes mehr mächtig;
Festgebannt erstarrt die Zung' und leises
Feuer rieselt über die Haut mir plötzlich,
Vor den Augen dunkelt es mir, und stürmisch
Brausen die Ohren.
Kalter Schweiß bricht aus, und ein Zittern schüttelt
Alle Glieder, fahler denn Gras erblaß' ich,
Wenig fehlt — und nieder in Todesgrauen
Sink ich bewußtlos.

Ein Glück ist es noch, daß es aus dieser Verfassung eine Heilung gibt. Aber das geht uns jetzt nichts an. So sehr die sich — vielleicht — anschließende Liebe eine Schöpfung edelster Art, eine herrliche Leistung der Seelen und Körper darstellt, der Zustand der Verliebtheit, mit dem idealerweise die auf 50 Jahre angelegte Unternehmung beginnt, gehört hier zu den ärgsten Fehlerquellen. Schon daß sie anfängt mit dem Ausknipsen unserer Verstandeserhellung, mit einer Einengung der Aufmerksamkeit, ist höchst verdächtig. Erinnern wir uns, daß auch die Hypnose beginnt mit dem Zusammenreißen der Aufmerksamkeit etwa auf eine funkelnde Brillantenfacette, daß alle Einschlafübungen den gleichen Trick gemeinsam haben, die Aufmerksamkeit einzuengen, beispielsweise auf monotones Zählen. Sucht nicht der Roßtäuscher vor dem Kontraktschluß seinen Partner unter Alkohol zu setzen? Wir wissen jetzt, wie die Natur mit uns umgeht. Keine Liebe also ohne Verliebtheit, auch wenn der eine oder die andere von uns Heutigen selbst nicht mehr sapphischer Symptomenfülle fähig sein sollte.

Der Mensch, den Fehler erkennend, schuf die Einrichtung der Verlobungszeit, und tatsächlich hat sie zu ungezählten Begnadigungen geführt. Aber das liegt abseits unserer graphologischen Aufgabe. Wir können den Faktor der Liebe überhaupt nicht in unsere Rechnung einstellen.

Nach volkstümlicher Anschauung ist ja der größte Teil der sogenannten Vernunftehen noch den geringsten Schwierigkeiten ausgesetzt. Das mag vielfach zutreffen. Die eine Fehlerquelle ist ausgeschaltet, die anderen — z. B. Vermögensfragen — sind klar erkannt, und wir wissen, daß bei einem einsichtigen Patienten Erkenntnis mehr sein kann als die halbe Therapie.

Es bleibt dem Graphologen die Aufgabe, den vielen nicht recht Entschlossenen, den Unsicheren bei ihren Entscheidungen zu helfen. Oft lernen sie auf diese Weise erst Eigenschaften im Charakter des anderen kennen, die ihre Wertschätzung verstärken, so daß ihnen die eigene Entschlußbildung erleichtert wird und sie aus eigenem die Wahl treffen. Wir haben aber auch Fälle kennen gelernt von Festentschlossenen, die sich der Einengung der eigenen Scheinwerferbestrahlung in ihrer Verliebtheit noch bewußt waren, und mit einem letzten Rest von klarer Besinnung eine graphologische Eheberatung verlangten, um so zu erfahren, wie sich ihr Vorhaben im Urteil des gut unterrichteten, menschlich und sachlich unvoreingenommenen Psychologen darstellt. Wir gehen bei unserer Beratung von der Harmonie aus. Diese ist mehr, als nur ein Miteinanderfertigwerden, ein Miteinanderauskommen. Sie hat ihre Quelle in der richtigen Gegensätzlichkeit. Eine glückliche Ehe ist nicht ein Gleichgewicht, sondern eine gute Mischung. (Zur Übung: Welche

Prognose würden sie beispielsweise einer Ehe geben zwischen den Urhebern der beiden Schriften aus Bild 13, wenn er ca. 12—15 Jahre älter wäre, als sie?)

37. Frauen von heute in ihrer Schrift

Als Sie auf Seite 7 lasen von den zehn Prozent Fehldiagnosen bei männlichen gegenüber fünfzehn Prozent bei weiblichen Schrifturhebern, da dachten Sie sich vielleicht nur, wieso eigentlich, oder: Schon wieder diese langweiligen Zahlen! Aber möchten wir nicht der Frage nach den Gründen doch einmal nachgehen? Tatsache ist also, daß um die Hälfte mehr weibliche Handschriften, wenn man von den durch sie ausgedrückten Charaktereigenschaften ausgeht, für Schriften des anderen

Männlichkeit und Weiblichkeit des Charakters:

Mann		Frau	
+	—	+	—
Gegliedertheit („Differenziertheit")	Zwiespältigkeit	Einheitlich (Harmonie)	Triebsabhängigkeit des Urteils
Begeisterungsvermögen (Liebe zur Sache)	Illusionsgabe (genauer: die Wirklichkeit so sehen, wie man sie glaubt)	Persönliche Hingebungsbereitschaft (Liebe zur Person)	Parteilichkeit und Mangel an Gerechtigkeitssinn
Phantasie	Augenblicksfremdheit	Wirklichkeitssinn (Nahscharfblick)	Fernblindheit (kurzer Verstand)
Entschlußgeist und Selbsttätigkeit („Initiative")	Ruhelosigkeit	Gleichgewichtigkeit	Sinnliche Gebundenheit (und sinnliche Bestimmbarkeit)
Tatkraft	Härte	Wärme und Mitgefühl	Mangel an Tatkraft
Überzeugungsstärke	„Prinzipienreiterei" und Rechthaberei	Triebsicherheit („Instinktivität", Naturverwandtschaft)	Grundsatzlosigkeit
Weite des Gesichtskreises und Vielseitigkeit	Mußelosigkeit und Mangel an Glücksfähigkeit	Beharrlichkeit (Konservatismus, Treue und Dulderkraft)	Enge und Kleinlichkeit
Sachlichkeit und Abstraktionsgabe	Mangel an persönlicher Ansprechbarkeit	Entdeckerische Treffsicherheit des Urteils („Intuition")	Mangel an Sachlichkeit (nebst verminderter Zugänglichkeit für Beweisgründe)
Würde	Unleidliches Bedeutungsbedürfnis (geistige Eitelkeit in Form der Überbewertung von Berufstätigkeit, Pflicht, Leistungsvermögen, kurz dessen, was man gerade treibt)	Wahrhaftigkeit (Selbsteingeständlichkeit der Gefühle)	Subjektivismus (Blindheit für außerpersönliche Werte)

Geschlechtes gehalten werden könnten, als umgekehrt. Was sind denn nun kennzeichnende männliche oder weibliche Charaktereigenschaften?

Die Antwort gibt Klages in seiner Charakterkunde mit der folgenden Übersicht, die übrigens besonderes Interesse verdient gerade wegen der Heraushebung der als „positiv" oder „negativ" vorgeschlagenen Züge.

Das Leben stellt uns stets von neuem vor die Aufgabe, uns anzupassen. Und an was alles haben wir uns nicht in den letzten Jahrzehnten und Jahren anzupassen gehabt! Zeitspannen von wenigen Jahren stellten Männer, Frauen und Kinder vor die Aufgabe, sich anzupassen an Lebensverhältnisse, die denen zu Anfang kurzer Spannen wie Tag und Nacht gegenüber standen. Wer aber hat diese Zustände geschaffen? Die gleichverpflichteten und „gleichberechtigten" Frauen waren nur die passiv Beteiligten. Es blieb den Frauen nach den ermittelten Zahlen nichts anderes übrig, als sich irgendwie anzupassen. Das ist bei einem auffällig großen Teil von ihnen in der Weise geschehen, daß sie ihre Charaktereigenschaften denjenigen des anderen Geschlechtes anglichen, das von der Natur für gänzlich andere Daseinsaufgaben vorgesehen ist. Wir sehen in der vom Klages'schen Institut ermittelten fünfzigprozentigen Differenz zwischen den Fehlersätzen beider Gruppen die vernichtendste Kritik, die jeweils über die von Männern gemachte Geschichte und damit über deren Urheber ausgesprochen werden kann.

Auch Müller — in Angst, Seite 28 — spricht von der „politischen Dauerblamage der Männer", sieht aber nicht auf die „den Frauen" dadurch aufgebürdete Mehrbelastung, sondern erwartet daraufhin bei ihnen eine Stärkung im Selbstgefühl, Selbstvertrauen, Selbstwertgefühl, Eigenmachtgefühl, in der Vitalstärke, „der subjektiv vermeinten Mächtigkeit im Lebenskampf" (Lersch, Persönlichkeit). „Tatsächlich leisteten sie bereits seit Jahrzehnten mehr als von ihnen erwartet wird." — Was aber, müssen wir fragen, wird von ihnen erwartet? Doch wohl die Verkörperung des jeweiligen Frauenideals. Und das „überbieten" (!) sie, leistungsmäßig jedenfalls, seit Jahrzehnten? Was bleibt ihnen auch anderes übrig angesichts des Versagens der Männer? Unserer „Bewertungsbasis" liegt, das muß gestanden werden, näher die europäische Frau von gestern und heute, als etwa die amerikanische oder die vorderasiatische von heute und morgen.

Hier erwarten wir Widerspruch vielleicht aus dem um die Jahrhundertwende entstandenen Lager der sogenannten Frauenrechtlerinnen oder von anderen „Emanzipierten". Wir geben zu, daß eine abweichende Bewertung der gezeigten Erscheinung möglich ist. Stellen wir uns aber auf den Standpunkt, daß jedes Wesen entsprechend seiner naturgegebenen Daseinsaufgabe beansprucht werden soll, dann glauben wir eigentlich den Widerspruch bereits ein wenig vermindert zu haben. Wir wüßten auch nicht, was zu sagen wäre gegen die Beobachtung, daß in der Zugluft eine Kerze im Halbteil oder einem Drittel der Zeit aufgebraucht ist, wie in der ihr angemessenen ruhigeren Luft. Aber freilich, sollte überhaupt an den Versuch einer Änderung zu denken erlaubt sein: So einfach ist er nicht, daß man vorschlagen dürfte, besetzen wir doch einmal die Mehrheit aller Parlamente mit Frauen, denn es waren ja Männer, die uns die Zustände von heute aufgeladen haben; und die finden wir nicht schön!

Die angeschnittene Frage gibt Diskussionsstoff für Jahre. Wir selbst erwarten übrigens nicht von Parlamenten mit Frauenmehrheit, daß sie — um nur einen möglichen Programmpunkt zu nennen — mit angemessener Überleitungszeit zunächst in „Männerberufen", dann auch in den „zweigeschlechtlichen" die berufstätige Frau abschaffen würden. Vielleicht würden dann nicht einmal sie selbst sich wiederwählen.

Aber an Aufgaben würde es der Frauenregierung nicht fehlen. Schon am Bürgerlichen Gesetzbuch hat keine Frau mitbeschlossen. Ist nicht unserem Familienrecht die Entwicklung der beiden letzten Generationen davongelaufen? Ist es an der Zeit, sich auf mutterrechtliche Gedankengänge zu besinnen?

Die Schwierigkeit der Lage wird durch eine ärgerliche Frage aufgedeckt: Warum wählen mit kaum nennenswerten Ausnahmen die Frauen Männer in die Parlamente? Wo sie doch, wenn auch nicht den Marschallstab im Tornister, so immerhin nach der demokratischen Majoritätsregel das Präsidentenpalais im Handtäschchen haben?

Das Bild 32 zeigt uns zwei junge Damen Mitte der zwanziger Jahre — Anita und Beatrix — (diese und die folgenden Namen haben wir verliehen, in alphabetischer Reihenfolge) im Beruf der Bühnenkünstlerin. Beiden fiel es leicht, die von der Schulvorlage gewünschte Steilschrift beizubehalten: Es ist schon ratsam in solchem Berufe, dem Verstande maßgebenden Einfluß auf das Verhalten einzuräumen und abseits der Bühne das Gefühl zu zügeln. Während sich aber Anita für eine überwiegend äußerliche Anpassung entscheidet, und sich bei innerer Ich-Isolierung doch ihre eigene Meinung zu den Dingen und Menschen ihrer Umgebung weitgehend vorbehält, sehen wir bei Beatrix Neigung zur Anpassung und Aufgeschlossenheit, stärkere Bereitschaft zur Bejahung. Die erste schwimmt gegen den Strom und setzt ihr Streben darin, sich gegen alle entgegengesetzten Einflüsse zu halten; die zweite gestaltet ihr Leben eher nach der Devise „Laß Dich der Welle: sie trägt!" In den Schriften offenbart sich uns dies in der Arkadenbindung und

1) 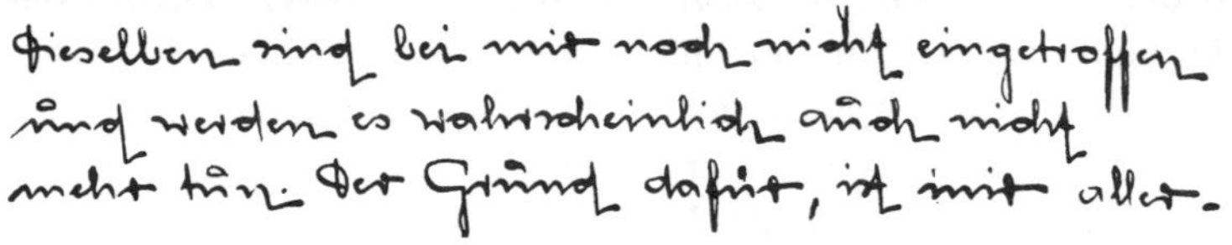

2a 

2b 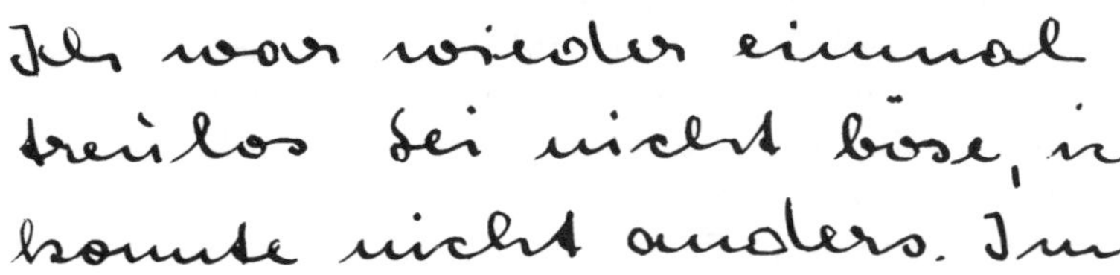

(Verkleinerung 1:0,65)

Bild 32. Anita (1) und Beatrix (2). — 1. W 24. Gleichaltrige Bühnenkünstlerinnen. (Welch ein anderer Mensch ist doch ihre Kollegin Bild 23—5!)

2. Beatrix zeigt in ihren zwei verschiedenen Schriftbildern die zwei verschiedenen Stimmungslagen zur Zeit der Entstehung ihrer Proben. Als Papier hatte sie für beide Briefe die gebräuchlichen einmal gefalteten „Privatbriefbogen" zur Verfügung. Aber bei 2a lastete auf ihr ärgerlich-deprimierte Mißstimmung, bei 2b freudig-gehobener Übermut. Ein niedergestimmter Mensch fühlt sich eingeengt (eng — angina — Angst), ein Frohbewegter zeigt Expansionsdrang, seine Bewegungen sind ausgiebiger, mittelpunktsflüchtiger, reichhaltiger, der Schreibdruck ist stärker, weil das Lebensgefühl gesteigert ist.

Deshalb begnügte sich Beatrix beim ersten Brief mit dem Papier, wie sie es aus der Kassette nahm, und beschrieb es vierseitig. Aber beim zweiten hätte der Platz für ihren Bewegungsdrang nicht ausgereicht — sie faltete den Bogen auf und schrieb zweiseitig. Schon die Randbehandlung zeigt das eine Mal Gedrücktheit und Enge, sie stößt sich am Rande, das zweite Mal Freiheit und Weite, Freigebigkeit. Auf den Quadratdezimeter gehen in 2a 57 Silben, in 2b 24.

Jeder Strich zeigt diesen Gegensatz mürrisch und froh: Zuerst die sinkende Zeile dann die steigende. Jeder einzelne Buchstabe wiederholt das aufdringlich. Sehen Sie die beiden Anfangs-a: Das obere beginnt mit knappem Anfangsbogen aus halber Höhe der Mittelzone, das untere dagegen weitausholend beginnt schon unterhalb der Schreiblinie!

Und der Unterschied in der Völle beider a! Beider End-l! Der drei Ich!

Ihrem scharfen Auge gab schon der erste Buchstabe das Signal für eine weitere höchst aufschlußreiche Unterschiedlichkeit: Die Bindungsform. In 2a ist das m und M schulmäßig, das erste, zweite und vierte n Girlande — aber das dritte n! — das zeigt ja Winkel. (Bea kann also auch so!) Und zeigt nicht der dicke! Haarstrich im dritten n oben einen kleinen Schuß arkadische Krümmung? Die breite Feder wird in 2a ganz anders gehalten, als unten: Erst in 2b liegt der Scheindruck richtig, dort, wo ihn die Vitalität hinsetzt, in den Abstrichen. Die Bindung in 2b ist einheitlich, die weite, nicht überfeste Girlande jener schmiegsamen, kraftvollen, keineswegs vorbehaltlosen Anpassung, die das Steuer in der Hand behält.

dem besonderen U-Haken der einen, in der Girlandenbindung, dem offenen U-Haken und den etwas eckigen Unterlängen der anderen. Unter der Zeile liegende waagrechte bereichernde, angehängte Fähnchen von Anitas Schrift dürfen wir nicht negativ bewerten. Sie sprechen uns von der auf Publikumswirkung sehenden Bewußtheit, die als mitwirkender Faktor im Verhalten auch derjenigen Tänzerin nicht fehlen darf, die ihrem Publikum ihr Bestes und ihr Alles gibt. Die aus dem Ebenmaß der Gliederung zutage tretende Kraft und Lebhaftigkeit des Triebmäßigen, unterstrichen durch die physiche Richtung der betonten Unterlängen, dürfte dankbar sein für den Halt, den solche Einstellung ihrer Trägerin zu geben vermag. Bei Beatrix überwiegt diese physische Richtung nicht in gleichem Maße. In die Unterzonen gerissene Oberlängen (beim J) sprechen von spürbarer Betonung des Selbstgefühls. In dieser Einbettung ist Verstandesmäßiges keineswegs auf einen einflußlosen Zuschauerplatz gestellt, aber es hat sich nun einmal dafür entschieden, in klarer Beherrschung der Situation (klare Zeilen- und Wortgliederung) eine weichere und anschmiegsamere Art der Anpassung zu wählen. Der ausgeprägte Sinn für das Schöne, der uns aus den Zügen beider anspricht, bescheinigt ihnen eine glückliche Wahl ihres Berufes. Von Beatrix liegen zwei Proben vor mit zwei Wochen Zeitunterschied, aber mit einem Stimmungsanstieg von „zu Tode betrübt" bis „himmelhochjauchzend", und wir verfolgen in beiden Schriftbildern das ausdrucksmäßige Zutagetreten des das Herz hier bedrückenden — dort erhebenden — Gefühles.

Die 36jährige Christa zeigt uns ein wesentlich anderes Bild. Die Ereignisse haben sie in einen anderen der deutschsprachigen Staaten verschlagen. Die Steilheit ihrer Schrift — ihre Schulvorlage war schräg — spricht von der Herrschaftsstellung des Verstandes, die sie — in ständigem Kampf mit Tiefe und Intensität des Gefühles — zu erhalten sucht. (Die Zeilenanfänge zeigen wesentlich steilere Schrift als die Enden der Zeilen.) Die Aktivität ihrer psychischen Kräfte kennzeichnet ebenso Beweglichkeit und Tempo des Willens wie Unruhe und Leichtigkeit des Gefühles: Eile und starke Rechtsläufigkeit im H, dessen Querstrich nur den rechten Grundstrich erfaßt, vereinzelt eingebundene Oberzeichen, Eile im ganzen Ductus der Kurzzone bei beträchtlicher Unregelmäßigkeit in Größe und Neigungswinkel, die Oberzeichen werden vor ihre Buchstaben (u) gesetzt oder gar ganz an dessen Stelle (einige i). Wir sehen auch in den vielen zweckmäßigen Vereinfachungen und der klaren Gliederung, dem nach rechts drängenden und dann wieder zur Ordnung gerufenen Linksrand ihre

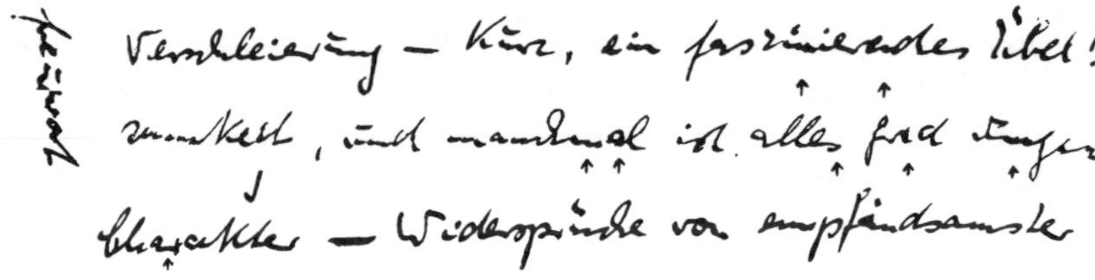

Bild 33. Christa, W 36. Temperament, Selbstbewußtsein, Tempo, geistige und psychische Aktivität — das haben auch andere. Aber das „Wie"! Dafür findet sich wenig Vergleichbares. Unreg. in Gr. und Neiwi, Verb, stei Z, Gi — Fa — Wi, Anflickungen. Ei, OL in U-Zone gerissen, UL über die ganze Länge geführt, Vf. (10 Nachbesserungen und Anfl. über den Pfeilen!) Die i-Punkte sind — bis auf „Widersprüche" — vor dem Buchstaben gesetzt worden, und vollends über dem Ü und u (Ende der ersten und zweiten Zeile) sind die O Z gesetzt nach dem ersten, vor dem zweiten Grundstrich, was hier für ungewöhnliche Raschheit der Kombination und des Reagierens spricht; dazu die ungewöhnlich ausgeprägte Eigenart der Einbindung dieses zwischengeschalteten u-Hakens — es dürfte wenig Schriftsammlungen geben, die einen Parallelfall aufweisen können (z. B. Wittlich, Schriftenatlas, Tafel IIIa).

überdurchschnittlichen Verstandesanlagen und die Wirkung des bewußt hemmenden Zügels. Die weiblich-physischen Interessen an sich müssen sich mit einem zweitrangigen Platz begnügen (Übergewicht der Oberlängen vor den Unterlängen), angesichts ihrer hervorragenden Verstandesanlagen und der entsprechenden Interessenrichtung und Ansprüche. Sie sieht klar, auch in ihrer Persönlichkeitslage, die sie uns selbst darstellen mag: „... von meinem ‚dunklen Punkt' erzählen (der Psychologen interessieren müßte) denn ich glaube, der ist schuld an meinen mißlichen Zuständen, an die ich mich trotz besserer Einsicht klammere, und solche Haltung ist meistens nur aus ‚Liebe' in vermutlich nicht ganz wohlgeratener Form zu erklären, nicht?" Das ist Christas Anpassung. —

Steil, klein, Weite und Fäden, Zeile gerade bis leicht gewölbt, klare Abstände, ebenmäßige Gliederung, so präsentiert sich uns die 24jährige Dorit. Daß wir auf dem rechten Wege sind, wenn wir, die Kleinheit von der Seite des Selbstgefühles ansehend, zunächst ängstliche Bescheidenheit erkennen, bestätigen uns die tiefsitzenden Oberzeichen und die aus der Linksläufigkeit (gewichtiger Anlaufbogen im großen G) sprechenden Egoismen, von denen einer der wesentlichsten ja die „Angst" im weitesten Sinne ist. Die Weite ihres geistigen und seelischen Radius haben wir also weniger der Selbstbetonung zuzurechnen, auch nicht der Ungebundenheit, sondern eher der Strebsamkeit, dem Eifer (auch Eile), mit der sie sich ihren medizinischen Studien hingibt. Die Vitalität werden wir gering veranschlagen (drucklos, knappe Unterlängen), und so sind wir in Sorge um diese wenig robuste Persönlichkeit bei dem Gedanken an einen Schicksalsschlag, der etwa die wirtschaftliche Basis der Familie anschlägt. Als er eintrifft, flüchtet sie aus dem Entwicklungs-Stadium zum freien Berufe in die windstille Luft einer

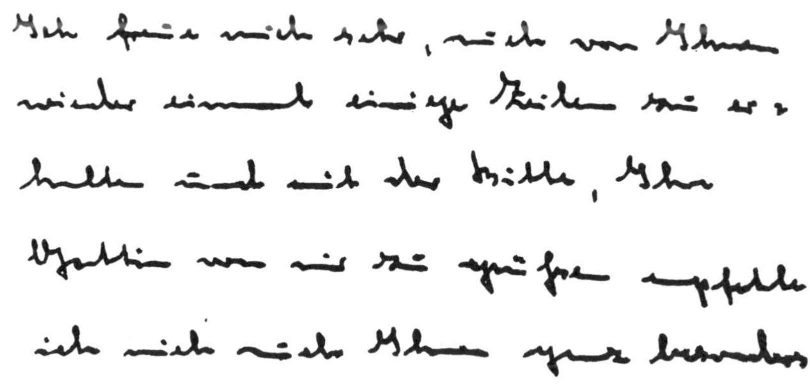

Bild 34. Dorit. W 24. — Die Zeitkrankheit der Angst, der inneren Unsicherheit hatte hier leichtes Spiel angesichts der Einbettung vielfältiger Linksläufigkeiten (Li. Schr, Anstriche an Großbuchstaben, Übergewicht links in der Anfangsschleife des G, Anstriche vor den Kleinbuchstaben, besonders a, d, g) in fallende Zeilen, Druckschwäche, Kleinheit und den geradezu demütigen Faden, der am liebsten gar nicht bemerkt werden möchte. — Was bedeuten hier Fa und Li zur Frage der Ehrlichkeit?

Amtsstube. Gefühlsfülle bedeutet für sie keine Gefahr. Die bei ihrer Anlage zur Angst nahezu notwendige Angina Pectoris ereilt sie dort im Schutze des Hafens, wo nicht mehr die gleiche scharfe Brise weht, wie im freien Leben der Steuerverdiener. In der Einbettung von Bescheidenheit und Vitalschwäche liegt hier im Faden der Wunsch, nicht hervorzutreten, nicht bemerkt zu werden. Klages' Fund der Mimikry für den im Wortinneren liegenden Faden trifft schon in die Nähe der hier notwendigen Bedeutung des Verschwindenwollens, aber in unserem Falle ist für den damit verbundenen Hinweis auf Hysterie — wenigstens, wie wir sie sehen —, nicht der rechte Platz.

Da ist doch die Ellen ein anderer Kerl! (38 Jahre). Sie hat zwar Schrägschrift gelernt, aber die während der Schulzeit eingeführte Sütterlin-Steilheit hat ihr mehr zugesagt. Unregelmäßigkeit füllt klare gerade Zeilen, Linksrand wird in sehr gleichmäßiger Linie breiter, Unterlängenbetonung, Vereinfachungen, schulmäßige Bindung, Endfaden, Eile, kleiner werdende Wortenden. Sie gehört zu denjenigen, die sich einen wahrhaft unbescheidenen Anteil gesichert haben an dem „großen Erleben unserer Zeit". Aber sie zeigt sich gewachsen. Mutter

Natur hat es ihr nicht leicht gemacht das heiße Blut zu zügeln. Aus rassischen Gründen verliert sie damals ihre Stellung als Germanistin und Religionslehrerin, windet sich hindurch, aktiv, tätig, nicht unterzukriegen. Ein weit überdurchschnittlicher, komfortabel eingerichteter

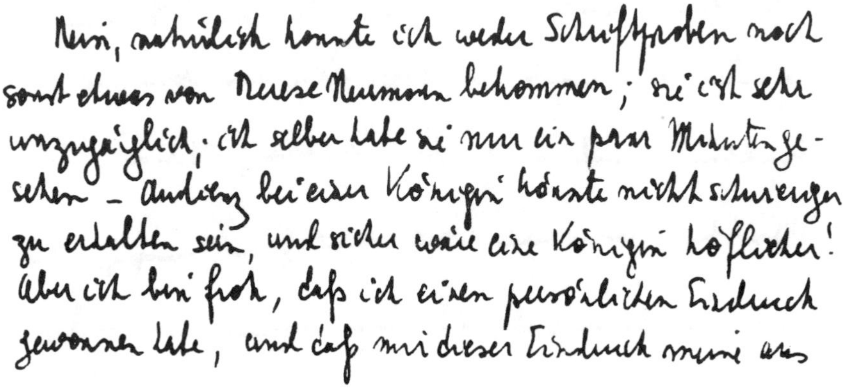

Bild 35. Ellen. W 38. — Uns fallen die kleiner werdenden Wortenden auf, aus denen hier die Gabe spricht, sich in den anderen Menschen hineinzudenken, hineinzufühlen. — Zeigt sie etwas viel Selbstgefühl, trägt sie auf? — Beachten wir die „sekundäre Enge"! (Vgl. Bild 16.) — Einzelne eingebundene O Z. — Wie würden Sie sie neben den anderen Frauen dieser Kapitel niveaumäßig einordnen?

Kopf, aber kein Phantast, mit klarem Wirklichkeitssinn, und trotz aller Hochflüge der Gedanken mit niemals abreißender Bodenverbindung. In anderer Menschen Art zu denken und zu fühlen weiß sie sich vollendet hineinzufinden, stellt sich niemals in den Vordergrund, will nur etwas gelten durch ihre Leistung, und nach wenigen Jahren sehen wir sie als Verfasserin mehrerer Aufsehen erregender Werke in verschiedenen Sprachen, als Leiterin der Abteilung für Mystik und der Bücherei einer der größten wissenschaftlichen und weltanschaulichen Gesellschaften an „der vornehmsten Universität der Welt".

Die Sozialreferentin Fanny, 34 Jahre alt, zeigt sich uns in zwei Schriften, die drei Monate auseinanderliegen. Die erste deutlich weniger groß als die andere, stark unregelmäßig, Zeilen gewunden, Linksrand wenig schmaler werdend, ausgeprägt verbunden; in der späteren Schrift noch stärkere Einbindung der Oberzeichen, Vereinfachungen, Eile, Unterlängenbetonung, Girlandenbindung. Fannys erste Schrift zeigt das Bild einer vital bestimmten Frau, gefühlsbetont, ihrer selbst nicht ganz sicher (Linksläufigkeiten), die auch von Sorgen und Unzulänglichkeitsgefühlen sprechen, dabei geistig in hohem Maße rege, ein fähiger

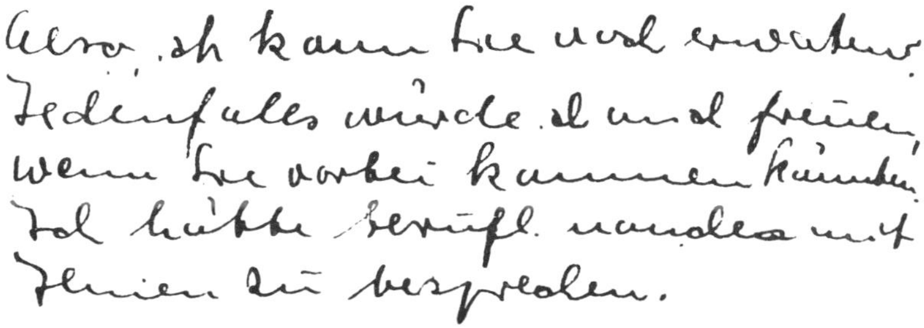
ich kann Sie auch erwarten.
Jedenfalls würde ich mich freuen,
wenn Sie vorbei kommen könnten.
Ich hätte beruflich manches mit
Ihnen zu besprechen.

Bild 36. Fanny I. W 34. — „Des Dienstes ewig gleichgestellte Uhr" hat schon ziemlich viel Ordnung bringen können in diesem Tumult der Gefühle. Aber im Gesamtbilde senken sich die Zeilen, stoßen sich am rechten Rand, werden links schmaler. Fanny fühlt sich eingesperrt, unzufrieden, die Aussicht ist vernebelt.

Kopf, aufgeschlossen, eindrucksempfänglich und von angenehmer Art der Anpassung an die menschliche Umgebung. —

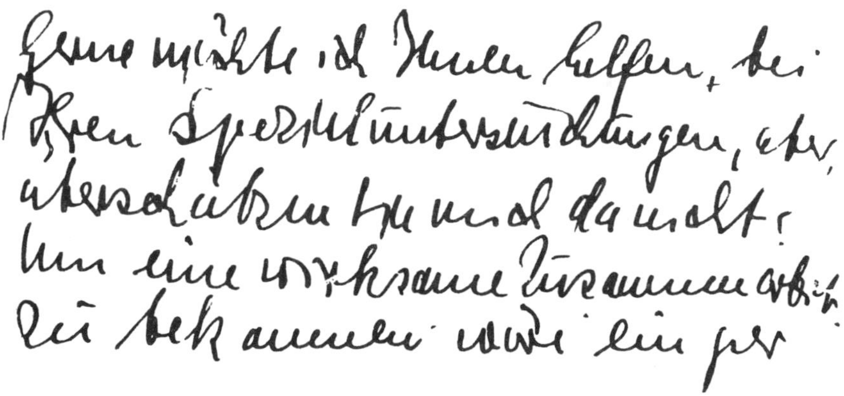
Gerne möchte ich Ihnen helfen, bei
Ihren Spezialuntersuchungen, aber
überschätzen Sie mich damit nicht?
Um eine wirksame Zusammenarbeit
zu bekommen wäre ein paar

Bild 37. Fanny II. — Die gleiche Zahl Zeilen wie Bild 36. Aber sie sind gehöhlt. Am Ende steigen sie wieder. Vorher haben Einbindungen von Oberzeichen gefehlt. Zuversicht, Mut, geistige und psychische Aktivität haben ein frischeres Gesicht. Auf das Übrige glauben wir den Leser, der Bild 32—2 verarbeitet hat, nicht mehr aufmerksam machen zu dürfen.

Fannys spätere Schrift zeigt im wesentlichen keine anderen Merkmale, aber in Druck, Weite, Höhe und im Verbundenheitsgrade jene Steigerung, mit der sich eine ausgeprägtere Stufe gefühlsmäßiger Gehobenheit und Intensität kennzeichnet. Die Wucht des Druckes in den Grundstrichen entspringt einem daseinsfreudigen Kraftgefühl, einer Überfülle der Vitalität und sinnlichen Kontakte, die sich völlig ungezwungen in eine entsprechende männliche Schrift einfügen würde.

Was war geschehen?

Gaby war in ihr Leben getreten 38jährig. Sie schreibt weniger unregelmäßig als Fanny, scharf, nicht so wuchtig, teigig und druckreich

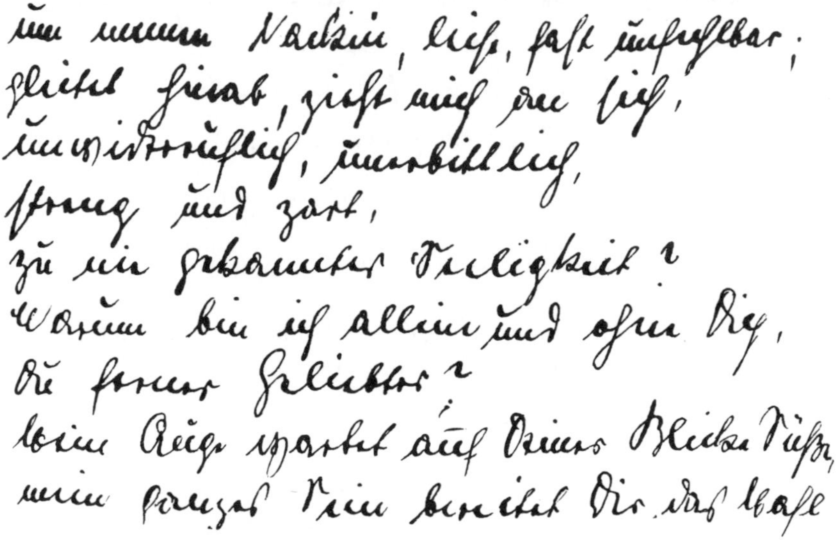

Bild 38. Gaby. W 38. — Gaby drückt sich in einer anderen Girlande aus, als Fanny — sehen Sie den Unterschied zwischen weich — und fester, in sich gefestigt? Die Idee des Weichen und des Festen, des weiblichen und des männlichen Einschlages, gibt uns hier ein nicht alltägliches Zwischenspiel. Rabrw, Drk, End Drk — in Ober- und Langlängen: Wie oft gibt nicht das Schicksal den haltenden Anker in Frauenhände!

wie jene, mit tiefen und vollen durchgeschwungenen Girlanden (Anfangsdruck), Betonung der Mittelzone, gelegentliche Oberlängenbetonung und Unterlängenvernachlässigung: Linksrand breiter werdend, Gefühlserlebnissen steht sie einigermaßen widerstandslos gegenüber, hoch sensibel, ziemlich auf Wirkung bedacht, reicht sie im geistigen Niveau nicht ganz heran an Fannys Anlagen. Dafür nimmt Seelisches bei Gaby beträchtlichen Raum ein. Die geistige Regsamkeit wendet sich mehr dichterischen Richtungen zu, wobei ihr Materielles nicht viel gilt. —

Beide sind einander die Erfüllung; und die Wirkung auf Fanny dürfte nach der späteren Schrift augenfällig sein.

Helga, 50 Jahre alt, Witwe eines höheren Beamten, lehnt jede Anpassung ab. Wir dürfen also aus ihrer Schrägschrift keine in dieser Richtung liegenden Schlüsse ziehen, denn die hat sie teils aus konservativer Gesinnung, teils in Ermangelung eigener Schöpferkraft von der Schulbank beibehalten. Auch daß sie gelegentlich mit Girlandenbindung schreibt, wird uns erst auf den zweiten Blick klar, denn der konzessionsfeindliche Winkel hat das Übergewicht, und er setzt sich nach den enger werdenden Zeilenenden zu immer mehr durch. Helga hat sich also für die streitige Auseinandersetzung mit der Umwelt

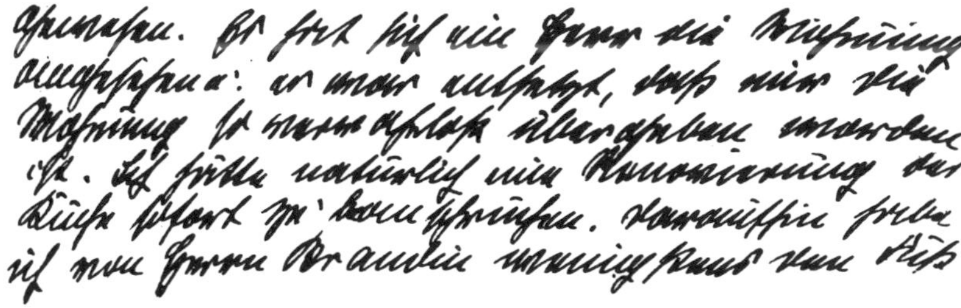

(Verkleinerung 1:0,5)
Bild 39. Helga. W 50. — Stei Z. Wi, An-f-Bet, UL. scharfgequ. Das dürfte ausreichen.

entschieden, als „a Zwiderwurzene" oder gar „a Bisgurn" würde sie am Fuße der Alpen rangieren. Wer dafür noch eine Bestätigung braucht, der schaue auf ihre „scharf gequerten" Unterlängen. Diese sind sogar mehr als das, denn der Endstrich des G oder ch läuft nicht etwa parallel der Schreiblinie, sondern er geht abwärts, enthält also eine erheblich linksläufige Tendenz und endet mit Nachdruck: die Dame der Gesellschaft schlägt förmlich mit der Faust auf den Tisch, während wir uns freuen, daß wir nicht als Hauswirt, Schneider oder Mieter von ihr betroffen sind.

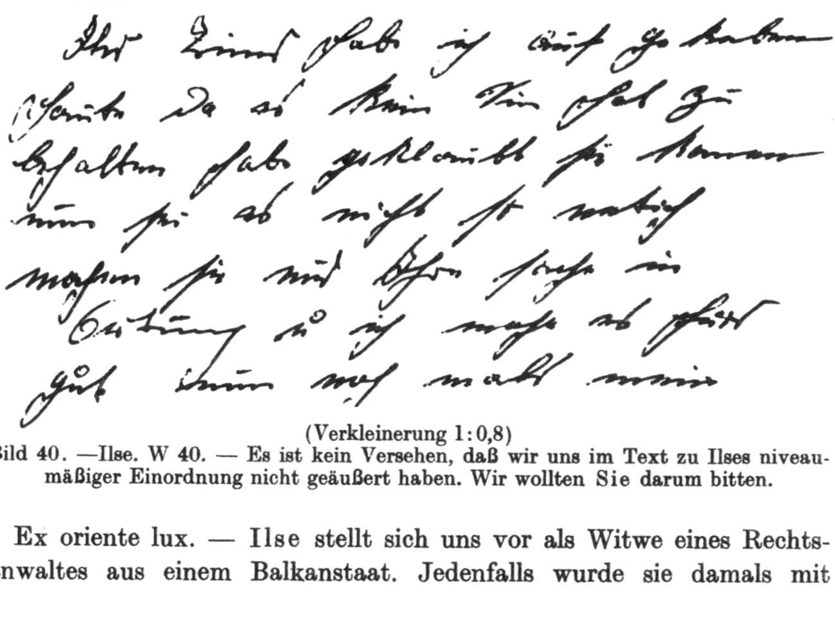

(Verkleinerung 1:0,8)
Bild 40. —Ilse. W 40. — Es ist kein Versehen, daß wir uns im Text zu Ilses niveaumäßiger Einordnung nicht geäußert haben. Wir wollten Sie darum bitten.

Ex oriente lux. — Ilse stellt sich uns vor als Witwe eines Rechtsanwaltes aus einem Balkanstaat. Jedenfalls wurde sie damals mit den vielen Millionen anderer von der großen Welle auf die Hörner genommen und tausend Kilometer weiter westwärts an den Strand geworfen. Gepäck: ein Handköfferchen, ein Köpfchen, ein Handtäschchen mit den wichtigsten Papieren, auf denen ihr mehrere Balkan-Staaten bescheinigten, daß sie „graphologische und astrologische" Praxis betrieben haben soll. Ilses Sinn aber geht weit mehr auf das Praktische, Materielle, Dekorative, auf gute Kleidung und andere Dinge, die einen Preis haben, als auf Abstraktes (Übergewicht der Unterlängen). So wurde es ihr nicht schwer, klein anzufangen und auf westlichen Märkten zu praktizieren, was sie den Markthändlern des Balkans abgesehen hatte. Da kann ihr an Geschicklichkeit und Wendigkeit kaum einer das Wasser reichen. (Eile, kleiner werdende Wortenden, Endfaden). Gegen ihre Meinung anzukommen, ist völlig unmöglich. (Der Schrägstrich des deutschen w ist genau so tief heruntergerissen wie die an sich schon durch Größe und Völle betonten Unterlängen.) Aber sie ist nicht übermäßig wählerisch und zartfühlend (Bereicherungen in Unterschleifen und in der Kurzzone, bei Initialen schweineschwänzchenhafte Unterlängen). Sie bemerkt bald ihre ausgesprochenen Anlagen. Ilse findet Umgang mit breiterem Publikum; sie entwickelt sich ausgezeichnet dabei, Hemmungen drücken sie weniger. (Über die Zeilenbreite von links 70 Grad bis rechts 28 Grad herunter gehender Neigungswinkel!) In der Selbstdurchsetzung steht Ilse ihren Mann. (Enddruck der Langlängen, der durchgerissenen Mittellängen, der Oberlängen auf der Zeile, Winkel, verlängerter Endstrich.) Nach wenigen Jahren verläßt Ilse den Markt und empfängt in Sprechstunden Ratsuchende aller wirtschaftlichen und sozialen Schichten. Sie muß es lernen, sich westlichen Gebräuchen anzupassen, wenn auch unter Schwierigkeiten: Über den Winkeln liegt eine konsequente arkadische Tendenz: Äußerlich passen wir uns an. Aber was wir für uns denken, und sonst tun — das bleibt unsere Angelegenheit. Ilse hat unverkennbar Erfolg, und dieser gründet sich nach den Überlegungen des aufmerksamen Lokalreporters eines Provinzblättchens auf folgendes:

1. Ilses ausländischer Akzent;

2. ihre Liebenswürdigkeit;

3. ihre Selbstsicherheit. — Das war nicht ungeschickt beobachtet;

4. ebenso wie das noch vom Herrn Reporter bemerkte „astrologische Beiwerk" (ihren Tisch dekorieren wissenschaftliche Bücher, von denen sie keinen einzigen Satz versteht);

5. hat Ilse so etwas gewisses Verbindliches, Kontaktschaffendes im Auge, wofür unser Reporter keinen hübscheren Ausdruck weiß als „magischer Blick".

Schließlich bescheinigt er ihr noch „Zartgefühl", Beobachtungsgabe, Menschenkenntnis und Logik — vier Eigenschaften, von denen man doch keine missen möchte bei einer Person, die man um Beratung angeht. Sie sind richtig erkannt und in ihrer verschiedenen Ausgeprägtheit und Qualität können wir sie ihm bestätigen, in der durch die Gesamteinbettung begrenzten Dosierung und Tönung. (Das einfach brillante Gedächtnis, die virtuose Kombinationsgabe und die Modifikation von intelligent nach gerieben, gerissen, ausgekocht, abgefeimt wird nicht erwähnt.) Aber sollte das wirklich alles sein, was die vielen Ratsuchenden zu ihr führt, vom Generaldirektor, den Geistlichen beider Konfessionen und der Dame von Welt über den Ingenieur, die Berufsberaterin und den Prokuristen bis zum Holzhackerbuam, zum Beamten jeden Ressorts und Dienstgrades und zur Großbäuerin?

Es ist vielleicht zum Teil irgend welche Neugier auf die Zukunft, aber das ist Ilses ganzer Stolz: Als Wahrsagerin möchte sie nicht gelten. Auf Prophezeiungen läßt sie sich angeblich nicht ein. Sie mag hellseherische Begabung haben, aber das können wir mit graphologischen Mitteln noch nicht klären; es müßte planmäßig beobachtet werden. Möglich ist, daß sie sich mit Ereignissen der Zukunft nicht mehr beschäftigt als etwa unsere lieben Eltern, und die haben uns sogar etwas „prophezeit", nämlich für unerwünschtes Verhalten unangenehme, für erwünschtes erfreuliche Folgen. Aber dieser Weg führt — vielleicht — zum Schlüssel von Ilses Problem: Die vielen Menschen, die ihr Vorzimmer füllen, meinen zwar, sie suchen Lebensberatung, allgemein, oder in irgend einer besonderen Frage, aber den Kern der Sache dürfte keiner ihrer Besucher oder Kritiker erkannt haben: Die Menschen suchen, was viele von ihnen schon in frühester Kindheit oder später entbehrt haben: Die Mutter. —

Was sagen wir nun zu folgender Merkmalskollektion bei Ilse: Völle, Einrollungen, Arkaden, Deckstriche, Vernachlässigungen, Überleistungen, übermäßige Enthemmung? Erinnert das nicht an Seite 66, Ziffern 12, 28, 7, 4, 20, 13 und b? Aber einmal kennen wir Ilses Schulvorlage vom Balkan nicht — und dann wollten wir doch auch immer auf das Milieu abstellen! —

Und das Formniveau bei unserer „Rechtsanwaltsgattin"? — Daran kann man freilich nicht vorbeisehen. Doch auch darauf muß es wohl gar nicht ankommen — sehen Sie Ilses Erfolg! Nicht nur den äußeren der Besucherzahl. Sondern gerade den inneren: Die Menschen gehen von ihr fort gestützt, gehoben, gefördert, ermutigt, neu belebt. Sie haben Hilfe bekommen, sehen ihr Ziel, fühlen sich wieder der Umwelt verbunden, nicht mehr vereinsamt und verängstigt, leben in einer freundlicheren Welt, tragen Zuversicht im Herzen, Hoffnung, neuen Glauben an sich selbst, sie sind nicht mehr ratlos, sie fühlen sich frei von Angst (Äußerungslust und -fähigkeit: Offene a, o, g, Rechtsläufigkeiten, extrem kleiner Neigungswinkel am Zeilenende, Endstriche langspitz ausgezogen). Die „Kunden" haben in Ilse die entbehrte Mutter hinein „projiziert", und da kommt es nicht darauf an, was ihnen nun tatsächlich gegenübergesessen hat.

Versteht sich, daß Ilse von der Polizei bekämpft wird; wie auch jener heilende Gröning, Meister der Massen-Suggestion, bekämpft wurde. Denn „das" sind doch Aufgaben für „die zuständigen Stellen" von der Gemeindeschwester bis zum Sozialministerium. Aber nicht jeder findet zu deren Funktionären Kontakt.

Unser guter Lokalkorrespondent, fleißiger Schüler einer naturalistischen Epoche, konnte wohl die geheime Macht einer „Mutter auch für Dich!" nicht erkennen. Aber der Psychologe, der Neurologe, der Psychiater kennt sie, kennt die Verwüstungen, die ein Mangel an Mutterliebe anrichtet. — Und da kommt dann Fräulein Ilse. — Auf dem Balkan ist so etwas ein marktgängiger Typ. —

Karin hat die Steilschrift von der Schulbank beibehalten. Eine Beeinträchtigung der Formhöhe liegt nicht allein in den Rhythmusstörungen, sondern auch bei der etwas niederen Form einzelner Großbuchstaben wie G, H, B. Es bleiben noch die gelungenen vielen Vereinfachungen übrig, so daß sich doch ein übermittleres Niveau auch der Allgemeinintelligenz ergibt. Die physischen Interessen sind recht beträchtlich, Gefühlsmäßiges hat keine ernsthaften Widerstände zu überwinden. In die Karten sehen läßt sich Karin nicht gern. Der Bereitwilligkeit und Fähigkeit zur Anpassung steht vereinzelt Hartnäckigkeit, Festhalten an der eigenen Auffassung, gegenüber, und dem Fertigwerden mit dem Leben auf dem Wege des Kompromisses setzt sie häufiger ihre Ablehnung als Bejahung entgegen. (Gerade Langlängen plus Winkel.) So hatten wir Karin in unserer Beurteilung zu attestieren die Neigung, anders zu scheinen als sie ist, auch von der Linie der Aufrichtigkeit abzuweichen, wenn es ihre Ziele als angezeigt erscheinen lassen; die Anpassung erreicht im allgemeinen nur mittleren Grad, und Eigenwilligkeit liegt in Einzelfällen sogar über dem Durchschnitt; bei ihrer ausgeprägten Gefühlsbetontheit zeigt sie eine Sinnlichkeit von bisweilen überraschender Stärke auf dem Hintergrunde von Egoismen verschiedener Tönung zwischen Angst und Selbstdurchsetzung. — Karins Ehe ist nicht so, daß sie sie beizubehalten wünscht, wiederholt hat sie es versucht, mit dringenden Vorstellungen den Mann zu gemeinsamem Vorgehen in der Richtung auf eine Auflösung der Ehe

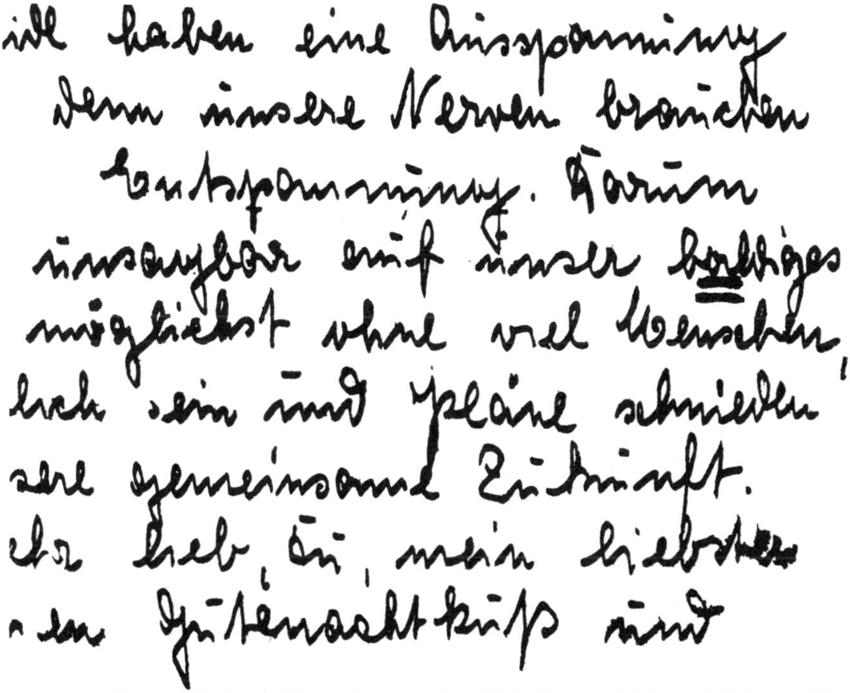

Bild 41. Karin. W 32. — Wie auf einem abendlich glatten Teich zwei Brisenstriche liegen, so liegen auf einer Seite dieses Briefes zwei Unruhefelder. — Von 78 a sind 58 lateinisch, 20 deutsch: LW. — Li. — Vgl. Seite 86—22 und Seite 83, Li-Egoismen. Wer ist ein Krimineller? Wer bestraft ist. Wer „sich hat kriegen lassen." Wir anderen sind „Nichtkriminelle". Wie mancher von uns hätte, käme alles heraus, noch mehr Jahre abzusitzen, als zu leben. Dem Zweifelnden sagen wir nur die Stichworte: Butter, Fleisch, Zigaretten, Steuern, bewirtschaftete Güter, Kleinigkeiten des täglichen Lebens, über die Dein Gewissen besser Bescheid weiß, als die Kripo. — Unser menschliches Tun ist Stückwerk. Nichts spricht das klarer aus als das Stichwort „Ein Krimineller". — Rhythmus in Ablauf und Unterteilung gestört. Winkel im kleinen o, unechter Druck infolge Breitfeder. Ar.

zu bewegen. Er hat es abgelehnt. Karin aber wollte nicht leben in einem Gefängnis, dessen Gitterstäbe aus einigen Vorschriften einer ihr als unzulänglich erscheinenden Rechtsordnung bestehen.

Karin hat unsere Schriftprobe angefertigt einzweidrittel Jahre nachdem sie gemeinsam mit einer Freundin den Mann erschlagen hatte, noch in voller Freiheit, drei Monate vor dem Todesurteil. — Die Sache geschah noch unter Besatzungsrecht, das Urteil wurde also vollstreckt. Diese Justitia braucht keinen Psychologen. Ihr genügen unter Umständen Maschinengewehre. — So machen wir uns folgende unzuständigen Gedanken: Karin hat verstoßen gegen das bekannte Urgesetz der Menschheit: „Du sollst nicht töten", und sie hat die bekannte Strafe erlitten. Lex perfecta. —

Und der Getötete hat verstoßen gegen das Gebot, so geschrieben steht bei Jesus Sirach im 25. Kapitel, Vers 34, und also lautet: „Will sie Dir nicht zur Hand gehen, so scheide Dich von ihr!" Eine Strafe ist aber dem Ungehorsam hier nicht angedroht. Es ist „nur" ein Gebot des menschlichen Anstandes. — Lex imperfecta.

So starb er durch ihre Hand. So starb sie für den Strafanspruch des Staates. — Sagen wir: „Der Ermordete ist schuld, nicht der Mörder?"

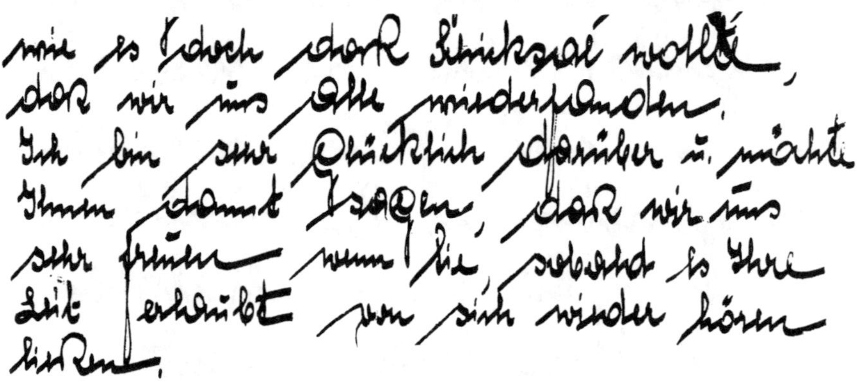

Bild 42. Lisa. W 26. — Auch eine Entwurzelte. Aber wie sie sich wieder gefunden und gefangen hat! Es genügt uns ein Blick auf die gewaltigen „Ich-Inseln" der a und d in der Kurzzone, um über Lisa keine Besorgnis aufkommen zu lassen.

Lisa, 26 Jahre alt. Zu Lisas verstandgesteuerter Haltung fügt sich vollendet die Beibehaltung schulmäßiger Steilheit. Haltung spricht auch aus den hin und wieder durchschauenden arkadischen Tendenzen. Ebensowenig wie wattierte Schultern identisch sind mit athletischer Kraft, sprechen Lisas teigig breite Querfederstriche von einem Übermaß an Vitalität. Aber sie hat schon allerlei an lebenstüchtigen Egoismen aufzuweisen, sehen wir nur die „durch zwei Etagen" bis mitten hinein in die Kurzlängen der übernächsten Zeile auf Lisas werte Persönlichkeit zuschießenden Unterlängen. Dieses Übermaß von Zärtlichkeitswünschen und Verwöhnungsbedürfnis liegt darin nämlich keineswegs. Aber Lisa hat auch eine andere, ihren weiblichen Waffen mit Geist und Grazie angepaßte Art, sich im Lebenskampfe durchzusetzen. (Die

Eigenwilligkeit der vielen vergrößerten Anstriche; die Eigenart der Anfangs- und Schlußbuchstaben, die weiche Schlußgirlande), sie hat ein ungewöhnlich hohes Maß von eigener Note einzusetzen, die sich paart mit der Fähigkeit Schönes in Linie und Form zu schaffen und speziell daraus einen ganz eigenen Stil aufzubauen: sehen wir den Aufwand in der Kultivierung des Individuellen, der seelischen Zone etwa in den kleinen d. sehen wir das ungewöhnlich eigenartige und eigenwillige große F: von ihm sind überhaupt nur die beiden waagerechten Balken vorhanden, aber der kleinere ist oben, der größere ist unten. So sehr wir auch ob solcher Verwegenheit erstaunen, Lisa ist eindeutig verständlich. Sie ist sich nicht im geringsten im Zweifel über ihren eigenen Persönlichkeitswert, und nichts liegt ihr ferner, als ihren Reichtum unter den Scheffel zu stellen: Sehen wir die gelungenen Anfangsbetonungen in der Anrede und besonders in der Unterschrift, eine kräftige, zukunftsfreudige Tendenz spricht aus Lisas steigenden Querstrichen, aus dem mit dezenter gleichmäßiger Konsequenz breiter werdenden Linksrand. Und wenn wir die herrlich betonte und bei uns (im Gegensatz zum Franzosen) heftig aus der Mode gekommene Dekoration der Unterschrift mit einer Paraphe betrachten, dann dürfen wir nicht die bei solchen Fällen meistens angezeigte Deutung anwenden, daß hier nach außenhin mehr an Selbstgefühl gezeigt werde, als in der Tat vorhanden ist. Nein, hier wird ein stattliches Quantum Selbstgefühl gezeigt, aber das ist wohlfundiert und wohlerworben, denn Lisa weiß, wer sie ist, und was sie hat; sie weiß auch, was sie will. Beruf: Modeschöpferin.

Literaturhinweise:
Becker. Graphologie der Kinderschrift.
Daim. Handschrift und Existenz.
Klages. Die Grundlagen der Charakterkunde.
— Grundlegung der Wissenschaft vom Ausdruck.
— Handschrift und Charakter.
Lersch. Aufbau der Person.
Müller W., Mensch und Handschrift.
Müller, W./A. Enskat, Theorie und Praxis der Graphologie.
Pulver. Symbolik in der Handschrift.
Wieser (Wien). Der Verbrecher und seine Handschrift.

Neuere Literatur:
Cobbaert, A. -M. Graphologie. Droemer Knaur.
Dietrich, E. Astrographologie. Econ.
Ehwald, U./P. Lauster. Handschriften deuten. Humboldt.
Klages, L. Der Mensch und seine Handschrift. Goldmann.
Lüke, A.
— Graphologie für Einsteiger. Ariston.
— Du bist, wie du schreibst. Ariston.
Preuß, W. Lehrgang der wissenschaftlichen Graphologie. Baumgartner.
Pulver, M. Die Symbolik der Handschrift. Orell Füssli.
Stadtlaender, Ch. Graphologie. Moewig.

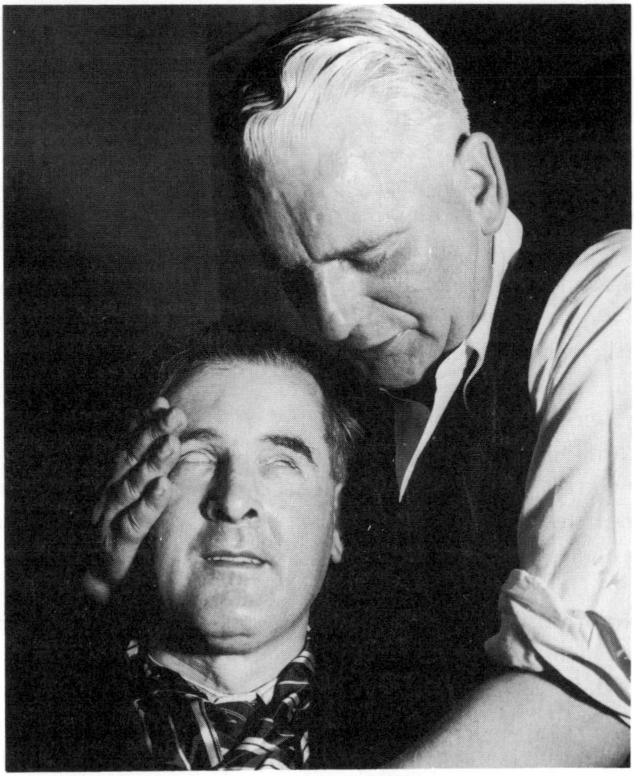

DIE HEILUNG BLINDER DURCH SPIRITUALISMUS:

Harry Edwards behandelt Mr. G. Bull, einen Blinden, während seiner Tätigkeit in der Viktoria Hall

Chiromantie und Handexpertise

Chiromantie (griechisch) ist die Kunst, aus der Hand zu wahrsagen, das heißt: besonders aus dem Bau, den Linien und Räumen der hohlen Hand (palma humana) den Charakter eines Menschen zu erkennen und seine Schicksale zu entziffern.

Schon die Chaldäer sollen diese Kunst gekannt haben. Später finden wir Chiromanten in Ägypten und Griechenland und besonders bei den Zigeunern. Die Araber haben eine eigene Original-Methode der Chiromantie bewahrt. Bei den Helenen war es Aristoteles, welcher behauptete, daß die Lebensdauer eines Menschen mit den sogenannten Lebenslinien in den hohlen Händen in Beziehung stehe. Aber erst seit dem zweiten Jahrhundert nach Christus (zuerst von Artemidor) wurde die Chiromantie theoretisch behandelt und durch das ganze Mittelalter hindurch gläubig respektiert. Im 17. und zu Anfang des 18. Jahrhunderts las man an deutschen Universitäten noch Chiromantische Kollegien. In neuerer Zeit hat namentlich die französische Hellseherin Lenormand die Chiromantie in großem Stil betrieben. Entscheidend für eine wissenschaftliche Interpretierung der Chiromantie im 20. Jahrhundert wurde die Forschungsarbeit von Prof. h. c. Ernest Issberner-Haldane, der in empirischer Kleinarbeit auch medizinisch-diagnostische Merkmale festlegte.

Die palma humana oder die Handinnenfläche ist überzogen mit Hautleisten oder Papillaren, welche ein eigenartiges, in Musterung und Konsistenz individuell verschiedenartiges Gepräge darstellen. Die mechanische Zweckbestimmung besteht darin, den Greifakt durch die Rauhung der Hautflächen zu unterstützen, nachdem auch die Schweißdrüsen für die Feuchtigkeit bei schwerer manueller Arbeit Sorge tragen. Die sinnesorganische Zweckbestimmung der Hautleisten dürfte mit dem Tastsinn in Einklang zu bringen sein. Durch diese wird die Hand erst im eigentlichen Sinne zum Tastorgan und kann somit die stoffliche Beschaffenheit eines betasteten oder ergriffenen Gegenstandes bestimmen.

Wie aber fast sämtliche edleren Organe des menschlichen Körpers nicht nur Eindrucksorgane (impressio), sondern auch Ausdrucksorgane (expressio) sind, so können wir dies in besonderem Maße von der Hand, jenem vollkommensten Meisterwerk der Schöpfung, behaupten. Somit ist die Hand einerseits Greif- Bewegungs- und Empfindungsorgan und andererseits als Werkzeug der Gedanken auch seelische Gehalte ausdrückendes, ausstrahlendes und schöpferisch gestaltendes Instrument.

Den Nachweis des engen Zusammenhanges zwischen Hand und Gehirn brachte der Leipziger Physiologe Professor Meißner in seiner „Anatomie und Physiologie der Hand", in welcher er 1853 seine Entdeckung veröffentlichte, daß in der Hand, besonders an den Fingerspitzen und in den Linien der Handfläche, sich kleine Körperchen, die er Korpuskeln nannte, befinden, welche gegen das Handgelenk zu ganz aufhören. In diesen Korpuskeln, die man jetzt Meißnerische oder Pacinische Körperchen nennt, erkannte er die Enden der vom Zentralnervensystem dahin führenden Nerven und damit auch die eigentlichen Tastorgane. Er zählte am ersten Glied des Zeigefingers eines Erwachsenen deren 108 und auf einem Quadratzoll der Handfläche 400 solche Nervenpapillen (papilla lat. = Wärzchen oder warzenartiges Gebilde). Später kam man darauf, daß diese Nervenenden, die eine kolbenförmige Gestalt haben und von mehreren zwiebelartig angeordneten, je durch eine Flüssigkeitsschicht getrennten Häutchen umgeben sind, sich in einer steten Bewegung nach Art von Schwingungen oder Zuckungen befinden, die je nach dem Gesundheitszustande, der Art der Gedanken oder Erregungen anwachsen oder abnehmen und erst bei langer Ohnmacht oder beim Eintritt des Todes ihr Ende haben. Mit feinen Hörapparaten kann man sogar Geräusche, Krepitationen wahrnehmen, welche diese ständige, in der Lebhaftigkeit wechselnde Bewegung auslöst.

Dieser lebendige Ausdruck der palma humana, welcher für den Fachmann wie das Mienenspiel des Gesichtes ständig wechselt, spiegelt sich wider in bestimmten Teilen der Hand, welche in ihrer Gesamtheit archetypisch „den" Menschen darstellen, seinen Gehalt, seine Bestimmung, sein Ich und sein Es in symbolhafter Prägung. Seltsam, daß sie so wenig Kenntnisreiche sehen wollen! Sehen sie doch, wie der die Nahrungsstoffe aufnehmende, zerkleinernde und durchspeichelnde Mund auch Klänge, Töne und Worte bildendes Ausdrucksorgan für menschliches Denken und Wollen ist. Erkennen sie doch, daß das die Bilder der Umwelt aufnehmende Auge ausstrahlt das Wesen, die Seele und die Beseelung menschlichen Seins. Warum sollte die Hand, jenes „menschlichste" aller Organe, nicht Ausdrucksspender des inneren Lebens sein ?!

Die Mantik hat sich schon früh des Handinnern bemächtigt, indem sie ihre priesterlich-esoterischen Quellen verschwieg, und dieser Übelstand hat zu jener Zeichendeuterei, welche mit echter Symbolwissenschaft

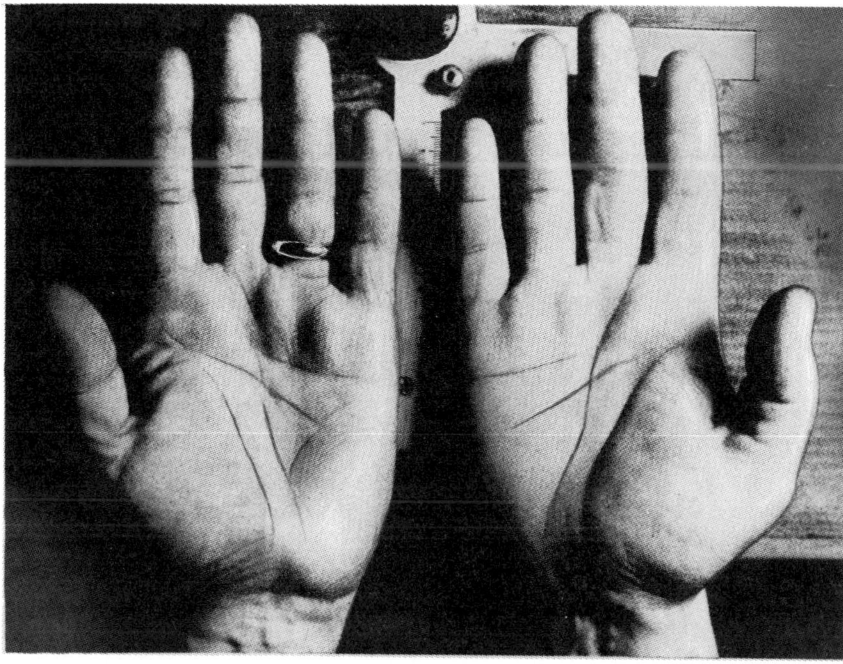

nicht das geringste mehr zu tun hat, geführt und nicht zuletzt auch zu jener Schwemme chiromantischer Bücher, welche sich zuweilen den Anschein einer mehr oder minder wissenschaftlichen System-Darstellung geben.

Bei der tiefenpsychologischen Betrachtungsweise einer Persönlichkeit spielen drei Urtriebfedern eine entscheidende Rolle: die Vitalität, die Emotionalität und das vegetative Sein. Auf die Abstimmung dieser drei Wurzelströme zueinander kommt es im menschlichen Leben an, denn an den Schnittpunkten ihres Zusammenspieles entscheiden sich die Realitäten unseres Seins.

Die Vitalität als Ausdruck für das Maß unserer Lebenskraft und für die Art ihrer Entfaltung ist symbolisch dargestellt in dem Daumenballen, in der mehr oder weniger ausgeprägten Muskelpartie des Daumens. Mechanisch ist diese die Muskelballen der anderen Finger überragende Daumenpartie mit der Gegenstellbarkeit desselben gegen die vier anderen Finger zur Umklammerung und zu Greifzwecken zu erklären. Im psychologischen Sinne stellt der Daumen das dar, was sein Name sagt: mittelhochdeutsch = duomen, aus dem Lateinischen domare = zwingen, beherrschen, gebieten. Demnach wird der gebietende Wille des Handeigners in der Gestaltung, Rauhung und Runenzeichnung sowie in der

Bewegungsart des Daumens zum Ausdruck gebracht. Unwillkürlich erinnern wir uns bei dieser Ableitung an die römischen Cäsaren, die mit dem nach abwärts gerichteten Daumen das Todesurteil fällten, mit dem

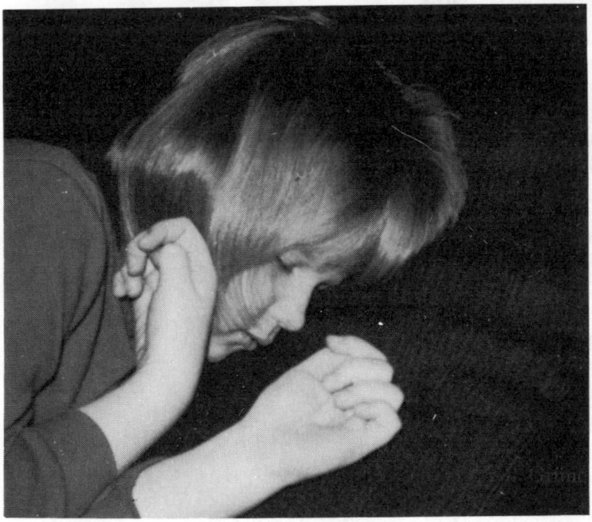

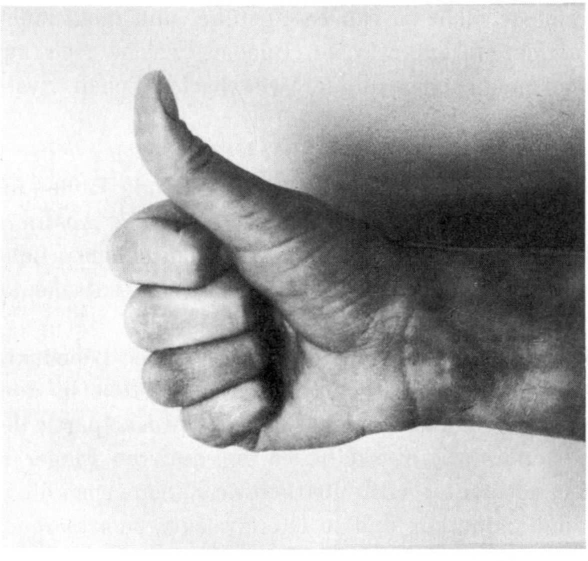

nach aufwärts gerichteten Daumen das Leben schenkten. Aber auch die Stellung des Daumens bei der Faust, indem sich dieser über die vier anderen Finger dominant legt, zeugt von Gewalt, Zwang und

Durchsetzungskraft. Auch das Aufdrücken des Daumens, wie die Abbildung zeigt, ist der Ausdruck des sich durchsetzenden Willens, einer gewissen Despotie, die sich gerade bei allzu selbstbewußt veranlagten Menschen in einer gewalttätigen Tendenz ausdrückt.

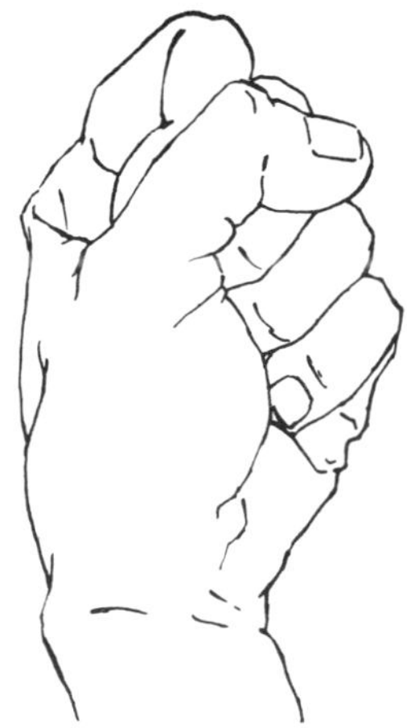

Ehe aber der Daumen Ausdruck des Willens und des Befehls, also der höchsten Bewußtseinsform des Menschen, geworden ist, muß er doch in seiner Haltungsart vordem sehr viel von der Entwicklung des Bewußtseins des Handeigners Zeugnis ablegen, und so wollen wir einmal zurückverfolgen, was sich durch den Daumen über die Bewußtseinsentwicklung des Menschen sagen läßt.

Wir wissen, daß das Embryo im Mutterleib mit der kleinen Faust und dem eingerollten Daumen, welch erstere an die Wange gepreßt ist, liegt. Es ist ein Zeichen, daß alles, was mit Bewußtsein zusammenhängt, noch völlig versteckt wird durch die anderen Finger, die Antipoden. Auch beim Säugling und Kleinkind finden wir besonders in der Schlafgestik, wie die Abbildung zeigt, noch den eingerollten Daumen. Auch hier hat sich das Bewußtsein noch nicht so weit entfaltet, daß der Daumen, besonders in den unbewußteren Zeiten, frei und losgelöst erscheint. Es gibt auch Menschen, die zeitlebens ihren Willen bzw. ihr Bewußtsein nicht zur Entfaltung bringen, und es handelt sich dabei um die Zurückgebliebenen, die Idioten, die Kretins, die Mongoloiden. Hier sehen wir fast immer die eigenartige, alltägliche Handhaltung des eingerollten Daumens ebenso wie bei solchen Menschen, die durch eine schwerere Verletzung nicht mehr ganz Herr ihres Bewußtseins sind.

Aber auch beim normalen Menschen kann man feststellen, daß er oft, wenn er in Gedanken versunken ist, seinen Daumen einrollt, eventuell auch dann, wenn er schläft oder sich einer Andacht hingibt oder ganz versunken ist in das Anhören eines Konzertes, immer dann, wenn er sein Ich ganz unbewußt ausschaltet und sich tieferen seelischen Empfindungen hingibt, die nun das Bewußtsein nach außen hin einschränken. Es kommt freilich auch vor, daß Menschen, die durchaus gesund sind, bei vollem Bewußtsein ihren Daumen einrollen, oft in einem Gespräch, wenn sie an irgendetwas anderes intensiv denken oder wenn sie lügen — man beachte dies ganz besonders bei Kindern — und auch dann, wenn sie über ihre Absichten dem anderen nichts kundtun wollen. Hierbei muß jeder Geschäftsmann Vorsicht üben vor solchen Vertretern oder Geschäftsleuten, die nun ihm mit eingerollten Daumen, aber mit voller Bewußtheit etwas verkaufen wollen. Man kann hier ruhig sagen, daß der Vertreter oder Verkäufer nicht bei der Wahrheit bleibt.

Es ist wohl auch ein auffälliges Merkmal, daß im Paß von Adolf Hitler stand, daß dieser einen überlangen Daumen gehabt hätte, der weit über den Ansatz des obersten Zeigefingergliedes hinausgereicht hätte. Man beachte hier die Tatsache des Parteitages „Triumph des Willens" in Beziehung zu dieser Daumenlänge und findet wieder die Bestätigung, daß auch Anomalien sich oft in einer fast dämonischen Willensüberbetonung auswirken können.

So können wir sagen, daß der Daumen ein Glied des Bewußtseins ist, zugleich auch des Willens und des geistigen Strebens des Menschen, kurz, man kann die Kultur des Menschen und auch all das erkennen, was er in sich an charakterlichen Kampfmitteln birgt, um im Kampfe des Lebens zu bestehen. — Der Wille spiegelt sich wesentlich in der obersten Phalange (Nagelglied) wider. Die Vorstellungswelt, aus welcher die Willensrichtung entspringt, tut sich kund in der mittleren Phalange. Hier beachte man die Größenproportion zu den anderen Gliedern, den sonstigen Formgehalt, die Papillaren und die Fältchen! Die vitale Triebfeder erkennen wir schließlich an der Daumenwurzel, d. h. an der Formgestaltung, dem Hautleistenmuster und an der Faltenprägung des das dritte, unterste Daumenglied umgebenden Muskelteiles der Hand. Dieser wird in der palma begrenzt von der Vitalis, einer fast elliptisch gerundeten Hautfalte, welche zu den vier archetypischen Beugefalten gehört. Die Vitalis stellt eine sichtbare Grenze, vielleicht auch einen Schutzwall dar, damit die Lebenskräfte, die in der Tiefe der Psyche ruhen, nicht zwecklos verrinnen in den vampirhaft aufsaugenden und vergeudenden Bewußtseinsteil des homo sapiens.

Das vegetative Sein, das pflanzenhafte, mondbezügliche Wachstum unserer Seele, ohne das es keine eigentliche Tiefe, kein Gedächtnis, kein Ahnungsvermögen, keine Intuition, keine Seinsfreude, keine Fruchtbarkeit und keinen Familiensinn gibt, tut sich symbolisch kund in der dem Daumenballen auf gleicher Höhe am entgegengesetzten Handrand befindlichen Muskelerhebung. Erst dadurch, daß sich in symbolischer Hinsicht die Gedanken hier zu reflektieren vermögen, gelangt das Denken der Menschen zur Erkenntnistiefe und zu einer höheren Bewußtheit. Der Papillarlinienstrom, die Haupt- und Nebenfaltensymbole sind kennzeichnend für das individuelle vegetative Sein.

Die Emotionalität stellt die eigentlichen aus dem Es wirkenden Gemütserregungen heraus. Hier ist der Bereich der abgesonderten Komplexe des Unterbewußtseins (Venusgürtel). Hier befinden sich aber auch die Quellen jeder geistigen und schöpferischen Wirkung (Begabung, Talente, Kunstfertigkeit). Hier offenbaren sich die Anomalien seelisch-geistiger Art, auch die nervösen Störungen, welchen heftige und anhaltende Gemütserregungen oder geistige Überanstrengungen zugrunde liegen. Symbolisch stellt sich der Bereich der Emotionalität in dem palma-Teil zwischen den drei Fingerwurzeln (kleiner Finger, Ringfinger, Mittelfinger) und der dritten Hauptfalte, der Mensalis, welche wir künftig Emotionalis benennen, dar, und zwar quer zu der Fingerlänge. Jede Art von Emotionen ist aus diesem Handteil abzulesen: Du-Erlebnisse, Leidenschaften, schöpferische Erregungen, schicksalgebundene Erschütterungen, während die Emotionalis als eine der Hauptbeugefalten von der Eigenart der Emotionalität je nach Länge, Gestaltung und Abstand von den Fingerwurzeln Zeugnis ablegt.

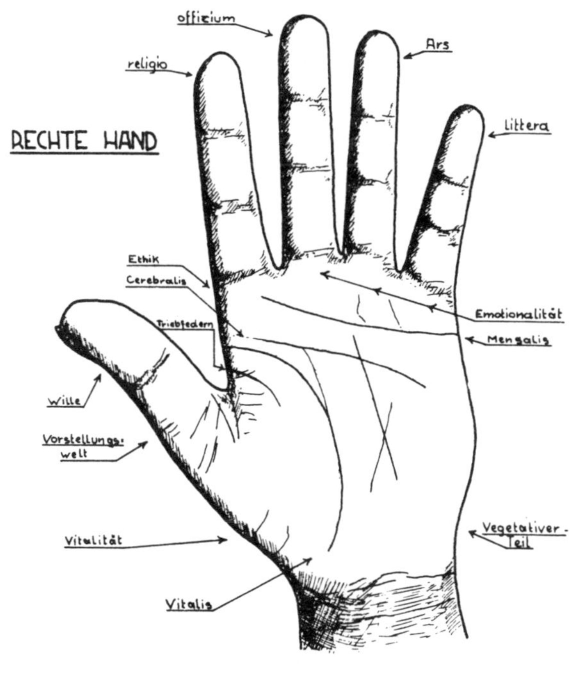

Diese drei geschilderten palma-Teile (s. nebenstehend. Abb.) offenbaren das tiefe unterbewußte Leben eines Handeigners. Die darin angedeuteten Erlebnisse und Ereignisse sind vorwiegend innerpersönlicher Natur. Sie stellen das strukturelle Entwicklungsbild der Seele und die richtungsweisende Lebensaufgabe dar. Die Seins-Probleme sind in ihnen latent verankert. Sie umlagern als das große, warme und beschützende Dunkel die verhältnismäßig kleine „Bewußtseinsmitte" der palma, welche begrenzt ist durch die Vitalis, die Emotionalis und den vegetativen Zonenteil.

Diese Bewußtseinsmitte wird durchzogen von der Cerebralis oder Vernunftfalte. Die Vernunftfalte ist die zweite Hauptfalte, die wie das Zünglein an der Waage die intellektuelle Erkenntnis symbolisiert, nach Sinngebung des Daseins verlangt und den Bewußtseinsgrad des Daseins schafft. Im allgemeinen befindet sich das eine Ende der Vernunftfalte im vegetativen Handteil, das andere Ende dagegen wurzelt entweder in der Zeigefinger-Ansatz-Zone oder im Vitalis-Beginn. Die Wurzel des Zeigefingers, welcher der zeigende, Richtung weisende, deutende, mahnende und drohende ist, symbolisiert die religio und die aus ihr entspringende Ethik.

Zur Hälfte ungefähr wird in den meisten palmas die Vernunftfalte durchkreuzt von der vierten Hauptfalte, welche zum Teil in der Bewußtseins-, zum anderen Teil in der Unterbewußtseinsebene verläuft. Diese vierte Falte kann man als Symbol der „es-haften" Triebkraft (im Gegensatz zu der ich-haften Triebkraft der Daumenwurzel) bezeichnen. Alle Falten, Fältchen und Runensymbole, welche die Bewußtseinsmitte der palma humana durchziehen, schaffen in ihrer Überkreuzung, Versternung und Quadratierung und jeweiligen Figuration die außerpersönlichen Erlebnisse, die realen Geschehnisse, die Seins-Konflikte und die Lebensfreuden. Die Bewußtseinsmitte ist aber zwangsläufig in der jedem Menschen auf seine Weise eigenen religio und mit gar vielen Fäden in den Tiefenbewußtseinsschichten der palma verankert.

Eine Sinngebung ist noch keine Sinndeutung. Aber eine Sinndeutung ist nicht möglich ohne Sinngebung. Darum sollen die weiteren Betrachtungen dem Motto unterliegen, das Hegel in seiner „Phänomenologie des Geistes geprägt hat: „Die Hand ist der beseelte Werkmeister unseres Glücks; man kann von ihr sagen, sie ist das, was der Mensch tut, denn an ihr, als dem tätigen Organ seines Sichselbstvollbringens, ist er als Beseelender gegenwärtig, und indem er ursprünglich sein eigenes Schicksal ist, wird sie also dies an sich ausdrücken."

* * *

Die Unterscheidung zwischen Chiromantie und wissenschaftlicher Handexpertise besteht in der Betrachtung der überlieferten Esoterik einerseits und der psychologischen Wertung andererseits. Es soll hier beidem Rechnung getragen werden. Die Esoterik der Chiromantie ist eng verhaftet mit dem Weltbild der Astrologie, welche den Menschen und sein Schicksal eingefügt sehen will in das natürliche Walten des universalen Kosmos.

Unter diesem Gesichtswinkel betrachten wir zuerst die Funktionen der menschlichen Hände:

1. Arbeit, Kampf, Eroberung der Umwelt und des Du — initiativer Ausdrucksimpuls.
2. Schutzgebärde, Beharrung, Abwehr — bewahrende Ausdrucksgeste.
3. Offenbarung, Andacht, Versenkung, Gebet — vergeistigende Ausdrucksgebärde.

Diese Funktionen entsprechen in der Astrologie den drei Stadien, in welchen die Elemente und Temperamente ihre Differenzierung erfahren. Es handelt sich um die drei Zeittypisierungen: initiativ, stabil, vergeistigend. In psychologischer Wertung handelt es sich um den Jugendlichen-Typus beim Initiativ-Stadium, um den Erwachsenen-Typus beim stabilen Stadium und um den Greisen-Typus beim vergeistigenden Stadium. In der individuellen Anlage der menschlichen Hand ist irgendeine Funktionsart und somit auch eine Stadien- und Alterstypusart besonders stark ausgeprägt. Man erkennt dies bei der Beobachtung anderer Hände, eben daran, wenn sie den beseeltesten Ausdruck bieten..

Die Bewegungen und die Bewegungsformen und -rhythmen geschehen teils bewußt, teils unbewußt. Die bewußt geleiteten Bewegungen entstammen zumeist der ersten Funktion, die unbewußten Bewegungen der zweiten und dritten Funktion. Schlaffe Bewegungen können bedeuten Schwäche, Krankheit, seelisches Bedrücktsein und Degeneration. In den fahrigen Bewegungen kann sich dagegen widerspiegeln Nervosität, Angst, Blasiertheit und Gemütsleiden. Krampfhafte Bewegungen deuten möglicherweise auf seelische Gespanntheit, Zorn, Despotie, Geiz und schizothyme Natur. Scholastische Bewegungen zeugen gerne von Schauspielerei, Eitelkeit, sogar von Hochstapelei, wo sie nicht wirklich den pädagogischen Charakter aufweisen — nur selten von Begnadung und wahrem Priestertum. Lockere Bewegungen stellen ein gesundes und ursprüngliches Empfinden, Gelassenheit und Anpassungsfähigkeit dar. Zuweilen kann man aus den Bewegungen der Hände auch auf die Berufsart des Handeigners schließen.

Auch die Farbe der Hand ist charakteristisch und kann nach folgendem Schema etwas über das Wesen des Handeigners aussagen:

Rote Hände	= gesund, drall, gutmütig, harmlos — bis dumm.
Gelbe Hände	= Trotz, Leidenschaft, gieriges Wesen, galliges Temperament.
Graue Hände	= Welkende Konstitution, Krankheit oder Leiden.

Bleiche Hände = (besonders bei Frauen) vornehme Haltung, kühles Temperament.

Rosa Hände = normale Konstitution und Veranlagung, goldener Mittelweg.

„Blasse Hände, zarte Fingerspitzen
sind wie Lotosblumen, weiß und traurig,
die auf kühlen dunklen Wassern fluten."

(Aus einem englischen Lied)

Wohl zeugen Beschaffenheit und Struktur, d. h. Konsistenz und Körnung, von der individuellen Eigenart des Handeigners. Harte Hände — zeugen sie nicht oft von harten Empfindungen gegen andere oder auch nur gegen sich selbst? Zarte Hände sind Ausdruck eines empfindsamen, manchmal auch eines empfindlichen Naturells. Schlaffe, weichliche Hände findet man oft bei solchen Handeignern, welche über nur geringe Energie verfügen, ungezügelt in ihrer Lebensweise sind und verschwenderisch in ihrer Genußsucht. Übertrieben knöcherne Hände weisen auf Habsucht und Neid, besonders dann, wenn die Haut pergamentartig dünn und wachsbleich ist. Grobe Körnung der Haut bedeutet zuweilen Zähigkeit, Hartnäckigkeit, aber auch schweres Begriffsvermögen. Dagegen zeigt die feine Körnung der Haut einen lebhaften Geist und eine große Reizempfindlichkeit an.

Die Formen der Hände ordnen sich in vier Typengruppen:

1. elementare = Element Erde = Erdgebundenheit mit Zielrichtung: Überwindung der Materie, zäh, ausdauernd, pflichtbewußt;
2. motorische = Element Feuer = Wandlung und Verbrennung, Durchsetzung, Nutzbarmachung, ingeniöses Wesen;
3. intellektuelle = Element Luft = analytisch durchdringend, sich erhebend, schweifend;
4. sensible = Element Wasser = Tiefe, Bewegtheit, Intuition, Ahnung, Phantasie und Idealismus.

Wieder tritt die kosmologische Einordnung in den Vordergrund. Die meisten Handformen stellen aber Mischungen von Teilen der 4 Typengruppen dar.

Oft sind die Formen der Finger in einer Hand nicht gleich. Auch sie ordnen sich in vier Typengruppen ein:

1. bandförmige = der elementaren Hand zugetan = einfach, natürlich, nicht übersensibel, bei entwickelten Fingerkuppen empfindsam;

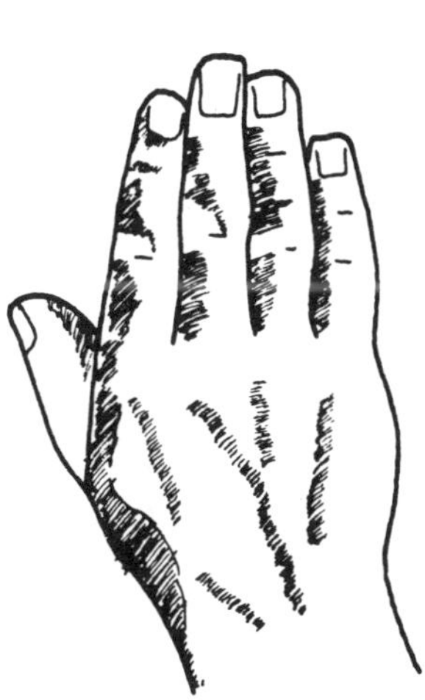

a. elementar

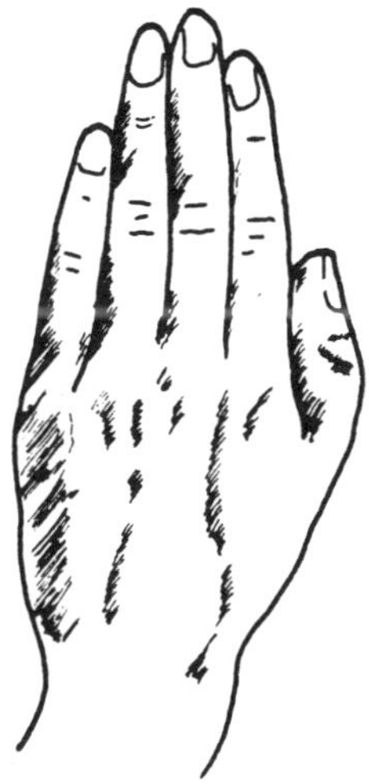

b. sensibel

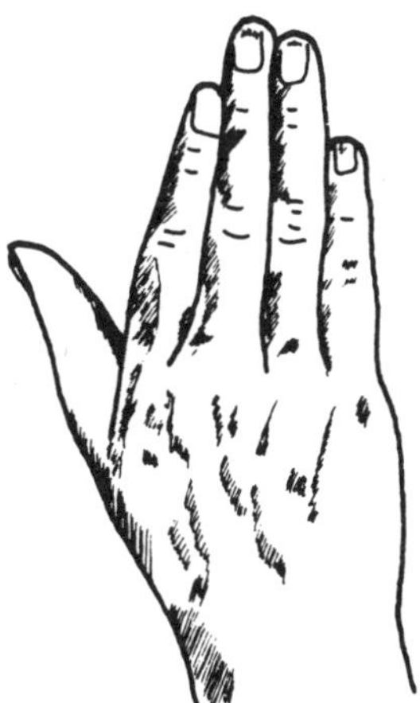

c. motorisch

d. intellektuell

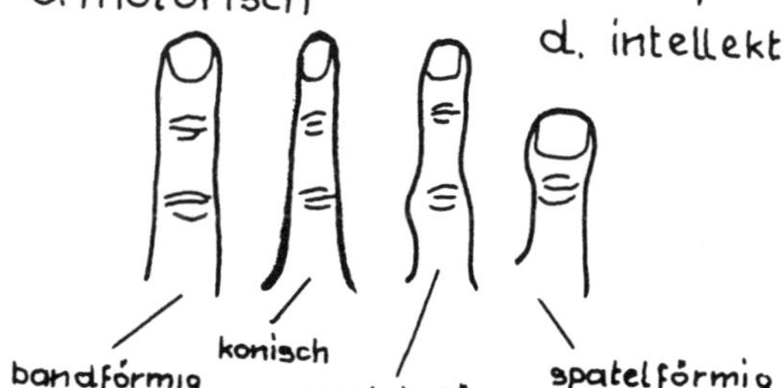

2. spatelförmige = der motorischen Hand zugetan = arbeitsam, selbstbetont, zuweilen rücksichtslos, kunstinteressiert, handwerkliche Neigungen;
3. sanduhrförmige = der intellektuellen Hand zugetan = bremsend, klärend, siebend — Skepsis — zuweilen Härte;
4. konische = der sensiblen Hand zugetan = fühlerartig, intuitiv, wandelbar, Stimmungen unterworfen.

An einer Hand können verschiedene Fingerformen auftreten. Die Mischungsverhältnisse müssen gesondert bewertet und gedeutet werden. Maßgebend im Gesamtbild ist immer die Form der ganzen Hand. Gerade Finger bedeuten gut ausgeprägten Gerechtigkeitssinn, nach innen gebogene große Begierlichkeit, dagegen nach außen gebogene Sensibilität und Verschwendung im Schenken an andere. Die Verdickung der Finger an ihren Wurzeln weist auf Neigung zu Wohlleben, Luxus und Bequemlichkeit. Es ist aber ein Zeichen von physischer und psychischer Feinfühligkeit, wenn die Finger an der Innenseite verdickt sind.

Die Chiromantie kennt eine Zuteilung der Finger und Fingerglieder in das astrologische Weltbild und richtet sich nach folgendem Schema:

Zeigefinger = Jupiter	oberes Glied: Widder
	mittleres Glied: Stier
	unteres Glied: Zwillinge
Ringfinger = Sonne	oberes Glied: Krebs
	mittleres Glied: Löwe
	unteres Glied: Jungfrau
Kleiner Finger = Merkur	oberes Glied: Waage
	mittleres Glied: Skorpion
	unteres Glied: Schütze
Mittelfinger = Saturn	oberes Glied: Steinbock
	mittleres Glied: Wassermann
	unteres Glied: Fische.

Der Daumen untersteht dem Prinzip der „Freiheit" und ist in seiner Bedeutung für sich zu werten. Die obige Zuteilung gilt für die Finger beider Hände.

Die wulstigen Erhöhungen in der Hand, die Muskelplastik, bezeichnet man als „Berge". Diese sind nicht zu verwechseln mit Schwielen oder Blasen! Die Chiromantie benennt die Berge den Fingern entsprechend, welchen sie zugeteilt sind: Jupiterberg, Saturnberg, Sonnenberg und Merkurberg. Der Daumenballen heißt Venusberg. Diesem gegenüber am

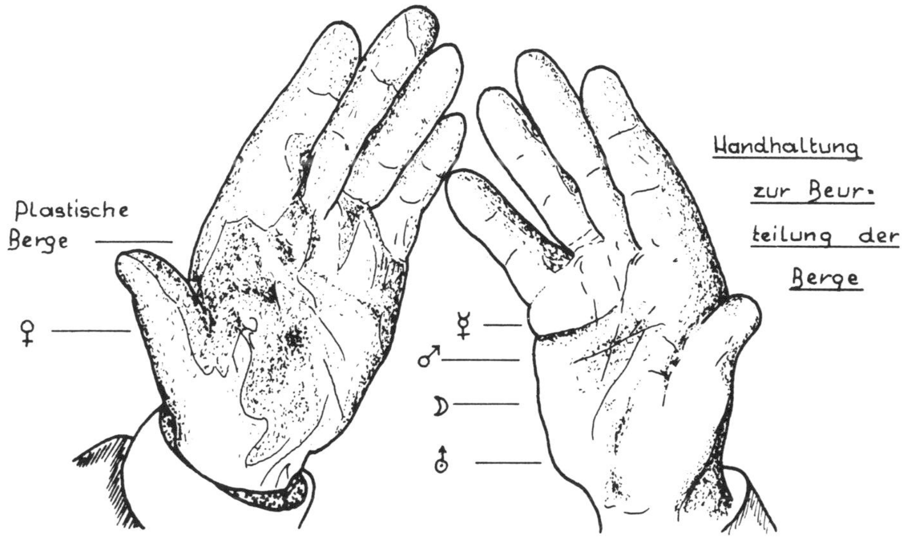
Plastische Berge
♀
☿
♂
☽
♁
Handhaltung zur Beurteilung der Berge

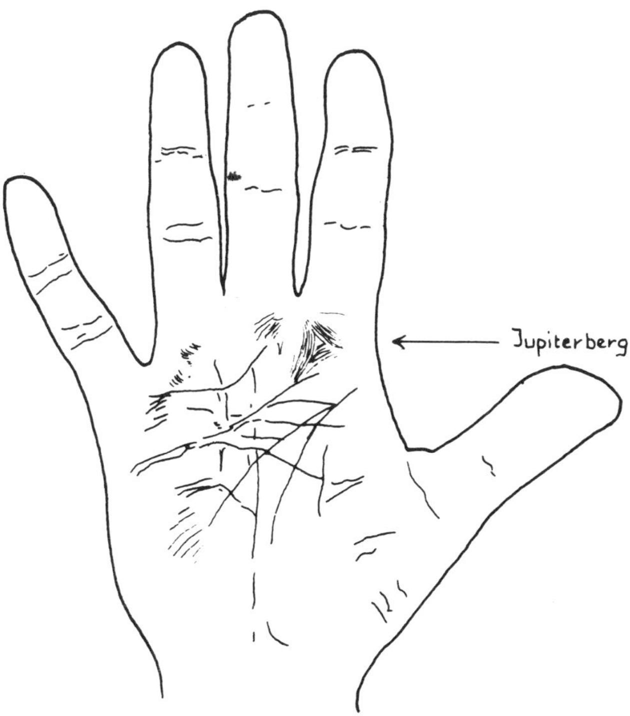
Jupiterberg zum Saturn verlagert

Handrand liegt der Mondberg und der Uranusberg. Unter Berg„spitze" versteht man nicht immer die höchste Erhebung, sondern nur dann, wenn der Körnungswirbel, das ist das Papillarlinien- oder Leistenmuster-Dreieck (siehe Abbildung) mit der plastischen Bergspitze übereinstimmt (was normal wäre). Andernfalls gilt als Bergspitze der Körnungswirbel, welcher dann in seiner Verlagerung und entsprechend deren Richtung besonders gedeutet werden muß. Die Berge unter den vier planetarischen Fingern haben je eine Bergspitze. Dagegen besitzt der Venusberg keine Bergspitze, ebensowenig der Mond- und Uranusberg — wohl aber jeweils eine höchste Erhebung. Anstatt der Berge können auch Flächen gleichen Namens vorhanden sein. Im Zentrum der palma befindet sich die sogenannte Marsfläche, welche den schon erwähnten Bewußtseinsteil der Hohlhand repräsentiert und durch die die Vernunftsfalte zieht als Ausdruck der Sinngebung der Umweltseinflüsse.

Ist ein Handberg verschoben, so drückt immer der verdrängende Berg dem verdrängten seinen Stempel auf oder beeinflußt letzteren in Beziehung seiner Eigenart. Gleich große Höhen der Handberge zeigen harmonische und ausgeglichene Fähigkeiten innerhalb eines ausgewogenen Charakterbildes an. Der höchste Berg und derjenige, welcher die größte Ausdehnung aufweist, zeigt die vorherrschenden Fähigkeiten und Eigenschaften des Handeigners an. Ist der Sonnenberg am hervorragendsten, dann treten die künstlerischen Talente und kunstgewerblichen Fähigkeiten in den Vordergrund. Ist der Jupiterberg dominant, dann ist politischer Ehrgeiz gegeben, religiöse Führung und weltanschauliches Streben. Liegt dagegen die Betonung auf dem Merkurberg, dann prägt sich Geschäftstüchtigkeit, kaufmännisches Talent und literarische Interessiertheit aus. Tritt der Saturnberg in den Vordergrund, dann ist je nach der Art der Saturnlinien entweder mit einem hohen Amt einschließlich Machtdispositionen oder mit einem Leben, das von Schicksalsschlägen verfolgt ist, zu rechnen.

Der Daumen als Antipode der vier planetarischen Finger weist drei Glieder auf: das untere (der Venusberg oder Daumenballen) = das Glied des Energiepotentials, der Triebe und der Triebfedern; das mittlere = das Glied des Verstandes, vor allem der Vorstellungswelt des Handeigners; das obere = das Glied des Willensimpulses. Großer Daumen bei sonst günstiger Anlage bedeutet Selbstbewußtsein, bei ungünstiger Gesamtdisposition Überhebung oder Daimonie; bei Frauen = Geschäftstüchtigkeit, Zuverlässigkeit, kühle Überlegung. Ein kleiner Daumen zeugt von Mangel an Willenskraft bis zur gänzlichen Energielosigkeit, Anlehnungsbedürfnis. Ein langes oberes Daumenglied = kräftige Willensimpulse,

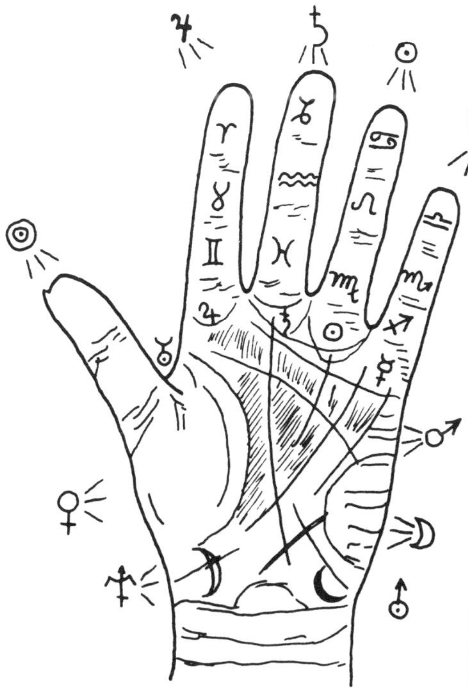

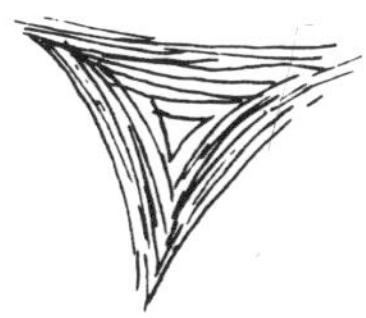

Berghöhe (stark vergröss.)

Knochengerüst der menschlichen Hand.

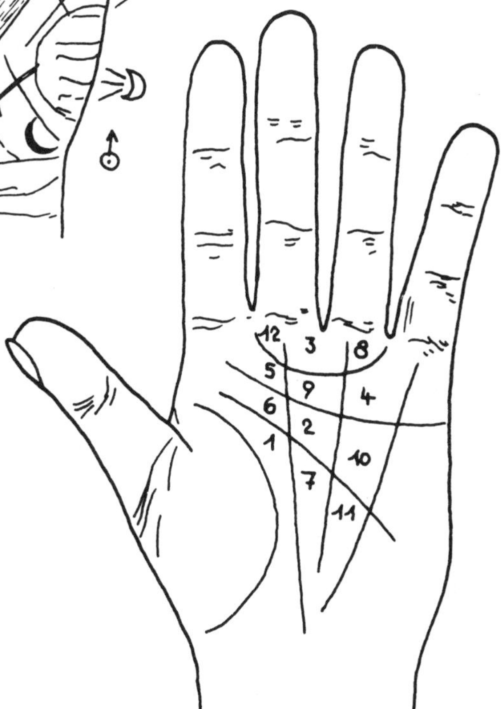

Die astrol. Häuser

übermäßig lang = Herrschsucht und Heftigkeit. Kürze des Nagelgliedes = Unbeständigkeit und Haltlosigkeit. Das Nagelglied spatelförmig = Starrsinn, Eigenbrödlerei. Ein kugliges Daumenglied offenbart ein niederes Triebleben mit einer darin mangelnden Beherrschung. Dagegen zeigt ein langes Nagelglied die Vorherrschaft der Vernunft an. Ist aber das Mittelglied übermäßig lang, so kann man auf Gefühlskälte schließen. Wenn Nagel- und Mittelglied die gleiche Länge aufweisen, so ist Harmonie nach innen und außen hin angezeigt. Die Rückbiegbarkeit des Nagelgliedes zeugt von Anpassungsfähigkeit bis zur — Untertänigkeit.

Der Venusberg stellt das Energiepotential des Handeigners und das Triebprinzip im vitalen Handteil dar. Der Venusberg ist in jeder Menschenhand der größte Berg. Das Venusprinzip als dasjenige der ästhetisch-vollendeten Gegenwart ist in der Menschenseele überragend und beherrscht sämtliche Triebkomponenten. Ein gleichmäßig und schön gebildeter Venusberg bedeutet Ausgeglichenheit der seelischen Kräfte, Schönheitsliebe, Harmonie — auch: eine frühe Hinneigung zum anderen Geschlecht. Überstarke Ausprägung des unteren Teils zeugt von heftiger sinnlicher Leidenschaft und von Wechselhaftigkeit in den Zuneigungen. Die starke Ausprägung des oberen Teils weist auf ideale Neigungen und auf körperlich-seelische Ausgeglichenheit. Ein großer Venusberg ohne entsprechende Höhe läßt Eitelkeit im Auftreten und Gefallsucht erkennen. Sollte der Venusberg fehlen, dann mangelt es dem Handeigner an Liebes- und Triebimpulsen. Ist eine Vertiefung statt einem Berg festzustellen, dann liegt nahe, daß der Handeigner gefühlskalt und egoistisch oder brutal ist.

Der Mondberg liegt dem Venusberg gegenüber und läßt das vegetative Sein des Handeigners erkennen, das ist: die Reflektion, das Gedächtnis, die Heimat, die Abstammung, die Tradition, Haus- und Grundbesitz, die Phantasie, die Mütter, die Gefühle, die Erinnerung und den inneren Besitz. Normale Bildung des Mondberges bedeutet Naturliebe, Phantasiebegabung, künstlerische Eindrucksfähigkeit, Neigung zu ausgewogenem Leben und Sanftmütigkeit. Dagegen weist eine überstarke Ausprägung auf Phantasterei, Schwärmerei, Unruhe und Launenhaftigkeit. Fehlt jedoch der Mondberg, so dürfte der Handeigner nüchtern und phantasielos sein.

Der Marsberg befindet sich zwischen dem Emotionalisbeginn und dem Vernunftfaltenende am Handrand oberhalb des Mondberges. Ist er stark entwickelt, dann zeigt sich der Handeigner möglicherweise jähzornig, roh, grausam, heftig und rachsüchtig. Er neigt zur Prahlerei und

Unmäßigkeit. Fehlt dagegen der Marsberg, so offenbart sich als Charakterzug Feigheit, Mangel an Selbstbeherrschung und eine verhältnismäßig schwache Initiative. Bei normaler Bildung bewährt sich der Marsberg als Ausdruck zäher Ausdauer, physischer und psychischer Stärke. Er verleiht eine bewußte Entschlußkraft. Es ist eine Beherrschung der Impulse angezeigt.

Der Merkurberg befindet sich im emotionalen Handteil unter dem kleinen Finger. Er repräsentiert das Prinzip der Austauschfähigkeit, besonders durch den logischen Verstand. Hier zeigt sich der Fähigkeitsgrad der Sprache. Ist der Merkurberg normal gebildet, dann ist eine gute kaufmännische und technische Begabung angedeutet. Der Handeigner ist in der gesellschaftlichen Etikette und in der Redekunst gewandt. Bei einer überstarken Ausprägung kennzeichnet sich Rücksichtslosigkeit, die oft Hand in Hand geht mit hervorragenden kaufmännischen Talenten. Fehlt jedoch der Merkurberg, dann ist der Handeigner ungeschickt zu praktischer Tätigkeit. Sein Wesen zeigt einen weltfremden Ausdruck.

Der Sonnenberg zeigt seinen Platz im emotionalen Handteil unter dem Ringfinger. Hier zeigen sich die höchsten Persönlichkeitsmotive, die schöpferischen Qualitäten und die Begabtheit; die hauptsächliche Auswirkung in der zweiten Lebenshälfte. Eine normale, harmonische Bildung des Sonnenberges bedeutet künstlerische Talente, zugleich aber auch Drang nach Ungebundenheit. Wenn dagegen der Sonnenberg fehlt, so hat der Handeigner Bedürfnis nach praktischer Betätigung; er braucht nicht immer untalentiert zu sein. Ist jedoch der Sonnenberg übermäßig groß, so haben wir einen dünkelhaften, eitlen und selbstsüchtigen Charakter vor uns, welcher zur Verschwendung und Prahlerei geneigt ist.

Der Saturnberg liegt im emotionalen Handteil unterhalb des Mittelfingers. In seiner Wirkung ist er hemmend, verlangsamend und vertiefend. Hier erkennt man die Wandlung und Läuterung verursachenden Schicksale. Saturn umschließt mit Fesseln und begrenzt alle Dinge. Ein flacher Saturnberg bedeutet eine depressive Wesensart, ein Leben voll innerer Vereinsamung. Ein großer Saturnberg macht den Handeigner gewissenhaft, aber auch überängstlich. Gefühle der Bedrohung, zuweilen Komplexe.

Der Jupiterberg liegt am Ende, meistens außerhalb der Emotionalis, und zwar unterhalb des Zeigefingers.Er repräsentiert die Fülle, die innere und äußere Autorität, das Gesetz, das große Glück, den Glauben, die Religiosität und die letzte, höchste Sinngebung. So weist ein gleichmäßiger Jupiterberg auf Klugheit, Gerechtigkeitssinn und religiöses

Empfinden. Ein flächenmäßig zu großer Jupiterberg besagt dagegen Einbildung, Hochmut — die äußere Haltung steht nicht im Einklang mit den eigentlichen Kenntnissen und Leistungen. Hoher, aber nicht breiter Jupiterberg = erfolgreich im Geschäft, heiter, humoristisch — etwas Prahlerei. Wenn der Jupiterberg fehlt, ist fast immer Mangel an Selbstvertrauen festzustellen, damit auch unaufrichtige Demut.

Die Marsfläche befindet sich in der Handmitte. Hier kreuzen sich zumeist Vernunftfalte und Saturnlinie. Hier ist das symbolische Tummelfeld für alle äußeren Lebensereignisse, hier wird das Unbewußte zum Ereignis.

Mars als das Prinzip der Beschleunigung bedeutet das Diesseits, die Aktivierung der gegebenen Möglichkeiten. Sinngebend in der Fläche der Realität wirkt die Vernunftfalte. Die astrologische Korrespondenz: Kopf = Widder, Induktor von Widder = Mars. Dieser Fläche steht ansonsten die Bedeutung zu wie dem mit ihr verbundenen Berg.

Die Uranusfläche oder der Uranusberg liegen unterhalb des Mondberges, oberhalb der obersten Raszette und diesseits der Handwurzel. Hier zeigen sich die intuitiven Fähigkeiten, die parapsychologischen Anlagen des Handeigners. Eigenartige, plötzliche und verwirrende Ereignisse tuen sich in ihm kund. Neue Ideen symbolisieren sich hier. Die revolutionären Tendenzen werden sichtbar.

Die Neptunfläche erstreckt sich zwischen Lebenslinie und oberster Raszette, seitlich begrenzt von der Handwurzel. Hier treten die unklaren, trüben und verwickelten Lebensaffairen zutage. Im günstigen Sinne offenbaren sich hier die meditativen Anlagen, die Neigung zur mystischen Kunst (vor allem zur Malerei und Musik) sowie die christlich-ethische Weltanschauungstendenz.

All diese Berge oder Flächen sind durchzogen oder begrenzt von Linien oder Falten. Die Hauptlinien sind zugleich die Beugefalten der Hohlhand.

1. Lebenslinie (Vitalis, Cardiaca), welche den Daumenballen oder Venusberg umschließt.
2. Kopflinie oder Vernunftfalte (Cerebralis, Naturalis, Cephalica), welche sich vom oberen Daumenwinkel zum Mondberg zieht.
3. Herzlinie (Mensalis, linea fortunae), welche unterhalb des Merkurberges beginnt und in Richtung des Jupiterfingers verläuft.
4. Schicksals- oder Saturnlinie, welche die Richtung zum Saturnfinger nimmt und zumeist Kopf- und Herzlinie überschneidet.

Lebens-, Kopf- und Herzlinie sind immer vorhanden. Kopf- und Herzlinie können ineinander verlaufen, wir nennen sie dann „gesperrt". Diese Doppellinie wird auch als „Affenfurche" bezeichnet. Die Saturnlinie kann fehlen. Alle vier Linien in glücklicher Kombination ergeben ein schön gezeichnetes „M". Je gleichmäßiger sich dasselbe darstellt, desto harmonischer ist die innere Wesensart des Handeigners.

Die Nebenfalten der Hohlhand sind keine Beugefalten. Sie kommen und gehen. Sie verschwinden bei einer längeren Ohnmacht und kehren beim Wieder-zum-Bewußtsein-Kommen zurück, sie erlöschen einige Stunden vor dem natürlichen Tod. Die Nebenlinien der Hohlhand heißen:

1. Jupiterlinie, in den Jupiterberg verlaufend.
2. Sonnenlinie, in den Sonnenberg verlaufend.
3. Merkurlinie, in den Merkurberg verlaufend.
4. Liebeslinien, am Handrand zwischen Herzlinie und Merkurfingeransatz.
5. Marslinien, am Handrand zwischen Herz- und Kopflinie.
6. Mondlinien, am Handrand im Bereich des Mondberges.
7. Uranuslinien, am Handrand im Bereich des Uranusberges.
8. Magen- und Gesundheitslinie, aus der Handwurzel gegen den Merkurberg verlaufend.
9. Via Lasciva, schräg über dem Uranusberg liegend.
10. Neptunlinie, unterhalb des Daumens und des Lebenslinienendes zur Handwurzel verlaufend.
11. Raszetten, sich um das innere Handgelenk ziehend.
12. Saturnring, unterhalb des Saturnfingers verlaufend.
13. Venusgürtel, beginnend zwischen Merkur- und Sonnenfinger, endend zwischen Jupiter- und Saturnfinger.
14. Plutolinien an der oberen Daumenwurzel unter dem Lebenslinienbeginn.

Als Handfiguren sind bekannt:

1. Das Triangel, welches von der Lebenslinie, Magenlinie und Kopflinie eingeschlossen wird.
2. Das Quadrangel, welches sich zwischen Kopf- und Herzlinie befindet.

Die allgemeinen Zeichenbedeutungen in den Händen sind folgende:

= akute Krankheit, rot = entzündliche Krankheit.

= Querstrich = Hindernis, Hemmung, kleine Differenz.

= Anstrich = Erfolg, Aufstreben, Gewinn.

= Abstrich = Mißerfolg, Verlust.

= Kreis = medizinische Bedeutung je nach der Lage.

= Flachkreuz = Streit längerer Art, Prozeß, Enttäuschung.

= stehendes Kreuz = seelischer Verlust, Todesfall.

= Insel = Vererbung (Charakteranlage oder Krankheit).

= Ast = Schwäche, Spaltung.

= Kette = Unbeständigkeit, Unruhe.

= Zweig = Hemmungen in der Öffentlichkeit oder dem Geschäftsleben.

= Stern = große Hemmungen, tiefes Karma, entscheidende Ereignisse.

= Quadrat oder Viereck anliegend oder für sich = Komplexe, Verlassenheit, Gefängnis, Not.

= eingebautes Quadrat = Schutzquadrat = wunderbare Hilfe und Errettung.

= Leerlauf oder Verneinung.

BKA = Buchstaben = Anfangsbuchstabe des Partners = tiefe karmische Verbindung.

Die genauen Bedeutungen sind nur ersichtlich aus den Linienkombinationen, der allgemeinen Lage auf Fläche oder Berg oder der Zugehörigkeit zu einem astrologischen Haus.

Die Lebenslinie oder Vitalis stellt den Schutzwall zwischen dem Handteil der Vitalität, besonders demjenigen der Triebimpulse und des Energiepotentials einerseits und dem Handteil des Bewußtseins andererseits, dar. Daher sind die Ereignisse des willentlichen Lebens auf ihr abgezeichnet. Die alte Chiromantie mißt die Lebenslinie. Die wissenschaftliche Handauswertung hält nichts von diesen Meßmethoden, sondern beobachtet das Auftauchen und Verschwinden der Nebenfalten zur Bestimmung des zeitlichen Ablaufes. Dennoch sei hier die Meßmethode der alten Chiromantie gebracht und auf die Lebenslinie oder Vitalis angewendet: Wir nehmen einen Bleistiftzirkel zur Hand. Die Zirkelspitze setzen wir in der Mitte der Jupiterfingerwurzel an. Den Bleistiftarm des Zirkels legen wir nun auf die Mitte der Sonnenfingerwurzel. Jetzt schlagen wir den Bogen, bis der Bleistiftarm die Lebenslinie schneidet. Dieser Schnittpunkt auf der Lebenslinie entspricht dem 10. Lebensjahr des Handeigners.

Messung der Lebenslinie

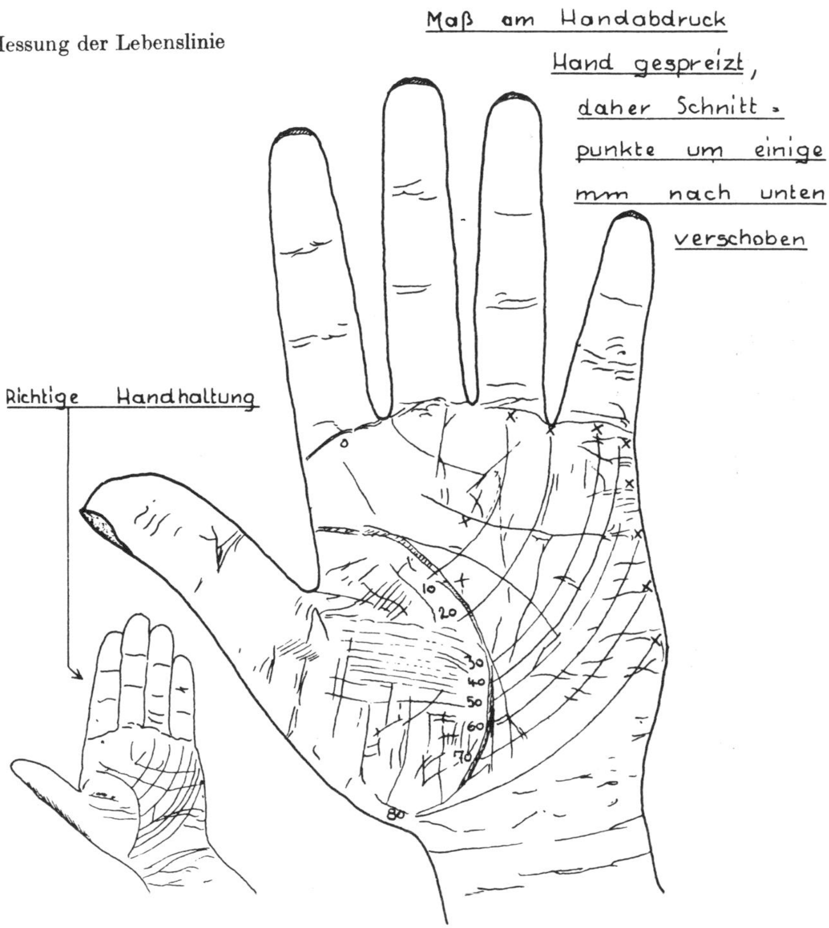

Den nächsten Bogen beginnen wir zwischen Sonnen-

und Merkurfinger	= 20 Jahre
den dritten Bogen in der Mitte der Merkurfingerwurzel	= 30 Jahre
den vierten Bogen am Rand der Merkurfingerwurzel	= 40 Jahre
den fünften Bogen auf der Hälfte des Liebeslinienfeldes	= 50 Jahre
den sechsten Bogen am Beginn der Herzlinie	= 60 Jahre
den siebenten Bogen in der Mitte des Marsbergrandes	= 70 Jahre
den achten Bogen beim Beginn des Mondberges	= 80 Jahre
den neunten Bogen in der Mitte des Mondbergrandes	= 90 Jahre.

Nach dieser Maßeinteilung der Vitalis, welche zum mindesten sehr problematisch ist — andere Einteilungen sind dies noch mehr — wenden wir uns den überlieferten mantischen Zeichendeutungen an und um die Vitalis zu:

Cardiaca sana = gute Konstitution, zähe Energie.

Doppelte Vitalis = starke Natur, materielle Hilfen, Wohlstand. Auch Unterstützung einer zerrissenen Vitalis.

Soror vitalis = gewaltige, kriegerische Natur (Jähzorn).

Gallenschnitt = hitziges Wesen, Gallenüberfluß, Streitigkeit.

Ertrinkungswellen = Vorsicht im Wasser! Ertrinkungsgefahr!

Zwistpunkte (schwarze) im Daumennagel = despotische Natur, Gewalttätigkeit (Uneinigkeit mit Weibern).

Die eingeklammerten Bemerkungen enthalten die überlieferten Auslegungen.

Die 2. Zeichnung, welche sich auf das Schema des Daumens und der Vitalis bezieht, enthält folgende Strukturen und Formbildungen:

Kurze Lebenslinie = schwache, angegriffene Konstitution, unterwühlt durch Krankheit, im allgemeinen jedoch jähe Wandlungstendenz (kurzes Leben).

Ruhmlinie = Ruhm, Ehre, Wohlergehen, jedoch nur durch intensives Streben ist der Aufstieg möglich.

Sturzlinie = gefährliche, ansteckende Krankheiten, Zufluß gesunder oder ungesunder Kräfte (Sturz, Gewaltende).

Einsamkeitsviereck = inneres läuterndes Erleben durch schwere Geschicke.

Jammertodlinie = plötzliches gewaltsames oder unglückliches Lebensende.

Verschwendungslinie = Neigung zu unnötigem Geldausgeben, starke Erotik, Verausgabung sexueller Kräfte.

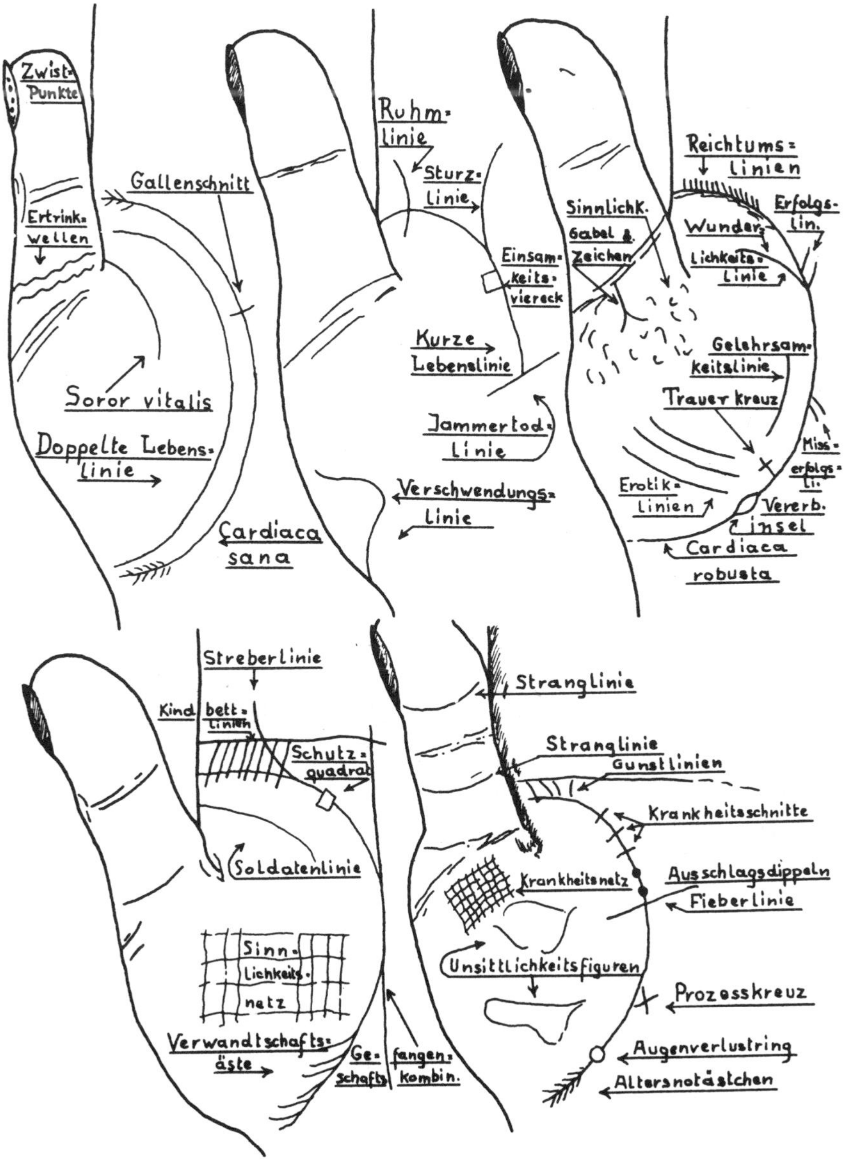

Zwist-
Punkte
Ertrink-
wellen
Gallenschnitt
Soror vitalis
Doppelte Lebens-
linie
Çardiaca
sana
Ruhm-
linie
Sturz-
linie
Einsam-
keits-
viereck
Kurze
Lebenslinie
Jammertod-
Linie
Verschwendungs-
linie
Reichtums-
linien
Erfolgs-
lin.
Sinnlichk.
Gabel &
Zeichen
Wunder-
lichkeits-
linie
Gelehrsam-
keitslinie
Trauer kreuz
Miss-
erfolgs-
li.
Erotik-
linien
Vererb.
insel
Cardiaca
robusta
Streberlinie
Kind
bett-
linien
Schutz-
quadrat
Soldatenlinie
Sinn-
lichkeits-
netz
Verwandtschafts-
äste
Ge-
schafts
fangen-
kombin.
Stranglinie
Stranglinie
Gunstlinien
Krankheitsschnitte
Krankheitsnetz
Ausschlagsdippeln
Fieberlinie
Unsittlichkeitsfiguren
Prozesskreuz
Augenverlustring
Altersnotästchen

Die nächste Zeichnung, welche vor allem den Venusberg und auch die Vitalis, betrifft, zeigt folgende Strukturen:

Cardiaca robusta = robuste, jähzornige und manchmal auch gewalttätige Natur (grausames und blutdürstiges Gemüt).
Reichtumslinien = Glück und Wohlergehen in der Jugend und auch noch im Mannesalter.
Wunderlichkeitslinie = seltsamer, verworrener Mensch (Neigung zum Umgang mit leichtsinnigen Frauenzimmern).
Erfolgslinien = Auftrieb und vorübergehende, aber einschneidende Erfolge.
Mißerfolgslinien = Krisen und vorübergehende Mißerfolge.
Gelehrsamkeitslinie = kluger und gelehrsamer Mensch (arglistiger Mensch, dem es zuerst schlecht ergeht, der aber endlich in den Wissenschaften zu Großem kommt.
Trauerkreuz = ein dem Handeigner nahe gehender Todesfall.
Vererbungsinsel = Auslösung günstiger oder ungünstiger Vererbungsanlage.
Erotiklinien = sinnliche Veranlagung (Gemeinschaft mit leichtsinnigen Weibspersonen).
Sinnlichkeitsgabel und -zeichen = unmoralischer, leidenschaftlicher und sinnlicher Mensch.

Die nächste schematische Zeichnung des Daumens und der Vitalis bringt weitere Wertungen überlieferter Deutung der Zeichen und Linien um die Vitalis:

Kindbettlinien = (in weiblichen Händen) schwere Geburten, Kindbettfieber, sonstige Komplikationen dieser Art.
Streberlinie = rastloses Leben, unermüdliches Streben.
Schutzquadrat = Schutzengel, wunderbare Errettung, göttliche Hilfe und Gnade.
Soldatenlinie = begünstigen den militärischen Beruf.
Gefangenschaftskombination = zeigt an, daß eine Epoche des Lebens in Abgeschlossenheit von der Welt oder im Ausland erlebt wird.
Verwandtschaftsäste = Schaden an Besitztum oder Kapital durch Verwandte.
Sinnlichkeitsnetz = je mehr Linien, desto sinnlicher das Gemüt.

Die letzte Zeichnung der Seite bringt weitere Wertungen von überlieferten Deutungen der Zeichen und Linien um die Vitalis:

Stranglinie = Lebensgefahr durch Ersticken oder Erhängen.

Gunstlinien = Protektion und Hilfe durch hochgestellte Personen, dadurch finanzielles Wohlergehen.

Krankheitsschnitte = vorübergehende, akute Erkrankungen.

Ausschlagsdippeln = infektiöse Erkrankung mit Ausschlag (wird später noch einmal erwähnt).

Fieberlinie = Erkrankung oder Verwundung, von hohem Fieber begleitet.

Prozeßkreuz = lang hingezogener Streit — die Länge desselben zeigen die Berührungspunkte der Kreuzschenkel auf der Vitalis an.

Augenverlustringe = Gefahr für die Augen, Verletzung, Operation oder Erblindung.

Altersnotästchen = ein einsames und kümmerliches Alter anzeigend.

Krankheitsnetz = geheime und schwer diagnostizierbare Krankheit.

Unsittlichkeitsfiguren = unersättliches, leidenschaftliches, sinnliches, liederliches Wesen.

Die 1. Schemazeichnung auf der folgenden Seite zeigt weitere Wertungen von überlieferten Deutungen der Zeichen und Linien um die Vitalis:

Glückslinien = immer wiederkehrende Erfolge, Wohlergehen in materiellem und spekulativem Sinne.

Cardiaca malada = schwere, schleichende Krankheit.

Ehebruchslinie = erotisch leicht reagierendes Wesen, Untreue.

Schlagflußlinie = akute, plötzliche, einschneidende Krankheit, Erkrankung des Kreislaufsystems.

Constellatio ex patria mors = Lebensende außerhalb des Vaterlandes.

Schandparallele = Veranlagung zu sinnlicher Gewalttätigkeit, Unzucht und Sexualverbrechen.

Giftlinie = warnt vor leichtsinnigen Frauenzimmern und vor Vergiftungen.

Constellatio mors in pace = friedliches Ende an Altersschwäche.

Die 2. schematische Zeichnung bringt weitere Wertungen von überlieferten Deutungen der Zeichen und Linien um die Vitalis:

Musikwinkel = Musiksinn und allgemeine musikalische Begabung.

Selbstverwundungslinie = aus Unvorsichtigkeit, Unachtsamkeit — zumeist jedoch aus Lebensüberdruß.

Feuerkonstellation = Vorsicht im Umgang mit Feuer. Es besteht Lebensgefahr dadurch.

Sorores vitales = großes militärisches Glück.

Linea amici mali = Lebensgefahr, Verwundung durch einen Freund.

Feindschaftslinie = zeigt Feinde an, die nach Leib und Leben trachten.

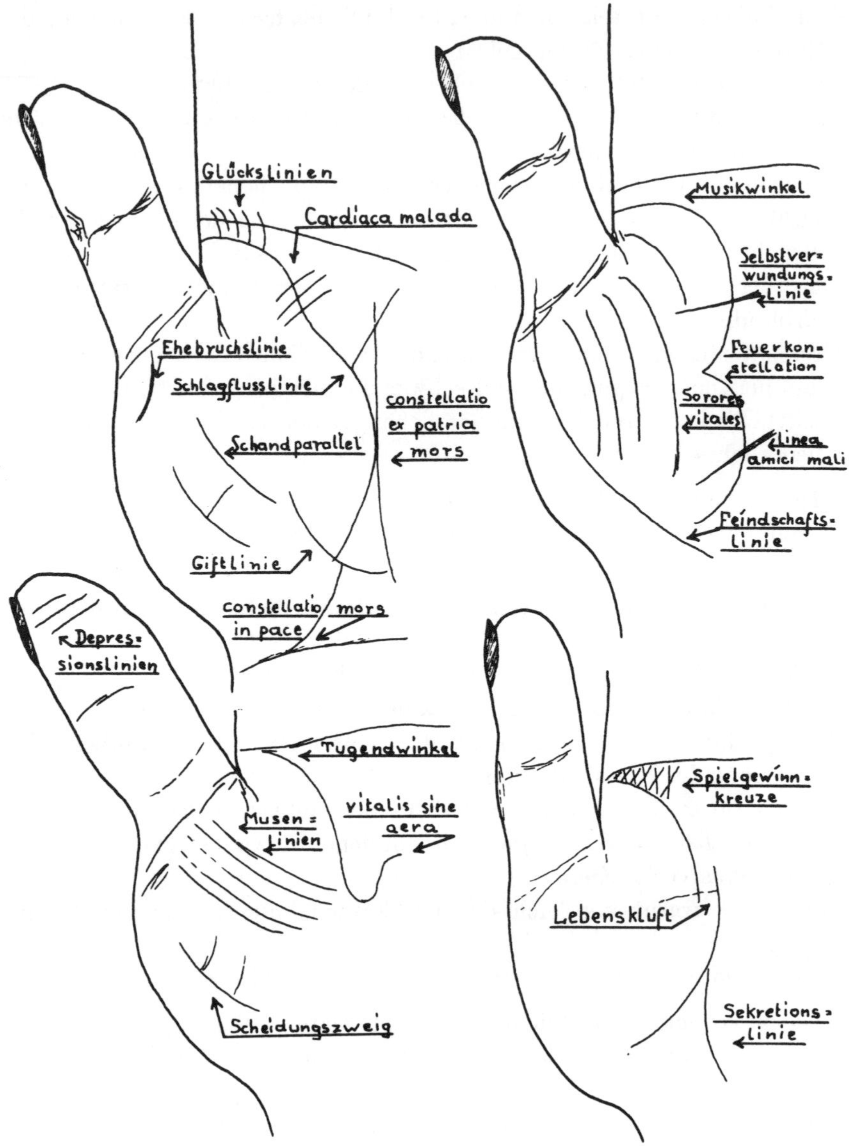

Die 3. Zeichnung auf der Seite bringt weitere Wertungen von überlieferten Deutungen der Zeichen und Linien um die Vitalis:

Tugendwinkel = anständiger, vornehm denkender und tugendhafter Handeigner.

Vitalis sine aera = Erstickungsanzeichen, Lungenleiden, zuweilen auch Vergiftung durch Gas.

Musenlinien = Begabung für schöne Künste, vor allem für die Dichtkunst.

Scheidungszweig = Lösung einer karmischen Bindung (ungünstig).

Depressionslinien = Willensbeeinflussung durch negative Umweltseinflüsse.

Die letzte Zeichnung der Seite bringt noch weitere Wertungen von überlieferten Deutungen der Zeichen und Linien um die Vitalis:

Spielgewinnkreuz = günstig für Spekulationen, selbständige und gewagte Unternehmungen, wobei die eigene Persönlichkeit eine Rolle spielt.

Lebenskluft = neuer Lebensabschnitt, sterben und neu geboren werden oder — nur sterben (?).

Sekretionslinie = Schwäche der Unterleibs- und Zeugungsorgane. Belebung der Hormone notwendig!

Die Vitalis wird auch unterschieden hinsichtlich der Farbe und ihrer besonderen Struktur und zwar in folgendem Sinn:

Blasse Vitalis = schwächliche, sensible Konstitution.

Starke, rote Vitalis = starkes, leidenschaftliches Wesen.

Weiße Flecken in der Vitalis = Anzeichen von Herzleiden.

Gelbe Flecken in der Vitalis = Störungen der Leber- und Gallenfunktion.

Vitalis und Kopflinie in ihren Anfängen vereint = verschlossener, etwas mißtrauischer, jedoch kluger und vorsichtiger Charakter.

Abstand zwischen den Anfängen der Vitalis und Kopflinie = gutmütiger, offener und vertrauensseliger Charakter. Auch Unvorsichtigkeit und Leichtgläubigkeit.

Die Kopflinie oder Naturalis — sie wird zuweilen auch Cerebralis genannt — stellt die waagrechte Grenzscheide der inneren Handfläche dar. Sie liegt inmitten der Marsfläche und kann ihre Fühler ausstrecken nach dem Mond- oder Uranusberg, vielleicht auch mehr nach der Herzlinie. Im Sinne des Marseinflusses wird sie in jeder Menschenhand zum Begriff der Tat, des Widerstandes und des Intellekts (Unterscheidung). Es zeigt sich in der Art ihrer Führung wohin die Gedankenrichtungen verlaufen. In psychologischem und testologischem Sinne befindet sich die Kopflinie, die hier Vernunftfalte genannt wird, im Teil des Bewußtseins und nimmt immer Richtung in den vegetativen Handteil. Hier wird sie im Suchen nach der Verhaftung im Irdischen die Sinnerfüllung des Daseins finden. Man beachte hierbei zugleich auch die Sinndeutung des vegetativen Handteils. Die andere Seite der Kopflinie, d. h. ihr üblicher Beginn, ruht in Teilen des Zeigefingers, astrologisch betrachtet im Jupiter und weist darauf hin, daß das Zeigen, das Mahnen, das Deuten als höchste Sinngebung dem Menschen obliegt. Wir werden uns unwillkürlich erinnern an den Isenheimer Altar, wo Matthias Grünewald den Johannes gemalt mit dem überlangen Zeigefinger, der auf den gekreuzigten Heiland deutet: ecce homo!, siehe, das ist Er! In diesem Sinne ist die Vernunftfalte und Kopflinie diejenige Falte, die von der jeweiligen Sinndeutung des Lebens des Handeigners Zeugnis ablegt, wobei zu bemerken ist, daß sich diese Falte verlängern und verkürzen kann, daß ihre Struktur sich zuweilen verändert. Im Kampf des Lebens paßt sich die Vernunftfalte den jeweiligen Gegebenheiten an und es zeigen sich hier die Methoden des Widerstandes, des Lebenskampfes, je nach der Art der Gegnerschaft.

Die zeitliche Messung der Kopflinie oder Vernunftfalte geschieht also:

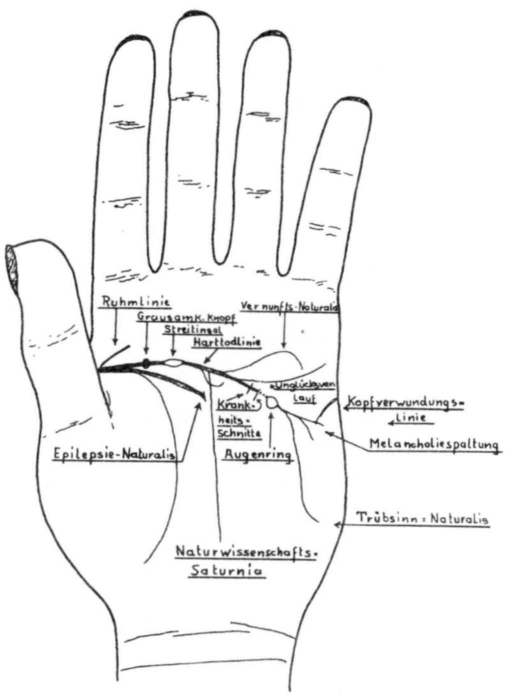

Wir ziehen senkrechte Linien von den Mitten der Fingerwurzeln und den Fingereinschnitten (wie auf der Abbildung) auf die Kopflinie oder Vernunftfalte und erhalten somit folgende Maßeinteilung:

Jupiter Mitte	=	10 Jahre
Jupiter-Saturn	=	20 Jahre
Saturn Mitte	=	30 Jahre
Saturn-Sonne	=	40 Jahre
Sonne Mitte	=	50 Jahre
Sonne-Merkur	=	60 Jahre
Merkur Mitte	=	70 Jahre
Merkur Rand	=	80 Jahre

Bei der dargestellten schematischen Zeichnung handelt es sich um überlieferte Zeichen an und um die Kopflinie in deren sinngemäßer Wertung:

Ruhmlinie = Möglichkeit eines Emporwachsens über das Milieu durch eigene Kraft.

Grausamkeitsknopf = jähzorniger, impulsiver, unter heftigen Willensimpulsen handelnder Mensch (mörderisch).

Streitinsel = Halsstarrigkeit, Uneinigkeit mit Verwandten, Vererbung im Sinne krankhafter Einflüsse.

Harttodlinie = schwerer, unnatürlicher oder qualvoller Tod.

Vernunfts-Naturalis = kühler, vernünftiger und anpassungsfähiger Charakter.

Krankheitsschnitte = akute Kopferkrankungen oder Verletzungen.

Unglücksverlauf = unglückselige Tendenzen, unheilvolles Wesen.

Augenring = Gefahr einer schweren Augenerkrankung, diesbezügliche Operation, eventuell Verlust des Auges (je nachdem, ob in rechter oder linker Hand überkreuzend zu betrachten).

Melancholiespaltung = innere Spannung, zerrissenes Wesen, schwermütige Anlage.

Trübsinn-Naturalis = Lebensunlust und -müdigkeit, andererseits im Sinne der melancolia tief schöpferische Impulse.

Wissenschafts-saturnia = Fähigkeiten zur Lösung naturwissenschaftlicher Probleme, mathematische Talente.

Epilepsie-Großnaturalis = Verkümmerungs-, Degenerations- und Vererbungskrankheiten, psychopathisches Wesen, Auftreten von Epilepsie möglich.

In der nun folgenden schematischen Zeichnung zeigen sich weitere Zeichen in und um die Kopflinie in ihrer sinngemäßen Wertung an:

Scharfsinnansatz = ruheloser, strebsamer und scharfsinniger Intellekt.

Krankheit = akute, jedoch leicht wiederkehrende Krankheit am Kopf oder mit demselben zusammenhängend (zuweilen Kopfneuralgien).

Redlichkeitskreuz = ehrlicher und zuverlässiger, gutmütiger Charakter.

Verfolgungskreuz = solche Handeigner werden ungerechtfertigter Weise in ihrer Entwicklung gehemmt und unschuldig verfolgt (Karma).

Verbrennungswirrnis = Gefahr, schwere Brandwunden zu erleiden!

Kopfverwundungslinie = Gefahr plötzlicher, schwerer Verletzungen durch Waffen oder Schuß am Kopf.

Soldatenglücklinie = Aufstieg, Ehren und Auszeichnungen im Soldatenstand. Protektion durch Offiziere.

Episodenlinien = plötzlicher Wandel in den Erkenntnissen, neue Lebensepisode, der Handeigner ist kraftvoll und abenteuerlich.

Bei der Struktur und der Länge der Kopflinie oder Vernunftfalte sind folgende Regeln außerdem zu beachten:

Lange, schwache Kopflinie = Spitzfindigkeit, Gerissenheit.

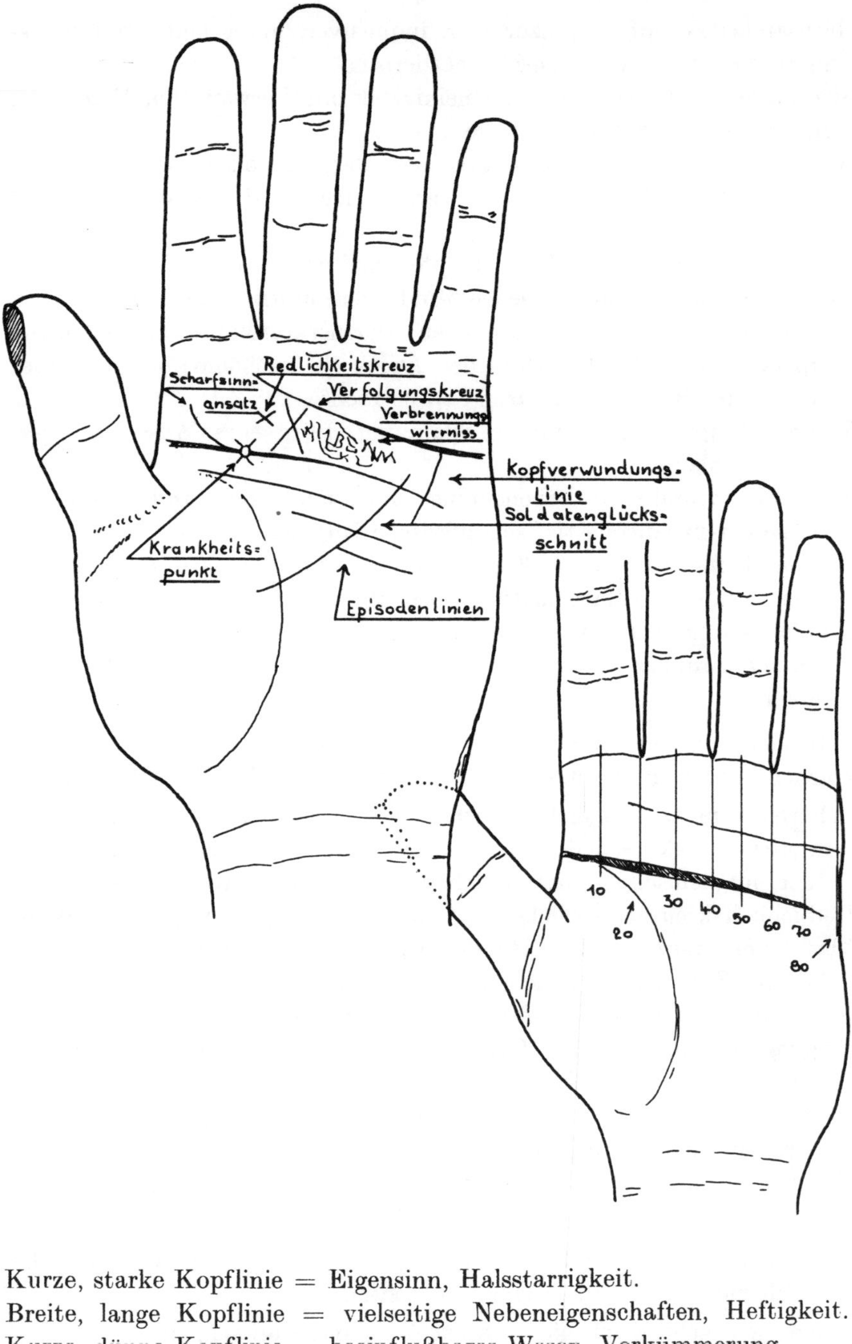

Kurze, starke Kopflinie = Eigensinn, Halsstarrigkeit.
Breite, lange Kopflinie = vielseitige Nebeneigenschaften, Heftigkeit.
Kurze, dünne Kopflinie = beeinflußbares Wesen, Verkümmerung.

Kerzengrade, wie mit dem Lineal gezogene Kopflinie = merkantile Interessen, praktische kaufmännische Veranlagung.

Verdoppelung der Kopflinie = rasche Auffassung, reger Geist.

Fehlen der Kopflinie = Idiotie und Blödsinn, jedoch darf hier nicht gesperrte Struktur angenommen werden.

Die Herzlinie zieht sich unterhalb der Fingerberge von Merkur, Sonne und Saturn hin oder in dieselbe hinein. Sie symbolisiert das Gefühls- und Seelenleben des Handeigners. Alles unsichtbare Geschehen, alles Wesentliche im Menschenleben und daher auch das Glück desselben ist aus dieser Linie erkennbar. „Gott aber siehet in das Herz." Kein Wunder, daß sie zumeist die charakteristischste Linie der ganzen Hand ist. Sie stellt das organische Herz, die Herztätigkeit, den Blutkreislauf und zugleich die Herzensbildung dar. Die Erfahrungen, die aus diesen Beziehungen entstehen, spiegeln sich in ihr wieder. Das Herz ist nicht nur eine Pumpe, sondern auch zugleich ein wundersamer Regulator. Bei jeder Erregung schlägt das Herz schneller. Jede kleinste Stimmungsänderung zeigt sich am Herzen an. Immer wieder muß das Herz dafür sorgen, daß Maß gehalten wird im Haushalt des Körpers. Auch die Angst der Menschenseele gibt sich hier kund. Angst kommt von Enge und die angina pectoris hängt mit der Lebensangst zusammen. Oft kann an schwerem Kummer ein Herz brechen — dann bricht die Linie mit und das Gift des Liebeskummers zersetzt die Lebenskräfte.

In der wissenschaftlichen und psychologischen Wertung heißt die Herzlinie Emotionalis, denn der Handteil, der nach oben von der Emotionalis umschlossen wird, hat Bezug auf die Emotionen, die eben im Leben des Handeigners dominant sind. Aus der Herzlinie kann man die Emotionen ablesen, die dem Handeigner beschieden sind. Das sind alle jene Erregungen, in denen er über sich selbst hinauswächst. Es ist darin auch alles begrenzt, was mit den täglichen Es-Angelegenheiten des Lebens zusammenhängt, während die Vitalis die Ich-Probleme umschließt. Aus dem Es kommen die Talente, kommt das Müssen, kommt die Berufung, in das Es wirkt die schicksalhafte Partnerschaft, der Forschungsdrang, die Aufgabe, der wir uns unterwerfen. Mit wieviel Liebe und Begeisterung wir dies tun, wie weit wir ja sagen zu dem, was uns aufgegeben ist, all das zeigt sich in der Struktur der Herzlinie. Da oft aber die Gewalt der Es-Impulse, der Emotionen so stark ist, daß sie gewissermaßen das Herz zersprengen möchte, darum sind manche Herzlinien so breit gebaut, verdoppelt, als ob, wie bei einem Deich, immer wieder neue Schutzwälle aufgerichtet werden gegen diese anstürmenden Gewalten. Es gibt ganz dünne Herzlinien, die von einer kalten Berechnung Zeugnis ablegen und es gibt auch ganz breite verkettete, die von einem warmen, heißen, leidenschaftlichen Empfinden zeugen. Es kommt dabei auch auf das an, was wir Herzensbildung nennen und da in einer jeden Hand die Kälte- und Wärmepole festzustellen sind, so müssen wir dabei besonders achthaben auf die Herzlinie.

Die Herzlinie wird nach folgendem Schema gemessen, wobei wieder betont sein möge, daß die psychologische Erkenntnis nicht diesen alten chiromantischen Gebrauch anerkennt. Der Schnittpunkt einer Senkrechten, gezogen von der Mitte der Merkurfingerwurzel, ergibt vom Handrand aus den Zeitabschnitt der ersten 10 Jahre.

Von Merkur-Sonne	=	20 Jahre
von Mitte der Sonne	=	30 Jahre
von Sonne-Saturn	=	40 Jahre
von Mitte Saturn	=	50 Jahre
von Saturn-Jupiter	=	60 Jahre
von Mitte Jupiter	=	70 Jahre

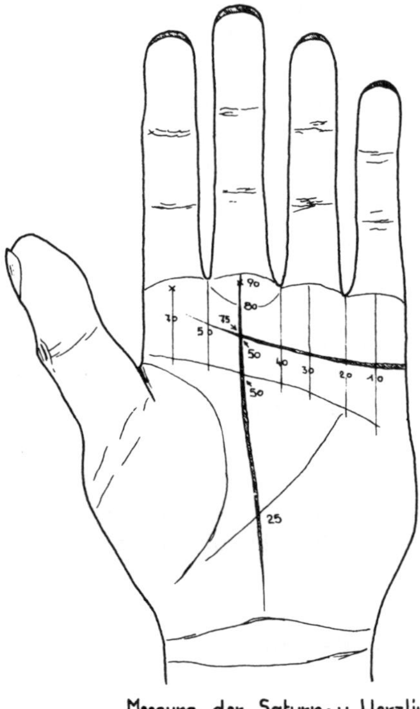

Messung der Saturn- u. Herzlinie

In der schematischen Zeichnung sind die überlieferten Zeichen an und um die Herzlinie in ihrer sinngemäßen Wertung angedeutet:

Liebesverhältnisäste = bei manchen Händen sind an der Anzahl solcher Äste die verschiedenen Liebesverhältnisse zu erkennen.

Armverletzungslinien = Verwundungen durch Waffe (Eisen oder Schuß) am Arm.

Verwandtschaftslinie = Schädigung durch Verwandte, Verleumdungen und daraus entstehende Gefahren.

Linea bestiarum = Lebensgefahr durch Wild oder wild gewordene Tiere.

Geburtsschnitte = zeigen bei Frauen schwere Geburten, bei Männern akute Herzstörungen, insbesondere durch übermäßigen Nikotingenuß an.

Krankheitslinien = auf das Herz zurückzuführende oder dieses Organ schwächende Krankheiten.

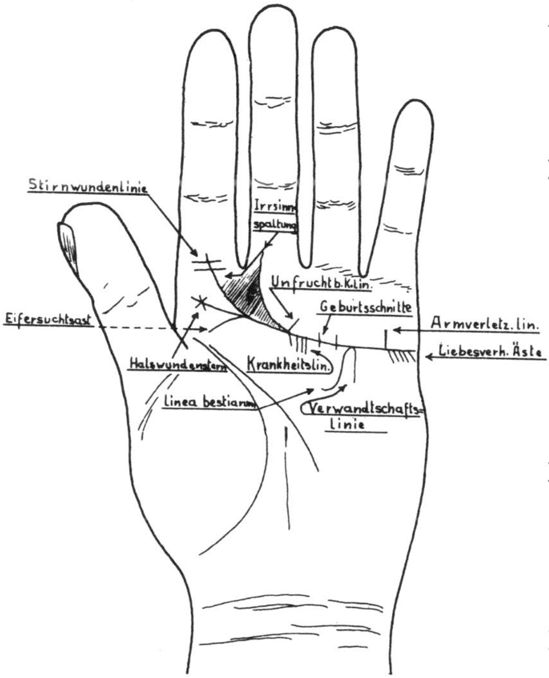

Unfruchtbarkeitslinien = Liebes- oder Eheverbindungen ohne Kinderzeugung.

Irrsinnspaltung = Verwirrung des klaren Bewußtseins durch Herzenskummer.

Stirnwundenlinie = jähe Verletzungen der Stirn, eventuell auch des Gehirns durch äußere Einwirkungen.

Halswundenstern = Gefahr einer Verwundung am Hals (siehe auch bei solcher Tendenz nach Erstickungslinie!)

Eifersuchtsast = empfindliches, anlehnungsbedürftiges Wesen, das zu Eifersucht neigt.

Die weitere schematische Zeichnung in Anbetracht der Herzlinie zeigt eine sinngemäße Wertung:

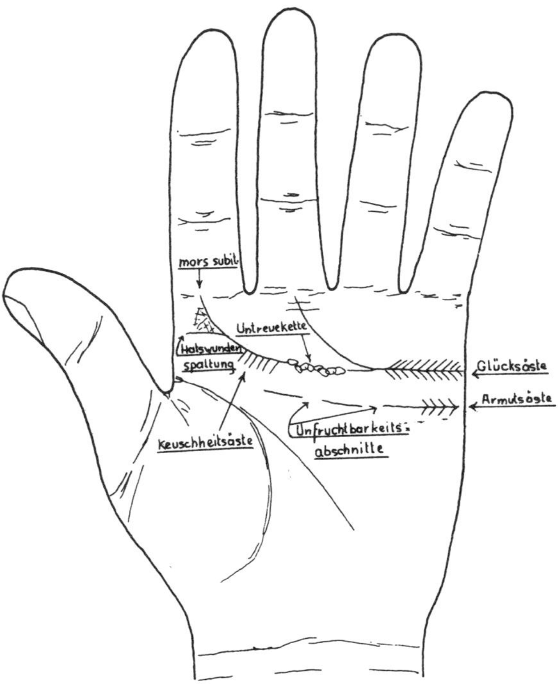

Glücksäste = innerlich und zuweilen auch äußerlich reicher Mensch. Untreuekette = viele Liebesbeziehungen, auch tieferer Natur — jedoch unbeständiges Wesen.

Keuschheitsäste = keusche Wesensart — gehen dieselben über die Kopflinie, so ist die Keuschheit bedingt durch eine rein vernunftmäßige, also eine wesensmäßige Einstellung.

Halswundenspaltung = Neigung zu gefährlichen, eiternden Halswunden.

Mors subitus = ein jäher, unerwarteter, mit dem Herz zusammenhängender Tod.

Armutsäste = innerlich und zuweilen auch äußerlich armseliges Wesen.

Unfruchtbarkeitsabschnitte = schwache Zeugungskraft, Kinderlosigkeit.

Folgende Sonderdeutungen sind bei der Herzlinie zu beachten:

Endet die Herzlinie auf dem Jupiterberg = ehrgeizige Person, manchmal Gefühlskälte.

Endet die Herzlinie auf dem Saturnberg = Liebesverhältnisse stehen unter karmischen Einwirkungen.

Endet die Herzlinie zwischen Saturn- und Jupiterfinger = schwere Liebesanbahnung und zweifelhafte Dauerhaftigkeit einer Verbindung.

Kurze und breite Linie (rot) = jähzorniger und heftiger Charakter.

Blasse und breite Herzlinie = schwaches Herz.

Herzlinie lang, breit und rot = Ausdauer, Zähigkeit (Leidenschaft).

Die Saturnlinie durchzieht als senkrechtes Trennungsprinzip die Hand und teilt diese in zwei gesondert zu deutende Hälften. Aus der Saturnia ersehen wir den göttlichen Ratschluß, die Notwendigkeiten, denen wir nicht entweichen können — oder in theosophischer Ausdrucksform das Karma. Gegen das Schicksal Sturm laufen oder es gar überwinden, können wir nicht. Wir können nur eins: Uns innerlichst mit ihm verbinden und zu den Fügungen ja sagen. Wir müssen uns in dankbarer Demut dem Ratschluß Gottes unterordnen, damit einiggehen — und Leid nicht als etwas Hinderndes erfassen, sondern als Mittel zur Läuterung und zur Buße vergangener Schuld. Insofern stellt die Saturnlinie eine Sonderform in der Hand dar und ist mehr als andere Linien in ihrer Ausdeutung unabwendbar.

Überlieferte Zeichen an und um die Saturnlinie in ihrer sinngemäßen Wertung finden wir in der schematischen Zeichnung:

Gefangenschaftsgabel = viel Vereinsamung im Leben und Ausgeschlossenheit aus der großen menschlichen Gemeinschaft.

Liegenschaftssaturnia = Glück mit Grundbesitz und auf der Landwirtschaft.

Fingersaturnia = Veranlagung zu schweren infektiösen Krankheiten.

Gefahrenschnitte = ein Leben, das großen Gefahren ausgesetzt ist, welche jedoch nicht den Tod herbeiführen.

Linea fortuna ex patria = eine solche Linie zeigt Unglück im Vaterland, aber Glück im Ausland an.

Priesterlinie = Berufung zu priesterlichen und richterlichen Tätigkeiten.

Sparsamkeitsfiguren = Neigung zu Tiefsinn, Melancholie und Sparsamkeit aus Resignation.

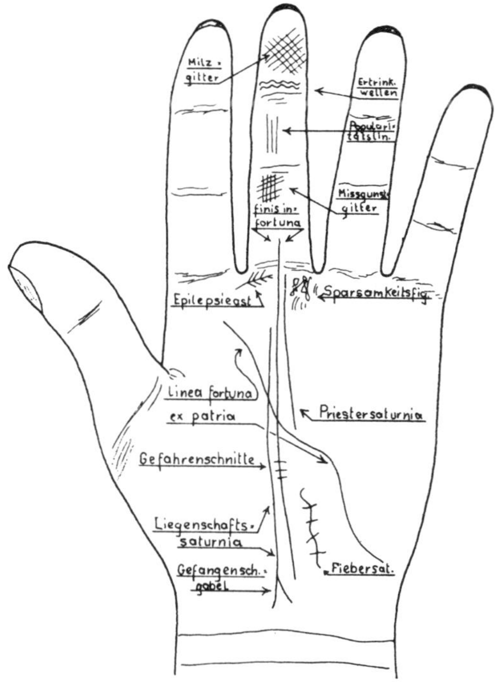

Epilepsieast = Erkrankungen mit Krämpfen. Manchmal aus Kalkmangel — auch Epilepsie.

Finis infortuna = einsames und unglückliches Lebensende.

Mißgunstgitter = viele Feinde und Neider, die Freiheit und Leben berauben wollen.

Popularitätslinien = Gunst durch Volk und Priester, Protektion durch hohe Herrschaften.

Ertrinkungswellen = Gefahr eines Wasser- oder Gifttodes.

Milzgitter = Trübsinn, Milzerkrankung und langes Fieber.

Die Saturnlinie wird für das Symbol ihrer Zeitläufe also gemessen:

Schnittpunkt der Gesundheitslinie	= 25 Jahre
Schnittpunkt der Kopflinie	= 50 Jahre
Schnittpunkt der Herzlinie	= 75 Jahre
Schnittpunkt des Venusgürtels	= 80 Jahre
Mitte der Saturnfingerwurzel	= 90 Jahre.

Sonderdeutungen über die Schicksalslinie:

Ursprung der Saturnia im Venusberg = liebesdürstiges Wesen — bei Frauen: Beruf in der Liebe.

Ursprung der Saturnia an der Lebenslinie = verzögerte Entwicklung.

Ursprung der Saturnia im Mondberg = Abenteuerlust, Wechsel, Reisen.

Ursprung der Saturnia im Marsberg = streitsüchtiger, kriegerischer Mensch.

Mehrere Schicksalslinien = mehrere Lebensabschnitte.

Viele kleine Schicksalslinien = neu verursachtes Karma, viele Verpflichtungen, welche oft aus Leichtsinn angenommen wurden.

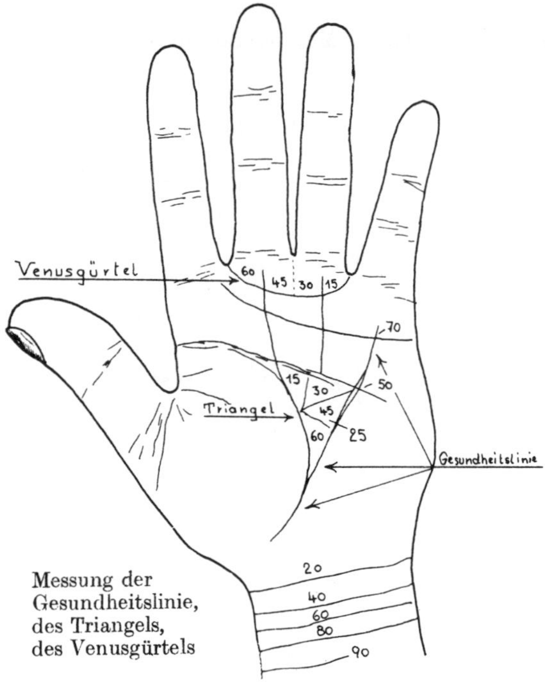

Messung der Gesundheitslinie, des Triangels, des Venusgürtels

Die Nebenlinien *können* vorhanden sein, müssen es aber nicht! In den weiteren schematischen Zeichnungen werden sie daher nur dargestellt in zeichnerischer Form und erläutert innerhalb des Bildes. Eine Sondererklärung im Text erfolgt nicht.

Das Zusammengemenge mehrerer Nebenlinien oder ein gemeinsamer Beginn derselben kommt des öfteren vor. Die Kombination beider Symbole ergibt dann die klare Bedeutung. Man muß derartige Nebenfalten sehr genau beachten, denn sie entstehen und vergehen. Maßgebend für ihre Bildung sind die zahlreichen Nervenenden. Wie schon erwähnt, verschwinden diese Nebenfalten bei einer längeren Ohnmacht und beim Tode. Es ist daher von größter Bedeutung, sie in ihrem Entstehen zu beachten, denn hier zeigen sie an, daß der Handeigner sich mit der Problematik ihrer Bedeutung im Augenblick gerade abgibt. Die wissenschaftliche Handexpertise mißt also nicht die Falten der Länge nach bzw. teilt sie unter, sondern sie bemüht sich, die aufsteigenden Probleme frühzeitig in den Nebenfalten zu erkennen, daraus eine entspre-

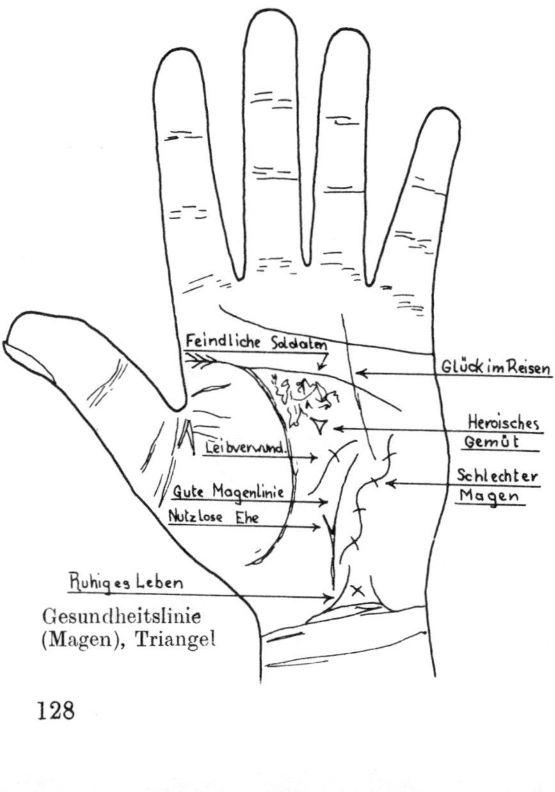

Gesundheitslinie (Magen), Triangel

chende Prognose zu entwickeln und, soweit möglich, im pädagogischen und psychologischen Sinne handelnd einzugreifen. Dies entspricht auch

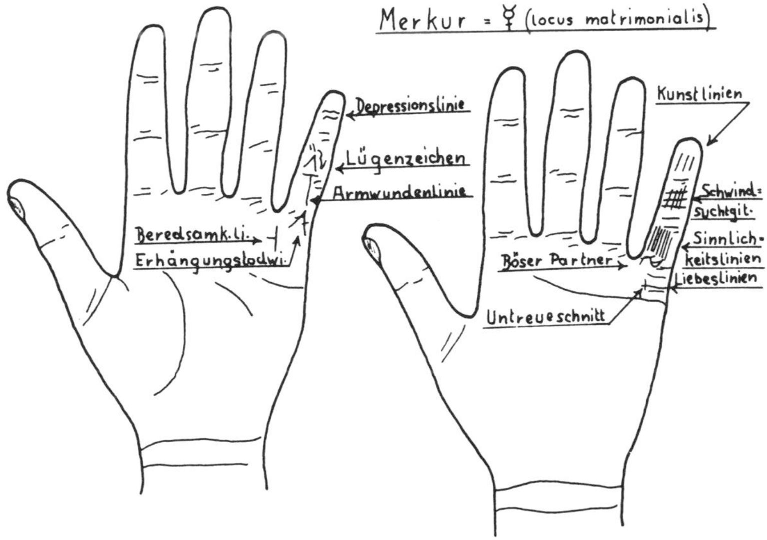

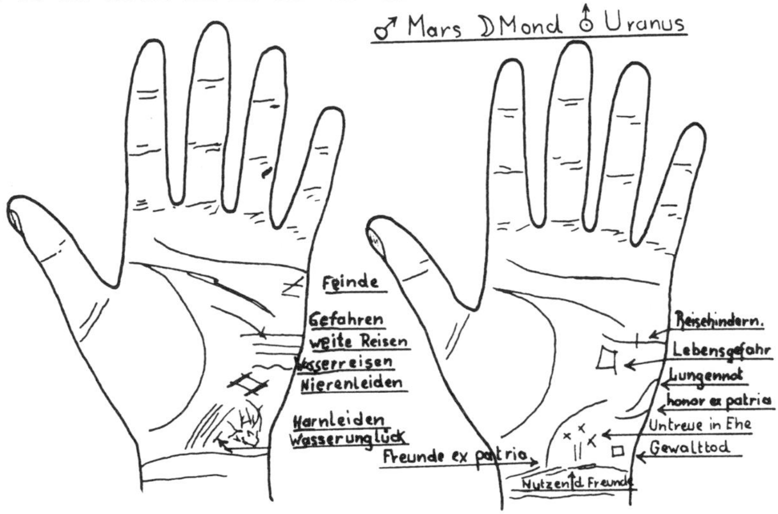

dem wissenschaftlichen Grundbegriff, der in dem französischen Satz niedergelegt ist: „voir, pour prévoir et agir!" = Erkennen, um vorauszusehen und zu handeln!

Auch die astrologischen Häuser oder Felder sind aus dem Handinnern, aus der palma humana zu ersehen. Als Häuser bezeichnet man die Flächen, welche zwischen den Handlinien (Haupt- und Nebenlinien)

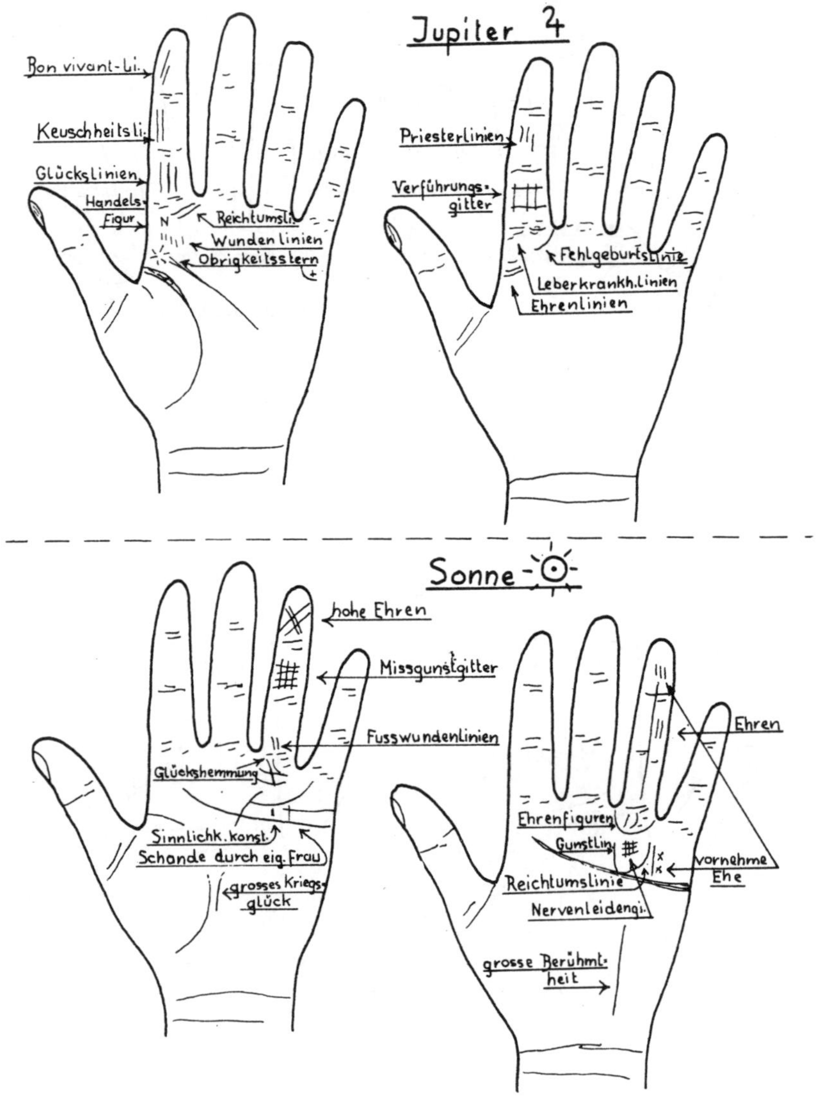

liegen und von 2, 3 oder 4 derselben begrenzt werden. Sie bilden teils regelmäßige, teils unregelmäßige Drei- oder Vierecke und sind nicht immer nach allen Seiten hin geschlossen.

1. Haus = Ort des Lebens = Lebens-, Kopf- und Schicksalslinien.
2. Haus = Ort des Gewinnes = Saturn-, Kopf-, Sonnen-, Herzlinie.
3. Haus = Ort der Geschwister = Saturn-, Sonnenlinie — Venusgürtel.
4. Haus = Ort der Eltern = Sonnen-, Herz-, Merkurlinie — Venusgürtel.
5. Haus = Ort der Kinder = Herz-, Saturnlinie — Venusgürtel.
6. Haus = Ort der Gesundheit = Kopf-, Saturn-, Herzlinie.
7. Haus = Ort der Ehe = Saturn-, Kopf-, Sonnenlinie.
8. Haus = Ort des Todes = Sonnenlinie, Venusgürtel.
9. Haus = Ort der Reisen = Saturn-, Herz-, Sonnenlinie — Venusgürtel.
10. Haus = Ort des Berufes = Sonnen-, Kopf-, Merkur-, Herzlinie.
11. Haus = Ort der Freunde = Sonnen-, Kopf-, Gesundheitslinie.
12. Haus = Ort der Feinde = Saturnlinie, Venusgürtel.

Es wird nicht immer möglich sein, alle Häuser festzustellen. Diejenigen Lebensprobleme, welche durch die Häuser klar markiert sind, spielen in dem Dasein des Handeigners die ausschlaggebende Rolle. Hier sind nicht nur die Umrandungsbedeutungen zu beachten, sondern auch die Nebenfalten, die Seelennatur in Form von Runen und die Papillarlinienstruktur. Die Häuser oder Felder beziehen sich demnach auf das Horoskop. Die 12 Felder sind auch Ausgangspunkt von 12 Zyklen und zugleich Abbild der Ekliptik. Diese 12 Felder sind deutlich in der palma humana zu erkennen. Sie charakterisieren die eigentlichen Möglichkeiten und die Ereignisse. Von den rein charakterlichen und psychologischen Eigenheiten und Gegebenheiten führen hier die Strömungen in die Erlebensrealität.

Zusammenliegend sind zuerst die 3 Häuser der alltäglichen Wechselbeziehungen. Es sind die Felder 1, 7, 11. Diese 3 Felder haben etwas sehr Gemeinsames und darum tauchen auch oft die Strömungen ineinander. Das Feld 1 ist das Feld des Lebens, in dem die Persönlichkeit, das Ego durch den geformten Prozeß des Daseins hindurchgeht und nun anzeigt, entsprechend der einen Wand der Saturnalis, die Möglichkeiten, die Notwendigkeiten und das Unabänderliche. Hier sind karmisch vorgeformt alle Situationen, die im rhythmischen Ablauf dann deutlich sichtbar werden und durch die die Persönlichkeit reift und zu einer Abgeschlossenheit gelangt, die eigentlich Lebenszweck ist. Das 7. Feld ist das zu findende. Hier wird nach der Partnerschaft gesucht. Der Mensch, der ergänzt, steht im Vordergrund und die Beziehungen an das Du im allgemeinen. Aus der eigenen Welt treten wir in die andere Welt, aus dem eigenen Ich kommen wir zum Nicht-ich. Hier sehen wir alle Beziehungen sozialer Natur, deren vornehmlichste im Sinne der staatlichen Gestaltung die Ehe darstellt. So trennt das Ich vom Nicht-ich, das Ego vom Du die Saturnalis. Schicksalhaft ist daher die Situation, die hier zu einer Erlebnisschau wird. Dem 7. Feld schließt sich das 11. an, das das Feld der Ernte ist, in dem nun auch die Geschenke schicksalhafter Art an uns gelangen, die Beziehungen zu den Protektoren und Freunden. Wir kommen aus der Gebundenheit zur Unabhängigkeit. Also löst sich vom 1. zum 7. Feld immer mehr die Gebundenheit auf und findet im 11. Feld eine Lösung, die sich nun deutlich im Laufe unserer menschlich-irdischen Entwicklung in den alltäglichen Wechselbeziehungen abzeichnet. Wir kommen aus der Gebundenheit zur Freiheit und inwieweit uns dies gelingt, ersehen wir aus den Zeichenstrukturen. Wir sehen die Verhaftungen an die Erbmasse, die karmischen Beziehungen, die Möglichkeiten und Notwendigkeiten.

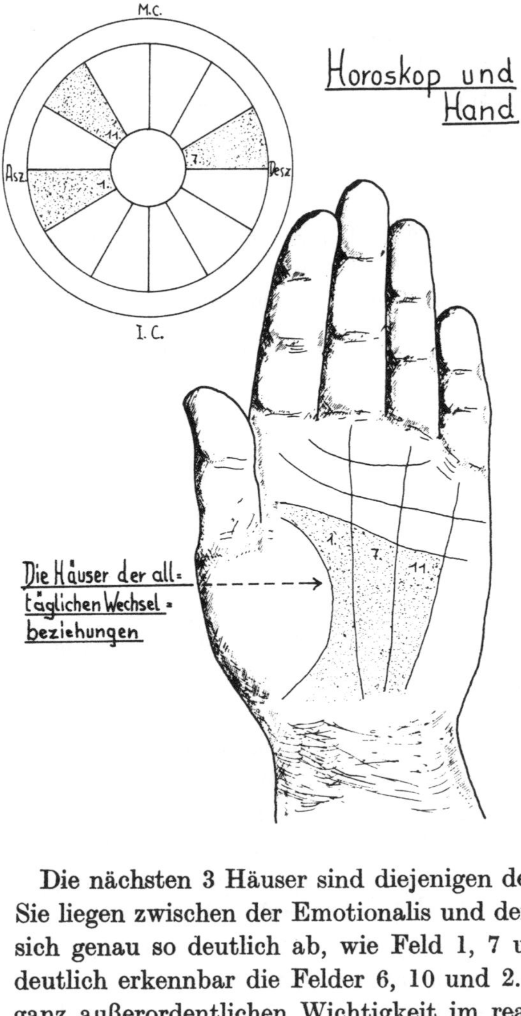

Die nächsten 3 Häuser sind diejenigen der materiellen Gebundenheit. Sie liegen zwischen der Emotionalis und der Vernunftfalte und zeichnen sich genau so deutlich ab, wie Feld 1, 7 und 11. Wir haben hier sehr deutlich erkennbar die Felder 6, 10 und 2. Diese Felder sind von einer ganz außerordentlichen Wichtigkeit im realen Sinn und müssen daher auch beachtet werden. 6 ist das Feld, das zuerst von der eigentlichen Existenz Zeugnis ablegt und die Krisenzustände des Seins andeutet. Hier ist die materielle Gebundenheit an den Körper zu erkennen. 2 ist das Feld der dispositionsfähigen Mittel, worin das stoffliche Besitzergreifen sich ausdrückt, das eben im Geld, in den flüssigen Werten sich abhebt und 10 ist die Autorität, ist die Geltung und der Wert, der sich nun auswirkt aus den beiden vorherigen Feldern, der den Rahmen gibt und den Beruf, welch letzterer wieder innigen Kontakt zu den wirtschaftlichen Notwendigkeiten aufweist. Es ist also wieder der Weg aus den eigentlichen Gebundenheiten und Krisen zu der eigentlichen Freiheit in dem Beruf und in der Autorität.

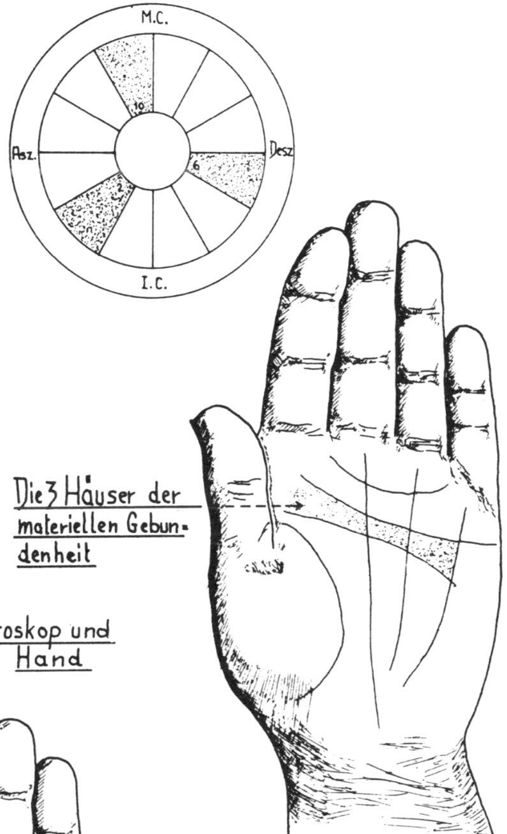

Horoskop und Hand

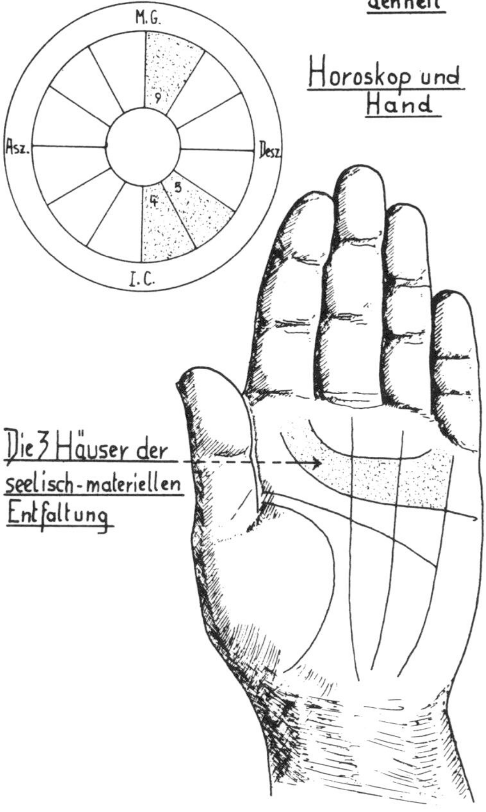

Die weiteren Felder zeugen von der seelisch-materiellen Entfaltung. Hier tritt jenseits der Emotionalis im emotionalen Handteil nun all das zutage, was sich in einer ganz besonderen Weise andeutet als ein seelisches Geschehen und zwar von Haus 5 über Haus 9 zu Haus 4. Das Haus 5 ist die freie, individuelle und subjektive Beziehungnahme. Es ist die Domination in der

Form des Eros. Es ist die Eigenwilligkeit, die nun hier innerhalb des emotionalen Handteils sich auswirkt und zugleich auch das Haus der Kinder anzeigt. Dann ist das Feld 9 jenes, das zu einem höheren Gesetz führt, das wieder auflösend ist im subjektiven Sinn, das in eine Abstraktion hineinleitet und das die große Reise, die Beziehung zur Fremde darstellt. Und schließlich folgt das Haus 4, das dann zur materiellen Fundierung führt, den Besitz der Erde, die leibliche Mutterschaft und eine besondere Beziehung zu ihr bringt. So wird langsam aus der höheren Erkenntnis, aus der Entfaltung des seelischen und geistigen Prozesses auch die materielle Entfaltung vor allem das Erkennen des gegebenen Erbes. „Was du ererbt von deinen Vätern hast, erwirb es, um es zu besitzen!" (Goethe.)

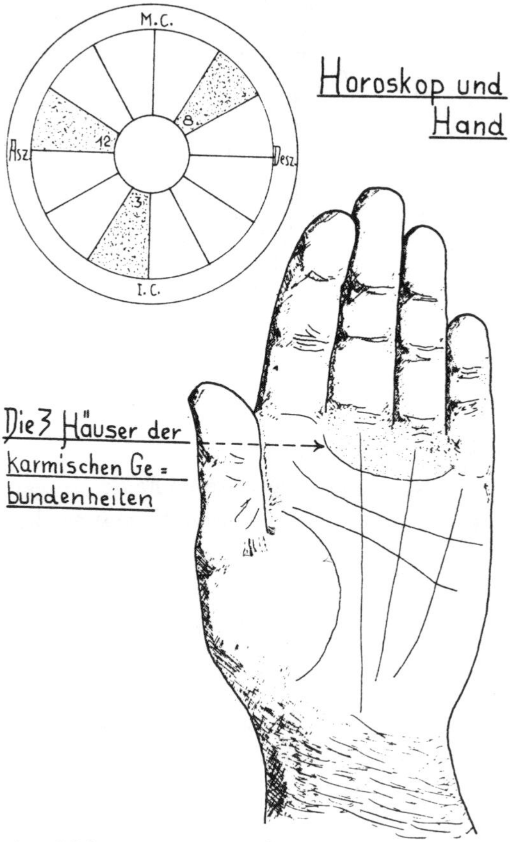

Die 3 weiteren Häuser zeigen die karmischen, schicksalhaften, die notwendigen Gebundenheiten an. Sie sind so geartet, daß sich alles im Feld 8 auflöst und daß das Feld 12 das beginnende ist. 12 ist die Feindschaft, die Entäußerung, 12 ist die Untergrabung des Persönlichen. Es zerstreut sich alles und daraus entstehen dann auch die Feindwirkungen. Schließlich kommt zustande das Feld 3, das wiederum im Geistigen eine Differenzierung bedeutet, die sich im erweiterten Milieu anzeigt, Austausch der Gedanken schafft und sich nach dem Kontaktgesetz ausrichtet, um schließlich auszuklingen in den Verlust der Mittel, die auch karmisch gegeben sind, wie das Milieu und die Art anzeigen, nach der die Lebensverluste eintreten, auf welche Weise der Tod sich immer wieder naht. Dies sind die karmischen Gebundenheiten und somit wären die 12 Häuser des

Horoskopes erschöpft und könnten nun nach der praktischen Seite ausgedeutet werden.

Runengestalt der schematisierten Häuserreihenfolge in der Hand

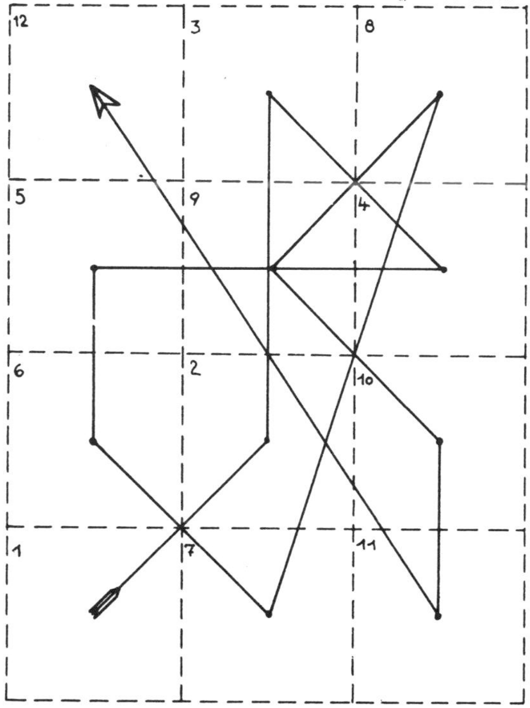

Die Runengestalt der schematischen Häuserreihenfolge in der Hand ist sehr eigenartig. Sie zeigt den Verlauf, wie sich nun in der Reihenfolge im Handinnern die Wertungen horoskopischer Natur anzeigen. Es ist wichtig, daß man die Reihenfolge im Gedächtnis behält, damit eine Wertung umso leichter erfolgen kann.

Wir betrachten nun das 1. Haus. Hier sehen wir, daß verschiedene Möglichkeiten bestehen, denn dieses Haus ist gebildet durch die Vitalis, die Kopflinie und die Saturnalis. Ist am Daumenwinkel das 1. Haus geöffnet, so bedeutet dies ein einsames Alter, ist es zur Handwurzel zu geöffnet, eine stürmische Jugend. Sehr wichtig sind bei den Hausbeurteilungen die Winkelbildungen. Vernunftfalte und Saturnalis bedeuten, wenn sie rechtwinkelig stehen, einen glücklichen Lebensverlauf.

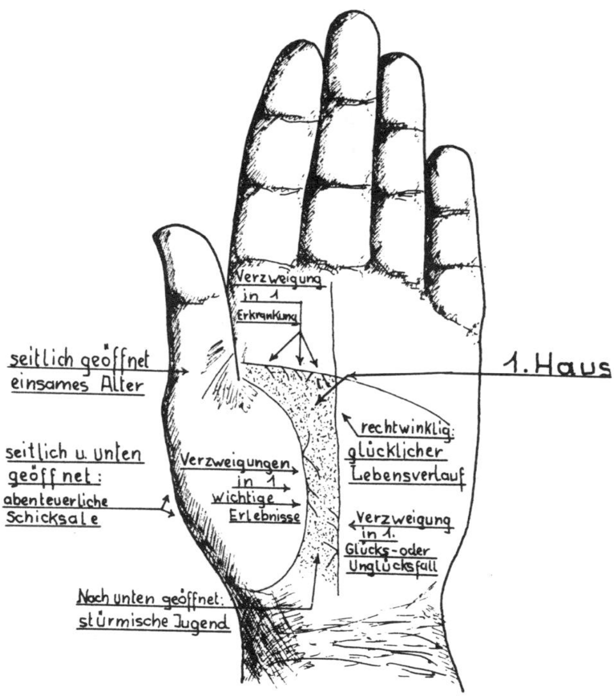

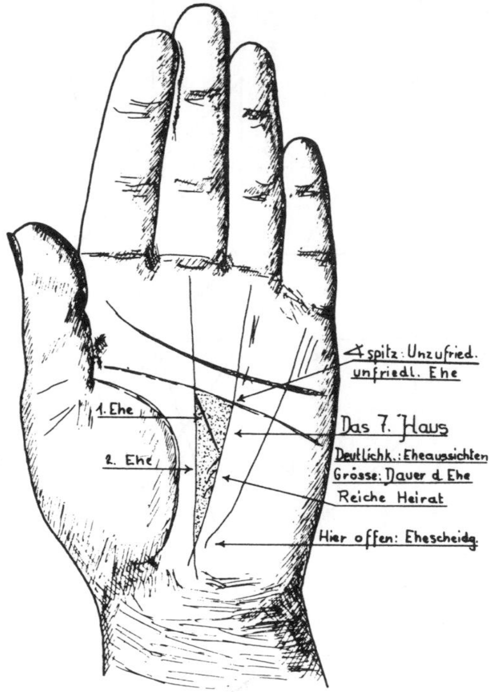

Die Verzweigungen von der Vernunftfalte in das 1. Feld stellen immer irgendwelche Erkrankungen dar. Die Art der Erkrankungen können erkannt werden aus dem Verlauf solcher Äste nach einer anderen Seite, nämlich in das 6. Feld hinein. Die Verzweigungen in 1 von der Vitalis aus bedeuten immer wichtige Erlebnisse. Sie wurden teilweise schon unter dem Kapitel der Vitalis gebracht. Die Verzweigungen in 1 von der Saturnalis weisen auf Glücks- oder Unglücksfälle, je nachdem ob sie nach oben oder nach unten ausgerichtet sind. Ist das 1. Haus seitlich und unten geöffnet, so sind abenteuerliche Schicksale zu erwarten. Es ist natürlich aus der Gesamtkombination noch sehr vieles zu erkennen und in Verbindung mit den vorher gezeigten Runen, Signatas und Falten können die Kombinationen noch mehr differenziert werden.

Das 7. Haus befindet sich neben dem 1. Feld und zeigt nun die Beziehungen zum Partner. Es wird immer gebildet von der Saturnalis,

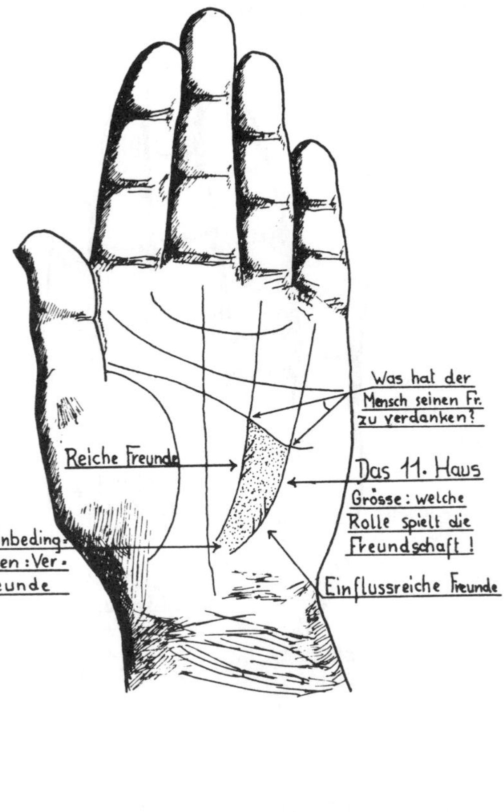

der Vernunftfalte und der Sonnenlinie. Es kommt vor, daß eine Sonnenlinie nicht vorhanden ist, dann fällt das 7. mit dem 11. Haus ineinander und hat auch eine entsprechende Bedeutung. Ist der Winkel von Sonnenlinie und Vernunftfalte spitz, so ist eine unfriedliche Ehe angezeigt, ist er dagegen rechtwinklig, so ist das Verstehen ein gutes. Je deutlicher das 7. Feld ist, desto besser sind die Eheaussichten. Die Größe des 7. Feldes soll auf die Dauer der Ehe schließen lassen. Wenn Äste von der Sonnenlinie bergab oder abwärts in das 7. Haus feststellbar sind, so kann mit einer reichen Heirat gerechnet werden im Sinne des materiellen Reichtums. Ist das 7. Feld nach unten hin geöffnet, so ist mit Ehescheidung zu rechnen. Trennungen und Scheidungen zeigen sich aber auch durch Durchkreuzungen des 7. Hauses an und es zeigt sich dann sehr deutlich, wieviel Ehen und Partnerschaften in Frage kommen. Dieser Teil der Hand ist immer mit dem locus matrimonialis im emotionalen Handteil zu vergleichen.

Das 11. Feld zeugt von Freundschaften und von vielen Wunscherfüllungen. Es wird gebildet von der Vernunftfalte, der Sonnenlinie und der Gesundheitslinie. Die Strecke der Vernunftfalte, die dieses Feld begrenzt, sagt aus, was der Handeigner seinen Freunden zu verdanken hat. Wenn das 11. Feld groß ist, so spielen Freundschaften in diesem Leben eine sehr große Rolle. Sind an der Gesundheitslinie Äste nach oben in das Feld hinein sichtbar, so darf der Handeigner mit sehr einflußreichen Protektoren rechnen. Ist das Feld nach unten hin geschlossen, so ist unbedingte Treue den Freunden gegenüber angezeigt, ist es dagegen offen, so muß der Handeigner mit Verrat durch seine Freunde rechnen. Wenn an der Sonnenlinie Äste nach oben in Richtung zum 11. Haus angezeigt sind, so spielen reiche Freunde in dem Leben des Handeigners eine bedeutsame Rolle. Dies sind nur einige Hinweise zum 11. Feld. Auch hier spielen wieder die Winkel Sonnenlinie, Vernunftfalte eine Rolle und zwar, wenn diese Winkel rechtwinklig sind, so ist Gutes von Freundschaften zu halten, sind sie dagegen spitzwinklig, hat der Handeigner viel Verdruß in diesen Angelegenheiten.

Das 6. Feld wird begrenzt von der Vernunftfalte der Saturnalis und der Emotionalis. Es legt Zeugnis von der Gesundheit und von der konstitutionellen Kraft, auch von der Arbeitskraft des Handeigners ab. Wenn das Feld groß und deutlich sichtbar ist, so darf mit einer dauerhaften Gesundheit gerechnet werden. Die in diesem Leben vorkommenden Krankheiten werden überwunden. Sie sind nicht dominant. Chronische Krankheiten zeigen sich in einer Schlingenform an oder in sonstigen Signatas, die irgendwie mit der Saturnalis in Verbindung stehen. Sexuelle

Ausschweifungen hängen zusammen mit nach unten gebogenen Ästen, die oft das ganze Feld durchziehen und in der Emotionalis entspringen. Diese sexuellen Ausschweifungen führen zu einer Schwächung der konstitutionellen Kräfte. Wenn hier in Verbindung noch kleine Nebensignatas in Form von Ellipsen zu erkennen sind, dann muß auch mit Ehebruch gerechnet werden. Im übrigen zeigt die ganze Art des 6. Feldes die Kraft des Arbeitswillens, der persönlichen Einsatzbereit-

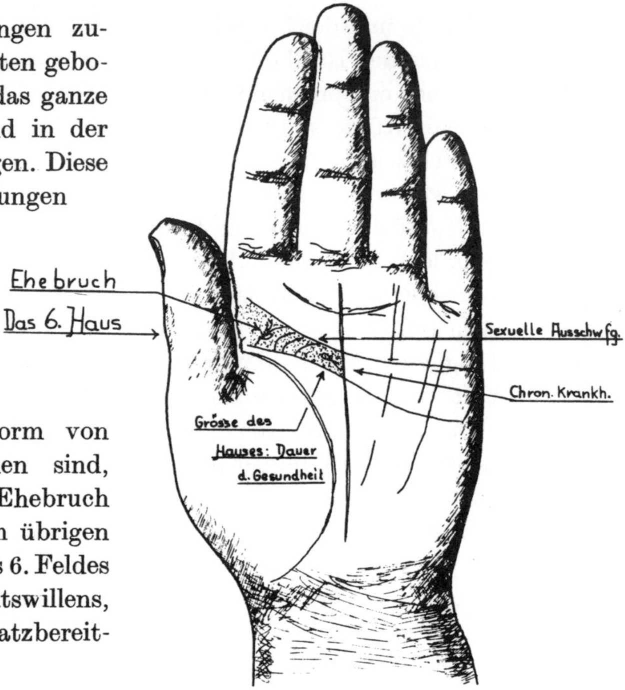

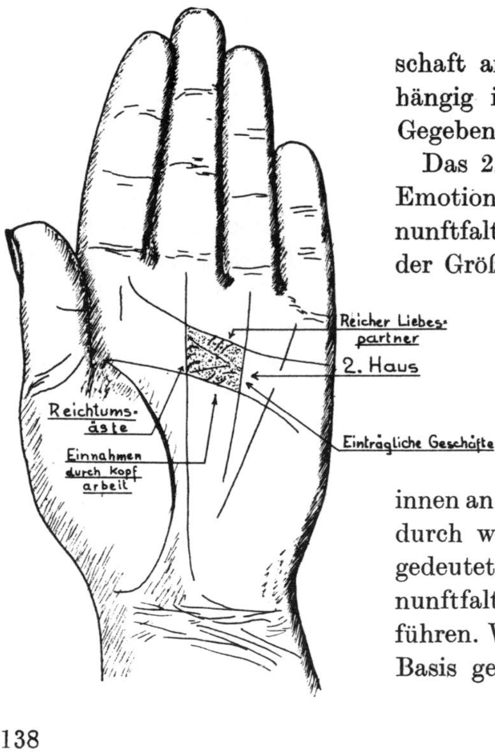

schaft an, die natürlich auch sehr abhängig ist von den konstitutionellen Gegebenheiten.

Das 2. Haus wird begrenzt von der Emotionalis, der Saturnalis, der Vernunftfalte und der Sonnenlinie. Von der Größe des 2. Hauses hängt es ab, welche Entwicklungsmöglichkeiten finanzieller Art in diesem Dasein gegeben sind. Die einträglichen Geschäfte zeigen sich an Verästelungen von der Sonnenlinie nach innen an. Einnahmen durch Kopfarbeit, durch wissenschaftliche Arbeit ist angedeutet durch Äste, die von der Vernunftfalte nach oben in das 2. Haus führen. Wenn eine sehr gute finanzielle Basis geschaffen wird oder wenn ein ständiger Reichtum festzustellen ist, dann sind Äste von der Saturnalis erkennbar, die in häufiger Anzahl in das 2. Haus ragen. Wenn ein reicher Liebespartner beschert wird, so hängt dies mit der Emotionalis und den Ästen zusammen, welche aus ihr entspringen. Jedenfalls ist die ganze Art und Struktur des 2. Hauses von einer großen Bedeutung für die wirtschaftlichen und finanziellen Möglichkeiten des Handeigners. Oft kommt es vor, daß 2. und 10. Haus durch das Fortfallen der Sonnenlinie ineinander fallen, so daß Beruf und Finanzen ineinander verschmelzen, was aber bei wirklichem Reichtum nicht festzustellen ist.

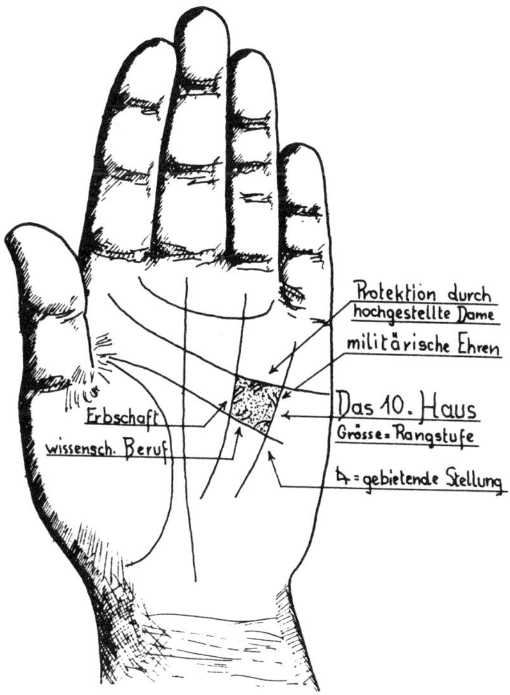

Das 10. Haus zeigt je nach seiner Größe die Rangstufe an, die sich nun der Handeigner erringt. Das berufliche Leben, die gesellschaftliche Stellung ist hier angedeutet. Wenn von der Emotionalis her Verzweigungen nach innen führen, so ist Protektion durch hochgestellte Damen zu erwarten und daraus entwickelt sich dann der Ruf und die Position des Handeigners. Wenn seitlich von der Gesundheitslinie nach innen Äste in das 10. Haus aufsteigen, so sind militärische Ehren angedeutet, Möglichkeiten, die auch durch Polizei und sonstige militärähnliche Formationen gewährleistet sind und der rechte Winkel des 10. Feldes, gebildet durch die Gesundheitslinie und die Vernunftfalte, weist auf eine gebietende Stellung in der Öffentlichkeit und garantiert hier große Erfolge. Aufsteigende Äste von der Vernunftfalte in das 10. Feld weisen auf einen wissenschaftlichen Beruf, der in jeder Weise zufriedenstellend ist und Verästelungen von der Sonnenlinie in das 10. Haus zeigen Erbschaften, Zuwendungen und Legate an, mit welchen der Handeigner zu rechnen hat. Es kommt sehr leicht vor, daß das 10. Haus nach dem Handrand oder zur Handmitte zu nicht begrenzt ist, so daß das 10. mit dem 2. ineinander fällt, oder

daß es verläuft bis an der Handrand, also bis in den Marsberg hinein. Dementsprechend zeigen sich auch die Kombinationen.

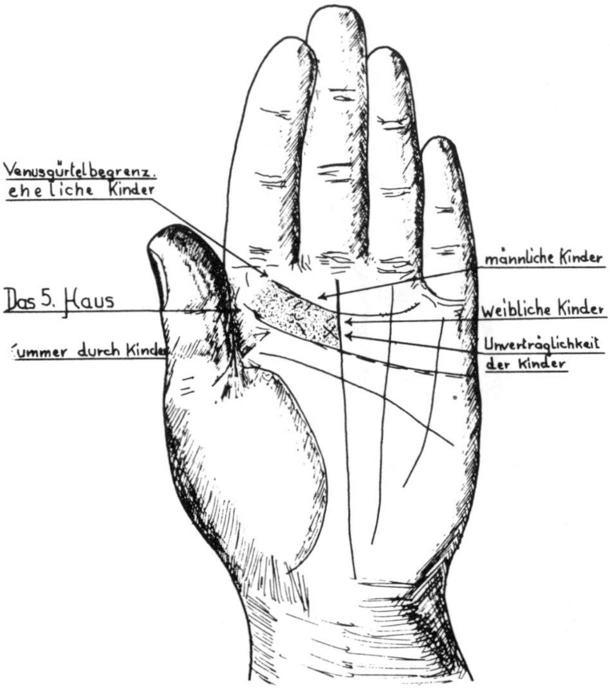

Das 5. Haus wird begrenzt durch die Emotionalis, die Saturnalis und den Venusgürtel. Dieses Haus, das an sich die schöpferische und auch spekulative Produktion des Handeigners andeutet, zeigt verschiedene Möglichkeiten, läßt besonders die Situation der eigenen Kinder erkennen. Zeigt sich eine Begrenzung nach oben in irgendeiner Form, so darf mit ehelich gesetzlichen Kindern gerechnet werden. Zeigt sich dagegen eine Struktur oder eine Verästelung, welche vom Venusgürtel abwärts in das 5. Haus führt, so sind männliche Kinder zu erwarten, während Verästelungen von der Saturnalis nach innen weibliche Kinder anzeigt. Die Überkreuzungen der Kinderlinie weist auf Unverträglichkeit der Kinder untereinander. Es gibt auch Sonderstrukturen in dem 5. Feld, Störungen, Zersplitterungen der Begrenzungsfalten, welche dann Zeugnis ablegen von viel Kummer, der durch Kinder erzeugt wird. Außerdem kann der Winkel der Saturnalis und Emotionalis darauf hinweisen, daß unebeliche Kinder im Leben des Handeigners eine Rolle spielen. Diese Kinderlinien sind besonders stark ausgeprägt in der weiblichen Hand und müssen hier auch mehr gewertet werden als in der männlichen. In der männlichen Hand sind es mehr die Abenteuer, die spekulativen Unternehmungen, die sich hier anzeigen.

Das 9. Feld wird begrenzt durch die Saturnalis, den Venusgürtel, die Sonnenlinie und die Emotionalis. Es ist das Feld der Fremde, das die großen Reisen anzeigt und darauf hindeutet, welcher Art vornehmlich die Reisen in dem Leben des Handeigners sein werden. Auch die großen Gefahren auf Reisen sind angedeutet, z. B. durch ein nach innen liegendes

Kreuz von dem Venusgürtel nach innen ragend. Die Geschäftsreisen zeigen sich in Verbindung mit einem sehr produktiven Arbeiten in aufwärts steigenden Ästen von der Sonnenlinie her. Die Vergnügungsreisen haben Bezug auf die Saturnalis und sind ebenfalls durch aufsteigende Äste in das 9. Feld hinein angedeutet. Die Liebesabenteuer hängen mit der Emotionalis oder Herzlinie zusammen und zeigen auch hier durch aufsteigende Äste in das 9. Haus, vorausgesetzt, daß sie zusammenhängen mit Reisen, mit einer Wanderung in die Fremde. Ansonsten zeigen sich hier auch die weltanschaulichen Probleme und die eigentlichen Emotionen nach der abstrakten Seite des Daseins hin, also auch die Ideale.

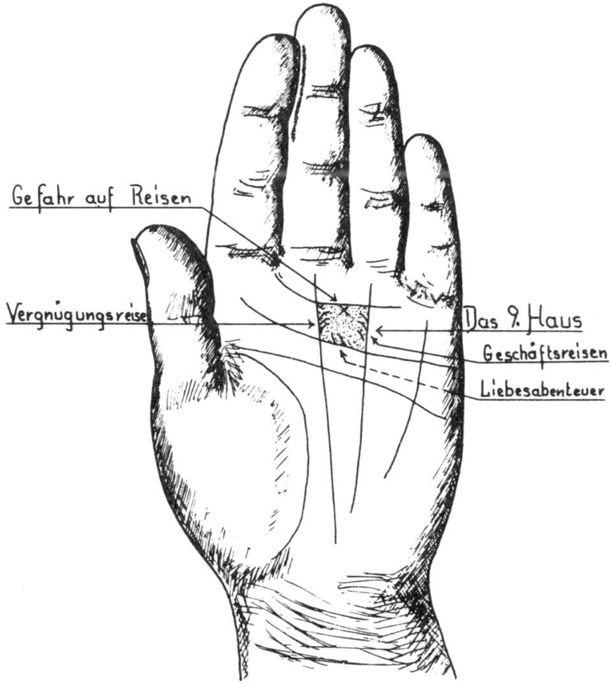

Das 4. Haus wird begrenzt durch die Sonnenlinie, die Emotionalis und die Gesundheitslinie. Ist dieses 4. Haus nach oben geöffnet, besonders stark nach der Kleinfingerseite hin, so ist verhältnismäßig früher Tod von Vater und Mutter angedeutet. Ein Kreuz, das inmitten des 4. Hauses liegt, also nur als Signatur, nicht als ein Verbindungskreuz von Linien,

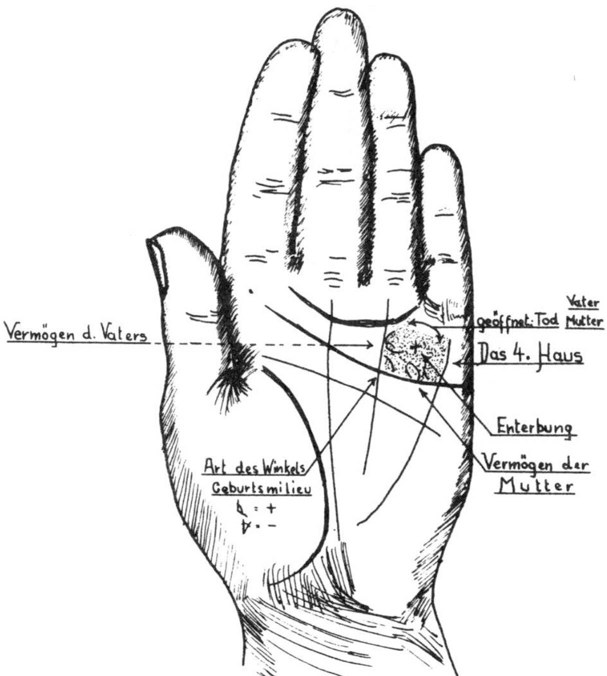

bedeutet Enterbung. Vermögen der Mutter und Erbschaft desselben ist angedeutet durch Äste von der Emotionalis nach oben. Die Art des Winkels von Sonnenlinie und Emotionalis gibt Aufschluß über das Geburtsmilieu. Ist der Winkel stumpf, ist das Milieu gut und vornehm, ist er spitz, dann ist es ungünstig und niedrig. Äste von der Sonnenlinie hinein in das 4. Haus weisen auf Vermögen des Vaters und Hilfen durch denselben. Alle diese Beziehungen sind auch insofern bedeutsam, als in diesen Teil oft die Ehelinien hineinragen und die Verbindungen zwischen Ehe und angestammter Familie angedeutet sind. Hier im 4. Haus zeigen sich auch die Haus- und Grundbesitzwerte, zugleich aber auch die ererbten Fähigkeiten geistiger Art, die schon beim Säugling erkennbar sind, besonders in den Längsfalten, welche schon angedeutet wurden. Das Erbe im weitesten Sinne, die Tradition zeigt sich in diesem Feld, besonders aber die Beziehungen zur Mutter und zum Vaterland. Das 4. Feld ist auch von ausschlaggebender Bedeutung für das spätere Erwerben von Haus- und Grundbesitz und es können daraus die Möglichkeiten abgelesen werden, ob es einem Handeigner anzuraten ist, sich auf einen Bausparvertrag einzulassen oder nicht. Jedenfalls ist hier eine jede Hand besonders zu berücksichtigen und da Veränderungen der Signatas ständig vorkommen, sind keine abschließenden Urteile auf einmal zu geben, sondern die Zeitumstände mit zu berücksichtigen.

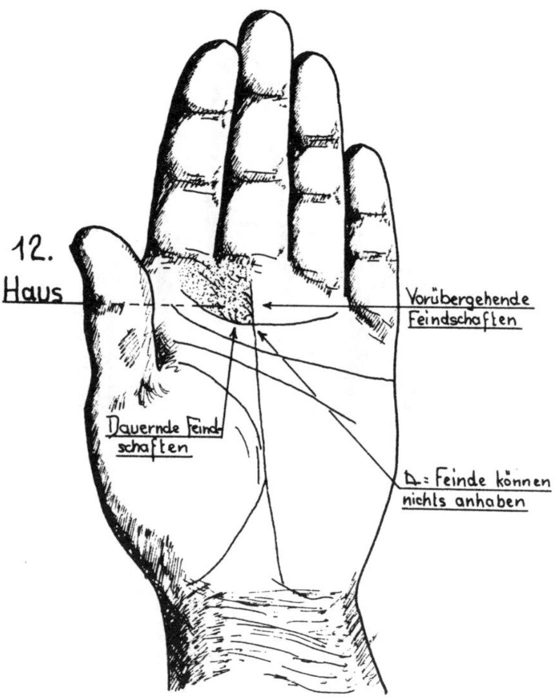

Das 12. Haus wird gebildet durch die Saturnalis und den Venusgürtel. Nach oben wird es begrenzt von einem Teil des Mittelfingers und des Zeigefingers. Zuweilen ist es geöffnet gegen den Jupiterberg hin. Wenn sich von der Saturnalis Äste nach oben in dieses Haus ziehen, so sind vorübergehende Feindschaften wirksam, die aber doch immerhin einen sehr bedeutsamen Einfluß auf das Leben haben.

Sie bringen immer wieder Störungen in das Dasein und Unruhe, Hindernisse und Schwierigkeiten. Besonders in der beruflichen Entfaltung treten sie hemmend in den Weg. Ist der Winkel Saturnalis — Venusgürtel rechtwinklig, so können die Feinde nichts anhaben. Mit einer beachtlichen Selbstsicherheit behauptet sich der Handeigner und steht unter einem unsichtbaren Schutz. Dauernde Feindschaften zeigen sich als Verästelungen von dem Venusgürtel in das 12. Haus. Diese sind sehr zu beachten, denn sie erschweren das Leben schicksalhaft und bringen eine nicht zu unterschätzende Belastung auch in die Gemütsebene. Es ist auch in bezug auf Minderwertigkeitskomplexe, auf starke seelische Spannungen gerade dieser Teil von Bedeutung, denn das 12. Haus ist die Bedrückung im allgemeinen, ist die Isolierung im weitesten Sinne. Aus dem 12. Haus werden die Leiden ersehen, denen der Mensch unterliegt und damit auch die feindlichen Wirkungen, die von der eigenen Person ausgehen. Die Persönlichkeit wird im wahrsten Sinne des Wortes untergraben. Es ist hier das Schicksal zutiefst wirksam. Es sind hier auch die größten Wandlungen und Entäußerungen festzustellen, die erst von einer höheren Warte aus im positiven Sinne gewertet werden können.

Das 3. Haus wird begrenzt von der Saturnalis, dem Venusgürtel und der Sonnenlinie. Hier zeigt sich die Beziehung zu den Geschwistern, hier sind deutlich erkennbar die schicksalhaften Bündnisse, die sich eben daraus ergeben. Die Abzweigungen von der Sonnenlinie in das 3. Feld zeigen die Brüder an. Die Art des Verhältnisses zu den Brüdern ist an der Art der Verästelungen angedeutet. Wird beispielsweise eine solche Bruderlinie durchkreuzt, besonders aus dem Saturnteil heraus, so ergibt sich Schaden durch den Bruder. Wenn eine solche Bruderlinie das ganze Feld durchzieht, ist dieser Scha-

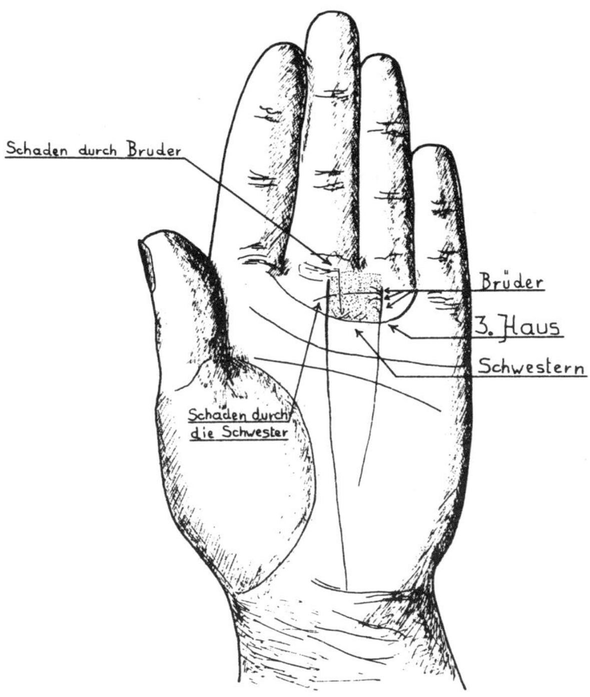

den deutlich spürbar und kann unter Umständen das ganze Leben belasten. Die Abzweigungen von dem Venusgürtel weisen auf Schwestern. Hier gilt dieselbe Regel. Wenn eine solche Abzweigung das ganze 3. Feld durchzieht und durchschneidet, so bedeutet dies Schaden durch die Schwestern. Es ist dieses 3. Feld zugleich auch von dem allgemeinen Milieu Zeugnis ablegend. Es weist auf die schicksalhaft gegebene Umgebung, in der sich nun der Handeigner entfalten muß.

Als letztes Haus in der palma sei das 8. Haus behandelt, das Haus des Todes, welches umschlossen wird von der Sonnenlinie und dem Venusgürtel. Hier zeigen die Äste, die von dem Venusgürtel aufsteigen, auf lebensgefährliche Krankheiten. Diese Krankheiten sind dann besonders markant, wenn sie sich im Feld kreuzen oder überschneiden. Es ist außerdem ersichtlich, daß die Äste, die von der Sonnenlinie in das 8. Feld reichen, schwere Unfälle anzeigen, so daß hier die gewaltsamen Einflüsse spürbar werden. Die Neigung zu Selbstmord ist angedeutet durch ein Kreuz im 8. Feld, das quer liegt und das hier zur schicksalhaften Auslösung führen kann. Damit wären die sämtlichen Häuser in großen Zügen durchgesprochen. Selbstverständlich sind die Differenzierungen im einzelnen noch sehr viel feiner und größer und gewährleisten eine nicht zu unterschätzende Möglichkeit der persönlichen Entfaltung. Die weiteren Differenzierungen werden aber dann klar, wenn man die Häuserkombinationen mit den Linienkombinationen und den Signatas in Verbindung bringt.

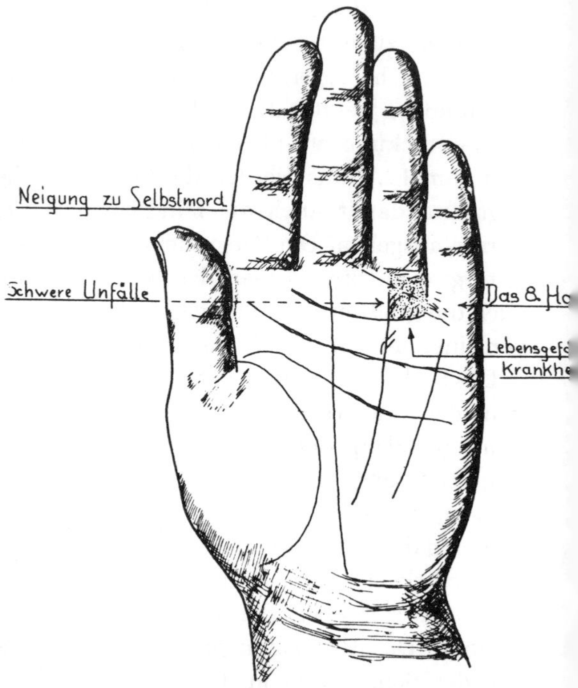

Wenn wir uns nun über alles bisher Gebrachte einen Überblick schaffen wollen, so wollen wir versuchen, die Hohlhand des Menschen aufzuteilen entsprechend einem Stadtplan, der nun als Wegweiser für uns dienen soll. Nehmen wir an, daß wir diese Menschenhand als eine Stadt besuchen würden, so wird uns vielleicht am deutlichsten bewußt, mit welchen Prinzipien wir im Handinnern zu rechnen haben. Wenn wir gewissermaßen am Handgelenk in die Stadt einfahren, so kommen wir zuerst durch Festungswälle. Diese Festungswälle sind die Raszetten. Hier zeigt sich gewissermaßen die Kraft, die Konstitutionsstärke des Menschen, die Verteidigung und der Schutz, der geboten wird, um erste Angriffe von der Stadt fernzuhalten. Dann fahren wir in den Bahnhof ein. Dieser Bahnhof stellt die sogenannte Handwurzel dar. Hier läuft gewissermaßen alles zusammen. Es ist sehr wesentlich, wie dieser Bahnhof aussieht, ob eine konzentrische Kraft in ihm vereint ist, ob gewissermaßen die Stadtanlage so gehalten ist, daß man von hier aus alles überschaut, oder ob man noch lange wandern muß, bis man zu den ersten Straßen gelangt. Die große Straße, auf die wir stoßen, ist zuerst die Königsallee. Sie hat daher ihren Namen, weil sie beherrschend wie der König ist. Sie ist die Saturnalis. Sie bestimmt das Angesicht der Stadt. Ob sie armselig oder reich ist, erkennen wir daran, ob wir es wirklich mit einer Allee oder nur mit einer Straße zu tun haben, ob hier reiche oder arme Gebäude stehen. Das läßt auf den ersten Blick erkennen, wie es mit dem Reichtum der Stadt aussieht. Auch ist es wichtig, ob die Königsallee durchläuft, oder ob sie plötzlich aufhört und an irgendeiner anderen Stelle wieder ansetzt. Es wird häufig vorkommen, daß von der Königsallee 2 Straßen abzweigen, zuerst die Sanitätsstraße nach Osten und dann die Musenstraße nach Norden. Die Sanitätsstraße läuft als Gesundheitslinie bis zum kleinen Finger. Hier kommt es auch darauf an, ob sie eine klare Führung hat oder ob sie überhaupt noch nicht planiert ist. Die Musenstraße hat ihre Richtung zum Ringfinger. Wenn sie schön deutlich durchgezogen ist, hat dies eine große Bedeutung für die kulturelle Entwicklung dieser Stadt. Nun liegen zwischen der Königsallee und der Musenstraße große Gebäulichkeiten. Es handelt sich hier vor allem um das Standesamt. Dies ist auch nach oben von einer Querstraße begrenzt, die wir als Hauptstraße benannt sehen, da hier die wesentlichen Gebäude der Stadt angrenzen, die an sich nach der praktischen und verwaltungsmäßigen Seite maßgebend sein dürften. Das Standesamt entspricht dem 7. Feld. Hier werden die Ehen geschlossen, hier wird alles registriert, was mit dem bürgerlichen Dasein zusammenhängt, von der Geburt bis zu dem Tode. Dieses sehr wichtige Gebäude, dieser Komplex kann gar nicht groß und deutlich genug sein. Von der Musenstraße, der Hauptstraße und der Sanitätsstraße umschlossen liegt das Kasino. Hier trifft man sich zu einer geselligen Kameradschaft, hier kommt es darauf an, ob es sich um eine wirklich gepflegte und kulturelle Gemeinschaft handelt oder ob sich die Gemeinschaftsprobleme in einer sehr niederen Weise auswirken. Jenseits der Sanitätsstraße sieht man zum Handrand hin die Siedlung liegen, also alles, was irgendwie Bezug hat zu dem Ländlichen, dem Vegetativen. Südlich angeschlossen mit dem uranischen Gepräge der Flugplatz, der dann wieder Bezug zum Bahnhof anzeigt. Wenn wir nun ein Stück die Hauptstraße hinaufgehen nach Westen, so treffen wir auf den großen Schloßring. Er ist die mächtigste Allee, die sich in einer großen, ovalen Form hinzieht am Fuße eines Berges, der alles überragt. Auf diesem Berg liegen die herrlichen Gebäulichkeiten der Residenz und der Ministerien. Umschlossen von der Königsallee, der Hauptstraße und dem Schloßring ist der Markt, der Markt des Lebens. Hier tummelt sich alles im Antlitz der Regierung, hier sind alle alltäglichen Geschäfte, die im kleinen und großen abgewickelt werden. Wenn man den Berg besteigt und dann noch tiefer in die Gebäulichkeiten der Residenz dringt, kommt man zu den Gebäuden der eigentlichen politischen Leitung und dann der Befehlsorgane, des Polizeikommandos im Daumenteil. Dieser Teil ist ganz für sich abgeschlossen und daher ist es wohl notwendig, daß der Schloßring wie eine Grenze aufgerichtet ist, daß sich die Residenz und die Ministerien erheben über alle anderen Teile der Stadt. Jenseits des Schloßringes und des Hauptstraßenbeginnes liegt die Kirche. Auch ein nicht zu unterschätzendes Zentrum auf einem kleineren Berg gelegen, überragend der Dom, zu dem auch alles hinmündet, oder

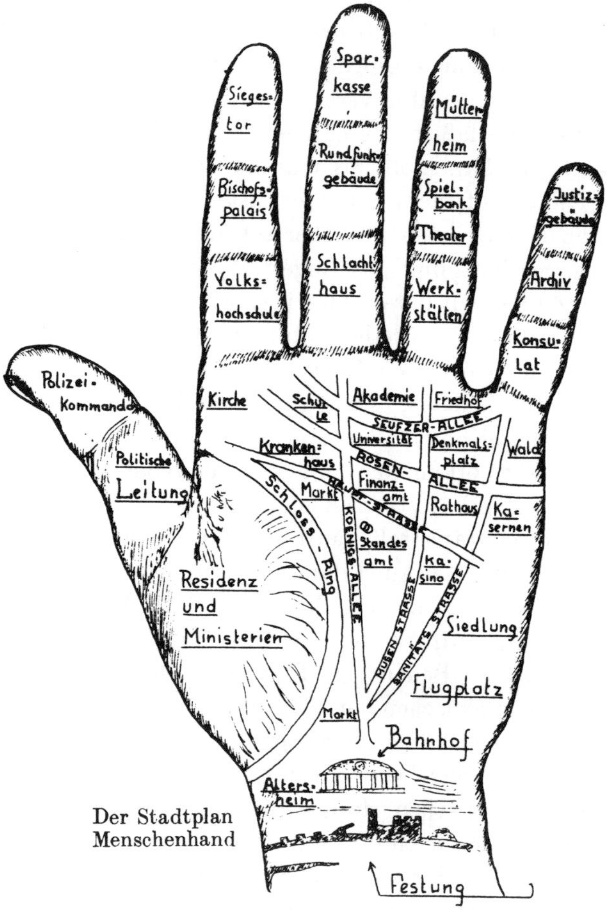

Der Stadtplan Menschenhand

von dem alles herkommt. Wir gehen zurück das schon begangene Stück der Hauptstraße, gehen dann nach Norden die Königsallee hinauf und kommen zu der Rosenallee. Hier verliert das Stadtbild seine Strenge, hier wird alles sehr viel schöner, vor allem sind sehr viele grüne Anlagen zu sehen. Die Rosenallee hat nicht umsonst ihren Namen. Begrenzt von der Rosenallee, der Königsallee, der Hauptstraße liegt gegen Westen das Krankenhaus. Begrenzt von der Königsallee, der Hauptstraße, der Musenstraße und der Rosenallee das Finanzamt, das nun hier die rein praktischen Seiten des Stadthaushaltes und des Staatshaushaltes ordnet und dann begrenzt von der Rosenallee, der Musenstraße, der Hauptstraße und der Sanitätsstraße das Rathaus. Jenseits der Sanitätsstraße bis zum Handrand hin die Kasernen. Es ist hier der nüchterne Teil, aber auch das Krankenhaus, das so notwendig ist und irgendwie Kontakt gewinnt mit dem Komplex der Kirche. Weit nach Norden hin kommen nun die repräsentativen Gebäude, die dem Geistigen zugeordnet sind. So zeigt sich

Kombinationskunst

Linke Hand

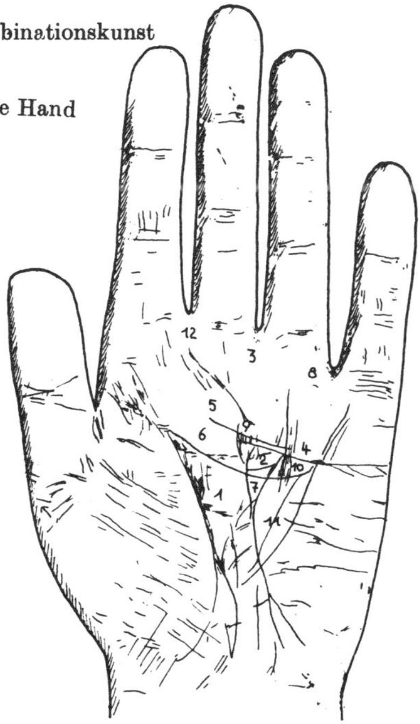

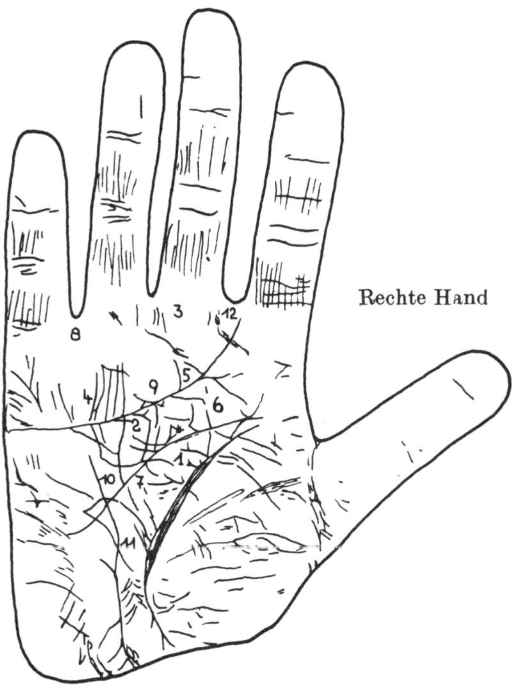

Rechte Hand

nördlich der Rosenallee begrenzt von der Königsallee die Schule, zwischen Königsallee und Musenstraße die Universität und zwischen Musenstraße und Sanitätsstraße der Denkmalplatz. Seitlich von der Sanitätsstraße ist der Wald, in dem sich so gerne die Liebespärchen treffen und der so gerne aufgesucht wird für gemeinsame Wanderungen. Parallel laufend zu der Rosenallee zeigt sich oben die Seufzerallee. Sie ist es, die ihren Namen davon hat, daß sich hier die schicksalhaften Wege zeigen, die letztendlich zum Friedhof führen und andererseits auch zu jenen Stätten, wo die Staatsanwaltschaft ist, so daß mancher Seufzer sich dem dort Wandernden entringt. Die Akademie wird eingezäunt von der Königsallee, der Seufzerallee und der Musenstraße, der Friedhof von der Musenstraße und der Seufzerallee. Dann können wir noch besondere Wege gehen, die an die Peripherie der Stadt hinführen. Am Ende der Seufzerallee und der Sanitätsstraße geht in den Kleinfinger hinein die Straße, die zuerst am Konsulat vorüberführt zum Archivgebäude und schließlich zum Justizgebäude. Bei der Musenstraße treffen wir am Ende zuerst die Werkstätten, die sich mit Kunstgewerbe und Majolika befassen können, dann zum Theater, zur Spielbank und schließlich zum Mütterheim. Bei der Königsallee treffen wir am Ende auf das Schlachthaus und wenn wir weiter wandern, kommen wir zum Rundfunkgebäude und zur Sparkasse. Wenn wir vom großen Kirchplatz nach Norden gehen, treffen wir zuerst auf die Volkshochschule, dann stehen wir vor dem Bischofspalais und können schließlich durch das Siegestor die Stadt verlassen. Wenn wir diesen Stadtplan uns einmal vor Augen halten, so sehen wir, daß in der wunderbaren Organisation des Handinneren alles enthalten ist, was mit dem Lebensnotwendigen und auch mit dem Lebensgewollten des Menschen zusammenhängt. Der Stadtplan

Kombinationskunst

Linke Hand

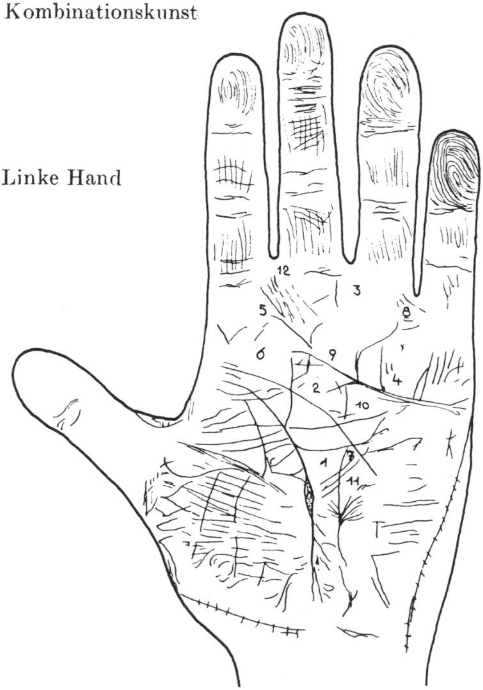

Menschenhand soll jeden, der sich mit der Chiromantie, sei es zum Studium, sei es zur Selbsterkenntnis befassen will, ein guter Wegweiser sein.

* * *

Die wissenschaftliche Handexpertise ist kein chiromantisches Gutachten, denn mit Mantik hat sie nichts mehr zu tun. Wenn gewisse prognostische Möglichkeiten bestehen, so doch nicht mehr, als bei einer jeden ärztlichen Diagnose, welche das menschenmögliche Erkennen ausdrückt, aber immer noch den Vorbehalt einschließt, daß ein höherer Wille dieses Erkennen in seine Schranken zurückweist.

Die Handexpertise bezieht sich in einem viel weiteren Sinne als die Chiromantie auf die palma humana, d. h. auf jenen Teil der Hand, der auch Handteller genannt wird, in dem sich die Beugefalten zeigen und der durch seine Runen von jeher das Interesse sinndeutender oder auch wundersüchtiger Menschen erregt hat. Diese palma humana ist in beiden Händen verschieden. Sie kann nur richtig erkannt werden durch einen Handabdruck mit Hilfe einer fettfreien Farbe oder einer Plastikmasse wie Gips, Wachs oder ähnlichem. Und dann ist zusätzlich noch eine Vergrößerung mit Hilfe eines starken Vergrößerungsglases, eines Projektionsapparates oder Episkopes notwendig. Erst das sich uns dann darbietende Bild enthält alle jene Einzelheiten, aus denen wir nun unsere Feststellungen und Diagnosen treffen können.

Bei der Betrachtung eines solchen Bildes fällt uns zuerst einmal auf, daß gleichsam einem Tapetenmuster die ganze Innenhand überzogen ist von dem sogenannten Leistenmuster oder dem Papillarliniensystem. Je mehr Hände man sieht, desto deutlicher wird die Erkenntnis, daß schon hier keine Hand der anderen gleicht und daß für das Individuum Mensch dieses Leistenmuster ein ihm eigenes Gesetz bedeutet.

Bei der Betrachtung des Handinneren ist es von größter Wichtigkeit, etwas auf die Struktur der Haut im allgemeinen und besonderen zu weisen. Diese besteht aus mehreren Lagen, zu oberst aus der zelligen Oberhaut, in der Hauptmasse aus der bindegewebigen, nerven- und gefäßreichen Lederhaut und zutiefst aus dem die Lederhaut, den Körper mehr oder weniger verschiebbar anheftenden Unterhautzellgewebe, das an manchen Stellen sehr fettreich zur Fetthaut wird.

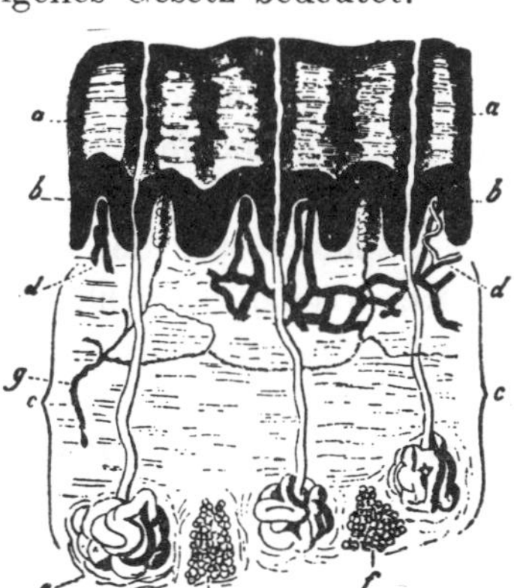

Menschenhaut
(stark vergrößert)

a Epidermis
b Malpighi'sches Schleimnetz
c Lederhaut
d Blutgefäße
e Schweißdrüsen
f Fettzellen
g Hautnerven

Die Oberhaut mit dem griechischen Namen epidermis, die sich durch ein Zugpflaster als eine dünne Schicht von der Lederhaut abheben läßt, bildet einen schützenden, in der äußersten Lage verhornten (Hornschicht), sich als „Hautschuppen" ablösenden Überzug über die Papillen, die gefäß und nervenreiche Oberschicht der Lederhaut, über der sie sich fortwährend aus weicher, zelliger Grundlage (Schleimschicht) neu bildet.

Die Oberhaut ist nirgends wirklich durchbohrt. Die Hautporen sind Einstülpungen in die gefäß- und nervenreiche Lederhaut. Dieselbe ist fest, dicht, biegsam, dennbar, kontraktil und gebildet aus durcheinander gewirkten Bindegewebsbündeln und elastischen Fasern, den an manchen Stellen auch Muskeln beigesellt sind. In ihren oberflächlichen Schichten sind als Oberhauteinstülpungen die Talgdrüsen oder Hautbälge eingebettet, welche die Hautschmiere absondern, durch welche Epidermis und Haare eingeölt werden. Wenn sich die Haut unter der Einwirkung der Kalte zusammenzieht, ragen die Talgdrüsen knötchenförmig hervor und es bildet sich die sogenannte „Gänsehaut". In die unteren Schichten der Lederhaut reichen als Oberhauteinstülpungen die Schweißdrüsen. Die Schweißdrüsen haben einen langen gewundenen Gang, der die ganze Haut durchsetzend an der Oberfläche mit der trichterförmigen Schweißpore sich öffnet. Schweiß ist das wässrige Absonderungsprodukt der Schweißdrüsen. Den durch die Haut stattfindenden, durch die an der Oberfläche der Haut liegenden Gefäße vermittelten Gaswechsel (die Hautatmung) nennt man zum Unterschied von der Lungenatmung oder Respiration die Perspiration. Er gleicht jener qualitativ, doch ist bei ihm die Ausscheidung in beträchtlichem Übergewicht über die Aufnahme und werden neben Kohlensäure und Wasserdampf auch Fettsäuren ausgeschieden.

Außer den Öffnungen für Talgdrüsen und Schweißkanälen befinden sich auf der an die Schleimschicht der Oberhaut anstoßenden, durch Falten, Runzeln und fein vertieften Linien ausgezeichneten Oberfläche der Lederhaut die Hautwärzchen oder Hautpapillen, wonach diese Schicht Papillarkörper der Haut heißt. Sie liegen besonders zahlreich in der Handfläche, Fußsohle, den Fingerspitzen und Zehenspitzen und in zweierlei Art: Nervenwärzchen, in welchen sich die Tastkörperchen als die Endorgane der Hautnerven befinden, durch welche die Haut zum Tastorgan wird, und Gefäßpapillen. Diese Nervenwärzchen sind verantwortlich für die Falten- und Runzelbildung der inneren Hand und haben Anlaß zu der chiromantischen Kunst gegeben. Interessant ist in diesem Zusammenhang, daß bei einer längeren Ohnmacht in der palma humana sämtliche Nebenfalten und Runzeln außer den Hauptbeugefalten und den Papillarlinien verschwinden und erst wieder beim Bewußtsein des Individuums auftauchen. Auch einige Stunden nach dem Tode sind in einer noch so falten- und runzelreichen Innenhand keine Nebenfalten mehr bemerkbar. Diese Feststellung weist logischerweise darauf hin, daß das, was wir Bewußtsein und Leben nennen und was wir in der Psychologie mit der Seele gleichsetzen, in der palma humana einen besonderen und eigentümlichen Niederschlag in den Nebenfalten findet und wohl deshalb schon seit ältesten historischen Zeiten das Interesse, den Forschungsgeist und die Neugier der Menschen erregt hat.

Diese Feststellung darf und soll uns nicht dazu verleiten, bei unserer wissenschaftlichen Forschung lediglich ein überkommenes chiromantisches System als ausschlaggebend zu betrachten, vielmehr müssen wir versuchen, teils auf Grund empirischer Feststellungen, teils mit Hilfe ausdrucks- und tiefenpsychologischer Methoden das Handinnere mit all seinem Strukturenreichtum auszuwerten und ihm jene Sinndeutung zuzumessen, die sich dann auch in der Praxis als richtig erweisen muß. Dabei handelt es sich nicht um die Praxis des Mantikers, sondern um diejenige des Arztes, des Heilpraktikers, des Psychiaters, des Psychologen und des Pädagogen, denn nur in diese Hände gehört die Wissenschaft der Handexpertise gelegt, da man von diesem Personenkreis jene Verantwortung erwartet, welche Voraussetzung des von ihm gewählten Berufes darstellt.

In diesem Zusammenhang kommen uns die Forschungen verschiedener anthropologischer Institute, unter anderem auch des Kaiser-Wilhelm-Institutes zugute, welche zuerst einmal die Leistenmuster bzw. die Papillarliniensysteme der Handpalma in besonderen Augenschein nahmen. In diesem Zusammenhang sei darauf hingewiesen, daß schon die alten Chinesen ca. 2000 Jahre vor Christi Geburt ebenso wie wir heutzutage als vortreffliches Identifikationsmittel die Handabdrücke bzw. Fingerabdrücke nahmen und damit die einmalige bzw. individuelle Bedeutung der Papillaren hinsichtlich der menschlichen Persönlichkeit feststellten.

Das Papillarliniennetz entsteht ca. 3 Monate vor der Geburt und bleibt zeitlebens gleich unveränderlich in der Struktur, Prägung, Formung und Gestaltung bis nach dem Tode. Eben diese Unveränderlichkeit ist ja die Voraussetzung, daß sich die Daktyloskopie (aus dem Griechischen: Fingerschau) als eine sehr maßgebende und bei allen Polizeidirektionen der Welt gebräuchliche Identifikationsmethode bewährt hat.

Aber in diesem Zusammenhang muß darauf hingewiesen werden, daß gerade die anthropologischen Institute die Leistenmuster auch als Erbmerkmale zu Rate ziehen und daß das große optische Werk Zeiß in Jena einen Apparat konstruiert hat, der zur Bestimmung der Vaterschaft dem Fachbeobachter leicht ermöglicht, die Anzahl und die Form der Muster an den Fingerkuppen festzustellen und im Vergleich zu der mütterlichen und Kinderhand auch die Vaterhand zu erkennen. Diese Methode der Vaterschaftsbestimmung, welche Hand in Hand mit anderen anthropologischen Feststellungsmethoden heute allgemein angewandt wird, weist auf die besondere Beziehung des Leistenmusters auf die Erbmasse des Handeigners und zwar nach den neuesten Feststellungen ausländischer Institute nicht nur der letzten, sondern auch der weiteren Vorfahren.

Es ist also nicht möglich, bei einer Handexpertise ohne weiteres die Erbmasse, bzw. deren Beobachtung zu überspringen, sondern es ist Forderung für einen jeden Arzt, Psychologen, Anthropologen und Pädagogen, dieses sogar sehr genau zu beachten.

Bei einer sehr starken Vergrößerung der Papillarlinien können nun hier in verschiedenen Handteilen gesunde und kranke, positive und negative Strömungen im psychologischen und physiologischen Sinne festgestellt werden. Dem Empiriker erscheint es nach langjähriger Beobachtung sogar als feststehend, daß die sich stets neu bildenden, ändernden und auch wieder verschwindenden Nebenfalten irgendwie einen ständigen Bezug auf die Erbmasse haben, gewisse Eigenschaften zu bestimmten Zeiten betonen oder abdrosseln und für den Pädagogen, vor allem für den Heilpädagogen ist es von besonderer Bedeutung zu wissen, daß es sich demnach in der Hand nicht um ein mantisches, d. h. in allem vorbestimmtes Gepräge handelt, sondern daß sehr deutliche Willenseinschläge und pädagogische Bemühungen im Handbild des zu Erziehenden festzustellen sind.

Aber auch der Arzt und Heilpraktiker kann schon in verhältnismäßig kurzer Zeit nach erfolgter Feststellung einer kranken Erbmasse in einem bestimmten Handteil und durch entsprechenden therapeutischen Einsatz eine auffällige Nebenlinienstrukturänderung feststellen, die beispielsweise den kranken Erbmassenteil begrenzt und einschließt, ihn also gewissermaßen isoliert und zumindest eine akute Gefahr bannt.

In diesem Sinne ist die Möglichkeit geboten, durch die wissenschaftlich exakte Beobachtung der palma humana zu einer einwandfreien Diagnose zu gelangen. Im Anschluß bringt nun der Verfasser dieses Artikels die Ausarbeitung zweier ihm zugesandten Handabdrücke von einer Fürsorgerin, die zur Zeit in der Schweiz lebt und folgende Fragen beantwortet haben möchte:

1. Seelenleben?
2. In welcher Richtung liegen die besten beruflichen Möglichkeiten?
3. Dürfte noch eine Eheschließung angeraten werden?

Es handelt sich also um eine weibliche Handeignerin, welche am 19. Oktober 1915 geboren ist, die sich also im 37. Lebensjahr befindet.

Bei der Betrachtung der beiden abgebildeten Handabdrücke kann deutlich das Papillarlinienmuster erkannt werden. Am Ende der Vernunftfalten sind eigenartige, ovale Schlingenmuster des Leistenmusterstromes festzustellen, was auf eine ganz besondere innere Erregbarkeit der Handeignerin schließen läßt. Sie wird von einem großen Verlangen getragen, Besonderes aus ihrem Leben herauszuholen und andererseits ist sie stark in der vegetativen Erbmasse befangen. Sie ist geneigt, dem Wirbel entsprechend, plötzliche und unerwartete Wandlungen in ihrem Leben vorzunehmen und es besteht auch sonst das Bedürfnis zu einer möglichst sehr umfangreichen Tätigkeit. Jedenfalls ist das vegetative Element aus der Erbmasse heraus besonders betont und das Begehren, sich hier im Sinne des Mütterlichen, des Traditionellen, des Heimatlichen oder Vaterländischen, im Sinne des Fürsorglichen zu betätigen, entsteht aus ihrem ausgeprägten Mutterinstinkt. Wenn daher geheiratet wird, so dürfte die Handeignerin als Motiv eines solchen Eheschlusses vor allem die Mutterschaft ansehen. Aber sie wird sich wahrscheinlich dieses Motives selbst gar nicht ganz klar sein. Es ist auch hinsichtlich der Mittelfalte, die freilich einmal gebrochen ist, zu erkennen, daß die Berufssituation ihr wesenseigen ist, obwohl sie in ihren jungen Jahren einen anderen Weg beschreiten wollte, der aber dann durch allgemeine Lebensumstände (siehe das Feld des Lebens) nicht beschritten werden durfte. Insoferne hat sie aber doch ihr Ziel erreicht, als sie sich in einer öffentlichen Tätigkeit befindet, die sie freilich nur bis zu einem gewissen Grad befriedigt. Sie ist aber vielfach sehr stark in ihrem Element. Sehr gut ausgebildet ist die Talentfalte und deutet auf zweierlei Talentrichtungen, wobei auch die musikalische Seite etwas betont ist. Da aber die sehr ausgeprägte vegetative Handstruktur im Vordergrund steht, zeigt sich immer ein gewisses romantisches Begehren, ein Verlangen nach außergewöhnlichen Möglichkeiten, ist das Bedürfnis nach besonderen, aus der Phantasie entspringenden Lebensrichtungen sehr stark, und falls ihr hier nichts in Erfüllung geht, besteht auch die Möglichkeit eines starken Selbstmitleides. Das freilich bedeutet Krisis, bedeutet ein

Negativum, welches unter Umständen die sonst so aktive Persönlichkeitsstruktur zur Stagnation zwingt. Das 7. Feld, das nun hier für die Ehefragen in Betracht kommt, weist auf 3 sehr wesentliche und entscheidende Bekanntschaften. Es ist daraus zu ersehen, daß sie der Ehe aufgeschlossen

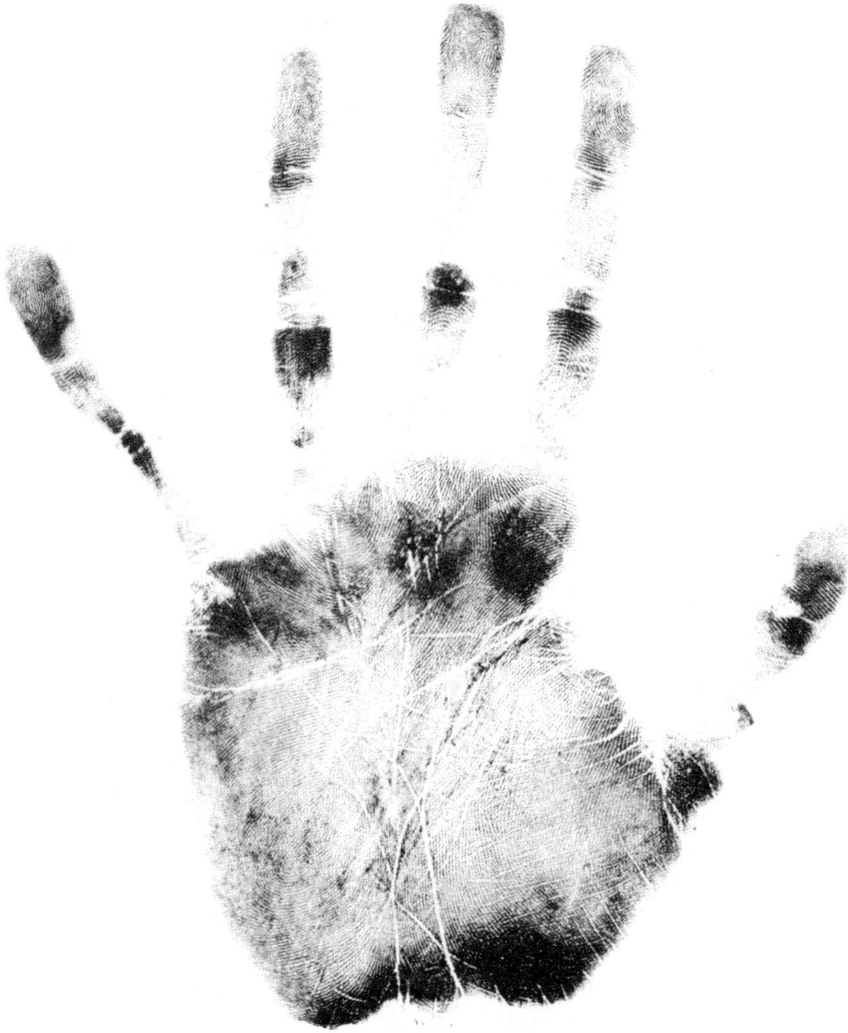

ist, aber daß das Problem der Ehe kein so dominantes ist wie bei manchen anderen weiblichen Persönlichkeiten ihres Alters. Da sie selbst sich ihrer sehr bewußt ist (man betrachte nur den langen kleinen Finger), so steht sie dem Eheproblem sehr vernünftig gegenüber. Allein ihre Mutterschaftsinstinkte könnten ihre Gefühle erregen und bewegen, einen solchen Entschluß aus emotionalen Gründen in die Praxis auszuführen. Es zeigen sich 3 wesentliche, schicksalhafte Bindungen (man sehe den emotionalen Handrand und auch die 7. Feldteilung der linken Hand). Es ist dabei aber zu erkennen, daß sie auch in einer Ehe, so

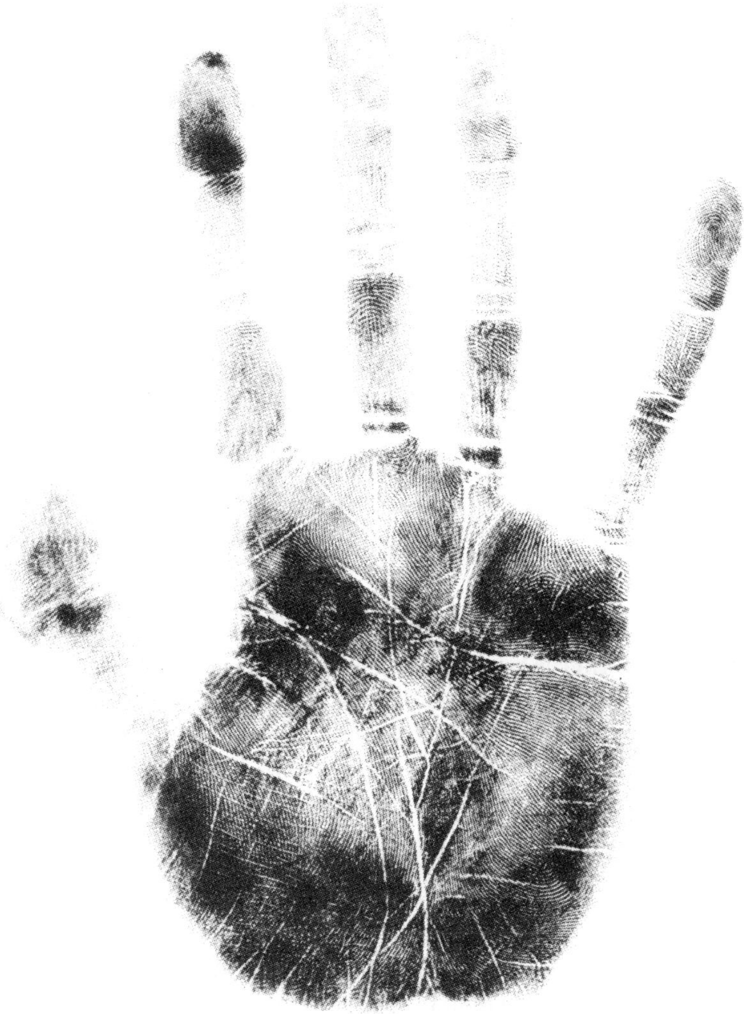

glücklich diese zeitweise sein mag, nicht einen Dauerzustand erfährt, sondern daß es ihr leicht geschehen kann, daß irgendwelche schicksalhafte Situationen sie wieder von ihrem Partner wegreißen. Aber andererseits wäre das Mutterschaftsprinzip erfüllt, denn das 5. Feld (siehe rechten Handabdruck und auch den linken) ist sehr gut ausgebildet. Es bestünden noch die Möglichkeiten bis zu 3 Kindern. 1 Kind auf jeden Fall würde sie sehr beglücken und würde manche Situationen, die vielleicht unliebsam in der Ehe auftreten könnten, ausgleichen und ihr den Entschluß hierzu nicht leid werden lassen. Auffällig ist außerdem das sehr stark ausgebildete Freundschaftshaus, das rechtwinklig in der rechten Hand sehr wertvolle Bekanntschaften und Freundschaften anzeigt und hier ganz klar darauf hinweist, daß die Handeignerin, auch wenn sie sich nicht zu einer Ehe entschließt, in schöner freundschaftlicher, geistiger und auch platonischer Art ihr Genüge finden könnte. Dies weist wieder auf das vorherrschende Mutterschaftsprinzip in ihrer Natur hinsichtlich eines Eheschlusses. Dann ist besonders in der rechten Hand das 10., das 2. und das 6. Haus sehr gut angedeutet, zeigt vor allem eine ausgesprochene berufliche Anlage, sehr gute und glückliche Fähigkeiten darin und auch in wirtschaftlicher Hinsicht viel Erfolg, besonders wenn sie später einmal versucht, sich selbständig zu machen oder mit einem Partner oder einer Partnerin zusammen die gleiche Ideenrichtung zu verfolgen, ein Heim, ein kleines Institut oder eine kleinere Anstalt zu betreiben, die sich recht gut rentieren dürfte. Von besonderer Bedeutung sind dabei Kinder, die vielleicht etwas zurückgeblieben sind, also im heilpädagogischen Sinne zu behandeln wären. Es zeigen sich aber auch sonstige wirtschaftliche und geldliche Zuwendungen, und es ist angedeutet, daß sie auch noch andere Interessen und Talente neben ihrer Berufsarbeit pflegt. Das sehr ausgebildete 6. Haus weist auf eine sehr tüchtige Arbeitskraft und auf sehr lebhafte Initiativimpulse. Auffällig ist nun hinsichtlich der Emotionalis und auch des Handrandes im emotionalen Handteil, daß die Handeignerin sehr hingebungsvoll ist, sich aufopfert und für einen Menschen, der ihr nahe steht, ihr Letztes gibt. Sie wird dann, so vorsichtig sie sonst auch sein mag, richtig unökonomisch. Sie verwickelt sich auch leicht in ihren Wunschrichtungen in unklare Situationen und Probleme und es wäre daher ein klösterliches Leben niemals anzuraten. Die seelische Struktur, die eben sich gerne in irgendwelchen phantastischen Vorstellungen verliert und letztendlich das Partnerschaftsproblem zumindest als Mittel zum Zweck betrachtet, weist auf die Notwendigkeit einer Zusammenarbeit und auch auf die Glückhaftigkeit einer solchen. Es wäre daher die Berufsrichtung, die zur Zeit betrieben wird, beizubehalten, aber im Sinne einer langsamen Verselbständigung in bezug auf ein Heim in Verbindung mit einem Menschen (vielleicht einem Arzt), der dieselben Ziele verfolgt, so daß sie nicht nur Hausfrau sein muß. Eine Frau mit einem so stark ausgeprägten Berufshaus in der palma darf nicht nur Hausfrau sein, sondern muß eben ihrer Berufung folgen. Darin liegt auch hinsichtlich ihres manchmal etwas labilen Seelenlebens, das sich in der starken Wirrnis im Zentrum der palma und auch im oberen Teil des Daumenballens kundtut, die Notwendigkeit, einen Ausgleich zu schaffen, der nun die vitalen Triebkräfte einspannt zu einer sehr produktiven Leistung. Die Aussichten sind auch im Sinne der geistigen Entwicklung sehr gut. Was nun die Fragen betrifft, so kann aus dem vorher Gesagten hinsichtlich der überreichten Handabdrücke folgendes präzise gefaßt werden:

1. Seelenleben: etwas labil, starken Phantasieregungen unterworfen, romantische Grundstimmungen, unbefriedigtes Mutterschaftsempfinden, verwirrte Vorstellungen mit unterbewußten, erotischen Triebaffekten, die aber immer wieder verdrängt werden. Zur Zeit etwas chaotisch und gespannt, so daß das Verlangen zu etwas explosiven Milieu- und Berufsveränderungen zu erkennen ist.

2. In welcher Richtung liegen die besten beruflichen Möglichkeiten? Diese sind im gegenwärtigen Beruf zu erkennen und zwar gerade hinsichtlich der fürsorgerischen Tätigkeit mit einer langsamen Entfaltung in eine selbständige Berufsart zusammen mit einem Partner, notfalls auch mit einer Partnerin, jedoch niemals mit der Tendenz, sich nur ganz einer privaten, haushälterischen Tätigkeit hinzugeben. Die Berufsrichtung sollte also im pädagogischen und heilpädagogischen Sinne ausgebaut werden.

3. Dürfte noch eine Eheschließung angeraten werden? Ja, eine solche wäre auch hinsichtlich des seelisch-erotischen Gleichgewichts nicht nur von Nutzen, sondern hätte auch den sehr beachtlichen Sinn, die starken Mutterschaftsinstinkte zur Verwirklichung anzuspornen. In der Mutterschaft liegt letztendlich die Erfüllung und es wäre hier sehr bedauerlich, wenn dieses für die Frau wesentlichste Erleben an ihr vorbeiginge. Mit der Eheschließung sollte jedoch zugleich auch die Berufstendenz in einer harmonischen Ehe und Partnerschaft erfüllt werden.

Nachdem nun die Chiromantie und Handlesekunst sowohl nach esoterischen und exoterischen Richtungen, wie auch die Handexpertise in ihren Grundzügen durchbesprochen worden ist, sei nun darauf hingewiesen, daß die Methodik, welche weiterhin für die wissenschaftliche Arbeit angewandt werden muß, darin besteht, wie schon an anderer

Stelle erwähnt, das Handinnere psychologisch aufzugliedern unter besonderer Berücksichtigung der Klages'schen Philosophie und unter Verwendung empirischer Feststellungen. Die jetzige Einführung in diese Gebiete soll dazu dienen, den Lesern gewisse Richtungen zu geben, nach denen sie selbst weiterforschen können, zugleich aber auch Vorurteile zu beheben, welche sich noch auf die nur exoterische Chiromantie alter Schule beziehen und gewisse Grundbegriffe und Erkenntnisse gebracht zu haben, die Voraussetzung sind für das Geschehen, das sich immerfort in der palma humana abspielt, wozu jedoch mehr gehört, als eine auffallende Neugier, nämlich das geduldige, vorsichtige und verantwortungsvolle Forschen, das immer jeder ernsten Wissenschaft zugrunde liegt.

Literaturhinweise:

Mme. Sylvia. Das Buch der hundert Hände.
Raecke. Psychiatrische Diagnostik.
Müller-Freienfels. Menschenkenntnis und Menschenbehandlung.
Issberner Haldane. Die wissenschaftliche Handlesekunst.
Wolff. Gib deine Hand!

Neuere Literatur:

Altmann, N.
— Handlinien der Liebe. Scherz.
— Die Praxis des Handlesens. Droemer Knaur.
Anderson, M. Handlesen. Sphinx.
Ertel, H. Die Kunst, aus der Hand zu lesen. Humboldt.
Gerhart, H. Die Hand. M & T.
Hoffman, E. Das Hand-Lese-Buch. Plejaden.
Holtzmann, A. Die Hand. Aurum.
Hürlimann, G. I. Handlesen ist erlernbar. M & T.
Issberner-Haldane, E. Die medizinische Hand- und Nageldiagnostik. Bauer.
Issberner-Haldane, R. Atlas der Chirologie. Bauer.
Jennssen, H. -P. Schicksalsdeutung aus der Hand. Droemer Knaur.
Kurth, H. Was deine Hände sagen. Goldmann.
Lawrance, M. Handanalyse. Ariston.
Lomer, G. Die Sprache der Hand. Baumgartner.
Mangoldt, U. v.
— Erkenne dich selbst im Bild deiner Hand. Walter.
— Das große Buch der Hand. Goldmann.
— Schicksal in der Hand. Droemer Knaur.
— Diagnosen und Prognosen — die Hand als Spiegel von Charakter und Schicksal. O. W. Barth/Scherz.
— Wer bin ich? Herder.
Marten, F. N. Lehrgang Chirologie. IPG, 14 Lehrbände.
Merck, B. A. Erkennen Sie Psyche und Charakter durch Handdeutung. Falken.
Reid, Lori Die weibliche Hand. Erd.
Ripota, P. u. G. Die Kunst des Handlesens. Heyne.
Rottauscher, A. Charakter- und Schicksalsdeutung der Chinesen aus Gesicht und Händen. Turm.
Sagne, C. Handlesen. Heyne.
Wolff, Ch. Die Hand als Spiegel der Psyche. O. W. Barth/Scherz.

Die Gesichtsausdruckskunde und die Schädellehre

(Physiognomik und Phrenologie)

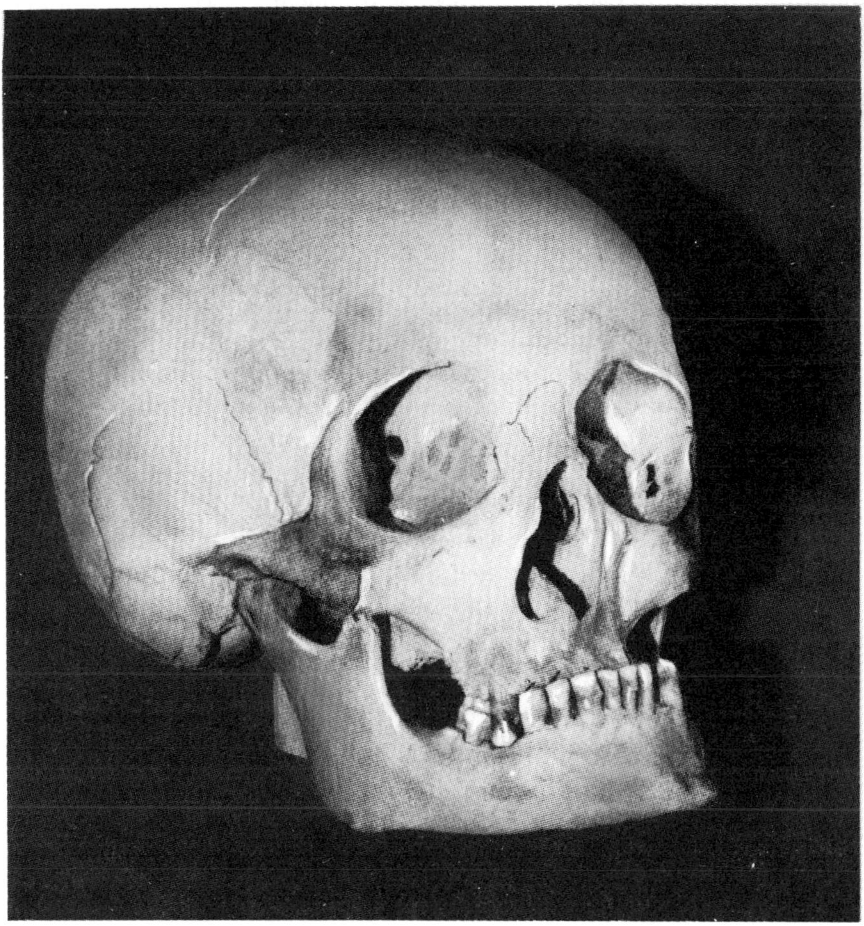

VORWORT

> „Denn der Bildner der Natur ist so kunstreich,
> daß er nicht das Gemüt nach der Form,
> sondern die Form nach dem Gemüt schmiedet,
> daß also die Gestalt des Menschen
> nach der Art seines Herzens geformt wird.
> Und darum sollt ihr das Unvergängliche im Menschen
> nach seinen sichtbaren, angeborenen, ihm zugeordneten
> Zeichen erfassen
> und ihn schon an seiner Erscheinung erkennen.
> Denn das Äußere offenbart das Innere."
>
> Paracelsus.

Wie das Blatt schon im Keim, die Blüte schon in der Knospe die zukünftige Gestalt in sich birgt, wie Blatt und Blüte von geheimnisvollen Kräften gesetzmäßig geformt werden, so geschieht es zweifellos auch mit dem Antlitz des Menschen. Und wie das Blatt und die Blüte an das Gestaltgesetz der Mutterpflanze gebunden sind, so ist auch das menschliche Antlitz an die Gestaltgesetze der Rasse, der Erbmasse und der Landschaft gebunden. Die Bildung, die lebendige Ausformung des Antlitzes vollzieht sich unter dem Einfluß dieser inneren und äußeren Kräfte und entzieht sich jeder willkürlichen Beeinflussung. Und so, wie das Blatt und die Blüte in Farbe, Duft und Frische außerdem noch abhängig sind von Wasser, Licht und Lebensraum, so hört auch die Durchformung des menschlichen Antlitzes nicht eher auf, als bis ihm vom Tod die letzte und ewige Prägung gegeben wird.

Dem menschlichen Antlitz, als der beseeltesten und vollendetsten Bildung unter allen Schöpfungen, dem lebendigen Antlitz des Mitmenschen wollen wir in den folgenden Aufrissen unsere Aufmerksamkeit zuwenden. Wobei wir davon überzeugt sind, daß dieses nicht nur die „unterhaltsamste Fläche auf der Erde" ist, wie der Spötter Lichtenberg sagte, sondern daß „das eigentliche Studium der Menschen der Mensch sei", wie es Goethe erkannte, und daß „des Menschen Gegenwart, sein Gesicht, seine Physiognomie der beste Text zu allem ist, was über ihn gesagt werden kann."

Wenn wir uns nun vorstellen, daß die Reize und Erscheinungsbilder der uns umgebenden Welt durch die Organe des menschlichen Antlitzes, durch die Augen, die Ohren, die Nase und den Mund in uns hineinfluten, daß diese Wahrnehmungspforten in ständiger Vibration schwingen, daß aber auch jegliche innere Stellungnahme wiederum diese Pforten passieren muß, dann dürfen wir annehmen, daß das menschliche Antlitz zugleich auch der Spiegel unserer Seele ist. Und wir befinden uns mit dieser Annahme in der Gesellschaft der bedeutendsten Geister der Menschheit, von Aristoteles bis zu Lavater, der als erster Deutscher diesen alten Entsprechungsglauben zu untermauern versuchte.

Seit Lavater seine „Physiognomischen Fragmente" herausgab, hat die Arbeit auf diesem Forschungsgebiet nicht mehr geruht. Maler und Künstler, Mediziner und Anatomen, Laienforscher und Psychologen, Naturwissenschaftler und Philosophen haben eine Fülle von Übereinstimmungen zwischen äußerer Erscheinungsform und innerer Wesensart gefunden. Wir brauchen nicht länger daran zu zweifeln, daß viele geheimnisvolle Zusammenhänge zwischen der Physiognomie eines Wesens und seinem Charakter bestehen. Nach wie vor aber bestehen auch die Schwierigkeiten, diese Zusammenhänge in einwandfreier, exakter, wissenschaftlicher Art zu erklären und zu beweisen.

Immanuel Kant hat diese Schwierigkeiten mit den Worten gekennzeichnet: „Es ist nicht zu bestreiten, daß es eine physiognomische Charakteristik gebe, die aber nie eine Wissenschaft werden kann, weil die Eigentümlichkeit einer Gestalt nicht durch Beschreibung nach Begriffen, sondern nur durch Abbildung und Darstellung in der Anschauung verstanden werden kann."

Wir sind freilich nicht gezwungen, Kants Worte als die letzten Worte über die Physiognomik anzusehen. Wir sind inzwischen in seelische Bezirke vorgestoßen, vor denen der Königsberger Philosoph noch wie vor ehernen Mauern stand. Trotzdem wollen wir uns im Rahmen dieses Werkes darauf beschränken, in den folgenden Ausführungen lediglich das bisher auf empirischen Wegen gewonnene Erfahrungsgut darzustellen.

1. Die Zusammenhänge zwischen Körpergestalt und Charakter

> **„Jeder Mensch, er mag es wissen oder nicht wissen,**
> **versteht etwas von Physiognomik.**
> **Es existiert nicht ein lebendes Wesen,**
> **das nicht auf seine Art**
> **aus dem Äußeren Schlüsse auf das Innere zieht."**
> **Sulzer.**

Diesen Ausspruch des Ästheten Sulzer an den Anfang einer Einführung in die Physiognomik und Phrenologie zu setzen, mag den Zweifler zurückschrecken, zwingt ihn aber vielleicht auch, darüber nachzudenken, warum denn eigentlich gerade der physiognomische Erkenntnisweg so gern totgeschwiegen wird. Denn es ist doch so, wie es Lavater in seiner etwas umständlicheren Art sagt, daß es „in der ganzen Natur keinen Gegenstand gibt, dessen Eigenschaften und Kräfte uns auf eine andere Weise bemerkbar werden, als durch äußerliche, in die

Sinne fallende Anschaulichkeiten." Mit anderen und klareren Worten: jeder schauende und denkende Mensch, der nicht stumpf und gleichgültig durch die Welt der Erscheinungsformen wandert, wird immer wieder gezwungen, in schlußfolgernder und spekulierender Weise von der äußeren Formbeschaffenheit der Dinge auf ihren wahrscheinlichen Wesensinhalt, ihren vermutlichen Charakter zu schließen.

Denn nicht jedes Ding hat ein deutliches Aushängeschild um den Hals, das von seinem Wesen und seiner Eigenart erzählt. Nicht jedes Ding kann sich selbst erklären. Aber jedes Ding bietet uns etwas, das auf symbolische Art von seiner Wesenheit spricht. Und dieses Etwas ist: seine besondere Formgestalt, sein äußeres Gepräge, seine Physiognomie.

Diese seine Physiognomie — eine Vereinigung von Form, Farbe, Duft, Klanglaut, mimischer und rhythmischer Bewegung — wirkt auf uns ein, fordert uns zu einer Stellungnahme heraus, reizt uns, sie zu deuten und damit zu erfassen. Diese seine Physiognomie weckt einen Sinn, einen Trieb und einen Ansporn, der das besondere Wesen des Menschen ausmacht, den faustischen Erkenntnistrieb.

Und es ist gleichgültig, ob wir von der Form, der Farbe und dem Duft einer Frucht auf deren wahrscheinliche Süße und Bekömmlichkeit, vom Körperbau und Gang eines Pferdes auf dessen Rasse oder von der Formgestalt eines menschlichen Antlitzes auf das Wesen seines Trägers schließen. Wir sind in jedem Falle Deuter einer Physiognomie, sind Physiognomiker.

Die größten Entdeckungen und Erfindungen der Menschheit haben ihre Wurzeln in diesem schlußfolgernden, hinter die Erscheinungsformen dringenden, diesem physiognomischen Denken. Das physiognomische Denken selbst aber wurzelt in einem spürhaft instinktmäßigen Gefühl, einem gewissen Ahnungsvermögen, einer nachspürenden Einfühlungsgabe, die noch immer fast jedem Menschen eigen ist. Es weht uns irgend etwas, was der Verstand durchaus nicht sofort zu erklären vermag, von jeder Formgestalt an. Ein Etwas, das zweifellos aufs engste mit der besonderen Physiognomie jeder Gestalt verbunden ist. Und wir fühlen uns entweder zu dieser Formgestalt hingezogen oder abgestoßen, oder bleiben auch unberührt. Mit anderen Worten: die geheimnisvolle Ausstrahlung jeder Formgestalt ruft in uns sogenannte sympathische oder unsympathische Empfindungen hervor. Unwiderstehlich und unerklärlich zieht es den einen zur Formgestalt der Rose, den anderen zu der des Veilchens, den dritten zu der der Lilie.

Irgend etwas Wesensverwandtes oder Wesensfremdes atmet jede Physiognomie aus. Und wir neigen natürlich dazu, dem Wesensverwandten zuzustimmen und uns vom Wesensfremden mehr oder weniger mißtrauisch und vorsichtig abzuwenden.

Damit aber schaffen wir die erste Fehlerquelle für unser physiognomisches Denken. Wir beginnen zu überschätzen und zu unterschätzen. Wir beginnen, unsere eigene Norm zur Norm für alle Dinge zu erheben. Wir werden subjektiv! Wir betrachten das Ding nicht mehr unvoreingenommen als Formgestalt an sich. Wir betrachten es in seinem Verhältnis zu unserer Eigenart. Und nun setzen sie ein, die Überraschungen und Enttäuschungen, beginnt das oft so tragische Kapitel der gefühlsmäßigen Trugschlüsse, sammeln wir, oft auf eine recht mühselige, verlustreiche und schmerzliche Weise, unsere sogenannten Lebenserfahrungen. Und die Summe dieser Erfahrungen wird zusammengefaßt in der Erkenntnis: „Der Schein trügt!" Was eigentlich heißen soll: „Die Physiognomie der Dinge ist trügerisch, sie leitet irre, sie täuscht, sie entspricht nicht dem wirklichen Wesen." Und damit sind wir dann schon auf dem besten Wege, alle Zusammenhänge zwischen Formgestalt und Wesensart abzulehnen und über alle die Menschen zu lächeln, die sich „noch immer" mit diesen Zusammenhängen befassen.

Letzten Endes aber klaubt man sich doch wieder einige kleine physiognomische Erkenntnisse aus dem eigenen Fiasko, denn man kommt ja eben doch nicht ohne dieses schlußfolgernde, dieses physiognomische Denken aus, und schlußfolgert von kleinen und nebensächlichen Anhängseln einer Physiognomie auf das Wesen ihres Trägers. Das heißt, man beachtet, wie sich ein Mensch benimmt und gibt, wie er sich anzieht, wie er ins Zimmer tritt, die Tür schließt, sich setzt, wie schnell er hilfsbereit ist, und stürzt sich wie auf einen rettenden Strohhalm auf schriftliche Zeugnisse und Auskünfte.

Vor allen Dingen aber werden wir mißtrauisch und vorsichtig, was eigentlich nichts anderes bedeutet, als daß uns eine immer stärker um sich greifende Lebenangst beherrscht. Ja, wir haben Angst voreinander, Angst vor uns selbst und unserer Vertrauensseligkeit, unserem Liebes- und Anlehnungsbedürfnis, Angst vor der Zutraulichkeit unserer Mitmenschen. Wir mißtrauen unserem eigenen Instinkt, unseren Empfindungen und Eingebungen und verlieren die Fähigkeit, eine Physiognomie ruhig und sachlich zu deuten, immer mehr.

Darum mag es angebracht sein, im folgenden auf einige Erkenntnisse hinzuweisen, die unser unsicher gewordenes und ratloses Spür- und Ahnungsvermögen stützen und fördern, die insbesondere aber so einfach sind, daß sie von jedermann verstanden werden können.

2. Die Carl Huter'sche Naturelltypenlehre

„Der Körper ist der Einband des Geistes,
das Gesicht der Titel und
das Auge der Name des Verfassers."
Joh. Wilhelm Ritter.

Das wichtigste Rüstzeug, um sich eine erste große Übersicht über die Vielheit Mensch zu verschaffen, ist eine Charaktertypenlehre, mit deren Hilfe wir die Fülle der menschlichen Erscheinungsformen auf einige wenige und wesentliche Grundtypen zurückzuführen vermögen. Solcher Typenlehren gibt es nicht wenige, ja man könnte versucht sein zu sagen, das hier die Tendenz vorherrschte: jedem Psychologen seine eigene Typenlehre. Die meisten dieser Typenlehren sind auch durchaus brauchbar und weisen nur den einen Fehler auf, daß sie sich in ein kompliziertes wissenschaftliches Gewand hüllen und eine gute psychologische Bildung voraussetzen. Deshalb sei hier auf die Typenlehre eines der begabtesten physiognomischen Laienforscher , des Kunstmalers Carl Huter, hingewiesen. Denn sie zeichnet sich nicht nur dadurch aus, daß sie uns einen überraschend tiefen Einblick in das Wesen, die Anlagen und die vorherrschende Geistes-, Seelen- und Körperbetonung des Menschen vermittelt, sondern sie entblößt zugleich die in uns infolge unserer organischen Beschaffenheit wirkenden Kräfte. In verblüffender Klarheit umreißt sie die Aufgabenkreise jeden Typs, kennzeichnet die Zusammenhänge zwischen Körperanlage und Charakter und erweist sich als einer der besten Schlüssel der physiognomischen Erkenntnis.

Huter unterscheidet folgende drei Grund-Naturelltypen:

a) Das Ruhe- und Ernährungsnaturell (schematischer Kopf 1) unter dem er den rundlichen und fülligen Menschen versteht, bei dem sich das Verdauungs-, Lymph- und Drüsensystem besonders stark entwickelte, der also auch ein guter Kostauswerter ist und charakterlich so recht den ruhenden Pol in der Flucht der Erscheinungen darstellt. Als ein Mensch, der das Heim und die gemütliche Geselligkeit liebt, sich mit Unbehagen von den Schwarmgeistern wie den Revolutionären abwendet, der dazu neigt, das gute Alte zu erhalten und pietätvoll zu pflegen, und einen sehr sicheren Blick für die

wirtschaftlichen Grundlagen des Lebens hat, steht das Ernährungsnaturell voll, saftig und mit beiden Beinen mitten im Leben. Für andere die Kastanien aus dem Feuer zu holen, sich wegen Weltanschauungen den Kopf einzuschlagen oder sich gar um jenseitige Dinge zu kümmern, liegt ihm nicht. Seine guten praktischen Fähigkeiten und seine verbindlichen Umgangsformen sichern ihm in Handel, Wirtschaft und Verwaltung guten Erfolg.

b) Das Tat- und Bewegungsnaturell (schematischer Kopf 2) unter dem Huter den langen, hageren, starkknochigen Menschen versteht, bei dem sich hauptsächlich das Knochen- und Muskelsystem gut entwickelte und der charakterlich als die vorwärts treibende und revolutionäre Kraft auf allen Lebensgebieten anzusehen ist. Als ein Mensch betonter Spannkraft und gesteigerter Tatenergie, der mutig, entschlossen und zielsicher seinen selbständigen und eigenwilligen Weg geht, reizt ihn alles Besondere, Gewagte und Abenteuerliche und wächst er an den Widerständen. In engen Verhältnissen verkümmert das Bewegungsnaturell und zeigt wenig Anlagen zur Anpassung und Unterordnung. Es liegt auch ihm nicht, sich in weltanschauliche Fragen oder seelische Konflikte zu verstricken. Seine Tatkraft und Unternehmungslust lassen ihn als Soldat, Forscher, Pionier, Entdecker, Seemann und Sportler besonders erfolgreich sein.

Bewegungsnaturell

c) Das Empfindungsnaturell (schematischer Kopf 3) unter dem Huter den kleinen, zarten, feingliedrigen Menschen versteht, bei dem sich das Haut- und Nervensystem in den Vordergrund schob und der charakterlich als das seelische und geistige Prinzip der Menschheit gewertet wird. Als ein Mensch von starken Interessen für alles Schöngeistige, Ideelle, Große, Erhabene, also

Empfindungsnaturell

für die schönen Künste, ästhetische und philosophische Dinge, zeigt er sich den Anforderungen des praktischen Lebens wenig gewachsen. Er neigt dazu, die wirtschaftlichen Belange zu unterschätzen, verfügt über wenig wirksames Tatvermögen. Dafür besitzt er aber hohe seelische und geistige Spann- und Widerstandskräfte, zeigt eine starke Erlebnis- und Begeisterungsfähigkeit und setzt sich tapfer und selbstlos für das erkannte Gute ein. Das Empfindungsnaturell findet Erfüllung in allen künstlerischen und wissenschaftlichen Berufen und eignet sich darüber hinaus besonders als Krankenschwester, Kindergärtnerin und Pflegerin.

Ein vergleichender Blick auf die drei beigegebenen schematischen Zeichnungen dieser drei Grundnaturelle zeigt uns, daß das Grundgesetz der Formgestalt in allen einzelnen Teilen des Antlitzes wiederkehrt. Beim Ernährungsnaturell sind also auch die Stirn, die Nase, die Wangen, die Lippen, das Kinn rundlich und füllig. Beim Bewegungsnaturell sind der Kantigkeit und Gespanntheit der Gesamterscheinung entsprechend auch die Stirn, die Nase, die Wangen, der Mund, das Kinn und die Unterkiefer eckig, kantig und gespannt. Und beim Empfindungsnaturell kehrt die Verfeinerung der Grundform in der schöngebildeten und feingerundeten Stirn, in den großen beseelten Augen, den zartmodellierten Wangen und feingeschwungenen Lippen, dem kleinen spitzen Kinn wieder.

Es ist wichtig, sich dieser Übereinstimmung der einzelnen Formenzeichen mit dem Formgesetz der Gesamterscheinung immer wieder zu versichern. Denn jede Abweichung von diesem Grundformgesetz bedeutet eine individuelle Färbung der charakterlichen Eigenart. Würden wir also z. B. ein Ernährungsnaturell mit einer großen gewölbten Adlernase finden oder bei einem Bewegungsnaturell ein kleines zartes Kinn und schmale Unterkiefer entdecken, so hätten wir damit schon wichtige wesenstümliche Variationen festgestellt und müßten dementsprechend die oben angegebenen charakterlichen Grundzüge der Naturelltypen korrigieren.

Sehr bald wird sich in der Praxis überhaupt herausstellen, daß diese drei Grundnaturelle in dieser reinen Form verhältnismäßig wenig auftreten. Viel häufiger lassen sich Verschmelzungen und Mischungen finden, bei denen sich zwei Organsysteme auf Kosten des dritten entwickelten und dementsprechend auch zwei charakterliche Grundhaltungen eine Ehe eingingen.

Carl Huter unterscheidet deshalb neben den erwähnten und geschilderten drei primären Naturellen noch drei sekundäre Naturelle, und zwar:

d) Das Ernährungs-Empfindungsnaturell
(siehe Abb. Conrad Ferd. Meyer und Maria Theresia)

das, wie es schon der Name sagt, aus einer Verschmelzung des Ernährungsnaturells und des Empfindungsnaturells hervorgeht und bei dem sich die fleischige Fülligkeit in einer feineren und fließenderen, beseelten und vergeistigten Ausdrucksform kennzeichnet.

Conrad Ferdinand Meyer

Die Stirnform zeigt eine bessere Entwicklung, die Augen sind größer und ausdrucksvoller, die Nase ist durchgeformter, die Wangen sind belebter als beim reinen Ernährungsnaturell.

Charakterlich kennzeichnet sich dieser Typ durch hohe diplomatische Fähigkeiten, ausgeprägte Verbindlichkeit, gutes Anpassungsvermögen. Er stellt das vermittelnde und ausgleichende, harmonische Prinzip dar und ist mit großem Erfolg überall dort tätig, wo es darum geht, Werte und Ideen in geschickter und gefälliger Form an die Menschen heranzutragen.

e) Das Ernährungs-Bewegungsnaturell
(siehe Abb. Bismarck und — gesteigert — Napoleon I.)

bei dem sich der reale und sichere Blick des Ernährungsmenschen mit der Tatkraft des Bewegungsmenschen vereinigt und eine charakterliche Mischung hervorruft, die wir als das Symbol der ruhigen Entschlossen-

Otto von Bismarck

heit, der besonnenen Tatkraft, der geballten und wuchtigen Durchsetzungsenergie bezeichnen könnten.

Je nach der geistigen Entwicklung und seelischen Verfeinerung dieses Typs finden wir ihn unter den reinen Kraftmenschen (Schmeling), den großen Eroberern und Diktatoren (Cromwell), den bedeutenden Feldherrn (Hindenburg), den kraftvollen Reformatoren (Luther), den wegweisenden Lebensführern (Pfarrer Kneipp), also immer dort, wo sich geballte Energien neuen Lebensraum schaffen.

f) Das Bewegungs-Empfindungsnaturell
(siehe Abb. Caspar David Friedrich, Schiller, Wieland)

bei dem sich die Unternehmungslust und Ruhelosigkeit des reinen Bewegungsmenschen mit der geistigen und seelischen Betonung des reinen Empfindungsmenschen koppelt.

Friedrich von Schiller

Das Bewegungs-Empfindungsnaturell kennzeichnet sich formgemäß durch die reine Keilform des Gesichtes, das Überwiegen des Stirn- und Augenraumes, durch schlanken mageren Habitus.

Charakterlich stellt es den betont ideologisch verankerten, immer auf der Suche nach neuen Ufern befindlichen, von großer innerer Unrast getragenen Pol der Menschheit dar. Die Schwärmer, die Romantiker, die Schöngeistler, die Umstürzler rekrutieren sich aus seinen Reihen. Wir finden diesen Typ darum auch am häufigsten unter den Künstlern und

Geistesmenschen, den geistigen Pionieren und Verkündern neuer Ideen und Weltanschauungen, den Verächtern des bürgerlichen Lebens. Sehr reizbar, schnell entflammt, betont empfindsam, leicht verletzlich, angriffs- und oppositionslustig, sind sie wenig für untergeordnete Stellungen geeignet und verwahren sich heftig gegen jegliche Beeinflussung oder Beschneidung ihrer persönlichen Freiheit.

Außer diesen drei primären und drei sekundären Naturellen nennt und kennt Carl Huter noch zwei sogenannte polare Naturelle, nämlich:

g) Das harmonische Naturell
bei dem alle drei Organsysteme sich gleichstark entwickelten und bei dem dementsprechend auch die seelischen, die geistigen und die körperlichen Kräfte und Anlagen in einem gleichstarken Verhältnis zueinanderstehen. Als harmonische Naturelle könnten wir den Philosophen Leibniz, den Dichter Goethe, den Maler und Erfinder Leonardo da Vinci, die Königin Luise von Preußen bezeichnen.

h) Das disharmonische Naturell
bei dem die seelischen, geistigen und körperlichen Kräfte wohl ebenfalls gleichstark entwickelt sind, aber in einem ungünstigen Spannungsverhältnis zueinanderstehen. Der disharmonische Mensch ist der Geist, der stets verneint, und ein Teil von jener Kraft, die stets das Böse will und doch das Gute schafft.

Weiterhin nennt Huter noch:

i) Das ideale Naturell, unter dem er eine Steigerung des harmonischen Naturells versteht.

k) Das heilige Naturell, das wir uns ungefähr als ein verfeinertes ideales Naturell vorzustellen haben.

l) Das geniale Naturell, das eine höhere Stufe des Empfindungsnaturells darstellt.

m) Das mephistophelische Naturell, das eine geistige Stufe des disharmonischen Naturells sein könnte.

n) Das Verbrechernaturell, das ebenfalls als eine unglückliche Variation des disharmonischen Naturells anzusehen ist.

o) Das neutrale oder indifferente Naturell, das einen unentwickelten und unreifen Menschentyp charakterisiert.

So reizvoll es nun zweifellos wäre, allen diesen feineren Naturelltypen nachzugehen und insbesondere vielleicht auch das Verbrechernaturell eingehender zu behandeln, müssen wir hier darauf verzichten und möchten darum nur noch auf das Studienmaterial verweisen, das uns Carl Huter in seinen umfangreichen Schriften hinterließ.

3. Der Ausdrucksbereich des Gesichtes (Physiognomik)

„Das ist die einzige Gerechtigkeit auf Erden,
daß die Gesichter wie die Menschen werden."
Schopenhauer.

Ehe wir versuchen, die einzelnen Formenzeichen des menschlichen Antlitzes zu deuten, wollen wir uns einen ganzheitlichen Überblick verschaffen und damit die Grundstruktur des jeweiligen Charaktergefüges erfassen. Denn es bleibt immer eine Gefahr, sich allzusehr auf einzelne kleine Merkmale zu konzentrieren und damit das große Ganze aus dem Auge zu verlieren. Außerdem ergibt sich in der Beurteilungspraxis oft die Tatsache, daß die Aussage des einen Formenzeichens durch die Aussage des anderen Formenzeichens verstärkt oder abgeschwächt, wenn nicht sogar aufgehoben wird. Das Wesen eines Menschen läßt sich nicht aus vielen einzelnen Zügen zusammenrechnen, sozusagen aus einzelnen Eigenschaften addieren, sondern kennzeichnet sich durch eine vielseitige Verzahnung, durch ein Miteinander — und Aufeinanderwirken der einzelnen Wesenszüge, von denen wiederum die einen stärker im Zentrum und die anderen in der Peripherie des Charaktergefüges liegen.

a) Die drei großen Symbolfelder des Antlitzes.

Um den wesenstümlichen Aufbau eines Gesichtes schnell erfassen zu können, empfiehlt es sich, dasselbe in drei große Ausdrucksräume oder sogenannte Symbolfelder aufzuteilen. Diese Dreiteilung bietet sich von selbst an, wenn wir den Stirnraum als das Ausdrucksfeld der Verstandeskräfte, den Augen-Nasen-Mundraum als das Ausdrucksfeld der Empfindungs- und Darstellungskräfte und den Unterkiefer-Kinn-Raum als das Ausdrucksfeld der Trieb- und Durchsetzungskräfte ansehen.

Wie es unsere Zeichnung zeigt (siehe Abb. 4),
wird bei dieser Dreiteilung die Oberlippe noch dem seelischen Raum, die Unterlippe aber schon dem körperlichen Raum zugeordnet.

Stehen wir nun vor der Aufgabe, die Grundausrichtung eines Menschen zu erfassen, so brauchen wir nur darauf zu achten, welches der drei Ausdrucksfelder die größte räumliche Ausdehnung und zugleich die stärkste Spannung und Strahlung im Gewebe aufweist.

Überwiegt also bei einem Gesicht der Stirnraum, wie z. B. bei dem Dichter Wieland, so dürfen wir darauf schließen, daß bei diesem Menschen die Verstandeskräfte überwiegen, daß wir es mit einem stark ideologisch ausgerichteten Menschen zu tun haben, dessen Empfindungskräfte dann auch unter der Herrschaft des Geistes stehen und dessen Trieb- und Durchsetzungskräfte schwach entwickelt sind.

Abb. 4. Die drei großen Symbolfelder des Antlitzes

Kennzeichnet sich das Gesicht durch eine besondere Entwicklung des Augen-Nasen-Mundraumes, wie z. B. bei dem Feldmarschall von Laudon, so ist auf die Vorherrschaft der Empfindungs- und der Darstellungs- und Gestaltungskräfte zu schließen. Da sich bei Laudon dieser mittlere Gesichtsraum durch eine ungewöhnliche Schmalheit auszeichnet und es den Wangen an Fülle und Plastik mangelt, treten eigentlich nur die Darstellungskräfte in den Vordergrund.

Ebenso hätten wir den mittleren Gesichtsraum bei Schiller und Caspar David Friedrich zu beurteilen. Wir haben es hier mit sogenannten Nasenmenschen zu tun, bei denen der Gestaltungswille beherrschend im Vordergrund steht.

Weist das Gesicht dagegen eine gleichstarke Entwicklung des Stirn- und des Augen-Nasen-Mundraumes auf, wie wir das z. B. bei Maria Theresia und Conrad Ferdinand Meyer feststellen können, so kennzeichnet sich eine harmonische seelisch-geistige Struktur, bei der die Denk- und Fühlkräfte einen guten Gleichklang aufweisen und die Triebkräfte beherrschen. Dies gilt besonders dann, wenn, wie bei diesen beiden Menschen, die Wangenpartie Fülle und Plastik zeigt und die Nase den Rahmen des Gesichtes nicht sprengt.

Ist der Unterkiefer-Kinnraum breit und plastisch entwickelt, wie wir es betont bei Napoleon I. und Bismarck sowie ein wenig abgeschwächt bei Lessing sehen, so schieben sich die Trieb- und Durchsetzungskräfte kraftvoll in den Vordergrund, wirken sich aber bei unseren drei Beispielen noch lange nicht beherrschend aus, da ja zugleich die beiden anderen Symbolfelder eine gute Entwicklung aufweisen.

Maria Theresia

Zusammenfassend könnten wir auf Grund dieser Beobachtungen sagen:

Das Gesicht des vorwiegend ideologisch ausgerichteten und verstandesbetonten Menschen gleicht einem Keil,

das Gesicht des vorwiegend gefühlsbetonten Menschen erinnert an eine Ellipse,

das Gesicht des handelnden Tatmenschen läßt sich mit einem Kegel vergleichen, und

das Gesicht des darstellenden und gestaltenden Menschen zeigt — im Profil gesehen — eine Winkelform.

b) **Das Auge.**

Als unzutreffend und irreführend haben sich die volkstümlichen Ansichten über die Augenfarben erwiesen. Von der Farbe der Iris auf irgendwelche Grade der seelischen Eigenheiten und geistigen Qualitäten zu schließen, ist abwegig.

Von Bedeutung für den Charakterologen ist dagegen die **vorherrschende Blickrichtung**, die wir aus der Stellung der Iris zwischen den Augenlidern zu erkennen vermögen.

Kaspar David Friedrich

Der nachdenkliche, philosophische, religiöse, in seiner eigenen Vorstellungswelt verhaftete Mensch — siehe Caspar David Friedrich — kennzeichnet sich durch den vorstellenden Blick, bei dem die Pupille fast genau an das Oberlid stößt und die Iris über dem Unterlid schwebt. Das Oberlid weist eine starke und schöngeschwungene Kurve auf.

Der sachlich forschende, nüchterne, den Tatsachen verhaftete Mensch— siehe Ernst Haeckel — kennzeichnet sich durch den realen Blick, bei dem die Pupille in der Mitte zwischen den Lidern steht und die Iris von Ober- und Unterlid fest eingefaßt wird. Die Oberlidkurve ist flacher und das Auge erscheint dadurch kleiner.

Der stark triebhafte, im Groben und Körperlichen verhaftete Mensch kennzeichnet sich durch den physischen Blick, bei dem die Pupille fast dem Unterlid aufsitzt. Das Auge erhält dadurch einen untergeschlagenen Ausdruck.

Die Größe der Pupille läßt einen guten Schluß auf die seelische und geistige Erregbarkeit zu.

Konstant große und erweiterte Pupillen verraten — soweit sie nicht krankhafter Natur sind — einen leicht erregbaren, stark erlebenden und lebhaft mitschwingenden Menschen.

Kleine und verengte Pupillen kennzeichnen seelische Kühle, geistige Sachlichkeit, verminderte Anteilnahme.

Aufschlußreich ist weiterhin die Lage der Augen in den Augenhöhlen.

Tiefliegende Augen — siehe die Abbildungen Caspar David Friedrich, Ernst Haeckel und Schiller — kennzeichnen Menschen, die wenig ansprechbar sind, unbeirrbar ihren eigenen Weg gehen und sich vor den Einflüssen der Umwelt verschließen. Das tiefliegende Auge ist meist dicht von den Brauen überlagert und das Oberlid verschwindet in der Augenhöhle.

Friedrich von Motz

Flachliegende Augen — siehe Friedrich von Motz und Maria Theresia — kennzeichnen Menschen aufgeschlossenen Wesens, die weich und locker in ihre Umwelt eintauchen, ruhig und objektiv aufnehmen. Der breite

Raum zwischen Oberlid und Augenbraue gleicht sozusagen einem Landeplatz für die Umweltseinflüsse. Das flachliegende Auge ist fast immer von gut und hochgeschwungenen Brauen überlagert.

Ein zweites Kennzeichen der flachliegenden Augen ist der weite Abstand von Auge zu Auge, während tiefliegende Augen sehr oft dicht beieinander stehen.

Die weit auseinanderstehenden Augen — siehe Friedrich v. Motz — kennzeichnen und unterstreichen die aufgeschlossene, ruhige und objektive Wesensart und sprechen zugleich von einer leichten Beeinflußbarkeit von seiten der Umwelt her. Diese Menschen müssen sich vor der Zersplitterung ihrer Kräfte hüten.

Die eng beieinanderliegenden Augen — siehe Caspar David Friedrich und Schiller — betonen die eigenwillige und unbeeinflußbare Note dieser Charaktere. Auch der Naturwissenschaftler Haeckel weist diese Augen auf. Diese Menschen müssen sich vor dem zu eigensinnigen Beharren, dem ideenmäßigen Festfahren und Verbohren wie auch vor Intoleranz hüten.

Auf die Form der Augenbrauen werden wir im phrenologischen Teil dieser Aufrisse zu sprechen kommen. Hier sei nur kurz erwähnt, daß sehr starke und buschige Augenbrauen oft bei sehr naturverbundenen und farbempfänglichen Menschen beobachtet wurden, während sehr schwache und dünne Brauen sich vorwiegend bei heimgebundenen und etwas hausbackenen Menschen fanden.

Die Form der Wimpern ist besonders bei Kindern zu beachten. Kinder mit langen, feinen und geschweiften Wimpern sind nur mit Liebe, Geschick und Nachsicht zu lenken und zu gewinnen. Kinder mit kurzen, straffen, harten Wimpern dagegen vertragen eine unbeugsame und entschlossene Hand.

b) **Der Mund.**

Von vollen und saftigen Lippen einfach auf eine sogenannte „sinnliche Natur" oder von schmalen und dünnen Lippen auf eine „vornehme Art" zu schließen, wie es der Volksmund gern wagt, wollen wir uns von vornherein versagen.

Als feststehende charakterologische Merkmale wollen wir uns dagegen merken:

Der blühende, gut geschwellte und weich geschwungene Mund, wie wir ihn besonders bei Kindern und jungen Menschen beobachten können — siehe auch Abbildung des jungen Lessing — läßt erkennen, daß dieser

Mensch mit seinem Wunschbegehren noch ungehemmt und ungetrübt in die Umwelt greift, gleichsam noch nach den Sternen verlangt und noch nichts von Verzicht und Versagen weiß.

Der junge Lessing

Der gut durchgezeichnete, fein modellierte und in seinen einzelnen Teilen weich gebliebene Mund — siehe Abbildung des Malers Caspar David Friedrich, des Staatsmannes von Motz und etwa noch des Dichters Wieland — kennzeichnet den reifen, schöngeistigen und künstlerischen Menschen, der sich seine Ideale bewahrte.

Der ein wenig trotzig vorgewölbte Mund, bei dem sich auch die Unterlippe etwas vorschiebt — siehe Abbildung des jungen Schillers — verrät uns, daß dieser Mensch seine seelischen und geistigen Kräfte zielhaft und begehrend einsetzt und eine Verwirklichung seiner Träume erstrebt.

Der schmallippige Mund mit noch weicher Zeichnung, aber doch schon sehr beherrschter Oberlippe — siehe Abbildung Maria Theresia — sagt uns, daß dieser Mensch sein Wunschbegehren bereits in Zucht nimmt und es gelernt hat, sich zu bescheiden.

Der festgeschlossene, gradlinige Mund mit der hohen und straffen Oberlippe — siehe Abbildung des österreichischen Feldmarschalls von Laudon — kennzeichnet die Vorherrschaft des kühlen und wägenden Verstandes. Der seelische Schwung wird durch Beharrlichkeit und Ausdauer ersetzt.

von Laudon
österreichischer Feldmarschall

Weiterhin können wir uns merken:

Eine sehr kurze und gut geschweifte Oberlippe = lebhaftes, schnell wechselndes, sprunghaftes Wunschbegehren, das einer mehr kindlichen und launigen seelischen Grundhaltung entspricht. (Siehe Abb. Lessing.)

Eine hohe und geradlinige Oberlippe = beharrendes, eindeutiges und zielhaftes Wunschbegehren, das einer schon gereiften und sachlich betonten seelischen Haltung entspricht. (Siehe Abbildungen Maria Theresia und Laudon.)

Eine kleine schmale und zurücktretende Unterlippe = leichte, gefällige und beherrschte Erlebnisart, die einer guten seelischen Reife entspricht. (Siehe Abbildung Maria Theresia.)

Eine leicht vorgewölbte Unterlippe = betonter körperlicher Erlebnisdrang, Genußbegehren, das sich in guten Grenzen hält. (Siehe Abbildungen der Dichter Wieland und Schiller sowie des Malers Caspar David Friedrich.)

Volle und schwere, leicht hängende Unterlippe = schwere und nachhaltend auskostende Erlebnisart, die je nach der sonstigen Formung des Mundes betont körperlicher oder seelischer Art sein kann. (Siehe angedeutet bei Napoleon I.)

Im allgemeinen läßt sich dazu ergänzend noch sagen:

Je feiner, schärfer und markanter ein Mund durchgezeichnet ist, um so bewußter werden die seelischen Kräfte eingesetzt, um so stärker wirkt der Verstand auf die Impulse und Triebe.

Je plumper, ungeformter und einfacher der Mund geformt ist, um so natürlich-triebhafter wirken sich die seelischen Kräfte aus, um so weniger werden sie vom Geistigen her gezügelt und gebremst.

Von großer Wichtigkeit ist für den aufmerksamen Menschenbetrachter besonders noch die Spannungs- und Strahlungsbeschaffenheit der Haut rund um den Mund. Wer einmal auf den feinen hellen Schimmer achtet, der um Oberlippe, Mundwinkel und Unterlippe bei Kindern aufleuchtet und der ihnen den Ausdruck der Reinheit und Unschuld verleiht, der gewinnt einen tiefen Einblick in die Beschaffenheit des Wunsch- und Erlebnisbegehrens erwachsener Menschen. Mit anderen Worten: helle, gute und edle Empfindungen umschimmern den Mund mit einem feinen hellen Glanz, dunkle, triebhafte und üble Empfindungen werfen Schatten um den Mund.

Daß auch die Mundwinkel eine deutliche Sprache reden, braucht hier wohl nicht besonders erwähnt zu werden. Wir wissen, daß geneigte Mundwinkel eine mehr melancholische Wesensart, aufgebogene Mundwinkel eine sanguinische Wesensart kennzeichnen, daß gekniffene Mundwinkel bei verärgerten, nörglerischen und verbitterten Menschen häufig anzutreffen sind und daß die kleinen Muskelwülste um die Mundwinkel den Choleriker verraten.

Auf das mimische Spiel der Lippen und Mundwinkel können wir im Rahmen dieser Ausführungen leider nicht eingehen, doch möchten wir wenigstens noch auf das folgende Goethewort hinweisen: „Die Mundöffnung kann nicht genug studiert werden. In ihr, deucht mich, steckt die höchste Charakteristik des Menschen. Alles Naive, Zärtliche, Männliche einer Seele drückt sich da aus. Die Muskel um den Mund sind sicher dem Sitz der Seele am nächsten."

c) **Die Nase.**

Da „große Männer" sich sehr oft durch große Nasen auszeichnen, wurde die Nase lange Zeit als ein Merkmal der geistigen Bedeutung eines Menschen angesehen. In Wirklichkeit aber vermögen wir von der Nasenform aus lediglich die Art der Gestaltungs- und Darstellungsfähigkeiten zu beurteilen.

Napoleon I.

Dabei gelten folgende Grundsätze:

Die große, kühn aus dem Gesicht springende und gut gewölbte Nase — siehe Abbildung Schiller und Napoleon I. — kennzeichnet einen großen, starken, dramatisch gespannten Gestaltungs- und Darstellungswillen. Diese Menschen drängen zur Selbständigkeit, ordnen sich also schlecht ein und nur widerwillig unter, vermögen sich meist auch schlecht anzupassen, reißen vielmehr gern die Führung an sich und neigen in der Veräußerung ihrer Gedanken und Gefühle zu einer gesteigerten, oft auch pathetischen Art.

Die große, dabei aber mehr lange als vorspringende Nase — siehe Abbildung Laudon, von Motz und auch Wieland — kennzeichnet einen klugen, kühlen und taktischen Gestaltungs- und Darstellungswillen. Diese Menschen zeichnen sich in der Veräußerung ihrer Gedanken und Empfindungen weniger durch Schwung und dramatische Spannung als durch hervorragende Planung, gute Überlegung und zielhafte Ausdauer aus.

Die kräftige, kurze, starkrückige Nase — siehe Abbildung Bismarck und Ernst Haeckel — verrät einen ebenfalls kräftigen Gestaltungs- und Darstellungswillen, der sich aber weder schwungvoll noch taktisch, sondern eher mit cholerischer Wucht und oft auch abrupt in Erscheinung setzt.

Die mittelgroße, feiner und weicher durchgeformte Nase — siehe Abbildung Maria Theresia — kennzeichnet einen Gestaltungs- und Darstellungswillen, der sich leicht und gefällig, klug und anschmiegsam durchsetzt. Diese Menschen vermeiden in der Veräußerung ihrer Gefühle und Gedanken das Herauskehren der schroffen Gegensätzlichkeiten, den befehlshaberischen und herrischen Charakter, sondern suchen auszugleichen, klug zu vermitteln.

Die kleine, gerade, fein durchgebildete Nase — siehe Abbildung des Dichters Conrad Ferdinand Meyer — kennzeichnet einen mehr lyrisch und episch betonten Gestaltungs- und Darstellungswillen, der sich weder besonders schwungvoll noch sehr kräftig in Erscheinung setzt. Diese Menschen zeigen wenig Neigung, persönlich stark hervorzutreten, halten sich zurück, passen sich gut an und sind sozusagen die „Stillen im Lande".

Die kleine, eingeschwungene Nase, die sogenannte kindliche Himmelfahrtsnase, läßt auf einen rasch wechselnden, launig sprunghaften und oft sehr einfallsreichen Gestaltungs- und Darstellungswillen schließen, wie er dem kindlichen und dem jungen Menschen eigen ist.

Zusammenfassend könnten wir also sagen:

Je größer und markanter die Nase ausgebildet ist, um so stärker drängen die Kräfte zur Gestaltung, schiebt sich auch die Persönlichkeit in den Vordergrund, verlangt nach Selbständigkeit im Handeln.

Je kleiner, weicher und feiner die Nase ausgebildet ist, um so schwächer tritt der Gestaltungs- und Darstellungswillen in Erscheinung, um so mehr hält sich die Persönlichkeit zurück und um so leichter vermag sie sich anzupassen und unterzuordnen.

Im einzelnen sind dabei noch folgende Punkte zu beachten:

Der Übergang von der Stirn zur Nase als Kennzeichen der Wiedergabefähigkeit der Gedanken und Empfindungen.

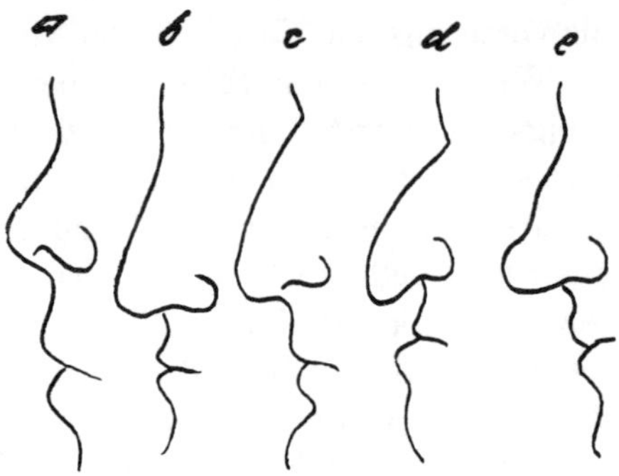

a) die kindliche Nase des unselbständigen Menschen
b) die gerade Nase des ruhig planenden Menschen
c) die gewölbte Nase des persönlichkeitsbewußten u. selbständigen Menschen
d) die hängende Nase des gründlichen, pedantischen und pessimistischen Menschen
e) die gewellte und rundliche Nase des geselligen und gemütsbetonten Menschen

Der Nasenrücken als Kennzeichen der Kraft und Wucht, mit der sich der Persönlichkeitswille in Erscheinung setzt.

Die Nasenspitze als Kennzeichen, in welches Verhältnis die Persönlichkeit zur Umwelt tritt.

Die Nasenflügel als Kennzeichen der vorherrschenden Temperamentsfärbung des Gestaltungs- und Darstellungswillens.

Wir dürfen uns da an folgende Erfahrungsgrundsätze halten:

Glatter, fließender und breiter Übergang von der Stirn zur Nase, siehe Abbildung Maria Theresia und von Motz, läßt eine fließende, ungehemmte, leichte Wiedergabefähigkeit erkennen.

Willensmäßig gespannter und gepreßter Übergang von der Stirn zur Nase — siehe die Abbildungen Bismarck, Caspar David Friedrich und Haeckel — läßt eine stark konzentrierte und willensmäßig geübte Wiedergabe der Gedanken und Empfindungen erkennen.

Schmaler und dünner Übergang von der Stirn zur Nase — siehe Abbildungen Wieland, Conrad Ferdinand Meyer und Laudon — deutet auf eine betont selbstkritische und verstandesmäßig beherrschte Wiedergabefähigkeit.

Eingeknickter Übergang von der Stirn zur Nase kennzeichnet, daß die Wiedergabe der Gedanken und Empfindungen von Natur aus gehemmt ist, sich Stauungen bilden und oft Schwierigkeiten auftauchen, die richtige Form zu finden.

Breiter und kräftiger Nasenrücken — siehe Abbildung Bismarck und von Motz — kennzeichnet eine kraftvolle und markante Persönlichkeit mit guten körperlichen Kräften.

Schmaler und gewölbter Nasenrücken — siehe Abbildung Schiller und Napoleon I. — schneidiger und persönlichkeitsbewußter Mensch mit geschwächten körperlichen Kräften.

Dünne und hartknorpelige Nasenspitze — siehe Abbildung Schiller — läßt auf eine reservierte und distanzierte Art im Umgang mit der Umwelt schließen, deutet auf eine einzelgängerische Art.

Ernst Haeckel

Gesenkte Nasenspitze bei hochgezogenen Nasenflügeln — siehe Abbildung Laudon — kennzeichnet eine ebenfalls distanzierte, dabei aber bewußte, leicht arrogante und überhebliche Art im Umgang.

Hängende Nasenspitze — siehe Abbildung Caspar David Friedrich — gründliche und gewissenhafte Art im Umgang.

Runde und volle Nasenspitze — siehe Abbildung Wieland und Maria Theresia — verrät eine warmherzige, gemütvolle und dubezogene Art des Umgangs.

Jäh abbrechende Nasenspitze — siehe Abbildung Bismarck — läßt auf eine ebenso jähe und abrupte Art im Umgang schließen.

Gut geblähte Nasenflügel — siehe Abbildungen Bismarck, Wieland und Laudon — lassen eine temperamentvolle, meist cholerisch betonte Art der Darstellung und Gestaltung erkennen. Sie kennzeichnen außerdem eine gute körperliche Verfassung, besonders in bezug auf die Atmungsorgane.

Lasche, flach anliegende Nasenflügel — siehe Abbildung Schiller — deuten auf eine geistig gesammelte Darstellungsart und gleichzeitig auf geschwächte körperliche Verfassung.

Weiterhin können wir festhalten:

Je steiler sich die Nase aus dem Wangenfeld hebt — siehe Abbildung Schiller und Napoleon I. — um so weniger wird die Gestaltungs- und Darstellungskraft wie die gesamte Handlungsweise von den Empfindungskräften beeinflußt, trägt also eine betont verstandesmäßige und intellektuelle Note.

Je mehr die Nasenseitenwände weich und fließend in das Wangenfeld übergehen, um so stärker wird die Gestaltungs- und Darstellungskraft wie die Handlungsweise von den Fühl- und Empfindungskräften beeinflußt, trägt also eine gemütsbetonte Note. (Siehe Abbildung Maria Theresia.)

Je stärker sich die Nasenspitze als aufschwingender Pol von der Nase absetzt — siehe Wieland und Maria Theresia — um so stärker wird das Handeln vom Gefühl bestimmt.

d) **Die Wange.**

Das Wangenfeld kennzeichnet nicht nur den durchschnittlichen Ernährungszustand eines Menschen — wir denken z. B. an die Pausbacken eines Kindes — sondern läßt auch einen guten Schluß auf die seelische Grundhaltung des Menschen zu. Wir wissen, daß Leid und Kummer genauso wie Ehrgeiz und Ruhelosigkeit die Wangen „verzehren".

Die stark eingefallenen Wangen — siehe die Abbildungen Schiller und Caspar David Friedrich — kennzeichnen die ungewöhnlich starke seelisch-geistige Ruhelosigkeit, den verzehrenden Gestaltungsdrang, der das ganze Leben dieser Menschen beherrscht. Die seelischen Reservekräfte sind aufgebraucht und bedürfen einer ununterbrochenen „Aufladung" durch eine warmherzige, gefühls- und gemütsbetonte Umwelt.

Günstige Partner wären Maria Theresia und Conrad Ferdinand Meyer, also Menschen mit vollen Wangen und dementsprechend starken seelischen Quellkräften.

Die schmale, hagere Wange — siehe Abbildungen Laudon und Wieland — kennzeichnet die Vorherrschaft der geistigen Kräfte, ein verstandesmäßig kontrolliertes Gefühlsleben.

Die volle, quellende Wange — siehe Abbildungen Maria Theresia und Conrad Ferdinand Meyer — läßt auf gute seelische Quellkräfte schließen. Diese Menschen ruhen sicher in sich und vermögen die Umwelt mit seelischen Kräften zu speisen und zu erwärmen.

Christoph Martin Wieland

Selbstverständlich spielt bei der Beurteilung der Wange der Spannungs- und Strahlungszustand der Haut eine sehr große Rolle. Nur die Beachtung dieser feineren Hautzustände läßt uns ja die gutgepolsterte von der verfetteten, die krankhaft verzehrte von der natürlich schmalen Wange unterscheiden. Hier bedarf es also mancherlei Übung in der Beobachtung, denn auch die so unterschiedlichen Farbtönungen der Wange, die Beschaffenheit der Poren, die krankhaften Fleckungen wollen berücksichtigt sein.

e) **Das Jochbein.**

Gegen Schläfe und Auge zu wird das Wangenfeld vom Jochbein, dem sogenannten Backenknochen begrenzt, den wir besonders bei den slawischen und asiatischen Völkern stark entwickelt antreffen.

Der Physiognomiker schließt vom Jochbein auf die seelische Eigengesetzlichkeit des Menschen, d. h. er will von ihm aus zu erkennen versuchen, wie stark der Mensch an sein eigenes seelisches Gesetz gebunden ist.

Hierbei bestätigten sich folgende Erfahrungen immer wieder:

Sehr schwach entwickelte und kaum in Erscheinung tretende Jochbeine — siehe besonders die Abbildungen Conrad Ferdinand Meyer und Laudon — finden wir am häufigsten bei betont geistig ausgerichteten, klugen und taktischen Persönlichkeiten, die imstande sind, sich in das Wesen des Mitmenschen hineinzuversetzen, es zu respektieren und in seiner Art gelten zu lassen. Diese Menschen zeigen wenig Neigung, der Umwelt ihr eigenes seelisches Gesetz aufzuzwingen, sondern lassen jeden auf seine Weise selig und glücklich sein.

Kräftig entwickelte und leicht gewulstete Jochbeine — siehe die Abbildungen Caspar David Friedrich, Bismarck und Maria Theresia — kennzeichnen den seelisch eigengesetzlichen, eigenwilligen — auch eigensinnigen — Menschen, der sich in seinem Gefühlsleben schlecht anzupassen vermag und gern das Gesetz der eigenen Art zum Gesetz für alle erhebt.

Sind die Jochbeine so stark entwickelt, daß sie die Breite der Stirn überragen, so verraten sie den ausschließlichen Gefühlsmenschen, der verstandesmäßigen Erwägungen und Einsichten nur schwer zugänglich ist, sozusagen nicht über seinen eigenen Schatten zu springen vermag und dazu neigt, in leicht tyrannischer Art seine Gefühle und Empfindungen der Umwelt als gültige Maßstäbe aufzuzwingen. Die Unduldsamen, Intoleranten und Eifernden zeichnen sich meist durch besonders wulstige und hartgekantete Jochbeine aus.

f) Der Unterkiefer.

Wie die Jochbeine die obere Begrenzung der Wangen darstellen und damit mehr in das seelische Symbolfeld des Gesichtes rücken, so stellen die Unterkiefer die untere Begrenzung dar und gehören zum körperlichen Symbolfeld des Antlitzes.

Die Unterkiefer sind als die äußeren Merkmale der körperlichen Anspannungs- und Durchsetzungskräfte anzusehen. Wir können sie in ihrer Auswirkung mit einem Schneepflug oder auch mit den gewinkelten Ellenbogen vergleichen.

Die einzelnen Erscheinungsbilder werden wie folgt gedeutet:

Schmaler und flachgewinkelter, langer Unterkiefer — siehe die Abbildungen Caspar David Friedrich, Schiller und Wieland — spricht von schwach entwickelten körperlichen Anspannungs- und Durchsetzungskräften, wenig Rücksichtslosigkeit und geschwächter körperlicher Veranlagung. Wir finden diesen Unterkiefer darum auch nicht bei Boxern und Athleten, sondern bei Vertretern geistiger und künstlerischer Berufe am häufigsten.

Breiter, scharf gewinkelter und kräftiger Unterkiefer — siehe die Abbildungen Napoleon I. und Bismarck — kennzeichnet kraftvoll und wuchtig in Erscheinung tretende körperliche Anspannungs- und Durchsetzungskräfte, freie Entfaltung der sogenannten Ellbogenkraft, mit der sich der Mensch Platz und Raum schafft, ohne vor gelegentlichen Rücksichtslosigkeiten zurückzuscheuen. Wir finden diesen Unterkiefer bei den ausgesprochenen Tatmenschen im praktischen wie im politischen Leben.

Von den Wangenpolstern weich überrundeter Unterkiefer — siehe die Abbildungen Maria Theresia und Conrad Ferdinand Meyer — läßt auf den Hang schließen, allzustarken körperlichen Anspannungen auszuweichen, sich in gemütlicher und ausgleichender Art durchzusetzen, Schroffheiten zu vermeiden.

g) **Das Kinn.**

Das Kinn wird im Volksmund gern als ein Merkmal der Willensstärke angesprochen. Doch schon ein Blick auf die Abbildungen Bismarcks, von Motz's, der Kaiserin Maria-Theresia und ihres Feldmarschalls Laudon läßt uns da stutzig werden. Denn diese vier Menschen möchten wir doch bestimmt nicht als willensschwach bezeichnen, obwohl sie recht schwach entwickelte Kinnformen aufweisen.

Der erfahrene Physiognomiker erblickt in der Kinnform lediglich das Merkmal der körperlichen Impulsivität und Angriffslust und kann auf folgende Erfahrungsgrundsätze in der Beurteilung hinweisen:

Unentwickeltes und stark zurückweichendes Kinn — das in seinem Erscheinungsbild etwa dem des Feldmarschalls Laudon gleicht — ist dem körperlich stark zurückhaltenden und abwartenden Menschen eigen. Laudon wurde oft der große Zögerer genannt. Diese Menschen vertragen auch keinen Angriff auf ihren Körper, sind also nicht für freundschaftliche Schulterhiebe und Rippenstöße empfänglich.

Kleines und spitzes Kinn, das aber gut durchgeformt ist — siehe die Abbildungen Kaspar David Friedrich, von Motz, Maria Theresia und Wieland — kennzeichnet eine körperliche Impulsivität, die sich zart und gefällig in Erscheinung setzt, sogenanntes Fingerspitzengefühl aufweist.

Die kleine, leicht vorgewölbte, eirunde Kinnform — wie wir sie etwa bei Schiller, Conrad Ferdinand Meyer und stärker bei Bismarck beobachten können — deutet auf eine gute körperliche Impulsivität und Angriffslust, die aber immer noch eine angenehme Form wahrt.

Wird das Kinn, wie es bei Bismarck und Laudon gut zu beobachten ist, gegen den Hals oder „die Binde" gedrückt, so hält der Mensch seine Impulsivität bewußt im Zaum, hält sozusagen an sich und versteht es, seine Angriffslust zu bremsen.

Das große, kräftige und gut vorgewölbte Kinn — siehe die Abbildungen Lessing und Napoleon I. — verrät den körperlich recht impulsiven, flotten, gern angreifenden Menschen, der dabei auch einmal des Guten zu viel tun kann oder auch voreilig handelt. Die Hand ist dann schneller als der Gedanke.

Das übergroße, schwere, viereckige Kinn, das meistens nicht vorgewölbt, sondern wie hängend auftritt, kennzeichnet den im Körperlichen allzuschweren, plumpen, ungelenken Menschen, dessen Handdruck uns aufschreien und dessen freundschaftlicher Schulterhieb uns zusammenknicken läßt. Werden diese starken körperlichen Angriffskräfte im Zorn frei, gibt es meistens ein Unglück.

Das gespaltene Kinn, wie es sehr deutlich bei Caspar David Friedrich auftritt, wird als ein Merkmal der Schwächung der körperlichen Impuls- und Angriffskräfte angesehen.

Das Grübchen auf der Wölbung des Kinns, das im Volksmund als „Amors Spucknäpfchen" bekannt ist, siehe Abbildung von Motz, läßt auch wirklich auf eine sehr gefällige, geschmeidige und schmeichlerische körperliche Art seines Trägers schließen.

h) **Das Ohr.**

„Schöne und edle Menschen haben schöne und edle Ohren!" sagen die alten Weisen im Lande, und wahrhaftig vermögen wir von der Ohrform aus recht weitgehende Schlüsse auf die seelischen und geistigen Qualitäten eines Menschen zu ziehen. Darüber hinaus spiegelt sich in der Ohrform noch einmal all das wider, was wir aus den einzelnen Formenzeichen des Antlitzes zu lesen vermochten. Die Richtigkeit unserer einzelnen Deutungen vermögen wir also anhand der Ohrform nachzuprüfen.

Wie das Antlitz wird das Ohr in drei Symbolbereiche gegliedert.

Dabei entspricht die Rundung des oberen Ohrrandes der Stirnform, die Breite des mittleren Ohres der Jochbein- und Wangenpartie, die Breite des unteren Ohres und die Form des Ohrläppchens der Unterkiefer- und Kinnpartie.

Wenn wir nunmehr das Ohr als Ganzes beurteilen, gelten folgende Erfahrungsgrundsätze:

Ein wohlgebildetes, gut durchgeformtes Ohr mit gleichmäßig entwickeltem Ohrrand, gut plastisch auftretenden inneren Windungen — siehe Abbildung Anton Bruckner und Conrad Ferdinand Meyer — kennzeichnet eine harmonische Veranlagung und läßt, sofern dieses Ohr auch gut durchblutet, rosig, von feiner Hautbeschaffenheit ist, auf wertvolle seelisch-geistige Kräfte schließen.

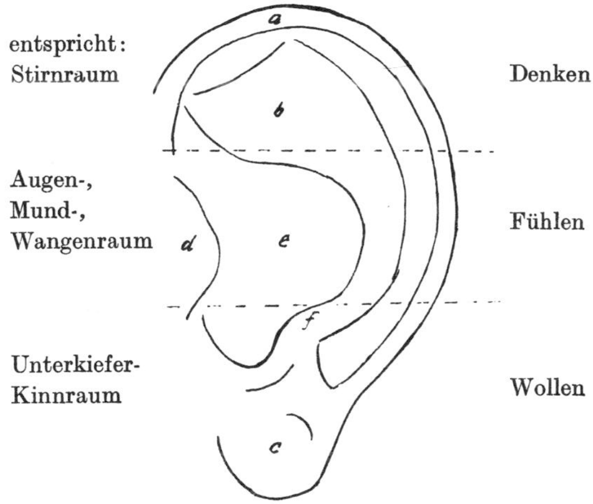

a = Ohrrand
b = innere plastische Windung
c = Ohrläppchen
d = Ohrvorsprung (Tragus)
e = Ohrloch
f = Gegenhöcker (Antitragus)

Die Hautbeschaffenheit des Ohres wollen wir immer besonders beachten, denn die schönste Form ist ohne Bedeutung, wenn das Ohr grau wie ein alter Scheuerlappen oder blaurot wie rohes Fleisch — um nur die beiden extremsten Erscheinungsbilder zu nennen — aussieht.

Zeigt das Ohr besonders in seinem oberen Drittel eine starke Entwicklung — siehe schematische Zeichnung a — und gleicht es also einem aufstrebenden Luftballon, so haben wir einen Menschen vor uns, bei dem die geistigen Interessen überwiegen und die materiellen Belange oft zu wenig beachtet werden.

Ist dagegen das untere Drittel stark entwickelt — siehe Schema b — so dürfen wir annehmen, daß der Träger dieses Ohres sich wenig Gedanken um weltanschauliche Probleme macht, sondern sich vorwiegend darum bemüht, sich eine gute wirtschaftliche Position zu schaffen.

Gleicht das Ohr mehr oder weniger einem Viereck — siehe Schemazeichnung c —, ist es also plump in seiner Form und wenig durchgebildet in seinen einzelnen Teilen, so kennzeichnet sich auch sein Träger als ein gleichsam „vierschrötiger" und stark körperlich betonter Mensch.

Ist das Ohr lang und schmal — siehe Schema d — so dürfen wir annehmen, daß sich sein Träger durch eine konservative geistige und verschlossene seelische Haltung auszeichnet.

Anton Bruckner

Zeigt das Ohr eine kleine, rundliche, und ganz besonders in seinem mittleren Drittel breit entwickelte Form — siehe die Schemazeichnung e — so haben wir einen vorwiegend gefühlsmäßig ausgerichteten Menschen vor uns, dessen seelische Quellkraft aber mehr im kleinen vertrauten Kreis als in der großen Öffentlichkeit zur Entfaltung kommt. Kleinohrige Menschen sind oft ein wenig gehemmt und trauen sich nicht so recht heraus.

Dagegen läßt das große und schrägliegende Ohr, das weite und freie innere Windungen, oft auch einen aufgerollten Ohrrandteil aufweist — siehe Schema f — auf ein starkes Selbstvertrauen, oft auch Mut und Schneid schließen und verrät gesteigerte Unternehmungslust.

Stark abstehende Ohren kennzeichnen seelisch-geistige Oppositionslust, Widerspruchsgeist, Neigung zu heftigen seelischen Spannungszuständen. Diese Tatsache möchten wir besonders bei schwierigen Kindern beachten.

Anliegende Ohren finden wir dagegen bei Menschen, die sich durch Anpassungsfähigkeit auszeichnen, sich klug und taktisch zurückhalten, manchmal — wenn andere Anlagen hinzutreten — auch etwas duckmäuserisch wirken.

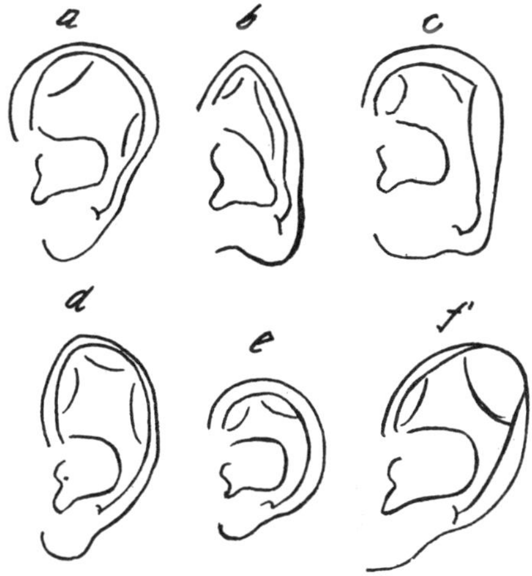

Tiefsitzende Ohren — deren oberer Rand unter der Augenbrauenhöhe liegt — siehe Abb. Conrad Ferdinand Meyer — verraten eine gewisse seelische Schwere, die Neigung zu Depressionen einerseits und cholerischen Ausbrüchen andererseits. Der angeführte Dichter z. B. litt jahrelang unter Depressionen, die auch seine Schaffenskraft schwer lähmten.

Hochsitzende Ohren kennzeichnen dagegen eine leichtere Gemüts- und Wesensart, und ihre Träger erinnern ein wenig an den sprichwörtlichen „Luftikus", der nichts schwer, aber auch nichts so recht ernst nimmt und an der Oberfläche des Lebens herumplätschert.

Bei der Beurteilung der einzelnen Ohrteile ist zu beachten:

Gleichmäßig eingerollter Ohrrand	= fest in sich geschlossen.
Sehr dicker plumper Ohrrand	= konservativ gebunden.
Sehr dünner und feiner Ohrrand	= aufgeschlossen und locker.
Ausgeplätteter Ohrrand	= etwas ungezügelt.
Gutausgebildete Windungen	= lebhafte starke Empfindung.
Überstarke und den Ohrrand überragende Windungen	= zu starken seelischen Erschütterungen geneigt.
Flache Ohrwindungen	= cholerisch gespannt und verstandesbetont.
Starker plastischer Ohrvorsprung	= schwungvoll, graziös und gesund belebt.
Schwacher dünner Ohrvorsprung	= matte, nüchterne und oft auch schwächliche Art.
Plastischer Gegenhöcker	= willensbetont.
Flacher kleiner Gegenhöcker	= willensschwach.

Volles saftiges Ohrläppchen = herzlich, warm im Umgang, gute und schnelle Kräfteergänzung.

Dünnes schwaches Ohrläppchen = matt und kühl im Umgang, körperlich geschwächt.

Angewachsenes Ohrläppchen = gehemmt und mißtrauisch im Umgang, schlechte und langsame Kräfteergänzung.

Vor allen Dingen wollen wir beachten, daß sich das rechte Ohr — das im Bezug zu den körperlichen und nach außen drängenden Kräften steht, z. B. Gestaltung, Darstellung, Handeln, Beruf — bei allen Menschen mehr oder weniger in seiner Formgestalt vom linken Ohr unterscheidet, das in stärkerer Beziehung zum Innenleben, z. B. Liebe und Ehe, steht.

Die Aussage der Profillinie

a) lebendig aufsteigender Haaransatz
= lebhafte und impulsive Gemütskräfte

b) gut gewölbte plastische Stirn
= gute geistige Impulsivität

c) fließender Übergang Stirn zur Nase
= Einheit von Gedanke und Gefühl

d) betonter und gewölbter Nasenrücken
= entwickeltes Gestaltungs- und Darstellungsvermögen, persönlicher Geltungsimpuls

e) geblähte Nasenflügel u. quellende Wangenpartie
= gute seelische Quellkraft

f) gut geschweifte Oberlippe mit betonten Amorbogen
= hohe seelische Aufmerksamkeit

g) durchmodelliertes plastisches Kinn
= lebhafter körperlicher Impuls

4. Der Ausdrucksbereich des Gehirnschädels (Phrenologie)

Dr. Franz Joseph Gall (1758—1828), der Begründer der zuerst unter der Bezeichnung „Kranioskopie", später „Phrenologie" bekanntgewordenen Schädellehre, war der Pionier der Gehirnanatomen. Er unterschied als erster graue und weiße Hirnmassen, entdeckte die Zusammensetzung der weißen Hirnmasse aus Nervenfasern, wies die sogenannten Nervenstämme nach und erkannte das Gehirn als Zentralorgan des seelischen Lebens. Und Gall wollte auch gar nichts anderes als Gehirnanatom sein. Als sich die Öffentlichkeit seiner von ihm jahrzehntelang geheimgehaltenen Schädellehre bemächtigte, verwahrte er sich mit den Worten: „Ich höre, daß die Herren Gelehrten mein Kind getauft haben, ehe es auf der Welt war. Sie nennen mich einen Kranioskopen. Allein der Gegenstand meiner Untersuchungen ist das Hirn, der Schädel ist es nur insofern, als er ein getreuer Abdruck der äußeren Hirnfläche ist."

Übrigens ist auch das eine der genialen Entdeckungen Galls, daß die Formkraft des Gehirns die Formgestalt des Schädels bestimmt und noch bis ins Alter hinein beeinflußt. Weiterhin fand Gall schon damals, was inzwischen durch die moderne Gehirnphysiologie seine wunderbare Bestätigung fand, daß die einzelnen Anlagen und Fähigkeiten des Menschen in besonderen einzelnen Teilen der grauen Großhirnrinde ihren lokalisierten Sitz haben. Er sagte: „Man kann keinen Augenblick mehr daran zweifeln, daß das Gehirn des Menschen soviele Teile haben muß, als er unterschiedliche moralische und geistige Kräfte, Triebe, Künste und Fähigkeiten hat."

Auf den Wegen der vergleichenden Betrachtung von Tier- und Menschenschädeln, der Untersuchung extrem veranlagter Menschen und dem Befundstudium gehirnverletzter Menschen fand Gall 27 verschiedene Symbolfelder auf der Schädeldecke, von denen er auf ebensoviele moralische, seelischgeistige und triebmäßige Eigenschaften schloß. Seine Schüler und Nachfolger, unter denen vor allem die Gehirnforscher Dr. med. Spurzheim, Prof. Dr. med. Combe und Dr. med. phil. et jur. Scheve hervortraten, erhöhten die Zahl der Symbolfelder auf insgesamt 35.

Auf den beigegebenen vier schematischen Zeichnungen der Stirn, des Oberhauptes, des Seitenhauptes und des Hinterhauptes sind alle diese einzelnen Symbolfelder eingezeichnet und wurden auch zum größten Teil ihre alten Benennungen beibehalten. Und im Grunde sind es eigentlich nur diese unglücklichen Benennungen, die die ganze Gall'sche Schädellehre in Mißkredit gebracht haben, auf denen seine Gegner von damals und auch die von heute noch herumhacken. Die allermeisten dieser Gegner besitzen zwar nicht ein hundertstel der anatomischen Kenntnisse Galls, ahnen auch gar nicht, was der Mann für die Wissenschaft bedeutet hat, aber sie wissen auf Grund der modernen Psychologie, daß es nicht einfach einen Mordtrieb gibt, sondern daß eine Summe charakterlicher Eigenheiten und Verzahnungen schließlich zur Gewalttat führen können. Sie bezweifeln mit Recht, daß es ein Gehirnorgan für Mord geben kann, und auch Gall wird das im Ernst nicht angenommen haben. Er fand lediglich

lich immer wieder bestätigt, daß Menschen, die zur Gewalttat neigen, an dieser Stelle des Schädels eine besondere Auswölbung aufwiesen. Er fand — ein Symbolfeld! Und von Symbolfeldern des Schädels, von denen wir bestimmte Eigenschaften und Fähigkeiten abzulesen vermögen, wollen auch wir nunmehr bei der Besprechung des Gehirnschädels reden. Wir werden dabei erkennen, daß ausgerechnet der belächelte Gall und seine als überholt angesehene Schädellehre die größte Aussicht haben, in naher Zukunft eine glänzende Rehabilitierung zu finden.

a) **Die Verstandessinne der Stirn.**
(Siehe schematische Zeichnung der Stirn Abb. 9)

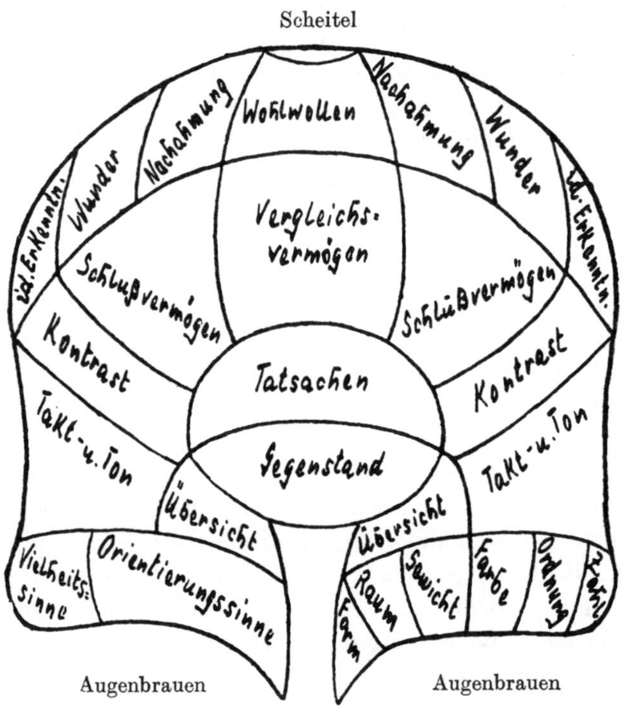

Die auf den ersten Blick verwirrende Vielheit von Feldern ordnen wir in folgende Denkgruppen:

1. Auffassendes Denken,
das die Orientierungssinne für Form, Raum, Gewicht, Farbe, Ordnung und Zahl umfaßt und uns in die Lage versetzt, uns in der uns umgebenden Welt zurechtzufinden, die Erscheinungsbilder aufzunehmen, zu erfassen und in ihrer charakteristischen Eigenheit zu erkennen.

Wir finden diesen Stirnteil beim Kind, das erst lernen muß, die Dinge zu unterscheiden, regelmäßig schwach entwickelt, während er beim gereiften Menschen oft eine besondere Plastik aufweist.

2. Das gegenständliche und vorstellende Denken,

das die auf gesammelter Erfahrung fußenden Sinne für Übersicht, für Gegenstand und Takt und Ton umfaßt und uns ermöglicht, das Bild der Welt schon vom Gedächtnis her in uns erstehen zu lassen.

Wir finden diesen Stirnteil besonders bei Menschen mit großem Sachwissen und reicher praktischer Erfahrung betont entwickelt.

3. Das schlußfolgernde und spekulative Denken,

das die Sinne für den Kontrast, das Schluß- und das Vergleichsvermögen umfaßt und uns befähigt, auch die scheinbaren Gegensätze, die verborgenen Zusammenhänge zwischen Ursache und Wirkung, die hinter den Erscheinungsformen geheimnisvoll wirkenden Kräfte zu erkennen und uns ein Bild zu schaffen, in dem sich die Welt spiegelt.

Wir finden diesen Stirnteil bei allen ideologisch verhafteten, philosophisch und erkenntniskritisch veranlagten Menschen gut entwickelt.

4. Das ethische und religiöse Denken,

das die Sinne für ideelle Erkenntnis, Wunder, Nachahmung und Wohlwollen umfaßt und die individuelle weltanschauliche Stellungnahme des Menschen zu Welt und Gott kennzeichnet.

Wir finden diesen Stirnteil stark ausgewölbt bei Menschen, die sich mit den Fragen des Fortlebens nach dem Tode, der Personifizierung der Gottheit, dem Glauben an übersinnliche Erscheinungen und überirdische Kräfte beschäftigen oder von starker und unbeirrbarer Liebe zum Mitgeschöpf getragen werden.

Die vier Denkzonen

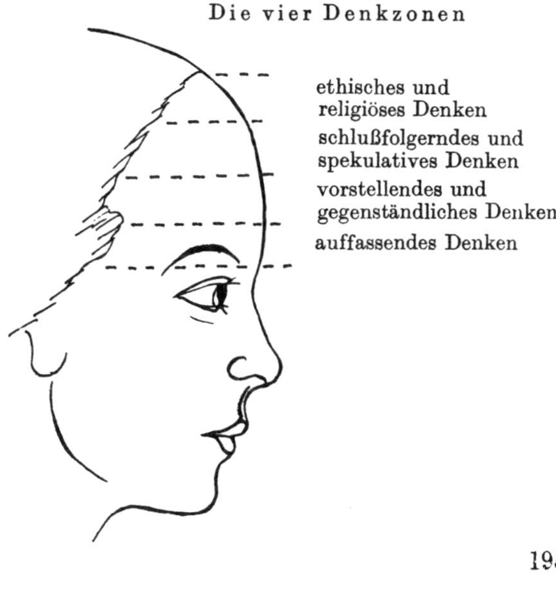

Wenn wir jetzt, auf dieser soeben getroffenen Einteilung fußend, die Stirnformen unserer Mitmenschen einmal im Profil betrachten, gewinnen wir schnell folgende Einsichten:

1. Die fliehende Stirn, bei der nur die Zone des auffassenden Denkens entwickelt ist, kennzeichnet den sachlichen, gegenwartsnahen und realen Denker, für den die tatsächliche, sicht-, faß- und meßbare Welt die maßgebliche ist.

2. Die steile Stirn, bei der alle vier Denkzonen gleichmäßig entwickelt sind, kennzeichnet den guten, gründlichen, wissenschaftlichen Denker, der Dingen wie Kräften gleichermaßen Rechnung trägt und zu einer guten und klaren geistigen Schau kommt.

3. Die eingeschnürte Stirn, bei der besonders die Zone des gegenständlichen und vorstellenden Denkens eingefallen ist, kennzeichnet den vorwiegend gemütsbetonten Denker, dem es an Sachkenntnis und Erfahrung mangelt und der gern in den Fehler verfällt, von einigen wenigen Beobachtungen aus voreilig weitgehende Schlüsse zu ziehen.

4. Die überbaute Stirn, bei der die Zone des ethischen und religiösen Denkens besonders stark entwickelt ist, während die anderen Denkzonen stark zurückfallen, kennzeichnet den weltfremden, der realen Welt abgewendeten, oft auch sehr wundergläubigen Menschen.

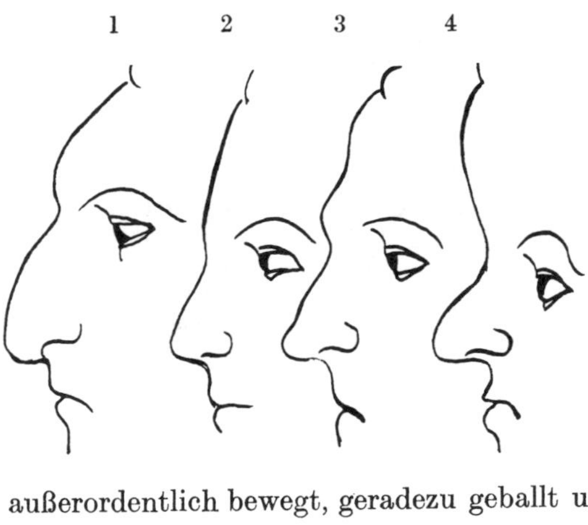

Was nun das Auffinden der einzelnen entwickelten Sinne anbelangt, sei jetzt, um das Auge zu schärfen und eine gewisse Übung zu erreichen, auf folgende Abbildungen hingewiesen:

Gut entwickelte Sinne für Form, Raum und Farbe finden wir bei Caspar David Friedrich und sehen dementsprechend auch den in Frage kommenden Stirnraum außerordentlich bewegt, geradezu geballt und willensmäßig angespannt.

Ausgeprägte Sinne für Ton und Takt, die zugleich auch eine besondere Befähigung für Sprache und Rhythmus anzeigen, finden wir bei C. F. Meyer und Bruckner in der hochgeschwungenen Braue in dieser Stirngegend gekennzeichnet.

Betonte Sinne für Übersicht, Gegenstand und Tatsachen verraten sich in der plastisch gewölbten mittleren Unterstirn bei Napoleon I., Bismarck, Laudon und Haeckel.

Hochentwickelte Sinne für Ordnung und Zahl, die eine geniale Übersicht über die Vielheit der Erscheinungen vermitteln, finden wir bei Napoleon I. und Bismarck in der Kantigkeit der seitlichen Unterstirn angezeigt.

Einen ausgeprägten Sinn für Kontraste (Witz, Ironie und psychologische Erkenntnis) kennzeichnet die plastische Breite und Kantigkeit der Mittelstirn bei Wieland und Lessing.

Sehr gutes schlußfolgerndes, spekulatives, vergleichendes Denken finden wir bei C. F. Meyer, Wieland und Lessing in der betonten Entwicklung der sogenannten „Phantasiehöcker" gekennzeichnet.

Hohe ethische Anlagen (Wohlwollen) kennzeichnen sich in der hochgewölbten Oberstirn bei Maria Theresia und von Motz.

Erwähnt sei schließlich noch, daß wir auf Grund des bisher Erarbeiteten und Gesagten bei der Gesamtbeurteilung der Stirnform festhalten können:

Breite Stirnform mit entwickelten Seitenteilen = umfassender, fortschrittlicher und aufgeschlossener Denker. Siehe vor allem Lessing und Wieland.

Schmale Stirnform mit hochgewölbtem Oberteil = auf ein bestimmtes, meist gefühlsbetontes Gesichtsfeld beschränkter und konservativer Denker. (Siehe besonders Maria Theresia.)

b) **Die ökonomischen Sinne des Seitenhauptes.**

(Siehe schematische Zeichnung des Seitenhauptes.)

In der Breite des unteren Seitenhauptes kennzeichnen sich die wirtschaftlichen Sicherungsbestrebungen des Menschen und alle damit verbundenen Triebe und Anlagen.

Unmittelbar über dem Ohr finden wir die Symbolfelder

Schlaf, Nahrung und Anspannung,

in deren Entwicklung sich unsere einfachsten Selbsterhaltungstriebe kennzeichnen.

Hier vermögen wir abzulesen, in welchem Maße der Mensch seine körperlichen Kräfte im Interesse der Selbsterhaltung anspannt und welche Rolle das Essen und Trinken, das körperliche Ruhebedürfnis bei ihm spielt.

Die Ernährungsnaturelle zeigen das untere Seitenhaupt immer gut entwickelt und sind dementsprechend einfach nicht zu genießen, wenn sie in dieser Hinsicht etwas entbehren müssen.

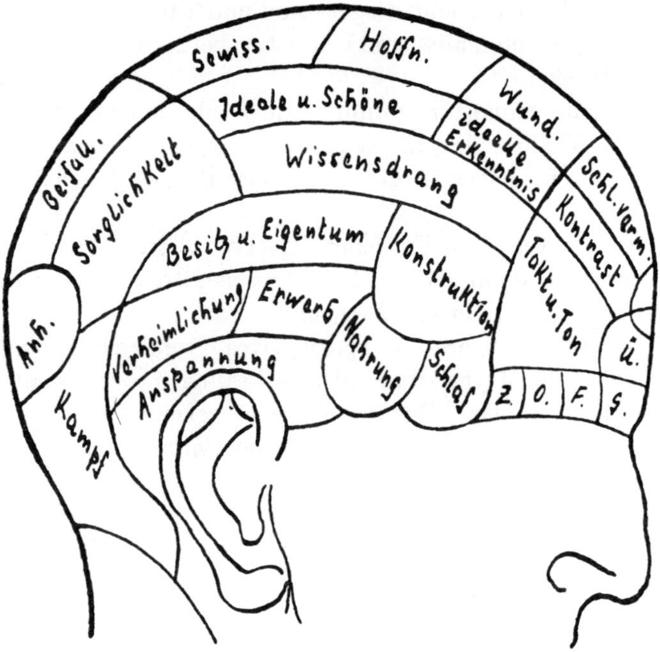

Im Dienst dieser Selbsterhaltungstriebe stehen auch die Sinne

für Verheimlichung und Erwerb.

Sie kennzeichnen bei kräftiger plastischer Entwicklung das Bestreben, durch kluges und zielhaftes Sammeln, Sparen und Vermehren des wirtschaftlichen Besitzes, sich eben Trank und Speise, Ruhe und Sicherheit nicht nur für den Tag, sondern auch für die Zukunft zu sichern.

Im engsten Zusammenhang mit diesen Bestrebungen, die wohl auch dazu führten, daß aus dem Pflanzensammler und Jäger ein seßhafter Ackerbauer und Viehzüchter wurde, steht

der Konstruktionssinn,

der sich aus der Notwendigkeit heraus entwickelte, das Erworbene aufzubewahren, zu umgrenzen, zu bedachen, und den Menschen zum Baumeister und Handwerker werden ließ.

Und nun konnte sich auch der Sinn

für Besitz und Eigentum

entwickeln, den wir im oberen Seitenhaupt finden und der die Freude an dem Erworbenen, Gesammelten, Umhegten kennzeichnet.

Ein breites und plastisches Seitenhaupt läßt also immer darauf schließen, daß dieser Mensch einen guten Erwerbssinn hat, über vielerlei praktische Fähigkeiten verfügt, der wirtschaftlichen Seite des Lebens große Beachtung schenkt, nach ökonomischer Sicherung strebt und auch einen ausgeprägten Besitzstolz hat.

Ein gut entwickeltes Seitenhaupt finden wir z. B. bei Bismarck. Oft ist diese Kopfpartie auch so gut ausgewölbt, daß sie das Ohr geradezu einbettet. Während bei ökonomisch unbegabten Menschen das Ohr gleichsam „schutzlos und verlassen" am Seitenhaupt steht, und höchstens noch von der „Künstlermähne" umrahmt wird.

Daß diese ökonomischen Triebe und Anlagen dem Menschen wiederum auch höhere geistige Impulse verliehen, deuten die im oberen Seitenhaupt liegende Sinne für Wissensdrang und Sorglichkeit an. Denn Besitz und Eigentum sowie die erwachte Konstruktionsfähigkeit lassen ein tieferes Interesse an der Zusammensetzung unbekannter Dinge wach werden, besonders auch darum schon, um sie auf ihre Verwendbarkeit, Brauchbarkeit, Genießbarkeit hin zu untersuchen. Andererseits entwickelte sich im häuslichen und an den festen Herd gebundenen Leben ein engeres und innigeres Zusammengehörigkeitsgefühl der Menschen untereinander.

Das Symbolfeld Wissensdrang im vorderen oberen Seitenhaupt läßt bei guter plastischer Entwicklung also darauf schließen, daß der Mensch bemüht ist, die Umwelt immer stärker zu durchdringen, zu erfassen, zu beherrschen und zu nutzen.

Wir finden diese Schädelpartie — oft verbunden mit der plastischen Entwicklung des Konstruktionssinnes — bei Erfindern und Naturforschern, Entdeckungsreisenden und überhaupt wissensdurstigen Menschen regelmäßig besonders betont.

Das Symbolfeld Sorglichkeit am hinteren oberen Seitenhaupt aber ist besonders bei den Menschen ausgewölbt zu finden, die über die Erhaltung und sorgliche Pflege des Eigentums hinaus in ein inniges und fürsorgliches Verhältnis zu den Dingen und Geschöpfen ihrer näheren Umwelt kommen. Wir haben also die Sorglichkeit als ein Gefühl zu verstehen, das das Eigentum (Haus, Hof, Garten, Kleidung, Geräte etc.) wie die anvertrauten Geschöpfe (Haustiere und Nutztiere) und die innerhalb der engeren Gemeinschaft lebenden Menschen zu erhalten, zu schützen und zu umsorgen sucht.

Das breite obere Seitenhaupt finden wir darum auch am häufigsten bei bäuerlichen Menschen.

c) **Die ethischen Sinne des Oberhauptes.** (Siehe Abb. 13.)

Es liegt nahe, im Oberhaupt, dem Schädeldach, das wir nur beim Menschen in dieser schönen Auswölbung finden, die Symbolfelder der höchsten geistigen und moralischen Anlagen zu vermuten. Wie uns die Zeichnung verrät, liegen hier die Sinne für das

Ideale und Schöne

(Streben nach ideeller, sinnlicher wie übersinnlicher Vollkommenheit, für Ästhetik, für Anmut, für Kunst und Religion).

Hoffnung

(Streben nach Wahrheit und Frieden, Gerechtigkeit und Liebe im Verhältnis zu Welt und Gott).

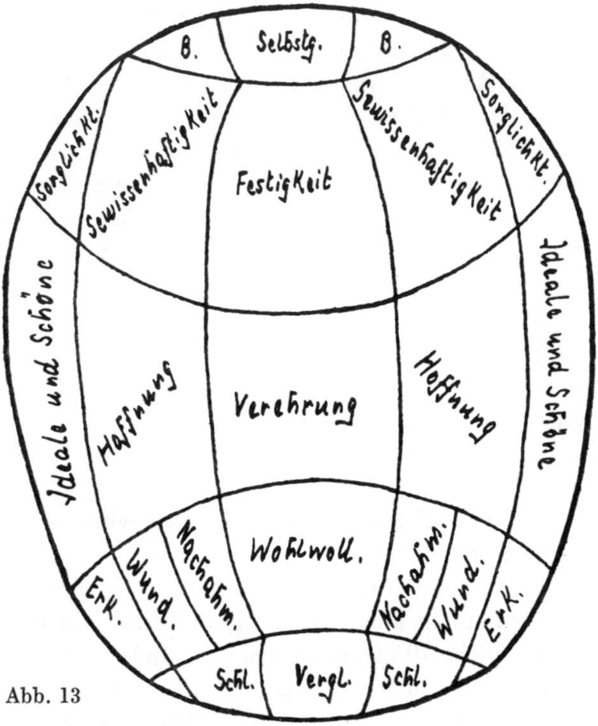

Abb. 13

Verehrung

(Verlangen nach einem erhabenen Gottheitsbild, vor dem wir uns in Andacht neigen).

Festigkeit

(Streben nach Selbstzucht, Selbstdisziplin, fester weltanschaulicher Ausrichtung, die uns ein Wertmaß für unsere charakterliche Haltung zu sein vermag).

Gewissenhaftigkeit

(Gefühl für gesteigertes Verantwortungsbewußtsein, für das unbewußt geahnte Gute und Böse, das uns zur ideellen Richtschnur des Handelns wird).

Wir können also sagen:

Je stärker ausgewölbt die Scheitellinie und die Breite des Oberhauptes auftritt, um so stärker wird der Mensch von diesen hohen geistigen und moralischen Kräften geführt, und

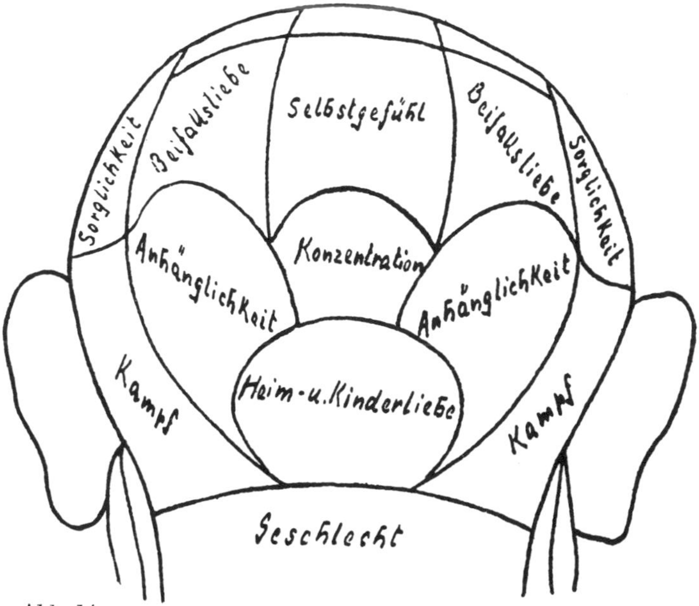

Abb. 14

je flacher die Scheitellinie verläuft und je schmaler das Oberhaupt auftritt, um so weiter ist der Mensch noch von seiner Vollendung entfernt, um so stärker ist er noch der wirklichen Welt und dem Körperlichen verhaftet.

Ungewöhnlich hochgewölbte Scheitellinien finden wir auf unseren Abbildungen bei Maria Theresia, C. F. Meyer und Wieland.

Ein sehr breites Oberhaupt weisen Lessing, C. D. Friedrich und Schiller auf.

Hoch entwickelt ist das Symbolfeld für Festigkeit bei Anton Bruckner und Bismarck. Bei beiden Männern finden wir übrigens auch ein gut entwickeltes unteres Seitenhaupt.

d) **Die triebgebundenen Sinne des Hinterhauptes.**

(Siehe schematische Zeichnung des Hinterhauptes, Abb. 14.)

Wie beim unteren Seitenhaupt kennzeichnen sich auch im Hinterhaupt eine Anzahl elementarer Selbsterhaltungstriebe, die sozusagen das triebmäßige Fundament des Charakters darstellen. Vom Nacken aufsteigend finden wir hier die Symbolfelder für

den Fortpflanzungs- und Geschlechtstrieb

(Streben nach Erhaltung der eigenen Art und Verhältnis zum anderen Geschlecht).

Die Heim- und Kinderliebe

(Gebundenheit an Ehe und Familie, Heim und Hof, Kinder und Kindeskinder, also der eigentliche Familien- und Sippensinn. Zugleich kennzeichnet sich an dieser Stelle des Hinterhauptes

die Handfertigkeit

(unter der man die eigentliche Fingerfertigkeit des Menschen versteht, die Anstelligkeit zu praktischen Arbeiten, wie wir sie besonders noch bei Bauern und Handwerkern finden).

Den Kampftrieb

(den wir uns als einen Aktionstrieb im Dienst des Fortpflanzungs- und Geschlechtstriebes sowie als einen Abwehr- und Verteidigungstrieb im Dienste der Heim- und Kinderliebe vorzustellen haben, der Partnerwahl wie Nachkommenschaft sichert).

Den Konzentrationssinn

(unter dem wir einen motorischen körperlichen Anspannungssinn zu verstehen haben, der die Zusammenfassung aller physischen Kräfte ermöglicht).

Die Anhänglichkeit

(als eine Art schon höheren Zusammengehörigkeitsgefühls, das an das der Sorglichkeit anklingt, sich aber ausschließlich auf rein gefühlsmäßige und triebhafte menschliche Bindungen bezieht).

Das Selbstgefühl

(das als eine Art körperlichen und persönlichen Stolzes anzusehen ist und Sicherheit im Auftreten und persönliches Wertgefühl vermittelt).

Die Beifallsliebe

(Trieb nach Anerkennung, Lob und Bewunderung, der sich als Eitelkeit wie Koketterie, Putzsucht wie Geltungsdrang auswirken kann).

Im Zusammenhang mit diesen Ausführungen lassen sich nunmehr folgende Erfahrungs- und Beurteilungsgrundsätze festlegen:

Breiter kräftiger Nacken — siehe Abbildungen Bismark, Bruckner und Napoleon I. — starker und gesunder Geschlechtstrieb.

Schmaler zarter Nacken — siehe Schiller und Wieland — verfeinerter Geschlechtstrieb, der schon seelische und geistige Züge trägt.

Gut ausgewölbter unterer Hinterkopf — siehe Bruckner — gute Handfertigkeit, wie sie ja bei den meisten Musikern anzutreffen ist, und starke Bindung an Heim und Familie.

Flacher unterer Hinterkopf — geringe Bindung an Familie und Sippe, Grund und Boden, darum auch typisches Merkmal des sogenannten „modernen" Menschen.

Plastisch gewölbter mittlerer Hinterkopf, wie wir ihn vor allem bei guten Sportlern, Tänzern, Akrobaten beobachten können, vorzügliche körperliche Konzentrationsfähigkeit, ohne die z. B. ein Jongleur oder ein Seiltänzer wie auch ein Essenkehrer oder Schieferdecker seinem Beruf nicht nachgehen könnte.

Ist das mittlere Hinterhaupt dazu breit, so ist auf eine betonte gemütsmäßige Bindung an Menschen, Örtlichkeiten und liebe alte Gewohnheiten zu schließen.

Gut ausgebauter oberer Hinterkopf, wie wir ihn besonders stark ausgeprägt bei Berufssoldaten, Feudalherren, alten Adelsgeschlechtern beobachten können, kennzeichnet starkes körperliches Selbstgefühl, sicheres Auftreten und hohe Selbsteinschätzung.

Abgeflachtes oberes Hinterhaupt — siehe z. B. C. F. Meyer — läßt auf geringen körperlichen Stolz, wenig Geltungsdrang schließen und findet sich häufig bei zu bescheidenen, körperlich gehemmten, in der Öffentlichkeit unsicheren Menschen.

Wichtig für den Beurteiler ist nunmehr, daß er die Untersuchungsergebnisse des Schädels mit denen des Gesichtes vergleicht, dann in der Ohrform wiederzufinden sucht und sich auf diese Art die erfaßte Aussage des einen einzelnen Formenzeichens durch die Aussage des anderen Symbolfeldes bestätigen läßt. Dadurch werden viele Fehlerquellen ausgeschaltet und ergänzen sich Physiognomik und Phrenologie auf eine recht glückliche Weise. Denn bedenklich ist und bleibt es immer, sein Urteil auf ein einziges Formenzeichen aufzubauen und darüber den Blick auf die Ganzheit Mensch, die Ganzheit des Charaktergefüges zu vernachlässigen. Schon das Verantwortungsgefühl sollte uns veranlassen, recht gewissenhaft und gründlich zu beobachten und lieber zu schweigen, als durch ein voreiliges Urteil unserem Mitmenschen zu schaden.

5. Die Falten und Linien des Anlitzes

> **„Die Falten um die Stirne dein,**
> **laß sie nur heiter ranken,**
> **das sind die Narben, die darein**
> **geschlagen die Gedanken."**
> **Viktor von Scheffel.**

Wir verdanken es Charles Darwin, zu wissen, daß die mimischen Ausdrucksbewegungen bei fast allen Völkern der Erde, ganz gleich, auf welcher Entwicklungsstufe sie stehen, die gleichen sind, und daß sie sich

a	=	waagrechte Stirnfalten	=	aufnehmendes Denken
b	=	diagonale Stirnfalten	=	zusammenfassendes Denken
c	=	senkrechte Stirnfalten	=	konzentriertes Denken
d	=	waagrechte Nasenwurzelfalten	=	angespannte und kämpferische Haltung
e	=	diagonale Nasenwandfalten	=	kleiner Stimmungsbarometer
f	=	Augenwinkelfalten (Krähenfüße)	=	großer Stimmungsbarometer
g	=	große Nasen-Mund-Linie	=	Lebenskraftlinie
			=	seelische Grundhaltung
h	=	diagonale Oberlippenfalten	=	Verzicht und Entsagung
i	=	waagrechte Oberlippenfalten	=	Mißliebigkeitsfalte
k	=	senkrechte Mundwinkelfalte	=	Eigensinnigkeit
l	=	senkrechte Wangenfalte	=	Anspannung und Verbrauch der seelisch-körperlichen Reservekräfte

in dem Maße verfeinern und differenzieren, in dem die seelisch-geistige Entwicklung des Menschen gediehen ist. Das heißt: die gleichen inneren

Vorgänge rufen bei allen Menschen die gleichen äußeren Veränderungen des Gesichtes hervor und bestimmen nachhaltig dessen individuellen physiognomischen Ausdruck. Der Unterschied kennzeichnet sich lediglich in der mehr oder weniger betonten Gehemmtheit, mit der den Gemütsbewegungen Ausdruck verliehen wird. Das Antlitz eines Kindes oder eines einfachen Naturmenschen wird sich also bei einem freudigen Gemütszustand bedeutend breiter und wohliger eröffnen als bei einem reifen und beherrschten Menschen.

Alle mimischen Bewegungen des menschlichen Antlitzes lassen sich auf zwei Grundempfindungen zurückführen. Es sind dies die Empfindungen der bereitwilligen Aufnahme von Sinneseindrücken und der sich verwahrenden Abwehr. Die erste Empfindung schließt das Gesicht auf, lockert und verbreitert es. Die zweite Empfindung verschließt das Gesicht, spannt und verengt es. Mit anderen Worten: angenehme Eindrücke und Empfindungen verleihen dem Antlitz Plastik und Fülle, während unangenehme Sinneseindrücke und Vorstellungen das Gesicht spannen und verengen.

Die Vielzahl feiner und feinster Muskel, die unseren Gesichtsschädel überziehen, vermögen dem Gesicht einen unendlich vielfältigen mimischen Ausdruck zu verleihen. Es ist im Rahmen dieser Arbeit unmöglich, auf die schier unzählbaren mimischen Ausdrucksbilder und ihre Bedeutung, ihre Aussage einzugehen. Wir können uns hier nur an die festen Spuren halten, die diese mimischen Bewegungen im Antlitz hinterlassen haben und die in der Gestalt von Linien und Furchen die vorherrschende seelisch-geistige Grundeinstellung des Menschen kennzeichnen. Die Sprache dieser Linien und Falten ist ziemlich eindeutig, denn wir sind, wie es Lichtenberg einmal sagte, im Durchschnitt doch alle „arme winddürre Geschöpfe, denen die Seele unmittelbar unter der Haut sitzt".

Beginnen wir mit den Stirnfalten!

Die waagrechten Stirnfalten entstehen vorwiegend, wenn wir erstaunen, uns verwundern, also sehr lebhaft aufnehmen. Sie gehören zur Gruppe der sogenannten „Aufnahmemimik" und begleiten das auffassende und vorstellende Denken. Sind sie sehr stark ausgeprägt, so sagen sie uns, daß in dieser Hinsicht eine rege Tätigkeit stattgefunden hat und wir es mit einem nachdenklichen Menschen zu tun haben. Sie sagen aber nicht — das sei betont! — ob diese auffassende und vorstellende Denktätigkeit von Erfolg begleitet war, verraten nichts über den Grad der Intelligenz und die Weite der Vorstellungskräfte. Sind die waagrechten Stirnfalten geradlinig und durchgehend, so wird auf ein klares und logisches Denken geschlossen, treten sie dagegen zerstückelt, zerrissen und wirr auf, dann soll auch der Denkvorgang gehemmt und wirr sein.

Die diagonalen Stirnfalten, die meist nur bei stark gespannter und auf die Augenbrauen gedrückter Stirn sichtbar werden, finden wir am häufigsten bei Menschen, die es gewöhnt sind, alle geistigen Kräfte anzuspannen, zusammenzuraffen und die Summe ihrer Erkenntnisse zusammenzufassen.

Die kleinen senkrechten Falten unmittelbar über der Nasenwurzel entstehen, wenn wir uns kritisch vor den Einwirkungen der Umwelt verschließen, wenn wir abwägen, prüfen, einer Sache auf den Grund gehen wollen. Sie gehören zur Gruppe der sogenannten „Abwehrmimik". Sie lassen auf einen kritischen und schürfenden, konzentrierten und eigenwilligen, aber auch auf einen mißtrauischen oder kämpferisch gespannten und mißvergnügten Denker schließen. (Siehe Abb. Ernst Haeckel.)

Die kleinen waagrechten Falten auf der Nasenwurzel, die sich gleichsam unter dem starken Druck der eben erwähnten senkrechten Falten bilden, unterstreichen das oben gesagte. Wir finden sie bei ausgesprochen und angestrengt geistig tätigen oder kämpferischen Menschen, die dazu neigen, sich in eine Aufgabe zu verbohren, unbeirrt und stetig ihre Ziele verfolgen und nur sehr schwer zu beeinflussen sind. (Siehe Ernst Haeckel.)

Die kleinen diagonalen Falten, die sich über die Nasenseitenwand hinziehen, lassen sich gut mit einem kleinen Stimmungsbarometer vergleichen. Diese Falten entstehen nämlich gleichzeitig beim mißvergnügten Naserümpfen wie beim verständnisinnigen Schmunzeln und Sichzublinzeln. Sie lassen auf alle Fälle erkennen, daß ihr Träger ein lebhaft empfindender Mensch ist. Wir finden diese Falten viel häufiger bei Frauen als bei Männern.

Vieldeutig im wahrsten Sinne des Wortes sind die bekannten Augenwinkelfalten, die „Krähenfüße". Denn diese Falten entstehen bei allen mimischen Bewegungen der Aufnahme wie der Abwehr, ob wir lachen oder weinen, mißtrauisch die Augenlider verengen, oder vertrauensvoll lächeln. Sie charakterologisch zu deuten, erscheint darum wenig angebracht. Erwähnt sei lediglich die Beobachtung, daß diese Falten bei alten gütigen Menschen in feingeschwungener Kurve über das Jochbein laufen, während sie bei menschenfeindlichen alten Leuten oft als kurze und harte Linien auftreten.

Der Ausdruck des Wangenfeldes wird weitgehend von der großen mimischen Nasen-Mund-Linie bestimmt. Ist diese Falte weit geschwungen und gut belebt — siehe Abbildung Maria Theresia — so läßt sie auf eine heitere und beschwingte Gemütslage schließen und zeigt gute harmonische Lebenskraft an. Tritt sie dagegen als ein scharfer senkrechter Riß auf — siehe Abbildung Anton Bruckner — so kennzeichnet sie eine herbe, verschlossene und ein wenig verengte Gemütslage und deutet auf eine Schwächung der Lebenskraft.

Die Beschaffenheit der Haut in dieser mimischen Partie läßt einen guten Schluß auf die jeweilige Gemütsverfassung zu, wobei jede Aufhellung als ein Merkmal guter und edler Empfindungszustände, jede Verdunklung auf eine dementsprechende Beschattung des Gemüts deutet.

Die kleinen diagonalen, manchmal auch fast senkrecht auftretenden Falten auf der Oberlippe kennzeichnen den Verzicht auf die Erfüllung der eigenen Wünsche. Bezeichnenderweise finden wir diese Falten fast nur auf den Oberlippen reiferer Frauen, bei Männern fast nie. Sie kennzeichnen also nicht, wie oft angenommen wird, den Zahnausfall, sondern sind ein typisches Merkmal des wahrhaft mütterlichen Antlitzes.

Die kleinen kurzen waagrechten Falten auf der Oberlippe, die ebenfalls fast nur bei Frauen zu finden sind, könnten wir geradezu als „Schmollfalten" bezeichnen. Sie entstehen, wenn wir schmollend die Oberlippe anheben oder ausgesprochen mißvergnügt sind. Diese Falten finden sich oft bei Menschen, die überhaupt nicht recht wissen, was sie wollen, unbefriedigt bleiben oder sich immer benachteiligt fühlen.

Die kleine senkrechte Mundwinkelfalte, wie wir sie angedeutet bei Schiller, Lessing, Napoleon I., beobachten können, läßt auf einen ausgeprägten seelischen Eigensinn schließen. Im jungen Antlitz kann diese Falte dem Mund eine besonders reizvolle Note verleihen, später aber kann aus dem „süßen Trotzköpfchen" ein unausstehlicher Mensch werden.

Auf ausgeprägte Eigenwilligkeit deuten auch die fest herabgepreßten Mundwinkel, die eine Faltenbildung bis zum Kinn verursachen. Siehe diesbezüglich besonders Abbildung Bruckner.

Die Falten, die die Wange ungefähr von der Wangengrübchenhöhe bis zum Unterkiefer hin senkrecht durchlaufen, kennzeichnen einen lebhaften und ständigen Verbrauch der körperlichen und seelischen Reservekräfte und verraten die Neigung, sich über das Maß der vorhandenen Kräfte anzuspannen und zu verausgaben. Man beobachte diese Faltenbildung einmal bei überangestrengten Sportlern, wenn sie nach beendetem Wettkampf verschnaufen.

Falten lassen also erkennen, daß vieles auf uns eingewirkt hat, daß wir lebhaft dazu Stellung nahmen und verraten, auf welche Art und Weise wir mit den Eindrücken fertig wurden.

L i t e r a t u r h i n w e i s e :

Kuhne, L. Gesichtsausdruckskunde. Turm.
Kushi, M. Dein Gesicht lügt nie: Was das Gesicht über uns und unsere Gesundheit verrät. Mahajiva.
Lersch, Ph. Gesicht und Seele. Reinhardt.
Thiel, E. Die Körpersprache verrät mehr als tausend Worte. Ariston.
Veltin, P. Merlins Atlas der Gesichtslesekunst. Merlin.
Werens, P. Menschenkenntnis. Compact.

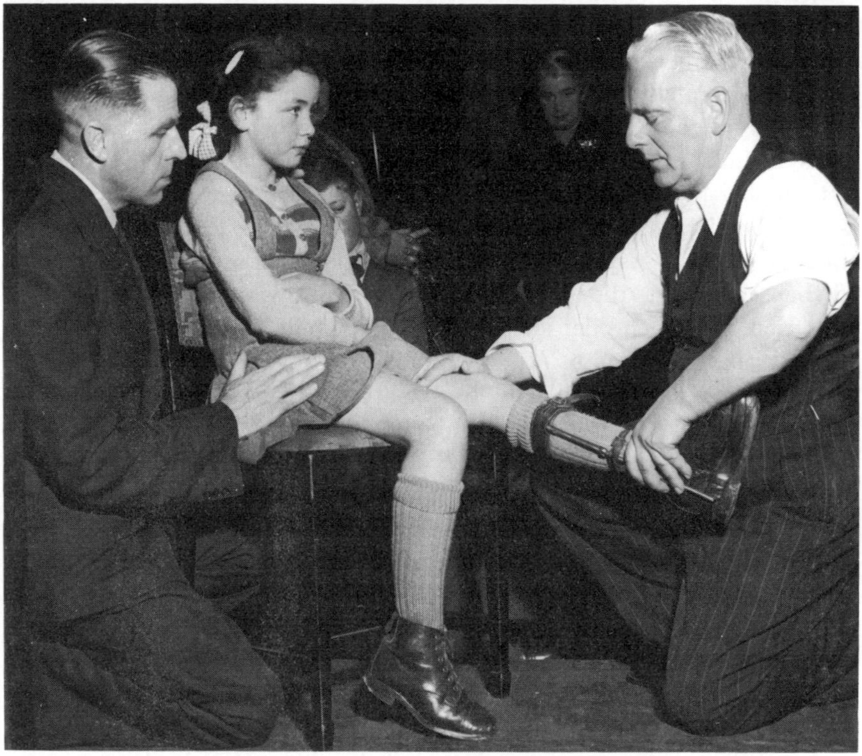

HARRY EDWARDS HEILT KINDER DURCH SPIRITUALISMUS

Die elfjährige Audrey Reid aus East Ham muß wegen ihres gelähmten Beines Visenschienen tragen. Orthopädische Schuhe sollen die Verkürzung des einen Beines ausgleichen. Harry Edwards ist überzeugt, daß er wenigstens das verkürzte Bein zur normalen Länge strecken kann und beginnt mit seiner Behandlung, während sein Gehilfe, George Burton, neben ihr kniet und sie stützt.

Suggestion und Hypnose

Das Wort Suggestion bedeutet soviel wie „Einflüsterung". Darunter ist zum Beispiel jene, sich einschmeichelnde Überredung zu verstehen, die einen Menschen dazu verleitet, irgend eine Tat gegen seinen Vorsatz zu verrichten. Im täglichen Leben sind eine ganze Reihe solcher Einflüsterungsarten zu beobachten. Man denke nur an die Lichtreklamen, die rhythmisch verlöschend und wieder aufleuchtend, das Unterbewußte in der Seele nach und nach mit der Neigung anreichern, dasjenige zu erwerben, dessen Besitz sie als erstrebenswert einflüstern. Das charmante Lächeln einer Verkäuferin und der eine innere Vertrautheit vortäuschende Klang ihrer Stimme haben dem unentschlossenen Käufer „über die Schultern" gesehen, als er sich durch ihre Einflüsterung dazu durchrang, einen Kauf zu tätigen, der nicht vorgesehen war. Sie haben sein Gemüt an seiner „schwachen Seite" berührt und ihn für die Ausführung eingenommen. Sie haben sein Interesse geweckt. — Inter-esse heißt: „dazwischen sein", so daß ein „Hineinschauen" (intellegere) in jenen „Guckkasten" geschah, der ihm durch die Persönlichkeitswirkung der Verkäuferin über das Bewußtsein „gestülpt" wurde. Der „Hineinschauer" ist der Intellekt, von dem noch die Rede sein wird. Wie humorvoll hat dies Wilhelm Busch dargestellt, indem er einen Beifall ersehnenden Dichter skizzierte, der seinen widerstrebenden Freund dadurch zum Zuhören zwingt, daß er ihn an einem Westenknopf festhält und ihn damit im wahrsten Sinne an einer „schwachen Seite" berührt. Diese „schwache Seite" ist um im Sinne Blühers zu sprechen, gleichsam als die „unfreie, gebundene Seele" aufzufassen. Die hohe Bedeutung dieser durch Einflüsterung erreichten Unfreiheit kommt allein schon dadurch zum Ausdruck, daß Aussagen vor Gericht kein Gewicht beigemessen wird, so sie durch Suggestiv-Fragen beeinflußt sind, denn sie stehen, wie gesagt, im Verdacht der Unfreiheit. Das durch innere Selbst-Gerechtigkeit gefestigte Gemüt, dessen unabhängige Wachheit in einer starken Persönlichkeit ihren Ausdruck findet, repräsentiert die „freie, bewußte Seele" — wie Blüher sie bezeichnet und welche über jegliche Einflüsterung erhaben ist. Die Bewußtheit ist, wie ersichtlich, der Ungebundenheit gleichzusetzen, und alles Gebundene wird durch sein Bewußtwerden gelöst. Die Einflüsterungswirkung kommt dadurch zustande, daß der Fluß der Gedanken, der eine Kette aus Einzelgedanken darstellt, deren Glieder einander folgen und sich aneinanderhängen (binden), Vorstellungen anregt, die das Bewußtsein völlig für sich „einnehmen". Diese Verbindung der Gedanken (Assoziation) gleicht in der Gesetzmäßigkeit der Aufeinanderfolge dem auf einem Musikinstrument angeschlagenen Akkord. Die Einzelklänge stellen die Gedanken-Glieder der „Kette" dar.

Wundt sagt: „Suggestion ist Assoziation mit gleichzeitiger Verengung des Bewußtseins auf die durch die Assoziation angeregten Vorstellungen". Unter Assoziation ist die „Vergesellschaftung" von Gedankengliedern zu verstehen. Wenn man z. B. von einer Tischplatte Wassertropfen herabfallen sieht und das Interessengebiet des Intellekts enthält keinerlei Motive, die mit dem Vorgang des Herabfallens und dem Anblick von Tropfen, die in dem Archiv früher aufgenommener Eindrücke enthalten sind, in einer Verbindung stehen, so wird der Eindruck nicht „vergesellschaftet", d. h., er wird nicht registriert und damit nicht bewußt. Man ist bezüglich des Tropfenfalles „geistesabwesend". Der Tropfenfall wird nicht in den Gedankengang mitverwoben und kann somit auch nicht die Kette der aufeinander folgenden Vorstellungen nach seiner Charakteristik beeinflussen. Würde er jedoch zu einer Mitverwebung, zu einer „Vergesellschaftung", gelangen, so nähme der folgende Gedankengang einen anderen Verlauf. Das Interessengebiet des Intellekts bestimmt die Art der „Vergesellschaftung" der Gedanken. Durch die „Vergesellschaftung" werden, wie schon erwähnt, unterbewußt bereits vorhandene Eindrücke gleicher oder ähnlicher Beschaffenheit wieder wirksam gemacht, und zwar durch ihre Mitverwebung in den Gedankengang zur Vorstellung. Die Assoziation regt also die Vorstellungen an, die im Gewande der gegenwärtigen „Beleuchtung" und erneuerten Sinngebung zum „Eindruck von innen" werden. Es wird also eine „Vergesellschaftung" zustande kommen, wenn eine ursächliche Verbindung zwischen dem „beleuchteten" Gebiet des Unterbewußten (Interessengebiet des Intellekts) und dem gegenwärtigen Eindruck von außen durch die Sinnesorgane vorhanden ist. Diese ursächliche Verbindung ist selbstverständlich individuell. Der Unterschied wird durch die Verschiedenheit der Ursachen, die früher zur „Vergesellschaftung" führten, bewirkt. Es muß Ursachengleichheit vorliegen, um eine „Vergesellschaftung" stattfinden zu lassen, die eine Vorstellung anregt. Das Interessengebiet des Intellekts ist die „Vergesellschaftungsbasis". Während des „Vergesellschaftungsvorganges" ist das Bewußtsein keineswegs „verengt" auf die durch die „Vergesellschaftung" angeregte Vorstellung, sondern bleibt aufnahmebereit für die ihr folgenden Eindrücke von außen. Der Gesichtskreis des Bewußtseins beschränkt sich nicht allein auf die angeregte Vorstellung, indem diese sich lediglich auf die Wahrnehmung projiziert, die aus dem Eindruck von außen resultiert. Erst wenn die durch die innerliche Verarbeitung (Assoziation) angeregte Vorstellung in die Wahrnehmung „hineinschlüpft", so daß die Wahrnehmung durch die Vorstellung ersetzt wird, erfolgt die Verengung des Bewußtseins.

Ist dieser Vorgang ohne das Hinzutun einer zweiten Person hervorgerufen, indem die in der Innenwelt vorhandenen Motive sich mit der Wahrnehmung verquicken, verengt sich das Bewußtsein, da sein Gesichtskreis, der alle Wahrnehmungen von außen umfaßt, mit dem Gesichtskreis der Vorstellung zusammenfällt. Die Innenwelt ist das, was man gemeinhin „Seele" nennt. Sie besteht aus einem Archiv, in dem alle Motive enthalten sind. Die Gesamtheit aller dieser Motive bestimmt den „seelischen" Zustand und den Gesichtswinkel, von dem aus die Wahrnehmung „vergesellschaftet" wird. Somit ist alle Wahrnehmung relativ, indem sich die von dem seelischen Zustand abhängige Vorstellung mit ihr verbindet. Wenn dieser seelische Zustand selbst eine Verengung des Bewußtseins herbeiführt, erfolgt die Selbstsuggestion (Autosuggestion). Gelingt es einem zweiten, den seelischen Zustand insoweit zu beeinflußen, daß sich das Bewußtsein des anderen verengt, erfolgt aufgezwungene Suggestion. Die Autosuggestion überschattet das ganze Leben. Ihr unterliegt die Aufnahmebereitschaft wie die Gestalt des Aufgenommenen.

Dabei kann der Hypnotisierte auf das Atmen „vergessen". (Daher ist es von großer Bedeutung für jedes Experiment, bei der Versuchsperson nach Eintritt des hypnotischen Zustandes vor allem für die Atmung zu sorgen!) Der hypnotische Schlafzustand ist dem normalen ähnlich. Faszination in irgend einer Form kann zu der oben erwähnten Verengung des Bewußtseins führen, indem das faszinierende Objekt alle Aufmerksamkeit (unwillkürliche Sammlung) des Beschauers auf sich zieht. Auf diese Weise ist der Beschauer „magisch angezogen". Eine kritisch objektive Betrachtung entfällt, da die Sammlung (Konzentration) auf die, durch den Hypnotiseur bestimmten „Vergesellschaftungs-Motive" das Interessengebiet des Intellekts als normale „Vergesellschaftungsbasis" ausschaltet. Während die Versuchsperson sich unwillkürlich konzentriert — konzentriert sich der Hypnotiseur im wahrsten Sinne des Wortes willkürlich.

Die Kraft, die aus seinem Willen hervorgeht, wird von seiten der Versuchsperson unterbewußt in der Gesamterscheinung bzw. in der Persönlichkeit des Hypnotiseurs wahrgenommen, und dieses auf Grund der „Urformhaften Ausgeglichenheit", die seiner Gesamterscheinung eigen sein muß. Diese mit der kollektiv-unterbewußt wirkenden Charakteristik der Urform (Archetyp) versehene Ausgeglichenheit der Gesamterscheinung, die gewissermaßen das „Fluidum" der Persönlichkeit ausmacht, bewirkt die Faszination, die die Hypnose vorbereitet. Ihre Wirkung ist stimulierend (anreizend) und kann sogar ohne Willenskonzentration in Erscheinung treten.

Es ist mir ein Fall bekannt, wie jemand durch ein Mißverständnis geheilt wurde: Eine, durch eine vermeintliche Darmerkrankung ans Bett gefesselte Dame erhielt den Besuch eines Bekannten, den sie unter Umständen kennengelernt hatte, die offenbar sehr für seine „magnetischen" Kräfte gesprochen zu haben schienen. Das Gesprächsthema berührte okkulte Gebiete (ein Umstand, dem gewiß Bedeutung beizumessen ist). Als sich der Besucher nach der Verabschiedung von dem Gatten der Dame ans Haustor begleiten ließ, riet er ihm, seiner Frau einen ordentlichen Eßlöffel Rizinusöl zu verabreichen; am nächsten Tage würde sie wieder gesund sein. Der Ehemann überhörte (offenbar durch ein Straßengeräusch) den Rat bezüglich des Abführmittels und bestellte seiner Frau, daß ihr der Besucher für den nächsten Tag die Heilung versprochen hätte. Die Dame war tatsächlich am kommenden Tag gesund. — Ein Herr aus meinem Bekanntenkreis der sich seit Jahren mit Konzentrationsübungen im Sinne der Yoga-Praxis befaßt, überwand allein durch seine Persönlichkeit eine peinliche Aggression seitens händelsuchender Menschen, die uns in einem Atemzug schwer beleidigten und sich unmittelbar darauf unter plötzlicher Veränderung des Gesichtsausdruckes entschuldigten. — Eine junge Dame wurde von einem völlig Fremden gelegentlich einer gemeinsamen Trambahnfahrt wortlos dazu gezwungen, eine Haltestelle nach der, an welcher der Fremde die Trambahn verlassen hatte — auf diesen Herrn über 5 Minuten lang zu warten. Auf die diesbezügliche Frage durch den Experimentator antwortete sie, daß sie den Grund ihres Wartens nicht wisse. — Eine Dame wurde von einem Orientalen dazu gezwungen, genau das Gegenteil dessen zu sagen, was sie sagen wollte.

Im Sinne der Autosuggestion dient anstelle der menschlichen Persönlichkeit am besten das unentwegte Betrachten eines glitzernden Gegenstandes zur Verengung des Bewußtseins. (Sehr gut eignet sich ein Kristall.) Auch akustische Reize, wie das gleichmäßige Ticken einer Uhr sind zu nennen. In jedem Falle ist die Bereitschaft zur Aufnahme suggestiver Wirkung von großer Bedeutung. Es gibt Menschen, die eine ausgesprochene Suggestionsangst haben, und gerade dieses bekundet große suggestive Beeinflußbarkeit (Suggestibilität).

DIE KRISTALLKUGEL
Kristallseherei, eine Attraktion der DANTE REVUE. Wir sehen den Zauberer zusammen mit seiner hübschen Assistentin, Miss MOI-Yo Miller aus Melbourne, Australien, bei der Arbeit

Aus diesem Grunde findet bei ernsthaften Versuchen ein sog. „Medium" Verwendung, eine Person, die bereit ist, ihre „Suggestibilität" in den Dienst des Hypnotiseurs zu stellen, und vom Gelingen des Experimentes innerlich überzeugt ist. Diese Überzeugung, hypnotisiert werden zu können, ist der oben erwähnten Suggestionsangst in der Wirkung gleichzusetzen. Bei Massenexperimenten, wie sie im Rahmen öffentlicher Vorstellungen zuweilen stattfinden, geht es dem Hypnotiseur zunächst darum, etliche Menschen davon zu überzeugen, daß sie hypnotisierbar sind. Zu diesem Zweck läßt er seine Zuhörer die Hände mit nach oben gekehrten Innenflächen über dem Kopf falten. Er behauptet nun in einem Überlegenheit vortäuschenden Ton, daß man nicht in der Lage sei, die Hände zu lösen, wobei er auffordert, es zu versuchen. Wer infolge labiler Gemütsveranlagung ruckartig und krampfhaft reagiert, wird die Finger nicht lösen können und kommt für weitere Experimente in Frage. Nun wird er auf die Bühne gebeten, wobei sich der Gemütszustand automatisch seiner Objektivität noch mehr begibt und das Herz in seiner normalen Funktion stark beeinträchtigt wird. Das Bewußtsein jedoch ist durch die Störung des objektiven Gleichgewichts auf die Vorstellungen verengt, die durch die Gedankenassoziation angeregt werden und deren Charakter ist der eines unterbewußt „wohligen sich-selbst-verlierens". Hier sei an die Faszination erinnert, von der Liebesempfindungen begleitet sind und die ebenfalls im Grunde auf die Hingabe des Objektiv-Persönlichen beziehungsweise auf ein „wohliges" Sich-selbst-verlieren" hinauslaufen. Der Glaube an einen „übernatürlichen" Ursprung der hypnotischen „Macht" projiziert sich auf die Person des Hypnotiseurs, dessen Worte spontan in die tatsächliche Wahrnehmung „hineinschlüpfen".

DER FUHRENDE HYPNOTISEUR

Einer der tüchtigsten Hypnotiseure der Welt ist der 24jährige Peter Casson. Wenn auch seine tiefliegenden Augen einen besonderen Glanz ausstrahlen und eine „hypnotische" Wirkung auszuüben scheinen, verläßt er sich doch bei seiner Hypnosebehandlung auf seine Stimme. Im Hintergrunde ist die mit den Autogrammen vieler berühmter Persönlichkeiten bekritzelte Wand des Nuffield Club in London zu sehen.

Das von ihrem Inhalt abhängig gewordene Medium erhält eine Zwiebel mit dem Befehl, diesen saftigen Apfel zu essen. Mit Wohlbehagen verspeist es die Zwiebel, denn das auf die Vorstellung „Äpfel" verengte Bewußtsein verfälscht den Charakter der Sinneswahrnehmung. Auf diese Weise wurde von Medien bereits Tee als Tokayer getrunken oder der Finger des Hypnotiseurs für glühendes Eisen gehalten. Manche glaubten schon mit ihrem „Maserati-Rennwagen" ein Autorennen bestehen zu müssen, während sie auf einem Stuhl saßen. Inwieweit man den Aussagen von Versuchspersonen und dem Augenschein vertrauen darf, bleibt ein Kapitel für sich.

Es gibt noch eine weitere Möglichkeit, die Verengung des Bewußseins zu bewirken: eine Menschenmenge kann durch ihr eigenes Ausmaß fasziniert werden, und es kann leichter sein, in diesem Sinne ein ganzes Auditorium suggestiv zu beeinflussen, als den Einzelnen, der reichlich Zeit hat, sich darüber Gedanken zu machen, was mit ihm geschieht. Dabei hat das Wort eine vorzügliche Wirkung, zumal sich gerade die Persönlichkeit in ihm auswirkt. Der viel besprochene indische Seiltrick beruht meines Erachtens auf Massensuggestion. Offenbar ist die Wirkung eine Synthese aus der durch das Hörensagen von dem Zauberkunststück angeregten Vorstellung, die in jedem Zuschauer bereits wach ist, ehe er das Experiment selbst erlebt, und der Persönlichkeitswirkung des Ausführenden.

In diesem Zusammenhang sei auf die aus der Persönlichkeit des Ausführenden fließende suggestive Wirkung einer genaueren Betrachtung unterzogen. Die nach der Gesetzmäßigkeit der bereits erwähnten „Urformhaften Ausgeglichenheit" angelegte Persönlichkeit kann wie ein Doppelgänger des sichtbaren Leibes angesehen werden, den sie wie ein Fluidum einhüllt. Dieser fluidale zweite Körper regt die Wirkung an, von der Suggestion und die auf ihr aufgebaute Hypnose begleitet ist, und bildet außerdem die Basis für eine eigene Selbst-Harmonie. Er ist das Resultat einer „Inneren Mitte" der Persönlichkeit, die durch sie von der Umgebung völlig unabhängig wird und daher eine außergewöhnliche Sicherheit ausstrahlt. Die äußerlichen Kennzeichen dieser „Inneren Mitte" sind: Gleichmäßige Tiefe und Langsamkeit der Atmung, — Sinnfälligkeit und zieratlose Einfachheit des Gebarens, — Folgerichtigkeit und Ununterbrochenheit in der Wortsetzung beim Sprechen, — Unbeteiligtheit und Zurückhaltung des Mienenspiels. Das Auge aber ist der Spiegel des Gemüts, und wenn dieses durch die „Innere Mitte" gefestigt ist, kann auch das Auge nichts weiter aussagen als eine unerschütterliche Ruhe. Ebensowenig wie die „Innere Mitte" geteilt, —

bzw. mit-geteilt werden kann, wenn sie erhalten bleiben soll, kann das Auge etwas mit-teilen. Die „Innere Mitte" der Persönlichkeit, deren Medium das Gemüt ist, soll wie eine Achse gedacht werden, deren Charakter die Unbewegtheit ist. Die Unbewegtheit des eigenen Gemüts allein kann das des anderen in Bewegung versetzen, und diese Bewegung endet in dem Sog des eigenen Willens.

In jedem Menschen ist der vorhin erwähnte fluidale Hüllenkörper, der wegen seiner anreizenden Wirkung „Stimuluskörper" bezeichnet sei, unterbewußt vorhanden. Wenn man den eigenen „Stimuluskörper" berührt, berührt man den des anderen, denn sein Charakter ist die „Urformhafte Ausgeglichenheit", die in jedem Menschen ein und dieselbe ist. Er ist der unsichtbare Schatten des Gemüts, über den man ebensowenig zu springen vermag wie über den sichtbaren Schatten des physischen Körpers. Die Erweckung des „Stimuluskörpers" geschieht durch Atemübungen und Meditationen auf der Basis der kontemplativen Geisteshaltung, die neben der seelischen Durchsetzung des eigenen Seins ein gewissermaßen „Neues Körpergefühl" verleiht, wie z. B. die Fähigkeit, den gesamten Körper gleichzeitig und intensiv empfinden zu können.

Bei allen Übungen ist die Beherrschung der Gedankenvorstellungen die Grundlage, weswegen der Erfolg eine Frage dessen ist, inwieweit die Vorstellung auf das Körperliche anreizend zu wirken vermag bzw. inwieweit das Denken mit seinem Objekt der Vorstellung eins zu werden vermag. Dies ist Kontemplation. Der Unterschied zur Autosuggestion liegt darin, daß die Autosuggestion in erster Linie auf die Wahrnehmung selbst gerichtet ist, während die Kontemplation das körperliche Objekt berührt, welches die Wahrnehmung hervorzurufen geeignet ist. Auf der Basis des Stimuluskörpers wirkt die eigene durch Konzentration auf sie fixierte und plastifizierte innere Vorstellung gemäß ihres Charakters auf den anderen. Der Gesamtanblick der eigenen Erscheinung (Persönlichkeit) „spricht" in der lautlosen „Sprache" der „Urformhaften Ausgeglichenheit" der Synthese aus Geist und Körper zum Gemüt des anderen, und dieses zwingt der Geist-Körper-Synthese des Anderen eine unregistrierte Reaktion auf.

Folgender Versuch sei empfohlen: Wenn man zu irgend einem Vorgesetzten bestellt ist, konzentriere man sich beim Betreten des Raumes auf das Gesamtkörperempfinden, atme bewußt mit der Vorstellung, die im Zimmer befindliche Luft und den Gegenüberstehenden in sich einzusaugen — und zwar genau durch die Mitte des Raumes als Durchgangspunkt. Darauf lasse man geistig diesen Durchgangspunkt

(Mittelpunkt des Zimmers) nicht mehr los und stelle sich gleichzeitig das Skelett des Gegenüberstehenden plastisch vor.

Im Falle der Suggestion ist die freie Entscheidung des Willens zwar berührt, jedoch nicht wesentlich beeinflußt. Die Hypnose dagegen löscht die gegenwärtig objektive Willensentscheidung aus, und nur eine vorweggenommene Willenstendenz vermag sich zu behaupten, so sich ihre Charakteristik lange genug in der Innenwelt verankert hat. So wertvoll die Suggestion sein kann und zu vielen Heilerfolgen einen ganz wesentlichen Beitrag leistete, so spärlich sind die positiven Erfolge einer hypnotischen Praxis gesät, da alles, was sich wider die Individualität des Bewußtseinprinzips versündigt, mehr Schaden bringen muß als Nutzen.

Die Autohypnose (Selbsthypnose), die durch das unentwegte Betrachten eines glänzenden Gegenstandes herbeigeführt werden kann, ist nur dann von irgendeinem Wert, wenn mit ihr bestimmte Übungen verknüpft werden, die zur teilweisen Beeinflußbarkeit des vegetativen Nervensystems beitragen. In diesem Sinne ist jedoch die ausgesprochene Autosuggestion oder noch besser die Kontemplation weit geeigneter. Das sog. „autogene Training", das eine gelungene Methode in Anlehnung an die leichteren Yoga-Praktiken für einschlägige Effekte darstellt, ersetzt die autohypnotische Praxis, insoweit sie anratbar ist, vollständig.

Eine andere und bekanntere Form der Hypnose ist die sog. „Verbal- oder Befehlshypnose". Sie ist sehr mit Vorsicht zu genießen und basiert ausschließlich auf einer Willensaufdrängung eines „herz-willensstarken" Menschen gegenüber einem labilen Gemüt, das praktisch ohne eine innere Mitte der Persönlichkeit ist. Bei Nichtvorhandensein der aus diesem Umstand resultierenden Suggestibilität ist eine Verbalhypnose nicht möglich. Gerade die Verbalhypnose stützt sich auf die Verschwommenheit und Ungefestigtkeit des Gemütszustandes und ist wider den ausdrücklichen Willen der Versuchsperson und ohne eine wissenschaftlich schwerwiegende Begründung eine Versündigung gegen die Würde der menschlichen Individualität. Nicht unbeliebt ist die Methode, der Versuchsperson einen die Aufmerksamkeit fesselnden Gegenstand vor das Gesicht zu halten und nach Eintritt der erwarteten Trübung des Bewußtseins (Verengung des Bewußtseins) in ihr die suggestive Vorstellung zu erwecken, daß eine deutliche Ermüdung eintritt. Man kann dann fortfahren: „Atmen Sie ruhig und tief! Ihre Augenlider werden schwer! Sie werden gleich einschlafen!" Nachdem der gewünschte suggerierte Zustand eingetreten ist, sagt man: „Sie schlafen ruhig! Atmen Sie tief ein!" Es ist, wie schon erwähnt, immer wichtig, stets auf die Atmung zu achten. Der kontrollierende Arzt — ohne dessen Beisein das Experiment nicht durchgeführt werden soll — kann am Pulsschlag die Veränderung vom Wachheitszustand zum Zustand des Pseudoschlafes feststellen. Nun ergeht der Befehl: „Öffnen Sie die Augen!" Dabei kann es geschehen, daß die Versuchsperson aus dem hypnotischen Zustand herausgerissen wird. In diesem Falle muß das Experiment wiederholt werden, oder die Fortsetzung erfolgt mit dem erneuerten Befehl, langsam und tief zu atmen. Wenn der Zweck des Experimentes erreicht ist, empfiehlt es sich, die Versuchsperson sich ausruhen zu lassen, und die Erweckung erfolgt ebenfalls auf verbalbefehlsmäßiger Basis. Man kann sagen: „Ich zähle bis zehn, und wenn Sie die Zahl zehn vernehmen, werden Sie gesund, mit Wohlbehagen und frisch erwachen und sich an alles erinnern können, was mit Ihnen geschehen ist!" Darauf zählt man langsam und ohne Steigerung der Stimme. Dies ist wohl die gebräuchlichste Methode.

„IN TIEFEN SCHLAF...."

Der Schauplatz ist das Nuffield Services Centre in London. Casson lud zwölf Personen ein, auf die Bühne zu kommen. Sie schließen ihre Augen, und er beginnt zu sprechen: „Holen Sie tief Atem. Sie sind schläfrig. Sie werden in Schlaf verfallen. In tiefen Schlaf..." In weniger als fünf Minuten sind alle eingeschlafen. Casson hebt bei einigen Personen den rechten Arm, welcher in dieser Lage verharrt.

Hypnose wurde schon zu allerlei möglichen und unmöglichen Forschungen verwendet. Im Sinne der Psychoanalyse, nach der verdrängte Komplexe, die im Unterbewußtsein schlummern und gesundheitlichen Schaden verursachen, durch ihre Bewußtmachung wirkungslos werden, kann Hypnose insofern dienlich sein, als sie das unterbewußte Gebiet der Seele erhellt, soweit die im hypnotischen Zustand an den Patienten gestellten Fragen den verdrängten Komplex berühren. Selbstverständlich ist dies eine gewissermaßen „höhere" Indiskretion, die die Würde des Individuums verletzt. Ein in diesen Dingen erfahrener und charakterlich hochwertiger Arzt kann als Grundlage für die den vermutlichen Komplex berührenden Fragestellung einen „Psychotest" verwenden, aus dem die unterbewußte Verfassung teilweise ersichtlich sein kann. Zu empfehlen sind neben dem sog. Tintenkleckstest (Rorschachtest) der aus Archetypen (innerseelischen Urformen) durch Meditation auf deren Symbolcharakter geschaffene „Tuanima-Test" und die sehr in Einzelheiten gehende Handexpertise, die eine sehr subtile Art von Chirologie darstellt. Hypnose diente jedoch auch schon okkulten Forschungen, wie z. B. an eine Versuchsperson die Frage nach deren „früherem Dasein" im Sinne der Seelenwanderungs- bzw. Wiederverkörperungslehre erstaunliche Ergebnisse zeitigte. Nach meiner Ansicht sind derartige Dinge nicht die Aufgabe der Hypnopraktiker, sondern allein des asketischen Mystikers. Sie sind nicht danach beschaffen, um von rationellen wissenschaftlichen Spekulationen ausgewertet zu werden. Wertvoller sind Fragen, die sich mit dem vorgeburtlichen Dasein (im Mutterleibe) befassen, wenn sie im Rahmen ehrfurchtvollen Erkenntnisdranges von entsprechenden Forschern gestellt werden. Da für diese Experimente eine sehr tiefe Hypnosestufe nötig ist, die von kataleptischer Starre begleitet sein kann, können sich nur beste Fachmänner mit ihr befassen.

Wenn von der Versuchsperson Widerstand geleistet wird, kann der hypnotische Befehl „zerlegt" werden. Angenommen, der Befehl aufzustehen und ein Glas Wasser herbeizuholen, wird nicht befolgt. Dann zerlegt man die Handlungen einfach in ihre Einzelverrichtungen: „Sie fühlen einen Druck im Rücken, der Sie zwingt, sich nach vorne zu beugen! Strecken Sie die Beine! Setzen Sie den linken Fuß vor! Setzen Sie den rechten Fuß vor!" usw. In dem der Lösung von Komplexen genau entgegengerichteten Sinne scheinen durch die spätere Erfüllung eines über die Hypnose hinausreichenden Befehles sogar schon Verbrechen verübt worden zu sein, insoweit die Grenze der Beeinflußbarkeit deren Begehung gestattete. Der Hypnotisierte tut nur etwas, das mit seinem innersten Wesenskern vereinbar, d. h. in irgendeiner Form latent in seiner Seele schlummernd liegt. So wird ein Mensch, der normalerweise zu keinem Verbrechen zu bewegen wäre, auch in der Hypnose oder in dem sog. wie ein Komplex wirkenden posthypnotischen Zustand niemals den Befehl in dieser Richtung ausführen. Zusammenfassend erwähnt, ist jede Hypnose, die die Seele des anderen berührt und ihm den Willen, insoweit er die geistige Funktion und das Gemüt betrifft, fesselt, abzulehnen, desgleichen jeder oberflächlich experimentelle Versuch, der, wenn er unsachgemäß ist und die Atmung nicht stets besorgt, schlimme Folgen haben kann. Zudem sind viele Erfolge der hypnotischen Praxis überhaupt nur auf Taschenspielertricks zurückzuführen. Die psychosomatisch — etwa im Sinne des „Autogenen Trainings" angelegte Hypnose, bei der der Wille der Versuchsperson und das objektive Bewußtsein klar und unbeeinflußt bleiben, obgleich die rein psychosomatischen Effekte, wie völlige Entspannung, Wärme- und Strömungsempfindungen, unwiderstehliches Schwergefühl eintreten, ist zu Heilungszwecken geeignet. Die Versuchsperson wird keineswegs durch irgendeinen den Willen raubenden Befehl, ja sogar ganz ohne Befehl in den Zustand der Relaxation versetzt. In diesem Zusammenhang sei hier ein Versuch beschrieben, den ich selbst unternommen habe: Die Versuchsperson, ein gesunder Herr Mitte der Dreißiger, begibt sich in die Entspannungslage im Sinne des autogenen Trainings,und zwar in einen bequemen Lehnsessel. (S. Kapitel „Psychosomatik"!) Es ergeht an ihn die Aufforderung, langsam und tief zu atmen und sich seinen eigenen Körper bewußt vorzustellen, darauf sich zu vergegenwärtigen, daß er auf der Erdkugel sitze, über ihm das Rund des Himmelsgewölbes, und daß er im folgenden die „dazwischenbefindliche", den Raum füllende Luft ein- und ausatme. Ich stehe hinter ihm und vergegenwärtige mir genau dasselbe Bild. Darauf konzentriere ich mich auf seinen Atem und atme in seinem Rhythmus, vergegenwärtige mir sein und mein Sonnengeflecht, sein und mein Knochengerüst, seine Fuß-Sohlen und meine Hände, wobei ich meine Hände zu beiden Seiten seines Kopfes halte. Nun erfolgte meine Imagination einer Strömungsempfindung in meinen Armen und Händen, und ich ersuche ihn, genau auf alle Vorgänge und Veränderungen an seinem Körper zu achten. Er empfindet Wärme und zunehmende Schwere im Kopf und in den Armen sowie zunehmende Strömungsempfindung in den Beinen. Nach meiner wiederholten Aufforderung, langsam und tief zu atmen, sagt er, daß er sehr müde werde, daß seine Beine sehr schwer würden und daß die in ihnen empfundene Strömung ihm keine selbstdirigierte Bewegung mehr gestatte. Er behauptet, völlig bei Bewußtsein zu sein und alles verfolgen zu können. Meine Konzentration richtet sich jetzt auf seinen Hinterkopf, und meine Hände richten sich auf seine Augen. Ein scheinbarer Schlafzustand tritt ein, und die Atmung setzt aus — länger als erwartet. Auf wiederholte Aufforderung zu atmen, wird nicht reagiert. Durch rhythmische Klangwirkung tritt die Atmung spontan wieder ein. Seine Sprache ist mühsam. Er spricht von großer Schwere und

Strömungsempfindungen und sagt, alles miterlebt zu haben. Ich stelle mich nun ihm gegenüber und streiche langsam über seine Arme und Beine auf das Herz zu. Die Bewegungsfähigkeit steigert sich rasch. Ähnliche Streichgestikulationen mache ich über seinem Haupt. Langsam tritt ein wohliges Gefühl ein, und nur die Beine (!) sind noch schwer. Nachdem der Gebrauch der Glieder wieder gänzlich in seiner Gewalt ist, steht er auf, und langsam schwindet auch die Empfindung in den Beinen.

PATER NICHOLSON, DER KRANKE DURCH DEN GLAUBEN HEILT

Eine junge Dame unter dem heilenden Einfluß der Hände des katholischen Priesters. Vollkommenes Vertrauen und blinder Glaube sind die Grundbedingungen einer erfolgreichen Kur

Der Herr war in den folgenden Tagen sehr schlafbedürftig und erzählte mir später genau alle Einzelheiten des Versuches. Es ist m. E. jedoch unnötig, bis zu diesem Stadium vorzuschreiten. Die Wärmeempfindung und die der Strömung genügen vollständig zur Berührung des vegetativen Nervensystems, und darum geht es ausschließlich. Man kann auf diese Weise das „autogene Training" mit einer dem Magnetismus ähnelnden psychosomatisch angelegten Methode verbinden. (Erfolge zeigten sich u. a. bei Magenschleimhaut-Entzündung, Magen- und Darmkrämpfen, Kopfschmerzen und Gehbehinderung durch offenbar psychogene Motivierung. Ähnliche Behandlungsmethoden werden heute von Ärzten mit Erfolg durchgeführt, und es dürfte in einschlägigen Krankheitsfällen ein darin geschulter Arzt leicht zu finden sein.)

Eine Heilwirkung besteht m. E. darin, daß das Nervensystem zur Verwirklichung des Gesundungswillens aktiviert und eben durch diese Aktivierung des Nervensystems der Wille, gesund zu werden, mobilisiert wird. Eine bei ähnlichen Verfahren angenommene Strahlenwirkung läßt sich nicht ohne weiteres abstreiten, jedoch dürfte wohl der geheimnisvollen, wohl „atomaren Stofflichkeit" des Denkens, die das Gemüt zu durchdringen scheint, einige Beachtung geschenkt werden. Diese atomare Stofflichkeit des Denkens gleicht am meisten der Elektrizität. Nach meiner Ansicht resultiert ihre Strahlenwirkung immer aus dem eigenen Innern und kann lediglich durch wiederum innerliche Gleichschaltung in einem zweiten Menschen in dem ersteren angeregt werden.

Dies widerspricht durchaus nicht der Lehre Mesmers vom „tierischen Magnetismus" — insoweit es die Praxis angeht. Die Theorie jedoch, nach der äußerliche Strahlenwirkung angenommen wird, ist heute noch viel umstritten.

Literaturhinweise:

Chertok, L. Hypnose. Ariston.
Erickson, M. H./E. L. u. S. Rossi Hypnose. Pfeiffer.
Gerling, R. Der praktische Hypnotiseur. Schikowski.
LeCron, L. M.
— Fremdhypnose — Selbsthypnose. Ariston.
— Selbsthypnose. Goldmann.
Leibold, G.
— Erfolgsgeheimnis Selbsthypnose. Humboldt.
— Hypnose und Autosuggestion. Falken.
Meinhold, W. Spektrum der Hypnose. Ariston.
Rauch, E. Autosuggestion und Heilung. Haug.
Selig, E. Mit Hypnose heilen. Veritas.
Shreeve, C. u. D. Hypnose als alternative Therapie. Pietsch.
Stadler, K. F. Was in Hypnose möglich ist. Ariston.
Svoboda, T. Das Hypnosebuch. Kösel.
Tepperwein, K.
— Die hohe Schule der Hypnose. Goldmann.
— Fremdhypnose, Selbsthypnose — Praktische Lebenshilfe für jedermann. Ariston.
Tietze, H. G. Kräfte der Hypnose. Heyne.
Wambach, H. Seelenwanderung. Goldmann.

Das Siderische Pendel

> Es sind der Influenzen zwo, eine die von den Kreaturen auf uns wirkt, als durch den Himmel, und eine, die ohne alle Mittel in uns langet, das ist ohne den Himmel.
>
> Paracelsus.

Es tut not, sich von dem Siderischen Pendel einen Begriff zu machen. Dieser Begriff soll klar und eindeutig sein, sonst wären die ferneren Untersuchungen seiner Wirkung und ein unter Umständen daraus entstehendes Lehrgebäude auf sandigem Grund gebaut. Auch die Freude an der Welt der Geheimnisse darf den Forscher nicht veranlassen, die kausalen Voraussetzungen außer acht zu lassen, sonst wäre der Irrtum die zweifelhafte Grundlage jeder ferneren Erkenntnis.

Wer sich mit dem Pendel befaßt, muß zum mindesten über die einfachsten physikalischen und mechanischen Gesetze des Pendels Bescheid wissen. Darum soll zuförderst der mathematische und der physikalische Pendel durchgesprochen werden.

Der Name des Pendels stammt von dem lateinischen Wort pendulum, d. h. das Hangende. Das Pendel ist ein in seiner einfachsten Form an einem Faden aufgehängter schwerer Körper. Denkt man sich den Faden gewichtslos und den Körper als ein einziges schweres Massenteilchen, so hat man ein einfaches oder mathematisches Pendel.

Entfernt man das Pendel aus seiner lotrechten Gleichgewichtslage und überläßt es dann sich selbst, so kommt es unter der Einwirkung der S c h w e r k r a f t mit beschleunigter Geschwindigkeit dahin zurück, indem es einen Kreisbogen beschreibt. In der Gleichgewichtslage angelangt, kann es aber nicht plötzlich zur Ruhe kommen, sondern es geht nach dem G e s e t z d e r T r ä g h e i t vermöge der erlangten Geschwindigkeit jenseits über jene hinaus, indem es mit abnehmender Geschwindigkeit einen ebenso großen Bogen durchläuft, an dessen Ende seine Geschwindigkeit durch die entgegenwirkende Schwerkraft erschöpft ist.

Die Schwere oder Schwerkraft nennt man das Bestreben aller in der Nähe der Erde befindlichen Massen, nach dem Mittelpunkt der Erde hin sich zu bewegen, zu fallen.

Jede Masse wird durch die allgemeine Anziehung oder Attraktion von allen näheren oder ferneren Massen angezogen, und das, was wir auf die Erde bezogen, Schwere nennen, ist also nur ein besonderer Fall der Anziehung, die überall herrscht, soweit der Raum von Materie erfüllt ist. Nach dem Attraktionsgesetz von Newton verhalten sich die Anziehungskräfte wie die Massen und umgekehrt wie die Quadrate der Entfernungen der aufeinander wirkenden Körper.

Alle diese nach den verschiedensten Richtungen gehenden Anziehungen setzen sich nach dem Prinzip des „Parallelogramms der Kräfte" zu einer einzigen Resultierenden zusammen, welche wegen des durch die große Nähe überwiegenden Einflusses der Erde, wie schon bemerkt, durch den Mittelpunkt der Erde geht und kurz als Schwerkraft bezeichnet wird. Parallelogramm der Kräfte nennt man in der Mechanik eine Konstruktion zur Ermittlung der Gesamtwirkung zweier oder mehrerer auf einen Punkt (den Angriffspunkt) von verschiedenen Seiten her wirkender Kräfte. Man drückt dadurch die relative Größe der Kräfte durch die relativen Längen von Linien aus.

Den ideellen Punkt, von welchem aus die oben bezeichnete Resultierende wirkend gedacht werden muß, nennt man den Schwerpunkt. In der Mechanik bezeichnet man als Schwerpunkt denjenigen Punkt, in welchem man sich gewissermaßen die Gesamtschwere einer Masse vereinigt denken kann.

Daß es einen solchen Punkt gibt und wo er liegt, kann man in vielen Fällen schon durch einen ganz einfachen Versuch finden. Legt man z. B. ein dünnes, gleichartiges Stäbchen quer über eine Messerschneide, so bleibt es nur dann ruhig horizontal schwebend, wenn es genau in der Mitte auf der Schneide aufliegt. In diesem Punkte wird die ganze Schwere des Stäbchens vom Widerstand der Schneide getragen. Allgemein fällt der Schwerpunkt homogener und regelmäßig geometrischer Körper mit dem Mittelpunkte zusammen. Ist der Schwerpunkt selbst unterstützt, wie bei einer Scheibe, durch deren Achse ein Stift geht, so sagt man, der Körper sei im „indifferenten Gleichgewicht"; ist der Unterstützungspunkt, wie beim Aufhängen, also wie beim Pendel, senkrecht über dem Schwerpunkt, so heißt das Gleichgewicht ein „stabiles"; liegt dagegen der Unterstützungspunkt, wie beim sogenannten Balancieren, senkrecht unter dem Schwerpunkt, so nennt man das Gleichgewicht ein „labiles" oder „hinfälliges".

Soll daher ein Körper feststehen, so muß er nicht nur in einem Punkte oder in zweien, sondern mindestens in dreien, die ein Dreieck einschließen, unterstützt sein, und dabei muß das Lot vom Schwerpunkt des Körpers in diese Unterstützungsfläche hineinfallen. Ein frei hängender Körper kann nur in Ruhe sein, wenn sein Schwerpunkt sich senkrecht unter dem Aufhängungspunkte befindet.

Trägheit oder Beharrungsvermögen nennt man in der Mechanik die Eigenschaft aller Materien, solange in demselben Zustand, sei es in dem der Ruhe oder dem der Bewegung, zu beharren, bis derselbe durch eine von außen wirkende Ursache (Kraft) abgeändert wird.

Die Bewegung des Pendels von einem Bogenende zum anderen heißt Schwingung. Schwingung nennt man in der Mechanik jede regelmäßig hin- und hergehende Bewegung, wie die eines Pendels oder einer gespannten, elastischen Saite. Auch die Wasserwellen entstehen dadurch, daß die Wasserteilchen in auf- und absteigende, sich allmählich auf die benachbarten Teilchen weiter verbreitende Schwingungen geraten. Ebenso spielen bei der Bildung und Fortpflanzung des Schalls die Schwingungen des Äthers die Hauptrolle.

Der Winkel, den der Faden in seiner äußersten Lage mit der Gleichgewichtslage bildet, wird die Schwingungsweite oder Amplitude genannt.

Es taucht als erste entscheidende Frage auf: Welche Kraft entfernt das Siderische Pendel aus seiner lotrechten Gleichgewichtslage? Diese erste kritische Frage, welche der Physiker hinsichtlich der beginnenden Schwingung des Siderischen Pendels stellen wird, ist deshalb so einschneidend, weil dadurch die Einwirkung der Schwerkraft aufgehoben wird.

Es liegt nahe, daß der Kritiker die Ursache in einer gewollten mechanischen Bewegung des Aufhängepunktes suchen wird, wodurch dann die Schwingung des Pendels entstehen müßte. Da aber die einwandfreien Experimente mit glaubhaften Versuchspersonen ergeben haben, daß zum mindesten eine willentliche Bewegung des Aufhängepunktes nicht stattfindet, so bleiben nach dem heutigen Stand der Wissenschaft drei kausale Ursachen für die Inbewegungsetzung des Siderischen Pendels übrig:

1. Die ideomotorische Zuckung nach der Impulstheorie.
2. Die Strahlung des dem Pendel untergelegten Objektes.
3. Die Influenz, welche sich zum Teil mit der Strahlungstheorie decken kann.

Es sei nun zuerst untersucht, was es mit der Impulstheorie auf sich hat.

Das ganze Leben des Menschen ist ein einziger mächtiger Impuls. Wir können das Leben oder auch die Seele als solche nicht sichtbar machen. Es sei denn, daß wir die Auswirkungen des Lebens oder der Seele beobachten. Da der Mensch in der Tiefe seiner unbewußten Gedächtniskraft, welche als Ursubstanz zu bezeichnen ist, wurzelt, so sind es kosmische Influenzen, welche durch Triebe und Geistimpulse Kräfte aus dem

Unbewußten lösen bzw. freimachen, dem Bewußten zuführen und das Wollen bedingen. So sind die verschiedenartigen Lebensimpulse des Menschen von den kosmischen Einflüssen, von den sidera, den Gestirnen, weitgehend abhängig, wobei der menschliche Körper zugleich einen einzigartigen Transformator dieser kosmischen Kräfte darstellt. Indem nun die siderische Einwirkung auf das Pendel wegen ihrer transformierten Feinheit für das Auge unsichtbar ist, registriert ein so feines Instrument, wie es eben das Pendel darstellt, durch feinste ideomotorische Zuckung hervorgerufen jene oft untrüglichen Impulse, welche mit den uns unbewußten kosmischen Influenzen zusammenhängen. Dabei darf nicht unerwähnt bleiben, daß das griechische sideros = Eisen bedeutet und somit einen weiteren Bezug auf die Art der siderischen Schwingung ergibt. Wir würden in der modernen Physik die Begriffe sidera und sideros unterscheiden als kosmische bzw. atomare Influenz.

„So also ist der Mensch in zween Leib gesetzt, das ist in den sichtbaren und unsichtbaren, das ist in den elementischen und himmlischen. Darauf merkt jetzt weiter: Der Leib kommt aus den Elementen, der Geist aus dem Gestirn. Jetzt folget daraus, daß die Elemente den Leib führen müssen und der Himmel den Geist. Weiter: Aus den Elementen isset und trinkt der Mensch zur Erhaltung seines Blutes und Fleisches, aus dem Gestirn isset er seinen Sinn und Gedanken in seinem Geiste, denn im Leibe wohnet Blut und Fleisch, im Himmel wohnet Sinn und Gedanken. Und wenn ein Kind vom Vater genähret wird und vom Vater da ist, so nähren wir auch aus dem Gestirn, aus dem wir auch sind. Darum schlägt der Mensch in die Art der Sterne, schlägt auch in die Art der Elemente, aus denen er gemacht ist. Darum hat er alle ihre Eigenschaft an sich; darum speiset, führt und nähret ihn auch die große Welt in Weisheit, in Vernunft, in Speis und in Trank, als ihr eigen Blut und Fleisch, das wunderbarlich aus ihr geboren ist." (Paracelsus.)

Was heißt nun die Strahlung des Objektes? Der Strahl ist der Weg bzw. die Linie, auf welcher sich die Wirkung einer Kraft fortpflanzt. So spricht man von Licht- und Wärmestrahlen oder optischen und thermischen Strahlen, auch von Sonnenstrahlen. Da wir wissen, daß ein jeder Körper, und sei er noch so fester Substanz, eine Eigenschwingung hat, so dürfte er auch in seiner Substanz Eigenschwingungen ausstrahlen, worauf ein äußerst sensibles Instrument reagieren müßte. Ob das Siderische Pendel ein solches Instrument darstellt, wird vorerst als Hypothese bezeichnet.

Ein solcher Schwingungsvermittler des menschlichen Körpers soll die ihm eigene Aura sein. Aura kommt aus dem Lateinischen und bedeutet die Luft, insbesondere die sanft bewegte Luft, auch Duft und Hauch. In medizinischer Bedeutung bezeichnet Aura die krankhaften Erscheinungen, welche den Erschütterungen des Nervensystems, wie z. B. den epileptischen Anfällen, vorausgehen. Man sieht auch hier wieder die sehr eigenartigen, engen Beziehungen zwischen der ideomotorischen Zuckung und der Strahlung. In der griechischen Mythologie ist Aura eine Gefährtin der Diana, Tochter des arkadischen Königs Leas und der Nymphe Peridöa und so schnellfüßig, daß sie Hirsche und Rehe im schnellsten Laufe einholen konnte. Bacchos, unterstützt von der Liebesgöttin selbst, gewann ihre Liebe. Sie gebar ihm Zwillinge, verfiel aber darauf in Raserei, fraß eines ihrer Kinder auf und stürzte sich ins Meer.

Was ist nun Influenz? Influenz oder Verteilung nennt man in der Physik die eigentümliche Einwirkung, welche ein mit Elektrizität geladener Körper auf einen in seine Nähe gebrachten unelektrischen Körper ausübt. Es zeigt dann nämlich der letztere, sobald er isoliert ist, zwei verschiedene Elektrizitäten, nämlich auf der dem elektrischen Körper zugewendeten Seite die mit diesem ungleichnamige Elektrizität, auf der abgewendeten Seite dagegen die gleichnamige. Ist er nicht isoliert, so zeigt er nur die erstere. Man erklärt dies dadurch, daß man im unelektrischen Körper zwei entgegengesetzte elektrische Fluida (die positive und negative Elektrizität) als in gleicher Menge gemischt vorhanden und so sich neutralisierend annimmt. Durch Annäherung eines elektrischen Körpers werden diese beiden Elektrizitäten getrennt. Die ungleichnamige wird von jedem Körper angezogen, die gleichnamige dagegen abgestoßen. Ist der zweite Körper mit isoliert, so kann die letztere abfließen.

Da der menschliche Körper über eigene Elektrizität, aber auch noch über feinere Fluida verfügt und das Siderische Pendel gewissermaßen die Spitze eines Konduktors darstellt, so ließe sich nach dieser Hypothese auch ein Ausschlag des Pendels erkennen.

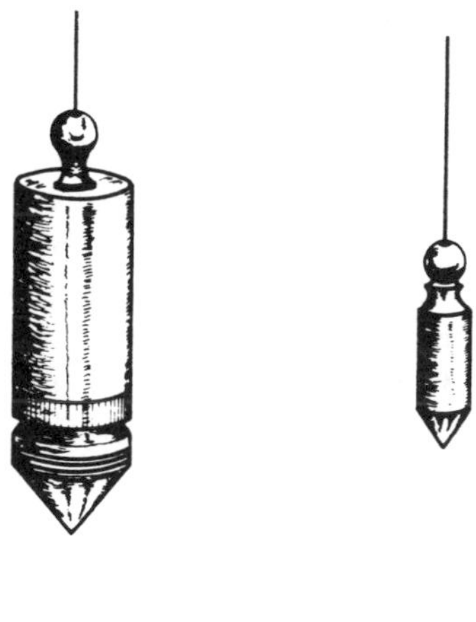

Ehe wir nun versuchen werden, die Ursachen der Pendelbewegung durch den Einfluß der Auren zu erklären, haben wir uns mit dem Siderischen Pendel als Instrument zu beschäftigen. Das Siderische Pendel ist schon seit dem Altertum bekannt. Es ist heute in der Hand des Forschers und Wissenschaftlers nach verschiedensten Lebensrichtungen hin brauchbar. Es werden verborgene Zusammenhänge von ihm aufgedeckt: Anderweitig unmögliche Geschlechtserkennung, Charakterharmonien und -dissonanzen, biologische Kraftspannungen, geistige Verwandtschaften und Manifestationen des Tiefenbewußtseins. Es werden verborgene Wasserquellen gefunden, es zeigt auch die Kunst, Verlorenes zu finden, ebenso wie Metalladern, wie die richtigen Wege im moralischen Sinn. Es ist Ausdruck prophetischer Begabung, längst versunkene Ereignisse aufzudecken und Angelegenheiten zu erhellen. Es beweist das von der Fotografie ausströmende Leben. Es ist verwertbar für medizinische Diagnosen und für vieles andere mehr. Auch Goethe hat sich mit dem Pendel befaßt und ihm ein Kapitel gewidmet, das Zeugnis ablegt von seinem persönlichen Glauben an die Wirkung dieses Gerätes.

Unsere Frage geht dahin, was eigentlich das Wort siderisch bedeutet, denn hierin liegt doch wohl eine Erklärung der Eigenart dieses sonst ganz gewöhnlichen Pendels. Siderisch kann abgeleitet werden von dem griechischen Wort sideros = Eisen und weist somit auf den Einfluß, den Metall, d. h. überhaupt anorganische Körper auf den Menschen ausüben, so daß dieser fähig wird, metallische Stoffe unter der Erde zu empfinden. Das Wort kann aber auch abgeleitet werden von sidus = Stern und bedeutet, daß der astrale Einfluß hier im Leben des Menschen wirksam ist und daß dieser sich besonders in den Schwingungen des Siderischen Pendels bemerkbar macht.

So schreibt denn auch Paracelsus in seiner Philosophia adepta im Kapitel Tod über das Kommen des siderischen Leibes: „Nun wisset vom Kommen des siderischen Leibes. Hören kann er nit, er kann auch nit reden, Augen hat er auch nit, drum sieht er auch nicht. Die Bewegung hat er deshalb, weil er im Leben den elementischen Leib bewegt und durch denselben redet, sieht, hört. Aber wenn sie voneinander kommen, so hat er der Stücke keines mehr; die Zungen, Augen und Ohren sind an sich tot und ohne Kraft, — der siderische Leib bewegt den elementischen Leib in der Zeit seines Lebens.

Denn in dem elementischen Leib ist keine Bewegung. Und wenn der siderische vom elementischen Leib geschieden wird, so ist keine Bewegung mehr im selben Leib; die Bewegung ist im siderischen Leib, drum gehet er tot und ist tot, aber nichts bewegt er als sich selbst, bis in die Verzehrung."

Hier sehen wir eine eigenartige Parallele zu den Anschauungen dessen, was wir unter Aura verstehen,und es ist wohl hier am Platze, diese Aura von der modernsten wissenschaftlichen Seite her in das Auge zu fassen. Die meisten Menschen, welche nur ein unbedeutendes Wissen von den seelischen Ursachen haben, haben schon von der Aura gehört. Sie glauben, diese sei eine feine, leichte Nebelhülle, welche die stofflichen Körper der Menschen und Tiere umgibt. Aber die Aura ist augenfällig viel mehr als diese.

Streng gläubige Naturwissenschaftler scheinen dieses verwickelte Band zwischen den körperlichen und seelischen Zuständen völlig vernachlässigt zu haben. Ein größeres Verstehen der Aura würde vor allem der medizinischen Diagnose sehr hilfreich sein.

Nach dem ersten Weltkrieg war es, daß der englische Arzt Dr. Walter J. Kilner vom St. Thomas-Hospital, London, sein erstes Werk über die Aura geschrieben hat, welches einen wirklich wissenschaftlichen Anspruch erheben darf. Seine „Menschliche Atmosphäre" ist ein klassisches Werk auf diesem Gebiet. Nichtsdestoweniger vermag er sehr viel genauer zu sagen, sehr viel intensiver zu prüfen, was die Aura nicht ist, als was sie ist!

Dr. Kilner erklärt, daß man bei der Erforschung der Aura nicht im geringsten hellsehend sein müßte. Viele Forscher gehen in diesem Punkte nicht mit der Meinung und Forderung Dr. Kilners einig.

Die Aura, so legt er dar, könnte man am besten sehen, wenn man in ein diffuses Tageslicht schaut und mit Hilfe von „Schirmen", welche gemacht werden aus zwei Glasplatten, die zusammengekittet und zu einem Miniatur-Wasserbehälter geformt werden, um somit dem Zwecke der Auraschau zu dienen. Der kleine Wasserbehälter soll eine Lösung von Kohlenteerfarbe enthalten, welche in der Färberei als Dicyaninblau bekannt ist.

In konzentrierter Form erscheint Dicyanin schwarz und kann nur in Alkohol aufgelöst werden. Der Doktor gebraucht auch Schirme, welche andere Farben enthalten, aber er findet, daß Dicyanin-blau die Augen sehr viel empfindsamer macht und deshalb besser ist als eine andere Farbe und die Augen in den Stand setzt, Lichtstrahlen und „glänzende Flecken" zu sehen, welche von der inneren Aura ausstrahlen. Diese Strahlen können abgelenkt, aber niemals gekrümmt gesehen werden.

Obgleich die meisten geprüften Auras gewöhnlich blau-grau in Farbe waren, hat er festgestellt, daß einige seiner Patienten die Farbe ihrer Aura verändern konnten wie sie wollten. Andere konnten Lichtfarben verursachen, welche von verschiedenen Körperteilen projiziert wurden.

Experimente mit Magneten zeigen, daß kein Pol einen größeren Einfluß auf die Aura ausübt als der andere. Der Forscher mutmaßt also, daß, soweit als Magnetismus die Aura betrifft, diese keine Polarität aufweist.

Es wurde auch festgestellt, daß, wenn die Versuchspersonen eine Ladung statischer Elektrizität von einer Influenzmaschine erhielten, die innere Aura verschwand und die äußere verringert wurde in Größe und Umfang. All diese Beobachtungen sind hinsichtlich des Siderischen Pendels von wesentlicher Bedeutung. Denn gerade die magnetischen Untersuchungen bei den Schwingungsausschlägen bestätigen die Polaritätslosigkeit der Aurakräfte. Auch zeigt sich eine Veränderung des Ausschlages oft dann, wenn der Pendler eine Ladung statischer Elektrizität erhält.

Später erschien die innere Aura wieder, während die äußere einige Zoll zunahm, nämlich weiter, als bevor die Ladung angewandt worden war. Auch hier zeigt sich beim Experiment, daß der Ausschlag danach ein größerer wird, als er vor dem Experiment war.

Hinsichtlich der Auraexperimente sind Beobachtungen mit einem Elektroskop gemacht worden, welches die Oberflächen-Elektrizität anzeigt und vor allem das Bild einer gleichmäßigen Verteilung derselben vor Augen führte. Dabei ist immer sehr auffällig, daß bei Frauen sehr viel mehr Spannung an der Wirbelsäule, besonders in Richtung des Steißbeines und an dem unteren Teil des Unterleibes zu erkennen ist. Auch dies wird von jedem Pendler erkannt werden und wird nicht als ein pathologisches Merkmal gebucht werden dürfen. Es gehört zu der Natur der weiblichen Aura. Ungleiche Verteilung kann in solchen Fällen beobachtet werden, wo die Aura verlagert ist. Solche Störungen zeigt das Siderische Pendel sehr deutlich mit einseitigem oder mit verwirrtem Ausschlag. Man muß dabei in das Auge fassen, daß die Aura nicht nur Ausdruck des körperlichen, sondern auch des seelisch-geistigen Wesens des Menschen ist und im Körperlichen ihre Entsprechung findet.

Nach der Veröffentlichung der „Menschlichen Atmosphäre" im Jahre 1920 gab es kein Buch in England, welches sich mit diesem Gegenstand wissenschaftlich befaßt hätte, bis Oscar Bagnall sein Buch „Ursprung und Eigenschaft der menschlichen Aura" (Kegan Paul 1937) schrieb. Dieses Buch erscheint jetzt nicht mehr und ist auch im Antiquariat nur sehr schwer zu erhalten.

Dr. Kilner und Bagnall fanden, daß ihre Schirme sie in die Lage versetzten, ultraviolette Strahlen durch Reizung der Netzhaut zu sehen. Dr. Kilner schreibt, daß, nachdem er den Wolkenhimmel angestarrt hätte, er für einige Minuten fähig gewesen sei, durch Dicyaninschilde, die Aura mit dem bloßen Auge zu unterscheiden. Es scheint, daß sein Trachten nicht darnach ging, die Aura durch den Schirm zu sehen, sondern daß er diesen nur gebrauchte, indem er meinte, die Augen aufnahmefähiger zu machen.

Bagnall stellte nun mit seinem Bildner fest, daß nervöse Krankheiten auf die äußere Aura einwirken, während Erkrankungen des Ernährungstraktes — Magen, Darm etc. — ihren Niederschlag in der inneren Aura finden.

Diese Feststellungen werden von einem jeden Pendler bestätigt, denn die Technik des Pendelns über einem Körper ist so geartet, daß zuerst das Pendel auf die innere Aura angesetzt wird, d. h.,daß sich die Pendelspitze in einem durchschnittlichen Abstand von 2—3 cm über dem stofflichen Körper befindet. Hier kann nun all das festgestellt werden, was an Krankheiten mit den inneren Organen, vor allem den Verdauungsorganen, dem Magen, der Speiseröhre, zusammenhängt. Will man nun aber die eigentlichen seelischen Erkrankungen, die nervösen Reizerscheinungen feststellen, so muß man von dem stofflichen Körper einen Mindestabstand von 20—30 cm einhalten, damit die Spitze des Siderischen Pendels nunmehr in die äußere Aura eintaucht und hier die Strahlungen derselben aufnimmt. Es ist daher immer auffällig, wie ein plötzlicher Schwingungswechsel eintritt, wenn man sich mit dem Pendel von der direkten stofflichen Körpernähe entfernt in äußere Bezirke.

Es liegt nun nahe, hinsichtlich des Siderischen Pendels eine Brücke zu suchen von dem uns doch nunmehr als praktisch erwiesen geltenden Aura-Phänomen zu dem des Pendel-Wunders. Dessen Erklärung gipfelt in einer Strahlungstheorie, in einer Emanationslehre, die sich ebenso wie die Aura-Lehre alles Erschaffene strahlensendend, strahlenempfangend vorstellt und inmittelst des Pendels eine Unterschiedlichkeit der Strahlenentsendungen feststellen zu können glaubt, die sich eben in der Verschiedenartigkeit der Pendelschwingung auswirkt. So sehen wir später das an sich psychometrische Phänomen des Pendelns im wesentlichen durch die Strahlentheorie erklärt, ohne die Theorie der ideomotorischen Zuckung ganz auszuschließen.

Die physikalischen Grundgesetze des Pendels schreiben an sich keine bestimmte stoffliche Art der sogenannten Pendellänge, d. h. der Pendelaufhängung (Faden oder Kette etc.), vor und auch des Pendels selbst. So kennen wir schon aus dem Altertum Pendel, die aus Kohlen bestanden, später aus besonderen Steinen, aus Schwefelkies, insbesondere aus Bernstein. Goldring- und Silberpendel waren lange Zeit sehr beliebt. Es gibt auch heute für Spezialauspendelungen Kristall-, Blei- und Aluminiumpendel, während für praktische Versuche heute noch der Messingpendel am meisten im Gebrauch ist und sich auch am besten bewährt hat für die Auspendelung von Mineralien, Metallen, Wasser, Spezialflüssigkeiten sowie der Handschriften oder Fotografien. Die Silber-, Stahl- und sonstigen Metallketten als Pendellängen erweisen sich bei schweren Pendeln als ratsam. Dagegen bei leichten Pendeln dürfte ein einfacher oder ein gedrehter Seidenfaden die geeignete Aufhängung sein.

In der Abbildung finden wir einen großen Messingpendel mit einschraubbarer Stahlspitze. Derselbe ist besonders für die Auraauspendelung geeignet. Er hängt an einem vielfach gedrehten Seidenfaden. Die Pendelkörperlänge beträgt 7 cm, das Gewicht des Pendelkörpers 95 g. Dieses Instrument ist sehr fein reagierend auf Körperausstrahlungen aller Art, auf Schriften, Fotografien, Metalle, es nimmt die Auraschwingungen in besonders intensiver Weise auf und dient auch als Wünschelrutenersatz.

Will man jedoch ein besonders fein reagierendes Pendel, so nehme man Bernstein zuhilfe, indem man dasselbe vor Gebrauch einige Male mit einem Seidentuch reibt und dann an die entsprechende Körperstelle ansetzt, langsam erst in die entsprechende Auraschicht vordringt.

Immer beachte man das Objekt, welches ausgependelt werden soll.

Dr. Kilner behauptet, daß er die Aura-Erscheinungen wie geteilt in drei Teile erblickt, welche er besonders benennt: „Die äußere Aura", „die innere Aura" und „das ätherische Doppel".

Das „ätherische Doppel" erscheint ihm wie ein sehr schmales, schwarzes Band oder Lücke, welche sich ausdehnt über alle Rundungen des nackten Körpers und eine Weite hat zwischen $^1/_{16}$ und $^1/_8$ Zoll (der Zoll hat 2.54 cm). Bei der Auspendelung des menschlichen Körpers ist in Anbetracht der sehr geringen Ausmaße dieses „ätherischen Doppels" die Notwendigkeit gegeben, den Körper in unbekleidetem Zustand abzupendeln, damit dieses „ätherische Doppel" auch wirklich erfaßt werden kann. Die direkten Ausstrahlungen des Körpers sind oft bei weitem nicht so intensiv wie diejenigen, welche dem Körper ferner liegen. Es ist oft so, als ob man sich hier in einer toten Zone befinden würde. Jedoch für Krankheitsdiagnosen ist gerade die Beobachtung dieses „ätherischen Doppels" von wesentlicher Bedeutung, denn rein organische Störungen sind in dieser Aura enthalten und wirken sich oft mit einer verdoppelten Intensität auf das Siderische Pendel aus.

Die „innere Aura" liegt unmittelbar zunächst dem schmalen Band und dehnt sich durchschnittlich über 5 Zoll (ca. 13 cm) von dem Körper gemäß dem Geschlecht, Alter und Gesundheit der Person aus. Wie das „ätherische Doppel" folgt sie vollständig der Kontur des stofflichen Körpers. Es ist hierbei festzustellen, daß, wie schon anderorts erwähnt, diese „innere Aura" einen wesentlichen Bezug hat zu dem Verdauungstrakt des Organismus und daß dementsprechend auch alles, was mit der körperlich seelischen Verdauung, d. h. mit der Aufnahmebereitschaft und mit der Absonderung, zusammenhängt, hier erkannt werden kann. Das Siderische Pendel reagiert sehr deutlich besonders in der Magengegend und dem Solarplexus. Es ist daher zu erkennen, daß entsprechend der Einstellung des Pendlers hier bestimmte seelische Qualitäten, aber auch organische Diagnosen getätigt werden können.

Jenseits der inneren liegt die „äußere Aura". Diese ist nicht so verschieden und entsprechend in der Form. Die letztere hat die größere Weite und läuft spitz zu in Richtung der Beine. Ihre Ausdehnung ist verschieden groß, aber sie ist immer weiter bei den Frauen als bei den Männern oder Kindern. Hier reagiert vor allem der kleine Messingpendel. Derselbe hängt wie der große an einem vielfach gedrehten Seidenfaden. Die Pendelkörperlänge beträgt 3,5 cm, das Gewicht des Pendelkörpers 15 g. Dieses Instrument kann als Spezialinstrument für feinere Auspendelungen — Spezialdiagnose der „äußeren Aura", Teilauspendelung von Fotografien und für Vergleichsgutachten verwendet werden. Es reagiert sehr schnell und schlägt auch bei geringen siderischen Strömen gut aus. Es ist jedenfalls auch bei diffusen Schwingungsarten und verwirrten Netzschwingungen noch deutlich zu verfolgen. Alle nervösen Störungen, seelischen Leiden, geistigen Erkrankungen werden durch dieses kleine Siderische Pendel aufgenommen.

Diese „äußere Aura" dehnt sich im Durchschnitt über 8 Zoll, das ist ca. 20 cm, jenseits der „inneren Aura" aus. Bei einigen Gelegenheiten, so gibt der Doktor an, würde er eine „Ultra-Außen-Aura" sehen, aber später erklärt er, daß dieselbe nur ein Teil der „äußeren Aura" selbst sei.

Die Strahlkräfte des Menschen sind verschieden stark. Es gibt heute auch in Deutschland sehr sensible Apparate, die diese Strahlkräfte messen können, wobei festgestellt wurde, daß, wie hier erwähnt, die Durchschnittsaura eines Menschen ungefähr 30—40 cm beträgt. Dies zeigt sich ganz deutlich durch Auswirkung auf das Siderische Pendel und kann am besten und schnellsten beobachtet werden mit dem Bernsteinpendel. Nun gibt es aber auch solche Menschen, die über Strahlkräfte bis zu 1.50 und zu 2 m verfügen. Ein Arzt, der am Ammersee wohnhaft ist, hat die Ausstrahlung des bekannten Heilers Gröning auf 1.50 m feststellen können, eben damals, als er noch in seiner „guten Zeit" war. Aber auch priesterliche Menschen und solche, die die geistige Seite ihres Wesens entwickelt haben, haben zumindest an den Kopfpartien stärkere Ausstrahlungen.

Sehr auffallend sind in diesem Zusammenhang die merkwürdigen Strahlpunkte des menschlichen Körpers, die zuweilen auch mit den sogenannten hypnogenen Punkten zusammenfallen. Es handelt sich dabei um die Nasenwurzel, um das Sonnengeflecht, um die Fingerspitzen, und es ist in diesem Zusammenhang zu bemerken, daß gerade letztere bei Heilungen seit jeher eine ausschlaggebende Rolle gespielt haben. Diese Ausstrahlungen der Fingerspitzen sind es auch, die eben einerseits das Siderische Pendel beeinflussen. Es ist ja auch in rein physikalischer Hinsicht interessant, daß bei den sogenannten Elmsfeuern die Fingerspitzen Ausstrahlungen zeigen in büschelmäßiger Form. Es ist dies eine ganz typische Erscheinung, die oft geschaut werden kann, sogar von solchen Menschen, die nicht einmal hellsichtig sind.

Dr. Kilner beobachtete, daß die „innere Aura" viel dichter ist als die äußere und demgemäß besteht aus unzähligen „parallelen Linien zu der anderen und ausstrahlend ist im rechten Winkel von dem Körper". Es ist nun sehr auffällig, daß die an sich dichtere Strahlungsmaterie der „inneren Aura" sehr viel weniger Einfluß auf das Siderische Pendel hat als die äußere, denn hier ist in der äußeren die feinere Materie vorhanden. Je feiner die Materie, desto intensiver die Kraftauswirkung. Diese Situationen sind immerhin von einem sehr beachtlichen Einfluß. Sie sind ganz sinnvoll in das Auge zu fassen. Sie offenbaren die eigentlichen Gesetzmäßigkeiten der siderischen Kräfte überhaupt.

Es scheint wohl so, daß Dr. Kilner sich zur Hellsichtigkeit entwickelt hat, als er seine Forschungen durchführte. Seine Schirme mögen ihm wohl dabei geholfen haben oder auch nicht.

Spätere Experimente von manchen anderen ernsthaften Forschern lassen es wahrscheinlich erscheinen, daß fast jedermann bis zu einem gewissen Grade Hellsicht entwickeln kann. Es wurde in diesem Zusammenhang festgestellt, daß fast 90% von einer großen Anzahl von Versuchspersonen die Aura sehen kann ohne Apparate irgendwelcher Art, vorausgesetzt, daß diese Personen zuerst in ein diffuses Licht und dann auf einen dunklen Hintergrund sahen. Diesbezügliche Experimente sind auch für die Erforschung des Siderischen Pendels deshalb von Bedeutung, weil wir an Hand von Vergleichsbeobachtungen visueller Art und der Schwingungsnatur des Auszupendelnden sagen können, ob eine Erscheinung mit größter Wahrscheinlichkeit richtig ist oder nicht. Bestätigungen sind dadurch möglich. Es kann fast jedermann die Aura sehen, wenn eine elektrische Lampe mit niedriger Wattzahl (sagen wir 10 Watt) so plaziert ist, daß bei verfinstertem und geschlossenem Sitzungsraum diese Lampe hinter dem Beobachter leuchtet — nicht direkt dahinter, sonst würde ein Schatten auf die Versuchsperson geworfen werden. Das Licht sollte diffusiert werden durch ein weißes Papier oder durch ein dünnes Tuch. Auf jeden Fall sollte der Interessent sich zuerst nach obigem Rezept bemühen, die Aura erkennen zu wollen, bevor er das sehr teure Dicyanin zur Anwendung bringt.

Die Bestätigung der geschauten Situationen kann wieder sehr deutlich durch das Siderische Pendel erfolgen. Das Siderische Pendel kann dann oft an jenen Stellen eingesetzt werden, wo die intensivste Leuchtkraft erscheint, und es wird in diesem Zusammenhang festgestellt werden können, daß hier auch die wesentlichen Ausschläge, und zwar nach den Gesetzen der musikalischen Intervalle, erfolgen.

Es ist sehr eigenartig, daß in den Ausschlägen des Pendels immer eine bestimmte Gesetzmäßigkeit mathematischer Art — und da die Musik letzten Endes reine Mathematik ist — auch musikalischer Art sich darstellt. Die merkwürdigen diesbezüglichen Feststellungen, die hier nur angedeutet werden können, zeigen sich in den Pendelschwingungsfiguren, welche als Ausdruck musikalischer Intervalle in der Abbildung zu sehen sind. Die oberste Reihe zeigt die Unisono-, die mittlere die Oktav- und die untere die Quintenintervalle an. Diese Figuren haben auch bei der siderischen Auspendelung und schließlich bei der Charakterisierung der Versuchsperson hinsichtlich der entscheidenden Ausstrahlungspunkte eine nicht zu unterschätzende Bedeutung. Hier kann eine Entsprechung festgestellt werden, die wieder eine neue Universitas der geistigen Welt aufschließt.

Ja, es wurde festgestellt — und es findet dies auch seine Bestätigung in der Geisteswissenschaft —, daß alle Lebensformen eine Aura haben, vom Felsgestein bis zum Menschen selbst.

Mineralien: Blau 5 cm Entwicklungsweite (bemerkt sei, daß, wenn Leben in dieser elementarsten Form erscheint, ein Band von blasser gelber Farbe über $^1/_8$ Zoll Weite jenseits des ersten blauen Ringes erkennbar ist). Der Pendelausschlag über den Mineralien ist meistens ein ganz einfacher. Er hat eine charakteristische Form, ein Oval oder nur einen Strichausschlag, oder einen Kreis mit einer ganz bestimmten, immer gleichbleibenden Weite. Der Ausschlag verändert sich auch nicht, solange das Pendel über dem Mineral gehalten wird. Je strahlkräftiger das Mineral ist, desto intensiver ist der Ausschlag. Erzhaltige Mineralien weisen den stärksten Ausschlag auf.

Pflanzen: Blau + 13 cm blaßgelber Schein + Entwicklung von 5 cm roter Farbe. Die Auspendelung von Pflanzen zeigt schon sehr viel kompliziertere Form. Hier sind die ersten Doppelformen zu erkennen. Schleifen wie 8 oder Kurven, die ineinander schließen, oder Parallelstriche sind zu erkennen. Die Auspendelung von Pflanzen ist von einer sehr wesentlichen Bedeutung bei homöopathischer Medizin. Durch Erkennung der Auraschädigung bei einer vorherrschenden Krankheit kann eine Parallelfiguration über einer Pflanze entwickelt werden, und daraus kann das in Frage kommende Heilmittel ausfindig gemacht werden.

Insekten: Wie Pflanzen + Entwicklung 13 cm-Gürtel aus oranger Farbe. Bei der Bependelung von Insekten fällt oft nach mehreren pflanzenhaften Ausschlägen eine komplizierte Sonderfiguration auf. Es ist die Art der merkwürdigen Nervenströmungen, die sich hier zum ersten Male kundtut. Es ist ein Fluid, das für den sensiblen Pendler deutlich spürbar wird. Es mag hier die Elektrizität, die in den Schwingen der Insektenflügel wirksam ist, Hinweis auf ein Nervenfluid geben, das sich im Insekt entwickelt. Jedenfalls ist der Ausschlag ein sehr viel komplizierterer und bedarf immer einer besonderen Untersuchung und Aufzeichnung.

Säugetiere: Wie Insekten + Entwicklung 13 cm-Gürtel aus gelber Farbe. Die Auspendelung von Säugetieren erfordert schon, daß die verschiedenen Körperteile genauer untersucht werden. Die Ausschläge sind schon differenziert. Sie ähneln teilweise denjenigen des Menschen. Die vegetative Zone schlägt viel weniger an als die mineralische. Auf jeden Fall ist hier viel Unruhe, Sonderform, die mit einem Mal nicht erfaßt werden können. Es ist hier schon die Notwendigkeit von Aufzeichnungen gegeben, und eine entsprechend klare Notiz bringt dann auch eine sehr entscheidende Übersicht und Erkennung des Evolutionsprinzipes.

Mensch: Wie Säugetier + Gürtel von verschiedenen Farben bis wieder zum Gelb bei ca. 40 cm Weite. Hier sind die Ausschläge die vollkommensten, hier sind alle anderen Ausschlagsrichtungen enthalten. Wir tauchen in die verschiedenen Ebenen hinein und sehen sie alle gefesselt in der äußersten Strahlungsschicht, in der sich das bewußte Leben konzentriert und sich auch farbmäßig reflektiv bindet. Insofern ist von wesentlicher Bedeutung zu wissen, daß die äußerste Schicht des Menschen das menschliche Bewußtsein darstellt und daß, um dieses zu erkennen, der Pendler mit seinem Instrument eben diese Schicht treffen muß. Es ist also, um das Wollen und Begehren des Menschen im bewußten Dasein festzustellen, notwendig, in einem Abstand von 30—40 cm vom stofflichen Körper entfernt zu pendeln und daraus entsprechende Rückschlüsse zu ziehen. Auf diese Weise kann man das menschliche Wesen am deutlichsten in seiner harmonischen Organisation, aber auch in seinen Fehlleistungen erkennen und kann nun, wenn man die Fehlerquelle in der Entsprechung gefunden hat, in die tieferen Schichten des Unbewußten vorstoßen und zu den Ursachen in einer der unteren Schichten gelangen. Insofern ist als ein Fundinstrument im Reiche der menschlichen Aura das Siderische Pendel wohl die idealste Sonde.

Einige interessante Tatsachen über die Aura und das siderische Strahlungsvermögen des Menschen, welche wohl gleichzusetzen sind, sollen im nachfolgenden noch erwähnt werden:

Der Umfang und die Ausdehnung der Aura kann bestimmt werden durch den Gebrauch von Neonlampen, deren Licht aufstrahlt, wenn die Strahlen dieser Lampen eindringen in das Aurafeld. Je größer die Ausstrahlung und das Feld der Aura ist, desto größer ist auch die Gesundheit der Person. Verschiedene Drogen, Impfstoffe und Drüsensekrete reduzieren oder beeinträchtigen die Ausdehnung der Aura. Ein interessanter Punkt ist, daß die Neonlampen leuchten, wenn sie eindringen in einen Teil der Aura, daß sie aber verschwinden, wenn die betreffende Versuchsperson betäubt ist, d. h. sich in das Unbewußte zurückzieht.

Was sich zuträgt in diesem Teil der Aura, wenn sie verschwindet, ist unbekannt. Aber es ist schwer zu glauben, daß, was immer geschieht, eine Neonlampe erleuchtet werden kann, ohne daß der stoffliche Körper, der sich dem Aurakörper anschließt, nicht auch seinen Anteil daran hätte. Das Leuchten der Lampe wird wahrscheinlich verursacht durch eine Reihe von Schwingungen, welche von allen Aura-Gürteln oder -ringen ausströmen und das elektromagnetische Feld darstellen.

Es wird behauptet, daß die Aura ein „astraler Körper" oder ein „ätherischer Körper" sei und als eine gesonderte Wesenheit von dem stofflichen oder chemischen Körper bestehe.

So ist es wohl eine Täuschung, daß die Vielzahl der Aura-Farbbänder die eigentlichen Lebenskräfte ausmachen würde, welche ausströmen von dem stofflichen Körper und ihren Ursprung entweder in der Beschaffenheit dieses Körpers oder im mentalen oder Gefühlsstatus des Körpers hätten.

Man kann wohl bei der Zeugenschaft solcher Autoritäten wie Kallenberg, Dr. Leuenberg, Mouldoon und Carrington nicht verneinen, daß ein „astraler Körper" existiert, aber daß der Ausdruck „astral" in den okkulten Büchern so oberflächlich gebraucht wird, ist sehr bedauerlich und es sollte deshalb ein besserer und wissenschaftlicherer Name gefunden werden!

Von den Erkenntnissen der Aurakräfte ausgehend wenden wir uns nun wieder ganz dem Siderischen Pendel zu, das in der Hand des Experimentators schwingt, ohne daß er durch eine Handbewegung etwas dazu beiträgt. Wir müssen uns darüber klar sein, daß diese Schwingung durch irgendeine Kraft verursacht wird. Kraft ist die Ursache der Änderung eines Bewegungszustandes eines Körpers, sei es, daß derselbe vom Zustand der Ruhe in jenen der Bewegung oder umgekehrt versetzt wird. — Über das Wesen irgendeiner Kraft vermag die Wissenschaft keinen Aufschluß zu geben. — Nur an ihren Wirkungen erkennt man sie.

Was geschieht nun, wenn sich das Siderische Pendel in Bewegung setzt und darin erhalten wird? Die Zentrifugalkraft, welche das Pendel aus seiner Ruhestellung treibt, wird hervorgerufen durch das Zusammentreffen zweier Schwingungsströme. Dieser erste Schwingungsstrom ist verursacht von der astralen Strahlungskraft oder von den elektromagnetischen Schwingungen des Aurafeldes des Experimentators. Der zweite Schwingungsstrom ist der charakteristische Strahlungsakt der auszupendelnden Person oder des auszupendelnden Gegenstandes.

Für die Art, die Zahl und Figurationen der Schwingungen ist grundsätzlich maßgebend die am stärksten wirkende, charakteristische Schwingung, einerlei, ob sie von dem Experimentator oder von der Versuchsperson ausgeht. Bei einem jeden siderischen Experiment sollte die charakteristische Schwingung nur von der auszupendelnden Person oder Sache ausgehen. Mit dieser Betrachtung soll ein grundsätzlicher Irrtum gebrandmarkt werden, der teils aus Unwissenheit, teils aus Fahrlässigkeit, teils aber auch aus betrügerischer Absicht von pendelnden Personen in deren Praxis übernommen worden ist. Erst von dieser Grundlage aus gewinnt auch die Erforschung des Siderischen Pendels die wissenschaftlich einwandfreie Fundierung, auf welcher das Gebäude der siderischen Forschung im allgemeinen und besonderen aufgebaut werden sollte.

Um zu vermeiden, daß irgendwelche bewußte Schwingungen und Willensausstrahlungen die Bewegungen des Siderischen Pendels beeinflussen, sorge man dafür, daß die Schwingung nicht in dem äußersten Aurafeld geschieht. Nach der alten Schule wurde eben in einem Abstand von 30—40 cm vom eigenen stofflichen Körper entfernt gependelt, also gerade im Felde der äußeren Aura. Die nervösen Bewußtseinsstrahlungen dieses Feldes haben dann zumeist den Pendelausschlag beeinflußt. Es entstand kein objektives Zeugnis.

Bei unseren Experimenten ist es daher von Wichtigkeit, daß der Aufhängepunkt des Pendels sich ganz in der mineralischen oder vegetativen Zone oder im ätherischen Doppel befindet und daß dadurch nur die unbewußten Kraftströme als ein Neutrum das Pendel beeinflussen. So entsteht eine Schwingung in dem Augenblick, wie diese neutrale Schwingung mit einer charakteristischen anderen zusammentrifft. Diese letztere charakteristische Schwingung leitet aber die Sonderheit des Pendelausschlages ein und läßt uns erkennen, worum es bei dem zu untersuchenden Objekt geht. Es ist insofern wichtig, klar und zielbewußt vorzugehen und sich nicht irgendwelchen Irrtümern hinzugeben, die sich nirgends leichter einschleichen als bei der Behandlung metaphysischer Experimente.

Zur Zuhilfenahme bei unseren Experimenten dient die sogenannte Pendeltafel. Sie bezweckt, daß die Himmelsrichtung, die Ausschlagsarten, die entstehenden Figurationen, die Ausschlagsweite festgestellt werden. Zugleich weist sie darauf hin, daß die Himmelsausrichtung beim Siderischen Pendel auch hinsichtlich der Auswertung eine nicht zu unterschätzende Rolle spielt.

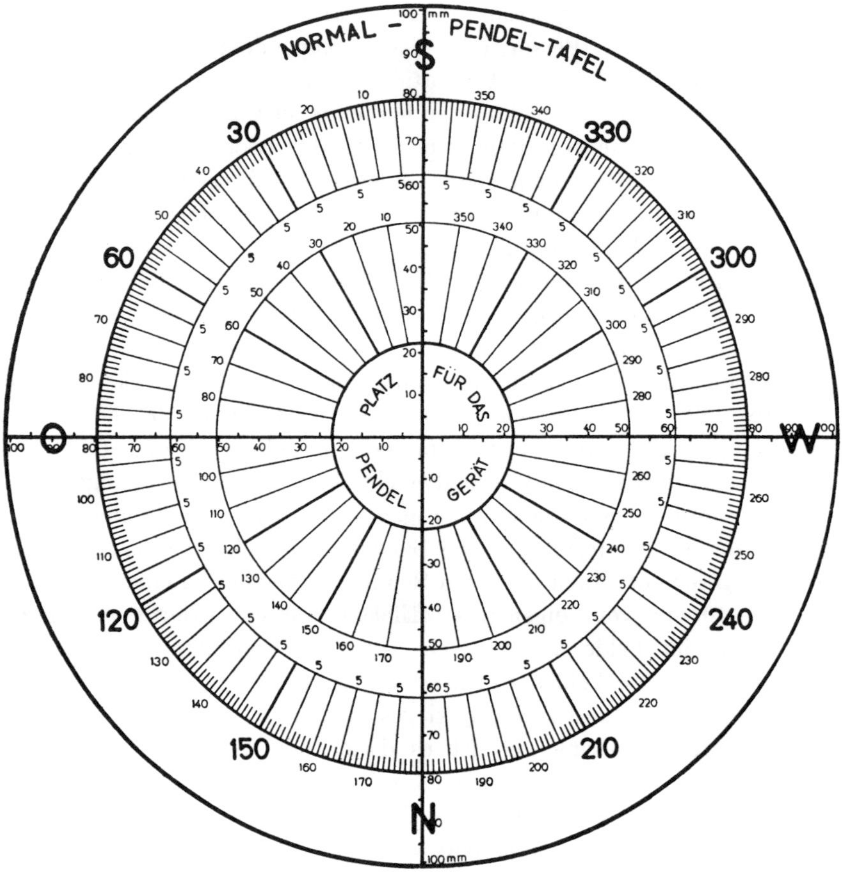

Der Norden oder Nord bezeichnet alle Richtungen, welche von einem Standpunkt aus nach irgendeinem Punkte desjenigen Quadranten der Meridianebene gezogen werden können, der gegenüber dem Mittagspunkt vom Horizont bis zum Nordpol sich erstreckt. Der Norden symbolisiert die Kälte. Die Winde des Nordens sind diejenigen, welche den Frost bringen. Zugleich aber stellt in der Erdsymbolik der Norden das Haupt oder den Kopf der Erde dar. Hier ist das Denken konzentriert, sind klare Begriffe und gesicherte Ordnungen. Insofern sind Ausschläge des Siderischen Pendels nach Norden in dieser Weise kennzeichnend: die Klarheit, die nüchterne Disposition, die Kühle der Empfindungen, die Sachlichkeit und zugleich auch alles, was den Verstand, die Vernunft, die Einsicht betrifft. Gerade diese Situationen müssen besonders in das Auge gefaßt werden, um eine richtige Wertung der Himmelsausschläge zu betreiben.

Der Süden oder Süd heißt die Gegend des Horizonts, über welcher auf unserer nördlichen Hemisphäre die Sonne zur Mittagszeit sich befindet. Der nach Süden Blickende hat hinter sich Norden, rechts Westen, links Osten, welche drei mit dem Süden die vier Haupthimmelsrichtungen bilden. Der Süden bringt uns die Wärme, der Südwind mildert die Hitze und verteilt sie so, wie der Nordwind die Kälte mildert und sie verteilt. So ist im Süden alles gelegen, was mit der Hitze des Gefühls und des Blutes zusammenhängt, was die Leidenschaften betrifft, und alle starken Initiativimpulse aus der Gefühlsnatur heraus werden durch diese Himmelsrichtung veranlaßt. Es zeigen sich entsprechend dem cholerischen Temperament jene Energieströme des Feuers, die sich in dieser Himmelsrichtung auswirken, und diese Ströme sind es auch, welche den Menschen zur Verbrennung seiner selbst, zum Feuer der Läuterung treiben, oder die beschleunigende Art des Feuers dafür einsteht, daß der Mensch mit der Südausrichtung schneller als andere durch schicksalhaftes Geschehen geläutert werden dürfte. Pendelausschläge nach Süden deuten auf hitzige Impulse, aber auf Gefühlswärme, Hingabebereitschaft, Opferung, leidenschaftlichen Einsatz, auf ein Sich-innerlich-Verbrennen.

Der Osten bringt dagegen jene Trockenheit, die mit der Weite des östlichen Raumes zusammenhängt. Weite als Raumbegriff und Trockenheit als vegetatibler Begriff stellen sich dar in den Pendelschwingungen des Ostens. Es ist alles erfüllt von einer großen Kraft der Erkenntnis. Es sind die Einsichten religiöser und weltanschaulicher Art, es ist das Absolute, das sich hier darstellt, die Weite des Raumes, die uns in das Endlose führt und uns vor die letzten Konsequenzen des Daseins stellt. Es ist das Erkennen der Nichtigkeit unserer Art und doch der Unendlichkeit unseres Geistes. Alles, was mit letzter und tiefster Erkenntnis zusammenhängt, mit dem Überzeitlichen verbunden, ist hier zu erkennen im Osten und im Ostausschlag.

Der Westen bringt die Feuchtigkeit, den Regen, das Wasser. Er trägt die Wolken daher, und er beschattet des Himmels Blau. Der Westen ist der Ausdruck der Fruchtbarkeit, der Ausdruck der wechselnden Empfindungen. Er ist der Frucht- und Kraftspender im Sinne des wechselvollen Daseins, Licht und Schatten verursachend. Er ist es, dem alles Leben entspringt und dem das vegetative Dasein seine Existenz zu verdanken hat. Das Wechselvolle des Lebens, das Kommende und Gehende, das Verwischen der Ewigkeitsprobleme im Gegensatz zu dem Osten ist hier deutlich erkennbar. So ist der Westen verhaftet in den Alltag und in das Werken innerhalb desselben. Er bringt die Vielfalt der Erscheinung und des Erlebens im Gegensatz zu der unendlichen Monotonie, in die nur von Zeit zu Zeit der Blitzstrahl der Erkenntnis einschlägt, nämlich im Osten.

Die abgebildete, vom Uranusverlag Memmingen herausgegebene Pendeltafel stellt die richtige Orientierung für den Pendler dar, besonders wenn er sich erstmalig mit der Materie befaßt. Es handelt sich dabei um einen großen Kreis, welcher im rechten Winkel durchkreuzt ist. Dieses Kreuz stellt, wie schon erwähnt, die Himmelsrichtung dar. Es ist also für den Pendler notwendig, sich die Tafel so zurecht zu legen, daß sie in dieser Himmelsrichtung liegt. Er selbst sollte im Norden stehen, sein Angesicht gegen Süden gerichtet, und also mit dem Pendel operieren. Der innere Kreis stellt den Platz für das Pendelgerät dar.

Der nächste Kreis zeigt die verschiedenen Gradzahlen und ist in seiner Weite abgemessen nach Millimeter. Bei einem jeden Pendelausschlag kann also die Schwingungslänge bzw. der Schwingungswinkel genau abgemessen werden. Ferner notiere man sich die entsprechende Gradzahl. Für den Anfang wird es gut sein, daß eine 2. Person als Beobachter die Abmessungen vornimmt. Da heißt es z. B.: Schwingungslänge 38, Abweichung 30/210 NS oder Schwingungslänge 28, Abweichung 140/320 NS.

Da eine Pendelschwingung eine bestimmte Dauer hat, ist diese Dauer nicht nur nach der Zeit, sondern auch nach den Schwingungszahlen genau zu notieren. Es ergeben sich daraus bei längeren Schwingungen ganz verschiedenartige Formeln. Nur auf diese Weise ist ein exaktes Arbeiten möglich. Es gibt keinen einzigen Gegenstand oder Organismus, welcher nur eine einzige Schwingung hätte. Wohl sind die mineralischen Schwingungen ganz einfache, aber sie wiederholen sich doch in dem Maße und in der Häufigkeit oder Frequenz, als die Stärke der Ausstrahlung oder des Aurakörpers vorherrscht. Die vorherrschende oder prävalente Schwingungsart zeigt sich bei Körpern und Organismen mit mehreren

Auren oder Auragürteln zuerst, dann folgt die nächststärkere. Wir werden künftig die vorherrschende Schwingung als Basisschwingung bezeichnen und die weiteren Schwingungen als Inklinationsschwingungen.

Die äußeren Kreise beginnen ungefähr mit 60 mm und reichen bis zu 80, schließlich bis zu 100 mm. Diese Unterschiede sind deshalb besonders hervorgehoben, weil eine Schwingungslänge in diese Kreise einen „starken" Ausschlag bedeutet und um so genauer gemessen werden muß. Besonders bei Testversuchen sind diese Schwingungsstärken sehr aufschlußreich.

Die normale Strichschwingung zeigt OW oder NS. Jede Abweichung ist individuell und charakteristisch. Auch Kreisabweichungen, wie volle und schlanke Ellipsen oder Achter, können auf diese Weise gut gemessen werden. Es ergeben sich beispielsweise folgende Formeln:

Männliche Handschrift, 43 Jahre: Insgesamt 63 Schwingungen. 18 Schwingungen Kreis, Schwingungslänge 40, zunehmende 55, mit 19 wechselnd in Strich, Schwingungslänge 65, Abweichung 43/223 bis Schwingungszahl 31, dann Kreuzschwingung, Schwingungslänge 70, im Wechsel 80/260, 170/350 bis 44, dann Nachlassen der Schwingungslänge auf 50, Ellipse OW von 65 bis 65 Schwingungslänge, Kleinerwerden der Ellipse bis Stillstand bei 63.

Auf diese Weise sind von jeder Handschrift, aber auch von einer jeden sonstigen Auspendelung exakte Notierungen festzulegen und diese immer wieder zu vergleichen. Besonders interessant ist dabei, wenn bei verschiedenen Experimentatoren dasselbe Ergebnis erscheint, ohne daß diese voneinander wissen.

Bei Körperuntersuchung empfiehlt es sich, den äußersten Kreis der Normalpendeltafel auszuschneiden und ihn der Himmelsrichtung entsprechend so auf die zu untersuchende Körperstelle zu legen, daß diese vom ausgeschnittenen Kreis umschlossen wird.

Es sei hier vor allem Anregung gegeben zu einer guten, sachlichen und erfolgreichen Methode, welche wir dem Siderischen Pendel zugrundelegen wollen. Um sich einen Überblick über die verschiedenen Figurationen, Rhythmen, Richtungen, Ausschlagsweiten usw. machen zu können, ist es ratsam, eine Auswertungstabelle anzulegen, in welcher kurz die Einträge der gemachten Beoachtungen erfolgen. Diese Einträge müssen sinngemäße Abkürzungen enthalten, um dann eventuell zu Formeln zusammengefaßt zu werden. Die Abkürzungen für eine solche Auswertungstabelle sind folgende:

Rhythmus = rh
arhythmisch = arh
zuerst rhythmisch dann arhythmisch = rh/arh
zuerst arhythmisch dann rhythmisch = arh/rh
ständiger Wechsel = stW
rhythmisch und arhythmisch wechselnd = rh/arh/stW
linksläufig = ll
rechtsläufig = rl
zuerst rechtsläufig dann linksläufig = rl/ll
zuerst linksläufig dann rechtsläufig = ll/rl
rechtsläufig und linksläufig im Wechsel = rl/ll/stW
weiter Radius = wR
mittlerer Radius = mR
enger Radius = eR
Wiederholung = Wh
Basisschwingung = Bsch
Inklinationsschwingung = Isch
Quadrant = Qu
Grad = Gr

Pendeldiagrammformular

Name: E. Sch. Alter: 26 Jahre Geschlecht: weiblich Stand: ledig

Schwinggsfolge Bsch./Isch.	Rhythmus					Richtung					Radius				Quadrant	Grade					Schwinggszahl	Bemerkungen	Figuration	Diagnose
	rh	arh	rh/arh	arh/rh	rh/arh/stW	ll	rl	ll/rl	rl/ll	rl/ll/stW	wR	mR	eR	R/stW		Gr 1	Gr 2	Gr 3	Gr 4	Gr 5				
Bsch.		7				7								7	1	74	20				7		Ellipsen	
1. Isch.				8		4		4						8		310	55				8		Schrägkreuz	
2. Isch.	6					6						3	3			290					6		Strich	
3. Isch.					10	5				5				5		0	90				10		Kreuz	
4. Isch.				5		3	2						5		1	-	-				5	Welle in der Pendellänge	Kreis Pendelstriche	Progressive Epilepsie (bösartige)
5. Isch.			6							6				6		340	70	320	50		6		Punkt in Kreuzen und Kreis	
6. Isch.		9				9						4	5			290	250				9	Erschlaffung	Ellipse	
7. Isch.				7						7			3	4		50	310				7		Schrägkreuz bis Striche	
8	6	16	6	20	10	34	2	4		18		7	16	30	1						58		Punkt i. Kreuzen und im Kreis (vorherrschend)	

Die Pendeldiagrammtabelle enthält den Namen, das Geschlecht, das Alter und den Stand (ledig, verheiratet usw.) des Auszupendelnden. Unter die Rubriken, welche die Figurationen anzeigen, kommen die nach obigem Schema beobachteten Ausschlagsarten, wobei besonders die Reihenfolge der Ausschläge zu vermerken ist, z. B. Bsch, 1. Isch, 2. Isch, 3. Isch usw. Diese Pendeldiagrammtabelle ermöglicht dann ein sehr exaktes Arbeiten und eine genaue spätere Nachkontrolle.

Es seien nun im folgenden kurz die verschiedenen Figurationen angedeutet. Diese muß man sich in der Entstehung so vorstellen, daß man gewissermaßen an der Pendelspitze einen Bleistift hätte, der nun die Figurationen aufzeichnen würde. Man kann sich auch ein Spezialpendel mit Sandinhalt konstruieren, so daß schließlich die entsprechende Figuration übrigbleibt und deutlich sichtbar im ausgestreuten Sand zu erkennen ist.

Intervalle

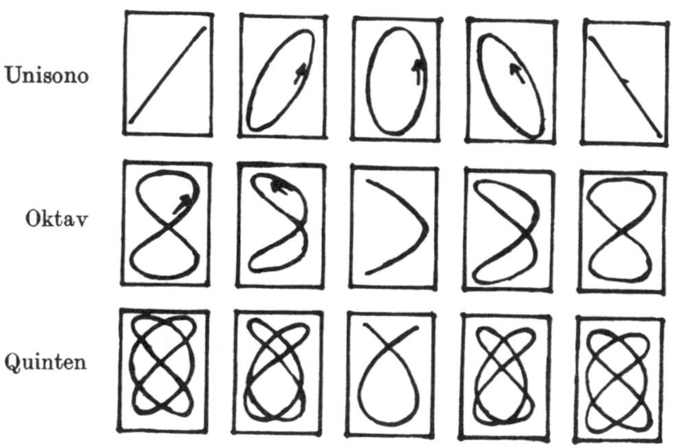

Der Kreis ist die auffälligste Pendelschwingungsart. Er gilt als Ausdruck des Männlichen, der Bejahung, der Lebenskraft und der geistigen Potenz. Er schlägt immer über dem Metall, und er zeigt sich auch als geometrische Figur und als musikalische Schwingung. Das Auffälligste der Kreisbewegung ist die Endlosigkeit und Ewigkeit. Ohne Anfang und Ende schwingt das Pendel dann. Auch der Stillstand ist ein Teil dieser Kreisbewegung, wie umgekehrt der Kreis nur eine Erweiterung des Punktes darstellt. Die Kreisschwingung kann rechts- oder linksläufig sein. Je nachdem muß sie gewertet werden. Sie wirkt sich auch meistens anders aus, wenn eine männliche oder eine weibliche Person das Pendel hält.

Die Ellipse. Dieses Wort kommt aus dem Griechischen. Die Ellipse ist eine in sich selbst zurücklaufende Kurve von der Eigenschaft, daß die Summen der Abstände für alle Punkte von zwei in der eingeschlossenen Fläche liegenden Punkten, den Brennpunkten, dieselbe Größe haben. Die Ellipse gehört zu den Kegelschnitten. Der größte und der kleinste Durchmesser heißen die Achse der Ellipse. Sie stehen senkrecht aufeinander. Je kleiner die Exzentrizität der Ellipse ist, desto mehr nähert sich die Ellipse einem Kreis. Die Planeten bewegen sich in Ellipsen von geringer Exzentrizität, in deren einem Brennpunkt die Sonne steht. Die Ellipse stellt zumeist einen femininen Ausschlag dar. Es gibt volle, durchschnittliche und magere Ellipsen. Die Ellipsenschwingung des Pendels ist vom musikalischen Standpunkt aus gesehen eine Unisono-Schwingung. Jedenfalls zeigt sich hier ein eigenartiges Geheimnis. Der große Unterschied zum Kreis besteht nämlich darin, daß ersterer um einen einzigen Punkt, letzterer um zwei Brennpunkte geformt ist. Diese zwei Mittelpunkte weisen auf ein eigenartiges Prinzip einer inneren Spaltung vom psychologischen Standpunkt aus. Nicht ohne tiefere Sinnbedeutung hat man wohl die Ellipse eine weibliche Figuration genannt.

Der Strich. Wenn der Pendelausschlag einen Strich zeigt, so bedeutet dies Trennung und Scheidung, daher ein Negativum, ein Abweisen und Verneinen. Sehr wichtig ist es, den Strich nach seiner Richtung genau zu bestimmen. Verläuft er von Norden nach Süden, so wird die Temperaturachse berührt. Es zeigt sich hier die heimliche Sehnsucht, welche als unerfüllte Kraft dem Menschen in seiner Seele innewohnt. Sei es die Aussichtslosigkeit, sei es der Scheideweg, sei es der Mangel an seelischer Flüssigkeit, auf jeden Fall bedeutet dieser Strich etwas noch nicht Erfülltes oder etwas nicht Erfüllbares. Der Süden bedeutet das Oben, den Horizont des Himmels. Dorthin richtet sich die Sehnsucht und die Hoffnung des Menschen auf. So steckt in der Verneinung des senkrechten Striches immer noch die Möglichkeit einer späteren Bejahung. Anders liegt die Sache beim Querstrich Ost-West. Hier handelt es sich um ein Hindernis. Die Verneinung ist sehr viel ausgeprägter. Die Materie als Sinn des Hindernisses und der Hemmung für das geistige Wollen zeigt sich an. Die Materie will sich ausbreiten. Der Geist ist gehemmt. Er kann nicht, er wird durch die Materie aufgehalten. Es würde zu weit führen, alle Strichrichtungen im einzelnen aufzuführen, aber dem Interessenten wird es nicht schwer fallen, seine eigenen Kombinationen zu treffen.

Die Symbolfiguren besonderer Art sind immer Zusammensetzungen aus den genannten Figurationen. So zeigt der Punkt im Kreis das Symbol der Bewußtwerdung des Menschen und der positiven Willenskraft. Es bedeutet der Querstrich im Kreis das Symbol des ruhenden Weiblichen, den Geist der Tiefe. Es bedeutet der senkrechte Strich im Kreis die männliche Aktivität und die Wirksamkeit in der Zeit. Das Kreuz im Kreis dagegen stellt die Schöpfung dar, welche aus dem beseelten Zusammenklang männlicher und weiblicher Urelemente resultiert. Die 8 ist ein geometrisches, sehr eigenartiges Gebilde. Sie ist das Zeichen für die Unendlichkeit. Das letzte und tiefste Urgeschehen ist hier angedeutet, die Trennung der Mutterzelle, die Abschnürung derselben. Hier ist Tod und Leben in einer eigenartigen Weise verbunden. Die 8 bedeutet, daß zwei Dreiecke sich aufeinander zu bewegen, indem sie sich mit den Spitzen berühren. Die dadurch neu entstehende Figur gleicht der abgeschnürten Mutterzelle. Der Stern ist das ineinander Verschachteltsein von zwei Dreiecken. Der Sechsstern ist das Symbol der Durchdringung beider Wesensarten und Ausdruck harmonischer Verbindung vor allem in bezug auf Liebe und Ehepartner. Die Gabel stellt die beiden Arme des zum Himmel flehenden Menschen dar, die Deichsel das sich nach unten ausbreitende Heil des göttlichen Sehens. Dementsprechend sind auch die Pendelschwungansätze zu werten. Das Pentagramm stellt den Menschen dar in seiner Fünfheit, Füße, Hände und Kopf. Auch ist es ein Symbol der fünf Sinne und ein magisches Zeichen des Himmels, ehedem eine Zauberformel der Babylonier. Die parallel, waagrechte Art bedeutet das beharrende und ruhende Gemüt, die senkrechte Parallele dagegen das begeisterungsfähige männliche und euphorische Gemüt. Die welligen Parallelen dagegen sind Ausdruck des bewegten und animierten Gemütes. Der Punkt im Gitter vom Kreis umgeben bedeutet auch in der Dauerschwingung zerstörende Kräfte in der Psyche und im Organismus verwirrende Einflüsse. Der Punkt in dem den Kreis durchdringenden Gitter ist ein Symbol der Vernichtung irdischer Hülle. Hier zeigt sich der Todeskampf.

Nur kurz sind die Figurationen angedeutet. Es mag jeder das seine daraus holen und vor allem seine eigenen, ganz persönlichen Erfahrungen sammeln. Aber es handelt sich, wenn man aus den tieferen Auren heraus pendelt, wirklich um ein archetypisches Pendeln, d. h. daß jeder Mensch aus der gleichen einheitlichen Kraft und Symbolwirkung zu denselben Resultaten und Figurationen gelangt. Freilich ist das nur möglich, wenn aus den wirklich tieferen Schichten heraus gewirkt und gearbeitet wird, daß nicht das bewußte Denken, sondern das „Sinnen" die maßgebende Rolle spielt und daß vor allen Dingen durch die entsprechende Haltung des Pendels die animalische, noch besser die vegetative und mineralische Aurenschicht als Ursache verwendet wird.

Wir haben vor uns Handschriften und Fotografien liegen. Jeder wissenschaftlich denkende Mensch lehnt es ab, daß von einer Fotografie beispielsweise eine Strahlung ausgehen würde, die der Strahlung der menschlichen Aura gleich wäre. Aber Kallenberg, der entscheidende deutsche Forscher auf dem Gebiet des Siderischen Pendels, schreibt von seinen Beobachtungen, Studien und Forschungen: „Wenige Wochen des Studiums an Hand reichen fotografischen Beobachtungsmaterials ließen mit unumstößlicher Gewißheit erkennen,

1. daß die fotografische Platte bzw. das Positiv nichts Geringeres ist als der elektromagnetische Reflex der Wesenseinheit des Originals,
2. daß dieser Reflex sich offenbart in Gestalt von über dem Objekt geometrisch kreisenden Jonenbahnen (Atom- und Elektronenenergie),
3. daß das Siderische Pendel, präpariert durch den das Medium durchströmenden Magnetismus in die Schwingungen der Jonenbahnen eintritt,
4. daß die oben erwähnte „Wesenseinheit" des Individuums sich zusammensetzt aus dem sicheren Hinweis auf das Geschlecht, die gesunde oder krankhafte Veranlagung im Menschen und Tier, auf das Temperament und die im Moment der Aufnahme herrschenden Erregungszustände des Fotografierten".

Dasselbe gilt auch für die Handschrift. Diese in dem Jahre 1913 ausgesprochene Erkenntnis klingt im Zeitalter der Atome wissenschaftlich durchaus modern. Sie läßt sich auch übertragen auf unsere Aurenhypothese und findet darin ihre Bestätigung. Es ist somit durchaus möglich, Aussagen über der strahlenden Fotografie machen zu können, zu erkennen, was dem Abgebildeten fehlt, in welchem Zustand er sich befindet, denn das, was hier mitfotografiert worden ist, was aber nicht sichtbar ist, genau so wenig wie am stofflichen Körper, läßt sich auch nicht wieder wegwischen. Viel eher geht die chemische Substanz der Fotografie zugrunde als jenes Stück oder jener Ableger der Auren, die nun hier, dem Gesetz der Gesamtaura folgend, ihr Leben leben im selben Rhythmus und Ablauf wie diese. Hier dringen wir in metaphysische Reiche ein, die eben nur durch das Siderische Pendel oder durch den hellsichtigen Menschen eröffnet werden. Auch die Handschrift offenbart die Ausstrahlung, die dem Schrifturheber eigen ist,und es liegt über der Niederschrift eine Aurenschicht, die sich genau so auswirkt, wie die Aura des Schrifturhebers selbst.

Hier sind wir an die Grenze des bisher kausalen Denkens geführt worden und überschreiten dieselbe nunmehr in der sogenannten Chiromantie, d. h. daß das Pendeln nicht nur die Materie anzeigt mit ihrer stofflichen Schwingungspotenz, daß sie nicht nur die seelischen Auswirkungen und Strahlen aufnimmt und darstellt, sondern daß sie auch, wie F. Dietrich in seinem Buch „Chiromantie" sagt, das Transzendente andeutet, wobei wir die Schwingungsbilder des Unterbewußten und damit auch wieder der tieferen Aurenschicht und deren mantische Auswertung kennenlernen. Diese drei Stufen bedeuten die Erkenntnis des geistigen Grundwesens, und mit ihr sind wir über die gewöhnliche Radiästhesie oder Radiologie hinausgewachsen zu einer sehr eigenartigen und sehr alten mantischen Wissenschaft, die auch hinsichtlich der Zukunftsbefragung eine große Rolle spielt. Die Chiromantie ist seit jeher angewendet worden im selben Maße wie beispielsweise die Karten oder der Kaffeesatz oder das Sandzeichnen oder das astromantische Werten. Es sind Fragen möglich, die aus dem tiefsten eigenen Inneren beantwortet werden,und es sind Signatas oder Zeichen, die Antwort und eine untrügliche Erkenntnis, d. h. die Wahrheit aus dem eigenen tiefsten Innern, aus dem Himmel, dem Heimeligen, vermitteln. Insofern ist zweifelsohne das Siderische Pendel von ganz außerordentlicher Bedeutung.

Die Frage der metaphysischen Beantwortung hat immer wieder den Pendler an die Grenze des Spiritismus geführt. So tritt der spiritistisch angehauchte Pendler mit dem Wunsch an das Experiment heran, es mögen Geister das Pendel führen und ihm über wesentliche oder unwesentliche Fragen Antwort geben und dadurch ihm gewisse Lebenswege erleichtern. Diese spiritistische Anschauung war vor allem im 19. Jahrhundert sehr verbreitet. Seit der Erforschung der Psyche im Bannkreis der modernen Psychologie, vor allem der Tiefenpsychologie, wird klar, daß die Antwort nicht von irgendwelchen Geisterwesen herrührt, sondern daß sie aus dem tiefsten Inneren des Fragenden selbst stammt. So benutzt dieser Fragende ein Formular oder ein Papier und versucht nun auf jeden Fall eine Antwort dadurch zu erhalten, daß er den Pendelausschlag auf die verschiedenen Buchstaben oder Worte verfolgt und seine Antwort zusammensetzt. Es kommen dabei zuweilen sinnvolle, zuweilen etwas rätselhafte Sätze heraus. Es wird bei solchen Fragen immer ein letzter Rest übrigbleiben. Das Siderische Pendel ist auf jeden Fall ein äußerst empfindsames Instrument für Fragen, die der Mensch stellt,und für Wellen solcher Natur, die mit unseren fünf Sinnen nicht wahrgenommen werden können. Das Siderische Pendel wird gar zu leicht zu einem sympathetischen Mittel besonderer Art, welches nicht nur auf die unsichtbaren Strahlungen und Wellenlängen sichtbarer Körper reagiert, sondern Anspruch erhebt, Energie aus einer transzendenten Welt durch seinen Ausschlag zu manifestieren.

Bei den spiritistischen Versuchen mit dem Siderischen Pendel handelt es sich zumeist um die Befragung der Jenseitigen, auf welche das Pendel oft in überraschend heftiger und impulsiver Weise Auskunft gibt. Diese Auskunft erfolgt nach einem bestimmten technischen Verfahren. Der Pendler hat sich, wie die Frage-Pendel-Tafel zeigt, ein Buchstaben- und Zahlensystem konstruiert, gewöhnlich in einem Halbkreis,und hält über dem Kreismittelpunkt das Pendel.

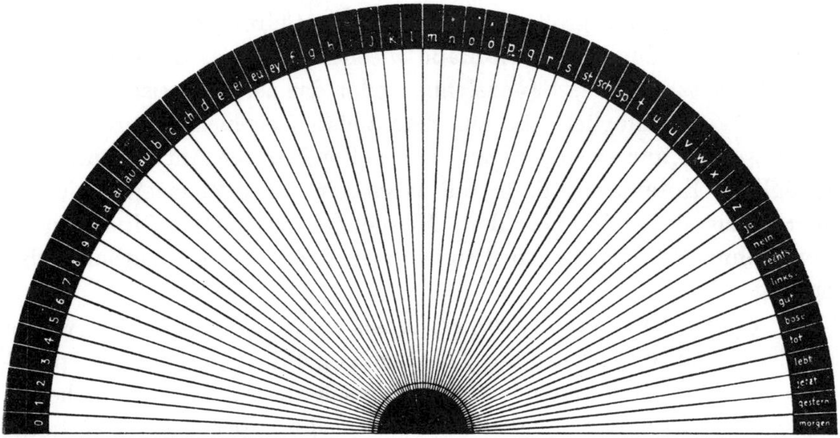

Frage-Pendel-Tafel

Indem er sich mit oder ohne Zeremonie auf die Verbindung mit Verstorbenen konzentriert und eine sein Leben betreffende Frage stellt, kann unter Umständen das Pendel sehr schnell ausschlagen und in wechselnder Richtung der Reihenfolge nach zu verschiedenen Buchstaben ausschwingen, welche zusammengesetzte Worte und Sätze bilden. Diese sogenannten Antworten sind durchaus sinngemäß, haben fast immer Bezug auf die gestellte Frage.

Bei diesen Experimenten ist besonders auffällig die Verschiedenartigkeit des Ausschlages, welcher manchmal so eigenartig sein kann, daß das Pendel tanzt oder springt, als ob es wirklich von einer fremden Wesenheit gelenkt oder beeinflußt würde. Auch werden bestimmte Fragen mit einem vehementeren Impuls beantwortet als andere. Ferner zeigen sich deutlich Ermüdungserscheinungen, und es kommt nicht selten vor, daß sich dann eine spirituelle Wesenheit formell verabschiedet. Jedenfalls kann nur derjenige, der solche Experimente mitgemacht hat, sich darüber ein klares Urteil bilden und muß auch die Mentalität in Berücksichtigung ziehen, die in dem Zuschauer eines solchen Experimentes erzeugt wird, wenn sinnfällige Manifestationen zu erscheinen pflegen.

Was geschieht nun bei einem solchen Experiment? Die moderne Psychologie, vor allem die Erkenntnis über den Archetypos, bringt uns diesem Problem und seiner Beantwortung nahe. Der zu solchen Experimenten befähigte Pendler hat meistens die Fähigkeiten, die von ihm verlangt werden. Er versteht es, in ernster Konzentration und in einer suggestiven Vertiefung auf die Idee einer Sache auch die letzten Tiefen seines Wesens zu erschließen, so daß das Tiefenbewußtsein aufgeschlossen ist. Die aber aus diesem Tiefenbewußtsein stammenden Kräfte sind für unser Dasein so allwissend, von so anderen Impulsen durchdrungen, daß sie uns wie fremde Wesenheiten erscheinen, daß wir uns von Geistern besessen glauben. Schon bei der Betrachtung der Auren fällt die Unterschiedlichkeit der äußeren und der inneren Auren auf. Auch hier haben wir die sichtbare Entsprechung für das Tiefenbewußtsein in den tieferen Insekten-, vegetativen und mineralischen Schichten.

Eine nicht seltene Praxis geht dahin, daß man versucht, mit dem Siderischen Pendel verlorenes Gut zu finden. Zur Praxis der Wiedergewinnung eines Gegenstandes, welcher verloren ging, seien verschiedene Praktiken angeführt. Die erste Praktik weist auf die Frage-Pendeltafel, und die Ursache der Antwort, die durch diese gegeben wird, wurde in den vorhergehenden Kapiteln behandelt. Eine weitere Praktik wird so bewerkstelligt, daß der Plan eines Hauses, einer Gegend, einer Stadt, eines Zimmers usw. je nach Möglichkeit der räumlichen Begrenzung, in welcher der Gegenstand verloren gegangen sein kann, aufgezeichnet wird und nun das Siderische Pendel von einem guten Medium über der Mitte des Planes angesetzt wird.

Der intensive Ausschlag nach einer bestimmten Richtung oder einem bestimmten Punkte ist dann richtungweisend für den Suchenden. Eine weitere Praktik ist diejenige, welche das Medium mit verbundenen Augen durch die entsprechenden Räume führt, wobei der Pendelausschlag besonders beachtet werden muß. Befindet sich der verlorene Gegenstand in der Nähe, so müßte, ähnlich wie bei der Wünschelrute, ein starker Ausschlag zu beobachten sein. Daß diese Praktiken aber eine entsprechende seelisch-geistige Vorbereitung notwendig machen, dürfte aus den Ausführungen der vorherigen Abschnitte erklärbar sein.

Der gewissenhafte Pendler legt unter den zu bependelnden Gegenstand oder Körper eine Isolierschicht, welche aus Gummi oder Hartgummi besteht. Außerdem ist er selbst bemüht, sich möglichst von anderen, ableitenden Körpern isoliert zu halten. Die Aura soll vollständig frei schwingen. Es ist daher auch die Kleidung frei von Metallen zu halten, ja man soll sogar Armbanduhren und andere Uhren ablegen. Dabei muß festgestellt werden, daß es Menschen gibt, welche über einen derart großen Vitalitätsstrom verfügen, über eine derartig starke Ausstrahlung der Aura, daß sie auch ohne Isolierung arbeiten können, da kleinere Ableitungen für die siderische Schwingung gar nicht ins Gewicht fallen. Auch hier gilt das Beispiel einer mit starkem Strom geladenen elektrischen Leitung, welche an einer Stelle nicht isoliert ist und trotzdem in ihrer Leistungsfrequenz kaum gemindert erscheint.

Da aber die vitalen Kräfte der nervösen und überbeanspruchten Gegenwartsmenschen hinsichtlich ihrer siderischen Leistungsfrequenz sehr herabgemindert sind, so ist eine Isolation auf jeden Fall von ausschlaggebender Bedeutung. Man muß sich ja auch darüber klar sein, daß jeder Mangel an Gewissenhaftigkeit den Menschen eines großen Teiles seiner siderischen Kraft beraubt und daß deshalb heutzutage so viele das Siderische Pendel nicht oder nur sehr schwach zum Schwingen bringen können, weil sie sich in einem ständigen Kurzschlußzustand befinden.

Die Isolation ist also für eine exakte Forschung eine unbedingte Notwendigkeit, da wir ja auch bei guter siderischer Vitalität unter den kosmischen Einflüssen starken, ja sogar gewaltigen Frequenzschwankungen unterliegen. Darum schützt uns die notwendige Isolierung vor allerlei Irrtümern. Zu diesem Zwecke sind als wesentliches Lehrmittel die Isolierplatten zu verwenden und als Unterlage unter das auszupendelnde Objekt zu legen. Handelt es sich um eine Person, so würde man gut daran tun, unter dieselbe eine Gummischicht in Form einer großen Unterlage zu legen. Auf diese Weise ist am ehesten Gewähr gegeben, daß bestimmte Körperteile mit ihren gesunden und kranken Stellen bzw. Gegenstände in ihrer eigentümlichen Strahlung auf das Pendel allein wirksam sind.

Wir wissen schon aus ägyptischer Überlieferung, daß ehedem die Priester der Isis und Osiris, die zugleich die magischen Ärzte des Volkes waren, Heilung dadurch ausführten, daß sie durch Handauflegen und Streichen die Körper der Patienten beruhigten. Zuerst freilich haben sie in den bekannten überlieferten Haltungen die siderischen Kräfte des Himmels in ihre Handinnenfläche einstrahlen lassen, um dann, auf einer Isolierschicht stehend, sie wieder herzugeben zur heilsamen Wirkung. Auch bei den ersten Christen wurde die siderische Kraft zu Heilzwecken verwendet. Diese siderische Kraft hat keine moralischen Eigenschaften, wenigstens nicht, soweit sie mit den tieferen Schichten unserer Aura zusammenhängt. Sie ist sowohl dem guten und engelgleichen als dem bösen und dämonischen Menschen eigen und wird deshalb auch oft von letzteren mißbraucht zu vergewaltigenden Handlungen. Rasputin ist hierfür ein treffendes Beispiel.

Wer also eine siderische Kraft beobachten will und noch nicht den sofortigen Erfolg mit dem Pendel erlebt hat, wende auf jeden Fall die Isolierplatte an. Somit wird an das pendelnde Medium eine ganz bestimmte Forderung gestellt, nämlich, daß es seine bewußten Gedanken ausschließe und sich einem sinnenden Zustand hingebe. Dadurch kann am ehesten erfüllt werden, was der Pendler beabsichtigt, nämlich das unbewußte Schwingen des Instrumentes, das nun nicht abhängig ist von irgendwelchen Bewußtseinsströmen. Man erreicht dies am ehesten, indem man dem Pendler mit einer schwarzen Binde die Augen verschließt. Nun wirkt nicht mehr das Bild des auszupendelnden Objektes, auch nicht das sich in Bewegung setzende Pendel und die dann aus einem Zwischenbewußtsein und Unterbewußtsein entstehenden ideomotorischen Muskelbewegungen. Nun ist der Pendler das, was er sein soll: ein Medium. Seine siderischen Kräfte strahlen neutral den charakteristischen Strahlungskräften des Objektes entgegen und veranlassen die charakteristische Figuration des Objektes.

Daß bei einem solchen Experiment zuverlässige Zeugen zugegen sein müssen, die eine einwandfreie Registrierung vornehmen, ist selbstverständlich und wurde auch schon in dem Abschnitt über das Pendeldiagramm erwähnt. Dadurch erst kommen wir der eigentlichen Gesetzmäßigkeit des Pendelns auf den Grund.

Wenn wir nunmehr zusammenfassen, so haben wir festgestellt, daß das Siderische Pendel ein Instrument ist, das anders als das mathematische Pendel reagiert. Es unterliegt dem Gesetz einer Kraft, die bis jetzt exakt wissenschaftlich noch nicht erforscht ist. Die verschiedenen Benennungen dieser Kraft — Od, magnetisch-elektrische Strahlkraft, Aurakraft — zeugt davon, daß man sich noch nicht über diese Kraft auskennt, aber daß man immerhin schon einige Erfahrungen über sie gewonnen hat. Es wird wohl noch einige Zeit anstehen, bis der Forscher diese Kraft voll und ganz erkannt hat, wie beispielsweise die anfangs erwähnte Schwerkraft. Es wird noch länger anstehen, bis er die Gesetzmäßigkeit dieser Kraft sinnvoll auszuwerten versteht, wie dies durch das attraktive Gesetz möglich ist.

Da diese siderische Kraft, wie wir feststellten, zusammenhängen muß mit den heute schon sehr häufig geschauten Auraschichten oder Ringen um den stofflichen Körper herum, so wird es notwendig sein, nicht nur die Substanz dieser Ringe zu erforschen, sondern vor allem deren Entsprechung. Denn es leuchtet uns wohl ein, daß hier die Entsprechungen der geistigen und seelischen Fähigkeiten liegen, auch der Tugenden und Untugenden, welche dann wiederum Bezug haben auf körperliche Eigenschaften, gesunde und kranke Erscheinungen, so daß der Mensch in der Zukunft nicht mehr nur in seiner stofflichen Körperlichkeit gesehen werden wird, sondern eingehüllt in den erwähnten fünf Auraschichten. Wenn nun der Geist des Wissenschaftlers darauf hinweist, daß es an sich sieben Schichten sein müßten, so mag dahingestellt bleiben, ob die dazukommenden zwei Schichten nicht mit der Zeit noch ausgebildet werden. Diese Möglichkeit ist deshalb gegeben, weil ja in der langen Zeit der Evolution sich Schicht nach Schicht gebildet hat. So wissen wir, daß vor einigen tausend Jahren die Menschen sehr viel mehr über ein Ahnungsvermögen und damit auch über magische Möglichkeiten verfügten als der heutige Mensch, dem dafür andere geistige Quellen aufgeschlossen sind und der sich immer neue Welten erobert. Der Mensch der Zukunft mag sechs oder sieben Auraschichten haben, heute müssen wir mit den genannten fünf rechnen. Dabei ist natürlich interessant, daß diese äußerste, strahlende menschliche Auraschicht nicht nur ein sehr feines und leuchtendes Strahlenbündel darstellt, sondern daß sie auch in einer verhältnismäßig großen Breite die anderen Auraschichten umgibt.

Für das Siderische Pendel folgert daraus das Gesetz, daß wir verschiedene Strahlkräfte besitzen, die wir ganz sinnvoll und mit der Zeit auch mit exakter Wissenschaftlichkeit einsetzen können. So wird es möglich sein, aus der bewußten Schicht heraus Fragen zu beantworten, die mit der Bewußtheit der Versuchsperson zusammenhängen. Wir werden Wahrheiten und Unwahrheiten, willentliche Lügen, aber auch geistiges Streben erkennen. Wir werden sehen, wohin der Mensch will, was er angeht und wie seine Gedanken, seine Ordnungswelt, seine Vorstellungswelt beschaffen sind. Diese Bewußtseinsschicht kann genau so wie jede andere Schicht ausgependelt werden.

Die zweite Schicht wird die tierische Schicht sein, die die Treuherzigkeit und Anhänglichkeit anzeigt, so wie dies auch einem Hund oder einer Katze zu eigen ist. Sie wird die Eigentümlichkeit des animalischen Wesens der auszupendelnden Person anzeigen, sie wird aber in dieser Eigentümlichkeit zugleich auch die Triebhaftigkeit und die Art der Triebe offenbaren, so daß sich darin mit aller Deutlichkeit anzeigt, was den Menschen im Augenblick gefangen hält, in welchem animalischen Bann er steht.

Als nächste folgt die Insektenschicht. Diese zeigt ein ganz eigenartiges Leben von einer halben Bewußtheit. Sie offenbart merkwürdige Erregungszustände, die in der halben Sphäre zwischen Wach-sein und

Unbewußt-sein liegen. Wenn der Mensch einschläft und sich auf der Kimme zwischem Schlaf und Wach-sein befindet, da lebt er in der Insektenschicht. Hier ist ein Zwischending zwischen dem Animalischen und Vegetativen, hier schwebt er im Dämmerlicht eines Halbbewußtseins, hier sind es die eigenartigen Zwischenkräfte, die Nervenkräfte, die sich anzeigen und die sich nun äußern in einer oft merkwürdig ahnenden Art, unruhig tastend, flatternd, schwirrend und dann doch wieder versinkend in die Schicht des Vegetativen.

Die vegetative Schicht führt nun immer mehr in das Tiefenbewußtsein. Hier wird das Gedächtnis aufleuchten, hier fallen alle Ereignisse hin, die in dem Verstand und im Bewußtsein erloschen sind, hier reihen und ordnen sie sich ein, hier wuchern sie scheinbar und sind doch wohlgefügt.

Die Gedächtniskraft ist eine urmütterliche Kraft, denn alles Leben kommt aus dem Mutterschoß,und aus dem Gedächtnis entwickelt sich eine jede Form. Klages sagt, die Gedächtniskraft ist eine Ursubstanz. Hier im Vegetativen, in der vegetativen Aura zeigt und offenbart sie sich in einer prägnanten Form. Hier ist auch alles geborgen, was sich in dem Leben der Versuchsperson bisher abgespielt hat, hier sind die Ereignisse des vergangenen Daseins bis in die Urzeiten hin vermischt mit den Ereignissen der Gegenwart. Immer wieder fallen erledigte Reaktion hierunter wie Regentropfen. Hier lebt noch alles, aber es lebt nicht mehr bewußt, sondern es lebt in einem tiefsten Ahnen, Erkennen,und nur die Erinnerungen, die ganz flüchtig in Symbolbildern dem Menschen auftauchen, offenbaren ihm, daß nichts verlorengeht und daß er in dieser vegetativen Schicht mit aller Welt verbunden ist, sei es Vergangenheit, Gegenwart oder Zukunft. Hier ist die Sybillische Tiefe.

Und schließlich folgt die mineralische Schicht. In dieser ist alles versteint. Hier sind die letzten, urältesten Erfahrungen niedergelegt, hier sind jene Erstarrungen, in denen wir uns immer befinden, wenn uns plötzlich eine Angst überfällt, hier sind jene festgelegten letzten Seinsgesetze, aus denen alles wird und in die alles zurückkehrt. Hier muß alles gelöst werden, aber hier sind zugleich gebunden in die mineralischen Stoffe die Urkräfte, von hier aus strahlt das Atom.

Entsprechend diesen Eigenschaften der Auren sind auch die Beschaffenheiten des stofflichen Körpers geordnet. Überall finden wir die Entsprechungen,und diese Urentsprechungen werden ebenfalls projiziert auf die kosmische Welt in den fünf letzten Planeten. Die Prinzipien kennen wir schon aus der Tschou-Epoche der Chinesen und finden dort Fünfteilungen hinsichtlich der Elemente, der Farben, Töne, Geschmäcker,

Gerüche, Jahreszeiten, Gegenden, Zahlen, Geistern, Geschöpfen, Tieren, Feldfrüchten und inneren Körperteilen. Wir sehen, daß diese Fünfteilung wirklich etwas Vollkommenes darstellt und daß insofern auch unsere Siderische Pendel-Forschung darin eine unbedingte Fundierung finden kann. Es wird also das Siderische Pendel durch dieses Schichtengesetz, das dem Menschen zugrunde liegt, erklärt,und es wird wohl auch in der Zukunft in dieser Erklärung seine letzte Begründung finden.

Sei es nun, daß wir in Ehrfurcht die Geheimnisse, Harmonien und Schönheiten des stofflichen Körpers betrachten, seine inneren und äußeren Zusammenhänge und Reaktionen als wunderbarstes und vollkommenstes Instrument dieser Schöpfung erkennen, sei es, daß wir uns an der Seele des Menschen und deren Auswirkungen erfreuen, sei es, daß wir bewundernd vor den geistigen Fähigkeiten und Möglichkeiten des Anthropos stehen und sei es schließlich, daß wir durch unsere Forschungen zu den prinzipiellen Entsprechungen vorstoßen, welche sich in den neuen sichtbaren, fühlbaren und experimentierbaren Erscheinungen des siderischen Strahlenkörpers oder Aura darstellen — immer wird uns das nachfolgende Zitat aus Goethes genialen Erkenntnissen richtungweisend sein:

„Der Mensch an sich selbst, insofern er sich seiner gesunden Sinne bedient, ist der größte und genaueste physikalische Apparat, den es geben kann. Und das ist eben das größte Übel der neueren Physik, daß man die Experimente gleichsam vom Menschen abgesondert hat und bloß in dem, was künstliche Instrumente zeigen, die Natur erkennen, ja was sie leisten kann, dadurch beschränken und beweisen will."

Literaturhinweise:

Bagnall, O. Ursprung und Entwicklung der menschlichen Aura.
Dietrich, F. Chiromantie.
Glahn, A. F. Pendellehre.
Kallenberg, F. Offenbarungen des Siderischen Pendels.
Leuenberg, R./L. v. Singer Das Siderische Pendel als Anzeiger menschlicher Charaktereigenschaften.
Pendragon, J. Neue Tatsachen über die Aura.
Wolff, H. Siderische Pendelpraxis.

Neuere Literatur:

Elling, P. Die Kunst des Pendelns. Moewig.
Graves, T. Pendel und Wünschelrute. Goldmann.
Gregorius, G. A. Pendelmagie. Schikowski.
Hürlimann. G. I. Pendeln ist erlernbar. M & T, 2 Bände.
Juriaanse, D. Das praktische Pendelbuch. Hugendubel.
Mlaker, R. Geistiges Pendeln. Schikowski.
Nielsen, G./J. Polansky. Die Magie des Pendels.
Roesermueller, W. O. Das Pendel in Deiner Hand. Rohm.
Roselius, W./W. Weckner Wer pendelt, weiß mehr. Rohm.
Spiesberger, K. Der erfolgreiche Pendel-Praktiker. Bauer.
Stangl, A. Pendeln. Econ.

Die Wünschelrute

Wenn wir die Frage stellen, wie lange es die Wünschelrute gibt, so kann man darauf antworten: Die Wünschelrute ist so alt wie die Menschheit selbst. Der Mensch der Frühzeit war magisch in das Naturgeschehen eingebaut und stand in unmittelbarer Verbindung mit dem Kosmos. Im Verlaufe seiner Entwicklung wurde er aus verschiedenen Gründen aus dieser Bindung losgelöst, und damit gingen seine magischen Kräfte zum Teil verloren. Eine auch damals bekannte Fähigkeit des Menschen hat sich bei einigen bis auf die Jetztzeit herüber vererbt, es ist dies das „Rutengehen", ein Vorgang, bei dem das Erfühlen unsichtbarer Strahlenkräfte mit einer künstlichen Antenne ausgeführt wird. Die Symbolik vergangener germanischer Kultur sowie die der ostasiatischen Völker deutet auf den Gebrauch der Wünschelrute hin. Daß die Ägypter die Rute oder eine Abart derselben benutzten, geht aus der Tatsache hervor, daß die Pyramiden auf schwerstbestrahltem Gebiet erbaut sind, auch schreibt der römische Staatsmann Cicero über die Wahrsageruten, welche aus Ägypten kommen sollen. In der altdeutschen Mythologie findet man verschiedentlich „wunsciligerta" (Wünschelrute) erwähnt. Auch Goethe spricht „Vom magischen Reis in kundiger Hand". Zahllos sind die Bücher, die seit dem Mittelalter über das Gebiet der Wünschelrute erschienen sind. Es bestehen Vereine im In- und Ausland, in welchen das Rutenwesen gepflegt wird. In neuerer Zeit haben sich Wissenschaftler wie der Holländer Tromb und Dr. Dr. Wüst, München, eingehend mit diesem Phänomen befaßt und dessen physikalische Lösung angestrebt. Ob das Problem auf rein physikalischer Basis zu klären ist, d. h. als rein physikalisch-physiologisch-psychologischer Prozeß aufgefaßt werden kann, ist noch keineswegs erwiesen und kann möglicherweise nie ganz gelöst werden, wie das Rätsel „Mensch" auch nicht.

Das praktische Rutengehen ist kein Handwerk, auch keine Wissenschaft, sondern eine Kunst. Welches Werkzeug benützt nun der Rutengänger? Im alten China war es ein Brettchen oder Stab mit dem der „Dämonenzauberer" die Erddämonen beschwor. In der Bibel steht vom Stab Moses, mit welchem er auf Geheiß Gottes Wasser aus dem Felsen schlug, und noch heute benennen in Palästina die Araber einen uralten Brunnen „Mose-Brunnen". Schon der Name Rute besagt, daß sie ursprünglich von Holz war. Unter bestimmtem magischen Ritus und nur zu gewissen Stunden mußte sie geschnitten werden, Haselnuß, Weide und andere Strauchhölzer wurden dazu ausersehen. Abbildung 1 stellt eine Weidenrute dar. Später kamen Drahtschlingen aus verschiedenen Metallen wie Kupfer, Messing, Eisen u. a. in Gebrauch. Abbildung 2 eine Messingrute mit Kugeln an den Enden. Abbildung 3 eine Messing-

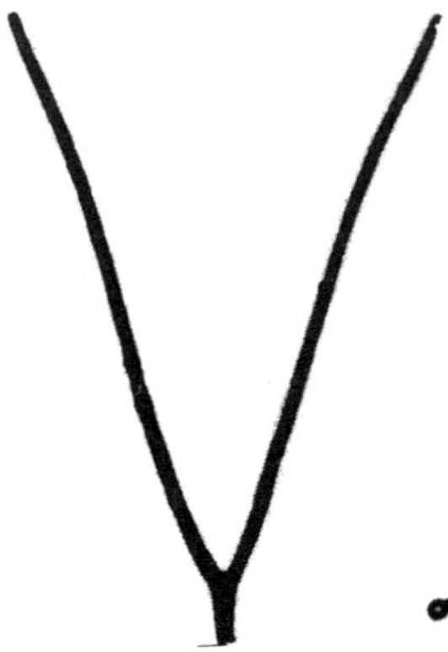

Abb. 1

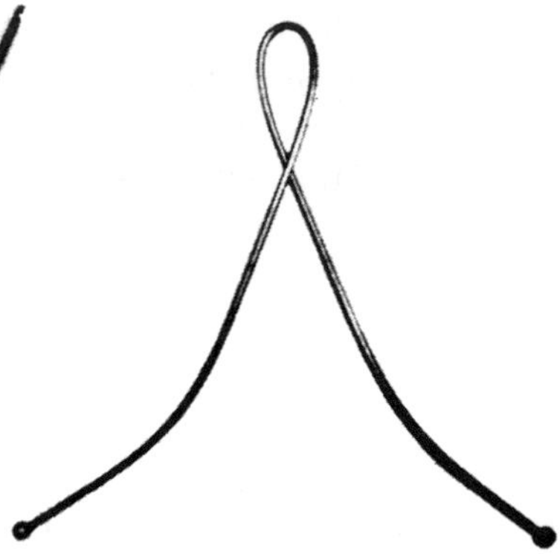

Abb. 2

Abb. 3

Zählrute mit Drehgriffen. Abbildung 4 eine Testrute. Abbildung 5 ist eine Kopfrute, die der Rutengänger sich in Stirnhöhe umschnallt. Nicht unerwähnt lassen möchte ich Ruten aus sogenannten Elektreden (Nichtleiter) wie Fischbein, Horn und Kunststoffe. Ein ganz anderes Prinzip stellt die Aggregatrute von Dannert dar, bei welcher verschiedene chemische Substanzen in Schwingung gebracht werden, je nach Art der Reaktionszonen. Das Entscheidende ist jedoch nicht das Werkzeug, sondern die zum Rutengehen notwendige Energiebegabung. Dabei spielt die Polarisation des Körpers die wichtigste Rolle. Beim guten Rutengänger sind die Finger abwechselnd positiv und negativ, und bei den Händen ist eine im Verhältnis zur anderen überwiegend positiv polarisiert. Die heutigen Wissenschaftler der „Radiästhesie" unterscheiden vier Grund-Reaktions-

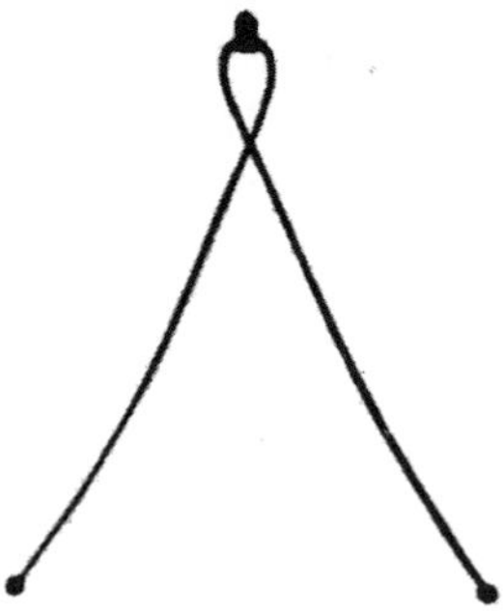

Abb. 4

typen. Der elektrische Typ reagiert auf elektrische Felder, also auf Elektronen positiver und negativer Art, der magnetische Typ wird von Magnetfeldern induziert, genau gesagt, er spricht auf den Magneten an, der radioaktive Typ, welcher durch die Gammastrahlen zur Reaktionsauslösung gebracht wird, sowie der Mikroseismische Typ, der, wie der Name sagt, durch geringste mechanische Schwingungen Rutenreaktionen bekommt. Diese Typen kommen meistens nicht als Reintypen, sondern in allen möglichen Mischformen vor. Auch der Lichtstrahl kann Veränderungen des Rutenausschlages bewirken, hier dürfte das Photon die auslösende Ursache darstellen. Weit von einander abweichend sind die Praktiken der einzelnen Rutengänger. Es soll hier in der Folge nur das Wesentliche behandelt werden. — Die Wünschelrute wird mit Unter- oder Obergriff in die Hände genommen, leicht in Spannung gebracht, seitlich angezogen und waagrecht gehalten. Siehe Abbildung 6, 6a und 6b. Nun geht die Versuchsperson langsam über das Gelände. Ist sie reaktionsfähig, so beginnt sich die Rute in gewissen Zonen zu bewegen, und zwar je nach Art des Untergrundes oder der Strahlung, entweder nach oben oder nach unten, auch Drehbewegungen sind möglich. Was ist geschehen? Der Rutengänger hat ein Gebiet betreten, das man als Reaktionszone oder Reizzone bezeichnet. Diese Reizzonen können verschiedenen Ursprungs sein, z. B Wasser, Erdöl, Gas, Erzadern, Verwerfungen, Erdspalten, Erzlager, Kohle sowie Hohlräume u. a. Auf Grund der verschiedenen Reaktionen wie Endstellung, Bewegung und Rotationen der Wünschelrute kann der Rutengänger genaue Angaben über die Beschaffenheit der Vorkommen machen. Eine sehr schwierige Angelegenheit ist die Tiefenbestimmung. Verschiedene Methoden sind in Anwendung. Bei der psychometrischen Messung geht der Rutengänger mit seinem Kraftfeld gedanklich in die Tiefe, und kommt er auf das Vorkommen, so löst sich eine Rutenreaktion aus. Leichter ist die Zählrutenmethode, allerdings nur für sehr Sensible. Hier gibt jede Rotation der Zählrute eine bestimmte Längeneinheit an. Man kann hier auch noch mit Faktoren arbeiten. Die Tiefenbestimmung durch Angehen der Vorausschläge wird sehr häufig angewendet. Bei dieser Art wird von der Hauptreaktionszone in einem Winkel von 90 Grad weggegangen, bis

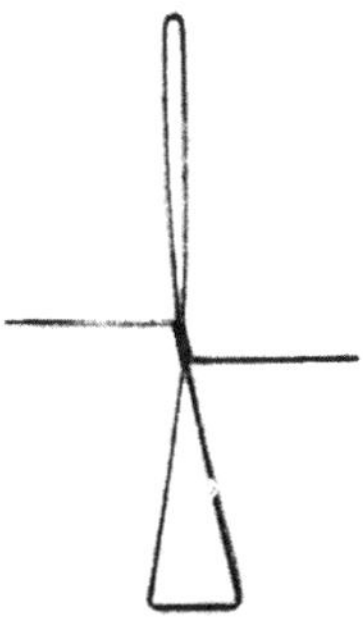

Abb. 5a, Bruchrute

Abb. 5

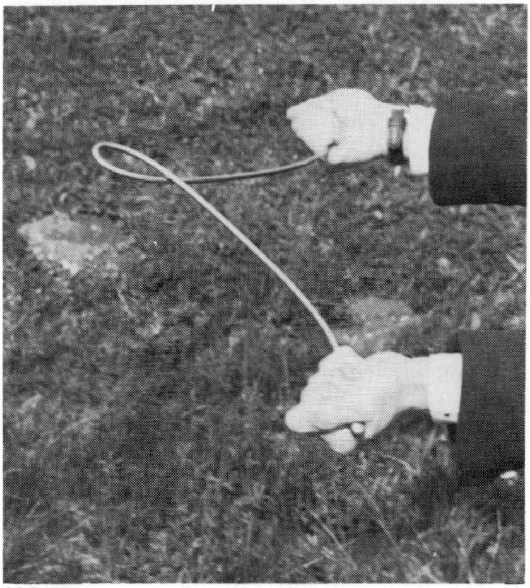

Abb. 6

sich die Rute umkehrt oder ein Ausschlag erfolgt. Auch mit senkrechter Rute kann man muten, entweder mit einer Zählrute, bei der die Griffe drehbar angeordent sind, oder mit einer gewöhnlichen Messing- oder Stahlrute, wobei man die Rutenenden als Drehpunkt verwendet und in den Handflächen oder Fingerspitzen hält. Beim Gehen mit einer Kopfrute kommt diese beim passieren einer Reaktionszone in Schwingung, man kann also auch ohne Hände Mutungen durchführen.

Die Anwendung der Wünschelrute greift in alle Lebensgebiete hinein. In der Wassersuche spielt sie eine wichtige Rolle, hängt doch vom Wasser oft der Bestand eines Hofes ab. Es sind Rutengänger bekannt, die bereits über 1.000 Brunnen erschlossen haben. Auch bei der Be- und Entwässerung kann man erfolgreich die Rute einsetzen. Brauereien, die ja durchwegs mit eigener Wasserversorgung arbeiten, bedienen sich dieses Hilfsmittels. Bei der Untersuchung von Untergrund für bauliche Zwecke kann der Rutengänger bei schwierigen Verhältnissen oft wichtige Auskünfte geben. Nach Bodenvorkommen wurde schon in alten Zeiten mit der Rute gesucht, und früher gehörte diese zum Gezäh des Bergmanns. Es sind nicht wenig Bodenschätze, welche in allen Erdteilen auf diese Weise erschlossen wurden, ob es die Ölvorkommen in Hannover waren oder Goldminen in Afrika u. a. — Zur Feststellung unterirdischer Hohlräume sowie geschichtlicher und vorgeschichtlicher Stätten kann man den Rutengänger erfolg-

Abb. 6a

reich beiziehen. Die Erforschung blitzgefährdeter Punkte zur Verhütung von Blitzeinschlägen sowie die Ursachen untergrundbedingter Selbstentzündungen und Staubexplosionen hat in den Arbeiten von Dr. Deibel, München, sichere Grundlagen erfahren und eine brauchbare Arbeitsthese geschaffen. — In der Reizstreifenbiologie eröffnet sich ein Gebiet, welches sowohl für den Arzt als auch für den Physiker von größter Wichtigkeit ist. Es liegen schon umfangreiche Arbeiten darüber vor, so hat Frhr. v. Pohl sein damals aufsehenerregendes Buch „Erdstrahlen als Krankheitserreger" geschrieben. Hier möchte nicht unerwähnt bleiben Dr. Manlicher, Salzburg, Dr. A. Voll, ein hervorragender Rutendiagnostiker, sowie Sanitätsrat Dr. Hager, Stettin, u. a., welche von der Strahlenseite her dem unheimlichen Krebsproblem näher rückten. Durch neueste theoretische Klärung atomarer Vorgänge, die ja auch im Biologischen wesentliche Rollen spielen, werden die Krebsursachen in ein neues Licht gerückt, und die Vermutung der Radiästheten wird hier eindeutig bestätigt. „Lichtquanten und Elektronen als Krebserreger" (von Waldemar v. Jankowsky, New York).

Abb. 6b

In der Heilkunde gibt die Rute in der Hand des Arztes und Heilpraktikers die Möglichkeit einer raschen Diagnose sowie Wellenlängenbestimmung kranker und gesunder Menschen. Das von den Sensitiven Frhr. v. Reichenbach's, Prof. Hektor Durvillé's sowie des französischen Obersten Albert de Rocha's als mehrschichtige Aura bezeichnete Ausstrahlungsfeld kann von verschiedenen Rutengängern mit der Rute gemessen werden. Prof. Dr. Sauerbruch hat das Vorhandensein eines elektrischen Feldes am Menschen bereits 1928 nachgewiesen, und Dr. Sommerfeld, Wien, hat das Ergebnis der Sauerbruch'schen Messungen überprüft. Ein magnetisches Feld konnte jedoch nicht nachgewiesen werden. Nun kann aber das feinste „Instrument Mensch" auch ein Magnetfeld feststellen. Nach meiner Wahrnehmung mit verschiedenen Mitteln sind es drei unterschiedliche Schichten, die den Menschen umgeben, respektive die er ausstrahlt. Erstens ein elektrisches Feld (objektiv nachgewiesen), zweitens ein magnetisches Feld und eine dritte Schicht, die mit Aufgang der Sonne fühlbar wird und nach Sonnenuntergang verschwindet. So kann man auch bei Tier und Pflanze mit der Rute Ausstrahlungsfelder wahrnehmen. Wellenlängen verschiedener Stoffe wie Medikamente, Edelsteine u. a. lassen sich mit feinen Wünschelruten eindeutig bestimmcn. Die höchste Meisterschaft liegt in der Beherrschung der Teleradiästhesie, hier überwindet der Mensch Zeit und Raum. Abbé Mermet und andere große Rutengänger haben auf diesem Gebiet ihr Können bewiesen. Beim Angehen der obengenannten Möglichkeiten ist es nun wesentlich, daß jeder Rutengänger seine Fähigkeiten sowie seine Leistungsgrenze erkennt, um Fehlleistungen zu vermeiden. Daß der Sensibilitätsgrad zur Beurteilung seiner Leistungsfähigkeit wohl die größte Rolle spielen dürfte, ist jedem klar, der in das Wesen der Feinstoffkräfte etwas eingedrungen ist. Man braucht ja nur einen Vergleich mit der Meßtechnik zu nehmen und die Größenordnung berücksichtigen, auf welche die einzelnen Geräte ansprechen. Wie sehr verschieden die Rutengänger reagieren, ist aus den Versuchen mit dem Detektormeter von Ing. Ruff ersichtlich, gibt es doch Rutengänger, die bereits auf einen Energieimpuls von weniger als 1 Mikro-Ampere ansprechen, das ist also unter einem Millionstel Amper. Andere sprechen erst bei dem drei-, vier- oder fünffachen Energiebetrag an. Mit der Wünschelrute und dem Pendel kann man den Sensibilitätsgrad von Menschen und Tieren ebenfalls mit größter Genauigkeit in relativen Werten feststellen und in Grade ausdrücken, falls der Rutengänger mit der 360°-Scheibe zu arbeiten in der Lage ist. Dr. med. Schreiber und Dr. Dr. Wüst u. a. erklären den Rutenausschlag als Subination und Pronation, also eine Drehung des Unterarmes und der Hand, bei der der Handrücken nach oben bzw. nach unten gedreht wird. Ausgelöst wird diese Bewegung

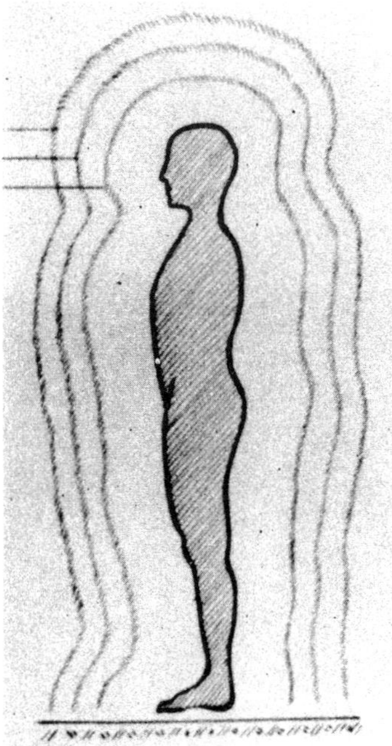

angeblich durch unterbewußte Bewegungen der Armmuskeln. Die Erfahrungen des Verfassers und anderer lassen diese Theorie bezweifeln. Es hat in der Praxis Fälle gegeben, daß sich eine 3 mm-Kupferrute nicht durchdrehen ließ, wobei durch bewußte Muskelanstrengung der Kupferdraht an den beiden Griffen um 90° verbogen war, weil an der Schleife der Rute ein unbekannter Kraftangriff stattfand. Auch die Kopfrute, Abb. 6c, widerlegt die Theorie der Subination und Pronation. Dr. Wendler hat in seiner Schrift „Physikalische Betrachtungen zu den Fragen der Radiästhesie" das Problem in einer neuartigen Weise beleuchtet. Die Lösung der Frage, warum sich die Rute bewegt oder gar dreht, dürfte jedoch auch heute noch nicht geklärt sein. Wie stellt man sich in Fachkreisen die Ursache zur Rutenreaktion vor? Frh. v. Pohl sprach von negativen Erdstrahlen oder gammaähnlichen Strahlen, welche die Ursache zur R-Reaktion sein soll. Diese Theorie ist heute nicht mehr haltbar, da in der Makro- sowie Mikro-Physik die Bipolarität durchwegs feststellbar ist. Es kann also bei einer Störzone, die ein unterirdisches Wassergerinne darstellt, keine Gamma-Strahlung vorhanden sein, sofern das Wasser nicht radiumhaltig ist oder radiumhaltiges Bodenvorkommen Radiumemenation abgibt. Im Falle des Wassergerinnes liegen ganz andere Verhältnisse vor. Wir kommen darüber noch im Kapitel über die Polaren Felder zu sprechen, welche manche Frage wenn auch nicht immer lösen, so doch in ein anderes Licht rücken.

Abb. 6c

Von jeher gingen die Rutengänger auf unterirdische Vorkommen, und es erschien ihnen als der Wesensinhalt ihrer Kunst. So war es im Mittelalter die Suche nach vergrabenen Schätzen, bei der Wünschelruten verwendet wurden. Es hat sich also bei dieser Fähigkeit darum gehandelt, möglichst materielle Vorteile zu erwerben, daß es aber in den früheren Kulturen bei dieser Kunst um eine den Priestern bekannte Kulthandlung ging, um in Verbindung mit den göttlichen Strahlenkräften zu kommen, erscheint dem heutigen Menschen kaum begreiflich. Menschen,die sich mit dem Rutenwesen näher befaßten, wußten zu allen Zeiten von geheimen Kräften des Weltalls. Sprachen schon die alten Germanen von „Od",das alles durchdringt, so wissen die Inder vom Prana, bestehend aus Bengala und Ida, den positiven und negativen Kräften. Die Chinesen kennen Yang, das polare Licht,und Yin,das Dunkle. Freiherr v. Reichenbach suchte diese Kräfte am Menschen, Straniak spricht von einer „Achten Großkraft der Natur" und meint damit eine allesdurchströmende Kraft. An dieser Stelle möchte ich auf eine persönliche Entdeckung hinweisen, die ein ganz neues Licht auf das gesamte Strahlenproblem wirft. Damit gewinnt auch das Rutenwesen ein anderes Gesicht. Indirekt war ein alter Bauer und Rutengänger die Ursache zur Entdeckung. Dieser wußte von Punkten,die man mit der Wünschelrute feststellen konnte und von denen Strahlen,ähnlich wie die Speichen eines Rades, ausgingen. Da ich selbst ein Jahr vorher Punkte mit der Rute fand, die ich nicht als Vorkommen einordnen konnte, so nahm ich mich der Angelegenheit an und untersuchte sie. Durch das Studium der Symbolik vergangener Kulturen, wie die der Ägypter, Germanen und vor allem auch der östlichen Völker, fand ich Anregung und Anhaltspunkte,die zur Enträtselung des Problems führten. C. G. Jung, der weltbekannte Schweizer Seelenarzt und Autor des von dem Sinologen Richard Wilhelm übersetzten chinesischen Weisheitsbuches „Das Geheimnis der Goldenen Blüte", zeigt in diesem Werk Bilder ostasiatischer Symbolik und die Darstellung der „Goldenen Blüte" bestätigt mir, daß die Chinesen tiefstes Wissen über die Strahlenkräfte besaßen. Auch durch Mosaikbilder in christlichen Kirchen fand ich Anregung,und ich nehme an, daß diese aus den vorher bestandenen germanischen Kultstätten übernommen worden sind, es ist aber auch möglich, daß diese Symbole aus weiter zurückliegenden Epochen der Menschheitsgeschichte stammen. Auf oft ganz merkwürdige Weise wurden mir diese Quellen zugeführt und dienten mir als sichtbare Hilfe zur Entdeckung eines hochwichtigen Problems. Das als „Goldene Blüte" dargestellte Bild fand ich in der Natur als Strahlenform, feststellbar mit der Wünschelrute, vor.

Da die Erde mathematisch betrachtet kugelförmig und an beiden Polen abgeplattet ist, so kann man ihre Oberfläche nicht als Ebene bezeichnen, sondern wir müssen für unsere Betrachtungsweise die Nicht-Euklid'sche Geometrie heranziehen. Über der gesamten Erdoberfläche ist ein System von polaren Feldern verbreitet, ähnlich einem Schachbrettmuster, wobei die Ecken der Quadrate nach den vier Haupthimmelsrichtungen zeigen. Die aneinander grenzenden polaren Felder unterscheiden sich durch die Verschiedenartigkeit ihrer Polarität sowie der darin vorherrschenden Energien und Energierichtung sowie in der Auswirkung auf Organismen. Ohne vorerst auf eine weitere Deutung einzugehen, soll eine Beschreibung folgen: In Abbildung 7 ist ein System von vier polaren Feldern ersichtlich. Ein solches Feld hat bei uns am n-ten magnetischen Breitegrad eine ungefähre Seitenlänge von 15,90 Meter, über die Diagonale gemessen

$$\frac{n}{\text{sinus}} 45^0 = \frac{15{,}9}{0{,}707} = 22{,}50 \text{ Meter.}$$

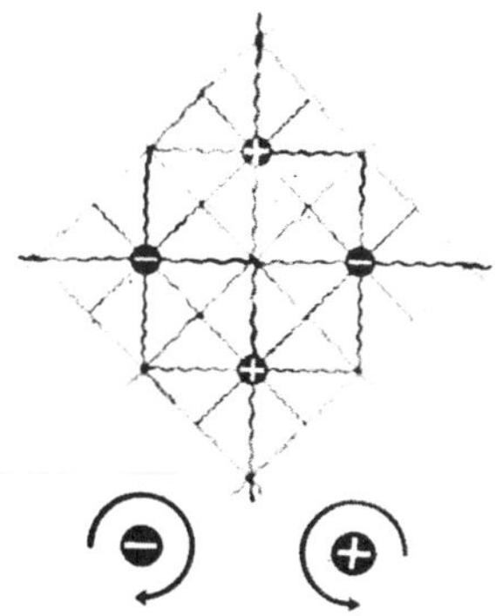

Abb. 7

In der Mitte des Feldes befindet sich eine Energieverdichtung, welche ich als Hauptpol bezeichne. Um den Hauptpol gruppieren sich in den Achtelfeldern 8 Nebenpole. Der Hauptpol hat am 48ten Breitegrad einen Durchmesser von 2,45 Meter, Abb. 7a (gemessen am 1. 6. 1952 mittags 12 Uhr). Die Nebenpole haben einen Durchmesser von 60 Zentimeter. Vom Hauptpol gehen vier Polstrahlen nach den Haupthimmelsrichtungen Nord, Ost, Süd und West und 4 Polstrahlen nach den Zwischenhimmelsrichtungen.

Abb. 7a

An der seitlichen Begrenzung zweier Felder ist eine Zone, in der sich die zwei Polaritäten treffen, resp. vermischen, diese verdichtete Mischzone habe ich als Feldgrenzlinie bezeichnet. Es ist also ein polares Feld von vier Feldgrenzlinien umgeben. Wie aus der Abbildung 7b ersichtlich ist, verlaufen die Feldgrenzlinien von ungefähr Südwest nach Nordost und von Südost nach Nordost, sie verlaufen wie sich verengende

Spiralen vom Äquator zum magnetischen Nord- und Südpol. Die Überschneidung von zwei Feldgrenzlinien habe ich als Feldgrenzlinienkreuzung benannt, eine solche befindet sich an allen vier Ecken eines polaren Feldes. Es treffen sich an diesem Punkt zwei Feldgrenzlinien

Abb. 7b

sowie 2 Polstrahlen positiver und 2 Polstrahlen negativer Art. In ihrer Auswirkung ist die Feldgrenzlinienkreuzung sehr interessant, sie lädt auf, jedoch zeitlich langsamer als der Pluspol. Es wird ja auch an diesem Punkt einem darüber stehenden Körper positive, negative und gemischte Energie zugeführt. Für den forschenden Mediziner ist diese Feldgrenzlinienkreuzung hoch wichtig. Am 45ten magnetischen Breitegrad hat das polare Feld eine Seitenlänge von 16 Meter, das ergibt ein Diagonalmaß von $\frac{16}{0.707} = 22.65$ Meter. Am Nord- und Südpol haben sich die polaren Felder auf den Wert Null verkleinert. Dies deckt sich auch mit der Vorstellung, daß die Erde ein Stabmagnet sei, auf dessen Magnetfeld elektrische Felder mit einer Vektorabweichung von 90^0 stehen, eine in der Elektro-Physik allgemein bekannte Tatsache. Am magnetischen Äquator weisen sie, rechnerisch ermittelt, ein Seitenlängenmaß von 32 Meter auf. Merkwürdig ist auch, daß die Cheopspyramide, die fast am 30ten geographischen Breitegrad steht, ein Diagonalmaß des polaren

Feldes von ca. 30 Meter aufweist. Nach den bis jetzt gemachten Untersuchungen und objektiven Messungen sind die polaren Felder einwandfrei nachzuweisen. Es gibt jedoch Tage, an denen die Pole bei gewisser Wetterlage nicht mehr wirksam sind. Auf Seen und im Hochgebirge wurden umfangreiche Versuche angestellt mit dem Ergebnis, daß die Gesetzmäßigkeit der polaren Felder mit ihren aus der Erde ein- und ausströmenden Energien überall vorhanden ist.

Der markanteste Ort innerhalb des polaren Feldes ist der Hauptpol, sowohl im positiven als auch im negativen Feld. Am Hauptpol des Plusfeldes ist die Energierichtung von oben nach unten, wobei noch eine Drehbewegung der Impulse feststellbar ist, diese ist am Plus-Hauptpol entgegengesetzt dem Uhrzeigersinn. Die acht Nebenpole haben dieselbe Energierichtung wie der Hauptpol, nur in schwächerem Ausmaße. Der Hauptpol im Minus-Feld hat die Energierichtung von unten nach oben, und die Drehbewegung der Impulse ist im Sinne des Uhrzeigers. Die meßbare Auswirkung der an dem Plus-Hauptpol einströmenden Energieform ist eine aufladende. Hier sei eine Meßmethode erwähnt, mit der man die Gesetzmäßigkeit der polaren Felder und auch die Wirkung von Störzonen, wie sie unterirdische Wasserläufe darstellen, u. a. eindeutig bestimmen kann. Bereits v. Reichenbach, Prof. Hektor Durville an der Charité Paris und der französische Oberst Albert de Rochas konnten mit ihren Sensitiven feststellen, daß lebende Organismen mit einer „Aura" umgeben sind. Diese „Aura" wurde von Dr. William J. Kilner vom St.-Thomas-Hospital, London, bei seinen mechanischen Beweisversuchen mit Hilfe seiner von ihm erdachten Dicivanin-Schirmes, auch Kilner-Schirm genannt, sichtbar gemacht. Zur Verwendung des Kilner-Schirmes war aber immer noch eine bestimmte Sensibilität der Augen notwendig, so daß er nicht allgemeine Anwendung fand. Weitere bemerkenswerte Untersuchungen zum Nachweis der Aura wurden von Prof. Dr. Rohracher im Phsychologischen-Institut an der Wiener Universität mit Hilfe eines hochempfindlichen elektrischen Tonabnehmers vorgenommen. Er stellte mit diesen Aura-Frequenzen 7—18 Schwingungen pro Sekunde fest. Prof. Dr. Regelsberger hat mit seinem Elektromanometer, welches schon Strom-Impulse von einem Zehnmillionstel Ampere registriert, darüber Versuche gemacht und verwendet dieses Gerät für diagnostische und prognostische Zwecke. Prof. Dr. Sauerbruch hat, wie bereits erwähnt, 1928 ein elektrisches Feld am menschlichen Körper mit elektrischen Apparaten, welche die Firma Siemens & Halske stellte, nachgewiesen. Auch der Schweizer Elektrizitätsforscher Müller aus Zürich hat objektive Methoden der menschlichen Ausstrahlung oder Aura erbracht. Nun hängt das Ausmaß der Aura von einer ganzen Reihe von Faktoren ab und ist mit verschiedenen Mitteln beeinflußbar. Die Gesundheit des Menschen spielt eine wesentliche Rolle; durch Hypnose und magnetisieren kann man die Aura verändern, auch durch die Lebensweise und Medikamente. Bei körperlicher Anstrengung tritt ebenfalls eine Verkürzung des Aura-Abstandes ein. Zum Zwecke unserer Versuche sei nun erwähnt, daß sich

Abb. 8

der Aura-Abstand, welcher in der Folge mit „A.A." bezeichnet sei, bei Ortsveränderung ebenfalls ändern kann, und zwar dann, wenn das elektrische oder magnetische Feld des gewechselten Ortes ein anderes ist als vorher. Mit Hilfe dieser Möglichkeit kann man jeden Ort auf seine auf- oder abladende Wirkung prüfen. Die Messung selbst wird mit verschiedenen Wünschelruten vorgenommen, siehe Abbildung 8, ja nach Art der zu messenden Schicht. Diesen A. A. kann man auch als Wellenlänge bezeichnen. Der mit der Rute gemessene Punkt stellt den Knoten einer freistehenden Welle dar. Auf dem Hauptplus-Pol lädt der Körper auf, und der A. A. ändert sich bis zu einem mehrfachen des Ausgangsmaßes. Am Minus-Pol erleben wir das Gegenteil, der Körper wird abgeladen,und der A. A. sinkt bis auf Null zurück. Diese Funktion des Auf- und Abladens der Aura ist so gesetzmäßig, daß man in der Lage ist, jeden Punkt im Gelände auf seine Polarität zu prüfen, einerseits ergibt sich aus der Auf- und Abladezeit ein Relativmaß der Sensibilität der Versuchsperson und anderseits ein Maß der relativen Stärke der Energie-Impulse des Versuchsortes. Verschiedenen Ärzten habe ich die polaren Felder aufgezeigt und ihre Wirksamkeit erklärt, so daß sie heute in der Lage sind, hochinteressante Versuche anzustellen. Die Versuche sind sowohl physiologisch als auch phsychologisch von größter Wichtigkeit, und wer tiefer in das Geheimnis der Strahlenkräfte eingedrungen ist, findet den Zusammenhang zwischen Strahlung und Gesundheit, er erkennt das Vehikel des Schicksals.

Waren die Rutengänger bisher gewöhnt, auf Störzonen zu gehen, so öffnet die Erkenntnis der polaren Felder ein neues Tor. Nicht jede pathogene Zone ist eine Störzone, d. h. eine durch den Untergrund bedingte Änderung des Erdpotentiales, so wie es früher die Vorstellung war, nein, das Wesentliche in der Radiästhesie ist das Strahlende als Objekt und der Fühlende als Subjekt, also das Erkannte und der Erkennende. Und zum Objekt, dem Erkannten, gehören für den Radiästheten hoher Gattung die polaren Felder in ihrem Vorhandensein und in ihrer Auswirkung. Ich habe mich früher immer gewundert, woher denn die verschiedenen Ausschläge, die sich mit der Wünschelrute oder dem Pendel anzeigen, kommen, ob da nicht ein Agens vorhanden ist, welches Träger aller möglichen Schwingungen sein könnte. Der Schlüssel zu diesem Geheimnis sind die polaren Felder mit ihren Energien. Eine alles durchströmende Kraft zeigt sich uns hier in einer polaren Einspannung. Die Kräfte sind die freien, nicht an den Stoff gebundenen Elektrizitätsatome, gesetzmäßig geordnett als Plus und Minuskräfte in den für uns fühlbaren polaren Feldern, und sind heute kein Phantasiegebilde mehr, sondern meßbare Größen. Die ein- und ausströmenden Kräfte der polaren Felder sind auch die Ursache der Störzonen, die die Rutengänger seit je erfühlen konnten, weil sie infolge ihrer Störfrequenz rasanter auf den menschlichen Organismus wirken als die im Gleichmaß unserer Mutter Erde und des Kosmos schwingenden polaren Minus- und Plus-Felder. Mit Erkenntnis der polaren Felder wird sich vieles leicht entschlüsseln lassen, was bisher verschlossen war. Oft war ich geradezu erschüttert von den Möglichkeiten, die sich daraus entwickeln lassen. Die verschiedenen Schwingungszustände z. B. der Störzonen werden hervorgerufen durch die kosmische Grundschwingung und der Gitterstruktur des einzelnen durchstrahlten Stoffes. Daraus formen sich andere Wellenlängen und Frequenzen, bedingt durch die Abstände der Gitterknoten. Was sind denn die Rhythmen im Makro-Kosmos überhaupt? Doch auch nichts anderes als Schwingungszustände der großen Himmelskörper, bedingt durch ihre Masse und Dichte sowie der Summe freier atomarer Bindungsenergie, welche ihre Abstände bestimmen. Im Mikro-Kosmos ist es das Elektron, das den Befehl des Schöpfers in Form seiner Schwingung ausführt. Warum sich aber die polaren Felder in der aufgezeichneten Weise bilden, ist Formengeheimnis der Schöpfung, und vielleicht sprechen die Chinesen deshalb vom „Geheimnis der goldenen Blüte". — Die polaren Felder und die Störzonen haben größten Einfluß auf den Organismus des Menschen. Es ist allgemein bekannt, daß es sogenannte Krebshäuser gibt. In Städten sind es ganze Häuserreihen, in denen die Mehrzahl der Inwohner an dieser schrecklichen Krankheit sterben. Leiden wie Rheuma, Kreislaufstörungen, Herzneurosen, Kropf und andere lokale Krankheiten, die keinen nachweisbaren Erreger in Form eines Bazillus oder Virus haben, scheinen an ganz bestimmte Orte gebunden zu sein. Es gibt keinerlei befriedigende Erklärung für ihre Entstehungsursache. Schon die Tatsache, daß in den letzten 40 Jahren der Krebs um ein mehrfaches zugenommen hat und zur Todesursache Nr. 1 aufgerückt ist, gibt tief zu denken. Waldemar v. Jankowsky schreibt in einem Aufsatz „Über das Krebsproblem", daß theoretisch betrachtet das Lichtquant und das Pi-Elektron die Krebsursache seien. Gerade das behaupten die Rutengänger mehr oder weniger genau umrissen auch, und zwar schon seit Jahrzehnten. Durch die Feststellung vieler Rutengänger ist erwiesen, daß die Krebskranken ihre Schlafstellen durchwegs auf Kreuzungen von Reizzonen hatten oder auf Überschneidungen mehrerer verschiedenartiger Reizzonen. Dabei ist die Tatsache wichtig, daß in jedem Falle positive Felder festgestellt wurden. Die Himmelsrichtung der Reizstreifen ist nicht einheitlich, auch sind die Ursachen zur Bildung von Reizzonen verschiedener Art. Frh. v. Pohl schreibt in seinem Werk „Erdstrahlen als Krankheitserreger" von negativen harten Erdstrahlen als Krebsursache. Diese Vorstellung hat sich durch Tatsachen wesentlich geändert. Nicht die negativen Felder, sondern die Positiven sind als Ursache anzusehen. In allen Fällen konnte ich bei meinen Untersuchungen von Schlafstellen Krebskranker den positiven Charakter der Reizzonen durch verschiedene Methoden feststellen. Die Frequenzen, Wellenlängen und Intensitäten dieser Reizzonen sind Schwankungen unterworfen, einheitlich ist nur ihr aufladender Charakter, anders ausgedrückt, die positive Polarität. Bringt man einen Menschen für einige Zeit auf so einen Reizpunkt, so nimmt der Aura-Abstand um ein Mehrfaches zu. Dieser positive Reizpunkt bestimmt auch den Ort der Krankheit. Die abladenden Stellen über den negativen polaren Feldern und Störzonen rufen wieder ganz andere Wirkungen auf den Organismus hervor. Hier tut sich ein weites Feld für den forschenden Arzt auf, der geneigt ist, in die Welt der Feinstrahlung einzudringen. Durch die Entwicklung der Technik wurde auch der Lebensraum der Menschen physikalisch geändert, so sind die Lebewesen dieser Erde durch den Rundfunk in einen Ozean von Schwingungen getaucht worden. Wie weit sich diese elektrischen Schwingungen auf die Organismen auswirken, ist noch nicht erwiesen. Nun liegt aber die elektrische Wellenlänge des menschlichen Kraftfeldes zwischen 30 und 90 cm, und die der Ultrakurz-Wellen liegen so zwischen 3 und 10 Meter, kommen also schon ziemlich an die Wellenlänge des menschlichen Kraftfeldes heran. Daß in unserem Körper Reaktionsströme ausgelöst werden können, ist an Hand verschiedener Versuche mittels Oszillographen registriert worden. Elektro-Physiologen sind bereits in der Lage, das elektrische Ladungsquantum einzelner Körperzellen zu messen. Es ist also sehr naheliegend, daß durch Energie-Impulse von außen her die elektrisch geladenen Zellen Veränderungen erfahren. Legt man z. B. einen Menschen oder ein Tier quer über eine Reizzone, so ist nach einigen Minuten die Versuchsperson oder das Tier in derselben geometrischen Anordnung polarisiert wie die auf die Versuchsperson einwirkende Reizzone. Durch die moderne Bauweise wurden der Stahlträger und das Moniereisen als Bauelement einbezogen. Über die schädliche Wirkung dieser Stahlbauweise dürften sich die Konstrukteure dieser Häuser wohl kaum Gedanken gemacht haben. Es gäbe auf diesem Sektor noch eine ganze Reihe von Schadensquellen aufzuzeigen.

Die Bäume sind wie die meisten Lebewesen strahlenempfindlich und infolge ihres Gebundenseins an einen Standort beredte Zeugen schädlicher Strahleneinwirkungen. Bei den Bäumen hat man den deutlichsten Beweis der Strahleneinwirkung überhaupt, und wer hier nicht sieht, dem fehlt jegliche Naturbindung und Naturbeobachtung. Für den wissenden Rutengänger ist ein Wald mit alten Bäumen ein lebendiges Buch und Zeugnis der Strahlenkräfte. Auch hier klärt die Kenntnis der polaren Felder manches, was bisher verborgen war. Wie unter den Menschen und Tieren, so gibt es unter den Bäumen empfindliche Rassen und Individuen. Der unempfindlichste Baum gegen Strahlung dürfte die Sequoia Gigantea sein. Diese wächst ja nur in Nordamerika in den Höhenlagen der Sierra Nevada in 1400 bis 2400 Meter Höhe. Frh. v. Pohl schreibt darüber: Der größte von diesen Baumriesen hat eine Höhe von 101 m und einen Umfang von 34 m, ihr Alter liegt bis über 4000 Jahre. Eine umgestürzte Sequoia wies über 4148 Jahresringe auf. Diesen Giganten scheint die Strahlung nichts anhaben zu können. Eichen lieben bestrahlte Stellen und wachsen bevorzugt über Untergrundströme, ebenso der Hollunder. Die Weide neigt sich zum Bach, aber auch über unterirdische Gerinne, (Abb. 9) gleich welcher Tiefe. Sie neigen sich eben über das elektrische

Abb. 9

Feld, welches ein unterirdischer Wasserlauf hervorruft. Sehr empfindlich gegen die Strahlung sind die Obstbäume, und der kluge Obstzüchter wird sich seine Plantage vor dem Setzen der Bäume vom Rutengänger untersuchen lassen, damit er die Plätze vermeidet, an denen Bäume mit Todsicherheit eingehen. Dieses Eingehen bestimmter Baumsorten an besonders stark bestrahlten Stellen ist eine altbekannte Tatsache. Linden, die sehr alt werden, reagieren auf den Elektronenbeschuß mit krebsartigen Wucherungen, auch Baumkrebs genannt. Die Abbildungen 10, 10a, 10b, 10c, 10d zeigen Bäume, welche unter starkem Beschuß stehen, der sich dann als Entartung der Zelle auswirkt. Wenn man als Rutengänger Bäume auf Reizzonenwirkung untersucht, so findet man ohne Ausnahme die Tatsache bestätigt, daß kein Baum, der Verkrüppelungen aufweist, unbestrahlt ist, ja es gibt Bäume, die nur einseitig verkrüppelt sind, diese stehen dann nur teilweise auf Reizzonen.

In diesem Falle ist der unbestrahlte Teil gesund und ohne Verformung, während der im Elektronenbeschuß liegende Teil Wucherungen aufweist. Sehr interessant wird es, wenn man die Frage aufwirft, wie der Drehwuchs der Bäume entsteht. Die landesübliche Meinung, daß der Wind durch einseitigen Kraftangriff des Luftdruckes auf die Baumkrone den Drehwuchs bewirkt, wird bei genauer Beobachtung nicht überzeugen. Es gibt Fälle, in denen Bäume, auf vollkommen freiem Gelände stehend, bei verhältnismäßig geringem Abstand und gleicher Windeinwirkung den entgegen-

gesetzten Drehsinn aufweisen. Es muß hier etwas anderes vorliegen. Die Antwort geben die polaren Felder mit ihren Drehimpulsen. Da am positiven Feld die Energie-Impulse entgegengesetzt der Uhrzeigerdrehung sind und am negativen Feld die umgekehrte Energie-Drehrichtung herrscht, so bestimmen diese Drehimpulse den Drehwuchs der

Abb. 10a

Abb. 10b

Bäume. Wie zwischen zwei mit verschieden polarisierten Elektrizitätsatomen geladenen Kondensatorplatten ein „Elektrischer Wind" in Richtung der positiv geladenen Platte hergestellt wird (nach Prof. Dr. Wichard Pohl, Universität Göttingen), so dreht der in der Natur vorkommende elektrische Wirbel den empfindlichen Baum. In Abbild. 11 ist ein Baum dargestellt mit Drall im Uhrzeigersinn er steht auf einem polaren Minus-Feld, und in Abb. 12 ein Baum mit entgegengesetzter Drehrichtung, er steht auf einem polaren Plusfeld. Kastanienbäume weisen sehr häufig den Linksdrehsinn auf, Weiden findet man mit Links- oder Rechtsdrall. Obstbäume gehorchen derselben Tendenz. Ge-

Abb. 10c

Abb. 10d

wisse Pflanzen und Sträucher bevorzugen ganz bestimmte Strahlungszonen, und wer in der Beobachtung etwas Übung hat, sieht schon ohne Rutenbenutzung, wie manche Reizzone verläuft. Tollkirschen wachsen auf abladenden, also auf negativen Zonen. Daß große Verwerfungsspalten einen negativen Einfluß auf den Baumwuchs ausüben, ist erwiesen, und mancher Weg durch die früheren Europäischen Urwälder mag diesem Umstand zu verdanken sein.

In der Tierwelt spiegelt die Strahlung eine ungeheure Rolle. Es gibt Tiere, welche Reizzonen meiden, andere wiederum suchen sie auf, es seien hier einige Beispiele angeführt: Der Hund meidet stark bestrahlte Stellen, ebenso der Fuchs, kein befahrener Fuchsbau ist auf einer Störzone. Verlagert sich untergrundbedingt eine Störzone durch einen Bau, so ziehen die Füchse aus. Wenn ein Pferd in seiner Boxe im Kreise geht, so ist mit Sicherheit eine Reizzone vorhanden. Es sei hier ein Fall aus der Praxis angeführt: In einem Pferdestall sind nacheinander an ein und demselben Fleck 28 Pferde eingegangen. Erst nach Kompensation der dort vorhandenen Störzonen wurde dieser Übelstand behoben. Das Rind ist gleichfalls sehr empfindlich und sowohl die Nachzucht als der Milchertrag wird von den Störzonen nachteilig beeinflußt. Wenn man mit der Rute Stallungen untersucht, so findet man immer wieder, daß das Unglück im Stall nur an den starkbestrahlten Stellen eintritt. Es gibt Plätze in manchen Stallungen, an denen kein Jungkalb durchzubringen ist. Alle Haustiere sind zwangsläufig

Abb. 11

an einen Standort gebunden und leiden, falls dieser auf einer Störzone liegt, unter den Folgen des Elektronenbeschusses. Das Tier in Freiheit findet auf Grund seiner feinen Sinne und Ungebundenheit genau die ihm zuträgliche Ruhestelle. Hingegen liegen die Wildwechsel durchwegs auf Reizzonen, es ist anzunehmen, daß sie ihre Schnauze als Antennen benützen, sich auf den Reizzonen orientieren. Die Ameisen leben auf den Kreuzungen (Abb. 13) oder Mehrfachkreuzungen von Reizzonen, und zwar auf aufladenden Stellen, bevorzugt benützen sie das polare Plus-Feld. Die Bienen sind dafür bekannt, daß sie auf Reizzonen leben wollen, und je stärker bestrahlt ihr Stand ist, um so ertragreicher ist das Volk. Eine bekannte Tierärztin hat eine Schildkröte in ihrer Wohnung, und diese hält sich nur auf zwei Punkten im Wohnzimmer auf. Bei Untersuchung mit der Rute stellte sich heraus, daß es sich um Kreuzungen starker Reizzonen handelt. Auch wenn sich gewisse Säugetiere lösen müssen, so geschieht dies durch Strahlungsimpulse. Auch die Hauskatze gehört zu den Lebewesen, die Reizzonen aufsuchen und an stärkst bestrahlten positiven Stellen ihr Lager wählen. Für Menschen müßten diese Plätze geradezu mit einem Warnsignal versehen sein. In der Welt der Kleinstlebewesen spielt die elektrische Ladung eine absolut lebenswichtige Rolle, und daß diese von außen her durch

Abb. 12

Abb. 13

Zuströmung elektrischer Energiequanten beeinflußt werden können, ist sehr naheliegend. Reizzonen können hier zur Energiequelle für den Umwandlungsprozeß werden. — Alljährlich werden in allen Ländern der Erde durch Blitzschlag Wohnstätten vernichtet, Menschen und Tiere getötet, Bäume zerschlagen, Scheunen mit Inhalt in Brand gesteckt. In Hochspannungsanlagen werden trotz größter Schutzmaßnahmen wie Kathodenfallableiter u. a. immer noch enorme Zerstörungen angerichtet. In Gebäuden mit oder ohne Ableiter schlägt der Blitz ein. Auch hier haben Rutengänger einen Weg aufgezeigt, der zur Lösung des Problems führen kann. Dr. Deibel, München, Spezialist in Blitzeinschlägen, Staubexplosionen und Heubränden, hat in jahrelanger mühevoller Arbeit ein Tatsachenmaterial zusammengetragen, das nicht mehr weg zu diskutieren ist. Seine Theorie, die ja aus Unterlagen der Praxis entstanden ist, besagt folgendes: Ein Blitzeinschlag kann nur dann erfolgen, wenn zwei sich überkreuzende Reaktionszonen vorhanden sind. Dazu muß die Ursache zu einer Reaktionszone tief liegen und die andere seicht. Maßgeblich ist der relative Spannungsunterschied zwischen den zwei Reaktionszonen. Je größer dieser ist, um so gefährdeter wird dieser Punkt der Kreuzung. Dazu ist noch zu sagen, daß dies genau zutrifft mit dem Zusatz, „diese Kreuzungspunkte liegen ohne Ausnahme immer nur auf einem polaren Minusfeld". Warum aber schlägt nun der Blitz an diesem Punkt ein? Der Beweis ist ziemlich schwer zu erbringen, doch kann man sich dazu eine brauchbare Theorie bilden. Das positive Potential der Luft- und Wolkenschichten versucht einen Ausgleich der Energie herbeizuführen, und zwar über den für die Elektrizität am geeignetesten Leiter, und das dürften die aus der Kreuzung und aus dem negativen Pol austretenden, nach oben gerichteten Elektronen sein. Über diese Elektronensäule findet auch die Entladung des Luftwolken-Potentials in Form des Blitzes statt. Daß die Blitzeinschlagsfälle infolge von Drahtzäunen, Eisengitter u. a. Metallteile etwas verwickelter sein können, ändert nichts

Abb. 14

an der angegebenen Ursache. Auch hier hat der Rutengänger die Möglichkeit den Punkt nicht nach dem Schaden, sondern schon vor dem Einschlag festzustellen, und damit ist die Chance zur Verhütung gegeben. Der Blitzableiter dürfte aus Erfahrungsgründen zweckdienlich sein, aber 100%ig wirksam wird er erst dann, wenn die Anbringung der Erdung nach Angaben eines erfahrenen Rutengängers erfolgt. In Abb. 14 ist ein Baum ersichtlich, welcher eine große, nicht mehr genau feststellbare Anzahl von Blitzeinschlägen hat, dieser Baum steht auf einer Kreuzung von zwei Untergrundströmungen und einem negativen Pol. Infolge der vielen Einschläge ist der Baum kahl, der negative Pol hat, wie bereits erwähnt, abladenden Charakter. Bild 15 zeigt eine Fichte, welche bereits in einem Märzgewitter einen Blitzschlag erlitten hat. Rutenbefund: Eine Kreuzung einer seichten und einer tiefen Wasserader sowie negativer Pol. Abbildung 16 zeigt eine hohe Fichte und eine niedere Esche. Blitzeinschlag in der niederen Esche. Rutenbefund: Seichte und tiefe Grundwasserströmungskreuzung, Esche am negativen Pol und auf der Kreuzung. Trotz der daneben stehenden ca. 30 Meter hohen Fichte Einschlag in die kleine Esche. Diese Blitzeinschlagsuntersuchungen lassen sich ins uferlose vermehren, das Bild ist immer dasselbe: zwei sich kreuzende Reizzonen mit relativ hohem Spannungsunterschied, seichte und tiefe Wassergerinne,

Abb. 15

Abb. 16

ein negativer Pol. Staubexplosionen haben ihre Ursache in dem ganz gleichen Rutenbefund. Der Explosionsherd liegt hier ebenfalls genau in der Überschneidung der Hauptreaktionszone beider Reizstreifen. Die Voraussetzung zur Explosion dürfte eine vorangegangene statische Aufladung von feinsten Staubteilchen sein, die plötzlich zur Entladung kommen. Bei Heubränden haben wir ebenfalls dasselbe Strahlungsbild zur Voraussetzung. Wärmeentwicklung durch Umwandlungsprozesse von Kleinstlebewesen spielen dabei selbstverständlich eine große Rolle, ausgelöst wird dieser Prozeß jedoch durch Strahlungskomponenten.

Abb. 16

Schwieriges Gebiet ist die Teleradiästhesie. Sie fällt zum Teil in die außersinnliche Wahrnehmung und kann nicht mehr allein physikalisch erklärt werden. Darüber hat der Amerikaner Rhine umfangreiche Versuche angestellt. Es ist Tatsache, daß eine Reihe von Menschen über große Räume hinweg Vorgänge schildern können. Der schwedische Ingenieur-Oberst Mats Sperling berichtet, daß im Institut für metaphysische Forschungen in Berlin, zwischen Berlin, Wien und Athen sowie mehreren mitangeschlossenen Empfängern geglückte Experimente der Gedankenübertragung, „Gedankentelegramme" über weite Entfernungen, über 2000 km, stattfanden. Der Franzose Abbé Mermet hat darin unglaubliches geleistet, auch über den Schweizer Ceppi sind kontrollierte Fälle geschildert. Es gibt eine ganze Reihe von Rutengängern, die das Fernmuten beherrschen, also über große Distanzen hinweg Lage und Art eines Vorkommens angeben können. Ceppi hat von der Schweiz aus Wasservorkommen in Rom gemutet, welche später an Ort und Stelle überprüft und beim Erbohren fündig wurden. Mats Sperling, der schwedische Oberst, hat auf Entfernung Ölvorkommen festgestellt, und zwar nicht mit der Rute, sondern mit dem Sonnengeflecht nach seiner eigenen Aussage. Ein Fall aus der eigenen Praxis soll hier erwähnt sein. Eine Dame aus einer ca. 40 km entfernten Stadt schrieb mir, sie möchte mich wegen verschiedener Schwierigkeiten, die in ihrem Hause auftreten, sprechen, oder ich möchte hinkommen. Ich stellte an Hand des Briefes Verbindung zu ihr und ihrem Hause her. Die Mutung ergab folgendes Ergebnis: Wellenlänge der Dame ca. 80 cm, ihre Schlafstelle liegt auf einer Störzone, deren Ursache zwischen 800—900 Meter liegt, außerdem unterquert ein Grundwasserstrom in 21—22 Meter Tiefe das Bett. Ich gab ihr darüber schriftliche Mitteilung. Am übernächsten Tag kam die Dame mit ihrem Wagen zu mir, um mich abzuholen. Bei der Begrüßung fragte sie mich: „Wie können sie so etwas behaupten?" Meine Antwort: „Ich habe Ihnen diese Angaben mit Absicht gemacht, um einen Beweis zu haben, daß man auf Entfernung muten kann, und nun wollen wir an Ort und Stelle kontrollieren. Die von mir angegebenen Zahlen der Fernmutung stimmten genau mit der örtlichen Mutung überein, bis auf die noch vorhandene Wasserader von 14 Meter Tiefe, welche ich im Brief vernachlässigte.

Abb. 16a

Es gibt Rutengänger, die nur mit den Händen Reizzonen fühlen können, siehe Abbildung 16. Beide Zeigefinger bewegen sich durch Auslösung einer Reaktion ruckartig nach oben oder unten. Ich kannte einen sehr guten Rutengänger, der nur auf diese Weise seine Mutungen mit genauen Angaben über Tiefe und Ergiebigkeit des Vorkommens durchführte. Abbildung 17: Muten mit senkrechter Zählrute. Bei dieser Art von Rutengehen ist man in der Lage einem unterirdischen Wasserlauf oder einer Reizzone unmittelbar in ihrem Verlauf zu folgen. Die senkrecht stehende

Abb. 17

Rute stellt sich dabei auf das Mittel der Reaktionszone ein, in der Weise wie eine Magnetnadel zum Nordpol. Die Randfelder einer Reizzone sind mit dieser senkrechten Methode sehr leicht erfaßbar, und schnell hat man damit die Breite eines Vorkommens festgestellt. Zur Tiefenbestimmung kann diese Rutenführung ebenfalls gut angewandt werden. Es muß aber bei dieser Anwendung eine W-Rute mit Drehgriffen, Abbildung 3, genommen werden, damit die Rute infolge der leichten Lagerung in den Drehgriffen auf jeden leichten seitlichen Impuls reagieren und dementsprechend ausschlagen kann. In Abbildung 18 ist eine Rutenhaltung dargestellt, in der die Wünschelrute nur zwischen Fingerspitzen zweier Hände gehalten wird, auch in den Handtellern kann auf ähnliche Weise die Rute geführt werden und schwenkt bei Betreten von Reaktionszonen seitlich aus.

Abb. 18

Es ist uns allen begreiflich, wenn wir mit Hilfe des Radio über die ganze Erdkugel hinweg Nachrichten empfangen können, daß aber der Mensch ein ebenso feines Gerät sein kann, wenn nicht feiner, will nicht einleuchten. Die polaren Felder mit ihrem Netz sind über die ganze Erde verbreitet, und über deren Grundwellen laufen die modulierten Schwingungen unserer Gedanken und anderer Regungen, die ebenfalls Schwingungszustände sind. Über die polaren Felder orientierten sich die Zugvögel und die Tiere auf freier Wildbahn. Ein kleiner Foxterrier, der von Frankfurt nach Brüssel mit dem Flugzeug gebracht wurde, erschien nach einer Fußreise von 3 Wochen wieder bei seinem alten Herrn. Wie hat er wieder heim gefunden? Ein anderer Fall. Ein Hund, der zur Jagd ausgeliehen wurde, lief vom Chiemsee, wohin er mit dem Auto gebracht wurde, davon und war eher bei seinem Herrn in München als der Jäger. Auch hier wieder die fast unglaubliche Orientierungsgabe. Mit seiner Antenne, der Schnauze, hat er über das polare Netzsystem seine Heimat angepeilt und gefunden.

Daß es sich bei den Reizzonen um elektrische Felder handelt, steht heute außer Frage. Das schwierige ist infolge der geringen Energiequanten ihre Erfaßbarkeit mit den in der heutigen Physik gebräuchlichen Mitteln. Durch Kombination von in der Rundfunktechnik gebrauchten Bauelemente ist es jedoch heute möglich, diese kleinsten Energiequanten zu erfassen und zu verstärken. Damit ist auch der Beweis erbracht, daß die Rutengänger seit jeher etwas Vorhandenes erfühlen konnten. Ist nun aber ein feinstes elektrisches Feld oder ein elektrischer Wirbel vorhanden, in Form von Elektronenwolken, Elektronenwellen usw., so kann man diese auch mit physikalischen Mitteln beseitigen. Dies ist tatsächlich mit einem guten, auf elektro-physikalischer Basis entwickelten Kompensationsgerät möglich. Die Erfolge, die damit erzielt wurden, sind geradezu erstaunlich. Die Auswirkung der physikalischen Veränderung des Lebensraumes von Menschen, Tieren oder Pflanzen sind ungeheuer, und nur der wirklich mit der Materie vertraute Meister soll damit umgehen. Ist die Verdichtung feinster elektrischer Energien die Ursache zu Krankheiten, so muß die Beseitigung dieser Verdichtungen gleichzeitig die Aufhebung der Ursachen zu vielen Leiden sein. Die Versuche, den sensiblen Rutengänger durch physikalische Geräte zu ersetzen, dürfte nur bis zu einem gewissen Grad möglich sein. Radiästhesie ist Grenzgebiet, vieles kann man physikalisch erklären und kausal einordnen, die menschliche Erkennungsgrenze mag noch weiter hinausgeschoben werden, es bleibt immer noch Ungeklärtes.

Literaturhinweise:

Angerer, J./E. Hartmann u. a. Mensch — Wünschelrute — Krankheit. M & T.
Bachler, K. Erfahrungen einer Rutengängerin. Veritas.
Bird, Ch. Die weissagende Hand oder das Mysterium Wünschelrute. Moos & Partner.
Jürgens, H. Die Wünschelrute und ihr Gebrauch. Bauer.
Mayer, H./G. Winklbauer Wünschelruten-Praxis. Orac.
Prokop, O./W. Wimmer Wünschelrute, Erdstrahlen, Radiästhesie. Enke.
Rolshausen, Freiherr v. Geheimnisse der Wünschelrute. Bauer.
Seiler, J. Mit Wünschelrute und Pendel zu faszinierenden Entdeckungen. Corona.
Tuil, G. J. F. van/E. R. A. van Heerde Wünschelruten-Gehen. Hugendubel.

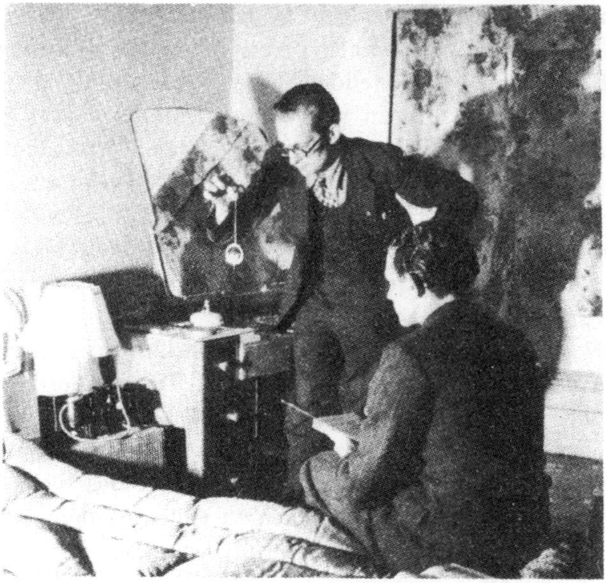

Der Bettvorleger wird ausgependelt, ob sich unter ihm vielleicht geheimnisvolle Erdströme befinden

Die Parapsychologie

Das Gesamtgebiet des Okkultismus, der einen Teil der östlichen Geheimlehren enthält, wird üblicherweise in vier große Gebiete eingeteilt: 1. die Parapsychologie, 2. den Spiritismus, 3. die Astrologie und 4. die Magie. Einer ähnlichen Ordnung hat sich auch die Evangelische Akademie in Tutzing, Bayern, angeschlossen, indem sie

vom 6.—8. Januar 1950 über „Parapsychologie", d. h. okkulte Fähigkeiten der menschlichen Seele,

vom 24.—26. November 1950 „Über das Leben nach dem Tode", also auch über den Spiritismus und den Verkehr mit Verstorbenen,

vom 11.—24. Januar 1951 über „Astrologie", d. h. den Einfluß der Sterne auf Mensch und Schicksalsgestaltung, und

vom 13.—16. Dezember 1951 über „Prophetie", d. h. Hellsehen in Zeit und Raum und die magischen Fähigkeiten der Seele in Hinblick auf eine Zukunftsschau,

Tagungen veranstaltete, in denen alle diese Fragen einer eingehenden Würdigung unterzogen wurden.

Angeblich soll es der bekannte Seelenforscher Dr. phil. Max Dessoir (8. 2. 1867—19. 7. 1947) gewesen sein, der erstmalig im Jahre 1889 den Ausdruck „Parapsychologie" in der Zeitschrift „Sphinx" prägte und in den Sprachgebrauch einführte.

Nach dem philosophischen Wörterbuch von Apel, Berlin 1950, bezeichnet man mit „para" etwas, das über das Gewöhnliche hinausgeht oder neben ihm hergeht. Nach seiner Meinung dürfe man die aus dem normalen Verlauf des Seelenlebens heraustretenden Erscheinungen als „parapsychisch" und die von ihnen handelnde Wissenschaft als „Parapsychologie" bezeichnen.

Der namhafte Fachmann für Okkultismus, Dr. Herbert Fritsche, gibt folgende Definition: Das Wort „para" bedeutet im eigentlichen Sinne „daneben" sowie „darüber hinaus", also neben dem Üblichen, Banalen, oder durschnittlich Vorzufindenden. Diese letztere Bedeutung ist auch mit „meta" verwandt, weshalb man auch von „Metapsychologie", „Metabiologie" spricht. Es ist bestimmt von allgemeinem Interesse, daß z. B. der bedeutende universelle Okkultist der Renaissance-Zeit,

Theophrastus von Hohenheim, sich Paracelsus nannte, womit er zum Ausdruck bringen wollte, daß sein Forschungsgebiet wesenhaft hoch hinaus wollte, weit in die Überwelt hinein.

Der Münchener Arzt Rudolf Tischner bezeichnet als „Parapsychologie" die Wissenschaft von den Gesamterscheinungen seelischer Fähigkeiten von Medien, und zwar ohne „mystischen" Nebensinn.

Rudolf Tischner: „Ergebnisse okkulter Forschung". Einführung in die Parapsychologie. Deutsche Verlags-Anstalt Stuttgart 1950, siehe Einleitung, S. 9.

Da nun die Parapsychologie in einer verwandtschaftlichen Beziehung zur Metaphysik steht, so wäre es angebracht, noch den französischen Forscher Sudre zu zitieren, der folgende Formulierung gibt: „Metaphysik ist die Wissenschaft, die zum Gegenstand physische und psychologische Erscheinungen hat, hervorgerufen durch anscheinend intelligente Kräfte oder unbekannte Fähigkeiten des Geistes."

R. Sudre: „Introduction à la métapsychique humaine". Paris 1926, S. 50.

Im Großen Brockhaus heißt es: Das Wort „para" ist vom Griechischen abgeleitet und bedeutet „jenseits", das Wort „psyche" bedeutet die Seele, daher die Bezeichnung „jenseits der Seele", und weiter: „Die parapsychologischen Erscheinungen sind auf keine Weise als krankhafte Zustände anzusprechen."

Diejenigen, die die Meinung vertreten, daß die Parapsychologie auch weiterhin wenig beachtet zu werden braucht, sind im Irrtum. Rudolf Tischner hat bereits bei Arthur Schopenhauer (22. 2. 1788—21. 9. 1890) eine Stelle ausfindig gemacht, wo schon in der Mitte des vorigen Jahrhunderts die Wichtigkeit der zu untersuchenden parapsychologischen Phänomene erkannt wurde. Schopenhauer sagt dort: „Vom philosophischen Standpunkte aus sind unter allen Tatsachen ohne Vergleich die wichtigsten die, welche die gesamte Erfahrung dieser Art von Phänomenen uns darbietet; daher sich mit ihnen gründlich vertraut zu machen, die Pflicht eines jeden Gelehrten ist".

Rudolf Tischner: Ergebnisse okkult. Forschung, 1950, S. 19.

Nach Tischner sind es die bekannten Magnetiseure Mesmer und Puységur, die als Forscher die ersten Grundlagen für eine wissenschaftliche Parapsychologie schufen. Auf eine Anfrage meinerseits bei Prof. Dr. Carl Gustav Jung, Zürich, erhielt ich die Antwort, daß nach seiner Meinung die Parapsychologie erst mit den Kartenexperimenten des Prof. J. B. Rhine (USA.) beginnt. Wesentlich bleibt es jedoch für unsere weiteren Betrachtungen, daß die Parapsychologie bereits als Wissenschaft anerkannt wird.

DR. PHIL. KARL FREIHERR DU PREL

geb. am 3. April 1839 in Landshut, Bayern, gest. am 5. August 1899 in Heilig Kreuz bei Hall in Tirol

war einer der bedeutendsten Klassiker der „Grenzgebiete der Wissenschaft". Durch seine Studien der Geheimwissenschaften schuf er einen neuen, vertieften und umfassenderen Seelenbegriff und gab seiner Seelenlehre eine monistische Deutung. Erstmalig wurden durch ihn naturwissenschaftliche Ansichten über das Leben nach dem Tode geäußert. Sein tiefgehendes und klassisches Lebenswerk „Die Philosophie der Mystik" ist bis heute richtunggebend für die Aufklärung mystischer Erscheinungen geblieben und wird von gebildeten Okkultisten sehr geschätzt. Viele biblische Wunder fanden durch seine Betrachtungsweise eine teilweise naturwissenschaftliche Erklärung. Besonders verdienstvoll sind seine erfolgreichen Bemühungen, einen harmonischen Ausgleich zwischen Religion und Wissenschaft durch die Forschungsergebnisse des Okkultismus einzuleiten, desgleichen die Wiederverkörperungslehre als beachtenswert hinzustellen und die materialistische Weltanschauung mit einer außergewöhnlichen Sachkenntnis und Dynamik zu bekämpfen.

Als Einführung in die Parapsychologie ist das Buch Rudolf Tischners sehr wertvoll. Sein ganzer Inhalt ist auf den Beweis abgestellt, daß es Tatsachen gibt, die eine solche gesonderte Bezeichnung wie „Parapsychologie" verdienen. Das Buch ist nicht einfach eine Darlegung von Tatsachen, sondern stellt zugleich eine Beweisführung zugunsten ihres Vorhandenseins dar. Interessant sind seine Hinweise auf den Leipziger Professor Hans Driesch, der 1943 in Zürich das Buch „Parapsychologie" veröffentliche, in dem er mit ungewöhnlicher Schärfe seine Gegner angreift und die strebsame Jugend bedauert, der dieses wertvolle Gebiet vorenthalten wird. Die ungeduldigen Gegner werden aber ausfallend; so bezeichnete z. B. Dr. Moll die Parapsychologie damals als gegenstandslos und alle anders Denkenden als „Schwindler und Schweinehunde". In der Geschichte der Parapsychologie dürfte er darnach keine angenehmen Erinnerungen zurücklassen.

Zur Klassifizierung der parapsychologischen Erscheinungen dürfte folgende Gliederung zwar keine vollkommene, wohl aber für den Anfänger eine gut brauchbare Übersicht geben:

1. Strahlenforschung

Das strahlende „Od", das fließende „Fluid", Wirkungen aus kosmischen, elektro-magnetischen Kraftfeldern. Wahrnehmung dieser Strahlen durch technische Hilfsmittel und Meßapparate. Die weißdunstige und farbige Aura des Menschen sowie das phosphoreszierende Leuchten.

2. Die Pendelbewegung und die Wünschelrute

Die Bedeutung der Strahlenforschung für diese beiden Gebiete und die Hinzunahme des „medial-psychischen Faktors".

3. Die Sensibilität medial begabter Personen

Beeinflussungen von außen und Autosuggestionen. Das Versehen der Schwangeren. Stigmatisationserscheinungen verschiedener Art.

4. Der animalische Magnetismus

Feuerfestigkeit und Unverbrennbarkeit des menschlichen Körpers, seiner Bekleidung sowie der ihn umgebenden Gegenstände. Empfindungslosigkeit gegen Verwundung lebenswichtiger Organe.

5. Gedankenübertragung und Hellsehen

Experimente und Berichte über Hellsehen in Raum und Zeit. Die Psychometrie als Hellsehen in die Vergangenheit.

6. Das Traumleben und die Wahrträume

Das Eintreten von Wahrträumen und Erklärungsversuche mit Hilfe graphischer Darstellung. Die „dramatische Spaltung des Bewußtseins" im Wachen und im Traume.

7. Schlafwandeln und Levitationen

Weitere Vertiefung der Bewußtseinsspaltung. Gewichtsveränderungen durch odisch-magnetische Verlagerungen. Ekstatische Steigerungen bis zur spontanen oder bewußten Levitation, d. h. Erhebungen in die Luft.

8. Somnambule Wach- und Trancezustände

Die diagnostischen und therapeutischen Selbstverordnungen der Somnambulen. Die automatische Schrift. Das Sprechen in fremden Zungen, die sogenannte „Glossolalie".

9. Ausscheidung des Doppelgängers

Spontanes Austreten des „odischen Fluidalkörpers" oder auf künstlichem Wege mit Hilfe von Drogen, Räucherungen, Salben oder magnetischen Strichen. Endgültige Spaltung der Persönlichkeit und Bewußtseinsänderung.

10. Das Fernwirken und die Telekinese

Bewegung von Gegenständen und Verursachung von Geräuschen in naher und weiter Entfernung mit Hilfe der Organe des „odischen Fluidalkörpers".

11. Materialisationen und Dematerialisationen

Hektoplasma oder Teleplasma können ideoplastische Erscheinungen bewirken. Materialisation einzelner beweglicher Körperorgane und Apportphänomene lebender Organismen. Palingenetische Phänomene und der Bildzauber.

Mit dieser Aufzählung dürften wohl die wichtigsten parapsychologischen Erscheinungen erschöpft sein. Im Rahmen dieses Aufsatzes können sie dem Laien als eine systematische Gliederung des zu behandelnden Stoffes genügen. Meist lassen sich die Vorgänge auf natürlichem Wege erklären, indem sie animistischer Natur sind, d. h. auf die bisher wenig bekannten seelisch-magischen Fähigkeiten des lebenden Menschen zurückzuführen sind.

Wenn aber der Mensch gelernt hat, diese ihm innewohnenden Kräfte zu beherrschen, so wird man die Phänomene, die uns noch ganz ungewohnt sind und darum geheimnisvoll erscheinen, auch willkürlich hervorzurufen vermögen, wie z. B. einige indische Fakire und Yogis es noch heute können.

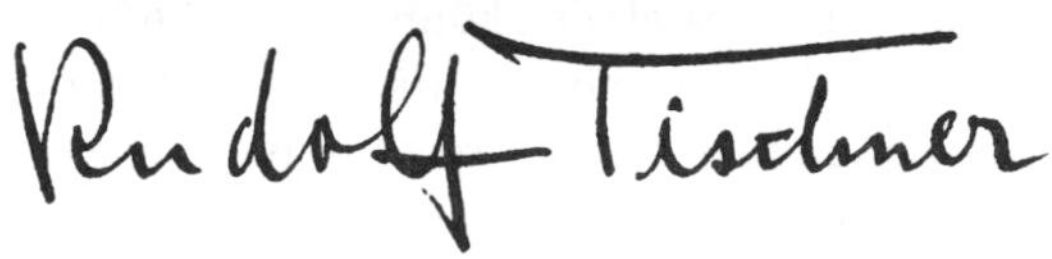

DR. MED. RUDOLF TISCHNER
geb. am 3. April 1879 in Höhenmölsen bei Weißenfels (Prov. Sachsen)
ist ein verdienstvoller Forscher der Parapsychologie in Icking bei München. Er verfaßte die Schriften „Telepathie und Hellsehen", „Ergebnisse okkulter Forschung", „Geschichte der okkulten Forschung" 2. Teil, „Monismus und Okkultismus" sowie sonstige Schriften über Crookes, Zöllner, Mesmer, Home und andere.
Schilderung seines Lebensweges siehe „Zeitschrift für Parapsychologie" vormals Psychische Studien, April 1929 im Verlag Oswald Mutze, Leipzig.

Über die Strahlenforschung

Zu den Forschungsproblemen der Parapsychologie gehört das Gebiet der „menschlichen Ausstrahlungen", denn der Okkultismus lehrt, daß sowohl jeder unbelebte Gegenstand als auch jeder belebte Organismus „ausstrahlt". Für das gewöhnliche Auge sind diese Ausstrahlungen nur selten sichtbar, und Menschen, die sie wahrnehmen können, gehören zu den medial begabten Personen. Der Naturphilosoph Freiherr Karl von Reichenbach (1788—1869) hat auf diesem Gebiete besonders umfangreiche Erfahrungen gesammelt und auf Grund jahrelanger und mühevoller Arbeit 13.000 Versuche publiziert. Er veröffentlichte seine Erfahrungen in den Jahren 1845, 1852, 1854/1855, und sein zweibändiges Werk: „Der sensitive Mensch und sein Verhalten zum Ode" verdient die größte Beachtung. Reichenbach hat nachweisen können, daß jeder unbelebte Gegenstand und jeder lebende Organismus eine „leuchtende Materie" ausstrahlt, wobei einige diese Eigenschaft in stärkerer, andere in schwächerer Form besitzen. Er bezeichnete diese „leuchtende Masse" als „Od" und unterschied an den Organismen odpositive und odnegative Ladungen.

Wir wollen nunmehr diese „nebelige Aura", die den lebenden Organismus einer Pflanze, eines Tieres oder eines Menschen umgibt, näher untersuchen. Die östlichen Geheimlehren behaupten in bezug auf die seelisch-geistige Struktur des Menschen, daß er eine „farbige Aura" besitze und daß geschulte Hellseher die verschiedenen Farben sogar gut unterscheiden können. Durch die theosophischen und anthroposophischen Lehren sind diese Erfahrungen auch in Europa populär geworden und durch weitere Forschungen untersucht, überprüft und bestätigt worden. Ganz unabhängig jedoch von den eben genannten großen geistigen Bewegungen hat auch Karl von Reichenbach mit Hilfe seiner medial begabten Versuchspersonen feststellen können, daß die Mineral-, Pflanzen-, Tier- und Menschenwelt von einer „dunstigen Aura" umgeben ist und daß diese beim Menschen auf der rechten Seite einen bläulichen, auf der linken Seite des Körpers einen mehr gelb-orangefarbigen Charakter aufweist. Am leichtesten und in besonders starkem Maße kann man im Dunkeln beim Eisenmagneten diese „leuchtenden Ausstrahlungen" wahrnehmen.

Die Odforschung Karl von Reichenbach's wurden von Dr. Carl du Prel als die wichtigste Erkenntnis bezeichnet, mit deren Hilfe man die physikalischen Grundlagen des Gesamtgebietes des Okkultismus verstehen kann. Diese Bedeutung besteht meines Erachtens darin, daß es möglich wird, einen Teil des menschlichen Wesens nachzuweisen, der normalerweise der sinnlichen Wahrnehmung unzugänglich bleibt. Angeblich umgibt die odische Aura den Menschen etwa wie das Eiweiß den Eidotter. Die seelisch-geistigen Zustände des Menschen ergeben eine hellere oder dunklere Aura, was davon abhängt, ob der Mensch eine höhere oder niedere geistig-kulturelle Entwicklung erreicht hat. Vielleicht steht die im Volksmunde landläufige Bezeichnung: eine „lichte

Gestalt" oder ein „finsteres Subjekt", mit diesen Erfahrungen irgendwie in Verbindung?

Die Theosophen Anni Besant und Leadbeater haben in ihren Büchern „Gedankenformen" und „Der sichtbare und der unsichtbare Mensch" vom Standpunkt des geschulten Hellsehers sehr interessante Erfahrungen veröffentlicht. Wir finden dort in den farbigen Tabellen anschauliche Bilder, die uns z. B. zeigen, daß um den Kopf eines intellektuell stark beschäftigten und geistig hochstehenden Menschen die „gelben Odstrahlungen" vorherrschen und stärker hervortreten als andere Farben.

FRL. DR. PHIL. GERDA WALTHER

geb. am 18. März 1897 in Nordrach, Schwarzwald

ist eine verdienstvolle Vorkämpferin für die Anerkennung der Realität parapsychologischer Phänomene, bemüht um die Einführung der phänomenologischen Methode in die Parapsychologie. Sie war Schülerin von Edmund Husserl, später wissenschaftliche Sekretärin des Freiherrn Dr. A. von Schrenck-Notzing, wo sie an zahlreichen Sitzungen mit den Brüdern Schneider und anderen Medien teilgenommen hat und folgende Werke veröffentlichte: „Zur Phänomenologie der Mystik", „Ahnen und Schauen unserer germanischen Vorfahren" und außerdem zahlreiche Abhandlungen. Sie ist ständige Mitarbeiterin in- und ausländischer Fachzeitschriften für okkulte Forschungen.

Um allen diesen Behauptungen geschulter Hellseher auf den Grund zu kommen, hatte sich unabhängig von Reichenbach der Arzt am St.-Thomas-Hospital in London, Dr. Walter J. Kilner, mit diesem Problem eingehend befaßt und ein Buch in englischer Sprache veröffentlicht, das den Titel: „Die menschliche Atmosphäre oder Aura und ihre Sichtbarmachung mittels chemischer Schirme" trägt. Es können nach seinen Angaben nicht alle mit Hilfe dieser Schirme eine solche Aura wahrnehmen, doch sind es mindestens 50% der Versuchspersonen, die so imstande waren, das bisher Unsichtbare zu sehen. Von deutschen Forschern hat sich G. W. Surya in Graz dieser Kilnerschirme angenommen und im Februarheft 1912 des „Zentralblatts für Okkultismus" die Kilnerschen Erfahrungen bestätigt. Nach ihm hat sich weiterhin Friedrich Feerhow im Winter 1911, 1912 und 1913 mit diesen und ähnlichen Versuchen ernstlich abgegeben und sie im Buch: „Die menschliche Aura und ihre experimentelle Untersuchung" veröffentlicht. Ich entnehme diesem Werk folgende interessanten Hinweise, die uns die Möglichkeit einer naturwissenschaftlichen Bestätigung des Heiligenscheins, der ein fester Bestandteil biblischer Bilder geworden ist, vermitteln:

„In bezug auf Strahlenforschung werden die Phänomene von den Hellsehern verschiedenster Benennungen und verschiedenster Zeiten mit einer auffälligen Übereinstimmung beschrieben, sodaß dieser Umstand allein schon einen denkenden Menschen aufmerksam machen mußte, ob nicht hinter all diesen mystischen Visionen doch eine Realität steht, die nur durch eine spätere, um vieles weitervorgeschrittene Wissenschaft wird erkannt werden können: das Phänomen der menschlichen Aura."

Wenn wir bei Kilner, Luys und Charpentier oder endlich bei den Theosophen lesen, daß die psychische Tätigkeit von großem Einfluß auf die Beschaffenheit der Aura ist, so erscheint es begreiflich, daß man den Heiligen, also religiösen Menschen von besonders starker Geistestätigkeit, eine hervorragende Strahlung zugeschrieben hat, diese selbst in den plastischen und malerischen Darstellungen noch beibehielt und so den bekannten „Heiligenschein" schuf. Aber auch andere mächtige oder weise Menschen, die man in den Abbildungen symbolisch auszeichnen wollte, erhielten einen Strahlenkranz um Haupt und Leib, den „Nimbus".

Friedrich Feerhow: „Die menschliche Aura und ihre experimentelle Erforschung", 1926, S. 45.

Es war jedoch von allgemeinem Interesse, auch mit Hilfe von Registrierapparaten eine Ausstrahlung am ganzen Körper nachweisen zu können, um die Gewißheit zu gewinnen, daß eine Aura nicht nur um den Kopf, sondern um den ganzen Körper vorhanden ist. Dr. Rolf Reismann veröffentlichte in der Zeitschrift „Weltbild" (München, Januarheft 1952, S. 16) einen Artikel unter der Überschrift: „Die menschliche Aura zum erstenmal fotographiert." Es handelt sich um ein Gerät, das die menschliche Ausstrahlung zu messen vermag. Es sind Ultra-Kurzwellen in einer Länge bis 150 cm. Jeder Mensch besitzt eine eigene persönliche Wellenlänge, die unverwechselbar als Ausdruck seiner Individualität gilt und durch seine biologische Eigenart bestimmt ist. Dr. Curry, der ähnliche Forschungen angestellt hat, soll auf Grund jahrelanger statistischer Beobachtungen die Erfahrung gemacht haben, daß auch Ehen, die auf gegenseitig unpassenden Wellenlängen aufgebaut sind, meist kinderlos verlaufen. Es werden demnach immer neue Zusammenhänge entdeckt, und das Feld der Strahlenforschung scheint sich mehr und mehr auszudehnen.

Versuche, die menschlichen Ausstrahlungen mit technischen Meßinstrumenten zu erfassen, haben auch Dr. Citovitsch in Reval, Estland, Prof. Cazamalli, Italien, und viele andere durchgeführt. Es ist jetzt sogar gelungen, durch ein Radio-Mikroskop derartige Strahlungen des menschlichen Körpers auch dem bloßen Auge zugänglich zu machen. Der folgende Bericht ist dem Buche des indischen Schriftstellers Paramhansa Jogananda entnommen, der seine Erfahrungen 1950 veröffentlicht hat:

„Die Erfindung eines Radio-Mikroskops hat im Jahre 1939 eine neue Welt von bisher unbekannten Strahlen offenbart. Nach den Berichten der „Associated Press" strahlt der Mensch selbst und jede Art von tot angesehener Materie fortwährend Strahlen aus, welche von diesem Instrument gesehen werden können. Wer an Telepathie, zweites Gesicht und Hellsehen glaubt, hätte den ersten Beweis von der Existenz dieser unsichtbaren Strahlen, die wirklich von einer Person zur anderen gehen. Die neue Erfindung ist eine Art von Spektroskop der Radio-Frequenzen. Es bewirkt das Gleiche bei kalter, nichtstrahlender Materie wie das Spektroskop....

Die Erfindung zeigt, daß jedes Atom, jedes Molekül in der Natur eine fortwährende Sendestation ist...

Selbst nach dem Tode sendet die Substanz, die ein Mensch gewesen ist, weiter feinste Strahlungen aus. Die Wellenlänge dieser Strahlen ist kürzer als irgendeine jetzt beim Radio benutzte Wellenlänge. Ein einziges sehr großes Molekül kann gleichzeitig eine Million verschiedener Wellenlängen senden, die sich mit der Leichtigkeit und Schnelle von Radiowellen fortbewegen. Es besteht ein erstaunlicher Unterschied zwischen diesen neuen Strahlen und den bekannten, etwa den Lichtstrahlen."

Paramhansa Jogananda: „Autobiographie eines Jogi", 1950, siehe Anmerkung zum Kapitel XV auf Seite 503.

Alle diese Untersuchungen aus letzter Zeit bestätigen nochmals die Existenz einer Strahlung, die vielleicht mit dem „Od" des Freiherrn von Reichenbach identisch ist, zumindest aber seinen Untersuchungen erneut Aktualität verleiht.

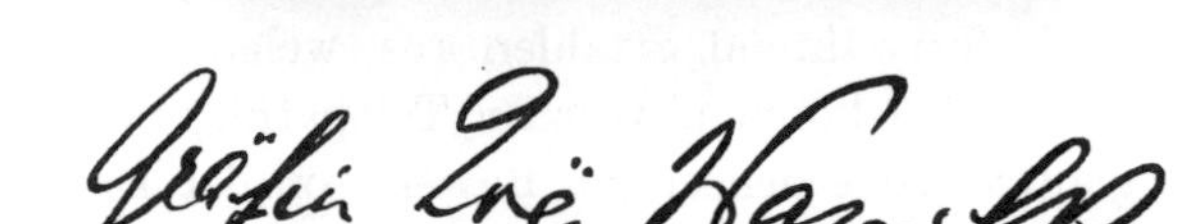

GRÄFIN ZOË WASSILKO-SERECKI,
geb. am 11. Juli 1897

verdienstvolle Vorkämpferin für die Anerkennung okkulter Phänomene. Ehrenamtliche Generalsekretärin und Mitbegründerin der „Österreichischen Gesellschaft für psychische Forschung", die am 2. Dezember 1927 in Wien gegründet und ab 1949 dem „Notring der wissenschaftlichen Verbände Österreichs" angeschlossen wurde.
Gräfin Zoë Wassilko studierte ab 1923 die Parapsychologie, und ihre Spezialuntersuchungen gelten den Spukphänomenen. Bekannt sind ihre diesbezüglichen Veröffentlichungen über das Medium Frieda Wießl in der „Zeitschrift für Metapsychische Forschung" 1932, 3 u. 4, sowie über Eleonore Zugun in der „Zeitschrift für Parapsychologie" 1927, 2.

Zusammenfassend sind wir genötigt, folgenden Ergebnissen höhere Aufmerksamkeit zuzuwenden:

1. Jeder unbelebte Gegenstand oder lebende Organismus sendet Strahlen aus, die man messen kann. Beim Menschen strahlt der ganze Körper eine leuchtende Masse aus.
2. Um das Haupt seelisch-geistig hochstehender Personen tritt eine stärker leuchtende Aura hervor.
3. Der Heiligenschein biblischer Gestalten wird durch diese Forschungsarbeiten als etwas Tatsächliches erwiesen.

Frau Dora Rohlfs versucht den Ausdruck „Kraftfelder" innerhalb der parapsychologischen Forschung populär zu machen, um eine Erklärung dieser und ähnlicher okkulten Phänomene zu geben.

Ein eigenartiges Geheimnis ist das „phosphoreszierende Leuchten" in der Aura des Menschen oder eines Gegenstands. Wir finden in der organischen Welt dazu Parallelerscheinungen bei den uns bekannten Glüh- oder Johanniswürmchen, die ein neonröhrenähnliches Licht ausstrahlen, welches mit eintretender Dunkelheit allen sichtbar wird. Erfahrene Spiritisten behaupten, daß die sich materialisierenden Phantome ein eigentümliches fahles und trübes Licht zu Beginn ihrer Erscheinungen ausstrahlen, wodurch sie uns im dunklen Raum erst besser sichtbar werden.

Mit den Johanniswürmchen nicht zu verwechseln sind die sogenannten „Irrlichter", über die in den Märchen und Legenden soviel gesprochen wird. Wie man aus folgendem Bericht zu ersehen vermag, sind schon Ende vorigen Jahrhunderts über die Entstehung und chemische Zusammensetzung dieser Irrlichter Gedanken niedergeschrieben worden:

„Diese unschuldigen Flämmlein, die man bisweilen des Nachts, besonders in sumpfigen Gegenden, an Friedhöfen in der Luft umherflattern sieht, hielt man für Offenbarungen von Geistern Verstorbener oder auch von Kobolden, daher italienisch: fuochi foletti oder französisch: feux-follets. Die Wissenschaft schrieb dann die Erscheinung dem deutophosphoraten Wasserstoff zu, der von verwesenden Tier-Kadavern an sumpfigen Orten entsteige und sich aus irgendwelchen, noch unbekannten Gründen, vielleicht durch die Vermischung mit Sauerstoff oder der atmosphärischen Luft, entzünde. Da diese Erklärung nicht vollständig genügt, um dem Phänomen auf den Grund zu kommen, vermutete man, daß an der Bildung dieser Irrlichter noch ein Fettstoff teilnehme, der die Verbrennbarkeit herabsetze und durch Zunahme des Gewichts eine Substanz bilde, die lange Zeit hindurch leuchte, indem sie ein ‚fahles und trübes Licht' entsende."

Ritter de Vesme: „Geschichte des Spiritismus", 1898, S. 345, § 12.

In einzelnen Fällen ist dieses merkwürdige Leuchten bereits am tierischen oder menschlichen Leichnam zu bemerken. Nun finden wir das Sonderbare, daß die Untersuchungen von Chemikern und Bakteriologen Ende des vorigen Jahrhunderts keinen Phosphorgehalt entdeckten:

P. 1. „Der deutsche Bakteriologe Pflüger fand eines Abends in der Anatomie auf seinem Seziertische, auf dem sich verschiedene Leichen befanden, eine fast vollständig in Phosphorglanz erstrahlende. Er schnitt von der Leiche ein Stück ab und unterwarf es dann einer genauen mikroskopischen Untersuchung. Dadurch wurde jener sonderbare Bazillus entdeckt, der die Eigenart besitzt, zu phosphoreszieren und welchem man den Namen „micrococcus phosphorescens" beigelegt hat.

P. 2. Ähnliche Erscheinungen werden über einen gewissen Italiener Giovanni Pagnutti in der Gemeinde von Friaul berichtet, der dadurch überrascht wurde, daß er ein rohes Stück Fleisch von einem Truthahn, das sich in seiner Küche befand, in bläulichem Licht schimmern sah. Seitens des Ritters Johannes Nallino, des Prof. der Chemie an dem Königl. Technischen Institut zu Udine, und des Dr. Romano wurde das Stück des toten Truthahns einer Prüfung auf Phosphor unterzogen. Dabei ergab sich, das das betreffende Stück absolut keinen Phosphorgehalt aufwies. Dasselbe war auch bei einer in Verwesung übergegangenen Ochsenzunge der Fall, die Herr Alfred Nazzarini in seinem Hause hatte."

Ritter de Vesme: „Geschichte des Spiritismus", 1898, S. 162, § 43.

Eine weitere Bestätigung solcher eigenartiger Fälle finden wir in einem Bericht über einen schottischen Pilger-Bischof, von dem der Gelehrte Marquis de Mirville uns folgendes erzählt:

P. 3. „Eines Abends klopfte an der Klosterpforte ein Pilger, der um Einlaß und Nachtherberge bat, was ihm auch bewilligt wurde. Bei Anbruch des anderen Tages waren die Mönche nicht wenig erstaunt, ihn tot im Bette vorzufinden. Aber noch mehr sollte man darüber in Erstaunen geraten, daß sein Körper in ganz seltsamem phosphorartigen Licht erstrahlte.

Wie man sich leicht denken kann, wirbelte das ungewöhnliche Wunder ungeheuer viel Staub auf. Man veranlaßte die sorgfältigsten Untersuchungen, um die Identität des Leichnams festzustellen. Dabei erfuhr man nun, daß man es mit einem schottischen Bischof zu tun hatte, welcher vor einem Monat seine Diözese daheim verlassen habe, um eine Wallfahrt nach Rom anzutreten.

Selbstredend war man sich allgemein darin einig, daß die Gottheit den hochwürdigen Prälaten durch diesen Glanz auszeichnen wollte, damit seinen irdischen Überresten von der gläubigen Christenheit die gebührende Verehrung zuteil wurde."

Ritter de Vesme: „Geschichte des Spiritismus" 1898, S. 162, § 43.

Als Übergang zu meinem nächstfolgenden Artikel über Spiritismus möchte ich noch einen Bericht von Dr. Brierre de Boismont wiedergeben, der geneigt ist, das Erlebnis auf eine Halluzination zurückzuführen. Sachverständige Okkultisten sind dagegen anderer Meinung und stellen es dem Leser anheim, sich darüber eigene Gedanken zu machen. Der Vorfall ist von ihm dem Werke eines englischen Arztes entnommen und trägt die Bezeichnung „Das leuchtende Kind".

P. 4. „Der berühmte Lord Castelreagh Markgraf von Londonderry hatte sich zu Anfang des 18. Jahrhunderts nach Irland begeben, um dort einen befreundeten Edelmann zu besuchen, der ein altes Schloß bewohnte. In der ersten Nacht nun, welche Lord Castelreagh in dem ihm angewiesenen Gemach zubrachte, sah er, nachdem er das Licht ausgelöscht hatte, nicht weit von seinem Bette ein wunderschönes Kind stehen, das in „hellem Glanze erstrahlte". Da er nicht annehmen konnte, daß er es mit einer Sinnestäuschung zu tun hatte, so vermutete er, daß es sich um einen schlechten Streich von seiten eines der zahlreichen Gäste des Schlosses handle. Lord Londonderry schritt daher auf die Erscheinung zu, die vor ihm zurückwich. Er verfolgte das Kind, bis sich dasselbe endlich im Rauchfang des Kamins zurückzog und verschwand.

Am nächsten Tage erzählte er den Vorfall dem Hausherrn und den anwesenden Gästen. Der Schloßherr bemerkte dabei, daß diese Erzählung nur für diejenigen überraschend sein müßte, welchen die Legende der Familie nicht bekannt sei. Übrigens, sagte er, daß dies eine gute Vorbedeutung habe, der Gast möge darüber erfreut sein, denn ihm stehe ein großes Glück bevor.

Lord Castelreagh hatte später noch einmal dieselbe Vision im Parlament, als er eines großen Glückes teilhaftig wurde."

Dr. Brierre de Boismont: Des Hallucinations.

Die neue wichtige Erkenntnis der „leuchtenden Aura" um Gegenstände und lebende Menschen gibt uns einen Begriff davon, daß wir erst am Beginn unseres Wissens über eine bisher wenig bekannte feinstoffliche Materie oder Strahlung stehen, denn diesbezügliche Überprüfungen haben uns eine Bestätigung ihres Bestehens gebracht. Die östlichen Geheimlehren sprechen von einem fünften Aggregatzustand, dem „Prana", und die Kenntnis über diese feinstoffliche strahlende

Materie öffnet uns neue Perspektiven auf manche bisher unerklärbare mystische Erscheinungen.

Bedeutungsvoll sind die Überlegungen des ehemaligen katholischen Geistlichen Pfarrer Johannes Greber, der in seinem Buch: „Der Verkehr mit der Geisterwelt" das Zustandekommen einer Anzahl biblischer Überlieferungen mit Hilfe des „Ods" erklärt, insbesondere das Leuchten um die Körper himmlischer Wesen, für welche die Heilige Schrift den Sammelbegriff „Engel" benutzt. Dieses Od wäre auch der feinstoffliche Träger für jegliche Schwingungen des Lichts oder akustischer Art, darum wären auch Telepathie und Hellsehen an dieses „Od" als Träger gebunden.

Die Pendelbewegung und die Wünschelrute

Die in dankenswerter Weise durchgeführte eingehende Behandlung des parapsychologischen Phänomens des Siderischen Pendels und der Wünschelrute durch Herrn Ober-Ing. Wittmann u. Prof. Wolff erlaubt es mir, mich über dieses Problem nur kurz zu äußern. An Hand der in letzter Zeit wesentlich bereicherten Literatur auf diesem Gebiet kann sich der Interessierte über viele derartige Fragen orientieren.

Nach meinen Erfahrungen gibt es zwei Möglichkeiten, die für die Erklärung der Pendelbewegung in Betracht gezogen werden können.

1. Wir nehmen an, daß wir im Unterbewußtsein bestimmte Aufnahmeorgane besitzen, die über das Tagesbewußtsein hinaus einen größeren Horizont aufweisen und deshalb mehr wahrnehmen können als das kleine unvollkommen arbeitende Tagesbewußtsein. In den noch folgenden Kapiteln werde ich mich noch eingehender mit dieser Tatsache befassen. Gewisse berechtigte Ansätze für diesen Gedanken sind aus dem einfachen Grunde gegeben, daß die uns bekannten Instinkte, die uns vor Gefahren warnen, sowie die Ahnungen, die sich schon so oft bewahrheitet haben, auf irgend eine Quelle unseres Unterbewußtseins zurückzuführen sein müssen. So wäre also das leider so oft recht unvollkommene und falsch urteilende Tagesbewußtsein demnach nur ein Bruchstück eines höheren uns übergeordneten „Überbewußtseins", das auch auf die Pendelbewegung Einfluß gewinnt.

2. Es ist meine Überzeugung, daß die Person, die einen positiven Erfolg im Bedienen des Pendels oder der Wünschelrute erzielen will, auch eine gewisse mediale Begabung haben muß. Es wäre wünschenswert, der jetzt wieder aktuell gewordenen Astrologie aufgeschlossener gegenüber zu stehen, da ja nicht nur die Voraussetzungen für eine mediale Begabung aus dem Horoskop zu ersehen sind, sondern mit Hilfe der

progressiven und transitierenden Planeten auch die Zeiten im voraus bestimmt werden können, an denen die astralen Einflüsse besonders günstig sind, um divinatorische Experimente vorzunehmen. Man soll infolgedessen nur dann Medien zu einem Experiment heranholen oder in einen Trancezustand versetzen, wenn das Radix-Horoskop der medial begabten Person günstige Gestirnverbindungen zeigt, die mit den Transiten in Übereinstimmung gebracht werden müssen.

„DIE DREI SCHICHTEN DER MENSCHLICHEN SEELE"

nach Univ.-Prof. Dr. med. Hubert Urban.

Siehe Sonderdruck aus „Hippokrates", Artikel über „Parapsychologie und Medizin" vom 15. April 1952, Heft 7, Seite 185 im Hippokrates Verlag Marquard & Co, Stuttgart.

Das gewöhnliche Tagesbewußtsein (Feld I).

Das allgemein angenommene „Unbewußte", auch als „Unterbewußtsein" bezeichnet (Feld II).

Das „Überbewußtsein" oder nach Bucke und Walker als „kosmisches Bewußtsein" benannt (Feld III).

Die ursprüngliche Skizze von Vöglyesi hat hier von Prof. Urban nur geringe Änderung erfahren, das Feld I ist auf dieser Abbildung stärker eingeengt worden.

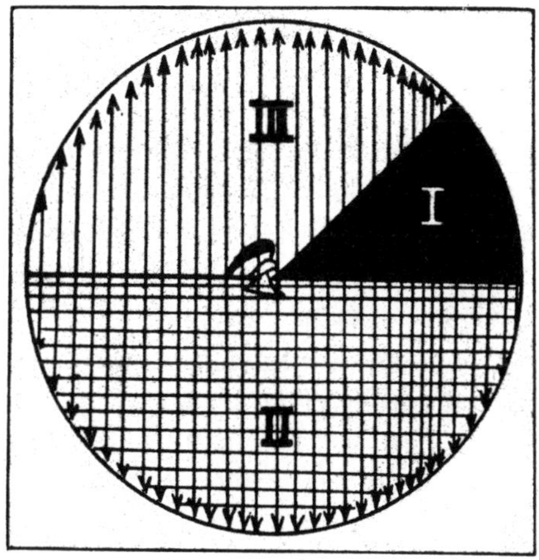

Erklärung:

Urban bestätigt aus seiner klinischen Erfahrung, daß man im Gegensatz zum Unterbewußtsein ein „Überbewußtsein" unterscheiden muß, aus dessen Quelle die Mystiker ihre Erfahrungen schöpfen, z. B. „Erleuchtung", „prophetische Begabungen", das „Empfinden der Ewigkeit", welches mit einem „tiefen Glücksgefühl" verbunden auftritt u. dergl. mehr. Gleichzeitig schwindet dabei meist jegliches „Angstgefühl" oder „Schuldbewußtsein", „Todesfurcht" sowie das Empfinden für irdische Zeit- und Raumbegriffe.

Hubert J. Urban: „Über-Bewußtsein" nach Buke und Walker, Heft 12 im Tyrolia Verlag, Innsbruck-Wien, 1950.

Es ist mir bisher nicht bekannt geworden, daß diese Methode, d. h. die Auswertung der astralen Kräfte mit Hilfe horoskopischer Unterlagen im Zusammenhang mit parapsychologischen Untersuchungen, verwertet wurde. Die Idee ist nicht neu: alle mittelalterlichen Experimente und magischen Beschwörungen wurden stets nur in Übereinstimmung mit astrologischen Kenntnissen durchgeführt. Paracelsus erwähnt in seinen Büchern andauernd Planetenstände, die sich für diese oder jene Fälle als fördernd oder hemmend erweisen. Auch wir wollen diese vergessenen Methoden wieder erneuern und durch die Erfahrungen der Neuzeit ergänzen. Ich glaube, daß wir auf diesem Wege zu besseren und schnelleren Resultaten kommen. Ich behalte mir vor, bei einer anderen Gelegenheit noch einmal darauf zurückzukommen und dieses Gebiet eingehender zu behandeln. Für die zukünftige Forschung ist es wichtig, daß Parapsychologen in einen engen Kontakt mit ernsthaften Astrologen kommen und beide Vertreter gegenseitig ihre Kenntnisse austauschen.

Die Sensibilität medial begabter Personen

In seinem Werk „Die Magie als Naturwissenschaft" 1920 II., S. 219, im Kapitel über das Versehen der Schwangeren, bringt du Prel eine interessante Sammlung von Berichten. Er sagt, daß der Mensch die Fähigkeit besitzt, mit seiner geistigen Kraft auf die Materie zu wirken. Beim Versehen der Schwangeren sind diese Zusammenhänge besonders auffallend und Wüstnei hat in seinem Buch: „Versuch über die Einbildungskraft der Schwangeren" eine ganze Serie solcher Beispiele zusammengetragen, fünf davon werden hier wiedergegeben:

P. 5. „Eine seit kurzem verheiratete Frau, als sie im Garten Erbsen aushülste, sprang plötzlich empor und griff erschreckt nach ihrem Unterleib, wobei ein Blattkäfer zu Boden fiel, der an ihr heraufgekrochen war. Es blieb ein brennender Schmerz an jener Stelle zurück, und sie gebar ein Mädchen, das an der gleichen Stelle das deutliche Abbild eines Käfers nach Form und Farbe hatte."

Wüstnei (70)

P. 6. „Eine Schwangere, die an den dunkelblauen Händen eines Färbers erschrack, so daß ein Zittern in den Füßen sie befiel, gebar einen Knaben, dessen beide Hände blau waren."

Wüstnei (86).

P. 7. „Eine werdende Mutter in die Gaststube eintretend, wo ein Mohr auf dem Stroh lag, erschrak über den schwarzen kraushaarigen Kopf und gebar einen Knaben, dessen Haar ebenso schwarz und kraus war."

Wüstnei (88).

P. 8. „Eine Frau in anderen Umständen, der man eine überreife Himbeere an die Schläfe warf, gebar ein Mädchen, das an der Schläfe das Mal der Himbeere nach Form und Farbe hatte."

Wüstnei (94).

P. 9. „Das Kind einer Dame hatte Blattern, die auf der Stirn einen großen roten Fleck zurückließen. Als sie wieder in Hoffnung war, hütete sie sich vor dem Anblick ihres Kindes, sah es aber doch einmal und gebar Zwillinge, die beide auf der Stirn und Nase eben solche Flecken hatten."

Unzer: Der Arzt. VII. 399.

P. 10. „Der Staatsrat Chardel sagt, er habe selbst bei einem Fest in Saint Cloud ein siebzehnjähriges Mädchen gesehen, in deren blauen Augen, auf beide verteilt, und um den Augapfel die Worte ‚Napoléon Empereur' zu lesen war. Der Bericht wird ergänzt von Pfnor, der sagt, die Mutter des Mädchens habe während der Schwangerschaft ihre letzte Goldmünze, als sie sich von ihr trennen mußte, schmerzlich betrachtet."

Du Potet: Journal du magnétisme, XIX, 546.

P. 11. „Im Jahre 1699 war in Lauwarden ein Knabe zu sehen, um dessen rechten Augapfel im Kreis herum ‚Deus meus' zu lesen war, am linken in hebräischer Schrift ‚Elohim'. Seine Mutter soll wegen großer Schmerzen bei der Geburt diese Worte wiederholt gerufen haben. Viele Tausende überzeugten sich, daß kein Betrug vorhanden war."

Kerner: Magikon IV, S. 232.

P. 12. „Ein Mann hatte sich in selbstmörderischer Absicht in die Brust geschossen. Die hinzukommende Frau erschrak darüber so sehr, daß sie ohnmächtig wurde. Sie gebar einen Knaben, dessen linke Brustseite geöffnet war, so daß man das schlagende Herz wahrnehmen konnte. Das Kind starb nach einigen Tagen."

Wüstnei (74).

Selbst in der Tierwelt kommen Versehen vor. Die folgenden Berichte mögen derartige Übertragungen beweisen:

P. 13. „Hofrat Spencer in Berlin hatte in seinem Naturalienkabinett ein Hühnerei, welches 1706 während der Sonnenfinsternis gelegt wurde, mit dem Bilde der Sonne, vor welche der Mond tritt."

Mauchart: Allgem. Repertorium f. empirische Psychologie. V. 28.

Das Wissen von der Macht der Phantasie über den Körper war auch den alten Juden bekannt. In den ältesten Berichten dieser Art findet man sogar die experimentelle Verwertung dieser Erfahrung, denn Jakob läßt seine Schafe sich an den gestreiften Stäben „versehen", die er ins Wasser legte, aus dem sie tranken. Der Bericht der Heiligen Schrift lautet über diesen Fall folgendermaßen:

P. 14. „Jakob aber nahm Stäbe von grünen Pappelbäumen, Haseln und Kastanien und schälte weiße Streifen daran, daß an den Stäben das Weiße bloß ward, und legte die Stäbe, die er geschält hatte, in die

Tränkrinnen vor die Herden, die kommen mußten,zu trinken, daß sie da empfangen sollten, wenn sie zu trinken kämen. Also empfingen die Herden über den Stäben und brachten Sprenklige, Gefleckte und Bunte. Da schied Jakob die Lämmer und richtete die Herde mit dem Angesicht gegen die Gefleckten und Schwarzen in der Herde Labans und machte sich eine eigene Herde, die tat er nicht zu der Herde Labans. Wenn aber der Lauf der Frühlingsherde war, legte er die Stäbe in die Rinnen vor die Augen der Herde, daß sie über den Stäben empfingen, aber in der Spätlinge Lauf legte er sie nicht hinein. Also wurden die Spätlinge des Laban, aber die Frühlinge des Jakob. Daher ward der Mann über die Massen reich, daß er viele Schafe, Mägde und Knechte, Kamele und Esel hatte."

1. Moses Kap. 30, Vers 37 bis 43.

Später hat du Prel ein sehr interessantes Buch veröffentlicht unter dem Titel: „Die vorgeburtliche Erziehung als Mittel zur Menschenzüchtung", es handelt sich um einen Beitrag zur Lösung der sozialen Frage. Vielleicht fällt dieser Samen einst auf fruchtbaren Boden und jemand nimmt sich dieses Problems an. In dem Buch sind wertvolle Gedanken enthalten, die viel dazu beitragen können, unsere Nachkommen besser werden zu lassen als ohne Berücksichtigung dieser Erfahrungen. Wer möchte nicht gut geratene Kinder haben, die größte Freude unseres Lebens, die Zukunft der Menschheit!

Dieser kleine Bruchteil von verschiedenen Beispielen möge genügen, um den Leser darauf aufmerksam zu machen, daß die Parapsychologie ein ungemein großes Gebiet zu bearbeiten hat. Es ist noch brachliegendes Land, wo viel zu schaffen ist.

Der Laie möge sich merken, daß Eindrücke von außen, ob sie nun durch einen plötzlichen Schock, wie etwa Erschrecken, oder durch ständiges Betrachten bestimmter Gegenstände oder Erscheinungen, wie etwa die gestreiften Stäbe des Jakob, tiefe Eindrücke in unserem Unterbewußtsein hinterlassen und bei passender Gelegenheit, durch innere Kräfte getrieben, nach außen projiziert werden können. An Hand des „Versehens" der Schwangeren haben wir die Bestätigung gefunden, daß derartige Fälle allgemein bekannt sind, schwieriger ist es dies bei den Stigmatisationen zu verstehen, die aber zumeist eine Fortsetzung dieser Phänomene darstellen. Ich wende mich daher solchen Erscheinungen zu, muß mich aber sehr kurz fassen und bitte deshalb um Nachsicht. Ich zitiere Fachleute und kompetente Forscher, die sich gewissenhaft mit diesen Problemen befaßt haben. Auch liegt mir sehr daran, auf keine Weise das religiöse Empfinden des Lesers zu beeinträchtigen, sondern es im

Gegenteil auf jegliche Weise zu fördern. Schlecht schneiden bei mir nur die vollständig Ungläubigen ab, doch dies geschieht mit Recht.

Als erster Träger der Wundmale Christi wird der heilige Franz von Assisi (1182—1226), bezeichnet. Er soll sie zwischen dem 15. August und dem 29. September 1224, also zwei Jahre vor seinem Tode, auf dem Berge Alverna erhalten haben. Papst Benedikt XI. setzte den 17. September als Festtag für dieses wunderbare Ereignis ein.

Im Credo Verlag,Wiesbaden,erschien 1951 von Johannes Maria Höcht eine Geschichte der bedeutendsten Stigmatisierten von Franziskus bis zur Gegenwart unter dem Titel: „Träger der Wundmale Christi". In diesem sorgsam und mit viel Liebe zusammengestellten Buch werden auch die Kämpfe Joseph v. Görres erneut in Erinnerung gebracht. Görres kämpfte mit großer Erbitterung gegen die Vorwürfe der Gegner, die alle an Stigmata glaubenden Christen als Betrüger oder Betrogene bezeichneten. Höchts Werk behandelt sehr eingehend das Leben von über 40 Stigmatisierten und weist darauf hin, daß diese Erscheinungen auch in Belgien, England, Brasilien und Nordamerika vorkommen. Es sind nicht ausschließlich oder vorwiegend Frauen, die Wundmale Christi zeigen, sondern auch über 41 Männer.

Der Vergessenheit soll Anna Heule aus Aichstetten im Bayerischen Allgäu entrissen werden, die in einem Dorfe unweit der Strecke Memmingen-Leutkirch am 18. November 1871 geboren wurde, mit 16 Jahren, also im Jahre 1887 die Wundmale bekam und am 20. Februar 1950 verstarb. Aus der Zahl der Stigmatisierten, die heute noch leben, wären die bekannte Therese Neumann, geb. 1898 in Konnersreuth, Bayern, und der Kapuziner-Priester von Pietrelcina in Italien, Pater Pio, geb. 1887, zu nennen.

Den geschätzten Leser werden sicher einzelne Details derartiger Vorkommnisse interessieren, darum entnehme ich dem Buche Johannes Höchts (Seite 23) folgenden Bericht des Bruders Thomas von Celano und des heiligen Bonaventura:

P. 15. „Wir besitzen über die Stigmatisation und die Wundmale des heiligen Franz von Assisi eine ganze Reihe zuverlässiger Aussagen. Wohl die bedeutendste ist von Bruder Thomas von Celano, einem Augenzeugen der Stigmata, auf dessen Beschreibung auch diejenige des heiligen Bonaventura fußt. Er führt unter anderem aus: „Seine Hände und Füße waren in der Mitte wie mit Nägeln durchbohrt, die Köpfe der Nägel traten an der innersten Seite der Hände und der oberen Seite der Füße hervor, die Nagelspitzen auf den entgegengesetzten Seiten. Es waren jene Zeichen auf der inneren Handfläche rund, dagegen auf dem Handrücken länglich."

Stigmatisation des heiligen Franziskus von Asissi
Gemälde von P. P. Rubens
Veröffentlicht mit Genehmigung des Bildarchivs des Rheinischen Museums, Köln-Deutz

Der heilige Bonaventura, der später schrieb, befragte über diesen Gegenstand einige noch lebende Schüler des heiligen Franziskus. Seine Beschreibung erwähnt im Anschluß an die des Thomas von Celano, des ersten Biographen, noch eine weitere erstaunliche Besonderheit: „Die Nägel waren von schwarzer Farbe und wie von Eisen und so mit Fleisch verwachsen, daß, wenn sie auf einer beliebigen Seite gedrückt wurden, sie sogleich wie zusammenhängend und fest an der entgegengesetzten Seite heraustraten". — Wie man daraus ersieht, waren die Nägel, von denen die Rede ist, keine wirklichen Nägel aus Eisen, wie verschiedentlich angenommen wurde, sondern Gebilde aus Fleisch, allerdings von der Farbe und dem Aussehen gewöhnlicher Nägel."

P. 16. „Therese Neumann wurde an einem Karfreitag, am 8. April 1898, geboren, mit 28 Jahren bekam sie die Wundmale. Sie erkältete sich am 10. März 1918 beim Feuerlöschen eines Brandes in dem oberpfälzischen Dorfe Konnersreuth und erkrankte sehr ernst. Volle sieben Jahre blieb sie später erblindet ans Bett gefesselt. Am 29. April 1923, dem Seligsprechungstage der kleinen Heiligen von Lisieux, ihrer Schutzheiligen, verschwand plötzlich ihre Blindheit und an deren Heiligsprechungstag, am 17. Mai 1925, auch die Rückgratverrenkung, an der sie litt, und am 13. November 1925 wurde sie auch von einer schweren Blindarmentzündung geheilt.

In der Fastenzeit, am 4. März 1926, war Therese Neumann wieder ans Bett gefesselt, sie hat an diesem Tage ihre erste Schau und sieht den Heiland am Ölberg. Nach dem Erwachen fühlt sie das Blut heiß aus ihrer Seite rinnen: sie trägt ihr erstes Stigma, das der Seitenwunde. In der Nacht von Gründonnerstag auf Karfreitag, d. h. vom 1. auf den 2. April 1926, traten die Wundmale der Hände und Füße hinzu, ferner das Weinen blutiger Tränen. Mit blutüberströmten Antlitz liegt sie unter entsetzlichen Schmerzen im Bett und leidet zum ersten Male in geistig-visionärer Schau die ganze Passion unseres Herrn auf Golgatha mit...

Es traten später eine Reihe mystischer Erscheinungen hinzu, die man bei vielen Stigmatisierten beobachtet hat, wie z. B. das Erfassen fremder Gedanken und Gefühle, Unterscheidungsvermögen zwischen ungeweihten und geweihten Personen und Gegenständen, sowie die Gabe, in fremden Zungen zu reden. Das Bauernmädchen brachte in ihren ekstatischen Zuständen sieben früher nie gekannte Sprachen über die Lippen und schließlich noch bis auf den heutigen Tag die Nahrungslosigkeit und das fast völlige Unterbleiben des Schlafes.

Auf Anordnung des Bischöflichen Ordinariats Regensburg, Bayern, wurde sie im Jahre 1927 einer fünfzehntägigen ärztlichen Untersuchung unterzogen. Sie wurde von Prof. Ewald, Erlangen, und Sanitätsrat Dr. Seidl, Waldsassen, und von vier Mallersdorfer Schwestern strengstens überwacht. Sanitätsrat Dr. Seidl schreibt darüber: ...,,die Nahrungslosigkeit der Therese Neumann vertrete ich glatt. Ich habe nicht den geringsten Grund, daran zu zweifeln. Seit September 1927 nimmt sie gar nichts mehr zu sich, auch nicht mehr den Schluck Wasser. Das Phänomen Konnersreuth kann man medizinisch nicht erklären"...

Prof. Dr. Ewald fügt in seiner Arbeit ,,Die Stigmatisierte von Konnersreuth, Untersuchungsbericht und gutachtliche Stellungnahme", München 1927, folgendes hinzu: ... ,,in dieser 14tägigen Beobachtungsdauer wurde bei strengster Kontrolle nicht bemerkt, daß Therese irgendetwas anderes zu sich genommen hätte als täglich ein Achtel Hostie mit 3 ccm Wasser. Der spärliche Urin wurde meist nur an Ekstase-Tagen gelassen und quantitativ aufgefangen, und es erfolgten in der ganzen Zeit keine Kotausscheidungen."

Aus verständlichen Gründen ist nun Therese Neumann Gegenstand des Besuches ungezählter Offiziere und Soldaten der amerikanischen Besatzungsmacht geworden, die alle in tiefer Ehrfurcht und Andacht ihren Passionsekstasen beiwohnten. Schon 1948 waren es nicht weniger als 12.000 Mitglieder der amerikanischen Armee, bis 1951 mehr als 15.000, die Konnersreuth aufgesucht haben und die in zahlreichen Berichten in der amerikanischen Presse ihre Eindrücke wiedergaben, so daß heute Konnersreuth in den USA bekannter denn je geworden ist, ja, man könnte fast sagen, daß Therese Neumann geradezu eine neue große Mission jenseits des Atlantiks zu erfüllen hat.

Der örtliche Pfarrer Josef Naber steht ihr am nächsten und kommt immer wieder auf die schlichte und doch so eindringliche Einstellung Theresens zu sprechen, die sich um den tief gesunden Kern ihres seelisch-sittlichen Wesens konzentriert und die bei ihren Besuchern einen so tiefen Eindruck hinterläßt. Johannes Maria Höcht wünscht durch die Geschichte der Stigmatisierten eine hohe aszetisch-missionarische Aufgabe zu erfüllen. Die Berichte sollen unsere Aufmerksamkeit keineswegs auf das Periphere und Außergewöhnliche, sondern auf den zentralen Weg zu einem wesenhaften Christentum lenken. (Siehe 1. Band, Seite 6.)

In der Nord-West-Illustrierten in Hamburg Nr. 30 vom 23. 7. 1949 erschien ein Artikel unter der Überschrift ,,Ein neuer Fall Konnersreuth? Christi Wundmale in Hamburg". Ich entnehme diesem Artikel folgende Stellen über den Kaufmann Mööke:

P. 17. ,,Schon 1928 traten bei ihm im Gefolge eines Kraftwagenunfalls gewisse Phänomene auf, die sich seit 1935 immer mehr ausprägten.

Etwa alle 4 bis 6 Wochen wird er mit den Wundmalen am Kopf, an den Händen und Füßen sowie an der linken Körperhälfte stigmatisiert. Seit 1943, als er bei einem Bombenangriff die Treppe heruntergeschleudert wurde, erscheint dabei auf der Stirn sogar ein deutliches Kreuz. Die Erscheinung, die außer der Reihe nur bei besonderen Aufregungen eintritt, kündigt sich vorher durch starken Druck an den beiden Kopfstellen an, zugleich mit heftigen Kopfschmerzen. „Es ist wie flüssiges Blei im Kopf", meinte er gesprächsweise. Das Aufbrechen der Wundmale erfolgt in wenigen Minuten und bringt regelmäßig eine fühlbare Erleichterung mit sich. Ohne daß von besonderen psychischen Störungen die Rede sein kann, ist der Zustand doch von einer Reihe bemerkenswerter Erlebnisse begleitet. Bisweilen erscheint vor den Augen eine schwarze Wand. Auch setzt das Sehen und das Hören zeitweilig ganz aus. Unmittelbar vor dem Aufbrechen der Wunden erscheint eine religiöse Vision: Von ferne kommt der Heiland in weitem, wallendem blauen Gewand auf ihn zu, ein Buch in der Hand haltend, mit freundlicher Miene und tröstenden Worten. Dann entfernt er sich langsam wieder bis ins Unendliche. Damit ist der Druck verschwunden..."

Der Kaufmann Herr Mööke ist von Haus aus weder in der Welt des katholischen Glaubens verankert, noch rechnet er sich sonst zu den dogmatischen strenggläubigen Christen, er ist zudem Protestant. Durch den Blutverlust kann er seiner Arbeit nicht mehr nachgehen. Herr M. berichtet über eine Reihe zusätzlicher Einzelheiten:

P. 18. „Er fühlt sich oft nicht mehr als er selbst. Zuweilen spaltet sich bei ihm das „Ich" derart, daß er sich selbst einen ganzen Tag lang neben sich oder sich gegenüber sieht, und zwar in gleicher Kleidung. Die Umrißlinien der Gegenstände, wie der Stühle und des Tisches, erscheinen verdoppelt. Manche Objekte, selbst Menschen, sind durchsichtig. Anderes wird durch sie hindurchgesehen. Erinnerungen an lange Zurückliegendes sind „wie von gestern". Im Gedächtnis entsteht plötzlich ein vorübergehender Bruch. Die Sinnesleistungen werden weit über das Normale hinaus gesteigert, so daß Gerüche auch in kleinsten Verdünnungen noch wahrgenommen werden, wenn kein anderer Mensch sie auch nur zu erahnen vermag. Vom Schmecken gilt Ähnliches. Er hat auch die Gabe einer gewissen Vorausschau. Er weiß oft mit völliger Gewißheit vorher von Briefen, die eintreffen, von Besuchen, die kommen werden. Unter der Stigmatisierung, aber auch unter den übrigen angedeuteten Phänomenen leidet er stark. Seit langen Jahren hat er den sehnsüchtigen Wunsch, von ihnen endlich befreit zu werden."

Du Prel gibt in einem seiner Werke ein Beispiel dafür, daß Stigmatisationserscheinungen entstehen können, ohne unbedingt von einer religiösen Empfindung begleitet zu werden. Es genügt dafür nur ein Schock, der den Betroffenen tief genug beeindruckt:

P. 19. „Ein Matrose befand sich auf Deck, angebunden an ein Seil auf hoher See. Das Gewitter war sehr stark und es blitzte andauernd, bis endlich ein Blitz den mittleren Mast des Schiffes traf und ihn zertrümmerte. Der Matrose, der in unmittelbarer Nähe stand, wurde durch den Schlag betäubt und blieb bewußtlos liegen. Als ihn seine Kameraden in die Kajüte brachten und ihm die Kleider öffneten, entdeckten sie zu ihrem allgemeinen Erstaunen auf der Brust eine sehr deutlich lesbare mehrstellige Zahl, die er bestimmt zuvor nie gehabt hatte. Lange zerbrachen sich die Leute den Kopf, woher dies käme? Als man den Stumpf des zerschmetterten Mastes abmontieren wollte, entdeckte einer ein kleines Metalltäfelchen in Brusthöhe mit der Benennung der Werft und der angefertigten Seriennummer, die genau der Ziffernreihe der Bruststigmatisation des Matrosen entsprach. Des Rätsels Lösung war insoweit gefunden, daß der auf Deck Arbeitende im Moment des Blitzschlages die beleuchtete Metallplatte gesehen hatte, deren Eindruck so stark war und ins Unterbewußtsein drang, daß die darauf stehende Nummer von dort aus als Stigmatisation auf die Brust projiziert wurde."

Ähnliche Erscheinungen werden auch sehr oft während Schwangerschaften beobachtet und bieten ein reiches Material für weitere Forschungen. Man könnte sie im gewissen Sinne auch als eine Ideoplastik bezeichnen, indem die Idee sich auf der Materie plastisch realisiert.

Der animalische Magnetismus

Innerhalb der parapsychologischen Forschung stoßen wir auf Phänomene, die Feuerfestigkeit und Unverletzbarkeit des menschlichen Körpers aufzeigen. Sonderbarer Weise wird auch die Bekleidung vom Feuer nicht angegriffen. Einem Sonderabdruck der Zeitschrift „Psychische Studien" im Oswald Mutze Verlag, Leipzig, sind aus einer Abhandlung über „Salamander" folgende einleitende Worte Dr. Carl du Prel's zu entnehmen: „Daß die Mystik heute noch kein allgemein anerkannter Wissenszweig ist und auf unseren Universitäten höchstens bei der theologischen Fakultät ein kümmerliches Dasein fristet, liegt zwar zum Teil an der naturwissenschaftlichen Richtung unseres Zeitalters, zum anderen Teile aber auch an dem Entwicklungsgang der modernen Mystik selbst, welcher viel zu rasch und sprunghaft gewesen ist, als daß die in ihrer Abänderungsfähigkeit so schwerfällige menschliche Vorstellungsweise ihm hätte folgen können." Du Prel sprach diese Worte am 5. Januar 1888 in einem Vortrag der „Psychologischen Gesellschaft" in München, und doch sind inzwischen 65 Jahre vergangen, ohne daß sich daran wesentlich etwas geändert hätte. Um dieses Problem wieder zu aktualisieren, gebe ich nachfolgend du Prels Berichte wieder, die dazu beitragen sollen, das Interesse für diese Art von Phänomene erneut zu verstärken:

P. 20. „Von der heiligen Christina mirabilis, die überhaupt ein großes Medium gewesen zu sein scheint, erzählt ihr Biograph Cantipratanus, indem er sich auf die noch lebenden Zeitgenossen als Zeugen beruft, daß sie sich schweren Bußen unterwarf. Sie ging in die glühenden Öfen, die man, um Brot zu backen, geheizt hatte, blieb zwar unverletzt, aber doch schmerzlich von ihnen ergriffen, so daß sie jämmerlich schrie. Oft hielt sie Arme und Beine so lange in die Glut, daß sie unter normalen Verhältnissen zu Asche hätten verbrennen müssen."

Görres: „Christliche Mystik", II, S. 427.

P. 21. „Weiters wird berichtet, daß besonders in den Heiligengeschichten vielfach Feuerfestigkeit und Unempfindlichkeit vorkommt. Die einen werden ins Feuer geworfen und büßen dabei nicht einmal ihre Haare ein, wie z. B. Euphysius, Christina, Victor, die anderen bleiben sogar auf dem Scheiterhaufen unverletzt, wie etwa Agnes, Polykarp. Manche unterwerfen sich der Feuerprobe, um kirchliche Wahrheiten zu beweisen, wie z. B. Bonifacius, oder um ihre Unschuld darzutun, wie die Kaiserin Kunigunde."

P. 22. „Der heilige Joseph von Copertino wird in der Ekstase in die Luft gehoben, wie die modernen Medien, und schwebt zwischen brennenden Kerzen, so daß ein Anwesender ruft: — Er brennt! Er brennt! Copertino kommt aber unverletzt wieder herunter."

Zeitschrift „Psychische Studien", Juni-Heft 1877, S. 241—247.

Ganz eigenartig wird das Phänomen, wenn die Feuerfestigkeit sich auch auf leblose Gegenstände überträgt. Görres bringt folgenden Fall:

P. 23. „Der heilige Egidius lag ekstatisch im Bett, darunter befand sich ein Licht, welches die ganze Nacht weiterbrannte, ohne daß dabei die Decke Feuer gefangen hätte".

Görres: „Christliche Mystik". II, S. 526.

P. 24. „Simplicius, Bischof von Autun, und eine Frau nahmen beide, um üble Nachrede aufhören zu machen, glühende Kohlen in ihre Hände und in ihre Kleider auf, angesichts einer großen Menschenmenge; worauf innerhalb einer Woche 10.000 Heiden sich bekehrten und die Taufe verlangten."

DIE DREI MÄNNER IM FEUEROFEN

Daniel 3, 23—30

In der Landschaft Babel bekleideten drei Juden, Sadrach, Mesach und Abed-Nego hohe Ämter. Die Genannten weigerten sich, das Gebot Nebukadnezars zu erfüllen und vor dem neu errichteten „goldenen Bilde" niederzuknien, denn sie wollten keiner anderen neuen Religion angehören, um der eigenen treu zu bleiben. Als das dem König gemeldet wurde, erzürnte er, ließ sie binden und in den Feuerofen werfen. Zur Verwunderung aller Anwesenden verbrannten die drei nicht, denn das Feuer hatte an ihnen keine Macht; das Haar auf dem Haupte blieb unversengt und die Kleider heil, ja man konnte, so sagt die Heilige Schrift, an ihnen keinen Brandgeruch wahrnehmen.

Angesichts dieses Wunders begnadigte Nebukadnezar die drei Männer, schenkte ihnen volle Glaubensfreiheit und beließ sie in ihren bisherigen Ämtern.

Zeichnung Nr. 131 von Gustav Doré.
Siehe „Die Heilige Schrift" von Dr. Joseph Franz v. Allioli auf Seite 896. Deutsche Verlagsanstalt Stuttgart, Leipzig, Berlin, Wien.

Doch nicht nur im Christentum allein finden wir diese Phänomene. Im Judentum, im Alten Testament treten bereits Hinweise auf, aus denen zu ersehen ist, daß die Feuerfestigkeit schon damals bekannt war. Jesaja 43, 2: „Wenn du durchs Feuer schreitest, wirst du nicht verbrennen,und die Flamme wird dich nicht versengen."

P. 25. Simon der Magier, der sich selbst seiner Feuerfestigkeit rühmte, blieb unverletzt, als man ihn ins Feuer warf und darin umherwälzte.

Clemens Alex. „Recogn." II. Kirchenlexikon von Wetger u. Welte X. 154.
Perty: Die mystischen Erscheinungen I, S. 413.
Görres: „Christliche Mystik", III. S. 108.

In dieser Kunstfertigkeit sind uns die Inder überlegen. Ihnen sind Wege und Übungen bekannt, wie man diese Zustände erreichen kann, während wir in Europa noch um die Anerkennung der Phänomene als solche zu kämpfen haben.

P. 26. „Indische Büßer sagen, daß sie in ihrer Verzückung weder die Sonnenglut noch das gewöhnliche Feuer störend empfinden, weil ihre Seele in Brahma entzückt ist und sein Sonnenlicht ihr innewohnt."

Windischmann: Philos. im Fortgang d. Weltgeschichte, III, S. 1316.

Selbst im mohammedanischen Sektenwesen finden sich diese sonderbaren Erscheinungen, die also auch bei anderen Völkern anzutreffen sind:

P. 27. „Der kaiserliche Gesandte Busbequius in Konstantinopel sah einen türkischen Pilger, der ein glühendes Eisen, das man aus dem Feuer zog, in die Hand nahm, als wäre es kalt. Er steckte es dann in den Mund und drehte es herum, daß der Speichel zischte. Der skeptische Diener des Gesandten, der das Eisen am nichtglühenden Ende anfaßte, verbrannte sich die Hand."

Remigius: „Daemonol", II.

Aber nicht nur Feuer oder glühendes Eisen wird von bestimmten medial begabten Personen,ohne Schaden zu nehmen,angefaßt, sondern auch siedendes Wasser oder Öl kann ihnen nichts anhaben. Ganz interessant ist ein Bericht aus der Nibelungensage, woraus zu schließen ist, daß dieses Phänomen schon damals bekannt war. De Vesme berichtet darüber in seiner Sammlung folgendes:

P. 28. „Aus einer der Stelle der Edda Sämunds des Gelehrten (Edda Saemundar hins Froda. Grundlagen der Nibelungensage) geht hervor, daß Gudrun (Chriemhilde), die Witwe Sigurds (Siegfrieds), welche eine zweite Ehe mit Atli (Etzel), dem König der Hunnen, eingegangen war, seitens der Sklavin Erkia der Untreue beschuldigt wurde und infolge dessen die Probe mit siedendem Wasser forderte.

DIE DREI MÄNNER IM FEUEROFEN

Daniel 3, 24 und 25

24. Da entsetzte sich der König Nebukadnezar und fuhr auf und sprach zu seinen Räten: „Haben wir nicht drei Männer gebunden in das Feuer werfen lassen?" Sie antworteten und sprachen: „Ja, Herr König."

25. Er antwortete und sprach: „Sehe ich doch vier Männer frei im Feuer gehen, und alle sind sie unversehrt; und der vierte ist gleich, als wäre er ein Sohn der Götter."

Dieses Bild zeigt eine weitere Phase des Vorganges, nämlich das Hinzukommen eines übersinnlichen Wesens, welches mit Hilfe einer verstärkten Materialisation von „odisch-fluidalen" Ausstrahlungen die drei Personen schützend umhüllt und auf diese Weise jegliche Verbrennungserscheinungen verhindert.

„Möge man", sagte sie, „meine Brüder samt ihren bepanzerten Kriegern herbeirufen und mich umringen lassen von allen denen, die mir blutsverwandt sind. Möge man aus dem Lande der Sachsen, die gen Mittag wohnen, einen gewaltigen Mann kommen lassen, der durch sein bloßes Wort das Wasser im Gefäße zum Wallen bringt."

In Gegenwart von 700 Menschen tauchte nun sie ihre blendend weiße Hand bis auf den Grund des Kessels und zog den bemoosten Kieselstein heraus. „Nun seid ihr alle Zeugen davon gewesen, ihr Kriegsleute, daß ich als unschuldig erklärt bin gemäß den heiligen Riten, weil dieses Gefäß siedendes Wasser enthielt."

Die verleumderische Sklavin Erkia unterzog sich nun derselben Probe; allein als sie die Hand aus dem Gefäß zog, war sie entsetzlich verbrannt. Man ergriff sie nun und ertränkte sie im Sumpfe.

Cäsar Bandi Ritter von Vesme: „Geschichte des Spiritismus", 2. Band, Mittelalter und Neuzeit. Oswald Mutze, Leipzig, 1898, S. 27, § 17.

Auch die modernen Medien kennen das Feuerphänomen und die Unverletzlichkeit des Körpers. Das berühmte Medium Daniel Dunglas Home (1833—1886), der in Schottland geboren wurde, hat von seinem Können vielen Gelehrten Beweise geliefert. Als neu wäre hinzuzufügen, daß Home imstande war, diese anscheinend persönliche Fähigkeit auch auf andere zu übertragen; hier wären Ansatzpunkte für weitere Forschungen gegeben. Ich entnehme dem Buche von Jean Burton „Hay day of a wizard", Verlag Alfred A. Knopf, New York 1944, folgende Stelle:

P. 29. „Home konnte anscheinend seine Feuerunempfindlichkeit auch auf andere Personen übertragen, ja gelegentlich sogar auf Blumen, die er dabei in eine Flamme hielt und dann frisch und unversehrt vorzeigte. Lady Gomm bezeugt, daß sie eine glühende Kohle, die er ihr gab, ohne sich zu verbrennen in der Hand halten konnte; doch als sie die Kohle auf ein Stück Papier legte, sei es sofort in Flammen aufgegangen.

Robuste Männer wurden kreidebleich, als Home eines Abends in Trance zum Kamin ging, das darin glimmende Feuer mit der bloßen Hand zu heller Flamme aufschürte und dann hinkniete, sein Gesicht direkt in die Glut drückte und es hin und her bewegte, als bade er es in Wasser. Nicht ein Härchen war ihm versengt. Dann nahm er einen glühenden Kohlenbrocken aus dem Kamin und trug ihn im Zirkel herum. Die Hitze war so groß, daß sie auf zehn bis zwölf Zentimeter Entfernung nicht auszuhalten war."

Nachdem der bekannte Physiker Crookes die Feuerkünste und das gesamte übrige Repertoire Homes als Augenzeuge miterlebt hatte, schrieb er einen Bericht für das „Quaterly Journal of Science"; darin bejahte er endgültig das Vorhandensein einer neuen Kraft, die in bisher unbekannter Weise mit dem menschlichen Organismus in Zusammenhang steht und der Einfachheit halber als „mediale Kraft" bezeichnet werden mag; und daß von allen damit begabten Individuen Mister Home das bemerkenswerteste sei. „Alles was ich von ihm gesehen habe, fand bei Licht statt".

„Die Phänomene, die ich zu beglaubigen bereit bin," sagt Crookes weiter, „stehen in so krassem Widerspruch zu den festgewurzelten Glaubensartikeln der Wissenschaft — unter anderem der Allgegenwart und unveränderlichen Wirkung der Schwerkraft —, daß sich in mir ein innerer Widerstreit erhebt zwischen der Vernunft, die dergleichen für wissenschaftlich unmöglich erklärt, und der Gewißheit, daß meine Sinne, sowohl Tast- wie Sehvermögen... Zeugen sind, die nicht lügen." Zwanzig Jahre später schrieb Crookes, er habe weder an den Experimenten von damals einen Fehler entdecken können — noch in den Folgerungen, die er aus ihnen abgeleitet habe.

Siehe deutsche Übersetzung von Kurt Alboldt: „König der Magier" im Aprilheft 1951 von: Das Beste aus Readers Digest, Verlagsort Stuttgart, S. 117 bis 146, Eine Biographie Daniel Homes.

In der Wochenschrift für die Familie „Das grüne Blatt" in Dortmund vom 24. Juni 1951, Nr. 25, wurde ein Artikel von W. Rosenberg unter dem Titel: „Der Mann, der täglich dreimal starb" veröffentlicht. Es heißt da: „Wenn Mirin Dajo ein Mensch gewesen wäre wie Millionen andere, dann wäre er unwiderruflich an dem Tage gestorben, da er zum erstenmal sich einen Degen durch den Leib bohren ließ. So aber geschah dies alltäglich mehrmals — vor Medizinern und vor sensationshungrigen Zuschauern in den Varietés. Lunge, Niere und Leber dieses Mannes wurden immer wieder durchstochen, ohne daß eine innere Verletzung hätte festgestellt werden können und ohne daß ein Tropfen Blut geflossen wäre. Die erstaunlichen Leistungen indischer Fakire scheinen damit weit überboten zu sein.

P. 30. Im Sommer 1947 herrschte im Operationssaal der Polyklinik des Züricher Kantonspitals eine erwartungsvolle Stimmung. Man hörte gedämpfte Gespräche der anwesenden Studenten, zurückhaltende Mienen der Professoren, unter ihnen Professor Dr. Brunner, der Chef der chirurgischen Abteilung, Journalisten, Fotographen und schließlich der Direktor des Corso-Theaters, der ein besonderes Interesse für diese Vorführung hatte. Ist Mirin Dajo ein besserer Degenschlucker oder eine wissenschaftliche Sensation?

Begleitet von zwei holländischen Freunden tritt ein mittelgroßer, hagerer Mann herein, es ist Mirin Dajo, er entblößt den Oberkörper bis zum Gürtel. Jetzt wird ein Florett gebracht, und die Ankündigung des Direktors vom Corso-Theater, daß Mirin Dajo sich mit dieser Waffe durchstechen lassen wird, löst auf vielen Gesichtern ein ungläubiges Lächeln aus. Dann nimmt sein Begleiter de Groot das Florett und stößt es Mirin Dajo in den Leib. Der Stoß erfolgt von hinten, wenig über der Gürtellinie, die Spitze des Floretts ragt dicht unter dem Brustkorb etwa 30 cm vorne aus dem Leibe heraus. Die Klinge ist blank und zeigt keinen Tropfen Blut. Das alles vollzieht sich mit einer solchen Geschwindigkeit und Selbstverständlichkeit, ohne daß dabei ein Laut oder auch nur ein Zucken einen Schmerz verrät. Die Verblüffung der Anwesenden ist so groß, daß die meisten noch garnicht fassen, was sich da vor ihren Augen abgespielt hat. Anders kann man es sich nicht erklären, daß eine wissenschaftliche Kapazität wie Professor Brunner an Mirin Dajo die Frage richtet, ob er von ihm in diesem Zustand eine Röntgenaufnahme machen dürfte.

Der Röntgenraum befindet sich ein Stockwerk über dem Operationssaal. Der Professor hat sich vielleicht nicht überlegt, daß der Mann mit dem Florett im Leibe Treppen steigen und durch lange Gänge schreiten muß. Und wirklich, Mirin Dajo entspricht seiner Bitte und geht, gefolgt vom Professor, Ärzten und Studenten, wie er steht, in den Röntgenraum. Das sofort entwickelte Bild läßt erkennen, daß lebenswichtige Organe durchstoßen sind. Professor Brunner erklärt, daß er vor einem Rätsel stehe. Eine genaue Untersuchung ergibt, daß Mirin Dajo physisch vollkommen gesund erscheint, nichts an seinem Körper ist anormal. Das Florett, das zwanzig Minuten lang im Körper verblieben war, ist inzwischen entfernt worden und hat nur eine kaum sichtbare Narbe zurückgelassen. Leichte Spuren von früheren Narben sind auf der Haut wohl zu sehen. Mehrere hundertmal, behaupten seine Begleiter, sei Mirin Dajo bereits von Floretten und Säbeln durchstoßen worden, und jedes Mal seien lebenswichtige Organe durchbohrt worden.

Unter normalen Umständen würde eine solche Durchbohrung innere Blutungen, schwere Verletzungen der Organe und Blutvergiftungen zur Folge haben, alles Dinge, die in den meisten Fällen zu einem schnellen Tode führen müßten. Ein nicht weniger erstaunliches Phänomen ist Mirin Dajos „Unempfindlichkeit gegen den Schmerz". Er spüre, so behauptet er, bei der Durchstechung lediglich den Widerstand des Körpers gegen die Waffe.

Tausende haben im Jahre 1947 bei den öffentlichen Vorführungen im Züricher Corso-Theater das Phänomen Mirin Dajo kopfschüttelnd bestaunt. Ihm selbst haben alle diese Experimente aber nichts geschadet, jedoch wurden viele der Zuschauer ohnmächtig. In späteren Monaten wurde in London ein Film von seinen Experimenten vorgeführt, der zur Folge hatte, daß der Kinoinhaber vom Schlage getroffen wurde. Bei den Vorführungen im Züricher Corso-Theater veranlaßten viele Zwischenfälle die Behörden, die öffentlichen Vorführungen Mirin Dajos zu untersagen. Monatelang beschäftigten sich die Schweizer Zeitungen mit dem rätselhaften Holländer. Die „Allgemeine Schweizer Volkszeitung" schrieb, daß die Herren Professoren vor einem Rätsel stehen.

Mirin Dajo erzählt von sich selbst, daß er schon als Kind unverletztlich gewesen sei, sich aber dessen nicht bewußt war. Vor zwei Jahren machte er die Bekanntschaft des Naturarztes Otter. „Ich kam mit meiner Mutter, die sehr krank war, zu ihm, und Herr Otter sagte mir gleich, daß ich unverletzlich sei. Wir unternahmen einige Proben, und ich empfand, weil ich restloses Vertrauen zu Gott hatte, bei all diesen Versuchen nie ein Gefühl der Angst."

W. Rosenberg, der Verfasser dieses Artikels, welchen ich teilweise gekürzt und leicht abgeändert habe, schreibt weiter, daß der Geist zweifellos imstande ist, die Körperfunktion in weit höherem Maße zu beeinflussen, als man es bisher geglaubt hat. Was Mirin Dajo von anderen Menschen zu unterscheiden scheint, ist die Tatsache, daß er die Fähigkeit besaß, seinen Willen in bisher kaum beobachteter Weise ungemein zu steigern. „Wo die Waffe hinkommt, da ist mein Körper nicht", pflegte er zu sagen. Mirin Dajo konnte aber selbst bei guter körperlicher Verfassung nicht immer seine Experimente durchführen. Im Baseler Bürgerspital war er z. B. befähigt, vor so bedeutenden Gästen, wie den Professoren Staub und Lüdin, sich mehrere Male den Leib durchstechen zu lassen, dagegen war er am nächsten Tage bei einer Veranstaltung der „Baseler Medizinischen Gesellschaft" nicht imstande, seine Vorführungen zu wiederholen. Eine vorübergehende Erlahmung seines Willens zeige, so schrieben die Schweizer Blätter, daß Mirin Dajo weder hexen könne noch hexen wolle.

Mirin Dajo hat trotz des Verbots seines öffentlichen Auftretens die Schweiz nicht verlassen, denn im Mai 1948 hielt er sich in Winterthur auf, er wählte sich diese Stadt für seine Ruhe und Selbstbesinnung. Seinen richtigen Namen wußte niemand, denn Mirin Dajo ist nur sein Pseudonym. Man weiß wohl, daß er am 6. August 1912 in Holland in der Stadt Rotterdam geboren wurde, und weiß noch, daß er mit Malerei, Graphik und Fotografie beschäftigt war, bevor er seine seltsamen Fähigkeiten entdeckte.

An einem Mittwochvormittag hatte Mirin Dajo, wie er es oft tat, seinen Körper „verlassen". So nannte er seinen Zustand der Abwesenheit und der körperlichen Erstarrung, den auch die Inder kennen. Der Körper lag dann vollständig regungslos, gleichsam erstarrt, da der Puls und Atmung kaum noch wahrzunehmen waren. Seine Umgebung war an diesen Zustand gewöhnt, aus dem er nach kürzerer Zeit „zurückzukehren" pflegte. Diesmal zeigten sich jedoch nach ungefähr zwei Tagen bedenkliche Symptome. Am Freitag früh wies der Körper bläuliche Flecken auf, und die Augen zeigten merkwürdige Veränderungen. Als

Mirin Dajo im Laufe des Vormittags immer noch nicht aufwachte, hielt man es doch für nötig, einen Arzt hinzuzuziehen. Um 19 Uhr 30 verkündete der Arzt, daß Mirin Dajo gestorben sei. Ob dieser geheimnisvolle Mann mit der Ausschaltung des Körpers an jenem verhängnisvollen Mittwoch vielleicht zu weitgegangen war, so daß er den Weg in den eigenen Körper nicht mehr zurückfand, oder ob er den Rückweg in voller Absicht nicht mehr angetreten hat, wird kaum noch festzustellen sein.

Es war ein Dreigespann, das 1947 in der Schweiz erschien. Mirin Dajo, die Hauptfigur, sein Entdecker und Freund Hylke Otter, Naturheilkundiger und Magnetiseur, der, wie es heißt, Blinde und Lahme heilen konnte. Als dritter war es Johann de Groot, der das erstaunliche vollbrachte, Mirin Dajo etwa 500 mal zu durchstechen. Von seinen beiden Begleitern ist nach seinem Tode nichts mehr bekannt geworden.

Gedankenübertragung und Hellsehen

Viele glauben heute nicht daran, daß es so etwas wie „Hellsehen" gibt, und freuen sich darüber, wenn „berufsmäßige Propheten" vor den Richtertisch geladen werden, um einer Strafe entgegenzusehen, weil sie falsch wahrgesagt haben. Diese Unwissenden werden sich darüber wundern, daß die Gerichtsbehörden auf ihre Anfrage hin von zuständigen wissenschaftlichen Institutionen eine positive Antwort erhalten haben, denn es gibt in der Tatsache „Hellsehen". Allerdings wäre hier die Einschränkung zu berücksichtigen, daß diese Fähigkeit nicht immer unter der Herrschaft des Willens steht und daß daher über dieses Vermögen nicht zu jeder Tageszeit verfügt werden kann. Die Fragestellenden können nicht immer mit richtigen Prognosen befriedigt werden. Wird man aber am laufenden Band von Kunden bedrängt, so wird es verständlich, daß die „berufsmäßigen Hellseher" ihre Klienten nicht wegschicken wollen, weil sie selbst nicht wissen, wann sie zu dieser Gabe disponiert sind. Der Besucher ist jedoch verständnislos genug, den „berufsmäßigen Hellseher" als ein Rundfunkgerät anzusehen, das man durch bestimmte Griffe zu jeder Zeit auf die Welle einstellen kann, auf der das Gewünschte zu hören ist. Die Fehlprognosen der „berufsmäßigen Hellseher" beruhen nicht immer auf absichtlicher Täuschung, sondern meist auf Unkenntnis der Zeiten, zu denen sie in der Lage sind, annähernd richtige Antworten zu geben. Die jetzt eingesetzte parapsychologische Forschung konzentriert sich darauf, die Umstände kennen zu lernen, unter denen die hellseherischen Fähigkeiten verstärkt werden können, um Voraussetzungen für eine größere Anzahl von Treffprognosen zu erzielen. Das Anthropologische Institut in München in der Richard-Wagner-Straße 10 wurde diesbezüglich des öfteren von Gerichtsbehörden in Anspruch genommen. Hier wurden auch Gutachten von „berufsmäßigen Hellsehern" eingeholt, die von ihrer enttäuschten Kundschaft bei der Staatsanwaltschaft angezeigt wurden. Der Direktor des Instituts, Prof. Dr. K. Saller, hat auf diese Anfragen die Behörden ganz eindeutig darüber aufgeklärt, daß es „Hellsehen" gibt, daß aber nicht jeder „berufsmäßige Hellseher" über diese Begabungen verfügt. Bekanntlich ist in Bayern noch ein Paragraph (§ 54) des Polizei-Strafgesetz-Buches aus dem vorigen Jahrhundert gültig, der schon lange überholt ist, der sogenannte „Gaukeleiparagraph". Diese seinerzeit erlassene Bestimmung entspricht in keiner Weise den neuzeitlichen Erkenntnissen und bedarf umgehend einer Änderung bzw. einer anderen Fassung. Es wäre sehr verdienstvoll, wenn sich ein Landtagsabgeordneter fände der diese Angelegenheit aufgriffe und zu einem günstigen Resultat brächte. Ganz paradox erscheint mir der Ausdruck „Wahrsagen", denn wenn man für wahr sagen bestraft wird, was soll denn mit dem „Falschsagen" geschehen? Der Ausdruck „Wahrsagerei" müßte durch einen treffenderen ersetzt werden. — Das Hellsehen ist von der Wissenschaft anerkannt worden. Einen wesentlichen Beitrag dazu hat J. B. Rhine, Professor an der Duke University in Durham bei New York, durch die Veröffentlichung der Ergebnisse seiner Experimente geleistet. Das Buch ist in deutscher Sprache unter dem Titel „Die Reichweite des menschlichen Geistes" 1950 erschienen und in dankenswerter Weise von Dr. Rudolf Tischner den deutschsprechenden Kreisen zugänglich gemacht worden. Es gehört zu den klassischen Werken über experimentelles Hellsehen.

Rhine hat für seine Zwecke Spiele mit 25 Karten anfertigen lassen. Je fünf Karten haben die Zeichnung eines Kreises, eines Quadrats, Sterns, Kreuzes und Wellenlinien. Das Spiel wird gemischt. Zwei Personen nehmen einander gegenüber Platz und werden durch eine Kartonwand getrennt, damit kein direkter Kontakt zwischen dem Experimentator und der Versuchsperson besteht. Der Experimentator beginnt nun, eine Karte nach der anderen aufzudecken und zu fixieren, die Versuchsperson wird auf diese Weise in die Lage versetzt, die Abbildung der Karte auf telepathischem Wege aufzufangen oder auf hellseherischem Wege zu erfassen und auf einem Blatt Papier zu notieren. Später werden die so erzielten Resultate verglichen. Sind durchschnittlich 5 von 25 Karten des Spiels richtig erkannt worden, so hat Rhine

DIE TESTKARTEN FÜR TELEPATHIE UND HELLSEHEN
Experimente von Professor Rhine, USA

Die Zeichnungen sind vom Universitäts-Assistenten Dr. Zehner, eines Mitarbeiters Prof. Rhine, entworfen worden. Ein Spiel enthält 25 Karten, je 5 von jeder Figur. Die Untersuchungen werden von einem Versuchsleiter (VI) und von einer Versuchsperson (Vp) durchgeführt.

Je weiter also Vp und Vl von einander entfernt sind, um so besser sollen angeblich die Experimente gelingen. Man begann gemeinsam an einem Tisch, an dem beide,Vp und Vl,durch einen Schirm voneinander getrennt waren, später durch verschiedene Zimmer und schließlich durch verschiedene Gebäude. Die Zahl der Treffer schwankt zwischen 36—44%, liegt also weit über der Zufall-Chance. Coffeingenuß steigert diese (ASW) außersinnliche Wahrnehmnug bis 69,6%.

Es soll etwa jede fünfte Person gewisse hellseherische Begabungen besitzen und es eignen sich dazu insbesondere diejenigen, die Ahnungen, Visionen oder Wahrträume im Leben gehabt haben. Unabhängig von Rhine machte Prof. Hans Bender Freiburg, Breisgau mit Erfolg ähnliche Experimente.

Hans Bender: „Zum Problem der außersinnlichen Wahrnehmung." Zeitschrift für Psychologie, Jahrgang 1935, Seite 135.

die 5 als Zufallstreffer gewertet, eine höhere Zahl der Treffer ist bereits eine Abweichung vom raten auf gut Glück. An seinem Institut wurden insgesamt 85.000 Einzelversuche angestellt, bei einigen wurden 6 bis 11 Treffer erzielt, während bei anderen Versuchen 15 Karten richtig bezeichnet wurden, sogar alle 25. Man kann unter solchen Umständen von keinem Zufall mehr reden, denn in der endgültigen Auswertung aller Rhine'schen Experimente kommt ein Ergebnis von durchschnittlich 7 Treffer zustande, was ohne jeden Zweifel über dem Zufall liegt.

Rhine bezeichnete diese Fähigkeit des Menschen als „außersinnliches Wahrnehmen"; dieser Ausdruck wird im parapsychologischem Sprachgebrauch gekürzt und mit ASW bezeichnet. Es würde im Rahmen dieses Buches zu weit führen, über die sachlichen Voraussetzungen zu sprechen, unter denen diese Experimente durchgeführt, und über die Vorsichtsmaßregeln, die dabei getroffen wurden. Wer dafür Interesse aufbringt, muß sich Zugang zu dem angeführten Buch verschaffen, er wird seine Mühe nicht bereuen. Es ist bestimmt auf Unkenntnis zurückzuführen, wenn man heute noch Bedenken gegenüber den Fähigkeiten des Hellsehens hegt.

Eine Erklärung des Vorganges beim Hellsehen und welche physischen und psychischen Faktoren dabei zu berücksichtigen sind, findet man am besten im Buche du Prel's „Die Entdeckung der Seele durch die Geheimwissenschaften", Band I, Kap. 5. Er definiert diesen Begriff folgendermaßen: Das Wort „Hellsehen" bezeichnet jene Fähigkeit, durch welche Gegenstände im Gesichtsfeld der Versuchsperson ohne Vermittlung der Augen oder richtiger ohne den normalen Gebrauch der Augen gesehen und bezeichnet werden. Dieses „Hellsehen" in räumlicher Nähe ist zu unterscheiden vom „räumlichen Fernsehen" auf meilenweite Entfernung, sowie vom „zeitlichen Fernsehen".

Nicht nur der Laie, sondern auch der geübte Forscher beachtet bei diesen Versuchen nicht immer in genügendem Maße die „telepathische Übertragung", die zur Erklärung bestimmter Phänomene genügen könnte. Es gehört eben große Erfahrung dazu, „echte hellseherische Fähigkeiten" auf experimentellem Wege von telepathischen Übertragungen zu unterscheiden. Zu echten Versuchen des Hellsehens könnte man das Lesen in geschlossenen Büchern rechnen, wie es z. B. Teste vorgenommen hatte:

P. 31. „In einer Sitzung mit dem Somnambulen Alexis des Magnetiseurs Marcillet ging Dr. N. in ein benachbartes Zimmer, nahm ein Buch, das noch nicht aufgeschnitten war, und ohne es zu öffnen, ersuchte er Alexis, eine bestimmte Zeile auf einer bestimmten Seite zu lesen. Alexis verlangte eine Feder und schrieb. Man schnitt das Buch auf und fand dort englisch jenen Satz, den Alexis französisch übersetzt hatte."

Macario: Du sommeil, S. 199.

Du Prel findet es überflüssig, den Hellsehenden einen neuen sechsten Sinn zuzuschreiben; seiner Annahme nach genügt es vollkommen, daß die Empfindungsschwelle der normalen Sinne derart verlegt wird, daß sie für feinere Reizstärken empfänglich werden, daß sie also Wärmestrahlen ebenso wie Lichtstrahlen empfinden. Speziell präparierte Fotoplatten vermögen auch Vorgänge zu registrieren, die das gewöhnliche Auge nicht wahrnimmt. Das Fotographieren im Dunkeln beweist zur Genüge die Existenz eines unsichtbaren Lichtes, das für das normale Auge nicht sichtbar ist. Von besonderem Interesse dürfte für die Zukunft ein Experiment werden, welches mit „Blinden" vorgenommen wurde:

P. 32. „Eine blinde Somnambule konnte alle äußeren Gegenstände, mit welchen sie in Rapport gesetzt wurde, sehen. Wenn sie im Garten spazieren ging, war sie von seiner Schönheit entzückt und beschrieb ihn genau."

Archives du magnétisme animal. II. 31.

P. 33. „Dr. Child berichtet über ein auf beiden Augen blindes Medium, Samuel Paist. Er war im Blindeninstitut erzogen worden,und als er 18 Jahre alt war, verhießen ihm die Geister, daß er hellsehend werden würde. Dies trat bald darauf ein; er konnte durch dichtgedrängte Straßen gehen, weit über Land mit Pferden fahren, so daß mehrere Personen nicht glauben wollten, daß er blind sei, bis sie seine Augen untersuchten und sie mit einem dicken weißen Häutchen bedeckt fanden."

Psychische Studien, 1874, S. 284.

Diese beiden Berichte lassen die Fragen aufkommen, mit welchen Organen wir im Traume den Ablauf einer Handlung sehen? Man kann eben mit geschlossenen Augen sehen und mit offenen Augen träumen, das heißt nichts wahrnehmen, was rings um einen geschieht. Reichenbach hat in dieser Beziehung mit seiner Entdeckung des „Od" vieles verständlicher gemacht,als es zuvor war. Durch eine magnetische Kette fließt das Od aus einer Hand in die andere und stellt zwischen beiden Enden den Kontakt her, der für das Hellsehen förderlich ist. Das nächste Beispiel bestätigt diese Erfahrung sowie den Umstand, daß hellseherische Fähigkeiten auf keine Weise an das organische Auge gebunden sind:

P. 34. „Werner führt eine hellsehende Dame an, die auf der eigenen Herzgrube lesen konnte, aber auch dann, wenn jemand ein Buch nahm, im Nebenzimmer ein beliebiges Blatt aufschlug und mit den Händen bedeckte, während eine ganze Kette von Mittelpersonen, deren letzte ihre Hand auf die Herzgrube der Somnambulen legte, den Rapport herstellte."

Werner: Die Schutzgeister, 391.

Im Postverlagsort Offenburg, Baden, erscheint die Farb-Illustrierte „Das Ufer". Wir finden im zweiten Aprilheft 1952 in der Nr. 8 einen Bericht über den 40jährigen Holländer Peter Hurkos aus Antwerpen. Die Zeitschrift berichtet, daß er seine Fähigkeiten einem besonderen Umstand verdankt. Er erlitt einmal bei einem Sturz aus 12 Meter

Höhe eine Gehirnerschütterung. Als er nach langer Ohnmacht sein Bewußtsein zurückerlangte, war er ,,Hellseher" geworden. Der Gedanke liegt nahe, daß sich durch Sturz und Gehirnerschütterung gewisse organische Veränderungen vollzogen haben, daß so zu sagen eine Schranke niedergelegt, eine Tür aufgesprungen sein mag.

P. 35. ,,In Blankenberghe war ein kleiner Junge spurlos verschwunden, man hat ihn zuletzt am Ufer spielen gesehen. Was liegt näher als die Vermutung, er sei ins Wasser gefallen und ertrunken? Man läßt das Wasser absuchen,und so gründlich die Taucher auch arbeiten, sie finden nichts. Man beschließt, das Suchen einzustellen, und der Fall würde zu denen gehören, die unaufgeklärt blieben. Da wird Peter Hurkos aus Antwerpen eingeschaltet. Mit kaum verhüllter Skepsis sehen die beamteten Zeugen des Vorganges, Polizisten und Taucher, ihn nunmehr die Arbeit aufnehmen. Er bittet lediglich um eine Photographie des Kleinen und um irgendeinen Gegenstand, mit dem er gespielt hat. Das Betasten dieser Stücke scheint ihn, so drücken es die Polizisten aus, zu elektrisieren. Nach ein paar Minuten scharfer Konzentration nickt er: ,,Doch, doch, das Kind ist hier im Wasser." — ,,Unmöglich", hält man ihm entgegen, ,,gerade an dieser Stelle ist alles besonders gründlich abgesucht worden". Peter Hurkos verzichtet auf Erklärungen, er läßt sich anseilen und taucht an der von ihm bezeichneten Stelle in das an diesem Tage unruhige Meer. Nur einen kurzen Augenblick bleibt er unter Wasser — er trägt ja keine Taucherausrüstung —, dann erscheint er wieder, in der Hand einen kleinen Handschuh. Wahrhaftig, er gehörte dem Kinde. Zweites Tauchen: ein Gummistiefel! Als er zum drittenmal auftauchte, hält er den kleinen Leichnam im Arm — er war im Mauerwerk eingeklemmt gewesen."

,,Aus der Westminster-Abtei in London ist der schottische Krönungsstein verschwunden, jener Steinblock, auf dem seit Jahrhunderten der Thron steht, auf dem die Könige von England und Schottland bei den Krönungszeremonien Platz zu nehmen pflegen. So will es die Tradition, und man hängt auf der Insel sehr an diesen althergebrachten Formen. Es erregt daher größtes Aufsehen und peinliches Befremden in der englischen Öffentlichkeit als bekannt wird, daß der zentnerschwere Stein aus dem sicheren Gewahrsam in der Westminster-Abtei verschwunden ist. Der tolle Streich bewegt die ganze Nation, offenbar handelt es sich um eine Manifestation des schottischen Nationalismus, der sich gelegentlich regt.

Aber wozu gibt es Scotland Yard, diese aus dem achtzehnten Jahrhundert als die Hochburg kriminalistischen Spürsinns in unsere Tage ragende Londoner Polizeibehörde, die sich immer noch rühmen kann, das bestgeschulte Detektivkorps der Welt zu besitzen und die über schier unbegrenzte Möglichkeiten zur Aufklärung rätselhafter Fälle verfügt! Aber Scotland Yard versagt. Weder von dem Stein noch von den Tätern ist eine Spur zu finden. Die Angelegenheit wird von Tag zu Tag rätselhafter, die Kritik an der Behörde nimmt scharfe Formen an. Da entschließt sich Scotland Yard im Januar 1951 zu einem Schritt, der seinen leitenden Männern bestimmt nicht leicht fällt, man wendet sich an Peter Hurkos in Antwerpen. Die beiden Herren, die vor seiner Türe stehen, weisen sich als Beamte von Scotland Yard aus. Es bereitet ihnen sichtlich einige Verlegenheit, ihr Anliegen vorzubringen,und Hurkos hat Verständnis dafür. Natürlich kennt er den Fall, von dem die Zeitungen seit Wochen reden. Peter Hurkos sagt nicht nein und fliegt mit den Sendboten auf den Londoner Flugplatz nach Croydon.

Was sich vom Augenblick seiner Landung an abspielt, bereitet dem Holländer viel Behagen. Er wird von einem erschreckend starken Aufgebot von Detektiven empfangen, die ihn hermetisch von der Umwelt abschließen. Kein Außenstehender wird zu ihm ins Hotel gelassen, sein Schlaf wird von zwei Inspektoren bewacht. Hurkos verzichtet darauf, vermittels seiner hellseherischen Fähigkeit zu ergründen, ob das zu seinem Schutze geschieht oder ob Scotland Yard einem Mißtrauen Ausdruck geben will. Es stört ihn nicht weiter. Am nächsten Morgen läßt er sich in die Westminster Abtei führen, an die Stelle, wo einmal der Königsstein wohlbehütet lag. Er denkt etwas nach, dann nennt er eine Straße und eine Hausnummer und bittet,ihn hinzuführen. Es ist eine ziemlich obskure Straße; in dem bezeichneten Haus befindet sich eine Eisenwarenhandlung. Man bestätigt, was Hurkos behauptet: — hier haben zwei Männer kurz vor dem Einbruch Werkzeuge gekauft. Immer von seiner Schutzgarde geleitet, begibt er sich wieder in die Westminster Abtei, versinkt am Ort des Einbruchs in neues Nachsinnen, nennt zwei Namen, nochmals zwei Adressen. Die Inspektoren von Scotland Yard kommen sich vermutlich etwas komisch vor; aber es hilft nichts, sie müssen der Sache nachgehen. Und sie leisten schnelle und gute Arbeit; in kürzester Frist sind die vier Täter verhaftet, und der Krönungsstein liegt wohlbehalten wieder am alten Platz. Hurkos sitzt wieder in Antwerpen."

P. 37. „Am 8. Januar 1952 macht man im „Weißen Roß", einem Gasthof in Ligny-en-Barois, einen schauerlichen Fund. Hinter einer Mauer im Keller entdeckt man den seit ein paar Tagen verschwundenen 19jährigen Hotelburschen Michel Bernard tot, gefesselt, geknebelt. Zweifellos ein Verbrechen. Die Polizei macht sich an die Untersuchung, aber trotz der Hinzuziehung erfahrener Spezialisten aus der Hauptstadt kommt man nicht weiter. Alle Spuren enden in Sackgassen; nach vier Wochen ist man entschlossen, die Nachforschungen einzustellen. Da greift eine Pariser Zeitung die Sache auf. Sie regt an, Peter Hurkos hinzuzuziehen. Nach einigem Zaudern erklärt sich die Behörde einverstanden, aber sie stellt gewisse Bedingungen,und es gelingt Peter Hurkos, die französische Kriminalpolizei zu verblüffen und zu überzeugen.

Peter Hurkos wird gebeten, in Gegenwart einer Kommission von sieben Fachleuten, von denen mindestens drei sich als absolute Skeptiker bekennen, sich mit einer Reihe von Gegenständen zu befassen und ein Gutachten abzugeben. Man läßt ihn darüber im unklaren, ob es sich um einen Mord, ein Verschwinden, einen Unglücksfall oder was sonst immer handelt. Man überreicht ihm, ohne Erklärung, von wem sie herrühren, drei Gegenstände, die man bei der Leiche gefunden hat: eine Brieftasche, einen Schal, der als Knebel diente, und ein silbernes Armband, dazu eine Anzahl Photographien. Peter Hurkos nimmt die Brieftasche, stülpt sie wie ein Handtuch über, betastet den Schal, das Armband und versenkt sich in die Betrachtung der Photos. Als anderthalb Stunden verstrichen sind, hat er den völlig verblüfften Fachleuten den Hergang des ganzen Verbrechens in allen Einzelheiten anschaulich geschildert, nicht ohne sich das Vergnügen zu versagen, den einigermaßen betretenen Kriminalisten ein Kolleg darüber zu lesen, wie man die Untersuchung des Falles hätte führen müssen. Damit ist für ihn der Fall erledigt. Das weitere ist die Sache der Polizei. Mag sie überzeugt sein oder nicht, sie wird den Angaben nachgehen müssen, und Peter Hurkos weiß, daß sie stimmen."

Abschließend schreibt das Blatt, daß die Polizei die erzielten Erfolge als Tatsachen hinnehmen muß. Allerdings ist sie nicht verpflichtet, sich den Kopf über eine wissenschaftliche Erklärung der Phänomene zu zerbrechen. Es kommt ihr mehr auf den Erfolg und weniger auf die Erklärung an. Für die Wissenschaft aber liegt das Problem anders. Ihre Aufgabe ist es, was übersinnlich erscheinen mag, durch einen Kausalvorgang aufzuklären. Auch die breite Öffentlichkeit hat ein begreifliches Interesse daran, zu erfahren, worauf sich die verblüffenden Fähigkeiten solcher „Radar-Menschen" gründen.

Farb-Illustrierte Zeitschrift „Das Ufer" im Verlag Dr. Franz Burda in Offenberg, Baden, Steinstraße 18, Postfach 383, zweites Aprilheft 1952, Nr. 8.

Journal: Point de "Vue image du monde", Paris, 124, rue Reaumur, Paris 2e, No. 187 vom 3. Januar 1952 und No. 199 vom 27. März 1952.

Von den angeführten drei Fällen wäre der erste und der letzte vom parapsychologischen Standpunkte aus in die sogenannte „Psychometrie" einzugliedern, der zweite dagegen nicht, weil Peter Hurkos keine Gegenstände in die Hand gegeben werden, die den Rapport mit dem früheren Inhaber herstellen könnten. Hier verfällt er im Suchen nach den Verbrechern am Krönungsstein in einen beschaulichen Zustand und sieht mit geistigen Augen nicht nur den Vorgang, wie z. B. die Leute sich die erforderlichen Werkzeuge kaufen, sondern auch ihre Namen und ihren augenblicklichen Aufenthaltsort. Das wäre schon richtiges Hellsehen ohne gegenständliche Hilfsmittel.

Die Psychometrie ist somit die Fähigkeit, aus vorhandenen Gegenständen die Geschichte des Objektes selbst oder deren Inhaber abzulesen. Wahrscheinlich spielen dabei nicht nur die Gesichtssinne eine Rolle, sondern auch der Hör-, Tast- und Geruchssinn. Wenn man einen Spürhund einen Gegenstand beschnuppern läßt, den der Täter versehentlich am Tatort vergessen hat, so nimmt der Hund die Fährte auf und kann den Verbrecher ausfindig machen. Diese Methode müßte um so besser und verfeinerter sein, je komplizierter der menschliche Apparat gegenüber dem eines Tieres ist. Für die zukünftige Kriminalistik kann die Psychometrie von großer Bedeutung werden. Es erhebt sich dabei die Frage, wann es soweit sein könnte; nun, vermutlich erst dann, wenn es Institute gibt, in denen Medien dieser Art ausgebildet werden. Natürlich müßte man dabei eines bedenken, daß die Angaben der Medien nicht immer verläßlich sind, man sollte alles Gesagte mit großem Vorbehalt aufnehmen, denn es treten dabei mancherlei störende Faktoren auf, die das geistige Bild unrein erscheinen lassen, wodurch die Aussagen ungenügend oder falsch werden. Die Praxis hat bisher gezeigt, daß seitens der Medien mitunter mit absoluter Selbstsicherheit auch falsche Angaben gemacht wurden.

Die weitere Forschung muß nunmehr darin bestehen, diejenigen geistigen Gesetze ausfindig zu machen, die dazu beitragen können, das Hellsehen, sei es auf natürlichem Wege, sei es mit künstlichen Hilfsmitteln, verläßlicher zu gestalten. Die Theosophische und Anthroposophische Gesellschaft hat es sich zur Aufgabe gemacht, Anleitungen zum „bewußten Hellsehen" zu geben. Die exakten Wissenschaften suchen ergänzende Mittel und Wege, um mit künstlichen Hilfsmitteln zu denselben Resultaten zu gelangen. Die aus dem Osten übernommenen Yogaübungen sind für uns Europäer nicht immer geeignet, man ist dabei, neue Wege einzuschlagen und nach Neuem Umschau zu halten, um sichere Fortschritte zu erzielen. Wenn es in Zukunft gelingen würde, Verbrechen mit Hilfe von medial begabten Personen aufzuklären, wäre der Menschheit damit natürlich ein großer Dienst erwiesen.

Man möge bedenken, daß man mit Hilfe „psychometrisch begabter Medien" auch in die weiter zurückliegende Geschichte der Menschheit eindringen kann. Historische Ereignisse, das Äußere bestimmter Personen, ihre Kleidung, die unmittelbare Umgebung, vielleicht auch die Worte, die dabei gesprochen wurden, können auf diesem Wege aus der Vergangenheit wieder in die Gegenwart gerückt werden. Allerdings müßten diese „psychometrisch begabten Medien" auch über zeichnerische Talente verfügen, um das Gesehene bildhaft wiedergeben zu können. Es ließe sich so ein neuer Weg finden, in geschichtliche Ereignisse einzudringen, die uns das Leben früherer Persönlichkeiten in der Realität zeigen.

Ich möchte an dieser Stelle noch über einen Fall im Kreise einer mir befreundeten Familie J. aus Reval berichten. Eine Familienangehörige besaß die Gabe des Hellsehens. Besorgt um den Sohn im Felde, wußte die betreffende Person während des Krieges, in eine Glaskugel schauend, zu erzählen, was der junge Mann gerade treibt, welche Uniform er anhat und ob er noch an Kampfhandlungen teilnimmt oder sich im Lazarett befindet. Die nachträglich eintreffenden Briefe bestätigten die vorher gesehenen und der ganzen Familie zuvor beschriebenen Bilder.

Das Traumleben und die Wahrträume

Ein besonders ergiebiges Forschungsobjekt, mit dem sich die Parapsychologie zu befassen hat, sind die „Wahrträume". In diesen treffen wir schon die ersten Ansätze zum Hellsehen in Zeit und Raum an. Aus dem ungeheuren Schatz der gesammelten Aufzeichnungen will ich einige Fälle anführen:

P. 38. „Pfarrer Kneipp, Begründer einer neuen Wasserheilmethode, wurde in Bayern nach Bad Wörishofen versetzt. Auf dem Wege über Türkheim, heißt es, fuhr er die Landstraße hinauf, bis er aus einer Waldböschung herauskam und die Türme dieses kleinen Bauerndorfes sah. Er erkannte sofort, daß er dieses Bild schon vorher im Traume gesehen hatte, und war darüber sehr erstaunt."

Eugen Ortner: „Ein Mann kuriert Europa", S. 108, Bernstein Verlag, München.

Den folgenden Fall entnehme ich meiner eigenen Sammlung. Er wurde mir von der Betreffenden selbst erzählt, und ich hatte Gelegenheit, mir das Gesagte von der Mutter und der älteren Schwester bestätigen zu lassen:

P. 39. „Die jüngere Tochter eines in Reval, Estland, lebenden Photographen namens Ackel, hielt sich mit ihrer Mutter zur Erholung in Hapsal auf. Die dortige Hauswirtin, Frau Takk, wollte ihren Fuchspelz verkaufen, was sie den beiden Frauen erzählte. Sie wußte aber nicht, welchen Preis sie dafür verlangen sollte. Inzwischen fuhren die beiden wieder heim nach Reval. Wenige Tage darauf träumte der Tochter, daß sie in der Küche einen Brief in blauem Umschlag auf dem Fußboden fand, ihn aufhob und öffnete. Zu ihrer Überraschung stammten die Zeilen von Frau Takk aus Hapsal, die da schrieb, daß sie sich nach reiflicher Überlegung entschlossen habe, den Fuchspelz für 400.— Eesti-Kronen zu verkaufen.

Am nächsten Morgen erzählte die Tochter den Traum ihrer Mutter und ihrer älteren Schwester. Der geforderte Preis schien so übertrieben hoch, daß die Mutter die Bemerkung machte, man könne solch einen Unsinn auch nur im Traum sehen. Wie groß war jedoch die Überraschung, als nach etwa 3 oder 4 Tagen die jüngere Tochter tatsächlich in der Küche auf dem Fußboden einen Brief in blauem Umschlag entdeckte. Sie erinnerte sich sofort des Traumes und wußte auch schon, woher das Schreiben war und was es beinhaltete. Beim Öffnen bestätigten sich alle Einzelheiten: daß der Brief von Frau Takk aus Hapsal kam und daß der geforderte Preis von 400.— Eesti-Kronen stimmte.''

Wenn wir diesen Fall nun genauer untersuchen, können wir von einer Gedankenübertragung im direkten Sinne nicht sprechen, weil die Aufnahmestation dieser Sendung eigentlich die Mutter als unmittelbar Interessierte sein mußte und nicht die Tochter. Auch der Umstand, daß der Brief erst einen Tag zuvor aufgegeben wurde, schließt eine Gedankenübertragung aus. Vor allem ist die Tatsache, daß der Brief in einem blauen und nicht weißen oder grünen Umschlag ankam, wichtig, da die Absenderin kaum 3 oder 4 Tage vorher sich mit dem Gedanken beschäftigt hat, welches Kuvert sie wohl verwenden solle. Selbst der Gedanke, daß Frau Takk sich 3 oder 4 Tage vorher Briefpapier gekauft hat, um der Familie Ackel zu schreiben, und demnach die Farbe schon kannte, läßt den Fall noch kompliziert genug erscheinen. Wie kommt ein Brief, der normalerweise in den Briefkasten gesteckt wird, auf den Fußboden in der Küche? Mir wurde dafür folgende Erklärung gegeben: Das besagte Haus, in dem der Photograph wohnte, hatte zwei Eingänge, den Haupteingang und einen Nebeneingang für das Dienstpersonal. Es waren drei Stockwerke vorhanden, wobei der dritte Stock nur durch den Nebeneingang zu erreichen war. Der Briefkasten der Familie Ackel war an der Wohnungstür des Haupteingangs angebracht.

Vermutlich hatte der Postbote auch Briefe für den dritten Stock und ging gleich durch den Nebeneingang hinauf, um den Weg zu ersparen. Bei dieser Gelegenheit wollte er sich des Briefes an Familie Ackel dadurch entledigen, daß er ihn durch den Türspalt in die Küche schob. Auf diese Weise gelangte der Brief auf den Fußboden der Küche. Hier stellt man sich unwillkürlich die Frage, wie eine solche Handlung 3 oder 4 Tage früher vorausgesehen werden kann . Wie kann man im voraus wissen, welche Entschlüsse und Gedanken den Postboten unmittelbar vor seiner Verteilung der Briefe veranlassen, einen nicht üblichen Weg der Briefzustellung einzuschlagen ? Ich bin darum geneigt, der jüngeren Tochter in diesem Falle „hellseherische Fähigkeiten" zuzusprechen, die vermutlich vom Vater vererbt waren, da er mir aus seinem Leben eine Reihe ähnlicher Vorfälle erzählte. Solche hellseherischen Fähigkeiten, die sich zunächst in dieser schwachen Form des Traumlebens äußern, können sich zum bewußten Hellsehen weiterentwickeln.

Um aber Zweifelnde restlos davon zu überzeugen, daß es „Wahrträume" gibt und daß demnach unser Leben oder das eines Volkes an ein bestimmtes Schicksal gebunden ist, führe ich als dritten Fall den sehr bekannt gewordenen Wahrtraum des Bischofs Josef von Lanyi an, der zwölf Stunden zuvor den genauen Ablauf des bevorstehenden Attentats auf den Erzherzog Franz Ferdinand in Sarajewo im Traume gesehen hatte. Dieses historische Ereignis löste bekanntlich den ersten Weltkrieg aus.

P. 40. „Der Bischof Josef von Lanyi befand sich am 28. Juni 1914 wie immer in Großwardein. Gegen ½4 Uhr morgens schreckte er plötzlich aus dem Schlaf hoch. Oben auf seiner Morgenpost, hatte er geträumt, liege ein schwarzgeränderter und schwarz versiegelter Brief mit dem Wappen und der Handschrift des Thronfolgers, des Erzherzogs Franz Ferdinand, dessen Sprachlehrer der Bischof war. Er öffnete den Brief und sah am Kopfe des Bogens ein farbiges Bild, das einen Kraftwagen zeigte, in dem deutlich der Erzherzog und seine Gemahlin und ihnen gegenüber zwei hohe Offiziere zu erkennen waren. Aus dem Zuschauerspalier sprangen zwei Burschen, die auf das Thronfolgerpaar schossen. Der Brieftext aber lautete so:

Euer Bischöfliche Gnaden! Lieber Doktor Lanyi!

Teile Ihnen hierdurch mit, daß ich heute mit meiner Frau in Sarajewo als Opfer eines politischen Meuchelmordes falle. Wir empfehlen uns Ihren frommen Gebeten und heiligen Meßopfern und bitten Sie, unseren armen

Kindern auch fernerhin in Liebe und Treue so ergeben zu bleiben wie bisher. Herzlich grüßt Sie

Ihr Erzherzog Franz.

Es ist $\frac{1}{2}$4 Uhr morgens. Der Bischof schrieb den Traum sofort nieder. Er sah jede Einzelheit so deutlich, daß er sich sogar mit Erfolg bemühte, charakteristische Züge Franz Ferdinands nachzuahmen. Er erzählte außerdem den Traum sofort seiner Mutter und einem Kammerfräulein. Nach zwölf Stunden geschah das Attentat, welches den Anlaß dazu gab, den ersten Weltkrieg auszulösen."

Deutsch-Südamerikanische Monatsschrift „Lasso" in Buenos-Aires vom Oktober 1937, Artikel „Merkwürdige Begebenheiten", S. 253.

Hier habe ich aus der großen Fülle derartiger Erzählungen absichtlich drei Berichte ausgewählt, die das bevorstehende Ereignis nicht in symbolischer Form ankündigen, sondern so, wie es auch in Wirklichkeit eingetroffen ist. Als originell und eigenartig könnte man höchstens die symbolische Form des Briefes des Erzherzogs bezeichnen: die schwarze Umrandung und das schwarze Siegel als Andeutung eines Todesfalls. Ferner der eingehende Bericht über sich selbst, seine Frau und ein Ereignis, das er höchstens ahnen konnte, weil es sich noch nicht zugetragen hatte, die Sorge um die zurückgebliebenen Kinder, die Bitte um heilige Meßopfer. All das zusammen bietet ein reiches Material für weitere Studien. Der Bischof sieht den genauen Ablauf des Attentats nicht wie gewöhnlich in schwarz und weiß, sondern in „bunten Farben", was verhältnismäßig selten vorkommt und darauf schließen läßt, daß das innere geistige Auge sehr scharfe Sicht und Aufnahmefähigkeit gehabt hat. Im Schlaf sind die Augen geschlossen, und wir sind darum geneigt von einem „inneren Sehen" mit anderen Organen zu sprechen.

Auf alle Fälle dürfen wir nicht die Mühe scheuen, solche gut beglaubigten Fälle, wie oben, zu sammeln. Wir müssen bemüht sein, sie zu erklären und Theorien und Hypothesen aufzustellen, mit denen man sachlich an das Problem herantreten kann. In der Literatur, die ich bis heute auf diesem Gebiete kenne, erscheinen mir die Erklärungen, die du Prel in seinem Buch „Die Philosophie der Mystik" gibt, am tiefstgehendsten und überzeugendsten.

Du Prel behauptet in diesem seinem Lebenswerk, daß der Mensch anscheinend aus zwei selbständigen Bewußtseinszuständen zusammengesetzt sei, die untereinander in einem bemerkenswerten Verhältnis stehen. Graphisch dargestellt müßte man einen großen Kreis zeichnen, der konzentrisch einen bedeutend kleineren Kreis einschließt. Mit dem größeren Kreis würde unser Überbewußtsein angedeutet sein und mit

„DAS TRANSZENDENTALE SUBJEKT"
nach Dr. Carl du Prel
(„Die Philosophie der Mystik", 1884, Ernst Günther Verlag, Leipzig)

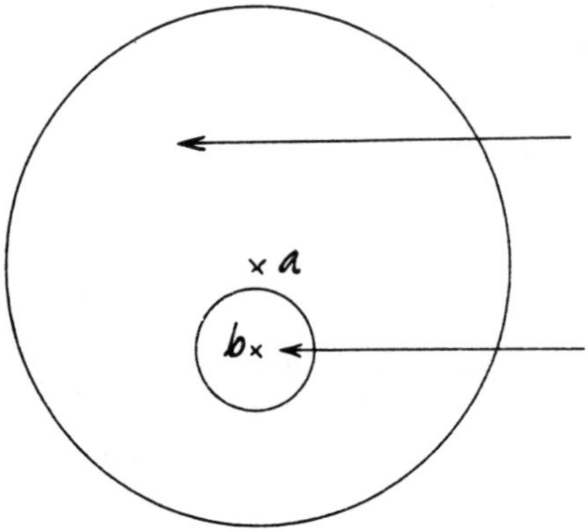

Über- und Unterbewußtsein wurzeln in einer vier- und mehrdimensionalen Vorstellungsweise.

Tagesbewußtsein spielt sich in einer dreidimensionalen Vorstellungsweise ab.

Erklärung:
Vom großen Kreis wird das Über- und das Unterbewußtsein angedeutet.
Der kleine Kreis symbolisiert das alternierende „Tagesbewußtsein", welches im Schlafleben eine Auflockerung zu Gunsten des Über- und Unterbewußtseins erfährt und beim Erwachen wieder festgefügt wird.
Beide Begriffe zusammengefaßt ergeben „das transzendentale Subjekt", welches einheitlich verschmolzen gedacht werden muß.

dem kleineren das ihm untergeordnete „Tagesbewußtsein", das ständig vom Überbewußtsein überwacht wird. Diese Voraussetzungen sind schon darum nötig, um die unbewußt vor sich gehenden wichtigen Lebensprozesse, wie Atmung, Herztätigkeit, Blutkreislauf, Wachstum, Verdauung und andere Funktionen, die irgendwo überwacht und reguliert werden, zu erklären.

Die verbindenden Kanäle zwischen dem Tagesbewußtsein und Überbewußtsein sind bei einigen Menschen gut ausgebaut, bei der Mehrzahl jedoch funktionieren sie ungenügend oder schlecht. Treten nunmehr aus uns bisher noch unbekannten Gründen solche Bedingungen ein, durch die diese Verbindungskanäle miteinander in günstige Korrespondenz treten, so entsteht die Möglichkeit, „Wahrträume" zu erleben. Es muß die Voraussetzung gegeben sein, daß alles das, was mit dem geistigen Auge des Überbewußtseins wahrgenommen wird, dem Tagesbewußtsein vermittelt werden kann. Es würde sich also darum handeln, die Erinnerungsbrücke nicht zu verlieren.

Um das eben Gesagte in graphischer Form noch verständlicher zu machen, möchte ich von mir aus zu den von du Prel vorgeschlagenen

„WIE ENTSTEHEN WAHRTRÄUME?"

Versuch einer graphischen Darstellung

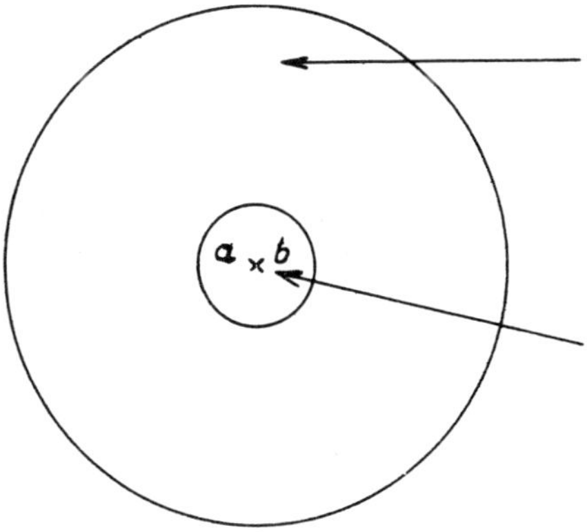

Über- und Unterbewußtsein ermöglichen die transzendentalen Fähigkeiten einer geistigen Schau, der Prophetie und des Hellsehens in Zeit und Raum.

Das Tagesbewußtsein findet eine Verbindung mit dem Zentrum des Über- und Unterbewußtseins.

Erklärung:

Wahrträume können erlebt werden, wenn beide Kreise ein gemeinsames Zentrum (a und b) finden. Das gemeinsame Zentrum schafft die Voraussetzungen, eine Erinnerungsbrücke zwischen Über- und Unterbewußtsein und dem Tagesbewußtsein herzustellen.

Die so erstarkte Erinnerungsbrücke ermöglicht es, die stattgefundene geistige Schau, Prophetie oder Hellsehen, durch das gemeinsame Zentrum aus dem Über- und Unterbewußtsein ins Tagesbewußtsein zu leiten, wo es festgehalten und beim Erwachen erinnert wird.

Das transzendentale Subjekt besitzt Organe für eine geistige Schau, Prophetie und Hellsehen, es sind die sogenannten indischen „Chakras", die in ihrer Aufnahmeweise unabhängig sind von den optischen Vorstellungen, die dem Tagesbewußtsein durch die Augen vermittelt werden.

zwei konzentrischen Kreisen noch die „Bewegung" hinzufügen, die darin bestände, daß der kleinere Kreis innerhalb des größeren in dauernder Bewegung gedacht werden muß. Sobald das Zentrum des kleinen Kreises am Zentrum des größeren vorbeigleitet oder zeitweise darauf verweilt, sind die Verbindungsmöglichkeiten gegeben, die eine direkte Leitung aus dem Überbewußtsein in das Tagesbewußtsein herstellen. Die Erinnerung an das von einer höheren Warte aus Gesehene kann in das Tagesbewußtsein gleiten, dort haften bleiben und wiedergegeben werden.

Diese ganz einfache graphische Darstellung wird noch überprüft werden müssen; solange keine andere und bessere gefunden wird, kann man sie gut verwenden. In der Philosophie ist es übrigens bisher üblich gewesen, die Seele mit einem Kreis zu symbolisieren. Diese Tradition stammt vermutlich aus der antiken Astrologie, und zwar aus der esoterischen Deutung der Planetensymbole.

Ich habe nunmehr versucht, Erklärungen zu geben und Überlegungen anzustellen, wieso wir ein uns übergeordnetes Überbewußtsein voraussetzen dürfen. In der graphischen Darstellung haben wir es mit einem Schema zu tun, das uns das Verhältnis zwischen den zwei Bewußtseinszuständen anschaulich wiedergibt. Man macht oft den Fehler, dieses Überbewußtsein mit Gott selbst zu identifizieren; das ist grundlegend falsch. Es handelt sich lediglich um ein Produkt Gottes, sowie auch der menschliche Leib letzten Endes ein Produkt der göttlichen Natur darstellt. Nach du Prel'scher Auffassung würde der große Kreis unsere Individualität symbolisieren, während der kleine Kreis nur den Persönlichkeitsbegriff umfaßt.

Diejenigen von meinen geschätzten Lesern, die über das Gesagte eingehender nachdenken werden, stoßen ganz unwillkürlich auf die Frage, ob es nicht eine sehr gewagte Angelegenheit wäre, mit unserem kleinen Tagesverstand das enträtseln zu wollen, was eigentlich über unserem Verstande liegt, also in das Gebiet der übersinnlichen Welt gehört? Die unvoreingenommene Antwort dazu wäre einfach und schlicht: es war von jeher die Aufgabe der Philosophen, die Kausalitätszusammenhänge des ,,Wie'' und ,,Warum'' unseres Denkens ausfindig zu machen. Immanuel Kant hat wohl gerade darin der Wissenschaft einen großen Beitrag geschenkt. Aber auch auf diesem Gebiet sind uns die indischen Fakire und Yogi überlegen, denn sie haben durch bestimmte Übungen ihre speziellen Erfahrungen gesammelt und gebrauchen dafür die sogenannte ,,Radscha-Yoga'', die nach ihren Worten eine der wichtigsten aller Yogasysteme ist.

Die von mir vorgeschlagene Ergänzung der Bewegung des kleinen Kreises innerhalb des großen würde noch den zusätzlichen Vorzug haben, einen Prozeß insoweit bildlich einfach und verständlich zu gestalten, als die ,,Radscha-Yoga'' jetzt darin bestände, durch Willensschulung Übungen anzustellen, das Zentrum des kleinen Kreises möglichst lange auf dem des großen Kreises verweilen zu lassen, damit durch diese Stellung aus dem Überbewußtsein möglichst viel in das untergeordnete Tagesbewußtsein einströmen kann. Unter anderen okkulten Erscheinungen würde diese Fertigkeit die prophetische Möglichkeit erschließen, in die Zukunft zu schauen und über bevorstehende Dinge zu berichten.

Die christlichen Theologen werden hier wohl einwenden, daß der Mensch sich bescheiden soll und abwarten muß, bis ihm die göttliche Gnade zuteil wird, daß sich diese beiden symbolischen Kreise in einem gemeinsamen Zentrum verbinden. Prinzipiell ist gegen einen solchen Standpunkt nichts einzuwenden, wohl aber kann man sagen, daß die

Inder anscheinend nicht geneigt sind, so lange zu warten, bis einem eine derartige Gnade geschenkt wird, sondern sich eifrig Mühe geben, diesen Zustand durch eigene bewußte Anstrengungen zu beschleunigen!

WIE ERZIELT MAN DAS ZUSAMMENFALLEN DER ZENTREN BEIDER KREISE?

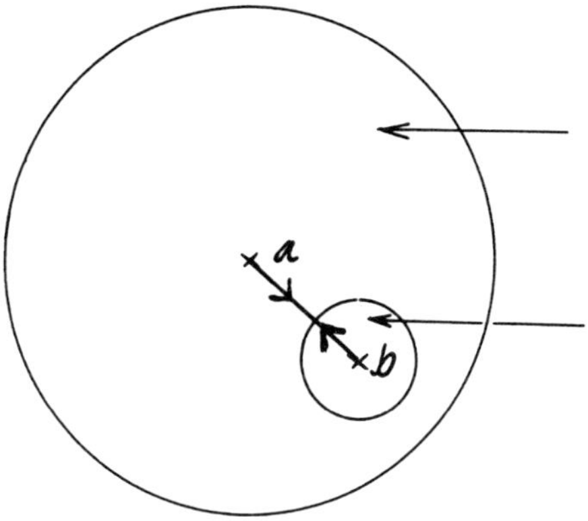

Vom Über- und Unterbewußtsein aus kann es spontan geschehen, ohne Beteiligung des Tagesbewußtseins.

Vom Tagesbewußtsein aus durch ständige Übung oder auch mit Hilfe künstlicher Mittel. Das Zentrum b muß das Zentrum a finden, wobei a dominierend wirkt.

Erklärung:

Die gegenseitigen Bestrebungen, zusammenzukommen, können von beiden Zentren ausgehen.

Seitens des Über- und Unterbewußtseins kann es durch übersinnliche Wesen geschehen, worunter auch „göttliche Gnade" zu verstehen ist, oder auch im Rahmen eines vorgeschriebenen Schicksalsweges, bedingt durch geistige Reife.

Seitens des Tagesbewußtseins auch auf eigenen Wunsch. Erfahrungsgemäß sind folgende Wege bekannt:

a) durch erhaltene hypnotische Fremdsuggestion oder vorgenommene Autosuggestion,

b) durch Einatmung bestimmter Räucherungen, Gebrauch von Salben oder Hellsehen hervorrufender Pflanzen,

c) durch bestimmte Willensanstrengungen, die mit Yogaübungen verglichen werden können,

d) durch reines, sauber-seelisches Leben, Askese, Nahrungsentsagung und anhaltende Meditation.

Man wird mit gutem Recht behaupten dürfen, daß beim Menschen ein Zwiespalt schon dann auftritt, wenn er mit sich selbst zu reden beginnt, sich Vorwürfe macht, Fragen stellt und sie beantwortet. Wie oft kommt es vor, daß man sich an den Kopf greift und nicht verstehen kann, wie dieses oder jenes geschehen konnte? Es ist auch nicht selten, daß man sich selbst dabei zu schelten beginnt und nicht mit Kraftausdrücken spart. Man beschimpft sich selbst und bleibt andererseits bemüht, sich zu rechtfertigen. Anscheinend geht schon hier eine „dramatische Spaltung" vor sich, eine Kontroverse und Gegenüberstellung zwischen dem „Ich" des Tagesbewußtseins und dem „Ich" aus dem Überbewußtsein. Sie erscheinen als zwei, sind aber eigentlich zusammengenommen „ein Subjekt", und zwar ein „transzendentales Subjekt". Nach du Prel ist der Mensch sich seines eigenen Ichs in vollem Umfange nicht bewußt, er kennt nur einen geringen Teil seiner selbst und auch dieses nur durch die Lupe des Minderwertigkeitskomplexes oder der Selbstüberhebung. Es ist daher verständlich, daß Momente eintreten, in denen wir uns über uns selbst wundern, daß wir es durch Förderung und Begünstigung zu ganz außerordentlichen Leistungen bringen.

Die zukünftige Entwicklung müßte es mit sich bringen, daß der Mensch nicht nur ein Untersuchungsobjekt im Zustande seines Wachbewußtseins darstellt, sondern auch bezüglich desjenigen Teils, der ein Drittel seines ganzen Lebens ausmacht, nämlich des Schlafes. Dieser Teil wird zudem der viel wichtigere sein, da man ohne Schlaf nicht auskommen kann und wir aus dieser Quelle unsere gesamte Lebenskraft schöpfen. Es ist schon eine wichtige Angelegenheit, einmal nach diesem Quell zu forschen, wo alle unsere Kräfte ihren Anfang nehmen.

Der Traum gleicht an und für sich der Eingangspforte eines Tempels, wir müssen, um in die Hauptträume zu gelangen, durch sie hindurch. Seit Siegmund Freud (1856—1939), der als Begründer der Psychoanalyse gilt, sowie dem Individualpsychologen Alfred Adler (1870—1937) und dem Begründer der „Psychoanalytischen Schule" in Zürich, Carl Gustav Jung (1875), wird heute in medizinischen Kreisen und von den Tiefenpsychologen dem Traumleben bedeutend mehr Aufmerksamkeit entgegengebracht als zuvor. Aus Raummangel kann ich mich hier dabei nicht länger aufhalten, will aber den „roten Faden" so sichtbar auf dem Wege zurücklassen, daß die Nachfolgenden leicht und schnell dem Vorangegangenen nacheilen können. Das große Verdienst du Prel's besteht darin, daß er sich eingehend mit der sogenannten „dramatischen Spaltung" im Traum auseinandergesetzt hat. Er versteht darunter einen Zustand, in dem der Mensch sich im Traume doppelt wahrnimmt, denn oft kommt es im Traum vor, daß man angeblich einer neuen unbekannten Person begegnet und erst später feststellt, daß man es selber gewesen ist.

Aus einer Reihe von Berichten dieser Art kann ich nur die folgenden zwei Fälle wiedergeben.

P. 41. „Boswel erzählt im Leben Johnsons von diesem, daß er sich träumend mit einem anderen in einen witzigen Streit einließ und daß er sich dabei ärgerte, daß der andere sich witziger zeigte als Johnson selbst."

Schindler: Das magische Geistesleben, S. 25.

Du Prel kommentiert diesen Fall so, daß Johnson im Traum in zwei Personen gespalten war, nach der sogenannten „Bruchfläche der psychophysischen Schwelle". Der Unterschied zwischen diesen beiden Personen besteht nun darin, daß die eine noch immer mit dem Tagesbewußtsein (des kleinen Kreises) auf der Traumbühne erscheint und die andere Hälfte das Denkmaterial bereits aus dem Überbewußtsein (des großen Kreises) schöpft. Kein Wunder, sagt er, daß der eine aus diesen zwei Komponenten immer den kürzeren zieht und vor dem überlegenen Teil resignieren muß. Der folgende Bericht ist aber in dieser Beziehung noch viel origineller:

P. 42. „Es träumte einer, er überrasche seine Geliebte unter den zärtlichen Küssen eines ihm fremden Mannes. Indem er voll Zorn auf den Übeltäter losgehen wollte, bemerkte er jedoch, daß dieser seine eigene Gestalt habe. Er tröstete sich darum mit dem Gedanken, er selbst habe sein Mädchen geküßt."

Volkelt: Die Traumphantasie, S. 25.

Eine analytische Betrachtung auch dieses Berichts zeigt zur Genüge das Zerfallen einer Person in zwei, wobei die eine von der anderen nicht weiß, daß sie es selbst ist! Erst nachdem sie ihren Partner an der Gestalt erkennt, fällt es ihr ein, daß sie es selbst sein könnte, und die aufgekommenen Gefühlskomplexe der Eifersucht, des Zornes und der persönlichen Benachteiligung werden mit Hilfe dieser Überlegungen beschwichtigt.

Es gibt eine Gruppe von Menschen und Organisationen, die es nicht wünschen, daß okkulte Kenntnisse unter das Volk kommen und daß die bestehenden geistigen Gesetzmäßigkeiten der breiten Öffentlichkeit bekannt werden. Sie wollen das Privileg für sich besitzen, diese Gesetzmäßigkeiten zu kennen, um sie für bestimmte Ziele einzusetzen. Diese Kreise werden alles daranwenden, die auf diesem Gebiet Vordringenden lächerlich zu machen und zu verunglimpfen und die aufgerollten Probleme als nicht existierend hinzustellen. Ich empfehle daher, sich dadurch nicht beirren zu lassen, sondern die eigenen Kenntnisse zu bereichern und die uns umgebende Welt von einer höheren Warte aus zu erfassen, ohne dabei am Detail haften zu bleiben.

Die östlichen Geheimwissenschaften haben viel dazu beigetragen, einen Blick über uns selbst hinaus zu ermöglichen. Ich bin mir darüber noch nicht ganz klar, welcher Anlaß die Begründerin der Theosophischen Gesellschaft, Frau Blawatzkaja, dazu bewogen haben mag, die östlichen Geheimlehren der breiten Öffentlichkeit preiszugeben. Es können vermutlich zwei Umstände in Betracht gezogen werden: die Überlegung, daß im Falle eines Weltkrieges diese wertvollen kulturellen

Güter im Osten einer Vernichtung anheimfallen könnten, wie etwa s. Zt. die unersetzliche Alexandrinische Bibliothek, andrerseits wäre es denkbar, daß nach Ansicht der östlichen Weisen der Westen nunmehr soweit geistig bzw. kulturell fortgeschritten sei, daß er aufnahmefähig geworden ist, sich diese Kenntnisse anzueignen und sie vernünftig anzuwenden. Vielleicht sind beide Überlegungen zusammengekoppelt das Richtige.

Schlafwandeln und Levitationen

Man hört oft davon, daß Menschen unter besonderen Umständen imstande seien, sich in einen Zustand zu versetzen, bei dem die Anziehungskraft der Erde aufgehoben wird; das Gravitationsgesetz erfährt eine Änderung und wird auf einige Zeit unterbrochen. Der Eisenmagnet lehrt uns, daß innerhalb der anorganischen Natur Kräfte gesammelt werden können, die der irdischen Anziehungskraft entgegenwirken. Dieses Phänomen sehen wir bei der Anziehung von Eisenteilen durch ein magnetisches Feld. Auch der Mensch besitzt magnetische Kräfte, die in Verbindung mit der Lebenskraft für Heilzwecke eingesetzt werden oder auf anderen Gebieten, wie z. B. bei Levitationen, auftreten.

Am auffallendsten sind in dieser Hinsicht die Mondsüchtigen, die angeblich unter dem Einfluß des Mondes und seiner durchdringenden Strahlen die Fähigkeit bekommen, auf den Dachzinnen in einem halbbewußten Zustand ihre gefährlichen nächtlichen Spaziergänge zu unternehmen. Bemerkenswert ist hier der „veränderte Bewußtseinszustand", der stets die Körperbalance ermöglicht, wodurch der Schlafwandler keinen körperlichen Schaden erfährt. Selbst kaltes Wasser bringt den Mondsüchtigen nicht immer zum Erwachen und er führt seine Wanderungen entgegen den Erkenntnissen des Tagesbewußtseins aus. Ein Beispiel dafür:

P. 43. „In Irland bemerkte einst ein Küstenwächter einen auf dem Meere schwimmenden Menschen. Ein Boot fuhr hinaus und erfaßte den Schwimmer, der, wie es sich herausstellte, ein Nachtwandler war. Er war um Mitternacht zwei Meilen eines gefährlichen Weges gegangen und 1½ Meilen weit geschwommen."

Brierre de Boisment: Des hallucinations, S. 331.

In ihrem eigenartigen Verhältnis zum Wasser zeigen die Somnambulen-Phänomene eine Verminderung des spezifischen Gewichtes. Diese seelisch-geistigen Fähigkeiten sind uns noch unbewußt, während sie nach indischen Quellen zum Fundament geistiger Erkenntnisse gehören und bewußt beherrscht werden.

P. 44. „Es heißt vom Yogi, daß er auf dem Wasser wie Holz schwimmen und auf den Wellen gehen kann."

Windischmann: Philosophie im Fortgang der Weltgeschichte, IV, 1886.

Der Mensch besitzt elektro-magnetische Kräfte, die anziehend oder abstoßend wirken können. Auf seelisch-geistigem Gebiete kennen wir parallele Erscheinungen in der Sympathie und Antipathie. Man gewinnt den Eindruck, daß man ähnliche Kräfte auch auf die Anziehungskraft der Erde anwenden kann. Es ändert sich das Gewichtsverhältnis. Wenn man Schlafwandlern Eierschalen vor das Bett streut, so zerbrechen die Schalen nicht unter der Last ihres Körpergewichts, sondern bleiben ganz. Das Medium Marie Silber aus Graz konnte große Entfernungen bewältigen, indem sie schnell über den Erdboden dahinschwebte, ohne ihn zu berühren. Im Mittelalter wurden Hexen an Händen und Füßen gefesselt und ins Wasser geworfen, viele von ihnen blieben trotzdem auf dem Wasser liegen und ertranken nicht.

P. 45. „Es gibt tibetanische Klöster, in denen Mönche ausgebildet werden, die, einen Stern am Himmel anstarrend, über tiefe Bergschluchten hinweglevitieren."

Aleksandra David Neels: „Heilige und Hexer".

In mediumistischen Sitzungen ist oft beobachtet worden, daß schwere Eichentische in der Luft fliegen. Selbst Medien werden mit ihren Stühlen durch unsichtbare Kräfte bis an die Zimmerdecke gehoben und kommen wieder unbeschädigt auf den Fußboden zurück. Prof. Karl Blacher in Riga-Lettland, mit dem ich in enger Arbeitsgemeinschaft stand, hat mir bestätigt, daß er mehrfach Augenzeuge derartiger Erscheinungen war.

P. 46. „In der christlichen Mystik sind die Levitationen des heiligen Franz von Assisi besonders bekannt, der in seinen ekstatischen Zuständen auf dem Berge Alverna in die Lüfte gehoben wurde, bisweilen so hoch, daß er kaum mehr sichtbar war."

Franz Xaver Keller: „Der heilige Vater Franziskus von Assisi", Verlag Menz, Regensburg, Bayern, 1915, S. 154.

P. 47. „Katharina von Emmerich fand man manchmal in der Kirche an Stellen, wo sie normalerweise nicht hingelangen konnte."

Perty: „Mystische Erscheinungen", II, S. 433.

P. 48. „Auch die heilige Agnes wurde im Klostergarten so hoch gehoben, daß man sie aus dem Auge verlor; nach einer Stunde kam sie wieder zurück."

Perty: „Mystische Erscheinungen", II, S. 413.

P. 49. „Als Josef von Copertino einst in einer Ekstase mit großer Gewalt gegen die Erde stürzte, wollte Fra Junipero ihm beistehen und konnte zwar den Sturz nicht aufhalten, erzählte aber nachher, der Körper Josefs sei ihm so leicht wie ein Strohhalm erschienen."

Görres: „Die christliche Mystik", II, S. 257.

P. 50. „Herzog Friedrich von Braunschweig wurde, als er 1650 nach Assisi kam, durch den Anblick des beim Messelesen schwebenden Josef von Copertino bewogen, katholisch zu werden. Die Entfernung, die der Heilige schwebend zurücklegte, war verschieden groß, bis zu 80 Schritten."

Perty: „Mystische Erscheinungen", II, S. 412.

Beachtenswert sind auch die Lichterscheinungen, die dabei auftreten und die Levitierenden durchglühen, ein Zeichen dafür, daß der Körper mit starken „odischen Massen" imprägniert wird, wie überhaupt das „Od" in allen mystischen oder okkulten Erscheinungen einen wichtigen Faktor darstellt. Es folgen nun zwei Berichte aus der Sammlung du Prel's, in denen ein solches Leuchten in Erscheinung tritt:

P. 51. „Gesicht und Kleider des Jamblichus leuchteten in Goldfarbe, wenn er beim Beten in die Luft gehoben wird."

P. 52. „Ignaz von Loyola blieb tagelang ohne Empfindung und fast ohne Atem — glänzend am Leibe — über dem Boden schwebend."

Perty: „Mystische Erscheinungen", II, S. 403.

Man zöge jedoch eine falsche Schlußfolgerung, wenn man derartige Levitationen als ein ausschließliches Gut der katholischen Kirche bezeichnete, denn wir finden sie auch bei Protestanten und Andersgläubigen:

P. 53. „Kanne erzählt, daß der Protestant Gichtel, der Stifter der Engelsbrüderschaft (1710), einst am hellen Tage aus dem Bett gehoben und dann wieder auf den Boden ausgestreckt wurde."

Kanne: „Leben merkwürdiger und erweckter Christen."

P. 54. „Beim Aufstand der Protestanten in den Cevennen kam das ganze Programm mystischer Phänomene vor, darunter auch die Levitation. Der Körper des Lacys, eines englischen Edelmannes, der sich mit Begeisterung den Aufständischen angeschlossen hatte, wurde von unsichtbarer Gewalt in die Höhe gehoben und durch das Zimmer getragen."

Hofmann: „Geschichte des Aufruhrs in den Cevennen". S. 236.

Das dunkle Mittelalter hat diese und ähnliche Phänomene als „Besessenheitszustände" bezeichnet. Solche unsachliche Erklärungen haben sich sogar bis in die Mitte des 18. Jahrhunderts erhalten. Es folgen drei Berichte aus der damaligen Zeit:

P. 55. „Über die besessenen Kinder von Morzine (1861) erzählt der Arzt Constanz in seinem Bericht über eine Epidemie: Mehrere dieser Kinder haben Dinge getan, die offenbar den Gesetzen der Natur zu widersprechen schienen. Sie erkletterten Bäume mit unbegreiflicher Schnelligkeit und Leichtigkeit bis zum höchsten Gipfel, 40—50 Meter hoch, überschlugen sich dort oder sprangen wie Eichhörnchen meterweit auf andere Bäume, stiegen herab, den Kopf nach unten, standen mit einem Fuß auf dem äußersten Zweig eines anderen Baumes und dergleichen mehr."

Constanz: „Relation sur une épidémie d'hystere-démonophobile". 1861.

P. 56: „Dem heiligen Theodor wurde eine Besessene mit gebundenen Händen vorgeführt, die sich in die Luft erhob."

P. 57. „Die Besessene Alexandra von Kraito flog wie ein Vogel in der Luft und schaukelte auf den zartesten Zweigen."

Perty: „Die mystischen Erscheinungen", I, S. 353.

Görres nennt in seinem Buch „Die christliche Mystik" IV die Levitationen der Heiligen „ekstatischen Flug", dagegen die der Besessenen „dämonischen Flug".

Du Prel, der alle diese Phänomene im 1. Band seines Buches „Die Magie als Naturwissenschaft" einer strengen Kritik unterwirft, weist mit Recht auf Seite 160 darauf hin, daß die Ekstase in beiden Arten solcher Levitationen beobachtet werden kann. Es würde hier nur ein Unterschied der davon „betroffenen Person" zum Ausdruck gebracht, nicht aber die „wirkende Kraft" selbst. Die Theologen dürften sich für diese Überlegungen besonders interessieren. Aber auch in diesen Erkenntnissen sind uns die Inder überlegen, sie besitzen nicht nur Kenntnisse darüber, nein sie beherrschen diese Kräfte bewußt und verfügen über sie.

P. 58. „Jacolliot sagt von dem Fakir Cowindasamy, daß derselbe, nur mit einer Hand auf einen Stock gestützt, zwei Fuß hoch über den Boden sich erhob und die Füße nach orientalischer Sitte gekreuzt, unbeweglich in dieser Stellung blieb. Beim Abschied hielt er an der Tür, kreuzte die Arme über der Brust, erhob sich ohne Stütze 25—30 cm und blieb etwa 5 Minuten über dem Boden. Der Fakir vermag sich bis in die Wolken zu erheben, sagte er abschließend."

Jacolliot: Le spiritisme dans le monde, S. 187, 307 u. 308.

Nachstehend gebe ich noch die Meinung eines bedeutenden Denkers und Naturforschers wieder, dessen Worte auch heute viele Gelehrte beherzigen mögen. Der Dominikanermönch Giordano Bruno (1548—1600) erzählt an der Stelle, in der er von den seelischen Kräftespannungen, „Kontraktionen", berichtet, über Thomas von Aquin:

P. 59. „Wenn dieser mit gesammelter Geisteskraft und Andacht zur geistigen Anschauung des von ihm geglaubten Himmels sich erhob, so konzentrierte sich sein gesamter empfindender und bewegender Geist so sehr in diesem seinen Gedanken, daß sein Körper von der Erde in den freien Luftraum erhoben wurde, was ich selbst dennoch für die Wirkung einer „natürlichen seelischen Kraft" anerkennen muß, obwohl einerseits weniger wissenschaftliche Denkende es zum Mirakel stempeln und andrerseits bornierte Nichts- und Alleswisser es nicht leicht glauben mögen. Weit früher geschahen solche Erhebungen in die Luft auch bei Zoroaster."

Giordano Bruno: Sigillum sigillorum.

Du Prel gab sich auch die Mühe, alle diese Überlegungen und Beispiele, die ich hier anführte, in einen Zusammenhang mit den biblischen Wundererzählungen zu bringen. Im materialistischen Zeitalter der geistigen Zersetzung in den höheren und niederen Volksschichten sind diese Einsichten von größter Bedeutung. Sie wecken erneut das Interesse für biblische Wunder und können dazu beitragen, das dämmernde religiöse Empfinden neu zu erwecken. Es ist wahrscheinlich, sagt du Prel, daß der „ekstatische Flug" auch in der Bibel gemeint ist, nur noch mit dem zusätzlichen Unterschied, daß eine leibliche Versetzung auf größere Entfernungen vorkommt. Ich bringe einige Beispiele aus der Heiligen Schrift und beginne mit der Entrückung des Philippus nach Asdod:

P. 60. „Da sie aber herausstiegen aus dem Wasser, rückte „der Geist des Herrn" Philippus hinweg und der Kämmerer sah ihn nicht mehr und zog seine Straße fröhlich. Philippus aber ward gefunden (?) zu Asdod und wandelte dort umher."

Apostelgeschichte 8, 39—40.

Aus folgenden Erzählungen ersieht man, daß derartige leibliche Versetzungen vorgekommen und darum im Volke bekannt waren, so fürchtet z. B. Obadja, daß der Prophet Elias, der ihn zu Ahab schicken will, inzwischen entrückt werden kann:

P. 61. „Du sagst mir, gehe hin (Obadja) und sage deinem Herrn (Ahab), daß Elias hier sei, und wenn ich nun wegginge von dir, so würde dich der „Geist des Herrn" wegnehmen (?) und ich weiß nicht wohin..."

1. Könige, Kap. 18, V. 11—12.

Eine weitere Stelle der Heiligen Schrift bestätigt, daß nicht nur bei den führenden Männern, sondern auch unter dem Volke solche Entrückungen bekannt waren. So bitten fünfzig Männer den Propheten Elias, den Herrn zu suchen:

P. 62. „Und sprachen zu ihm: Siehe, es sind unter deinen Knechten 50 Männer, starke Leute, die laß gehen und deinen Herrn suchen; vielleicht hat ihn „der Geist des Herrn" genommen (?) und auf irgend einen Berg oder in irgend ein Tal geworfen..."

2. Könige, Kap. 2, V. 15—18.

Wir finden beim weiteren Forschen in der Heiligen Schrift noch mehrere Stellen, in denen leibliche Versetzungen direkt geschildert werden:

P. 63. „Da hob mich der Wind (?) auf und führte mich weg. Und ich fuhr dahin in bitterem Grimm und „des Herrn Hand hielt mich fest" (?). Und ich kam zu den Gefangenen, die am Wasser Chebar wohnten, gen Tel Abib."

Hesekiel, Kap. 3, V. 12—15.

Weitere Berichte kann ich aus Raummangel nicht anführen. Die oben gebrachten Beispiele mögen den Ungläubigen und Skeptiker zur Einsicht bringen, daß die eigenartigen Wundererzählungen der Bibel keine Phantastereien sind. Um aber dem geschätzten Leser den Eindruck zu nehmen, daß es sich hier um Erzählungen aus längst vergangenen Zeiten handelt, die heute ihren aktuellen Wert verloren haben, zitiere ich weiter einen besonders markanten Fall aus den mediumistischen Sitzungen des bekannten schottischen Mediums Daniel Dunglas Home, der am 20. 3. 1833 in Edinburg geboren wurde und im Jahre 1886 starb. Dr. Rudolf Tischner hat über ihn ein Buch verfaßt unter dem Titel „Das Medium Daniel Dunglas Home. Untersuchungen und Beobachtungen". 1925 Mutze — Leipzig.

P. 64. „In London, im Dezember 1868, beschloß Home das Jahr mit einer Sensation, dem dramatischsten und von der Öffentlichkeit am meisten diskutierten Coup seiner Karriere: einer Kombination aus Levitation und Hinüberschweben von einem Raum in den anderen, und zwar außen durch die Fenster, drei Stockwerke über die Straße. Dieses Experiment fand in Halls Wohnung statt, vor den Augen Lord Adares, Lindsays und Adares Vetter, Captain Charles Wynne. Adare und Lindsay verfaßten jeder einen Bericht darüber:

Home, der bereits eine Zeitlang in Trance gewesen war, begann unruhig umherzuwandern, und begab sich schließlich in ein angrenzendes Zimmer. Im selben Augenblick hörte Lindsay ein Wispern an seinem Ohr: „Er wird zu dem einen Fenster hinausschweben und zum anderen wieder herein." Lindsay hatte kaum Zeit, diese haarsträubende Botschaft den anderen mitzuteilen, als „wir auch schon hörten, wie das Schiebefenster im Nebenzimmer hochklapperte, und fast gleich darauf sahen wir Home draußen vor unserm Fenster in der Luft schweben.

Er blieb ein paar Sekunden in dieser Lage, schob dann das Fenster hoch und glitt mit den Füßen voran ins Zimmer — und setzte sich hin.

Lord Adare eilte sofort ins Nebenzimmer, um sich das Fenster dort anzusehen. Es war etwa um 45 Zentimeter nach oben geschoben, und er gab seinem Erstaunen Ausdruck, wie Mr. Home durch eine so schmale Öffnung hindurchgelangen konnte. Da sagte Home, der noch immer im Trancezustand war: „Ich will's Ihnen zeigen", und dann lehnte er sich, mit dem Rücken zum Fenster, nach hinten und wurde durch den schmalen Spalt hinausgestoßen, den Kopf voran, den Körper stocksteif und kehrte dann langsam ins Zimmer zurück...

Als Home wieder zu sich kam, war er völlig außer sich; ihm sei, als habe er in einer furchtbaren Gefahr geschwebt, sagte er..."

„Das Beste aus Readers Digest". April 1951, Stuttgart, S. 118, Artikel: „König der Magier".

Abschließend will ich den Leser auf einen kleinen Artikel der „Badischen Illustrierten" vom 3. 11. 1951, Nr. 44, hinweisen, der als Sonderbericht für die „Illustrierte Woche" von Cay Jarvin verfaßt wurde. Der Artikel erschien unter dem Titel „Der Mensch kann schweben" und gibt sehr interessante Bilder auf Seite 1120, 1121 und 1134, wie man durch Handauflegen auf den Kopf einer Person die „odischen Massen" verlagern und mit Hilfe von vier Fingern die Person in die Luft heben kann. Wenn sich diese Versuche als unterhaltendes Salonspiel einbürgern könnten, so würde man mit der Zeit auf Erfahrungen stoßen, die in das Gebiet der Levitation hineinführen.

Somnambule Wach- und Trancezustände

Es besteht eine merkwürdige Gegensätzlichkeit zwischen dem, was der Mensch mit seinem Tagesbewußtsein denkt,und dem, was das höhere, uns führende Überbewußtsein vorschreibt. Die Untersuchung dieser Bewußtseinsspaltung ist eine der interessantesten und kompliziertesten innerhalb der Forschung. Im Rahmen eines „parapsychologischen Denkens" ist dieses höhere, uns übergeordnete Bewußtsein nicht Gott selbst in persona, wie es fälschlicherweise viele Theologen auslegen würden, sondern nur ein schöpferisches Produkt von ihm. Es ist auch nicht die Einflüsterung eines Schutzgeistes, wie es manche leichtgläubige Spiritisten gerne haben wollen. Auch sind es nicht Eingebungen von Engeln oder Offenbarungen von Heiligen, sondern Äußerungen unseres „transzendentalen Subjekts". welches unser Tagesbewußtsein überwacht und zu unserer eigentlichen Individualität gehört. Selbst ein guter Kenner somnambuler Zustände wird sich zu dieser Einsicht veranlaßt fühlen, wenn er die Phänomene der Selbstverordnungen im philosophischen Sinne so auswertet, wie es Carl du Prel gemacht hat. Folgende Berichte stützen sich auf seine Sammlung und seine Gedankengänge.

Puységur gilt als Entdecker der Beobachtung, daß alle Somnambulen, wenn ihr Schlaf die gehörige Tiefe erreicht hat, die Fähigkeit der inneren Selbstschau besitzen. Mit Bezug auf diese Durchfühlung und Diagnose des eigenen Organismus kann der Somnambule als sein eigener Arzt betrachtet werden. Wie das Stethoskop zur Erforschung des inneren Organismus gebraucht wird, so kann man den Somnambulen gleichsam als lebendiges Stethoskop verwerten.

Puységur: Recherches physiologiques sur l'homme dans l'état de somnambulisme. Paris, Dentu, 1811, S. 45.

Du Prel weist in seinen Werken darauf hin, daß schon im Wachzustand heilende menschliche Instinkte bis zu Visionen sich steigern können, was man an den häufigen Beispielen der von Durst gepeinigten Wüstenreisenden beobachten kann, bei denen sich die Bilder von Oasen und Quellen einstellen.

P. 65. „Galenus behauptet, daß er einen Teil seiner eigenen ärztlichen Kenntnisse der göttlichen Hilfe in nächtlichen Traumgesichtern verdankt."

Galenus. de hum. II; Kieser: Archiv II, 496.

P. 66. Markus Aurelius, der Philosoph auf dem Throne, der die Tempel der Isis, des Serapis und Äskulap reichlich ausstattete, sagte: „Ich danke euch, daß mir durch Träume ‚Heilmittel' angegeben wurden gegen Bluthusten und Schwindel." Er nahm, wie er selbst sagt, den Tempelschlaf zu Cajeta vor.

M. Aurelius: Selbstgespräche, I, 17.

P. 67. „Der Redner Aristides träumte im Tempel des Äskulap, ein Stier gehe auf ihn los und verwundete ihn am Knie; nach dem Erwachen fand sich dort eine Geschwulst.

Arnold de Villanova träumte, er werde von einer schwarzen Katze gebissen; am anderen Tage entstand an der gleichen Stelle ein krebsartiges Geschwür.

Konrad Geßner träumte, er werde von einer Schlange gestochen, und wenige Tage darauf entstand eine Pestbeule auf der Brust, an der er starb."

Perty: Die mystisch. Erschein. der menschl. Natur, II, S. 365 u. 378.

In seinem Buche „Mystik der alten Griechen", 1888 im Ernst Günther Verlag, Leipzig, zitiert du Prel noch einmal Aristides, dem die gewöhnlichen Ärzte nicht helfen konnten.

P. 68. „Für mich war es nicht zweifelhaft, daß ich dem Äskulap mehr gehorchen müsse als den Ärzten. Als er geheilt war und die Ärzte ihn sahen, bewunderten sie den Gott und lobten den Gehorsam des Kranken gegen diesen."

Aristides: „Heilige Reden".

Auch verhält es sich nach Meinung du Prel's ähnlich in manchen Fällen der Heiligen Schrift, wobei er folgende Stellen aus dem Alten Testament anführt.

P. 69. „Wenn Gott einen Propheten inspirierte, so heißt es in metaphorischer Übertragung eines magnetischen Verhältnisses regelmäßig: „. . .und die Hand des Herrn kam über ihn." Darauf folgte die Inspiration und Eröffnung der Zukunft."

2. Könige Kap. 3, V. 4; Hesekiel Kap. 1, V. 3; Kap. 33, V. 22; Kap. 40, V. 1.

P. 70. „Im Alten Testament geht Naemann, der sich vom Aussatz heilen lassen will, zu Elias, erhält aber den Rat, sich im Jordan zu waschen, worauf er zornig spricht: „Ich dachte, er würde zu mir herauskommen, den Namen Gottes anrufen und mit seiner Hand die kranken Stellen berühren."

2. Könige, Kap. 5, Vers 10—11.

Die Erfolge einer magnetischen Berührung genügten damals schon, um dem Kranken zu helfen, jedoch sind diese Kenntnisse jetzt in Vergessenheit geraten.

P. 71. „Die Propheten heilten durch Handauflegen, wie auch später Christus und die Apostel. Eben darum warfen dem wunderwirkenden Christus seine Gegner vor, er hätte den Ägyptern ihre Geheimwissenschaft geraubt, die dort in den Tempeln gepflegt wurde."

Arnobius contr. gent. I.

Wir besitzen nur einen Ausdruck für die Erscheinung „Traum", dagegen hatten die alten Griechen dafür zwei. Einige sehen noch heute in den Träumen „wertlose Phantasmen", wogegen die Griechen ins andere Extrem verfielen und alle Träume für „göttliche Inspirationen" hielten.

Man könnte nun diese Art Berichte fast beliebig fortsetzen, was aber nur in die Breite gehen würde, nicht in die Tiefe. Diese analytische Arbeit muß ich mir hier wegen Platzmangel versagen, und ich möchte meine Methode der Synthese nicht aufgeben, da ich mir auf diesem Wege für den Leser mehr Erfolg in die Tiefe verspreche. Für unsere weiteren Betrachtungen bleibt es wichtig, den Hauptgedanken du Prel's festzuhalten und ihn weiter auszubauen. Nach seinen Auffassungen sind auch die Schutzgeister in den meisten Fällen nichts anderes als dramatische Spaltungen des eigenen Bewußtseins. Sie brauchen es allerdings nicht immer zu sein, sollen aber in der Mehrzahl von Fällen eine animistische Deutung erfahren. Wir würden hier immer noch im Rahmen eines parapsychologischen Denkens bleiben, ohne dabei leichtfertig in den Spiritismus abzugleiten.

Zusammenfassend sagt du Prel (auf Seite 15): Wie nun schon im gewöhnlichen Traum alles, was aus dem hinter dem Traumbewußtsein liegenden Unbewußten auftaucht, die dramatische Form annimmt, wie wir z. B. vermöge einer dramatischen Spaltung des „Ich" Antworten auf Fragen, Einwürfe usw. den fremden Traumfiguren in den Mund legen, so ist das auch bei der Heilmittelvision der Fall.

Unseren Somnambulen wird der Rat angeblich von ihren „Schutzgeistern" gegeben, den alten Tempelschläfern dagegen von „Äskulap, Isis, Serapis" usw. In beiden Fällen liegt nur „dramatisierter Heilinstinkt" vor, eine Form, die allen Träumen eigentümlich ist. Alle unsere Träume bestehen aus dramatisierten inneren Empfindungen und könnten für die ärztliche Diagnose Verwertung finden.

P. 72. „Ein Oberst B. wurde bei Leipzig durch den Kopf geschossen und auch sonst erbärmlich zugerichtet. Nach langem Leiden erschien ihm nachts eine Frauengestalt und befahl ihm, das goldene Röhrchen, das man ihm zur Abführung des Eiters in den Kopf gelegt, fortzuwerfen, was ihn heilen würde. Die Ärzte erklärten, es würde das unfehlbar seinen Tod nach sich ziehen; aber als sich in der nächsten Nacht der Traum noch dringender wiederholte, gehorchte der Oberst, und die Ärzte fanden am Morgen die Wunde geheilt."

Hennings: Ahnungen und Visionen, S. 317.

Viele Leser werden sich die Frage stellen: Ist das Überbewußtsein so gut über den Bau des menschlichen Körpers unterrichtet, daß es besser darüber Bescheid weiß als die gelehrten Mediziner? Die Frage ist leicht zu beantworten, wenn wir Fälle aus der Praxis entnehmen, die uns das bestätigen. Eine andere berechtigte Frage wäre die, wieweit es verläßlich erscheint, auf diese innere Stimme zu horchen; können diese Stimmen nicht einmal falsch ausfallen, indem sie uns unrichtige Ratschläge erteilen? Wie unterscheidet man die richtigen von den falschen Inspirationen seitens des „transzendentalen Subjekts"? Wir rühren hier erneut an Probleme, die noch weiter bearbeitet werden müssen.

Beiläufig sei mir die Bemerkung erlaubt, daß nach meiner Überzeugung parapsychologische Forschung in Zukunft mit Kenntnissen der Astrologie verbunden werden muß. Der Astrologiekundige muß aus der Gestirnkonstellation des Radix-Horoskops die Veranlagungen zur

Versenkung in einen somnambulen Schlaf mit Selbstprognose herauslesen können. Er muß die Zeiten der Direktionen und Transite bewerten, wann das betreffende Medium in eine erfolgversprechende Tieftrance versetzt werden kann. Diese Art Experimente müssen aus verständlichen Gründen im Beisein medizinisch geschulter Personen geschehen, denn es ist eine große Verantwortung, wenn das Medium hinterher gesundheitlichen Schaden erleiden würde. Glücklicherweise interessieren sich auch schon manche Akademiker für die bereits angesammelten Erfahrungen auf dem Gebiete der astrologischen Medizin. Paracelsus war einer der prominenten Vertreter dieser Richtung.

Zusammenfassend wollen wir uns noch einmal darüber klar sein, was denn eigentlich im Tempelschlaf der Antike vor sich ging und wie ein solcher. durch magnetische Behandlung erzeugter Somnambulismus ablief.

Einem Menschen werden in sitzender oder liegender Stellung die Hände aufgelegt. Mit den Händen werden magnetische Striche über den Körper gemacht, bis der Patient einschläft. Er erwacht innerlich, spricht von seiner Krankheit, nimmt die Diagnose seines Innern durch eine innergeistige Selbstschau vor. Es kommt in ihm der Heilinstinkt auf und steigert sich bis zur „anschaulichen Vorstellung" der nötigen Hilfsmittel. Dieser Drang zur Selbsthilfe nimmt oft die dem ganzen Traumleben eigentümliche Form der Dramatisierung an, und der ärztliche Rat wird objektiven Traumfiguren in den Mund gelegt. Diese Heilmittel haben meist bedeutenden Erfolg. Der Kranke spricht oft richtig vom künftigen Verlauf seiner Krankheit, und sein Fernsehen schweift häufig nach fremden Dingen ab. Diese Fähigkeiten des Patienten erstrecken sich häufig auf den Zustand anderer Kranker, mit welchen er in Verbindung gesetzt wird. Die angeordneten Mittel weichen vielfach ganz von den gebräuchlichen ab und sind zum Teil sehr heroischer Natur. Die Somnambulen sprechen manchmal in gebundener Redeweise.

Der Arzt Heineken berichtet von einer Somnambulen, daß er, als er sie über die Art und Weise ihrer „inneren Selbstschau" und ihrer Heilverordnung befragte, die merkwürdige Antwort erhielt:

P. 73. „Alle meine Glieder sind wie von Licht durchströmt. Ich sehe das Innere meines Körpers, alle Teile erscheinen mir gleichsam durchsichtig. Ich sehe in meinen Adern das Blut fließen. Ich bemerke genau die Unordnungen, welche in dem einen oder dem anderen Teil sind, und denke aufmerksam auf Mittel, wodurch dieselben behoben werden können, und alsdann kommt es mir vor, als ob mir jemand zuriefe: Dieses oder jenes mußt du gebrauchen."

Heineken: Ideen und Beobachtungen etc. 128.

Eine andere Somnambule wurde darüber befragt, welche Körperteile sie sehe. Sie antwortete darauf:

P. 74. „Alle, welche ich will, mit Ausnahme des Magens und desjenigen Teiles der Stirn über der Nase, mit welchem der vom Magen ausgehende Anschauungsstrahl in Verbindung steht."

Kiesers Archiv IV, 2, 171.

BEITRÄGE ZUM
„ODISCHEN FLUIDALKÖRPER"

Die Organe des „inneren Menschen" werden von den Geheimwissenschaften „Chakras" benannt. Das Bild zeigt in Form von Lotosblumen die Stellen, an denen sie liegen und ihren Ursprung nehmen.

Durch anhaltende Yogaübungen sollen diese Zentren beschleunigt entwickelt werden können und beim Menschen auf diese Weise okkulte Fähigkeiten fördern, wie z. B. Hellsehen, Levitationen, Nahrungslosigkeit, Aussendung des odischen Fluidalkörpers u. dergl. mehr.

Die Chakras sind auf hellseherische Weise festgestellt und von vielen Forschern, wie z. B. Blavatzky, Leadbeater, Rudolf Steiner und anderen,beschrieben worden. Sie bilden einen festen Bestandteil der östlichen Geheimwissenschaften.

Weitere Forschungen in der Richtung der Selbstverordnungen bringen uns zu denselben Ergebnissen, wie wir sie aus den östlichen Geheimlehren als „Chakras" kennen gelernt haben. Es sind Organe des inneren Menschen im „odischen Fluidalkörper".

Es wird sich meist um das Sonnengeflecht handeln, den sogenannten „plexus solaris". Wenn die Somnambulen im magnetischen Schlaf die Augen geschlossen haben und trotzdem sehen, so muß die Sehfähigkeit an einem anderen Orte lokalisiert sein. So wie das körperliche Auge wohl alles wahrnehmen kann, nicht aber sich selbst, so scheint es sich auch hier ähnlich zu verhalten. Justinus Kerner schreibt darüber folgendes:

P. 75. „Das Sonnengeflecht in der Magengegend kann vermutlich nur in Ausnahmefällen zum Gegenstand der Betrachtung mit Hilfe der inneren Sinne werden. So beschreibt z. B. die Seherin von Prevorst das Sonnengeflecht wie eine Sonne, die sich langsam bewege. Ihre Nerven sieht sie leuchtend und beschreibt von mehreren deren Lauf anatomisch ganz richtig."

Dr. Justinus Kerner: „Die Seherin von Prevorst". Stuttgart 1878, S. 82.

Durch die eigenartigen Parallelen zwischen dem mineralischen Magnetismus und diesen Erscheinungen fand sich Mesmer bewogen, ihn als den „animalischen Magnetismus" zu bezeichnen. Du Prel greift diesen Gedanken auf und entwickelt ihn zu folgenden Überlegungen: „Wir können uns den mineralischen Magnetismus nicht erklären, sagt er, das stört uns jedoch nicht, ihn im Kompaß zur Seefahrt zu benutzen. Auch wissen wir nicht, was Elektrizität ist, und doch verwenden wir diese Kraft in der modernen Kultur. Auch der Heilmagnetismus möge darum aus den Händen unwissender Laien, die ihn mit jeglichem Beiwerk von Aberglauben verquicken, genommen und in die Hände wissenschaftlicher Ärzte gelegt werden."

Was im Organismus durch die magnetische Behandlung erregt wird, ist durchaus keine neue, dem Menschen fremde und geheimnisvolle Kraft, sondern es werden lediglich die in ihm vorhandenen schöpferischen Kräfte gesteigert und zu einer lebhafteren Tätigkeit angeregt. Der Magnetismus wäre somit nicht eigentlich ein „Heilmittel", sondern nur die zu größerer Energie angeregte Heilkraft der Natur selbst. Was der Organismus in jedem Augenblicke des Lebens tut, um das Gleichgewicht der inneren Kräfte und der äußeren Störungen zu erhalten, tut er im gewöhnlichen Schlaf, in erhöhtem Maße und noch energischer im Zustande des Somnambulismus oder sogenannten „magnetischem Schlaf", der also lediglich eine natürliche Tätigkeit des Organismus stärker unterstützt. Folgendes Beispiel möge dazu beitragen, die Natürlichkeit eines solchen Vorganges zu illustrieren:

P. 76. „Eine Schwindsüchtige befahl einst im Somnambulismus ihrem Arzte, sie auf neun Tage in den Zustand eines Scheintodes zu versetzen. Während dieser Zeit hatte ihre Lunge vollständige Ruhe, so daß sie vollkommen gesund erwachte."

Schoppenhauer: Parerga, I. 275.

Wer also die mit dem inneren Erwachen verknüpften abnormen Fähigkeiten der menschlichen Seele studieren will, sagt du Prel (Seite 216), der muß dieselben durch alle drei Zustände hindurch verfolgen. Er wird ihren elementarsten Formen schon im Wachen begegnen, er wird sie deutlicher im Schlafe beobachten können und noch deutlicher im Somnambulismus. Auf diese Weise werfen die Erscheinungen gegenseitig Licht aufeinander, während sie unverständlich bleiben, wenn man sie nur aus dem einen oder anderen dieser Zustände herausgreift. Besonders bemerkenswert sind die verschiedenartigen Auffassungen unserer sinnlichen irdischen Person gegenüber dem transzendentalen Bewußtsein. Das Tagesbewußtsein resigniert so schnell, während das Höhere, der große konzentrische Kreis, die Ungelegenheiten und die Auflehnung des kleineren Bewußtseins als eine Schicksalsfügung betrachtet.

P. 77. „Eine Kranke, die im Wachzustand immer sehr betrübt war und vom Sterben sprach, wurde, in magnetischen Schlaf versetzt, ganz munter und verlachte alsdann die Furcht, wovon sie im Wachen beängstigt war."

Reichel: „Entwicklungsgesetz d. magnetischen Lebens. 107. Leipzig 1829. Kiesers Archiv II, I. 101.

P. 78. „Eine andere Somnambule hielt sich im Wachen für verloren, war aber voller Hoffnungen im Tiefschlaf."

Aubin Gauthier: Histoire de somnambulisme, II. 359.

Sokrates bemühte sich schon, diesen beobachteten Bewußtseinswechsel in eine Parallele zu den kosmischen Naturerscheinungen zu bringen, indem er folgendes sagt: „Wie das Sonnenlicht am Tage alle Sterne stark überstrahlt, so daß sie für unser Auge optisch verschwinden, so drängen auch die Empfindungen des Tagesbewußtseins jene von innen kommenden Regungen zurück. Wenn aber die Sonne untergegangen ist und das milde Licht der Sterne wieder wahrnehmbar wird, so ähnlich gelangen auch im Schlafe verschiedene innere Gefühlsempfindungen an die Oberfläche zur Wahrnehmung, die im Wachen sonst ganz unbeachtet bleiben".

Die Meinung Carl du Prel's geht dahin, daß die innere Selbstschau nur auf der Grundlage eines veränderten Verhältnisses unseres Bewußtseins zum Organismus durch Verschiebung der „psycho-physischen Empfindungsschwelle" denkbar ist. Diese wichtige Erkenntnis wollen wir uns auch für die nächstfolgenden Abschnitte merken.

Carl du Prel: „Philosophie der Mystik", S. 192.

Wertvoll sind auch seine Hinweise, daß bei den Ägyptern die Seelsorge und die Sorge für die leibliche Gesundheit in den gleichen Händen lagen, wie später auch beim Heiland und seinen Aposteln. Daß sich inzwischen die Stände der Ärzte und Priester getrennt haben, entspricht einem allgemeinen Gesetz der Arbeitsteilung und der Differenzierung in der

Natur. Daß aber beide Stände zu Gegnern geworden sind, die voneinander nichts lernen zu können glauben, ist keineswegs für alle Zukunft beschlossen. Es wäre nur zu begrüßen, wenn sich hier einmal aus der Trennung wieder die Verbindung auf einer höheren Stufe ergeben würde!

Carl du Prel: „Mystik der alten Griechen" 1888, Günther Leipzig.

Eine der leichtesten und üblichsten Methoden, um mit dem eigenen höheren Bewußtsein in Verbindung zu kommen, ist die Methode der „automatischen Schrift". Sie besteht in folgendem: Eine medial begabte Person setzt sich an den Tisch, legt ein Stück weißes Papier vor sich hin und nimmt einen gutschreibenden Bleistift in die Hand. Man darf inzwischen, bis die Hand mit dem Stift auf dem Blatt Papier ruht, ein Buch lesen oder sich unterhalten; es ist sogar störend und unerwünscht, wenn man sich auf das Papier und auf das, was nun kommen soll, konzentriert. Es stört die Reinheit der zu erwartenden Mitteilungen, und diese können durch die Mitbeteiligung des Tagesbewußtseins getrübt werden, so wie ein Windhauch das Kräuseln einer sonst glatten Wasseroberfläche bedingt und das Spiegelbild unklar macht und verzerrt.

Früher hatte man für diese und ähnliche Zwecke das Tischrücken benutzt, man ist aber jetzt ganz davon abgekommen, weil die Methode der „direkten Schrift" weniger zeitraubend ist als das lästige Buchstabieren durch die Klopftöne des Tischchens. Die ganz frei auf dem Tische liegende Hand beginnt sich zu bewegen, und es kommen unklare Zeichen und später übermäßig große Buchstaben aufs Papier. Bei halbstündigen Übungen kann es mitunter ein bis zwei Wochen dauern, bis sich immer klarer und deutlicher eine gut lesbare Schrift ergibt. Dagegen gibt es Personen, die vermöge ihrer Begabung sofort medial schreiben können. In der weiteren Folge beginnt die Hand immer schneller zu schreiben, so daß weder der Schreibende selbst noch die Anwesenden den Schriftzeichen folgen können. Es sind Fälle bekannt, in denen Medien stundenlang so über die kompliziertesten und ihnen vollkommen unbekannten Themen schrieben; dazu noch merkwürdiger Weise in den verschiedensten Sprachen, die die Medien in der Regel gar nicht kannten und nie zuvor gehört hatten. Die Auswertung dieser Schriften und ihre Beurteilung ist wohl das Schwerste bei diesen Phänomenen, hier geraten die Parapsychologen oft mit den Spiritisten in Konflikt. Die Parapsychologen geben sich die größte Mühe, diese Kundgebungen als das Resultat der Eingebungen des eigenen „transzendentalen Subjekts" zu betrachten, und die Spiritisten behaupten mit aller Konsequenz, es wären Kundgebungen „verstorbener Persönlichkeiten" oder „übersinnlicher Wesen". Hier richtig zu entscheiden, ist sehr schwer, und es gehört eine große Erfahrung dazu, das Richtige zu treffen.

Es ist jedoch charakteristisch, daß man auf diesem Wege Gedanken übertragen und das gedankenempfangende Medium veranlassen kann, das zu schreiben, was die betreffende Person aus großer Entfernung wünscht. Sachkundige Okkultisten haben mir gegenüber benauptet, daß z. B. die Begründerin der Theosophischen Gesellschaft, Helene Petrowna Blavatzkaja, auf diese Weise viele Artikel ihrer ,,Geheimlehre" abgefaßt hat, indem sie aus Indien von zwei Mahatmas inspiriert wurde. Sie schrieb wissenschaftliche Abhandlungen, über deren Inhalt sie nur sehr mangelhaft, teilweise gar nicht orientiert war. Sie nahm z. B. auf Bücher Bezug und zitierte einzelne Stellen, obwohl ihr der Zugang zu diesen behüteten Quellen unmöglich war, da sie in Museen in Glasvitrinen standen und niemand Zutritt zu ihnen hatte.

Auch die bekannte russische Schriftstellerin okkulter Romane, Kryshanowskaja-Rochester, die ich persönlich gut kannte und die mit ihrer Tochter viele Jahre in Reval/Estland lebte, hatte die Begabung der automatischen Schrift. Sie schrieb auf diese Weise über 40 spannende okkulte Romane, einer davon, ,,Im Banne der Vergangenheit", ist in deutscher Übersetzung erschienen. Sie berichtete mir, wie die Schriften zustande kamen, wie die Hand sich in Blitzesschnelle über das Papier bewegte, ohne daß sie selbst dem Inhalt folgen konnte. So schrieb sie stundenlang in französischer Sprache, die sie nicht so perfekt beherrschte, wie es im Manuskript erschien. Sie behauptete, während des Schreibens einen materialisierten Inder vor sich zu sehen, der ihr alles in die Hand diktierte und sich Rochester nannte. Ihre Romane tragen daher beide Namen, ihren eigenen und desjenigen, der ihr alles diktierte. Diese Materialisation ließ sich einmal auch photographieren; die Aufnahme habe ich mir angesehen. Das Bild zeigte einen Inder in weißem Gewand mit klugen ausdrucksvollen Augen, er trug langes schwarzes Haar und hatte um den Kopf eine weiße dunstige Hülle, wie sie stets bei Materialisationen beobachtet werden. Das Diktat ging auf telepathischem Wege vor sich, er fixierte sie und sprach dabei kein Wort. Sie bezeichnete ihn als ihren Schutzgeist. In ihren Romanen beschrieb Kryshanowskaja-Rochester die uralten ägyptischen Zeremonien so genau, daß ihr die Pariser Akademie dafür eine Auszeichnung übersandte. Den Aufbau und die Reihenfolge dieser ägyptischen Straßenprozessionen konnten nur gelehrte Ägyptologen kennen, die sich damit eingehend befaßt haben, Laien müßten sie völlig unbekannt sein. Sie beschrieb historisch genau die Innenverteilung der Räume berühmter Tempel und die damals herrschenden Rituale, ohne je zuvor etwas darüber gelesen oder gehört zu haben.

In seiner „Entdeckung der Seele durch die Geheimwissenschaften" 1910, 1. Band, S. 216, sagt du Prel: „Wenn wir ins Unbewußte das Senkblei hinablassen, stoßen wir zunächst auf das physiologische Gebiet. Alle Vorstellungen, Tätigkeiten und Erfahrungen unseres Lebens, auch die vergessenen, hinterlassen einen Niederschlag, und sogar in unseren mitgebrachten Anlagen, Neigungen und Instinkten liegt verdichtet der geistige Besitz unserer Vorfahren, der auf uns vererbt wurde." Diesen letzten Gedanken hat später Carl Gustav Jung aufgegriffen, durchgearbeitet und zum Begriff des „kollektiven Unbewußten" erweitert. Das automatische Schreiben wurde noch Ende des vorigen Jahrhunderts von Dr. Carpenter als „Psychographie" bezeichnet, dagegen der geistige Inhalt der erhaltenen Kundgebungen als „unbewußte Cerebrationen". Der verdienstvolle Parapsychologe Dr. Rudolf Tischner bevorzugt in seinem Buche „Ergebnisse okkulter Forschung" 1950, auf S. 41, den Ausdruck „Automatismen", wobei er die Erscheinungen als „motorische" und „sensorische" unterscheidet.

Bei der „automatischen Schrift" kommen auch gegen den Willen des Mediums Mitteilungen zu Tage, über die es sich im Wachzustand ungern äußert. Es ist eine ganz eigenartige Erscheinung, daß unser höheres „Ich" seine eigenen Wege geht und sich des Tagesbewußtseins bedient, um das zum Ausdruck zu bringen, was es will. Das höhere „Ich" identifiziert sich auf keine Weise mit den Wünschen und Empfindungen des untergeordneten Tagesbewußtseins, es ist diesen oft sogar direkt entgegengesetzt. In der Sammlung Aksakoffs finden wir zwei bestätigende Fälle:

P. 79. „Ein Medium fiel in Gegenwart von Freunden in Trance und offenbarte in diesem bewußtlosen Zustande zu seiner eigenen Qual Dinge, die es im normalen Zustande niemals eingestanden hätte."

Aksakoff: „Animismus und Spiritismus", 2. Band, S. 351.

Ein anderer Fall wird von der Mystikerin de la Mothe Guion, der Freundin Fénelons, in ihrer Autobiographie folgendermaßen geschildert:

P. 80. „In dieser Zurückgezogenheit überkam mich ein solcher Drang zum Schreiben, daß ich nicht widerstehen konnte. Der heftige Widerstand, den ich leistete, machte mich krank und benahm mir die Sprache. Ich war darüber sehr erstaunt, mich in solchem Zustande zu finden."

Der bekannte Hellseher Swedenborg spricht in derselben Weise von sich selbst:

P. 81. „Ich schreibe nur durch die Eingebung und bin eigentlich nur der Sekretär meines Geistes."

Kerner: „Blätter aus Prevorst". IX 68.

DIE ZWÖLFJÄHRIGE JUTTA KIESER
geb. am 4. Februar 1918 in Bamberg, Bayern

Der Schöpfungsdrang dieses medial veranlagten Mädchens äußerte sich schon im zweiten und dritten Lebensjahr; später wurde es eine Art Manie. Bemerkenswert ist die außerordentliche Geschwindigkeit, mit der das Kind seine Zeichnungen fertigstellt. Es braucht keinen Radiergummi; denn jeder Strich sitzt zu Beginn am richtigen Platz.

P. 82. „Der Dichter und Maler Blacke, der auch wegen seiner Visionen berühmt war, betrachtete (wie sein Biograph Rosett, berichtet) seine Dichtungen als „Inspirationen", bei welchen er nur die Rolle des Schreibers spiele. In seiner Vorrede „Jerusalem" sagt er geradezu, diese Dichtung sei ihm diktiert worden, die Autoren seien in der Ewigkeit. In einem Briefe sagt er darüber: „Ich habe diese Dichtung nach einer unmittelbaren Eingebung geschrieben, zwölf oder manchmal zwanzig bis dreißig Zeilen auf einmal, ohne vorherige Überlegung und selbst gegen meinen Willen."

Beilage zur „Allgemeinen Zeitung" vom 16. 2. 1891.

Wir kommen immer mehr der Grenze näher, wo es, wie ich bereits sagte, schwer wird zu unterscheiden, ob die Kundgebung noch parapsychologisch oder bereits spiritistisch gedeutet werden muß. Um den Leser sachlich und fachlich über diese Grenze der Wissenschaft in das Gebiet des Spiritismus zu leiten, will ich im folgenden die Worte du Prels zitieren, der nach meiner Erfahrung bis heute als bester Kenner der transzendentalen Psychologie gelten kann.

In seinem lesenswerten Werk „Die Entdeckung der Seele durch die Geheimwissenschaften" sagt er: Bei solchen automatischen Schriften sind nun die normalen Fähigkeiten der Person unbestreibar übertroffen. Sollen wir darum aber, wie es die Schreiber selbst tun, auf fremde Inspirationen schließen? Die Entscheidung ist schwer. Wir kennen die Fähigkeiten der zweiten Person unseres Wesens noch viel zu wenig, um den Grenzstrich zwischen transzendentaler und transzendenter Inspiration ziehen zu können. Ein zwingendes Merkmal fremder Inspiration kann ich selbst dann noch nicht finden, wenn im automatischen Schreiben ganze Bücher geliefert werden, wie z. B. das Buch des achtzehnjährigen Tuttle „Geschichte und Gesetze des Schöpfungsvorgangs". Das gilt vielleicht auch von der ganzen Bücherreihe eines Davis. Auf die Meinung des Schreibers selbst kommt es dabei gar nicht an; denn was aus dem Unbewußten auftaucht und die Grenzlinie der psychophysischen Empfindungsschwelle überschreitet, muß den Effekt einer fremden Inspiration auch dann hervorrufen, wenn die Inspiration nur aus der (eigenen) zweiten Person kommt.

Im Münchener Kunstverein hatte das Medium Jutta Kieser im Jahre 1930 etwa 70 Handzeichnungen ausgestellt, einige davon koloriert. Sie erweckten Aufsehen nicht nur bei den Laien, sondern auch bei den Fachleuten. Ihre Bilder tragen einen betont dekorativen Charakter und lehnen sich stark an altpersische oder altägyptische Motive an.

In der „Psychic Research" New-York, 15 Lexington Avenue, erschien im November 1931 ein Artikel von Frl. Dr. Gerda Walther über diese Somnambule.

In naiven Zeitaltern sahen daher sogar die Dichter ihre Werke als Inspirationen der Muse an, und Homer bezeichnet sich im Eingange der Ilias wie der Odyssee als „automatischen Schreiber". Wenn die neueren Dichter von Inspirationen reden, gebrauchen sie nur eine abgenutzte Metapher; den alten aber war es mit ihrer Behauptung ganz ernst. Den poetischen Enthusiasmus hielten sie für einen Zustand, der dem der Pythia auf dem Dreifuß ganz analog war. Prophetie und poetische Inspiration schrieben sie derselben Quelle zu, und Apollo, der durch die Pythia weissagte, war auch Führer der Musen und der Gott der Poesie.

Weitere originelle mediale Zeichnungen der Somnambulen Jutta Kieser.

Lassen wir also diese Frage unentschieden. Soviel hat sich gleichwohl schon gezeigt, daß wir in das Unbewußte sehr tief eindringen können, ohne jedoch die Wurzel unserer Individualität zu verlieren. Die Weltsubstanz aber, auf die wir nach Ansicht der pantheistischen Philosophen sofort stoßen sollten, hat sich noch immer nicht gezeigt. Vielmehr entpuppt sich mehr und mehr dieses „Unbewußte" als ein sehr alter Bekannter, als die „individuelle Seele". Diese Seele haben wir aber in solcher Weise gefunden, daß sie den Einwürfen der Gegner nicht mehr ausgesetzt ist. Wir fanden sie nicht in der Analyse des Selbstbewußtseins, also nicht gebunden an das Gehirn, und damit ist der Angriff der Materialisten abgeschlagen. Wir erkannten sie ferner als identisch mit dem organisierenden Prinzip, also sind Körper und Geist einander nicht mehr entgegengesetzt, sondern gemeinschaftlich aus einem dritten erklärbar, nämlich eben aus dieser Seele, die also nicht mehr dualistisch ist. Um aber den spiritualistischen und dualistischen Beigeschmack dieser Bezeichnung zu vermeiden und um zu betonen, daß die Seele im Unbewußten liegt, tun wir vielleicht besser, sie als „transzendentales Subjekt" zu bezeichnen.

Carl du Prel: „Entdeckung der Seele durch die Geheimwissenschaften", I. Band, S. 227 Max Altmann, Leipzig 1910.

Nachdem ich die „automatische Schrift" ganz kurz gestreift habe, wobei ich bemüht war, zwecks Überbrückung der angeblichen Gegensätze eine Verbindungslinie zwischen den parapsychologischen und spiritistischen Erscheinungen zu ziehen, will ich mich nunmehr neuen Erscheinungen zuwenden, die ebenso rätselhaft anmuten. Es handelt sich um die sogenannte „Glossolalie", d. h. Sprechen in fremden unbekannten Zungen. Nun ist der Übergang zu dieser Art Erscheinungen insoweit erleichtert, als ich schon beim „automatischen Schreiben" darauf hinwies, daß die Medien in fremden Sprachen ihre Kundgebungen wiedergeben können. Es sei vorläufig noch dahingestellt, ob es sich in diesen Fällen um spiritistische Eingebungen oder um Äußerungen des eigentlichen „transzendentalen Subjekts" handelt. Im Rahmen einer parapsychologischen Forschung bleiben wir aus verständlichen Gründen bei der zweiten Auffassung. Anders und komplizierter wird es beim Sprechen selbst. Man kann eigentlich sagen, daß das direkte Sprechen eine noch mehr vereinfachte Methode des automatischen Schreibens ist, denn wozu benötigt man Papier und Stift, wenn man direkt das sagen kann, was sonst aus dem Unterbewußtsein über die Hand kundgetan wird?

Es wäre hier zweckmäßig, an die Unterschiede zu denken, die uns erfahrene Okkultisten empfehlen. Die Erklärung ist leicht, wenn es sich um Gedächtnissteigerungen handelt, d. h. ein Wiederaufleben vergessener Fähigkeiten. Als Beispiel möge uns folgender Bericht dienen:

P. 83. „Ein Matrose, wegen einer Kopfverletzung operiert, genas so weit, daß er wieder sprechen konnte; aber niemand verstand seine Sprache, die endlich als Walisisch erkannt wurde. Seit 30 Jahren war er aus Wales entfernt und hatte seine Heimatsprache ganz vergessen, die er aber jetzt nur ausschließlich reden konnte. Nach seiner gänzlichen Heilung sprach er wieder englisch, vom Wallisischen dagegen wußte er nichts mehr."

Perty: „Blicke in das verborgene Leben des Menschengeistes", S. 19.

Die Erklärung durch eine Gedächtnissteigerung findet auch dann noch Anwendung, wenn das Medium Sätze wiedergibt, die es einst irgendwo gehört hatte, dessen Inhalt ihm jedoch unverständlich blieb, weil das Gespräch in einer ihm fremden Sprache geführt wurde. Diesen Vorgang könnte man mit der mechanischen Arbeit eines Phonographen vergleichen, der ohne Verständnis das registriert, was irgendwo einmal vernommen wurde.

Wenn man sich mit „Sprechen in fremden Zungen" befaßt, so sind damit meist diejenigen mystischen Phänomene gemeint, durch die man die Fähigkeit gewinnt, in einer fremden und nie gehörten Sprache zu sprechen; dazu kann noch die Fähigkeit hinzukommen, fremde Sprachen zu verstehen, ohne sie erlernt zu haben. Folgendes Beispiel möge als Illustration dienen:

P. 84. „Professor Oriole berichtet über eine Frau, die mit 25 Jahren kataleptisch wurde. Man konnte sie, gleich den Somnambulen, über die Beschaffenheit ihrer gesunden und kranken Organe befragen auch dann, wenn es in lateinischer Sprache und mit technischen Ausdrücken geschah, sie antwortete stets in ihrer Muttersprache."

Hensler: Der Menschenmagnetismus, S. 250.

Du Prel erklärt diese Fälle damit, daß er auf die Gedankenübertragung hinweist, die zwischen dem Sender und dem Aufnehmenden vorliegt. Es ist gleichgültig, sagt er, ob der Sender einen Gedanken laut ausspricht oder nur sehr konzentriert daran denkt. Das Medium nimmt den Gedanken auf, ganz gleich, in welcher Sprache er gesandt wurde. Wenn jedoch ein Satz in einer fremden Sprache gesprochen wird, den der Sender selbst nicht versteht, wird auch das Medium für einen solchen Gedanken keine Resonanz zeigen. Im nächstfolgenden Beispiel ist ein solcher Fall näher beschrieben:

P. 85. „Der Magnetiseur Lafontaine magnetisierte in Touls eine Somnambule, die auf alle Fragen in ihrer Muttersprache antwortete, auch dann, wenn sie in lateinischer, englischer, portugiesischer, spanischer, deutscher oder griechischer Sprache ausgedrückt wurden. Ein Anwesender stellte nun die hebräische Frage, auf die sie aber nicht antworten konnte. Vom Magnetiseur gedrängt, erklärte sie, jener Herr verstehe die Worte selber nicht. Er denke dabei an nichts, daher könne sie ihm auch nicht antworten. Derjenige, der die Fragen stellte, gab hierauf zu, er habe sich von einem jüdischen Freunde einen Satz aufschreiben lassen, aber nicht daran gedacht, auch nach dem Sinn und Inhalt dieses Satzes zu fragen."

Lafontaine: L'art de magnétiseur, 238. — Derselbe: Mémoires d'un magnétiseur, I, 155.

P. 86. „Ein Herr Gromier sprach zu einem Somnambulen in einer fremden Sprache und erhielt nach einigem Zögern Antwort; so oft aber Gromier in einer Sprache fragte, die er selbst nicht kannte, blieb die Antwort aus."

Macario: Du sommeil. 187.

Zusammenfassend wäre nun zu sagen, daß das Verstehen fremder Sprachen nur dann möglich ist, wenn der Sprechende auch mit dem Gedankeninhalt des Gesagten vertraut ist, sonst nicht. Um von dem anderen in einer Sprache verstanden zu werden, die man selbst nicht beherrscht, muß man sich als Sendeperson über das, was man sagen will, klar bewußt sein. Der Gedankeninhalt muß scharf umrissen sein, dann erst sind die Voraussetzungen gegeben, daß sich der Gedanke sinngemäß auf den anderen überträgt. Aus der Sammlung du Prel's entnehme ich folgende gut verbürgten Berichte:

P. 87. „Görres erzählt uns von einem Prediger Vinzenz Ferrar, welchen Papst Benedikt XIII. als Missionar nach Europa entsandte. Er bediente sich des Dialektes von Valencia; aber Griechen, Ungarn, Deutsche und andere, die diese Sprachkenntnisse nicht hatten, verstanden ihn sehr wohl."

Görres: „Die christliche Mystik" II, 170, 19, 3.

P. 88. „Franziskus Xaverius hatte die Gabe, fremde Sprachen auffällig rasch zu lernen. Er verstand zudem auch Sprachen, die er nie gelernt hatte. Es wird von ihm behauptet, daß er, vor Menschen verschiedener Nationalität predigend, von jedem Anwesenden in seiner ihm eigenen Muttersprache verstanden wurde."

Perty: „Die mystischen Erscheinungen", II, 193.

Die Erfahrung hat uns gezeigt, daß erteilte Suggestionen bei den Somnambulen sehr leicht von selbst in Bewegungen und Handlungen übergehen. Es ist daher ohne weiteres denkbar, daß eine solche Suggestion, falls sie mit Nachdruck durchgeführt wird, Zungenbewegungen hervorrufen kann und daß auf diese Weise Laute in fremder Sprache entstehen, die der Somnambule selbst nicht begreift. Es handelt sich hier, sagt du Prel, um eine „Willensübertragung" seitens des Magnetiseurs. Zu beachten sind zwei wichtige Feststellungen:

1. Man kann durch Somnambulismus nicht sprachkundig werden, d. h., man kann nach dem Erwachen aus der Suggestion nicht auf die Dauer Sprachen beherrschen, die man nie erlernt hat.

2. Das „Verstehen fremder Sprachen" beruht auf Gedankenübertragung, das „Sprechen mit fremden Zungen" hingegen auf Willensübertragung.

Nach allem Gesagten dürfte auch der Bibel-Ungläubige darüber nachdenklich gestimmt sein, ob es sich beim großen Pfingstwunder um eine Tatsache gehandelt hat oder nicht.

Ein besonders charakteristischer und gut beglaubigter Fall ist der Bericht über die französische Erzieherin Emilie Sagée aus Dijon, bei der spontane Abspaltungen des „odischen Fluidalkörpers" eintraten, ohne daß sie sich ihrer bewußt wurde.

Dem wertvollen Buche Aksakoffs „Animismus und Spiritismus" entnehme ich diese Mitteilung in einer stellenweise abgeänderten Form, um die wichtigen Momente, die für unsere weiteren Betrachtungen von Wert sind, prägnanter herauszuholen.

P. 89. „Im Jahre 1845 bestand in Livland/Baltikum, etwa 36 englische Meilen von Riga und 1½ Meilen von der kleinen Stadt Wolmar, ein Institut von hohem Ruf hinsichtlich der Erziehung junger Damen, genannt das „Pensionat von Neuwelke". Es stand zur Zeit der hier zu berichtenden Vorfälle unter der Oberaufsicht und Leitung von Direktor Buch.

Als Kostgängerinnen wohnten dort in jenem Jahre 42 junge Damen, hauptsächlich Töchter edler livländischer Familien. Auch die zweite Tochter des Barons von Güldenstubbe, die 13jährige Julie, befand sich um diese Zeit unter der Zahl der Schülerinnen. Von weiblichen Lehrkräften hielt sich dort zur besagten Zeit Mademoiselle Emilie Sagée auf, eine 32 Jahre alte, wohlerzogene französische Dame.

Einige Wochen, nachdem Fräulein Sagée eingetroffen war, begannen sonderbare Gerüchte unter den Zöglingen zu kursieren. Wenn eine gelegentliche Nachfrage stattfand, wo Fräulein Sagée sich augenblicklich befände, pflegte einer der Zöglinge zu erwidern, daß sie eben das Fräulein in diesem oder jenem Zimmer gesehen hätte; worauf eine andere dies zu widerlegen bestrebt war, indem sie behauptete, Frl. Sagée zu derselben Zeit auf der Treppe begegnet zu sein. Anfänglich vermutete man allgemein, daß es sich bloß um ein Versehen handle, als aber das Gleiche sich immer wiederholte, begannen die Schülerinnen, es für recht sonderbar zu halten, und sprachen schließlich darüber mit ihren Erzieherinnen. Die Befragten wußten sich nicht anders zu helfen, als alle diese Geschichten auf Phantastereien zurückzuführen, und empfahlen ihren Zöglingen, diese unsinnigen Erzählungen unbeachtet zu lassen.

Im weiteren Ablauf der Geschichte gestalteten sich jedoch die Ereignisse so, daß man sich mit der Erklärung einer Einbildung oder eines Versehens nicht mehr ausreden konnte. Eines Tages erteilte die neue Erzieherin Emilie Sagée in einer Klasse vor 13 Mädchen eine Lektion und demonstrierte mit Eifer einen Lehrsatz, den sie zur Erklärung mit Kreide an eine schwarze Klassentafel schrieb. Während sie dies tat und die jungen Damen auf sie blickten, sahen sie plötzlich zu ihrer Bestürzung „zwei" Mademoiselle Sagée's, die eine dicht an der Seite der anderen stehend. Sie waren einander genau gleich und gebrauchten dieselben Bewegungen. Die lebende Person hielt dabei ein Stück Kreide in der Hand, während das danebenstehende Phantom wohl alle Schreibbewegungen nachahmte, aber keine Kreide in der Hand hielt.

Dieser Vorfall wurde natürlich zu einer großen Sensation in der Anstalt. Die angestellten Ermittlungen ergaben, daß von den anwesenden Mädchen alle 13 die nebenstehende zweite Gestalt der Lehrerin gesehen hatten und daß sie sämtlich in ihrer Beschreibung übereinstimmende Aussagen machten.

Bald nachher, als eine von den Zöglingen, ein Fräulein Antonie von Wrangel, mit einigen anderen die Erlaubnis erhalten hatte, einem ländlichen Feste in der Nachbarschaft beizuwohnen, und mit ihrer Kleidung beschäftigt war, kam ihr Fräulein Sagée aus freien Stücken zu Hilfe geeilt und hakte ihr auf dem Rücken das Kleid zu. Als die junge Dame sich zufällig umwendete und in einen da hängenden Spiegel blickte, bemerkte sie „zwei" Fräulein Sagée's, die ihr hinten das Kleid zuhakten. Diese plötzliche Erscheinung verursachte eine solche Wirkung auf sie, daß sie ohnmächtig wurde.

Monate verstrichen, und es wiederholten sich von Zeit zu Zeit ähnliche Phänomene. Zuweilen erschien das Phantom der Erzieherin beim Mittagstisch hinter dem Stuhl stehend, wobei alle Handbewegungen der Erzieherin während des Essens nachgeahmt wurden. Die Hände des Phantoms hatten aber kein Messer und keine Gabel, nur die Gestalt als solche verdoppelte sich. Alle Zöglinge, die bei Tische saßen und die Tischbedienung selbst, waren Augenzeugen davon.

Doch diese Art Erscheinungen, daß die phantomartige Doppelgängerin plötzlich erschien und alle Bewegungen der wirklichen Person nachahmte, ereignete sich nur gelegentlich. Zuweilen geschah es so, daß die Lehrerin vom Stuhl bereits aufgestanden war, während ihr „odischer Fluidalkörper" noch weiter sitzen blieb. In einem anderen Falle war Fräulein Emilie Sagée an heftigem Schnupfen erkrankt und mußte wegen Erkältung im Bett bleiben. Die Schülerin Julie von Wrangel saß bei ihr und las aus einem Buch vor. Plötzlich wurde die Kranke starr und bleich und schien ohnmächtig zu werden. Auf die Frage des Zöglings, ob ihr noch übler werde, verneinte sie dies, die Stimme war jedoch ganz schwach und kaum vernehmlich. Einige Augenblicke darauf blickte Fräulein von Wrangel sich zufällig um und sah ganz deutlich die Gestalt der Erzieherin im Zimmer auf- und abgehen. Diesesmal hatte aber die junge Dame genügend Selbstbeherrschung, um sich ruhig zu verhalten und die Kranke nicht einmal etwas davon merken zu lassen. Als sie das Zimmer verlassen durfte, erzählte sie ganz blaß und erschreckt das Gesehene ihren Kameradinnen.

In den nun folgenden drei graphischen Darstellungen sind die Bewußtseinsvorgänge stark schematisiert worden und erheben keinen Anspruch auf eine vollständige Wiedergabe des erläuterten Vorganges.

Die „spontanen Exteriorisationen" sind darum separiert und herausgehoben worden, weil sie nach beiden Seiten hin, also unbewußt wie auch bewußt, eintreten können.

Der Doppelgänger, in der theosophischen und anthroposophischen Terminologie Ätherkörper im Zusammenhang mit dem Astralkörper, ist der eigentliche Träger der Gefühlswelt. Je stärker er sich materialisiert, um so geschwächter erscheint der zurückgebliebene physische Körper. Ausnahmen davon bilden nur die besonderen Zustände der „Majavi-Rupa", wo beide, also der körperliche Mensch und sein ausgeschiedenes Phantom, *gleichzeitig lebendig* erscheinen und die ihnen in dieser Zeit gestellten Fragen sinnreich beantworten können.

1. Phase

„UNBEWUSSTE EXTERIORISATION DES DOPPELGÄNGERS

Das Tagesbewußtsein behält *keine* Rückerinnerung

Das „transzendentale Subjekt" mit dem Über- und Unterbewußtsein.

Der Doppelgänger kann auch als Phantom erscheinen.

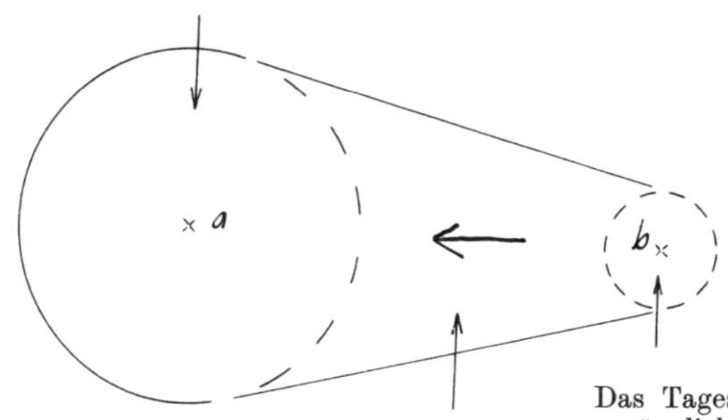

Das Tagesbewußtsein ist gänzlich unbeteiligt; der Körper bleibt am Ort.

Die odisch-fluidalen Stoffmassen in Richtung ihrer Ausscheidung

Erklärung:

Die Abtrennung des Doppelgängers geht oft ohne vorherigen Wunsch vor sich, ja manchmal sogar gegen den Willen der betroffenen Person. Die weitgehendste Spaltung entsteht beim Fernwirken, indem Gegenstände in Bewegung geraten, später als Gespenstererscheinung und schließlich als eine vollmaterialisierte Menschenform.

Die Erinnerungsbrücke zwischen a—b fehlt gänzlich oder ist sehr mangelhaft und unvollkommen. Das Medium weiß nach Erwachen aus dem Trancezustand (Tiefschlaf) nichts vom Geschehenen.

Ein weiterer sehr merkwürdiger Vorfall ereignete sich einmal im Garten. Eines Abends waren alle 42 jungen Insassinnen des Pensionats im Zimmer versammelt und mit Stickereien beschäftigt. Die geräumige Halle im ersten Stockwerk hatte vier große Glastüren, die geöffnet waren und auf den Flur zum Garten führten. Man konnte vom Tische aus alles, was im Garten geschah, gut übersehen. Nicht weit vom Hause entfernt war Frl. Emilie Sagée mit Blumenpflücken beschäftigt. Am oberen Ende des Tisches saß in einem Lehnstuhl eine andere Lehrerin, die die Zöglinge beaufsichtigte. Nach einiger Zeit erhob sich die Erzieherin und verließ auf kurze Zeit das Zimmer, gleichzeitig erschien plötzlich zur Verwunderung aller Frl. Emilie Sagée auf dem eben freigewordenen Lehnstuhl, greifbar wirklich, aber schweigsam und regungslos. Die jungen Damen blickten sofort in den Garten und sahen sie dort gleichzeitig wie zuvor Blumen pflücken, nur mit dem Unterschied, daß alle Bewegungen sehr langsam und matt erschienen, als ob sie schläfrig oder erschöpft geworden wäre. Da sie nun dessen ganz gewiß waren, daß auf dem Lehnstuhl nicht eine wirkliche Person saß, sondern nur das Phantom, weil sie bis zu einem gewissen Grade mit diesem sonderbaren Phänome ihrer Erzieherin allmählich vertraut waren, näherten sich ihr zwei der Kühnsten und versuchten,die Gestalt zu berühren. Sie behaupteten, einen leichten Widerstand zu spüren, vergleichbar einem feinen Gewebe, etwa Musselin oder Krepp. Eine von den beiden schritt ganz dicht vor den Lehnstuhl und glitt (eig. Bemerkung: vermutlich mit der Hand) durch einen Teil dieser Gestalt hindurch. Dies beeindruckte jedoch das Phantom auf keine Weise, denn es blieb noch einige Zeit, wie zuvor, weiter sitzen. Endlich verschwand es allmählich ganz. Eigenartiger Weise wurden gleich darauf alle Bewegungen des Frl. Emilie Sagée im Garten lebhafter, und das Blumenpflücken ging wieder lebendiger vor sich. Alle 42 Damen haben diese Gestalten auf gleiche Weise wahrgenommen.

Die jungen Schülerinnen befragten Frl. Sagée, ob sie bei solchen Verdoppelungen selbst etwas besonderes empfinde? Sie antwortete darauf, daß sie das Weggehen ihrer Kollegin aus dem Lehrzimmer wohl bemerkt hätte und von einem Gedanken befangen wurde: „Ich wünschte, sie wäre nicht weggegangen, denn die Mädchen werden gewiß diese Zeit vertändeln und unproduktiv verbringen."

Diese Phänomene dauerten mit einigen Zwischenpausen etwa 1½ Jahre, von 1845 bis 1846. Es wurde weiterhin die Beobachtung gemacht, daß je deutlicher und materieller die phantomartige Doppelgängerin wurde, desto starrer und hinfälliger die richtig lebende Person erschien, und in dem Verhältnis, in welchem die Doppelgängerin dahinschwand, nahm das wirklich lebende Individuum an Kräften wieder zu.

2. Phase

„SPONTANE EXTERIORISATION DES DOPPELGÄNGERS"

Das Tagesbewußtsein behält über das Geschehene *nur eine dumpfe* Rückerinnerung.

Das „transzendentale Subjekt" mit dem Über- und Unterbewußtsein.

Der Doppelgänger wird als Phantom sichtbar.

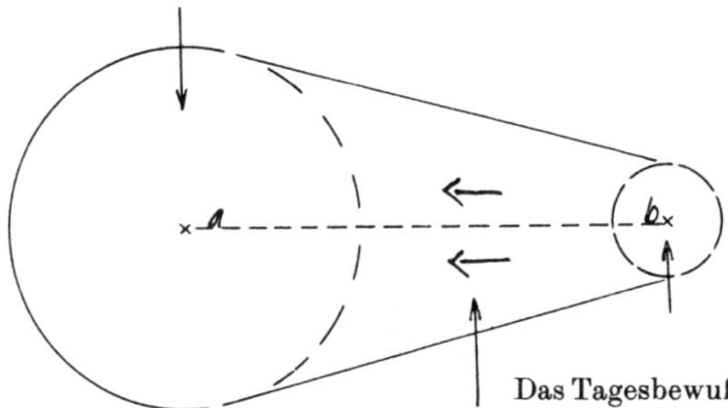

Das Tagesbewußtsein ist nur teilweise und unvollständig beteiligt; der Körper bleibt am Ort.

Die odisch-fluidalen Stoffmassen in Richtung ihrer Ausscheidung.

Erklärung:

Bei der spontanen Ausscheidung kann ein unbewußter Wunsch, zu erscheinen, die Auslösung bewirken. Der abgespaltene Doppelgänger erscheint als gespensterhaftes Phantom, der aber hören, sehen und auch andere Sinneswahrnehmungen besitzen kann. Das Bewußtsein ist nur alternierend, also teilweise beteiligt, weil die Erinnerungsbrücke a—b noch ungenügend erstarkt ist. Das Medium befindet sich im Tiefschlaf.

Beim Erwachen behält das Tagesbewußtsein nur eine dumpfe Ahnung vom Geschehenen zurück, es erinnert sich dessen wie an einen gesehenen Traum. Das Tagesbewußtsein ist an der Willensäußerung nur teilweise beteiligt, etwa als verstärkter Wunsch, der ins Schlafleben mit hineingenommen wurde.

Alle Hausangestellten hatten sie im Laufe dieser 18 Monate doppelt gesehen, anscheinend war ihr Phantom so stofflich, daß sie für alle Personen ohne Unterschied des Alters und Geschlechts sichtbar werden konnte. Aus naheliegenden Gründen ist verständlich, daß die Eltern der Zöglinge Bedenken zu tragen begannen, ob sie ihre Kinder auch weiterhin dort belassen sollten. Eine nach der anderen, die zu den Ferien nach Hause durfte, blieb zur Zeit der Rückkehr aus. Schließlich sank die Zahl der Schülerinnen von 42 auf 12, und die Leitung mußte sich entschließen, entweder das Institut zu schließen oder die sonst tüchtige Lehrerin zu entlassen.

Als Frl. Sagée ihre Kündigung bekam, war sie sehr bedrückt und erzählte, daß sie bereits jetzt zum 19. Mal dieses harte Los über sich ergehen lassen müsse, ohne direktes Verschulden zu empfinden. Sie war zuvor in 18 Schulen aus demselben Grunde entlassen worden. Sie besaß dabei günstige Zeugnisse, weil sie sonst sehr gewissenhaft ihren Pflichten nachging.

Frl. Julie von Güldenstubbe fand sie später, nachdem sie Neuwelke verlassen hatte, in einer Stellung bei der Schwägerin in der Nachbarschaft, wo sie mehrere junge Kinder zu betreuen hatte. Auch hier wußten die Kinder, die im Alter von 3 bis 4 Jahren waren, von ihrer neuen Pflegerin, daß sie „zwei" Tanten Emilie hätten. Später verließ sie diese Stelle und begab sich in das Innere Rußlands, wo man sie gänzlich aus dem Auge verlor".

Ein Rückblick auf diesen sehr interessanten Bericht berechtigt uns zu folgenden Schlußfolgerungen, die für die vorliegende Forschungsarbeit von ausschlaggebender Wichtigkeit sind:

1. Die Halluzinationshypothese findet keine Anwendung, denn 42 Schülerinnen und dazu noch das ganze Dienstpersonal sind Zeugen gewesen, wie das Phantom sich 18 Monate lang wiederholt sehen ließ. Gegen die Halluzination spricht auch der Umstand, daß Frl. Emilie Sagée bereits zuvor an 18 Instituten aus demselben Anlaß ihre Stellung verloren hatte. Selbst die 3- bis 4jährigen Kinder sehen eben zuweilen „zwei Tanten Emilie".

2. Der „odische Fluidalkörper" des Fräuleins spaltete sich vom lebenden Körper ab, blieb aber ganz dicht neben dem lebenden Körper und konnte sich anscheinend davon nicht sehr weit entfernen. Besonders bemerkenswert ist, daß zu Beginn der Abspaltung das Phantom die Bewegungen der lebenden Person wiederholt; erst später gewinnt es immer mehr und mehr an Selbstständigkeit und kann sozusagen ein unabhängiges, eigenes Leben führen.

3. Durch direkte Berührung des Phantoms erfährt man einen, wenn auch geringen Widerstand. Dies dürfte bedeuten, daß das Phantom aus feinstofflichen Massen zusammengesetzt ist, welche jedoch immerhin so dicht sind, daß sie vom Spiegel reflektiert werden. Je stärker das Phantom wird, umso „lebens-unlustiger" und schwächer wird der richtige eigentliche Körper und umgekehrt.

4. Bei Sagée treten die Verdoppelungsmomente spontan auf und sie erfährt darüber nur durch die erstaunten Gesichter der unmittelbaren Umgebung, die sie über das Vorgefallene unterrichten.

Der russische Staatsrat Aksakoff hat im Ausgang des vorigen Jahrhunderts mit einer bewunderungswerten pedantischen Genauigkeit sehr viel Material zusammengetragen, um die Forschungen über die Fähigkeiten der menschlichen Seele zu erleichtern. Wir verdanken ihm auch die nächste Erzählung, die für die weiteren Untersuchungen im Rahmen eines Psychologischen Instituts den Vorzug haben wird, nachweisen zu können, daß der lebende menschliche Körper sich aufzulösen vermag, und zwar so, daß selbst das Knochengerüst auf bisher noch unklare Art seine Festigkeit verliert. Wir kommen auf diese Weise immer näher an die größten Geheimnisse der menschlichen Natur. Aksakoff berichtet folgendes:

P. 90. „Da ereignete es sich, daß im Dezember 1893 bei einer Séance in Helsingfors Mrs. d'Espérance ganz plötzlich ein unerwartetes Phänomen darstellte, welches in mir das lebhafteste Interesse erweckte — ein Phänomen, welches meine Experimente in Gotenburg im Jahre 1890 vollendete und das noch so dunkle Gebiet der Materialisationen mit einem lebhaften Lichte erhellte. Es handelte sich um nichts mehr oder weniger als um eine Dematerialisation des halben Körpers des Mediums, welche durch das Gesicht und das Gefühl bestätigt ward. Das Gebotene war so außergewöhnlich und wichtig, daß ich mich sofort daran begab, alle möglichen Erkundigungen darüber einzuziehen, um mich von seiner Realität zu vergewissern; und um mich schließlich definitiv aufzuklären, erachtete ich es für meine Pflicht, mich selbst nach Helsingfors zu begeben, um eine ganz genaue Untersuchung über die in Rede stehenden Séance anzustellen.

Ich fuhr deshalb im Monat Februar 1894 dorthin. Diese Reise von 14 Stunden mitten im Winter war für mich höchst beschwerlich, da ich infolge meiner Gebrechlichkeit dazu verurteilt bin, während des Winters fast gar nicht mehr auszugehen; aber das Resultat vergalt mir diese Bemühungen vollständig, und ich legte über meine Untersuchungen in einer Reihe von Artikeln Rechenschaft ab, die ich in den „Psychischen Studien" unter dem Titel „Ein epochemachendes Phänomen im Gebiete der Materialisationen" im Jahre 1894 begann und die ich infolge meiner beständigen Kränklichkeit erst gegen Ende des Jahres 1895 vollenden konnte."

Ich glaube mich erinnern zu können, daß ich diese Berichte vor vielen Jahren gelesen habe und daß es mir damals aufgefallen war, daß einer der Anwesenden unter den Sitzungsteilnehmern mit der Hand durch den Körper des Mediums durchfahren konnte bis zur Lehne des Stuhls, ohne auf Knochenwiderstand zu stoßen. Dieser Fall würde sich aber insoweit von dem Phantom der Sagée unterscheiden, man wohl durch das „Phantom" mit der Hand hindurchfahren konnte, nicht aber durch den „lebenden Körper" der betreffenden Person, die das Phantom abspaltet oder aussendet. Wenn es gelänge, derartige Phänomene zu wiederholen und passende Experimentierobjekte zu finden, so wären wir den märchenhaften Legenden einer Unsichtbarmachung des Menschen um ein bedeutendes nähergekommen. Allerdings benutzen die deutschen Sagen bei solchen Phänomenen die Tarnkappe als Hilfsmittel. Edgar Daquée spricht schon darüber, daß die Erzählungen in Märchen und Sagen mitunter auf wahren Begebenheiten beruhen. Oft wird berichtet, daß indische Fakire und Yogis diese Kunst auch jetzt noch beherrschen.

Im Falle Sagée sahen wir, daß die Abspaltung des Doppelgängers, d. h. des „odischen Fluidalkörpers", eine Erschlaffung des lebenden Körpers nach sich zieht. Dies braucht jedoch nicht immer der Fall zu sein. Meiner eigenen Sammlung entnehme ich einen Bericht, den mir die betreffende Person, die das erlebte, persönlich erzählt hat.

P. 91. „Frau E. Müh... in München berichtete mir, daß sie im Jahre 1914 als 14jähriges Mädchen in Walk/Baltikum lebte und dortselbst in ihr Wohnhaus gehen mußte. Im davorliegenden Garten spielte ihre Schwester mit anderen Kindern. Sie trat auf sie zu und forderte sie auf mitzukommen und lief eiligst ins Haus hinein. Erst im Zimmer merkte sie, daß ihre Schwester ihr nicht gefolgt war. Etwa nach einer Viertelstunde ging die Tür auf und die Schwester trat ein, in einer sehr gehobenen und launigen Stimmung, macht ihr im Scherz eine Verbeugung und sagte gut gelaunt: „Hier bin ich!"

„Gleich nachher ist sie plötzlich vor meinen Augen unsichtbar geworden und zerging in nichts". Sie erschrak darüber sehr und lief schnell in den Garten hinaus, wo sie zu ihrem Erstaunen die Schwester harmlos mit anderen Kindern weiterspielen sah. Auf die verwunderte Frage, weshalb sie nicht mitgekommen sei, antwortete sie ganz unbefangen, sie hätte gänzlich darauf vergessen.

Frau Müh... sagt: „Ich kann mich dessen gut erinnern, meine Schwester ganz lebendig im Zimmer vor mir gesehen zu haben. Durch späteres Nachdenken kam mir der Gedanke auf: wenn meine Schwester bereits gestorben wäre, hätte ich die Überzeugung davongetragen, ihr Geist hätte sich mir gezeigt."

Dieser Bericht ist insofern interessant, als der lebendige Körper ohne eine Erschlaffung mit den Kindern weiter spielt, der Zuruf der Schwester wohl gehört, aber vergessen wurde, jedoch, so darf man vermuten, im Unterbewußtsein stecken blieb und dort spontan den Doppelgänger auslöste, wie es etwa Sagée im Garten beim Blumenpflücken tat. Ich glaube nicht, daß hier die Halluzinationshypothese angewendet werden darf.

Der abgespaltete Doppelgänger oder „odische Fluidalkörper" kann jedoch nicht nur sich in den leergewordenen Lehnstuhl setzen oder vor der Schwester in launiger Stimmung Verbeugungen machen, sondern er kann noch viel mehr, wie wir es aus dem Berichte des bekannten Forschers Justinius Kerner: Blätter aus Prevorst. IV. 122 zu hören bekommen.

3. Phase

„BEWUSSTE EXTERIORISATION DES DOPPELGÄNGERS"

Das Tagesbewußtsein ist *voll und ganz beteiligt*

Das „transzendentale Subjekt" mit dem Über- und Unterbewußtsein.

Der Doppelgänger ist als Phantom vollständig materialisiert.

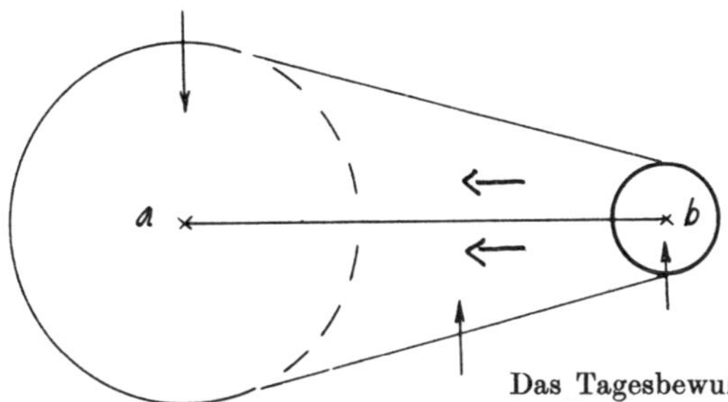

Das Tagesbewußtsein ist sich des Vorganges restlos bewußt; der Körper verbleibt am Ort.

Die odisch-fluidalen Stoffmassen in Richtung ihrer Ausscheidung

Erklärung:

Hier handelt es sich um die indische Großleistung, die sogenannte „Majavi-Rupa". Der Sender befindet sich nicht im Trancezustand und der Doppelgänger ist als Phantom vollständig materialisiert, von einem lebenden Menschen nicht zu unterscheiden. Das Phantom kann sprechen, verstehen und Antworten geben.

Die Erinnerungsbrücke ist gut ausgebaut, und die Kommunikationswege a—b sind erstarkt und gut entwickelt. Um diesen Zustand zu erzielen, bedarf es einer bewußt geschulten Willensanstrengung durch Yogaübung.

P. 92. „Der Landrichter F. schickte einst seinen Schreiber in ein benachbartes Dorf, um dort einen Auftrag auszuführen. Nach einiger Zeit trat der Schreiber wieder ins Zimmer des Landrichters, nahm aus dem Bücherschrank ein Buch und blätterte darin. Überrascht fuhr der Landrichter ihn an, warum er noch nicht fortgegangen, aber bei dieser Frage verschwand die Gestalt und das Buch fiel auf den Boden.

Aufgeschlagen, wie es gefallen war, legte es der Landrichter auf seinen Tisch. Als der Schreiber abends zurückkam und ausgefragt wurde, erzählte er, er sei in Begleitung eines Bekannten gegangen, mit dem er einen botanischen Streit gehabt habe. Er sei seiner Sache so sicher gewesen, daß, wenn er zu Hause wäre, er aus dem Linné die Seite aufschlagen könnte, wo der Beleg für seine Behauptung zu finden wäre.

Es war eben dieses Buch, welches gefallen war, und die Seite, die sich aufgeschlagen hatte."

Dieser Bericht belehrt uns, daß der abgespaltene Doppelgänger sich so fest materialisieren kann, daß er nicht nur vom Landrichter gesehen wird, sondern daß er selbst so stark ist, ein bestimmtes Buch von dem Regal zu nehmen und eine bestimmte Stelle ausfindig zu machen. Der Schreiber hatte nur den heißen Wunsch, den Nachweis zu führen, daß er sich bei dem botanischen Disput nicht irre. Man muß vermuten, daß auch hier keine Erschlaffung des lebenden Körpers eintrat, weil er weiterging und weil das in der Kanzlei Geschehene dem Schreiber selbst unbewußt blieb. Solche Fälle stehen nicht vereinzelt da, doch der sparsame Raum, der mir zur Verfügung steht, erlaubt es mir nicht, darüber noch viele andere Erzählungen zu bringen. Den nächstfolgenden möchte ich jedoch nicht vorenthalten.

P. 93. „Der Schottländer Robert Bruce, damals etwa 30 Jahre alt, diente 1828 als Unterschiffer auf einem Handelsschiff, welches zwischen Liverpool und St. John in Neubraunschweig fuhr. Der Unterschiffer in seiner Kajüte, die an jene des Kapitäns stieß, mittags einst an der Küste von Neufundland in Berechnung der Länge vertieft und mit dem Resultat nicht zufrieden, rief nach der Kajüte des Kapitäns, welchen er daselbst anwesend glaubte: ‚Wie haben sie es gefunden?' Über die Achsel blickend, glaubte er den Kapitän in seiner Kajüte schreiben zu sehen und ging endlich, da keine Antwort erfolgte, hinüber, wo er, als der Schreibende den Kopf hob, ein völlig fremdes Gesicht erblickte, welches ihn starr betrachtete.

Bruce stürzte auf das Verdeck und teilte dem Kapitän dies mit; als beide hinabgingen, war niemand zu sehen, aber auf der Tafel des Kapitäns stand mit einer ganz unbekannten Handschrift geschrieben: „Steuert nach Nordwest!" Man verglich die Schriften aller auf dem Schiff, die schreiben konnten, es paßte keine, man durchsuchte das ganze Schiff, es wurde kein Versteckter gefunden. Der Kapitän, der im schlimmsten Fall einige Stunden verlieren konnte, ließ das Schiff in der Tat nach Nordwest steuern.

Nach einigen Stunden begegnete man einem Wrack mit Menschen, das in einem Eisberg steckte, es war ein verunglücktes, nach Quebeck bestimmtes Schiff, Mannschaft und Reisende in größter Not. Als die Boote von Bruce's Schiff die Verunglückten an Bord brachten, fuhr dieser beim Anblick eines Mannes, der an Gesicht und Anzug ganz dem glich, den er in der Kajüte hatte schreiben sehen, zurück. Der Kapitän ersuchte ihn, dieselben Worte ,,Steuert nach Nordwest'' auf die andere Seite der Tafel zu schreiben, und sieh', es war die gleiche Schrift.

Der Kapitän berichtete, daß der Schreiber um Mittag in einen tiefen Schlaf verfallen sei und nach einer halben Stunde erwacht, gesagt habe: ,,Heute werden wir gerettet!'' Er hatte geträumt, er sei an Bord eines Schiffes, welches zur Rettung heransegle, er beschrieb das Schiff, und als es wirklich in Sicht kam, erkannten es die Verunglückten aus seiner Schilderung. Der Mann erklärte noch, es komme ihm alles bekannt vor, was er auf dem Schiff sehe, das sie gerettet habe, wie es aber zugegangen sei, wisse er nicht.''

Aksakoff hat diese sehr lehrreiche Erzählung in sein Buch ,,Animismus und Spiritismus'' im Band 2 aufgenommen. Man findet sie in der 5. Auflage, Verlag Oswald Mutze, Leipzig 1919, auf Seite 623. In den weiteren dazu gehörigen Notizen steht, daß Mr. Robert Dale Owen in seinem Buche ,,Footfalls'' (Wiederhallende Fußtritte) auf S. 242 die Begebenheit mit allen Details beschreibt. Hier wäre ein weiterer Fall außerkörperlicher Wirkungskraft (Erscheinung und gleichzeitige Kommunikation) einer auf dem Schiffe schlafenden Person, die ein Fahrzeug auf hoher See rettet.

Wenn wir unseren ,,odischen Fluidalkörper'' abspalten und aussenden können und wenn er auf Entfernung Tafel-Aufschriften machen kann, so wird auch die Erzählung des Propheten Daniel, Kap. 5, v. 1—6, verständlicher:

,,König Belsazar machte seinen tausend Gewaltigen ein herrliches Mahl und soff sich voll mit ihnen. Und da sie so soffen, lobten sie die goldenen, silbernen, ehernen, eisernen, hölzernen und steinernen Götter. Eben zur selben Stunde gingen hervor Finger wie einer Menschenhand, die schrieben gegenüber dem Leuchter auf die getünchte Wand in dem königlichen Saal; und der König ward gewahr der Hand, die da schrieb. Da entfärbte sich der König, und seine Gedanken erschreckten ihn, daß ihm die Lenden schütterten und die Beine zitterten...''

Wir haben nunmehr eine kleine Vorstellung darüber gewonnen, daß der Mensch einen ,,odischen Fluidalkörper'' hat. Über die eigenartigen und unbekannten Fähigkeiten dieses Körpers will ich noch die Erfahrungen beifügen, die Dr. Emil Mattiesen gesammelt und systematisch geordnet hat. Aus dem 2. Band seines Buches „Das persönliche Überleben des Todes" entnehme ich aus dem Kapitel „Austritt des Ich mit Wahrnehmung des eigenen Leibes" von 60 Fällen die folgenden:

P. 95. „(7). Mrs. Quentin, eine Bekannte des Professors James Hyslop schreibt: Vier- oder fünfmal habe ich, während ich im Bett lag, die unbeschreibliche Empfindung erlebt, anscheinend von meinem Körper getrennt zu sein. Ich habe dann das Gefühl, daß ich in der Luft schwebe, über meinem Körper hängend, den ich betrachte, und völlig meiner Umgebung mir bewußt. Ich erfahre dann das herrliche Gefühl unbegrenzter Freiheit; doch erscheint eine leichte Anstrengung meinerseits notwendig, um es zu verlängern. Nach einigen Augenblicken überkommt mich ein seltsames Gefühl, das mich veranlaßt zu denken: Ich muß wieder in meinen Körper eingehen. Ich bin überzeugt, daß es mir gelungen ist, diese Zeit der Freiheit durch eine Willensanstrengung zu verlängern, aber nur um kurze Augenblicke, denn ... etwas geht in mir vor, was mich nötigt, allmählich in den Leib wieder einzugehen."

Durville S. 59. Vgl. Baerwald, Okk., S. 286 (Cardanus).

Durch narkotische Mittel, Salben, Einatmung von Dünsten oder Räucherungen, durch schreckhafte Schockwirkungen, Sehnsucht, Liebesbedürfnis und durch eine bestimmte Anordnung von Spiegeln kann eine solche Ausscheidung des „odischen Fluidalkörpers" erleichtert und begünstigt werden. Atemübungen in Verbindung mit einer Gedankenkonzentration können viel dazu beitragen, um ihn vom leiblichen Körper zu lösen.

P. 96. „(20) Eine Fast-Ertrunkene, Miß Nora Aleksander, berichtet von einem Gefühl, als bade sie in einem herrlichen Strom goldenen Lichtes... Sie sagt: ...im nächsten Augenblick trieb ich auf Luft dahin und beobachtete meinen Körper, wie er tief unten von den Wogen umhergeworfen wurde, aber ohne Anteilnahme an ihm..."

OR 1907, 297f.

In den meisten Fällen können wir uns solcher Aufspaltungen nicht erinnern, denn die Vermutung liegt nahe, daß wir während des Traumlebens sicher desgleichen Erlebnisse durchmachen. Der nächstfolgende Fall ist beachtenswert, weil die betreffende Person den Vorfall besonders gut im Gedächtnis zurückbehalten hatte. Mattiesen schildert ihn folgendermaßen:

P. 97. „(22) An einem Wintertage, während der Nachbar mit einer Holzladung auf seinem Schlitten heimkehrte, schoß ein Jäger seine Flinte nach einem Kaninchen ab. Die Pferde sprangen an, gaben dem Schlitten einen Ruck und warfen den Fahrer mit dem Kopf voran zu Boden. Er sagte, daß er, auf der Erde angelangt, sogleich sich bewußt war, aufrecht zu stehen, und daß er seinen anderen (leiblichen) Körper reglos neben der Straße liegen sah, mit abwärts in den Schnee gekehrtem Gesicht. Er sah den Schneefall rings umher, sah den Dampf von den Pferden aufsteigen, sah den Jäger auf ihn zueilen. Alles dies war ganz wahrheitsgetreu; aber was ihn völlig verwirrte, war, daß er zweimal da war, denn er glaubte alles, was geschah, gleichzeitig von einem anderen wirklichen Leibe aus zu beobachten. Als der Jäger herankam, schien sich alles zu verdunkeln. Der nächste bewußte Eindruck war, daß er auf dem Boden lag und der Jäger Wiederbelebungsversuche an ihm machte. Was er von seinem Astralleibe aus gesehen hatte, war so wirklich gewesen, daß er nicht glauben konnte, es seien da nicht zwei fleischliche Körper gewesen; ja er fühlte sich genötigt, an der Stelle, wo er wußte, daß er gestanden hatte, im Schnee nach Spuren zu suchen"

Muldoon 15f.

Die Erfahrung belehrt uns, daß z. B. Chloroform eine solche Spaltung begünstigt. Das Verhältnis des „odischen Fluidalkörpers" zu unserer materiellen dreidimensionalen Welt ändert sich wesentlich, so ist z. B. das Erfassen von Gegenständen erschwert. Man findet im nächsten Bericht eine Bestätigung dessen, daß der ausgeschiedene Odkörper die Fähigkeiten des Denkens behält und auf keine Weise an die Gehirnmassen gebunden ist.

P. 98. „(25) Dr. Franz Hartmann behauptet, unter der Einwirkung des Chloroforms beim Zahnarzt sich neben dem Operationsstuhl stehend gesehen zu haben, in welchem sein Körper lag. Er sagt: Ich erschien mir selbst als dieselbe Person, wie in meinem normalen Zustand. Ich sah alle Gegenstände im Zimmer, hörte alles, was gesprochen wurde. Als ich versuchte, eins von den Instrumenten auf einem kleinen Tisch neben dem Stuhle aufzuheben, war ich dazu nicht imstande, da meine Finger hindurchgingen. Ähnliches habe ich oft erlebt."

Bei Durville, S. 88ff. OR 1908, S. 160.

Wenn sich die Mediziner diesen Erscheinungen mehr zuwenden würden, so könnte man in den chirurgischen Abteilungen durch Befragen des Patienten oftmals wertvolle Bestätigungen finden. Ich bitte den Leser, besonders dem Umstand Beachtung zu schenken, daß die Überlegungsgabe, aus dem fleischlichen Körper verdrängt, nunmehr in den Odkörper verlegt ist.

P. 99. „(27) Herr Roger v. C.... berichtet, daß er während einer Operation den Saal, die Landschaft vor dem Fenster, das Sonnenlicht auf ihr betrachtet habe, wobei er sich in seinem „Leibe" freischwebend fortbewegte. Dann sah er die an der Operation Beteiligten, den operierten Leib, seinen mit einem Tuch bedeckten Kopf und hörte die Gespräche des Arztes und seiner Gehilfen. Der Arm des Chirurgen ging durch mich hindurch.. Ich fühlte mich getrieben, das verdeckte Gesicht anzusehen. Es erschien mir sehr bekannt. Mir kam der Gedanke, daß der Leib mir gehöre, daß ich sein Herr und Eigentümer sei. Diese Vorstellung wurde mir bald zur festen Überzeugung. Der Körper kam allmählich zu sich... mich zog ein unwiderstehliches Verlangen, von ihm Besitz zu ergreifen.. Es war mir... wie wenn er ein Teil von mir selbst sein würde. Plötzlich vergingen mir die Sinne, die Gestalten im Saal verschwanden vor meinen Augen, und ich wurde bewußtlos. Als ich wieder erwachte, lag ich im Bett und litt furchtbare Schmerzen, die Folgen des (operativen) Eingriffs.

Durville: S. 88ff.

Es ist grundlegend falsch, diese Zustände als krankhaft zu bezeichnen, wie sie auch bei den indischen Fakiren und Jogis nicht als krankhaft angesehen werden. Es ist ein Nachteil der heutigen geistigen Entwicklung, daß diese für die Menschheit wichtigen Gebiete immer noch vernachlässigt werden. Man wundert sich über das Vordringen materialistischer Weltauffassung, tut aber nichts oder nur sehr wenig dagegen, um einen Riegel vorzuschieben. Der mir zur Verfügung gestellte Raum erlaubt es mir nicht, etwas eingehender auf dieses wichtige Gebiet einzugehen. Abschließend will ich noch einen Fall zur Sprache bringen, der das Verhältnis zwischen dem physischen und dem odischen Fluidalkörper zu dieser uns umgebenden dreidimensionalen Welt zeigt.

P. 100. „(47) Eine Selbstbeobachtung vom Mme. Eugénie Garcia lautet: Das erstemal, als ich mir meiner Hellsinnigkeit im Zustand der Hinausversetzung bewußt war, erlebte ich folgendes: Ich sah mich auf einmal aufrecht an der Stelle, wo man mich eingeschläfert hatte, ich hatte doch im Stuhl gesessen und nun hatte ich mich aufgerichtet, ohne es zu merken! Ich betrachtete mich: ich war ganz leuchtend und durchsichtig, leicht wie eine Feder. Plötzlich wurde ich meinen (fleischlichen) Leib gewahr, der unbeweglich im Lehnstuhl ausgestreckt lag. Vier Personen umgeben ihn und betrachten ihn aufmerksam. Ich sehe ihn mir auch an, wie die andern alle... Er erscheint mir ganz durchsichtig, ich sehe in sein Inneres hinein. Zugleich glaubte ich die Gedanken meines Magnetiseurs zu lesen. Nachdem ich mich selber genügend betrachtet hatte, besah ich mir die Umstehenden. Sie erschienen mir so wie im wachen Zustand, nur waren sie alle durchsichtig... Darauf besah ich mir die Umgebung, aber statt undurchdringlicher Möbel und Mauern erblickte ich lauter durchsichtige Dinge, alles war wie Glas. Ich sah auch die Wohnung unseres Nachbarn und die Personen darin, als wenn wir uns in einem Haus von Kristall befänden. Dann kam mir der Gedanke, mich ein wenig im Freien zu ergehen. Ohne meinen Leib aus den Augen zu verlieren, wurde ich ebenso schnell, wie man seine Gedanken von einem Ort auf den anderen richtet, von einem Ende von Paris nach dem andern entrückt. Ich sah die Häuser, die Leute und Wagen, aber alles durchsichtig wie Glas... Auf einmal fühlte ich eine heftige Erschütterung und fand mich mitten im Zimmer wieder, das ich verlassen hatte. Ich unterschied noch undeutlich meine beiden Körper, aber nach und nach wurde es dichter und schwerer um mich her, und ich sah nichts mehr, man weckte mich". Ähnliche Erfahrungen soll die Dame mehrere hundert Male erlebt haben.

Dr. Emil Mattiesen bringt in seinem dreibändigen Werke ungefähr 60 Fälle von dieser Art „Bilokation" oder „Exkursion" des odischen Fluidalkörpers. Der volkstümliche Charakter des vorliegenden Werkes verlangt, daß ich alle diejenigen Ausdrücke vermeide, deren Bedeutung man sonst in einem nebenbeiliegenden Nachschlagebuch nachlesen müßte. Alle, die ein gesteigertes Interesse für diese Phänomene haben, verweise ich auf das Buch von Gurney, Myers u. Podmore: „Phantome Lebender". Sie finden dort zusätzlich nahezu 900 gut beglaubigter Fälle der verschiedensten Art.

Um die Ausführungen über Parapsychologie abzuschließen, muß ich mich noch der Telekinese und den Materialisationen zuwenden. Nach allem bisher Gesagten dürfte dies nicht allzu schwer werden, zumal ich hier und dort derartige Fälle bereits einige Male gestreift habe. Wenn man an medialen Seancen teilnimmt, werden die Phänomene um so leichter eintreten, je einmütiger und vorgebildeter der daran teilnehmende Kreis ist. Skeptiker, Kritikaster und Gegner verderben die Voraussetzungen, weil das Medium sehr sensitiv für alle Gedanken der Anwesenden ist und ohne weiteres diesen gegen sie gerichteten Gedankenstrahl empfindet. Sie können sich dabei selbst sehr gut ausmalen, wie angenehm es sein muß, sich in einer Gesellschaft zu befinden, in der man sozusagen als Betrüger und Lügner empfunden wird. Man soll sich darum nicht wundern, daß bei diesen Skeptikern, wenn sie an Seancen werden teilnehmen können, die Phänomene vollständig ausbleiben oder nur sehr schwach zum Ausdruck kommen.

DR. MED. ALBERT FREIHERR VON SCHRENCK-NOTZING

geb. am 18. Mai 1862 in Oldenburg,
gest. am 12. Februar 1929 in München,

war Verfasser vieler klassischer Werke über parapsychologische Erscheinungen. Bekannt wurde er durch seinen Einsatz im Kampf für die Anerkennung der am meisten umstrittenen Materialisationsphänomene. Schrenck-Notzing wirkte in München und hatte gegenüber seinen wissenschaftlichen Gegnern einen schweren Stand, da in der zweiten Hälfte des vorigen Jahrhunderts seinen neuen Forschungsergebnissen wenig Verständnis entgegengebracht wurde.

Einen Nekrolog mit Würdigung seiner Forschertätigkeit findet man in der „Zeitschrift für Parapsychologie" vormals Psychische Studien im Verlag Mutze Leipzig. Siehe Heft 4 vom 1. April 1929.

Das Fernwirken und die Telekinese

Die Bewegung von Gegenständen außerhalb der normalen Reichweite des Mediums hat die Bezeichnung „Telekinese" erhalten. Freiherr von Schrenck-Notzing experimentierte in den zwanziger Jahren im Psychologischen Institut der Münchener Universität und veröffentlichte die Ergebnisse seiner Untersuchungen unter dem Titel „Experimente der Fernbewegung", erschienen 1924 in der Union Deutsche Verlagsgesellschaft, Stuttgart-Berlin-Leipzig. Diesem Werk entnehme ich einige Berichte, so z. B. die von Dr. Leo Graetz, Prof. der Physik an der Universität München, der an den Sitzungen bei Schrenck-Notzing am 5. und 11. Mai 1922 teilnahm und darüber auf Seite 124 folgendes berichtet:

P. 101. „Abends am 5. Mai 1922 wurden von mir folgende Tatsachen beobachtet: In einem durch rotes Licht sehr schwach beleuchteten Zimmer befanden sich mit mir 3 Damen und 5 Herren, die in einem ungefähren Halbkreis sitzend, durch Fassen der Hände einen Zirkel bildeten. In einem verschlossenen, mit Musselin bespannten Käfig, der nur an der Vorderwand einen Ausschnitt in Sitzhöhe für Hände und Kopf hatte, saß das Medium, dessen Unterarme von dem neben mir sitzenden Herrn gehalten wurden, während ich die beiden Hände des Mediums mit meiner rechten Hand hielt und ganz bestimmt während der Dauer der Beobachtung in meiner Hand fühlte, und zwar jede getrennt. Im Halbkreis, anfangs etwa 1 m von dem Käfig entfernt, befand sich ein ziemlich schwerer Tisch, etwa 15 kg schwer, auf dem eine Glocke, eine Spieldose und eine Harmonika lagen. Auf dem Tisch waren phosphoreszierende Bänder mit Reißnägeln befestigt. Die Beleuchtung war so gering, daß man nicht die Gesichter seiner Nachbarn erkennen konnte, geschweige denn die der weit weg sitzenden Personen. Dagegen konnte ich durch die phosphoreszierenden Substanzen die Lage des Tisches und der Glocke sehen. Alle einzelnen Teilnehmer hatten leuchtende Bänder an den Armen oder Nadeln (mit leuchtenden Köpfen) in den Kleidern, und dies konnte ich trotz der Dunkelheit bis zu den entferntest von mir sitzenden Personen erkennen. Das Medium trug selbst solche Armbänder.

Ich bekam zu sehen wie: 1. Der Tisch zu mehreren Malen gekippt wurde, was durch Beobachtung der Leuchtbänder erkannt werden konnte. Er fiel dann wieder zurück, wobei seine Füße laut auf den Boden schlugen. Es war keine der Personen am Tisch.

2. Der Tisch wurde darauf von seinem Platz kräftig verschoben und hin und her gerüttelt, so daß die auf ihm liegenden Instrumente deutlich zusammenschepperten. Es schien mir, daß er von dem Käfig fortbewegt wurde.

3. Die Glocke, die Spieldose und die Harmonika wurden dann von dem Sitzungsleiter auf den Boden gestellt. Die Glocke war durch Leuchtfarbe sichtbar. Ihre Entfernung von mir oder dem Medium konnte beim schwachen Licht nicht geschätzt werden. Die Lage der Spieldose war unsichtbar. Die Glocke wurde mehrmals deutlich in die Höhe gehoben und von ihrer Stelle hin und her geschoben, wobei sie klang.

4. Die Spieldose war vorher aufgezogen gewesen und in einem Moment fing sie an zu spielen. Auf mein Kommando „Aufhören" hörte sie auf, auf das Kommando „Anfangen" spielte sie wieder, und dieses auf Kommando fünf- bis siebenmal. Während dieser Zeit spürte ich immer die Hände des Mediums in meiner rechten Hand. Bei meinem Kommando wurde meine Hand von den Händen des Mediums fest gedrückt, aber nicht immer im Momente, wo ich das Kommando gegeben hatte, sondern einige Male, wie ungeduldig, schon vorher.

5. Der schwere Tisch mit den Musikinstrumenten wurde dann von dem Sitzungsleiter in ein (durch Vorhang abgeteiltes, sogenanntes) „Kabinett" geschoben und ein leichter Tisch mit einer sehr schwach rotleuchtenden Stehlampe in den Zirkel gestellt. Unter denselben Umständen wurde die rote Lampe mehrfach leicht hin und her verschoben.

„WIE KOMMT DIE TELEKINESE ZUSTANDE"?

Bewegung von Gegenständen in medialen Seancen

Aus dem Körper des Mediums entwickeln sich odisch-fluidale Greifarme (Schrenck-Notzing).

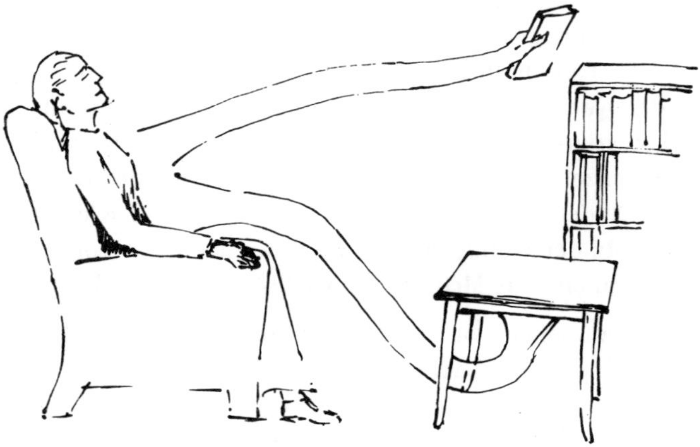

Erklärung:

Diese klebrigen Stoffmassen sind zu Beginn nebeliger Natur, sie können sich aber später zu einer festeren Materie verdichten und werden dann als „Teleplasma" oder „Hektoplasma" bezeichnet.

Meist erscheinen die Stoffmassen dichter und stärker, je tiefer das Medium sich im Trancezustand befindet und die Fähigkeiten entwickelt, sie anzusammeln und von sich auszuscheiden. Sie besitzen die merkwürdige Eigenschaft, verschiedene zweckmäßige Formen anzunehmen, angefangen von rüsselartigen Gebilden bis zur verfeinerten Fünffingerform, um damit Gegenstände wie z. B. Bücher, Leuchter usw. zu erfassen. Mit dem Erwachen des Mediums aus dem Trancezustand verflüchtigen sich diese odisch-fluidalen Massen, und an dem Vorgang der Telekinese verbleibt keine Erinnerung.

Nach einer Pause, in welcher das Zimmer verlassen wurde, begann die Sitzung wieder. Im folgenden Teil hielt ich die Hände des Mediums nicht mehr, sondern saß entfernt von ihm neben dem Sitzungsleiter, doch konnte ich seine Arme infolge der Leuchtarmbänder dauernd sehen. Der kleine Tisch mit der roten Lampe stand ungefähr $^3/_4$ m von mir etwas nach links heraus aus der Richtung von mir zum Medium. Die weiteren Beobachtungen ergaben folgendes:

6. Unterhalb der Lampe etwas von dem Tische entfernt sah ich etwas voll Beleuchtetes von der Dicke eines Unterarmes, aber etwa 10—15 cm lang, sich mehrmals hin und her bewegen: Das Bewegte hatte die Form etwa eines Armstumpfs, konnte aber auch ein Stück weichen Stoffes oder dergleichen oder auch eine Art Nebel sein. Dieses Phänomen zeigte sich mehrere Male, aber jedesmal nur etwa 1 bis 2 Sekunden lang.

7. Ein Taschentuch, welches der Sitzungsleiter auf den Boden in die Nähe des Tischchens gelegt hatte, schwebte plötzlich in der Nähe der

Lampe auf und nieder und seitlich hin und her. Das Taschentuch hatte dabei die Form, wie wenn innen ein Körper, z. B. eine Hand oder ein Finger steckte. Es bildete oben eine abgerundete Spitze und fiel von dieser in Falten herunter."

Dies sind die Beobachtungen, die „subjektiv" durchaus den Eindruck einer neuen, unerklärlichen Tatsache erwecken.

Objektiv wird jeder nicht anwesende Beobachter folgende Möglichkeiten vorbringen:

1. das Medium hat die Gegenstände direkt oder indirekt bewegt,
2. einer der Teilnehmer hat mitgewirkt,
3. die Phänomene beruhen auf Suggestion, sind gar nicht wirklich.

Das Medium Willy Schneider

Aufnahme aus Ebersberg, wo er als Dentist tätig war.

Er und sein Bruder Rudi galten als begabte Medien, mit denen Freiherr von Schrenck-Notzing in der Zeit von 1923 bis zu seinem Tode 1929 in München experimentiert hat.
Schrenck-Notzing: „Experimente der Fernbewegung" (Telekinese). Union Deutsche Verlagsgesellschaft, Stuttgart—Berlin—Leipzig.

Der Kreis um Schrenck-Notzing experimentierte mit dem Medium Willy Schneider, der noch sehr jung war und über manche Dinge kindliche Ansichten hatte. Wie die seelische Verfassung solcher Medien ist, darüber berichtet ein weiterer Teilnehmer, General a. D. Josef Peter, der mit Willy Schneider etwa 50 Sitzungen gehabt hat und in 25 Fällen als Hauptkontrolle eingeschaltet war. Er gibt folgende Beschreibung:

Nach den Sitzungen zeigte Willy keine besondere Ermüdung. Er war ruhig und etwas benommen, erholte sich aber rasch, und auf dem Heimweg wurde er munter und gesprächig und belustigte sich im Winter mit Schneeballwerfen. Die Müdigkeit kam erst später, wenn er daheim war. Er konnte stundenlang nicht schlafen und war mitunter noch am folgenden Tage müde und abgespannt. Während der Sitzungen war er sehr für Gesang und Musik eingenommen, für edlere Musik hatte er jedoch kein Verständnis. Volkslieder, patriotische Lieder, Gassenhauer, Märsche und Tänze sind ihm die willkommensten Darbietungen. Je stärker der Lärm, desto besser kommt das Medium in Stimmung.

Das Medium Rudi Schneider

Die Brüder Schneider sind Österreicher und wurden auch nach England und Frankreich eingeladen, um zahlreichen Gelehrten zwecks Studium vorgestellt zu werden. Beide Bilder stammen aus dem Jahre 1930 und sind aus der persönlichen Sammlung Frl. Gerda Walther hier erstmalig veröffentlicht.

Schrenck-Notzing: „Die Phänomene des Mediums Rudi Schneider". Verlag Walter de Cruyter u. Co., Berlin—Leipzig 1933.

Auch General Peter war bemüht, für diese sonderbaren Bewegungen von Gegenständen, die auf Kommando hören, eine Erklärung zu geben.

Er spricht die Vermutung aus, daß es bestimmte „Kraftfelder" geben müsse, in denen sich diese merkwürdigen Phänomene abwickeln können. Übrigens benutzt auch Frau Dr. med. Dora Rohlfs denselben Ausdruck „Kraftfelder" in ihrem Werke „Irrationales und rationales Erkennen", in welchem sie ihre medialen Erlebnisse schildert. Das Buch ist 1950 in der Universitäts-Buchdruckerei Wolf & Sohn, München, erschienen.

Zu den telekinetischen Vorgängen darf man wohl auch solche rechnen, in denen transzendentale Kräfte bewußt in Bewegung gesetzt werden, um bestimmte Handlungen auszuführen. Du Prel's Buche „Die monistische Seelenlehre, ein Beitrag zur Lösung des Menschenrätsels", 1926, Max Altmann, Leipzig, S. 311, entnehme ich folgende Berichte:

P. 102. „Die Somnambule K. aus Dresden konnte die Nadel des Kompasses einmal um 7°, ein andermal um 4°, und zwar mit viermaliger Wiederholung des Experiments, ohne allen Gebrauch der Hände, durch ihren bloßen Willen, mittels Fixierung des Blickes auf die Nadel, ablenken."

Mitteilungen über die Somnambule K. in Dresden, S. 115, 116, 318.

P. 103. „Die Somnambule Prudence Bernard aus Paris konnte auch in einer öffentlichen Sitzung in London die Nadel des Kompasses durch bloßes Hin- und Herdrehen ihres Kopfes beeinflussen, indem diese den Bewegungen folgte. Herr Brewster, der Sohn des Physikers, und zwei andere Herren aus dem Publikum vertraten die Stelle der Geschworenen. Der Bericht darüber ist in der englischen Zeitschrift „Britannia", Gaglianis Messenger vom 13. Oktober 1851 abgedruckt gewesen."

Schopenhauer: „Der Wille in der Natur", S. 103.

Du Prel schreibt weiter, daß dasselbe Phänomen später von den Professoren Fechner und Erdmann in Leipzig durch eine Frau Ruf wiederholt wurde. Prof. Zöllner machte durch das Medium Slade dieselben Erfahrungen.

Bei dieser Gelegenheit will ich den Fall (s. S. 368), des Schottländers Robert Bruce nochmals erwähnen. Es sei mir zur Verdeutlichung ein Vergleich gestattet. Nehmen wir an, der Schottländer hätte nicht nur den fremden Mann, sondern auch den Moment, als dieses Phantom mit der Kreide die Aufschrift ausführte, gesehen. Während dieser Betrachtungen würden die hellseherischen Fähigkeiten plötzlich nachlassen und die letzten Worte nur durch das sich bewegende Kreidestück sichtbar geblieben sein, weil die zuvor materialisierte Hand inzwischen gänzlich verschwunden wäre. Wir haben hier eine ausgesprochene Fernwirkung eines noch am Leben befindlichen Mannes, der in Lebensgefahr schwebt und dessen Empfindungswelt mit größter Willensstärke auf einem Rettungsgedanken zugespitzt ist. Um solche Erscheinungen der Fernbewegungen zuwegezubringen, ist es wichtig, daß sich die Wunschgedanken mit einem starken Willen verbinden. Meist ist in solchen Fällen die seelische Pein und die Sorge um die anderen das auslösende Moment. Der zugespitze Rettungswunsch vermochte soviel Kräfte zu mobilisieren, daß auch die Kreide erfaßt werden konnte, die neben der Tafel lag. Interessant ist dabei die Gegenüberstellung des Doppelgängers der französischen Erzieherin Emilie Sagée (s. S. 359), wo die Kreide sich in der Hand des Phantoms nicht materialisierte, was aber bei einer gewissen Anstrengung hätte eintreten können.

Während das Medium Willy Schneider die Telekinese zustande bringen kann, wenn er im Trancezustand liegt, ist dies in einigen Fällen nicht unbedingt notwendig. So verfaßte z. B. Ingenieur G. Gessmann einen Artikel über „Seltsame okkulte Erlebnisse in Brasilien". Es gelang ihm bei seinem Freunde ein medial begabtes und sehr sensibles Mädchen, ausfindig zu machen, mit dem er telekinetische Experimente in einem sogenannten „Wachtrance-Zustand" durchführen konnte. Er berichtet darüber:

P. 104. „An einem brasilianischen Sommerabend saßen wir drei, das Medium, eine Viertelmulattin I. M., mein Freund und ich, im Mondschein auf einer Gartenbank. Das Medium forderte mich auf, weitere Experimente mit ihr anzustellen und die Aussendung ihres Doppelgängers zu versuchen, weil angeblich die augenblicklichen Voraussetzungen beim Mondschein sehr erfolgversprechend wären. Ich versetzte sie darauf (durch Suggestion) in das Haus ihres Schwagers, der in derselben Stadt lebte, und forderte sie auf, sich dortselbst ihrer Schwester bemerkbar zu machen, indem sie nach örtlicher Landessitte laut in die Hände klatschen möge. Dieses Vorhaben gelang ausgezeichnet, das Medium lachte herzlich über den plötzlichen Schreck ihrer Schwester; sie sah auch ihren Schwager in der Zeitung lesen sowie die kleinen Neffen im Bett. Als sie mir über den Erfolg berichtete, war ich gewillt, sofort einen nochmaligen Versuch zu wiederholen mit der Variation, diesesmal ihre Schwester anzusprechen, um sie vom Schreck zu beruhigen. Wieder erschien der Doppelgänger des Mediums, unsichtbar für die Augen der Schwester und des Schwagers, in der entfernten Wohnung und bat laut und vernehmbar um Entschuldigung für das vorherige überraschende Händeklatschen. Das Staunen der beiden Verwandten war noch größer als zuvor, weil beide die Sprechende nicht sahen. Der Schwager stand sofort auf und blickte durch das offene Fenster in den Vorgarten, um den Gast zu suchen. Sie riefen hinaus, warum sie zu einer so späten und ungelegenen Stunde käme und warum sie im Garten sich versteckt habe? „Das wären doch dumme

Scherze", meinte die Schwester schließlich. Das Phantom antwortete ihr auf diese Bemerkung, daß sie sofort hinüberkommen würde und man möge sie doch erwarten.

Die drei genannten Personen fuhren sofort mit dem Kraftwagen an die Peripherie der Stadt, um sich persönlich zu überzeugen, daß alles, was eben durch Fernwirken erzielt worden war, sich auch wirklich zugetragen habe. Sie fanden die erschreckten Gesichter der erstaunten Verwandten, die sich nicht erklären konnten. Stimmen zu hören und vor allem Händeklatschen zu vernehmen, ohne daß jemand dabei wäre. Sie bestätigten auch alles das, was das Medium mit ihrem Doppelgänger gesehen hatte, die schlafenden Kinder, den lesenden Schwager, das Hinausrufen in den Garten usw."

Zeitschrift „Vorschau", November 1945, Verlag Rudo Spring, Zürich 8.

Aus diesem Bericht ist ersichtlich, daß man nicht unbedingt in einer Tieftrance liegen muß, um den Doppelgänger auszusenden. Die Halbmulattin erhielt unter dem Einfluß des Mondes die Voraussetzung, ein solches parapsychologisches Phänomen im sogenannten „Wachtrance-Zustand" durchzuführen. Wir haben hier also Fernwirkungen durch lautes Händeklatschen und lautes Sprechen auf große Entfernungen kennen gelernt.

Daß man im Traumzustand als Aufnahmestation für Sendungen dieser Art noch viel empfänglicher ist, versteht sich von selbst, weil das Tagesbewußtsein ausgeschaltet ist und der innere Mensch viel aufgeschlossener und ungestörter in der transzendentalen Welt steht. Ich greife wieder aus der Sammlung du Prel's einen Fall auf, der dem Buche „Entdeckung der Seele", 2. Band, 1922, S. 284, entnommen ist. Er bestätigt nur, daß der eben erzählte Fall keineswegs vereinzelt dasteht.

P. 105. Pfarrer Renaud besuchte manchmal den schwindsüchtigen Daniel Kieffer. Einst wurde der Pfarrer von einer Stimme geweckt, die er als die Daniels erkannte und die ihn aufforderte, zu kommen. Er stand auf, machte Licht, legte sich aber nieder, da es ihm lächerlich vorkam, um Mitternacht einen Besuch zu machen. Eine Stunde darauf wiederholte sich der Vorgang, der Pfarrer schlief aber wieder ein. Ein drittes Mal wurde die Stimme vorwurfsvoll und dringend, so daß er zum Kranken hinging, der ihn mit den Worten empfing, er rufe nach ihm seit zwei Stunden.

Perty: Die mystischen Erscheinungen, II, 124.

In einer anderen Serie der du Prel'schen Sammlung: „Die monistische Seelenlehre" 1926, S. 310, ist die Fernwirkung insofern bemerkenswert, als sie von einem bereits Verstorbenen herrührt und sich dabei eine unverkennbare Identität feststellen läßt:

P. 106. „Baron R. hatte die Gewohnheit, sowohl sich selbst als auch anderen von Zeit zu Zeit die Haare vom Nacken kopfaufwärts zu streichen. Einem Freunde, der sich das mehrmals und schließlich ernsthaft verbat, entgegnete der Baron, er würde ihm, ob er es nun leiden würde oder nicht, das Haar noch einmal in die Höhe streichen, und wäre es selbst in der Stunde seines Todes. Damit war die Sache lachend abgetan. Ein paar Jahre später erkrankte der Baron, ohne daß der Freund darum wußte, der aber einen Schrei ausstieß, als ihm eine kalte Hand die Haare mit den Worten in die Höhe strich: ‚So stirbt man'! Er war sich der Bedeutung dieses Zeichens gleich bewußt, notierte die Stunde und erhielt nach acht Tagen die Todesnachricht mit genauer Übereinstimmung in der Zeit."

Horst: Deuteroskopie, II, 135.

Die Aufzählung solcher Vorfälle könnte man beliebig fortsetzen. Man denke an die vielen Erzählungen, in denen die Uhr stehen blieb oder das Bild von der Wand fiel und dieses Geschehen mit der Todesstunde eines nahen Verwandten oder eines lieben Menschen übereinstimmte. Meine Aufgabe ist damit erschöpft, daß ich den Leser darauf aufmerksam mache und derartige Vorgänge in den Rahmen der parapsychologischen Forschung einordne.

Materialisation und Dematerialisation

Zu den sonderbarsten und schwer erklärbaren Phänomenen gehören die Materialisationserscheinungen, die gewöhnlich mit einer Ideoplastik beginnen. Aus dem Körper des Mediums treten während der Sitzung unbekannte Stoffe aus, sie kommen aus der Nase, aus dem Munde, werden direkt aus der Haut herausgeschwitzt, oft auch aus dem Unterkörper, sind dunstiger, chiffonartiger Natur und fühlen sich klebrig und kalt an. Diese stoffähnlichen Massen entsprechen anscheinend dem, was man bisher „Od" genannt hat, weichen jedoch verschiedentlich davon ab und tragen darum die Bezeichnung „Teleplasma" oder „Hektoplasma". Freiherr von Schrenck-Notzing hat sich viel mit diesen Erscheinungen befaßt, darum sind seine Werke für diese Erscheinungen am ergiebigsten. Im Jahre 1914 erschien sein Beitrag zur Erforschung der mediumistischen Teleplastie unter dem Titel: „Materialisationsphänomene" mit 150 Abbildungen und 30 Volltafeln. Schrenck-Notzing wurde darauf seitens der Wissenschaft scharf angegriffen und gab darum ergänzend seine Verteidigungsschrift „Der Kampf um die Materialisationsphänomene" heraus.

P. 107. Auch ich hatte in Reval Gelegenheit, während einer medialen Sitzung die Bildung eines solchen Teleplasmas gut zu beobachten. Ich hatte durch Prof. Blacher aus Riga das Medium Frau L. W. nach Reval einladen können. Nachdem sie von Oberst Luik magnetisiert wurde, trat sie in den Kreis der Versammelten, wir schlossen die Hände zu einer Kette, und ich konnte unmittelbar an ihrer rechten Seite Platz nehmen. Nach einer kleinen Zeitspanne bat sie, man möge ihr Wasser reichen, um die Hände anzufeuchten, ich verabfolgte ihr eine ganz geringe Menge. Sie begann darauf ihre Hände gegeneinander zu reiben und zog sie später immer mehr und mehr auseinander. Ich konnte bei der herrschenden Beleuchtung im Halbdunkel sehr gut einen Strang sehen, der aus der Mitte einer Handfläche in die Mitte der anderen sich zog und direkt aus der Haut zu kommen schien. Es wurde mir gestattet, den Faden anzufassen, an ihm hin und herzuzerren, um mich davon zu überzeugen, daß er nicht irgendwie aus bekannten künstlichen Stoffen sei. Der Fadenstrang war an der Handoberfläche wie angewachsen und so straff gezogen wie die angespannte Saite eines Musikinstruments. Kamen die beiden Hände einander näher, so bildete sich keine nach unten hängende Schleife, sondern der Strang wurde sofort kürzer und dicker, eine eigenartige Erscheinung, die mir neu war. Der Faden fühlte sich klebrig an, so daß meine Finger daran leicht anhafteten. Das Medium forderte mich auf, einen Bleistift an diesen Strang zu legen, dieser blieb daran hängen, als ob er angeklebt wäre. Das Entfernen des Stifts war insoweit mit gewissen Anstrengungen verbunden, als er auf keine Weise sich leicht lösen ließ, man mußte ihn bis zu der eigenen Spitze abgleiten lassen, um ihn dann mit einem kleinen Ruck vom teleplasmatischen Strang abzuziehen.

P. 108. In einer anderen medialen Sitzung mit dem Medium L. W. aus Riga hatte ich Gelegenheit, die Materialisation eines Kirchenlichtes gut zu beobachten. Das Medium saß neben mir mit kurzen Ärmeln, es herrschte stark gedämpftes Licht, Knie und Füße wurden durch angebrachte Leuchtschilder kontrolliert. L. W. begann bestimmte Handbewegungen zu machen und knetete zuerst aus den Handflächen hektoplasmatische Massen, aus denen später ein 30 bis 40 cm langes Kirchenlicht entstand, wie sie in den griechisch-orthodoxen Kirchen bei den Messen gebraucht werden. Es geschah sehr schnell und verlief unmittelbar vor meinen Augen. Um die Halluzinationshypothese auszuschalten, durfte ich die Hälfte dieser Kerze zum Andenken behalten, die andere Hälfte bekam der Nachbar von der anderen Seite des Mediums, sie unterschied sich auf keine Weise von den gewöhnlichen, die im Verkauf sind. An dieser Séance nahmen etwa 15 Personen teil, die einen Kreis bildeten und einander fest an den Händen hielten. Ich war mir dessen voll bewußt, daß ich leicht in Verdacht kommen könnte, mit dem Medium bei allen diesen Manipulationen unter einer Decke zu stecken. Das Kerzenstück hatte ich viele Jahre aufbewahrt, und es demateralisierte sich nicht."

Diese hektoplasmatischen Fäden sind, wie bereits gesagt, aus einem ganz unbekannten Stoff, welchen die Wissenschaft noch nicht kennt. Prof. Blacher, mit dem ich diese Jahre in einer engen Arbeitsgemeinschaft stand, hatte einmal mit Erlaubnis des Mediums mit der Schere ein Stück von diesem Strang zwischen beiden Händen herausgeschnitten, was dem Medium sichtbar Schmerzen verursachte. Es gelang ihm, das so gewonnene Stück in einem Reagenzglas aufzufangen, und er übergab es zwecks chemischer Untersuchung einem Laboratorium. Auch hier dematerialisierte sich der Stoff nicht, sondern blieb bestehen. Nach Ablauf einer gewissen Zeit kam die Antwort des Laboratoriums, daß man die chemischen Bestandteile nicht restlos definieren könne. Allerdings sind darüber Jahre vergangen und es mag sein, daß man inzwischen etwas Genaueres darüber weiß, mir ist jedoch bis heute nichts bekannt geworden.

Schrenck-Notzings großes Verdienst besteht darin, die deutschen naturwissenschaftlichen Kreise auf diese Phänomene aufmerksam gemacht und so den Stein ins Rollen gebracht zu haben. Es ist ihm weiterhin gelungen festzustellen, daß diese Massen aus dem Medium kommen und Kraftarme bilden, die so stark werden, daß sie Tische bewegen oder Gegenstände auf weitere Entfernung erfassen können. Es sind sozusagen eine Art Rüsselgebilde für die Verlängerung der Hände, wodurch man versucht, die telekinetischen Vorgänge zu erklären.

Um Betrugsmomente auszuschließen, wurden die Medien mit einem Schleier bedeckt, der teleplasmatische Stoff drang aber selbst durch den Schleier hindurch. Diese kalten, dunstigen, klebrigen Massen bilden in manchen Fällen ein Material, auf welchem sich die menschlichen Gedanken wie Spiegelbilder wiedergeben lassen, so z. B. werden die Gedanken aufgenommen und daraus Bilder geformt, die meist menschliche Organe, Hände, Köpfe oder ganze Gestalten darstellen. Man kann also durch konzentriertes Denken Bilder auf diese dunstigen, wolkenähnlichen Massen projizieren, die aus diesem Grunde die Bezeichnung „Ideoplastik" erhielten. Kniffe und Messerstiche in diese Materie haben eine Gesundheitsschädigung des Mediums zur Folge und werden schmerzhaft empfunden.

Ein besonderes Gebiet der Materialisationen bilden die sogenannten „Apportphänomene", das heißt das plötzliche Erscheinen oder Verschwinden von Gegenständen oder auch lebender Organismen. So phantastisch dies klingt, beruht es doch auf Tatsachen, über die man sprechen muß. Auf die bisher veröffentlichte Literatur zurückblickend, kann man wohl sagen, daß am meisten Blumen materialisiert wurden, ganz frisch, sogar mit Morgentau bedeckt. Oft verschwinden sie wieder, aber oft bleiben sie auch zurück; die bisher gebotenen Erklärungsversuche für diese Art Erscheinungen haben viel Aufsehen erregt und sind bis heute Gegenstand lebhafter Diskussionen. Mit dem Begreifen einer Atomzertrümmerung würde vielleicht die Dematerialisation glaubhaft werden, nicht aber die Materialisation. Eingebürgert hat sich die Erklärung des Prof. Zöllner, der das Zustandekommen mit Hilfe der Theorie der vierten Dimension empfiehlt. Beim Spiritismus werde ich noch einmal diese Theorie eingehender behandeln. Wie können sich Gegenstände und lebende Organismen materialisieren? Wie dringen sie durch die Wände hindurch? Und wenn sie hindurchgedrungen sind, wie kommt es, daß sie lebendig bleiben und sehr große Entfernungen in einer unheimlich kurzen Zeit bewältigen können? Die ganz triviale Entgegnung, daß das Medium sie eingeschmuggelt habe, lasse ich natürlich fallen, weil an den Experimenten Naturwissenschafter mit berühmten Namen teilgenommen haben. Es waren Forscher beteiligt, die ihr Können unter Beweis gestellt hatten und die an eine sachliche und ernste Arbeit gewohnt sind. Um auch ungewollten Täuschungen seitens des Mediums vorzubeugen, steckte Professor Blacher, Riga/Lettland, sein Experimentierobjekt in einen Sack, wobei die Schnüre um den Hals zusammengezogen und die Enden versiegelt wurden, es erschienen aber trotzdem Gegenstände außerhalb des Sackes. Eine unehrenhafte Verdächtigung der Mithilfe seitens der Teilnehmer dürfte bei diesen langjährigen Untersuchungen als lächerlich bezeichnet werden.

Professor Karl Blacher hatte mit der Zeit eine ganz interessante Sammlung zusammenstellen können, die er im Laufe der vier Experimentierjahre, um 1930, auf diese Weise apportiert bekam. Ein kleiner Tisch in der Ecke eines Zimmers beherbergte ganz sehenswerte Gegenstände. Ich hatte mehrmals Gelegenheit, in meiner ehemaligen Eigenschaft als Vorsitzender der Gesellschaft für psychische Forschungen in Reval diese Kollektion zu bewundern. Ein als lebend apportierter Fisch befand sich in einem Glasbehälter sowie ein Krebs, beide inzwischen in präpariertem Zustand. Große und dicke Eisenschrauben, einige verrostet, verschiedene Ringe, etwa 20 Blätter einer Bibel mit Illustrationen sowie eine ganze Reihe anderer Sachen, die er fein säuberlich numeriert hatte und mit daran gehefteten Unterschriften der Teilnehmer ordnungsmäßig aufbewahrte. Zu diesen medialen Séancen bekam er auch manchmal Schokoladetafeln, die plötzlich, man weiß nicht wie, auf dem Tische lagen. Auf meine Frage, was er damit anfange, antwortete Blacher, daß er die Schokolade dann in Gegenwart aller aufzuteilen pflegte, die auch von den Anwesenden sofort verzehrt wurde. Es klingt unglaublich, daß so etwas vorkommen kann, denn die an den Séancen Teilnehmenden hatten die Schokolade bestimmt nicht hereingebracht. Einmal sah er ganz deutlich, wie aus dem Körper des Mediums ein Lederriemen in etwa 8 cm Breite herauskam, die Länge des Streifens ist meinem Gedächtnis entschwunden. Er sah es mit eigenen Augen und konnte es kaum glauben, daß derartiges zustandekommen könne, er riskierte es auch nicht, seinen Studenten über diese Erfahrungen zu erzählen. Pfarrer Johann Christoph Blumhardt (1805—1880) hatte in Möttlingen um das Jahr 1840 eine fünfundzwanzigjährige Gottliebin Dittus zu betreuen. Friedrich Zündel gibt ein Lebensbild dieser Somnambulen in seiner Schrift: ,,Johann Christoph Blumhardt'', Brunnen Verlag, Gießen 1926. Die Vorgänge, die dort geschildert werden, grenzen ans Märchenhafte und scheinen unglaublich, bestätigen aber ebenso das Austreten verschiedener Nadeln und lebender Organismen aus dem Körper des Mediums. Man möge sich dagegen sträuben, wie man will, und die Erscheinungen für vollständig phantastisch halten, sie existieren aber und werden jetzt von Parapsychologen beobachtet und einer sachlichen Prüfung unterzogen.

In dasselbe Gebiet der Materialisationen gehört eine besondere Gruppe von Erscheinungen, die ein ganzes Problem für sich darstellen, die sogenannte ,,Palingenesie''. Der Vorgang besteht darin, daß ein Gegenstand oder ein lebender Organismus verbrannt wird und später aus dieser Asche der Gegenstand oder der lebende Organismus von neuem ersteht. Blacher hatte das seltene Glück, auch diese Art Phänomene mit seinem Medium zu erleben. Er berichtete darüber in unserer Gesellschaft folgendes:

P. 109. ,,Zu einer Sitzung mit L. W. hatte er mehrere bebilderte Postkarten mitgenommen, eine davon wurde kurz vor dem Beginn des Experiments mit seiner eigenen Unterschrift signiert. Dies wurde getan, um die unbedingte Gewißheit zu haben, daß sie nicht doppelt vertreten und genau dieselbe war, die er selbst ausgesucht und gekennzeichnet hatte. Eine kleine Öllampe mit offenem Licht stand auf dem Tisch. Er vergewisserte sich zuvor durch das Medium, ob dessen Schutzgeist gewillt sei, zum erfolgreichen Zustandekommen des Versuches beizutragen. Mit bejahenden Klopflauten wurde der Beginn des Versuches angekündigt. Die gewöhnliche Ansichtskarte, die er keine Sekunde aus der Hand ließ, wurde nunmehr vor allen Anwesenden gut sichtbar ins Feuer gebracht, und man sah in aller Deutlichkeit, wie das Feuer die Karte verzehrte. Letzten Endes lag ein Häufchen Asche auf dem Tisch und fiel in sich zusammen. Nach einer kleinen Pause wurde durch Klopflaute angekündigt, daß nun der schwerere Teil des Vorhabens folgen werde. Die Asche begann, sich wie von selbst zu bewegen, und nach kurzer Zeit kam zuerst teilweise, dann die ganze Ansichtskarte wieder aus der Asche, als ob nichts mit ihr geschehen wäre. Die Asche verschwand mit der Vollendung der vor sich gegangenen Materialisation. Prof. Blacher konnte sich als Physiker lange nicht über das Gesehene beruhigen, so ungewohnt und allen bekannten naturwissenschaftlichen Gesetzen widersprechend erschien ihm dieser Vorgang.

Auf seine Frage, ob ich schon einmal von etwas Ähnlichem gehört hätte, machte ich ihn auf eine Schrift des Franzosen Sedir (in russischer Übersetzung) aufmerksam, der das Problem der Palingenesie aufgreift und auch auf die Paracelsischen Experimente hinweist, bei denen lebende Kücken verbrannt wurden, um dann die Asche bestimmten Manipulationen zu unterwerfen. Soweit mir erinnerlich, wurde die Asche viele Monate dem direkten Mondeinfluß ausgesetzt, um später daraus wieder ein lebendes Wesen entstehen zu lassen. Vielleicht haben wir hier Berührungspunkte mit dem Phönix, der aus der Asche entsteht. Dieser Ausdruck hat im alltäglichen Sprachgebrauch einen symbolhaften Inhalt, scheint jedoch nach diesen Erfahrungen eine wirkliche Realität zu sein.

Dieses Problem bewegte Blacher viele Jahre, er freute sich sichtlich darüber, daß Bestätigungen sich dazu gefunden haben, und er hatte über diese seine Beobachtungen einen Artikel in der Zeitschrift von Prof. Christoph Schröder-Berlin veröffentlicht mit dem Aufruf, ihm über ähnliche Erlebnisse zu berichten.

P. 110. „Von Prof. Chengeri-Papp aus Ungarn bekam Blacher eine Bestätigung, daß auch er Zeuge von Materialisationen palingenetischer Art gewesen war. Chengeri-Papp hatte Bohnen in einem Ofen verbrannt, die gleich darauf wieder ganz heil und als feste Substanz von der Zimmerdecke wie Regen herunterhagelten.“

Eine besondere Art von Materialisationen sind die Bildübertragungen, nicht im Sinne einer Hypnose, wobei die Versuchungsperson etwas nur Suggeriertes, Nichtexistierendes wahrnimmt, sondern wobei das Abbild einen bleibenden Bestand behält. Das folgende Beispiel illustriert solche Fälle in einer auffälligen Form. Der Bericht stammt aus der unerschöpflichen Sammlung du Prel's, „Monistische Seelenlehre" 1926, S. 313:

P. 111. „Der Hofrat Reinbeck erzählte, daß seinem Großvater eines Abends von einer angesehenen Kaufmannswitwe, Frau Westphal, ein Schnupftuch übersandt wurde, mit der Bitte, es zu besehen. Er schlug es auseinander und sah darin in Blut das ihm wohlbekannte Bild eines der entferntesten Söhne der Witwe. Er begab sich zu dieser, die ihm in höchster Bewegung erzählte, sie hätte das Tuch gebraucht, und da sie Blutspuren entdeckte, das Licht aufgemacht, worauf sie das Bild ihres Sohnes mit einer Wunde am Hals erkannt hätte. Bald darauf kam die Nachricht, daß jener Sohn im Duell eine tiefe Halswunde erhalten habe und an derselben gestorben sei. Man faßte das Tuch in Glas und Rahmen. Als 1790 Friedrich Wilhelm es sich zeigen ließ, war das Blut verblaßt, aber das Profil und der Hieb am Halse waren noch deutlich erkennbar."

Kerner: Magikon, III, 139.

Diese Erzählung erinnert mich an einen Parallelfall, das Tuch der heiligen Veronika. Auch dort blieb die Abbildung des Heilands mit der ihn drückenden Dornenkrone und den Blutspuren zurück. Das Turiner Tuch weist ähnliche Erscheinungen auf.

Zu dem Fall des Hofrats Reinbeck gibt du Prel wie so oft sehr geistreiche Erklärungen. Gewiß, sagt er, hat nun der sterbende Sohn vielleicht sehr intensiv seiner fernen Mutter gedacht, aber jene besondere Fernwirkung lag nicht in seiner Absicht. Dies gibt uns jedoch kein Recht, die Erzählung zu verwerfen. Sobald ein Phänomen eintritt, dessen Kausalität uns unbekannt ist, müssen wir uns von dem juridischen Grundsatz leiten lassen, daß ein Zeugnis, welches genügt, um einen alltäglichen Vorgang zu beweisen, auch genügen muß, wenn es für einen außerordentlichen Vorgang abgegeben wird. Es kommt ganz und gar nicht darauf an, ob ein solcher Vorgang unserer Denkgewohnheit entspricht oder nicht, denn die Entwicklungsgeschichte des menschlichen Geistes ist nur eine beständige Abänderung unserer Denkgewohnheiten.

Es liegt mir fern, meine Leser mit diesen oder jenen Berichten zu unterhalten, vielmehr liegt es mir daran, neue ernste Forscher für diese noch brachliegenden Gebiete zu finden. An Hand der Literaturangaben wird sich der Laie die ersten Kenntnisse erwerben und später Anschluß an Gesellschaften suchen können, in denen man diese Untersuchungen ernst nimmt.

L i t e r a t u r h i n w e i s e :

Okkultismus (Teilgebiet Parapsychologie)

Bender, H. Zum Problem der außersinnlichen Wahrnehmung.
— Psychische Automatismen.
Chowrin, A. N. Experimentelle Untersuchungen auf dem Gebiete des räumlichen Hellsehens.
David-Neel, A. Heilige und Hexer. Glaube und Aberglaube im Lande des Lamaismus.
— Arjopa, die erste Pilgerreise einer weißen Frau nach der verbotenen Stadt des Dalai Lama.
— Mönche und Strauchritter. Eine Tibetfahrt auf Schleichwegen.
— Meister und Schüler. Die Geheimnisse der lamaistischen Weihen.
Dessoir, M. Das Doppel-Ich.
Driesch, H. Parapsychologie. Die Wissenschaft von den okkulten Erscheinungen. Methodik und Theorie.
— Alltagsrätsel des Seelenlebens.
Dürville, H. Die Physik des Animal-Magnetismus (Animismus) von Friedrich Feerhow.
Feerhow, F. Die menschliche Aura und ihre experimentelle Erforschung.
Görres, J. Mystik, Magie und Dämonie.
Gruber, K. Parapsychologische Erkenntnisse.
— Okkultismus und Biologie.
Gurney, Myers u. Podmore. Phantome lebender Personen (deutsche Übersetzung aus dem englischen „Phantasms of the living").
Höchst, J. Träger der Wundmale Christi. Eine Geschichte der bedeutendsten Stigmatisierten von Franziskus bis zur Gegenwart.
Kerner, J. Die Seherin von Prevost.
— Die Geschichte zweier Somnambulen.
— Das Mädchen von Orlach.
Keyserling, H./K. Hardenberg/K. Happich. Das Okkulte.
Kiesewetter, K. Geschichte des neueren Okkultismus.
— Der Okkultismus des Altertums.
Leadbeater, C. W. The Chakras.
— Hellsehen.
— Gedankenformen.
— Der sichtbare und der unsichtbare Mensch.
Ludwig, A. Geschichte der okkultistischen Forschung. I. Teil Von der Antike bis zur Mitte des 19. Jahrhunderts.
Moser, F. Okkultismus, Täuschungen und Tatsachen.
Oesterreich, T. K. Grundbegriffe der Parapsychologie.
— Der Okkultismus im modernen Weltbild.
— Die philosophische Bedeutung der mediumistischen Phänomene.
— Die Spaltung der Persönlichkeit.
— Die Probleme der Einheit und der Spaltung des Ich.
Pagenstecher, G. Außersinnliche Wahrnehmung.
— Die Geheimnisse der Psychometrie.
— Hellsehen in die Vergangenheit, Gegenwart und Zukunft.
Paramhansa Yogananda, Autobiographie eines Yogi.
Prel, C. du. Die monistische Seelenlehre. Ein Beitrag zur Lösung des Menschenrätsels.
— Die Philosophie der Mystik.
— Das Rätsel des Menschen. Die klassische Einführung in die Geheimwissenschaften.
— Der Salamander. Vorträge der Psychologischen Gesellschaft München vom 5. 1. 1888.
— Die Entdeckung der Seele durch die Geheimwissenschaften.
— Die Magie als Naturwissenschaft.
Reichenbach, K. v. Der sensitive Mensch und sein Verhalten zum Ode.
Rhine, J. B. Die Reichweite des menschlichen Geistes. Parapsychologische Experimente.
— Neuland der Seele.
Richet, Ch. Grundriß der Parapsychologie und Parapsychophysik.
Rochas, A. de. Die Grenzen der Wissenschaft.
— Die Ausscheidung des Empfindungsvermögens. Experimentelle und historische Studie.
Rolfs, D. Irrationales und rationales Erkennen.

Schrenck-Notzing, Freiherr v. Experimente der Fernbewegung (Telekinese).
— Materialisations-Phänomene. Ein Beitrag zur Erforschung der mediumistischen Teleplastie.
— Physikalische Phänomene des Mediumismus. Studien zur Erforschung telekinetischer Vorgänge.
— Der Kampf um die Materialisationsphänomene.
— Die Phänomene des Mediums Rudi Schneider.
Thetter, R. Magnetismus das Urheilmittel. Eine Einführung in sein Wesen und praktische Anleitung zum Magnetisieren.
Tischner, R. Ergebnisse okkulter Forschung. Eine Einführung in die Parapsychologie.
— Rudolf und Karl Bittel, Mesmer und sein Problem. Magnetismus-Suggestion-Hypnose.
— Über Telepathie und Hellsehen.
— Vierte Dimension und Okkultismus.
— Geschichte der metaphysischen (okkultistischen) Forschung. II. Teil: Von der Mitte des 19. Jahrhunderts bis zur Gegenwart.
— Fernfühlen und Mesmerismus. Exteriorisation der Sensibilität.
— Der Okkultismus als Natur und Geisteswissenschaft.
— Das Medium D. D. Home. Untersuchungen und Beobachtungen.
Urban, H. J. „Über-Bewußtsein" nach Buke und Walker.
— Artikel über „Parapsychologie und Medizin" vom 15. 4. 1952.
Verweyn, J. M., Weltgeheimnis und Probleme des Okkulten.
— Die Probleme des Mediumismus.
Zündel, F. Johann Christoph Blumhardt.
Zeitschrift für Parapsychologie „Neue Wissenschaft".
Zeitschrift für Parapsychologie, Seelenkunde u. Schicksalsforschung, „Glaube und Erkenntnis".

Neuere Literatur:

Bauer, E./W. von Lucadou PSI — Was verbirgt sich dahinter? Herder.
Bekh, W. J. Bayerische Hellseher. Ludwig.
Bender, H.
— Telepathie, Hellsehen und Psychokinese. Piper.
— Umgang mit dem Okkulten. Aurum.
— Verborgene Wirklichkeit. Piper.
— Zukunftsvisionen, Kriegsprophezeiungen, Sterbeerlebnisse. Piper.
Berendt, H. C. Jenseits des Möglichen. Herder.
Butler, W. E.
— Hellsehen. Sphinx.
— Telepathie. Sphinx.
Eisenbud, J. Gedankenfotografie. Aurum.
Fortune, D. Selbstverteidigung mit PSI. Ansata.
Ganser, O. Praktische Anleitung zum Hellsehen. Baumgartner.
Geller, U./G. L. Playfair Der Geller-Effekt. Ariston.
Grimm, A. M. Hellwissen. Baumgartner.
Haack, F. -W. PSI/Parapsychologie. Evang. Presseverband f. Bayern.
Haddenbach, G. Weissagen, Hellsehen, Kartenlegen. Falken.
Herlin, H. PSI-Fälle. Bastei.
Huber, Guido Übersinnliche Gaben. Origo.
Keller, W. Was gestern noch als Wunder galt. Droemer Knaur.
Langsdorff, G. v. Psychometrie — Hellsehen. Carussell.
Locher, T./G. Lauper Schweizer Spuk und Psychokinese. Aurum.
Meckelburg, E. Geheimwaffe PSI. O. W. Barth/Scherz.
Murphy, J. ASW — Ihre Außersinnliche Kraft. Erd.
Ostrander, S./L. Schröder.
— PSI. Moewig.
— PSI-Training. Heyne.
Passian, R. Abenteuer PSI. Schroeder.
Pössiger, G.
— PSI — Rätselhafte Kräfte des Menschen? Humboldt.
— PSI — Geist ohne Grenzen. Moewig.

Ryzl, M.
– ASW-Training. Goldmann.
– ASW-Experimente, die erfolgreich verlaufen. Ariston.
– Hellsehen und andere parapsychologische Phänomene in Hypnose. Ariston.
– Was außersinnliche Wahrnehmung möglich macht. Ariston.
Schönhammer, A. PSI und der Dritte Weltkrieg. Rohm.
Sherman, H. Außersinnliche Kräfte und wie man Nutzen aus ihnen zieht. Goldmann.
Spiesberger, K. Telepathie. Schikowski.
Spilmont, J. -P. Hellsehen. Heyne.
Targ, R./K. Harary Jeder hat ein drittes Auge. Goldmann.
Tart, C. T. Das Übersinnliche. Klett-Cotta.
Ullmann, M./S. Krippner u. a. Traumtelepathie. Aurum.
Waldemar, Ch. Erkenn' den sechsten Sinn. Schroeder.

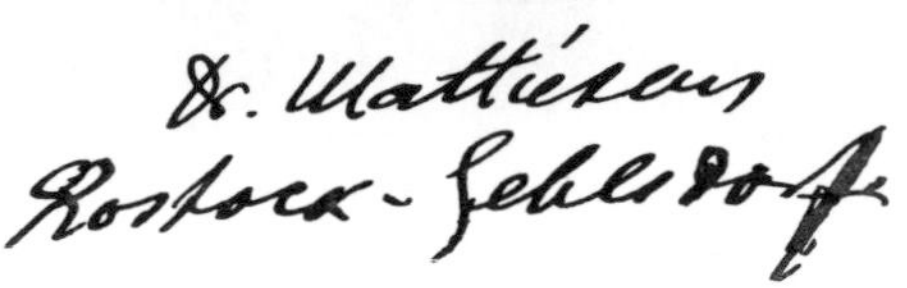

EMIL MATTIESEN
ein baltischer Philosoph und Musiker,
geb. am 24. Jänner 1875, gest. am 25. September 1939

Nach Aksakoff der zweitgrößte Klassiker des Spiritismus.

Geboren in Dorpat/Estland, erhielt er 1899 einen Lehrstuhl in Kioto, Japan. Später durchreiste er den wilden Westen Mexikos und studierte altamerikanische Kulturen, kehrte dann wieder nach Asien zurück und lebte in Rangoon, später in Benares. Er versuchte mit einer Expedition in die Hauptstadt Tibets vorzudringen. 1903 kam er über Ägypten und Vorderasien nach Dorpat/Estland zurück. Von 1904 bis 1908 lebte er als Privatgelehrter in Cambridge und vertiefte sich in metaphysische Studien. 1925 gründete er in Rostock eine deutsche Forschungsgemeinschaft und gab eine „Zeitschrift für Parapsychologie" heraus. 1936 veröffentlichte er zwei Bände: „Das persönliche Überleben des Todes" und 1939 den dritten Band.

Der Spiritismus

EINFÜHRUNG UND GESCHICHTLICHES

Es ist ein wissenschaftlicher Skandal, daß über die wichtigste Frage der Menschheit, über die Unsterblichkeit, noch immer tiefe Unwissenheit herrscht (1899). Carl du Prel.

Auf die Frage, ob es ein individuelles Fortleben nach dem Tode gibt, will der Spiritismus nicht in Form einer bejahenden dogmatischen Behauptung Antwort geben, wie es die Kirche tut, sondern auf Grund mühsamer Sammlung von Berichten, statistischer Auswertung der beglaubigten Erzählungen, physischer und psychischer Experimente, wie es die Naturwissenschaften verlangen. Diesbezügliche Bemühungen sind in vollem Gange, denn es hat sich nach dem zweiten Weltkriege in Westdeutschland die „Gesellschaft für wissenschaftlichen Spiritismus" in Hannover-Kleefeld gebildet, der sich Arbeitsgemeinschaften in folgenden Städten angeschlossen haben: Berlin, Hamburg, München, Nürnberg, Frankfurt a. Main, Köln a. Rhein, Göttingen, Celle, Flensburg, Bad Neustadt a. d. Saale, Hof a. d. Saale, Frankenthal, Goslar und Neuffen.

Nach der Auffassung eines Fachmanns vom Range wie Joachim Winkelmann muß zwischen Spiritualismus und Spiritismus scharf unterschieden werden. Spiritismus ist die Lehre vom Verkehr mit den Jenseitigen und der Spiritualismus die Lehre vom Jenseits überhaupt.

„Interne Mitteilungen" der Gesellschaft für wissenschaftlichen Spiritismus. Artikel „Einführung in den Spiritismus" von J. Winkelmann, Rundschreiben vom 12. November 1951, S. 111.

Der „Spiritualismus" wird häufig auch als „Idealismus" bezeichnet. Im Gegensatz zum Materialismus ist er eine philosophische Richtung, die das Wirkliche (Absolute) als geistig annimmt und das Körperliche nur als Produkt oder Erscheinungsweise des Geistes betrachtet. Der Spiritismus, vom lateinischen spiritus = „Geist" abgeleitet, hat heute nicht nur unter Naturwissenschaftlern und Philosophen Anerkennung gefunden, sondern wird sogar mancherorts, wie z. B. in England, Irland und Österreich, als Religion vertreten. Manche Theologen sind der spiritistischen Hypothese sehr zugeneigt. Das klingt dem Laien recht sonderbar, darum sehe ich meine Aufgabe darin, ihn über das Material zu unterrichten, das in dieser Beziehung derzeit verfügbar ist. Es wird behauptet, daß die Zahl der Anhänger des Spiritismus weit über 20 Millionen geht.

Man kann die Phänomene des Spiritismus nicht richtig einschätzen, wenn man die Erscheinungen der Parapsychologie nicht kennt. Aus diesem Grunde hatte ich im Artikel über Parapsychologie eine kurze systematische Gliederung vorgenommen; sie dürfte genügen, um im Laien eine gewisse Ahnung davon aufkommen zu lassen, daß sich mit diesen Problemen sachliche und ernstdenkende Forscher befassen, die von wahrem Wissensdurst getragen sind und tiefer in das Naturgeschehen eindringen wollen.

In den nun folgenden Betrachtungen habe ich das Material unter einem anderen Gesichtspunkt geordnet und nur solche Berichte aus den reichhaltigen Sammlungen herausgegriffen, die eindeutig nach einer „spiritistischen" Erklärung verlangen und dafür gewisse Voraussetzungen aufweisen. Ich will weiter bemüht bleiben, die Erklärungshypothesen wie Halluzination, Phantasie, Einbildung, Vision vorwegzunehmen, um den Leser an ein Gebiet heranzuführen, das ebenso real ist, wie die uns umgebende Welt. Die Frage des „Lebens nach dem Tode" ist für den Materialismus eine sehr unbequeme Angelegenheit. Es ist ja auch verständlich, daß der Materialismus schnell um sich greifen konnte, weil der Gedanke eines besseren Lebens hier auf Erden durch eine bessere Bezahlung der Arbeiterklassen näher liegt und verständlicher ist, als das Begreifen mystischer Erscheinungen, über die selbst die Kirche keine „zeitgemäße Erklärungen" mehr findet. Die Mystik ist heute an den Universitäten noch ein Aschenbrödel der modernen Theologie, und in den anderen Fakultäten wird darüber fast gar nicht oder nur ganz gelegentlich doziert.

Mit der Überzeugung vom persönlichen Weiterleben nach dem Tode steht und fällt eine Hauptstütze der großen Religionen. Wenn ein in Zukunft uns bevorstehendes Himmelreich überhaupt nicht existieren sollte und wenn es nur das Produkt der krankhaften Phantasie von Propheten wäre, dann fielen auch alle moralischen Hemmungen weg, die einen Menschen seinem Nächsten gegenüber zur Hilfe und Liebe verpflichten sollen. Wenn uns jedoch eine höhere und bessere Welt, in die wir kommen können, übergeordnet ist, so müssen unsere Handlungen hier auf Erden, die jeder einmal verlassen muß, so beschaffen sein, daß wir auch Bürger jener besseren Welt werden. Die Materialisten behaupten dagegen, daß derartige Lehren vollkommen aus der Luft gegriffen und unberechtigt seien, vielmehr eine raffinierte Methode der Kirche darstellten, um aus dem auf diese Weise verdummten Volke Geldmittel herauszulocken, die den Geistlichen noch hier auf Erden eine erträgliche Existenz, Vorwärtskommen, Ansehen und Würden sichern. Welche Aufgaben sollen nun nach solchen Überlegungen dem Spiritismus zukommen? Viele versprechen sich davon eine seelisch-geistige Erneuerung und die Gewißheit, daß die Lehren der Kirche in bezug auf ein persönliches Fortleben nach dem Tode Bestätigung finden. Nach Strauß und Renan sind viele Bibelgläubige kopfscheu geworden und können nicht mehr den blinden Glauben aufbringen, den die Kirche verlangt.

Die beiden Weltkriege brachten es mit sich, daß viele Frontsoldaten im Moment des Sterbens oder unmittelbar danach von ihren Verwandten als materialisierte Phantome wahrgenommen wurden, eine Erscheinung, die früher wenig bekannt war und in naturwissenschaftlichen Kreisen keine Beachtung fand, jetzt aber zum Studienobjekt von Gelehrten wurde. Heute werden diese Phänomene nicht mehr als Halluzination oder Vision abgetan, sondern sachlich untersucht, systematisch erfaßt und synthetisch ausgewertet.

Während die Parapsychologie sich mit den magischen Fähigkeiten der Seele eines lebenden Menschen befaßt, hat es sich der Spiritismus zur Aufgabe gemacht, die Weiterexistenz der menschlichen Seele nach dem leiblichen Tode nachzuweisen. Diese Aufgabe dürfte insoweit nicht allzuschwer fallen, als an Hand unzähliger Beispiele durch die ganze Geschichte der Menschheit hindurch über das Erscheinen von Verstorbenen berichtet wird. Fast jede Religion lehrt ein Leben nach dem Tode.

In der Heiligen Schrift finden wir im Alten sowie auch im Neuen Testament Hinweise spiritistischen Charakters, daß heißt Erscheinungen Verstorbener, die zuvor als Menschen auf Erden gelebt haben.

Sp. 150 — Saul läßt durch die Hexe von Endor den verstorbenen Propheten Samuel beschwören, der sich auch zeigt und als solcher erkannt wird. Samuel weissagt über den ungünstigen Verlauf der bevorstehenden Schlacht mit den Philistern, was am nächsten Tage genau eintrifft. — 1. Samuel, Kap. 28, Vers 3—20.

Sp. 151 — Bei der Verklärung Jesu auf dem Berge Tabor sehen die Jünger den Heiland mit Moses und Elias sprechen. Petrus ist so benommen, daß er drei Hütten bauen will, für jeden eine, er erkannte die Verstorbenen. Im Lukas-Evangelium erfahren wir, daß über den Ausgang geredet wurde, den der Heiland in Jerusalem erfüllen sollte. — Matthäus 17, von 1—8; Markus 9, von 2—8; Lukas 9, von 28—32.

Ein bibelgläubiges Gemüt muß, ob es will oder nicht, zugeben, daß diese biblischen Überlieferungen wohl auf Wahrheit beruhen und keine legendären Erzählungen darstellen.

Aber auch ganz unabhängig davon, ob die Heilige Schrift uns über diese tatsächlichen Geschehnisse berichtet oder nicht, ist es heute bereits

KÖNIG SAUL UND DIE ZAUBERIN

1. Samuel 28, V. 15—20

Saul läßt durch eine medial begabte Wahrsagerin (Hexe) in Endor den verstorbenen Propheten Samuel beschwören. Samuel erscheint auch wirklich, denn Saul erkennt ihn an seinem Priesterrock und erhält von ihm über seine bevorstehende Zukunft die Aufklärung, daß er am nächsten Tage die Schlacht mit den Philistern verlieren und zusammen mit seinen Söhnen sterben werde. Der Körper Saul's ist so geschwächt, da er vor der Beschwörung gefastet hatte, daß ihm der Schreck über das bevorstehende Ende so in die Glieder fährt, daß er zusammenbricht und von seinen Begleitern gestützt werden muß.

Zeichnung Nr. 77 von Gustav Doré aus der „Heiligen Schrift" von Dr. Franz von Allioli. Deutsche Verlagsanstalt Stuttgart, Leipzig, Berlin, Wien.

möglich, an Sitzungen teilzunehmen, bei denen sich ähnliche Phänomene zutragen. Man kann Spukhäuser aufsuchen, um Forschungen anzustellen, die nicht immer mit Betrug und Unfug enden. Viele namhafte und sehr ernste Naturforscher bekannten sich zur spiritistischen Erkenntnis, aber es gibt leider noch viele Zögernde, die sich noch nicht dazu entschließen können, öffentlich ihre Überzeugungen zu bekunden. Daß die Kirche die Teilnahme an spiritistischen Sitzungen nicht empfehlen kann, kommt daher, daß derartige Experimente erfahrungsgemäß oft einen unerwünschten Verlauf nehmen und dabei viel Schaden anrichten können. Vor diesen in der Tat bestehenden Gefahren einer abergläubischen Entgleisung oder in manchen Fällen auch einer dämonischen Verfolgung muß allerdringendst gewarnt werden. Doch wie die Teilnehmer an einer Nord- oder Südpolexpedition sich trotz drohender Gefahren nicht von ihrem Ziele abhalten lassen, so sind auch diejenigen, die sich das spiritistische Feld zum Forschungsobjekt ausersehen haben, Gefahren auf diesem seltsamen Pfad ausgesetzt.

Manche Gegner vertreten die irrige Meinung, der Spiritismus sei eine vorübergehende Nachkriegserscheinung. Dem ist entgegenzuhalten, daß nach dem Kriege freilich der Spiritismus einen neuen Aufschwung bekommen hat, der aber wohl schwerlich vorübergehenden Charakter haben wird. Die Zahl der okkulten Erscheinungen nehmen zu, weil im Kriege die Seele eines Volkes stark aufgewühlt ist und darum viel empfänglicher für die Aufnahme transzendentaler Erlebnisse wird. Erscheinungen von Sterbenden oder auch bereits Verstorbenen sind so gut beglaubigt, daß man darüber keine Zweifel hegen kann.

Inzwischen ist auch der Spiritismus inhaltlich erstarkt und hat „etwas zu zeigen", das nicht alltäglich ist. Der Nachteil besteht nur darin, daß die sensationslüsternen Volksmassen leider oft ein Opfer dunkler Elemente werden, die diese Aufgeschlossenheit zu lukrativen Zwecken ausnützen; andrerseits besteht der Schaden darin, daß sich die Geistlichen über den wissenschaftlichen Charakter des Spiritismus nicht im klaren sind, daran selbst nicht glauben, obwohl sie durch die Bibelstellen dazu gezwungen wären, und sich auf diese Weise denjenigen Gemeindegliedern entfremden, denen ein okkultes Erlebnis tief in die Seele gegangen ist. Den folgenden Bericht entnehme ich der eigenen Sammlung. Ich bekam ihn von einem Angestellten des Evang.-Luther. Landeskirchenrats in Westdeutschland, der sich nicht entschließen konnte, seinem Seelsorger und seinen Vorgesetzten offen darüber zu erzählen. Der Fall gehört zu den Ankündigungen Verstorbener, die im Kriege so oft stattfinden. Er wirkt überzeugend, weil zwei wahrnehmende Personen daran be-

JESUS SPRICHT ÜBER SEINE ZUKUNFT MIT ELIAS UND MOSES
Matthäus 17, 1—9; Markus 9, 2—9; Lukas 9, 28—36

Petrus, Johannes und Jakobus wurden vom Heiland auf den Berg Tabor geführt, wo er während des Betens plötzlich verklärt wurde. Dies äußerte sich darin, indem seine Kleider, wie Lukas (29) berichtet, ganz weiß wurden und zu glänzen begannen. Markus (3) berichtet: „und seine Kleider wurden hell und sehr weiß wie Schnee, daß sie kein Färber auf Erden so weiß machen konnte." Matthäus (2) sagt: „sein Angesicht leuchtete wie die Sonne, und seine Kleider wurden weiß wie ein Licht."

Lukas bemerkt in Vers 32 noch, daß die Jünger dabei schlaftrunken wurden und über das Phänomen sehr bestürzt waren. Als sie aus diesem Zustand erwachten nahmen sie in voller „Klarheit" die beiden Männer, die bei Jesus standen, wahr.

Man findet in diesem Bericht die Bestätigung, daß man daran keinen Anstoß nehmen darf, daß Verstorbene wirklich erscheinen können und man von ihnen über bevorstehende zukünftige Dinge Auskunft bekommen kann. Lukas berichtet (Vers 31), teiligt sind, die ganz unabhängig voneinander zeitlich zusammenfallende, einander ergänzende Erlebnisse hatten.

Sp. 152 — Er erzählte folgendes: „Es geschah in Regensburg/Bayern, im Kriegsjahr 1918. Mit meinem Onkel Fritz, dem jüngsten Bruder meiner Mutter; verstand ich mich besonders gut, wir spielten des öfteren zusammen, denn zwischen uns bestand ein Altersunterschied von nur sechs Jahren. Zur Zeit dieses Erlebnisses war ich 16 Jahre alt, und mein Onkel mußte ins Feld rücken. Der Abschied fiel ihm besonders schwer, denn er äußerte mir gegenüber das bestimmte Gefühl, daß er aus diesem Feldzug nicht mehr lebend zurückkehren werde. Er fuhr ab, und es vergingen vier Monate.

In der Nacht vom 1. auf den 2. November 1918, am Tage des Allerheiligenfestes, erwachte ich plötzlich mit dem sonderbaren Gefühl, daß sich jemand in meinem Zimmer befände, und plötzlich sah ich meinen Onkel Fritz in einer eigenartigen bläulich-orangen Beleuchtung vor mir stehen. Er wirkte wie ein mattbelichtetes Bild, die Umrisse waren unklar, mein Onkel schien wie in Dunst oder Nebel gehüllt, der Helm war nicht zu sehen, wohl aber die Haare, und sein schmerzvolles Lächeln berührte mich ganz eigenartig. Seine militärische Uniform war gut zu erkennen, und ihn selbst identifizierte ich sofort an seiner Stimme. Er nannte mich beim Vornamen und berichtete, daß er mit dem ganzen Trupp in einer Höhle verschüttet wurde; nun sei er gestorben und möchte mir ein Lebewohl sagen.

Plötzlich empfand ich in meiner Handfläche ein ganz kaltes Gefühl, er gab mir seine Hand, die eisig kalt war, so daß ich förmlich erschrak. Anfänglich wußte ich nicht, was er durch sein merkwürdiges Lächeln, welches geheimnisvoll seine Lippen umgab, zum Ausdruck bringen wollte; erst später begriff ich es. Allmählich verblaßte auch die Lichterscheinung, die Farbe änderte sich in einen Mondsilberstreifen und löste sich weiterhin in einen silbrigen Dunst auf. Es ist mir gut erinnerlich, daß es in dieser Nacht draußen sehr finster war und kein Mondschein durchs Fenster schien.

---

daß der Heiland mit den Männern über den Ausgang, welchen er zu Jerusalem erfüllen sollte, sprach.

Beachtenswert bleibt der Umstand, daß alle drei Jünger Elias und Moses in voller Klarheit identifizieren konnten und von einer halbwachen Halluzination nicht gut geredet werden kann. Dies wird noch durch den Umstand bestätigt, indem Jesus allen dreien ein Schweigen auferlegt, also man die Gewißheit erhält, daß das Gesehene als eine Tatsache sich zugetragen haben muß.

Zeichnung Nr. 179 von Gustav Doré aus der „Heiligen Schrift" von Dr. Joseph Franz von Allioli. Deutsche Verlagsanstalt Stuttgart, Leipzig, Berlin, Wien.

Schnell lief ich zu meinen Eltern, weckte sie und erzählte aufgeregt das eben Gesehene. Sie meinten, um mich zu beruhigen, ich hätte geträumt und solle mir nichts einbilden. Besonders eigenartig war es, daß bei meiner Großmutter, die in der gleichen Straße wohnt, in derselben Nacht nach 12 Uhr 25 oder 35 Minuten plötzlich ohne sichtbaren Grund ein Bild von der Wand fiel, obwohl der Haken unbeschädigt in der Wand steckte, und daß gleichzeitig die Uhr stehenblieb.

Etwa drei bis vier Wochen später kam von der Truppe die Mitteilung, daß Fritz L. mit seinen Kameraden in einer Höhle in den Vogesen am Chemin des Dames durch einen Artillerievolltreffer verschüttet wurde und eine nachträgliche Explosion alle tödlich verletzte. Es geschah am Tage von Allerheiligen. Dieses Ereignis machte einen nachhaltigen Eindruck auf mich, so daß ich es bis heute nicht vergessen kann und immer daran zurückdenken muß.

Meine Großmutter wußte die Sache sofort richtig zu deuten und betrachtete das Vorkommnis als eine Ankündigung eines Verstorbenen; dagegen waren meine Eltern von der Richtigkeit dieser Vermutung erst überzeugt, als die Nachricht vom Truppenteil eintraf und die Übereinstimmung nicht mehr zu leugnen war." —

Unter den Bauern auf dem Lande kursieren viele Erzählungen spiritistischer Art, über die sie mit ihren Seelsorgern nicht reden, wohl aber mit Forschern, die ihren seelischen Erlebnissen Verständnis entgegenbringen und die Berichte nach wissenschaftlichen Gesichtspunkten auswerten.

Eine der fortschrittlichsten Evangelischen Akademien Deutschlands, die in Tutzing bei München, hat es daher für notwendig befunden, vom 24.—26. November 1950 eine Tagung über „Das Leben nach dem Tode" einzuberufen,und kam dabei auch auf den Spiritismus zu sprechen. Es entwickelte sich eine lebhafte Aussprache, auf die ich später noch eingehen werde. In der geschichtlichen Entwicklung wird der Spiritismus nicht mehr aufzuhalten sein, wenn auch vorübergehend hier oder da noch Rückschläge eintreten können. Sobald wieder Materialisationsmedien auftreten, kann die Bewegung erneut einen epidemischen Charakter annehmen und die Gemüter erregen. Im Kampfe gegen eine materialistische Weltanschauung aber kann sie segensreich wirken und das Verantwortungsgefühl vor einer göttlichen Allmacht schärfen.

Zu den gefährlichen Angelegenheiten zählt man die sogenannte „Nekromantie", d. h. die Beschwörung von Verstorbenen, wobei ein gewisser Zwang gegenüber dem Toten, diesem oder jenem zu erscheinen, ausgeübt wird, was im Spiritismus bekanntlich nicht stattfindet. In spiritistischen Zirkeln geht es bedeutend harmloser zu als bei magischen Beschwörungen. Eliphas Levi soll auf diese Weise Appolonius von Tyana zu sehen bekommen haben, auch hat Nostradamus sich mit magischen Beschwörungen befaßt. Für Experimente dieser Art sind aber astrologische Kenntnisse nötig. Es wird ein magischer Kreis gezogen und geheim gehaltene Beschwörungsformeln werden hergesagt; hier kann es geschehen, daß man die Geister, die man gerufen hat, nicht mehr los wird. Manchem Laien werden alle diese Hinweise lächerlich erscheinen, sie sind jedoch sehr ernsthafter Natur.

Der moderne Spiritismus hat seinen Anfang in der Mitte des vorigen Jahrhunderts in den Vereinigten Staaten genommen und ist zu einer Zeit entstanden, als in Europa der Materialismus durch Karl Marx verkündet wurde. Zwei entgegengesetzte Bewegungen aus verschiedenen Ländern — ob dies Zufall oder Absicht einer höheren Vorsehung sein mag, wer kann das beurteilen? Vielleicht sind beide Bewegungen notwendig, um aneinander zu wachsen, extreme Auswüchse zu verhindern und auf diese Weise die Waage zu halten? Fanatische Offenbarungsspiritisten sind eine ebenso unliebsame Erscheinung wie hartgesottene Materialisten.

Sp. 153 — „Ende 1847 begannen in der Familie des Farmers John Fox, der ein schlichter Methodist war und in Hydesville im Staate New York lebte, Spukerscheinungen. Durch Klopferscheinungen wurde die ganze Familie in Aufregung gebracht, denn man konnte den Ursprung dieser Töne nicht feststellen. Die Familie bestand aus dem Farmer, seiner Frau und zwei Töchtern von 12 und 15 Jahren. Die Nachbarschaft wurde alarmiert, schließlich fand sich ein gewisser Isaak Post, der auf den Gedanken verfiel, die Klopftöne mit dem Alphabet in Übereinstimmung zu bringen. Auf diese Weise gelang es festzustellen, daß ein Verstorbener namens Charles Ryan sich kundgab. Er behauptete, von Beruf Krämer zu sein und früher hier im Hause gelebt zu haben, er sei ermordet worden, und seine leiblichen Überreste seien im Keller vergraben. Als man an der von ihm bezeichneten Stelle nachgrub, fand man unter anderem auch Haare und Unterkiefer. Dieser Vorfall erweckte ein ungeheures Aufsehen in der ganzen Nachbarschaft, und Berichte darüber gelangten nach New York, wo sie in Flugschriften und in sensationsmäßiger Aufmachung eine weite Verbreitung fanden. In den benachbarten Städten und in Rochester wurden Vorträge gehalten, es bildeten sich Zirkel, die sich mit Tischrücken und Befragen der Jenseitigen beschäftigten. Sieben Jahre darauf, im April 1854, wurde eine von 13.000 Bürgern unterschriebene

Denkschrift dem Repräsentantenhaus eingereicht und um die Einsetzung einer wissenschaftlichen Untersuchungskommission gebeten. Das Repräsentantenhaus hüllte sich in Schweigen, und die Bewegung nahm lawinenartig weiter zu."

Nach Tischner soll es eine Frau Hayden gewesen sein, die 1852 als erstes Medium aus Amerika nach England kam und spiritistische Lehren und Gebräuche verbreitete. Da die Tischrückenepidemie im Jahre 1853 immer mehr um sich griff, mußten auch akademische Kreise zu diesen Erscheinungen Stellung nehmen. Der Physiologe Carpenter stellte eine Theorie der „ideomotorischen Kräfte" auf, der sich später auch Braid anschloß. Faraday bemühte sich, unbewußte Muskelbewegungen nachzuweisen, die die Tische in Bewegung setzen. Der Geistliche Godfrey hatte sicher das Richtige getroffen, indem er das Tischrücken als Teufelswerk bezeichnete. Zu diesem Urteil kam er durch die Beobachtung, daß der Tisch, wenn er eine Bibel auf ihn legte, aufhörte, sich zu bewegen, was der Tisch nicht tat, wenn ein anderes Buch auf ihm lag. Diese Erklärung ist schlicht und unkompliziert, denn, so sagt er, vor dem heiligen Buch entfloh der Teufel. Für die weitere Entwicklung des Spiritismus in England war die im Jahre 1867 gegründete „Dialektische Gesellschaft in London" von ausschlaggebender Bedeutung. Sie vereinigte namhafte Forscher, von denen viele sich zum Spiritismus bekannten. Die Mitglieder beteiligten sich am Sammeln von Berichten, und die umfangreichen Arbeiten wurden veröffentlicht. Sie wurden ins Deutsche übersetzt und erschienen unter der Bezeichnung „Bericht über den Spiritualismus von seiten des Comité's der dialektischen Gesellschaft in London", 3 Bände, Leipzig 1875. Aus dieser Fundgrube wird auch heute noch geschöpft. England und Holland sind heute im Spiritismus führend, denn es spukt in England in vielen alten Schlössern. Die Anschrift der größten englischen Vereinigung lautet: „London Spiritualist Alliance Limited", 16 Dueensberry Place, South Kensington, London S.W. 7. Die internationale Dachorganisation für alle größeren Vereine befindet sich ebenfalls in London und ist unter der Anschrift: „International Spiritualist Federation" Headquarters, 72 Woodstock Road, Bedford Park, London W. 4, zu erreichen. In England erscheinen viele spiritistische Zeitungen, in denen Medien ihre Dienste anbieten.

Im Jahre 1854 hatte in Paris die „Revue de deux Mondes" einen langen gelehrten Artikel veröffentlicht und auf diese Weise den Spiritismus auch in Frankreich bekanntgemacht. Im Jahre 1889 wurde in Paris ein „Internationaler Spiritistenkongreß" abgehalten. Als den Begründer des romanischen Spiritismus bezeichnet Tischner den Franzosen Hippolyte Rivail, der sich Allan Kardec nannte, weil er in einer früheren Verkörperung in der Bretagne unter diesem Namen gelebt habe. Er ist 1804 zu Lyon geboren und 1869 gestorben. Von Bedeutung sind seine Werke „Das Buch der Medien" und „Das Buch der Geister", weiter sind in deutscher Übersetzung erschienen „Himmel und Hölle", Berlin 1890, sowie „Der Spiritismus in seinem einfachsten Ausdruck", Wien 1864.

Wie ein Lauffeuer ging der Spiritismus weiter über Deutschland, Schweden, Holland nach Rußland. Emanuel Swedenborg setzte sich in Stockholm für den Geisterverkehr ein und schrieb darüber Abhandlungen, in Holland ist heute Tenhaeff der führende Mann, um den sich weitere Forscher gruppieren, und um die Bewegung in Deutschland hat wohl Carl du Prel die größten Verdienste. In Rußland war es Aksakoff, der seine ganze Persönlichkeit in den Dienst dieser Idee stellte, ihm gesellten sich Prof. Butleroff und Wagner. Die sonderbaren Phänomene erweckten überall Aufsehen und wurden zu einer Salonbeschäftigung russischer Großfürsten und sogar des kaiserlichen Hofes.

Der knappe Raum erlaubt es mir nicht, bei einzelnen Punkten länger zu verweilen. Ich verweise noch auf einen Artikel, der in Deutschland zu Ostern 1853 in der „Allgemeinen Zeitung" erschien und die amerikanischen Phänomene breittrat. Unterhaltend sind die Erlebnisse Lessing's:

Sp. 154 — „B. Lessing erlebte einen Spukfall in Dibbelsdorf bei Braunschweig. Die Bauern benannten den Klopfgeist „Kloppeding". Es wurde sogar eine Untersuchungskommission gebildet, die aber dem herrschenden Herzog über die Vorgänge keine Aufklärung geben konnte. Lessing bemerkte zu dem „Dibbelsdorfer Kloppeding", daß ihm dabei fast sein ganzes Latein ausging."

Ohne Zweifel trug die spiritistische Bewegung einen rein religiösen Charakter und erfaßte diejenigen Kreise, die in den bestehenden Kirchen keine Befriedigung mehr fanden.

In Österreich hat sich nach dem zweiten Weltkrieg eine religiöse Organisation gebildet, die „Christliche Spiritualistische Kirche", die von P. Rev. Swoboda geleitet wird; sie befindet sich in Wien XVIII./110, Erndtgasse 9/IV.

Die Nationalsozialistische Regierung nahm erst, nachdem Rudolf Heß, der den Okkultismus begünstigte, nach England geflüchtet war, eine ablehnende Stellung ein, und Hitler machte in seinen öffentlichen Ansprachen den Spiritismus lächerlich.

Mit einem bewundernswerten Mut und mit Überzeugung vertritt in München Georg Neidhardt den spiritistischen Gedanken auf Grund tiefer persönlicher Erlebnisse. Er verfügt über eine reiche praktische Erfahrung und begründete die „Gemeinschaft für religiöse und geistige Erneuerung", München 9, Naupliastraße 18. Es ist die einzige Organisation, die den Okkultismus in einem umfassenderen Programm vertritt und die Wiederverkörperungslehre mit einschließt.

Der Spiritismus als Erfahrungswissenschaft

a) Physikalische Untersuchungen mit Registrierapparaten und graphischen Kurven

Es ist ein kulturhemmendes Vorurteil bestimmter Kreise, die die Möglichkeit abzusprechen versuchen, daß man mit Verstorbenen direkt verkehren könne. Die Schuld, daß der Spiritismus im Volke abergläubische Formen annimmt, trifft vor allem die Akademiker, die sich nicht Zeit und Mühe nehmen, um sich mit der Materie zu befassen und die Literatur zu studieren, bevor sie ein abfälliges Urteil darüber abgeben, vor allem, da es ihnen schwer fällt, selbst daran zu glauben. Nur derjenige kann den Spiritismus als Hirngespinst bezeichnen, der sich in überschätzender Form zumutet, alles zu wissen, was in der Welt überhaupt möglich und was nicht möglich ist. Die Erfahrung zeigte uns bisher, daß vieles, das uns früher undenkbar erschien, jetzt denkbar geworden ist. Auch der Spiritismus muß hier eingereiht werden.

Die Wissenschaftler ziehen es vor, mit Apparaten zu arbeiten, um sich vor den Täuschungen der Sinne zu sichern. Heute geht man eben mit anderen Mitteln an das Studium der Natur heran als bereits früher die Inder, die mit Hilfe einer hellseherischen geistigen Schau viel tiefer in die ursächlichen Dinge der Erscheinungswelt eindringen konnten. Von diesen nicht immer richtigen Voraussetzungen ausgehend, hört man dann Äußerungen namhafter Chirurgen, daß es noch nie bei Operationen gelungen sei, mit einem Seziermesser an die Seele des Menschen heranzukommen. Ob die Seele überhaupt auf das Messer kommt, mögen diese Gelehrten selbst entscheiden. Der Spiritismus ist eine Lehre über die menschliche Seele und die Möglichkeiten ihrer Verstofflichung bis zur vollen Materialisation. Damit soll gesagt sein, daß es nach einem vorhergegangenen Verstofflichungsprozeß dazu kommen kann, daß die so verdichtete Materie auch von unseren Registrierapparaten wahrgenommen zu werden vermag. Für diesen Teil der Forschungen haben spiritistisch eingestellte Physiker Apparate und Vorrichtungen angefertigt, die das Wahrgenommene festzuhalten im Stande sind. Es gehören dazu graphische Kurvendarstellungen jeglicher Art für

Gewichtzu- oder -abnahme und dergl. mehr, ferner eine doppelte Schiefertafel für Rußabdrücke von Füßen der erschienen Phantome, versiegelte Schnur-Enden, um darin mehrere Knoten zu knüpfen, verschlossene

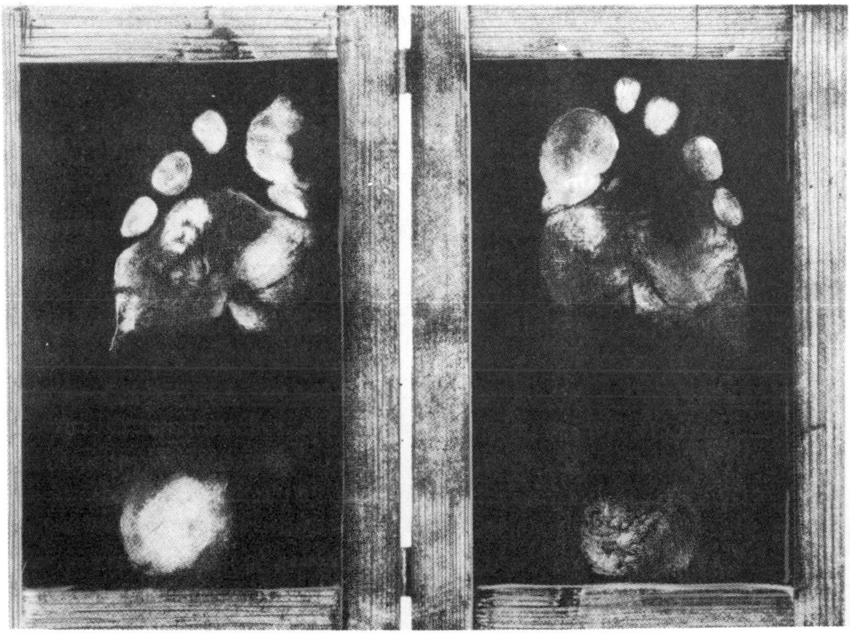

„FUSSABDRÜCKE INNERHALB EINES VERSCHLOSSENEN RAUMES"
Prof. Zöllners Experimente mit dem Medium Slade
Sitzung am 17. XII. 1877, 20 h.

Die sich manifestierenden „Geister" wurden befragt, ob sie auf der Innenseite eines geschlossenen Raumes Fußabdrücke produzieren könnten. Slade zweifelte selbst an einem solchen Erfolg, befragte aber trotzdem seine „spirits", die ihm auf einer Schiefertafel die Antwort gaben, sie wollten es einmal versuchen.
Das Bild zeigt zwei gewöhnliche Schiefertafeln, die miteinander durch Scharniere verbunden sind und wie ein Buch sich zuklappen lassen. Die Innenseite wurde mit verrußtem Papier zugeklebt, um die Fußabdrücke abzufangen. Zöllner nahm die zusammengeklappten Tafeln unter seine unmittelbare Kontrolle und legte sie auf seinen Schoß. Bei hellerleuchtetem Zimmer fühlte er nach etwa fünf Minuten zweimal einen leichten Druck. Durch ein dreimaliges Klopfen seitens der „Jenseitigen" wurde zu verstehen gegeben, daß das Experiment beendet sei.
Beide waren über den Erfolg sehr erstaunt. Die zurückgebliebenen Gegenstände schließen die Erklärung durch Halluzination aus. Die Reproduktion zeigt die beiden Schiefertafeln mit den Abdrücken nach dem gelungenen Experiment.

Kisten für Paraffinabgüsse für Abbildungen von Füßen oder Händen der sich materialisierenden Gestalten, Lichtbilder der verschiedensten Art usw. Zöllner, Crookes, Baraduc, Ing. Grunewald und zahlreiche andere haben sich sehr viel mit diesen und ähnlichen physikalischen Versuchen befaßt. Aus Raummangel kann ich hier nur zwei Forscher kurz erwähnen, um Anleitung zu geben und Wege zu weisen, wie an solche Dinge heranzugehen ist.

Der englische Physiker und Chemiker William Crookes (1832—1909), der Entdecker des Thalliums, experimentierte mit dem Medium Home

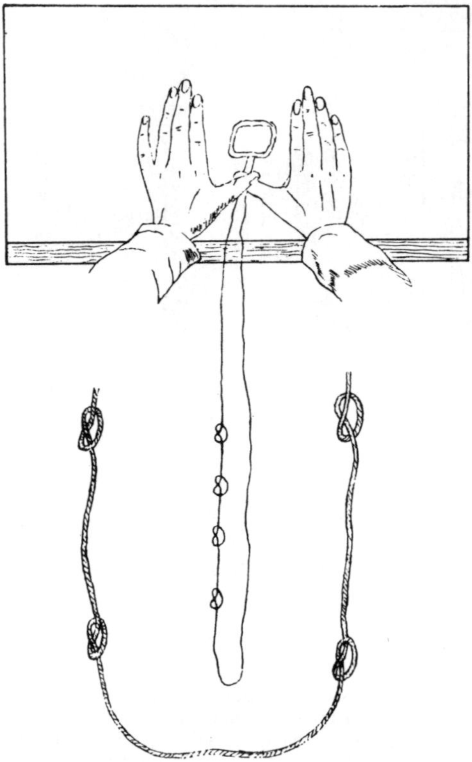

Zur Theorie der vierten Dimension
„VIER-KNOTEN-EXPERIMENT" AUF EINER ENDLOSEN SCHNUR
Sitzung Prof. Zöllners mit Slade am 17. Dezember 1877 in Leipzig

Der 1 mm starke Hanfbindfaden in 148 cm Länge wurde mit seinen Enden von Prof. Zöllner persönlich zusammengebunden, mit Siegellack auf eine Papierunterlage geheftet und mit einer Petschaft der Verschluß gesichert. In nur wenigen Minuten entstanden vier Knoten, wobei die versiegelte Stelle unverletzt blieb. Das Experiment geschah bei vollem Tageslicht unter ständiger Kontrolle der Hände des Mediums Slade.
Die zweite Knotenzeichnung soll nur das ursprüngliche Bild besser verdeutlichen und die Art der Schlingen genauer zeigen, die auf eine so merkwürdige Weise erhalten wurden. Zöllner und Slade erklären das Zustandekommen derartiger Versuche durch „intelligente Wesen" aus einem vierdimensionalen Raum, Slade bezeichnet sie als „Geister". Später wurde in Wien von anderen Forschern das gleiche Experiment mit Slade erfolgreich wiederholt.
(„Ein offener Brief an meine Freunde", Wien 1878, Verlag J. C. Fischer & Co. Diese Hinweise sind aus dem Buche von Friedr. Zöllner „Vierte Dimension und Okkultismus" entnommen, 1922, S. 36 u. 37, Tafel I, herausgegeben von Rudolf Tischner).

und benutzte für diesen Zweck spezielle Registriermethoden, die er laufend überprüfte, um sie zu verbessern. Selbst nach vielen Jahren betonte er nach kritischer Prüfung, er habe bei seinen Untersuchungen auch nachher keine Fehlerquellen entdeckt. Das schottische Medium betrachtete sich als Spiritist und glaubte, durch die Arbeit mit Crookes dieser Idee dienlich zu sein. Home sagte, ihm helfen die Geister aus einer jenseitigen Welt. Daniel Dunglas Home (1833—1886) ist, nach Tischner, in seiner 35jährigen Tätigkeit als Medium nie eines Betruges überführt, ja nicht einmal ernstlich verdächtigt worden. Seine Mission war ihm heiliger Ernst, er arbeitete bei voller Beleuchtung und unterzog sich willig allen Kontrollmaßnahmen. Über diese sehr interessante Persönlichkeit hat Walther Bormann ein Buch „Der Schotte Home", Leipzig 1899, 2. Aufl. 1909, veröffentlicht.

Crookes hatte auch das Glück, eines der besten Materialisationsmedien, Florence Cook (1856—1904), für seine Versuche zu gewinnen, er machte sie durch die gelungenen Sitzungen berühmt. Bei ihr erschien nämlich die Gestalt einer weiblichen Person, die sich Katie King nannte und die behauptete, in einem früheren Leben Annie Morgan geheißen zu haben. Angeblich lebte sie damals um die Zeit der Königin Katharina, der Gattin Karls II. Tischner vertritt die Meinung, daß Cook die ersten Sitzungen mit Crookes etwa am 9. 12. 1873 begonnen hatte, sie dauerten bis Mai 1874; andere behaupten, daß Katie King sich zwei Jahre lang durch das Medium Florence Cook materialisiert habe. Dieser Fall ist insofern interessant, als Katie King eine restlose Vollmaterialisation abgab und von vielen anderen Gästen im Hause Crookes gesehen worden ist. Katie wurde oft photographiert, der Pulsschlag gemessen, die Augenfarbe überprüft, die Haare verglichen; sie soll sogar mit den Kindern Crookes gespielt haben. Andere Berichte behaupten, daß sie gegen zwei Stunden materialisiert verbleiben konnte, ein ganz seltener Fall in der Geschichte des Spiritismus. Dieser Mensch, der sich nun als Verstorbener erneut den Mitmenschen zeigte, betrachtete diese beiderseitigen Anstrengungen, also auch die des Mediums, als eine Missionsarbeit zu Gunsten des Spiritismus. Crookes hat es auch einmal fertigbekommen, sich mit dem Phantom zusammen auf einer Platte zu photographieren. Von Crookes sind in deutscher Sprache zwei Bücher erschienen: „Spiritualismus und die Wissenschaft", Leipzig 1871, und „Materialisationsversuche" Leipzig 1923, beide Werke hat Rudolf Tischner herausgegeben.

Ingenieur Fritz Grunewald, Berlin-Charlottenburg, haben wir es zu verdanken, daß auch in deutschen Kreisen ähnliche Wege beschritten worden sind. Grunewald beschäftigte sich viele Jahre mit der Anfertigung von Geräten, um sich von den Täuschungen der Sinnenwelt zu isolieren. Mit seinen Apparaten konnte man akustische Phänomene, magnetische Zustände, erteilte Kommandos und elektrische Erscheinungen registrieren. Wir finden in seinem Buch Abbildungen von Schaltgeräten, Sitzungslampen, Abblendevorrichtungen usw. Der technisch interessierte Leser möge sich das Werk in der Universitätsbibliothek einer größeren Stadt besorgen, denn einen Laien wird die Beschreibung der genauen Konstruktionen weniger interessieren. Erwähnenswert ist der Umstand, daß es Grunewald glückte, die Einwirkung eines Mediums

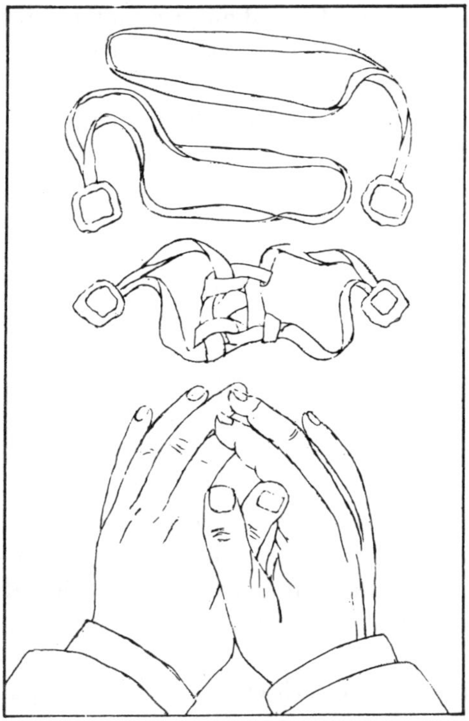

Zur Theorie der vierten Dimension

„VIER-KNOTEN-EXPERIMENT" AUF ZWEI ENDLOSEN LEDERRIEMEN

Sitzung Prof. Zöllners mit Slade am 8. Mai 1878 in Leipzig

Das auf so merkwürdige Art gelungene erste Knotenexperiment versuchte Zöllner bei anderen Gelegenheiten durch eine neue Variation zu wiederholen. Er benutzte zu diesem Zweck zwei weiche Lederstreifen von 44 cm Länge und 10 mm Breite und versiegelte die Enden mit seinem eigenen Petschaft. Während der Séance in einem hellerleuchteten Zimmer deckte er die beiden endlosen Lederschlingen mit beiden Händen zu, so daß von außen kein Zugang dazu war. Slade berührte ganz leise die Handoberfläche Zöllners, und es entstanden erneut im Laufe von etwa drei Minuten auf ganz eigenartige Weise die Knotenverschürzungen, wie das Bild sie hier wiedergibt.

auf eine Magnetnadel zu beobachten und durch Apparate nachzuweisen. So gelang es ihm auch mit Hilfe von Eisenfeilspänen, mehrere magnetische Wirbel an den Händen des Mediums festzustellen. Er untersuchte die Leitfähigkeit der Leuchtmassen bei Materialisationsphänomenen und erzielte die Entladung des Blattelektrometers eines Luftkondensators, was darauf hindeutet, daß die aufgetretenen Leuchtmassen stark ionisiert waren. Er wiederholte die Versuche, die schon Crookes und Crawford mit der Waage durchgeführt hatten, und fand sie bestätigt.

Mit diesen kurzen Hinweisen soll nur angedeutet werden, daß man an die okkulten Probleme mit Ernst und großer Sachlichkeit herangetreten ist und sich nicht leichtfertig irgendwelchen Täuschungen hingeben wollte. Die okkulten Phänomene verlangen nicht Glauben, sondern sollten vielmehr als eine bisher wenig bekannte Naturwissenschaft angesehen werden. Die Odlehre des Freiherrn Karl von Reichenbach wird allgemein als die Physik des modernen Okkultismus bezeichnet. Ohne gründliches Studium der Bücher „Der sensitive Mensch und sein Verhalten zum Od", 2 Bde., Stuttgart 1854, ist ein weiteres Vordringen und ein Verstehen der okkulten Phänomene außerordentlich erschwert.

Unter „Od" versteht man die „strahlende Materie", die verlagert wird, und die Lebenskraft, die man stärken oder schwächen kann. Das Od hat die eigentümliche Fähigkeit, elektro-magnetisch zu wirken, d. h. Anziehung und Abstoßung zum Ausdruck zu bringen usw. Diese odischen Fluidalmassen stehen auch mit kosmischen Influenzen in sehr nahen Beziehungen, weshalb es denn auch verständlich wird, daß die himmlischen Gestirne auf uns wirken können. Wir streifen hier an die Astrologie, die einen gesonderten Teil des Okkultismus ausmacht.

Zu den physikalischen Methoden, die angewandt wurden, um spiritistischen Phänomenen näherzukommen, gehören die Lichtbilder und die Paraffinabgüsse; ich muß darum auch diesem Zweig unserer Forschungen einige Worte widmen.

Der Spiritismus als Erfahrungswissenschaft

Physikalischer Nachweis durch Lichtbilder

Wenn man in einer erwartungsvollen Stimmung Phantome „Verstorbener" zu sehen bekommt, so kann leicht der Einwand gemacht werden, daß die Ähnlichkeit mit dem Verstorbenen vorgetäuscht sei, daß man das Gesehene nicht kritisch und nüchtern genug beurteile und daß manches zu leichtfertig hinzugedichtet und hineinprojiziert worden sei. Um alle diese berechtigten Bedenken zu beheben, ist man in der spiritistischen Forschung bemüht gewesen, Lichtbilder herzustellen, die deshalb einen bleibenden Wert haben, weil Apparate keine menschliche Halluzination wiedergeben können. Außerdem haben sie keinen vorübergehenden Charakter, und die Ähnlichkeit mit dem Verstorbenen kann auch von anderen wahrgenommen werden. Eine Halluzination in dem Sinne, daß man etwas gesehen hätte, was überhaupt nicht da war, ist somit endgültig widerlegt. Aber die Gegner, denen es nicht gefallen will, daß man nach dem leiblichen Tode weiterlebt und daß man sich aus dem Jenseits den irdischen Verwandten bemerkbar machen kann, sind in ihren Verdächtigungen unerschöpflich und führen, um einen neuen Weg zu finden, die Betrugshypothese ins Feld. Diese Verdächtigungen und Entgegnungen sind insoweit fruchtbar, als sie die Verteidiger zu immer größerer Vorsicht mahnen. Wenn aber auch die Vorsichtmaßnahme getroffen, daß man die Platte selbst signiert und selbst entwickelt, dann werden weiter Bedenken und Widersprüche ausgedacht. Mitunter gibt auch Berufsneid den Anlaß dazu, dem Forscher Manipulationen in die Schuhe zu schieben, um diese Art von Lichtbilder zu diskreditieren, ja letzten Endes öffentlich anzuklagen und die weitere Forschungsarbeit zu erschweren. Auf diese Weise werden unerwünschte Konkurrenten auf wirtschaftlichem Gebiet aus dem Wege geräumt. Ich sehe mich darum gezwungen, den Leser, der solche Forschungen vielleicht vornehmen will, auf diese Art Gegnerschaft hinzuweisen. Ich bedaure es, daß ich dem sonst so verdienstvollen und von mir sehr geschätzten Parapsychologen Rudolf Tischner nicht beipflichten kann, wenn er in seiner „Geschichte der okkultistischen Forschung" 1924, S. 68, bei der Schilderung der „Geisterphotographien" derartige Aufnahmen überhaupt beanstandet. Er bezieht sich dabei auf Mumler in New-York 1862; auf Guppy und Frau in England 1872 mit dem Photographen Hudson; Buguet in Paris und den Photographen Beatty, der 1872 verstorbene Menschen auf die Platte bringen konnte. Um diese Leistungen zu entkräften, meint Tischner, daß die letzten Aufnahmen wahrscheinlich durch den herangezogenen Josty in betrügerischer Weise fabriziert worden seien. Eine solche Beurteilung der Dinge ist nicht mehr kritisch, sondern überkritisch, denn ich halte Aksakoff, der Prof. Hartmann widerlegt hat, und Prof. Cesare Lombroso auch für scharfe Denker; diese beiden urteilen über die „Geisterphotographien" jedoch anders und viel positiver als Tischner. Aus diesen Überlegungen beziehe ich die Gruppe Mumler, Guppy, Buguet und Beatty in meine weiteren Betrachtungen nicht ein und zitiere andere Photographen, die das Glück hatten, keine so scharfen Gegner zu haben.

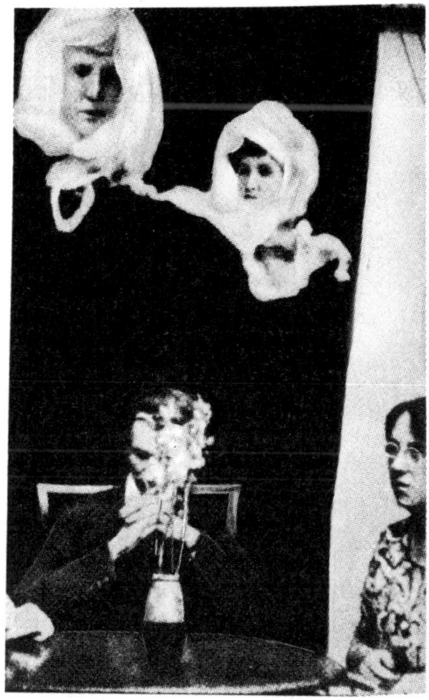

Die hier folgenden vier sogenannten „Extra" sind transzendentale Lichtbilder verstorbener Menschen. Die Platten wurden vor dem Photografieren signiert, um jeglichen Betrugsmomenten vorzubeugen und einen böswilligen Umtausch zu verhindern. Nach erfolgter Aufnahme und Entwicklung der Platte stellte es sich überraschend heraus, daß zusätzlich unbekannte Gesichter auf dem Bilde erschienen, über deren Anwesenheit man zuvor nichts gewußt hatte.

Während der spiritistischen Sitzung hatte niemand von den Teilnehmern diese beiden Frauengesichter bemerkt, erst nach der Entwicklung der gemachten Aufnahmen verriet das erhaltene Bild deren stattgehabte Anwesenheit. Überzeugte Spiritisten behaupten, daß wir andauernd von unsichtbaren Wesen, insbesondere naher Verwandter und Freunde umgeben sind.

Ich will mich in Zukunft nicht der Benennung „Geisterphotographien" bedienen, sondern diese Versuche mit Aksakoff als „Transzendentale Lichtbilder" bezeichnen. Mir kommt es in diesem Aufsatz wesentlich auf solche Fälle an, die dazu beitragen können, eine „Identifizierung mit Verstorbenen" nachzuweisen. Aksakoff schildert in seinem 1. Band „Animismus und Spiritismus" eine Unmenge von photographischen Aufnahmen, die gemacht worden sind, um den Nachweis von Materialisationen zu erbringen. Das hat auch Schrenck-Notzing in ausgiebigem Maße getan, damit ist aber der „spiritistischen Hypothese" noch wenig gedient, denn es können ebenso „ideoplastische Gebilde" des Mediums selbst sein. So ist z. B. der medial veranlagte Schriftsteller Stainton Moses, während er selbst in London in Trancezustand lag, dem Photographen Buguet in Paris auf der Platte erschienen. Man kann also auch noch zu Lebzeiten seinen „odischen Fluidalkörper" aussenden und ihn so verdichten, daß er von der Photoplatte aufgenommen wird. Die Wiederholung dieser Experimente sollte in den bestehenden „Parapsychologischen Gesellschaften" der Welt mit Fleiß betrieben werden, denn wir kommen auf diesem Wege viel schneller über die Parapsychologie zum

Die den Kopf umgebenden hektoplasmatischen Massen geben die Stoffe ab, mit deren Hilfe diese „Geister", einer höheren, übergeordneten Welt zugehörend, sich uns plastisch reproduzieren können. In ihrer Anfangsentwicklung sind diese eigenartigen, chemisch noch wenig untersuchten Stoffmassen dem gewöhnlichen Auge unsichtbar. Sie können jedoch von der sehr lichtempfindlichen Photoplatte bereits aufgefangen werden, zumal sie phosphorartig leuchten.

Diese besonders gut gelungene,scharfe Aufnahme eines Männerkopfes war allen Sitzungsteilnehmern unbekannt geblieben. Es konnte auch später nicht festgestellt werden, wer das sein könnte. Bulford behauptet, dieses Bild unter ganz besonders „strenger Kontrolle" bekommen zu haben,und die Entwicklung der Platte geschah von zwei Berufsphotographen unter seiner unmittelbaren Aufsicht.

Spiritismus. Viele Forscher bleiben in der Parapsychologie stecken und werden von ihr so stark gefesselt, daß sie nicht mehr weiter vorwärts können.

Es gibt noch eine Reihe anderer Photographen, die sich mit diesen und ähnlichen Aufnahmen beschäftigt haben. Der italienische Psychiater Lombroso veröffentlichte im Oktober 1909 seine Erfahrungen im Buche „Hypnotische und spiritistische Forschungen", Verlag Jul. Hoffmann, Stuttgart. Im Aufsatz über „transzendentale Photographien" werden die Namen Parkes, Reeves, Russell, Slater und Williams in England erwähnt, des weiteren Reimers in Deutschland und Damiani in Italien.

Sp. 155 — „Prof. Wagner in Rußland erzielte eines Tages mit Slater zusammen auf der Photoplatte das Porträt seiner Schwester zwischen zwei Gesichtern, von denen das eine unzweifelhaft das des vor einiger Zeit verstorbenen Lord Brougham war. Im anderen Gesicht erkannte Slater das Bild Robert Owens, mit dem er eng befreundet war und der ihm vor seinem Tode versprochen hatte, ihm zu erscheinen, falls es eine andere Welt geben sollte." —

Lombroso: „Hypnotische und spiritistische Forschungen." 1909. S. 254. Julius Hoffmann-Verlag, Stuttgart.

Das letzte Beispiel ist charakteristisch genug, um der üblichen Meinung zu widersprechen. daß niemand aus dem Jenseits jemals zurückgekommen sei, um über die andere Welt Kunde zu geben. Im Gegenteil, der ganze Spiritismus gibt durch sich selbst eine Reihe unzähliger Beweise. Lombroso sagt in seinem Aufsatz, es spreche bei aller Unsicherheit zu Gunsten der „transzendentalen Lichtbilder", daß trotz der Prozesse gegen die betrügerischen Photographen diese Art von Phänomenen auch weiterhin eintreten und bis zum heutigen Tage sogar immer größere Verbreitung finden.

Lombroso schreibt weiter, daß zu Beginn des jetzigen Jahrhunderts ein Bericht Carreras aus Italien in der Zeitschrift „Luce e Ombra" 1904, I, beachtenswert sei. Es handelt sich um zwei Brüder Randone, die höchst merkwürdige Photographien erzielten. Beide sind keine professionellen oder bezahlten Medien, und ihre Ehrlichkeit ist nicht zu bezweifeln. Im November 1901 nahmen der Photograph Benedetto die Randone und Herrn Bettini bei Magnesiumlicht auf. Es zeigten sich beim Entwickeln außer den Bildern der betreffenden Personen eine Reihe merkwürdiger leuchtender, durchscheinender Bänder, die zuvor auf der Platte nicht waren. Über weitere Versuche wird folgendes berichtet:

Sp. 156 — „Am Morgen des 18. März 1901 fühlte sich Philippo Randone wie von einer unwiderstehlichen Suggestion dazu ge-

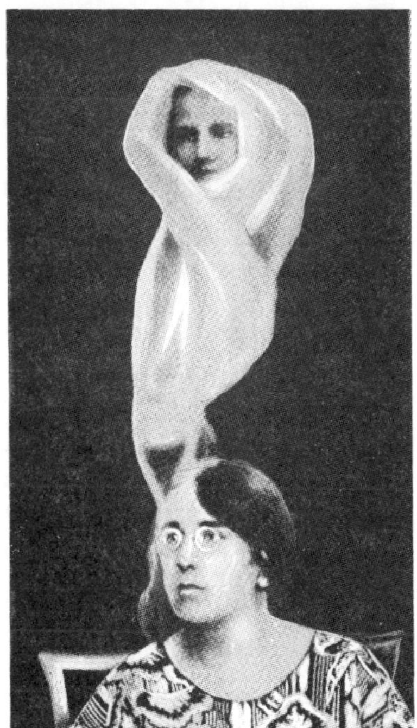

Erst nach der Entwicklung der Photoplatte stellte es sich heraus, daß unbekannte Wesen bei der Aufnahme zugegen waren, später konnten sie als Verstorbene auch identifiziert werden. Diese sehr interessanten Experimente sollten mit besonderem Eifer von ernsten und gebildeten Forschern weitergeführt werden.

In einer Sitzung, an welcher Herr Bulford, seine Frau, deren Freundin und zwei Berufsphotographen teilnahmen, kam auf die entwickelte Platte dieses Frauengesicht. Frau Bulford erkannte überraschend ihre verstorbene Schwester auf dem Bilde und die anwesende Freundin ihre verstorbene Kameradin.

Diese Aufnahme unterscheidet sich von den vorausgegangenen insoweit, als neben einem Männergesicht nach der Entwicklung der Platte noch eine Fledermaus zu sehen war. Eine Erklärung dieser Beoachtung stand aus. Erst, nachdem Bulford einen öffentlichen Vortrag mit diesen Bildern gehalten hatte, meldete sich einer unter den anwesenden Zuhörern, der den Verstorbenen erkannte. Es stellte sich hier heraus, daß das Männergesicht einem materialisierten Zoologen gehörte, der zu Lebzeiten ein eifriger Fledermausforscher war und auf diese Weise wahrscheinlich seine Identifizierung erleichtern wollte.

Diese neuen und unlängst bekannt gewordenen Lichtbilder stammen aus einem Heimzirkel des Herrn Staveley Bulford und seiner Frau aus England. Anschrift: Manor house, east-end lane, Ditchling, Sussex. Sie wurden zum letzten „Internationalen Spiritisten-Kongreß" im Herbst 1951 in Stockholm veröffentlicht.

(Schwedische Zeitschrift „Vecko Journalen" Stockholm Nr. 37 vom Jahre 1951 und „Abendzeitung", München, vom Samstag, dem 26. Januar 1952, Seite 3.)

trieben, die Aufnahme einer transzendentalen Photographie zu versuchen. Er bediente sich seiner eigenen Schwester als Medium, er räumte den Tisch aus dem Zimmer und setzte einen Lehnstuhl und einen Stuhl in die Mitte des Raumes nebeneinander. Im Lehnstuhl sollte sich das Medium niederlassen und auf dem Stuhl ein materialisierter Geist Platz nehmen.

Carreras Artikel in der ital. Zeitschrift: „Luce e Ombra", Rom, August 1901.

Das Fräulein fiel noch im Stehen in Trance. Der Bruder half ihr, sich auf einen Stuhl zu setzen, der dem Lehnstuhl nahe stand. Plötzlich sah er, wie sich um die Schwester etwas bildete, das weißen Baumwollflocken glich und sich rasch zu einer weißen Wolke über den Lehnstuhl rechts vom Medium verdichtete. Frau Mazza bemerkte dann klar und deutlich neben dem Medium eine weiße, halb liegende, halb sitzende Gestalt mit schwarzen Haaren. Das Medium stöhnte dabei, wie es alle Medien in der Trance tun. Frau Mazza reichte Randone den photographischen Apparat, er stellte ihn auf und machte eine Aufnahme von ungefähr 30 Sekunden Dauer. Nach dieser Zeit sah er nur noch seine Schwester, denn das Phantom war nur 10—12 Minuten lang materialisiert gewesen. Es hatte weder einen Ton von sich gegeben noch sich bewegt. Im Augenblick der Aufnahme sah es so aus, als verlöre es an Dichte.

Die Platte wurde in Gegenwart von sechs Personen entwickelt, sie wurde einer Kontrolle unterzogen und als die mit einem Zeichen versehene Platte erkannt. Man fand darauf eine Gestalt, die sich im Negativ nicht gut unterscheiden ließ, später aber trat die Figur eines anscheinend 17 bis 18 Jahre alten Mädchens hervor. Es war weiß gekleidet und hatte lange schwarze Haare, die ihm wie zwei Binden um das Gesicht lagen. Infolge der Aufregung des Photographen wurde die Aufnahme in großer Eile gemacht, weshalb der untere Teil des Phantoms fehlt.

Keiner von uns kannte die Erschienene. Aber durch zahlreiche Mitteilungen aus dem Munde des Mediums Randone wurde der Schleier des Geheimnisses wenigstens zum Teil gelüftet.

Zusammenfassend sagte das geheimnisvolle Wesen in etwas wirrer Weise aus, daß es am vergangenen Tage erschienen sei. Zu ihren Lebzeiten sei sie jung und schön, ja sogar sehr schön gewesen, sie war Braut und sei im Jahre 1889 gestorben. Von dem Gewand, das sie einhüllte, hätten ihre Eltern einen Zipfel abgeschnitten und aufgehoben. Die Haare seien ihr im Nacken abgeschnitten worden und seien ebenso sehr schön gewesen, sie war reich und habe ein Schloß in Ar... bewohnt. Weitere mediale Aussagen ergaben, daß sie „Bebella" genannt wurde. Nachdem sie verstarb, habe man sie drei Tage lang im Sarge öffentlich ausgestellt, die Bauern seien gekommen und hätten gesagt: „Schade! Sie war so schön!" Die Verstorbene hätte auch während der Beerdigung gesehen, wie sie oben auf der Höhe in einer Waldkapelle begraben worden sei. Die Kapelle habe ein Fenster, von dem aus man die Grabstelle sehen könne. Es brenne ein Licht in der Kapelle. Bei dieser Mitteilung sagte sie: „Sagt Camillo, man soll nicht immer das Licht anbrennen, wie er es wünscht."

Nach allen diesen Angaben sann ich (also Carreras) nach, welcher Familie die Tote hätte angehören können. Meine Nachforschungen ergaben, daß wirklich die 16jährige Tochter eines Fürsten M. um 1889 an Nierenentzündung und Scharlachfieber in Ar... gestorben war. Sie hieß Isabelle. Von zuverlässiger Seite wurde mir mitgeteilt, daß ihr Kosename „Bebella" nur den Familienmitgliedern und intimen Freunden des Hauses bekannt war. Von Gestalt und Gesicht war sie schön gewesen, hatte prächtige Haare und war auch drei Tage öffentlich ausgestellt worden. Ihr Grab war in einer Familienkapelle, die auf einer Erhöhung des Landsitzes in der Nähe eines mittelalterlichen Schlosses stand."

Lombroso: „Hypnotische und spiritistische Forschungen." 1909. S. 255.

Dieser Bericht, der nicht vereinzelt dasteht, bestätigt uns, daß die allgemein übliche Meinung, daß der Tote nichts sieht und versteht, grundfalsch ist. Der „odische Fluidalkörper" behält unter bestimmten Voraussetzungen das Sehvermögen für weitere Geschehnisse auf Erden, er nimmt nicht nur wahr, wo er beerdigt wird, sondern auch alle diejenigen, die an der Leichenprozession teilnehmen, er ist darüber unterrichtet, welche Streitigkeiten in Nachlaßfragen ausgelöst werden usw. Dies sind alles neue Erkenntnisse, die man erst durch den Spiritismus erlangt hat und die der Auffassung der evangelischen Kreise vom ewigen Schlaf bis zum Jüngsten Gericht direkt widersprechen. Ein weiterer Bericht aus derselben Sammlung sagt:

Sp. 157 — „Tummolo in Rom fertigte in einer Sitzung mit Politi transzendentale Lichtbilder an. Um jeden Verdacht eines Betruges zu vermeiden, wurde eine Platte mit seinem Namenszug gekennzeichnet. Beim Entwickeln erschien auf ihr unvorgesehen das Phantom seiner vor einigen Jahren verstorbenen Tochter."

Lombroso: „Hypnotische und spiritistische Forschungen." 1909. S. 259.

Spiritismus als Erfahrungswissenschaft

Paraffin-Abgüsse

Der Amerikaner William Denton, gest. im Juli 1883, wohlbekannter Professor der Geologie, hatte erstmalig die Idee gefaßt, von den Organen der sich materialisierenden Intelligenzen Paraffinabgüsse zu gewinnen. Prof. Denton schrieb über seine Erfahrungen einen Brief an das „Banner of Light", welcher in „The Medium" 1875, S. 674ff. veröffentlicht wurde. Aksakoff wertete später diese interessanten Experimente gegen die Halluzinationshypothese seines Gegners, des Philosophen Eduard von Hartmann (23. 2. 1842—5. 6. 1906), aus, der als „Philosoph des Unbewußten" gegen den Spiritismus Stellung nahm.

Er experimentierte 1875 mit Mr. u. Mrs. Hardy und erzielte 15 bis 20 Abformungen von Händen eines Kindes bis zu denen eines Riesen. Sie enthielten ganz deutlich alle Linien und Erhöhungen der Haut, wie wir sie an Händen und Fingern sehen. Alle diese Manifestationen erfolgten bei Tageslicht in einem Zimmer bei herabgelassenen Vorhängen, wo jede Handlung jedes Mitglieds der Gesellschaft von den anderen deutlich gesehen wurde. Er hielt über seine dabei erzielten Erfolge viele öffentliche Vorträge vor großen Versammlungen in Boston, Charleston, Portland, Baltimore, Washington usw.

Zitiert nach Rudolf Tischner: „Geschichte der okkultistischen Forschung," 2. Teil: Von der Mitte des 19. Jahrhunderts bis zur Gegenwart. 1924. Johannes-Baum-Verlag, Pfullingen in Württemberg.

Da diese Experimente auch heute nachahmungswert sind, will ich etwas näher auf ihre Ausgestaltung eingehen. Ein Holzkasten wird angefertigt, neben ihm finden zwei Eimer mit Wasser Platz. In einem Abstand von einem Zoll sind in die Wände Löcher von etwa $3/4$ Zoll Durchmesser gebohrt. Ein engmaschiges Drahtnetz überzieht von innen oder außen den ganzen Kasten, um die Gewähr zu leisten, daß keine menschliche Normalhand hindurchdringen kann. Der Deckel besteht aus zwei Teilen, die sich von der Mitte nach außen öffnen; die Riegel sind so angebracht, daß man sie gut verschließen und versiegeln kann. Die genaue Beschreibung ist im „Spiritualist" vom 9. 6. 1876, Seite 274, abgedruckt. In den Kasten wird nun ein Eimer mit klarem kalten Wasser gestellt und daneben ein Eimer mit heißem Wasser, der oben mit einer aufgelösten Schicht Paraffin bedeckt ist. Alles dies geschieht vor den Augen der Teilnehmer, der Kasten wird mit Vorhangschlössern geschlossen und die Schlüsselöffnung mit versiegeltem Papier verklebt. Jetzt werden durch das Medium die anwesenden „übersinnlichen Intelligenzen" gebeten, ihre Hände in das heiße Paraffin zu tauchen und (in einem noch ungeklärten physikalischen Vorgang) einen solchen Handabdruck in den nebenstehenden Eimer mit kaltem Wasser zu geben, damit die Form schnell abkühlt. Man hört bei diesen Séancen das Plätschern von Wasser; die Hände des Mediums, das in der Nähe des Kastens sitzt, werden andauernd kontrolliert. Über die Kiste wird eine Decke geworfen und das störende Licht im Zimmer so weit abgedämpft, daß man noch das Ziffernblatt einer Taschenuhr ablesen kann. Durch Klopftöne melden „die Intelligenzen", daß der erwünschte Vorgang abgeschlossen sei, man entfernt die Siegel, öffnet den Deckel, und der Paraffinabguß einer unbekannten Hand schwimmt im Eimer mit dem kalten Wasser.

Diese Versuche sind später noch oft mit großem Erfolg wiederholt worden. Interessant und bemerkenswert ist auf jeden Fall der Umstand, daß die Paraffinform nicht etwa aus zwei Teilen zusammengefügt war, sondern aus einem Stück bestand. Damit soll gesagt sein, daß eine menschliche Normalhand auf keine Weise aus dieser Hülle herauskönnte, ohne mit der Handbreite den anschließenden engeren Teil um das Handgelenk zu zerbrechen. Ein neutraler Bildhauer, John O. Brien, wurde eingeladen, ein Gutachten über diese Paraffin-Handschuhe abzugeben. Er wunderte sich über die künstlerische Ausführung, über die kurze Zeit der Entstehung und über das Fehlen jeglicher Nähte, aus denen die Einzelstücke sonst zusammengefügt sein müßten.

Natürlich können die Parapsychologen hier die Einwendung machen, daß solche Abgüsse von Händen und Füßen nicht unbedingt spiritistischen Ursprungs zu sein brauchen, sondern auch auf animistischem Wege, durch Exteriorisation des ,,odischen Fluidalkörpers" eines lebenden Menschen, entstehen können. Das ist richtig. Mir ist jedoch daran gelegen, daß diese originelle und erprobte Methode nicht in Vergessenheit gerate, sondern immer wieder von neuem angewandt werde. Daß Materialisationen dieser Art von ,,lebenden Menschen" entstehen können, bestätigt auch Aksakoff in seinem Buch ,,Animismus und Spiritismus" 1919 im 1. Band auf Seite 210, wo berichtet wird, daß Dr. Grater Blake eine genaue Form des Fußes vom Medium Mr. Eglinton erhielt.

Für unsere spiritistische Betrachtungsweise ist es aber wichtig, Identitätsbeweise eines Verstorbenen zu erhalten, und dies ist in folgendem Falle gegeben:

Sp. 158 — ,,In einem auserlesenen Zirkel von etwa 12 Personen hatte Dr. Nichols mit dem Medium Eglinton zwei verschiedene Paraffinabgüsse verstorbener Kinder erhalten. Er berichtet darüber und sagt, daß im Zimmer rings umher und so weit wie möglich vom Vorhange des Dunkelkabinetts weg, die eingeladenen Gäste saßen. Jedermann war deutlich sichtbar; keiner war dem Paraffin-Eimer nahe oder konnte sich ihm nähern. In einigen Augenblicken hörten wir Stimmen aus der Ecke bei den Eimern und Plätschern im Wasser. Dann kamen die Signalklopflaute, und ich ging und holte die beiden Eimer hinter dem Vorhang hervor. Im kalten Wasser schwammen zwei ungleiche Einzelstücke festgewordenen Paraffins. Die eine glich einem dicken, weißen Handschuh aus Alabaster, die andere war ihr ähnlich, aber viel kleiner. Als ich das größere Stück aus dem Wasser herausnahm, fand ich sie innen hohl und sah, daß sie die Gestalt einer menschlichen Hand hatte. Die kleinere Masse war eine Form von der Hand eines kleinen Kindes. Eine anwesende Dame erkannte sogleich eine besondere Eigentümlichkeit, eine leichte Entstellung, welche die Hand ihrer Tochter aufwies, die im Alter von 5 Jahren in Südafrika ertrunken war.

Am folgenden Morgen verschaffte ich mir feinen Gipsmörtel, den ich aufgeweicht in die Form goß. Um einen Abguß davon zu erhalten, mußte leider diese Form selbst geopfert werden. Die Form einer menschlichen Hand würde mit allen gesonderten Fingern zumindest zwanzig einzelne Stücke benötigen, und jede solche Verbindung würde auf dem Abguß zu sehen sein. Was ich tat, sagt Nichols, war nur das, den flüssigen Gipsmörtel sich in der Form setzen und erhärten zu lassen; und dann opferte ich die Form selbst durch Abschmelzen mit heißem Wasser. Es kam die schöne Hand meiner (verstorbenen) Tochter Willie mit ihren langen, schmal zulaufenden, künstlerischen Fingern und deren anmutigerHaltung zum Vorschein, genau so; wie sie sie beim Eintauchen in das heiße Paraffin (das ebenso heiß war wie das kochende Wasser) hielt. Die Hand liegt jetzt unter Glas auf meinem Kaminsims. Wenn ich meine Hand in derselben Lage halte, frappiert jedermann, der den Abguß sieht, seine Ähnlichkeit, obgleich er um etwa ein Drittel kleiner ist. Er gleicht Bildhauerhänden. Es ist eine rein natürliche, anatomisch richtig gebaute Hand, mit jedem Knochen und jeder Sehne, und die feinsten Hautmarkierungen sind deutlich sichtbar. Es ist die Hand, welche ich so gut in ihrem sterblichen Leben kannte und die ich so oft gesehen und gefühlt habe.

Die andere und kleinere Form wurde der Mutter gegeben, welche keinen Zweifel daran hegte, daß es die Hand ihres (verstorbenen) Kindes (aus Südafrika) sei.''

„The Spiritual Record'' vom Dezember 1883, S. 287, 661 und 662. Aus der Sammlung Aksakoff: „Animismus und Spiritismus.'' 1919. Im 1. Band. Verlag Mutze, Leipzig. S. 202.

Der Spiritismus als Erfahrungswissenschaft

Identifizierung der Verstorbenen durch Überprüfung des geistigen Inhalts der erhaltenen Kundgebungen

Die Frage, die man sich immer vorlegt, lautet: Sind das auch wirklich die Verstorbenen, mit denen man in Berührung kommt? Welche Garantien und Beweise sind dafür gegeben? Solche aufkommende Bedenken sollen durch folgende Beispiele entkräftet werden. Bekanntlich können nur wenige Verstorbene sich so stark materialisieren, daß sie direkt und unmittelbar wahrgenommen werden, die Mehrzahl kann sich nur im Traume zeigen, weil die feineren inneren Wahrnehmungsorgane in einer viel näheren Beziehung zur transzendentalen Welt stehen als unsere gröberen äußeren fünf Sinne. In manchen Fällen sagen uns die Phantome selbst, daß sie sich nicht mehr materialisieren werden, weil sie anderen höheren Aufgaben nachzukommen haben, daß sie nunmehr nur noch eine Zeitlang im Traume erscheinen können und daß auch dieses mit der Zeit aufhören müsse. Aus meiner eigenen Sammlung veröffentliche ich nunmehr den persönlichen Bericht eines jugoslawischen Spielwarenfabrikanten, der mir als spiritistisches Erlebnis verbürgt erscheint. Es handelt sich um einen Warntraum, in dem sein verstorbener Vater, besorgt um das Schicksal seines Sohnes, diesen über die ihm drohende Lebensgefahr aufklärt:

Sp. 159 — „Es geschah Anfang September 1944 in der Stadt Pantschewo in Jugoslawien. Die Rote Armee näherte sich der „Eisernen

Pforte" an der Donau, bei der sie, wie ich vermutete, einige Zeit aufgehalten werden sollte. In den darauffolgenden Tagen hatte ich etwa um 5 Uhr morgens einen sonderbaren Traum. In voller militärischer Paradeuniform erschien mir mein verstorbener Vater und sagte: „Du liegst ?!" Er betrachtete mich darauf eine Zeitlang wortlos und fügte alsdann hinzu: „Sie werden bald hier sein!" Dann verschwand er.

Als ich am Morgen erwachte, erinnerte ich mich deutlich des Traumes und überdachte das Gesehene. Es reifte in mir die feste Überzeugung, daß mir mein Vater erschienen war, um mich vor der bevorstehenden Gefahr rechtzeitig zu warnen. Ich beschloß darauf, meinen eigenen Betrieb und das ganze Vermögen zurückzulassen und unverzüglich schweren Herzens zu flüchten, um wenigstens das nackte Leben zu retten. Ich hatte dabei Glück und konnte mich am nächsten Tage einem Arbeitertransport nach Deutschland anschließen. Es war der letzte organisierte Zug, dem es noch gefahrlos und unbehelligt gelang, die jugoslawische Grenze zu passieren. Die gleich darauffolgenden Transporte wurden bereits von kommunistischen Partisanen überfallen und teilweise oder auch gänzlich vernichtet." —

Die Spiritisten ziehen aus einem solchen Bericht die berechtigte Schlußfolgerung, daß die Verstorbenen den Verlauf unseres weiteren Schicksals sehen und uns behilflich sein können, indem sie uns warnen. Ein weiterer Bericht aus meiner Sammlung handelt von einem Fall der Wahrnehmung einer Verstorbenen nicht mehr im Traum, sondern im Wachbewußtsein. Das Phantom wird von zwei Personen gesehen. Um das Jahr 1948 habe ich den Fall, der mir von der betroffenen Person erzählt wurde, protokolliert:

Sp. 160 — „Die Magnetiseurin L. L. aus Bad Wörishofen hatte nach dem Tode ihrer Mutter große Streitigkeiten mit ihren Geschwistern in Angelegenheiten des Nachlasses, da das Testament trotz langen Bemühungen nicht gefunden werden konnte. Die Uneinigkeiten nahmen zu und brachten die Erben in große Unruhe. Eines Tages saß Frau L. L. mit ihrem Gatten und ihrem Vater im großen Speisezimmer, mit dem Gesicht zur Veranda; es war hellichter Tag. Plötzlich sahen sie und ihr Mann eine Gestalt eintreten, in der beide die verstorbene Mutter erkannten. Der Vater saß mit dem Rücken zur Tür und sah nichts. Die Erscheinung blickte beide an, lächelte spöttisch und machte eine Bemerkung über das nicht gefundene Testament. „Es liegt", sagte sie, „im großen Wäscheschrank zwischen den neuen Tischtüchern", und verschwand wieder. Die beiden Ehegatten waren sehr erschrocken, sahen einander verwundert an und sprangen sofort vom Tisch auf, um sich schnell nach oben zu begeben und die eben erhaltene Kundgebung zu überprüfen. Sie waren sehr verwundert, als sie tatsächlich im großen Wäscheschrank zwischen den ganz neuen Tischtüchern das lang gesuchte Testament entdeckten. Es gelang,die Erbschaft aufzuteilen und dem Streit ein Ende zu bereiten."

Es kann geschehen daß auch hier sehr spitzfindige Parapsychologen aus Widerspruchsgeist die komplizierte Erklärung geben, das Bewußtsein des Mediums habe sich dramatisch gespalten und die gespaltene Hälfte habe die verstorbene Mutter personifiziert. Frau L. L. habe um den Verbleib des Testaments gewußt, es aber vergessen und die Erinnerung daran auf diese schauspielerische Weise mit Hilfe einer Vision aus dem eigenen Unterbewußsein herausgeholt. Die Frage, warum denn auch der Mann die Erscheinung sah und der Vater nicht, würden sie so erklären, daß der Ehegatte eben diese Halluzination von der visionären Frau übernommen hätte, der Vater gegen eine solche Übertragung jedoch immun gewesen sei. Daß diese Erklärung an den Haaren herbeigezogen ist, wird wohl jeder einsehen, der etwas Erfahrung oder Fingerspitzengefühl auf diesem Gebiet hat.

Einer sehr mühevollen und gewissenhaften Arbeit hat sich der baltische Philosoph Emil Mattiesen unterzogen, um aus den erhaltenen medialen Kundgebungen Identitätsbeweise herauszukristallisieren. In seiner Sammlung ist folgender Fall angeführt, wo man mit der Theorie einer telepathischen Gedankenübertragung auch nichts mehr anfangen kann:

Sp. 161 — „Richter Dahl hat einem Besucher durch das Medium Ingeborg Dahl eine dreistündige intime Unterredung mit seinem Vater, der vor neun Jahren gestorben war, gewährt. Schriftlich und nur dem Besucher allein sichtbar, richtete er eine Reihe Fragen an den Vater und erhielt sie, eine nach der anderen, beantwortet. Mitten in diesem Gespräch meldete sich plötzlich durch den Kontroll-Schutzgeist des Mediums eine „junge Frau" und bat, Namen und Adresse einer Person sich zu merken, für die sie eine eilige Mitteilung habe. Die völlig unbekannte „junge Frau" gab darauf durch die Hand Ingeborgs die Anschrift und durch den Mund die zu übermittelnde Botschaft. Sie bezeichnete auch ein Datum, das mit der Botschaft überliefert werden sollte, dankte und empfahl sich mit Entschuldigungen für die störende Unterbrechung.

Die so unerwartet dazwischengetretene Mitteilung wurde an die angegebene Adresse abgeschickt,und es erwies sich, daß sie von dem neulich verstorbenen Weibe des Adressaten stammte und daß das bezeichnete Datum ihr Todestag war. Dies alles war den Anwesenden völlig unbekannt gewesen. Es zeigte sich nachher, daß die Botschaft von großem Interesse und Wert für den zurückgebliebenen Witwer war." —

Emil Mattiesen: „Das persönliche Überleben des Todes." 2. Band, S. 29.
Ludwig Dahl: „We are here." Psychic experiments. London 1931. S. 207.

In diesem Bericht ist eine animistische Erklärung bereits unmöglich, weil das Medium plötzlich mitten im Gespräch von einem ganz fremden verstorbenen Wesen unterbrochen wird, das sich entschuldigt und bittet sowie alle Kennzeichen einer neuen selbständigen Intelligenz trägt. Die so erhaltene Anschrift erweist sich als richtig und enthält für den Mann eine wichtige Botschaft. Alle diese Faktoren zusammengenommen sprechen eindeutig zu Gunsten einer spiritistischen Erklärung.

Wir finden solche in ihrer stärksten Ausprägung in den sogenannten „Monoideismen". Darunter versteht man festgefahrene „Einzel-Ideen", die sich zum Inhalt des ganzen Denkens und Fühlens zusammenballen. Im vorletzten Falle ist ein solcher Monoideismus bei der verstorbenen Mutter nicht zu ersehen, weil die Erscheinung sich erst kundgab, nachdem der Streit der Kinder unter sich wegen des Verbleibs des Testaments unangenehme Formen angenommen hatte und vermutlich, so könnte man sich denken, der verstorbenen Mutter Sorge bereitete.

Unerfüllte Wünsche, die das ganze Denken des Verstorbenen ausmachten, die eben erwähnten sogenannten „Monoideismen". können leicht Anlaß zu Spukerscheinungen geben. Je nach Stärke der ins Jenseits hinübergenommenen Empfindung und der vorliegenden Voraussetzungen haben wir es meist zuvor mit Geräuschen zu tun, in stärkerer Form mit telekinetischen Vorgängen, also mit Bewegung von Gegenständen, und in ihrer stärksten Form mit Teil- oder Vollmaterialisationen. Demgegenüber kann auch die Wahrnehmungsart der Medien selbst verschiedene Stadien durchlaufen. Der eine nimmt die Phänomene nur als Ahnungen oder Gefühlsempfindungen wahr, etwa daß jemand sich unsichtbar in der Nähe aufhält, der andere hört bereits Stimmen, in noch mehr verstärkterer Form empfindet man Berührungen, und schließlich nimmt man die Materialisation direkt mit dem Auge wahr.

Ich will jedoch noch weitere Fälle anführen, die eindeutig einen rein spiritistischen Charakter tragen und auf keine andere Weise erklärt werden können.

Dem unerschöpflichen Buch du Prel's „Der Tod, das Jenseits, das Leben im Jenseits", 1910, 3. Aufl., entnehme ich folgende zwei interessante Berichte:

Sp. 162 — „Goethe führt in den „Unterhaltungen deutscher Ausgewanderter" folgenden Fall an: Was dort von einer italienischen Sängerin Antonelli erzählt wird, ist Tatsache, aber die Heldin der Erzählung war eine französische Schauspielerin, die 1803 verstorbene, berühmte Clairon, die in ihren Memoiren diese Geschichte berichtet. Sie hatte einen leidenschaftlichen Anbeter, den sie aber nicht erhörte und den zu besuchen, als er im Sterben lag, sie sich weigerte. Er starb mit dem verzweifelten Ruf: „Die Barbarin, ich werde sie nach meinem Tode verfolgen wie zu Lebzeiten!" Diese Verfolgung dauerte mehr als zwei Jahre, so lange wie die früheren Beziehungen zu ihr. Erst war es ein durchdringender Schrei, der nicht bloß von ihr allein oft und plötzlich gehört wurde, später wurde sie wie von Schüssen erschreckt; dann war es ein Beifallsklatschen, wie es der Verstorbene so oft im Theater vernommen hatte, wenn sie spielte, und schließlich waren es Töne, wie das Echo ihrer einst gehörten Stimme."

Memoiren der Markgräfin von Ansbach. I. S. 158ff. — Meyer: Blätter für höhere Wahrheiten. Neue Folge. I. S. 355—381. Journal de l'âme. II. S. 244— 250.

Ich bitte den geschätzten Leser, darauf zu achten, wie wichtig es ist, die bestehende Tradition weiter zu pflegen, die letzten Wünsche des Sterbenden zu respektieren. Natürlich klingt der Spuk späterhin allmählich ab, weil die heimgegangene Seele einen weiteren Entwicklungsprozeß durchmacht und von höheren Wesenheiten von der Nutzlosigkeit solcher Verfolgungen überzeugt wird. Sie blassen ab, werden durch Beifallsklatschen ersetzt, um letzten Endes nur noch an das einstmals gehörte Schöne erinnert zu werden. Solche kleine kurzen Berichte klären uns über vieles auf.

Schrecken, Haß, Rache, Liebe und Zuneigung können sich zu einer „Einzel-Idee" verdichten, auch dienstliche Verpflichtungen, denen man nicht mehr nachkommen konnte, unbezahlte Rechnungen, Sorge um eingetretene Uneinigkeit in Erbschaftsangelegenheiten und dergleichen mehr, die dann Erscheinungen von Verstorbenen veranlassen. Oft hört man auch Berichte, in denen Ermordete mit der Bitte erscheinen, das ungesühnt gebliebene Verbrechen aufzudecken. Aus derselben Sammlung ist der nächste Bericht von Brofferio sehr lehrreich:

Sp. 163 — „Ein gerichtlich konstatierter Fall ist der des Parlamentspräsidenten de Ségur von Toulouse. Von Paris heimkehrend, sah er sich einst gezwungen, in einer Dorfschenke zu übernachten. Nachts erschien ihm ein blasser und blutender Greis, der ihm mitteilte, sein Sohn habe ihn ermordet, zerstückelt und im Feld vergraben; der Präsident möge den Mörder der verdienten Strafe entgegenführen. Die Sache wurde untersucht, richtig befunden und der Sohn hingerichtet.

Der Ermordete erschien dem Präsidenten noch einmal und fragte, wie er ihm danken könnte. „Laß mich meine Todesstunde wissen, damit ich mich darauf vorbereite", entgegnete der Präsident. Das Phantom versprach, sie ihm acht Tage vorher zu melden. Nach einigen Jahren wurde nachts heftig an der Haustür geklopft, aber niemand wurde gesehen. Bei der dritten Wiederholung ging der Präsident selber hinaus und sah das Phantom, das ihm seinen Tod in acht Tagen ankündigte. Er wurde in der Tat in seinem eigenen Haus von einem Menschen erschossen, der in das Kammermädchen verliebt war, einem Nebenbuhler auflauerte und den Präsidenten irrtümlich dafür gehalten hatte."

Daumer: Das Geisterreich. II. S. 58.

Gegen solche beglaubigte Berichte können auch skeptische Parapsychologen nicht mehr aufkommen, denn die Erklärung mit dem Unterbewußtsein hat auch einmal seine Grenzen, sie ist kein unerschöpfliches Reservoir, aus dem man alles, was man will, herausholen kann. Hier tritt der Spiritismus in seine Rechte und verlangt für sich eine ebenso sachliche und nüchterne Beurteilung, wie man sie auf dem Gebiete der Parapsychologie übt.

Des allgemeinen Interesses wegen will ich einen Fall anführen, der einen bekannten Politiker neueren Datums betrifft, welcher sich nach dem Tode immer noch hingezogen fühlt, an großen und wichtigen staatlichen Sitzungen teilzunehmen. Diese beruflichen Verpflichtungen, die ihm zum festen Bestandteil seiner Gewohnheiten wurden, also eine Art Monoideismus darstellen, könnten zur Erklärung folgender Erscheinung in Betracht kommen:

Sp. 164 — „Es handelt sich um die Zeit, wo der ehemalige Außenminister Ribbentrop einem Empfang beim Präsidenten der französischen Republik, Lebrun, beiwohnte. Im Uhrensaal des Außenministeriums fand die feierliche Unterzeichnung des deutsch-französischen Übereinkommens statt. Es heißt dabei: Kurz nach 5 Uhr begann sich wieder der große Uhrensaal mit den zur Zeremonie geladenen Gästen zu füllen. Zwischen den deutschen und französischen Politikern und Journalisten entstand eine lebhafte Unterhaltung. Es herrschte die belebte und erregte Atmosphäre eines bedeutsamen politischen Ereignisses. Die große Uhr über dem prachtvollen Marmorkamin schlug ½6, sie schlug 6, und noch immer wurde die Besprechung zwischen Ribbentrop und Bonnet fortgeführt.

In der Mitte des Saales bemerkte man unter den Gästen plötzlich einen mittelgroßen Mann, der in gebeugter Haltung langsam durch den Raum schritt. Mit seiner Haartracht und dem herabhängenden Schnauzbart schien er „ein lebendiges Abbild Briands" zu sein. Alles blickte überrascht auf den langsam Schreitenden, und alle Anwesenden dachten wohl daran, daß hier im Uhrensaal des Quai d'Orsay der französische Außenminister Briand aufgebahrt worden war."

Zeitung „Münchener Neueste Nachrichten", 1938, Nr. 341, Aufsatz: Frankreich und das Großdeutsche Reich. Unterredung mit dem Staatspräsidenten.

Der letzte Bericht ist insoweit etwas blaß, als keine überzeugenden Momente, daß es wirklich Briand war, hinzukommen. Es fehlen zudem namhafte Zeugen, die das Gesehene auch bestätigen könnten. In diesem Falle wäre es wertvoll zu überprüfen, ob der Journalist die Erscheinung richtig geschildert hat und ob vertrauenswürdige Zeugen namhaft gemacht werden können. Für diesbezügliche Nachrichten wäre ich dem Leser sehr dankbar.

Der Spiritismus als Erfahrungswissenschaft

Identifizierung Verstorbener durch direktes Wiedererkennen bei erfolgter Teil- oder Vollmaterialisation

Die nun folgende Erzählung stammt aus der Sammlung des Pfarrers Wilhelm Horkel und hat den Vorzug, daß gleichzeitig zwei Personen unabhängig voneinander ein und dieselbe Person erkennen, die bereits aus einer jenseitigen Welt Beerdigungssorgen hat und sich Sonntagskleider anlegt.

Sp. 165 — „Pfarrer J. in Sch. erzählt: Vor etlichen Jahren fuhr ich wie in jedem Herbst auf einem „Berner Wägele" ins Remstal/Württemberg, um einzukaufen. Neben mir als Kutscher der Bauer N. aus W. Wir fuhren vier bis fünf Stunden und kamen in die Nacht hinein. Zwischen 23 und 24 Uhr gerieten wir an eine Steigung der Fahrstraße. Wir stiegen beide ab, um die Pferde zu entlasten, und das Gefährt fuhr dadurch etwas schneller, so daß ich einige Meter zurückblieb.

Plötzlich sah ich neben mir einen Mann, der mir wohlbekannt war, weil er aus meinem Dorfe stammte. Er trug seltsamerweise den langen schwarzen Rock, den unsere Bauern sonntags, wie landesüblich, tragen. Er zog seinen Hut und sagte: „Guten Abend, Herr Pfarrer! Ich komme nur, um ihnen zu sagen, daß sie bald heimfahren müssen. Am Freitag ist eine Beerdigung. Es ist Unglück im Walde geschehen, beim Holzfällen ist einer erschlagen worden!"

Der Mann war unverkennbar Herr W. Ich fragte zurück: „Ja sind sie mir deswegen eigens bis hierher nachgelaufen?!" Aber ich erhielt keine Antwort mehr — er war augenblicklich verschwunden. Mit langen Schritten holte ich den Wagen ein. Der Kutscher fragte mich: „Was hat denn der W. von ihnen wollen?"

Der Mann kam nicht mehr zum Vorschein. Als ich anderntags an meinem Zielort ankam, fand ich auf dem Frühstückstisch ein Telegramm meiner Frau: der Bauer W. sei im Wald beim Holzfällen tödlich verunglückt."

Pfarrer Wilhelm Horkel: „Botschaft von Drüben." Übersinnliche Erfahrungen aus jüngster Zeit. Neubau-Verlag, 1949, S. 77.

Der jetzige Leiter der Nürnberger Arbeitsgemeinschaft der „Gesellschaft für wissenschaftlichen Spiritismus" Otto Roesermueller hat eine besonders große Erfahrung mit Materialisationserscheinungen. Er erlebte bei seinen Sitzungen oft zwölf und mehr materialisierte Wesen, die in der Mehrzahl Angehörige der Sitzungsteilnehmer waren und sich auf diese Weise mit ihren Verstorbenen bis zur Dauer von 10 Minuten unterhalten konnten. Über ein besonders tiefes Erlebnis der unerwarteten Erscheinung seiner eigenen verstorbenen Mutter erzählt er in seinem unten angeführten Buch:

Sp. 166 — „Plötzlich hieß es seitens des Schutzgeistes des Mediums, meine Mutter sei da, und schon spüre ich, wie sich auf meine Schultern eine Wesenheit stützt und ihre rechte Wange an meinen linken Backen preßt. Es war meine liebe, gute Mutter. Ich spürte ihre Haare, die eine besondere Frisur und Feinheit aufwiesen, ich spürte ihr vom Alter durchfurchtes Gesicht, ich streichelte ihr gutes, liebes Antlitz und fühlte jede Charakteristik und Falte. Dann streichelte ich über ihre Hand, die auf meiner linken Schulter auflag. Ihre Hand, ihre Fingernägel, alle Einzelheiten besah ich mir, denn deutlich war mir alles, durch das Selbstleuchten der Erscheinung wahrnehmbar. Der Druck, die Schwere ihres aufgestützten Körpers empfand ich deutlich. Ich sagte ihr: „Ja Mama, jetzt sehen wir uns nach einer Trennung von über einem Jahr wieder", sie schluchzte darauf und weinte sehr.

Bis zu ihrem Heimgang am 28. März 1938 in ihrem 78. Lebensjahre war sie seit dem im Jahre 1918 erfolgten Ableben meines Vaters stets bei mir und eine innige Liebe verband uns. Das Wiedersehen mit mir, ihrem Sohne, war für meine Mutter ein so gewaltiges Ereignis, daß sie nur mit einem Schluchzen der Freude darauf reagieren konnte. Nach einigen Minuten folgte dann ein Kuß auf meine linke Wange, ganz auf die Art,

WILHELM OTTO
ROESERMUELLER

geb. am 6. Juli 1902 in Nürnberg

ist der jetzige Leiter der Nürnberger Arbeitsgemeinschaft der „Gesellschaft für wissenschaftlichen Spiritismus", der im Juli 1952 seinen 50. Geburtstag feierte. Ein enthusiastischer Vorkämpfer für die Anerkennung spiritistischer Phänomene, der vor einigen Jahren das Glück hatte, seine verstorbene Mutter materialisiert zu sehen.

Roesermueller ist Herausgeber vieler spiritistischer Schriften, wie z. B. „Unsere Toten leben", „Die Praxis des Jenseitsverkehrs", „Anleitung zur Entdeckung und Erschließung medialer Fähigkeiten", „Der Einbruch des Jenseits ins Diesseits" und vieler anderer.

wie zu Lebzeiten. Die warmen Lippen waren deutlich zu fühlen. Alle Anwesenden verfolgten mit tiefer Ergriffenheit den Vorgang.

Es war keine Halluzination, kein Betrug, kein Spiel des Unterbewußtseins, und keine anderen ähnlichen Hypothesen können mir dies Erlebnis nehmen, denn wer kein solches mitgemacht hat, kann immer skeptisch bleiben. Im Ablauf des Ereignisses liegt etwas meiner Mutter Artgemäßes und doch für mich ganz und gar nicht Erwartetes."

W. O. Roesermueller: „Unsere Toten leben!" Wir helfen ihnen und sie uns. Eigene Erlebnisse und Gespräche mit Jenseitigen. 1951. Verlag Ph. C. W. Schmidt, Neustadt/Aisch. S. 41.

Der Fall Roesermueller ist einer der vielen, die man zu hören bekommt, er hat den Vorzug, von einem mutigen Vertreter des Spiritismus zu stammen, der heute noch lebt und der vor der Öffentlichkeit für das Erlebnis einsteht. Viele scheuen sich, davon offen zu sprechen, um nicht verspottet und verhöhnt zu werden. Dieser Mut ist bewunderungswert und trägt dazu bei, weitere ernste Forscher für unsere Untersuchungen zu finden.

Der nun folgende Bericht bestätigt ein weiteres solches Erlebnis und ist auch darum beachtenswert, weil das sich materialisierende Phantom aus der ursprünglichen Gestalt „einer Kugel" entsteht. Man wird wohl mit der lächerlichen Entgegnung von Halluzination aufhören müssen, wenn man die Erscheinung 16mal zu sehen bekommt. Es gibt aber hartnäckige Gegner, die einfach aus Eigensinn solche Tatsachen leugnen. Aus der Sammlung du Prels „Der Tod, das Jenseits, das Leben im Jenseits" entnehme ich die folgende Erzählung:

Sp. 167 — „Als Estella, die Gattin Livermoores, in New York ihrer Auflösung entgegengehend, den Schmerz ihres Gatten sah, sprach sie den sehnlichen Wunsch aus, ihm nach dem Tod erscheinen zu können. Weder sie noch er glaubten an Spiritismus, und er betrachtete ihren Tod als eine ewige Trennung. Sein Hausarzt Dr. Gray verwies ihn auf den Spiritismus, aber Livermoore lehnte diesen Trost ab. Sein Vertrauen in die Fähigkeit des Arztes veranlaßte ihn aber doch, die Sitzungen des Mediums Kate Fox zu besuchen, das später durch Crookes so berühmt wurde. Diese Sitzungen fanden teils beim Medium, teils in der Wohnung Livermoores, im ganzen in vier verschiedenen Häusern statt, und gewöhnlich war er mit dem Medium allein. Bei einer der Sitzungen kamen durch Klopflaute die Worte: „Ich bin hier in Gestalt," dann erschien mit knisternden Tönen ein kugelförmiges Licht, aus dem sich ein verschleierter Kopf herausbildete, worauf Estellas Gestalt sichtbar wurde. Während der ganzen Zeit hielt er die Hände des Mediums. Die Gestalt legte ihr Haupt an seines, wobei ihr Haar über sein Gesicht fiel. Sie blieb eine halbe Stunde lang sichtbar. Als sie an einem Spiegel vorbeiging, sah man sie auch im Spiegel; von einer Halluzination war also keine Rede. Es trat ein Regenschauer ein, und Estella erklärte, wegen Veränderung der Atmosphäre nicht mehr bleiben zu können.

Livermoore hielt sechs Jahre hindurch 388 Sitzungen, in welcher ihm Estella 16mal erschien."

Owen: „Das streitige Land." I. S. 262—286. — Karl du Prel: „Der Tod, das Jenseits, das Leben im Jenseits." S. 144.

Der elsässische Pfarrer Johann Friedrich Oberlin (1741—1826) lebte um dieselbe Zeit wie Lavater und Jung-Stilling, alle drei waren Freunde. Oberlins Pfarre in Steinthal, das schmale felsige und feuchte Seitental des von Straßburg sich in die Vogesen zur Berghöhe hinziehenden Breuschtales, hatte anfänglich 500 Seelen, zur Zeit seines Todes waren es 5000, so hat er es verstanden, die sozialen Verhältnisse des Ortes zu ändern und allen ausreichende Ernährungsmöglichkeiten zu verschaffen. In einem Artikel Alfons Rosenbergs, Luzern, heißt es über Oberlin:

HINRICH OHLHAVER

geb. am 3. Oktober 1868,
gest. am 7. Januar 1950

war ein eifriger Verfechter der spiritistischen Weltanschauung und Verfasser des in Deutschland auf dem Gebiete des Spiritismus meist gelesenen Buches „Die Toten leben". Die Schrift ist 1950 im Röhrig Verlag, München, neu erschienen.

Sp. 168 — „Seinem jüngeren Freunde, dem damaligen Pfarrer aus Möttlingen Dr. C. G. Barth, dem Vorgänger Blumhardts, hat er einst über seine „eigentümliche Geisterehe" folgendes erzählt: Seit dem Tode meiner Frau sah ich sie 9 Jahre lang fast alle Tage, träumend oder wachend, teils hier bei mir, teils drüben an ihrem jenseitigen Aufenthaltsorte, wo ich merkwürdige Dinge, auch politische Veränderungen, lang ehe sie sich ereigneten, von ihr erfuhr. Sie erschien aber nicht nur mir, sondern auch meinen Hausgenossen und vielen Personen in Steinthal, warnte sie oft vor Unglück, sagte voraus, was kommen werde und gab Aufschlüsse über die Dinge jenseits des Grabes.

Rosenberg kommentiert: Die Reihe der Erscheinungen der Frau Oberlin beginnt am Tage ihres Begräbnisses, an dessen Abend sie sich in der einst gemeinsamen Schlafkammer plastisch manifestiert und am Halse des Gatten Tränen vergießt. Die Zeit ihrer Manifestationen ist aber immer um drei Uhr morgens, wie sie dies bei ihrer ersten Erscheinung kundgibt. Weiter sagt Rosenberg: Es ist auffallend, wie die Phänomene dieser neunjährigen Erscheinungszeit den Erfahrungen des späteren experimentellen Spiritismus vorgreifen, obwohl Oberlin, wie sein Freund Jung-Stilling, jedes spiritistische Experiment abgelehnt hatte.

Zeitschrift für Parapsychologie „Neue Wissenschaft", Heft 4/5, Januar-Februar 1952. Postverlagsort für Westdeutschland: München-Solln, Herold-Verlag K.-G. Artikel „J. Fr. Oberlin: Ein Kapitel aus dem modernen Frühokkultismus" v. Alfons Rosenberg.

FRAU OHLHAVER geb. Tambke

geb. am 31. März 1866,
gest. am 16. Dezember 1951

Gattin des Verfassers. Sie war eines der bedeutendsten deutschen Materialisationsmedien und hatte nach Berichten ihres Gatten gegen 500 Phantome im Laufe ihres Lebens in Deutschland materialisieren können. Sie wurde auch von Karl du Prel für Experimente nach München eingeladen.

Diese gutbeglaubigten Berichte mögen genügen, um Zweifler zum Nachdenken anzuregen. Die Weiterführung ehelicher Beziehungen mit einer Verstorbenen seitens eines evangelischen Pfarrers ist eine Angelegenheit, die nicht alltäglicher Natur ist. Über die Richtigkeit dieser Behauptung bestehen jedoch keine Bedenken, weil Oberlin in seinem Tagebuch eigenhändig darüber Notizen gemacht hatte. Er gehörte zu den sehr geschätzten und vernünftigen Dorfpfarrern.

Der Spiritismus als Erfahrungswissenschaft

Spukhäuser und Spukorte

Meine persönlichen Erlebnisse in bezug auf verlassene Häuser, in denen es spukt, will ich hier ganz kurz schildern:

Sp. 169 — „Um das Jahr 1920 war es mir einst mit vier Kameraden gelungen, punkt 12 Uhr nachts ein Bauernhaus aufzusuchen, das in einem kleinen Dorf über 20 Jahre gänzlich vereinsamt dastand. Alle, die darin wohnen wollten, hatte der „Geist" eines hier früher lebenden Bauern vertrieben. Das schlichte Häuschen bestand aus zwei kleinen Räumen, die Fenster waren andauernd verriegelt, die offene Tür schlossen wir selbst hinter uns zu. Es war Winter und in den Räumen bitter kalt. Außer einem Tisch und längs der Wand stehenden Bänken gab es keine Einrichtung. Wir untersuchten den Raum nach geheimen Türen und sonstigen Vorrichtungen, verlegten die Eingangstür mit losen Brettern, klopften die Wände ab und konnten nichts Verdächtiges entdecken. Wir setzten uns darauf in einem Kreis rund um den viereckigen Tisch,

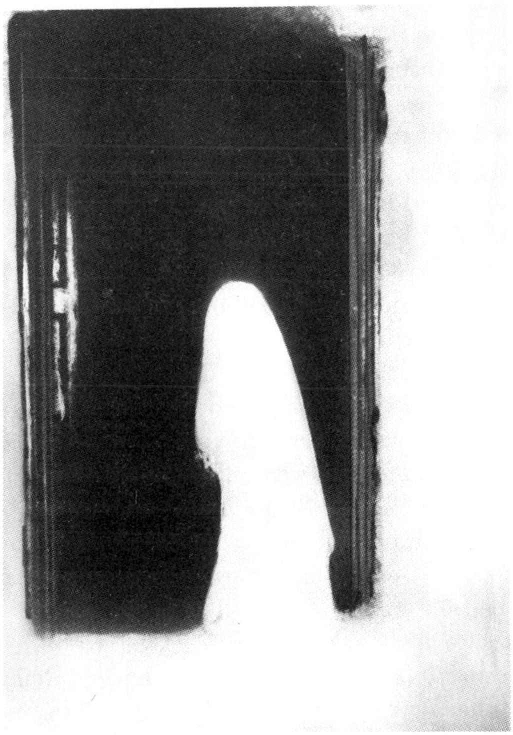

DIE „WEISSE FRAU" VON BERNSTEIN

Die Burg liegt im österreichischen Burgenland im Mittelgebirge und wird heute im ungarischen „Boroltyánkö" genannt. Es handelt sich hier um eine echte und unverfälschte Aufnahme aus dem Sommer 1913.

Die seltsame Geschichte dieses Spukes schildert sehr eingehend W. Erwemweig in seinem Buche: „Schloß Bernstein im Burgenland", erschienen im Selbstverlag Bernstein 1927. Man findet auch nähere sachliche Erläuterungen über das genannte Buch in einem Aufsatz von Dr. Ernst Joseph Görlich in der christlichen Monatsschrift „Glaube und Erkenntnis". Aventinus Verlag Kral & Co, Abensberg, Niederbayern, im Heft Nr. 4 vom 15. Mai 1952.

bildeten eine Kette, indem wir unsere Hände fest ineinander legten, löschten das kleine offene Licht einer Öllampe aus und harrten der kommenden Dinge. Es dauerte etwa eine halbe Stunde, und es sah aus, als ob nichts geschehen würde. Man begann bereits die Geduld zu verlieren, da es kalt war und bekanntlich die Zeit beim Warten unsagbar langsam abläuft.

Kurz bevor wir aufbrechen wollten, fiel plötzlich etwas von der Zimmerdecke auf die Hand meines linken Nachbarn, der erschreckt aufsprang und Licht verlangte. Als die Öllampe wieder brannte, sahen wir alle seine leicht blutende Hand und einen halben Ziegelstein, der dicht daneben lag, zuvor nicht im Zimmer gewesen war und auch nicht durch die verriegelten Fenster oder die Tür hereingeworfen worden sein konnte. In dem sonst verwahrlosten Bauernhaus befand sich auch kein verfallener Ofen, von dem er hätte herunterfallen können, wir saßen zudem in einem Balkenhaus, und der Kamin war im Nebenzimmer... Ich dachte zuerst, daß ich das Opfer einer Halluzination geworden und der in meiner Hand befindliche Ziegelstein nur ein Spiel meiner und meiner Kameraden Phantasie sei! Für alle Fälle brach ich ein Stück ab und steckte es in die Tasche mit der Absicht, mich am nächsten Tage von der Realität des Gegenstandes zu überzeugen. Ein Phantasiegebilde dürfte inzwischen verschwinden. Der Ziegelstein wurde in den anschließenden Garten hinausgeworfen, die Türe erneut mit Brettern verlegt, das Licht abermals gelöscht und die Kette von neuem gebildet.

Wieder saßen wir eine Zeitlang in vollständigem Dunkel, ohne die Zeit kontrollieren zu können, weil man sonst die Kette hätte lösen müssen. Bei der eingetretenen Stille hörte man nur die Vögel auf dem Dache auf und ab trippeln. Plötzlich behauptete wieder mein linker Nachbar, er habe das Gefühl, daß jemand hinter ihm stehe, ich blickte mich um, sah jedoch nichts. „Nun", sagte er, „geht er weg", und gleich darauf fühlte ich hinter mir eine eisige Kälte, die mir in das Rückenmark drang. Ich dachte, nun sei ich an der Reihe, und war gespannt, was kommen würde, es geschah aber nichts, nur das Gefühl der eisigen Kälte in meinem Rücken schien sich immer mehr nach rechts zu verlagern und hörte plötzlich ganz auf. Mein Nachbar von rechts behauptete nun, daß er hinter sich jemand stehen fühle. Plötzlich schrie er auf, weil ihm der hohe Schaftstiefel vom Fuße gezogen werde. Bis wir nach unseren Zündhölzern suchten und Licht gemacht hatten, war ihm der eng anliegende Stiefel schon ausgezogen worden, und der Mann stand blaß und erschreckt vor uns. Er bestand darauf, die Sitzung abzubrechen, denn er befürchtete, daß ihm auch der zweite Stiefel abgezogen werde und dieser vielleicht gar verschwinden könnte und er dann barfuß durch den Schnee nach Hause gehen müßte, ohne die Stiefel je wieder zu finden. Uns dagegen erschien die Angelegenheit jetzt besonders interessant,und wir beredeten ihn, doch noch etwas mit uns zu bleiben.

Nun nahm jeder von uns eine Zündholzschachtel in die Hand und etwa 5 Zünder in den Mund, um sofort Licht machen zu können, falls die Phänomene einen feindseligen Charakter annehmen sollten. Erneut bildeten wir die Handkette zur gegenseitigen Kontrolle und zur Verstärkung der magnetischen Kräfte und löschten das Licht. Nun ließen die Erscheinungen nicht mehr lange auf sich warten. Bald rief mein Gegenüber, daß ihm jemand mit Gewalt seine Zündholzschachtel aus der Hand ziehe,und schließlich, daß sie ihm trotz seines Widerstands entwunden worden sei. Als wir Licht machten, sahen wir die Schachtel in der Luft umherlevitieren, dann fiel sie waagrecht auf den Tisch. Ich überlegte mir nun, wie stark denn diese sich manifestierende Intelligenz sein könne und ob wir alle fünf den Phänomenen, falls sie immer tollere Formen annehmen sollten, gewachsen seien .

Nach eingetretener Beruhigung der Gemüter wurde wieder das Licht ausgelöscht und der „Geist" gebeten, den Tisch, an dem wir saßen, in die Höhe zu heben. Um dem jedoch entgegenzuwirken, brachten wir unsere Hände auf die Mitte des Tisches und drückten mit den Ellenbogen die Tischplatte mit aller Gewalt nach unten. Fünf starke Männer waren über den Tisch gebeugt und drückten ihn mit dem ganzen Gewicht des Oberkörpers zu Boden. Trotz dieser Kraftanstrengungen hob er sich in die Höhe, sehr langsam, erreichte eine Höhe von 25 cm und fiel dann mit einem Ruck wieder auf den Fußboden zurück. Mir genügte dieser Versuch, um mich davon zu überzeugen, daß wir die Phänomene, falls sie ausarteten, mit unseren Kräften nicht bewältigen könnten. Wir beschlossen, unsere Sitzung schleunigst abzubrechen und nach Hause zu gehen.

Am nächsten Tage fuhr ich in die Tasche, um nach dem abgebrochenen Stück Ziegelstein zu suchen, es war noch genau so da, wie ich es hineingesteckt hatte. Dieser Umstand veranlaßte mich, ein Protokoll über den Verlauf der ganzen Sitzung zusammenzustellen und die Unterschriften der Teilnehmer vom Notar bestätigen zu lassen. Die Selbstbeschuldigung, einer Halluzination zum Opfer gefallen zu sein, wurde auf diese Weise endgültig hinfällig."

Wer spiritistische Fälle studieren will, tut gut, mit den Spukhäusern zu beginnen, und zwar mit solchen, in denen es bereits viele Jahre spukt. Man möge die Gefahren nicht unterschätzen, denen man sich dabei aussetzt, und begebe sich nie ganz allein dorthin. Gebraucht man Weihrauch oder andere schützende Räucherungen, so kann man damit rechnen, daß die Phänomene garnicht eintreten oder zumindest erschwert sind. Man muß sich vorher genau darüber orientieren, auf welche Art der Spuk verläuft, wo er entsteht, wohin er verschwindet usw. Licht pflegt in der Regel hemmend auf die weitere Entwicklung der Erscheinungen zu wirken, darum sind Taschenlampen als Vorbeugungsmittel für unerwünschte Ausschreitungen ein unbedingtes Attribut bei solchen Vorhaben. Nach meinen Erfahrungen ist kalte Witterung störend, desgleichen sehr heiße und trockene Luft, daher wähle man am besten feuchtes Wetter im Spätherbst.

Mit diesen ersten Erlebnissen sollte bei mir jedoch der Fall nicht abgeschlossen sein, denn hat man einmal diese seltsamen Phänomene zu sehen bekommen, so stellt sich immer wieder das Bedürfnis ein, von neuem davon überzeugt zu werden, daß es sich wirklich um Tatsachen handelt und nicht um krankhafte Phantasien überspannter Nerven.

Sp. 170 — „Eine andere Sitzung fand an einem warmen, schönen Frühlingsabend statt, und es kamen etwa 14 Personen zusammen, so daß das kleine Zimmer des Bauernhauses brechend voll war. Wir saßen alle mit dem Rücken direkt an die Zimmerwand gelehnt, daß hinter uns niemand mehr durchgehen konnte, bildeten mit den Händen die sogenannte magnetische Kette und befanden uns mit der Brust dicht am Tisch. Keiner der Anwesenden konnte nach rechts oder links ausweichen, geschweige denn sich auf dem Tisch bewegen, wir waren eng eingeklemmt, ohne die Möglichkeit zu haben, eine Hand frei zu bekommen.

Bei all diesen günstigen Voraussetzungen setzten auch die Phänomene bald mit großer Wucht ein. Es begann damit, daß, schon Minuten nachdem das Licht ausgelöscht war, einer der Teilnehmer die Mitteilung machte, daß ihm jemand im Dunkeln die Brille von der Nase ziehe, und gleich darauf ein anderer ihm gegenüber, daß ihm eine unsichtbare Hand im Dunkeln, ohne anzustoßen, ganz sacht eine fremde Brille aufsetze. Dies wiederholte sich in verschiedenen Variationen auch mit anderen, bei einem war es die Brieftasche, beim zweiten die Kopfbedeckung. Ich bedauerte es auf das lebhafteste, daß sich diese „übersinnliche Intelligenz" mir selbst in keiner Weise näherte. Kaum hatte ich diesen Gedanken zu Ende gedacht, als ich fühlte, daß das betreffende Phantom meine Gedanken telepathisch aufgenommen hatte. Schon spürte ich eine Hand in meine linke Brusttasche schlüpfen, ein Papier daraus hervorholen und vor mir auf den Tisch legen. Ein Knistern gab mir zu verstehen, daß der Bogen auseinandergefaltet wurde, und nun fühlte ich erneut eine Hand in die rechte Außentasche meines Überziehers fahren, um einen Bleistift herauszuholen. Mit diesem Bleistift wurde etwas auf das Papier geschrieben, darauf das Papierstück wieder zusammengefaltet und mir unter die Kopfbedeckung geschoben. Dies alles ging verhältnismäßig schnell vor sich, und ich wunderte mich über die Leichtigkeit und Sicherheit, mit der alles im Dunkeln geschah.

Mir genügte das jedoch nicht. Ich ließ daher meine rechte Hand los und hielt sie frei über die Mitte des Tisches, mit dem Wunsche, die Intelligenz möchte doch meine Hand erfassen. Ich erwartete die kalte Hand eines verstorbenen Menschen und war äußerst überrascht, daß es ganz anders kam. Dieser sogenannten Selbstsuggestion entgegengesetzt, erschien plötzlich eine ganz warme und weiche Hand, so daß in mir sogar der Verdacht aufkam, es müßte jemand von den Anwesenden ein dunkles Spiel mit uns treiben. Auf Grund dieser Überlegungen wollte ich die transzendentale Hand fester packen und mit der linken Hand auf die Verlängerung des Armes vordringen; dies gelang mir trotz mehrfacher Anstrengungen nicht. Tatsache war jedenfalls, daß ich eine mir unbekannte, warme und ganz lebendige Hand festhielt, die direkt aus der Luft zu kommen schien und keinen Arm besaß. Die Wärme und Lebendigkeit bewogen mich dazu, den Entschluß zu fassen, unter keinen Umständen diese Hand entschlüpfen zu lassen. Aber auch hier kam es ganz anders als gewünscht: mich überfiel von neuem das Empfinden, daß meine Gedanken von jemand gelesen worden seien. Gleich darauf wurde die Hand des Phantoms immer kleiner und kleiner und verschwand letztlich ganz aus der meinigen. Mein Vorhaben wurde auf diese Weise vereitelt.

Nach dieser Manifestation folgten noch weitere merkwürdige Dinge, darunter Materialisationen von Leberblümchen, die draußen blühten und die von der Zimmerdecke zu fallen schienen und den Tisch bedeckten. Wir hatten als junge Männer keine Blumen mitgebracht und unter den Teilnehmern war keine einzige Frau vertreten. Die Frage blieb für mich offen, woher diese Blumen kamen und wie alles geschah. Dieses zweite Erlebnis überzeugte mich endgültig von der Realität spiritistischer Phänomene und wirkte sich entscheidend auf meine zukünftige Weltanschauung und Lebensgestaltung aus."

Ein Parapsychologe könnte mir hier entgegenhalten, daß es nicht unbedingt „spiritistische" Erscheinungen zu sein brauchten, sondern auch rein mediale, d. h., einer von den Anwesenden sei so medial begabt gewesen, daß er seinen „odischen Fluidalkörper" ausscheiden konnte und mit ihm alle diese Phänomene durchführte. Diesen Überlegungen widerspricht der Umstand, daß das Haus schon 20 Jahre unbewohnt war, daß nicht nur ich, sondern auch andere Gruppen dort Sitzungen mit dem gleichen Ergebnis veranstaltet hatten. Der Bestand der Teilnehmer an meiner ersten Sitzung war vollständig anders als bei der zweiten. Bei der Ausscheidung des „odischen Fluidalkörpers" fällt das Medium gewöhnlich in einen Trancezustand, was hier nicht der Fall war. Es gibt noch eine Reihe anderer Widerlegungen, auf die ich hier nicht weiter eingehen kann. Der Fall war schon darum spiritistischer Natur, weil die benachbarten Bauern bestätigten, daß der Hauswirt sich selbst mutwillig das Leben genommen hatte und nunmehr keine Ruhe finde. Aus diesem Bericht wäre die Schlußfolgerung zu ziehen, daß von einem ruhigen Schlafen nach dem Tode bis zum Jüngsten Gericht keine Rede ist. Diese falsche Vorstellung muß unter allen Umständen abgelehnt werden.

Natürlich kann der Spiritismus, soweit er Ansprüche erhebt, in die Grenzgebiete der Wissenschaft eingereiht zu werden, nicht auf statistische Erhebungen und Unterlagen verzichten, ist doch die Statistik heute ein unerläßliches Hilfsmittel naturwissenschaftlicher Betrachtungen geworden. Ich will darum auch diesem Umstand Rechnung tragen und mich allgemein auf folgende Daten stützen. Aus der Unmenge der Literatur wollen wir das bekannte Buch von Gurney, Myers und Podmore „Phantome lebender Personen" herausgreifen. Wir finden dort, daß 5705 Personen untersucht wurden, davon hatten 96 richtige Geistererscheinungen gesehen, 44 sahen Phantome, die schon vor langem verstorben waren, und 13, die vor kurzem gestorben. 23 hatten Gesichter lebender, schlafender oder kranker Menschen, und 1 von 40 sah Menschen, die innerhalb der nächsten zwölf Stunden starben.

Ein derart hoher Prozentsatz geht weit über die Zahlen hinaus, die man, gemessen an der Wahrscheinlichkeitstheorie, als Zufall bezeichnen dürfte. 93 Fälle gehören zu denjenigen, bei denen mehrere Personen die Phantome gleichzeitig oder an verschiedenen Orten wahrnahmen. Auch du Prel weist schon darauf hin, daß Sterbende oder Verstorbene am ehesten vorübergehend die Fähigkeit bekommen können, sich zu zeigen oder bemerkbar zu machen.

In Italien ist der Spiritismus stark verbreitet, einen Beitrag zu ihm haben der Psychiater Lombroso, der Forscher Ernesto Bozzano und viele andere geleistet. Große Verdienste kommen Bozzano zu, der statistisch 532 Spukfälle erfaßte, wovon sich 491 in Spukhäusern zutrugen und 41 an Spukorten, z. B. an einer Landstraßenbiegung, am Waldesrand, an einem Grenzstein. 114 Phantome von Verstorbenen wurden von anwesenden Lebenden entweder wiedererkannt oder annähernd identifiziert. In 180 Fällen fiel der Spuk mit einer am gleichen Ort vorgefallenen Tragödie zusammen.

Carl Gustav Jung, Professor in Zürich, schreibt in seiner Vorrede zum Buche von Dr. Fanny Moser „Spuk, Irrglaube oder Wahrglaube?, eine Frage der Menschheit", folgendes: „Die vielerorts herrschende Voreingenommenheit gegenüber den hier in Betracht kommenden Tatsachenberichten weist alle Symptome primitiver Gespensterfurcht auf. Selbst gebildete Leute, die es besser wissen könnten, brauchen gelegentlich die unsinnigsten Argumente, werden unlogisch und verleugnen das Zeugnis ihrer eigenen Sinne. Sie unterschreiben gegebenenfalls ein Sitzungsprotokoll und ziehen nachher, wie dies mehr als einmal vorgekommen ist, ihre Unterschrift wieder zurück, da ja das, was sie beobachtet und bestätigt hatten, doch unmöglich sei — wie wenn man genau wüßte, was möglich ist!"

Auf Seite 10 des Buches von Moser zitiert Jung folgende Stelle Immanuel Kants: „So werden die Erzählungen von dieser Art wohl jederzeit nur heimliche Gläubige haben, öffentlich aber durch die herrschende Mode des Unglaubens verworfen werden. Eben dieselbe Unwissenheit macht auch, daß ich mich nicht unterstehe, so gänzlich alle Wahrheit an den mancherlei Geistererzählungen abzuleugnen, doch mit dem gewöhnlichen obgleich wunderlichen Vorbehalt, eine jede einzelne derselben in Zweifel zu ziehen, alles zusammen genommen aber einigen Glauben beizumessen."

Immanuel Kant: „Träume eines Geistersehers, erläutert durch Träume der Metaphysik" 1766, Kehrbachsche Ausgabe S. 42 und 45.

Das Buch von Dr. Fanny Moser erschien 1950 in Baden bei Zürich. Es enthält eine Sammlung von über 20 Spukerscheinungen, sonderbarer Weise meist ausgerechnet in Pfarrhäusern. Man darf der Autorin für den Mut und für die mühevolle Arbeit bestens danken, ist es doch ein neuer wertvoller Beitrag zur Anerkennung okkulter Erscheinungen. Ende März 1951 hatte ich das Vergnügen, in der Evangelischen Akademie Tutzing den ehrenwerten Pfarrer Wilhelm Horkel kennen zu lernen und mit ihm während der Tagung in einem Zimmer zu logieren. Er veröffentlichte 1949 ein Buch unter dem Titel „Botschaft von Drüben, übersinnliche Erfahrungen aus jüngster Zeit". Es behandelt die Probleme der Ahnungen, Wahrträume, Totenerscheinungen, Fernwirkungen, von Hellsehen, Spuk und eine Besinnung über Fragen jenseits des Todes. Ich entnehme seiner Sammlung diejenigen Berichte, die sich mit Geistlichen zugetragen haben:

Sp. 171 — „Else Bernewitz läßt in ihrer Erzählung ‚Der Ball im Totenhaus' die Welt Alt-Lettlands lebendig werden. Die breite Diele im Pastorat einer Kleinstadt lädt die ‚neuen Herren', denen die Würde des Hauses nichts gilt, ein, dort einen Dorftanz zu halten. Mitten im lauten Getriebe, als einer eine empörerische Rede hält und ausruft: Dieses Haus gehört jetzt uns...!, da war einer unter sie getreten, den sie alle erwartet hatten und den alle kannten. Vom Eßzimmer her schritt er langsam und bedächtig auf den Saal zu... er war im Talar. Auf der einen Seite hing ihm das geistliche Gewand in Fetzen herab, als hätten rohe Hände es ihm abreißen wollen. Auf der Brust, in der Höhe des Herzens, war ein Blutfleck deutlich erkennbar. In den erhobenen Händen trug er den Kelch: das sichtbare Zeichen der unsichtbaren Gnade der Vergebung. Ein sanftes Licht, dem irdischen Auge kaum erkennbar, leuchtete ihm voran und folgte dem geheimnisvollen Gange.

Sein Gesicht und seine Hände, die er um den Fuß des Kelches gefaltet hatte, zeigten die gesunde Farbe eines Lebenden, die Augen aber, die Gottes Ewigkeit schon gesehen, nahmen nichts Irdisches mehr wahr; an den aufgeschreckten, irren Gesichtern vorüber sahen sie ins Unendliche hinein. So schritt er lautlos durch die Menge: das ängstlich schlagende Gewissen dieses Volkes, das ihn verlassen und verraten hatte... Dann verschwand er... Alles lief, stieß und drängte ins Freie..."

Else Bernewitz, Der Ball im Totenhaus. Erzählung. Neubau-Kalender 1948, München, S. 51f. Pfarrer Wilhelm Horkel, „Botschaft von Drüben," S. 77, 1949, in demselben Verlag.

Wie ich schon eingangs erwähnte, bieten Spukhäuser die besten Gelegenheiten, spiritistische Erscheinungen zu studieren. Abschließend will ich zwei Fälle aus der Vergessenheit herausheben, die insofern lehrreich sind, als ein ganzes „theatralisches Schauspiel" sich jahrzehntelang wiederholte und von vielen wahrgenommen wurde. Du Prel erklärt sie auf die Weise, daß einer der an diesem Drama beteiligten Verstorbenen auch weiterhin im Jenseits in das Erlebnis verkrampft bleibt und mit seinem ganzen seelischen Empfinden in den Erinnerungsmomenten Fernwirkungen auslöst, indem er an den Glocken zieht, im Waffensaal Säbelklirren ertönen läßt oder Bilder von der Wand schleudert. Er sagt, wenn man eine Magnetnadel durch die Willenskonzentration ablenken kann, so können auch telekinetische Phänomene nach dem Abstreifen des physischen Körpers bewirkt werden. Unter diesem Gesichtspunkte bitte ich, die zwei nächsten Berichte zu betrachten.

Sp. 172 — „In einem Schloß in Sachsen, das früher dem Grafen Goldstein gehörte, spukte es. Dieses Schloß hatte einen uralten Bau, in welchem nach den Berichten eine tragische Szene aus alter Zeit gleichsam theatralisch dargestellt wurde, wobei ein Ritter seine Tochter mit ihrem Geliebten überrascht und beide niedersticht."

Daumer: Das Geisterreich. II. S. 291—299. — Carl du Prel: „Der Tod, das Jenseits, das Leben im Jenseits." 1910. Max Altmann, Leipzig. S. 152.

Sp. 173 — „Ritter Goswin von Spiering, Herr auf Fronberg, lebte schon mehrere Jahre in glücklicher Ehe. Seine Frau Jolande liebte den Putz, gab aber nie Veranlassung zur Eifersucht. Da kam einmal sein Bruder Gundobald, Ritter Oswald genannt, Domherr von R... auf Besuch. Er liebte das Schachspiel wie seine Schwägerin, und da nach Tisch Goswin gewöhnlich seinen häuslichen Geschäften nachging, so spielten beide bis zu seiner Rückkehr Schach. Dieser Umstand scheint dem Ritter Goswin Veranlassung zur Eifersucht gegeben zu haben. Früher als sonst kehrte er einmal nach Tisch in sein Wohnzimmer zurück, in welchem seine Frau mit ihrem Schwager Schach zu spielen pflegte, stellte sich vor beide längere Zeit schweigend hin und fragte endlich die Frau, warum sie sich so aufgeputzt habe. Sei es nun, daß eine schäkernde mutwillige Antwort der Frau oder vielleicht die vorwurfsvolle Miene seines Bruders die Flamme des Jähzorns anfachte, oder hatte Ritter Goswin die unglückliche Tat schon vorher beschlossen, jedenfalls riß er plötzlich in größter Wut den oberhalb seines Sofas hängenden Hirschfänger von der Wand. Gundobald verließ ebenso schnell das Gemach, wahrscheinlich, um auch eine Waffe zu holen. Wie ein blutiger Tiger eilte Goswin ihm nach, holte den Bruder an der Schwelle des Waffensaales ein und stieß ihm das Schwert in die Brust.

Max du Prel, der Vater Karl's, hatte Baron Spiering auf diesem Schlosse besucht und war Zeuge einer ganzen Reihe Spukerscheinungen, die dort jahrhundertelang anhielten. Man hörte Waffengeklirr in den anschließenden Räumen, es ertönten Glocken, der Jammerschrei Jolandes war zu hören, und sogar der große Hund, der damals anwesend war, machte sich bemerkbar. Es wiederholt sich hier sozusagen eine ganze Theatervorstellung. Im November 1886 sprach Karl du Prel darüber in einem Vortrag der Psychologischen Gesellschaft in München. Durch den zufällig anwesenden Graf Preysing erfuhr er noch nachträglich, daß Preysings Vater einmal um 12 Uhr nachts als Mutprobe seinen Kameraden gegenüber den Waffensaal des Schlosses aufsuchte und dort von dem mit Krach von der Wand fallenden Bilde Ritter Oswalds überrascht wurde. Weder war der Haken an der Wand beschädigt noch die Schnur, mit welcher das Bild am Haken hing; wer das Bild ausgerechnet um diese Zeit von der Wand schleuderte, blieb auch weiterhin ein zusätzliches Rätsel."

Carl du Prel: „Die monistische Seelenlehre". Max Altmann, Leipzig. 1926. S. 373.

Die Sorgen, die den Menschen zu Lebzeiten bewegen, sind mit dem Tode, nach Erfahrungen der Spiritisten, nicht immer erloschen, denn die Spukhäuser und Spukorte geben dafür ein beredtes Zeugnis. Der schlichte Bauer als Selbstmörder spukt über 20 Jahre in seinem Dorfhäuschen und macht sich bemerkbar, wenn Fremde in „sein" Haus kommen. Er will kirchlich beerdigt werden. Der lettländische Pfarrer zeigt sich in seinem Pfarrhause mit einem Blutfleck am Herzen, d. h. mit den tiefen seelischen Erlebnissen, die in seiner Vorstellungswelt haften geblieben sind und die er kurz vor seinem Tode durchmachen mußte. Er nimmt die Erinnerung daran mit hinüber. Der nächste Bericht behandelt einen ehemaligen hohen Staatsmann, dem die Sorge um die Wohlfahrt seines Volkes am Herzen lag und der sich mit dem Schicksal dieses Volkes auch nach seinem Tode aufs innigste verbunden fühlt. Aus meiner eigenen Sammlung veröffentliche ich hiermit einen spiritistischen Fall, der sich im heutigen Sowjetrußland zugetragen hat. Mir berichtete darüber ein Augenzeuge, der sich später als DP in Deutschland aufhielt.

Sp. 174 — „ In der Zeit zwischen dem 22. August und dem 9. September 1925 zeigte sich täglich in der Stadt Tomsk in Sibirien auf dem männlichen Klosterfriedhof in gespenstischer Form eine hohe weiße Gestalt. Das Gerücht davon wurde schnell durch die Bewohner in die Stadt getragen, und um dieses sonderbare und seltene Phänomen persönlich wahrzunehmen, versammelte sich zur bestimmten Stunde aus der unmittelbaren Umgebung viel Volk.

Nachdem der Vorfall dem Inspektor der Kriminalpolizei angezeigt wurde, begann die sowjetische Behörde mit ihren Untersuchungen. Als erstes Gebäude kam der Jugendverband, der in den anschließenden Klostergebäuden untergebracht war, in Verdacht. Wachen wurden aufgestellt mit dem Auftrag, dem vermutlichen Schwindel auf den Grund zu gehen. Es fanden Hausdurchsuchungen in allen Räumen des Jugendheimes statt, um einem Projektionsapparat auf die Spur zu kommen, der angeblich das Gespensterphänomen erzeugte. Viele in der Nähe befindliche Gräber wurden aufgewühlt und umgegraben, jedoch vollständig ergebnislos. Nichts wies darauf hin, daß der Spuk künstlich oder mit bekannten Mitteln hervorgerufen wurde.

Durch den resultatlosen Verlauf der Untersuchungen war die Neugierde des Volkes erst recht geweckt worden, und es wurden immer mehr Leute, die sich dafür interessierten. Schließlich waren die umliegenden Zäune und Dächer von Menschen besetzt, als die Zeit herannahte, in der sich das eigenartige Gespenst blicken ließ. Es begann stets an ein und demselben Ort und bewegte sich über einen bestimmten Weg fort. Viele hundert Menschen waren Zeugen dieser sich über zwei Wochen täglich wiederholenden Erscheinung.

Es heißt, daß der Chef der Polizei, der die Untersuchung dieses Vorfalls zu leiten hatte, zuletzt hysterisch wurde, weil er dem Phänomen mit gewöhnlichen Mitteln nicht beikommen konnte. Auch auf das Gespenst abgefeuerte Schüsse vermochten dasselbe weder zu verscheuchen noch aufzulösen,noch im geringsten Maße das Wiedererscheinen zu beeinflussen.

Endlich mußte die Presse zur Beruhigung der aufgeregten Gemüter eingeschaltet werden. Es erschienen in Tomsk zwei Artikel, die die Angelegenheit zu bagatellisieren und als bedeutungslos hinzustellen suchten. Die Wissenschaftler der städtischen Hochschule wurden aufgefordert, eine Erklärung für diese eigenartige Erscheinung zu geben, doch versagten auch sie.

Der Volksmund spricht von einem verstorbenen Einsiedler Kusmitsch, der sich stets vor größeren einschneidenden Volksereignissen auf dem Kirchhof zeigt, angeblich,um seine Landsleute zu warnen. Eine Version bringt die Erscheinung mit einer Zarenlegende in Verbindung. Der Zar Alexander I. soll sich zu Lebzeiten unbekannt und ungenannt in dieses Kloster zurückgezogen und als Einsiedler unter dem Namen Kusmitsch den Tod gefunden haben. Er soll auch dort auf dem Klosterfriedhof zur ewigen Ruhe bestattet worden sein."

Für weitere Studien auf dem Gebiete der Spukhäuser oder Spukorte empfehle ich Fanny Moser und Ernesto Bozzano, die sich in ihren Werken eingehend damit befassen. Die katholische Kirche ist mit dieser Art von Phänomenen gut vertraut und wendet die sogenannten Exorzitien an, die evangel.-lutherischen Kreise behelfen sich mit Gebeten um Gottes Hilfe, wie z. B. im Falle Blumhardt. Wenn selbst die Kirche diese Erscheinungen anerkennt, so kann von Halluzinationen nicht gut geredet werden.

Der Spiritismus als Philosophie

a) Philosophische Voraussetzungen für eine spiritistische Metaphysik. Die verschiedenen Lehrsysteme spiritistisch eingestellter Philosophen.

Über den Ausgangspunkt der Philosophie gehen die Meinungen ihrer prominenten Vertreter ziemlich auseinander. Ich zitiere hier deshalb nur diejenigen, die für meine Betrachtungen in Frage kommen.

Nach Plato ist die Philosophie die Erkenntnis des Seienden oder des Ewigen und Unvergänglichen.

Nach Aristoteles ist es die Untersuchung der Ursachen und Prinzipien der Dinge.

Im christlichen Mittelalter: die Philosophie, deren Organ das natürliche Licht der Vernunft ist, steht im Gegensatz zur Theologie, der Lehre der Gottesweisheit, deren Organ das übernatürliche Licht, die Offenbarung, ist.

Fichte sagt, daß alles das, was unsern Geist ergriffen, umgeschaffen und in eine höhere Ordnung der Dinge eingeführt hat, als Philosophie in uns bezeichnet werden kann.

Schelling setzt voraus, daß der für Philosophie Berufene nicht der ist, dessen Seele noch vollkommen einer tabula rasa, d. h. einer reinen unbeschriebenen Tafel gleicht, sondern derjenige, der die ganze Weite und Tiefe des zu Begreifenden durch Erfahrung kennengelernt hat.

Nach Heinrich Schmidt: „Philosophisches Wörterbuch". 1951. S. 448. Alfred Kröner, Stuttgart.

Mit diesen Definitionen, die wir im vorliegenden Falle ganz gut verwerten können, wollen wir nun an das vor uns stehende Problem herantreten.

Weil zum Bestandteil einer Philosophie Metaphysik, Erkenntnistheorie und Ethik gehören, waren auch die spiritistisch eingestellten Philosophen bestrebt, diese Prinzipien in das philosophische System des Spiritismus einzubauen. Von den wichtigeren Vertretern sollen hier nur Emanuel Swedenborg, Jung-Stilling, Gustav Fechner, Allan Kardec, Andrew Jackson Davis, Friedrich Zöllner, Lazar v. Hellenbach und Carl du Prel genannt werden.

Der Naturphilosoph Emanuel Swedenborg (29. 1. 1688—29. 3. 1772), schwedischer Mediziner und Naturforscher, widmete sich okkult-mystischen Problemen, nachdem er 1743, also nach seinem 55. Lebensjahre, seine erste Vision hatte. Er besaß unverkennbar hellseherische Fähigkeiten und sah aus Göteborg den Ausbruch eines Feuerschadens in Stockholm, dessen genauen Verlauf er eingehend beschrieb. Dieser Vorfall erregte öffentliches Aufsehen, die Kunde davon drang nach Deutschland und veranlaßte Immanuel Kant, sich mit diesem Problem zu befassen; er veröffentlichte darauf die Schrift „Träume eines Geistersehers", 1766, Leipzig. Kant negiert auf keine Weise ein Leben nach dem Tode und äußert sich darüber an einer anderen Stelle sehr positiv. Swedenborg behauptete, mit Verstorbenen zu verkehren, und war so z. B. imstande, den Zurückgebliebenen wahrheitsgetreue Antworten über verlegte Dokumente zu geben. Unter der Bezeichnung „Kirche des neuen Jerusalem" bildeten sich verschiedene Organisationen, die seine Offenbarungen gläubig aufnahmen und weiterverbreiteten. Es bestehen zur Zeit Gemeinden in Schweden, England, Nord-Amerika, Polen, Deutschland und der Schweiz. Im letztgenannten Lande erscheint das Monatsblatt für fortschrittliches religiöses Denken und Leben „Die neue Kirche", Zürich 7, Apollostraße 2. Die Werke Swedenborgs wurden 1924—1927 von F. A. Brecht in 5 Bänden herausgegeben. Geymüller-Driesch schrieben ein Buch über „Swedenborg und die übersinnliche Welt", das 1940 erschien.

Im folgenden haben wir einen echten spiritistischen Fall vor uns. Er ist schon darum besonders interessant, weil Immanuel Kant als ein besonders scharfer Kritiker den Bericht ernst nahm und ihn, da er der Beachtung wert war, veröffentlichte. Er schrieb um die Mitte des vorigen Jahrhunderts darüber an ein Fräulein von Knobloch und berichtete mit folgenden Worten: ...Um Ihnen, gnädiges Fräulein, ein paar Beweistümer zu geben, wo das ganze noch lebende Publikum Zeuge ist und der Mann, welcher es mir berichtet, es unmittelbar an Ort und Stelle hat untersuchen können...

Sp. 175 — „Madame Harteville (Marteville), die Witwe des holländischen Envoyé in Stockholm, wurde einige Zeit nach dem Tode ihres Mannes von dem Goldschmied Croon um die Bezahlung des Silberservices gemahnt, welches ihr Gemahl bei ihm hatte machen lassen. Die Witwe war zwar überzeugt, daß ihr verstorbener Gemahl viel zu genau und ordentlich war, als daß er diese Schuld nicht sollte bezahlt haben, allein sie konnte keine Quittung aufweisen. In dieser Bekümmernis und weil der Wert ansehnlich war, bat sie den Herrn von Swedenborg zu sich. Nach einigen Entschuldigungen trug sie ihm vor, daß, wenn er die außerordentliche Gabe hätte, wie alle Menschen sagten, mit den abgeschiedenen Seelen zu reden, er die Gütigkeit haben möchte, bei ihrem Manne Erkundigungen einzuziehen, wie es mit der Forderung wegen des Silberservices stünde. Swedenborg war es gar nicht schwierig, ihr in diesem Ersuchen zu willfahren. Drei Tage hernach hatte die gedachte Dame eine Gesellschaft bei sich zum Kaffee. Herr von Swedenborg kam hin und gab ihr mit seiner kaltblütigen Art Nachricht, daß er ihren Mann gesprochen habe. Die Schuld war sieben Monate vor seinem Tode bezahlt worden, und die Quittung sei in einem Schranke, der sich im oberen Zimmer befände. Die Dame erwiderte, daß dieser Schrank ganz ausgeräumt sei und daß man unter allen Papieren diese Quittung nicht gefunden hätte. Swedenborg sagte, ihr Gemahl hätte ihm beschrieben, daß, wenn man an der linken Seite eine Schublade herauszöge, ein Brett zum Vorschein käme, welches weggeschoben werden müßte, da sich dann eine verborgene Schublade finden würde, worin seine geheim gehaltene holländische Korrespondenz verwahrt wäre und auch die Quittung anzutreffen sei. Auf diese Anzeige begab sich die Dame in Begleitung der ganzen Gesellschaft in das obere Zimmer. Man öffnete den Schrank, man verfuhr ganz nach der Beschreibung und fand die Schublade, von der sie nichts gewußt hatte, und die angezeigten Papiere darinnen, zum größten Erstaunen aller, die gegenwärtig waren."

Immanuel Kant: „Träume eines Geistersehers." 1766. Königsberg. Erschienen im Reclam.-jun.-Verlag, Leipzig 1927, herausgegeben von Dr. Raymund Schmidt, Band 1320, im Anhang S. 87.

Jung-Stilling, eigentlich Heinrich Jung (1740—1817), stieg aus schlichten Verhältnissen auf, wurde 1778 Professor und später Geheimrat. Ohne der Kirche untreu zu werden, verstand er es, als christlicher Philosoph die Lehren des Spiritismus mit dem christlichen Gedankengut zu verbinden. Man tut unrecht, wenn man die Behauptung aufstellt, der Spiritismus vertrage sich nicht mit dem Christentum oder sei christenfeindlich; vielen hat er geholfen, manche früher unklare Bibelstellen verständlich zu machen. Jung-Stilling veröffentlichte viele Schriften, für unsere Zwecke kommen sein Werk „Theorie der Geisterkunde", 1808, und das Buch „55 Thesen zur Geisterkunde" in Betracht.

Prof. der Philosophie in Tübingen, Immanuel Hermann Fichte (18. 7. 1796—8. 8. 1879), der jüngere Fichte, gab die philos. Werke seines Vaters heraus und war Mitbegründer der „Zeitschrift für Philosophie und philosophische Kritik". Er setzte sich mit Hegel auseinander und bekämpfte dessen Panlogismus und Pantheismus. Fichte wird als Theist bezeichnet. Er entwickelte in Fortbildung der Philosophie Kants und der seines Vaters eine idealistisch-christliche Grundanschauung des Seins mit einer Einbeziehung zum Okkultismus. Von seinen Werken kommt für uns das Buch „Der neue Spiritualismus", 1878, in Betracht.

Gustav Theodor Fechner, Professor der Philosophie in Leipzig (19. 4. 1801—18. 11. 1887), gilt als Begründer der Psychophysik und bemühte sich, die Frage Leib-Seele auf dem Wege des psychophysischen Parallelismus zu lösen. Bekannt ist sein Werk „Zendavesta oder die Dinge des Himmels und des Jenseits", 3 Bde. 1851, 1922 in 5. Auflage erschienen. In diesem Buche schildert er sehr eingehend den Verkehr mit Geistern und Verstorbenen.

Zu den Begründern einer philosophischen Schule spiritistischer Richtung in Frankreich wird Hippolyte Rivail (1803—1869), ein Schüler Pestalozzis, gezählt. Er schrieb unter dem Namen Allan Kardec, weil er in einer früheren irdischen Existenz als Bauer in der Bretagne denselben Namen geführt habe. In seinen Lehren ist auch das Gesetz von der Wiederverkörperung enthalten. Er verfaßte mehrere Werke, die eine große Verbreitung namentlich in katholischen Kreisen fanden. Bemerkenswert ist seine Schrift „Das Buch der Geister" (Wien 1868, Leipzig 1877, Zürich 1886, Leipzig 1922). Es gibt uns einen Einblick in die Grundsätze der Geistlehre und in die Kundgebungen höherer Geister über das gegenwärtige und zukünftige Leben im Diesseits und Jenseits. Dieses Offenbarungsbuch ist in allen Kultursprachen der Welt in vielen Auflagen erschienen und auch heute in Spiritistenkreisen sehr verbreitet. Ein anderes Werk, „Das Buch der Medien" (Leipzig 1878, Leipzig 1925), gilt als Wegweiser und Anleitung für Medien wie auch für Zirkelleiter. Es enthält eine besondere Belehrung über die Geisterwelt, eine Theorie von der Art ihrer Kundgebungen sowie über die Mittel für den Verkehr mit ihnen. Wir finden Belehrungen darüber, wie man Medialität entdecken und die dabei auftretenden Schwierigkeiten beseitigen kann.

Andrew Jackson Davis (1826—1910) war von Beruf Weber und Schuhmacher im Staate New York und entwickelte als spiritistisches Sprechmedium seine Offenbarungen zu einem festgefügtem System. Er hörte Stimmen und verfügte über hellseherische Begabungen, wodurch er imstande war, Kranken gesundheitliche Diagnosen zu stellen. Im Jahre 1844 ging er einst im traumwandlerischen Zustande in die Berge und behauptet, dort den verstorbenen Swedenborg und Galen gesehen und gesprochen zu haben. Er begann darauf, über magnetische Zustände zu lehren, verbreitete neue Offenbarungen und wurde auf diese Weise von seinen Anhängern zum Propheten erhoben. Seine Kundgebungen erfolgten im Trancezustand, in welchen er von seinem Freunde durch magnetische Behandlung versetzt wurde. Während er sprach, wurden seine Worte von anderen Personen aufgeschrieben und weiterverbreitet. Einige Kundgebungen kamen in hebräischer Sprache aus seinem Mund, eine Sprache, die er als einfacher Mann weder gekannt noch gelernt hatte. So stand er etwa 15 Monate unter dem Diktat von „Intelligenzen", die angeblich einer transzendentalen Welt angehörten. Gegen Schluß seines Lebens hatte er gelernt, sich selbst in einen Trancezustand zu versetzen, um die Verbindung mit einer höheren Welt aufzunehmen. Ohne Zweifel war für ihn die „spiritistische Begegnung" in den Bergen mit Swedenborg, dessen Lehren er in starkem Maße annahm, von ausschlaggebender Bedeutung. Von seinen vielen Schriften seien hier nur einige erwähnt: „Die Grundprinzipien der Natur", „Göttliche Offenbarungen", „Eine Stimme an die Menschheit". Im Jahre 1852 erschien sein Werk „Die große Harmonie", in dem er die bevorstehende Entdeckung eines neuen Planeten weissagte, die auch bald darauf erfolgte.

Nach den Daten von Tischner aus „Geschichte der okkulten Forschung".

Prof. Friedrich Zöllner (8. 11. 1834—25. 4. 1882) hat erstmalig „Die Theorie der 4. Dimension" für die Erklärung der okkulten Materialisationsphänomene benutzt und durchgearbeitet. Darüber veröffentlichte Rudolf Tischner ein Buch unter dem Titel „Vierte Dimension und Okkultismus", 1922, Oswald Mutze, Leipzig. Seine wertvollen Gedanken haben inzwischen Beifall gefunden und ermöglichen es uns, gewisse Schlüsse über das Verhältnis von Diesseits und Jenseits zu ziehen.

Lazar Freiherr von Hellenbach (1827—1887), der die Wiederverkörperungslehre anerkennt, gehört auch zu den Philosophen des Spiritismus. Er veröffentlichte „Mr. Slades Aufenthalt in Wien", Wien 1878, „Die neuesten Kundgebungen einer intelligiblen Welt", Wien 1882, 3. Aufl. 1910, „Geburt und Tod als Wechsel der Anschauungsform oder die Doppelnatur des Menschen", Wien 1885. Seine sehr lehrreichen Überlegungen sind für spiritistische Kreise von großer Bedeutung, es wirkt angenehm, daß er sich zum Christentum bekennt und den Spiritismus dennoch gut unterbringen kann.

Dr. phil. Carl du Prel (3. 4. 1839—5. 8. 1899) hat nach meinen Erfahrungen das Hauptproblem am tiefsten erfaßt und entwickelt. Ich halte ihn nicht nur für den Spiritismus, sondern für das gesamte Gebiet des Okkultismus am maßgebendsten. Seine Werke: „Das Rätsel des Menschen", 1884, Günthers, Leipzig, „Der Spiritismus", Reclam, Leipzig, „Die monistische Seelenlehre", 1926, Altmann, Leipzig, sowie das Buch „Der Tod, das Jenseits, das Leben im Jenseits", 1910, 3. Aufl., Altmann, Leipzig, gehören bis heute zu den klassischen Schriften. Mir ist keine Literatur in deutscher Sprache bekannt, die in so umfassender und tiefer Form und an Hand eines so reichhaltigen Beispielmaterials philosophische Gedanken dieser Art entwickelt. Auch Emil Mattiesen tut das nicht, vermutlich,weil er du Prel nicht verstanden hatte. An Erklärungsmethoden ist du Prel ihm weit überlegen, desgleichen an Sammlung von Beispielen. Natürlich gehört Mattiesen auch zu den Klassikern des Spiritismus, seine Werke sind jedoch eine verbesserte und ausgeweitete Arbeit von Aksakoff, wie er selbst übrigens zugibt. Du Prel hat den Begriff des ,,transzendentalen Subjekts'' ausgebaut und festgefügt, er hat die Aussendung des ,,Astral-Körpers'' bei lebenden Menschen sehr eingehend studiert und begründet. Weiter hat er uns die bedeutende Rolle der ,,psychophysischen Empfindungsschwelle'' als Grenze zwischen diesseitiger und jenseitiger Empfindungswelt in sehr überzeugender Weise näher gebracht und im Anschluß an Kant nachweisen können, daß wir eigenartige Wesen darstellen, die ,,gleichzeitig in beiden dieser Welten'' leben. Es ist nicht so, daß wir nach dem Tode in eine ganz neue unbekannte Welt hineingeraten, sondern uns in den früher bestandenen Urzustand zurückbegeben und,bereichert mit dem Schatz der Erfahrungen, in das ,,transzendentale Subjekt'' eingehen. Die irdischen Existenzen können wie Perlen an einer Kette aneinandergereiht gedacht werden, genau so wie nur die Erinnerung an die in der Vergangenheit liegenden einzelnen Tage uns das Bewußtsein der Persönlichkeit ermöglichen und es gestalten. Menschen, die sich der Vergangenheit nicht mehr entsinnen können, verlieren auch den Persönlichkeitsbegriff. Diese kurzen Hinweise mögen genügen, um dem Leser den Weg zu zeigen, auf dem man bei spiritistischen Forschungen wenigstens einige Erklärungsversuche für okkulte Vorgänge findet. Du Prels Hauptwerke sind ,,Die Philosophie der Mystik'' und ,,Die monistische Seelenlehre'', in der das Kapitel XIV über ,,Die wissenschaftliche Ansicht vom Zustand nach dem Tode'' besonders für unsere Zwecke beachtenswert ist.

Mit allen diesen Namen ist natürlich nur ein Teil der Forscher erwähnt. Die Beschlagnahme aller okkulten Bücher durch die Gestapo ab 1942 hat den Zugang zu diesen Quellen erheblieh erschwert und heute noch sind die besten Werke meist in Luftschutzkisten der Bibliotheken verlagert. Mit den Hinweisen auf obige Namen soll nur der Weg zu einem weiteren Studium angedeutet und denen erleichtert werden, die gewillt sind, diesen tiefen Problemen weiter auf den Grund zu gehen. Es ist nicht jedermanns Sache, sich mit philosophischen Studien zu befassen, denn ,,Philosophie ist Kaviar fürs Volk'', sagt du Prel an mehreren Stellen. Ich möchte jedoch meinem geschätzten Leser zwischendurch auch ein Kaviarbrötchen servieren.

Der Spiritismus als Philosophie kann wohl mit Recht als das Gebiet bezeichnet werden, in dem Metaphysik und Metapsychologie ansetzen. Die in so reichem Maße gesammelten Erfahrungen ermöglichen es, die ersten Grundsätze für eine umfassende Philosophie zusammenzutragen. Mit der Begründung einer Erkenntnistheorie und einer davon abgeleiteten Ethik werden wir mit der Zeit imstande sein, die Bausteine zusammenzufügen, mit deren Hilfe ein grundlegendes Werk über die Entwicklung des Spiritismus zu einer Philosophie geschrieben werden kann. Man darf wohl sagen, daß wir bemüht waren, mit Plato in das Ewige und Unvergängliche des menschlichen Geistes einzudringen und mit Aristoteles die Ursachen und Prinzipien der Dinge zwischen Himmel und Erde, Diesseits und Jenseits zu untersuchen. Mit dem Organ der Vernunft wollen wir in das dunkle Gebiet Licht bringen und es erhellen und mit Fichte hoffen, daß „unser Geist durch die neue Erkenntnis umgeschafft oder umerzogen wird, um in die höhere Ordnung der Dinge zu gelangen". Wir schließen uns auch Schelling an in der Erwartung, daß wir zu den „berufenen Philosophen" gehören werden, die „die ganze Weite und Tiefe" des vor uns liegenden Spiritismus begreifen und „durch unmittelbare Erfahrung kennen lernen" werden. In der Art, wie der Spiritismus heute in ernsten Kreisen studiert wird, liegen alle Voraussetzungen, um ihn als philosophisches Problem — formell — zu begründen.

Der Spiritismus als Philosophie

b) die neuen Erkenntnismöglichkeiten. Die Theorie der vierten Dimension von Friedrich Zöllner und die des „transzendentalen Subjekts" von Carl du Prel

Diese innerhalb der spiritistischen Kreise sehr populär gewordene Erklärungstheorie für plötzliche Materialisationen und Dematerialisationen ist in wenigen einfachen Worten etwas schwer wiederzugeben, darum will ich es wenigstens mit allgemeinen Hinweisen anzudeuten versuchen. Prof. Zöllner hat erstmalig in der okkulten Literatur den Versuch angestellt, mit Hilfe der Theorie der vierten Dimension die spiritistischen Erscheinungen unserer Erkenntnis näher zu bringen. Er hat damit dem Okkultismus als Grenzgebiet der Wissenschaft einen sehr wertvollen Dienst erwiesen.

Dem reichen Schatz seiner Beispiele entnehme ich in gedrängter Form einige Bruchstücke dieser originellen Gedankengänge: Unser Augennetz empfängt die Eindrücke aus der Außenwelt auf einer zweidimensionalen Fläche, d. h., wir können nur Höhe und Breite oder Länge

VIERDIMENSIONALE BEWEGUNGEN VON LEBLOSEN GEGENSTÄNDEN

Sitzung Prof. Zöllners mit Slade am 9. Mai 1878 in Leipzig

1. Phase

Abbildung a

Abbildung b

Um die Durchdringung der Materie experimentell näher zu untersuchen, ließ sich Zöllner zwei Holzringe aus einem Stück drechseln, den einen aus Eiche, den anderen aus Erle, beide mit einem äußeren Durchmesser von 105 mm und mit einem inneren von 74 mm. Zöllner versprach sich nach der Sitzung eine Ineinanderkettung der beiden Holzringe. Unter diesen Voraussetzungen würde die spätere Möglichkeit gegeben sein, durch genaue mikroskopische Untersuchungen sich von dem unverletzten Zusammenhang der Holzfasern zu überzeugen.

Des weiteren beschaffte er sich einen getrockneten Darm, wie er bei der Wurstfabrikation Verwendung findet. Dieser vollkommen in sich geschlossene Darmring von etwa 4—5 mm Dicke und 40 cm Länge wurde zusammen mit den beiden Holzringen von einem Darmstreifen von 1.05 Meter Länge durchzogen, die Enden doppelt verknotet und von Zöllner mit der eigenen Petschaft versiegelt.

Die Abbildung a zeigt die Darmschlinge vor dem Experiment, die Abbildung b die merkwürdige Verknotung des kleinen Darmringes innerhalb der großen Darmschlinge nach dem gelungenen Experiment.

unmittelbar mit dem Auge erfassen, so wie sie ein Maler auf die Leinwand bringt. Die sogenannte dritte Dimension, die Tiefe, die uns auf einem Bilde vorgetäuscht wird, kann nur entstehen, wenn man

Kenntnisse über die Gesetze der Perspektive hat, da man sonst nur solche Bilder erhalten würde, wie sie Kinder zeichnen: das Haus ist klein, und der Mensch, der hinter dem Hause steht, ist größer als das vor ihm stehende Haus. Schon aus dieser einfachen Tatsache ersehen wir, daß die „dritte Dimension" eine „Erfahrungsangelegenheit des Verstandes" ist und zu dem hinzukommen muß, was sonst das Auge unmittelbar und allein wahrnimmt. Mit dieser zweidimensionalen Aufnahmefähigkeit der Augen können wir beobachten, wie Gegenstände an uns herankommen und wieder verschwinden, indem sie erst klein sind, dann immer größer werden und später erneut kleiner werden, bis sie gänzlich aus dem Blickfeld verschwinden. Ein Kind macht sich über derartige Erscheinungen keine Gedanken, wohl aber ein philosophisch veranlagter erwachsener Mensch.

Wenn wir nun einen Fesselballon aufsteigen sehen, so wird er auf Grund dieser irrtümlichen Wahrnehmung lediglich für das Augennetz immer kleiner und kleiner, bis er gänzlich verschwindet. Der Verstand korrigiert diese optische Täuschung und behauptet, daß seine Ausmaße sich nicht geändert haben, sondern genau dieselben geblieben sind wie zuvor. Der Verstand urteilt so auf Grund der Erfahrung im Gegensatz zum wahrnehmenden Augennetz, er sagt uns auch, daß der Ballon im

VIERDIMENSIONALE BEWEGUNGEN VON LEBLOSEN GEGENSTÄNDEN

Sitzung Prof. Zöllners mit Slade am 9. Mai 1878 in Leipzig

2. Phase

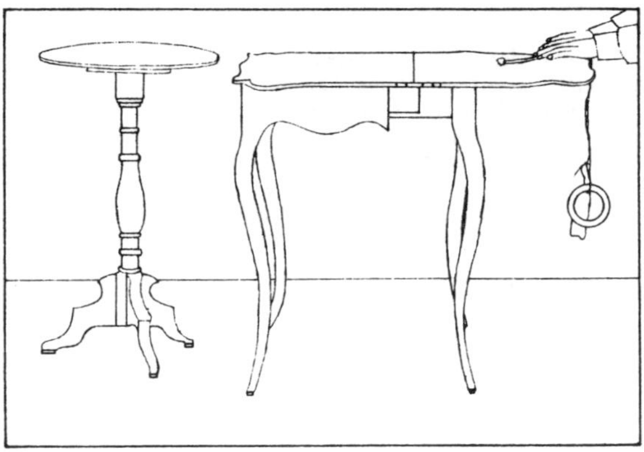

Der so von Prof. Zöllner vorbereitete Darmring wurde in das von der hellen Abendsonne erleuchtete Zimmer gebracht und von Zöllner selbst am Rande des Tisches so gehalten, wie die Abbildung es zeigt. Nach etwa 6 Minuten gaben die „Geister" durch Klopfen zu verstehen, daß das Experiment gelungen sei.

Sitzung Prof. Zöllners mit Slade am 9. Mai 1878 in Leipzig

3. Phase

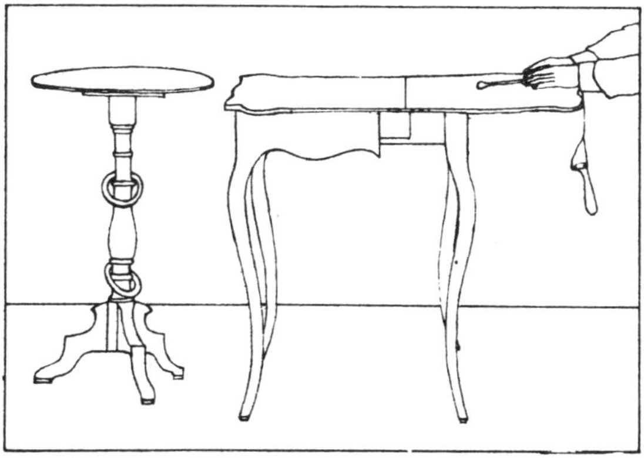

Die beiden Holzringe sind auf unbekannte Weise aus der endlosen und unverletzten Darmschlinge verschwunden und befinden sich um das Bein des kleinen runden Tisches. Der zurückgebliebene kleine Darmstreifen konnte nach Angabe der „Geister" nicht dematerialisiert werden, weil unter dem Einfluß der dabei stattfindenden Temperaturerhöhung der Darm zu schmelzen begann und beschädigt wäre. Sie mußten darum etwas anderes vornehmen und knoteten den kleinen Darmstreifen in die große Darmschlinge ein, wie in der Abbildung b gezeigt wurde.

Raume irgendwo eine Realität darstellen und weiter existieren muß, auch wenn er nicht zu sehen ist. Alle diese Erfahrungen fehlen dem kleinen Kinde und den alten östlichen Malern, die ihre Bilder ohne Perspektivenkenntnis gezeichnet haben. Auch denkt das Kind über den weiteren Verbleib des entschwundenen Gegenstandes nicht mehr nach.

Zöllner bringt diese wichtige Erkenntnis in eine Parallele mit unseren dreidimensionalen Wesen, wenn wir mit Dematerialisationserscheinungen des Okkultismus in Berührung kommen. Gleich dem Kinde, welches sich darüber wundert, daß ein Gegenstand plötzlich weg ist, stehen viele Erwachsene den geheimnisvollen Apportphänomenen verständnislos gegenüber, und nur wenige machen sich Gedanken, wie so etwas zustande kommen mag. Hier blieb es der Wissenschaft vorbehalten, Erklärungen zu finden.

Zöllner fiel es als christlich eingestelltem Menschen nicht schwer, sich damit abzufinden, daß uns eine höhere und größere Welt übergeordnet ist und daß es darum auch „Geister" geben kann, seien es nun gerade „verstorbene Menschen" oder „Engel", wie man sie in der biblischen Fassung bezeichnet. Es störte ihn daher auch keineswegs, als er mit dem Medium Slade experimentierte, daß dieser sich auf die Mithilfe der „Geister" berief, ein Umstand, der dem heutigen Naturwissenschaftler höchst ungewohnt und unbequem erscheint. Wir müssen jedoch erfahrungsgemäß den Medien diese Konzession einräumen, wenn wir zu interessanten Phänomenen gelangen wollen. Als Erkenntnistheorie ist die vierte Dimension innerhalb eines philosophischen Systems eine willkommene Erklärung; Zöllner hat damit auch den Physikern und Mathematikern das Verständnis für parapsychologische und spiritistische Phänomene erschlossen.

Wenn es tatsächlich eine uns übergeordnete Welt gibt, so werden darin auch Wesen existieren müssen, ganz unabhängig davon, welche Bezeichnungen wir ihnen geben wollen. Zur Frage, ob diese zwei Welten unter besonderen Umständen sich berühren können und von einander Kenntnis erhalten, liegt nun die Antwort bereit, daß das eine Erfahrungsangelegenheit sei. Wir finden sie im Okkultismus in Überfülle, insbesondere im Spiritismus und in der Magie. Zusammenfassend kann gesagt werden, daß wir als Menschen in einer Vorstellungswelt von nur drei Dimensionen leben und empfinden, worüber uns schon s. Zt. Immanuel Kant genügend aufgeklärt hat. Es würde demnach in einer höheren, uns übergeordneten Welt „transzendentale Wesen" geben, die eine „vierdimensionale Vorstellungsweise" besitzen und uns darum im Wissen und Handeln so überlegen sind, wie wir denjenigen gegenüber, die in einer zweidimensionalen Vorstellungswelt denken und handeln, z. B. kleinen Kindern oder Tieren. Für weitere tiefere Studien dieses sehr interessanten Gebiets der menschlichen Erkenntnismöglichkeit empfehle ich das Buch von Friedrich Zöllner, „Vierte Dimension und Okkultismus", 1922, im Mutze Verlag, Leipzig, herausgegeben von Rudolf Tischner. Eine weitere philosophische Betrachtungsweise erschien von Robert Blum unter dem Titel „Vierte Dimension", Max Altmann, Leipzig 1906. Der dritte Teil kam 1907 unter der Bezeichnung „Im Reich der Vibrationen" heraus.

Weil durch Gleichnisse manches verständlicher gemacht werden kann, will ich auch die Begriffe einer vierdimensionalen Welt mit dem sehr bekannten und verbreiteten Höhlengleichnis von Plato in Verbindung bringen.

Es handelt sich dabei um Geschöpfe, die alle in einer Höhle mit dem Rücken zum Eingang an ihre Sitze gefesselt sind, nie die Sonne sehen und auch keine Vorstellung haben, daß außerhalb ihres Gesichtskreises noch eine andere Welt existiert. Selbst wenn sie umschauen könnten, würde sie das von dort einströmende Sonnenlicht vorübergehend blenden. Das durch das Dunkel entwöhnte Auge würde anfänglich so reagieren wie Saulus auf die lichte Erscheinung des Heilands auf dem Wege nach Damaskus, da er drei Tage blind blieb. So machen sich diese an ihre Sitze Gefesselten keine Gedanken darüber, wie es wohl außerhalb ihrer Behausung aussehen mag.

Wenn am Eingang dieser Höhle Menschen und Karawanen vorüberziehen, so können die Höhlenbewohner auf der vor ihren Augen liegenden Rückwand der Höhle nur grobe dunkle Umrisse wahrnehmen, wie wir etwa den Wald bei eingetretener Dunkelheit sehen. Die Farbenherrlichkeit der Außenwelt, die orientalische Pracht der Bekleidungsstücke der Karawanenbegleiter, gehen bei dieser zweidimensionalen Rückwand gänzlich verloren. Es bewegen sich nur schwarze flächenhafte Gestalten, deren Umrisse sich dauernd verändern.

Dieses Beispiel veranschaulicht uns, wie aus einer dreidimensionalen Welt eine „zweidimensionale Vorstellung" entstehen kann, da von den Vorüberkommenden ja nur Schattenfiguren, d. h. nur Flächenprojektionen in die Wahrnehmungswelt der Höhlenbewohner treten.

Wenn wir nun dieses Gleichnis auf die heutige Zeit anwenden wollen, so können wir uns fragen, wie viele Menschen es heute geben mag, die sich nicht die Mühe nehmen, umzuschauen und der Quelle nachzugehen, aus der das Licht kommt. Sie leben interesselos dahin, weil sie direkt keine höhere und übergeordnete Welt wahrnehmen. Einige beginnen vielleicht, wenn von Zeit zu Zeit Schattenbilder aus dieser vierdimensionalen Welt in ihr Dasein geworfen werden, wie sie der Okkultismus liefert, deren wirkliche Existenz zu ahnen. Diejenigen aber, die sich einmal von den gewöhnlichen irdischen Vorstellungsfesseln gelöst haben, um Umschau nach dem Licht zu halten und nun die Erscheinungen in ihrer überirdischen Eigenartigkeit gesehen haben, wie man sie sich in einer vierdimensionalen Welt denkt, würden bei uns den Hellsehern und Propheten gleichen, deren Kundgebungen und Offenbarungen wenig Glauben geschenkt wird. Dies ist das traurige Erbe einer materialistisch eingestellten Zeit.

So gleichen auch wir sozusagen den gefesselten Geschöpfen in einer Höhle, indem wir die Welt nur dreidimensional wahrnehmen, ohne uns über die reale Existenz einer höheren übergeordneten Welt ernste Gedanken zu machen. Es ist sehr wahrscheinlich, daß wir irdische Menschen den vierdimensionalen Wesen einer Überwelt genau so unbeholfen erscheinen wie die Geschöpfe einer zweidimensionalen Vorstellungswelt uns gegenüber, die wir eine dreidimensionale Erfahrung besitzen.

Während Zöllner die Erkenntnistheorie im philosophischen System des Spiritismus mit der Erklärungshypothese der vierten Dimension bereicherte und den Physikern und Mathematikern den Weg zum Verständnis okkulter Erscheinungen damit bedeutend erleichterte, ist das Platonische „Gleichnis von der Höhle" eine willkommene zusätzliche Ergänzung. Wertvolle gedankliche Vergleiche finden eben jahrtausende hindurch von neuem Beachtung und Verwertung.

Um auch die Psychologen, Physiologen und Philosophen für das Verständnis okkulter Phänomene zu gewinnen, bleibt es vorteilhaft, sie mit den Gedanken du Prels zu befreunden. Es liegt mir daran, in diesem Aufsatz den Gedanken der „Erkenntnisform" zu präzisieren, ich will mich von diesem Hauptziel nicht abbringen lassen. Du Prels Lehren, die sich teilweise auf Kant stützen, gehen dahin, daß wir Doppelwesen sind, die mit einem Teil an die irdische dreidimensionale Welt gebunden und mit dem anderen, größeren und wichtigeren Teil in einer vier- und mehrdimensionalen Welt verwurzelt sind. Wir leben aber „gleichzeitig in beiden Welten" und besitzen Organe für die Wahrnehmung sowohl der irdischen als auch der transzendentalen Welt. Diese Einsicht ist verhältnismäßig wenig bekannt und wurde, wie schon erwähnt, von Kant vertreten, vgl. „Immanuel Kants Vorlesungen über Psychologie" mit einer Einleitung „Kants mystische Weltanschauung" von Carl du Prel, Verlag Ernst Günther, Leipzig 1889. Nach meinem Dafürhalten vermitteln uns die indischen „Chakras" eine Vorstellung von den transzendentalen Organen, die sich beim Menschen dauernd in Entwicklung befinden und mit Hilfe derer sich neue Erkenntnismöglichkeiten ergeben.

Du Prels Lehrsatz lautet: „Das Selbstbewußtsein des Menschen erschöpft seinen Gegenstand nicht". Das bedeutet, daß wir Menschen uns selbst nicht kennen. Viele wissen nicht einmal darüber Bescheid, woher wir kommen, warum wir auf Erden leben und wohin wir gehen. Die Mehrzahl der Menschen hat darüber und ob ein persönliches Weiterleben nach dem Tode Wirklichkeit ist oder nicht, keine feststehende Überzeugung. Ist diese Erkenntnis eine Glaubens- oder Wissensangelegenheit? Du Prel bezeichnete schon Ende des vorigen Jahrhunderts diesen Unwissenszustand als einen öffentlichen wissenschaftlichen Skandal. Wir kennen unser eigenes Ich so wenig, daß wir selten genau im voraus wissen, wie wir uns in diesem oder jenem Ernstfalle bewähren werden. Nicht einmal unseren eigenen Charakter sind wir in der Lage einwandfrei auf lange Sicht festzustellen, da dieser sich im Laufe der Jahrzehnte ändert, und deshalb neigen wir bei Beurteilung unserer eigenen Person oft zu Übertreibungen und schädigender Selbstüberschätzung.

Wir sind bis heute von der Naturwissenschaft darüber nicht aufgeklärt worden, daß wir ursprünglich „transzendentale Wesen" sind. Wir wissen über uns selbst so wenig, darum besitzt die Mehrzahl der Menschen über ihre Hauptaufgaben im irdischen Leben ausschließlich materielle Gesichtspunkte, was großen seelischen Schaden und bedauernswerten Leerlauf zur Folge hat.

Das „Tagesbewußtsein als Erkenntnisorgan" ist einer steten biologischen Entwicklung unterworfen; wir können an uns beobachten, daß sich die Erkenntnisorgane mit zunehmenden Jahren verfeinern, dabei auch das Gewissen sich verschärft. Wohl vermittelt uns die Anthropologie Kenntnisse über die Abstammung des Menschen, über die physische Struktur und über Krankheiten klärt uns die Anatomie und Medizin auf, über die seelischen Veranlagungen unseres Charakters die Psychologie usw.; trotzdem können wir jedoch nie über uns selbst behaupten, daß wir uns „restlos bis auf den Grund" erschöpfend erkannt haben, stets stehen wir vor neuen Fragen und Problemen, und das Bestehen okkulter Phänomene bietet uns dafür den besten Beweis. Wenn wir aber Wahrträume erleben, somnambule Selbstdiagnosen vornehmen können, über hellseherische Fähigkeiten verfügen, dann haben wir Organe, die den gewöhnlichen, bekannten irdischen überlegen zu sein scheinen. Bei einigen Menschen sind diese übersinnlichen Organe, so z. B. bei den Medien und Mystikern, gut entwickelt, sie besitzen darum okkulte Fähigkeiten, die sich in Levitation, Prophetie u. a. äußern. Diese „neuen Erkenntnisorgane", die wir durch die somnambulen Zustände entdecken, veranlaßten du Prel, sie alle in einem „transzendentalen Subjekt" zusammenzufassen.

Die Erfahrung hat gezeigt, das viele Gelehrte sich später durch die belehrenden Beispiele der Parapsychologie zu spiritistischen Auffassungen durchgerungen haben. So ging es Zöllner, Crookes, Driesch, Blacher sowie auch den Forschern der „Londoner Dialektischen Gesellschaft" und in Frankreich Camille Flammarion, de Rocha, Hector Durville und vielen anderen.

In den Geheimwissenschaften sind bestimmte Übungen bekannt, wie man zu neuen Erkenntnissen gelangen kann. So ist z. B. das Buch Rudolf Steiners „Wie erlange ich Kenntnis höherer Welten" ein solcher Hinweis. Durch bestimmte Exerzitien, sogenannte Yogaübungen, können die übersinnlichen Organe in einem „beschleunigten Tempo" zur Entwicklung gebracht werden, und soweit sie besser in Funktion treten, bekommen wir damit gleichzeitig einen vergrößerten Reaktionsradius, das bedeutet, daß wir mehr wahrnehmen und die Natur der Dinge besser beurteilen können als mit den bisher bekannten alltäglichen

Mitteln. Du Prel hat diese Zusammenhänge besonders scharfsinnig und geistreich in seinen Werken erfaßt und verarbeitet.

Der Spiritismus als Philosophie

Die Ethik. Die Haltung zum Spiritismus seitens der geisteswissenschaftlichen Disziplinen der Theosophen und Antroposophen

Die ethischen Momente formuliert du Prel so, daß die Leiden im irdischen Leben Förderungsmittel des „transzendentalen Subjekts" darstellen, weshalb wir uns bemühen sollen, durch rastlose Tätigkeit sich den Wünschen dieses „transzendentalen Subjekts" zu fügen, was im gewissen Sinne einer Unterordnung unter das auferlegte Schicksal gleichkäme. Letzteres lehrt auch die Kirche. Der Spiritismus bringt uns zur Erkenntnis, daß nur derjenige in einer höheren Welt bessere Voraussetzungen finden wird, der es verstanden hat, auf Erden die Liebe seiner Mitmenschen zu gewinnen. Unsere Tätigkeit auf Erden soll demnach so gestaltet werden, daß wir recht viel Liebe seitens der Zurückgebliebenen ins Jenseits mitnehmen können, was am besten dadurch erreicht wird, daß wir die christliche Lehre „Liebe deinen Nächsten wie dich selbst" befolgen. Die kirchlichen Formen, die uns durch diese oder jene Konfession gegeben sind, haben alle den Zweck, uns auf dieses Kernproblem ihrer Lehren hinzuweisen. Das „transzendentale Subjekt" erwartet von dem irdischen Teil unserer Person durch gemachte Erfahrungen und Veredelung des eigenen Charakters im Erdendasein einen Fortschritt für die höhere Entwicklung. Soweit du Prel aus der „Philosophie der Mystik".

Einige bezeichnen die Philosophie du Prels als einen „transzendentalen Egoismus", doch in einem solchen Falle hätte diese Lehre den beträchtlichen Vorzug, daß man den transzendentalen Egoismus nur durch eine irdische Selbstentäußerung fördern kann, indem man das ganze Lebensziel in den Dienst am Nächsten stellt. Das sind die ethischen Wege, die uns du Prel durch seine philosophischen Betrachtungen der mystischen Erscheinungen, zu denen auch der Spiritismus gehört, öffnet. In der heutigen materialistisch denkenden Welt wäre selbst ein „transzendentaler Egoismus" ein sehr wertvoller Weg, um uns der Erkenntnis des Bestehens einer größeren und übergeordneten Welt zu nähern.

Der Spiritismus hat aber auch noch seine eigenen, ihm anhaftenden ethischen Grundlagen. Sie bestehen darin, daß man bei spiritistischen Sitzungen erfahrungsgemäß oft auf umherirrende Seelen stößt, die darum bitten, ihnen zu helfen, indem man für sie betet oder Messen hält, und die sich später dafür bedanken, daß man ihnen diese Wünsche erfüllt hat.

Vielen heimgegangenen Seelen kann zum Frieden verholfen werden, indem man den Ursachen ihrer Beunruhigung nachgeht, wie es oft in Spukhäusern vorkommt, wo die Erscheinungen abklingen, nachdem man die verscharrten oder eingemauerten Gebeine mit kirchlichem Segen auf dem Friedhof bestattet hat. Weiterhin müßten viele Verstorbene darüber aufgeklärt werden, daß sie nicht mehr im gebräuchlichen Sinne „irdische Menschen" sind, sondern tot, denn auch hier lehrt die Erfahrung, daß viele Spirits sich dessen gar nicht bewußt sind. Letzten Endes ist für uns irdische Geschöpfe die Gewißheit, daß wir einst unsere Lieben wiedersehen und mit ihnen vereint sein werden, ein unsagbarer Trost. Diese wichtige Erkenntnis kann man bei der großen seelischen Not nicht hoch genug einschätzen. Abschließend sei noch darauf aufmerksam gemacht, daß der Spiritismus die Bestätigung bringt, daß die Verstorbenen uns auch nach dem Tode sehen, hören und helfen können. Unsere Gedanken ihnen gegenüber sind eben nicht zollfrei, sie hören, was wir über sie sprechen und was wir von ihnen zu Lebzeiten gehalten haben. Dies sollte uns zu einer weiteren ethischen Steigerung führen, zu einem Ahnenkultus und zu der Erkenntnis verhelfen, daß die Gepflogenheit, über einen Verstorbenen nur Gutes zu reden, von Menschen empfohlen wurde, die die okkulten Gesetze der geistigen Welt sehr gut kannten.

Im Jahre 1875 ist in den Vereinigten Staaten die „Theosophische Gesellschaft" von Frau Helene Petrowna Blavatzkaja (1831—1891) gegründet worden. Die östlichen „Geheimlehren" wurden ihr auf telepathischem Weg von zwei Mahatmas (Cutumi u. Morio) diktiert. In Europa hat ein Teil davon unter der Bezeichnung „Okkultismus" große Verbreitung gefunden, drang auch in akademische Kreise und wurde in vier große Gebiete aufgeteilt, und zwar in „Parapsychologie", „Spiritismus", „Astrologie" und „Magie". Den ersten Teil, die Parapsychologie, haben wir im vorigen Aufsatz kurz behandeln können. Das nächste Gebiet, dem wir uns zugewendet haben, ist der „Spiritismus als Geisteswissenschaft", er betrifft den Verkehr mit Verstorbenen.

Die Theosophen negieren den Spiritismus nicht, weil Blavatzkaja selbst in zwei spiritistischen Gesellschaften Mitglied war. Sie begünstigen aber diesen Weg auf keine Weise und halten es nicht für nötig, sich praktisch damit zu befassen. Sie vergessen jedoch, daß manche den Weg zur Theosophie oder Anthroposophie erst über die Studien des praktischen oder theoretischen Spiritismus gefunden haben, so z. B. die

Blavatzkaja selbst. Einige haben über den Spiritismus wieder den Weg in die Kirche zurückgefunden, denn es ist nicht jedermanns Sache, im Offenbarungs-Spiritismus stecken zu bleiben. Das Leben nach dem Tode ist für diese beiden Bewegungen ein gelöstes Problem. Die Theosophen haben als Grundbegriff ihrer Lehren die Siebenteilung der menschlichen Seele, die mit dem Ätherkörper beginnend über den Astralkörper in den Mentalkörper mündet. Sie haben ganz feststehende Begriffe und Erfahrungen von dieser Struktur und bezwecken das Erlernen eines „bewußten Hellsehens". Von diesem Prinzip ausgehend, verurteilen sie den experimentellen Teil der Seelenforschung mit Hilfe von Medien, weil letztere ihre Selbständigkeit verlieren und im geistigen Sinne eine zu große Passivität erhalten, die später schwer gut zu machen ist. Die Bewegungen bezeichnen sich als „Geisteswissenschaften", sie stützen sich auf indische Lehren und wissen in spiritistischen wie astrologischen Fragen sowie in magischer Handhabung gut Bescheid. Sie begünstigen wohl den Spiritualismus, d. h. die sogenannten idealistischen Bewegungen, distanzieren sich aber von den praktischen Methoden des Spiritismus. Sobald vertieftes Wissen darüber in die breiten Volksmassen dringt, besteht die Gefahr der Profanierung und des Entgleisens in den Aberglauben. Aus diesem Grunde haben bis jetzt alle größeren geistigen Bewegungen einen exoterischen Teil ihrer Lehren, der für das Volk, und einen esoterischen Teil, der nur für Eingeweihte bestimmt ist. Die Theosophen vertreten die „Gottesweisheit", sie sind über die Verbindungen der Seele mit dem Kosmos gut unterrichtet und wissen, daß Verstorbene sich zeigen können. Sie kennen mehr die Nachteile des Spiritismus als die positiven Seiten und übertreiben die Gefahren, um das einfache Volk fernzuhalten. Es mag darin eine gewisse Berechtigung liegen, kann aber im Rahmen eines wissenschaftlichen Spiritismus keine Berücksichtigung finden. Man kann mit Theosophen und Anthroposophen über die Wiederverkörperungslehre sprechen, weil sie mit diesem Gedankengut verwachsen sind. Die christlichen Kirchen haben leider keinen festen und einheitlichen Begriff von der Struktur der menschlichen Seele. Anfragen bei Psychologen, Philosophen und Theologen haben eine große Uneinigkeit aufgezeigt, ja es besteht sogar heute noch eine Meinungsverschiedenheit selbst unter den Geistlichen in der Frage ob der Mensch aus Leib und Seele oder Leib, Seele und Geist besteht.

Innerhalb der spiritistischen Bewegung müssen allerdings Vertreter zu finden sein, die über den Verkehr mit Verstorbenen und den dazu gehörigen Voraussetzungen Aufschlüsse geben können und Erfahrungen besitzen.

Rudolf Steiner (27. 2. 1861—30. 3. 1925) war seit 1902 Generalsekretär der „Theosophischen Gesellschaft" und gründete 1912 die „Anthroposophische Gesellschaft", indem er aus der ersteren austrat. Während die „Theo-Sophia" auf „Göttliche Weisheiten" hintendiert, bemüht sich die „Anthropos-Sophia" um die „menschliche Weisheit". Nach deren Lehren besteht der Mensch aus Geist, Seele und Körper. Nach dem Tode bleibt der Geist mit der Seele verbunden, und zwar so lange, bis die Seele ihre Neigungen zum irdischen Dasein gänzlich abgestreift hat. Der Leib unterliegt den Gesetzen der Vererbung, die Seele unterliegt dem selbstgeschaffenen Schicksal, dem Karma.

Während die Theosophie Christus als „einen von vielen" Eingeweihten betrachtet, ist das bei der Anthroposophie nicht der Fall. Für sie ist der Heiland der Anfang, das Zentrum und das Ende aller Betrachtungen. Die Anthroposophie ist innerhalb der christlichen Bewegung eine ganz neue Richtung und besitzt eine große Kenntnis über geistige Gesetzmäßigkeiten. Die Zentrale befindet sich in der Schweiz in Dornach, wo auch ein Tempel „das Goetheanum" errichtet worden ist.

Ohne in die weiteren Einzelheiten dieser beiden wichtigen Richtungen der Neuzeit einzugehen, muß noch abschließend gesagt werden, daß beide Bewegungen eine Geisteswissenschaft darstellen, die heute beachtenswert ist, zumal sie über anerkennungswerte Erfahrungen verfügen. Doch wie es innerhalb der „Offenbarungsspiritisten" Anhänger gibt, die in ihrer fanatischen Verblendung Fehler machen, so gibt es auch in anderen Bewegungen Vertreter dieser Art. Man soll jedoch von diesen einzelnen nicht zu voreilig auf die ganze Organisation schließen und ein abfälliges Urteil abgeben.

Der Spiritismus als Religion

a) Stellung der christlichen Kirche zum Spiritismus

Bekanntlich lehnen die kirchlichen Stellen es ab, daß Gläubige oder Geistliche an spiritistischen Sitzungen teilnehmen, denn die ständige Befürchtung, daß der „Teufel" dabei seine Hand im Spiele habe, ist allgemein noch sehr groß. Die unmittelbaren Gefahren, wenn man von solchen sprechen will, die der Spiritismus mit sich bringt, sind im Durchschnitt nicht größer, als sie vergleichsweise bei öffentlichen Sportleistungen im Laufen, Rad-, Auto- oder Pferderennen auftreten. Prozentual ist die Zahl der Kranken in Heil- und Pflegeanstalten viel geringer als die Zahl der an religiösem Wahn Leidenden. Man kann also keineswegs sagen, daß die Beschäftigung mit dem Spiritismus geradewegs in derartige Anstalten führt. Eine Ablehnung ist auch darauf zurückzuführen, daß die Geistlichen selbst sich auf das Dogma stützend an ein „Weiterleben der Seele nach dem Tode" glauben müssen, ohne die spiritistischen Erfahrungen zu kennen, mit denen man diese Behauptung auch den zweifelnden Gemeindegliedern beweisen könnte.

Nun sind aber seit Strauß und Renan viele ungläubig geworden und von der Kirche gänzlich abgesprungen. So versucht auch die Wissenschaft, sich vom Glauben so weit wie möglich zu distanzieren, da sie „greifbare Beweise" verlangt. Selbst die Philosophie, die früher ausschließlich der Kirche diente, ist später ihre eigene Wege gegangen. Die Folge war die Trennung der Kirche vom Staate.

Viele Gemeindeglieder können aber keinen Glauben mehr aufbringen, selbst dann nicht, wenn sie ihn wünschten. Wie soll diesen geholfen werden? Der moderne Mensch wird schon in der Schule dazu erzogen, daß er nach Beweisen verlangt. So ist es denn nicht verwunderlich, daß er auch an ein „Weiterleben nach dem Tode" nur dann glauben kann, wenn die Möglichkeit besteht, dies unter Beweis zu stellen, was die Kirche mit den heutigen Mitteln leider nicht kann. Das Resultat dieser Hilflosigkeit ist die weitere Zunahme einer materialistischen Weltanschauung und ein ständiges Abbröckeln der sogenannten „Namens-Christen". Bekanntlich brauchen dogmatische religiöse Lehren nicht bewiesen zu werden; man glaubt und schließt sich diesem Glauben an oder verwirft ihn. In diesem Sinne würde sich der Spiritismus als Religion wesentlich von den althergebrachten Methoden unterscheiden, indem er weder einen Glauben voraussetzt noch einen solchen verlangt. Versuche, das „Weiterleben nach dem Tode" zu beweisen, entstehen in der Praxis selbst, indem Verstorbene sich materialisieren; sie zeigen sich vorwiegend im Traume; bei entsprechenden Vorbedingungen materialisieren sie sich in Wirklichkeit und bemühen sich, daß man sie dabei identifizieren kann. Die Literatur darüber ist inzwischen so ungeheuer angewachsen, daß man für das Studium nur eines Teiles davon viel Zeit benötigt.

Der Spiritismus stellt sich, wie gesagt, zur Aufgabe den Beweis zu führen, daß es ein „Weiterleben nach dem Tode" gibt. Alle weiteren davon abgeleiteten Details, wie z. B. die Beschreibung des Jenseits, sind einstweilen noch Glaubenspostulate und gehören ins Gebiet des Offenbarungsspiritismus. Man möge bedenken, daß der Spiritismus, also der „Verkehr mit Verstorbenen", auch von Anhängern anderer Religionssysteme vertreten wird, denn es kann ein Mohammedaner ebenso gut wie ein Jude Spiritist sein, ohne seinem Glauben Abbruch zu tun. In diesem Sinne wäre der Spiritismus eine Erfahrungsangelegenheit, die keine Bindung an eine bestimmte Religionsrichtung kennt.

Der Kernpunkt der spiritistischen Lehre ist der „Verkehr mit Verstorbenen", d. h. mit Wesen, die einmal als Menschen auf Erden gelebt haben, ganz gleich, ob diese Wesen gewöhnliche Alltagsmenschen, Propheten oder Heilige sind, und nur dieser Umstand allein ist von ausschlaggebender Bedeutung. Aus diesem Grunde haben sich viele Spiritistengläubige dieser Bewegung anschließen können, ohne sich gezwungen zu sehen, dabei das Christentum zu verleugnen, denn für sie ist auch die Erscheinung des Heilands nach erfolgtem Tode ein spiritistisches Phänomen. Das klingt für ein ungewohntes Ohr nicht gerade sehr einladend, hat aber für den Spiritisten den Vorzug der absoluten Gewißheit, daß man auch höhere Wesen wirklich wahrnehmen kann. Es behebt jeglichen Zweifel an ein „Weiterleben nach dem Tode" und stärkt die weitere Überzeugung, daß man selbst als unsterbliches Wesen einmal in diese übergeordnete Welt eingehen muß.

Freilich ändern sich dabei die Begriffe von Himmel und Hölle, denn ein gebildeter Spiritist wird diese Orte auf keine Weise oben über den Wolken suchen oder nach unten in die heiße Mitte der Erdkugel blicken, sondern verwertet sie als Begriffe für „seelische Zustände". Belastete Seelen finden auch dort keine Ruhe und leiden seelisch auch im Jenseits eine Zeitlang weiter, wie man dies aus den Phänomenen der Spukhäuser und -Orte ersieht. Durch erhaltene Kundgebungen werden die Spiritisten darüber aufgeklärt, daß die Seele bestimmte Entwicklungsstufen durchzumachen hat und daß einmal die Zeit eintritt, wo sich die Verstorbenen uns auf Erden nicht mehr zeigen können, wie z. B. im Falle Katie King und der Gattin des Pfarrers Oberlin.

Der Spiritist betrachtet den Verkehr mit Verstorbenen als sein exklusives Recht, er richtet darum Bitten an sie, bekommt sie manchmal zu sehen und unterhält sich mit ihnen, er erhält von ihnen Weisungen, Verhaltungsmaßregeln und wird von ihnen zu Offenbarungen inspiriert. Die beiden Autoren Klimsch und Grabinski haben in dieser Beziehung eine reichhaltige Sammlung von „Erscheinungen der Heiligen" zusammengestellt und das Buch unter dem Motto „Sind Verstorbene zurückgekommen?" veröffentlicht. Die Erscheinungen in Lourdes, Fatima und anderen Orten bestätigen uns zur Genüge, daß Verstorbene weiterhin mit irdischen Menschen in Berührung bleiben und sich zeigen können. Die sich im Volke hartnäckig haltende Behauptung, „niemand sei im Jenseits gewesen und sei von dort zurückgekommen", wird damit Lügen gestraft.

Der direkte Verkehr mit Gott und seinen Boten, die die Kirche mit dem Sammelbegriff „Engel" bezeichnet, gehört nicht mehr in das Gebiet des Spiritismus und ist darin nicht enthalten, denn dieser Vorgang gehört in das Gebiet der „Magie", weil es sich dabei um höhere Intelligenzen handelt, die nicht als Menschen auf Erden gelebt haben, z. B. die Erzengel. Auf diese Weise finden sich gemeinsame Berührungspunkte zwischen Spiritismus und anderen Religionssystemen, in denen die Offenbarungen eine bedeutende Rolle spielen. Beachtenswert sind in dieser Beziehung innerhalb der okkulten Literatur die Bücher von Jakob Lorber, der angeblich von Christus inspiriert war und in medialer Schrift religiöse Abhandlungen schrieb.

Als ein kompliziertes Gebiet betrachten die Spiritisten die Besessenheitsfälle, denn hier bleibt es schwer zu entscheiden, ob die Erscheinung in rein medizinisch-psychiatrischem Sinne beurteilt werden soll oder ob sich aus einer übersinnlichen Welt ein dämonisches Wesen, das noch nie ein Mensch im üblichen Sinne war, manifestiert. Die Kirche hat für diese Art Phänomene den Ausdruck „Teufel" zur Hand, eine unmodern gewordene Bezeichnung, die heute immer mehr und mehr verblaßt, nachdem der Teufel im Mittelalter mit Hörnern, Löwenschwanz und Pferdefüßen vorgestellt wurde. Auch der Begriff „Hexen" verliert zum Glück den Inhalt, den man im Mittelalter in ihn legte. Die heutigen Medien und Somnambulen würden zur damaligen Zeit bestimmt als Hexen bezeichnet und von der Kirche zum Tod auf dem Scheiterhaufen verurteilt worden sein. Leider kann die Kirche sich nicht rühmen, fehlerlos gewesen zu sein und sollte heute noch daran denken, daß sie Fehler zu beseitigen hat. Es wäre zu wünschen, daß sie bald einsieht, daß auch der Spiritismus innerhalb vernünftiger Grenzen seine Daseinsberechtigung hat.

Daß man dem modernen Spiritismus nicht sogleich Tür und Tor öffnen kann, versteht sich von selbst, denn wohin würde es führen, wenn jeder sich ohne Anleitung mit Verstorbenen in Verbindung setzte. Abergläubischen Vorstellungen würden auf diese Weise keine Grenzen gesetzt sein. Es müssen aber neue Wege und Möglichkeiten zur Rechtfertigung dieser Bestrebungen gefunden werden. Es wäre nur sehr erwünscht, wenn die Kirche sich hier einschalten wollte, aber nicht mit einem strengen Verbot, der alles in Bausch und Bogen als abergläubischen Humbug verurteilt. Verschließt sich die Kirche weiterhin dieser Frage, so wird die Zahl der Offenbarungsspiritisten wachsen und die Ansichten ihrer Anhänger werden abergläubische Formen annehmen, die später schwer auszumerzen sind. Bisher hatte die Kirche die Schlüssel zum Eingang ins Jenseits allein in der Hand, durch den Spiritismus aber ist eine zusätzliche Gartentür in die Überwelt geöffnet worden.

Beachtenswert sind die diesbezüglichen Bemühungen des evang.-luther. Landeskirchenrates in München, der in seinen Sitzungen den ganzen Fragenkomplex der „Grenzgebiete der Wissenschaft", in die auch der Spiritismus gehört, zur Sprache brachte. Die Folge dieser Sitzungen war die Einberufung einer Studientagung für Theologen in der Evangelischen Akademie Tutzing, die vom 27.—31. März 1951 unter der Leitung des Professors der Theologie Adolf Köberle aus Tübingen stattfand. Es kamen insgesamt aus Bayern und Württemberg etwa 36 Teilnehmer zusammen, die Tagung stand unter der Bezeichnung „Grenzgebiete des Seelenlebens" und brachte eine ausführliche Aussprache über Tiefenpsychologie, Parapsychologie, Spiritismus und Astrologie. Es wurden dabei die verschiedensten Fragen gestellt, z. B. ob sich der Geistliche ein Horoskop stellen und an spiritistischen Sitzungen teilnehmen darf und dergl. mehr. Es stellte sich bei der Tagung heraus, daß einige Pfarrer selbst in Spukhäusern leben und unmittelbar Gelegenheit hatten, Erfahrungen darüber zu sammeln. Die jüngere Generation freute sich, daß man endlich diese diffizilen Fragen im Rahmen einer kirchlichen Organisation frei besprechen konnte; die ältere Generation distanzierte sich von diesem „neuen Zeug", wie zu erwarten war, und schwieg sich aus. Der „Teufel" kam bei den Erklärungen glücklicherweise nicht auf seine Kosten. Prof. Köberle hat es verstanden, in diplomatischer Form zwischen beiden Gegensätzen die Waage zu halten und die Herzen für das Verständnis dieser neuen Erfahrungen zu öffnen. Ich habe von dieser Tagung auf keine Weise den Eindruck mitgenommen, daß sich einige Geistliche den Grenzgebieten gegenüber feindlich und unsachlich verhalten hätten, im Gegenteil es herrschte die größe Duldsamkeit und Unvoreingenommenheit gegenüber diesen heiklen Problemen.

In dem Gleichnis Jesu vom „Reichen Mann und dem armen Lazarus", Lukas 16, 27—31 bittet der Reiche in der Hölle Abraham, ihm die Möglichkeit zu geben, seinen Geschwistern von der Pein, in die er geraten ist, zu erzählen. Der nun „verstorbene Reiche" will zu den noch „lebenden Geschwistern" hingehen und mit ihnen darüber sprechen. Abraham antwortet darauf, daß die Zurückgebliebenen diese Kundgebung nicht beachten und auch nicht danach handeln würden. Abraham sagt nicht, daß derartiges ganz unmöglich sei, sondern meint, daß es sich nicht lohne.

Wie schon eingangs erwähnt, gehört die Erscheinung Moses und Elias' bei der Verklärung Christi auf dem Berge Tabor, Matthäus 17, 1—9; Markus 9, 2—9; Lukas 9, 28—36, nach spiritistischen Auffassungen zu

DAS WUNDER DER SCHREIBENDEN HAND
Daniel 5, V. 5—6

Der Sohn Nebukadnezars, der König der Chaldäer Belsazer, gab seinen gewalthabenden Untergebenen ein großes Festmahl. Im trunkenen Zustande gab er den Befehl, die heiligen goldenen und silbernen Gefäße, die er aus dem Tempel in Jerusalem geraubt hatte, zu benutzen. Während dieser Schändung entstand auf geheimnisvolle Weise eine Schrift, über die das Alte Testament folgendermaßen berichtet:
„Eben zur selben Stunde gingen hervor Finger wie einer Menschenhand, die schrieben, gegenüber dem Leuchter, auf die getünchte Wand in dem königlichen Saal. Und der König war gewahr der Hand, die da schrieb. Da entfärbte sich der König und seine Gedanken erschreckten ihn, daß ihm die Lenden schütterten und die Beine zitterten." Daniel, der darauf berufen wurde, die an die Wand geschriebenen Worte zu deuten, verkündete dem König der Chaldäer das nahe Ende seines Königreiches. In derselben Nacht wurde Belsazer getötet.

Zeichnung Nr. 132 von Gustav Doré aus der „Heiligen Schrift" von Dr. Franz von Allioli. Deutsche Verlagsanstalt Stuttgart, Leipzig, Berlin, Wien.

den Materialisationen und zwar in einer so starken Form, daß alle dàran teilnehmenden Jünger sie erkannten; Petrus machte sogar den Vorschlag, sofort jedem eine Hütte zu bauen. Er bemerkte anscheinend den Unterschied zwischen Lebenden und Toten garnicht, sondern betrachtete Elias und Moses als menschliche Geschöpfe.

Wir finden einen weiteren Hinweis in der Bibel bei der Kreuzigung Jesu und im Bericht darüber, daß „die Gräber sich auftaten und die Verstorbenen sich ihren Angehörigen zeigten", Matthäus 27, 52—53.

Ob die an der Wand erscheinende Hand während des Gastmahls Nebukadnezars als ein spiritistisches Phänomen angesehen werden darf, ist fraglich, da man den Beweis, daß die Erscheinung „von einem Verstorbenen" herrührte, nicht führen kann. Hartnäckige Parapsychologen würden behaupten, daß es sich hier um ein parapsychologisches Phänomen handeln könnte, weil es von einer noch lebenden medial veranlagten Person stammen dürfte. Dem kann nichts entgegengehalten werden, falls eine solche lebende Person nachgewiesen werden kann. Daniel 5, 5—6.

Mit dem Sammelbegriff „Engel" ist auch der Schutzengel des Petrus gemeint, dér nach seiner wunderbaren Befreiung aus dem Gefängnis durch einen Engel die anderen Jünger aufsucht und sich bei der Wirtin anmeldet. Er wird anfänglich nicht eingelassen, da alle meinen, es wäre nicht Petrus selbst sondern sein „Engel", was in diesem Falle sinngemäß sein „Astralkörper" bedeuten sollte oder sein „odischer Fluidalkörper". Daß sich Verstorbene zeigen konnten, war ihnen ebenso bekannt wie heute noch vielen Völkern. Wenn man in dieser Beziehung die Bibel aufmerksam studiert, findet man viele einschlägige Stellen.

Der Spiritismus als Religion

b) Der Offenbarungsspiritismus

Die Offenbarung, im Lateinischen „revelatio", griechisch „apokalypsis" bedeutet Enthüllung einer Wahrheit. Es ist die Selbstbekundung Gottes, eines göttlichen Vertreters oder eines „Geistes". Eine Offenbarung wird nicht mit dem Verstande entgegengenommen, sondern mit dem Herzen. In der Erkenntnistheorie soll die Liebe Voraussetzung und Beginn des Erkenntnisprozesses mit dem Herzen sein. Augustinus sagt: „Wir erkennen so viel, wie wir lieben." Es gehört weiter zum Wesen der Offenbarung, daß das Entgegengenommene irrtumsfrei ist. Nach Aussagen der Offenbarungsreligionen, besonders des Christentums, wird Offenbarung nur wenigen Auserwählten in seltenen Stunden zuteil.

Offenbarungen sind auch die Kundgebungen „großer Geister", wie z. B. der Evangelisten, darunter die des Apostels Johannes. Offenbarungen sind ferner die Visionen der Kinder, die in Fatima die heilige Jungfrau Maria gesehen und gesprochen haben, denn sie offenbarte den Kindern „himmlische Geheimnisse", die sie nur an bestimmte Personen und zu bestimmter Zeit weitergeben sollten. Offenbarungen „höherer Geister" sind schließlich die von Emanuel Swedenborg, Jakob Böhme, Meister Eckehardt, Jakob Lorber, Rudolf Steiner und vielen anderen. In spiritistischen Kreisen werden die Offenbarungen des Geistes Emanuel sehr geschätzt. Eine höhere und übergeordnete Welt nimmt die Gelegenheit wahr, sich uns durch entsprechende menschliche Geschöpfe zu offenbaren. Da die Mentalität der irdischen Menschen in jeder Weise unterschiedlich ist und sich ständig verändert, müssen auch die Offenbarungen vielgestaltig sein.

Während der Spiritismus als Philosophie bestrebt ist, die Erkenntnismöglichkeiten zu erweitern und den Verstand einzuschalten, um die erfaßten Weisheiten gedanklich zu verarbeiten und in passende Ausdrücke zu kleiden, Hypothesen und Theorien aufzustellen, um das Gesagte beweiskräftig zu gestalten, zu analysieren und synthesieren, um das Erfaßte auf diese Weise einer weiteren wissenschaftlichen Bearbeitung zuzuführen, hat die Offenbarung mit allem dem nichts zu tun. Es sind geistige Geschenke aus einer höheren uns übergeordneten Welt an diejenigen, die für würdig befunden werden. Wie diese Auslese vor sich geht, entzieht sich unserer Kenntnis. Was in den Offenbarungen gesagt wird, können wir zumeist zu Beginn noch garnicht fassen oder übersehen, erst später beginnen wir es zu begreifen und an die Richtigkeit der Offenbarung zu glauben. Die „höheren Geister" benutzen uns als Sprachobjekte, wie es bei den Jüngern zu Pfingsten geschehen ist, die in verschiedenen Zungen redeten. Jetzt nach zweitausend Jahren werden Offenbarungen auch durch die neue Methode der „automatischen Schrift" wiedergegeben, wie im Falle Blavatzky, Lorber und anderen.

Offenbarungen werden zumeist als Dogmen verkündet und bleiben für den, der daran glaubt, ein fester Bestandteil seines Denkens und Handelns. Die Indianer glauben an ein Jenseits mit unendlichen Prärien und guten Pferden, die Mohammedaner an ein späteres Leben mit schönen Frauen, so wie viele Christen an geflügelte Engelsköpfe ohne Unterleib mit Posaunen glauben. Wie das Jenseits in Wirklichkeit beschaffen sein mag, darüber gibt es die verschiedensten Meinungen und Überzeugungen, über die Details sind selbst die Spiritisten untereinander uneinig. Man kann ganz alberne und lächerliche Behauptungen zu hören bekom-

Graphische Darstellung
„VON DEN DREI PRINZIPIEN DES GÖTTLICHEN WESENS"
nach dem Mystiker Jakob Böhme (1575—1624) aus Görlitz

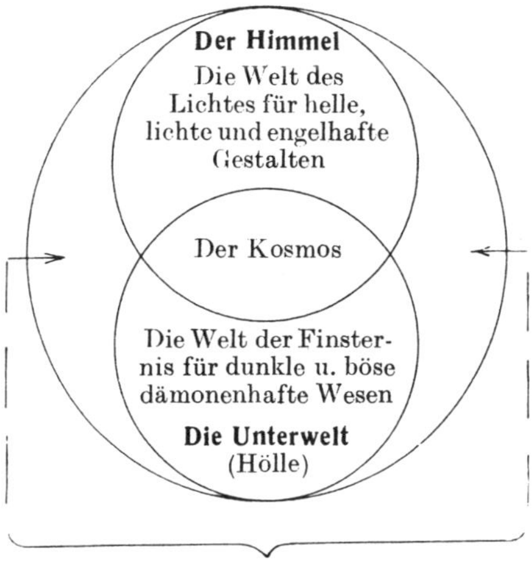

Die drei Prinzipien Gottes wären demnach: 1. das Licht, 2. die Finsternis und 3. der Kosmos = das linsenförmige Überschneidungsfeld. In diesem Kosmos ist der gestirnte Himmel mit der Milchstraße, dem Fixsternhimmel, den Tierkreiszeichen, unser ganzes Sonnensystem und letzten Endes unsere Erde als Glied dieses Systems enthalten. Die engelhaften Intelligenzen sind Gott unterstellt. Die göttliche Allmacht (der große Kreis) umfaßt auch die zwei gegensätzlichen Wirklichkeiten, die Welt des Lichtes und die Welt der Finsternis.

Im Spiritismus, so zeigt die Erfahrung, können wir mit Wesen aus beiden Welten in Berührung kommen. Die segensreichen Offenbarungen kommen aus der lichten und die bösartigen Kundgebungen, Spuk oder Verfolgungen aus der dunklen Sphäre des Alls. Um uns Menschen sichtbar zu werden, benötigen die sich kundgebenden Intelligenzen, wenn sie in die kosmische Sphäre eintreten, einen Astralkörper und in der irdischen Sphäre eine weitere Verstofflichung — den Ätherkörper.

men, die mit besonderer Vorliebe von den Gegnern an die große Glocke gehängt werden, um die ganze Bewegung zu diffamieren. Es gibt andererseits auch Kundgebungen aus dem Jenseits, die äußerst ernst zu nehmen sind; zu diesen gehören die des bedeutenden Forschers F. W. H. Myers, des ehemaligen Präsidenten der „Londoner Gesellschaft für psychische Forschung", der 1901 verstarb und seitdem bemüht ist, durch Medien Aufklärungen über das jenseitige Leben zu geben. Er verfaßte zu Lebzeiten das Buch „Die menschliche Persönlichkeit und ihr Überleben des körperlichen Todes". Nach seinem Ableben diktierte er durch das Medium Geraldine Cummins Berichte über das jenseitige Leben, die beachtenswert sind. Diese Mitteilungen sind 1933 unter dem Titel „Der Weg zur Unsterblichkeit" und 1935 „Jenseits der menschlichen Persönlichkeit" in englischer Sprache erschienen.

Eine weitere Sichtung aller Offenbarungen ist Aufgabe der Philosophie, die sich einmal mit dieser umfassenden Arbeit abgeben muß, einstweilen sind wir noch am Rohbau des Systems.

Meine geschätzten Leser wird sicherlich interessieren, was man inzwischen aus den gesammelten Kundgebungen Verstorbener über das jenseitige Leben erfahren hat. Es ist zwar im Rahmen dieses Buches nicht zweckmäßig, sich ausführlicher damit zu befassen, ich will aber trotzdem einen kleinen Zipfel des Schleiers lüften, um auf die Quellen hinzuweisen, aus denen man sich darüber weiter unterrichten kann. Dem spiritistischen Standardwerk meines Landsmanns Emil Mattiesen entnehme ich aus dem Artikel „Schwierigkeiten bezüglich der jenseitigen Welt" folgende Stelle, in der der Moment des Übertritts aus dem Diesseits ins Jenseits geschildert wird:

Sp. 176 — „Der Übertritt ins Jenseits erfolgt oft durch eine gewisse Zeit der „Verdunkelung oder Bewußtlosigkeit" hindurch, oder doch der Benommenheit in einem „schlafumfangenen Frieden an einem Orte gedämpften Lichtes". Dieser Zwischenzustand dient zugleich als „erfrischender Schlaf", der „neue geistige Kräfte" schenkt. Es finden in ihm aber auch Träume statt, in denen Bilder aus dem verflossenen Erdenleben aufsteigen, beseligende oder beklemmende. Diese Aufgaben finden ihre klärenden und bestätigenden Seitenstücke in der Psychologie der Lebenden: sie erinnern an die „Synkopen" zwischen Zuständen alternierender Persönlichkeiten und an die gelegentliche „panoramatische Lebensschau" im Augenblick des Sterbens oder einer Todesgefahr.

Erwacht der Verstorbene dann endgültig, so findet er sich in einem gestalteten Leibe wieder, einem „astralen Ebenbilde des stofflichen Körpers", wie Georg Pelham es einmal ausdrückt, einem „ätherischen oder geistigen Leibe", wie andere ihn nennen. Dieser Geistleib ist (wie schon oben besprochen) „jünger" im Falle älterer Personen, oder hat doch die Neigung, mit der Zeit die Form der ersten Lebensreife anzunehmen, während er im Falle Frühverstorbener auf diesen Reifezustand „allmählich zuwächst und dann haltmacht". In jedem Falle offenbart er den wahren Menschen, den „geistigen Zustand", so daß er schon deshalb auch bei jugendlich Verstorbenen, aber seelisch Vorgeschrittenen die Form der Reife zeigt.

Da er einem rein geistigen Leben dient, fehlen ihm die Organe für die Fortpflanzung, wie überhaupt die Geschlechtertrennung drüben allmählich schwinden soll. Auch die Organe für die Nahrungsaufnahme und für die der Verdauung sind nicht vorhanden. Gleichwohl wird dem Geistleibe etwas der Ernährung wenigstens ähnliches zugesprochen, indem erneuernde Kräfte unablässig in ihn einströmen: „Wir atmen sozusagen unsere Nahrung ein", wie Etta Thomas einmal sagte, gewisse „kosmische Strahlen" nennt es Myers, und zwar geschieht das nicht durch Atmungsorgane, sondern mit dem „ganzen Organismus", der dadurch „unterhalten und mit Leben neu geladen" wird.

Ebenso haben die Jenseitigen ihre Zeiten der Ruhe und Erholung, die unserm Schlafe ähneln; dieser Schlaf wird bald als „völlige Empfindungslosigkeit", ja als „immer traumlos" bezeichnet, bald als nur teilweise Verdunkelung des Bewußtseins. Von Krankheiten ist der Geistleib notwendigerweise frei; doch folgt die erinnernde Vorstellung ehemaliger leiblicher Leiden den Verstorbenen zuweilen ins Jenseits und erzeugt in ihnen vorübergehend etwas dem früher Erlittenen Ähnliches, zumal bei der Annäherung an ein Medium, also an die Welt der Körperlichkeit. Es mag bedeutsam erscheinen, daß der Geistleib „lichthaft" ist. „Geister sind ganz Licht", sagt Phinuit einmal, was ja im Grunde der Aussage entspricht, daß Geister in den Lebenden deren „Geist" an seiner Lichthaftigkeit erkennen, was ihnen, wie wir wissen, das Auffinden des besonders (geeigneten) Mediums erleichtert." —

Emil Mattiessen: „Das persönliche Überleben des Todes", Band 3, Seite 339.

Wir finden hier eine Summierung von verschiedenen Aussagen verschiedener Medien bei verschiedenen Sitzungen, die zusammengenommen wenigstens einen Anhaltspunkt bieten, wie man an die Forschungsgebiete herantritt. Wir sehen, daß die Rückerinnerung an irdisches Geschehen, zumindest in der ersten Zeit nach dem Tode, eine bedeutende Rolle spielen kann. Es hängt dabei von unserem eigenen Tun und Lassen ab, ob wir beschwert mit Vergehen gegen unseren Nächsten in eine jenseitige Welt gelangen, oder unbeschwert, begleitet von Liebe und Trauer der Zurückgebliebenen und hauptsächlich im Bewußtsein, ein Erdenleben nicht vergeudet und verschwendet, sondern segensreich für andere gewirkt zu haben. Wir finden auch hier ethische und moralische Momente, die die Beschäftigung mit spiritistischen Lehren rechtfertigen. Des weiteren lasse ich noch einen kleinen Ausschnitt aus der Sammlung Mattiesens folgen, um zu schildern, wie man sich den Verkehr zwischen den Jenseitigen und Diesseitigen denkt:

Sp. 177 — „Daß der Verkehr der Jenseitigen untereinander ein wesentlich telepathischer sein soll, erscheint uns beinahe selbstverständlich; liegt es doch nahe, die „übernormalen Fähigkeiten des Lebenden" als die „normalen des Überlebenden" anzusetzen. „Die Sprache der anderen Seite", die der Neuling zu lernen hat, ist offenbar eine rein gedankliche; sie wird gelegentlich als „drahtlose Telephonie" bezeichnet. Wir begegnen sogar der Aussage, daß der eine die Gedanken des anderen „sehe". Und ähnliches gilt dann natürlich auch hinsichtlich des Verkehrs mit den Lebenden. „Wir sehen dich", sagt Mrs. Owen zu ihrem Sohn, „aber mit anderen Augen als die deinen. Unsere Augen sind nicht an die Wirkung von Licht gewöhnt, wie ihr es auf Erden habt. Unser Licht ist ein wesentlich andres, eine Art durchdringendes Element, vermöge dessen wir „eure innersten Gedanken erkennen können", und zu diesen sprechen wir — zu euch selbst, und natürlich nicht zu euren äußeren Ohren". — „Wie hörst du mich reden, Liebster", fragt Mrs. Mitchell durch Mrs. Piper, „wenn wir doch nur durch den Gedanken sprechen?" Vielleicht mit diesem telepathischen Vermögen hängt es auch zusammen, daß man drüben nach eignem Wunsche jeden andern jederzeit „treffen" kann."

Emil Mattiesen: „Das persönliche Überleben des Todes", 3. Band, S. 344, Artikel „Schwierigkeiten bezüglich der jenseitigen Welt".

Auch dieser kleine Ausschnitt möge dazu beitragen, den Leser der Erkenntnis zuzuführen, daß unsere Gedanken unter keinen Umständen zollfrei sind, auch dann nicht, wenn man mit sich allein zu sein glaubt. Diese gesammelten Kundgebungen, die Mattiesen mit sehr viel Mühe und Fleiß zusammengetragen hat, mögen uns daran erinnern, daß wir auch in unserem Denken edler Gesinnung sein müssen, denn wir werden dauernd von höheren Wesen überwacht, unter denen uns die lieben Verstorbenen vermutlich am nächsten sind. So bringt uns eine Beschäftigung mit dem Spiritismus auch hier zu einer moralischen und ethischen Steigerung. Erst in Verbindung mit der christlichen Lehre kann der Spiritismus sich von Nutzen erweisen, wogegen vieles Wertvolle verloren geht, wenn man ihn isoliert und ganz allein für sich betrachtet. Es ist bedauerlich, daß unsere Theologen — befangen in der irrigen Vorstellung, daß der Spiritismus nichts Neues gebe — über die Frage des Weiterlebens nach dem Abstreifen des „Fleisch-Körpers" so wenig unterrichtet sind, obgleich zahllose ungläubige Menschen zutiefst davon bewegt werden. Hier den Hebel anzusetzen, könnte sich für beide Teile segensreich erweisen.

Um aber auch die letzten Bedenken zu beseitigen, daß der Spiritismus etwa das religiöse Empfinden untergrabe, füge ich nachfolgend einige Berichte bei, die spiritistischen Ursprungs sind, sich aber in theologischen Kreisen zugetragen haben, ja bis zur höchsten Spitze kirchlicher Würdenträger.

Sp. 178 — „Die Akten des Heiligsprechungsprozesses der heiligen Rosa von Viterbo, auf Befehl des Papstes Calixtus III. zusammengestellt, enthalten nicht weniger als 178 der Fürbitte der heiligen Rosa zugeschriebene Wunder, mit allen ihren Umständen eidlich bestätigt von 263 Zeugen, deren Namen, Vornamen und Stand aufgeführt werden. Elf Blinde sollen durch sie das Augenlicht erhalten haben, ferner zwei Schwindsüchtige, zwölf an Krebs Leidende geheilt worden sein. In 17 Fällen geschahen die Heilungen in Verbindung mit einer ‚Erscheinung der Heiligen'.

Einige Monate nach ihrem Heimgang baten schon der Klerus, der Magistrat und die ganze Bevölkerung von Viterbo den Heiligen Stuhl um ihre Seligsprechung. Ihr Leib wurde ohne Sarg der Erde übergeben und ruhte in der Kirche Santa Maria in Poggio mehrere Jahre. Auf eine ‚dreimalige Erscheinung der Heiligen' hin schritt Papst Alexander IV. zur Erhebung ihres Leibes. Man fand ihn vollkommen unversehrt."

Robert Klimsch: „Leben die Toten?" 1937. Verlag Styria, Graz-Leipzig-Wien. Artikel „Heilige zeigen ihre Ruhestätte an," S. 93. — Kerval: „Leben der heiligen Rosa von Viterbo." Habbel, Regensburg.

Dieser Bericht belehrt uns darüber, daß Verstorbene auch nach dem Tode weiter den Verkehr mit Lebenden pflegen und daß sie sich, wenn man ihrem Wunsche nicht nachkommt, wiederholt zeigen, bis das Gewünschte erfüllt ist. So etwas geschieht auch dann, wenn die schwerfälligen Kirchenorganisationen nicht geschmeidig genug sind, um den gegebenen Umständen Rechnung zu tragen. Der folgende Bericht ist aber noch viel inhaltsreicher, denn der Verstorbene identifiziert sich restlos.

Sp. 179 — „Im Jahre 1702 hatte Pater Martin Godehski, Rektor des Jesuitenkollegiums in Pinsk/Rußland, den Bau des neuen Jesuitenkollegiums vollendet. Da er nachdachte, unter wessen Schutz er das Haus stellen sollte, um es vor Unglück zu bewahren, und er sich in seiner Wahl nicht entscheiden konnte, erschien ihm eines Abends nach dem Gebete, als er sich zur Ruhe begeben wollte, ein ehrwürdiger Mann mit dem Ordenskleide, der ihm sagte: „Ich bin Andreas Bobola, dein Mitbruder, gemartert für den Glauben von den Kosaken; denn so ist der Wille Gottes. Ich werde euer Fürsprecher und Patron sein." Die Vision stand in einer auffallenden Beziehung zu seinen Gedanken vom gestrigen Tage, sodaß er eilig der Stimme gehorchte. Er ließ die sterbliche Hülle des Dieners Gottes in der Totengruft des Kollegiums suchen. Es waren aber seit 60 Jahren schon sehr viele Leichen hinzugekommen und in diesem unterirdischen Raume beigesetzt worden.

Drei Nächte nachher erschien der Selige dem Pater Prokopius Lukaszewicz, der damals Sakristan war, und erklärte ihm, daß sein Körper unter der Erde zur Linken des Hochaltars ruhe. Der Pater Lukaszewicz ging, begleitet von zwei anderen Religiosen und zwei Dienern, zu dem bezeichneten Orte, ließ daselbst nachgraben und fand wirklich einen Sarg mit der Inschrift:

— Pater Andreas Bobola, aus der Gesellschaft Jesu —
von den Kosaken zu Janow ermordet.

Zur größten Verwunderung der Anwesenden fand man den Körper nicht im geringsten zersetzt, obgleich er schrecklich verstümmelt war und seit 60 Jahren an einem niedrigen und feuchten Orte sich befand, wohin das Wasser sich derart zusammenzog, daß die erst seit kurzem beerdigten Leichen bereits in Verwesung übergegangen und die hölzernen Särge, selbst der des Seligen nicht ausgenommen, von der Fäulnis beschädigt waren."

Jerome: „Andreas Bobola." 1855. Verlag Manz, Regensburg. S. 54—55 und 61—62. — Robert Klimsch: „Leben die Toten?" 1937. S. 94.

Auch dieser Bericht bestätigt uns, daß den Verstorbenen nach dem Tode auf telepathischem Wege unsere irdischen Sorgen zugetragen werden. Bobola erscheint zweimal, er sieht die Hilflosigkeit der Beauftragten, die seinen Leichnam nicht auffinden können, und hilft aus dem Jenseits durch genaue Angaben des Begräbnisortes.

Man darf wohl annehmen, daß eine Mumifizierung der Leiche die Verbindungswege der Sinne zwischen Diesseits und Jenseits ebnet. Diese Kenntnisse besaßen bereits die alten Ägypter und vermutlich diejenigen Personen, die den Bau eines Mausoleums für Lenin auf dem Roten Platz in Moskau angeordnet haben. Wir sehen auch hier, daß die Kenntnisse gewisser geistiger Gesetzmäßigkeiten ihre Wirkungen durch Jahrtausende behalten.

Der nächste Fall gibt uns eine weitere Bestätigung dessen, daß spiritistische Phänomene sich auch unter den kirchlich und christlich eingestellten Würdenträgern abspielen, ohne hier Bedenken oder Unglauben zu erwecken.

Sp. 180 — „In den Prozeßakten des heiligen Paul vom Kreuz, der 1775 starb und der durch mehr als 50 Jahre das Märtyrium der Liebe zu Gott litt, ist von einer Jungfrau Rosa Calabresi die eidliche Aussage zu finden, daß ihr der Heilige gleich nach seinem Tode erschien und ihr ankündigte, daß er in den Himmel gehe, um Gott in der ganzen Ewigkeit zu genießen und um auch sie im Himmel zu sehen. Darüber wurde sie von großem Jubel erfüllt.

Zwei Jahre später geriet sie in eine schwere Krankheit. Ihr Körper war seit 22 Tagen von einer großen Geschwulst umgeben. Arm, Hand und

Finger waren krumm und zusammengezogen, am Arm entstanden schwarze Knoten. Zwei Ärzte behandelten sie ohne Erfolg. In diesem Elend flehte sie eines Tages, da man ihr die Notwendigkeit einer Operation angekündigt hatte, zum (damals noch nicht seliggesprochenen) Paul vom Kreuz, ob er sie denn vergessen habe. Da öffnete sich die Tür, der Heilige trat ein, sprach mit ihr, segnete sie, und all' ihre Krankheit war wie weggeblasen, war verschwunden. Der Beichtvater befahl ihr, das Wunder bekanntzugeben,und einer der Ärzte machte es durch den Druck bekannt."

„Leben des Paul vom Kreuz." Mans-Verlag, Regensburg 1846. — Robert Klimsch: „Leben die Toten" 1937. S. 124.

Dr. Robert Klimsch hat in seinem Buche eine interessante Sammlung dieser und ähnlicher Berichte zusammengetragen, sein Werk ist in vorzüglicher Weise von Bruno Grabinski bearbeitet worden. Beide haben sich speziell dem „verstorbenen Heiligen" gewidmet und ganz wundersame spiritistische Erzählungen vorgelegt. Das Seckauer Ordinariat zu Graz erteilte die Druckgenehmigung, es ist also auf keine Weise antichristlich oder etwa antikirchlich.

Der Leiter der Arbeitsgruppe der „Gesellschaft für wissenschaftlichen Spiritismus" in Bad Neustadt/Saale (Sitz Hannover), der verdienstvolle Joachim Winkelmann, berichtete über einen außerordentlich interessanten Fall in den „Internen Mitteilungen" der Gesellschaft, bei dem sich in Regensburg ein spiritistischer Spuk in der Kirche selbst zutrug. Er hat den Vorzug, aus unserer Zeit zu stammen und alles bisher Behauptete zu bestätigen.

Joachim Winkelmann berichtet unter dem Titel „Dies geschah in Regensburg" folgendes:

Sp. 181 — „In einem ehemaligen Kloster in Regensburg war ein Knabeninternat untergebracht und man sprach darüber, daß dort merkwürdige Phänomene gesichtet wurden. Diese bestanden darin, daß von Zeit zu Zeit den Lehrern und Schülern ein „blonder Jüngling" erschien, der wie ein Ministrant in ein weiß-rotes Chorgewand gekleidet war. Er trug hübsche blonde Locken und wurde wegen seines angenehmen sanften Lächelns, das ihm einen lieblichen Gesichtsausdruck verlieh, allgemein „der süße Bube" genannt. Dieses Phantom sprach aber nie ein Wort, man sah es stets lächeln, darauf die Finger an die Lippen führen und zuwinken und plötzlich in Richtung der dort stehenden Kapelle verschwinden.

Eines Tages beschlossen zwei herzhafte Schüler, denen sich die Erscheinung schon öfters gezeigt hatte, diesem Winken zu folgen, um herauszufinden, was für eine Bewandtnis diese merkwürdige mystische Angelegenheit haben könnte. Als der „süße Bube" wieder erschienen war, fragten sie ihn, warum er winke, bekamen aber auch diesmal keine Antwort. Der Junge lächelte weiter, winkte ihnen wieder schweigend zu, machte Zeichen ihm zu folgen und schwebte vor ihnen her, der Kapelle zu. Hier deutete er auf einen reichgeschnitzten Beichtstuhl und verschwand ganz plötzlich.

Es lag nun der Gedanke nahe, daß der Beichtstuhl ein Geheimnis in sich berge und eingehend untersucht werden müßte. Nach längerem Abtasten fanden die beiden Schüler, daß sich eine der geschnitzten Holztrauben eindrücken läßt, wodurch sich der Beichtstuhl zu drehen begann. Es öffnete sich dabei ein geheimer Gang, der über eine ziemlich tiefe Treppe in den Kellerraum hinabführte. Mit einer Kerze ausgerüstet stiegen beide ängstlich die Treppe hinunter und standen unerwartet in einem bisher unbekannten Gewölbe vor einer schweren eisernen Tür. Mit größerer Anstrengung gelang es, sie endlich zu öffnen und beiden Schülern bot sich eine Kammer dar, die anscheinend eine Sakristei darstellen sollte. Vor einem Tisch, auf dem eine „Monstranz" stand, lag „der süße Bube" mit den schönen blonden Locken in einem weißrotem Chorrock angezogen, wie man ihn zuvor als Phantom gesehen hatte. An der Wand waren einige Zeilen zu lesen, die mit ungeschickten Händen in Rötel geschrieben waren. Aus ihnen ging hervor, daß im Schwedenkrieg der besagte „blonde Junge" das Allerheiligste = „die Monstranz", vor den eindringenden Schweden in diesem Geheimraum in Sicherheit bringen wollte, die schwere Eisentür aber hinter ihm zufiel. Da sie von innen nicht geöffnet werden konnte und die Wände so dick waren, daß man von außen sein Rufen nicht hören konnte, zumal der Zugang noch zusätzlich auf einem Geheimnis beruhte, mußte er verhungern. Der Fußboden sowie die Wände waren aus Blei. Dieses Umstands wegen, konnte seine Leiche so lange unversehrt bleiben, ohne in Verwesung überzugehen. Vom Tage seiner Auffindung an aber erschien der „süße Bube" nie wieder."

Der Autor Herr Winkelmann fordert auf, diesen Fall in die ernsthafte Literatur über das Wesen des „Spuks" aufzunehmen. Ich wäre gern bereit dieser Aufforderung Folge zu leisten, es fehlen jedoch weitere ergänzende Angaben, nämlich die genaue Bezeichnung des Internats, es fehlen weiters die zeitlichen Angaben, d. h. in welchem Jahre der Knabe aufgefunden wurde, sowie die Namen der beiden Schüler, die ihn aufsuchten. Was geschah mit dem Leichnam und auf welchem Friedhof ist er zur Erde bestattet worden? Gibt es einen Bericht über diesen Vorfall seitens der Leitung des Internats an die übergeordneten Stellen und könnte man evtl. von diesem Bericht eine Abschrift erhalten? Welche Zeitungen haben über diesen Fall berichtet und wann? Ist es überprüfbar, ob der Beichtstuhl in seinen Schnitzereien tatsächlich eine Traube aufweist, die durch Drücken einen Geheimgang öffnete? Stimmt es z. B., daß der unterirdische Raum „mit Blei" (?) ausgelegt war und sich luftdicht verschließen ließ? Ist die Monstranz heute wieder in Gebrauch und können Sachkenner bestätigen, daß sie aus der damaligen Zeit stammt?

Der Leser möge aus allen diesen Umständen ersehen, wie vorsichtig man an die Berichte herantreten muß, bevor sie eine allgemeine Anerkennung erhalten können. Alle diese wichtigen Umstände fehlen bedauerlicherweise in der vorliegenden Erzählung, müßten aber noch ergänzend nachgetragen werden. Es ist schon richtig, daß Winkelmann darauf aufmerksam macht, aus der Erzählung sei zu entnehmen, daß nicht „eine", sondern „mehrere" Personen den blonden Jüngling wiederholt gesehen haben, darunter Kinder und Erwachsene, daß also von einer Halluzination nicht gut geredet werden könne. Desgleichen, daß aus dem ganzen Gebahren des Phantoms „eine bestimmte Absicht" deutlich sei, nämlich bestehende Hemmungen durch freundliches Zulächeln zu beheben und durch Zuwinken auf die Kapelle aufmerksam zu machen, wo seine Leiche zu finden sei. Auch die Identität blieb außer jedem Zweifel, weil die Bekleidung der Erscheinung mit dem aufgefundenen Leichnam genau übereinstimmte.

Der Fall ist sicher einer weiteren Untersuchung wert und für eine ernste Sammlung ein wichtiger Beitrag, zumal Spukerscheinungen in kirchlichen Räumen verhältnismäßig selten bekannt werden.

„Interne Mitteilungen" der Gesellschaft für wissenschaftlichen Spiritismus, Hannover-Kleefeld, Nr. 2 vom Januar 1951.

Von Spukerscheinungen an heiligen Orten habe ich des öfteren gehört, es sind ihrer aber nie genug, ich bitte daher um ergänzende, vornehmlich beglaubigte Berichte, die ich in weiteren Veröffentlichungen verwerten dürfte.

Um aber den immer noch Zweifelnden endgültig zu überzeugen, daß die spiritistischen Phänomene einer gründlicheren Beachtung wert sind und um dem Vorwurf zu entgehen, daß die bisher angeführten Berichte aus alter Zeit stammen, obwohl sie in den Annalen der Kirchengeschichte von ehrwürdigen und wahrheitsgetreuen Geistlichen eingetragen worden sind, will ich einen Fall veröffentlichen, der bisher sicher zu wenig bekannt war und aus neuerer Zeit stammt.

Sp. 182 — Prof. Rade in Marburg hat in einer Nummer der „Christlichen Welt" des Jahrgangs 1923 eine Erzählung des Jesuitenpaters Ludwig Bonvin wiedergegeben, der sie für eine verbürgte Tatsache hinnimmt, da sie von zehn Geistlichen wahrgenommen wurde. Fr. Lienhard, der Herausgeber des „Türmers", Heft 10 des 24. Jahrgangs, berichtet ebenfalls darüber. Rade schreibt, daß er dieses Beispiel nur darum anführe, um zu zeigen, wie sich inzwischen die Struktur der Zeit verändert hat. Man möge sich vorstellen, sagt er, diese geheimnisvolle Papstgeschichte wäre Ende vorigen Jahrhunderts in die Öffentlichkeit gedrungen, welche Erregung würde sich damals der materialistischen Tagespresse bemächtigt haben? Man hätte befürchtet, der Kulturwagen müsse aus dem Gleis und die Räder aus den Achsen springen. Der Bericht lautet:

Vor kurzem waren ungefähr zehn deutsche und österreichische Priester in Rom und sollten eine Audienz beim Heiligen Vater Pius XI. erhalten. Während sie im Vorzimmer warteten, öffnete sich die Tür und vor ihnen stand der vor mehr als neun Jahren verstorbene Papst Pius X. Alle Priester waren sprachlos, denn sie erkannten ihn sofort. Er aber wandte sich zu ihnen und sagte: „Die unglücklichen Zeiten werden noch zwei Jahre dauern". Darauf verschwand er.

Während die Geistlichen noch unter der Wirkung dieser Erscheinung standen, wurden sie ins Privatgemach des gegenwärtigen Papstes gerufen, der ihre Ergriffenheit bemerkte und sich nach deren Ursache erkundigte. Einer der Priester erzählte das Geschehene. Darauf erwiederte der Papst in ruhigem Tone: „Er war also wieder da!".

W. Kuhaupt: „Die okkulten Erscheinungen und das Wunderbare um die Person Jesu." Hellmuth Wollermann, „W.-Maus"-Verlag, Braunschweig. 1925. S. 13 und 14.

Der Spiritistismus als Religion

Über religiöse Bestandteile der spiritistischen Kirchen

Es steht mir nicht zu, über den Spiritismus als „Ersatz-Religion" oder „Religions-Ersatz" zu sprechen, weil mir die Formen, die er nach dem Kriege angenommen hat, wenig bekannt sind. Es muß jedoch erwähnt werden, daß Johannes Greber unter dem Titel „Der Verkehr mit der Geisterwelt, seine Gesetze und sein Zweck" ein Buch veröffentlicht hat. Es handelt von Erlebnissen eines katholischen Geistlichen. Das Buch ist 1937 in 2. Auflage in den USA. erschienen und hat auch in Europa großes Aufsehen erregt. Greber ist inzwischen gestorben, doch seine Gedanken leben weiter. Als er erstmalig mit spiritistischen Phänomenen in Berührung kam, beeindruckten sie ihn so, daß er viele Stellen der Bibel ganz anders als bisher zu verstehen begann. Er bekam seine Offenbarungen von einem „hohen Geist" durch einen 16jährigen medial begabten Jüngling, der in Trance fiel und ihm über religions-philosophische Fragen Antworten gab, die den Gesichtskreis Grebers bedeutend erweiterten.

Sp. 183 — Einst wurde der katholische Pfarrer Johannes Greber zu einer spiritistischen Sitzung eingeladen. Er war sich darüber unschlüssig, ob er hingehen solle und ob er dabei nicht mit bösen dämonischen Kräften in Berührung kommen werde. Er lehnte es ab an der Seance teilzunehmen. Ein Gemeindeglied macht ihm jedoch bittere Vorwürfe, daß er seinen seelsorgerischen Pflichten nicht nachkäme, wenn er sich so einer direkten Aufgabe entziehe und sich dadurch viele Anhänger der Kirche entfremde. Nach langen Überlegungen entschloß er sich doch zuzusagen. Ihm wurde berichtet, daß ein Knabe plötzlich in einen Trancezustand verfalle und daß sich durch diesen eine „Intelligenz" kundgebe, die in religiösen Fragen erstaunlich gut beschlagen zu sein scheine und auch die Zukunft betreffend richtige Voraussagen mache. Greber bangte um seinen Ruf als Geistlicher, wenn seine Anwesenheit publik werde. Auch fürchtete er für seinen guten Namen und wollte nicht seine Existenz aufs Spiel setzen. Er hatte sich für die Sitzung einen Zettel mit Fragen zusammengestellt, den er in der Tasche trug. Wie war er aber überrascht, als die „Intelligenz" ihn durch den Jungen sofort mit „Du" ansprach und ihm sagte, er möge doch den Zettel aus der Tasche ziehen und die Fragen stellen, die ihn bewegen. Er war erstaunt über die Antworten der „Intelligenz", die verblüffende Details der hebräischen und griechischen Sprache beherrschte und auf falsche Übersetzungsstellen in der Bibel hinwies. Nach Abschluß der Seance war Greber von dem Gesehenen und Gehörten bewegt und verwirrt. Natürlich wurden ihm von vorgesetzter katholischer Seite diese abweichenden Formen der Exegese (Auslegung der Heiligen Schrift) übelgenommen. Greber entschloß sich, aus der Kirche auszutreten, zog nach Amerika und übersetzte das „Neue Testament" in einer Gedankenrichtung, die auf den Spiritismus ausgerichtet ist. Er tat in gewissem Sinne dasselbe, was seiner Zeit Martin Luther getan hatte. Die Kirche versäumte damals eine Gelegenheit, es entstanden Spaltungen, und wir haben heute als Folge eine evangelisch-lutherische Konfession, die im staatlichen Leben eine ganz bedeutende Aufgabe erfüllt. Ich habe das Empfinden, daß sich hier ähnliches anbahnt; man sollte doch aus der Vergangenheit soviel gelernt haben, um Fehler nicht mehr zu wiederholen. Greber ist nicht gegen die Lehre des Christentums, sondern nur gegen die Weglassung eines wertvollen Teiles, nämlich den des direkten „Verkehrs mit Geistern".

Johannes Greber, ehem. kath. Pfarrer, „Das Neue Testament" aus dem griechischen neu übersetzt und spiritistisch erklärt. Verlag John Felsberg, Inc. New York 1936.

Die sich kundgebende „Intelligenz" erklärte Greber, daß das Verbot, mit Verstorbenen zu verkehren, erlassen wurde, um die Hilflosen und Unerfahrenen vor bösen Dämonen zu schützen, nicht aber vor „guten Dämonen". Der Verkehr mit der bösgearteten Geisterwelt soll auch weiterhin unterbunden bleiben, nicht aber der Verkehr mit „guten Geistern"; dieser soll im Gegenteil gefördert werden. Die ersten christlichen Versammlungen gingen angeblich auch so vor sich, daß der Leiter der Gemeinde solange eine abwartende Stellung einnahm, bis jemand in Verzückung geriet und zu weissagen begann. Dieselbe Methode wird auch jetzt in den spiritistischen Kirchen beibehalten, besonders in Amerika, England und Island. In kleinen Zirkeln ist die Bildung einer Handkette notwendig, weil sich die „odischen Kräfte" auf diese Weise ansammeln und zu einem wolkenartigen Gebilde verdichten. Diese zusätzlichen Kräfte, die das Medium von den Anwesenden erhält, ermöglichen es auch den „Geistern" sich so zu verdichten, daß sie für uns wahrnehmbar werden. Unser Augennetz empfängt nur eine bestimmte Skala von Schwingungen, was über oder unter dieser Schwingungszahl ist, empfinden wir als Schall oder auf andere Weise, auch verträgt unser Auge keine sehr große Lichtstärke, folglich müssen die „Geister" allen diesen Gegebenheiten Rechnung tragen, um die sie umgebende Materie so zu gestalten, daß sie den irdischen Verhältnissen angepaßt ist. Ein Vergleich mit dem Taucheranzug dürfte das besser veranschaulichen, denn Taucher müssen sich auch durch eine Spezialkleidung dem Element Wasser anpassen. Die Sohlen werden mit Metall beschwert, damit die Taucher sich sicherer auf dem Meeresboden bewegen können, da sie sonst ebenso im Wasserelement schweben würden, wie sich uns die Geister in der Luft schwebend zeigen. So wie die angeschraubte Kopfbedeckung ein eigenartiges Gebilde darstellt, so ähnlich sind auch die teleplasmatischen Massen um den Kopf der halbmaterialisierten Geister, denn in ihrem inneren Wesenskern sind sie natürlich anders geartet, als sie sich uns zeigen. Aber selbst die Verständigung mit lebenden Wesen, die einem anderen Element angehören, würden diesem Beispiel ähnlich sein, etwa wie das Klopfen unter Wasser an die Wand eines verunglückten Unterseebootes. Erst nachdem durch Klopfen eine Antwort von innen erfolgt ist, beginnt der Versuch einer weiteren verfeinerten Verständigung. Wenn beide Teile Morsezeichen verstehen, dann entwickelt sich auf diese Weise eine verbesserte Methode für den Verkehr zwischen intelligenten Wesen, die aus „zwei verschiedenen Elementen" miteinander in Verbindung treten wollen.

Üblicherweise wird in spiritistischen Kirchen ein Altar errichtet, der mit Blumen geschmückt ist und auf dem ein Kruzifix steht, zum Zeichen dessen, daß man nur mit „guten Geistern", die christlich gesinnt sind, in

Verbindung treten möchte. Choräle werden von allen Anwesenden gesungen. Darauf wird vom Zirkelleiter das „Vater unser" laut verlesen, um sich unter den Schutz Gottes zu stellen. Nach Gebetsschluß ertönt stille gedämpfte Musik und die Teilnehmer versetzen sich in eine innere Besinnung. Bekanntlich ist ein angespanntes Denken an die nun kommenden Erscheinungen unerwünscht und störend, denn sie erschweren den Durchbruch aus der jenseitigen Welt in die unsere. Meist erscheinen verstorbene Angehörige der Anwesenden entweder durch automatische Schrift oder durch Transfigurationen, d. h. indem die Gesichtszüge und die Stimme des Mediums sich so stark verändern, daß man den Verstorbenen zu erkennen vermag. In einigen Fällen bilden sich unabhängig vom Körper des Mediums selbständige Gestalten, die sich soweit materialisieren können, daß man sie von lebenden Menschen aus Fleisch und Blut nicht unterscheiden kann. Mit ihrer Erlaubnis kann man sich Stücke von ihrer Bekleidung oder Haarlocken vom Kopf abschneiden oder sogar Gegenstände zum Andenken behalten, die von ihnen auf eigenartige Weise materialisiert werden. Manchmal verschwinden die so erhaltenen Sachen wieder, in anderen Fällen bleiben sie, ohne sich wieder zu dematerialisieren, zurück. Mit dem Aufwachen des Mediums aus der Trance wird wieder gebetet und für das wundervolle Erlebnis Gott gedankt.

Wer seinen Mann oder seine Frau, Bruder, Schwester oder Eltern, die schon längst verstorben sind, auf diese Weise wiedersieht, ist natürlich zutiefst erschüttert; es ist ein großes Erlebnis, für das man Gott danken kann, vor allem dafür, daß er nunmehr der Menschheit diese neuen Wege der Kommunikation geschenkt hat. Wenn Erscheinungen Verstorbener selbst im Vatikan beim Papst vorkommen, sind sie legitimiert. Das Problem, vor dem wir stehen, besteht nicht darin, ob es erlaubt ist oder nicht, an Sitzungen teilzunehmen, denn wer wird sich schon von einer Möglichkeit, seine verstorbenen Lieben wiederzusehen, abhalten lassen, es handelt sich vielmehr darum, unter welchen Voraussetzungen dies erlaubt ist und in welchen Formen es die Kirche schützen und zulassen dürfte. Wer sind die Zirkelleiter, sind das Menschen, die mit den heiligen Gefühlen der Zurückgebliebenen Geld verdienen wollen? Welche Garantien hat der Laie, daß er nicht in einen Zirkel gerät, in dem er vielleicht aufs gröbste betrogen und finanziell ausgebeutet wird und, was noch schlimmer wäre, seelisch aus dem Gleichgewicht gerät. Die eigentlich dafür zuständigen Instanzen, nämlich die kirchlichen Organisationen schweigen sich einstweilen darüber aus oder verbieten es gänzlich, ohne Unterschied zwischen guten und bösen Geistern zu machen. Die Frage lautet aber: „Wie lange noch", einmal kommt es dennoch. Es brauchen die unternehmungslustigen Amerikaner nur zehn gute Materialisationsmedien nach Europa kommen zu lassen; sie verdienen dabei schweres Geld, bringen den Spiritismus unter die Gläubigen und erwecken ein Aufsehen unter denjenigen, die der Kirche lau gegenüberstehen oder als sogenannte ,,Namen-Christen'' gelten, indem sie wohl in den Kirchenlisten aufgeführt sind und ihre Steuer entrichten, sonst aber mit der Kirche nur bei Taufe, Hochzeit oder Beerdigung zu tun haben. Leider gibt es zahlenmäßig sehr viele dieser ,,Namen-Christen''.

Daß das Gesamtgebiet des Okkultismus für die Kirche ein schwieriges Problem wird, das einmal gelöst werden muß, läßt sich auf keine Weise mehr bestreiten. Wir sehen schon das gesteigerte Interesse theologischer Kreise etwa in dem Buche des Dr. Alois Wiesinger, Abt des Zisterzienserklosters in Schlierbach, ,,Okkulte Phänomene im Lichte der Theologie'', 1948, Graz, das mit Genehmigung des Ordinariats in Salzburg veröffentlicht wurde. Der Abt behandelt in seinem Buche das Seelenproblem und unterscheidet ,,leibfreie'' und ,,halb leibfreie'' Seelen. Er versteht unter ,,Geistern'' — Gott, die Engel, die Teufel und die menschliche Seele (S. 27). Die zweite Hälfte des Buches behandelt den natürlichen, künstlichen, krankhaften und mystischen Schlaf. Wir besitzen aber bereits in der Parapsychologie eine andere Einteilung, die viel praktischer und bequemer ist. Im Literaturverzeichnis vermisse ich Hinweise auf die Klassiker Emil Mattiesen und Karl du Prel. Wiesinger behandelt nur einen kleinen Teil des Okkultismus und würfelt im Schlußwort alles bunt durcheinander, obwohl alles geordnet ist und jedes Gebiet seinen bestimmten Platz hat. Die Bezeichnung ,,außernatürliche Gaben'' widerspricht meinem Empfinden, weil letzten Endes doch alles natürlich ist. Augustin hat schon mehrfach festgestellt, daß wir nur von ,,bisher unbekannten Naturgesetzen'' sprechen können, aber nicht von übernatürlichen Dingen. Der Spiritismus ist nichts Übernatürliches, sondern liegt im Rahmen des überaus Natürlichen, wohl aber bisher wenig Bekannten.

Viel tiefer auf die okkulten Probleme geht W. Kuhaupt ,,Die okkulten Erscheinungen und das Wunderbare um die Person Jesu'', 1925, Braunschweig, ein und macht viel größere Konzessionen. Seinem Buche habe ich den Bericht über die Erscheinung des verstorbenen Papstes entnommen. Im Kapitel 7 spricht Kuhaupt über ,,Nutzen und Erkenntniswert des Okkultismus'', der den Beweis dafür liefert, daß der Geist die Materie formt und nicht umgekehrt, wie die Materialisten es behaupten. Kuhaupt erfaßt die okkulten Probleme tiefer als Wiesinger und versteht es, sie geschickt mit theologischer Denkungsart zu verbinden, womit gesagt werden soll, daß der Okkultismus mit seinem Teilgebiet des Spiritismus allmählich auch von einzelnen Theologen immer mehr beachtet wird und auf dem Wege ist, Anerkennung zu erwerben. Kuhaupt sagt (S. 154) wörtlich folgendes: „Wenn der Okkultismus es sich zur Aufgabe macht, die mystischen Erscheinungen der menschlichen Natur zu studieren, Material aus allen Literaturen zusammenzutragen, es zu sichten, zu ordnen, zu deuten, so erwirbt er sich ohne Zweifel auch nach der religiösen Seite hin ein Verdienst. Schon heute wird uns vieles in der Bibel verständlich, was der Rationalismus einst als paradox ablehnte und belächelte. Der Okkultismus, der uns das Wunderbare um die Person Jesu in einem ganz andern Licht als früher erscheinen läßt, nimmt jedenfalls der kühnen Behauptung von Arthur Drews: „Jesus hätte nie gelebt" besser als die bisherigen geschichtskritischen Untersuchungen den Haupthaken weg, an dem die Theorie aufgehängt ist. Gerade die Wunder Jesu, die seit je die größten und schwersten Steine des Anstoßes bildeten, werden für die neutestamentliche Überlieferung zu Kriterien der Wahrheit. Der Kredit dieser Urkunden, auf die sich unser Glaube stützt, wird mindestens durch den Okkultismus gegeben."

Auf Seite 141 schreibt Kuhaupt: . . . „Wir legen also gegen die Gleichsetzung des Himmelfahrtswunders mit einem Dematerialisationsakt im spiritistischen Sinne Verwahrung ein. Die Jünger dachten nicht daran, ihren am Kreuz verschiedenen Meister wieder in die irdische Lebenssphäre herabzuzwingen. Und dieser Zwang ist doch gerade das Charakteristische des Spiritismus." Kuhaupt kennt den Spiritismus wenig, wenn er das behauptet und verwechselt Spiritismus mit Nekromantie, denn im ersten Falle ist man passiv, dagegen in der Nekromantie aktiv und übt Zwang aus. Für die Ausübung nekromantischer Beschwörungen werden tiefe okkulte Kenntnisse vorausgesetzt und der Magier schützt sich durch einen sogenannten magischen Kreis, der bei spiritistischen Sitzungen nie gemacht wird. Kuhaupt schreibt: „Indessen könnten selbst bei aller Ablehnung der spiritistischen Hypothese doch Momente und Begleitumstände vorhanden sein, die die Anwendung von Parallelen zwischen dem Himmelfahrtswunder und einem Dematerialisationsvorgang rechtfertigen."

E. Kalitta, Studienrat, „Das Phänomen der Himmelfahrt", Zeitschrift „Glaube und Erkenntnis", Nr. 6 v. 15. Sept. 1952, im Aventinus-Verlag Josef Kral u. Co., Abensberg, Niederbayern.

„Und da Jesus solches gesagt, ward er aufgehoben zusehends, und eine Wolke nahm ihn auf vor ihren Augen weg."

Apostelgeschichte des Lukas, Kap. 1, V. 9; Markus 10, V. 19; Lukas, Kap. 24, V. 51.

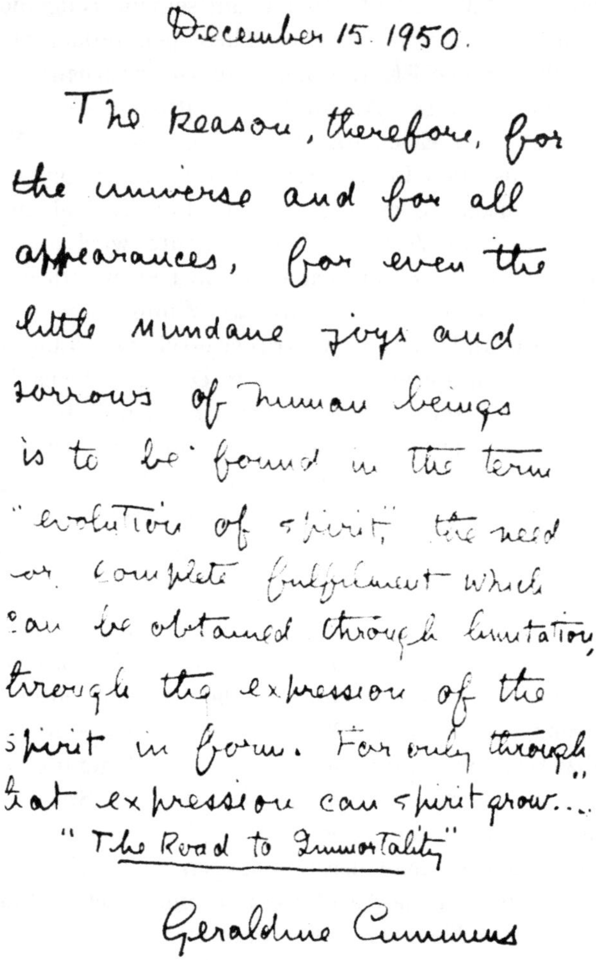

December 15. 1950.

The reason, therefore, for the universe and for all appearances, for even the little mundane joys and sorrows of human beings is to be found in the term "evolution of spirit" the need or complete fulfilment which can be obtained through limitation, through the expression of the spirit in form. For only through that expression can spirit grow..."

"The Road to Immortality"

Geraldine Cummins

Auf dieser Abbildung sieht man die gewöhnliche alltägliche Handschrift der in letzter Zeit sehr bekannt gewordenen englischen medialen Schriftstellerin Geraldine Cummins. Durch ihre aus dem „Jenseits" erhaltenen Diktate hat sie in Fachkreisen großes Aufsehen erregt. Diese sind teilweise in altenglischer Sprache verfaßt und berichten aus der frühchristlichen Geschichte. Besonders beachtenswert sind für Forscher die Beschreibungen des Lebens in einer höheren übergeordneten Welt, die sie als Medium durch automatische Schrift von dem jetzt im „Jenseits" weilenden ehemaligen Präsidenten der „Londoner Gesellschaft für psychische Forschung", Prof. Frederic W. H. Myers erhalten hat.

Die Schriftproben sind dem kleinen, sehr lesenswerten Büchlein von Geraldine Cummins, „Die Auferstehung Christi", entnommen. Es erschien vor einigen Jahren im Verlag Richard Schikowski, Berlin W. 30, Motzstraße 30, und behandelt das Geheimnis über das Verschwinden des Leichnams Christi.

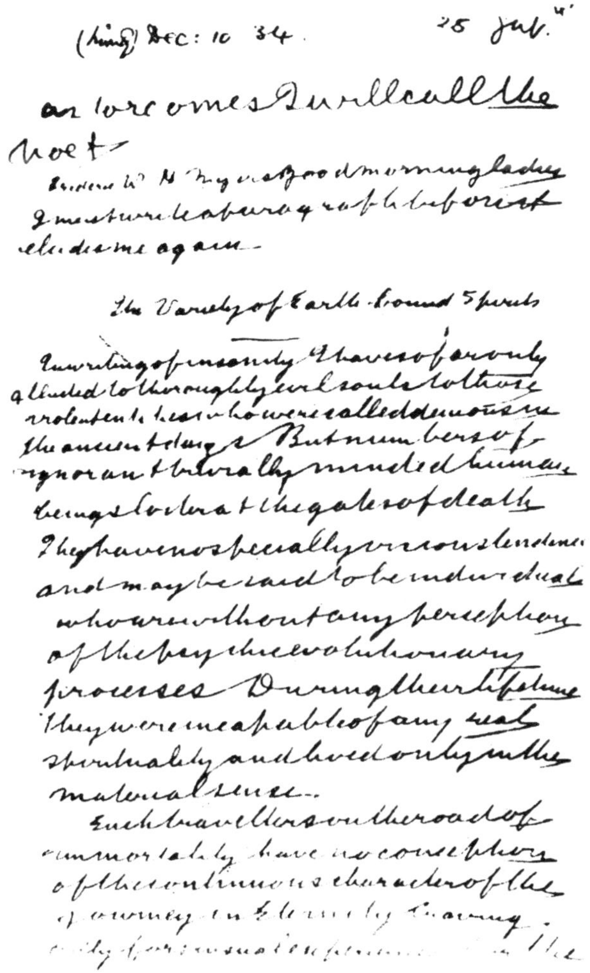

(Ling) Dec: 10 34. 25 Jul.

Astor comes I will call the poet —
Frederic W. H. Myers Good morning ladies
I must write a paragraph before it
eludes me again —

The Variety of Earth-bound Spirits

In writing of insanity I have so far only
alluded to thoroughly evil souls to those
violent beings who were called demons in
the ancient days. But numbers of
ignorant & brutally minded human
beings loiter at the gates of death.
They have no special
and may be said to be individuals
who are without any perception
of the psychic evolutionary
processes. During their lifetime
they were incapable of any real
spirituality and lived only in the
material sense.
Such travellers on the road of
immortality have no conception
of the continuous character of the
journey in Eternity. Having

Diese Abbildung ist von besonderem Interesse, weil nunmehr schon in der ersten Zeile eine Veränderung von der gewöhnlichen Schreibweise des Mediums Geraldine Cummins eingetreten ist. Die Spiritisten erklären sich dies durch das Eingreifen einer jenseitigen Intelligenz, die sich als „Astor" bezeichnet. Später folgen die Schriftzüge des verstorbenen Professors Myers selbst. Das Zusammenfließen der Worte untereinander ist ein charakteristisches Kennzeichen bei vielen „automatischen Schriften".

Die Schriftentzifferung gibt folgenden Text wieder:

„Astor comes. I will call the poet."
„Frederic W. H. Myers. Good morning, ladies. I must write a paragraph, before it eludes me agin. The variety of earth-bound spirits...

In deutscher Übersetzung bedeutet dies:

„Astor kommt. Ich will den Dichter (also Myers) rufen."
„Frederic W. H. Myers. Guten Morgen meine Damen. Ich muß einen Absatz schreiben, bevor er mir wieder ausgeht. Die Mannigfaltigkeit erdgebundener Geister...

Was bedeutet diese Wolke? fragt Kuhaupt. Entweder verbirgt sich dahinter ein Dematerialisationsvorgang, bei dem Jesus seine grobstoffliche Leibeshülle auflöste und die Atome, die das Reich Gottes nicht ererben können, zerstreute und sie der Erde zurückgab — eine solche Zerstäubung wirkt, wie die Erfahrung lehrt, wolkenartig auf unsere Sinnesorgane — oder aber es handelt sich um eine „Lichtwolke" in der Art, wie sie Paulus auf dem Wege nach Damaskus umhüllte oder wie sie der indische Sadhu sah, als ihm der Auferstandene mit den Nägelmalen erschien und einen entscheidenden Bruch mit seinen bisherigen Anschauungen herbeiführte?

Es wirkt bei Kuhaupt etwas verwirrend, daß er in diesem Spezialfalle parapsychologische Phänomene der Levitation und Dematerialisation mit spiritistischen Begriffen verwechselt. Der gebildete Spiritist urteilt hier ganz anders und denkt so: „Weil mich die Erfahrung darüber belehrt hat, daß sich Verstorbene zeigen können und berühren lassen, ist mir die Geschichte des Neuen Testaments über die Erscheinungen Jesu nach dem Tode, sowie seine Himmelfahrt nicht mehr so phantastisch und unmöglich, wie sie mir zuvor erschien. Weil aber der Heiland für mich als Gottessohn eine ganz besondere Bedeutung hat, so wird er sicher bewußt die Gesetze beherrscht haben, an die wir uns jetzt durch den Okkultismus erst langsam herantasten. Daß er gen Himmel emporgehoben wurde, wird durchaus verständlich, weil ähnliche Berichte auch bei Franz von Asissi anzutreffen sind, sowie bei anderen Heiligen. Die Parapsychologie gibt mir sogar physikalische Beweise, daß Levitationen vorkommen. Wenn wir Menschen für derartige Phänomene medialer Kräfte bedürfen, die zudem meist spontan auftreten, so konnte „Christus als Gottes Sohn" mit Hilfe bewußt gelenkter medialer Kräfte dies willkürlich tun." Ich glaube im Sinne vieler christusgläubiger Spiritisten diese Formulierung besser präzisiert zu haben, als Kuhaupt es getan hat. Außerdem liegt es den Spiritisten fern, jemanden zur Materialisation zu zwingen, denn Zwang gehört, wie eingangs gesagt, in das magische Gebiet der Nekromantie. Kuhaupt hat in seinem Buche eine beachtenswerte Beurteilung des Kreuzestodes Jesu geschrieben, die er sehr sachlich mit den Erfahrungen des Okkultismus verbunden hat.

Wir kommen allmählich auch den tiefsten religiösen Geheimnissen näher und damit vor allem dem Auferstehungsvorgang des Heilands. Wenn dem geschulten Parapsychologen die Materialisations- und Dematerialisationsphänomene allmählich verständlich werden, so wird es auch glaubhaft, daß Jesus nach dem Tode erscheinen konnte. Der wichtige Begleitumstand, daß der Leichnam nach der Auferstehung sich gänzlich aufgelöst hatte, beschäftigt viele ernste Denker. Dieser wichtige Umstand, der jeden Gläubigen zum Nachdenken anregt, ist auch sehr eingehend im okkulten Sinne von dem Theologieprofessor R. Hoffmann in Wien behandelt worden.

D. Richard Adolf Hoffmann, o. ö. Prof. a. d. Theolog. Fakultät zu Wien: „Das Geheimnis der Auferstehung Jesu." Oswald Mutze, Leipzig. — Wolfgang Ehrenberg: „Wunder sind möglich." Aufsatz in der Wochenbeilage der „Süddeutschen Zeitung", Nr. 3 vom 21. 1. 1950, München, Sendlinger Str. 80.

Auch auf der Tagung „Über das Leben nach dem Tode" in der Evangelischen Akademie Tutzing/Bayern, kam die Auferstehungsfrage zur Sprache. Man kann daraus ersehen, daß alle diese brennenden Fragen allmählich auch kirchlicherseits ernster genommen werden. Der ehemalige Vorsitzende der „Londoner Gesellschaft für psychische Forschung", Myers, hat in letzter Zeit mit Hilfe eines sehr talentvollen Mediums, Geraldine Cummins, durch automatische Schrift Aufklärungen über den Auflösungsprozeß Jesu gegeben. Das Buch ist unter dem Titel: „Die Auferstehung Christi" im Verlag Richard Schikowsky in Berlin (1947) erschienen. Die Erklärungen sind auch hier von einem bereits verstorbenen Menschen, dessen ernstes und sachliches Denken schon zu Lebzeiten anerkannt wurde ,auf spiritistischem Wege gegeben worden.

Hoffmann und Greber stehen in okkulter Beziehung als Theologen keineswegs allein, ich möchte darum noch den ord. Prof. d. Theol. an der isländischen Universität Haraldur Nielsson hinzufügen, der viele Vorträge hielt, in denen er dem Okkultismus gegenüber eine sehr positive Haltung einnahm.

Haraldur Nielson: „Eigene Erlebnisse auf dem okkulten Gebiet. Die Kirche und die psychische Forschung. Vom Tode." Drei gehaltene Vorträge. 1926. Oswald Mutze, Leipzig.

Aus allem bisher Gesagten geht eindeutig hervor, daß der Spiritismus als Teilgebiet des Okkultismus heute nur von denen noch nicht ernst genommen wird, die von den vielen Forschungen und systematisch gesammelten Berichten keine Ahnung haben. Zu diesen, so vermute ich, gehört die Mehrzahl der geschätzten Leser dieses Buches. An Hand des zusammengetragenen Materials kann nunmehr der Laie, für den dieser Aufsatz bestimmt ist, eine kleine Vorstellung über den heutigen Stand der Forschungen bekommen. Die Meilensteine, die ich hier in Form von Literaturnachweisen aufgestellt habe, sollen ihm die Möglichkeit erschließen, sich in diesem anfänglichen Labyrinth zurechtzufinden, ohne befürchten zu müssen, daß er sich verirre.

Für diejenigen, die bisher noch nichts davon wußten, liegt darin ein großer Trost, daß wir unsere lieben Heimgegangenen stets unsichtbar um uns haben, daß sie sich uns nicht nur durch den Wahrtraum nähern, sondern sich auch vollständig materialisiert zeigen können. Die Augen auch weiterhin vor den Phänomenen zu verschließen, die nicht Gegenstand einer krankhaften Halluzination sondern Erfahrungsangelegenheit sind, betrachte ich als unhaltbar. Es sollte mich aufrichtig freuen, wenn diese Zeilen dazu beitragen, weitere Forscher dazu zu veranlassen, dem Münchener Philosophen Carl du Prel beizupflichten, daß heute noch, nach Ablauf eines halben Jahrhunderts, seine Herausforderung an die Wissenschaft zurecht besteht, denn — „es ist ein wissenschaftlicher Skandal, daß über die wichtigste Frage der Menschheit, über die Unsterblichkeit, noch immer tiefe Unwissenheit herrscht."

Während die Parapsychologie die ganze Problematik der okkulten Erscheinungen aufwarf und ihr Vorhandensein bestätigte, ist der Spiritismus einen Schritt weiter gegangen und hat uns an das Problem des Weiterlebens nach dem Tode herangeführt. Das ist für den Unterrichteten nicht mehr eine Angelegenheit des Glaubens, sondern der unmittelbaren Erfahrung, wie auch das nun folgende Gebiet der Astrologie, die auch einen selbständigen Sektor innerhalb des Okkultismus ausmacht. Im Rahmen dieses Buches möge uns die Parapsychologie über die „geheimen Kräfte der menschlichen Seele" Kunde geben, während der Spiritismus einen kleinen Zipfel des Schleiers von „den geheimen Mächten" einer uns übergeordneten Welt lüftet.

Literaturhinweise:

Okkultismus (Teilgebiet Spiritismus)

Aksakoff, A. Animismus und Spiritismus.
Bode, H. Der Invertismus.
Crookes, W. Der Spiritualismus und die Wissenschaft.
— Materialisationsversuche.
Cummins, G. Die Auferstehung Christi.
d'Esperance, E. Im Reiche der Schatten.
Falkomer, M. T. Für oder gegen den Spiritismus?
— Metapsychisch-physikalische Kundgebungen. Beweise für das Wiedererscheinen eines Verstorbenen.
Greber, J. Der Verkehr mit der Geisterwelt, seine Gesetze und sein Zweck.
— Das Neue Testament, aus dem Griechischen neu übersetzt und spiritistisch erklärt.
Grunewald, F. Physikalisch-mediumistische Untersuchungen.
Henrich. Die Toten leben. Okkultismus, Somnambulismus, Spiritismus.
Hoffmann, D. R. A. Das Geheimnis der Auferstehung Jesu.
Horkel, W. Botschaft von Drüben.
Kant, I. Vorlesungen über Psychologie.
— Träume eines Geistersehers.

Kardec, A./H. Rivail. Das Buch der Geister und die Grundsätze der Geistlehre.
— Das Buch der Medien oder Wegweiser der Medien und der Anrufer.
Keller, F. H. Wie sollen wir spiritistische Sitzungen abhalten?
Kerner, J. Die Seherin von Prevorst.
Klimsch, R. Leben die Toten?
Kritzinger, H. H. Zur Philosophie der Überwelt.
Kuhaupt, W. Die okkulten Erscheinungen und das Wunderbare um die Person Jesu.
Lambert, R. Geheimnisvolle Tatsachen. Okkultismus und Spiritismus.
Langsdorf, G. v. Wie kann ich Medium werden?
Ludwig, A. F. Geschichte der okkultistischen Forschung von der Antike bis zur Mitte des 19. Jahrhunderts.
Mattiesen, E. Der jenseitige Mensch.
— Das persönliche Überleben des Todes.
Moser, F. Spuk, Irrglaube oder Wahrglaube?
Nagel, L. Die biblischen Wunderberichte in okkulter Beleuchtung. Genialität eine Schwester der Medialität.
Nielsen, E. Das Unbekannte.
— Das große Geheimnis.
Ohlhaver, H. Die Toten leben.
Oesterreich, T. K. Das Mädchen aus der Fremde. Transfigurationsphänomene.
Prel, C. du. Der Spiritismus. Wie ich Spiritist geworden bin.
— Phänomenologie des Spiritismus.
— Das Rätsel des Menschen.
— Der Tod das Jenseits, das Leben im Jenseits.
— Das Kreuz am Ferner.
Pick, L. Die vierte Dimension als Grundlage des transzendentalen Idealismus.
Nielsson, H. Eigene Erlebnisse auf dem okkulten Gebiet. Die Kirche und die psychische Forschung. Vom Tode.
Quade, F. Die Überwelt und wir.
Roesermüller, W. O. Unsere Toten leben.
— Die Praxis des Jenseitsverkehrs.
Sage, M. Die Mediumschaft der Frau Piper.
Schwerin, L. v. Christentum und Spiritismus und die Gleichartigkeit ihrer Beweise.
Seiling, M. Goethe als Okkultist.
— Ernst Häckel und der Spiritismus.
— Meine Erfahrungen auf dem Gebiete des Spiritismus.
Sulzer, G. Religiöse Probleme der Zukunft.
— Die Bedeutung der Wissenschaft vom Übersinnlichen für Bibel und Christentum.
— Die leibliche Auferstehung Jesu.
— Religion und Christentum im Lichte des Spiritismus.
— Bleibet Christen! Ein Mahnruf an alle Spiritisten.
— Licht und Schatten der spiritistischen Praxis nebst Angabe von Mitteln zur Verhütung und Wiedergutmachung von schädlichen Folgen.
Tischner, R. Geschichte der okkultistischen Forschung von der Mitte des 19. Jahrhunderts bis zur Gegenwart.
— Einführung in den Okkultismus und Spiritismus.
Vates, A. Bibel und Spiritismus. Beleuchtung der biblischen Wundergeschichten.
Vesme, C. B. Ritter v. Geschichte des Spiritismus. 1. Band: Das Altertum: 2. Band: Mittelalter und Neuzeit.
Wihan, R. Spiritismus und Theosophie.
Wiesinger, A. Okkulte Phänomene im Lichte der Theologie.
Winkelmann, J. Der Weg nach Drüben.
Zingarapoli, F. Unumstößliche Beweise für den Spiritismus.
Zöllner, F. Vierte Dimension und Okkultismus.
Zeitschrift für kritischen Okkultismus: Neue Wissenschaft.
Zeitschrift für geistiges Licht und Leben: Das Reich in uns.
Zeitschrift Glaube und Erkenntnis, Christliche Monatsschrift für Parapsychologie, Seelenkunde und Schicksalsforschung.
Zeitschrift für die Probleme der Seele. Das neue Licht.

Neuere Literatur:

Barbanell, M. Was ist Spiritualismus? Silberschnur.
Bennett, C. Zeitreisen. Sphinx.
Binder, F. Erste Schritte auf dem spirituellen Weg. Bauer.
Borgia, A. Das Leben in der unsichtbaren Welt. Silberschnur.
Currie, I. Niemand stirbt für alle Zeit. Goldmann.
Dam, W. C. van Tote sterben nicht. Pattloch.
Delacour, J. -B. Aus dem Jenseits zurück. Droemer Knaur.
Doucet, F. W. Die Toten leben unter uns. Ariston.
Endres, H. Das spirituelle Menschenbild. Droemer Knaur.
Fabricius, W. Geister und Abergeister. Grüne Kraft.
Garfield, L. M./J. Grant Geisthelfer. Goldmann.
Haack, F. -W. Spiritismus. Evang. Presseverband f. Bayern.
Hahn, G. Vom Sinn des Todes. Swedenborg.
Hillringhaus, F. H. (Hrsg.) Brücke über den Strom. Novalis.
Horkel, W. Spiritismus. Quell.
Jankovich, S. v. Ich war klinisch tot. Drei Eichen.
Jürgenson, F. Sprechfunk mit Verstorbenen. Goldmann.
Kals, H. Kontakt mit Verstorbenen? Herder.
Kroll-Hermkes, E./R. Borgartz Gespräche mit dem Jenseits. Erd.
Mackintosh, W. H. Den Tod überleben. Bauer.
Monroe, R. A.
— Der Mann mit den zwei Leben. Ansata.
— Reisen außerhalb des Körpers. Droemer Knaur.
— Der zweite Körper. Ansata.
Moody, R. A. Leben nach dem Tod. Rowohlt.
Müller, K. H. Informationen aus dem Jenseits. Turm.
Nörr, E. Steige herauf. Gnosis.
Polge, C. Ich male die Gesichter von Verstorbenen. Silberschnur.
Raudive, K. Der Fall Wellensittich. Reichl.
Roberts, J.
— Gespräche mit Seth. Goldmann.
— Von der ewigen Gültigkeit der Seele. Ariston.
— Das Seth-Material. Ariston.
Roesermueller, W. O.
— Die Praxis des Jenseitsverkehrs. Schikowski.
— Kontakte zu unseren jenseitigen Freunden und unsichtbaren Helfern. Turm.
Schäfer, H. Stimmen aus einer anderen Welt. Bauer.
Seiling, M. Goethe als Esoteriker. Silberschnur.
Sharp, H. Auch Tiere überleben den Tod. Silberschnur.
Thienel, P. Seelenwanderung. Goldmann.
Waelti, E. R. Der Dritte Kreis des Wissens. Ansata.
Wild, C. A. Ein tibetanischer Mönch spricht aus dem Jenseits. Silberschnur.
Wimmer, W. Wie man Hellseher entlarvt. A. R. W.

Biorhythmik

Das Wort „Biorhythmik" ist eine Abkürzung für die Worte „Biologischer Rhythmus". Es bezieht sich auf das Leben des Menschen. Biologisch (griechisch von bios: Leben, und logos: Abhandlung, Untersuchung) bedeutet im weiteren Sinne die Bezüglichkeit auf die gesamte Wissenschaft von den Organismen oder belebten Naturkörpern.

Das Wort „Rhythmus" bedeutet die nach Zeitabschnitten bemessene Ordnung der Bewegung. Rhythmus entspricht nicht der monotonisierenden Regelmäßigkeit des Taktes (Metrums). Klages sagt in seiner klassisch gewordenen Definition, daß Takt die Wiederkehr des Gleichen in gleichen Zeitabständen, Rhythmus dagegen die Wiederkehr des Ähnlichen in ähnlichen Zeitabständen darstelle.

Die Biorhythmik nimmt demnach auf die Dynamik des Lebens Bezug. Sie will — abgesehen von ihren vergleichenden Beweisstellungen hinsichtlich der vergangenen und gegenwärtigen Abläufe — nichts anderes als — prophezeien! Sie will aus Bekanntem Unbekanntes erschließen.

Die alten Magier, die Seher und Propheten, haben die Regeln der großen Zyklen gekannt, den Pulsschlag der Welt und des Einzelmenschen, des Erdballs und der Völker. Sie kannten das Orchester des Lebens, wußten um die großen und kleinen Einsätze Bescheid und kündeten von den zyklischen Entwicklungen im Ablauf des gewaltigen Tonbildes.

Die neuzeitliche Prophetie ist verankert in den Berechnungen der Gelehrten, in Messungen und Zahlensystemen, in mikro- und makroskopischen Untersuchungen. Und zu den genialen Findungen wird noch der Intuitionsrest verwandt, der sich in glücklichen Stunden einigen Begabten schöpferisch mitteilt.

Die „männliche" und „weibliche" Zahl der Griechen wurde wiederentdeckt und von Bachofen als solche erkannt. Fließ und Schlieper operierten mit den Zahlen 23 und 28. Der deutsche Arzt Fließ, der sich auch mit Botanik befaßte, wußte im Sinne der modernen Prophetie auf Grund der Rhythmenfolge der benannten Zahlen, daß die Clivia an einem von ihm bestimmten Tage wieder eine Knospe treiben würde. So legte auch Swoboda den Repetitionszyklus von 23 Tagen fest, und seiner seherischen Erkenntnis ist es zu verdanken, daß man heute weiß, daß eine Vorstellung oder ein Gedankeninhalt in einem bestimmt festzulegenden Zeitabschnitt heraufgeschwemmt werde aus den Schichten des Unbewußten, sich gewissermaßen selbst reproduziere.

Bei der Biorhythmik handelt es sich also darum, von Zeitmaßen zu sprechen, von Ereignissen, die sich in solchen Zeitmaßen abspielen und von ihren erfahrungsmäßigen und zu vermutenden Wiederholungen.

Das Zeitmaß, das sich in 23 und 28 Tagen darstellt, hat nach Fankhauser seine astrologische bzw. astronomische Proportion.

$$23 : 28 = 30 : 36{,}5217\ldots$$

Fankhauser schreibt (Das wahre Gesicht der Astrologie, Orell-Füßli-Verlag Zürich): „30 ist die in der Astrologie auf solare Verhältnisse übertragene Monatszahl 29,1, der Wert der Tage eines genauen Mondlaufes von Vollmond zu Vollmond. 36,5 genauer 36,521 aber ist ein Zehntel des genauen Wertes unseres Sonnenjahres. Die ins Solare übertragene Monatszahl 30 läßt uns vermuten, auch 23 und 28 seien eigentlich abgerundete Zahlen, und die wahren Werte möchten anderswo liegen. Hingewiesen sei nur nebenbei, wie die 1 in die 10 verwandelt wird, 36,521 in 365,21. Wir haben also immerhin eine entfernte und sicher nicht zufällige Beziehung zwischen 23 und 28 und den bisher als wichtigste Schlüsselzahl der großen Zyklen erkannten 360, die durch die 5 oder 5,21 „Präzessionstage" zur wirklichen Jahreszahl wird."

Auf eine andere Entsprechung weist Seidel, indem er den allbekannten Pythagoräischen Lehrsatz anführt. Er kommt hierbei auf die sogenannten „befreundeten Zahlen" zu sprechen, wie z. B. 220 und 284. Befreundet nennt Pythagoras deshalb diese Zahlen, weil die Summe der Teiler der einen Zahl gleich der anderen Zahl ist.

220: $1 + 2 + 4 + 5 + 10 + 11 + 20 + 22 + 44 + 55 + 110 = 284$
284: $1 + 2 + 4 + 71 + 142 = 220$

Als Pythagoras gefragt wurde, was Freunde seien, soll er geantwortet haben: „Menschen, von denen einer des anderen „Ich" so ist wie 220 und 284".

Diese Freundschaftszahlen haben nun in ihrer Zehntelteilung Bezug auf den männlichen und weiblichen Biorhythmus (annäherungsweise). Dabei haben wir festzustellen, daß die auf der Rotation der Sonne beruhenden Minima und Maxima der Sonnenfleckenperioden im Durchschnitt 5,7 Jahre betragen. Die erdmagnetischen Erscheinungen stehen mit dieser Periodizität in ursächlichem Zusammenhang. Aber auch im menschlichen Leben spielen diese 5,7 (genauer 5,7115766209298....) Jahre eine große Rolle. In 5,7 mal 4 = 22,8 — 23 Tagen und 5,7 mal 5 = 28,5 — 28 Tagen intervalliert das animalische und vegetative Leben.

Wie auch immer wir die Monate betrachten: als siderische mit 27,32166 — als tropische mit 27,32158 — als synodische mit 29,53059 — als drakonische mit 27,21222 — als anomalistische mit 27,55460 — im Durchschnitt beträgt der nicht bürgerliche Monat 28 Tage.

Sowohl die männliche Periode von 23 Tagen wie auch die weibliche Periode von 28 Tagen laufen nebeneinander im menschlichen Körper.

Leisner-Ellerbeck hat nun seine Lehre von dem biorhythmischen Jahr (23mal 28 = 644 Tage) vorgetragen und sein „Ellerbeck'sches Gesetz" mit den Sinuskurven des Mathematikers Judt unterbaut. Inhaltsgemäß lautet dieses Gesetz:

Es gibt eine männliche Wertkurve von 23 Tagen, die am 6. Tag den Höhepunkt, am 12. das Niveau erreicht, am 18. am tiefsten steht, am 23. wieder auf Null steigt und die neue Hebung beginnt.

Dieser männlichen Wertkurve steht eine weibliche zur Seite, die am 7. und 8. Tage kulminiert, am 14. das Niveau erreicht, den tiefsten Stand um den 21. und 22. Tag einnimmt und am 27. wieder auf Null kommt, womit die Reihe wieder beginnt.

Stehen in einer der beiden Kurven die Kräfte auf „hoch", so ist die Welle dieser Potenz am stärksten; geht die Kurve auf „tief", so ist die Potenz am meisten geschwächt.

Die beiden Kurven verlaufen in Einheiten von 644 Tagen, d. i. 23 mal 28; sie beginnen mit dem Geburtstag gleichzeitig; jeden 645. Tag erfolgt ein Neubeginn. In den Zwischenzeiten ist bald die eine, bald die andere stärker; manchmal liegen beide unter Niveau. Dann sind die Kräfte überhaupt schwächer.

Goethe schreibt als Tagebucheintragung vom 26. März 1780: „Ich muß den Zirkel, der sich in mir umdreht, von guten und bösen Tagen, näher bemerken. Leidenschaften, Anhänglichkeiten, der Trieb, dieses oder jenes zu tun, Erfindung, Ausführung, Ordnung, alles wechselt und hält einen regelmäßigen Kreis. Heiterkeit, Frische, Stärke, Elastizität, Schwäche, Gelassenheit, Begier ebenso. Da ich aber sehr diät lebe, wird der Gang nicht gestört,und ich muß noch herauskriegen, in welcher Zeit und Ordnung ich mich um mich selbst bewege."

Anfang und Ende des Lebens fallen auf zyklische Tage. Die Schwangerschaft der Frau richtet sich nicht nach dem Tage der Empfängnis, sondern nach der der Empfängnis zunächst gelegenen, entweder schon verflossenen oder zu erwartenden Menstruation. Die Schwangerschaft dauert von diesem Tage an etwa 280 Tage. Das will besagen: sie endet an dem Tage, an welchem, wäre die Schwangerschaft nicht eingetreten, zum zehnten Male die Menstruation stattfinden würde.

Zeugung, Geburt und Tod gehören in einen Kreislauf. Wenn es auch wohl möglich sein mag, den Körper vor einem vorzeitigen Absterben zu bewahren, so bedeutet dieses „vorzeitig", daß ein von Gott vorausbestimmtes Maximalalter gesetzt ist oder in der Formel ausgedrückt: dem durch x mal 23 oder mal 28 vorausbestimmten Tode entgeht niemand. So sagt Fließ in seinem Buche „Vom Leben und vom Tode": Der Organismus gleicht der aufgezogenen Uhr, welche die Gesetze ihres Ablaufes in sich trägt. Man kann die Uhr zertrümmern oder während ihres Ganges aufhalten. Doch werden dadurch die Gesetze ihres Ablaufs nicht ungültig. Ist aber ihre Energie wirklich verbraucht, dann steht die Uhr

steht still, sie schlägt wie Mitternacht.
Der Zeiger fällt. Er fällt. Es ist vollbracht. — —"

Leisner-Ellerbeck hat noch eine dritte Zahl, 33, die er als mentale Zahl betrachtet, eingefügt. Von anderer Seite wird erklärt, daß Prof. Friedrich Teltscher in Innsbruck der Entdecker dieses 33tätigen Rhythmus sei. Durch ihn prägen sich die intellektuellen Hochleistungen und Versager aus.

Der schweizerische Biorhythmiker Hans Früh, Bassersdorf, der seit 1930 das Fließ'sche Lebenswerk weitergeführt und entwickelt hat, schreibt in einem Aufsatz in der schweizerischen Militär-Krankenkassen-Zeitung auf ausdrückliche Empfehlung des Armeearztes über das Thema „Eigengesetzlichkeit der Lebensvorgänge": „... Und zur gleichen Zeit „entdeckte" der amerikanische Arzt Prof. Rexford Hersey an der Universität Pennsylvania einen „Indispositionsrhythmus" von 33—36 Tagen, nach welchem Zeitraum sich laut seiner tausendfachen Beobachtung eine erlebte „Tiefperiode" wiederholt. Die mathematische Erklärung dieses 33—36 Tagerhythmus kann nur aus den beiden von Fließ gefundenen Grundwerten erbracht werden:

$$33 \text{ ist } 28 + 28 - 23, \quad 34 \text{ ist } 2 \text{ mal } \frac{23 + 28}{3}$$

$$35 \text{ ist } 28 - 23 \text{ mal } \frac{28}{4} \text{ und}$$

$$36 \text{ ist } \frac{23 + 28}{3} + 28 + \frac{28}{2} - 23.$$

Der Bau dieser Koeffizienten ist der stärkste Beweis, daß die beiden von Fließ entdeckten Grundwerte ein Naturmaß sind und daß kein anderes Zahlenpaar — wie gewisse Kritiker (wohlweislich ohne irgendwelches bezügliches Beweismaterial) schon behaupteten — die Natur-

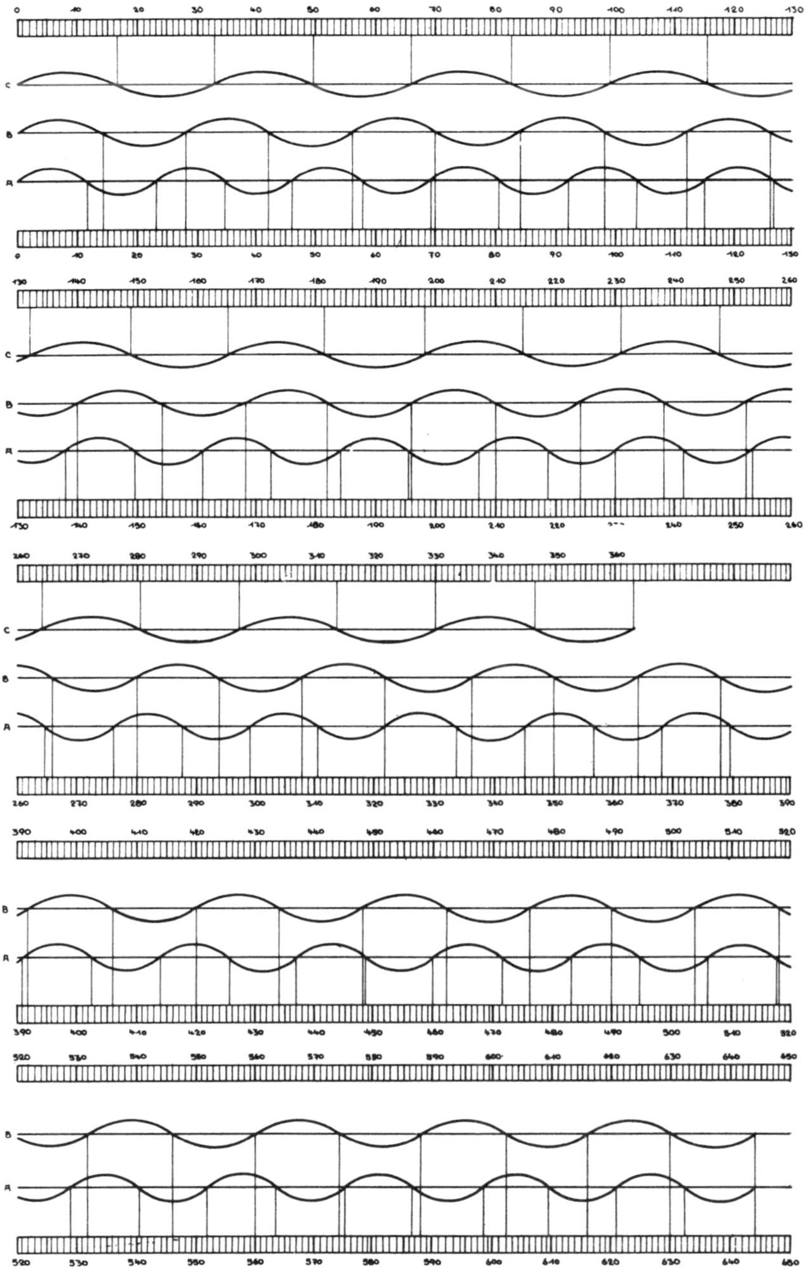
0 10 20 30 40 50 60 70 80 90 100 110 120 130
C
B
A
0 10 20 30 40 50 60 70 80 90 100 110 120 130
130 140 150 160 170 180 190 200 210 220 230 240 250 260
C
B
A
130 140 150 160 170 180 190 200 210 220 240 250 260
260 270 280 290 300 310 320 330 340 350 360
C
B
A
260 270 280 290 300 310 320 330 340 350 360 370 380 390
390 400 410 420 430 440 450 460 470 480 490 500 510 520
B
A
390 400 410 420 430 440 450 460 470 480 490 500 510 520
520 530 540 550 560 570 580 590 600 610 620 630 640 650
B
A
520 530 540 550 560 570 580 590 600 610 620 630 640 650

abläufe zu beschreiben im Stande sind. Seit Fließ' Tod im Jahre 1928 wurde seine Forschung weitergeführt und weiter entwickelt, zur Biorhythmenlehre mit ihren drei Rhythmen und deren graphischer Darstellung ausgebaut. Heute gibt es bereits vollautomatisch rechnende elektrische BIO-Rechenmaschinen, welche das biorhythmische Leistungsrhythmogramm eines Menschen in wenigen Sekunden genau berechnen und anzeigen."

Die ganzseitige graphische Erläuterung hat folgenden Sinngehalt: Die Einteilung geht von 0 bis 644 Tage. Es handelt sich bei diesem Zeitabschnitt um das biorhythmische Jahr, welches sich aus 23 Tagen als männlicher Rhythmus und 28 Tagen als weiblicher Rhythmus darstellt.

Die Kurve A entspricht dem männlichen Rhythmus. Befindet sie sich oberhalb ihrer zentralen Linie, so wirkt sie 11½ Tage lang im positiven Sinne, befindet sie sich unterhalb der Zentrallinie, so wirkt sie weitere 11½ Tage lang nicht oder in negativer Weise, um danach in regelmäßigem Wechsel nach oben und unten weiterzuschwingen.

Analog der Kurve A schwingt die Kurve B als weiblicher Rhythmus 14 Tage ober- und 14 Tage unterhalb der Zentrallinie. Diese Rhythmen sind nun miteinander in ein Verhältnis zu setzen, wobei das gemeinsame Schwingen oberhalb der jeweiligen Zentrallinie Hochtrieb, unterhalb derselben Tieftrieb bedeutet. Schwingt nur die männliche Kurve oberhalb, so handelt es sich um männlichen, schwingt nur die weibliche Kurve oberhalb, um weiblichen Halbtrieb.

Die Kurve C entspricht einem 33 Tage-Rhythmus, welcher sich auf das mentale Leben bezieht und ebenso wie die anderen Kurven zur Hälfte oberhalb und zur Hälfte unterhalb der Zentrallinie schwingt.

Es handelt sich nun darum, durch Berechnung denjenigen Stichtag festzustellen, welcher interessiert. Die sicherste und am besten zu kontrollierende Art der Berechnung ist folgende:

Anzahl der Tage vom Geburtstag bis 31. Dezember des Geburtsjahres + Anzahl der Jahre vom 1. Jänner des folgenden Jahres bis 31. Dezember des Stichtagvorjahres in Tage umgewandelt (das Jahr mit 365 Tagen) + Anzahl der Schaltjahre, welche in dem vorhergenannten Zeitabschnitt liegen (das Jahr 1900 war k e i n Schaltjahr) + Anzahl der Tage vom 1. Januar des Stichtagjahres bis zum Stichtag. Die Summe ergibt die Anzahl der bis zum Stichtag gelebten Tage. Diese werden nun durch die Tagesanzahl des Biojahres = 644 geteilt, wobei herauskommt, wieviel Biojahre hinter uns liegen und wieviel erlebte Resttage bis zum Stichtag übrigbleiben. Die Zahl der Resttage suchen wir nun in der Zahlenskala unter den Wellenlinien A und B und finden nun den genauen

Stand der männlichen und weiblichen Biokurve für den Stichtag. Die mentale Kurve C ist am einfachsten zu berechnen, indem man die oben gefundene Anzahl der bis zum Stichtag gelebten Tage durch 33 teilt, der verbleibende Rest ergibt als Zahl jene Stelle in der Zahlenskala, welche oberhalb der Kurve C liegt, die dann den Kurvenstand am Stichtag festlegt. Die durch senkrechte Linien markierten Schnittpunkte an den Zentrallinien weisen auf die Einsätze zum Auf- oder Abschwung der betreffenden Kurven.

Als Rechnungsbeispiel wählen wir das Datum der Geburt: 8. Dezember 1896 mit dem Stichtag: 1. April 1952. Der Rechnungsvorgang sieht nun folgendermaßen aus:

8. Dezember 1896 bis 31. Dezember 1896 =	24 Tage
1. Januar 1897 bis 31. Dezember 1951 = 55 Jahre =	20.075 Tage
12 Schaltjahre	12 Tage
1. Januar 1952 bis 1. April 1952 =	92 Tage
	20.203 Tage

20.203 : 644 = 31 vollendete Biojahre
19 32
883
644
239 Resttage

Wir suchen nun in der Zahlenskala der graphischen Darstellung die Zahl 239 für die Kurven A und B. Das Resultat lautet:

Weiblicher Trieb = Wellental 1
Männlicher Trieb = Wellenberg 9

Was nun die mentale Kurve betrifft, so ist folgende Teilung vorzunehmen:

20.203 : 33 = 612 mentale Zyklen
19 8
40
33
73
66
7 Resttage

Wir suchen nun in der Zahlenskala der graphischen Darstellung die Zahl 7 für die Kurve C. Das Resultat lautet:

Mentaler Trieb = Wellenberg 7.

LEBENSKURVE NACH DEM BIORHYTHMISCHEN GESETZ

für die Zeit vom 1. April 1952 bis 31. März 1953

Geburtstag: 8. Dezember 1896 - Stichtag: 1. April 1952

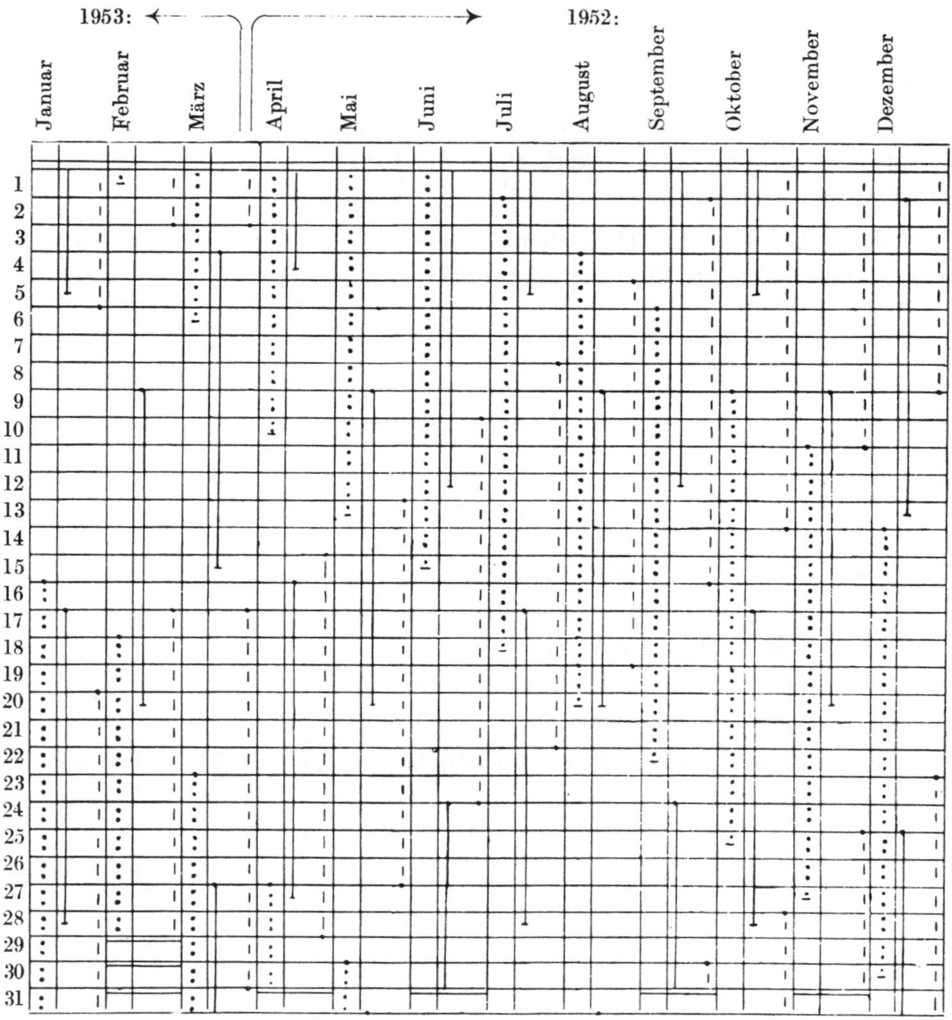

Erläuterungen:

——— = männlicher Trieb /
- - - - = weiblicher Trieb /
. . . . . = geistiger Trieb /

Hochtrieb = I
Halbtrieb weibl. = II
Halbtrieb männl. = III
Tieftrieb = IV

siehe Text

Abbildung 2 zeigt nun die Tabelle mit dem Stichtageinsatz vom 1. April 1952 für das genannte Geburtsdatum bis zum 31. März 1953 mit den drei Biokurven.

Die Ausdeutung der jeweiligen Stichtag-Kombinationen geschieht unter folgenden Regeln:

Der männliche Trieb (23-Tage-Kurve) zeigt in 11,5 Tagen einen Auftrieb. Dies wirkt sich fördernd auf die maskulinen Kräfte beider Geschlechter, aber besonders beim Manne aus. Das Selbstbewußtsein wird gesteigert, die Aktivität nimmt zu, die Tatkraft wird gefördert, Planungen entstehen, Selbstbeherrschung wird geübt, der Charakter zeigt sich in seiner besten Entfaltung. Tendenz zur Extraversion. Die schöpferische Epoche, Großzügigkeit, soweit die gegebene charakterliche Veranlagung es zuläßt. Hier werden die realen Werte geschaffen. Es ist Unternehmungsgeist und Angriffslust vorhanden. Die Energie ist gesteigert. Auch Ausdauer und Widerstand in den Leistungen. — Während der Minusepoche des männlichen Triebes (11,5 Tage) sind die maskulinen Eigenschaften erschlafft und erschöpft, sie bedürfen wieder der Aufladung. Bei einem zu gewollten Einsatz entsteht Verkomplizierung in der Klugheit, Kleinlichkeit, ängstlicher Egoismus, bei schwachen Charakteren unfreies und geducktes Wesen.

Der weibliche Trieb (28-Tage-Kurve) zeigt in 14 Tagen einen Auftrieb, welcher fördernd die femininen Eigenschaften beider Geschlechter betont, aber besonders für die Frau günstig ist und deren weibliche Note in den Vordergrund rückt. Klugheit und feine Differenziertheit. Das Wesen ist zurückhaltend, fürsorglich, mütterlich und anpassungsfähig. Die passive, sinnliche Motivierung tritt hervor. Künstlerische Neigungen werden lebendig. Die Intuition wird gesteigert. Der Gemeinschaftssinn und der Geselligkeitsdrang machen sich geltend. — Dagegen zeigt der Minustrieb (14 Tage) nach außen hin sehr gern die negative Seite der weiblichen Natur, nämlich Ängstlichkeit, Schwäche, Verstellung, Haltlosigkeit und Durchtriebenheit. Die weiblichen Kräfte werden jetzt aufgeladen, die Introversion findet ihren Höhepunkt.

Der Hochtrieb wirkt sich während des Zusammenschwingens des männlichen und weiblichen Triebes (Kurve A und B) in einem sehr beachtlichen Aufschwung der Kräfte, in einer Leistungssteigerung und Vermehrung der Widerstandskraft aus. Er bringt Initiative, seelischen Elan und körperlichen Genesungswillen. Diese Zeit ist günstig für außerordentliche Leistungen, seien sie körperlicher, sportlicher oder geistiger Art. In einer solchen Epoche besteht nicht die Gefahr gefährlicher Rückwirkungen bei Überanstrengung.

Der Tieftrieb teilt sich durch ein Abwärtsschwingen beider Kurven mit und wirkt hemmend im Sinne der Erschöpfung, der Komplexbildung und infolge Mangels seelischer Flüssigkeit. Die Initiative ist stark gehemmt, die Genesungskraft gering, so daß man jetzt von Abbauprozessen in näher zu definierenden Organsystemen sprechen könnte. Zugleich aber zeigen sich sehr wesentliche Aufladungen neuer Energien, soweit der wissende Mensch Gelegenheit dazu läßt. Prof. Ludwig Robert Müller vermutet, daß im Schlaf die Aufladung, im Wachzustand die Entladung erfolgen würde. Die vermehrten Aufladungen würden also während der Tieftriebszeit, die vermehrten Entladungen während der Hochtriebszeit stattfinden.

Der mentale Trieb (33-Tage-Kurve) zeigt in 16,5 Tagen einen Auftrieb, welcher das Denken beschleunigt, eine Situation blitzschnell erfassen läßt, Geistesgegenwart gibt, was nicht nur der Mentalität, sondern auch der geistigen Beschaffenheit zugute kommt. Die Logik, die Problemstellungen und die schöpferischen Kräfte sind klar und produktiv, besonders wenn Kurve A und B sich ebenfalls im Wellenberg befinden.

Krankheitserscheinungen und andere Krisen müßten leichter ausbrechen, wenn die Kurven A und B tief laufen. Schwerer angreifbar bliebe der Mensch, wenn die Kurven über dem Niveau stünden. Unfälle entstehen leichter bei mentalem Wellental. Aber auch andere Erscheinungen würden beeinflußt. So z. B. das Geschlecht des entstehenden Menschen während einer Zeugung.

Bei den weiblichen und männlichen Lebenskräften, welche sich in ununterbrochenem Steigen und Fallen befinden, sprechen wir von Valenzen. So hängt nach der Lehre der Biorhythmik das Geschlecht des Kindes davon ab, ob im Augenblick der Zeugung die männlichen oder die weiblichen Valenzen der beiden Gatten zusammen überwiegend waren. War demnach die Gesamtsumme der männlichen Valenzen größer, so wird das Kind ein Knabe, war die Gesamtsumme der weiblichen Valenzen größer, so wird das Kind ein Mädchen.

Man hat die Anzahl der Lebenstage von Mann und Frau nach der Geburt zu zählen:

Beispiel:	Stichtag = 21. Oktober 1948			
	Geburtstag des Mannes	= 30. 3. 1906	=	15.547 Tage
	Geburtstag der Frau	= 6. 7. 1915	=	12.162 Tage
				27.709 Tage

27.709 : 644 = 43 vollendete Biojahre
25 76
1 949
1 932
17 Resttage = Kurve A und B im Wellental = Tieftrieb (siehe graphische Kurventabelle) Zeugung wird keine Frucht tragen!

Wir nehmen nun als weiteres Beispiel dasselbe Ehepaar und wählen einen anderen Zeugungstag.

Beispiel: Stichtag = 1. Juni 1952
Geburtstag des Mannes = 30. 3. 1906 = 16.866 Tage
Geburtstag der Frau = 6. 7. 1915 = 13.481 Tage
30.347 Tage

30.347 : 644 = 47 vollendete Biojahre
79 Resttage: + 10 M — 9 W
(siehe graphische Kurventabelle).

Demnach kann an diesem Zeugungstag ein Knabe mit einem vorwiegend männlichen Charakterbild gezeugt werden.

Der Urheber dieser Regel hat seine Versuche in Amerika praktisch erprobt. Er berichtete, daß dort auf Grund vieler Tausender Nutzanwendungen das Gesetz anhand von Herdbüchern bei Tieren nachgeprüft worden sei — und es stimme.

Die praktische Quintessenz dieser Regel würde also lauten: Je ausgesprochener die Überlegenheit einer der beiden Valenzen über die andere ist, desto ausgesprochen männlicher oder weiblicher wird auch das Kind sein. Prof. Ellerbeck zieht daraus seine weiteren Schlüsse: Je weniger eine der beiden Valenzen im Moment der Zeugung überwiegt, desto „doppelgeschlechtlicher" wird das Kind sein, da ihm ja fast ebensoviel Weibliches wie Männliches, oder umgekehrt, mitgegeben wurde. Wie oben am Beispiel gezeigt, soll die Regel gelten, daß eine jede Zeugung absolut unmöglich sei, wenn sich beide Partner im Moment der Zeugung im Tieftrieb befinden.

„Fließ kam" — und ich zitiere hier wieder einen Ausschnitt des schon erwähnten Aufsatzes „Die Eigengesetzlichkeit der Lebensvorgänge" von Hans Früh, Zürich — „mit 30 Jahren zu dem erstaunlichen Schluß, daß nicht allein kleine Abstände biologisch gleicher Ereignisse desselben

Individuums dieser Gesetzmäßigkeit unterstehen müssen — sondern auch große, sich über Jahre erstreckende Abstände, wie z. B. die Geburten einer Frau.

In der Erkenntnis, daß Geburt und Menstruation wesensgleiche Vorgänge sind, nur mit Kräften verschiedenen Grades — im einen Fall die Ausstoßung eines befruchteten, im andern eines unbefruchteten Ei's —, begann er genaue bezügliche Aufzeichnungen zu machen und auch von Berufskollegen zu sammeln. Dabei enthüllte sich im Zusammenhang der beiden Tagesperioden 23 und 28 mit dem Jahr, im Jahresersatzwert 23 × 23 und 28 × 28, in Fällen wie dieser:

Letzte Menstruation	18. März 1890	302
Knabe geboren	14. Januar 1891	
		1086
Letzte Menstruation	4. Januar 1894	302
Mädchen geboren	2. November 1894.	

Zwischen den beiden Schwangerschaften sind 1086 Tage, welche Summe sich von derjenigen beider Schwangerschaften um genau 784 = 28 × 28 Tage unterscheidet. Solche quadratische Komplexe der beiden Grundformen fand er so auffallend häufig, daß sich ihm der Gedanke aufdrängte, daß hier eine Gesetzmäßigkeit herrscht, welche den Kräfteablauf in allem Lebendigen regelt. Und mit der Kühnheit des echten Forschers sagte er sich — was einmal ist, muß immer sein — und die spätere Periodizitätsforschung hat ihm auf der ganzen Linie Recht gegeben. Je mehr Fälle aus allen Gebieten des menschlichen Lebens gesammelt werden, um so größer wird das Beweismaterial der Fließ'schen Lehre.

Aber die Quintessenz der Periodenlehre gipfelt in der Vorauskenntnis der Krisentage, nicht allein beim Kranken, sondern bei jedem Menschen im täglichen Leben. Auf diese „periodischen" und „halbperiodischen" Tage entfallen die typischen Veränderungen beim Kranken..."

Bei der Periodizität ist zu beachten, daß die eigentlichen periodischen Tage die kritischen Tage sind. Diese periodischen Tage sind diejenigen, welche gerade im Wechsel von Hochtrieb zum Tieftrieb liegen, aber in schwächerem Maße auch dann, wenn eine Welle unter das Niveau gleitet. Gleiche periodische Tage sind in gesundheitlicher Hinsicht ganz besonders gefährlich. Es können Blutstürze, Krämpfe, Anfälle erfolgen. Es zeigen sich bei geistigen Erkrankungen Auslösungen von Schubs.

Wenn man nun die Biorhythmik sinngemäß auf alle Lebensereignisse anwendet und vergleichende Beobachtungen macht, so sieht man, daß sie bei dem einen Menschen sehr deutlich sichtbar sind, während bei einem anderen Menschen kaum die Übergänge, die Einflüsse des Tieftriebs im Gegensatz zum Hochtrieb äußerlich sichtbar werden. Die Ursache hiefür kann darin liegen, daß sich der eine Mensch auf Grund des Wissens um die biorhythmischen Wirkungen vorsichtig verhält oder daß er sich instinktiv Maß auferlegt, oder aber daß die kosmologischen Einflüsse in dieser Zeit die biologischen nicht so stark in der Wirkung auftreten lassen. Dies Letztere wirkt sowohl nach der positiven, als auch nach der negativen Seite. Der Verfasser dieses Artikels bringt daher immer die tiefgreifenden, auslösenden kosmischen Einflüsse in Verbindung mit den rhythmischen, biologischen und hat hier schon sehr interessante Erfahrungen machen können, welche sich tausendfach bestätigt haben. Das sogenannte Tendenzgutachten beruht auf einer Verbindung von Kosmologie und Biorhythmik. Es hat mit Absicht seinen Titel, weil der Mensch, den dieses Gutachten angeht, sich nicht abhängig machen soll von den darin angedeuteten Influenzen und daß er sich keinesfalls den Kurven unterwerfen darf. Es besteht die Gefahr immer und immer wieder, daß sich die Inhaber eines Tendenzgutachtens oder eines Rhythmogrammes in eine fatalistische Abhängigkeit der angedeuteten Einflüsse begeben und dadurch in eine innere und äußere Unfreiheit gelangen.

Man versuche dagegen, alle wichtigen Entscheidungen in die Zeiten der Hochtriebe zu legen. Die Erkenntnis der Kurve darf niemals dazu führen, daß man sich von Schicksalszahlen umklammert fühlt, sondern sie sollen nur dem Zwecke dienen, die richtigen Gezeiten zu erkennen und diese sich nutzbar zu machen. Mit aller Energie sollte man die vorwärts reißende Lebenswelle ausschöpfen, wenn man diese schon vorher kommen sieht.

Hinsichtlich der geschichtlichen Ereignisse wäre noch zu erwähnen, daß hier die Beobachtungen immer wieder die Richtigkeit der Biorhythmik bestätigen. An einigen Beispielen sei dies im nachfolgenden ausgeführt. Alexander der Große schlägt Gangamela bei 5 Wellenberg männlich, siegt am Hysdasges bei 9 Hochtrieb, d. h. Wellenberg männlich und weiblich, flieht von Indus bei 5 Wellentäler männlich und weiblich und stirbt bei 6 Wellentäler männlich und weiblich.

Johann Sebastian Bach erblindete bei 7,5 Wellenberg weiblich und stirbt bei 4,5 Wellenberg weiblich. Hier zeigt sich das eigenartige Gesetz, das sich beim Gang durch einen jeden Friedhof bemerkbar macht und die biorhythmische Lebensuhr bestätigt. Denn auf den Grabsteinen sind ja die Geburts- und Sterbetage angegeben, und so kann man im Prozentsatz sehr häufig finden, daß die meisten Frauen, wenn nicht bei Tieftrieb, so doch bei männlichem Auftrieb gestorben waren, während die meisten Männer, wenn nicht bei Tieftrieb, so doch bei weiblichem Auftrieb ihr Leben ließen, falls es sich nicht um Unfallstod handelte. Bei letzterem spielt die mentale Kurve eine oft sehr entscheidende Rolle, besonders dann, wenn ein mentales Wellental sich deckt mit den männlichen und weiblichen Wellentälern. Diese erstere Beobachtung bei den natürlichen Toten weist darauf hin, daß die meisten Menschen in einer Zeit sterben, in der der ihrem Geschlecht nach eigene Rhythmus gerade versagt hat. Dies merkt man besonders, wenn es sich um Personen handelt, die älter als 60 Jahre sind. Bei jüngeren Personen ist die biologische Kraft im allgemeinen sehr viel stärker und sind die Gegenrhythmen weniger spürbar.

Ludwig van Beethoven schreibt sein Heiligenstädter Testament bei 8 Wellentäler männlich und weiblich und das weitere Bekenntnis zu Schwermut und Selbstmord, nämlich den Brief an die „unsterbliche Geliebte" bei 2,5 Wellentäler männlich und weiblich, erholt sich zu seinem letzten Brief, in dem er neue Kompositionen in Aussicht stellt bei 2 Wellenberge männlich und weiblich und stirbt 9 Tage später bei 0,5 Wellentäler männlich und weiblich, also an einem periodischen Tag.

Martin Luther geht ins Kloster bei 4 Wellentäler männlich und weiblich, schlägt seine Thesen an bei 4 Wellenberg männlich, erlebt Worms mit seinem Bekenntnis bei 8 Wellenberge männlich und weiblich, heiratet Katharina von Bora bei 10 Wellenberge männlich und weiblich und stirbt bei 10 Wellenberg weiblich.

Friedrich der Große schlägt die Schlacht von Leuthen bei 8 Wellenberg männlich und weiblich, verliert Kunersdorf bei 9 Wellentäler männlich und weiblich, stirbt bei 0,5 Wellentäler männlich und weiblich, also an einem periodischen Tag.

Napoleon: erlebt die Schlacht an den Pyramiden bei 10 Wellenberge männlich und weiblich, Austerlitz bei 10 Wellenberge männlich und weiblich, Moskau bei 10 Wellentäler männlich und weiblich, Leipzig bei 2 Wellentäler männlich und weiblich, Waterloo bei 7,5 Wellentäler männlich und weiblich, stirbt bei 5 Wellentäler männlich und weiblich.

Wallenstein übernimmt den Oberbefehl bei 6 Wellenberge männlich und weiblich, erhält unbeschränkte Vollmacht bei 9 Wellenberge männlich und weiblich, wird durch Gustav Adolf in der Schlacht bei Lützen geschlagen bei 7,5 Wellentäler männlich und weiblich, läßt sich bei 5,5 Wellentäler männlich und weiblich absetzen und wird bei 7,5 Wellentäler männlich und weiblich ermordet.

Hans Früh bringt in dem schon erwähnten Aufsatz 2 Rhythmogramme von Max Baer und Max Schmeling und zwar von der Zeit des Weltmeisterschaftskampfes im Mai und Juni 1933. Die Bilder zeigen die Rhythmenlage der beiden Boxer. Hier ist festzustellen, daß am Tage des Matches um die Weltmeisterschaft bei Max Baer Wellenberge der mentalen männlichen und weiblichen Kurve, bei Max Schmeling Wellenberg der weiblichen, Wellental der männlichen und Wellental der mentalen Kurve, hier sogar periodischer Tag vorlag, d. h. mit anderen Worten: Baer im höchsten körperlichen und ansteigenden intellektuellen Plus gegen Schmeling bei tiefem Minus des männlichen Triebes und dem zu mangelnder Geistesgegenwart und Gewandtheit geneigt machenden halbperiodischen Tag. Der Ausgang dieses Wettkampfes wurde von Hans Früh richtig vorausgesagt. Wenn zwei punkto Trainingsqualität gleichstarke Sportskanonen sich messen, so entscheidet natürlich in allererster Linie die Rhythmenlage beider über den Ausgang des Wettkampfes.

Wenn man nun die biorhythmische Tabelle im Licht der Tagesereignisse anwendet, so kann man immer wieder die Richtigkeit der festgestellten und im Gesetz festgelegten Wirkungen erkennen: Wellentäler als Zeit der Schwäche und besonders beim Wellental des mentalen Triebes verminderte Konzentrationsfähigkeit und dadurch sehr häufig die Ursache von Unglücksfällen.

Man kann auch durch die biorhythmische Berechnung feststellen, daß fast alle Abstürze mit Flugzeugen, soweit sie nicht in Konstruktionsfehlern oder Materialfehlern ihre Ursache haben, in die Wellentälerzeit des Piloten fallen. Diese Erkenntnis hat sich die amerikanische Luftwaffe zunutze gemacht und läßt über ihre Piloten Rhythmogramme ausstellen. Diese Beobachtungen können wir auch bei Auto- und Eisenbahnunfällen, wo immer sich solche zeigten, feststellen.

Interessant dürfte auch sein, daß kriminelle Vergehen jeder Art bei allen Gelegenheitsverbrechern fast ausnahmslos in die Zeit der besonders gefährlichen Wellentäler fallen, wohl darum, weil dann die Hemmungen, die sich der Mensch moralisch und seelisch auferlegt, nicht mehr so stark vorhanden oder sogar gänzlich aufgelöst sind. Man kann hier besonders gute Beobachtungen bei jugendlichen Kriminellen anstellen, und kein Pädagoge sollte sich diesen Erkenntnissen entziehen. Sowohl die Gerichtspraxis als auch die Praxis eines jeden Arztes ist dazu angetan, Rhythmogramme zu gebrauchen. Der Geschäftsmann, der Kopfarbeiter, sei er nun ein Techniker oder produktiver Künstler oder Wissenschaftler, der Arzt, der Sportsmann, auch die Hausfrau beachte die biorhythmischen

Abläufe, und sie alle werden daraus auf jeden Fall ihren besten Nutzen ziehen. Man lernt die körperlichen, geistigen und seelischen Gezeiten, die Wellen oder Kurven in ihrer ganzen, bis vor Jahrzehnten unenthüllten Gesetzmäßigkeit durch die biorhythmische Darstellung auf das allergenaueste kennen, besonders dann, wenn man sie täglich etwas studiert. Man sollte auch nahestehenden Menschen diese Einsicht eröffnen. Man sollte gerade im geschäftlichen Konkurrenzleben etwas über die Biolage der Geschäftsinhaber Bescheid wissen und sinnvoll danach handeln.

Bei der Betrachtung der rhythmischen Situation im Kleinen fällt auch auf, daß auf dem Gebiet der Medizin heute Situationen eintreten, die außer der Möglichkeit einer Rhythmenerkenntnis keine Erklärung geben für Erscheinungen, wie sie bei Bluttransfusionen des öfteren auftreten. Es gibt nämlich rhythmenverwandte und rhythmenfremde Personen, d. h. solche, deren Rhythmenlage genau gleich, und solche, deren Rhythmenablauf genau umgekehrt verläuft, und das zeigt einwandfrei, daß sich das rhythmenfremde Blut nicht mischt, auch dann nicht, wenn gleiche Blutgruppen vorhanden sind. Sehr leicht mischt sich aber das rhythmenverwandte.

Hans Früh schreibt, daß die Transfusion an einem periodischen Tag des Empfängers — wie auch schon anders erwähnt — gefährlich sei. Ein großes bezügliches Datenmaterial erweist einwandfrei diese Tatsachen, vor allem auch die erhöhte Thrombosegefahr nach überstandenen Operationen, wonach die Vorauskenntnis der periodischen Tage des Patienten den Arzt in den Stand setzt, durch bezügliche vorbeugende Maßnahmen (Heparininjektion schon am Vortage des periodischen Tages) Thrombose und Embolie zu vermeiden.

Es gibt kein Lebensgebiet, in welchem der Periodenablauf des Menschen nicht in hohem bis höchstem Maße für seine positiven wie negativen Leistungsdispositionen mitbestimmend ist, — aber dieses Wissen hat — wie jede Art von Warnung, nur dann einen Wert, wenn es entsprechend angewandt wird.

Und hier sei zum Schluß noch einmal darauf hingewiesen, daß wir in der modernen Wissenschaft der Psychologie immer wieder versuchen, den Menschen in seiner Ganzheit zu erkennen, daß, wie schon unter dem Kapitel des Tendenzgutachtens erwähnt, der Biorhythmus ein sehr wesentlicher und oft entscheidender Faktor für die Lebensvorgänge und Abläufe ist, aber sicher nicht der alleinige. Wir werden daher gut daran tun, uns nicht einseitig nach dieser Seite hin zu orientieren, aber andererseits auch nicht so unklug zu sein, die feststehenden Tatsachen, die sich in positiver Nutzanwendung täglich für uns auswerten lassen, zu verleugnen. Wir müssen aber — und davon gingen wir ja bei dem Beginn unserer Betrachtungen aus — immer wieder feststellen, daß alles in der Natur festgelegt ist in Rhythmen und Zahlen. In diesem Sinne schließen wir das Kapitel über Biorhythmik mit den Gedanken von Novalis (Friedrich von Hardenberg):

„Merkwürdige, geheimnisvolle Zahlen. Wie das Zählen noch neu war, so mußten oft vorkommende Zahlen beim Zählen wirklicher Dinge — charakteristische, bleibende Zahlen, wie z. B. die 10 Finger und andere frappante Zahlenphänomene, die Einbildungskraft der Menschen aufs lebhafteste beschäftigen und sie in der Wissenschaft der Zahlen einen tief verborgenen Schatz von Weisheit — einen Schlüssel zu allen verschlossenen Türen, ahnden lassen."

Literaturhinweise:

Fankhauser, A. Das wahre Gesicht der Astrologie.
Fließ, W. Vom Leben und vom Tod.
— Der Ablauf des Lebens, Grundlegung zur exakten Biologie.
Früh, H. Rhythmenpraxis.
Leisner-Ellerbeck. Wie werde ich Meister meines Schicksals.
Schlieper, H. Das Jahr im Raum.
Schneider, C. Periodizität des Lebens und der Kultur.
Wolff, H. Uranus-Kalender 1951.

Neuere Literatur:

Appel, W. A. Das ist Ihr Tag. Goldmann.
Bierach, A. Bio-Elektrizität. Heyne.
Bott, H. Neue Erkenntnisse zum Biorhythmus. Falken.
Genuit, H. Bio-Kurven. Turm.
Gross, H. M.
— Biorhythmik. Goldmann.
— Biorhythmik, das Auf und Ab unserer Lebenskraft. Bauer.
Jantzen, G. H. Biorhythmus. Ariston.
Jenssen, H. -P. Mein Biorhythmus für das ganze Leben. Schönberger.
Kurth, H. Mit Biorhythmus zum Erfolg. Schroeder.
Laerum, O. D. Natürlicher Zeitgeber Biorhythmus. Hippokrates.
Leibold, G. Mein Biorhythmus — meine innere Uhr. Humboldt.
Wilkes, M. W. Der Biorhythmus bestimmt unser Leben. Heyne.

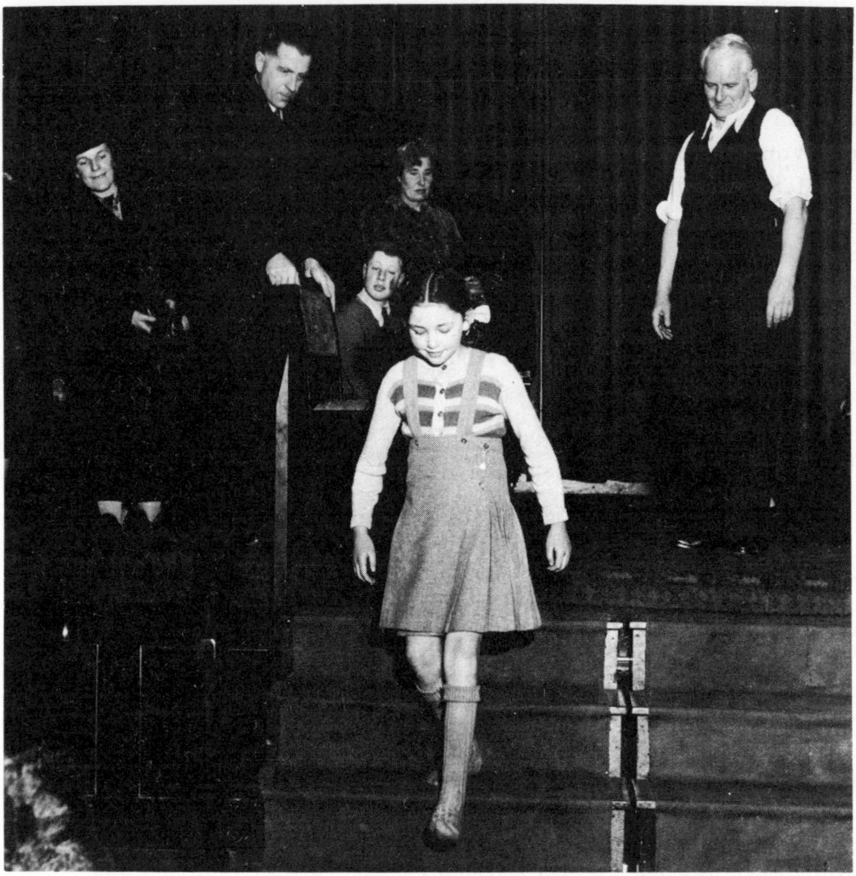

AUDREY KANN WIEDER GEHEN!

Ohne fremde Hilfe und mit Beinen gleicher Länge: Heilkundiger Harry Edwards beobachtet die Kleine, während sie ohne eiserne Stützen und ohne orthopädische Schuhe das Podium verläßt.

Alles sieht gespannt zu, während die elfjährige Audrey nach Behandlung ihres Beinleidens durch Harry Edwards ohne fremde Hilfe die Treppe hinabsteigt, die zu den versammelten Anwesenden führt. Ihre Mutter steht auf dem Podium.

Die Astrologie

WEG DURCH DIE JAHRTAUSENDE

Astrologie ist uraltes Sternenweistum. Ihre Anfänge reichen in altersgraue Zeiten zurück. Bei vielen Völkern war sie Religion und beherrschte das private, öffentliche und geistige Leben, so bei den Chaldäern und Babyloniern zwischen Euphrat und Tigris. Ihr wirklicher Ursprung ist in Dunkel gehüllt.

Die alte klassische Astrologie lehrte den Einfluß der Gestirne auf Wesen und Schicksal des Menschen. In einem erweiterten Sinn aber ist Astrologie Philosophie und Naturwissenschaft zugleich, denn ihre Haupt-These liegt in der Verbundenheit alles Irdischen (also auch des Menschen als Mikrokosmos) mit der gesamten Schöpfung (oder dem Makrokosmos).

Keilschrift-Tafeln aus der Bibliothek von Ninive, die 2000 Jahre v. Chr. und noch viel länger zurückreichen, künden von einer hohen Blüte der Astrologie bei den Babyloniern. Aber auch in den Tempeln der Ägypter sind astronomische und astrologische Begriffe in Stein gemeißelt.

Heftig geschmäht, viel gelästert, umstritten und bekämpft, aber immer auch wieder begeistert verfochten, überdauerte die Astrologie die Jahrtausende, überdauerte selbst den ersten Todesstoß der gelehrten Welt, als Kopernikus (1473—1543) das heliozentrische Weltsystem einführte und damit die Sonne zum Mittelpunkt der Welt setzte, denn — so sagte man schon damals — wie kann Astrologie eine Wissenschaft sein, wenn sie sich noch des alten, überholten geozentrischen Weltsystems bedient, also jener These, wonach die Erde Mittelpunkt der Welt war.

Noch heute kehrt dieser von allen Gegnern der Astrologie sattsam bekannte Einwand immer wieder: Die gesamte Astrologie sei Unsinn, da sie immer noch geozentrisch orientiert sei.

Abgesehen von diesem Einwand gibt es auch Astrologen, die das heliozentrische System anwenden (Sonne als Mittelpunkt der Welt).

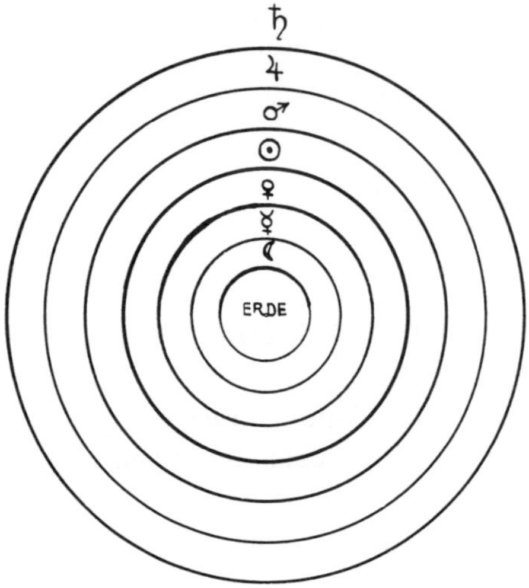

Das geozentrische Weltsystem

Das geozentrische oder Ptolemäische Weltsystem (160 n. Chr) zeigt die kugelförmige Erde im Mittelpunkt von elf Kreisen oder Sphären still, und nur die Planeten bewegen sich auf diesen Kreisen in der Weise, daß in dem kleinsten, der Erde nächsten, der Mond einhergeht. In den sechs folgenden, immer weiteren, laufen der Reihe nach Venus, Merkur, Sonne, Mars, Jupiter, Saturn. Die Sphäre des Saturn wird umgeben von der Sphäre der Fixsterne.

In Wirklichkeit aber ist dieser Einwand gegen die Wissenschaftlichkeit der Astrologie hinfällig, da wir ja nicht auf der Sonne, sondern eben auf unserem Planeten, der Erde, leben und somit alle Gestirnwirkungen notwendigerweise auf diese unsere Erde beziehen müssen. Die Erde ist also für die Astrologen nur Bezugsmittelpunkt und nicht ein wissenschaftlicher Trugschluß. In zahllosen Lehrbüchern und fachwissenschaftlichen Spezialwerken ist dieser wie jeder andere vorkommende gegnerische Einwand erklärt und richtig gestellt worden.

Das Kopernikanische Weltsystem

Nach dem System Kopernikus' (1473—1543) ruht die Sonne in der Mitte der Planetenwelt, um sie herum bewegen sich in immer größeren Kreisen zunächst Merkur, Venus, Erde, Mars, Jupiter und Saturn — die übrigen Planeten waren damals noch unbekannt. Die Erde, die in einem Jahr um die Sonne läuft, wodurch die scheinbare jährliche Bewegung der Sonne entsteht, wird in ihrer Bahn von dem sie in 27 Tagen umkreisenden Mond begleitet und dreht sich, ebenfalls von West nach Ost, um eine gegen ihre Bahnebene schief gestellte Achse.

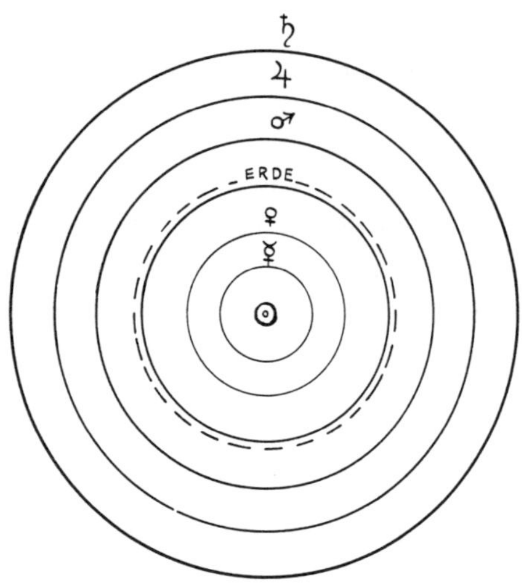

STEHT UNSER SCHICKSAL „IN DEN STERNEN"?

Daß die Astrologie im Laufe der Jahrhunderte, ja zu allen Zeiten immer wieder in Verruf kam, verdankt sie jenen Pfuschern, Scharlatanen und Horoskop-Fabrikanten, die sich in oberflächlicher Weise mit „Vulgär- oder Volks-Astrologie" befaßten und bar jeglicher mathematischer Kenntnisse, ja ohne alles Wissen um die tieferen Zusammenhänge „Rezepte" und hektographierte Massen-„Horoskope" über die Tierkreiszeichen (meist den Sonnenstand in einem der zwölf Tierkreiszeichen) verfaßten, die das wirkliche und wahrhaft tiefgründige Sternenweistum zu einem verflachenden Unsinn herabwürdigten. Ihnen gilt auch heute noch mit Recht der Kampf der Behörden, der Kirche und aller wirklich wissenschaftlich arbeitenden Astrologen.

In neuerer Zeit fehlt es nun nicht an einer wissenschaftlichen Untermauerung alter astrologischer Thesen, und die etwas populäre Frage: „Steht unser Schicksal wirklich unter Sterneneinfluß?" kann durch die modernen Strahlungs- und Entsprechungs-Theorien, durch die heutigen Erfahrungen der Atom-Physik hinreichend geklärt werden. Die Atomspaltung hat bewiesen, daß auch das Atom nichts anderes ist als wiederum ein Sonnensystem im Kleinen. Die Erkenntnis vom Zusammenhang aller Dinge im Universum bricht sich Bahn. Der Einfluß der Gestirne wie aller kosmischen Faktoren ist überall gegenwärtig, und alle Dinge dieser Welt stehen untereinander in Wechselwirkung. So wissen die Metereologen um die Wirkung der Sonnenflecken-Maxima auf die Großwetterlagen und Vulkantätigkeit. Man erkennt in neuester Zeit durch die Forschungen der Bioklimatik die Abhängigkeit des Menschen von Klima und Wettereinflüssen, die ihrerseits wieder nichts anderes darstellen als planetare Fernwirkungen.

Im Geburtsaugenblick ist der Mensch eingebettet in die zahllosen Wechselwirkungen kosmischer Kräfte und planetarer Konstellationen als ein Stück Natur. Seinem Wesenskern, seinen Anlagen, seinem Körper wird der Stempel dieser kosmischen Schwingungen und Strömungen aufgepräg

Dies veranlaßte Goethe in „Dichtung und Wahrheit" zu seinem astrologischen Bekenntnis: „Am 28. August 1749, mittags mit dem Glockenschlag zwölf, kam ich in Frankfurt a. M. auf die Welt. Die Konstellation war glücklich. Die Sonne stand im Zeichen der Jungfrau und kulminierte für den Tag. Jupiter und Venus blickten sich freundlich an; Merkur nicht widerwärtig; Saturn und Mars verhielten sich gleichgültig. Nur der Mond, der soeben voll ward, übte die Kraft seines Gegenscheins, um so mehr, als zugleich seine Planetenstunde eingetreten war. Er widersetzte sich meiner Geburt, die nicht eher erfolgen konnte, als bis diese Stunde vorübergegangen."

In dem Maße also, wie Pflanze, Tier, ja jedes Atom und alles auf dieser Erde dem großen kosmischen Pulsieren, dem Rhythmus unseres Sonnensystems ein- und zugeordnet ist, im gleichen Maße nimmt auch der Mensch zu jeder Zeit seines Lebens teil an den Veränderungen und Ausstrahlungen der Gestirne und ist dem ewigen Gesetz des Werdens und Vergehens eingereiht wie unser Planet dem Sonnensystem und darüber hinaus dem ganzen Kosmos.

„DIE STERNE REGIEREN DAS SCHICKSAL, ABER DER WEISE BEHERRSCHT DIE STERNE!"

Dieser einschränkende Satz, den man positiven Fatalismus nennen möchte, findet sich in astrologischen Urtexten des Altertums und wird seither immer wieder zitiert, um darzutun, daß der wirklich weise Gewordene sich zwar nicht absolut frei dünkt (er wäre denn ein Gott), daß er aber durch freiwillige Einfügung in die kosmischen Gesetze oder den göttlichen Willen eben diese geheimen Gesetze (die ihm eingeboren sind) selbst erfüllt. Indem er sich dem höheren Willen ergibt, wird er frei. Hier nähern wir uns der Astrologie als Philosophie, denn es gibt im gesamten Kosmos kein Chaos: „Alles ist geordnet nach Maß, Zahl und Gewicht". Wie könnten wir annehmen, daß wir winzigen Menschlein außerhalb aller Gesetze stünden!

Die jahrtausendealten Erfahrungen der Astrologie und ihre Methoden der wissenschaftlichen Vorhersagen zeigen auf, daß unser Lebensgerüst oder unser „Lebensfahrplan" in einem gewissen Maße Bestimmung" darstellt. Das Horoskop — eine Art Schicksalsuhr, deren Zeiger die Planetenumläufe darstellen – zeigt auf, „wem die Stunde schlägt".

Nun kennen wir alle Menschen, die sich gehen und von ihren Launen, Trieben, Stimmungen und Leidenschaften treiben lassen. Es liegt also auf der Hand, daß der „triebhafte" Mensch seinem Schicksal schneller und ausschließlicher verfällt, während der positive, moralisch entwickelte und geistig schöpferische Mensch mancherlei Schicksalsschläge (die auch ihn so gut wie den anderen treffen werden) ganz anders durchlebt oder gar paralysiert, indem er daraus lernt und sich höher entwickelt. Daß es niemals allgemeingültige Schicksals-Schablonen geben kann, wie die Jahrmarkts-Astrologie dies mit ihren hektographierten „Zeichen-Deutungen" tut, geht schon daraus hervor, daß jeder Mensch eine andere Erbveranlagung, ein anderes Geburtsmilieu, andere klimatische oder landschaftliche Geburtseinflüsse besitzt, innerhalb deren er ganz verschiedene Reaktionsweisen auslöst. Es liegt auf der Hand, daß ein Mensch äquatorialer Breiten anders denkt und handelt als ein Mensch nahe den Polen, ganz abgesehen von Rasse, Hautfarbe und geistiger Entwicklung.

Wenn der Weise also seine Sterne „beherrscht", so ist damit gemeint, daß der Mensch aus der Erfahrung gelernt hat, daß er seinem inneren Gesetz folgt und daß er nicht länger ein Spielball äußerer Umstände zu sein wünscht. So zeigt auch ein Horoskop nicht den Zwang oder die „Knechtschaft" des Schicksals an, sondern es lehrt uns, ganz bestimmte, in uns verankerte Neigungen und Anlagen zu erkennen, aus denen wiederum unsere Reaktionsweisen entspringen. In diesem Sinne besteht der Satz: Charakter ist Schicksal" in höchstem Maße zu Recht.

DIE MODERNE KOSMOBIOLOGIE NÄHERT SICH DER INDIVIDUAL-PSYCHOLOGIE!

Die alte klassische Astrologie birgt vielerlei Thesen und Anschauungen, die unserem heutigen Weltbild nicht mehr ganz entspricht. Wohl bewährten sich viele auf Grund der Erfahrung aufgestellte Regeln und Erkenntnisse. Aber wie sich die verschiedenen historischen Weltbilder des Menschen gewandelt haben, so wandeln sich auch die Blickpunkte und Auslegungen alter astrologischer Gesetze. Zudem sind im Zuge des Fortschreitens der astronomischen Forschungen in den vergangenen Jahrzehnten weitere Planeten entdeckt worden (Uranus, Neptun und Pluto) und weitere, deren Vorhandensein theoretisch und mathematisch bereits errechnet wurde, werden eines Tages noch entdeckt.

Die heutige Astrologie ist also keine „Sterndeuterei" mehr im alten klassischen Sinne, sondern sie zeigt nunmehr die Verbundenheit alles irdischen Lebens mit dem gesamten Kosmos auf. Auch ist nicht mehr das rein spekulative Moment der Schicksalsdeutung das Leitmotiv, sondern die nüchterne Forschung, die auf der Erfahrung beruht (Empirie), und damit nähert sich die frühere ptolemäische Astrologie mehr und mehr der modernen Individual-Psychologie, wobei die Tierkreiszeichen Sinnbilder oder Symbole für den jahreszeitlichen Rhythmus der Gestirne, aber auch ebenso der alten Lehre von den vier Temperamenten oder der Lehre von den Konstitutions-Typen entsprechen. Auch die moderne Psychologie spricht von sogenannten „Typen" (siehe „Psychologische Typen" von C. G. Jung, Zürich), und wir finden in der heutigen Kosmopsychologie alle diese Entsprechungen wieder. Dies ist auch der Grund zu jenem vielzitierten Ausspruch Prof. Jungs, daß „die heutige Astrologie vernehmlich an die Tore der Universitäten klopfe".

WAS IST EIN HOROSKOP?

Das Wort „Horoskop" stammt vom griechischen Hora ab, und „Horoskopium" nannte man in alten Zeiten den „Stundenspiegel" oder „Stundenweiser". Horoskopie ist also praktisch ausgeübte Astrologie. Hier muß gleich eingeschaltet werden, daß man nicht nur Horoskope eines Menschen berechnet, sondern auch Staatsgründungs-Horoskope, Geschäftsgründungs-Horoskope, überhaupt alles, was sich zu einer bestimmten Stunde an Wichtigem begibt, so z. B. auch den Stapellauf eines Schiffes usw.

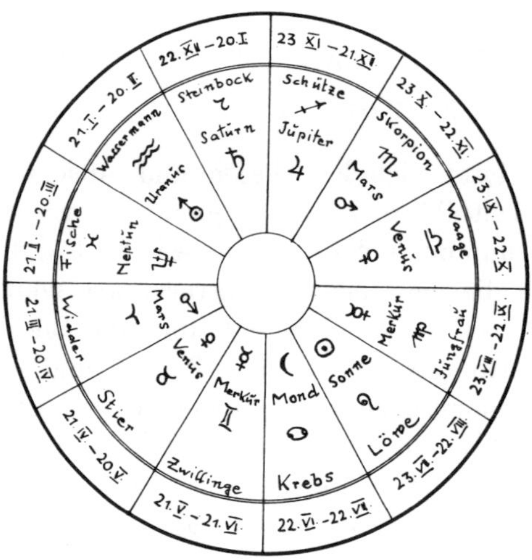

Einteilung des Horoskop-Kreises, Wirkungsdauer der Tierkreiszeichen und Planetenherrscher der Zeichen

Mit dem Begriff „Horoskop" (in neuerer Zeit auch Kosmogramm genannt), befinden wir uns schon inmitten einer notwendig werdenden Klärung von Begriffsverwirrungen, die heute unter Laien üblich ist.

Ein wirklich wissenschaftlich stichhaltiges Horoskop steht und fällt mit der genauen Geburtsstunde.

Die heute in allen Zeitschriften und Volksbroschüren angewandte Methode der Wochen-, Monats- oder Jahreshoroskope samt ihren „Prognosen" beruhen einzig und allein auf dem

Sonnenstand am Geburtstag eines Menschen (also nicht auf der Geburtsstunde!).

Nehmen wir einmal an, jemand wäre am 5. August geboren. Der Laie spricht dann von einem „Löwe-Typ", weil sich nämlich die Sonne vom 22. Juli bis 21. August im Zeichen Löwe aufhält. Was dabei herauskommt, wenn Zeitschriften-„Prognosen" das Schicksal der Löwegeborenen „berechnen", kann man sich ausmalen, da hierbei nicht einmal der Geburtstag (was ohnedies auch schon höchst ungewisse Deutungen ergäbe!), sondern summarisch sämtliche Menschen unterm Zeichen Löwe behandelt werden.

Man nennt diese letzteren Deutungen „Sonnenstands-Horoskope", wobei also nur ein winziger Bruchteil — eben nur der Sonnenort — eines individuellen Horoskops, berechnet wäre. Auf diesen Sonnenort sind alle Zeitschriften-Prognosen abgestimmt.

Es muß nun gesagt werden, daß der Sonnenstand in jedem Horoskop natürlich eine äußerst wichtige und markante Position darstellt, denn die Sonne ist ja unser Zentralgestirn,und im Horoskop symbolisiert sie die Individualität eines Menschen. Im weiteren Verlauf dieser Ausführungen werden wir genaue Analysen geben über die Wirkung der Sonne in den zwölf Tierkreiszeichen mit der wissenschaftlichen Einschränkung, daß es sich dabei nur um summarische Aussagen handeln kann, die bei einem Menschen bis zu 40 Prozent, bei einem anderen möglicherweise sogar bis zu 60% zutreffen können, je nachdem, ob die Sonne in seinem Horoskop eine sehr markante Position innehat.

Das Sonnenzeichen stellt also eine Art „Gemeinschafts-Nenner" dar, denn das Zeichen Widder, um ein Beispiel zu nennen, drückt vielen „Widdergeborenen" einen gewissen Stempel auf, indem sich ähnliche Reaktionsweisen zeigen, die z. B. ein Mensch unterm Zeichen Stier nicht besitzt. In diesem Sinne unterscheidet sich ein „Widder-Typ" ganz wesentlich von einem „Fische-Typ" usw. Die moderne Kosmobiologie führt diese Reaktionsweisen zurück auf den jahreszeitlichen Rhythmus, indem sie beispielsweise von „Sommer-Menschen" (in den Zeichen Krebs, Löwe, Jungfrau) oder „Winter-Menschen" (Steinbock, Wassermann, Fische) spricht. Daß der jahreszeitliche Natur-Rhythmus jeden Menschen anders prägt, liegt auf der Hand. Wenn die moderne Psychologie von „introvertierten" (nach Innen gerichteten) und „extravertierten" (nach außenhin lebenden) Menschen spricht, so meint sie nichts anderes, als wenn der Astrologe von einem „Fische-Typ" oder von einem „Widder-Typ" spricht.

Charakter-Aussagen lassen sich also bis zu einem bestimmten Grad aus dem Tierkreiszeichen, in dem sich die Sonne zur Zeit der Geburt befand, wohl machen — niemals aber Schicksals-Prognosen! Diese bedürfen eines genauen mathematisch (d. h. logarithmisch) errechneten Individual-Horoskops.

WORAUF GRÜNDET SICH EIN INDIVIDUELLES, WISSENSCHAFTLICH STICHHALTIGES HOROSKOP?

Damit kommen wir nunmehr in den Kernpunkt der wissenschaftlichen Astrologie. Ein individuelles Horoskop benötigt die ganz genaue Geburtsstunde sowie den Geburtsort. Nicht jedermann weiß aber seine

Der Astrologe stellt das Horoskop eines Neugeborenen

exakte Geburtsstunde, am wenigsten Leute vor der Jahrhundertwende. In diesem Falle kann man nun eine ungenaue Geburtsstunde durch etwa 3—6 markante Ereignisdaten aus der Vergangenheit (am besten eignen sich Operationsdaten, Todesdaten der Eltern, Heiratsdatum) korrigieren oder „rektifizieren", wie der Fachausdruck heißt.

Hier ist also die Grenze, an der sich der ehrliche Fachastrologe und Könner vom Scharlatan scheidet. Denn die Errechnung genauester Geburtsbilder benötigt mathematische Fachkenntnisse, umfangreiches Tabellenmaterial und außer großer Erfahrung auch noch sehr viel Zeit, die mit einem Honorar zwischen fünf bis zwanzig Mark nicht abgegolten ist.

Ein individuelles Horoskop wird auf den Schnittpunkt zwischen Horizont und Meridian eines Geburtsortes berechnet. Man benötigt also geographische Positionstabellen der Städte, ferner „Häusertabellen" für die verschiedenen Breitengrade und schließlich astronomische Gestirnstandsauszüge (sogenannte „Ephemeriden"). Die Berechnungsarten sind außerdem verschieden, je nachdem, ob es sich um eine Geburt in nördlichen oder südlichen Breiten, in östlicher oder westlicher Länge, in mitteleuropäischer (MEZ), osteuropäischer oder westeuropäischer oder gar ausländischen Zonenzeiten handelt.

Sie sind jedoch keineswegs schwer — jeder Laie mit einfacher Volksschulbildung kann nach kurzer Übung ein Horoskop berechnen. Er muß allerdings die oben erwähnten Tabellenwerke besitzen, die ihm die mathematischen Vorberechnungen ersparen.

Im folgenden sei dem Laien an einem einfachen Beispiel erklärt, wie unter Fortlassung alles Komplizierten ein Horoskop errechnet wird: Nehmen wir an, wir hätten das Geburtsdatum: 7. IV. 1897, 3 Uhr früh in Hagen, Westfalen.

Hierzu wäre folgendes zu beachten: Seit 1. April 1893 wurde die Mitteleuropäische Zeit eingeführt (MEZ), die nach der Mittagszeit Greenwich (englische Sternwarte) rechnet. Wer nach dem 1. April 1893 geboren ist, muß also, wenn sein Geburtsort östlich von Greenwich liegt, eine Stunde von seiner Ortszeit in Abzug bringen. Geburtsdaten vor 1893 benötigen diesen Abzug nicht.

Als zweites wäre zu beachten, daß die Ephemeriden (= Gestirnstandsauszüge) auf den Mittagsstand 12 Uhr berechnet sind. Wir müssen also unser Geburtsdatum 7. April 1897, 3 Uhr früh, in das astrologische Datum umwandeln bzw. auf den Mittagsstand (des zurückliegenden Mittags): 6. April 1897 plus 15 Stunden.

Als drittes benötigen wir die geographische Lage des Geburtsortes: Hagen liegt auf 51 Grad Breite und 7 Grad 28 Minuten östlicher Länge. Die östliche Länge wird in Zeit umgewandelt (1 Grad = 4 Minuten): 7 Grad 28 Min. ergibt in Zeit: 29 Minuten (abgekürzt).

Der Auszug der Städte-Tabelle A zeigte uns diese geographischen Positionen,und die letzte Spalte unter „Hagen" gab uns auch gleich die in Zeit umgewandelte östliche Länge des Geburtsortes.

Städtetabelle A

Ort	Geographische Breite		Länge von Greenwich	
Aachen, Rathaus	50° 46′ 6″	östl.	6° 4′ 5″	0h 24′ 18″
Altona, Sternwarte ...	53° 32′ 8″	„	9° 56′ 6″	0h 39′ 46″
Antwerpen	51° 12′ 5″	„	4° 24′ 7″	0h 17′ 39″
Apolda	51° 1′ 0″	„	11° 30′ 5″	0h 46′ 2″
Aschaffenburg	49° 59′ 5″	„	9° 8′ 6″	0h 36′ 35″
Astrachan	46° 21′ 0″	„	48° 2′ 4″	3h 12′ 10″
Augsburg	48° 21′ 7″	„	10° 54′ 1″	0h 43′ 37″
Baden bei Wien	48° 0′ 7″	„	16° 14′ 2″	1h 4′ 57″
Baltimore	39° 17′ 8″	westl.	76° 37′ 0″	5h 6′ 28″
Bamberg	49° 53′ 1″	östl.	10° 53′ 3″	0h 43′ 33″
Basel	47° 33′ 4″	„	7° 35′ 6″	0h 30′ 22″
Bayreuth	49° 56′ 7″	„	11° 35′ 7″	0h 46′ 23″
Berlin	52° 30′ 3″	„	13° 23′ 7″	0h 53′ 35″
Bochum	51° 29′ 1″	„	7° 13′ 17″	0h 31′ 7″
Bonn	50° 43′ 7″	„	7° 5′ 8″	0h 28′ 23″
Braunschweig.........	52° 16′ 1″	„	10° 31′ 5″	0h 42′ 6″
Bremen	53° 4′ 8″	„	8° 48′ 3″	0h 35′ 13″
Breslau	51° 6′ 9″	„	17° 2′ 2″	1h 8′ 9″
Brüssel	50° 51′ 2″	„	4° 22′ 2″	0h 17′ 29″
Chemnitz	50° 50′ 0″	„	12° 55′ 0″	0h 51′ 40″
Danzig...............	54° 21′ 4″	„	18° 39′ 9″	1h 14′ 40″
Darmstadt	49° 52′ 4″	„	8° 39′ 6″	0h 34′ 38″
Dessau..............	51° 50′ 1″	„	12° 16′ 9″	0h 49′ 8″
Dortmund............	51° 31′ 4″	„	7° 28′ 0″	0h 29′ 52″
Dresden.............	51° 3′ 2″	„	13° 44′ 0″	0h 54′ 56″
Duisburg	51° 26′ 2″	„	6° 45′ 9″	0h 27′ 4″
Düsseldorf	51° 12′ 4″	„	6° 46′ 2″	0h 27′ 5″
Eger................	50° 4′ 8″	„	12° 22′ 5″	0h 49′ 30″
Eisenach	50° 58′ 9″	„	10° 20′ 2″	0h 41′ 21″
Elberfeld	51° 15′ 4″	„	7′ 9′ 9″	0h 28′ 40″
Erlangen	49° 35′ 8″	„	11° 0′ 3″	0h 44′ 1″
Frankfurt am Main ...	50° 6′ 7″	„	8° 41′ 2″	0h 34′ 45″
Frankfurt an der Oder .	52° 22′ 1″	„	14° 33′ 2″	0h 58′ 13″
Freiburg	47° 59′ 0″	„	7° 50′ 0″	0h 31′ 20″
Gera	50° 53′ 4″	„	12° 4′ 0″	0h 48′ 16″
Görlitz	51° 9′ 0″	„	15° 0′ 0″	1h 0′ 0″
Göttingen	51° 31′ 8″	„	9° 56′ 6″	0h 39′ 46″
Greenwich	51° 28′ 6″	—	0° 0′ 0″	0h 0′ 0″
Greifswald	58° 5′ 8″	östl.	13° 22′ 9″	0h 53′ 32″
Halle	51° 29′ 6″	„	11′ 57′ 7″	0h 47′ 51″
Hamburg	53° 33′ 1″	„	9° 58′ 4″	0h 39′ 54″
Hannover	52° 22′ 3″	„	9° 44′ 4″	0h 38′ 58″
Hagen	51° 19′ 9″	„	7° 28′ 0″	0h 29° 5″

Auszug aus einer Städte-Tabelle mit den Angaben für Geburtsort Hagen aus unserem Beispiel-Horoskop!

Der Auszug der Häuser-Tabelle B zeigt uns unter der errechneten Sternzeit den Aszendenten und die übrigen Häuserspitzen des Horoskops. Der Auszug einer Ephemeride (Gestirnstandstabelle C) aus dem Jahr 1890

Häusertabelle B

Sternzeit	10. Feld ♉	11. Feld ♊	12. Feld ♌	1. Feld ♌	2. Feld ♍	3. Feld ♎
	51° Breite					
9h 37′ 29″	22°	25°	20°	8° 24′	7°	13°
10h 0′ 42″	28°	♎ 0°	24°	12° 28′	11°	19°
10h 23′ 35″	♍ 4°	5°	29°	16° 30′	16°	24°
10h 46′ 9″	10°	11°	♏ 3°	20° 30′	21°	♒ 0°
11h 12′ 10″	17°	17°	8°	25° 8′	27°	8°
11h 37′ 58″	24°	22°	13°	29° 47′	♑ 3°	15°
11h 56′ 20″	29°	27°	17°	♐ 3° 9′	7°	20°
12h 22′ 2″	♎ 6°	♏ 2°	22°	7° 56′	14°	28°
12h 47′ 50″	13°	8°	27°	12° 52′	20°	♓ 6°
13h 6′ 23″	18°	12°	♐ 1°	16° 32′	26°	12°
13h 28′ 52″	24°	17°	5°	21° 7′	♒ 2°	20°
13h 55′ 27″	♏ 1°	23°	10°	26° 49′	11°	28°
14h 14′ 44″	6°	27°	14°	♑ 1° 11′	18°	♈ 5°
14h 34′ 17″	11°	♐ 1°	18°	5° 52′	25°	11°
14h 50′ 8″	15°	5°	22°	9° 54′	♓ 1°	16°
15h 10′ 12″	20°	9°	26°	15° 22′	9°	23°
15h 34′ 42″	26°	15°	♑ 2°	22° 41′	19°	♉ 0°
15h 51′ 16″	♐ 0°	18°	6°	28° 8′	26°	6°
16h 3′ 48″	3°	21°	9°	♒ 2° 36′	2°	10°
16h 33′ 26″	10°	28°	16°	14° 24′	14°	18°
16h 59′ 11″	16°	♑ 4°	23°	26° 20′	24°	26°
17h 16′ 29″	20°	8°	28°	♓ 5° 15′	1°	♊ 0°
17h 33′ 51″	24°	12°	♒ 4°	14° 50′	8°	5°
17h 51′ 17″	28°	16°	10°	24° 53′	14°	9°
18h 13′ 5″	♑ 3°	22°	17°	♈ 7° 39′	22°	15°
18h 39′ 11″	9°	28°	27°	22° 25′	0°	21°
19h 0′ 49″	14°	♒ 4°	♓ 5°	♉ 3° 40′	6°	26°
19h 30′ 49″	21°	13°	18°	17° 25′	15°	♋ 3°
20h 0′ 23″	28°	22°	♈ 0°	28° 56′	22°	10°
20h 33′ 31″	♒ 6°	♓ 2°	14°	♊ 9° 52′	♋ 0°	17°
20h 57′ 52″	12°	9°	24°	16° 53′	5°	22°
21h 9′ 52″	15°	13°	29°	20° 6′	8°	25°
21h 33′ 34″	21°	21°	♉ 8°	26° 2′	13°	♌ 0°
21h 56′ 52″	27°	29°	16°	♋ 1° 28′	18°	5°
22h 16′ 0″	♓ 2°	♈ 5°	23°	5° 40′	22°	9°
22h 34′ 54″	7°	12°	29°	9° 40′	26°	14°
22h 57′ 20″	13°	19°	♊ 5°	14° 12′	♌ 0°	18°
23h 12′ 10″	17°	24°	9°	17° 8′	3°	22°
23h 30′ 37″	22°	29°	14°	20° 40′	7°	26°
23h 41′ 39″	25°	♉ 3°	17°	22° 45′	9°	28°
23h 52′ 40″	28°	6°	20°	24° 49′	11°	♍ 1°
24h 0′ 0″	♈ 0°	9°	22°	26° 10′	12°	2°

Auszug aus einer Häuser-Tabelle für 51 Grad Breite für unser Horoskop-Beispiel!

zeigt uns die Gestirnstände für den Monat April. Diese drei Tabellen sind also zur Berechnung unseres Horoskops unbedingt nötig.

Unser Horoskop-Beispiel liegt nach 1893, weshalb wir es auf Greenwich-Zeit umrechnen müssen:

Gestirnstands-Tabelle C

Gestirnstand für April 1890

April 30 Tage. Mittlerer Mittag Greenwich

M.T.	W.T.	Sternzeit	☉ Länge	☉ Dekl.	☽ Länge	☽ Breite	☽ Dekl.
Di.	1.	0h 39′ 11″	11°♈43′ 3″	4°N 38′	26°♌27′	4°N 20′	16′ N 46′
Mi.	2.	0h 43′ 8″	12° 42′ 9″	5° 1′	8°♍42′	4° 46′	12′ 44′
Do.	3.	0h 47′ 4″	13° 41′ 13″	5° 24′	21° 11′	5° 0′	8° 5′
Fr.	4.	0h 51′ 1″	14° 40′ 15″	5° 47′	3°♎57′	4° 59′	3° 0′
Sa.	5.	0h 54′ 57″	15° 39′ 14″	6° 10′	16° 58′	4° 43′	2° S 19′
So.	6.	0h 58′ 54″	16° 38′ 12″	6° 33′	0°♏14′	4° 11′	7° 38′
Mo.	7.	1h 2′ 50″	17° 37′ 8″	6° 55′	13° 43′	3° 25′	12° 42′
Di.	8.	1h 6′ 47″	18° 36′ 1″	7° 18′	27° 21′	2° 26′	17° 12′
Mi.	9.	1h 10′ 44″	19° 34′ 53″	7° 40′	11°♐ 9′	1° 18′	20° 50′
Do.	10.	1h 14′ 40″	20° 33′ 44″	8° 2′	25° 3′	0° 5′	23° 17′
Fr.	11.	1h 18′ 37″	21° 32′ 32″	8° 24′	9°♑ 3′	1° S 9′	24° 18′
Sa.	12.	1h 22′ 33″	22° 31′ 19″	8° 46′	23° 8′	2° 19′	23° 46′
So.	13.	1h 26′ 30″	23° 30′ 5″	9° 8′	7°♒18′	3° 22′	21° 42′
Mo.	14.	1h 30′ 46″	24° 28′ 48″	9° 30′	21° 30′	4° 12′	18° 19′
Di.	15.	1h 34′ 23″	25° 27′ 30″	9° 51′	5°♓43′	4° 46′	13° 51′
Mi.	16.	1h 38′ 19″	26° 26′ 10″	10° 12′	19° 53′	5° 3′	8° 39′
Do.	17.	1h 42′ 16″	27° 24′ 48″	10° 34′	3°♈56′	5° 1′	3° 3′
Fr.	18.	1h 46′ 13″	28° 23′ 25″	10° 55′	17° 48′	4° 42′	2° N 39′
Sa.	19.	1h 50′ 9″	29° 21′ 59″	11° 15′	1°♉24′	4° 7′	8° 7′
So.	20.	1h 54′ 6″	0°♉20′ 32″	11° 36′	14° 43′	3° 19′	13° 6′
Mo.	21.	1h 58′ 2″	1° 19′ 3″	11° 56′	27° 41′	2° 21′	17° 22′
Di.	22.	2h 1′ 59″	2° 17′ 31″	12° 17′	10°♊20′	1° 18′	20° 43′
Mi.	23.	2h 5′ 55″	3° 15′ 58″	12° 37′	22° 41′	0° 12′	23° 3′
Do.	24.	2h 9′ 52″	4° 14′ 23″	12° 56′	4°♋47′	0° N 53′	24° 15′
Fr.	25.	2h 13′ 48″	5° 12′ 46″	13° 16′	16° 43′	1° 55′	24° 18′
Sa.	26.	2h 17′ 45″	6° 11′ 6″	13° 35′	28° 34′	2° 51′	23° 15′
So.	27.	2h 21′ 42″	7° 9′ 25″	13° 55′	10°♌24′	3° 40′	21° 11′
Mo.	28.	2h 25′ 38″	8′ 7′ 41″	14° 14′	22° 19′	4° 20′	18° 11′
Di.	29.	2h 29′ 35″	9° 5′ 55″	14° 32′	4°♍23′	4° 49′	14° 24′
Mi.	30.	2h 33′ 31″	10° 4′ 7″	14° 51′	16° 42′	5° 6′	9° 57′

Diese Tabelle zeigt für unser Beispiel-Horoskop die Planetenstände für den Monat April 1890

Geburtszeit 3 Uhr früh oder astrologisch:	15 St. 0 Min.
Unterschied Greenwich-Zeit (1 Stunde in Abzug)	1 St. 0 Min.
MEZ:	14 St. 0 Min.
zuzüglich östliche Länge (umgewandelt in Zeit):	0 St. 29 Min.
ergibt Ortszeit:	14 St. 29 Min.
zuzüglich Sternzeit (Ephemeride 1897)	1 St. 0 Min.
Kulminierender Punkt:	15 St. 29 Min.

Gestirnstand für April 1890

April 30 Tage

				Längen der Planeten			
M.T.	Neptun	Uranus	Saturn	Jupiter	Mars	Venus	Merkur
1.	2°♊26′	25°♎14′	27°♌40′	7°♒ 3′	10°♐14′	22°♈10′	3°♈41′
2.		25°R 12′	27°R 37′	7° 12′	10° 46′	23° 24′	5° 37′
3.		25° 10′	27° 34′	7° 21′	10° 59′	24° 38′	7° 35′
4.	2°♊31′	25° 7′	27° 32′	7° 31′	11° 12′	25° 53′	9° 34′
5.		25° 5′	27° 29′	7° 40′	11° 24′	27° 7′	11° 34′
6.		25° 2′	27° 27′	7° 49′	11° 35′	28° 21	13° 35′
7.	2°♊36′	25° 0′	27° 25′	7° 58′	11° 46′	29° 35′	15° 38′
8.		24° 57′	27° 22′	8° 7′	11° 57′	0°♉49′	17° 41′
9.		24° 55′	27° 20′	8° 15′	12° 6′	2° 3′	19° 46′
10.	2°♊41′	24° 52′	27° 18′	8° 24′	12° 15′	3° 18′	21° 51′
11.		24° 49′	27° 17′	8° 32′	12° 24′	4° 32′	23° 57′
12.		24° 47′	27° 15′	8° 40′	12° 32′	5° 46′	26° 3′
13.	2°♊47′	24° 44′	27° 13′	8° 48′	12° 39′	7° 0′	28° 10′
14.		24° 42′	27° 12′	8° 56′	12° 46′	8° 14′	0°♉16′
15.		24° 39′	27° 10′	9° 4′	12° 52′	9° 28′	2° 22′
16.	2°♊52′	24° 37′	27° 9′	9° 12′	12° 57′	10° 42′	4° 28′
17.		24° 34′	27° 8′	9° 20′	13° 1′	11° 56′	6° 33′
18.		24° 31′	27° 6′	9° 17′	13° 5′	13° 10′	8° 36′
19.	2°♊58′	24° 29′	27° 5′	9° 34′	13° 8′	14° 23′	10° 38′
20.		24° 26′	27° 4′	9° 41′	13° 11′	15° 37′	12° 38′
21.		24° 24′	27° 4′	9° 48′	13° 13′	16° 51′	14° 35′
22.	3°♊ 4′	24° 21′	27° 3′	9° 55′	13° 14′	18° 5′	16° 30′
23.		24° 19′	27° 2′	10° 2′	13° 14′	19° 19′	18° 22′
24.		24° 16′	27° 2′	10° 8′	13°R 14′	20° 32′	20° 11′
25.	3°♊10′	24° 14′	27° 1′	10° 15′	13° 12′	21° 46′	21° 57′
26.		24° 11′	27° 1′	10° 21′	13° 10′	23° 0′	23° 40′
27.		24° 9′	27° 1′	10° 27′	13° 8′	24° 13′	25° 18′
28.	3°♊16′	24° 6′	27° 1′	10° 33′	13° 4′	25° 27′	26° 53′
29.		24° 4′	27°D 1′	10° 39′	13° 0′	26° 41′	28° 24′
30.		24° 1′	27° 1′	10° 44′	12° 55′	27° 54′	29° 51′

Unter der Städte-Tabelle fanden wir, daß Hagen eine geogr. Breite von 51 Grad besitzt. In der Häusertabelle finden wir nun (bei 51 Grad Breite) unter der Sternzeit 15 St. 34 Min. den unserem Ergebnis von 15 St. 29 Min. nächstliegenden Wert. Verfolgen wir diese Spalte nach rechts, so zeigt uns die Tabelle bereits die Häuser- oder Felderspitzen unseres Horoskops, nämlich: Aszendent oder Spitze des I. Feldes: 22 Grad 41 Min. Steinbock sowie alle übrigen Felderspitzen.

Wenn wir nun dieselbe Geburt vor 1893, beispielsweise für 1890 annehmen, so fällt die Umwandlung in MEZ weg und die Berechnung ist wesentlich einfacher:

Geburtszeit astrologisch: 7. April 1890	15 St. 0 Min.
Sternzeit 7. April:	1 St. 4 Min.
Kulminierender Punkt:	16 St. 4 Min.

Wieder finden wir in der Häuser-Tabelle für 51 Grad Breite die für unsere errechnete Sternzeit von 16 St. 4 Min. am nächsten kommende Sternzeit von 16 St. 3 Min. In derselben Spalte nach rechts folgend, zeigt sich als Aszendent oder Spitze des I. Feldes 2 Grad 36 Min. Wassermann samt allen übrigen Felderspitzen.

Die Planetenstände am 7. April 1890 (bzw. 1897) ersehen wir aus der Ephemeriden-Tabelle C unter dem jeweiligen Tagesdatum bereits vorberechnet — allerdings nur für die Mittagszeit Greenwich. Für den Laien aber genügt diese Angabe zunächst. Bei einer genauen Horoskop-Berechnung aber müssen auch die Planetenstände auf die Ortszeit der Geburt umgerechnet werden (auch hierzu gibt es Tabellen). Nur der Mond, der in 24 Stunden etwa 12 Grad im Tierkreis vorrückt (in der Stunde also einen halben Grad), muß genauer berechnet werden: Im Falle unserer Geburtszeit von 15 Stunden beträgt das Fortschreiten des Mondes vom Mittagspunkt der Ephemeride etwa 7½ Grad, die dem Mondstand von 13 Grad 43 Min. am 7. April 1890 hinzugezählt werden müssen, so daß wir auf 21 Grad 13 Min. Skorpion für den Mond kämen.

Natürlich ist dies eine sehr vereinfachte Berechnungs-Methode, um ein Horoskop aufzustellen, jedoch genügt sie für den Anfänger.

Zu beachten sind hinsichtlich der Geburtszeiten noch die sogenannten „Sommerzeiten", die schon 1916—1918 und 1940—1949 eingeführt wurden. In allen diesen Fällen ist 1 Stunde abzuziehen von der Ortszeit. Ein Abdruck sämtlicher Ephemeriden, aller Häusertabellen und Städte-Tabellen ist hier nicht möglich, da diese Tabellen für sich einen ganzen Band füllen würden. Sie sind heute wieder im Fachbuchhandel erhältlich.

Haben wir nun ein Horoskop auf die genaue Geburtsstunde errechnet, so besitzen wir als ersten und gleichzeitig als wichtigsten individuellen Punkt eines Horoskops den aufsteigenden Grad oder den Aszendenten sowie den kulminierenden Punkt oder den Meridian. Damit haben wir auch die Achsenkreuze eines Horoskops, nämlich die vom Aszendenten ausgehende Horizontal-Achse und die vom Meridian ausgehende Vertikal-Achse. Diese Achsen teilen das Horoskop in vier Quadranten, die sich ihrerseits wieder in je drei Felder oder Häuser gliedern, so daß das vollständige Horoskop zwölf Felder enthält. Auf die Bedeutungen dieser Felder und Quadranten kommen wir noch zurück. Die Zeichnung zeigt diese Gliederung auf.

DIE WICHTIGSTEN PUNKTE EINES HOROSKOPS: DER ASZENDENT UND DER MERIDIAN

Der am Ostpunkt des Horoskops aufsteigende Grad oder der Aszendent ist nun das individuellste Merkmal eines Horoskops. Durch die Umdrehung der Erde um ihre eigene Achse steigt alle zwei Stunden ein neues Tierkreiszeichen auf und noch genauer: In jeder vierten Minute einer Stunde steigt ein neuer Grad (der dreißig Grade) eines Zeichens auf. In dieser Tatsache also wird auch jedem Laien klar, daß damit nur noch ganz wenige Menschen, die am gleichen Ort zur gleichen Stunde geboren wären, dasselbe Horoskop besäßen. Praktisch sind dies nur eineiige Zwillinge. Es ist klar, daß die Astrologie seit altersher das Schicksal solcher Zwillingsgeborenen genauestens berechnet und verfolgt hat, bringen doch die Horoskope von Zwillingsgeborenen überragende Beweise für gleiche Wesensveranlagungen, gleiche Krankheiten, gleiche Schicksale, ja oft sogar gleiche Unfälle und gleiche Todesdaten. Es bestehen sowohl in England wie in jedem anderen Lande wissenschaftliche Sammlungen solcher Schicksalsverläufe. Zwillinge (zweieiige) mit Geburtsabstand von sieben und mehr Minuten haben schon sehr verschiedenes Schicksal. Völlig ausgeschlossen aber ist es, daß Menschen mit lediglich gleichem Geburtstag gleiches oder ähnliches Schicksal hätten! Den seltenen Fall eineiiger Zwillinge mit äußerst kurzem Minutenabstand der Geburten kann man also keinesfalls auf alle übrigen Zwillings-Geburten anwenden. Die Gegner der Astrologie tun dies natürlich immer wieder, während sie die tatsächlichen Parallel-Schicksale echter, kurz hintereinander (und eineiiger) erfolgender Zwillingsgeburten ängstlich verschweigen.

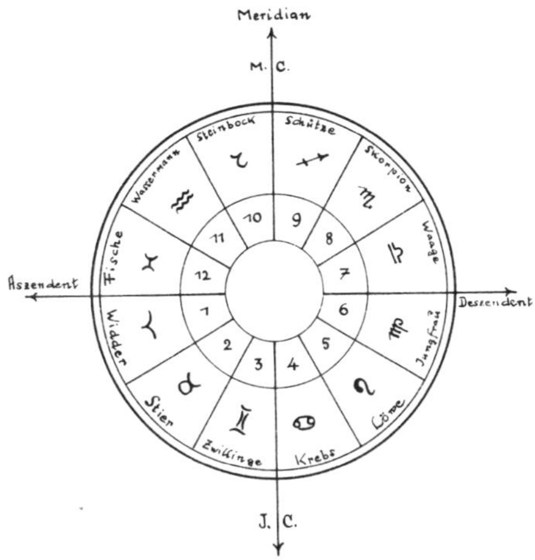

Aszendent und Meridian im Horoskop
Die Einteilung der Horoskop-Felder

Es ist nun nicht gleichgültig, welches Tierkreiszeichen am Ostpunkt des Horoskops aufsteigt und damit zum Aszendenten wird, denn dieses Zeichen prägt zu einem großen Teil das persönliche Ich, die körperliche Erscheinung und die Umwelt. Man kann hier geradezu von einem „Typ" sprechen und wir müssen nun an dieser Stelle wieder einen weit verbreiteten Irrtum richtig stellen:

Man spricht häufig von einem ,,Widder-Typ'' oder von einem ,,Schütze-Geborenen'' und meint dann fälschlicherweise einen Menschen, der im März oder April (= Widder) bzw. im Dezember (= Schütze) geboren wurde. In Wahrheit aber hat dieser Mensch doch nur die Sonne im Widder bzw. im Schützen.

Ein Widder- oder ein Schütze-Typ aber ist nur derjenige, in dessen Horoskop eines der beiden Zeichen am Aszendenten befindlich ist. Es wird nun klar, daß man von niemandem sofort auf Anhieb sagen kann, er wäre beispielsweise ein ,,Widder-Typ''. Man muß vielmehr erst die genaue Geburtsstunde dieses Menschen kennen, um den Aszendenten berechnen zu können, und diese Berechnung erst zeigt den jeweiligen ,,Typ'' auf. Selbstverständlich wäre auch diese Feststellung nur wieder ein winziges Teilstück aus dem gesamten individuellen Horoskop, und auch der Aszendent ergäbe erst 40—60% Treffer im besten Fall. Es gibt natürlich vorberechnete Tabellen, die mit einer tragbaren Fehlerquelle den ungefähren Aszendenten nach der Geburtsstunde ablesen lassen.

Der Aszendent symbolisiert in einem Horoskop den Menschen selbst, seine körperliche Gestalt, sein persönliches Ich und gleichzeitig auch die Umwelt, in die er hineingeboren wurde. Man kann aus dem Zeichen am Aszendenten-Grad einen gewissen Rückschluß ziehen auf die Temperaments-Anlage und den Charakter eines Menschen. Umgekehrt kann ein erfahrener Astrologe mitunter aus der Erscheinung und der Art, wie sich ein Mensch gibt oder benimmt, den Aszendenten erraten. Doch ist hier stets eine gewisse Fehlerquelle vorhanden, denn schon ein Planet in Nähe des Aszendenten oder mehrere Planeten im I. Feld eines Horoskops können den Aszendenten-Einfluß außerordentlich modifizieren.

Die folgenden Kurz-Analysen zeigen nun die grundsätzliche Beeinflussung auf, wenn der Aszendent in einem der genannten Zeichen befindlich ist.

TABELLEN ZUR ERRECHNUNG DES ASZENDENTEN

Wer ohne alle Berechnungen seinen Aszendenten feststellen will, d. h. also jenes Tierkreiszeichen, das zur Zeit der Geburt im Osten aufstieg, wird dies aus den folgenden Übersichten ablesen können. Man sucht zunächst seinen Geburtstag unter jenem Datum der drei Spalten, das dem eigenen Geburtsdatum am nächsten kommt. Beispiel: Geburtsdatum 29. März. Hierfür gilt jene Spalte vom 21. März bis 31. März

Unter den angeführten Geburtsstunden sucht man nach jener Stunde, die wiederum der eigenen am nächsten kommt. Beispiel: 9 Uhr vormittag. Wir finden dieses Geburtsstunden-Datum unter der Spalte 8.06—9.55 Uhr vormittag. Folgen wir der Zeile nach rechts, so finden wir als Aszendent das Zeichen Zwillinge.

Wenn die Sonne im Widder steht, geht im Osten auf:

am 21. III.—31. III.	am 1. IV.—10. IV.	am 11. IV.—19. IV.	
6,05— 6,57	5,25— 6,17	4,45— 5,37	Widder
6,57— 8,06	6,17— 7,26	5,37— 6,46	Stier
8,06— 9,55	7,26— 9,15	6,46— 8,35	Zwillinge
9,55—12,26	9,15—11,46	8,35—11,06	Krebs
12,26—15,55	11,46—14,35	11,06—13,55	Löwe
15,15—18,05	14,35—17,25	13,55 16,45	Jungfrau
18,05—20,55	17,25—20,15	16,45—19,35	Waage
20,55—23,44	20,15—23,04	19,35—22,24	Skorpion
23,44—24,15	23,04— 1,35	22,24—24,55	Schütze
2,15— 4,04	1,35— 3,24	24,55— 2,44	Steinbock
4,04— 5,13	3,24— 4,33	2,44— 3,53	Wassermann
5,13— 6,05	4,33— 5,25	3,53— 4,45	Fische

Wenn die Sonne im Stier ihren Einfluß ausübt, geht im Osten auf:

am 20. IV.—30. IV.	am 1. V.—10. V.	am 11. V.—20. V.	
4,07— 4,59	3,24— 4,16	2,44— 3,36	Widder
4,59— 6,00	4,16— 5,25	3,36— 4,45	Stier
6,08— 7,57	5,25— 7,14	4,45— 6,34	Zwillinge
7,57—10,28	7,14— 9,45	6,34— 9,05	Krebs
10,28—13,17	9,45—12,34	9,05—11,54	Löwe
13,17—16,07	14,34—15,24	11,54—14,44	Jungfrau
16,07—18,57	15,24—18,14	14,44—17,34	Waage
18,57—21,46	18,14—21,03	17,34—20,23	Skorpion
21,46—24,17	21,03—23,34	20,23—22,54	Schütze
24,17— 2,06	23,34— 1,23	22,54— 0,43	Steinbock
2,06— 3,15	1,23— 2,32	24,43— 1,52	Wassermann
3,15— 4,07	2,32— 3,24	1,52— 2,44	Fische

Wenn die Sonne im Zeichen Zwillinge steht, geht im Osten auf:

am 21. V.—31. V.	am 1. VI.—10. VI.	am 11. VI—20. VI.	
2,05— 2,57	1,25— 2,17	12,45— 1,37	Widder
2,57— 4,06	2,17— 3,26	1,37— 2,46	Stier

4,06— 5,55	3,26— 5,15	2,46— 4,35	Zwillinge
5,55— 8,26	5,15— 7,46	4,35— 7,06	Krebs
8,26—11,15	7,46—10,35	7,06— 9,55	Löwe
11,15— 2,05	10,35—13,25	9,55—12,45	Jungfrau
14.05—16,55	13,25—16,15	12,45—15,35	Waage
16,55—19,44	16,15—19,04	15,35—18,24	Skorpion
22,15— 0,04	21,35—23,24	17,24—20,55	Schütze
0,04— 1,13	23,24— 0,33	20,55—22,44	Steinbock
1,13— 2,05	0,33— 1,25	22,44—23,53	Wassermann
19,44—22,15	19,04—21,36	23,53— 0,45	Fische

Wenn die Sonne im Zeich. Krebs ihren Einfluß ausübt, steigt im Osten auf:

am 21. VI.—30. VI.	am 1. VII.—10. VII.	am 11. VII.–21. VII.	
12,00—12,52	23,20— 0,12	22,40—23,22	Widder
12,52— 2,01	12,12— 1,21	23,32— 0,41	Stier
2,01— 3,50	1,21— 3,10	0,41— 2,30	Zwillinge
3,50— 6,21	3,10— 5,41	2,30— 5,01	Krebs
6,21— 9,10	5,41— 8,30	5,01— 7,50	Löwe
9,10—12,00	8,30—11,20	7,50—10,40	Jungfrau
12,00—14,50	11,20—14,10	10,40—13,30	Waage
14,50—17,39	14,10—16,59	13,30—16,19	Skorpion
17,39—20,10	16,59—19,30	16,19—18,50	Schütze
20,10—21,59	19,30—21,19	18,50—20,39	Steinbock
21,59—23,08	21,19—22,28	20,39—21,48	Wassermann
23,00—24,00	22,28—23,20	21,48—22,40	Fische

Wenn die Sonne im Zeichen Löwe steht, steigt im Osten auf:

am 22. VII.—31. VII.	am 1. VIII.—10. VIII.	am 11. VIII.–22. VIII.	
22,00—22,25	21,20—22,12	20,40—21,32	Widder
22,52—24,01	22,12—23,21	21,32—22,41	Stier
24,01— 1,50	23,21— 1,10	22,41—24,30	Zwillinge
1,50— 4,21	1,10— 3,41	24,30— 3,01	Krebs
4,21— 7,10	3,41— 6,30	3,01— 5,50	Löwe
7,10—10,00	6,30— 9,20	5,50— 8,40	Jungfrau
10,00—12,50	9,20—12,10	8,40—11,30	Waage
12,50—15,39	12,10—14,59	11.30—14,19	Skorpion
15,39—18,10	14,59—17,30	14,19—16,50	Schütze
18,10—19,59	17,30—19,19	16,50—18,39	Steinbock
19,59—21,08	19,19—20,28	18,39—19,48	Wassermann
21,08—22,00	20,28—21,28	19,48—20,40	Fische

Wenn die Sonne im Zeichen Jungfrau steht, steigt im Osten auf:

am 23. VIII.—1. IX.	am 2. IX. 11.—IX.	am 12. IX.—22. IX.	
19,55—20,47	19,15—20,07	18,35—19,27	Widder
20,47—21,56	20,07—21,16	19,27—20,36	Stier
21,56—23,45	21,16—23,05	20,36—22,25	Zwillinge
23,45— 2,16	23,05—23,36	22,25—24,56	Krebs
2,16— 50,5	23,36— 4,25	23,56— 3,45	Löwe
5,05— 7,55	4,25— 7,15	3,45— 6,35	Jungfrau
7,55—10,45	7,15—10.05	6,35— 9,25	Waage
10,45— 1,34	10,50—12,54	9,25—12,14	Skorpion
13,34—16,05	12,54—15,25	12,14—14,45	Schütze
16,05—17,54	15,25—17,14	14,45—16,34	Steinbock
17,54—19,03	17,14—18,28	16,34—17,43	Wassermann
19,03—19,55	18,23—19,15	17,43—18,35	Fische

Wenn die Sonne im Zeichen Waage steht, steigt im Osten auf:

am 23. IX.—2. X.	am 3. X.—12. X.	am 13. X.—22. X.	
17,00—17,52	16,20—17,12	16,32—17,24	Widder
15,51—17,00	15,11—16,20	17,23—18,33	Stier
14,02—15,51	13,22—15,11	18,33—20,22	Zwillinge
11,31—14,02	10,51—13,22	20,22—22,53	Krebs
8,42—11,31	8,02—10,51	22,53— 1,42	Löwe
5,52— 8,42	5,12—8,02	1,42— 4,32	Jungfrau
3,02— 5,52	2,22— 5,12	4,32— 7,22	Waage
0,13— 3,02	23,33— 2,22	7,22—10,11	Skorpion
21,42— 0,13	21,03—23,33	10,11—12,42	Schütze
19,53—21,42	19,13—21,02	12,42—14,31	Steinbock
18,44—19,53	18,04—19,13	14,31—15,40	Wassermann
17,52—18,44	17,12—18,04	15,40—16,32	Fische

Wenn die Sonne im Zeichen Skorpion steht, steigt im Osten auf:

am 23. X.—1. XI.	am 2. XI.—11. XI.	am 12. XI.—21. XI.	
15,52—16,44	15,15—16,07	14,35—15,27	Widder
16,44—17,53	16,07—17,16	15,27—16,36	Stier
17,53—19,42	17,16—19,05	16,36—18,25	Zwillinge
19,42—22,13	19,05—21,36	18,25—20,56	Krebs
22,13— 1,02	21,36—24,25	20,56—23,45	Löwe
1,02— 3,52	12,25— 3,15	23,45— 2,35	Jungfrau
3,52— 6,42	6,05— 8,54	2,35— 5,25	Waage
6,42— 9,31	6,05— 8,54	5,25— 8,14	Skorpion

9,31—12,02	8,54—11,25	8,14—10,45	Schütze
12,02—13,51	11,25—13,14	10,45—12,34	Steinbock
13,51—15,00	13,14—14,23	12,34—13,43	Wassermann
15,00—15,52	14,23—15,15	13,43—14,35	Fische

Wenn die Sonne im Zeichen Schütze steht, steigt im Osten auf:

am 22. XI.—1. XII.	am 2. XII.—11. XII.	am 12. XII.—21. XII.	
13,55—14,47	13,15—14,07	12,35—13,27	Widder
14,47—15.56	14,07—15,16	13,27—14,36	Stier
15,56—17,45	15,16—17,05	14,36—16,25	Zwillinge
17,45—20,16	17,05—19,36	16,25—18,56	Krebs
20,16—23,05	19,36—22,25	18,56—21,45	Löwe
23,05— 1,55	22,25— 1,15	21,45— 0,35	Jungfrau
1,55— 4,45	1,15— 4,05	12,35— 3,25	Waage
4,45— 7,34	4,05— 6,54	3,25— 6,14	Skorpion
7,34—10,05	6,54— 9,25	6,14— 8,45	Schütze
10,05—11,54	9,25—11,14	8,45—10,34	Steinbock
11,54—13,03	11,14—12,23	10,34—11,43	Wassermann
13,03—13,55	12,23—13,15	11,43—12,35	Fische

Wenn die Sonne im Zeichen Steinbock steht, steigt im Osten auf:

am 22. XII.—31. XII.	am 1. I.—10. I.	am 11. I. 20. I.	
12,00—12,53	11,20—12,12	10,40—11,32	Widder
12,52—14,01	12,12—13,21	11,32—12,41	Stier
14,11—15,50	13,21—15,10	12,41—14,30	Zwillinge
15,50—18,21	17,41—20,30	15,30—17,01	Krebs
21,40—24,00	20,30—23,20	17,01—19,50	Löwe
24,00— 2,50	23,20— 2,10	19,50—22,40	Jungfrau
2,50— 5,39	2,10— 4,59	22,40— 1,30	Waage
5,39— 8,10	4,59— 7,30	1,30— 4,19	Skorpion
8,10— 9,59	7,30— 9,19	4,19— 6,50	Schütze
9,59—11,08	9,19—10,28	6,50— 8,39	Steinbock
11,08—12,00	10,28—11,20	8,30— 9,48	Wassermann
18,21—21,10	17,41—20,30	9,48—10,40	Fische

Wenn die Sonne im Zeichen Wassermann steht, steigt im Osten auf:

am 21. I.—31. I.	am 1. II.—10. II.	am 11. II.—19. II.	
10,00—10,52	9,20—10,12	8,40— 9,32	Widder
10,52—12,01	10,12—11,21	9,32—10,41	Stier
12,01—13,50	11,21—13,10	10,41—12,30	Zwillinge

13,50— 4,21	13,10—15,41	12,30—15,01	Krebs
16,21—19,10	15,41—18,30	15,01—17,50	Löwe
19,10—22,00	18,30—21,20	17,50—20,40	Jungfrau
22,00—24,50	21,20—24,10	20,40—23,30	Waage
0,50— 3,39	0,10— 2,59	23,30— 2,19	Skorpion
3,39— 6,10	2,59— 5,30	2,19— 4,50	Schütze
6,10— 7,59	5,30— 7,19	4,50— 6,39	Steinbock
7,59— 9,08	7,19— 8,28	6,39— 7,48	Wassermann
9,08—10,00	8,28— 9,30	7,48— 8,40	Fische

Wenn die Sonne im Zeichen Fische steht, steigt im Osten auf:

am 20. II.—28. II.	am 1. III.—10. III.	am 11. III.—20. III.	
8,05— 8,57	7,25— 8,17	6,45— 7,37	Widder
8,57—10,06	8,17— 9,26	7,37— 8,46	Stier
10,06—11,55	9,26—11,15	8,46—10,35	Zwillinge
11,55—14,26	11,15—13,46	10,35—13,06	Krebs
14,26—17,15	13,46—16,35	13,06—15,55	Löwe
17,15—20,05	16,35—19,25	15,55—18,45	Jungfrau
20,05—22,55	19,25—22,15	18,45—21,35	Waage
22,55— 1,44	22,15— 1,04	21,35— 0,24	Skorpion
1,44— 4,15	1,04— 3,35	0,24— 2,55	Schütze
4,15— 6,04	3,35— 5,24	2,55— 4,44	Steinbock
6,04— 7,13	5,24— 6,33	4,44— 5,53	Wassermann
7,13— 8,05	6,33— 7,25	5,53— 6,45	Fische

DER ASZENDENT UND SEINE WIRKUNG IN DEN ZWÖLF ZEICHEN

1. Im Zeichen Widder

Die Wesenart unterm Widder als aufsteigendem Zeichen ist selbstbewußt, ichbewußt, geltungsbedürftig und auf Anerkennung und Auszeichnung bedacht. Die Temperamentsanlage ist lebhaft, feurig, aktiv, impulsiv, unternehmend. Das Benehmen manchmal „rauh, aber herzlich" bis brüsk, jedenfalls immer sehr bestimmt, und man kann nicht gerade behaupten, daß diese Menschen anpassend oder gar nachgiebig wären!

Doris Day

Die positivste Seite am Widder-Geborenen ist die Begeisterungsfähigkeit für eine Idee nebst dem Schwung und dem Optimismus in der Durchführung. Diese Tatsache sichert ihm in den meisten Fällen den Erfolg und den Aufstieg. Widder-Menschen sind für unbekümmertes Zupacken, für Handeln, und nicht selten setzen sie sich ganz automatisch an die Spitze eines Unternehmens.

Der Optimismus eines Widder-Geborenen kann mitreißend sein. So sehr aber die Tat begeistert, das Neue und Unbekannte lockt, so zeigt sich doch in der Durchführung einer Sache auf lange Sicht wenig Ausdauer und noch weniger Geduld. Die psychische Willenskurve ist äußerst intensiv, rasch ansteigend, fällt aber nach einiger Zeit ab. Die Empfindlichkeit des (Kopf-)Nervensystems bei Überanstrengungen zeigen sich dann sehr bald. Ebenso schnell aber regeneriert sich der Körper wieder.

Außer dem Mangel an Geduld und der schnellen, aufflackernden Erregbarkeit ist eines der Haupt-Symptome dieses Zeichens die geistige Unruhe und Rastlosigkeit, das körperliche Verlangen nach Bewegung. Nichts ist für einen echten Widder-Geborenen schwieriger, als längere Zeit bei einer gleichbleibenden Tätigkeit auszuharren. Sobald Ideen, Ziele oder Pläne durchgeführt sind und eine Sache läuft, verliert der ,,Widder-Typ'' das Interesse daran. Dies ist so häufig anzutreffen, daß ein Widder-Schicksal immer voller Berufswechsel, Wechsel der Positionen, Wechsel des Wohnortes, ja sogar Wechsel der Partner in Liebe, Ehe und Freundschaften erfüllt ist.

Man wird hierbei die Lebensjahre bis zum 30. als besonders unruhig vorfinden, und das erste Jugenddrittel zeigt eine ganz besondere Dynamik, oft schon mit sehr frühen sozialen Aufstiegen.

Das Bedürfnis, Sport zu treiben, zu reisen, zu wandern, den Gesichtskreis zu erweitern, fällt geradezu auf. Es kommt dem Widdermenschen hier weniger auf die Besinnlichkeit des Erlebens an, sondern weit eher auf die Intensität, denn dieses Zeichen ist im Sinne der Prof. Jung'schen Typen-Psychologie ,,extravertiert'', also nach außen gerichtet. Schwung, ,,Tempo'', Tätigkeitsdrang, Erleben der Schnelligkeit (Motorsport! Rennfahren, Fliegen), Vielfältigkeit der Ideen — das alles sind typische Widder-Symptome.

Ein weiteres und immer wieder anzutreffendes Kennzeichen unter diesem Aszendenten ist die Freiheits- und Unabhängigkeitsliebe des Widder-Geborenen. Sie äußert sich besonders in dem Verlangen nach persönlicher Ungebundenheit, das ihn selten auf längere Zeit in abhängigen Berufspositionen ausharren läßt. Das Zeichen strebt in höchstem Maße die Selbständigkeit an. Das Verhalten innerhalb der Gemeinschaft (zuweilen auch in der Ehe) wird leicht autoritär, duldet wenig Widerspruch. Gerade Widerspruch reizt den Widdergeborenen zu Heftigkeit und Jähzorns-Ausbrüchen. Natürlich kommt es hier sehr auf das Gesamthoroskop an, und es kann viele Faktoren geben, die die Heftigkeit des Marszeichens Widder mäßigen oder mildern, da es einen weitgespannten Radius besitzt, der vom unerschrockenen Unternehmer und Anführer-Typ bis zum unüberlegten Wirrkopf reicht.

Der Grund liegt darin, daß diesem Zeichen symbolisch die Planeteneinflüsse des Mars entsprechen. Die Widder-Impulse sind daher auf Handlung, Aktivität, Durchsetzung, Unerschrockenheit, Begierde, Leidenschaft, Kraftäußerung, Draufgängertum, Übertreibungen, Aggressivität gestellt. Es kommt außerordentlich viel auf die Gesamtkonstellation im individuellen Horoskop eines Widder-Geborenen an, ob diese Motive des Willens- und Tatmenschen harmonisch oder disharmonisch (übersteigert) veranlagt sind. Im letzten Fall begegnen wir jener sattsam bekannten Widder-Veranlagung, die mit dem Kopf durch die Wand die Devise: „Jetzt erst recht!" verkörpert. Wir finden dann dieses Moment der rohen Gewalt bei allen Raufhändeln, Kontroversen wieder. Abgebremst und intellektuell gesteuert ergibt es den Widder-Typ, der in allen militanten, autoritären Berufsgattungen wiederkehrt. Nirgendwo ist die ausgewogene Mischung von Wille plus Intellekt wichtiger als gerade beim Widder-Geborenen! Die Krankheitseinflüsse unter diesem Zeichen betreffen häufig die Kopforgane, insbesondere Gehirnkrankheiten, Kopfkongestionen (Blutandrang), Kopfschmerzen, Ohnmachten, Schwindel, ferner fiebrige und entzündliche Krankheiten, Verletzungen von Kopforganen, Schädelbruch (bei Unfällen), überhaupt Unfall-Tendenz durch Waghalsigkeit.

Die Berufseignung unterm Marszeichen Widder liegt vielfach im Technischen. Aber auch alle Berufsgattungen und Handwerke, die mit Feuer, Stahl, Eisen, Metallen (Schlosser, Schmiede, Schweißer, Dreher, metallverarbeitende Berufe) zu tun haben, aber auch Elektrotechniker, Mechaniker, Chauffeure, Maschinisten, Verkehrsbeamte und Angestellte, Chemiker, Physiker, schließlich auch alle militanten Berufe (Polizei, Militär, alle waffentragenden Berufe) sind prozentual stark unterm Widder anzutreffen. Man muß jedoch auch hier stets das gesamte Horoskop in all seinen Einflüssen beachten, denn niemals zeigt ein einzelnes Zeichen die wirkliche Befähigung an.

Bing Crosby

2. Im Zeichen Stier

Wir erinnern uns sowohl hier wie bei jedem der weiterhin besprochenen Tierkreiszeichen, daß zwar ein Mensch mit Aszendent Stier ein sogenannter „Stier-Typ" ist, daß es aber bei genauerem Zusehen keine absoluten „Typen" geben kann. Jeder Mensch trägt die vielfältigsten psychologischen Mischungs-Elemente in sich. Wir können also im besten Falle wieder nur von einem „gemeinsamen Nenner" sprechen.

Hierzu gehört beim Stier-Geborenen ein Motiv der Ruhe, der Beständigkeit, Ausdauer, Geduld, Beharrlichkeit und der ruhigen Überlegung, die die Folgen einer Tat oder einer Entscheidung zu übersehen vermag. Ein Stier-Geborener ist also in den meisten Fällen konservativ, und — im Gegensatz zum Widder-Geborenen — vermag er eine einmal begonnene Sache mit unendlicher Geduld zu Ende zu führen.

Dieses Symptom der Beharrlichkeit hat allerdings auch seine Schattenseiten, denn oft genug artet es in Hartnäckigkeit, Starrsinn, Eigensinn oder überhaupt in einen Mangel an Anpassungsfähigkeit aus. In der Tat schafft sich der Stier-Geborne manche Feinde durch seine Unnachgiebigkeit und seine dogmatischen Ansichten.

An sich zeigt das Zeichen Stier äußerlich viel Ruhe und verhaltene Kraft. Aber auf dem Grunde dieser scheinbaren Ruhe lauert eine sehr explosive, jähzornige und rechthaberische Note, die dann zum Durchbruch kommt, wenn der Stier-Geborene durch Angriff, Reizung oder Widerspruch aus seiner Reserve herausgelockt wird.

Trotzdem also viele Stiermenschen ein recht freundliches, ruhiges, ja sympathisches Wesen zeigen, werden sie außerordentlich unnachgiebig und eigenwillig, für bessere Ratschläge völlig taub, wenn man ihren latenten Widerspruch reizt. Dies wirkt sich besonders im Berufs- und Eheleben aus.

Eine allen Stier-Geborenen gemeinsame Veranlagung ist der Hang zu wirtschaftlicher Sicherung, zur Erhaltung des Erworbenen oder Erreichten und die Vorliebe für ein Ausruhen auf den Früchten des Erreichten. Zutiefst in seinem Inneren verlangt der Stier-Geborene nach Ruhe, Behaglichkeit, Bequemlichkeit, und er schätzt den Lebensgenuß in jeder Form, wobei natürlich die irdischen Freuden am begehrtesten sind, denn Stier ist das Zeichen der Materie, der Stofflichkeit und der Bindung an diese Materie. Ob es nun Tafelfreuden oder die Freuden der Liebe sind, ob es Natur-, Musik- oder Kunstgenuß oder auch nur die Freude am Geld und Besitz ist — immer strebt der Stier-Geborene zum realistischen Blickpunkt auf die Dinge, und philosophische Theorien oder saftlose Abstraktionen finden keinen Beifall bei ihm.

Dem Zeichen Stier haftet keine wendige Leichtigkeit oder Schwerelosigkeit an. Manchmal neigt es sogar zu einer gewissen Trägheit, Schwerfälligkeit, ja zum Phlegma. Obwohl schwer erregbar, ist es auch schwer zu beruhigen, falls einmal Mißtrauen geweckt wurde. Im Geistigen klebt es manchmal am Buchstaben, am Dogma oder den Einzelheiten einer Sache! Zeigt sich nun im Horoskop eine Auflockerung durch andere Einflüsse, so ergeben sich vielfach künstlerische Befähigungen, insbesondere auf dem Gebiet der Musik (Gesang), der bildenden Künste, Architektur, Bildhauerei — überhaupt derjenigen Künste, die mit dem Stoff, der Materie, zu ringen haben.

Dieser Einfluß entspricht dem Planeten-Symbol Venus, der Herrscherin über die Künste, die Liebe, den Lebensgenuß in jeder Form wie überhaupt aller Diesseitsfreudigkeit. Mit Zähigkeit hängt der Stier-Geborene daher am Leben, und mit wirklicher Hingabe vermag er die Freuden des Lebens zu genießen. Während andere vom Ehrgeiz verzehrt werden, greift der Stiergeborene niemals nach den unerreichbaren Sternen, sondern begnügt sich mit dem Naheliegenden, Erreichbaren, oft mit einer gemütlichen, gepflegten Häuslichkeit im Kreise der Familie.

Beruflich zeigt sich auffallend der Hang zum „Sicheren", zur Realität, am unmittelbarsten daher auch zum Geld, zum Bankwesen, zur Finanz- oder Vermögensverwaltung. Als Studium interessieren die Naturwissenschaften, Chemie, Physik, Pharmazeutik. Ferner Architektur.

Der gut entwickelte Form- und Schönheitssinn drängt mitunter zu Modeberufen (Schneiderei), aber auch zu „verschönernden" Berufsgattungen, wie Kosmetik, Parfümerie, Schmuck, Dekoration, Modeartikeln etc. Einen auffallend großen Anteil stellen die Lebensmittelhändler, Genußmittelgeschäfte, überhaupt alles, was den Körper nährt und kleidet, dar. Eine weitere Kategorie finden wir in den „erdgebundenen" Berufszweigen, wie Gartenbau, Landwirtschaft, Bergbau etc.

Die künstlerischen Einflüsse des Stierzeichens zeigen sich mit hoher Prozentziffer in den Bühnenberufen, insbesondere aber bei den Bühnensängerinnen (Koloratursängerinnen), Schlagerkomponisten, Instrumental-Virtuosen, denn die Musik ist eine Art Naturbegabung unterm Stierzeichen. Körperlich macht der Aszendent Stier sehr widerstandsfähig, oft robust. Häufig aber sind einmal eintretende Erkrankungen dann auch chronischer Natur. Auffallend sind immer ein starker, kurzer Hals mit fleischigem Nacken (Stiernacken"), breite Nasenwurzel mit verhältnismäßig kurzer Nase, untersetzte Körpergestalt. Frauen unterm Zeichen Stier sind häufig sehr hübsch, „rundlich" und neigen später zum „Embonpoint". Die Krankheiten befallen den Hals, Rachen, Kehlkopf, die Mandeln, Diphterie, ferner neigt das Zeichen sehr zu Infektionen. Auch innere Kopfhöhlenorgane (Mittelohr, Nase, Polypen, Augenleiden, Drüsenleiden) kommen immer wieder vor. Kropfleiden sind geradezu gehäuft. Bei Frauen zeigen sich Unterleibserkrankungen (sehr oft ovariale Erkrankungen!). Der Stoffwechsel ist mitunter träge (Verstopfung!), daher entsprechende Leiden, wie Diabetes, Gicht usw.

Schicksalsmäßig ereignet sich selten vor dem 30. Lebensjahr ein finanzieller Aufstieg.

3. Im Zeichen Zwillinge

Alexis Smith

Auch dieser Aszendent zeigt für die unter ihm Geborenen eine Fülle gemeinsamer grundsätzlicher Wesenszüge, von denen wir als die auffallendsten die große Beweglichkeit im Geistigen, die psychische Zwiespältigkeit und Unentschlossenheit, die Vielgeschäftigkeit und die Vielseitigkeit der Beziehungnahme zur Umwelt herausgreifen möchten.

Dieses überaus bewegliche, findige und intellektuelle Zeichen verleiht den unter ihm Geborenen eine innere Ruhelosigkeit und eine Vielseitigkeit der Interessen, Neigungen, Befähigungen, daß sich notgedrungen ein Mangel an Konzentration ergeben muß, weshalb der Zwillings-Geborene sehr oft im Leben, wie man so sagt, „zwischen zwei Stühle zu sitzen kommt", worunter die Neigung zu mehreren Berufstätigkeiten, zu Parallelbeziehungen in Liebe, Freundschaften, Ehe zu verstehen wäre.

Wohl die auffallendste Charaktereigenschaft am „Zwillings-Typ" ist labile Gemütslage, das Schwanken der Gefühle, Empfindungen, Stimmungen und die damit zusammenhängende Reizbarkeit im Psychischen.

Der Grund hierzu liegt in einer Sensitivität des Nervensystems, wodurch der Zwillings-Geborene auf innere wie äußere Eindrücke raschestens anspricht. Verfeinerung des Nervenkomplexes bedingt hier „Ruhelosigkeit", andererseits aber auch schnellste Reaktionsfähigkeit. Geistig zeigt sich immer wieder eine äußerst wache, scharf erfassende und gut beobachtende, manchmal witzige bis satyrische Intellekt-Anlage. Das Wort „Zwillinge" besagt schon an sich einiges über die symbolische Doppelnatur dieses Zeichens, etwa im Sinne der „zwei Seelen in der Brust", aber auch im Sinne einer gewissen Doppelzüngigkeit, List und Anpassungsfähigkeit, die man auch als „Diplomatie" bezeichnen könnte. Herrscher dieses Zeichens ist der wort-, sprach- und schreibgewandte Merkur, das klassische Symbol des „Götterboten". Es ist ja bekannt, daß Zwillingsmenschen selten „ruhig sitzen" können, denn sie haben eine ganz ausgesprochene Lust am Reisen, am Verändern der Gesichtspunkte, an neuen Eindrücken, Erfahrungen und Entdeckungen.

Die Wißbegier, Neugierde, die Lust am Lernen, Forschen, Studieren ist nirgends stärker als gerade hier ausgeprägt. Es kommt aber auch hier mehr als anderswo auf die Lagerung des gesamten Horoskops an, denn der Radius des wißbegierigen Merkur reicht bekanntlich vom Alltagsgeplapper und Neuigkeiten-Tratsch bis zum wirklich künstlerischen, originellen und erfinderischen Talent.

Man wird nun unter Zwillingsmenschen niemals Fanatiker finden. Sie huldigen stets einer ungebundenen, undogmatischen Mentalität,und ihr innerstes Wesen ist viel zu sehr aufgelockert, ja manchmal beziehungslos, was ihnen dann den Vorwurf des „Hans in allen Gassen" einträgt. Tatsache ist allerdings, daß beim Zwillingstyp nicht so sehr das Gemüt die erste Geige spielt, sondern weit eher der nüchterne Intellekt, wodurch er befähigt ist, leidenschaftslos die zwei Seiten einer Sache zu sehen. Geistige Gewandtheit und ein gewisser Mangel an innerer Bindung lassen ihn niemals völlig an Dingen, Personen, Begriffen, Weltanschauungen haften. Alles ist hier im Fluß, und wer diese eigenartige, zwiespältige Veranlagung nicht versteht, wird einen Zwillingstyp wohl als „seicht" oder oberflächlich bezeichnen.

Der Hang, auf mühelose Weise Beziehungen, Bekanntschaften, Verbindungen anzuknüpfen, liegt hier von Jugend auf im Blut. Er will immer mehreres zugleich, oft genug zuviel auf einmal,und notgedrungen ergibt sich dann ein Oberflächenwissen, ein „Mitreden-können" über alle möglichen Gebiete des Wissens und des Lebens. Dieses Wissen ermangelt aber des öfteren bei genauerem Zusehen der Tiefgründigkeit. Auf den ersten Blick schillert und brilliert dieser intellektuelle Schmuck in allen Farben,und das trägt dem echten Zwillingstyp den Ruf eines glänzenden Gesellschafters ein.

So ist der Zwillings-Geborene häufig genug dem „Betrieb" in jeder Form verschrieben. Das Neue, die Neuigkeit, das Tagesgespräch, die letzte Meinung, das „Heute" steht ihm näher als das Gestern — die Nachahmung mehr als das Original.

Es ist also mehr als erwünscht, daß im individuellen Horoskop der Merkur eine tiefgründigere Position bezieht. Ähnlich wie sich im fließenden Wasser kein Moos bilden kann, so gelangt auch der Zwillingstyp nur schwer zu Besitz und Vermögen, zumindest nicht zu Stabilität im Besitz, denn auf seinem Panier steht der Wechsel, und die Schicksalskurve dieses Zeichens zeigt ein unruhiges Diagramm.

Die Intellekt-Berufe sind die Domäne des Zwillings-Geborenen: Presse, Journalismus, Reporter, Bildberichter, Redakteure, Schriftsteller, Dolmetscher, Übersetzer, aber auch Pädagogen, Lehrer, Verleger, Buchhändler. Ein ganzes Heer von Zwillingsbeeinflußten finden wir in den kaufmännischen Berufen, wie Sekretäre, Stenotypistinnen, Buchhalter, Angestellte. Schließlich ist das Verkehrswesen, Fernsprechwesen, Telegraphenwesen (Vermittlung), Verkehrsbetriebe, Post, Bahn, Reisebüros, aber auch das Flugwesen (Stewardessen, Piloten, Bordfunker usw.) stark vertreten.

Unter den Künsten finden wir die Literatur, zuweilen auch Maler (diese aber mehr als Vertreter der „angewandten Künste": Graphik, Plakatkunst), sehr oft auch Tänzer (Gymnastik), im Ballett und Revuen vertreten. Wiederum ein Zweig angewandter Künste zeigt sich im Lichtbildwesen, Photokunst, Bühnenbildner, Bild-Reportagen für die Presse!

Eine dem Zwillingszeichen besonders verbundene Sparte zeigt sich in den Agenturen, Vermittlungen, Vertretungen, Reisenden, Generalagenten, Vertrieben (Zeitschriftenvertriebe!!), Makler, wie denn immer wieder das Motiv des Reisens, Fahrens, Fliegens, der Vermittlung und des Austausches ersichtlich ist. Im Handwerk wirkt der Zwillingseinfluß verfeinernd: Feinmechanik, Optik, Präzisionsmechanik, denn hier kommt es auf Fingerspitzengefühl und Handfertigkeit an, auch spricht hier das intellektuelle Moment mit.

Als Erkrankungen finden wir sehr häufig solche der Lungen, Bronchien, (Lungenentzündung, Bronchitis!!). Verletzungen der Finger, Hände, Gliedmaßen kehren auffallend oft wieder. Desgleichen katarrhalische Erkrankungen, Rippenfellerkrankungen, Luftröhrenkatarrh, Neuralgien, Nervenleiden, Neurasthenie, nervöse Störungen vielfältigster Art, manchmal auch Neurosen und Psychosen (nervöses Asthma!!), ferner Hüftleiden, Ischias.

Schicksalsmäßig zeigt sich als Haupt-Symptom: Orts- und Wohnungswechsel, Stellenwechsel, Berufswechsel, Ehe-Krisen, Scheidungen, mehrere Ehen.

4. Im Zeichen Krebs

Ginger Rogers

Der Krebs-Aszendent verleiht den unter ihm Geborenen eine etwas widerspruchsvolle Charakternote, die von einem Außenstehenden nicht leicht und auch nicht auf Anhieb zu durchschauen ist.

Das wirklich Gemeinsame an den Krebs-Geborenen ist ihre psychische Empfindlichkeit und Launenhaftigkeit, mit denen nicht nur ihre Umgebung, sondern auch sie selbst heftig zu kämpfen haben. Ein merkwürdiges Dilemma kennzeichnet die Handlungsweise eines echten Krebs-Typs: Einesteils will er beachtet sein und beruflich wie gesellschaftlich aufsteigen — andererseits aber scheut er infolge seiner seelischen Feinfühligkeit und Empfindlichkeit die Öffentlichkeit und das Auffallen an prominenter Stelle. Es scheint, als ob diesem Zeichen das gesunde natürliche oder unproblematische Selbstbewußtsein fehlt, denn fast immer benötigt der Krebs-Geborene die ,,Bestätigung'' von außenher, und Lob, Beifall oder Anerkennung können ihn sehr aufmuntern.

Zeitlebens schleppt mancher feinfühlige Typ dieses Zeichens einen geheimen Minderwertigkeitskomplex mit sich herum, und der Neurosen und Psychosen unter diesem Zeichen sind viele, die aber durchwegs der Anfälligkeit des psychischen Komplexes entspringen.

Außer dieser schwankenden Selbstbehauptung (die manchmal in eine Überkompensation ausartet) zeigen sich noch manch andere charakterliche Widersprüche: Teils sucht der Krebsmensch leidenschaftlich das ,,Du'' oder den Anschluß an die Gemeinschaft, teils aber auch flieht er manchmal diese Gemeinschaft und zieht sich dann unvermittelt in sein seelisches Schneckenhaus zurück.

Teils scheint er sehr gefügig auf den ersten Blick, ja liebenswürdig, entgegenkommend oder sogar ,,weich'' zu sein, teils aber kann er außerordentlich autokratisch werden und lehnt sich dann jeglicher Unterordnung oder Führung gegenüber auf. So sieht man ihn anscheinend nachgiebig und bald darauf wieder selbstbewußt, ja ,,arrogant''. Dies alles ist für den erkennenden Kosmo-Psychologen nichts anderes als eine wechselnde innere Unsicherheit, eine stete Labilität und Verletzbarkeit des Gemüts, das von Schüchternheit und Reizbarkeit bis zum Verlangen, eine Rolle zu spielen, hin- und herpendelt.

Man wird aber diesen vorwiegend psychologischen Hemmungen kein großes Gewicht beimessen dürfen, denn genau genommen ist der Krebs-Geborene doch äußerst verlässig, arbeitsam, ja peinlich genau und stets bedacht, seine Mitmenschen nicht zu enttäuschen.

Trotz Unbeständigkeit in den Beziehungen zur Umwelt hängt er sehr an seinen Idealen und wirklichen inneren Zielen. Äußerst unähnlich dem Zwillings-Typ, der vom Intellekt her gesteuert wird, handelt der Krebstyp ausschließlich aus seinem Gefühl heraus. Und oft genug schädigt er sich dadurch selbst.

Das herrschende Planetensymbol des Zeichens Krebs ist der Mond,und damit haben wir bereits die plausible Erklärung für die anscheinende Wankelmütigkeit und Launenhaftigkeit dieses Zeichens, denn der Mond symbolisiert ja nichts anderes als den Wechsel und in seinen einzelnen Phasen jenen Rhythmus des Vor- und Zurück, des Auf-Ab, wie wir ihn in erstaunlichem Maße im Schicksal des Krebs-Geborenen wiederfinden.

Selten, daß ein Krebs-Geborener eine stabile Schicksalslinie aufweist. Immer gibt es Total-Veränderungen, Umstellungen, Umbrüche und vor allem: Neubeginne. Erstaunlich ist dabei nur, daß er niemals völlig scheitert, sondern immer wieder aufs neue einen Ansatzpunkt gewinnt, dem dann auch rhythmisch wiederum der Aufstieg folgt.

Sobald der Krebstyp mit Gefühlen, Empfindungen oder Gemüt an einer Sache beteiligt ist, wird er zäh, ausdauernd, hartnäckig bis eigensinnig. Er kann dann wirklich zielbewußt, ja rücksichtslos handeln. Wiederum ein merkwürdiger Charakterzug, der andere Menschen manchmal vor den Kopf stößt, ist seine Eigenart, ohne wirkliche Prüfung und nur auf den äußeren Anschein oder Augenschein hin fremde Menschen à priori zu beurteilen oder fallen zu lassen. Der Krebsgeborene selbst wird zwar behaupten, daß sein Urteil völlig „intuitiv" sei, aber oft genug erweist es sich, daß es den Tatsachen nicht entspricht, sondern weit eher seinen Sympathien oder Antipathien, die freilich sehr ausgeprägt sind. Selbstverständlich aber besitzt das Zeichen Krebs an sich Intuition.

Unbestreitbar liegt der Hauptvorzug dieses Zeichens in der Liebe zur Natur, zu Schönheit und zur Harmonie. Immer sucht der Krebs-Geborene in erster Linie die Harmonie und niemals den Streit. Auch die notwendigen und ersehnten Dinge dieser Welt erkämpft er sich nicht durch robuste Gewalt oder Aggression, sondern weit eher durch ein teils „diplomatisches Nachgeben", dem im letzten Grunde aber doch „sanftes Wollen" zugrunde liegt, denn man täusche sich niemals über die anscheinende Nachgiebigkeit eines Krebstyps!

Das Unangenehmste an diesem Zeichen, das dem Krebs-Geborenen selbst am meisten zu schaffen macht, ist die seelische Erregbarkeit und Unbeständigkeit im Wollen.

Beruflich finden wir unter diesem Zeichen eine Menge von Reisenden, Seeleuten, Matrosen, Entdeckungs- und Forschungsreisenden, Ethnographen usw. Auch die freien Berufe sind stark besetzt infolge der Vorliebe zur Ungebundenheit. Nach den dreißiger Lebensjahren stabilisiert sich manches! Geschäftstüchtigere Krebstypen sind im Handel zu finden, auch als Gastwirte, Restaurateure, im Hotelfach, als Reeder, im Getränkehandel und im Vergnügungssektor. Gehobenere Berufe sind solche innerhalb der Wirtschaft, der Industrie, im Reiseverkehr. Künstlerische Berufsgruppen sind Bühne (sehr viele Schauspieler!), ferner Schriftsteller, Novellisten, aber auch Bibliothekare, Sammler, Archäologen, Antiquare, Altertumshändler, Historiker und Kunstexperten.

Die Erkrankungen dieses Zeichens betreffen mit Vorliebe das Verdauungssystem, insbesondere Magen (nervöser Magen, Magengeschwüre!), Brustkrankheiten, Krebsleiden, Rheuma, Gicht, Leberleiden, Gemütsleiden, Hypochondrie, Gastritis, Magensenkung, Magenerweiterung, Darmgeschwüre, Gelbsucht, Magenkrämpfe, Übersäuerung des Magens.

5. Im Zeichen Löwe

Ann Blyth

Allen Menschen, die unterm „königlichen" Zeichen Löwe geboren wurden, eignet mehr oder minder ein ausgeprägtes Selbstbewußtsein, ein innerer Wille zur Selbstbehauptung, zur Persönlichkeits-Durchsetzung, zum Selbstvertrauen und damit natürlich auch eine ziemliche Dosis Ichbetontheit und Stolz.

Herrscher des Zeichens Löwe ist die Sonne, und es kommt hier in ganz besonderem Maße darauf an, wie die Sonne im Horoskop eines Löwe-Geborenen konstelliert ist, denn es gibt wahrhaft generöse, großmütige, unerschrockene und selbstbewußte Menschen unter diesem Zeichen. Es gibt aber ebenso Löwen von sehr kleinem Format, die das Fehlen dieser positiven Eigenschaften mit Großspurigkeit, „Angabe", mit Bramarbasieren und Aufschneiden kompensieren.

Es ist aber überwiegend so, daß Menschen aus diesem Zeichen aus dem Vollen schöpfen wollen, denn die angeborene Großzügigkeit, der innere Schwung, das Verlangen nach Luxus und repräsentativem Rahmen um die eigene Persönlichkeit lassen sich selten vermissen. Im positiven Löwe-Typ zeigt sich dies alles als Fülle, Kraft, Macht, Führung — im negativen aber als Übersteigerung und Disharmonie, als „Fassade", so daß beim letzteren der Abenteurer-Typ, der eitle Angeber erwacht.

Immer versucht der echte Löwe-Geborene die materiellen wie persönlichen Grenzen der Persönlichkeit zu sprengen, um die Weite, die Fülle, den Reichtum, die Schönheit in vollsten Zügen zu kosten. Das beweisen die wahrhaft königlichen Löwe-Typen: Der „Sonnenkönig" Ludwig XIV. und der Bayernkönig Ludwig II., um nur einige von vielen königlichen Horoskopen herauszugreifen.

Noch der kleinste, unscheinbare Löwe-Typ versucht, seinem Ich einen würdigen, verfeinerten, etwas luxuriösen Rahmen zu verschaffen. Und auch im alltäglichen Leben hat er einen Funken von Stolz und Selbstbewußtsein, der niemals zu unterdrücken ist, auch dann nicht, wenn er in materiell eingeengten Verhältnissen zu leben gezwungen ist. Irgendwann aber verhilft ihm sein „königlicher Stern" zu einem Aufstieg innerhalb seiner Sphäre. Dies ganz besonders dann, wenn Aszendent oder die Sonne im Horoskop in Nähe des Fixsterns Regulus (27 Grad Löwe) befindlich wäre, was bei allen Löwen-Geborenen um 22.—23. VIII. (mit der Sonne um 27 Grad Löwe) der Fall wäre. Natürlich kommt aber trotzdem das ganze Horoskop in Frage, um die wirkliche Kraft des Zeichens Löwe abschätzen zu können!

Im allgemeinen will jeder Löwe-Typ eine Rolle spielen, gleichgültig auf welchen Lebensgebieten, denn dieses Zeichen verlangt gebieterisch nach Anerkennung, Beifall, Lob, Aufstieg im Sozialen wie Beruflichen. Dies wäre also der gemeinsame Nenner aller Löwe-Typen

Im Beruf will dieser Typ die Selbständigkeit, die Führung, Leitung und Organisation. Tatsächlich findet man ihn oft in führenden oder staatlichen Positionen, bei Behörden, Ämtern, sehr oft aber beim Militär, wo er rasch hohe Rangstufen erreicht, denn das Zeichen birgt in besonderem Ausmaß das autoritäre Prinzip.

Die Berufsbegabung entfaltet sich also am besten in leitenden oder Vertrauenspositionen; Löwe verlangt nach Ansehen, Geld, Reichtum, großzügigem Rahmen. In auffallend starker Weise sind die künstlerischen

Berufsgattungen vertreten: Schauspiel, Bühne, Schausteller, Kabaretts, denn Lebensgenuß, Kunstgenuß, Vergnügen sind ein Bestandteil dieses nach der „Typen-Psychologie" Prof. Jungs als „extraviertem" Zeichen charakterisierten Einfluß des „Nach-außen-Lebens".

Die größte prozentuale Berufsziffer liegt aber (außer Militär, Repräsentation) in den Positionen als Großkaufmann, Großindustrieller, Kaufleute der Textil- und Seidenbranche, ferner für Parfümerie oder Schmuck (Juweliere, Goldwaren, Bijouterie, Uhren, Goldschmiede!!). Unter den wissenschaftlichen Berufsgattungen zeigt sich am häufigsten der Arzt. Auch leitende Chefärzte, Leiter von Sanatorien etc., wie überhaupt die öffentlichen Positionen äußerst zahlreich sind. So z. B. auch Direktoren, Generaldirektoren, Amtsvorstände, der höhere Staatsdienst, aber auch Verbands-Vorsitzende, Vereins-Repräsentationen, Fabrikanten und Unternehmer selbständiger Art, Gerichtsbeamte, Verwaltungsbeamte.

In allen Fällen, selbst beim kleinsten Start und aus kleinen sozialen Verhältnissen heraus, drängt der Löwe-Typ zur Expansion und zum Aufstieg, wobei der Wagemut und das innere Selbstbewußtsein entscheidend beteiligt sind. Schwierigkeiten werden mit gewissem Elan genommen, Kampf-Motiven wird nicht ausgewichen.

Die Erkrankungen unter diesem Aszendenten beziehen sich sehr oft auf das Herz (Herzmuskel, Hypertrophien, Kreislaufschäden, Myocardschäden, Angina pectoris, Herzasthma usw.). In zweiter Linie ist die Kreuzgegend (Kreuzschmerzen, Rückenmarksleiden) labil. Mitunter Blutleiden, Adernsystem (Aorta!).

Schicksalsmäßig zeigt sich bei diesem Aszendenten nach dem 35. Lebensjahr ein gewisser Aufstieg und größere Selbständigkeit, während im ersten Lebensdrittel oft eine Abhängigkeit oder eine Disharmonie durch die Verhältnisse im Elternhaus (Vater!) besteht.

6. Im Zeichen Jungfrau

Der Aszendent in diesem Zeichen des Intellekts, der Methodik, Genauigkeit, Überlegung, Kalkulation, symbolisiert ein Motiv der Nüchternheit, der Realistik und des berechnenden Denkens, das sich nicht leicht in spekulativen Ge-

Greta Garbo

dankengängen verliert, sondern Dinge und Menschen mit kühl beobachtender Reserve registriert.

Junfrau-Geborene zeigen als gemeinsamen Nenner ihres Wesens fast immer Logik, Systematik, Gründlichkeit, Kritik. Falls die Gesamtveranlagung mehr ins Negative dieses Zeichens zielt, haben wir die geborenen Kritikaster, Nörgler oder Pedanten vor uns. Dies ist mehr oder minder der dominierende Einfluß des Herrschers dieses Zeichens, des Merkur. Hatte der Merkur in seinem Zeichen Zwillinge (wo er ebenfalls herrscht) die Wendigkeit, die wechselnden Eindrücke, die Vielfalt verursacht, so wandelt er sich im Zeichen zum kritischen Prüfer alle Dinge, zum genauen Beobachter und Detaillisten.

Man sagt dem Zeichen daher eine gewisse Humorlosigkeit, Sprödigkeit, Nüchternheit in jeder Form nach. Tatsächlich zeigen viele Jungfrau-Geborene die eine oder andere Schattenseite dieses eindringlichen merkuralen Intellekts, der sich niemals von den Gefühlen überrumpeln läßt.

Das Positive am Jungfrau-Typ ist seine Zuverlässigkeit, seine Anlage zum Vorausberechnen, Einteilen, Ordnen. Er hat immer einen ,,Lebens-Fahrplan'', ein genaues Ziel, das er wiederum in Teil-Ziele zerlegt, ein Tagebuch, einen Plan für Zahlungen, Anschaffungen etc. Nichts begibt sich bei ihm ,,spontan'', und nichts wird dem Zufall überlassen. Das Motiv der kühlen Berechnung, der Nützung und der Planung fehlt in den seltensten Fällen. Diese Art Planung zeigt er nicht nur im finanziellen, wirtschaftlichen und beruflichen Sektor, sondern er ordnet auch sein ganzes Leben in eine als intellektuell richtig erkannte Form ein. So hält er beispielsweise Diät, lebt hygienisch, teilt die Lebenskräfte sorgsam ein und macht keinerlei Kapriolen des Gefühls oder des Herzens. Nicht wenige Nichtraucher, Anti-Alkoholiker, Vegetarier etc. sind unter dem Jungfrau-Einfluß geboren! Mäßigung in allen Leidenschaften ist immer wieder zu erkennen. Man hat die Frauen dieses Zeichens ,,frigid'' genannt, da sie mehr vom Köpfchen als vom Herz diktiert werden, zumindest aber könnte die ,,Jungfrau'' den Flirt erfunden haben, da dieses Zeichen jene ungehemmte, blutvolle Hingabe und das Selbstvergessen seiner Ichbezüglichkeit wie beispielsweise unterm Löwen nicht kennt.

Merkur herrscht in der Jungfrau über die Geschäfte, über Kauf, Verkauf, Organisation, über die nützliche, zweckbedingte Tätigkeit. Geschicklichkeit, schnelle Auffassung, das Erkennen aller Einzelheiten und der Blick für das Kleine, für die Fehler, Schwächen seiner Mitmenschen ist dem Jungfrau-Typ angeboren. Sachlichkeit, Nüchternheit stehen obenan. So drängt der echte Jungfrau-Typ zu den Geschäften, zu Vertrauenspositionen, zur „rechten Hand" seines Chefs, denn er liebt die Selbständigkeit weniger als die Anstellung. Hat er mehr wissenschaftliche Interessen, so studiert er gerne, interessiert sich für Pädagogik, wird Lehrer, Erzieher oder forscht, grübelt, analysiert, zergliedert, untersucht, verwertet. Daher sind die Naturwissenschaften, die Chemie, die Physik, die Nahrungsmittel-Chemie, aber auch die Philologie, die Mathematik ganz bestimmte Fachgebiete unterm Zeichen Jungfrau.

Im rein kaufmännischen oder wirtschaftlichen Sektor finden wir massenhaft die Buchhalter, die Angestellten, die Sekretäre, Registratoren, Buchprüfer, Schriftleiter, Setzer, Korrektoren, Kalkulatoren etc., kurz alles, was Genauigkeit, Sinn für das Detail, Gleichmäßigkeit verlangt. Auch Sammler (Botanik, Zoologie, Minerale etc.), Bücherfreunde, Bibliothekare findet man immer wieder. Frauen sind im Haushalt, im Wirtschaftlichen sparsam, genau. Männer oft pedantisch, übergenau, „schulmeisterlich", prüfend, korrigierend, verbessernd.

Was diesem Zeichen fehlt, ist der Blick auf das Ganze einer Sache. Immer erkennt der echte Jungfrau-Typ zuerst die Einzelheiten und klammert sich daran fest, bevor er das Gesamte betrachtet. Wirtschaftspolitik und Finanzpolitik wäre daher günstig für dieses Zeichen. Beispielsweise steht die Nationalökonomie unter diesem Zeichen.

Persönlich ist der Jungfrau-Geborene meist bescheiden, nicht auffallend, mit trockenem Witz begabt, klug, lernbegierig und rasch auffassend. Unter den Künsten finden wir ihn weniger, dagegen häufig in der Literatur und als Buch- oder Theaterkritiker, Kunstkritiker, Sprachwissenschaftler. Man sagt diesem Typ nach, daß er „am Buchstaben klebe", und mitunter bestätigt sich dies, denn er liebt ein Gerüst, einen Plan, Regeln und Vorschriften.

Bekannt ist der Fleiß und die emsige Methodik dieses Zeichens, die ihm im Leben gute Positionen verschafft, häufig im Staatsdienst oder Behördenwesen, da sein Pflichtgefühl alle Vorschriften genau erfüllt. Die Erkrankungen dieses Zeichens liegen im Verdauungssystem, besonders in den Gedärmen (Dünndarm, Leibkrämpfe, Verdauungsstörungen, Dyspepsie) Bauchfellentzündungen, Wurmkrankheiten, Typhus, Gallenleiden, Leberleiden, Geschwüre, Ekzeme, Blinddarmentzündungen, Blähungen, Darmkrebs, Nervenstörungen und nervös bedingte Krankheiten kommen häufig vor. Starke Eßlust und Überernährung schädigt hier in der zweiten Lebenshälfte! An sich aber ist der Jungfrau-Typ sehr bedacht auf Gesundheit und Hygiene.

Schicksalsmäßig verdankt dieser Typ seinen Aufstieg dem eigenen Können, der Ausdauer, der vorsichtigen Berechnung, der Nützung von

Beziehungen und Verbindungen sowie aller Möglichkeiten, die seinen Lebensweg kreuzten. Hier macht sich jenes intellektuelle Moment („Köpfchen") bemerkbar, das die Gefühle bändigt, zügelt, bremst, zugunsten der sorgsamen Überlegung, ja der Berechnung. Daß der berufliche oder soziale Aufstieg über die Sicherung im Wirtschaftlichen geht, ist anhand des bereits Gesagten genügend klar geworden. Wohlstand und Besitz kommen weniger über Glücksfälle und äußere Zufälle, sondern fast stets nur über emsige Arbeit, Fleiß und geduldige Ausdauer.

Rita Hayworth

7. Im Zeichen Waage

Dieser Aszendent zeigt für die unter ihm Geborenen als gemeinsame charakterliche Basis eine gewisse Verbindlichkeit. Liebenswürdigkeit. Konzilianz, Friedensliebe und einen Hang zum Kompromiß. Insbesondere das letztere ist ein entscheidender Wesenszug, denn in den seltensten Fällen führen die Waage-Typen aggressive Konkurrenzmethoden ins Treffen. Viel eher zeigt sich ein Hang zum Überbrücken von Gegensätzen, zum Ausgleich oder Vergleich.

Die negative Seite dieses Zeichens liegt in einem Mangel an Ausdauer, Durchhältigkeit und Widerstand, denn das Zeichen tendiert überwiegend zum Nachgeben und liebt weder große Auseinandersetzungen noch große Anstrengungen (besonders nicht körperliche!). Dies mag in einer verfeinerten psychischen Veranlagung liegen, die die Ästhetik, alles Schöne, Kultivierte, Beschwingende in den Lebensäußerungen liebt. Wenn dieses Zeichen allzu substanzlos im Horoskop veranlagt ist, so werden die unter ihm Geborenen leicht sorglos, leichtfertig, oberflächlich und huldigen einer Philosophie des „Lavierens". Dies ist auch der Grund, warum man bei manchen Waage-Typen einen gewissen Kern oder inneren Standpunkt vermißt. Die äußere Auswirkung zeigt sich dann in einem Schwanken der Existenz, einem Mangel an Stabilität, die eben nur das Spiegelbild der inneren Labilität darstellt.

Raffiniertere Waage-Typen benützen diese Fähigkeit des „diplomatischen" Lavierens ganz bewußt zu ihrem persönlichen wie beruflichen Aufstieg, indem sie allen Recht geben und keinen festgelegten

Standpunkt beziehen, so daß sie mehr oder minder wahre Lebenskünstler im Ausgleichen der Gegensätze sind (daher das Symbol der Waage!). Sie verstehen es dann auch meisterhaft, Freundschaften und Beziehungen gesellschaftlicher Art zu nützen oder auszuwerten. Im Falle von Konflikten nehmen sie ihren Gegner durch scheinbares Nachgeben den Wind aus den Segeln. Damit ist dieses Zeichen wie geschaffen für das, was man gewöhnlich unter „Diplomatie" versteht.

Waage ist das Zeichen der Venus, jenem Planetensymbol der Künste, der Wesensverfeinerung, der Liebe zum Luxus und zur Kultur, aber auch aller irdischen Freuden der Liebe.

Echte Waage-Typen haben daher eine schillernde Begabung, zeigen gesellschaftliche Fähigkeiten, wirken oft an sichtbarer Stelle und in öffentlichen Berufen, denn das Zeichen hat eine Tendenz zur Persönlichkeitsgeltung, zur Eitelkeit und zur gesellschaftlichen Beachtung. Anerkennung und Beifall, Aufstieg und Beachtung sind der Waage angeboren.

Immer besteht eine Veranlagung, sich zur Geltung zu bringen. Meist auch Rednertalent, ferner scharfe Beobachtungsgabe. Beruflich hat die Waage eine Beziehung zur Jurisprudenz, denn Gerechtigkeit ist das Symbol der sich ausgleichenden Waagschalen. Alle Anwaltsberufe, Gerichtsberufe, Advokaten etc. sind daher hier in besonderem Maße vertreten, denn Leute unter diesem Zeichen verstehen meisterhaft zu schlichten und besitzen in ihren Argumenten ein Moment der List und Überzeugungskraft.

Statistisch zeigten sich unter diesem Zeichen immer wieder Beteiligungen, Partnerschaften, Mitarbeit am Werk anderer. Nicht umsonst ist dieses Zeichen auch symbolisch für die Ehe als engste „Partnerschaft", und Einheiraten, Geschäftsheiraten, Zweckheiraten spielen hier immer eine große Rolle.

Der zweite große Einfluß der Waage tendiert zur Kunst. Viele Maler, Musiker, Schriftsteller, Rezitatoren (= schöne Redekunst!), Vortragende und mitunter auch politische Redner haben markanten Waage-Einfluß. Das Zeichen sucht die äußere Bestätigung, und die Persönlichkeit will innerhalb ihrer gesellschaftlichen Sphäre aufsteigen. Popularität und Ansehen sind nun tatsächlich häufig vorhanden. Die latente Eitelkeit wird oft raffiniert getarnt. Daß man unter der Waage nach Namen, Titeln, Auszeichnungen verlangt, ist eine bekannte Tatsache! Die Verfeinerung durch den Venuseinfluß bringt Talente auf dem Gebiet der Form und der Farbe: Maler, Zeichner, Graphiker, Plakatmaler, Illustratoren, Bühnenbildner, Lichtbildner (dies besonders!), aber auch die Verfeinerung oder Ästhetik in Geste und Ausdruck findet hier berufliche Verwertung: Mannequins, Modeberufe, Tänzerinnen, Gymnastik, Artisten, Equilibristen, Ansager, Theaterberufe, Berufe der Vergnügungs-Industrie. Auch im Handwerk zeigen sich verfeinerte Berufsgattungen (Dekorationsmaler, Friseure, Maskenbildner, Tapezierer usw.) Eine nicht unerhebliche Berufsgattung stellen die Erfinder, Bastler, Gebrauchstechniker, die Alltagstechnik, Telephonie, Radiotechnik, Luftfahrt, Telegraphie dar. Eine Menge Ingenieure dieser Art sind unter der Waage geboren, die außer geistiger Erfindungsgabe auch manuelle Geschicklichkeit verleiht. In der Literatur sind die Novellisten, Kurzgeschichten-Autoren, Roman-Autoren gerne waage-beeinflußt. Erkrankungen zeigen sich mit großer Regelmäßigkeit im Gebiet der Filter- und Ausscheidungsorgane: Nieren, Blase, Leber. Aber auch häufig Venenerkrankungen, Venenentzündungen, Krampfadern, Gefäßleiden, Prostataleiden, Harnsäure-Überschuß, Lumbago (Hexenschüsse), ovariale Erkrankungen, Hautkrankheiten, Kopfnerven-Labilität, Stoffwechsel-Erkrankungen.

Schicksalsmäßig finden wir die Lebensjahre 42—49 besonders aktuell, wobei Ehe-Probleme gerne in diesen Lebensabschnitt fallen. Man hat beobachtet, daß speziell Gemeinschaftskrisen, also Ehescheidungen und Trennungen in den engeren Bündnissen, besonders häufig unter der Waage auftreten, doch kommt zur Beurteilung solcher Fragenkomplexe nur wieder das individuelle Horoskop in Frage!

Diana Dors

8. Im Zeichen Skorpion

Wer unter diesem Aszendenten geboren wurde, zeigt stark ausgeprägte Willens-Energien im Sinne der antreibenden, organisierenden, ausführenden, leitenden und planenden Kräfte. Das Auftreten ist sehr bestimmt, das Wesen unnachgiebig, selbstbewußt, stolz, hartnäckig bis eigensinnig, auch unversöhnlich bis rachsüchtig, wenn verletzt oder gekränkt. Merkwürdig ist die immer wiederkehrende Eigenschaft der Eifersucht, die zu großen und manchmal selbstschädigenden Gefühls-Impulsen Anlaß geben. Psychologisch liegen die Gründe in der übersteigerten Ichgeltung.

Herrscher des Zeichens ist der Mars, das Planetensymbol des Willens und der hartnäckigen Gefühlsimpulse, aber auch der tiefliegenden und äußerst leidenschaftlichen Triebsphäre. Der Skorpion-Geborene ist ebenso zu größter Aufopferung, Hingabe und Liebe, aber auch zu Haß, Rachsucht und Unversöhnlichkeit fähig. Kein anderes Zeichen birgt solche Hintergründigkeit, solche Tiefen, ja Abgründe, aber auch die Möglichkeit zu höchsten Erkenntnissen. Nicht umsonst war es in alten Zeiten das Zeichen der Magier, der Zauberkünstler und Geisterbeschwörer. In der Tat zieht den Skorpionmenschen das Geheimnisvolle, Unerforschte in seinen Bann.

Die Selbständigkeit, das Wissen um die eigenen Kräfte und die innere Vollnatur dieses Zeichens, wird beim negativen Typ zu übertriebenem Stolz, Aufsässigkeit, Mißtrauen, Schläue und List, weshalb sich der Skorpion-Geborene oft so gut zur Erforschung der Geheimnisse anderer Menschen eignet, während er über seine eigenen zu schweigen weiß. Wenn der Mars im Horoskop der Skorpion-Typen zu stark konstelliert ist oder dieses Zeichen von Aspekten verletzt wird, so zeigt sich uns jener rauhe, schroffe, herrschsüchtige, abweisende Typ, der in allen Militär- oder Polizeiberufen anzutreffen ist, denn die marsische Eigenart dieses Zeichens hat nicht die leiseste Anlage zum Kompromiß oder zur Konzilianz, sondern will den Willen durchsetzen, gleichgültig, ob es hierbei zu Aggressionen kommt.

Es gibt allerdings unter diesem Zeichen keine gleichgültigen, kompaßlosen und indolenten Menschen. Die Erfahrung hat gezeigt, daß alle technischen, forschenden, naturwissenschaftlichen, untersuchenden Berufe besonders stark unterm Skorpion befindlich sind.

So finden wir hier eine Menge Chemiker, Pharmazeuten, Apotheker, Physiker, Ingenieure, Techniker, Chauffeure, aber auch Ärzte (gute Internisten), Heilgehilfen, Heilpraktiker, Sanitätspersonal, Hebammen, Dentisten, Zahnärzte, Krankenschwestern, Labor- und Röntgen-Assistentinnen etc.

Eine besonders große Gruppe von Skorpion-Geborenen befinden sich in den militanten Berufen, überhaupt „Waffenträger", aber auch Detektive, Kriminalpolizei. Die praktische Begabung zeigt auch Einfluß in politischen Positionen (Wirtschaftspolitiker, Parteipolitiker mit manchmal hartnäckigen, fanatischen Einflüssen).

Eine weitere Gruppe untersteht dem technischen Aspekt dieses Zeichens, und hier finden wir die Geschicklichkeit mit dem technischen Spürsinn vereint: Mechaniker (Auto-Industrie), Chauffeure, Ingenieure (Elektro-Ingenieure), Lokführer, Piloten usw.

Auch im Handwerk sind die marsischen Berufe stark vertreten: Metzger, Schlosser, Schmiede, Schweißer — Berufe, die mit Metall oder Werkzeugen umgehen müssen, insbesondere die Metallarbeiterberufe. Auch jene Berufsgattungen im Handwerk, die mit Feuer zu tun haben: Heizer, Hochöfen, Essen etc.

In der besten und positivsten Anlage kämpft der Skorpion-Typ für seine Überzeugung und seine Ideen. Fanatismus ist aber bei Übersteigerung der marsischen Hartnäckigkeit nicht weit von Überzeugung entfernt. Beruflich werden fast immer große Anforderungen gestellt, und der Skorpion-Typ muß sich zuweilen mit Energie und Zähigkeit hochringen. Schädigend wirkt die streitbare Energie, wenn es zu Debatten, Auseinandersetzungen kommt.

Die Erkrankungen dieses Zeichens betreffen mit großer Häufigkeit die Sexualsphäre (oft Infektionen!), ferner Gedärme, Ausscheidungsorgane (mitunter Nierensteine), Hämorrhoiden, Leistenbrüche, Krankheiten durch Unmäßigkeit (auch im Sexuellen), bei Frauen sehr häufig Unterleibsleiden, Geschwülste (Myome, Tumore), Wassersucht, Unterleibskrebs, Operationen. Sekundär findet man auch Hals, Nase, Rachen gefährdet.

Schicksalsmäßig können infolge der großen Energie und Ausdauer beträchtliche materielle wie soziale Aufstiege stattfinden, doch selten mühelos oder allzu schnell. Die Rückschläge erfolgen über Konflikte, Auseinandersetzungen, Prozesse und Unbeherrschtheiten im engeren Zusammenleben innerhalb der Gemeinschaft.

Dorothy Lamour

9. Im Zeichen Schütze

Das Gemeinsame sogenannter Schütze-Typen zeigt sich in einer geistigen, seelischen, ja sogar körperlichen Beweglichkeit, Lebhaftigkeit und Elastizität. Achten Sie einmal darauf, wieviele Schütze-Geborene leidenschaftlich gerne reisen, wandern oder Sport treiben. Die geistige Elastizität ist eine Tatsache und offenbart sich in der Fülle von Plänen, Zielen, Ideen und Wünschen, die ein Schütze-Typ bis zum Ende seines Lebens in sich trägt. Wer wäre hoffnungsfreudiger, strebsamer, nach Aufstieg, Fortkommen und sozialer Geltung (mitunter auch nach Titel und Würden!) verlangender als gerade dieser

Typ! Diese Tendenz des Aufsteigens, der emsigen Tätigkeit, der motorischen Gefühlsimpulse, die oft genug autoritäre Formen annehmen und im persönlichen Bereich zum Leiten, Führen, Organisieren zwingen — dies alles ist der Einfluß des Jupiters, den die Astrologen dem Zeichen Schütze als „Herrscher" beimessen.

Jupiter ist das Symbol des Expansiven, der Fülle, des Optimismus. Man kann vom Schütze-Typ sagen, daß er niemals die Hände in den Schoß legt. Er sehnt sich geradezu nach Arbeit, Tätigkeit, „Betrieb", Icherfüllung, Aufstieg und Geltung. Kein Schütze-Geborener, der daher nicht über die Stufe seiner Geburt aufsteigen würde! Merkwürdig auch, wie wenig Schütze-Typen am Geburtsort verbleiben — fast immer zeigt sich Ortsveränderung, Reisen, Auslandsbeziehungen, ja Auslandsreisen, zumindest aber sind Geburtsort und späterer Aufenthaltsort in der Regel weit von einander entfernt.

Trotz der expansiven und optimistischen Veranlagung dieses Zeichens finden wir aber sehr oft eine gewisse seelische Sensibilität, also labiles Nervensystem, Empfindlichkeit im Gemüt, das zahlreiche Stimmungsschwankungen, vor allem aber so manche Perioden von Entschlußlosigkeit oder Zwiespalt im Wollen und Handeln kennt. Die Schütze-Geborenen wissen um diese problematische Eigenart ihrer seelischen Veranlagung, die so manches von der Problematik des Zeichens Zwillinge besitzt. Nur ist hier eine äußerst impulsive Tatkraft vorhanden, die — falls der Entschluß gefaßt ist — oft weit übers Ziel hinausschießt. Daher die vielfältigen Übertreibungen, Impulssteigerungen, die Heftigkeit und die innere Ruhelosigkeit, die unter diesem Zeichen ja bekannt ist. Ein weiteres gemeinsames Symptom aller Schütze-Geborenen ist die große innere Freiheitslust und das ganz ausgeprägte Unabhängigkeitsgefühl, das sie nur widerwillig unter der Leitung oder Führung anderer Menschen arbeiten läßt. Was der echte Schütze-Typ notwendig gebrauchen könnte, wäre ein Schuß Beharrlichkeit, Überlegung, Ausdauer und Geduld. Negativere Typen dieses Zeichen neigen zu einer lärmenden Geschäftigkeit, zu ungestümer und aggressiver Temperamentsäußerung. Gerechtigkeitshalber muß man aber zugeben, daß dieses Zeichen keine Hinterlist und Leisetreterei kennt — ja vielmehr finden wir hier eine ungewöhnliche Offenheit, einen oft selbstschädigenden Freimut und ein absolutes Gerechtigkeitsgefühl. Sogar für andere!

Dies macht den Schütze-Typ sympathisch, da er mitunter recht kampflustig und unerschrocken für seine Anschauungen eintritt. Zum Verhängnis im Beruflichen wird ihm seine Vielseitigkeit, seine Aufgewecktheit im Geistigen, die sich allen möglichen Interessensphären zuwendet und des öfteren eine neue Sache aufgreift, bevor die alte genügend durchgearbeitet oder erledigt wurde. Daher hat kein anderes Zeichen (außer etwa Zwillinge) so viele Lieblingsbeschäftigungen und Steckenpferde.

Der Schütze-Geborene braucht daher die Weite des Horizonts, die Erweiterung des Gesichtskreises durch Reisen, Beziehungen, Verbindungen und immer neue Kontakte, die er auch tatsächlich besitzt. Er hat zudem angeborenes Redetalent, eine Freude an der Debatte und am Beleuchten verschiedener Gesichtspunkte. Bei unentwickelteren Schütze-Typen artet dies in Redseligkeit, Schwatzbedürfnis, Sucht nach Beziehungen (Hans in allen Gassen) und nach ewig Neuem aus. Die Leidenschaften und Gefühlsimpulse unter diesem Zeichen können glühend sein, halten aber nicht allzu lange vor,und am wenigsten kann sich der echte Schütze-Typ auf eine einzige geliebte Person konzentrieren — er braucht die Vielfalt, die Abwechslung, weshalb man unter diesem Zeichen die meisten Parallelbeziehungen in der Ehe, die meisten Kontaktabbrüche und Trennungen kennt.

Beruflich wird gerne die Reiselust und das Redetalent, die Veranlagung zum Verhandeln und die schnelle Auffassungsgabe verwertet. Wir finden daher unter diesem Zeichen viele Richter, Staatsanwälte, Verteidiger, Anwälte. Aber auch das Verlangen nach Geltung, Würden oder Titel zeigt sich in den massenhaften Staatspositionen, Behördenstellungen, Repräsentations-Berufen, Vertrauensstellungen, die sich unterm Schützen immer wieder ergeben.

Aber auch der Klerus (höherer), die Konfessionen, Kirchen und kirchlichen Würdenträger sind stark schütze-betont, denn das Zeichen hat Beziehung zur Religion, zur Philosophie, zur Weltanschauung.

In der Politik finden wir die Repräsentation, z. B. Konsulatsbehörden, Botschaften, Gesandte, Auslandsvertretungen.

Eine außergewöhnlich zahlreich besetzte Berufsgattung zeigen die Diskussionsredner, Debattenredner, Vortragenden,Parteiredner, Treuhänder. Im Geschäftlichen finden wir die juristischen Positionen besetzt von Schütze-Typen, wie Syndikus, Großvertretungen, Vertriebe, Organisation kaufmännischer Sparten, dann die Generalvertreter, Reisenden, Auslandsreisenden usw.

Sehr stark neigt das Zeichen zum Sport. Hier besonders der Renn- und Rasensport, das gesamte Turfwesen, Totalisatorbetrieb, Tennissport, Reit- und Fahrlehrer, die Repräsentanten oder Interessenvertreter von führenden Leuten der Kunst (Impresarios), aber auch die Weltreisenden, Globetrotter, die ewig „Unruhigen im Geiste".

Interessant ist die Beziehung dieses Zeichens zu Pferden, Pferdezucht, Reitsport, aber auch zu Hunden (Hundezucht). Dies ist eine Erfahrungstatsache der Statistik.

Privat findet man die Liebhaberei im Sport, Leichtathletik, Tennissport, Schwimmen etc. Sie entspringt der Lebhaftigkeit und Gewandtheit im Körperlichen. Auch das Autofahren ist dem Schütze-Geborenen beinahe ein Bedürfnis, entstehend aus der Ungeduld und der Lust am Reisen, Fahren, Wandern.

Keinesfalls liegt diesem Typ die Seßhaftigkeit, woraus die Stellen-, Berufs- und Positionswechsel, die Orts- und Wohnungswechsel resultieren.

Die Erkrankungen dieses Zeichens betreffen das Nervensystem (Gemüt anfällig!), dann in besonderem Maße die Tendenz zu Unfällen und Verletzungen (Sportunfälle!) durch Stürze, Muskelzerrungen, Sehnenzerrungen, Unterschenkelbrüche, Rücken- und Lendenschmerzen (Rheuma, Ischias!), Hüftleiden, Venenleiden, Lähmungen der Glieder, Nervenleiden, Schwellungen, Stauungen (an Ober- und Unterschenkeln), ferner ist die Lunge sehr oft empfindlich (Bronchitis, Asthma!). Schicksalsmäßig zeigt sich viel Auf-Ab, vielseitigster Wechsel. Unruhe innerlich wie äußerlich, Mangel an Stabilität im Erreichten, Totalwenden, Neubeginne. Erst die mittleren Lebensjahre zeigen einigermaßen Sicherheit und Aufstiege über Protektionen, Beziehungen und Verbindungen.

10. Im Zeichen Steinbock

Hildegard Knef

Unter diesem Aszendenten finden wir als gemeinsames psychologisches Motiv die Konzentrationsfähigkeit, die Systematik, Gründlichkeit, aber auch Sachlichkeit, Nüchternheit und die praktischen Gesichtspunkte. Das Wesen des Steinbocks ist nicht sonderlich gewandt, beweglich und anpassungsfähig, sondern weit eher zeigt sich hier Tiefsinn, Melancholie, Depressionen, aber auch Starrsinn in den Überzeugungen, Ideen sowie Sparsamkeit und Wirtschaftlichkeit.

Alle Gefühlsreaktionen sind hier weit eher reserviert, spröd, zurückhaltend, eindringlich, hartnäckig, konservativ, ehrgeizig.

Herrscher dieses Zeichens ist der Saturn, der die verhaltene, zurückgestaute Kraft, die Schwere, Nachdenklichkeit, die Durchdringung des Stoffes symbolisiert.

Sie werden tatsächlich bei Leuten aus dem Steinbock einen gewissen depressiven Hang feststellen können. Diese Leute nehmen alle Dinge schwerer als andere. Auch zeigt sich bei ihnen der Sparsinn, der Versorgungs- und „Sicherheits"-Trieb (der bis zum Geiz ausarten kann) am ausgeprägtesten. Seelisch neigt das Zeichen zum Abschließen, Verkapseln im eigenen Ich. Die Gefühle sind niemals demonstrativ offen (wie etwa beim Schütze-Typ), weshalb Sie auch einen echten Steinbock-Typ niemals schnell überzeugen oder für sich gewinnen können. Dies liegt an dem latenten Mißtrauen und der abwehrenden, prüfenden Vorsicht, weshalb Steinbock-Menschen als Kaufleute oder Geschäftsleute immer ausgezeichnete Kalkulatoren sind, die Vorsicht mit Praktik und Realistik verbinden.

Ein anderer auffallender psychologischer Wesenszug ist der Mangel an Begeisterungsfähigkeit und Liebesfähigkeit, oft zeigt sich sogar seelische Härte, Kaltherzigkeit bis Nüchternheit oder Selbstüberwindung. Nach außenhin wird Würde gewahrt, Gemessenheit, Zurückhaltung. Zum Nebenmenschen ergibt sich übersteigerte Selbstbehauptung, manchmal das Motiv von Trotz, Unbeugsamkeit, Fanatismus in Überzeugungen und persönlichen Ansichten, sehr oft auch Eigennutz, denn Steinbock ist das Zeichen der Egozentrik.

Die Mentalität ist indessen schlau, listig, täuschend. Man läßt sich nicht in die Karten schauen und behält sich in allen Fällen ein eigenes Urteil vor. Damit stellt sich der Steinbock-Typ von vorneherein auf sich selbst. Natürlich ergibt dies ein Manko im Seelischen, denn die weiche, gemütvolle Note weicht hier einem erkältenden, ernüchternden Prinzip, das illusionslos die Wirklichkeit erkennen will. Steinbock verströmt nicht die Kräfte, sondern staut, speichert sie, hält sie zurück (Steinbock als Winterzeichen).

Die materielle Veranlagung treibt zur Versorgung und ganz besonders zur Sicherung über die materiellen Werte, möglichst wieder in Form absolut „sicherer" Werte, wie z. B. Grundstücke, Hausbesitz, Immobilien. Für reine Idealismen kann sich dieser Typ nicht erwärmen. Er sucht vielmehr Selbstbehauptung, Unabhängigkeit, praktische Auswertung einer Sache. Auch lebt der Steinbock-Geborene nicht von heute auf morgen oder von der „Hand in den Mund", sondern vorausschauend, planend auf weite Sicht, also zielbewußt.

Im Beruflichen zeigt sich gerne eine Spezialisierung auf bestimmte Gebiete oder Lieblingswünsche. Die geschäftlich-kaufmännischen Neigungen stehen obenan,und oft wird ein Geschäft aus kleinsten Anfängen hochgebracht. Politik, Wirtschaftspolitik, Realpolitik und Transaktionen größeren Stils interessieren sehr. Der Handelsgeist ist unter diesem Zeichen unverkennbar. Eine große Menge Steinbock-Geborene finden wir auch im Baugewerbe, im Handel mit Erden, Steinen, Baumaterial. Dann auch in der Architektur, ferner in der Landwirtschaft und im Bergbau — einem Spezialgebiet des Saturn, der die schweren, mühsamen und arbeitsreichen Tätigkeiten symbolisiert.

Der wissenschaftlich interessierte Steinbock-Typ widmet sich mit Vorliebe den Naturwissenschaften, der Biologie, Erforschung bestimmter naturwissenschaftlicher Vorgänge und wird dann zum „Spezialisten" oder Experten. Auch unternehmende Industrielle und Bankfachleute (Hypothekenwesen usw.) zeigen vielfach Steinbockeinfluß.

In den Künsten ist dieser Typ weniger vertreten, es sei denn in solchen, die mit der Materie oder dem Stoff zu ringen haben, wie Bildhauerei, Töpferei, Architektur, Steinmetzkunst usw.

Im Handwerk finden wir eine Menge Spezialarbeiter von großer Tüchtigkeit. Die Bauindustrie, der Bergbau, die Landwirtschaft und das Handwerk, das die Bedürfnisse des Menschen in Kleidung, Ernährung usw. befriedigt, befindet sich unter diesem Saturnzeichen. Auch Textilien und Kleidung der Maße (weniger modische Fabrikate) finden wir als steinbockbetont, zuweilen auch Lebensmittelhändler, Händler mit Rohprodukten, Kohlenhändler, Lederhandlungen etc.

Im gehobenen Sektor ist die Politik infolge der angeborenen Diplomatie und List besonders oft vertreten. Hierbei spielt die Zähigkeit und verhaltene Unnachgiebigkeit eine große Rolle. Rückschläge erfolgen über Unversöhnlichkeit, Schwarzseherei, Selbstüberschätzung und übergroßen Ehrgeiz.

Die Erkrankungen dieses Zeichens betreffen sehr häufig die Leber, die Galle, aber auch den Magen und Dünndarm, überhaupt das Verdauungssystem. Stoffwechselkrankheiten, Gicht, Rheuma zeigen sich im Alter. Insbesondere Rheuma der Gelenke (Kniegelenk!). Auch Knieverletzungen, Knochenbrüche, Erkältungsleiden findet man immer unter diesem Zeichen. Ferner Hautleiden, Ekzeme, Ausschläge, nervöse Magenleiden, Diätfehler, Karbunkel, Furunkel-Leiden, Gelbsucht, Gallensteine (typisches Saturnleiden!), Herzkranzgefäß-Verkalkung, arterielle Sklerose. Schicksalsmäßig muß sich der Steinbock-Geborene im ersten Lebensdrittel bis oft zur Lebensmitte durch Abhängigkeit hindurcharbeiten und gelangt erst durch große zähe Leistungseinsätze und hartnäckigen Willen zum Aufstieg, der ihn dann aber in hohe Positionen führen kann. Der Machtwille und der soziale Ehrgeiz sind nirgends größer als unterm Steinbock, und immer überwiegt das Motiv des Herrschenwollens und der Gewalt jenes der Anpassung. Der intellektuell wendigere Typ dieses Zeichens erreicht das meiste über Schlauheit, Winkelzüge, Schachzüge und diplomatische List.

Clark Gable

11. Im Zeichen Wassermann

Menschen, die unter diesem Aszendenten geboren wurden, zeigen eine sympathische, freundliche und umgängliche Wesensart, die sich aber in persönlichen Belangen nicht von anderen dirigieren läßt, sondern sehr eigenwillig und freiheitlich veranlagt scheint.

Sie leben mehr ihren eigenen Ideen und Wünschen und verfolgen dieselben oft mit einer halsstarrigen Zähigkeit, auch gegen besseren Rat ihrer Mitmenschen. Die Menschen dieses Zeichens wollen sozusagen ihre Erfahrungen auf eigene Faust machen, auch gegen alle Hindernisse der Welt. Ein großer Wissensdrang und Reise-Sehnsucht, Lust am Neuen und Unbekannten zeigt sich fast immer.

Der äußerst lebhafte und teils sehr originelle Geist, der allen konventionellen Gewohnheiten abhold ist, zaubert dem Wassermann-Typ mit großer Eindringlichkeit und Wunschkraft romantische Bilder vor, die dann nicht selten von der realen Wirklichkeit enttäuscht werden. Dennoch ist ein Wassermann-Typ immer froh, optimistisch, unternehmungslustig. Was er niemals verträgt, ist Bevormundung, Zwang, Einengung und Gewalt — ganz besonders dann, wenn es sich um seine persönliche Angelegenheiten handelt. An sich ist dieses Zeichen immer dem Humor, der Satyre und auch der Humanität aufgeschlossen.

Allen Wassermann-Geborenen gemeinsam ist eine Anlage zu Launen, zum Kapriziösen, zu plötzlichen unvorhergesehenen Wenden in ihrem ganzen Lebensbereich und zur Neigung für Extreme. Andererseits hat das Zeichen eine natürliche Kontaktfähigkeit zu anderen Menschen, so daß sie über viele Verbindungen, Beziehungen und Freunde verfügen, die beruflich wie sozial nützen.

Die geistig fortgeschritteneren Typen dieses Zeichens zeigen einen sehr durchdringenden, philosophischen Intellekt, der sich gerne mit abseitigen Studien, wie Okkultismus, Psychologie, Metaphysik, Geisteswissenschaften etc. beschäftigt und den alles Neue, Unerkannte und Abseitige anzieht. Auch in den Künsten sind diese Typen sehr schöpferisch, insbesondere in der Literatur.

Mittlere Entwicklungstypen zeigen große Unrast, in beruflichen Angelegenheiten manchmal Unzuverlässigkeit oder Gleichgültigkeit, Unpünktlichkeit und extreme Neigungen. Diese Menschen leben gerne möglichst ungebunden und sind auf steter Suche nach dem Außergewöhnlichen, Romantischen und nicht Alltäglichen. In der Hauptsache ist das Zeichen äußerst friedlich, human, sucht seine Ziele niemals über aggressive Methoden zu erreichen.

Beruflich hat Wassermann eine Tendenz zur Technik, oft zur Radiotechnik, Fernsehen, auch zum Kraftfahrwesen und zur Luftfahrt. Es besteht fast immer ein ingeniöser Sinn mit großer Handfertigkeit. Reiner Handelsgeist oder kaufmännisches Denken sind weniger anzutreffen, da der Intellekt zu erfinderisch und die Intuition zu groß ist. Am häufigsten zeigen sich künstlerische Interessen: Musik, zeichnerische Begabungen, Literatur-Interessen und Schriftsteller mit besonders origineller Geistigkeit, meist mit satyrischer Veranlagung.

Sehr viele Typen dieses Zeichens haben Sinn für alles Kommende, Neue. Eine ganze Menge von Psychologen, Phrenologen, Chirologen, Astrologen, Psychoanalytikern, Charakterologen und Pädagogen sind unterm Wassermann geboren, da der intuitive Sinn der Menschenbeurteilung hier besonders stark vorhanden ist. Das Forschen, Studieren, Entdecken, die Eroberung von Neuland auf jedem Gebiet zieht mächtig an. Dagegen fehlt der auswertende, nutzende Egoismus fast vollständig, weswegen Wassermann-Typen eher Idealisten, Romantiker sind als etwa Nutznießer. Daher kommt es auch, daß die Menschen dieses Zeichens so häufig Krisen, Lebenswenden, akute Umstellungen und Geldmangel chronischer Art erleben. Nichts ist bei diesem Typ stabil, weder Beruf noch die Liebe und schon gar nicht die Ehe. Allerdings zeigt der Wassermann-Geborene auch in den seltensten Fällen das Verlangen nach dem „Sicheren". Eher können sich diese Menschen einer Idee verschreiben. Ob diese Idee Geld abwirft, kommt als Erwägung erst in zweiter Linie!

Der Grund liegt darin, daß Uranus Herrscher dieses Zeichens ist. Uranus symbolisiert die Wende, den Umbruch, das Kommende, das Revolutionäre; Begriffe wie Konvention, Tradition, gesellschaftliche „Etikette", Geburts- oder Standesvorurteile sind dem Wassermann-

Geborenen fremd. Er ist in allem ein aufgeschlossener Mensch mit Sinn für geistige Freiheit, Reformen und allem Neuen.

Im Künstlerischen ist der Film besonders „uranisch" gefärbt und zahlreiche Berufe im Film sind wassermann-betont.

Auch soziale Berufsgattungen wie Berufsberatung, angewandte Menschenkunde, angewandte Psychologie und Sozialreform fallen unter dieses Zeichen. Auch Leute, die mit Verkehrswesen zu tun haben, wie Bahn, Auto, Flugzeug fallen oft unter dieses Zeichen.

Schädigend wirkt sich beruflich die innere Unruhe, die impulsiven Wechsel und die oft erfolgenden Orts- und Aufenthaltsveränderungen aus. Die soziale Position ist demnach schwankend, und das Sprunghafte, Unausgeglichene, das Moment der plötzlichen Zwischenfälle beherrscht das Wassermann-Schicksal.

Die Erkrankungen dieses Zeichens sind mit hohem Prozentsatz solche des Herzens, insbesondere aber des Kreislaufes, der Arterien. Daher findet man immer wieder Kreislaufstörungen, auch Venenerkrankungen, Krampfadern, Wadenkrämpfe, Unterschenkelverletzungen. Das Nervensystem ist empfindlich. Auch Herzneurosen, Herzmuskelerkrankungen, Wassersucht, Beinleiden, Verstauchungen, Beingeschwüre, Venenentzündungen, Knöchelschwellungen, Herzschwäche kommen immer wieder vor.

Hermann
Graf Keyserling

12. Im Zeichen Fische

Menschen unterm Aszendenten Fische zeigen eine Verfeinerung des Gemütes, eine große Empfindlichkeit der Gefühle und eine eindrucksfähige, aber auch schnell verletzbare Gemütsart. Fast immer ist im Wesen eine gewisse Güte, Milde, Mitleid und Hilfsbereitschaft, daneben aber auch Natur- und Tierliebe, was der besonderen Einfühlungsgabe in das Wesen von Mensch und Tier entspricht.

Fisch-Menschen sind in den seltensten Fällen „Ellbogenmenschen". Es müßten hier schon zum Aszendenteneinfluß sehr markante andere Planeteneinflüsse hinzukommen. Immer bleibt der Fische-Geborene etwas im Hintergrund und läßt die Dinge eher auf sich zukommen, als daß er sie tatkräftig oder energisch auslöst. Das Naturell zeigt Passivität (bis Faulheit bei negativen Aspekten), und manche Fische-Geborene brauchten dringend etwas mehr Schwung, Begeisterung und Willensantrieb, um ihre Pläne und Ziele besser realisieren zu können. Die temperamentvolle Tat ist bei diesem Zeichen äußerst selten, zumindest verläuft die Kurve der Willensantriebe anfänglich steil, sackt dann aber meist wieder ab. Oft sucht der labilere Fische-Typ Anlehnung und Hilfe bei anderen Menschen, denn immer ist dieser Typ friedfertig, sympathisch und — wenn er mit Glücksgütern gesegnet ist, auch generös, schenkend, großzügig. Die Harmonie innerhalb der Gemeinschaft liegt ihm besonders am Herzen, und nichts kann ihn unglücklicher machen als Streit, Konflikte und der Zwang zu harter Durchsetzung. Der Grund liegt in einer besonderen Verfeinerung der Gemütskräfte,und auch die körperliche Widerstandskraft ist hier nicht allzu stark.

So überbrückt der Fische-Typ gerne die Gegensätze durch Anpassung und erscheint daher anderen Menschen manchmal passiv, labil, furchtsam oder unzuverlässig. In Wirklichkeit aber scheut dieser Typ, frei und unbekümmert aus sich herauszugehen,und bleibt auch im Berufsleben zuweilen lieber im Hintergrund.

Ein gemeinsamer Charakterzug aller Fische-Geborenen ist die rege Phantasie und eine intuitive Vorstellungskraft, eine Art Traum- oder Wunschwelt, die aber mit der rauhen Wirklichkeit meist in Kollision kommt. Dieses Zeichen wirkt eben stärker nach innen als nach außen („introvertierte" Typen nach Prof. Jung),und die Welt der Gefühle und Empfindungen ist hier stärker als die Welt der Taten. Herrscher des Zeichens ist der Neptun — das Symbol für alles Intuitive, für Einbildung, Phantasie, Träume, Wünsche und Spekulative.

Dies hat zur Folge, daß der echte Fische-Typ selten im Berufsleben leitend oder führend tätig sein will. Anstellungen unter der Leitung anderer werden vorgezogen. Es gibt allerdings unter diesem Zeichen viele selbständige Kaufleute, doch zeigt sich dann fast immer eine Komponente verstärkten Willens durch anderweitige Planeteneinflüsse.

Oft ist der Fische-Mensch aufopfernd für einen geliebten Menschen, lebt dann nur für seine Familie. Das Zeichen zeigt einen weitgesteckten Radius, denn die psychologische Beeinflussung reicht vom intuitiven, schöpferischen Menschen bis zum Triebschwachen, Süchtigen, Labilen. Unter den Berufsgattungen finden wir überaus häufig die Krankenpflege: Pfleger, Schwestern, soziales Fürsorgewesen, Sanitätspersonal, Wärter, Betreuer, Seelsorger — kurz,alle helfenden, mitfühlenden Berufsarten sind hier vertreten.

Eine zweite Berufsrichtung zielt zur Behörde, zum Staat, zur „Versorgung", denn der Fische-Typ ist psychologisch keine Kämpfernatur — es ginge denn um seine innersten Ideale. Meist fürchtet er wirtschaftliche Sorgen, Verarmung oder Schicksschläge. Er kann sich auch nicht immer ins richtige Licht setzen und wird daher oft übergangen oder übervorteilt. Schwächlichere Fische-Typen hängen sich gerne ins Schlepptau anderer, tatkräftigerer Menschen ihrer Umgebung,und man findet tatsächlich unter diesem Zeichen vielerlei Protektionen und Hilfen über die Gemeinschaft.

Im Studium werden Philosophie, Naturwissenschaften, Religionswissenschaften, Sekten, oft ,,volks- oder weltbeglückende" Theorien verfochten. Sehr oft finden wir auch äußerst feinsinnige Dichter (z. B. Manfred Kyber) und Lyriker unter diesen künstlerisch orientierten Fische-Menschen (Märchendichtung).

Die handfesteren Berufe unterm Zeichen Fische tendieren in die Richtung des Ernährungssektors: Restaurateure, Gastwirte, Weinhändler und Weinreisende, Getränke-Industrie, Bierausschank, Bars, Tabakhändler, Lebensmittelhändler, oft auch Leute, die mit Drogen, Stimulantien, Rauschgift, Alkohol, Koffein, Nikotin etc. zu tun haben.

Das Phantasievolle, Umherschweifende, Unruhige und Rastlose dieses Zeichens zeigt sich beruflich bei Matrosen, Seeleuten, Kapitänen, Fischern (Fischerei und Schiffahrt fallen ebenfalls unter das Zeichen!!), denn Neptun hat symbolisch eine Beziehung zu allen Flüssigkeiten, ferner zum Meer, zu Flüssen und Seen. Nirgends findet man häufiger große Auslandsreisen, Seereisen etc. als gerade unter den Fischen. Sind die psychischen Fähigkeiten weiter entwickelt, so finden wir auffallend viel Medien, medial veranlagte Menschen (Träume, Visionen, Hellsehen, Hellfühlen) und Psychologen unter diesem Zeichen. Doch ist diese Veranlagung öfter schädigend, beunruhigend als nützend, falls sie über das Maß von Vorahnungen, Gefühlszeichen hinausgeht.

Die allgemeine Schicksalslinie erweist sich schwankend, denn auch die Willenseinsätze sind hier unausgeglichen und nicht stabil, wozu noch der häufige Stimmungswechsel, die Anfälligkeit gegenüber Launen und Gemütsschwankungen kommt. Eine Tendenz zu Melancholie oder raschem Aufgeben der Ziele bei auftauchenden Schwierigkeiten besteht fast immer, da die Gemütsanlage zu sensibel ist.

Die Erkrankungen dieses Zeichens liegen erstaunlich häufig in der Schwäche der Beine und Füße (oft dicke Beine, zuweilen schwache Füße), auch Fußverletzungen zeigen sich oft. In der Gesamtkonstitution herrscht das Lymphatische vor. Sehr labil sind die Gedärme. Empfindlich gegenüber Nahrungsmitteln(oft Vergiftungen). Man findet Darmkrankheiten und Unregelmäßigkeiten im Verdauungssystem, oft Erkältungskrankheiten durch kalte Füße. Ferner Hang zu Genußgiften, zur Trunksucht, zu Medikamenten, Narkotikas (Morphium besonders häufig!). Müdigkeitszustände infolge von Schwäche. Auch Geisteskrankheiten, Neurose-Zustände etc. Das seelische Verhalten hat weitgehend Einfluß auf körperliche Vorgänge. Der Körper verträgt keinen Raubbau, denn Fische ist eines der empfindlichsten Zeichen.

DER MERIDIAN UND SEINE WIRKUNG IN DEN ZWÖLF ZEICHEN

Der zweitwichtigste Punkt in einem Horoskop ist nächst dem Aszendenten der kulminierende Punkt oder der obere Meridian (auch Himmelsmitte: Medium Coeli oder kurz M. C. genannt). Er wird von der Spitze X oder dem „Berufsfeld" begrenzt (siehe Zeichnung) und bildet den oberen Teil der sogenannten Vertikal-Achse eines Horoskops. Horizontal- und Vertikal-Achsen bilden somit das Achsenkreuz und lassen wertvolle Schlüsse auf Wesenskern und Handlungsweise eines Menschen zu.

Verrät uns der Aszendent das eigene Ich, die Persönlichkeit, den Körper und die engere Umwelt des Geborenen, so zeigt der Meridian die Individualität eines Menschen auf sowie seine Stellung innerhalb der Öffentlichkeit und damit auch seine soziale, berufliche Position und die Möglichkeiten seines Aufstieges im Leben. Wiederum muß hier einschränkend gesagt werden, daß dieses Feld X und seine Planetenbesetzung niemals ausschließlich gültige Aussagen macht, sondern daß auch hier wiederum das ganze Horoskop in der Zusammenschau (Synthese) aller Faktoren wirklich stichhaltige Prognosen ermöglicht.

Immerhin ist es nicht gleichgültig, welches Tierkreiszeichen z. B. am höchsten Punkt, also am oberen Meridian, befindlich ist. Die nachstehenden Ausführungen können freilich nur als Anhaltspunkt gelten zur Beantwortung der Frage nach dem materiellen Streben.

1. Der Meridian im Zeichen Widder

Das persönliche Streben richtet sich auf Eroberung der Umwelt, ist bedacht auf Leitung, Führung, Durchsetzung der Persönlichkeit, wobei die Erreichung der persönlichen Ziele und Wünsche mitunter etwas aggressiv bis rücksichtslos sein kann. Herrscher vom Zeichen Widder ist der Mars, und in einem gewissen Sinne werden die Energien marsisch gefärbt sein, also der Position des Mars im Horoskop eine größere Bedeutung zukommen lassen. Man ist auf Ansehen, Geltung und gesellschaftliche Erhöhung bedacht, wobei die Durchsetzung und die Erreichung der Berufsziele vermutlich nicht ohne Kampf und Widerstände abgehen wird. Das Motiv der Energie, der unternehmenden Tat wird immer vorhanden sein. Falls die negativen Kräfte des Mars die Oberhand gewinnen, zeigt sich Impulsivität, Übersteigerung, Voreiligkeit und Aggression gegenüber der Mit- und Umwelt.

2. Im Zeichen Stier

Hier zeigt sich die Realistik der beruflichen und persönlichen Gesichtspunkte, indem sich die Ideale oder inneren Neigungen der materiellen Sicherung und dem Verlangen nach Beständigkeit unterordnen müssen. Es wird geplant und maßvoll kalkuliert und der Blick auf das Praktische, Verwertbare gerichtet. Trotzdem Venus als Herrscherin dieses Zeichens der Persönlichkeit vielleicht eine künstlerische Note oder eine Vorliebe für genußvolles Leben verleihen kann, wird auch dies von der Realistik des Denkens gebändigt. Die Ziele werden mit Beharrlichkeit und Ausdauer verfolgt, und das konservative Denken herrscht vor. Wenn dieses Zeichen am Meridian befindlich ist, wird man mehr oder minder immer den Geldstandpunkt bzw. den Ertrag einer Sache im Auge behalten!

3. Im Zeichen Zwillinge

Das Berufsschicksal wird unruhig, denn dieses Zeichen repräsentiert die Vielseitigkeit, die innere Unruhe und die Zwiespältigkeit, so daß man gerne den Beruf wechselt oder seinen vielfältigen Neigungen, Anlagen und Wünschen durch immer neue Erfahrungen und neue Gesichtspunkte nachgeben wird. Die Durchsetzung und der soziale Aufstieg zeigt daher unterschiedliche Tendenz, wobei Aufstieg und Rückschläge periodisch wechseln. Die soziale Lage leidet durch innere Unzufriedenheit mit dem Geschaffenen oder Erreichten. Zersplitterung und Unentschlossenheit sind die wahren Ursachen der beruflichen Kämpfe. Lieblingsbeschäftigungen und immer aufs Neue verlockende Ziele erschüttern die äußere Stabilität. Das Leben auf einen einheitlichen Nenner zu bringen ist das Schwerste unter diesem Einfluß des schillernden Merkur, der hier über den Meridian herrscht.

4. Im Zeichen Krebs

Die finanzielle Lage und die wirtschaftliche Sicherung zeigen ein Motiv des Schwankens und lassen einen deutlichen Rhythmus des Auf-Ab oder Vor- und Zurück erkennen. Mehrmals kommen Neubeginne vor, denn der Mond als Herrscher dieses Zeichens nimmt Einfluß auf Beruf und soziale Geltung. Die Ziele sind größtenteils gefühlsbetont, und die Durchsetzung wird mit Diplomatie und Anpassung an die gegebenen Verhältnisse versucht. Trotz innerer Nachgiebigkeit ersehnt man aber Selbständigkeit und Unabhängigkeit. Es hängt hier sehr viel vom inneren Wollen und der Stetigkeit des Mühens ab, da die Energiekurve unterm Krebs leicht nachläßt, zumal bei auftretenden Schwierigkeiten. Um das wahre Ziel entsteht oft ein „Suchen". Das Streben nach wirtschaftlicher Sicherung ist groß, wird aber nicht immer erfüllt.

5. Im Zeichen Löwe

Das Verlangen nach Ansehen, Geltung, Einfluß oder sogar nach Macht tritt deutlich hervor. Die Persönlichkeit will innerhalb ihrer Sphäre zur Beachtung kommen, und man versucht, über Protektionen, Beziehungen und Verbindungen den Aufstieg zu beschleunigen. Die Gesichtspunkte sind großzügig, und bei günstiger Sonnenposition im Horoskop (Sonne ist Herrscherin im Zeichen Löwe) lassen sich hohe Ziele erreichen. Das Streben ist etwas egozentrisch, auf das eigene Ich konzentriert, und die Persönlichkeit verlangt nach Bedeutung und einem luxuriösen Rahmen, in dem sie sich selbst bestätigt findet. Die Ansprüche an das Leben sind groß und leidenschaftlich. Werden sie vom Schicksal nicht erfüllt, zeigt sich gerne Überkompensation, Übertreibung, „Angeben".

6. Im Zeichen Jungfrau

Die Gewissenhaftigkeit, Genauigkeit und Methodik lassen die Ziele aus kleinsten Anfängen heraus systematisch entwickeln, wobei Vorsicht und kritische Einstellung des Denkens selten zu großen Verlusten führen können. Das Hauptaugenmerk wird auf die wirtschaftliche Sicherheit gelegt, und die „festen" Positionen werden selbst bei kleinerem Radius der Persönlichkeitsentfaltung mehr ersehnt als etwa die „große Linie". Die berufliche Linie zeigt keine Sprünge, sondern geht über den Weg des „Organisierens", des Nützens vorhandener Möglichkeiten und der realistischen Selbsterkenntnis auf das Ziel. Lebenspläne und Einteilungssysteme spielen eine Rolle. Berechnung ist das Hauptmotiv! Der Merkur als Herrscher dieses Zeichens fördert das Kopfdenken und unterdrückt Gefühlsregungen. Der Aufstieg geht keinesfalls mühelos vor sich.

7. Im Zeichen Waage

Beruf und äußere gesellschaftliche Stellung im Sinne des „Repräsentierens" und der Popularität sind maßgebende Faktoren bei diesem Meridian. Der persönliche Ehrgeiz mischt sich in die beruflichen Pläne, und Geldstandpunkte, Einkommen, Vermögen, Beziehungen und deren Nützung sind Mittler zum Aufstieg. Die Persönlichkeit erhöht ihren Einfluß gerne durch Anschluß an andere, sucht die Teilhabe, die Beteiligung, die Partnerschaft, und auch die Heirat wird manchmal beruflichen Erwägungen eingeordnet. Die Konzilianz im Wesen und das gewinnende Verhalten ermöglichen die Erfüllung ehrgeiziger Pläne, die oft etwas spekulativer Art sind. Diplomatie und schlaue Berechnung fördern die eigenen Ziele. Die Herzlichkeit und das freundliche Wesen, das diesem Zeichen innewohnt, sind nicht immer wirklich „herzlich", sondern „Umgangsform". Venus als Herrscherin verfeinert und läßt die Künste lieben.

8. Im Zeichen Skorpion

Energie, Beharrlichkeit, Zähigkeit und Aufstieg aus eigener Kraft sind für diesen Meridian symbolisch. Der Aufstieg erfolgt über große Leistungseinsätze, Fleiß, und manchmal nicht ohne Rücksichtslosigkeit oder impulsive Energie. Der Ehrgeiz ist äußerst stetig, anhaltend. Die Berufsinteressen sind niemals oberflächlich, sondern gehen in die Tiefe, scheuen keine Arbeit, können sogar infolge Überarbeitung selbstschädigend werden. Das Zeichen ist ziemlich egozentrisch, und die wirklichen Ziele werden für sich behalten. Mars als Herrscher dieses Zeichens hat kritische, kraftvolle Tendenz, und die Umwelt ist nicht immer mit den Bestrebungen einverstanden, so daß des öfteren List und Heimlichkeit Anwendung finden. Der Erwerbssinn ist sehr ausgeprägt.

9. Im Zeichen Schütze

Die Ziele sind weit gesteckt und die Persönlichkeit verlangt außerordentlich nach Ansehen, Geltung, Einfluß und sozialer Beachtung. Vielseitigste Interessen und vielerlei Pläne zu gleicher Zeit erschweren die Konzentration der Tat. Das Gerechtigkeitsempfinden und die Tendenz, auf legale und anständige Weise die Ziele zu erreichen, verhindern Rücksichtslosigkeit. Dem Zeichen wird oft Macht und Einfluß verliehen, sei es durch Protektionen oder amtliche, staatliche, behördliche Funktionen. Reisen, Ausland, Erweiterung des Gesichtskreises sind symbolische Einflüsse des Herrschers Jupiter, dessen Position im Horoskop bedeutsam für die Fülle, den Reichtum oder die Leere, die Hohlheit dieses Zeichens ist. Im letzteren Fall überwiegt Geltungsdrang und Egozentrik.

10. Im Zeichen Steinbock

In diesem Zeichen verleiht der Meridian stets brennenden Ehrgeiz und unlöschbares Verlangen nach Aufstieg und Persönlichkeitsgeltung bei gleichzeitiger Sicherung im Materiellen und Finanziellen. Die sachliche Note dieses Zeichens will weniger den Aufwand als die Macht. Die Blickrichtung ist absolut realistisch, und Gefühle werden unterdrückt. Saturn als Herrscher dieses Meridians verleiht eine gewisse Härte, aber auch eine große konzentrative Überwindung jeglicher Hindernisse. Der Aufstieg geht langsam und zäh vor sich und führt nach Überwindung oft großer Schwierigkeiten zu den selbständigen und unabhängigen Positionen. Das Motiv der Solidität und der Pflichterfüllung im Kleinen ist meist vorhanden. Alle Ziele werden auf lange Sicht gesteckt und dann durch Zähigkeit erreicht.

11. Im Zeichen Wassermann

Das soziale wie berufliche Schicksal ist manchen unerwarteten Schwankungen ausgesetzt, oft völligen Umbrüchen und Neubeginnen, weshalb die finanzielle Stabilität so schwer zu erreichen ist. Oft ist ein sogenannter „Brotberuf" vorhanden, weil die wirklichen Interessen auf anderem Gebiet liegen. Oft auch neigt dieses Zeichen am Meridian zu eigenwilligen und selbstverschuldeten Veränderungen. Immer werden die Freundschaften und Beziehungen zur Umwelt wichtig. Die mancherlei verlockenden neuen Ziele und plötzlichen Interessenwenden schaden dem sozialen Aufstieg. Das Ungewöhnliche, Abseitige, Originelle und Kommende zieht stark an. Alltagsbeschäftigungen befriedigen nicht. Trotzdem zeigt das Zeichen Hartnäckigkeit und Eigenwilligkeit in den Bestrebungen an.

12. Im Zeichen Fische

Die Energieeinsätze sind nicht allzu stark und auch nicht allzu zielstrebig. Das empfänglich, gefühlsbetonte, manchmal indolente und ausnutzbare Zeichen bewirkt Berufskrisen und materielle Glücksfälle ebensosehr wie unerwartete Hilfen über die Mit- und Umwelt oder Erbschaften, spekulative Glücksfälle, „Zufälle". Das materielle Streben geht nach leichtem, mühelosem Leben oder auch Genuß. Eigene Hilfsbereitschaft ist fast stets vorhanden und wird im Falle von Krisen auch durch andere wieder erfahren. Das Schicksal läßt selten in Front kommen, und der Beruf geht der Linie des geringsten Widerstandes entlang. Die Willenskurve ist nur immer kurzfristig positiv. Eher verläuft die Berufslinie im Hintergrund, da auch der zielstrebige Ehrgeiz nicht oder nur wenig vorhanden ist.

Alle diese Zeicheneinflüsse am Meridian können nun teilweise bis zu ganz beträchtlichem Grade verändert werden, falls sich im X. Horoskop-Feld ein oder mehrere Planeten befinden. Auch umfaßt ein Horoskop-Feld (siehe auch unter „Häuser oder Felder eines Horoskops") manchmal zwei Tierkreiszeichen je nach seiner Ausdehnung, so daß auch das zweite Zeichen zur Wirkung kommt. Befindet sich aber die Sonne im X. Feld und einem der vorgenannten Zeichen, so kann man schon eher auf eine sehr markante Wirkung dieses jeweiligen Zeichens schließen.

Tabelle der Tierkreiszeichen-Dekanate und ihrer Herrscher

Ausdehnung der Zeichen		Herrscher	Mitherrscher 1. Dekanat	 2. Dekanat	 3. Dekanat
Widder	0°– 30°	Mars	Mars	Sonne	Jupiter
Stier	30°– 60°	Venus	Venus	Merkur	Saturn
Zwillinge	60°– 90°	Merkur	Merkur	Venus	Uranus
Krebs	90°–120°	Mond	Mond	Mars	Neptun
Löwe	120°–150°	Sonne	Sonne	Jupiter	Mars
Jungfrau	150°–180°	Merkur	Merkur	Saturn	Venus
Waage	180°–210°	Venus	Venus	Uranus	Merkur
Skorpion	210°–240°	Mars	Mars	Neptun	Mond
Schütze	240°–270°	Jupiter	Jupiter	Mars	Sonne
Steinbock	270°–300°	Saturn	Saturn	Venus	Merkur
Wassermann	300°–330°	Uranus	Uranus	Merkur	Venus
Fische	330°–360°	Neptun	Neptun	Mond	Mars

Der Tierkreis oder Zodiak hat eine Ausdehnung von 360 Grad. Da er zwölf Zeichen umfaßt, entfallen auf jedes Zeichen 30 Grad. Die Astrologie unterteilt aber auch jedes einzelne Zeichen wiederum in drei Dekanate, also 0–10, 10–20 und 20–30 Grad. Jedem Tierkreiszeichen ist ein Planet als „Herrscher" zugeteilt. Er beherrscht auch jeweils die ersten 10 Grade eines Zeichens, während das zweite und dritte Dekanat „Mitherrscher" besitzt. Die obige Tabelle bringt diese Dekanatsherrscher in übersichtlicher Form.

DIE ZWÖLF KRAFTFELDER IM HOROSKOP UND IHRE SYMBOLISCHE BEDEUTUNG

Wir haben bereits von der Notwendigkeit der genauen Geburtsstunde gesprochen, um das individuelle Horoskop eines Menschen berechnen zu können. Auf diesem Geburtsaugenblick aufgebaut, ergibt sich der „kulminierende Punkt", also der „Mittagspunkt" oder der Meridian eines Horoskops. Wir können uns an dieser Stelle nicht mit den mathematischen Formeln und Berechnungs-Methoden aufhalten.

Ausgehend von diesem kulminierenden Punkt, werden also die ,,Häuser- oder Felder''-Spitzen vermittels sphärischer Dreiecksberechnungen gefunden. Jahrtausende alte Erfahrung hat bewiesen, daß ein Gestirn in irgendeinem ,,Haus'' oder Kraftfeld eines Horoskops eine ganz bestimmte Bedeutung und Wirkung auf jenes Schicksalsgebiet ausübt, das eben durch das betreffende Kraftfeld symbolisiert wird. Auch hier ist es wiederum nötig, darauf hinzuweisen, daß die moderne Kosmobiologie unter Planeten, Zeichen, aber auch Horoskop-Feldern nur psychologische Entsprechungen, psychologische Reaktionsweisen meint. Die späteren Horoskop-Beispiele werden dieses wichtige Moment der Ausdeutung von Planeten in den ,,Feldern oder Häusern'' näher erläutern.

Ein geringer Unterschied in den Zeitminuten des Geburtsaugenblicks kann schon große Differenzen in der Berechnung der Horoskop-Felder auslösen. Der Grund liegt darin, daß die Felder-Einteilung vom Meridian oder vom kulminierenden Punkt des Horoskops ausgeht. Verändert sich dieser Punkt, so verändern sich automatisch auch alle Felderspitzen des Horoskops.

Die wichtigsten Horoskop-Felder liegen an den Achsen, also das I., IV., VII. und X. Feld, denn diese Achsen zerlegen das Horoskop in vier Quadranten. Jedem einzelnen Quadranten entsprechen drei Felder, wie die beigegebene Zeichnung veranschaulicht. Da jedes Feld theoretisch dreißig Grad umfängt, ergibt sich für die zwölf Horoskop-Felder ein Umfang von einem Kreis: 360 Grad.

Seit altersher gibt es nun in der Astrologie verschiedene Methoden der Häuser-Berechnungen. Die alte klassische rechnete mit ,,äqualen'' (gleiche Ausdehnung) Feldern. Heute wird überwiegend die ,,inäquale'' Manier (ungleiche Felder-Ausdehnung) bevorzugt. Es kann nämlich vorkommen, daß ein Horoskop-Feld innerhalb des ganzen Horoskopes nicht 30 Grad umfaßt, sondern weit weniger (z. B. bloß 15 Grad), mitunter aber auch sehr viel mehr, so daß zwei Tierkreiszeichen an einem Horoskop-Feld befindlich sind (eines an der Spitze des Feldes, das nächste im Feld selbst). Dies hängt von der jeweiligen geographischen Länge und Breite des Geburtsortes ab.

Die Symboldeutung der zwölf irdischen Kraftfelder eines Horoskops ist uralt und durch Erfahrung bestätigt. Nachstehend seien diese symbolischen Entsprechungen (wie sie auch die Zeichnung aufzeigt) für jedes einzelne Feld erläutert:

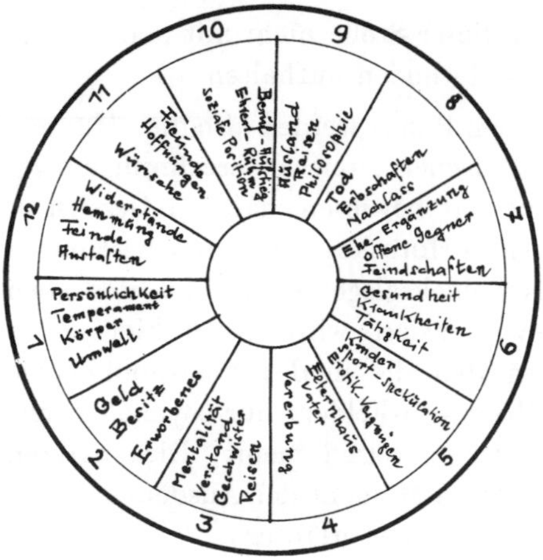

Die symbolische Bedeutung der „Häuser" oder Erdraumfelder im Horoskop

Das I. Feld des Horoskops und seine symbolische Bedeutung

Dieses wichtigste Feld symbolisiert die Persönlichkeit, die Temperamentsanlage, das Naturell, die Konstitution, die Charaktereigenart, sehr oft auch die äußere Erscheinung eines Menschen, seine Krankheitsdispositionen, seine Anlagen und Fähigkeiten. Die Bedingungen der Umwelt, die Jugend, die Schicksalsanlagen sind hier zu erkennen. In der progressiven Astrologie (Voraussagen) gibt dieses Feld und seine Spitze, der Aszendent, Auskunft über neue Lebensperioden, auch über Gesundheit und Krankheit. Es ist in höchstem Maße das Feld des eigenen Ich und kennzeichnet damit auch die Art der Ich-Durchsetzung, also mit welchen Mitteln sie erreicht wird. Planeten in diesem Feld des Horoskops sind äußerst wichtig und symbolisieren psychologische Handlungsweisen. Beispiel: Es wird ein großer Unterschied sein, ob sich in diesem Felde der Mars (das Symbol des Willens und der Tatkraft, der Energie und der Durchsetzung) oder etwa der Saturn (das Symbol der Erschwerung, der Beständigkeit, der Mühen und der konservativen Anstrengungen im Leben) befindet. Es wird natürlich hier auf weit mehr ankommen als nur die Betrachtung des Tierkreiszeichens am I. Felde und der etwa im I. Felde vorhandenen Planeten, doch darüber mehr im Abschnitt über die „Aspekte".

Das II. Feld

Dieses Feld gibt Auskunft über Geld, Vermögen, Besitz, Erreichtes und Erworbenes. Es symbolisiert die materiellen Belange, das bewegliche Vermögen und damit auch das Maß seiner Freiheit. Da jedes Feld nicht nur eine materielle, sondern auch eine geistige Bedeutung hat, ergibt sich hieraus auch die innere Kraft und der Gebrauch, den er von ihr macht. Gewinn und Verlust, materieller Rückhalt, aber auch das Verlangen nach irdischen Gütern ist hier zu ersehen. Je nach Besetzung dieses Feldes mit Planeten-Symbolen, je nach Zeichenbesetzung an seiner Spitze lassen sich Rückschlüsse auf alle diese erwähnten Lebensgebiete ziehen.

Das III. Feld

Im dritten Feld zeigen sich die Verbindungen eines Menschen zu seiner engeren Umgebung, insbesondere aber seine engere Verwandtschaft, seine Brüder und Schwestern, der Familienkreis, die Nachbarn, das Privatleben. Außerdem aber symbolisiert dieses Feld die Ideen und Eindrücke, die von außenher empfangen und im Inneren verarbeitet werden: Studien, Erweiterung des Gesichtskreises, Reisen, Fahrten (jedoch nicht große und Übersee-Reisen!), Korrespondenzen, Verträge, Abmachungen, Dokumente, Post, Neuigkeiten, Besuche, Nachrichten, Ortsveränderungen, Versetzungen, Umzüge, Vereinsangelegenheiten. Im allgemeineren Sinne bedeutet dieses Feld die Mentalität, das Alltagsdenken (im Gegensatz etwa zu Philosophie oder Weltanschauung) und die Bildung durch Schule, Erziehung. In dieser Richtung deutet es auch die geistige Auffassungskraft, die geistige oder besser die intellektuelle Beweglichkeit an (Rede, Vorträge, Sprache, Fremdsprachen). Dieses Feld korrespondiert mit dem Zeichen Zwillinge, einem Zeichen des Merkur.

Das IV. Feld

Dies ist wiederum ein „Eckfeld" von besonderer Bedeutung, denn es befindet sich an der Vertikalachse des Horoskops (dem unteren Meridian). Es symbolisiert daher auch die „Himmelstiefe", die Erbmasse, das Überkommene (im Gegensatz zum Erworbenen!), das Elternhaus, den Vater, die Heimat. Im übertragenen Sinn aber auch das Haus, Hausbesitz, Grundbesitz, Ländereien, die Wohnungverhältnisse, die Beziehungen des Geborenen zu seinen Eltern, den Geburtsort, die Familientradition — kurz, es ist gültig für die ganze Familiensphäre. Da es aber auch die „Himmelstiefe" symbolisiert, ist es auch maßgebend für das Lebensende, für das Alter an sich (nicht aber für die Todesart), für den Besitz im Alter. Im übertragenen Sinne — denn jedes Feld wirkt sowohl geistig wie materiell (esoterisch wie exoterisch) — weist es auf die unterbewußten, unterschwelligen Kräfte hin, die aus tieferen Bewußtseinsschichten kommen (auch okkulte Kräfte), natürlich auch auf Störungen pathologischer Art, die diesen Tiefenschichten entstammen. Das IV. Feld korrespondiert mit dem Zeichen Krebs, einem Mondzeichen (Psyche, Unterbewußtsein).

Das V. Feld

Symbolisiert die Nachkommenschaft, Kinder, aber auch alles, was mit Kindern zusammenhängt, so z. B. im weiblichen Horoskop Schwangerschaft, aber auch die Liebe zu Kindern, ferner Schulen, Erziehung, Pädagogik; in besonderem Maße aber ist es das Feld der Liebesangelegenheiten, der Erotik, der Liebesabenteuer (aber nicht der legalen Bindungen an das andere Geschlecht), der Vergnügungen, der Geselligkeit, des Sportes. Ihm unterstehen Theater, Bälle — kurz, alle Vergnügungen des gesellschaftlichen Lebens. Daneben zeigt es spekulative Tendenzen an, wie z. B. Wetten, Lotterieglück, Toto, Totalisator, spekulative Unternehmungen und Glücksspiel jeder Art, auch die Börse. In gewissem Sinne ist es also das Feld der „Vergnügen" schlechthin und symbolisiert das Ausleben der Persönlichkeit und ist insofern das materiellste Feld neben dem Feld II. Mit ihm korrespondiert das Zeichen Löwe.

Das VI. Feld

Im Gegensatz zum vorgenannten Feld V ist es äußerst schicksalhaft. Es symbolisiert die Arbeit, den „Brotberuf" (im Gegensatz zur Berufung), die Tätigkeit im alltäglichen Sinn, den „Zwang" zur Lebenserhaltung und Lebensdurchsetzung, aber auch den Berufs- oder Tätigkeitszwang, der von außenher und unabwendbar an den Menschen herantritt (z. B. Militär-Zwang). In erster Linie ist es das Feld der Armen, der Untergeordneten, der Angestellten (im Gegensatz zur Selbständigkeit), der Arbeiter, des „Dienens" schlechthin. Daher auch der Dienstboten, der niedrigen Arbeit, des Dienstes am Mitmenschen (karitativ oder etwa als Anstalts-Arzt), ferner aller Untergebenen, Diener oder Hausangestellten, Mitarbeiter am eigenen Werk (untergeordnet). Es zeigt auch die Beziehungen des Menschen zu Leuten in niederen sozialen Positionen an. Eine weitere Hauptbedeutung dieses Feldes ist aber die Zuordnung zu allem, was den Menschen quält oder herabzieht, also Krankheiten, Gebrechen, körperlicher Zustand, Krankenpflege, Sanitätsdienst, Anstaltsdienst, Schwestern, Fürsorgeberufe, freie Berufe (auf eigene Gefahr und ohne wirtschaftliche Sicherung), Pfleger, Missionare — überhaupt aller Kampf gegen das Leid und Gebrechen der Menschheit. Hinsichtlich Verwandtschaft zeigt es Beziehung zu Onkel und Tanten väterlicherseits, zum Schwiegervater. Dieses Feld korrespondiert mit dem Zeichen Jungfrau, dem Zeichen der Angestellten und der ,,dienenden'' Arbeit.

Das VII. Feld

Wiederum ist es ein äußerst markantes Eckfeld, denn es liegt an der Horizontal-Achse des Horoskops und bezeichnet den Gegensatz vom ,,Ich'', nämlich das ,,Du'', die Ergänzung, den Ehepartner, den Partner überhaupt, den Teilhaber, den Mitarbeiter, die Beteiligungen am Werke anderer. Damit wird es zum Gegenpol des 1. Feldes und auch des Aszendenten, weshalb man die Spitze VII den Deszendenten nennt. In der Hauptsache ist es das Feld der Ehe und der Heirat, aber auch der Ehescheidung, der Trennungen, der Feinde und Gegner (öffentliche Gegner!), der Prozesse, der Kontrahenten, Geschäftspartner, Anwälte, Richter und der öffentlichen Berufe (Redner etc.), wie überhaupt alles, was im Blickfeld der Öffentlichkeit geschieht. Auch Gunst oder Ungunst von sozial Höhergestellten oder Vorgesetzten spiegelt sich hier. Insonderheit auch die ,,Mitspielenden'' in dem tausendfältigen Geflecht menschlicher Beziehungen, denn die Horizontalachse ist die Achse vom ,,Ich'' zum ,,Du''. Das Feld korrespondiert mit dem Zeichen Waage.

Das VIII. Feld

Seit altersher bezeichnen es die Astrologen als das ,,Haus des Todes''. In der Tat spiegeln sich hier in gewissem Maße Todesart (wobei aber wiederum das ganze Horoskop beurteilt werden muß!!), aber auch Rettung aus Todesnot. Mit dem Tode zusammenhängend symbolisiert es Erbschaften, Legate, Testamente, also die materiellen Vor- oder Nachteile, die uns aus dem Tod von Verwandten oder dem Ehepartner usw. erwachsen. Im geistigen Sinne aber ist das VIII. Feld bezüglich zum Jenseitigen, zum Okkultismus, zur Metaphysik, zum Leben nach dem Tode. Im Gegensatz zum irdischen Erworbenen (= Kapital) zeigt es das geistig Erworbene auf. Eine weitere Bedeutung im materiellen Sinn hat es dadurch, daß wir aus den Konstellationen des VIII. Feldes auch auf das Vermögen und den Besitz des Ehepartners schließen können, zuweilen zeigt es auch den zweiten Gatten an und dessen Vermögen. Somit hat es im Gegensatz zum Feld II, das den erworbenen oder erarbeiteten Besitz darstellt, die Bedeutung des zufallenden (nicht erarbeiteten) Besitzes oder Vermögens. Dem VIII. Feld entspricht das Zeichen Skorpion, das Zeichen des Todes.

Das IX. Feld

Es ist das Feld der geistigen Erweiterung, der Philosophie und der Weltanschauung, der Religionen und der Bekenntnisse. Zeigt das gegenüberliegende Feld III die Erziehung an, die wir erhalten, so deutet das Feld IX die Selbsterziehung an, den Blickpunkt auf das Ganze. Aber auch die Erzieher, manchmal die Sektierer, die Verfechter geistiger Ideen. Ganz besonders aber ist dieses Feld das Feld der Reisen (große und Seereisen) und des Auslandes, der Auslandsbeziehungen und Auslandsaufenthalte. Wiederum also als Symbol geistiger Erweiterung des eigenen Horizontes. Im Gegensatz zur Alltags-Mentalität ist es das höhere Denken, die großangelegten Ziele. Weiterhin symbolisiert es kirchliche Behörden. Ferner angeheiratete Geschwister, also Schwager und Schwägerin, Enkel. Materiell zeigt es Versicherungen auf, aber auch Gesetze und die Auswirkungen derselben auf die eigene Person. Der geistige Sektor kann von Verschrobenheit, Engstirnigkeit, Fanatismus bis zu weltweiter Sicht reichen — je nach der Anlage und der Konstellation dieses Feldes. Ihm entspricht das Zeichen Schütze — das Zeichen der Erkenntnis.

Das X. Feld

Außer dem Feld I ist es das wichtigste des ganzen Horoskops und wiederum ein Eckfeld, begrenzt den oberen Meridian und befindet sich daher im Zenit des Horoskops. Es ist das Feld der Repräsentation, des sozialen Standpunktes, des Aufstieges, des Berufs und der Berufung, der Ämter und Würden, der Macht oder der Mühen, der Beförderungen, des gesellschaftlichen Erfolges und Ansehens der Person. Es stellt die „Sicherung" der Tätigkeit dar, also auch Pensionen, Gewinn aus Tätigkeit oder Beruf. Sehr überzeugend symbolisiert ein Planet in diesem Feld Glück oder Mühen eines Menschen, also weit eher das psychologische Moment als den wirklichen Beruf (der wiederum nur aus der Synthese des ganzen Horoskops zu ersehen wäre!). Es ist auch das Feld der Mutter (manche behaupten des Vaters), denn es liegt dem Feld IV gegenüber, jedenfalls jenes Elternteils, der für den Geborenen die entscheidendere Rolle spielt. Unglücksplaneten oder „Übeltäter" in diesem Feld des persönlichen Aufstieges gestalten den Beruf, und die Persönlichkeitsdurchsetzung ist kampferfüllt, denn ebensosehr zeigt dieses Feld die Höhepunkte wie auch die Abstürze von dieser Höhe (Saturn schlecht aspektiert im Feld X!). Weit eher sagt also dieses Feld etwas aus über Durchschnitt, Mühe und Plage im Beruf oder Aufstieg und glänzende, weithin sichtbare Machtposition als etwa direkt über die Berufsbegabung. Sicherheit oder Schwanken sind hier sehr gut ablesbar. Ebenso Protektion oder einsame, ringende Durchsetzung. Dem Feld X entspricht das Zeichen Steinbock — jenes Saturnsymbol des Kletterns und des zähen Mühens.

Das Feld XI

Ebenso wie sein gegenüberliegendes Feld V ist es ein erfreulicheres, denn es symbolisiert die Hoffnungen und Wünsche, die Pläne und das allgemeine Glück im Leben. Besonders aber alles, was uns auf unserem Lebensweg behilflich ist oder das Leben verschönt: Unsere Freunde und Gönner; auch die Erfüllungen, die unserem irdischen Streben zuteil werden. In gewissem Sinne also alle Hilfen. Es zeigt nicht das wirkliche Ziel an, sondern die Hilfsmittel zu diesem Ziel, die uns geschenkt werden — somit ist es das Feld der „Geschenke". Ob man ein „Stiefkind" des Glücks ist, geht oft sehr überzeugend aus diesem Feld hervor, falls es von Planetensymbolen besetzt ist. Ein einziger „Übeltäter" in diesem Feld (oft Neptun) zeigt uns sehr deutlich die Illusionen unseres Lebens, die Ernüchterungen und Enttäuschungen über die „Freunde" Auch dieses Feld ist mehr psychologisch als materiell zu werten. Ihm entspricht das Zeichen Wassermann, das Zeichen der vielfältigen Verbindungen und Beziehungen zur Um- und Mitwelt.

Das Feld XII

Es ist das geheimnisvollste Feld des ganzen Horoskops und die alten Astrologen nannten es den „Ort des großen Unglücks". Ähnlich wie das Feld VI ist es ein tragisches, denn es symbolisiert die Miseren des Lebens, den Zwang, die Gewalt, das Geheime, Untergründige, aber auch die Erkenntnis über Leid und Erfahrung. Es wird zum Prüfstein des Schicksals und zur Selbstkritik über unsere Taten. Es symbolisiert daher die Feinde, die Neider und die Gegner (geheime, die man schwer zu fassen bekommt!), das Unglück schlechthin, die Verfolgung, das Gefängnis, die Strafe, die Gewalt, die Abschließung von der Öffentlichkeit. Daher auch Krankenhäuser, Spitäler, Sanatorien, Arbeitshäuser, Zuchthäuser, KZ, Internierungslager, Klöster, Gefängnisse — kurz: alles, was mit Abschließung, Einsamkeit, Flucht vor der Welt zu tun hat — ob positiv oder negativ. Somit kann dieses Feld auch die freiwillige „Abschließung" symbolisieren, etwa das Studierzimmer des Gelehrten, das Labor des Forschers, den Arzt (der wiederum in Anstalten zu tun hat), den Psychiater, den Psychologen (Tiefenpsychologie, Erhellung des Unterbewußten). Auch Mord oder Selbstmord, Überfälle, geheime

Anschläge auf das eigene Leben, Gewalt durch Schläge, Verletzungen etc., Attentate, Kriminalprozesse. Es kann daher auch ein Hinweis für geheime Tätigkeit sein (Kriminalbeamte, Detektive, Spione), ebenso aber auch bei einem fortgeschrittenen Menschen die Hinwendung auf das geheime Wissen: Metaphysik, Astrologie, Okkultismus, Parapsychologie usw. Die Ausdeutung dieses Feldes ist daher die schwierigste. Doch wenn man die Tendenz des Zeichens Fische, das diesem Felde zugehört, berücksichtigt, so wird man die Bedeutungen und Sinndeutungen stets auf das Geheime, schwer Durchschaubare, auf das abschließende, vereinsamende Prinzip lenken und damit auf die Reife der eigenen Seele.

DIE PLANETEN ALS SYMBOLE UND ENTSPRECHUNGEN

Der astrologisch interessierte Laie findet in jedem Horoskop bestimmte Planeten an genau errechneten Plätzen des Horoskops, also innerhalb der Tierkreiszeichen und in ganz bestimmten Kraftfeldern oder „Häusern", wie sich dies eben durch die Position der Gestirne zum Geburtsaugenblick ergibt.

Es existiert nun eine wahre Flut von „Rezept-Büchern", die sowohl die Stellung eines Planeten im Tierkreiszeichen wie auch seine Stellung in irgendeinem Feld des Horoskops ausdeuten. Es kommt hierbei sehr auf das Können, die Erfahrung und die Intuition des Astrologen an, denn nicht nur gibt es zahllose Deutungssysteme — alte (klassische) und hypermoderne —, sondern auch ganz verschiedene Betrachtungsweisen über die Wirkung der Gestirne.

Eine absolut wissenschaftlich stichhaltige Erklärung, warum ein Gestirn dies oder jenes „bewirkt" und warum es überhaupt eine Wirkung auf das menschliche Leben und Schicksal ausübt, kann ebensowenig gegeben werden, wie die exakte Wissenschaft heute noch nicht in der Lage ist zu sagen, was die Elektrizität eigentlich sei. Man weiß zwar um ihre Wirkung, kann sie aber nicht restlos definieren.

Die neuere Astrologie oder Kosmobiologie betrachtet nun die Planeten mehr und mehr als Symbole, ebenso wie sie die Tierkreiszeichen mehr psychologisch erklärt. Man deutet die Planeten also nicht als „Sterne" am Himmel, die irgendetwas „verursachen", sondern man sucht in ihnen gewissermaßen symbolische Kräfte zu erkennen, besser gesagt: Entsprechungen. Jeder Mensch denkt, handelt, fühlt aus psychologischen Ursachen heraus — Kräften oder Schwingungen, die in ihm selbst verankert sind. Diese Ursachen werden durch die planetaren Kräfte symbolisiert.

1. Die Sonne und ihre symbolische Deutung im Horoskop

Als Zentralgestirn symbolisiert die Sonne den Lebenswillen, die schöpferische Kraft und den hinter der Materie befindlichen Geist. Symbolisch stellt also die Sonne innerhalb des Horoskops unsere Individualität dar, unsere schöpferischen Fähigkeiten, unser Selbstbewußtsein und unsere geistigen Energien.

Der Sonne entsprechen daher individuelle Freiheit, Entfaltungsmöglichkeiten, Erfolg, Einfluß, Ehren, Reichtum, Aufstieg, Machtstreben und überhaupt jegliche Expansion. Je nach der Position und Konstellation der Sonne im individuellen Horoskop, also gemäß ihrer Felderbesetzung, ihrer Zeichenstellung und ihrer Aspekte, die sie von anderen Planeten erhält, modifiziert sich die Aussage über die Durchsetzungskraft, den Selbstbehauptungswillen und die innere wie äußere Expansion eines Menschen. Eine kraftvolle Sonnenposition in einem Horoskop verrät Sein statt Schein.

Im Bereich der Welt entspricht das Sonnensymbol allen Mächtigen, Arrivierten, Reichen, allen sozial Hochgestellten, Leuten in Amt und Würde. Im privaten Leben ist sie symbolisch für den Vater, den Gatten, den Vorgesetzten.

Im Bereich des Körpers entspricht die Sonne der Lebenskraft. unter den Organen ist ihr das Herz zugeteilt.

Im Bereich der psychischen Reaktionen vertritt sie das Streben nach Anerkennung, Geltung, Aufstieg und Ansehen der Person. Tatsache ist, daß die jeweilige Sonnenstellung in überzeugender Art verrät, ob unser Leben und Schicksal in Abhängigkeit oder Freiheit, in strahlender Erfüllung oder in mühevoller Fron verläuft. Aus Generosität, Großmut, Selbstsicherheit kann ebenso — je nach Stellung der Sonne — Überheblichkeit, falscher Stolz, Hochmut und Eitelkeit werden!

Das Sonnenzeichen zur Zeit der Geburt offenbart schon einen wichtigen Teil unserer Wesensanlage und die Richtung unseres Strebens (siehe den Abschnitt über die Wirkung der Sonne in den einzelnen Zeichen!). Astrologisch beherrscht die Sonne das Zeichen Löwe, denn in diesem Feuerzeichen kommen ihre Eigenschaften am stärksten zum Durchbruch. Ebenso im Zeichen Widder, während, sie in den Zeichen Wassermann und Waage gehemmt erscheint, was sich vielleicht in einer herabgesetzten Lebenskraft äußern kann, jedoch nicht äußern muß. Diese letzteren Bezeichnungen von Hemmung, „Vernichtung", „Fall" eines Planeten in einem bestimmten Zeichen (wie beispielsweise Sonne im Wassermann) stammen noch aus der alten, klassischen Astrologie und werden heute, wo man die Tierkreiszeichen-Wirkung mehr im psychologischen Sinne auffaßt, nicht mehr allzu stark beachtet, denn die Kraft und Schwingung des Sonnen-Prinzips teilt sich jedem einzelnen Zeichen mit, wenn auch stets in modifizierter Art — ähnlich dem Spektrum eines Prismas. Auch darf man ebensowenig einen einzelnen Planeten wie ein einzelnes Tierkreiszeichen zur Deutung eines Horoskops heranziehen. Diesen Fehler begehen die heute in zahllosen Wochen- oder Monatsschriften erscheinenden „Wochen oder Monats-Horoskope", deren Prognose lediglich auf dem Sonnenstand in einem einzelnen Zeichen (nach dem Geburtstag) aufgebaut ist, wobei man als entschuldigenden Grund anführen könnte, daß man eben für eine große Anzahl von Menschen nur den Geburtstag verwerten könne bzw. eine ganze Gruppe von Geburtstagen, worunter man dann die „Widder-Geborenen" oder „Stier-Geborenen" etc. versteht.

Sehr häufig hört man von Unkundigen der Astrologie die Bezeichnung, der oder jener sei ein „Saturn-Typ", oder man sei unter der Wirkung des Planeten Sonne etc. geboren. Auch dies ist absolute Scharlatanerie. Wohl gibt es sogenannte „Jahresplaneten" im Sinne eines „Mars-Jahres" usw., doch hat dies in keiner Weise eine individuelle Bedeutung oder gar einen Einfluß auf das persönliche Schicksal. Auch die Zuordnung eines Gestirns zu einem Wochentag, wie etwa des Merkur zum Mittwoch, hat für einen „Mittwoch-Geborenen" keinerlei Bedeutung. Alle diese und ähnliche Bezeichnungen und Deutungen gehören der Jahrmarkts- oder Vulgär-Astrologie an!

2. Der Mond und seine symbolische Bedeutung im Horoskop

Stellt die Sonne das aktive, strahlende, schöpferische Gestirn dar, so symbolisiert der Mond die Reflektion oder Substanzlosigkeit. Er ist lediglich Mittler, Sammler, Formgeber. So stellt er also nicht das schöpferische Denken, sondern das reflektierende Denken dar, wie wir es als Gefühl, Empfindung, Gemütswallung verspüren. Er symbolisiert daher die Persönlichkeit (persona = Maske) im Gegensatz zur Individualität. Es ist daher kein Wunder, daß sich die innerste Wesensart vieler Menschen (besonders der Frau) durch die Position des Mondes in einem der zwölf Zeichen am besten spiegelt — besonders dann, wenn ein Mensch mehr passiv, rezeptiv, aufnehmend veranlagt ist als etwa aktiv, tätig, dynamisch. Seelen- und Gemütsleben, Stimmungen, Launen,

Empfindungen und Periodizität im Geschehen sind Mond-bedingt (Ebbe-Flut). Zeigt die Sonne das innerste Wesen auf, so symbolisiert der Mond je nach seiner Position im Horoskop die Form- oder „Schau-Seite" des Menschen — so wie er sich gibt, wie er „leibt und lebt". Am stärksten zeigt er den Menschen im Kollektiv an, und wer sich selbst am leichtesten einem Kollektiv (der Masse) einfügt, hat stärkste lunare Substanz (Mondeinfluß), denn das solare Prinzip (Sonneneinfluß) hebt den Menschen heraus aus der Masse und macht ihn zur Individualität. Es ist klar, daß man somit über die soziale Position eines Menschen etwas wissen muß, um sein Horoskop richtig deuten zu können.

Ebenso wie die Sonne feurig, positiv, männlich ist, symbolisiert der Mond das wässerige, negative, weibliche Prinzip — den Mutterschoß und damit die Fruchtbarkeit, da Empfänglichkeit und Formgebung im Stoff den Kräften des Mondes zugeordnet sind. Stark lunar betonte Horoskope zeigen daher mehr rezeptive (aufnehmende), passive, nachahmende, instinktive, intuitive, empfängliche Eigenschaften. Das feminine, weiche, gefühlsbetonte, aber auch launische, schwankende, veränderliche und wechselvolle Prinzip herrscht vor. Selbst die Gesichtszüge und die Körperform dieser Menschen sind mehr weich, voll, lymphatisch, als etwa markant, konturiert oder „hart". Man kann also schon aus dem äußeren Habitus eines Menschen bei genügender Erfahrung das Vorherrschen oder Überwiegen bestimmter planetarer Einflüsse herauslesen. Im weltlichen Bereich symbolisiert der Mond das Volk, die Öffentlichkeit, die Popularität (Volksgunst), die Materie (Besitzstand), ferner alles Bewegliche, Flutende, Reisen und Veränderungen, Nachkommenschaft und je nach Stellung im Horoskop auch Mutter, Gattin, weibliche Verwandtschaft.

Psychologisch symbolisiert der Mond ähnlich dem Wasser, das er beherrscht, das Anschmiegende, Substanzlose, Aufgehende, Labile, sich Vermischende, Distanzlose, Alltägliche, Lethargische, Unpraktische etc. Da er das wässerige Element verkörpert, herrscht er im Zeichen Krebs, einem passiven, beweglichen Wasserzeichen. Man setzt ihn oft in Beziehung zur Seele, doch ist dies ein Irrtum, denn er herrscht mehr über die Instinkte, Wünsche und Sehnsüchte (Seele = Venus!), Träume, Visionen. Lunar beeinflußte Menschen (insbesondere mit Krebs als Aszendent!) haben vielfach Wahrträume, Ahnungen, Intuitionen und sind in ihrem Wesenskern auffallend sensibel, eindrucksfähig, empfindlich und schwankend, ja mitunter romantisch, träumerisch. Die Herrschaft des Mondes zeigt sich daher als Gutmütigkeit, im negativen Sinn als Laune, Ungeduld und Indolenz und Sensationslust. Es wäre daher wünschenswert, den Mond im Horoskop in einer mehr gefestigteren Position zu haben, wie etwa im Zeichen Stier, oder aber gut aspektiert von anderen Gestirnen (über die Aspekte siehe die Zeichnung zu diesem Abschnitt).

3. Der Merkur und seine symbolische Bedeutung im Horoskop

Entsprach der Mond dem Gefühl, so repräsentiert der Merkur den Verstand und die intellektuellen Kräfte eines Menschen. Doch ist es hier ebenso nötig wie im Falle des Mondes, in erster Linie die Aspektierung des Merkur zu beachten, denn an sich sind die merkurischen Kräfte anpassend, vielseitig, schillernd. Es kommt ganz auf die Substanz an, die der Merkur in einem Horoskop aufzeigt.

Symbolisch ist er nämlich Mittler und Überbringer (Merkur mythologisch als „Götterbote" bekannt) aller Gaben, die er durch Aspekt von anderen Planeten erhält. Die Reichweite seiner Anlagen kann daher von geistiger Leere, Dürftigkeit oder Schwätzerei bis zu wirklicher Originalität, Erkenntnis, ja Genialität den Bogen spannen. Die Position im Horoskop, seine Stellung in einem Tierkreiszeichen, ganz besonders aber seine Aspektierung zu Mond, Sonne, Jupiter, Mars, Uranus etc. ist hier von ausschlaggebender Bedeutung

An sich symbolisiert Merkur die Sprache, die Rede, das Gedächtnis, die geistige (intellektuelle) Gewandtheit, die Erziehung, die Beweglichkeit und Auffassungsgabe eines Menschen, ferner Logik, Geschicklichkeit, Phantasie, Ausdruckskraft in Rede und Schrift.

In schlechter Anlage kann der Merkur lediglich List, Schlauheit, Kritik, Betrug, Schwindel, Täuschung, Streitsucht, Nörgelei und Klatschsucht bedeuten, und wir haben es dann mit jener niederen Geistigkeit zu tun, die über keinerlei Halt und innere Substanz verfügt. Infolge dieser Wendigkeit und Anpassungsfähigkeit hat man dem Merkur das Quecksilber zugeteilt. Körperlich beherrscht er die Nerven und das Gehirn, das Denkzentrum und Gedächtnis sowie die Sprache. Sprachfehler z. B. zeigen sich mit großer Regelmäßigkeit durch Aspektverletzungen des Merkur an ganz bestimmten Punkten des Horoskops.

Die sprachliche Beweglichkeit des Merkur reicht von der Debatte über die sarkastische Kritik bis zur Sophistik. Im unteren Niveau ist der Merkur Schlauheit, Neugierde, Sensationslust, Tagesmeinung, Lüge, Boshaftigkeit. Im gehobenen kann er große künstlerische Gaben auslösen neben einer durchdringenden, erfinderischen, genialen Geistigkeit. Dies zu erschauen und zu durchschauen aus einem Horoskopbild bedarf großer Erfahrung und Einfühlungsgabe.

Das Tätigkeitsfeld des Merkur ist der Handel, Kauf und Verkauf, Vermittlung, Verkehr, Beziehungen, Verbindungen, Agenturen, Zeitungen, die Findigkeit und Gewandtheit, Ruhelosigkeit und Vielgeschäftigkeit, die Nervosität und den Mangel an Konzentration und Ausdauer.

So bedarf der Merkur dringend eines Saturn-Aspektes, will er das gründliche, wissenschaftliche, konzentrierte Denken vermitteln — er bedarf des Uranusaspektes, soll er Genialität und Originalität aufzeigen, und er bedarf des Jupiters, soll sein Wissen nicht nur „merkurisch", also flach, allgemein und der Tagesmeinung verhaftet sein. So ist Merkur im symbolischen Sinne der Vermittler aller „Göttergaben" (= Gestirnwirkungen), und das Zeichen, in dem er herrscht, sind die Zwillinge sowie das Zeichen Jungfrau, wobei er in den Zwillingen die Übersicht über das Ganze behält, während er im Zeichen Jungfrau den Blick auf das Detail — das Einreihen, Ordnen, Gliedern, die Kritik, richtet.

Das Nervensystem als Übermittler aller Reflexe und Empfindungen ist ihm daher in besonderem Maße zugeteilt.

4. Die Venus und ihre symbolische Bedeutung im Horoskop

Dieses Gestirn, in der klassischen Astrologie als „kleines Glück" (fortuna minor) bezeichnet, ist Symbol alles Schönen und Angenehmen auf Erden und symbolisiert die Verbindung alles Getrennten in der Liebe und Harmonie. Sie ist im wahrsten Sinn die „Psyche", denn Empfänglichkeit und Hingabe sind ihre schönsten Tugenden.

Im Horoskop zeigt sie die Dinge der Liebe auf — im männlichen Horoskop jedoch mehr den Gegenstand der Liebe, im weiblichen Horoskop dagegen die Art und Intensität der Liebe.

Alles künstlerische Wollen, alle „Veredelung" des Stoffes, alle Schönheit und Anmut ist der Venus ureigenstes Gebiet. So glättet sie die Unebenheiten und Rauhheiten des Alltags ebenso wie jene des Charakters und sogar der Gestalt. Aber auch ihre Wirkungsflächen sind sehr verschiedener Natur: Wirkt sie beim einen mehr in die vergeistigte Sphäre des Stoffes, also in die Richtung des künstlerischen Schaffens, der verfeinerten Form, der geistigen Liebe, so kann sie beim anderen in den Niederungen der Materie versinken und wird dann zur sexuellen Begierde, zur Verweichlichung, zum Leichtsinn und Laster.

Wiederum ist, wie in allen Fällen der Beurteilung einer Gestirnwirkung, ihre Position innerhalb des Horoskops, des Zeichens und ganz besonders der Aspektierung durch die übrigen Planetensymbole wichtig und ausschlaggebend.

Venus symbolisiert das Gleichgewicht der Gegensätze, die „Harmonie der Sphären", den Genuß am Schönen, Kultivierten und Verfeinerten. So ist sie in erster Linie die Sachwalterin der Künste, denn Schönheit, Harmonie und Rhythmus sind die Wirkungsflächen ihrer Schwingungen.

Sie veredelt die Materie, den Stoff, und in allen ihren Einflüssen innerhalb eines Horoskops hat sie stets diese gleichbleibende Grundtendenz, sei es im persönlichen Geschmack, in der beruflichen Tätigkeit oder Leistung oder im Zusammenleben innerhalb der Gemeinschaft.

Im vulgären Sinn wird sie auf das materielle und körperliche „Glück" schlechthin bezogen, also auf alles, was das Leben „angenehm" gestaltet. Im Horoskop symbolisiert sie das weibliche Prinzip, auch die Mutter oder weibliche Verwandte (insbesondere bei Taggeburten, während man bei Nachtgeburten für die Mutter das Mondsymbol nimmt). Charakterologisch deutet sie auf die Wesensanlage hin und zeigt die Art der Verfeinerung an, das künstlerische-schöpferische Moment, die Konzilianz im Gebaren, das gesellschaftliche Verhalten — überhaupt das Schönheitsverlangen! Sie ist der Gegenpol des kriegerischen, aktiven, verlangenden Mars — also das gebende, schenkende, empfangende, friedvolle Prinzip. Auch Gattin und Geliebte sind im männlichen Horoskop durch die Venus angedeutet.

Im unteren Aspekt wird sie zum „Genuß", zum Trieb, zum Laster, zur „käuflichen Venus", und die Anmut von Leib und Seele wird zur Geschmacklosigkeit, zum Exzeß und zur Begierde.

Schon rein körperlich zeigt sie die weiche, abgerundete, verfeinerte, oft sehr hübsche und anziehende Form. Im Zeichen Waage herrscht die Venus, und dieses Zeichen trägt ihre künstlerischen, verfeinernden Schwingungen am besten, während sie in ihrem zweiten Zeichen Stier in den Stoff, in die Materie eindringt (ebenso wie Merkur in der Jungfrau). Die Aspekte, die die Venus im Horoskop erhält — also ihre Zusammengestirnung mit anderen Planetensymbolen —, zeigt überzeugend an, welche Erfahrungen ein Mensch auf dem Gebiet des Sexus, der Triebsphäre und mit dem anderen Geschlecht macht. Auch die Reaktionsweise des Gemütes wird oft sehr gut durch die Venus-Position illustriert.

Körperlich symbolisiert sie die Sexualität, die Nieren, die Venen und die Drüsentätigkeit.

Alle Geschäfte, Berufe und Tätigkeiten, die der Verschönerung des Daseins oder der Kunst oder dem Vergnügen dienen, sind von Venus beeinflußt, und in den Feldern II, VI und X eines Horoskops kann sie solche Tätigkeiten symbolisieren. Jeder schlechte Aspekt mindert ihre Gaben, aber auch ihre Grazie, ihre Schönheit und ihre Harmonie.

5. Der Mars und seine symbolische Bedeutung im Horoskop

Mars ist astrologisch die Entsprechung für den Willen, die Aktivität, den Kampf, die Leidenschaft, die Tat. In der alten Mythologie ist es Prometheus, der das Feuer der Sonne übermittelt — in der Welt der Materie daher der Kampfplanet, Symbol der leidenschaftlichen Liebe im Gegensatz zur ideellen Liebe (Venus). Er ist somit der große Gegenspieler der Venus, denn er bringt die Trennung (Venus = Einigung).

Ihm entspricht also die Energie, die treibende Kraft, das Verlangen, zu führen, zu herrschen und zu beherrschen, was im negativen Sinne Gewalt, Zerstörung, Aggression und Unterjochung werden kann.

Die alte klassische Astrologie nennt den Mars einen „Übeltäter", und im Hinblick auf den geistigen Entwicklungszustand der Menschheit entspricht die marsische Energie heute noch überwiegend dem Kampf aller gegen alle, also auch dem Krieg und der Zerstörung. Im positiven Sinne freilich wäre sie auch das Symbol für Tapferkeit, Mut und alle motorischen Willensimpulse, ohne die es keinen Fortschritt, keine Bewegung und keine Selbstbehauptung gäbe.

Auf körperlichem Plan symbolisiert die marsische Energie die Fortpflanzung, und so wird der Mars auch der Zeuger neuer Lebensenergien und neuen Lebens auf allen Entwicklungsebenen.

Versinkt das ungebändigte Marsprinzip vollständig in den Stoff oder in die Materie, so müssen die asozialen Instinkte, das Verbrechertum, die Gewalt überwiegen, und es kommt zum Haß, zur Rachsucht oder zum schrankenlosen Ausleben der egozentrischen Instinkte, wie z. B. Machtrausch, gewalttätige Durchsetzung des eigenen Ich. In diesem untersten Aspekt wird der Mars zum Symbol der Vernichtung oder zur richtungslosen, blindwütigen Kraft.

In jedem Fall ist es daher unumgänglich nötig, die Position des Mars in einem individuellen Horoskop genau zu studieren, will man außer der vorhandenen Willenskraft (Quantität) auch die Zielrichtung (Qualität) derselben bestimmen. Dies zeigt die Konstellation des Mars im

Tierkreiszeichen und innerhalb des Horoskop-Feldes samt allen darauf fallenden Aspekten ziemlich eindeutig auf.

Vermengt sich beispielsweise die marsische Energie mit den Schwingungen des Saturn-Prinzips, so kann dies bei genügender Entwicklung des geistigen Egos des Menschen zu Durchhältigkeit, Ausdauer und Willenskraft tendieren — bei schlechter Persönlichkeitsanlage und schlechten Saturnaspekten auf den Mars aber kann sich eine äußerst gewalttätige, starrsinnige und zu Querulantentum neigende Persönlichkeitsanlage ergeben. Da der Mars auch das Maß des Freiheitsstrebens andeutet, wird er aufzeigen, ob und mit welchen Mitteln sich ein Mensch durchzusetzen versteht.

Der „geschliffenere" Mars (mit Merkur-Aspekt) bekommt leicht die Note der Ironie, der Satyre oder des Sarkasmus. Im Animalischen aufgehend aber versackt der Mars in den tiefsten Niederungen der Leidenschaft und Begierde.

Das Zeichen, in dem die marsische Energie am reinsten zum Ausdruck kommt, ist der Widder. Hier zeigt sich feurige Beweglichkeit, Impulsivität, also Schnelligkeit des Handelns, des Redens, des Urteilens am klarsten. Hier verlangt der Mars nach Führung, Herrschaft und Gehorsam von seiten der Um- und Mitwelt (auch vom jeweiligen „Du"). Das zweite Zeichen des Mars ist der Skorpion. Während die Kraft im Widder nach außen wirkt, zielt sie im Skorpion nach innen.

Ein sehr stark konstellierter Mars in einem Horoskop ist daher immer das Anzeichen von Selbstbehauptung. Auf körperlichem Sektor beherrscht er die Sexualfunktionen, die Galle und die Muskeln.

Befindet sich dieses Planetensymbol des Willens in einem „Eckfeld" des Horoskops (I, IV, VII, X) oder gar nahe einer Eckfelderspitze, besonders am Aszendenten oder oberen Meridian, so hat er stets eine überragende Bedeutung und überzeugt durch seine „Dominanz" (Herrschen über andere Horoskop-Faktoren), wie sehr der aktive, positive Einfluß sowohl Charakter wie Schicksal beeinflußt.

6. Der Jupiter und seine symbolische Bedeutung im Horoskop

Jupiter wird in der klassischen Astrologie „das große Glück" (fortuna mayor) genannt. Ohne dies im allzu materiellen Sinne deuten zu wollen, ist er dennoch das Symbol für Wohlstand, für inneren wie äußeren Reichtum, für Philosophie, Weltanschauung, geistige Sicht, ja für die Weisheit schlechthin.

Das Fluidum, das „jovische Menschen" ausstrahlen, ist jenes der Generosität, der Harmonie, der inneren Freiheit als Folge geistiger Erkenntnis und der vertrauensvollen Hingabe an Welt und Dinge, die wir etwa mit dem Wort „Optimismus" umschreiben. „Vater der Götter" nannte die Mythologie den Jupiter und meinte damit den Allweisen, Gerechten, aber auch Barmherzigen.

Psychologisch gesehen ist das Symbol des Jupiters bereichernd, erfüllend, erkennend, und in der „Vulgär-Astrologie" wird er daher zur Entsprechung für allgemein menschliches Glück, Geld, Reichtum, Ehren und sozialen Aufstieg. Von allen diesen Dingen ist nun im Horoskop ein Gran zu verspüren, wenn Jupiter gemäß Konstellation, Zeichenstellung und Aspektverbindungen seine Tendenz zur Fülle ins Treffen führen kann. Wir finden dann aber jene echte „Humanitas", Liebe, Güte und Weisheit, die die wirklichen jovischen Kräfte darstellen. Sind sie im Wesenskern eines Menschen nicht zu finden, so wird er auch vergebens auf die irdischen Gaben hoffen dürfen! In seiner besten Anlage führt der Jupiter kraft einer inneren Erleuchtung und einer Erweiterung des geistigen Gesichtskreises zu jenem Herrschertum, das die Gewalt und die Willkür nicht nötig hat, das vielmehr durch innere Vornehmheit, durch geistigen Adel der Gesinnung überzeugt. Die kosmologischen Entsprechungen sind niemals eindeutig klar, sondern zeigen einen weitgespannten Radius. Schon eine geringe „Verletzung" durch schlechte (d. h. disharmonisch wirkende) Aspekte anderer Gestirnsymbole oder eine schwache Gesamtkonstellation des Horoskops mindern die schöpferischen Kräfte des Jupiter, und Weisheit wird zu intellektuellem Wissen, Freiheit zum Zwang, Macht zu Gewalt, und der echte Herrscher wird zum Revolutionär. Denn im unteren Aspekt ist Jupiter die Auflehnung, die Genußsucht, Ausschweifung, Prahlen, Scheinheiligkeit (im Gegensatz zur „Heiligkeit"!), Hochmut, Verschwendung, Falschheit und Konflikt mit dem Gesetz, der Behörde oder dem „Vorgesetzten". So vielseitig also die Jupiterwirkung ist, eines scheint dennoch immer den roten Faden des Schicksals anzuzeigen: Der Zug zur Expansion! Selbst die negativen Taten tragen noch den Stempel der Großspurigkeit, wie etwa ein Verbrecher stiehlt, um dann einen Teil seiner Beute noch den Armen zukommen zu lassen. So fängt der „Minderbemittelte" zu bramarbasieren an, während der geistig Minderbemittelte seine Zuflucht zur Arroganz sucht.

Im Horoskop symbolisiert Jupiter ferner das Gesetz, die juristischen Auseinandersetzungen, im letzten Sinne Geld oder Kapital überhaupt. Doch wird auch der schlechteste Jupiter niemals dazu verleiten, Geld oder Kapital zu horten, zu geizen oder ein Leben der Armut zu führen.

Weit eher verleitet er zu anspruchsvoller Üppigkeit, Prunksucht und Eitelkeit.

Selbst nach außenhin, also im Körperlichen, zeigt Jupiter noch die Fülle, die Üppigkeit (und meist frühe Kahlheit als Symbol eines allzu „guten Lebens"!). Somit ist Jupiter auf allen Lebensgebieten und allen Flächen des Erlebens Expansion, Ausbreitung, Fülle. Im höchsten Sinne des materiellen Bereiches Repräsentation.

Im höchsten Sinne des geistigen Bereiches wird er zur Würde, zum Edelmut, zur „Repräsentation im Geistigen" (kirchlicher Würdenträger, Macht-Symbole in Justiz, Gerechtigkeit). Rein materiell ist er der große Unternehmer, der Großkaufmann, der Bankier, der Verwalter der großen Werte (bis herunter zu den Scheinwerten als Hochstapler!!).

Im Feuerzeichen Schütze vermag der Jupiter seine besten Kräfte zu zeigen, insbesondere jene der Gerechtigkeit („fair play"), aber auch der Unabhängigkeit und inneren Freiheit vom Stoff. In den Fischen, seinem zweiten Zeichen, in dem er „herrscht", ist auch Jupiter in die Materie gebannt, und aus Herrschen wird Dienen.

Körperlich bezieht sich Jupiter auf Ernährung, Leber, Galle, Wachstum. Körperfülle ist ein typisches Anzeichen eines herrschenden Jupitereinflusses.

7. Der Saturn und seine symbolische Bedeutung im Horoskop

Saturn ist in seinem tiefstem Sinne die Begrenzung, die Einschränkung, die Hemmung, der Widerstand! Damit wird er zum Gegenpol der Sonne (Geist oder Licht) als Finsternis oder Stoff, Materie! Die klassische Astrologie nannte ihn „infortuna major" (das „große Unglück"). Auch heute ist seine Entsprechung im Horoskop noch die Sorge, die harte Arbeit, die Läuterung durch die Fesseln des Stoffes. Psychologisch ist er also das Prinzip der Einsamkeit (innerlich oder äußerlich), der Absonderung, der Erfahrung und der Vertiefung. Daher wird der „Saturnier" stets schmerzlich die stoffliche Begrenzung verspüren, die äußeren Fesseln, die seinem Wirken und Wollen im Bereich der Materie entgegenstehen!

Der Mensch unserer Entwicklungsstufe antwortet auf die Schwingungen des Saturn mehr oder minder negativ im Sinne von Härte, Verhärtung, Geiz, Sorgsucht, Haß, Kälte, Tyrannei, Egoismus. So scheinen saturnin beeinflußte Menschen in erster Linie Egoisten zu sein, denn sie unterliegen dem beengenden, furchtsamen, gleichgültig machenden Einfluß gegenüber dem Mitmenschen. Dem geistig Entwickelten schenkt

Saturn die unermeßlichen Hilfen der zähen, ausdauernden, nie ermüdenden Konzentration, die ewige Suche nach seinem wirklichen Lebensziel, das hinter allen Dingen liegt. Die Mystiker aller Zeitalter nannten ihn daher den geheimnisvollen „Hüter der Schwelle", den Versucher und Läuterer zugleich.

Psychologisch entspricht die Saturnwirkung dem Lebensernst, der Ausdauer, Furchtlosigkeit, Unermüdlichkeit und dem Fleiß. Praktisch gesehen, wird der echte Saturnier niemals auf leichte, mühelose Weise zu den Notwendigkeiten dieses Lebens kommen. Seinem innersten Wesen haftet ein Zug von Melancholie, Depression, Angst oder Furcht vor dem Kommenden an. Die saturnine Mentalität zeigt ein Moment der Schwere, des Abschließens, Vereinsamens, Verhärtens, aber auch der geistigen wie seelischen Reife! Solche Menschen können sich nicht vor anderen aufschließen, reden wenig, neigen zur Seßhaftigkeit, zur Egozentrik. Oft sind es Grüblernaturen,und es fehlt ihnen das frische,unbekümmerte Zupacken, da ihnen Welt und Leben voller Problematik sind.

Es hängt hier in ganz besonderem Ausmaß wiederum von Konstellation, Zeichenbesetzung und Aspektierung durch andere Planeten ab, inwiefern sich Saturn aus dem Stoff zu befreien vermag. Hier spielen ganz besonders die Sonne-Saturn- bzw. Mond-Saturn-Aspekte in einem Horoskop eine gewisse Hauptrolle, denn sie zeigen das Maß der inneren wie äußeren Freiheit an, ob ein Mensch den Schein der Materie durchschaut oder ob er im ewigen Kampf mit der Materie unterliegt.

Im günstigsten Fall schenkt der Saturn die „sicheren Werte", wie Grundstücke, Häuser, Immobilien, Ländereien.

Sein Tierkreiszeichen ist der Steinbock, jenes Symbol des zähen, unermüdlichen Kletterns, wozu ebenso die Hindernisse, die Schwierigkeiten und der „Berg des täglichen Mühens" gehören. Bei guter Konstellierung läßt Saturn hohe Positionen erreichen (auch in der Politik), wobei jedoch dicht neben der erreichten Höhe der Sturz in die Tiefe als Symbol der Machtüberschreitung, der Überheblichkeit oder der Verblendung möglich erscheint. In seinem zweiten Zeichen, dem Wassermann, wird der Saturn helfender, denn hier bewirkt er Erkenntnis,und Erkenntnis ist im Reiche des Geistes die Lösung von den Fesseln der Materie.

Körperlich beherrscht er das Knochensystem, die Knie, die Gelenke, die Haut, die Milz. Sein Prinzip ist das der Erstarrung, der Verkalkung, der Verhärtung.

8. Der Uranus und seine symbolische Bedeutung im Horoskop

Uranus wurde erst im 18. Jahrhundert entdeckt,und man nannte ihn die höhere Oktave des Merkur — also das Denken auf jener Stufe, die jenseits des bloßen Intellekts befindlich ist: Die höhere geistige Erkenntnis, der Funke der Intuition, der mit dem Verstandesdenken nichts mehr gemeinsam hat.

Man darf die uranische Wirkung in einem Horoskop nicht überschätzen, da sich immer wieder zeigt, daß der Mensch unserer Zeit mehr oder minder technisiert ist und selbst ein „uranisch" gefärbtes Denken immer nur in die Welt der Materie verrannt ist, somit als „höchsten" Aspekt der Erkenntnis die Atomspaltung verherrlicht samt allen ihren abwegigen und untermenschlichen, ja dämonischen Künsten. Hier wird die uranische Erkenntnis eher zur Teufelsküche, da sie als logische Folge ihrer Verranntheit in die Materie den Umbruch, die Entladung, die Katastrophe, die akuten Wenden und Umstürze entfesselt. Die wahre Wende des Uranus aber zielt ins Geistige! Hier ist er der Bringer der geistigen Umbrüche, der völlig neuen Erkenntnisse und Weltanschauungen. Psychologisch symbolisiert er das Eindringen in die seelischen Bezirke, in das Unterbewußtsein (Psychoanalyse ist sein Werk!), geistig bewirkt er Unabhängigkeit, Freiheit, Loslösung von allem Hergebrachten, Originalität. Aber auch er kennt alle Stufen der Entwicklung, und sie reichen vom Exzentriker, Revolutionär, Bolschewisten, Bohemien, Verschrobenen, Rebellen bis zum weltoffenen Reformer, intuitiven Entdecker und Forscher. Im Bereich der heutigen Entwicklungsstufe zeigt er im besten Sinne das Vorhandensein von Originalität und selbständigem Denken. Auf dieser Stufe gehört der „Uranier" keiner Gesellschaftsklasse, keinem Glaubensbekenntnis, keinem Dogma, keiner Konvention und keiner Tradition an. Im Gegenteil — er verachtet gerade das Überkommene, das von der Masse „Anerkannte" und Geglaubte, die soziologische Ordnung und alle Bereiche des „Gutbürgerlichen".

Uranus symbolisiert daher im Horoskop oft die Entfernung, die Trennung, die akute Wende, den Mangel jeglicher Stabilität in Form schwankender Lebensverhältnisse, ungesicherter Positionen und sehr häufig den schrullenhaften Typ. Eine Aspektverbindung zum Merkur erhöht seine geistige Potenz — eine Verbindung zum Mond erregt die Psyche und tendiert zur Hysterie und Übererregbarkeit. Jegliche Aspektierung zum Uranus schenkt eine neue Facette im schillernden Spiegel dieses ungewöhnlichen Planeten, dem die meisten Menschen noch nicht zu folgen vermögen.

Uranus hat Bezug zu allen neueren Entdeckungen, besonders zur Elektrizität, Radioaktivität, zur Luftfahrt und später zur kosmischen Raumschiffahrt, denn Uranus sprengt alle Grenzen, sowohl materielle (Atomkernspaltung) wie geistige (Metaphysik, Okkultismus, Parapsychologie etc.).

Sein Zeichen ist der Wassermann — das Symbol des erkennenden Geistes. Hier zeigt er seine beste Wirkung, allerdings nur dann, wenn das ihm zur Verfügung stehende Medium des Geistes auch jenen Reifegrad erreicht hat, um uranisches Geistesgut aufzunehmen. Sonst wird er nur zum Außenseiter der menschlichen Gesellschaft und beunruhigt sich wie seine engere Umwelt.

Körperlich beeinflußt er das Nervensystem, das Rückenmark und Teile des Gehirns, weshalb er so oft zu Lähmungen tendiert.

Wie in einem späteren Abschnitt (Das Horoskop des 20. Jahrhunderts) ausgeführt wird, beeinflußt er in hohem Maße unsere heutige Zeit und das Abgründige ihrer Technik, aber auch die moderne Kunst und ihre Exzentrizitäten, ferner die Wetterkrisen und politischen Unruhen auf unserem Erdball. Die wirklichen Schwingungen des Uranus können heute weder aufgenommen noch verstanden werden: Sie zeigen sich daher heute noch in Verwirrung, Chaos, Exzentrizität, Auflehnung, Skandal-Affären und öffentlicher Beunruhigung über Politik und dissonante Weltanschauungen. Herrscht er in den Horoskopen exponierter Politiker, so werden diese „Führer" zu falschen Propheten, Aufwieglern, Rebellen und Vollstreckern von Menschheits-Katastrophen.

9. Neptun und seine symbolische Bedeutung im Horoskop

Neptun stellt die höhere Oktave der Venus dar und ist der fernste Planet unseres Sonnensystems. Seine Einflüsse sind auch heute noch nicht exakt erforscht, obwohl man weiß, daß er weniger auf das exakte Denken als vielmehr auf das Gefühlsleben starken Einfluß hat. Ähnlich wie bei Uranus gilt auch hier, daß die heutige Menschheit die Schwingungen dieses Gestirns nur äußerst mangelhaft aufnimmt, vorwiegend sogar nur die negativen, die äußerst chaotisch, verwirrend, nebulos scheinen. Neptun hat noch nicht den gesamten Tierkreis durchwandert, so daß man seine Wirkung in einigen Tierkreiszeichen noch nicht aus Erfahrung kennt.

Die meisten Menschen zeigen bei starker Konstellation des Neptun (etwa in Eckfeldern oder an Eckfelderspitzen des Horoskops) eine innere Empfänglichkeit, ein sehr sensibles Gemütsleben, manchmal sogar eine äußerst künstlerische Anlage auf irgendeinem Gebiet (Dichtung, Musik). Neptun wäre in hohem Maße der Planet der Intuition, der Mystik, der Verbindung mit dem Transzendenten (Jenseitigen),und in der Tat finden wir bei manchen Menschen eine mediale Veranlagung, die zu Träumen, Wahrträumen, Visionen, Hellsehen, Psychometrie, Hellfühlen, Telepathie, Radiästhesie tendiert. Oft bleibt es nur bei einer Art Natur-Veranlagung (zweites Gesicht und ähnliche Anlagen), manchmal aber kann dies auch weiter entwickelt werden.

Bei den meisten Menschen aber zeigt sich mehr oder minder die verwirrende und oft geradezu zerstörende Wirkung des Neptun, falls die psychische Lockerung und Anfälligkeit des Unterbewußten mit einem geistig nicht genügend gefestigten Wesenskern einhergeht. Dann beeinflußt Neptun psychologisch zu einer phantastischen, utopischen, verzerrten Mentalität, die einer krankhaften Überempfindlichkeit entspringt. Wir finden dann die Erscheinungen vielfältigster Labilität des Geistes und Gemütes, wie etwa Hang zu Stimulantien, Narkotika , Alkohol, Nikotin, Medikamenten, Drogen, Opiaten und Morphium. Dies kann von der inneren Bereitschaft zu stimulierender Erhöhung der Psyche bis zu völliger Abhängigkeit und geistigem wie körperlichem Zerfall reichen. Bei anderen Menschen wiederum zeigt sich ein Hang zum Okkultismus, zum Spiritismus, denn eine mediale Anlage ist fast immer gegeben. Auch täuschende Sinneswahrnehmungen wie Halluzination, aber auch psychische Angstzustände, geistige Dämmerzustände und eine Art „Doppelleben" sind Auswirkungen Neptuns.

Ganz allgemein, also ohne diese besonderen, schon krankhaften Zustände, zeigt jedoch der Neptun im Durchschnittsmenschen mehr oder minder eine Feinfühligkeit, eine künstlerische Anlage (insbesondere Musikalität) und sehr sensibles Gemütsleben. Negative Typen werden durch Neptun unzuverlässig, phantastisch, schwindelhaft, klatschsüchtig, verworren, zu Fälschungen und Diebstahl geneigt — je nach der Neptunverletzung und Konstellation, die er im Horoskop aufzeigt. Das kaum mehr bewußt werdende Lügen und Verdrehen von Tatsachen, Aufschneiden etc. stammt sehr häufig von einer Neptun-Merkur-Aspektverletzung.

Körperlich hat Neptun eine Beziehung zum Sonnengeflecht, auch zur Zirbeldrüse. Ferner verursacht er Nervenleiden, Epilepsie, Trunksucht, Geistesstörungen etc.

In seinem höchsten und besten Wirken hätte er Bezug zur Alliebe, zum Altruismus, zum Talent bis zur Genialität. Aber nur in ganz seltenen Fällen ist die Menschheit heute für die Schwingungen Neptuns reif!

Neptun herrscht im Zeichen Fische, einem Wasserzeichen, das seine flutenden, kaum wahrnehmbaren, äußerst verfeinerten Schwingungen am besten aufzunehmen vermag. Neptun könnte über die Intuition höchste Erkenntnisse verleihen, vorausgesetzt, daß das Horoskop eine wirklich geistige Substanz anzeigt. Fehlt diese letztere, so reicht es lediglich zu nebulosen, vagen Gemütsstimmungen, die mehr verwirren als klären. Ein Teil der modernen Kunst unterliegt sehr stark dem chaotischen Neptuneinfluß (neben Uranus-Einflüssen), weshalb sich zumeist nur das Chaotische, Unverstandene, Halbgeahnte, Unbegreifliche, Verfälschte, Pervertierte zeigt. Eine ganz besondere Beziehung hat sich immer wieder bestätigt: Zur Musik und zur Komposition — in zweiter Linie zur Dichtkunst, Lyrik und Malerei. Im unteren Plan und im Gebiete des Alltags finden wir den Getränke- und Spirituosenhandel, die Seeschiffahrt, den Tabakhandel, das Fischereiwesen merkwürdig oft durch Neptun beeinflußt.

In der Deutung darf man dem Neptun innerhalb des Horoskops keine allzu große Rolle beimessen — es sei denn, daß er ernste Aspektverletzungen aufweist, so daß sich die psychopathischen, lügnerischen, unzuverlässigen Charaktertendenzen sinnfällig zeigen.

10. Pluto und seine symbolische Deutung im Horoskop

Pluto wurde 1930 am Lowell-Observatory entdeckt, nachdem ihn Percival Lowell lange vorher schon theoretisch errechnet hatte. Es liegt daher auf der Hand, daß die statistische Erfahrung und praktische Auswertung noch gering ist. Immerhin haben kosmologische Forscher (wie der Astrologe Brunhübner, Nürnberg) schon bedeutendes Material gesammelt, wonach der Pluto eine ganz eigenartige Wirkung auf die Menschheit ausübt. Allgemein ist man sich klar darüber, daß er in erster Linie das Symbol für Gewalt, für Masse, für höhere Fügung darstellt. Auch der Machtwille oder die Machtgier des einzelnen Individuums, das Streben, die Masse zu beherrschen, fällt sehr stark unter die spezielle Wirkung des Pluto!

Auch die Mittel, die zur Lenkung oder Beherrschung der Masse angewandt werden, wie z. B. Massen-Propaganda, sind plutonisch. Hinsichtlich des Schicksals zeigten sich bei Untersuchung von Tausenden von Lebensläufen immer wieder sehr exponierte Erlebnisse, insbesondere zu Zeiten von Massengeschehen wie Krieg, Revolution, Aufruhr. Verschüttungen, Tod in Bombenkellern, Schächten, Bergwerken, Verquickung des eigenen Schicksals mit dem zeitbedingten Massenschicksal sind immer wieder zu beobachten!

Am stärksten nachweisbar wird die Plutowirkung, wenn er in Nähe oder dicht am Aszendenten befindlich ist, auch am oberen Meridian, am meisten aber, falls er starke Aspektierung durch andere Planeten im Horoskop erhält. Über seine Wirkung auf das Massengeschehen und unser politisches Geschehen im besonderen sind weitere Ausführungen unter dem Abschnitt „Das Horoskop des 20. Jahrhunderts" zu finden.

Psychologisch beeinflußt der Pluto im individuellen Horoskop das rücksichtslose Machtstreben, die brutale Durchsetzung, auch den Fanatismus in Ideen und Zielen. Soweit es sich um Einflüsse handelt, die des Menschen Willkür entzogen sind, symbolisiert Pluto die höhere Fügung oder die „Macht des Schicksals" schlechthin. Zuweilen wird ein Mensch geradezu „Werkzeug" einer höheren, unsichtbaren Macht. Dies kann im positiven wie im dämonischen Sinne möglich sein. Aber auch Einzelmenschen, die kraft ihrer dämonischen Gewalt Massengeschehen verursachen oder ganze „Ketten-Reaktionen" als Folge ihrer extremen Handlungen auslösen, sind typische Plutoniker! Selbstverständlich waren diese Kräfte auch schon am Werk, bevor man Pluto offiziell entdeckte. Aber sie wurden dann mehr oder minder dem Zusammenwirken von „Übeltätern", wie Saturn-Mars, Saturn-Uranus, Uranus-Mars etc. zugeschrieben. Erst nachdem man Tausende von Horoskopen mit exponierter Pluto-Konstellation untersuchte, kam man auf die ganz besondere, fast elementar zu nennende Gewaltwirkung des Pluto, die heute unser ganzes Weltbild verwandelt (Atomkern-Spaltung, Atombomben etc.). Selbst wenn sich Pluto in einem Horoskop nicht im zerstörenden, hoch-

Tabelle der Jahresplaneten

Jahres-Planet	in den Jahren												
Sonne ☉	1870	1877	1884	1891	1998	1905	1912	1919	1926	1933	1940	1947	1954
Venus ♀	1871	1878	1885	1892	1899	1906	1913	1920	1927	1934	1941	1948	1955
Merkur ☿	1872	1879	1886	1893	1900	1907	1914	1921	1928	1935	1942	1949	1956
Mond ☾	1873	1880	1887	1894	1901	1908	1915	1922	1929	1936	1943	1950	1957
Saturn ♄	1874	1881	1888	1895	1902	1909	1916	1923	1930	1937	1944	1951	1958
Jupiter ♃	1875	1882	1889	1896	1903	1910	1917	1924	1931	1938	1945	1952	1959
Mars ♂	1876	1883	1890	1897	1904	1911	1918	1925	1932	1939	1946	1953	1960

Dem Jahresplaneten oder Jahresherrscher wurde lediglich in der alten Astrologie eine größere Bedeutung beigemessen. So z. B. auch hinsichtlich der metereologischen Jahres-Tendenzen (1952 z. B. ein „Jupiter-Jahr": Heiß, fruchtbar, überwiegend trocken, Spätreife). Man muß bei der Feststellung des Jahres-Planeten allerdings beachten, daß das astrologische Jahr mit dem Frühlingsanfang beginnt, also am 21. März! Geburtsdaten vor dem 21. März gehören noch zum Jahresplaneten des vorhergehenden Jahres! Wer am 19. März 1915 geboren wäre, hätte also nicht den Mond, sondern den Merkur als Jahresplanet, da der Mond erst ab 21. März 1915 regiert!

Die jeweilige Wirkung des Jahresplaneten ist aus den Schilderungen auf Seite 570—587 zu ersehen!

kritischen oder umstürzlerischen Sinne zeigt, so kann ein solcher Mensch dennoch große, fast magische Fernwirkungen auslösen auf die Masse, wie z. B. ein faszinierender Schauspieler, Redner oder Agitator. Auch Diktatoren haben prominenten Plutoeinfluß fast in jedem Fall! Niemals zeigt sich Pluto durchschnittlich oder unauffällig. Es scheint, als ob er seine Wirkung tief aus dem Unbewußten bezieht, so daß es magische Form, überpersönliche Gewalt annimmt.

Zusammen mit Uranus krempelt Pluto die Zeit- und Weltgeschichte um und verschafft der heute lebenden Menschheit jene Kollossal-Krisen, an denen in erster Linie eine untermenschliche Technik beteiligt ist!

DER EINFLUSS DER SONNE IN DEN ZWÖLF TIERKREISZEICHEN UND IHRE PSYCHOLOGISCHEN AUSWIRKUNGEN

Man wird in einem Horoskop zuweilen die charakterlichen Aussagen des Aszendenten-Zeichens bestätigt finden, ebenso oft aber auch jene Tendenzen des Zeichens, in dem sich die Sonne zur Zeit der Geburt aufhielt. Falls sich aber mehrere Planeten in ein und demselben Zeichen befinden, wirkt dieses Tierkreiszeichen prominent und übertönt sehr oft jenes am Aszendenten. Im folgenden möchten wir jenen Lesern eine spezielle Analyse geben, die über den grundsätzlichen Wesenskern eines fremden Menschen, sei es im Hinblick auf Freundschaften, Partnerschaften, Liebe oder Ehe, unterrichtet sein möchten. Diese charakterlichen Grundtendenzen sind aus dem bloßen Geburtstag, also aus dem Sonnenzeichen, noch einigermaßen stichhaltig abzuleiten, während alle weiteren Schicksalsaussagen aus dem Sonnenstand zur Zeit der Geburt rein spekulativ wären und einer Nachprüfung nicht standhalten würden. Die folgenden Zeichen-Analysen ergaben sich aus jahrzehntelanger Sichtung statistischen Materials, trotzdem aber muß darauf hingewiesen werden, daß nur das vollkommen individuelle Horoskop eine zutreffende Charakter-Analyse garantiert.

Die Sonne im Zeichen Widder: 21. März bis 20. April

Frauen aus diesem Zeichen, das von Mars beherrscht wird, sind manchmal (nicht immer!) weit weniger anpassend, anlehnungsbedürftig, anschmiegsam, als sich ein Mann vielleicht erhofft, denn der Wesenskern der Widderfrau ist positiv, zeigt Unternehmungs- und Abenteuerlust, jedenfalls überdurchschnittliches Temperament und im Geistigen wie Seelischen immer Unrast, Unruhe, Verlangen nach Erweiterung des Gesichtskreises durch Reisen oder Wechsel, zumindest „Tatendrang".

Gerne wird das liebe Ich großgeschrieben. Aber diesem inneren Stolz oder Geltungsdrang entspricht auch die Strebsamkeit, die Unerschrockenheit und der Mut, auch in kritischen Lebenslagen durchzuhalten. Das Gefahrenmoment in Dingen der Liebe, Ehe und engeren Partnerschaften liegt in der großen Gefühlserregbarkeit dieser Frau, die in ihren Handlungen und Entschlüssen Impulsivität, oft Voreiligkeit zeigt. Dieses letztere Motiv erfüllt auch das Liebesleben, denn die akuten Entschlüsse, die rasche Begeisterungsfähigkeit und die Wendigkeit in den psychologischen Reaktionen machen der Widderfrau manchmal selbst zu schaffen, da unter diesem Zeichen viel unüberlegte Bindungen eingegangen werden. Zuweilen wirkt die marsische Energie des Zeichens Widder bei einer Frau auf die äußeren Handlungen, weshalb sie tatbereit, ungestüm, rasch, lärmend, „Betrieb" verursachend sein kann. Manchmal aber wirkt dies alles mehr nach innen, so daß sich eine latente Reizbarkeit, Stimmungsumschwünge, Mangel an Ausdauer und Geduld sowie aufflammende Leidenschaftlichkeit zeigt. Es kommt im letzteren Fall sehr auf die übrigen Horoskop-Faktoren an, denn beispielsweise verliert die Sonne im Widder bedeutend an positiver, energischer und zielbewußter Kraft, wenn sich der Aszendent in den Fischen befindet. Gerade im weiblichen Horoskop sind diese Faktoren von großer Wichtigkeit. Im allgemeinen kann man von der Widder-Frau annehmen, daß sie nicht allzu lange von ihren Gefühlen beherrscht wird, zumindest denselben nicht auf längere Zeit unterliegt, denn über kurz oder lang tritt hier wieder der Verstand und das nüchterne Denken an Stelle des impulsiven Verlangens. Widder ist ein sehr bewegliches Zeichen und gehört dem Feuer-Element an (darüber Näheres unter dem Abschnitt über die „Elemente"), somit sind Zerstreuung, Wechsel, Vielfalt der Eindrücke und der Erlebnisse immer ein gewisses grundsätzliches Schicksalsmotiv der Widder-Frauen.

M ä n n e r aus dem Zeichen Widder (d. h. also mit der Sonne im Widder) reagieren auf die marsische Energie natürlich wesensgemäßer und weniger dissonant, zeigen aber auch sehr viel Dynamik innerhalb ihres Berufes und Rastlosigkeit in den Zielsetzungen. Das Moment der Ungeduld ist auch im widder- oder marsbetonten Horoskop stets anzutreffen. Es kommt nun auf weitere Horoskop-Faktoren an, ob ein Widder-Mann seine vielfältig wechselnden Pläne und Vorhaben auch tatsächlich zu Ende führt oder ob er in zahllosen Neubeginnen stecken bleibt, denn das Improvisatorische liegt ihm am meisten. Auch in den Dingen der Liebe und der engeren Bindungen zeigt er diese Tendenz zu immer wechselnden

Kontakten mit der Umwelt. Ihm liegt in ganz besonderem Maße die „Eroberung", um seiner Abenteuerlust zu genügen, andernteils aber sucht er auch immer wieder (psychologisch gesehen) die Selbstbestätigung im Äußeren. Bei weiteren Besetzungen von Feuerzeichen im Horoskop (Widder, Löwe, Schütze) oder sehr stark gestelltem Mars wird er zum „Draufgänger", und die Worte Geduld, Überlegung, Warten stehen dann nicht in seinem Lexikon. In diesem Falle warten zahllose Enttäuschungen auf ihn, die jedoch sein Selbstbewußtsein in keiner Weise erschüttern können. Zeigen die merkuralen Kräfte im Horoskop ein Übergewicht über die marsischen, so wird er zum Pionier auf irgendwelchen Gebieten, zum Führer, Leiter und Organisator, dessen Arbeitskraft unermüdlich scheint. Er duldet wenig Widerstand, und in dissonanten Gestirn-Aspekten zeigt der Sonneneinfluß unterm Widder dann eine recht autoritäre Nuance! Die Sonnenaspekte sind daher von großer Bedeutung, und alle oberflächlichen „Auslegungen" des Zeichens Widder können daher höchstens als Schema gewertet werden. Wille allein genügt nicht — er bedarf der Lenkung und überlegten Steuerung und der planenden Vorausschau. Bei schlechtem Jupiter- oder Uranusaspekt wird die marsische Tendenz des Widder auflehnend, oppositionell gegen alles und jeden. Hier zeigen sich dann die meisten Ehekonflikte, aber auch akute Berufs- und Positionswechsel, denn das Zusammenleben mit solchen „Widder-Typen" kann aufreibend sein. Das wirklich Gemeinsame an Männern unterm Sonnenzeichen Widder ist ihr Ehrgeiz und der Wille, ihre eigene Persönlichkeit in Front zu bringen.

Sehr häufig kann man in volkstümlichen Schriften nun gewisse „Rezepte" für die Gatten- und Partnerwahl lesen. So harmoniert die Sonne des Widderzeichens mit der Sonne im Zeichen Löwe oder Schütze — so wird behauptet. Hierauf kommen wir im Abschnitt „Die Elemente Feuer, Luft, Erde, Wasser" noch zurück. Eine gewisse Harmonie zwischen Menschen dieser genannten Zeichen mag tatsächlich vorkommen, aber sie hängt weitgehend von anderen Horoskop-Faktoren ab und darf daher nun in sehr bedingtem Maße geglaubt werden. Es gibt Scheidungen von Partnern aus den sogenannten „harmonischen" Zeichenergänzungen, und es gibt gutgehende Ehen aus „dissonanten" Zeichen! Außerdem müßte die Sonnenposition in beiden Horoskopen sehr prominent sein, was bekanntlich nicht immer der Fall ist. So reagiert der eine auf das Aszendentenzeichen, der andere aber auf einen dominierend konstellierten Planeten in seinem individuellen Horoskop. Wir wollen es also unseren Leserinnen und Lesern überlassen, festzustellen, ob sie tatsächlich als Widder-Beeinflußte etwa zu einem Löwen-

Partner (mit Sonne im Löwen: Geboren vom 22. Juli bis 21. August) oder vielleicht zu einem Schütze-Partner (mit Sonne im Zeichen Schütze: Geboren vom 21. November bis 20. Dezember) tendieren.

Die Sonne im Zeichen Stier: 21. April bis 20. Mai

Daß die Stier-Frau einen überwiegend praktischen, nüchternen Blick auf die Dinge des Lebens besitzt, zeigt sich in der Mehrzahl aller Fälle recht überzeugend, denn sie weiß das Geld und die sicheren Werte ebenso zu schätzen wie die Dinge der Liebe und eines genußvollen, heiteren Lebens.

Eine besondere Eigenart des Zeichens Stier ist die mangelnde Lockerung und Beweglichkeit im Geistigen wie Seelischen, was sich darin zeigt, daß eine Stier-Frau beispielsweise äußerst konservativ sein kann und sich an das Erworbene klammert — sei es nun in bezug auf einen geliebten Menschen oder auf gewonnene Überzeugungen und Ansichten, Sympathien oder Antipathien. Alles, was in den Bereich des Gemüts und Gefühls gerät, wird hartnäckig, zäh, ja eigensinnig verteidigt.

Im allgemeinen sind Frauen mit der Sonne in diesem Zeichen erwerbstüchtig, etwas realistisch, aber auch schönheitsempfindend und nach Ruhe bzw. Harmonie im Seelischen verlangend. Die Stier-Frau schätzt keineswegs ein aufregendes, wechselvolles Leben, sondern verlangt nach Lebensgenuß, Vergnügungen und den heiteren Seiten des Lebens überhaupt. Es kommt aber hier wie immer sehr auf das individuelle Horoskop an, ob sich dieser Venuseinfluß (Venus herrscht im Zeichen Stier) in die verfeinerten Bereiche der Künste sublimiert, oder ob er mehr zu den „angewandten" Künsten neigt. Im ersteren Fall haben wir ausübende Künstlerinnen, insbesondere Bühne, Musik, Gesang — im letzteren Fall aber zeigen sich die praktischen Tendenzen wie beispielsweise Mode, Schneiderei; immer aber besteht Verfeinerung, selbst noch auf der materiellen Ebene, indem sich die Stier-Frau ein hübsches, kultiviertes Heim und eine nette Häuslichkeit überhaupt ersehnt oder indem sie Anlage zur Kochkunst besitzt (überaus häufig anzutreffen!), weil sie gutes Essen schätzt. Auch diese gastronomischen Talente wären neben hauswirtschaftlichen der praktischere, realistischere Teil des Zeichens Stier. Daß die Stier-Frau auch eine gute Geschäftsfrau abgibt, entspricht der „Geld-Tendenz" dieses Zeichens oder dem II. Feld eines Horoskops (= Finanzen, Einkommen).

Überwiegen ungünstige Venus-Aspekte oder Venus-Konstellationen im Horoskop, so überwiegen auch die negativen Seiten der Venus:

Genußsucht, Vergnügungssucht, Eitelkeit, Phlegma (besonders dies letztere zeigt sich dann sehr häufig!), Sinnlichkeit. Jeder gute Venusaspekt aber bessert auch die Wirkung des Zeichens Stier.

Die Problematik in der Ehe, die Enttäuschung in der Liebe sind Unruhe-Faktoren ersten Ranges, denn alles verträgt die Stier-Frau eher als Disharmonie, da der Stier-Einfluß (siehe Venus!) zur Lebensfreude, zur Lebenslust, zum Frieden, zur Gutmütigkeit tendiert. Jede Gefühlsernüchterung oder Enttäuschung stört hier die innere wie äußere Ruhe und wühlt das Gemüt auf. Bindungen, die auf solche Weise einmal erschüttert werden, sind nicht leicht wieder einzurenken, da die Stier-Frau schwer vergeben und noch schwerer vergessen kann.

Frauen, die den hier geschilderten Stiereinfluß stark in sich selbst verspüren, benötigen als Wesensergänzung, besonders aber in den wirklichen Herzensneigungen, einen Partner gefestigten, klaren und eindeutigen Charakters, der unkompliziert und mit realistischem Blick Welt und Dinge sieht, ohne jedoch jener Herzenswärme zu entbehren, die die Stier-Frau nicht vermissen möchte.

Der Stier-Mann

Männer aus dem Zeichen Stier sind meist noch größere Realisten und stellen ihr Leben und ihren Beruf sehr eindeutig auf den Nenner des Praktischen, Nützlichen, Brauchbaren, Sachlichen. Selten, daß ein Stier-Mann etwa als Geschäftsmann materielle Unfähigkeit zeigen würde. Weiß er doch instinktiv aus jeder Lebenslage das Beste herauszuholen. Auch die Dinge der Liebe werden mit einer gewissen Realistik betrachtet, d. h. die Grundstandpunkte der „Sicherheit" und das Streben nach „Solidität" werden auch in der Ehe nicht außer acht gelassen.

Trotz der ruhigen, gleichmütigen, anscheinend unerschütterlichen äußeren Fassade im Wesen eines Stier-Mannes kann man mit diesem Typ recht unangenehme Überraschungen erleben, denn in seinem Inneren ist eine große Leidenschaftlichkeit des Gefühls und eine tiefsitzende Triebnatur verborgen. Sie kann, einmal geweckt, außerordentlich fanatische Formen annehmen,und der Wunsch oder die Begierde nach einer geliebten Frau kann in unbeugsame Hartnäckigkeit ausarten. Beim richtigen Objekt wird ein Stier-Mann mehr als ausdauernd, während er ohne die tiefere seelische Bindung eher der leidenschaftlichen Sinnennatur dieses Zeichens verfällt, das den Lebensgenuß in jeder Form verkörpert.

Die unangenehmen Überraschungen bei einem Stier-Mann liegen, wenn er nicht genügend geistige Substanz hat, in einem Jähzorn, der ihn seinen

Mitmenschen gegenüber völlig verändert erscheinen läßt. Die ganze tiefliegende Heftigkeit dieses Zeichens kommt dann abrupt und ziemlich maßlos zum Durchbruch — sehr zum Erstaunen derjenigen, die ihn als gutmütig und langmütig einschätzten, denn gar nicht so selten zeigen Stier-Männer in ihrem Wesen eine ruhige, negative, oft „feminine" Haltung, da dieses Venuszeichen in erster Linie verfeinert.

Materiellere Typen von Stier-Männern widmen sich dem „Geldverdienen", um sich ein angenehmes Leben zu verschaffen mit dem Seitenblick auf einen gesicherten Lebensabend oder dem „Ausruhen" auf Erworbenem. Gegenüber anderen Zeichen ersehnt Stier in der Hauptsache den Genuß und liebt die Arbeit nicht um der Arbeit willen. Phlegma zeigt sich daher gar nicht so selten, ebenso aber bei innerer Anteilnahme am Werk große Durchführungskraft in der Überwindung von Schwierigkeiten.

Die ruhige und stetige Art eines Stier-Mannes verbürgt auch in den Dingen der Liebe und besonders der Ehe Stabilität, denn gleich der Stier-Frau will auch er eine gemütliche und kultivierte Häuslichkeit und hat ausgesprochene Familieneigenschaften, deren beste die Versorgung und wirtschaftliche Sicherung seiner Familie wären. Seine festhaltende Eigenschaft läßt ihn allerdings etwaige Enttäuschungen in der Liebe nur schwer verwinden,und einmal mißtrauisch geworden, zeigt sich Eifersucht bis Rachsucht, die zu äußerst quälenden Charaktereigenschaften ausarten können (ähnlich wie unter dem Zeichen Skorpion oder Steinbock). Größere Ansprüche an die Anpassungsfähigkeit eines Stier-Mannes darf man daher unter keinen Umständen stellen, will man mit ihm in ungetrübter Harmonie leben. Dies gilt jedoch mehr für die Dinge der Liebe und Ehe als etwa jene des Berufslebens. Ergänzend beachte man auch noch die Ausführungen über das Zeichen Stier unter dem Abschnitt „Der Aszendent im Zeichen Stier".

Die Sonne im Zeichen Zwillinge: 21. Mai bis 20. Juni

Frauen unterm Zeichen Zwillinge sagt man außer einer auffallenden Vielseitigkeit ihrer Interessen auch eine gewisse Unstetheit und Unruhe in den Liebesbeziehungen nach. Tatsache ist jedenfalls, daß Wesenskern und Naturell einer Zwillingsfrau überaus lebendig, ja rastlos sein können, gleichgültig, ob auf intellektuellem Gebiet (lernbegierig, wissensdurstig) oder auf dem Sektor der Beziehungen zum „Du" (Abwechslung, Zerstreuung, Abenteuerlust).

Erfahrungsgemäß zeigt sich bei diesem Frauentyp ein intellektueller Einschlag im Bereich der Gefühle, was sie in ihren gefühlsmäßigen Entscheidungen schwankend werden läßt, da der Zwiespalt und die Zersplitterung eine eindeutige Stellungnahme sehr oft erschweren. Praktisch sind denn auch die Lebensgebiete der Liebe und Ehe recht problematisch. Man konnte statistisch feststellen, daß sich unter dem Sonneneinfluß im Zeichen Zwillinge viele Kontakte, aber auch viele Trennungen ergeben. Der Prozentsatz an Scheidungen (und Wiederverheiratungen) ist sogar sehr hoch. Die Liebes- wie Eheverhältnisse ermangeln also einer Stabilität, und immer wieder sind die Parallelverhältnisse in der Ehe, die leichte Ablenkbarkeit, der ewige Hunger nach Neuem und das veränderliche Gemüt die Gründe, die eine Ehe erschüttern. Doch ist damit nicht gesagt, daß eine Zwillings-Frau dies stets persönlich auslöst — ebenso oft muß sie diese Tendenzen auch durch den Liebes- oder Ehepartner erfahren.

In der Regel sind Zwillings-Frauen bei stark gestelltem Merkur im Horoskop anspruchsvoll und fühlen sich von Partnern angezogen, die ihnen auch geistig Anregung zu geben vermögen. Je intellektueller allerdings der Zwillingseinfluß wird, desto snobistischer zeigt er sich auch. Die durchschnittliche Zwillings-Veranlagung sucht und braucht die Anregung, den Gedankenaustausch, die gesellschaftliche Note innerhalb der Häuslichkeit. Aber auch Liebe und Zärtlichkeit. Denn der Sonneneinfluß in einem solch lebendigen und aufgeschlossenen Zeichen wie Zwillinge verfeinert stets die Gemütsanlage und haßt alle Brutalität, Gewalt und am meisten rohes, massives Benehmen.

Die Vielseitigkeit im Geistigen läßt eine Zwillings-Frau nicht ausschließlich im Haushalt aufgehen — sie wird vielmehr immer zahlreiche Lieblingsbeschäftigungen, wechselnde Interessen, besondere Wünsche haben und sucht den eigenen Gesichtskreis zu erweitern, sei es durch Literatur oder Künste, durch Reisen oder auch nur durch zahlreiche gesellschaftliche Kontakte. Es ist klar, daß hier die Herkunft, das Geburtsmilieu und die Erbfaktoren wie allgemeine Bildungsstufe eine ganz erhebliche Rolle spielen, denn bei ungenügender geistiger Sicht erreicht die Merkur-Anlage dieses Zeichens kaum etwas anderes als Veränderungstrieb, Neigung zum Schwatz und zu Klatschereien, Sucht nach Neuigkeiten oder Sensationen. Im letzteren Fall kommt auch die psychische Wankelmütigkeit und der Hang zu unmotivierten Stimmungswechseln viel stärker zum Durchbruch.

Sofern Frauen dieses Zeichens gemäß ihrer Merkur-Konstellation im Horoskop nicht gerade in den äußeren Dingen des Alltags aufgehen, sind sie äußerst interessiert an Wissenschaften, Fremdsprachen, an geistigem Kontakt mit welt- und lebenserfahrenen Menschen. Diese Interessen werden zwar nicht immer tiefgründiger Art sein, aber sie bereichern dennoch das Blickfeld und könnten für den richtigen Partner die Ehe reizvoll, zumindest niemals eintönig werden lassen.

Lediglich auf die Sonne bezogen, fände die Zwillings-Frau ein geistiges wie seelisches Echo bei einem Mann aus dem Zeichen Waage (Sonne im Zeichen Waage: 22. September bis 22. Oktober) oder Wassermann (Sonne im Wassermann: 20. Januar bis 18. Februar), ev. auch Widder (Sonne im Widder: 21. März bis 20. April). Daß viele Zwillings-Frauen an Partner aus dem Zeichen Schütze (Sonne im Schützen: 21. November bis 20. Dezember) geraten, ist Tatsache — vielleicht deswegen, weil Schütze eine ähnlich geistige wie seelische Beweglichkeit aufweist, zudem ist es das Oppositionszeichen (180 Grad Entfernung = Opposition) zu Zwillinge. Es gibt aber hier keinerlei „Rezepte".

Der Zwillings-Mann zeigt in Liebe, Freundschaften und Ehe eine äußerst unbeständige Note, denn der Hang zur Abwechslung, zum Abenteuer und zu ständig neuem Erleben ist hier noch stärker ausgeprägt als beim weiblichen Typ dieses Zeichens. Zwillings-Männer halten nicht lange bei ein- und derselben Partnerin aus — am ehesten noch in gelockerten, illegitimen Liebesbündnissen als etwa in der Ehe. Das Zeichen vermittelt eine Tendenz zu ungebundener Freiheit und innerer wie äußerer Unabhängigkeit, weshalb sich Männer dieses Zeichens den entscheidenden Schritt in die Legalität ihrer Beziehungen lange überlegen oder hinauszögern. Manchmal zeigt sich auch innere Entschlußlosigkeit bzw. Zwiespalt in der Wahl zwischen dieser oder jener Frau. Die Beziehungen können sehr herzlich sein, und am meisten fühlt sich der Zwillingsmann durch gemeinsame berufliche Interessen, durch wissenschaftliche, künstlerische oder sonstige Liebhabereien mit anderen Menschen verbunden. Er sucht immer auch den Gedankenaustausch und nicht nur die rein äußerlichen (oder körperlichen) Kontakte. Dies setzt allerdings voraus, daß er selbst nicht etwa oberflächlich veranlagt ist (was bei schlechter Merkurposition im Horoskop manchmal der Fall sein kann).

Hat er nicht genügend Tiefgang, so wird er zum unruhigen, veränderlichen, auf ewiger Suche nach Neuem oder nach Abwechslung schlechthin verlangenden „Hans in allen Gassen". Dies schädigt dann auch sein Berufsleben, und oft genug finden wir bei Männern dieses Zeichens wirtschaftliche, materielle oder finanzielle Krisen, Umstellungen, Positions- und Stellenwechsel etc. Dies mag mit ein Grund sein, daß der Zwillingsmann zuweilen die Verantwortung scheut, eine Ehe zu gründen, da ihm die innere wie äußere Ungebundenheit ungleich reizvoller erscheint.

So ist es daher wünschenswert, eine Partnerin zu finden, die seiner psychischen Unruhe das Moment der Stabilität entgegensetzt und seine wechselnden Ziele und Pläne auf einen gewissen Nenner bringt, denn es passiert mehrmals im Leben eines Zwillings-Mannes, daß er an seiner bisherigen Beschäftigung oder an seinem erlernten Beruf die Lust verliert und wieder einmal „umsattelt".

Dieses Umsatteln ist es gerade, was seine finanziellen Grundlagen oftmals recht vage und schwankend gestaltet. Die Unruhe im Seelischen wird für den Zwillings-Mann zeitlebens zu einer ermüdenden Auseinandersetzung mit seinen „zwei Seelen in der Brust". Die Scheidungsziffer ist denn auch hier beträchtlich hoch, und zwei bis drei Ehen sind unter diesem Sonnenzeichen keine Seltenheit!

Die Sonne im Zeichen Krebs: 21. Juni bis 21. Juli

Die auffallendste Charaktereigenschaft an der Krebs-Frau ist ihre Empfindsamkeit und Verletzbarkeit im Gemüt, die jedoch von einem Außenstehenden keineswegs sofort erfühlt oder erkannt wird. Die Frauen dieses Zeichens scheinen ziemlich ruhig, gleichmäßig, heiter zu sein, aber ihre psychische Sensibilität ist enorm, und die seelische „Dünnhäutigkeit" verschafft ihnen selbst viel Kummer. Krebs-Frauen sind daher gerade in den Dingen der Liebe und Ehe am meisten schicksalsbeeinflußt, können sie doch im Grunde nicht allein sein, sondern brauchen infolge ihrer sprichwörtlichen Fürsorglichkeit, Hingabefähigkeit und Mütterlichkeit den Kontakt zum „Du".

Die Feinfühligkeit dieses Zeichens ist nun wieder eine ganz andere als beispielsweise bei Frauen des Zeichens Zwillinge. Hier münden alle Eindrücke sofort ins Gemüt, und trotz einer scheinbaren äußeren Gemütsruhe herrscht hier innerlich ständiges Vibrieren und gesteigerte Eindrucksfähigkeit. Krebs-Frauen sorgen weniger um sich selbst als für andere — für den Gatten, die Kinder, die engeren Angehörigen. Man findet immer eine starke Gebundenheit an die Familie, und von der Harmonie in Liebe, Ehe und Häuslichkeit hängt das Glück der Krebs-Frau in sehr wesentlichem Maße ab. Ihr gibt das Berufsleben und die eigene Selbständigkeit weit weniger ab als der Pflichtenkreis im Häuslichen. Man findet sehr zuverlässige Frauen unter diesem Zeichen, die oft genug zu großen Opfern fähig sind.

Die psychische Aufgeschlossenheit kommt aber hier nicht auf Anhieb — Liebe und Zuneigungen ergeben sich eher nach längerem Kontakt. Auch ist die Jugend und das erste Lebensdrittel bis in die zwanziger Jahre hier weit unruhiger, romantischen Ideen folgend oder auch zum lockenden Abenteuer bereit, insbesondere zum Reisen, denn Fernweh kann hier einen recht unruhigen, verwirrenden Gefühlsfaktor abgeben, bis die Krebs-Frau den ruhenden Punkt gefunden hat — in der Familie. Dann zeigt sich auch Verantwortlichkeit und größere Stabilität.

Manche Krebs-Frauen unterliegen sehr stark ihren seelischen Stimmungseinflüssen oder Launen, obgleich sie bemüht sind, dies nach außenhin nicht zu zeigen.

Dem Krebszeichen ist weit eher Milde, Güte, Anpassung und Verlangen nach Harmonie eigen als etwa aggressive Durchsetzung oder ichbetontes Verhalten. So reagieren Krebs-Frauen schnell auf alle äußeren Einflüsse, auf ein gutes oder schlechtes Wort. Sie blühen auf durch liebevolle Zuneigung,und wenn sie sich einmal für einen Partner entschieden haben, so sind sie äußerst anhänglich. Die Stimmungen ihrer Umgebung und die äußeren Einflüsse verspüren sie auf eine merkwürdige Weise innerlich. Diese Aufgelockertheit und Empfänglichkeit des Gemüts ist freilich mitunter eher eine Belastung,und es hängt hier wie immer viel vom gesamten Horoskop ab, insbesondere aber von den Positionen der Sonne und des Mondes und deren Aspektierung. Beide sogenannte „Hauptlichter" (Sonne und Mond) sollten im Horoskop nicht durch Quadrat- oder Oppositionsaspekte verletzt sein, sonst wird die innere Empfindlichkeit unterm Zeichen Krebs zur Qual. Es entstehen dann auch vielfach Enttäuschungen und Ernüchterungen im Liebesleben, oft sogar Trennungen.

Die Unruhe und der Schicksalswechsel, das Motiv ewiger Reisen oder Ortsveränderungen werden zuweilen auffallend deutlich, denn der Herrscher dieses Zeichens ist der Mond — das Symbol aller Veränderlichkeit Krebs-Frauen bedürfen daher eines gewissen inneren wie äußeren Haltes, einer Verankerung in Familie und Häuslichkeit, soll diese lunare Tendenz nicht zum Durchbruch kommen.

In der Regel erhält allerdings die Krebs-Frau dieses unstete Schicksalsmotiv über den Gatten, dessen Beruf oder wirtschaftliche Lage mehrmals Schwankungen ausgesetzt sein dürfte. Das Mondzeichen Krebs symbolisiert in hohem Maße die Rhythmik, das Vor- und Zurück, Auf und Ab (beispielsweise ja auch Ebbe und Flut in der Natur und die Menses im weiblichen Körper).

Nach der üblichen schematischen Annahme der Harmonie zwischen den Zeichen gleicher Elemente (Krebs gehört zum „Wasser-Element") sollen zum Krebszeichen besonders jene Partner passen, die unter der Sonne im Skorpion (23. Oktober bis 21. November) oder Fische (19. Februar bis 20. März) geboren wären. Diese Ergänzung mag besonders hinsichtlich der psychischen Eigenschaften möglich sein, doch ist der Sonnenstand ja nur ein einziger Horoskop-Faktor und daher nicht überzeugend genug! Lediglich die Praxis hat gezeigt, daß Partner aus den Zeichen Krebs und Steinbock (Sonne im Steinbock: 21. Dezember bis 19. Januar) nicht sonderlich zusammenpassen. Auch Krebs- und Widderpartner (Sonne im Widder: 21. März bis 20. April) sind sich recht konträr. Dagegen hätten Krebs- und Stier-Partner (Stier: 21. April bis 20. Mai) mancherlei Chancen. Aber — wie mehrmals schon erwähnt — kommt das gesamte Horoskop jedes einzelnen Ehepartners zu einer wirklich treffsicheren Beurteilung in Frage.

Der Krebs-Mann zeigt die starke lunare Beeinflussung nur dann, wenn er im Horoskop wenig bis keine Konstellationen in den Feuerzeichen (Widder, Löwe, Schütze) besitzt. Es gibt niemals sogenannte „Typen", denn jeder Mensch ist eine unendliche Vielfalt psychologischer Anlagen,und außerdem besitzt auch die Erbmasse entscheidenden Einfluß. Krebs-Männer zeigen freilich auch eine gewisse Empfindlichkeit und inneren Stolz, weshalb sie leicht und schnell verletzt sein können. Sie wollen insgeheim beachtet sein, und ihre scheinbare äußere Nachgiebigkeit ist oft nur Diplomatie, um ihren wirklichen Willen durchzusetzen. Nachteilig ist für einen Krebs-Mann die Tendenz, gerne im Hintergrund zu verbleiben, weil vielleicht eine gewisse Schüchternheit oder ein Mangel an unbekümmerter Durchsetzungskraft besteht, so daß Krebs-Leute manchmal die Öffentlichkeit bzw. den Kontakt mit der Masse scheuen (dies ist jedoch nicht immer der Fall!). Das Zeichen sucht sich eher auf eine stillere, ruhigere und hintergründigere Art durchzusetzen — insbesondere mit den Mitteln der Geduld, Ausdauer und Vorsicht. Die Intuition ist hier beträchtlich, und ein Krebs-Mann findet auf gefühlsmäßige Art den richtigen Einsatz, die richtigen Menschen. Was er aber nicht vermeiden kann, ist der Wechsel im Schicksal und die immer wieder anzutreffenden Berufswechsel, Positionswechsel, Wohnungs- und Ortswechsel. In den Dingen der Liebe und Ehe zeigt sich der Durchschnitt als recht anhänglich, aber auch als sehr wählerisch. Hauptfaktor ist aber hier das Gefühl und das Gemüt, das in erster Linie sein Recht fordert. Einmal seelisch engagiert, kann der Krebs-Mann sehr treu sein, vor allem sehr pflichtbewußt und sorgend für seine Angehörigen.

Eine auffallende Verletzbarkeit des Selbstgefühls besteht fast immer, so daß man Krebs-Männer mit Vorsicht behandeln muß. Sie lassen gewisse Enttäuschungen oder Persönlichkeitsverletzungen nicht sogleich erkennen, sind vielleicht sogar gleichmäßig freundlich, aber man kann sie nur schwer wiedergewinnen, sie gehen dann aus ihrer Reserve nicht mehr heraus. Dies führt häufig zu Distanzierungen, Trennungen und inneren Entfremdungen, ohne daß der verursachende Teil weiß, worum es sich eigentlich handelt. Ein gewisses nachtragendes Moment ist häufig erkennbar, und wirkliche Ehrverletzungen vergißt der Krebs-Mann zeitlebens nicht. Die häufigen Berufs- und Stellenwechsel hängen zum großen Teil mit psychologischen Ursachen zusammen, denn der Krebs-Mann braucht und sucht die Harmonie. Findet er sie nicht, so sucht er die Dinge kurzerhand zu wenden durch Neubeginne und Wechsel!

Die Sonne im Zeichen Löwe: 22. Juli bis 21. August

In diesem Zeichen befindet sich die Sonne in ihrem Element! Es ist eines der positivsten und feurigsten. Den Menschen, die unter ihm geboren werden, gibt es in erster Linie Persönlichkeitsbewußtsein, Stolz, Ichgefühl, Optimismus und Tatkraft mit auf den Weg. Löwe-Frauen sind daher Vollnaturen, innerlich freiheitsbewußt und immer von außerordentlicher Gefühlsintensität in ihren Zu- wie Abneigungen.

In diesem Gefühlsreichtum ist freilich auch alles andere enthalten, was zu einem vollsaftigen Temperament gehört, wie erhöhte Lebensansprüche, luxuriöser Rahmen um die eigene Persönlichkeit, gesellschaftlicher Aufstieg und manchmal Herrschsucht.

Im allgemeinen aber ist eine Löwe-Frau ein tapferer Kamerad, und ihr wirkliches seelisches wie geistiges Format erweist sich erst in Zeiten der Bewährung oder des Kampfes um die Existenz. Denn hier tritt der Kern dieses Zeichens zutage, der in einer natürlichen Selbstsicherheit und mutigen, unerschrockenen Durchsetzung besteht. Es gibt nun freilich unterm Löwen viele Varianten, und sie hängen von der Konstellation und Aspektierung der Sonne im Horoskop ab. So mindert ein disharmonischer Jupiteraspekt die natürliche Sicherheit zur Anmaßung, zur Prahlsucht und zu einer Veräußerlichung des Lebens in Form von Aufwand für Repräsentation, Kleider, Luxus, und der natürliche Stolz wird damit zur Arroganz oder Überheblichkeit. Ein schlechter Saturnaspekt läßt das Strahlende, Großzügige, Großmütige des Löwen sehr erheblich vermissen. So kann man also aus der Tatsache, daß jemand unter dem Sonnenzeichen Löwe geboren wurde, noch keinerlei exakte Analysen ableiten.

Psychologisch zeigt die Löwe-Frau aber meist Lebensfreude und Lebenslust. Damit ist der ganze Radius der alltäglichen, gesellschaftlichen und persönlichen Beziehungen betroffen: Die Löwe-Frau will eine geachtete Position erringen,und die Bedingungen der Liebe und Ehe überläßt sie keineswegs dem Zufall, sondern „bettet" sich gerne so, wie sie später zu liegen wünscht. Damit ist nicht jene Art intellektuelle Berechnung gemeint, sondern eher das gesunde Verlangen nach Aufstieg und glänzendem Rahmen, der alle jene Dinge zu bieten vermag, was sich das zur Expansion drängende Ich ersehnt. Dies zeigt sich schon sehr früh. Die Löwe-Frau besitzt fast stets jenen inneren Stolz, der sich auch bei großer Leidenschaft der Gefühle nichts zu vergeben wünscht. Das Wort „standesgemäß" in allen seinen Kontakten zum „Du" paßt nirgends besser als auf das Zeichen Löwe. Sollte dieser selbstbewußte Wesenskern durch irgendwelche Aspekte auf die Sonne geschwächt sein, so ergibt sich mitunter Triebhaftigkeit im Bereich des Sexus, denn an sich symbolisiert das Feuerzeichen Löwe die unerschöpfliche Liebeskraft, das Zeugen schlechthin — ähnlich wie die Sonne als Zentralgestirn zum Lebensspender wird.

Ermangelt es der Sonnenposition im Horoskop an innerer Substanz, so ist dies das Symbol für Eitelkeit, für Aufplustern, Angeberei und Empfänglichkeit für Schmeichelei.

Rein äußerlich zeigt sich das Wesen der Löwe-Frau als herzlich, gewinnend, fröhlich, tatbereit. Im Falle von Auseinandersetzungen wird sich die explosive, manchmal jähzornige Seite dieses Feuerzeichens zeigen, doch vergißt die Löwe-Frau diese Dinge bald wieder, da sie im Grunde ihres Herzens nicht nachtragend ist.

Eine schlechte Saturn- oder gar Uranus-Aspektierung auf die Sonne im Löwen bringt dieser Frau im Liebes- und Eheleben viel Unruhe und so manche Trennung, plötzlich erfolgende Kontakte ohne Dauer oder Kummer durch die Liebe. Die Ehe wird dann zum Problem, denn die Herzensneigungen sind bei der Löwe-Frau immer tief und echt, selten oberflächlich,und es kann dann einen recht empfindlichen Sturz von den Höhen des Glücks geben.

Man hat bestätigt gefunden, daß die Scheidungen von Löwe-Partnern nicht sehr leicht oder mühelos vor sich gehen. Wieder wollen wir die üblichen harmonischen Ergänzungen zum Sonnenzeichen Löwe angeben: Es handelt sich um die zwei übrigen Zeichen aus dem Feuer-Element, nämlich Widder (Sonne im Widder: 21. März bis 20. April) und Schütze (Sonne im Schützen: 21. November bis 20. Dezember). Dies natürlich mit der Einschränkung, daß es sich dabei ja nur um die Sonnenzeichen handelt und das ganze übrige Horoskop außer acht gelassen würde, was selbstverständlich zu Fehlschlüssen Anlaß geben kann! Löwe-Frauen, die von ihrem Sonnenzeichen ganz eindeutig beeinflußt wären, passen noch am ehesten zu diesen erwähnten Ergänzungszeichen. Daneben wären vielleicht noch Zwillinge und Waage einigermaßen günstig, auch hat man gefunden, daß das Oppositionszeichen (hier: Wassermann: 20. Januar bis 18. Februar) oft sehr stark anzieht, später aber trennend wirkt. Man verlasse sich aber nicht auf diese höchst schematischen ,,Ehe-Rezepte" der sogenannten ,,Volks-Astrologie"!

Der Löwe-Mann: Hier wirkt die Sonne im Zeichen Löwe weit mehr auf Beruf, Position, soziale Stellung und äußere Ehren, Protektionen etc. Gewiß zeigt auch der Löwe-Mann jene typische Selbstsicherheit und die Ichbetontheit. Nur wird bei ihm weit eher die negative Auswirkung des Löwen im Sinne von Selbstbezogenheit, Dünkel, ,,Angabe" und Aufschneiderei in Erscheinung treten, so daß sie im engeren Kreise recht unangenehme Folgen zeitigen kann. Das ,,Format" des Löwen kann also wirklich echt, großzügig, generös sein — bei Aspektverletzungen auf den Sonnenort aber zeigt sich mehr Schein als Sein.

Dennoch ersehnt sich auch der Löwe-Mann großzügigen Rahmen und Handlungsfreiheit. Im Liebesleben wird er infolge der seinem Eigenstolz schmeichelnden Erfolge bei Frauen oft zum ,,Don Juan" und bei geringerer Substanz des Zeichens zum ,,Salonlöwen", wo er gerne das Wort führt und die Aufmerksamkeit auf sich zieht (ganz im Gegensatz etwa zu einem Krebs-Mann). In diesem Eigenstolz ist er äußerst empfindlich und dann schwer gekränkt, denn um nichts in der Welt will der Löwe-Typ zur lächerlichen Figur werden. Reichen die Mittel nicht aus, einen ,,würdigen Rahmen" um die eigene Person zu ziehen, so wird es wenigstens versucht. Den ,,echten" Löwe-Mann erkennt man an seiner Generosität, Großmut, an seinem erweiterten Gesichtskreis, seinem kraftvollen und zur Expansion drängenden Willen, dem nicht leicht etwas widersteht.

In der Ehe wird er leicht autoritär, manchmal auf eine ganz natürliche, um nicht zu sagen ,,selbstverständliche" Weise. Was beim kleineren Löwen als Anmaßung erscheint, ist beim wirklichen Löwen-Typ eine suggestive, herrische Geste, die aus wirklicher innerer Kraft erfließt. Dieser Kraft beugen sich denn auch die verbundenen Menschen ohne besondere Umschweife, denn man fühlt beim wirklichen generösen Löwe-Mann immer das gute Herz heraus samt einer gewissen Gerechtigkeit und inneren Aufrichtigkeit. Ehemänner dieses Zeichens sind daher auch immer gute Familienväter, und es besteht auf sie Verlaß, wenn ihre Sonne im Löwen und andere Faktoren des Horoskops gut konstelliert sind. Materiell gewähren sie oft Aufstieg, Sicherheit und gesellschaftliches Ansehen. Trotzdem sind die Dinge der Liebe unterm Löwen nicht immer harmonisch, besonders dann nicht, wenn die sexuelle Sphäre der Triebhaftigkeit unterliegt, was oft vorkommt. An sich ist dieses Zeichen nicht sehr monogam, zwar begeistert und äußerst intensiv beim jeweiligen Kontakt, aber das Verlangen nach Freiheit und „Ausleben" ist gerade unterm Löwen sehr ausgeprägt. Die Scheidungen sind unter diesem Zeichen oft sehr kostspielig!

Die Sonne im Zeichen Jungfrau: 22. August bis 21. September

Frauen aus diesem Zeichen sind so vollständig verschieden von Frauen des vorhergehenden Zeichens Löwe, daß man versucht wäre, tatsächlich an „Typen" zu glauben. Denn hier herrscht der Merkur, und damit regiert bei der Jungfrau nicht mehr allein das Herz, sondern der Verstand, der Intellekt, die Berechnung fließt mit ein in das Kalkül um die Liebe. Dies verleiht der Jungfrau die sprichwörtlich gewordene „Kühle" und Überlegung, aber auch das Schwanken, den Zwiespalt und die ewig wache Kritik. Vom Psychologischen her gesehen ist dies für die Jungfrau selbst kein Manko (dies erscheint nur Menschen anderer Wesensstruktur so), denn sie ist keine Frau der leidenschaftlich betonten Kontakte auf Anhieb. Sie ist vielmehr in der Lage, sich selbst zu „kontrollieren" und vergißt über der Liebe niemals die materiellen, finanziellen und sonstigen Belange der Sicherheit. Damit ist also den Dingen der Liebe ein realistischer Beigeschmack gegeben. Eine ganz besondere Anlage dieses Frauen-Typs (wenn man so sagen darf) ist der stets vorhandene Blick für das Detail einer Sache, natürlich auch in Liebes- und Eheangelegenheiten. Einer Frau dieses Zeichens entgeht nichts, denn bevor sie das Ganze erfaßt, ist ihr Blick auf alle Einzelheiten eines verbundenen Menschen gerichtet — sei es, daß sie Nachlässigkeiten in Garderobe und Erscheinung, charakterliche Mängel an Ordnungssinn, Pünktlichkeit, innerer Erziehung und dergl. an ihrem Partner bemerkt — sei es, daß sie sofort die wirtschaftliche Lage analysiert, die ihr im Falle einer Ehe bevorstünde. Das Herz spricht niemals auf Anhieb das erste Wort, sondern immer der rechnende, kalkulierende, kritisierende Intellekt.

Einmal verheiratet oder seelisch gebunden, wird aber die Frau dieses Zeichens fürsorglich, genau, verlässig, methodisch, praktisch. Freilich hat sie niemals das Zeug zur „Großzügigkeit", und sie könnte es schwer verwinden, etwaigen Seitensprüngen ihres Gatten ausgesetzt zu sein. Die

Interessen konzentrieren sich hier auf Haus und Heim, und in einem ev. Beruf ist dieser Frauentyp äußerst zuverlässig, pünktlich, verlässig, genau, oft sogar pedantisch genau. Die Sparsamkeit der Jungfrau-Geborenen (hier ist es gleichgültig, ob Mann oder Frau!) ist geradezu sprichwörtlich, und die Frau dieses Zeichens kann „einteilen", verwalten aufbewahren, umsorgen.

Der äußerst berechnende Typ dieses Zeichens ist nicht gern gesehen, da er nur anscheinend „gibt", so daß hinter den Gefühlen so etwas wie „Nutzeffekt" zu verspüren ist. Jeglicher Saturnaspekt auf die Sonne einer Jungfrau-Geborenen erhöht dieses letztere Moment und entläßt die jeweiligen Partner dieser Frau nicht ohne Ernüchterung. Kommt noch ein Merkur- oder Marsaspekt hinzu, so tendiert dieser Typ zur Debatte, zur Nörgelei und zu „spitzem Zünglein". Das Liebesleben der Jungfrau-Geborenen hat in der Tat viele Ernüchterungen, Enttäuschungen aufzuweisen, und oft genug ist das eigene Manko an innerer Herzlichkeit oder die psychische Unfähigkeit, sich zu verschenken, zu geben, schuld an diesen negativen Erlebnissen.

Frauen dieses Zeichens harmonieren am besten mit Männern, die ebenfalls realistische Gesichtspunkte, wirtschaftliche Sicherung, Ordnung, Genauigkeit und Überlegung anstreben. In bezug zum Sonnenort sind es Partner aus den Zeichen Steinbock (Sonne im Steinbock: 21. Dezember bis 19. Januar) oder Stier (21. April bis 20. Mai). Aber hier ist wiederum in besonderem Ausmaß das ganze Horoskop nötig, um festzustellen, ob sich lediglich die Sonne oder noch mehr Gestirne im Zeichen Jungfrau aufhalten. Erst bei größerem Jungfraueinfluß in einem Horoskop zeigen sich die bisher erwähnten Eigenschaften sehr überzeugend!

Der Jungfrau-Mann ist in seiner besten Anlage äußerst zielbewußt, arbeitsam, nüchtern, überlegend, kalkulierend und lebt kaum ohne einen festen Plan. Seine Ziele werden in Abschnitten erledigt, und er kann sein eigenes Leben gewissermaßen unter intellektuelle Kontrolle bringen. Er ist nicht sprunghaft und macht keine Kapriolen, hat eine kluge und überlegende Sicht auf die Menschen und weiß Dinge und Umstände wie Menschen seinen eigenen Zielen einzubauen und zu nützen. Damit gerät er in den allerseltensten Fällen in wirkliche Lebenskrisen. Improvisation kennt er nicht, da er logisch überlegend das Nächstliegende in methodischer und manchmal pedantischer Weise erledigt.

Man sagt ihm nach, daß er zuweilen kleinlich, nörgelnd, kritisch sein kann und überlegene „Ratschläge" von sich gibt im Sinne des ewigen Besserwissens. Doch darf man auf Grund eines einzigen Faktors im Horoskop keine summarischen Urteile fällen. Es mag vorkommen, daß sich bei stark gestelltem Merkur (falls dieser Planet im individuellen Horoskop eine markante Konstellation in Feld und Zeichen und Aspekt besitzt!) die intellektuelle bis kritisierende Note beim Jungfrau-Typ wirklich stark ausprägt. Doch ist ein Jungfrau-Mann dann stets überzeugt, daß er mit dieser Kritik nur das Beste will. Seine Praktik und seine Mäßigkeit, seine unermüdliche Arbeitskraft und seine angeborene Sparsamkeit geben auch den Belangen der Ehe jene wirtschaftliche Basis, die größere Erschütterungen von vorneherein ausschließt. Zwar werden seine Gefühle nicht himmelstürmend sein (denn er vergißt sich niemals ganz), und auch seine Leidenschaften bewegen sich durchaus in der gemäßigten Zone, aber er ist zuverlässig und mehr auf Berufserfolg bedacht als auf Vergnügen. Er kann vielleicht auch mit Herzenswünschen ringen, bis am Ende aber doch der Kopf siegt. Oft ist er Hygieniker, Gesundheitsfanatiker oder Verfechter intellektueller Theorien. Die „große Welt" reizt ihn weniger als das „kleine Glück", und es müssen schon ganz andere Horoskop-Faktoren dazukommen, wenn er sein Leben auf die große Linie stellt. In der Ehe ist er also der gewissenhafte und meist treue Gatte, der sein kleines Reich unentwegt im Auge behält, sich zuweilen auch in die Bereiche der Küche mischt und das Haushaltungsgeld genau „einteilt" (denn Einteilen, Rubrizieren, Planen ist ihm angeboren), aber dennoch ganz gerne gut ißt, ohne sonderlich anspruchsvoll zu sein. Oft ist es die tüchtige Skorpion- oder Steinbock-Partnerin, die ihm diese Wünsche erfüllt, doch könnte er für das Phlegma des Zeichens Fische oder die schillernde Vielseitigkeit der Zwillinge kein rechtes Verständnis aufbringen, da er selbst mit beiden Beinen fest und unverrückbar auf dem Boden der Tatsachen steht. Eine Frau, die ebenfalls diesen Prinzipien huldigt, versteht sich auf Anhieb mit dem Jungfrau-Mann. Die Scheidungsziffer und die „Ehetragödien" sind unter diesem anpassenden, intellektuellen Zeichen nicht sehr hoch.

Die Sonne im Zeichen Waage: 22. September bis 22. Oktober

Die Waage-Frau ist oft ein sehr liebenswürdiges, gebildetes und kultiviertes Geschöpf , das neben Gemütstiefe auch Charme, Takt und eine angeborene gute Kinderstube mit in die Ehe bringt. Die Sonne in der Waage zeigt einen verfeinernden Einfluß — insbesondere in Richtung der Gefühle, der Wesensveranlagung, aber auch des Geschmacks und der Kultur. Nicht zu leugnen ist die künstlerische Komponente dieses Sonnenzeichens! Fast alle Gebiete der Kunst sind anzutreffen — von Literatur über Malerei bis zur Musik,und damit zeigen die Menschen, die unter diesem Zeichen geboren wurden, eine natürliche Begabung für Form und Farbe, für Sauberkeit und Nettigkeit. Die Waage-Frau insbesondere zeigt noch die Freude an Geselligkeit, an kultivierter Häuslichkeit und an geschmackvollem Lebensgenuß. Die Waage ist an sich kein sehr arbeitsfreudiges Zeichen und tendiert selten in die Richtung des marsischen Willens, der großen Anstrengungen und der hartnäckigen Ausdauer — im Gegenteil: Die Waage-Frau liebt das Leben, wie es sich bietet mit all seinen Möglichkeiten und ev. Chancen,und sie hat einen wachen Sinn für diese heitere Seite des Lebens, beobachtet ausgezeichnet und rasch und weiß, sich den gegebenen Möglichkeiten aufs beste anzupassen.

Man könnte dieses Sonnenzeichen als Zeichen der Diplomatie, Taktik, Lebensklugheit und Lebensgewandtheit bezeichnen. Vor der Anstrengung steht hier eher der Genuß, und mit virtuoser Balance weiß die Waage-Frau die Unebenheiten des Schicksals zu glätten. „Balance" als Lebenskunst ist typisch für das Zeichen Waage.

Frauen mit Sonne im Zeichen Waage erleben nun ihr Hauptschicksal mehr oder minder stets über die Ehe, über die enger verbundenen Partner in Liebe und Freundschaften, über die Beziehungen und Bekanntschaften. Denn Waage gilt als das Zeichen des VII. Feldes im Horoskop: Ehe, Bindungen, Partnerschaften.

Jeder kritische Aspekt auf die Sonne hat für die Waage-Frau eine Einbuße ihres Erlebens hinsichtlich Erfüllung in den Schicksalsgebieten Liebe und Ehe zu bedeuten. Oft genug erleben gerade die Waage-Frauen viele Trennungen, sei es durch Todesfälle ihrer Gatten oder enger verbundenen Menschen, Verwandten und Freunde — sei es auch durch kritische Begebenheiten in der Ehe. Waage zeigt einen sehr hohen Prozentsatz an Scheidungen. In allen diesen Fällen zeigt bei Nachprüfung der Sonnenstand im Horoskop eine kritische Aspektierung (durch Saturn oder Uranus), oder die Venus (die Herrscherin dieses Zeichens) ist ungünstig konstelliert. Obgleich der Wesenskern dieser Frau heiter, optimistisch, fröhlich und liebenswürdig ist, zeigt sich das Schicksal nicht gerade immer auf der Sonnenseite, wie so manche Waage-Frau bestätigen kann, die einen geliebten Menschen verloren hat. Nirgends ist es wichtiger, den richtigen Partner zu finden als gerade hier, da die Erfahrungen von außenher an die Waage-Frau herangetragen werden. Das Verlangen nach Harmonie — sowohl seelisch wie körperlich — ist sehr ausgeprägt, und gewissermaßen als Ausgleich ist es dem Zeichen Waage gegeben, die Gegensätze zu überbrücken und die Verschiedenheiten in den Auffassungen auf einen Nenner zu bringen. Damit zeigt sich angeborene Schlauheit (weibliche List), Takt und die Kunst des „Balancierens", eine Art Equilibristik des Lebens. Dies wird auch in den Dingen der Liebe und Ehe versucht und führt des öfteren zu Kompromissen.

Besitzt das im allgemeinen sehr veränderliche Zeichen Waage mehr geistigen wie seelischen Tiefgang, dann zeigt sich die künstlerische Eigenart, oft schöpferisches Talent im Bereich der Farben, Formen, Töne. Auch Rhythmik, Grazie, Charme sind dann äußerst anziehende Merkmale der Venus, die stets die Schönheit, die Liebe, das sinnliche Erleben den nüchternen Praktiken, den Theoretikern, dem Berufskampf vorzieht.

Gemäß dem Sonnenstand würden sich Partner aus den Zeichen des „Luft-Elementes" (siehe auch den Abschnitt über die „Elemente") am besten für die Waage-Frau eignen. Dies wären Männer aus den Zeichen Zwillinge (Sonne in den Zwillingen: 21. Mai bis 20. Juni), ferner aus dem Zeichen Wassermann (Sonne im Wassermann: 20. Januar bis 18. Februar). Auch Löwe-Männer (Sonne im Löwen: 22. Juli bis 21. August) hätten mit ihrer epikuräischen Lebensfreude eine gewisse Parallele zum Wesenskern einer Waage-Frau. Es sei aber wiederum gewarnt, aus dem einzelnen Sonnenzeichen einen Rückschluß auf den Gesamtbereich der Beziehungen zwischen Mann und Frau ziehen zu wollen. Es kann sich dabei nur um Details handeln, die von anderen Horoskop-Faktoren völlig verändert werden können.

Sicher ist, daß Männer aus dem Zeichen Widder (21. März bis 20. April) oder gar Steinbock (21. Dezember bis 19. Januar) die innerste Veranlagung der Waage-Frau disharmonisch berühren würden (auf lange Sicht gemeint).

Der Waage-Mann zeigt diese geschilderten typisch weiblichen Einflüsse in sehr abgewandelter Form. Zunächst bleibt nur die Ichgeltung, die Bestätigung der eigenen Persönlichkeit über die Umwelt und daher eine gewisse Eitelkeit, ein Verlangen nach Auszeichnung, Erfolg, Anerkennung im Beruf in gleicher Intensität erhalten wie bei der Waagefrau. Aber die Herzlichkeit, die Glätte des Wesens kann eher der Routine, dem Schein entspringen als wirklicher Herzensgüte.

Waage-Männer sind in erster Linie ehrgeizig. Ihr Wesen ist gleichfalls empfindlich (oft sogar feminin verletzbar), aber ihre angeborene diplomatische Handlungsweise kommt über alle Problematik des Lebens meist gut hinweg, und nicht immer sind die Gefühle sehr tiefgehend, denn er schätzt ein unbeschwertes Gemüt über alles — schon deswegen, weil es ihm manches Unangenehme erspart. Und gerade die unangenehmen, die kritischen Dinge des Lebens werden gerne umgangen, da der Waage-Mann an sich den Streit, die Verdrießlichkeiten und die hart aufeinander prallenden Gegensätze haßt. In der Ehe zeigt sich dies zuweilen durch Taktik, durch Bagatellisierung aufgedeckter Konflikte oder, wenn es nicht mehr anders geht, durch Trennung.

Da das Waagezeichen nicht „typisch männlich" ist, so bedarf es im Horoskop einer Unterstützung durch Feuerzeichen oder sonstige stützende Aspekte der Sonne, die den Willen und die Ausdauer kräftigen, da sich sonst starke Indolenz, Ungeduld, Mangel an Durchsetzung zeigen. Das Vergnügen wird sonst über die Arbeit gestellt, und die leichten, müheloseren Formen des Geldverdienens stehen dann im Vordergrund nebst einer Schlauheit, Beziehungen oder Bekanntschaften zu nützen.

Der positive Waage-Mann zeigt eine glückliche Hand im Beruf, meist auch eine künstlerische Begabung und versteht es meisterhaft, sich in Front oder in ein günstiges Licht zu setzen. Die Mitarbeit am Werke anderer — also die Beteiligung, die Einheirat etc., findet man am häufigsten. Eine besondere „Begabung" der Leute unterm Zeichen Waage besteht darin, daß sie mit freundlichen Worten und entgegenkommendem Charme andere für ihr Werk zu gewinnen verstehen — oder auch für Arbeiten, die sie selbst nicht gerne zu verrichten wünschen.

Die Sonne im Zeichen Skorpion: 23. Oktober bis 21. November

Frauen, die unter diesem Zeichen der Sonne geboren wurden, zeigen eine sehr gefestigte, selbstbewußte Wesensart und viel seelische Energie, die den Marseinfluß dieses Zeichens deutlich demonstriert. Während die marsische Tendenz aber beispielsweise unterm Widder impulsiv, drängend, unüberlegt ist, zeigt sie im Skorpion eine gebändigte Kraft, die mehr nach Innen geht und der Persönlichkeit große Charakterstärke, unter Umständen aber auch große, tiefliegende, oft glühende Leidenschaften verleiht.

Eine Skorpion-Frau ist in der Regel sehr tüchtig, praktisch, zuweilen auch energisch, zielbewußt, mit innerem Auftrieb und äußerer Durchsetzungskraft begabt. Es gibt hier keine lauen Naturen — ob günstig oder kritisch. Die marsischen Kräfte verleihen dem Geiste Selbstbehauptung, im Psychischen tendieren sie zu Hartnäckigkeit, Ausdauer, Eigenwilligkeit bis Eigensinn. Ein ganz besonders auffallendes Charaktermerkmal an der Skorpion-Frau aber ist ihr innerer, tief verankerter Stolz — ein Selbstbewußtsein, das Kränkung oder Verletzung nur schwer zu ertragen weiß und daher oft nachtragend, ja rachsüchtig werden kann, wenn es sich um offenbare Ungerechtigkeit handelt.

In der Liebe ist die Skorpion-Frau eine Vollnatur und verlangt die Ergänzung auf allen Gebieten, insbesondere auch im Körperlichen. Kommt es zu Krisen in Liebe und Ehe, so zeigt sich die unter diesem Zeichen so häufig auftretende Eifersucht, die manchmal groteske Formen annehmen kann. In diesem Fall von Enttäuschung und Verletzung des Ichgefühls zeigt sich die negative Seite des Mars in Form von Mißtrauen, Skepsis, Vorsicht und List.

Die Dinge der Liebe und Ehe sind daher bei der Skorpion-Frau oft geradezu schicksalsentscheidend,und man kann feststellen, daß sich unter diesem Zeichen viele seelische Kämpfe ergeben. Bei Aspektverletzungen auf die Sonne kommt es merkwürdig häufig zur Trennungstendenzen, zu Todesfällen naher Angehöriger, engerer Verwandter, geliebter Menschen bis zum Ehepartner. Die Jugend und oft auch die erste Lebenshälfte zeigt besonders deutlich und häufig diese Trennungen schicksalhafter Art. Unendlich viele Skorpion-Frauen haben ihre Männer im Krieg verloren.

Skorpion ist symbolisch das Zeichen des VIII. Feldes (= Todesfeld) im Horoskop,und die äußeren Schicksalskämpfe haben immer auch seelische Auseinandersetzungen zur Folge, bis sich die Skorpion-Frau zu einer inneren Ruhe hindurchgekämpft hat.

Es ist nicht verwunderlich, daß man unter diesem Frauentyp am wenigsten Oberflächlichkeit vorfindet. Fast immer besitzt diese Frau seelischen Tiefgang und einen starken Willen, auch ein Verständnis für die Sorgen anderer Menschen, so daß sie in die Lage kommt, andere Menschen zu trösten, während sie über ihre eigenen Herzensangelegenheiten in der Regel nicht viel spricht.

Ein sehr gut aspektiertes Sonnenzeichen löst im Skorpion ein Verlangen aus, hinter die Geheimnisse des Lebens zu sehen, aber auch die Welt des Todes zu ergründen, daher ergeben sich hier Interessen für Okkultismus, Spiritismus, Astrologie und alle metaphysischen Wissenschaften. Auf niederem Plan sinkt dieses Suchen lediglich zu Neugierde und zu einer Anlage des „Spionierens" herab, so daß diese Typen sehr schlau und listig werden können.

Die Statistik zeigt, daß Skorpion-Frauen trotz leidenschaftlicher Hingabefähigkeit mancherlei Enttäuschung erleben müssen. Besonders um die Lebensmitte zeigt sich häufig ein seelischer Verzicht, eine innere Resignation. Aber infolge der starken Willenskraft vermögen die Frauen dieses Zeichens die Schicksalsprüfungen immer wieder zu meistern.

Lediglich auf den Sonnenort bezogen, müßte sich mit Partnern aus dem Zeichen Krebs (21. Juni bis 21. Juli) oder Fische (19. Februar bis 20. März) ein einigermaßen günstiger Kontakt ergeben. Zum Oppositionszeichen Stier (21. April bis 20. Mai) würden sich wohl infolge der beiderseitigen Tendenz zu Hartnäckigkeit, Eigensinn, Eifersucht, bald Kontroversen ergeben.

Der Skorpion-Mann zeigt die Mars-Tendenz dieses Sonnenzeichens schon weit stärker und ist daher eigenwilliger, ichbetonter, manchmal (wenn der Mars verletzt ist!) wird er im Umgangston „rauh, aber herzlich", jedenfalls ist er höchst eigenwillig, nicht leicht lenkbar, und die Konzilianz des Wesens mangelt ihm meist. Sonne-Mars-Aspektverletzungen symbolisieren gewisse Grobheit, Kaltschnäuzigkeit, Kurzangebundensein, „Feldwebelton".

Andererseits aber zeigt der Skorpion-Mann ausgezeichnete berufliche oder geschäftliche Fähigkeiten — der höher entwickelte Typ ist gerne Wissenschaftler, Forscher, Analytiker, Chemiker etc., denn Skorpion will die Materie bis auf den Grund erforschen. Im übertragenen Sinne kann dieses Suchen und Forschen aber auch Findigkeit, Gerissensein, Schlauheit bedeuten. Kein Zeichen schillert in so vielfältigen Facetten wie gerade Skorpion, denn bei keinem kommt es so sehr auf die geistige wie seelische Entwicklungsstufe eines Menschen an.

Keinesfalls ist ein Skorpion-Mann gleichgültig, indolent, faul, lau oder uninteressiert. Auch in der Liebe tut er nichts mit halbem Herzen. Seine Leidenschaften können verzehrend sein, und — wenn er nicht genügend charakterlichen Halt besitzt — so können sie ihn überwältigen und sein ganzes Wollen und Handeln überschatten. Einmal mit dem Herzen engagiert, will er eine Frau ausschließlich und verträgt niemals Einmischung anderer in seine Ehe. Neigt er zum „Erotiker", so wird er im Liebesleben wahllos, ja genussüchtig.

Ein besonderer Charakterzug ist sein glühender Ehrgeiz, und eine Verletzung desselben (oder seines Ichgefühls) vergißt er niemals, rächt sie oft noch nach langer Zeit und manchmal auf eine skorpionhafte Weise (siehe den Stachel des Skorpions, der von hinten sticht!). Es ist nicht ganz leicht, mit einem echten Skorpion-Mann in der Ehe auf lange Sicht auszukommen, da Reizbarkeit, Jähzorn, Rücksichtslosigkeit hier manchmal stärker sind als die Harmonie. Dennoch zeigen Skorpion-Ehen meist große Zähigkeit trotz innerer Unstimmigkeiten, und die Trennungen wie Scheidungen sind sehr schicksalhaft und niemals auf leichte Weise möglich. Die marsische Tendenz zeigt sich beim Skorpion-Mann hauptsächlich in seiner Unbeherrschtheit, wenn einmal die

Gefühlssphäre in Leidenschaft gerät, was außerordentlich schnell vor sich gehen kann. Dann kann die Maßlosigkeit durchbrechen, die sonst sehr verborgen bleibt. Wenn nicht ein indolentes Zeichen (wie etwa Waage) an anderer maßgeblicher Stelle des Horoskops befindlich ist, zeigt sich der Skorpion-Mann im Beruf und in der wirtschaftlichen Versorgung seiner Familie als zuverlässig und äußerst strebsam.

Die Sonne im Zeichen Schütze: 21. November bis 20. Dezember

Hinsichtlich der vielfachen Kontakte, der Vielseitigkeit im Liebesleben zeigt die Schütze-Frau eine gewisse Parallele zur Zwillings-Frau. Auch die Tatsache, daß die Schütze-Frau überraschend oft Scheidungsaffären, ja zwei und mehr Ehen aufweist, zeigt den Gefühlszwiespalt, die Unentschlossenheit hinsichtlich der Wahl oder Entscheidung im Liebesleben. An sich ist die Schütze-Frau heiter, beweglich, an allem interessiert, äußerst vielseitig, überaus reise- und wanderlustig, aber auch leicht und schnell erregbar, reizbar, selbstbewußt und überaus unabhängigkeisliebend. Manchmal handelt sie unüberlegt, vorschnell, impulsiv und erlebt plötzliche Kontakte, aber auch ebenso plötzliche Trennungen. Das Motiv der Stabilität fehlt diesem Sonnenzeichen, das die innere Erlebnisfähigkeit steigert und ewig auf der Suche nach Anregungen und abenteuerlichen Erlebnissen sein läßt.

Die Schütze-Frau hat starke Phantasie und ein äußerst lebhaftes Naturell. Das eigene Ich ist immer sehr betont,und Selbstüberschätzung kommt nirgends so häufig vor wie unterm Schützen. Optimismus zeigt sich immer wieder, trotz der Stimmungsumschwünge und psychischen Schwankungen. Die Temperamentskurven sind steil, aber die Erregungen halten nicht lange vor — es wird schnell wieder vergessen. Die Unausgeglichenheit zwischen solchen Aktivitätsperioden und seelischer Niedergeschlagenheit ist am auffälligsten.

Was die Schütze-Frau sucht, ist der geistig bewegliche und vielseitig gebildete Partner, der über einèn erweiterten Gesichtskreis verfügt.

Eine gewisse Gefahr in den Dingen der Liebe und Ehe ist ihre innere, latente Oppositionslust und Reizbarkeit, die sehr schnell aufflammen kann. Enttäuschungen nimmt die Schütze-Frau allerdings nicht so tragisch, denn ihre optimistische Einstellung läßt sie immer wieder hoffen. Die Heiratslust ist daher unter diesem Zeichen am stärksten,und die Scheidungen sind überaus häufig, werden oft erleichtert. Es fehlt selten an Liebe, schon in der Jugend ergeben sich frühe Kontakte. Die leichte und schnelle Aufgeschlossenheit zeitigt vielfach Parallelverhältnisse und diese wiederum erschweren die Ehe. Auch wird oft lange „gewählt", und verglichen. Zu Tragik oder besonders heftigem Tiefgang der Gefühle tendiert dieses Zeichen nicht. Die wirklichen Herzenskonflikte erlebt die Schütze-Frau eher dadurch, daß sie im Leben mehrmals „zwischen zwei Stühle zu sitzen kommt" und sich von mehreren Partnern angezogen fühlt oder sich von einem nicht trennen will, den anderen aber liebt. Diese Kompromiß-Zustände in der Liebe sind gerade bei Sonne im Schützen zahllos, was mit einem gewissen Entschlußmangel zusammenhängt. Schütze-Frauen können auch ganz offen und freimütig über ihre Gefühle sprechen, und sie machen selten aus ihrem Herzen eine Mördergrube. Hinzu kommt noch eine große geistige Ruhelosigkeit, die sie zu immer neuen Erlebnissen oder neuen Erfahrungen treibt. Das Abenteuer (und sei es nur jenes der Reise, des Erlebens der Welt, des geistigen Suchens auf vielerlei Wissensgebieten wie Philosophien, Religionen, Sekten, Weltanschauungen) ist ein treibender Faktor im Psychischen.

Es ist nach dem Gesagten klar, daß die Schütze-Frau einen wendigen, aufgeschlossenen, vielseitig interessierten Partner braucht, der gleich ihr Freude am wechselnden Erleben durch Reisen, Wandern, Sport oder Liebe zu den Wissenschaften besitzt. Sie wird vielfach vom Zwillings-Mann angezogen (21. Mai bis 20. Juni), doch ist dieser Partnertyp schicksalsmäßig ebenfalls äußerst unruhig, wechselvoll und problematisch in der Liebe. Besser wären gemäß dem Sonnenzeichen Bindungen zu Partnern aus den Zeichen Waage (22. September bis 22. Oktober) oder Wassermann (20. Januar bis 18. Februar) oder Löwe (22. Juli bis 21. August). Männer aus dem Zeichen Widder (21. März bis 20. April) ziehen infolge ihrer impulsiven, draufgängerischen Wesensart das Feuerzeichen Schütze sehr an, aber die eheliche Stabilität wird hier wohl sehr zu wünschen übrig lassen. Eine günstige Aspektierung der Sonne im Schützen gibt die Chance zu gesellschaftlichen Aufstiegen (insbesondere bei gutem Jupiteraspekt zur Sonne).

Der Schütze-Mann ist sehr oft von ichbetonter Selbstüberschätzung, zumindest außerordentlich ehrgeizig und bestrebt, die Stufe der Geburt wesentlich zu übersteigen im Sozialen. Trotz der äußeren selbstbewußten Art, sich zu geben, ist die psychische Verfassung manchmal sehr labil, schwankend, von Zwiespalten, Zweifeln heimgesucht. Innerlich sucht er die Expansion, die Weite, die Ferne. Oft genug treibt es ihn vom Heimatort hinweg ins Ausland, wie er überhaupt selten am Geburtsort verbleibt. Gerne urteilt er von sich auf andere, wie er überhaupt stark subjektiv veranlagt ist. Trotz allem aber strebt er das Beste an und ist in seinen Äußererungen freimütig, offen, herzlich und entgegenkommend und auch niemals ein Spielverderber.

Daß er am liebsten von sich selbst spricht infolge seiner Selbstgefälligkeit, muß man ihm verzeihen. Seelisch ist er weit weniger autark,und oft plagt ihn innere Nervosität, geistige Unrast und körperliche Unruhe, abgesehen von der beruflichen Zersplitterung und den mancherlei Lieblingsbeschäftigungen, die er alle betreibt.

Auch in der Liebe hat er mehr als einmal die Qual der Wahl,und einmal entschieden, ist er sich noch lange nicht sicher, ob dieser Entschluß der richtige war. Häufig auch taucht nach der Heirat und in der Ehe wiederum die Versuchung auf, die gar nicht selten zu Parallelbündnissen oder zu Herzensfreundschaften kurzfristigen Limits Anlaß gibt. Was er keinesfalls liebt, ist die Einengung, Freiheitsbeschränkung und eine „autoritäre" weibliche Hand. Dieses Moment der Einmischung in seine Gefühlswelt treibt ihn sofort zu Konflikten mit der Partnerin.

Da dem Zeichen Schütze in besonderem Maße der Gedankenaustausch und die Freude am Argumentieren, Überzeugen, an der Debatte eigen ist, so sollte die Partnerin eines Schütze-Mannes geistig interessiert, intellektuell beweglich und eindrucksfähig sein. Das allzu „Praktische", Nüchterne, Realistische, Schwerfällige liebt der Schütze-Mann in keiner Weise, da seine Hauptwesensrichtung ins Ideelle zielt.

Die Sonne im Zeichen Steinbock: 21. Dezember bis 19. Januar

Die Steinbock-Frau zeigt in vielen Fällen eine Tendenz zu übergroßer Realistik und damit ein gewisses Manko im Gefühlsleben im Sinne von Nüchternheit, mangelnder Aufgeschlossenheit oder Anschmiegsamkeit. Auch ist sie im Seelischen meist verschlossen,und in den Angelegenheiten der Liebe wird ein allzu nüchterner Blick gewahrt, so daß es in Steinbock-Ehen zur Ernüchterung des Partners kommen kann.

Das Liebesmotiv ist hier mehr von der Vernunft und der praktischen Überlegung beeinflußt als unmittelbar vom Herzen (in dieser Hinsicht besteht eine Parallele zum Zeichen Jungfrau). Für romantische Gefühlserlebnisse und seelische Kapriolen hat diese Frau daher wenig übrig. Wonach ihr Herz in erster Linie verlangt, sind die „Sicherungen" des Lebens, die materiellen Stützpunkte, denn Steinbock (das Zeichen des Saturn) symbolisiert Wirklichkeitssinn, aber auch Fleiß, Ausdauer, Zähigkeit und überdurchschnittliche Willenseinsätze auf lange Sicht. Als Kompensation für die fehlende Gefühlsintensität besitzt die Steinbock-Frau einen ausgezeichneten Geschäftssinn und eine Art „Röntgenblick" für das Falsche, Unwahre, Unsolide. Kalkulation, Sparsamkeit und Wirtschaftlichkeit lassen sie sozial wie beruflich hochkommen, da zu allen diesen Eigenschaften noch eine spezielle hinzukommt, die nur dem Steinbockzeichen eigen ist: Jene zähe und alle Schwierigkeiten überwindende Strebsamkeit, die niemals nachläßt, weil sie keine steil ansteigenden Aktivitätskurven mit nachfolgender Lethargie kennt, sondern gleichbleibende, stetige und auf kleinste Teilerfolge aufgebaute Hartnäckigkeit. Steinbock ist eines der wenigen Zeichen, dessen Energie an vorübergehenden Mißerfolgen und Rückschlägen nicht zerbricht, sondern eher wächst.

Das nützende Moment unterm Steinbock läßt auch den Vergnügungen und den angenehmeren Dingen des Lebens wenig Spielraum,— immer wird das Ziel, der soziale Aufstieg, die wirtschaftliche Sicherung im Auge behalten und diesen Zielen dienen alle Bestrebungen — letzten Endes auch die Ehe. Die Steinbock-Frau ersehnt sich den soliden, arbeitsamen, pflichtbewußten, gründlich denkenden und arbeitenden Ehepartner und ist dann aber auch bereit, ihn in vollstem Maße zu unterstützen. Die sachliche Tendenz unterm Steinbock drängt auch nicht in die Vielfalt des Erlebens (wie etwa Zwillinge-Schütze), sondern sucht die Konzentration, die Bescheidung auf das eine, aber als richtig erkannte Ziel. So wird auch die Liebe hier nicht als vielseitige Kontaktnahme zum „Du" ersehnt, sondern die Steinbock-Frau nimmt die Entscheidung ernst und will auch darin die „Sicherung". Man kann also mitunter sehr verletzbaren Eigenstolz antreffen, der das Motiv der Eifersucht kennt und als Qual empfindet. Nichts bedrängt die Steinbock-Frau seelisch so sehr, als wenn sie sich persönlich betrogen fühlt. Dann kommt die negative Seite des Steinbockzeichens zum Vorschein: Das anfällige Gemüt wird grüblerisch, depressiv, melancholisch, äußerst mißtrauisch,und schließlich wittert die Steinbock-Frau hinter allem und jedem „Verrat".

Es ist nicht zu leugnen, daß Saturn seinem Tierkreiszeichen etwas an Schwere, Tiefgang, Schwermut mitgibt. Der richtige Partner einer Steinbock-Frau bedarf daher positiver, aufmunternder, aufheiternder Charaktereigenschaften. Kommen zwei steinbockbetonte Ehepartner zusammen, so verläuft das Leben allzusehr im Kreise der Pflichten und der Arbeit! Die Gemüts-Sphäre zeigt dann ein deutliches Manko!

Lediglich in bezug zum Sonnenzeichen wäre daher ein Partner aus dem Zeichen Stier (21. April bis 20. Mai) äußerst günstig, da er zwar die materielle Sicht besitzt, aber andererseits auch zum Lebensgenuß neigt.

Üblicherweise setzt man auch das Zeichen Jungfrau (22. August bis 21. September) in sehr günstigen Bezug zum Steinbock, da beide Zeichen wirtschaftlich, zielbewußt und ausdauernd sind.

Zeigt der Saturn im individuellen Horoskop einer Steinbock-Frau eine besonders starke Position oder erhält die Sonne einen Saturnaspekt, so wird die Steinbock-Frau kühl, realistisch, seelisch unnahbar, verkapselt sich gerne in sich selbst und ist wortkarg oder kann schwer aus ihrer inneren Reserve herausgeholt werden.

Eine unangenehme Eigenschaft des Steinbock ist die nachtragende Wesensart. Eine Steinbock-Frau vergißt niemals und kann noch nach vielen Jahren über erlittenes Unrecht (auch vermeintliches Unrecht!) grübeln.

Der Steinbock-Mann ist in vielen Fällen ein „Arbeitstier". Er konzentriert sich mit Vorliebe auf seinen Beruf, sein Geschäft und nimmt die Liebe nicht allzu wichtig, zumindest widmet er sich diesen Herzensangelegenheiten nicht ausschließlich und für längere Zeit. Immer siegt bei ihm wieder der nüchterne Blick,und auch die Wahl der Ehepartnerin steht unter diesem Motiv der „Brauchbarkeit", Wirtschaftlichkeit oder des Vorteils. Selten geht ein Steinbock-Mann eine Ehe Hals über Kopf ein — im Gegenteil! Das Zeichen läßt verzögern, hinausschieben, kalkulieren, abwarten, prüfen. Allerdings sind Steinbock-Männer nach erfolgter Wahl meist äußerst zuverlässig, pflichtbewußt, gehen selten irgendwelche Risiken ein, die ihre Ehe gefährden würde. Am wenigsten finanzielle. Eine Parallele zur Steinbock-Frau besteht darin, daß sie über ihre Gefühle nicht recht sprechen können, dieselben mitunter auch nicht allzu demonstrativ zeigen. Die „Nüchternheit" bei beiden Geschlechtern kann zum Anzeichen eines Steinbockeinflusses im Horoskop werden.

Männer dieses Zeichens sind Pflichtmenschen und zeigen eine Tendenz zur Härte, zur Selbstüberwindung,und dem jeweiligen Lebensziel werden manchmal die Dinge des Herzens geopfert. Außer Sachlichkeit und Praktik zeigen sie Gründlichkeit, Methodik, Genauigkeit,und das sichert ihnen in den meisten Fällen den Erfolg. Niemals setzt ein Steinbock-Mann spekulativ alles auf eine Karte, sondern er zerlegt sein Ziel in Etappen und erfüllt jede einzelne mit seinen besten Kräften.

In der Liebe sucht er vor allem die absolut zuverlässige Partnerin, die ihn bei seinen intensiven Bestrebungen, eine gesicherte Basis zu erlangen, wirtschaftlich unterstützt. Daß er hierbei auch nach Sachwerten wie Haus, Grundstück, Geschäfte etc. Ausschau hält, kommt des öfteren vor.

Der Ehrgeiz ist hier äußerst wach, aber nicht auffallend, sondern eher gebändigt. Auch wird der Steinbock-Mann nicht leicht selbstzufrieden, sondern hat eher eine Tendenz zur Sorgsucht und zur Vorausplanung, wobei er bei Verlusten im Geschäftlichen oder Finanziellen weit eher bekümmert ist als etwa von Kummer in der Liebe. Man sagt ihm zuweilen Einseitigkeit nach, weil er seine Interessen eben auf ein einziges Ziel zu konzentrieren vermag und daher die heitere Seite des Lebens mit Vergnügungen oder Genuß versäumt. Es ist daher wichtig, daß die Partnerin eines Steinbock-Mannes nicht rein äußerlich orientiert ist, sondern ebenfalls gewissen materiellen Interessen huldigt. Besonders, wenn es das Verlangen nach persönlichem Ansehen und sozialem Aufstieg wäre. Diesen Wünschen vermag ein Steinbock-Mann weitgehend zum Durchbruch zu verhelfen.

Die Sonne im Zeichen Wassermann: 20. Januar bis 18. Februar

Die Wassermann-Frau zeigt in ihrem Wesenskern eine liebenswürdige, freundliche, heitere, entgegenkommende Note, und dies sichert ihr stets zahlreiche Kontakte und Freunschaften im Leben. Die sympathische Art, Bekanntschaften auf eine fast mühelose Weise anzuknüpfen, wird ihr auf allen Lebensgebieten zum Vorteil. Das Zeichen zeigt vielfach eine aufgelockerte psychische Haltung und eine originelle Mentalität, die sich dem Neuen, Kommenden, dem vom Alltag Abweichenden besonders aufschließt. Daher ist die Wassermann-Frau selten uninteressiert an geistigen Problemen. Sie hat im Gegenteil Beziehung zu Dingen, die nicht alltäglich sind. Insbesondere zeigt sich dies bei Uranus-Merkur-Aspekten im Horoskop.

Fehlt dem Zeichen die Substanz, so ergibt sich lediglich Unstetheit, Verwirrung, Tendenz zu Wechsel und ständig neuen Beziehungen, Neugierde und ein Mangel an Stabilität in allem.

In der Liebe neigt die Wassermann-Frau mehr zu freundschaftlichen Kontakten als zu legalen Bindungen, denn das Zeichen Wassermann liebt die persönliche Ungezwungenheit, die innere Freiheit und äußere Unabhängigkeit. Dies schließt nicht aus, daß die Dinge der Liebe des öfteren einen romantischen Beigeschmack zeigen mit vielerlei Illusionen und Selbsttäuschungen. Dieser Frauentyp neigt dann mehr zum Kapriziösen und Launischen, da die Handlungen, Entscheidungen und Wünsche vielfach sehr subjektiv sind und von den eigenen ideelen Vorstellungen, weniger von der Wirklichkeit ausgehen. Die Temperamentsanlage ist sehr lebendig, wendig, unvorhersehbar in den Reaktionen des Gemüts.

In Dingen der Liebe zeigen sich akute Kontakte ebenso wie plötzliche Trennungen. Das Kurzfristige, Abenteuerliche hat als Schicksalsmotiv hier starke Bedeutung, und auch der Ablauf der äußeren Erlebnisse ist mitunter recht turbulent, wendend, umstellend.

In den persönlichen Angelegenheiten ist die Wassermann-Frau schlau, listig und hat stets ihre Geheimnisse. Auffallend ist auch, daß sie sich kaum um die „öffentliche Meinung", um gesellschaftliche Vorurteile oder die Meinung verbundener Menschen kümmert. Falls sie einmal von ihrem Gefühl geleitet wird, nützen auch alle besseren Ratschläge nichts. Zeigen sich dabei äußere Widerstände, so versucht sie ihre Wünsche, Pläne oder Ziele erst recht durchsetzen.

Damit ergibt sich eine Charakternote im Wassermann, die sehr zu Eigenwilligkeit, Eigensinn, Hartnäckigkeit (ja mitunter zu Sturheit!) tendiert und die stets dann ausgelöst wird, wenn sich Widerstand zeigt. Das innere Empfinden ist entscheidend bei der Wassermann Frau.

Oft hat das Zeichen Wassermann eine rein wissenschaftliche Tendenz, also eine Neigung zum Studium des Ungewöhnlichen, des Abseitigen (wie Astrologie, Metaphysik, Psychologie etc.). Ebensooft aber ist es nur unruhig, reiselustig, eindrucksfähig für alles Neue. Eine natürliche Veranlagung, andere Menschen auf den ersten Blick intuitiv richtig zu beurteilen, ist sehr oft bei der Wassermann-Frau vorhanden.

Es hat sich gezeigt, daß Partner aus dem Zeichen Waage (22. September bis 22. Oktober) und besonders auch Zwillinge (21. Mai bis 20. Juni) gut zur Wassermann-Frau passen, wenn man lediglich den Sonnenstand in Betracht zieht. Auch Schütze-Männer (21. November bis 20. Dezember) und in selteneren Fällen Widder-Männer (21. März bis 20. April) entsprechen dem Verlangen nach Abwechslung und immer neuen Eindrücken. Das Oppositionszeichen Löwe (22 Juli bis 21. August) kann nach einiger Zeit größere Krisen auslösen, ebenso Männer aus dem Zeichen Stier (21. April bis 20. Mai), die infolge ihrer Hartnäckigkeit mit der Wassermann-Frau sehr bald in Konflikte geraten.

Rein materielle Erwägungen (wie beispielsweise im Falle der Jungfrau oder Steinbock-Frau) in Liebe-Ehe kennt die Wassermann-Frau am wenigsten. Spricht bei ihr einmal das Herz mit, so setzt sie sich auch über Geldstandpunkte hinweg und folgt ausschließlich ihrem Gefühl. Dies ist ein besonders sympathischer Wesenszug dieses Typs.

Der Wassermann-Geborene zeigt noch mehr als der weibliche Typ des gleichen Zeichens jenen Hang zu Freiheit und Ungebundenheit, der ihn die eheliche Abhängigkeit nicht gerade besonders erstrebenswert erscheinen läßt. Beziehungen, Freundschaften und engere Kontakte schafft sich der Wassermann zahllose, doch befindet er sich am wohlsten innerhalb dieser Kontaktnahme zur Umwelt, wenn sie unverbindlichen Charakter trägt.

Die innere, seelische Haltung entspricht nicht ganz dem äußeren unbeschwerten Eindruck, denn das Zeichen verursacht viel psychische Anfälligkeit gegenüber Stimmungen, Launen, Ideen, Einfällen. Einmal von einer Sache innerlich gepackt, ist der Wassermann äußerst zäh in der Durchführung. Dies kann auch im Bereich der Freundschaften und der Liebe sein, so daß er überaus anhänglich wird — solange man ihm das Bewußtsein läßt, er könne tun und lassen, was ihm gefällt. Wassermann gehört zu jenen Zeichen, die verfeinernd wirken. Daher zeigt sich meist Taktgefühl, Humanität, Liebe zur Natur und zu den Tieren. Bei ernsteren Naturen bringt die Sonne im Wassermann meist tiefgründige wissenschaftliche Interessen, worunter die angewandte Psychologie in all ihren Abarten, die Menschenkenntnis und das Studium der Menschennatur (Graphologie, Astrologie, Chiromantie, Psychologie, Parapsychologie etc.) am meisten anzieht. Auch technische und erfinderische Spezialgebiete zeigen sich. An sich ist das Schicksal hier selten stabil, und die Liebesangelegenheiten sind es noch weniger, da das eigene innerste Wesen auf die Dauer nicht zur Anpassung neigt, sondern sehr individuell handelt und denkt. Man kann daher Wassermann-Ehen finden, die nur noch äußerliche Bindung zeigen, deren Partner aber im Grunde ihre eigenen Wege gehen. Am besten werden sie, wenn eine Art kameradschaftliches Verständnis beide Partner vereint. Man verlange von einem Wassermann keine „bürgerliche" Denkart und auch keine konventionelle Ehe. In irgendeinem Sinne tanzt er außer der Reihe, und einmal in Auseinandersetzungen hineingezogen, wird er äußerst widerspenstig und starrsinnig. Er läßt sich dann auch nicht überzeugen und kümmert sich stets wenig um Verwandtschaft oder sonstige „Konventionen", Traditionen und allgemeine Ansichten.

Die Sonne im Zeichen Fische: 19. Februar bis 20. März

Die Fisch-Frau wird allgemein als sehr liebebedürftiges, gutherziges und gutmütiges Wesen geschildert. Im allgemeinen ist ihr Wesenskern auch anlehnungsbedürftig, opferbereit, denn dieses Zeichen des Wasserelementes ist das sensibelste (außer Krebs!) und eindrucksfähigste, manchmal aber auch recht indolent, phlegmatisch, den inneren Gemütsstimmungen hingegeben und dann sehr schwer „in Fahrt" zu bringen. Es kommt hier sehr auf die Gesamtposition der Sonne an, ebenso auf die

Stellung des Willensplaneten Mars. Jupiter und Neptun sind die Herrscher vom Zeichen Fische, und ihre Konstellationen im Horoskop sind weiterhin von größter Bedeutung, insbesondere jene des Neptun.

Psychologisch tendiert das Zeichen Fische zu Gemüts-Labilität, denn die Gefühle und Stimmungen wirken zurück auf die geistige Haltung, die verletzbar und recht empfindlich sein kann. Empfindsamkeit paart sich hier mit Reizbarkeit, und rasch fühlt sich eine Fische-Frau zurückgesetzt oder beleidigt. Manchmal zeigt sich eine träumerische Besinnlichkeit, oft geradezu Willenslosigkeit, dann wieder selbstzufriedener Gleichmut. Eine gerade Linie ist selten vorhanden, und die Willenskurven sind kurzfristig und sacken bald wieder ab. Somit kann Begeisterungsfähigkeit mit völliger Apathie wechseln. Für willenskräftigere Wesenskerne liegt darin ein Moment des Nichtverstehens, weshalb man die Fische-Frau oft als kompliziert bezeichnet.

Im Grunde ihres Herzens ersehnt sich die Fisch-Frau jenen Halt und jene positive Zielrichtung von ihrem Partner, deren sie selbst nicht immer fähig ist. Sie braucht Anfeuerung von außenher, denn ihre Energien liegen brach, und Passivität ist ein recht quälendes Moment unter den Fischen, solange die seelischen Kräfte nicht auf den Plan gerufen werden. Dies ist der Fall, sobald die Fische-Frau einen Menschen zu umsorgen hat. Dann erwachen oft große, opferfähige Gefühle, Mitfühlen und Mitleid. Die Einfühlungsfähigkeit ist enorm unter den Fischen. In Liebe und Ehe wird die Fische-Frau im Leben oft enttäuscht. Sehr oft ereignen sich auch Todesfälle der Gatten, lange Krankheiten des Partners, Schicksalskrisen desselben. Trennungen, auch Scheidungen sind häufig, da die Fische-Frau des öfteren wegen ihrer Gutmütigkeit ausgenützt oder enttäuscht wird. Die seelische Vereinsamung, besonders in späteren Jahren, ist für eine Fische-Frau immer wieder festzustellen. Man fand, daß die Sonne im Zeichen Fische eine harmonische Ergänzung findet durch Partner, die die Sonne oder den Mond im Zeichen Skorpion (23. Oktober bis 21. November) oder im Zeichen Krebs (21. Juni bis 21. Juli) besitzen. Besonders das Zeichen Krebs ergänzt die Fische ausgezeichnet, doch ist auch Krebs wiederum ein äußerst sensibles, empfindliches Zeichen, und darin liegt die Gefahr zu starker Gefühlsbetontheit beider Partner. Mit Partnern aus dem Erd-Element (Jungfrau, Stier, Steinbock) harmoniert die Fische-Frau nur dann, wenn sie selbst derartige Zeichenbesetzungen im eigenen Horoskop hat.

Trotz gewisser Schicksalsschläge zeigt sich, daß die Ehe materiell meist gut fundiert ist. Entweder ergeben sich finanzielle Rückhalte über Besitz oder über Pensionen und sonstige Zahlungen. Der Tod des

Gatten kann früh, zumindest um die zweite Lebenshälfte eintreten. Prozentual hoch ist das Witwentum der Fischefrauen. Ansonsten zeigen sich mehrere Ehen. Doch ist auch hier wiederum das Gesamthoroskop entscheidend und nicht allein der Sonnenort.

Der Fische-Mann zeigt die Sensibilität mehr in einer seelischen wie geistigen Unruhe und Empfindlichkeit über äußere Eindrücke, während er nach außenhin Ruhe vortäuscht. Auch bei ihm münden alle Dinge rasch ins Gemüt, das keineswegs robust ist.

Aspektverletzungen im Zeichen Fische machen sehr phlegmatisch bis faul, so daß Männer dieses Zeichens einen deutlichen Energiemangel aufweisen. In diesem Falle verbleiben sie gerne etwas im Hintergrund oder nützen Beziehungen und Bekanntschaften aus. Der gefestigtere Fischetyp aber hat Familiensinn und Freude an gepflegter Häuslichkeit. Selten oder nie tritt sein Eigenwille in verletzender, extremer Form zutage. Des öfteren wird er überspielt oder er gibt von sich aus nach. Das sensible Nervensystem und der nicht immer robuste Körper machen sehr zu schaffen, insbesondere hält der Fische-Mann größere Anstrengungen nicht durch. Die innere Melancholie oder die Tendenz, sich in sich selbst zurückzuziehen wie in ein Schneckenhaus, fällt dem Außenstehenden nicht sofort auf. Erst nach längerem Kontakt erkennt man die Empfindlichkeit der Fische-Typen.

Im engeren Zusammenleben wird der Fische-Mann wohl niemals aggressiv oder allzu ichbetont. Er paßt sich mehr oder minder seiner Umgebung an oder ist manchmal sogar zu nachgiebig. Im Falle er eine tatkräftigere oder energischere Partnerin bekommt, kann ihm dies beruflich zum Vorteil werden. Das Gemüt übertönt eben bei ihm häufig den Intellekt, und darin zeigt er einen Schuß „Weiblichkeit" im Sinne eines Stimmungsmenschen, dem Führungstalente und durchschlagende Energie recht häufig abgehen. Praktisch aber beobachtet man vielfach, daß Fische-Männer durch merkwürdige „Zufälle", auch durch Spekulationen oder spekulative Geschäfte, durch Handel etc. zu Vermögen kommen (oft auch über die Heirat!). Die Stabilität des Besitzes ist selten gewahrt.

Die Aspekt-Lehre und ihre Schicksalsauswirkung

Schon mehrfach war in den bisherigen Ausführungen von Aspekten der Planeten unter sich die Rede. Diese astrologische Lehre, die in der Praxis fest begründet ist, versteht darunter die gegenseitigen Anblickungen (= Aspektierungen) der Gestirne in ganz bestimmten Winkeln. Von unserer Erde aus gesehen, befinden sich die Gestirne in bestimmten

Winkeln von verschiedener Gradlänge zueinander. Diese Winkel haben bald eine stärkere, bald eine schwächere Wirkung. Der engste Winkel, den zwei oder mehr Gestirne bilden können, ist der Zusammenschein bzw. die „Zusammenkunft" oder die Konjunktion (0—10 Grad Entfernung). Die beigegebene Zeichnung zeigt beispielsweise die Sonne mit Venus in Konjunktion. Was ein solcher Aspekt charakterlich oder schicksalsmäßig bedeutet, davon später. Eine Entfernungstabelle zeigt an, bis zu welchem Umkreis (= Orbis) ein Aspekt noch gilt. Im Falle von Sonne mit Venus wären es z. B. äußerstens etwa 11 Grad.

	☉	☾	♆	♅	♄	♃	♂	♀	☿
☉	–	13	10	11	12	12	11	11	11
☾	13	–	8	9	10	10	10	10	10
♆	10	8	–	6	7	7	6	6	6
♅	11	9	6	–	8	8	7	7	7
♄	12	10	7	8	–	9	8	8	8
♃	12	10	7	8	9	–	8	8	8
♂	11	10	6	7	8	8	–	8	8
♀	11	10	6	7	8	8	8	–	8
☿	11	10	6	7	8	8	8	8	–

Aspektarium oder Tabelle für den Umkreis (Orbis) der Planetenaspekte

Befinden sich nun zwei oder mehr Planeten in einer Entfernung von 180 Grad, so spricht man astronomisch von einem „Gegenschein" oder einer Opposition, wie die Zeichnung beispielsweise im Falle von Sonne zu Saturn aufzeigt, die hier in sechs Zeichen Entfernung oder 180 Grad einander gegenüberstehen. Man nennt diesen überaus wichtigen Aspekt auch „Spannungsaspekt".

Zählt man von einem Gestirn 60 Grad nach beiden Seiten und befindet sich in dieser Entfernung ein anderes (oder mehrere) Gestirn, so sind beide miteinander in einem Sextil-Aspekt (oder zwei Zeichen Entfernung). Dieser Aspekt ist zwar nicht so stark wirkend wie die Konjunktion oder Opposition, aber er ist doch deutlich wahrnehmbar.

Befinden sich schließlich zwei oder mehr Gestirne 120 Grad oder vier Zeichen voneinander entfernt, so spricht man von einem Trigonal-Aspekt. Dieser Aspekt ist äußerst wichtig und wirkt sehr harmonisch, begünstigend.

Haben zwei oder mehr Gestirne drei Zeichen oder 90 Grad Entfernung voneinander, so nennt man dies einen Quadrat-Aspekt oder eine „Quadratur". Auch dieser Aspekt ist wiederum äußerst markant in der Wirkung. Unsere beigegebenen Zeichnungen zeigen schematisch diese Entfernungen von 60, 90 und 120 Grad innerhalb des Horoskop-Kreises.

Außer diesen wichtigsten Aspekten gibt es astronomisch noch zahlreiche andere, wie z. B. Halbsexile (30 Grad Entfernung), Halbquadrate

(45 Grad Entfernung), Quinkunx (150 Grad Entfernung) und 1½ Quadrate (135 Grad Entfernung) sowie den Parallelschein (zwei Planeten im gleichen Abstand vom Äquator). Doch sind diese Aspektgruppen mehr oder minder umstritten in der Wirkung, teils auch nicht sonderlich spürbar, und gemeinhin werden sie vom Laien außer acht gelassen. Der Fachastrologe allerdings rechnet auch mit diesen kleineren Aspekten, insbesondere dann, wenn sie sich gradgenau ergeben und daher „exakt" werden, wie man dies nennt.

Die Wirkung der Aspekte auf Charakter und Schicksal

Es ist selbstverständlich nicht gleichgültig, in welcher Entfernung zwei oder mehr Gestirne einander „bestrahlen" oder aspektieren. Einmal zeigt sich die Wirkung harmonisch, und man spricht daher auch von „harmonischen" Aspekten — ein andermal ist die Wirkung eines Aspektes ausgesprochen „disharmonisch", und man spricht dann von „Spannungs"- oder disharmonischen Aspekten. Worum es sich im Grunde dreht, d. h. welche spezifischen Ursachen bei diesem oder jenem Aspekt wirksam werden, kann ebensowenig wissenschaftlich exakt erklärt werden, wie der Physiker heute noch nicht sagen kann, was Elektrizität wirklich ist. Man kennt nur ihre Wirkungen. Auch über die Aspekte kann man lediglich durch Erfahrung und Beobachtung aussagen, wie die Wirkung praktisch sein wird. Diese Erfahrung ist allerdings Jahrtausende alt.

1. Die Wirkungen des Konjunktions-Aspektes

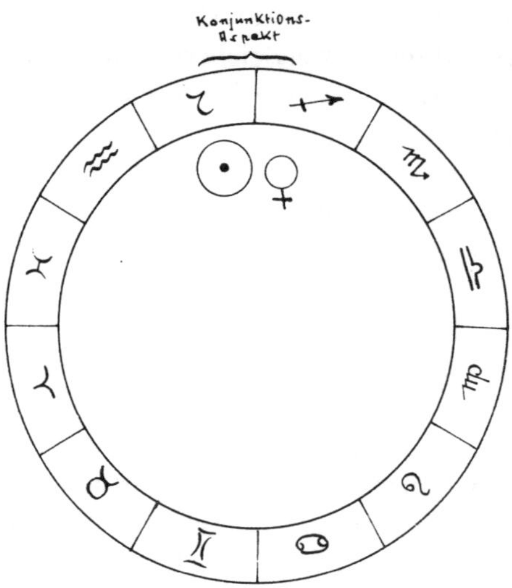

Zwei im Zusammenschein oder Konjunktion befindliche Planeten vereinigen sozusagen ihre Strahlungen miteinander, und es wird bei diesem Aspekt klar, daß der Zusammenklang harmonisch sein wird, wenn sich harmonische Planeten miteinander vereinigen — daß er aber disharmonisch sein muß, wenn antagonistische Planeten ihre Strahlen vereinigen.

Der Konjunktions-Aspekt im Horoskop
Hier befinden sich beispielsweise Sonne und Venus in Konjunktion

In der Praxis würde beispielsweise die strahlende feurige Sonne als Symbol der Lebenskraft, der Ausdehnung, der Erfüllung in Konjunktion mit dem Saturn, dem Symbol der Einengung, der Kälte, des Widerstandes keine sehr günstige Aspektwirkung darstellen. Beide Gestirne sind antagonistisch — d. h., ihre Wirkungen überschneiden sich, heben sich möglicherweise gegenseitig auf. Hier wird die Sonnenkraft durch den Saturn gehemmt. Dies wäre freilich nur eine sehr oberflächliche Darstellung dieser Konjunktion, denn in Wirklichkeit kommt auch noch die Felderkonstellation und die Zeichenbesetzung beider Planeten samt allen übrigen Aspekten, die auf diese Planetenkonjunktion treffen, in Frage. Es sei noch bemerkt, daß auch die Geschwindigkeit eines laufenden Gestirns, die Exaktheit eines Aspektes (10—12 Grad Entfernung sind nicht mehr „exakt") eine große Rolle spielt bei der Beurteilung.

Für den Laien ist es also nur wichtig, zu wissen, daß die Konjunktion und deren Beurteilung ganz und gar von der Art und Qualität der Planeten abhängt, die diese Konjunktion bilden. In der astrologischen Literatur bestehen nun sogenannte „Regelbücher", die alle möglichen Konjunktionen in ihrer Auswirkung schildern. Man kann aber darin nur Notbehelfe für den Anfänger sehen, denn die praktische Analyse eines Aspektes ist nicht immer leicht, und es gehört viel praktische Erfahrung hinzu, um die Wirkung zweier oder gar mehrerer Gestirngruppen in einem Zeichen abzuschätzen. Daß jedoch eine Konjunktion der Sonne mit dem Glückssymbol Jupiter in einem Horoskop eine äußerst helfende, fördernde, expansive Wirkung zeitigt, wird jedem klar, der die Gestirne als Symbole und ihre Wirkungen als Entsprechungen auffaßt, wie wir dies unter dem Abschnitt der Planeten-Symbole brachten. So wird auch die Konjunktion der Sonne mit Mars die beiden feurigen, aktiven, belebenden und impulsiven Entsprechungen dieser Gestirnsymbole nur noch erhöhen.

2. Die Opposition und ihre Wirkung

Diesen Aspekt bezeichnet man als Spannungsaspekt, und seine Wirkung ist stets beunruhigend, disharmonisch, trennend, auflehnend, kämpferisch. Hier prallen verschiedenartige Kräfte aufeinander, die zum Widerstreit tendieren. Es kommt nun allerdings auch bei diesem Aspekt sehr darauf an, welche Planeten einander gegenüberstehen. Aber selbst zwei so harmonisch und glücklich wirkende Symbole wie Jupiter und Venus können, wenn sie sich gegenseitig in Opposition aspektieren, sehr unangenehme Charakterschwächen andeuten, wie z. B. Eitelkeit, Anmaßung, Neigung zum Aufwand und zur Verschwendung. Schicksalsmäßig treibt der Oppositionsaspekt zu Kämpfen mit der Umgebung, zu Reibungen und im Falle des Mars mit Saturn (also Mars Opposition Saturn) kann es sogar zu großen Schicksalskrisen, Lebensbedrohungen,

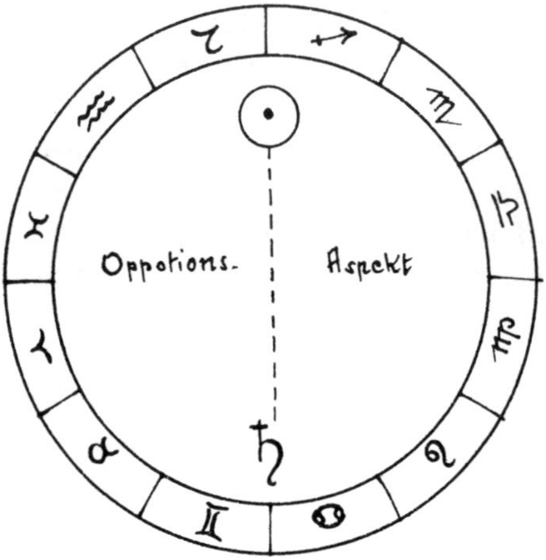

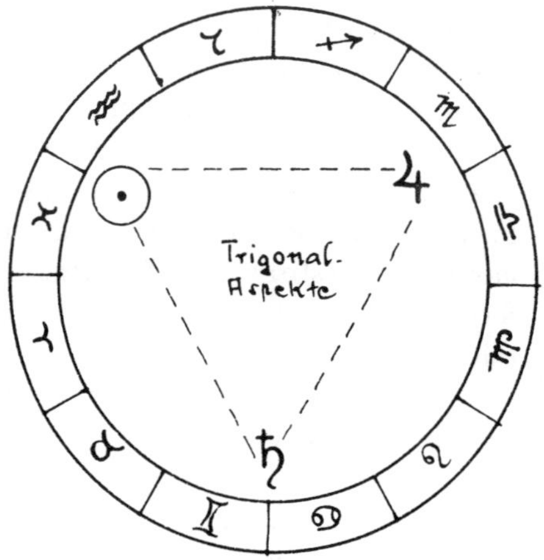

Kraftproben und Querulantentum kommen. Aber erst das individuelle Horoskop wird aufzeigen, ob beispielsweise die Tendenz dieses Krisen-Aspektes dahin geht, die Krise zu erleiden, zu durchkämpfen, oder ob der unter solchem Aspekt geborene Mensch diese innere Spannung ins äußere Schicksal hinausprojiziert, also selbst auslöst. Nichts wäre demnach falscher, als einen einzigen Aspekt aus einem Horoskop herauszueinzeln und für sich zu betrachten. Im Grundsätzlichen besagt ja das Wort „Opposition" schon, daß es sich stets um Gegensätzlichkeit, Spannung handeln muß. Menschen mit zahlreichen Oppositionsaspekten im Horoskop müssen nun selbstverständlich keine Verbrechernaturen oder sonstwie vom Schicksal „Gezeichnete" sein — oft genug treiben diese Spannungsaspekte zur Tat, zur Durchsetzung schlechthin an, und man findet dann Menschen von großem seelischen wie geistigen Erfahrungsbereich, die möglicherweise in inneren Kämpfen und Seelennöten ihre Schwächen besiegen lernten. Daß unter solchen und ähnlichen Aspekten nichts mühelos in den Schoß fällt und das Leben in all seinen Varianten den Beigeschmack von Kampf erhält, ist freilich gewiß. Die astronomische Konstellation des Vollmondes beispielweise ist astrologisch eine Opposition zwischen Sonne und Mond, den beiden „Hauptlichtern". Im Horoskop eines Menschen zeigt diese Opposition ein inneres Zerwürfnis, innere Unzufriedenheit, eine konfliktgeladene Spannung im Seelischen an.

3. Die Wirkung des Quadrat-Aspektes

Dieser Aspekt wirkt sehr disharmonisch, und die alten klassischen Astrologen nannten ihn den „Winkel des Verdrusses". In der Tat löst er viele Widerwärtigkeiten und Einschränkungen im Schicksal aus nebst materiellen Kämpfen. Er macht sich praktisch als Hemmung, Widerstand oder Durchkreuzung bemerkbar. Zwar wirkt er aktiver, streitbarer als etwa die Opposition, und die von außen eintreffenden Reizwirkungen erregen den Menschen. Das Wollen trifft auf Widerstand, und dadurch wird es zu noch größerer Anstrengung angestachelt. Menschen mit vielen Quadrataspekten im Horoskop müssen sich im Leben behaupten und erfahren viel Einmischung, Durchkreuzung ihres Wollens.

So zeigt ein Mensch mit Sonne im Quadrataspekt zum Mars die ganze jähzornige, marsische, antreibende, aufputschende, Unruhe stiftende Tendenz des negativen Marseinflusses. Entweder verbreitet er selbst Unruhe und Aufregung, oder er hat dieses Schicksalsmotiv über die verbundene Umwelt her zu erleiden. Diese genaueren Flächenwirkungen eines Aspektes sind nur über das Gesamthoroskop zu erfahren. Wiederum ist es natürlich notwendig, die beiden Planetensymbole genau zu erfassen, die jene sich durchkreuzenden Schwingungen (Quadratur) auslösen. Das Quadrat hat jedoch stets die Tendenz von Heftigkeit, und im

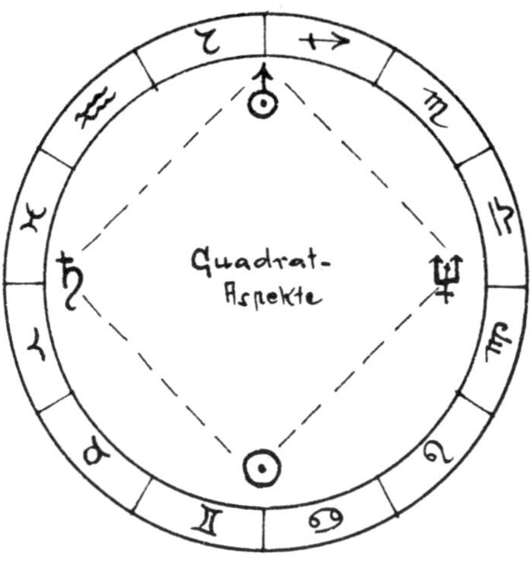

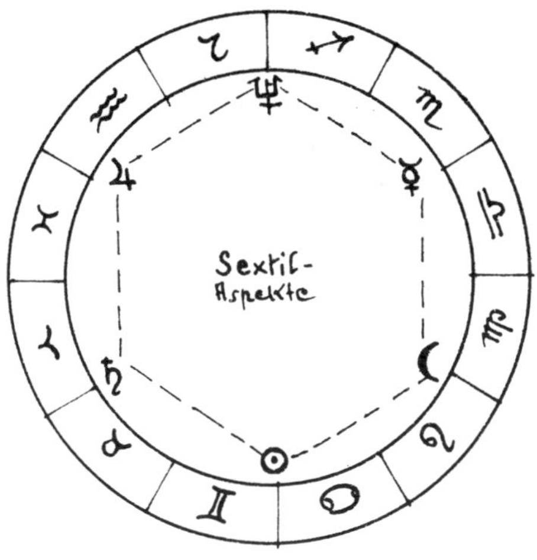

Falle von Mars und Venus kann es vorkommen, daß der Mensch zum Sklaven seiner Leidenschaften wird, wenn diesem Quadrat zwischen Mars und Venus im gleichen Horoskop nicht etwa andere Konstellationen bremsend entgegenwirken. Selbst das Quadrat zwischen einem solch

wohltätigen Glückssymbol des Jupiter mit Mars ruft die Kräfte der Auflehnung, der Freiheitsverteidigung, der inneren Unabhängigkeit, der Unmäßigkeit oder Übertreibungen wach. Geraten zwei gewalttätige Symbole wie Mars und Uranus in das Kreuzfeuer dieser Quadratur, so zeigt sich notgedrungen eine Kampfnatur, deren innere seelische Spannungen irgendwann einmal zu Gewalt, zu Unfällen oder Verletzungen führen müssen. Allerdings verliert sich die Krisentendenz eines solchen Aspektes mit der zunehmenden Ungenauigkeit. So wäre eine Entfernung von nahezu acht Grad kaum mehr recht wirksam oder spürbar. Ist der Aspekt aber „geschlossen", d. h. exakt bis auf etwa 1—5 Grad Entfernung, so wäre die Wirkung maximal bedeutsam. Die Tafel über den Umkreis der verschiedenen Aspekte zwischen den Planeten klärt über diese Frage auf. Ein Beispiel möge dies erklären: Befindet sich die Sonne in 3 Grad Löwe und der Mars in 15 Grad Skorpion, so fiele das exakte Quadrat der Sonne in 3 Grad Skorpion. Von hier bis zur Position des Mars in 15 Grad Skorpion wären noch 12 Grad Entfernung. Wie die Tafel des Umkreises aufzeigt, sind aber 11 Grad schon die äußerste Wirkungsgrenze.

4. Die Wirkung des Trigonal-Aspektes

Astrologisch bildet er den günstigsten Abstand zwischen zwei Planeten und wird als harmonisch, schenkend und glückbringend angesehen. Er ist ein sogenannter „spannungsarmer" Aspekt, und Menschen mit zahlreichen Trigonen im Horoskop ermangeln daher mitunter der Aktivität und der äußeren Durchsetzung, da er die Ruhe, das Behagen, das Verweilen symbolisiert. Im geistig gehobenen Sektor aber kann er trotzdem Schöpferkraft, ja Inspiration andeuten. Im äußeren Schicksalsverlauf symbolisiert das Trigon alles Zufallende. Der Mensch braucht sich also weniger zu mühen, plagen und sorgen: Die Dinge, die durch Felderbesetzung, Zeichenbesetzung und Planetensymbole angedeutet werden, zeigen eine schenkende Tendenz.

Es gibt nun freilich Trigone zwischen Planeten, die infolge ihres essentiellen Inhalts antagonistisch sind, also feindlich oder konträr. Hier wird sich der wohltätige Einfluß eines Trigonalaspektes nicht so eindeutig äußern können wie etwa jener „Berühmtheitsaspekt" zwischen Jupiter und Sonne, wenn diese beiden Gestirne miteinander im Trigon verbunden sind. Dies würde tatsächlich eine schenkende, gebende, zufallende Bedeutung haben — spezialisiert auf jene Lebensgebiete, die durch Felder- und Zeichenbesetzung angedeutet werden. Allerdings weiß der Fachastrologe durch langjährige Erfahrung, daß Planeten in ungünstiger Zeichen- oder Felderstellung auch im Trigonal bei weitem nicht so „schenkend", gebend oder erleichternd wirken, wie es eigentlich dem Aspekt zukäme. Wie in allen Fällen gilt auch hier nicht der einzelne Aspekt, sondern die gesamte Horoskopanlage entscheidet erst. Im allgemeinen aber gilt für das Trigonal das Symbol der Erleichterung und der glücklichen Lebensumstände, auch der inneren Harmonie (wenn sich beispielsweise Sonne mit Mond in einem Horoskop im Trigon aspektieren) und der seelischen Ausgewogenheit.

5. Die Wirkung des Sextil-Aspektes

Das Sextil hat eine geringere günstige Wirkung als das Trigonal und wirkt aufbessernd, falls andere schlechte Aspekte vorhanden sind. Seine Wirkung ist nicht frappant, auffallend oder durchschlagend, aber der Mensch erfährt manche Wohltat, mancherlei „kleines Glück". Zwischen Merkur und Venus oder Merkur und den Hauptlichtern Sonne-Mond ist das Sextil ein äußerst gütiger, helfender, aufbessernder Aspekt, da es auch intellektuell wirkt.

Der nächst kleinere Aspekt des Sextil — das Halbsextil (30 Grad Entfernung), ist schon kaum mehr spürbar und wird meist in der Praxis nicht sonderlich beachtet, es sei denn, dieser Aspekt wäre völlig exakt. Im ganzen betrachtet, haben die Sextil-Aspekte in einem kritischen Horoskop eine abschwächende Wirkung.

Im ganzen betrachtet, kann man den Aspekten keine „guten" oder „bösen" Wirkungen beimessen. Höchstens harmonisch oder disharmonisch wirkende Einflüsse — je nach der Entwicklungsstufe eines Menschen. Es ist klar, daß eine Verbrechernatur oder ein Mensch auf niedriger, triebhafter Stufe eine Mars-Saturn-Opposition schicksalsmäßig anders erleidet als etwa ein geistig-schöpferischer Mensch.

Die Tierkreis-Analyse — ein leichtfaßlicher Schlüssel zum Horoskop

Es mag für einen Laien, der sich nach nur kurzer Einführung in die Grundelemente der Astrologie erstmals einem Horoskop gegenüber sieht und nun die verwirrende Vielfalt zwischen Planeten-Konstellationen, Zeichenbesetzung und gegenseitiger Aspektierung erkennt, fast unmöglich sein, in irgendeiner Frage zu einer gültigen Aussage zu kommen. Dies um so weniger, als sich eine ganze Reihe von Aussagen überschneidet und damit die Synthese äußerst erschwert.

Hier gibt es nun einen Weg, diese verwirrenden Faktoren auf einen gemeinsamen Nenner zu bringen, der selbstverständlich die Feinheiten eines Horoskops noch in keiner Weise erfaßt, aber den Wesenstyp eines Menschen dennoch summarisch aufzeigt.

Diese mehr symbolische Aussage ermöglicht die Lehre von den „Qualitäten" oder Temperamenten, die schon in der alten klassischen Astrologie eine große Rolle spielte. Sie ist geeignet, in großen Umrissen die Charakterfärbung, Temperament und daraus entspringende Handlungsweisen zu erkennen. Da Charakter gleich Schicksal ist, ergeben sich aus der inneren Wesensanlage eines Menschen wichtige Hinweise, wie er sein Schicksal gestaltet, ob er beispielsweise ein Mensch der Tat oder der Überlegung oder der Anpassung ist.

Diejenigen Tierkreiszeichen, die in einem Horoskop am stärksten von Planeten besetzt sind, geben gemäß den folgenden Ausführungen über die „Qualitäten" solche Hinweise. Wir beachten hierbei, daß jene Tierkreiszeichen, in denen sich die Sonne, der Mond, der Aszendent und der Meridian befinden, eine ganz besondere wichtige Rolle spielen. Zuweilen zeigen sich in einem Horoskop auch Planetenballungen in einem und demselben Zeichen. Dann erhält auch dieses Zeichen eine markante Bedeutung.

1. Die beweglichen oder Kardinalzeichen: Widder, Krebs, Waage, Steinbock

Diese vier genannten Zeichen ergeben das sogenannte Kardinal-Kreuz (siehe die beigegebene Zeichnung). Wer Sonne, Mond, Aszendent, Meridian oder Häufungen von Planeten in diesen vier Zeichen besitzt, kann symbolisch und in einem verallgemeinerten Sinn als Mensch der Tat bezeichnet werden. Man wird finden, daß solche Menschen von großer innerer wie äußerer Aktivität sind, denn die Kardinalzeichen symbolisieren den vorwärtsdrängenden Geist, den Willen, kurz: die Tätigkeit an sich. Diese Menschen wollen nicht im Hintergrund bleiben, sie drängen nach vorne, oft ins Licht der Öffentlichkeit, wollen beachtet werden, und tatsächlich gelangen

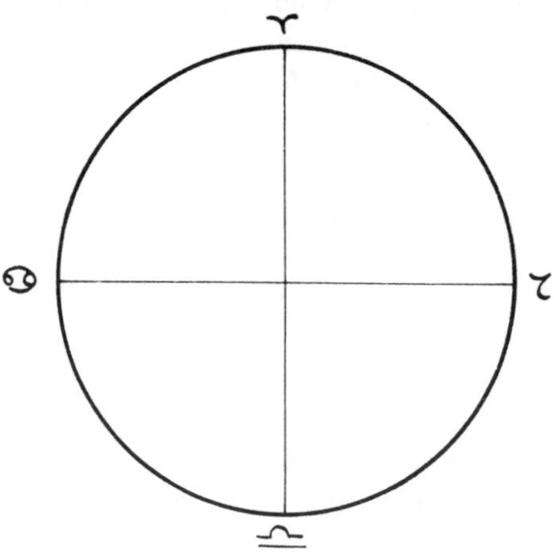

sie auch fast immer über den Kreis ihrer Geburt hinaus. Dies zeigt sich z. B. in einer sehr überzeugenden Weise bei Geschwistern. Jenes mit den meisten Planeten (oder markantesten Planeten, dem Aszendenten usw.) in diesen beweglichen Zeichen, überflügelt die anderen, sei es im Wissen, Können, im Lernen oder im Beruf. Die Kardinalzeichen drängen zum Aufstieg im Sozialen wie Gesellschaftlichen. Der Drang nach Führung, Leitung, nach Herrschen und Befehlen, nach Anerkennung oder Beifall, kurz: nach Beachtung innerhalb der Umwelt macht sich deutlich bemerkbar.

Wenn wir die spezifische Eigenschaft der Kardinalzeichen mit einem einzigen Wort belegen wollen, so wäre es das Stichwort: Tätigkeit. Dies besagt freilich noch nichts über die Art dieser Tätigkeit, auch noch nichts über den Erfolg. Doch können wir, wenn wir im folgenden jedes einzelne dieser vier beweglichen Zeichen unter die Lupe nehmen, schon eher die Art und Weise dieser Aktivität erkennen.

Außer Tätigkeit zeigt sich hier Unternehmungslust schlechthin. Daß die Begeisterung, der Enthusiasmus und das Selbstbewußtsein unter diesen Zeichen Varianten aufweist, ist selbstverständlich. So kann die angedeutete Energie eines Menschen unter dem Kardinalkreuz sprunghaft, schädigend, positiv oder negativ sein. Um dies festzustellen, bedürfte es bereits wieder des individuellen Horoskops und seiner speziellen Aussagen. Aber man wird von vorneherein sagen können (und dies sogar bei einem Neugeborenen), daß sich dieser Mensch kaum für ein beschauliches Glück im Winkel, für einen Subalternposten oder eine untergeordnete, ewig gleichbleibende Tätigkeit eignet. Wir können ferner aus dem bloßen Überwiegen des kardinalen Elements voraussagen, daß dieser Mensch auch in all seinen Gefühlen, Empfindungen, Lebensäußerungen (also auch in den Dingen der Liebe) eine große Aktivität zeigt, eine wirkliche Hingabe. Im Geistigen kann sich hier unmöglich Phlegma, Gleichgültigkeit, stumpfes Dahinvegetieren ergeben — die innere angeborene Ruhelosigkeit und der Schwung der Persönlichkeit verlangt nach Einsatz des Willens, nach Bewegung, nach Icherfüllung und Ich-Ausdehnung (Expansion!).

Eine weitere markante und auffallende Eigenschaft der Kardinalzeichen ist der Ehrgeiz, der die ichbetonten Gefühle immer wieder aufstachelt und dadurch in die Schicksalslinie das Symptom von Aufstieg, Veränderungen der Umwelt bringt. Ob es der Persönlichkeit gelingt, sich durchzusetzen, ob ihr Leid oder Freude durch diese Dynamik ihres Lebensstils winkt — dies ist wiederum erst über das individuelle Horoskop erfahrbar. Im Falle einer gering entwickelten Individualität und einer überwiegend triebhaften Persönlichkeit kann freilich ein Übermaß von

Kardinalzeichen-Besetzung große äußere wie innere Unbeständigkeit, große Veränderungen und die Tendenz zu ewigem Wechsel auslösen. Das Symptom der Übereilung, der Impulsivität, der Voreiligkeit, des Mangels an Vorsicht und Überlegung, der Maßlosigkeit wird dann zu einem schädigenden Faktor der grundsätzlichen „Beweglichkeit" dieser Zeichen.

Der praktisch tätige Astrologe weiß aus Erfahrung, daß die Prognosen bei betonter Kardinalzeichen-Besetzung in einem Horoskop die besten Treffer ergeben. Dies liegt daran, daß Menschen dieser Zeicheneinflüsse auf die äußeren Eindrücke, Anregungen und Vorkommnisse am promptesten reagieren. Insbesondere zeigt sich dies bei Menschen mit starker Widderbetonung im Horoskop (die Sonne als einzigen Faktor im Zeichen Widder genügt allerdings nicht!).

Es kommt also sehr auf die innere Entwicklungsstufe und die praktischen Erfahrungen an, ob ein Mensch die heftige Dynamik des Kardinal-Kreuzes zu meistern vermag. Die Energie unter diesen Zeichen ist ähnlich wie Elektrizität eine Kraft, die sich zum Guten wie zum Bösen anwenden läßt. Somit darf man bei Auslegung dieser Zeichen im vorliegenden summarischen Sinne nie über die angedeuteten Wirkungen hinausgehen. Alles weitere ist Sache einer individuellen Deutung aus dem Gesamthoroskop.

Im folgenden seien nun gewisse Details gegeben, falls ein Horoskop ausgesprochene Planetenhäufungen in einem dieser vier Kardinalzeichen aufweist. In diesem Falle bekommt dieses Zeichen für Charakter und Schicksal eine erhöhte Bedeutung:

Widder zeigt von allen vier Kardinalzeichen die stärkste Ichbetonung, Ich-behauptung und Ich-Durchsetzung. Das Motiv der Impulsivität und Reizbarkeit ist am stärksten betont. Widersprüche werden nicht vertragen. Gefahr von Konflikten und Streitigkeiten mit der Umwelt. Starke Willenseinsätze und wechselnde Ziele. Viele Veränderungen im Leben.

Krebs: Unter den vier Kardinalzeichen das schwächste, da hier die Gefühle und Empfindungen die Handlungen beeinflussen. Trotzdem sehr ehrgeizig, in den Bestrebungen und Willenseinsätzen eher ruhig als auffallend, aber ausdauernd und sehr zielstrebig. Mehr praktische als ideelle Ziele, mehr Überlegung in den Handlungen. Das Ichgefühl ist bedeutend, aber niemals aggressiv.

Waage: Während Widder rein individuell und aus erhöhtem Ichgefühl heraus handelt, wird hier die Gemeinschaft angestrebt: Zusammenarbeit, Mitarbeit. Das „Du" gewinnt größere Bedeutung. Großes ehrgeiziges Streben, sehr oft eine Rolle in der Öffentlichkeit. Der Wille ist geschliffener, diplomatischer, schlauer, ideelle Ziele zeigen sich.

Steinbock: Großer Ehrgeiz und große Zähigkeit. Ausdauer und planvolles Streben auf lange Sicht. Große Ichbetontheit und Sinn für Geltung, Aufstieg, Herrschaft. Realistischer Wille, der überlegt und auf ruhigere Weise handelt. Politische Interessen. Innerhalb der Allgemeinheit wird das eigene ehrgeizige Ziel angestrebt. Erhöhte Lebenspraktik und sehr realistische Gesichtspunkte.

2. Die festen Zeichen oder das „fixierte Kreuz": Stier, Löwe, Skorpion, Wassermann

Wer in diesen vier „festen" Zeichen Planetenhäufungen, Sonne, Mond, Aszendent oder Meridian besitzt, unterscheidet sich sehr deutlich und auffallend von den Menschen der vorhergehenden Kardinalzeichen-Besetzung. In einem allgemeineren Sinne können wir ihn als Mensch der Beständigkeit bezeichnen. Seine Haupteigenschaften sind Widerstand, Festigkeit, Unbeirrtheit, Hartnäckigkeit und eine gewisse innere Ruhe, Besonnenheit sowie Geduld. Der Hang zum Konservativen ist ganz deutlich ausgeprägt. Dieser Typ kann sich nicht wandeln, ist keineswegs „beweglich", sondern strebt die Stabilität an in allem. Eine unendliche Ausdauer und Zähigkeit bringt seinen Unternehmungen und Bemühungen meist den endgültigen Erfolg, denn die „fixierten" Zeichen sind das Symbol für die gleichmäßig fortgesetzte Arbeit. Es fehlen jene ruckartigen, begeisterten Tateinsätze, die den Menschen der kardinalen Zeichen eigen sind. Gleichwohl wird hier die Arbeit geliebt, aber der Wille ist nicht abrupt, sondern kann über lange Zeitabstände unentwegt anhalten. Nichts wäre dem Typ der fixierten Zeichen unangenehmer als ununterbrochener Wechsel in Zielen, Ansichten oder Positionen. Am stärksten ausgeprägt ist hier die Wunschnatur, der Komplex der Triebe, Leidenschaften und Gefühle. Die letzteren können unwandelbar sein, ja hartnäckig bis eigensinnig. Dem Wechsel stellt der Mensch der festen Zeichen die innere Entschlossenheit entgegen. Auch bei widrigen Zeit- und Schicksalsverhältnissen wird er durchhalten,

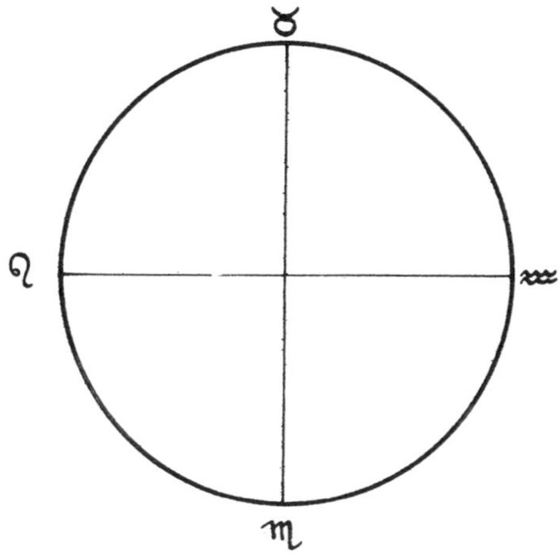

ebenso wird er auch seine einmal gefaßten Ansichten, Überzeugungen nicht leicht wieder ändern, niemals aber von heute auf morgen. Im Geistigen kann sich hier eher Fanatismus als Wendigkeit entwickeln,und wir finden hier beispielsweise im politischen Denken die konservative Richtung vor. Auf die Versprechungen dieser Menschen kann man bauen — sie sind zuverlässig. Allerdings sind sie auch in ihren Gefühlen — also Sympathien wie Antipathien — ebenso hartnäckig und unbeugsam. Einmal enttäuscht, wird man sie nicht leicht wieder umstimmen können. Beruflich bevorzugt dieser Typ die ruhig und stetig arbeitenden Berufsgruppen (Beamtenlaufbahn sehr häufig). In der Arbeit liegt der Hauptakzent auf Sorgfältigkeit und Genauigkeit. Die ev. schicksalsmäßig vorkommenden Rückschläge rauben ihm nicht die Tatkraft,und er beginnt nach Verlusten zäh wieder von vorne.

Eine Besonderheit der fixierten Zeichen ist die Tendenz zum Festhalten, auch des erworbenen Vermögens, der erreichten Positionen, der geliebten Menschen. Während sich Menschen der kardinalen Zeichen leicht von einer Sache, einem Ding, einer Ansicht, einem Menschen trennen können, ist der Typ der fixierten Zeichen unwandelbar, anhänglich, anhäufend. Die ausgesprochenen Wechselfälle zeigen sich daher hier seltener, weil die Tendenz zum Wechsel schon von innen her bekämpft wird. Die Nachteile dieses gefestigten Temperaments liegen in einer allzu großen Konzentration bis Schwerfälligkeit, in einer inneren Hartnäckigkeit, die bis zum Eigensinn reichen kann, wobei Trotz und Widerspenstigkeit am häufigsten auffallen.

In der Welt der Materie will der feste und „gesicherte" Besitz errungen werden. Die Geschäftigkeit im Sinne von Handel und Wandel, kaufmännische Großzügigkeit und einer weltaufgeschlossenen Mentalität findet sich nur, wenn das fixierte Element gemischt ist mit dem kardinalen — in der Praxis sind diese Mischungen selbstverständlich üblich. Bei großer einseitiger Überlegenheit der fixierten Zeichen in einem Horoskop kann man auch Extreme im Denken und Fühlen vorfinden: Die gebundene, zusammengefaßte Kraft des Willens kann dann zur Gewalt werden, und das scheuklappenförmige Sehbild im Geistigen wird zum Fanatismus im Hinblick auf eine Idee oder eine Überzeugung. Niemand braucht daher so sehr eine Auflockerung in der Sphäre der Gefühle und Gedanken wie gerade der Typ der „gefestigten" Zeichen! Alle diese Dinge sind jedoch in Richtung ihrer jeweiligen Auswirkung nicht allein aus der Zeichen-Analyse zu ersehen, sondern benötigen das gesamte Horoskop samt allen seinen individuellen Konstellationen. Eindeutiger wird die Analyse, wenn ein Horoskop bestimmte Planetenhäufungen in einem dieser vier fixierten Zeichen aufzeigt. Es ergeben sich dann folgende Tendenzen:

Stier: Der Praktiker, der Realist, dem jede Theorie nur soviel gilt, als sie im Leben auch praktisch verwertbar ist. Konzentration auf das Ziel mit einfachen Mitteln. Abgelehnt wird, was nicht begriffen wird. Die große Ichbetontheit läßt sehr subjektiv urteilen und kennt wenig bis gar keine Kompromisse. Innerlich stolz, daher auch eifersüchtig, trotzig. Die materiellen Werte sind Richtschnur des Handelns.

Löwe: Der Autoritäre, der Organisator, der Leiter und Herrscher. Die gefestigte Kraft wird sehr planvoll, konzentriert, selbstherrlich eingesetzt. Der Wille anderer wird dem eigenen unterworfen oder gebändigt. Die Selbstsicherheit stärkt das Handeln. Tendenz zur Macht ist unverkennbar. Das Wesen kann aber auch hart, unnachgiebig werden. Die Gefühle sind leidenschaftlich, die Triebkräfte drängend.

Skorpion: Der Selbstbewußte, Rücksichtslose, nach Erkenntnis Verlangende. Das Ichgefühl wird sehr dominierend, und der verletzte Stolz bringt alle Skorpioneigenschaften aus der Latenz: Rachsucht, Eifersucht, Vergeltungsgefühle, Empfindlichkeit. Nicht das Einfügen, sondern das Beherrschen anderer wird angestrebt. Das geheime Wissen, der Drang nach dem Erforschen des Unbekannten ist groß. Der geistige Radius kann aber nur vom Gesamthoroskop her erkannt werden.

Wassermann: Der Eigenwillige, der Revolutionär, der soziale Denker, der Idealist. Die inneren Überzeugungen werden mit größter Konsequenz verfochten und durchgeführt. Abhängigkeit von Sympathien und Antipathien. Geselligkeit mit Gleichgesinnten, Halsstarrigkeit bei Kontroversen. Freiheits- und Unabhängigkeits-Ideen. Durchführung eigener Pläne gegen jegliche Opposition.

3. Die veränderlichen Zeichen: Zwillinge, Jungfrau, Schütze, Fische

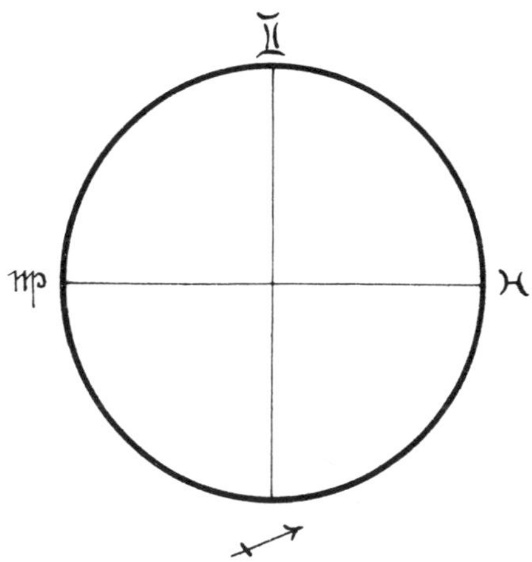

Viele Planeten in diesen Zeichen (darunter Sonne, Mond oder Aszendent) verursachen wiederum einen völlig anderen Typ als die vorausgegangenen Qualitäten. Wir kommen dem Prinzip dieser Zeichen am nächsten, wenn man diesen Typ als Mensch der Fügsamkeit, Lenksamkeit bezeichnen. Tatsächlich besteht hier die Tendenz des Nachgebens, der Einfügung ins Ganze, des Ausweichens, denn die veränderlichen Zeichen streben mehr nach Frieden, innerer Harmonie, Ausgleich, Anpassung. Speziell die Anpassung an die gegebenen Umstände, die Menschen der Umwelt, die Berufsbedingungen etc. ist das stärkste Motiv dieser Zeichen. Der Drang zur Aktivität, zum Handeln ist nicht mehr so ausgeprägt als bei den Kardinalzeichen, aber die Veränderungslust, die äußere Unruhe und der Wechsel im Schicksal sind wieder sehr stark zu beobachten. Man kann diese Menschen nicht festlegen, wie sie sich gewöhnlich auch selbst nicht festlegen — weder in ihren Ansichten, Überzeugungen oder Meinungen. Sie sind darin vielmehr vorsichtig, abwartend, können mitunter auch anders reden, als sie beispielsweise innerlich denken. Das Motiv der „Diplomatie" ist hier stark gegeben. Der praktisch tätige Astrologe weiß aus der Erfahrung, daß die Schicksalskrisen, die in Horoskopen mit starker Besetzung der „veränderlichen" oder anpassenden Zeichen angezeigt sind, bei weitem nicht so prompt und exakt in Erscheinung treten wie etwa bei Menschen, die kardinalzeichen-betont sind. Man könnte sie mit klugen Fechtern vergleichen, die den jeweiligen Schlag oder Hieb zu parieren wissen. Mindestens verstehen sie auszuweichen, nachzugeben wie ein schwankendes Schilfrohr, das sich im größten Sturm dennoch zu behaupten vermag. So sind diese Menschen in ihren wirklichen Ansichten nicht immer leicht zu durchschauen. Die Klugheit oder Lebensgewandtheit verleiht ihnen verschiedene „Gesichter". Zudem kann aber auch der Intellekt wirklich vielseitig sein, so daß sie ihre Standpunkte mehrmals im Leben wechseln, ohne daß man sie deswegen „gewissenlos" oder standpunktlos nennen dürfte. Die Schlauheit und die geistige Gewandtheit sind diesen Zeichen eingeboren, so daß wir auch das Motiv der Täuschung und List vorfinden, je nach der Gesamtanlage des Horoskops.

Im praktischen Leben sind sie also wendig, wissen sich den jeweiligen Möglichkeiten anzupassen und verstehen auch meisterhaft, diese Chancen des Schicksals zu nützen. Somit ist also das Temperament der veränderlichen Zeichen auf Wendigkeit gestellt, und wir werden unter diesen Menschen kaum jemals Fanatiker oder Querulanten vorfinden. Sie achten die Meinung des anderen, wenn sie dieselbe auch nicht teilen können. Damit sind sie die geborenen Lebenspraktiker im Sinne des Einfügens in eine Gesamtheit. Die gerisseneren Typen dieser Zeichen verstehen ihre Mitmenschen auch auszunützen. Im besten Sinne aber und bei sehr gutem Horoskop würde man die anpassende Geistigkeit hier Toleranz nennen können. Die psychische Haltung ist unter den veränderlichen Zeichen sehr aufgelockert, allerdings auch sensibel bis empfindlich. In bezug auf die Umwelt sind sie mitteilsam bis redselig.

Die Rückschläge im Schicksal kommen aus einem Mangel an Halt und Hartnäckigkeit. Wenn Krisen dennoch überraschend gut überwunden werden, so liegt dies an den gemäßigten Reaktionen des Handelns und Wollens, so daß Impulsivitäten vermieden werden können.

So geht dieser Typ manchmal Umwege, wenn der gerade Weg zu einem Ziel verbaut ist, damit werden Extreme überbrückt. Selten lösen sie die Ereignisse aus — vielmehr werden sie von den Dingen getrieben und bei ernstlichen Widerständen leicht entmutigt.

Die folgenden prägnanteren Eigenschaften zeigen sich dann, wenn sich in einem der vier veränderlichen Zeichen Planetenhäufungen ergeben:

Zwillinge: Der Intellektuelle, Wißbegierige, Lernende, Studierende. Das Zeichen der vielfältigsten Beziehungsnahme zur Mit- und Umwelt, der Vielseitigkeit im Geistigen, der Zersplitterung, des biegsamen und wendigen Verstandes. Zuweilen aber auch sehr oberflächlich, unruhig, ewig wechselnd mit einem gewissen Manko an echtem Gefühl, da hier die intellektuelle Seite dominiert. Also mehr geistige Anpassung als gefühlsmäßiges Verständnis.

Jungfrau: Der Praktiker und Realist mit dem nüchternen, analytischen, kritischen bis nörgelnden Denken und Urteilen. Der Ausführende (im Gegensatz zum Befehlenden oder Organisierenden), Verwaltende, sich Unterordnende, zuweilen „Dienende". Der praktisch urteilende Verstand. Im Psychischen etwas reizbar bis unzufrieden. In beiden Zeichen: Zwillinge wie Jungfrau zeigt der Merkur seine Herrschaft, daher sind beide Zeichen in den Gefühls- und Gemütsbezirken etwas nüchtern bis „kalt".

Schütze: Der Vielbeschäftigte, Rastlose, Reisende, zu Expansion und Aufstieg Drängende. Das Zeichen ist ebenso vielseitig und unruhig wie etwa Zwillinge, hat aber mehr Gemüt, Temperament und innere Beteiligung samt größerer Ichbetonung. Größere Gefühls-Intensität. Aber ebenso zwiespältig bis unentschlossen wie Zwillinge. Verlangen nach Pracht, Macht, Einfluß und Ansehen.

Fische: Der Gefühlsmensch, Idealist, Phantast, der Zurückhaltende, innerlich Vereinsamte, Mitfühlende. Das Zeichen ist am schwächsten und anpassendsten von allen veränderlichen Zeichen und weist die meisten Hemmungen, Widerstände oder Schicksalsschläge auf. Die Gemütssphäre ist am stärksten ausgeprägt. Oft fehlt die äußere Anerkennung oder die Durchsetzung. Ein Zeichen von großer Problematik, wenn es in einem Horoskop von vielen Planeten besetzt ist.

In der Praxis wird es nun vorkommen, daß alle drei bisher aufgeführten „Qualitäten" — das kardinale, feste und veränderliche — annähernd gleich stark vertreten sind. Dies wäre eine ausgewogene Temperamentsanlage. Sobald aber die eine oder andere klar überwiegt, so werden wir auch die angeführten Eigenschaften auffällig vorfinden.

Die vier Elemente oder die Konstitutions-Typen

Eine aufschlußreiche Beurteilungsgrundlage gemäß den Tierkreiszeichen bietet für den Laien die astrologische Lehre von den „Elementen". Hier zeigt sich in einer besonders überzeugenden Weise die Gemütsart eines Menschen, seine Begabungen und Anlagen, eine allgemeine Berufstendenz, und letzten Endes auch die harmonische oder disharmonische Ergänzung seines Wesens durch die Mit- und Umwelt.

Die klassische Astrologie, aber auch die indische Astrologie nennt vier Zustände der Materie: Feuer, Luft, Erde und Wasser. Jedem dieser Elemente sind drei Tierkreiszeichen zugeteilt.

Das Feuer-Element umfaßt die Zeichen Widder, Löwe u. Schütze;

Das Erd-Element umfaßt die Zeichen Stier, Jungfrau u. Steinbock;

Das Luft-Element umfaßt die Zeichen Zwillinge, Waage und Wassermann;

Das Wasser-Element umfaßt die Zeichen Krebs, Skorpion und Fische.

Diese Lehre der Elemente wird in der indischen Astrologie zu einer Philosophie der Weltschöpfung, denn den vier Elementen entsprechen die vier Schöpfungs-Phasen, aber auch der Körper des Menschen als Mikrokosmos enthält wiederum alle vier Elemente des Makrokosmos: So korrespondiert das unterste „Erd-Element" mit dem physischen Körper, das „Wasser-Element" mit dem Astralkörper (siehe auch den Abschnitt „Spiritismus" in diesem Werk!), das „Luft-Element" mit dem Mental-Körper und das „Feuer-Element" mit dem Kausalkörper.

In der heutigen, mehr psychologisch orientierten Astrologie oder Kosmo-Psychologie symbolisieren die Element-Gruppen gewisse Konstitutionstypen, die auf Grund ihrer seelischen und körperlichen Konstitution ganz bestimmte Reaktionsweisen zeigen.

1. Das Feuer-Element oder das schöpferische Trigon

Dieses „feurige Dreieck" (siehe die beigegebenen Zeichnungen) bestehend aus den Zeichen Widder, Löwe und Schütze symbolisiert die positive Tat. Menschen, in deren Horoskop diese Zeichen auffallend stark besetzt sind (wobei wiederum in erster Linie auf Sonne, Mond, Aszendent oder Meridian geachtet werden muß), bleiben niemals unbemerkt im Hintergrund, sondern drängen zur Durchsetzung und Anerkennung ihres äußerst beweglichen und willensgeladenen Ich. Selbst der Laie wird ohne alle Kenntnisse eines individuellen Horoskops solche Planeten-Häufungen im Feuer-Element richtig beurteilen und einschätzen können, wenn er bedenkt, daß dieses Element zur Führung drängt, gleichgültig auf welcher Ebene des Schicksals.

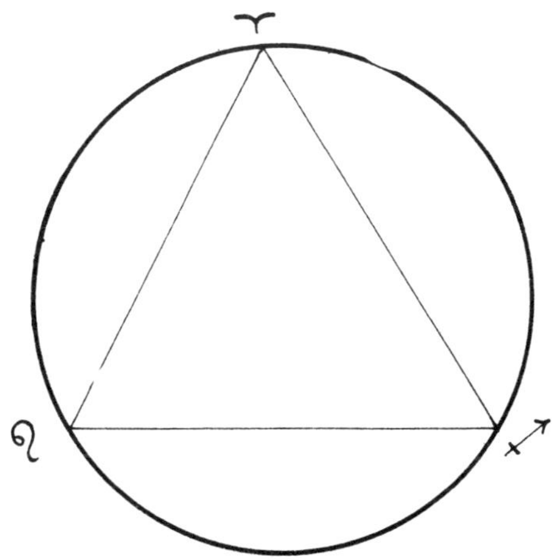

Auf der Ebene des Berufs, der Begabungen, der Tätigkeit zeigt sich in erster Linie Organisationstalent und Unternehmungsgeist. Damit wird allen Anlagen des Horoskops (gleichgültig, ob „gut" oder „schlecht") sofort eine Dynamik gegeben, die dem Handeln entspricht. Begeisterung, Hingabe an ein Werk, Mut und ein innerer Schwung verhelfen diesen Handlungen zum Durchbruch auf materiellem Gebiet. Es kann auf Arbeitsfreude, Lebhaftigkeit im Naturell, energische Willenseinsätze geschlossen werden. Da diesen Menschen eine gewisse polare Spannung eigen ist, überträgt sich dies auch auf andere Menschen als Anziehung, Erregung oder Abstoßung — je nach Anlage des Horoskops. Im Berufsleben wird es daher zur Führung, zur Leitung tendieren und die Unterordnung ist gering, die Anpassungsfähigkeit äußerst beschränkt. Man wird Menschen mit einer Überzahl von Planeten im Feuer-Element nicht in absolut „seßhafte", subalterne und ausführende Tätigkeiten drängen können. Sie würden eines Tages den Zwang durchbrechen und sich zur Selbständigkeit durchdringen. Unabhängigkeit, Freiheit und Selbständigkeit sind daher die Grundeigenschaften des feurigen Trigons.

Wer sich in Liebe oder Ehe mit Partnern des Feuer-Elementes verbündet, muß wissen, daß der Partner keineswegs nachgiebig, anpassend oder leicht zu dirigieren ist. Vielmehr wird er stets eine gehörige Dosis Eigenwillen und Selbstbehauptung zeigen, so daß der Partner des Feuer-Elementes die Führung beansprucht. Man könnte sich viele grundsätzliche Irrtümer und Fehlschlüsse ersparen, würde man sich vor dem Eheschluß über den Wesenskern eines Menschen klar werden. Wer im weiteren Verlauf dieser Analysen die grundsätzliche Anlage von Menschen des „Wasser-Elementes" eingehend studiert, wird sich klar darüber werden, daß zwei Partner aus diesen absolut konträren Element-Gruppen auch im Leben, im Beruf, in der Liebe oder Ehe keineswegs ein sehr ideales Zusammenleben oder Zusammenarbeiten ermöglichen können, denn selbst beim besten Willen wird sich „Feuer" und „Wasser" nicht auf lange Sicht vertragen. Wenn die „Vulgär-Astrologie" in den üblichen Sonnenzeichen-Analysen stets jene Partner in Liebe und Ehe als harmonisch oder „passend" empfiehlt, die im gleichen Element geboren wurden, so deswegen, weil sich beispielsweise hier im Feuer-Element die gleiche Begeisterungsfähigkeit, die gleich große Hingabe der Gefühle und die gleichen Reaktionsweisen zeigen müssen, so daß eine Ehe über gewisse grundsätzliche Faktoren der inneren Einigung verfügt. Wie sich die weitere Gemeinschaft im einzelnen vollzieht, das erst ist Sache des ganzen Horoskops.

Ein Lehrer oder Erzieher muß wissen, daß Kinder mit überbetontem Feuer-Element an sich schwer erziehbar sind, daß sie aber mit Gewalt, Zwang oder autoritärer Hartnäckigkeit keineswegs folgsamer, weit eher aber verstockt werden. Die Tendenz des „Feuers" symbolisiert sich im „Ausleben", in der „Extraversion" (nach Prof. Freud: das nach außen gerichtete Erleben), in der Ebene der Taten, Triebe, Wünsche und Leidenschaften. Es ist dies eine durchaus „schöpferische" Ebene, und sie kann schon bei einem jungen Menschen schwer beschnitten werden — sie kann höchstens mit Umsicht und Verständnis in die rechte Richtung geleitet werden.

Der erwachsene Mensch des überbetonten Feuer-Elementes sollte soviel psychologisches Verständnis für das Wesen seines Mitmenschen aufbringen, daß dieser nicht unbedingt Kulisse für seine allzu heftige Egozentrik zu sein wünscht. Alle Widerstände, Reibungen, Affekte und Umwelt-Krisen eines typischen Widder-Geborenen könnten dadurch abgeschwächt werden, daß er den rohen Affekt oder die impulsive Gewalt nicht als die allein gültige Art der Durchsetzung hält. Ebenso müßte der typische Schütze-Geborene wissen, daß Selbstüberschätzung und Selbstbewußtsein nicht dasselbe sind, während der typische Löwe-Geborene gesunden Stolz gern in Anmaßung verkehrt. So empfindet der Mensch des übersteigerten Feuer-Elementes jeden Rat als Kritik, während seine eigene Kritik zuweilen subjektiv und „à priori" (also ohne Einfühlung und Toleranz) gefällt wird.

In seiner Mentalität und seinem Urteilen ist also der Mensch des Feuer-Elements apodiktisch (d. h. „unfehlbar"), und wer dies von vorneherein weiß, wird im engeren Zusammenleben mit diesem Typ den richtigen Ton finden. In dieser Hinsicht wird die Kosmo-Psychologie zu einem wertvollen Hilfsmittel der Selbsterkenntnis.

Als Synthese über das Element Feuer gilt also die Tendenz: Leitung, Führung, Autokratie, Lebendigkeit, Beweglichkeit, geistiges Schöpfertum. Im niederen Sinne aber Despotie, Zerstörung, Konflikt, lautes und lärmendes Wesen, „Betrieb", Unterjochung.

2. Das Erd-Element oder das stoffliche Trigon

Das Erd-Element, bestehend aus den Zeichen Stier, Jungfrau, Steinbock symbolisiert die Welt der Realitäten, die greifbare Wirklichkeit oder wie schon sein Name besagt: den Stoff, die Materie.

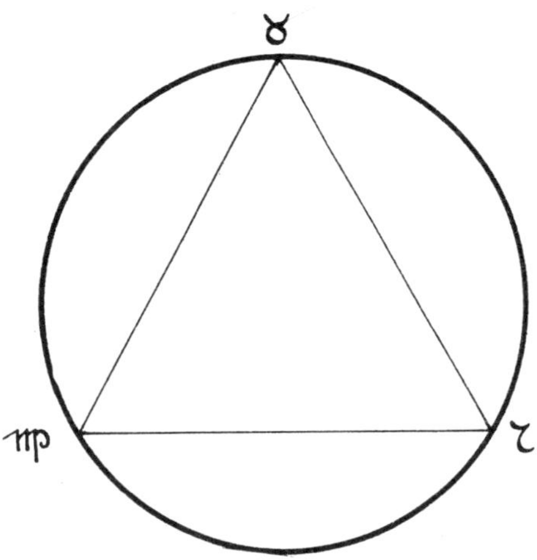

Menschen, die in überwiegender Weise dieses Element durch Planetenhäufungen im Horoskop (insbesondere durch Sonne, Mond, Aszendent und Meridian) besetzt haben, sind Wirklichkeitsmenschen, Realisten, Leute der nüchternen Überlegung und praktischen Tat. Das Ziel und der jeweilige Weg zu diesem Ziel sind klar vorgezeichnet und werden nicht durch irgendwelche Ablenkbarkeit aus dem Auge gelassen, denn gerade diese Ablenkbarkeit ist äußerst gering zugunsten einer inneren wie äußeren Konzentration.

Menschen dieses Elements gelangen am leichtesten zum Erfolg in ihrem Berufsleben, denn die Zähigkeit dieser Zeichen ist ein Hauptmotiv in der Erreichung der Ziele und Wünsche, die immer handfest, wirklichkeitsnah und auch tatsächlich erreichbar sind, denn die Erdzeichen kennen weder übermäßige Phantasie noch irgendwelche Utopien. Mit großer Geduld und Ausdauer wird der Weg des geringsten äußeren Widerstandes gegangen. Aber auch bei wirklichen Widerständen wird die ganze zähe Energie dieser Zeichen wach, die dann zuweilen in extreme Hartnäckigkeit ausarten kann. So drängt dieses Element die Menschen in erster Linie zur Beherrschung des Stoffes. Diese „Erdgebundenheit" läßt es wünschenswert erscheinen, daß in einem Horoskop auch das „Luft"- oder „Feuer"-Element wirksam besetzt ist, denn der Stoff oder die Materie bedarf auch der gestaltenden, schöpferischen Idee, sonst bleibt er tot, in die Materie verrannt. Praktisch ergeben sich selbstverständlich in jedem Horoskop solche Mischungen aus allen vier Elementen. Herrscht aber eines in überragendem Maße vor, so muß sich notgedrungen Einseitigkeit, Fanatismus auf irgendeiner Ebene ergeben. Im Falle des Erd-Elementes wäre es Unnachgiebigkeit, Unbeugsamkeit, Eigenwille bis Eigensinn und Verbohrtheit, aber auch Habsucht und übertrieben materielle Interessen.

Die Menschen dieses Elements sind bodenständig, seßhaft, an Heimat oder Besitz gebunden. Diese konservative Haltung ermöglicht auch im engeren Lebensbereich Stabilität, und so sehen wir hier meist die Entwicklung der Zielsetzungen aus kleinsten Anfängen heraus, auch gegen alle Widerstände und selbst durch Perioden der Abhängigkeit hindurch bis zur Erfüllung. Diese Zielstrebigkeit ist unterm Erdelement ein Hauptmotiv des Erfolges!

Auf der Ebene des Berufs liegen die Zielsetzungen im Bereich des „Sicheren", der Versorgung, des Praktischen und Lebensnahen. Kein Mensch wäre phantastischen Spekulationen mehr abgeneigt als ein Mensch des Erd-Elements. Alles wird auf geduldiges, methodisches und planvolles Arbeiten berechnet, und selbst die Ideale müßten in irgendeiner Weise „nutzbringend" sein. Dieser Gedanke des Nützlichen, Verwertbaren kann bei stark materieller Grundveranlagung (mehrere Planeten in den „Erdzeichen") sogar bis in die privatesten Bezirke des Lebens Platz greifen. In diesem Fall „nützt" man die Mit- und Umwelt und versucht sie in die eigenen Ziele einzubauen oder benützt sie als Sprosse zum beruflichen Aufstieg. Es kann also vorkommen, daß die Dinge der Liebe oder Ehe ebenfalls im nützenden, verwertenden, praktischen Sinne aufgefaßt werden, was mitunter zu Einbußen im Bereich des Gefühls führt. Dieses letztere Motiv zeigen die Zeichen Jungfrau und Steinbock in besonderem Maße. Andererseits ist hier auch in den Bindungen engster Art mehr Stabilität, mehr Zuverlässigkeit zu erkennen.

Die Entwicklung unterm Erdelement macht selten Sprünge. Schicksalsmäßig finden wir hier die Konsequenz, das konservative Motiv, und dies im positiven wie negativen Sinn. Die Krisen können ebenso hartnäckig sein wie die Perioden des Aufstiegs — das Gesamthoroskop wird hierüber Aufschluß geben.

Im engeren Zusammenleben mit Menschen des Erdelements wird man sich darüber klar sein müssen, daß auch hier die Anpassungsfähigkeit beschränkt ist (mit Ausnahme etwa des Zeichens Jungfrau), da der innerste Wesenskern „kompakt", eigenwillig, selbstbehauptend ist. Die innerste

Lockerung ist nicht absolut leicht erreichbar und niemals auf Anhieb. Dies hat allerdings zur Folge, daß Menschen des Erdelements in ihren Zuneigungen beharrlich, treu und verlässig werden, wenn sie einmal Vertrauen gefaßt haben zu den Menschen ihrer Umgebung. Sehr bewegliche Typen, deren Standpunkte schnell wechseln und die in ihrer ganzen Lebensart wendig, veränderlich, geistig beschwingt sind, werden allerdings mit Partnern aus dem Erdelement nicht absolut harmonieren, wie auch den Menschen der Erdzeichen diese dem wechselnden Lebensgenuß ergebenen Typen nicht sonderlich sympathisch sind. Wer sich in die Substanz der Lehre von den Elementen einfühlt, wird selbst ohne besondere Horoskop-Kenntnisse den Umriß und die psychische Struktur eines ihm völlig fremden Menschen doch sehr gut erfassen. So wird er z. B. als Erzieher oder Lehrer oder Psychologe einem Menschen mit überwiegender Erdzeichen-Besetzung niemals zu einem Beruf raten, der fortwährende Umstellungen, viele Reisen, innere bis geistige Wendigkeit verlangt. Dagegen wären alle Berufe mit konservativer Haltung, mit einer gewissen Verankerung im Bereich des Materiellen als äußerst fördernd zu bezeichnen. Nicht umsonst finden wir eine unübersehbare Reihe von Berufen, die mit Geld, Handel, Geschäften, mit dem Boden und dessen Bebauung, mit den „festen Werten" wie Häusern und Grundstücken, mit den konservativen Tätigkeiten wie Beamtenlaufbahn zu tun haben, von Menschen des Erdelements besetzt. Da die Astrologie nicht vom Theoretischen, sondern in erster Linie vom Empirischen (Wissen durch Erfahrung) ausgeht, sind diese Tatsachen dem wirklichen Leben entnommen und statistisch bewiesen. Umgekehrt ergaben sich allerdings aus diesen Tatsachen wiederum Theorien — so jene Theorie, daß sich Partner aus den Zeichen des Erdelements gut ergänzen sollen (beispielsweise eine Stier-Frau mit einem Steinbock-Mann usw.). Doch in dieser Hinsicht spielen noch ganz andere Bedingungen eine Rolle, und somit bleiben diese „Regeln" reichlich theoretisch.

Als Synthese über das Erd-Element gilt also die Tendenz: Realismus, Praktik, Nüchternheit der Gefühle, Lebensnähe, Bodenständigkeit, ruhiger, auf lange Sicht konzentrierter Ehrgeiz, Durchhältigkeit. Im niederen Sinne ergibt sich freilich auch Eigensinn, Hartnäckigkeit, Unnachgiebigkeit, Berechnung.

3. Das Luft-Element oder das ideelle, gedankliche Trigon

Das Luft-Element, bestehend aus den Zeichen Zwillinge, Waage, Wassermann, symbolisiert die Welt der Ideen, der Intellektualität, der geistigen Beweglichkeit und Lebhaftigkeit, der inneren wie äußeren Eindrucksfähigkeit und Veränderlichkeit.

Menschen mit überwiegender Besetzung des Luftelements sind innerlich wie äußerlich gelockert, kollossal wendig bis veränderlich, rasch im Reden, Handeln, in den Entschlüssen und im Verarbeiten der Eindrücke. Hier haben wir die Menschen mit den vielseitigsten Anlagen, deren psychische Haltung vorwiegend unruhig bis rastlos ist, die sich veränderten Lebenslagen oder Gesichtspunkten aufs rascheste anpassen gemäß dem Element Luft, das kein Vakuum kennt und sich allem anschmiegt. Es liegt auf der Hand, daß solche Menschen mitunter auch ein Manko an Gründlichkeit, an Tiefgang, an Verlässigkeit aufweisen müssen, denn dem Naturell der luftigen Zeichen entspricht auch die Oberflächlichkeit, die seelische Unruhe, die Nervosität, die Unentschlossenheit und der geistige Drang nach immer neuen Anregungen, Erfahrungen sowie Gedankenaustasch mit der Um- und Mitwelt. Hier zeigt sich also ein deutlicher Gegensatz zum Menschen des vorhin besprochenen Erdelements. Wir sehen denn auch die Zielsetzungen dieser Menschen schwanken, sich verändern,und damit ergibt sich im Schicksal das Motiv des Wechsels in jeder Form. Die aufgeschlossene und rasche Kontaktfähigkeit zum ,,Du'' macht diese Menschen wandelbar, anpassend, dem Neuen ergeben, was in jedem Falle zu Lasten der Stabilität in den Beziehungen geht. Dies kann bis zur Beziehungslosigkeit gehen. Das Vermeiden jeglicher ,,Schwerfälligkeit'' zeigt sich in einer virtuosen Fähigkeit zur Balance, zur Überbrückung der Gegensätze. Das Luftelement will nicht ,,haften'', kleben, will sich nicht festlegen. Daher die grundsätzliche Anlage zur Diplomatie, aber auch zum Heucheln oder zum aalglatten ,,Gesellschaftsmenschen'', der die lebenserhöhenden Reize des Reisens, der vielseitigen Verbindungen, des Verbundenseins mit dem lauten Getriebe der Welt benötigt.

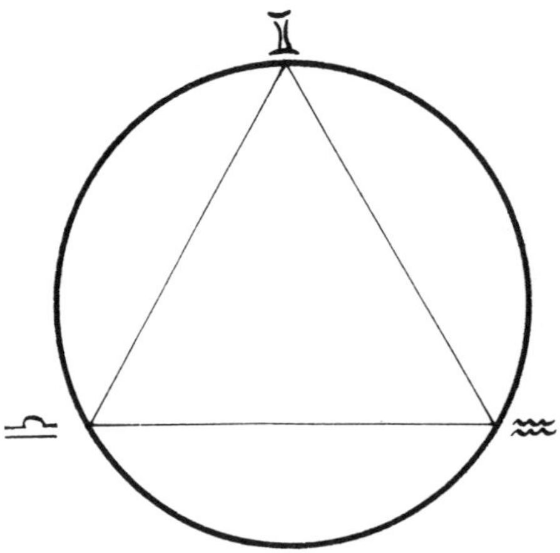

So liegen die Berufe nicht so sehr auf der materiellen Ebene, sondern mehr im Bereich des Ideellen, des Intellektuellen, der Künste, der Wissenschaften, des Lernens, der Rede und der Schrift, des Mitteilens und geistigen Austausches. Man wird den Menschen des Luftelementes nicht in seßhafte, konservative, stabile Berufsgattungen drängen dürfen. Man wird von ihm keine besonders geschäftliche Routine und nüchterne Kalkulation, kein Kleben am Buchstaben und kein ausschließliches Denken in materiellen Werten erwarten dürfen. Er fühlt sich aber sofort wohl in dem ihm angeborenen Element der wechselnden Anregungen, des Reisens, Verkehrs, der Vermittlung, der geistigen Wendigkeit (Journalismus), der Wissenschaften. Wer in seinem eigenen Horoskop die Überlegenheit des Luftelements erkennt, wird diese Tatsache sofort bestätigen können. Wünschenswert ist es allerdings, daß diesem Element der Vielseitigkeit und Zersplitterung ein anderes Element (etwa Feuer oder Erde) das Gegengewicht bietet, um dem inneren Wesenskern mehr Substanz zu verleihen.

Daß diese Menschen im persönlichsten und privatesten Bereich der Gefühle, der Liebe und Ehe ebenfalls dem steten Bedürfnis nach Anregung verfallen, kann nicht verwundern. Die Krisen in diesem Sektor sind daher im Luftelement besonders häufig,und wer die gelockerte, die beziehungslose, allem Neuen aufgeschlossene psychische Haltung dieser Menschen einmal erfaßt hat, wird von ihnen das Motiv der „Treue", der Beständigkeit oder des Aufgehens im anderen kaum erwarten dürfen. Dagegen können die Gefühle hier viel rascher entflammen, die Kontaktnahme geschieht oft auf Anhieb,und die innere Begeisterungsfähigkeit kann enorm sein — bis zum nächsten Objekt einer neuerlichen Begeisterung. Erzieher und Lehrer werden an jungen Menschen des Luftelementes diese Fähigkeit zum Idealismus, dieses Hängen an Ideen und Vorstellungen, diese rasch aufflammende Begeisterung zu einer Sache besonders einkalkulieren müssen, denn die Nachteile dieser Wesensanlage wären zuweilen Hysterie, Persönlichkeitsspaltung, Überschwänglichkeit, Psychosen und Veräußerlichung der Persönlichkeit, im luftleeren Raum hängende Ideale, die dann mit der rauhen Wirklichkeit kollidieren müssen. Somit sind die Menschen des Elements „Luft" im Seelischen gefährdet — im Intellektuellen kann sich Überheblichkeit ergeben bis zum Hochmut. Die Umgebung, die jeweiligen Kameraden, der Umgang, die Lektüre eines jungen Menschen aus dem Luftelement müssen besonders beachtet werden, da hier gutes wie schlechtes Beispiel zur Nachahmung treibt.

Unter der wechselnden Ideen-Vielfalt hat das Zeichen Wassermann noch die gefestigtere Haltung und die meiste Überzeugung. Die letztere wird sehr hartnäckig vertreten und vorgebracht. Auch die plötzlichen Einfälle sind unterm Wassermann ein charakteristisches Symptom. Das Zeichen Zwillinge ist dagegen das veränderlichste und anpassendste, denn es symbolisiert den Gedanken schlechthin in all seiner Wendigkeit und Schnelligkeit, so daß hier auch die Überzeugungen in kurzer Frist durch andere, neue, ersetzt werden können.

Der Schicksalsverlauf wird unter Menschen des Luftelements in einem allgemeineren Sinn immer voller Wenden, Veränderungen und Wechsel sein. Dies jedoch nur aus der latenten psychologischen Veranlagung der gesteigerten Eindrucksfähigkeit und dem damit verbundenen Wechsel der Gesichtspunkte. Das Hauptgewicht bei Erziehung wie Selbsterziehung wäre auf innere Stetigkeit und ein Durchhalten begonnener Ziele, Pläne und Ideen zu legen. Wie kaum ein anderes Element erweckt und fördert das luftige Element künstlerische Anlagen und Talente, meist auf dem Gebiet der Literatur. Der größte äußere Vorteil liegt in der wendigen Anpassungsfähigkeit an Menschen und Umwelt — die größte Gefahr in der seelischen wie geistigen Zersplitterung und Vielseitigkeit.

4. Das Wasser-Element oder das Gefühls-Trigon

Das Wasser-Element, bestehend aus den Zeichen Krebs, Skorpion, Fische symbolisiert die Welt der Gefühle, der Psyche, des Gemüts, der Triebe und Leidenschaften, der Träume und Phantasien, des passiven Lebensgenusses (im Gegensatz zum aktiven Lebensgenuß unter dem Feuer-Element). Menschen mit überwiegender Besetzung des wässerigen Elementes sind überwiegend Empfindungs-Typen oder Gemüts-Menschen, also nachdenklich, rezeptiv, mehr nach innen gekehrt, beschaulich, zuweilen indolent bis phlegmatisch (mit Ausnahme des Zeichens Skorpions) und auf das Wohl des eigenen Ich bedacht.

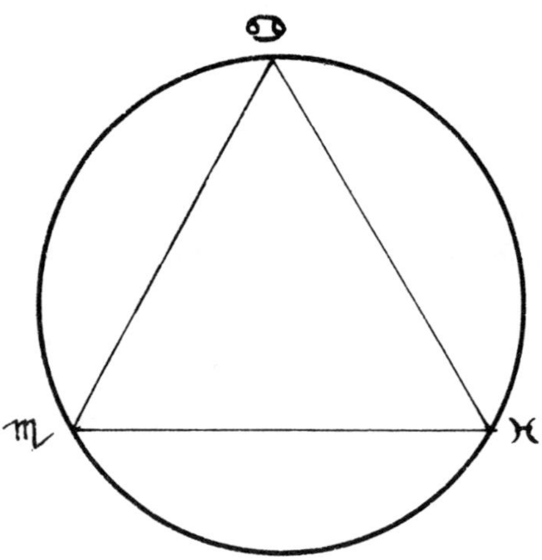

Eine Parallele zum Strömen und Fluten des Wassers bilden die wechselnden inneren Stimmungen, Launen und Gemütskomplexe dieser Menschen. Doch zeigt sich dies weniger wie etwa beim Luft-Element in Form der gedanklichen Wendigkeit, sondern mehr in den wechselnden Gemütslagen. Dem Wasser-Element fehlt eine gewisse nüchterne, praktische Überlegung und Sachlichkeit. Hier zeigen sich weit mehr Phantasie,

Romantik, Ideen (oft schwärmerischer und unpraktischer Art) und sehr persönlich gefärbte Wünsche, die aber mitunter nicht tatkräftig realisiert werden können. Soweit Menschen mit überwiegendem Wasser-Element im Horoskop dem Erwerbsleben Interesse entgegen bringen, tun sie dies doch mehr mit einem Hang zum Spekulativen — Umstände, Verhältnisse oder „Gelegenheiten" nützend.

Auch dieses Element ist von viel innerer wie äußerer Unruhe und Rastlosigkeit erfüllt, und auch hier wechseln die Zielsetzungen und Pläne mitunter überraschend schnell, wobei die Abhängigkeit von den Stimmungen mancherlei Nachteile auslöst. Besitzt das Wasser-Element innere Substanz durch die Gestirnkonstellationen und Aspektierungen, so kann sich große künstlerische (einfühlende) Verfeinerung ergeben, auch ein tiefes gedankliches bis gefühlsmäßiges Forschen nach den Hintergründen des Lebens, wobei der nüchterne Verstand weniger beteiligt ist als die Intuition. Menschen mit überwiegendem Wasser-Element in der Horoskop-Anlage sind fast inmer liebenswürdig, entgegenkommend, höflich, sympathisch und ermangeln völlig jener Aggression, wie wir sie unterm Feuer-Element so häufig vorfinden. Daher ist die Gemütshaltung hier auch in der Regel nachgiebig, passiv — die mentale Haltung nachdenklich bis melancholisch oder gleichgültig, labil.

Unter den drei Zeichen dieses Elements ist das Marszeichen Skorpion das stärkste, gehaltvollste und im Psychischen widerstandsfähigste. Das schwächste Zeichen stellen die Fische dar, und ein Mensch mit starker Besetzung dieses Wasserzeichens benötigt unbedingt einen Ausgleich durch andere Elemente, soll er nicht indolent, passiv, faul oder phlegmatisch werden. Dann wird auch die Schicksalslinie sehr labil, und solche Menschen können sich in der Regel nur schwer zu einer Tat aufraffen.

Die Mitte zwischen Labilität und Härte im Gefühl bildet das dritte Wasserzeichen Krebs. Zwar ist auch hier die Gemütssphäre äußerst eindrucksfähig, aber die Zähigkeit dieses Zeichens kann doch sehr bemerkenswerte Erfolge zeitigen. Die Reaktion aller drei Zeichen auf Dinge des Gefühls ist gleich stark, und daher werden die Umwelt, die äußeren Eindrücke und die Kontakte zum Mitmenschen mehr über das Gemüt erlebt. Hierbei sind die Beziehungen zum „Du" vertiefter, echter, hingebender und wärmer als etwa unterm Luftelement. Die Schicksale in Liebe und Ehe können daher auch tragischer, konfliktgeladener, gemütsbeschwerender werden, da der seelische Tiefgang hier größer ist. Insbesondere für Frauen des Wasser-Elements sind die Lebensgebiete Liebe-Ehe von größter Bedeutung, da die Hingabefähigkeit hier enorm sein kann.

Eine gewisse Belastung liegt unter den Wasserzeichen in der häufig vorkommenden Tendenz zur Träumerei, Phantastik, weshalb die ideelle Welt oft genug mit der Realistik in Konflikt kommt. Bei Aspektverletzungen oder ungünstigen Konstellationen im Wasser-Element ergeben sich auch Hang zu Stimulantien, Genußgiften, Abhängigkeit von Drogen oder Genüssen und sehr oft Melancholie, Bedrücktsein, äußerst wechselnde Aktivitätskurven, die nur unterm Zeichen Skorpion stärkeren Halt bekommen.

Erzieher und Lehrer werden daher bei Kindern mit vorwiegender Besetzung der Wasserzeichen auf die schnelle Verletzbarkeit des Gemüts achten müssen und damit auch auf Labilität des Selbstbewußtseins und hieraus resultierender späterer Komplexe im Psychischen. Während der Mensch (speziell der junge Mensch!) des Feuer-Elements unbekümmert sein Ich in die Außenwelt projiziert, erlebt ein Mensch des Wasser-Elements dieselbe Welt mehr von innen her aus dem Gefühlsbezirk und wird von diesen inneren Eindrücken wesentlich geformt und gebildet! Daß hierbei die Eindrücke der frühen Jugend entscheidend sein werden, ist jedem Psychologen klar.

Die materielle Ebene zeigt unterm Wasser-Element notgedrungen Widerstände, Kämpfe-Motive in der persönlichen Durchsetzung, da eben der innerste Wesenskern nicht genügend „hart" und selbstbewußt ist. Oft genug wird auch die Durchsetzung gar nicht genügend verlangt oder gewünscht, was im Berufsleben zu einem „Lavieren" treibt. Das Wasser-Element ist daher Frauen günstiger als etwa Männern, da es das spezifisch „Weibliche" erhöht und die Sinne verfeinert. Im negativen Sinn wird diese Verfeinerung zum Wohlleben, zum Lebensgenuß in jeder Form und bei Männern manchmal zur Verweichlichung.

Die Berufsbegabung liegt nicht im rein Intellektuellen. Oft genug ziehen die Künste an. Ebensooft das spekulative Moment des Hasardierens, der gerissenen Geschäfte. Zuweilen zeigen sich organisatorische Fähigkeiten, die aber mehr auf Intuition, auf einer „Spürnase" für die richtigen Mitarbeiter und die richtigen Gelegenheiten (Konjunktur-Geschäfte etc.) beruhen. In diesem Falle zeigen sich dann große finanzielle Chancen, die besonders unter den Fischen häufig auftreten. In den wenigsten Fällen aber ist die Stabilität über lange Perioden gewahrt — immer finden wir unterm Wasser-Element die Rückschläge, die Lebenskrisen, die Neubeginne und den merkwürdigen Rhythmus des Vor- und Zurück (dies ganz besonders unterm Wasserzeichen Krebs), aber auch ganz ausgesprochene Glücksfälle (dies wiederum besonders stark unter den Fischen).

Die Analogie dieses Elements mit dem flutenden, anpassenden, schmiegsamen, fluktuierenden, weichen, grenzenlosen Symbol des Wassers ist also sehr stark gegeben, und damit ergäbe sich als Synthese dieses Elements und der unter ihm geborenen Menschen: Eindrucksfähigkeit, Phantasie, gefühlsgesteuerte Energien und psychische Sensibilität!

Gemäß allem bisher Gesagten, wird sich die Kombination zwischen den „Qualitäten" (kardinal, fixiert, veränderlich) und den „Elementen" als Vorstufe der individuellen Horoskop-Deutung auch für den Laien am besten verwenden lassen. Vor allem liefert sie für die psychische und mentale Erfassung einer völlig fremden Individualität ausgezeichnete Ergebnisse im Sinne eines Gerüstes oder eines „Rohbaues". Dem Fortgeschrittenen bringen die Gestirnkonstellationen nach Felder- und Zeichenbesetzung sowie ihre gegenseitigen Aspektierungen die letzten Feinheiten über Charakter und Schicksal eines Menschen.

AUS DER WERKSTATT DES PRAKTISCHEN ASTROLOGEN

Horoskope prominenter Persönlichkeiten

Daß die Kosmobiologie rein empirisch orientiert ist — also ein Wissen aus Erfahrung darstellt —, haben wir schon eingangs erwähnt. Der angehende Astrologie-Interessent tut also gut, zunächst einmal sein eigenes Horoskop anhand guter Lehrwerke, deren es nun wieder eine große Anzahl gibt, eingehend zu studieren — ähnlich, wie man eine Fremdsprache aus einfachsten Redewendungen und den Grundregeln der Syntax erlernt. Man wird also zunächst die mathematischen Grundlagen erlernen, um gemäß seiner genauen Geburtsstunde den Aufriß seines Horoskops erstellen zu können. Noch ist dieses Horoskop selbst ein Buch mit sieben Siegeln. Man beginne nun den Aszendenten oder das aufsteigende Zeichen am Ostpunkt eines Horoskops zu studieren, und vergleiche die Aussagen mit dem eigenen Wesenskern. Die Kurz-Analysen der Sonnenposition im jeweiligen Tierkreiszeichen wird bereits manch treffende Aussage liefern. Die Beobachtung des jeweiligen Sonnenzeichens im Horoskop der engsten Angehörigen liefert weitere Erkenntnisse. Und nun erst taste man sich allmählich an gewisse „dominierende" Konstellationen seines eigenen Horoskops heran, wie z. B. jene in den Eckfeldern I, IV, VII und X. Die Aspektlehre (wiederum nehme man jeden dieser auffallend konstellierten Planeten in seiner Gesamtaspektierung vor) wird die Wirkungsart eines Gestirns erst deutlich erkennen lassen. Von dieser einfachsten Analyse bis zum intuitiven Erfassen ganzer „Planetenbilder" und deren Schnittpunkte (eine der modernsten Synthesen der heutigen Astrologie!) ist es ein weiter Weg und er führt über Jahrzehnte leidenschaftlichen Forschens, wobei statistische Untersuchungen (Reihen-Untersuchungen an Hunderten von Horoskopen!) ungeahnte Fortschritte bringen, wie die wissenschaftlichen Forschungsergebnisse eines Freiherrn von Klöckler, eines Dr. Ernst Krafft (um nur einige wenige prominente Astrologen zu nennen) bewiesen. Vom ersten Aufleuchten grundsätzlicher Erkenntnisse und frappierender Beweise über mancherlei bittere Rückschläge und Enttäuschungen formt sich der entsagungsreiche Weg des wirklichen Forschers.

In den folgenden Kurz-Analysen möchten wir anhand einiger „prominenter" Horoskope, deren Eigner einer großen Anzahl von Menschen bekannt sind, gewisse grundsätzliche Konstellationen herausschälen, die der Fach-Astrologe „dominierende Konstellationen" oder kurz Dominanten nennt. Der wirkliche Weg zum Erfassen eines Persönlichkeitskerns und des Schicksalsablaufes eines Horoskops verläuft von der eingehenden Analyse bis zur umfassenden Synthese und kann viele Stunden benötigen. Hier geht es uns nur um eine kurze und leichtverständliche Illustration für den Laien, dem damit ein Weg gewiesen werden soll, um Zugang zu einem Horoskop zu finden.

1. Das Horoskop Joh. Wolfgang von Goethe

Geboren 28. August 1749, mittags 12 Uhr, zu Frankfurt a. M.

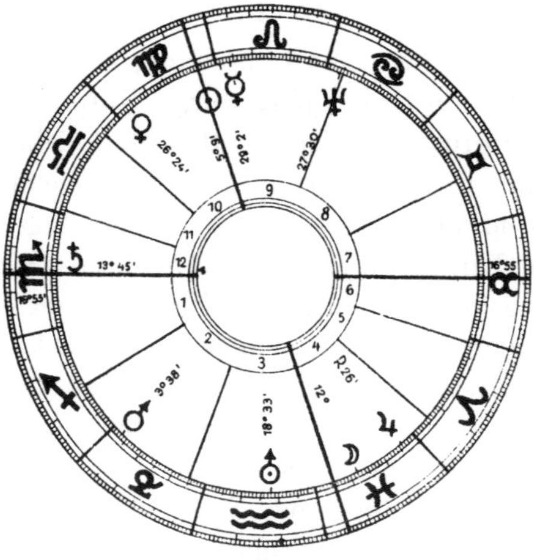

Das Horoskop Joh. Wolfgang von Goethe, geboren 28. August 1749, mittags 12 Uhr, zu Frankfurt a. M.

Das Horoskop Goethe's zeigt als aufsteigendes Zeichen oder Aszendent das Marszeichen Skorpion, jenes mystische Zeichen der Erkenntnis, des geistigen Vordringens in metaphysische Bezirke und des Ringens mit dem Stoff oder der Materie. Daß dieser Aszendent eine ungewöhnliche Substanz erhält, bezeugt die Anwesenheit des Saturn mit nur 3 Grad Abstand vom Aszendenten: Ungewöhnliche seelische Widerstandskraft, Tiefenschau, Konzentration, Willenskraft, Strenge, Selbstzucht, Besonnenheit, Denkschärfe. Dies wäre bereits eine der zahlreichen „Dominanten" in Goethe's Horoskop, denn Saturn in solch machtvoller Position im Willenszeichen Skorpion symbolisiert den faustischen Weg ins „Reich der Mütter" und das lebenslängliche Ringen um die Erkenntnis im Geistigen!

Die zweite, auch dem Laien sofort auffallende Dominanz stellt die Sonne im Merkurzeichen Jungfrau an höchster Stelle des Horoskops, am oberen Meridian, dar. Diese markante, ja strahlende Wirkung der Sonne im Zenit symbolisiert den sozialen wie materiellen Aufstieg, die Konjunktion zum Merkur den durchdringenden Verstand, der in seiner kritischen, sichtenden, analysierenden Funktion den Naturwissenschaftler Goethe aufzeigt.

Der Fachastrologe erkennt in diesem Horoskop eine weitere dominierende Planetenwirkung insofern , als sich hier die Sonne im Merkurzeichen und der Merkur im Sonnenzeichen (Löwe) befindet. Man nennt dies eine Rezeption oder einen Austausch planetarer Kräfte, die einer Konjunktion an Wirkung gleichkommt. Überdies ergibt sich hier eine weitere Rezeption, denn Saturn befindet sich im Marszeichen, der Mars aber im Saturnzeichen (Steinbock). Beide Rezeptionen erhöhen die Willenskraft, die geistige Schau auf die Welt, auf Menschen und Dinge — sie sind das Kennzeichen des Wissenschaftlers.

Den Dichter Goethe erkennen wir an der Mondposition im Zeichen Fische (dem Zeichen der Lyrik und der Dichtung überhaupt), der den Saturn und den Aszendenten mit einem gütigen Trigonalaspekt bestrahlt, ferner an der Venus im Berufsfeld X, die mit dem Neptun (dem Symbol für Feinnervigkeit und Gemüt) durch einen fast exakten Sextilaspekt verbunden ist. Das geistige Übergewicht und das Genie Goethe zeigt sich im Horoskop durch den Merkur in Nähe des Meridians (am MC mit 6 Grad Distanze) und der dominierenden Sonne und dem Jupitertrigonal zum Neptun, der an der Spitze des IX. Feldes (für höhere Geistigkeit und Philosophie) konstelliert ist. Das Gesamthoroskop zeigt, selbst wenn man nicht wüßte, daß es Goethes Horoskop ist, eine überragende geistige wie weltliche Bedeutung.

2. Das Horoskop Therese Neumann von Konnersreuth

Geboren 9. April 1898, 0.15 Uhr, in Konnersreuth

Das Charakteristische und Dominierende an diesem Horoskop einer Stigmatisierten ist die Position der Sonne an der tiefsten Stelle des Horoskops (weil Mitternacht-Geburt) oder der Spitze des IV. Feldes, das die Psyche, das Unterbewußtsein, die schöpferischen Kräfte der Tiefe

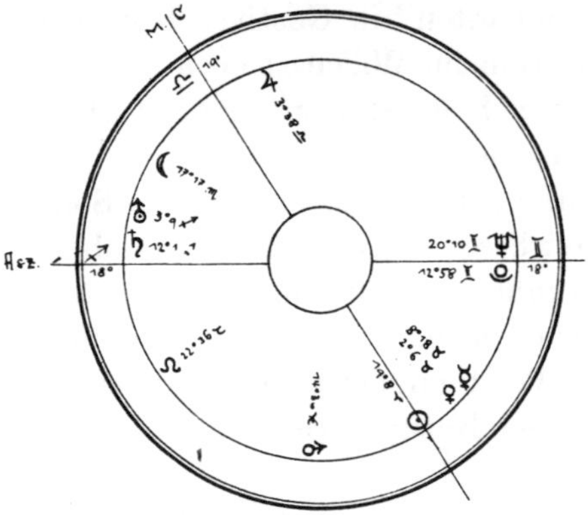

Das Horoskop der stigmatisierten Therese von Konnersreuth, geboren 9. April 1898, 0 Uhr 15 Min., in Konnersreuth

symbolisiert. Da die Sonne damit zugleich den oberen Meridian (oder das MC) mit einem Oppositionsaspekt verletzt, ergibt sich hiermit eine Art Mission und ein äußerst empfindlicher, feinfühliger Körper. Im äußeren Durchsetzungsbereich aber eine schwere Behinderung, ja eine stete Zurückgezogenheit, die einem bestimmten Ziel dient.

Aber nicht nur der Zenit dieses Horoskops ist verletzt, sondern auch der zweitwichtigste Punkt, der Aszendent, durch eine fast exakte Neptun-Opposition. Diese beiden Oppositionsaspekte auf lebenswichtige und körperempfindliche Punkte des Horoskops gehören zu den Dominanten! Neptun symbolisiert Medialität, Visionen, tiefe Einfühlungsfähigkeit in Menschen und Dinge (das Miterleben der Passion!).

Die wirkliche Erklärung dieses, im tiefsten Sinne zum Leiden und zur Läuterung, ja zur Opferung ausersehenen Schicksals liegt in einer tragischen Aspektierung der drei „Übeltäter" Mars — Saturn — Pluto. Nicht nur aspektieren sich Mars/Saturn, Mars/Pluto in fast exakten Quadrataspekten, sondern auch Saturn/Pluto verletzen sich gegenseitig mit einer Opposition — alles zusammen die Aspekte des Leidenmüssens, der körperlichen, seelischen und geistigen Qual, aber auch höchster geistiger Erkenntnisse und geistiger Schau in rückliegende wie zukünftige Dinge. Der Aszendent (= Körper) erhält nicht weniger als drei schwere Aspektverletzungen von Neptun, Mars und Pluto (Stigma!!). Wie sehr diese schweren Aspekte auf den Körper einwirkten, zeigt sich 1918 durch eine Lendenwirbelverschiebung und folgende Lähmung, 1919 durch völlige Erblindung und Hinwendung an das höhere, geistige Leben, 1923 Sehkraft zurückgewonnen, 1925 Lähmungserscheinungen verschwunden, 1925 Durchbruch einer eitrigen Blinddarmentzündung in die Bauchhöhle mit plötzlicher Heilung, 1940 Hitzschlag mit zweimaliger Wiederholung und Lähmung der rechten Seite. Im gleichen Jahr (1940), in dem man mit dem Tode rechnete, völlige Genesung und Heilung! Erste Vision im Jahre 1926 und völlige Nahrungslosigkeit seit Weihnachten 1926! Eine der stärksten Konstellationen dieses Horoskops ist der Saturn im Schützen und dem XII. Felde (ständiges Krankenlager), vom Pluto mit Opposition verletzt und damit der Hinweis, daß dieses Leben zu einem besonderen Zweck ausersehen ist.

3. Das Horoskop der Radiumforscherin Madame Curie

Geboren 7. November 1867 (gregorianischer Kalender), 1.24 Uhr p. m. (Warschau-Ostzonen-Zeit)

Madame Curie

Diese Pionierin des uranischen Zeitalters hat den Aszendenten im Zeichen Wassermann, dem Zeichen des Uranus: Entdeckung, Forschung. Somit wird Uranus Geburtsherrscher dieses Horoskops, und — da er außerdem noch die Sonne dieses Horoskops mit einem fast exakten Trigonal-Aspekt bestrahlt —, wird er zur Horoskop-Dominante. Eine einzigartige Begabung zur Physik und Chemie (Sonne im Zeichen Skorpion) brachte Madame Curie die Entdeckung des Radiums (1898), und das zweite Trigon des Uranus zum Mond hob sie aus der Masse heraus und brachte ihr einen glänzenden Aufstieg in wissenschaftlichen Kreisen (Mond/Uranus-Trigon: Berühmtheit).

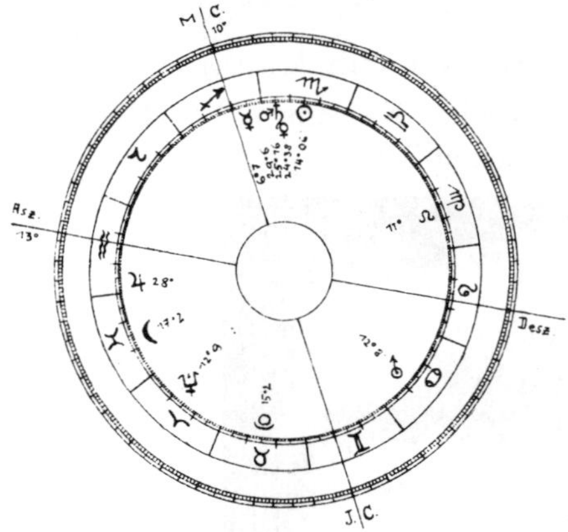

Horoskop der Madame Curie, geboren 7. November 1867, Gregorianischer Kalender, 1 Uhr 24 Min. nachmittags (Ostzonenzeit), Warschau

Das Auffallendste an diesem Horoskop aber ist die sofort ins Auge fallende Planetenballung von Saturn, Mars, Venus, Merkur im Feld der höheren Geistigkeit, der wissenschaftlichen Forschung und Entdeckung, nämlich dem IX. Felde.

Dieses „Feld der höheren Einsichten" — zusammen mit einer vierfachen Besetzung des Chemiker-Zeichens Skorpion — symbolisiert hier in einer verblüffenden Weise den Schicksalsweg von Madame Curie. Zudem ist das Wasser-Element (Krebs, Skorpion, Fische) hier mit sechs Planeten (also dominierend) besetzt und deutet die intuitiven, schöpferischen, forschenden, ja genialen Grundanlagen dieser Persönlichkeit auf! Saturn, das Symbol der Konzentration, der ernsten, tiefgründigen und trotz aller Schwierigkeiten niemals versagenden Arbeitskraft, befindet sich ebenfalls im IX. Feld, dem Feld der ernsten Forschung und der tiefgründigen geistigen Erkenntnisse.

Daß der Saturn (der „Hüter der Schwelle" und aller Erkenntnisse im Geistigen wie Metaphysischen!) den Jupiter (das Symbol des Glücks und Erfolges) mit einem Quadrataspekt verletzt, zeigt, daß Madame Curie in ihrem Leben nichts geschenkt wurde und daß sie erst nach schweren Kämpfen der Durchsetzung und eiserner Selbstzucht und Hingabe (= Saturn!) ihr Werk zu krönen vermochte durch eine der bahnbrechendsten und umwälzendsten Entdeckungen. Aber auch dieser Jupiter befand sich im Wassermann, dem Zeichen der genialen Geistigkeit und noch dazu im I. Feld des Horoskops. Dies brachte sie vor das Forum der Akademie der Wissenschaften und 1903 zusammen mit ihrem Gatten Pierre Curie zur äußeren Anerkennung in Form des Nobel-Preises.

Äußerst interessant ist wiederum die Wirkung des mächtigen Planeten Pluto, der in diesem Horoskop die Sonne mit einem Oppositionsaspekt verletzt: Ungeheures, ja fanatisches Streben und Forschen, mehrfache Lebensgefahr und eine Art Raubbau mit den Kräften. Sekundär zeigt diese verletzte Sonne (da Sonne im weiblichen Horoskop auch den Gatten symbolisiert) den tragischen Unglücksfall des Lebenskameraden und Gatten an (1903). Es zeigt aber auch die ungeheure Arbeitskraft und die unerschütterlichen Zielsetzungen an, denn Madame Curie errang nach dem Tode ihres Gatten zum zweitenmal den Nobelpreis (1911).

Uranus im VI. Feld der Krankheiten in diesem Horoskop, weist einwandfrei und überzeugend auf die lebensgefährdende Krankheit dieser Forscherin hin, denn Uranus beherrscht das Nervensystem und Rückenmark sowie alle Krankheiten, ausgelöst durch moderne Technik oder Chemie. Madame Curie starb an Zersetzung des Blutes, einer Folge der Radiumstrahlen, indirekt also der Berufsarbeit (VI. Feld = Tätigkeit, Berufskrankheiten).

Somit ist Madame Curie, die Wassermann-Geborene und Früh-Berufene des kommenden Uranus-Zeitalters,zur Vorkämpferin geworden und hat in einer an Aufopferung grenzenden Weise ihre uranische Mission erfüllt.

4. Das Horoskop des Milliardärs John D. Rockefeller

Geboren 8. Juli 1839, kurz vor Mitternacht, in Richford/USA.

Die sofort ins Auge fallende Dominanz dieses Horoskops ist Pluto dicht am Aszendenten. Es ist dies eine der individuellsten und stärksten Konstellationen, die Pluto in einem Horoskop aufweisen kann. Gemäß den neuesten Pluto-Forschungen Brunhübners (des Pluto-Experten) symbolisiert diese schwerwiegende Konjunktion Draufgängertum, Waghalsigkeit, Abenteuertum, dämonisches Wesen, Gewalttätigkeit, Verlangen nach Macht, Herrschaft, Aufstieg. Insbesondere aber brutale Gewalt, Skrupellosigkeit und Rücksichtslosigkeit. Dies letztere besonders durch die Plutostellung im Marszeichen Widder, also auch noch bei einem Aszendenten im Widder (man lese die Ausführungen über den Aszendenten Widder). Zu allem übrigen ist die Sonne dieses Horoskops auch noch durch Pluto mit einem Quadrat verletzt: Überarbeitung, Überschätzung der Kräfte ohne Ansehen der Folgen, Kampf gegen sich selbst wie gegen die Masse,

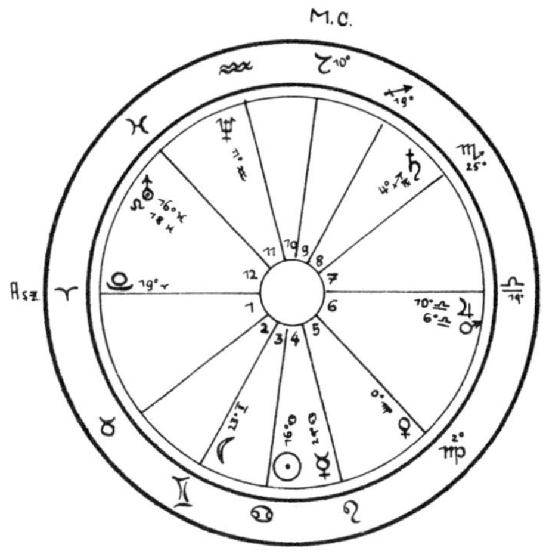

Horoskop des Milliardärs Rockefeller
Geboren 8. Juli 1839, kurz vor Mitternacht, Richford, New York

Das Horoskop zeigt eine exakte Konjunktion des Pluto zum Aszendenten im Widder!

Tendenz zu gefährlichen Abenteuern, Reizbarkeit, Konflikte von weltweiten Ausmaßen, Willkür und Maßlosigkeit in den Plänen, Unterdrückung und Rachedurst.

Alle diese Aussagen, die hier eine einzige Konstellation (!) in diesem Horoskop auf Anhieb macht, illustrieren die gesamte „Laufbahn" des Ölkönigs in einer überzeugenden Weise. Vor allem die ungeheuren, wahrhaft plutonischen Machtansprüche, die Rockefeller zeitweise sogar gegen Staat und Kapital-Konkurrenz richtete, die äußerste und rücksichtslose Brutalität, mit der er gegen alle Feinde, Neider und gegen die übrige Ölkonkurrenz vorging, ist in dieser Pluto-Konstellation restlos erklärt. Das Macht- und Führungszeichen Widder als Aszendent symbolisiert den herrschsüchtigen Machtanspruch und die unbegrenzte Gewalt über das brutalste Mittel — das Geld! Der unersättliche, stets fordernde und geradezu hemmungslose Besitzanspruch scheute vor nichts und niemandem zurück — ein Anzeichen des von der Sonne mit Quadrat verletzten Aszendenten im Marszeichen Widder.

Die zweite Horoskop-Dominante ist das vollständige und exakte Trigon zwischen Sonne und Uranus aus dem Zeichen Krebs ins Zeichen Fische: Reichtum, weitgesteckte organisatorische Pläne und Ziele, die Rockefeller meisterhaft zu tarnen verstand (Uranus im XII. Feld und dem Zeichen Fische: Arbeit im Dunklen, getarnte Organisationen, Wühl- und Unterminier-Arbeit, Ziele im Verborgenen, revolutionärer Geist). Was aber ist die grundsätzliche Horoskop-Anlage zum Milliardär? Jupiter, das Symbol für Reichtum, erhält vom Neptun, dem Symbol für Groß-Spekulationen und Riesengewinne,ein geschlossenes Trigon — jenen „schenkenden" Aspekt des Erfolgs, des Aufstiegs und des materiellen Zuflusses über oft merkwürdige, größtenteils aber spekulative Schachzüge. Dieser merkwürdige, fast geheimnisvolle und untergründige Aspekt erhält eine gewisse Erhöhung durch die Rezeption (Austausch planetarer Einflüsse): Uranus im Neptunzeichen: Neptun im Uranuszeichen. Diese Rezeption hat die Wirkung einer Konjunktion und erhöht die Tendenz des Zuströmens irdischer Machtmittel und zeigt zugleich auf, daß das Wirken Rockefellers, obgleich in gewisser Hinsicht „dämonisch", doch auch seinen geheimen Sinn hatte.

Da in neuerer Zeit die astrologische These der „Planetenbilder" und „Halbsummen" immer mehr Anhänger und auch hohe Trefferzahlen erhält, sei hier auf jenes ungewöhnliche Planetenbild aufmerksam gemacht, das Rockefeller dem astrologisch Geschulten sofort zeigt: Uranus befindet sich in der Mitte zwischen Pluto und Neptun, bildet also die Halbsumme und symbolisiert damit einen „Abenteurer" von Großformat, dessen riesenhafte Transaktionen größtenteils „unterirdisch", getarnt, vor sich gingen. Daß überdies Pluto eine Parallele zu Bohrungen, Schürfungen und den geheimen Schätzen der Erde (hier Ölbohrungen und Ausbeute irdischer Schätze!) aufweist, ist bekannt.

Eine Parallele zum hohen Alter Rockefellers ist die Konstellation des Meridians (MC) im Saturnzeichen Steinbock, das „konserviert" und geradezu „lederne Zähigkeit" verleiht. Dieser saturnine Meridian im Verein mit dem marsisch betonten Aszendenten gaben Rockefeller die zähe Durchhältigkeit und den zielstrebigen Willen (Widder/Steinbock: Egozentrik!), ein möglichst hohes Alter zu erreichen.

Das Horoskop des zwanzigsten Jahrhunderts

Die moderne Kosmobiologie beschäftigt sich nicht nur mit der Deutung persönlich-individueller Horoskope, sondern sie gibt auch einen tiefen Einblick in die großen Zyklen kosmischer Kreisläufe. So wie unser Menschenleben einen winzigen Zyklus des Mikrokosmos darstellt als Spiegelung des „großen Menschen" oder des Makrokosmos, so sind auch unsere irdischen Zeitläufe nur Spiegelungen der großen kosmischen Weltenuhr!

Jeder Einzelne fühlt die Wehen und Krisen einer neuen Weltsekunde. Die Zeichen der Zeit stehen wieder einmal auf Sturm. Und in solchen Zeiten, in denen alle Maßstäbe wanken, alle gewohnten „Sicherungen" sich in höchstem Maße als unsicher erweisen und der Mensch sozusagen „auf Abruf" zu leben gezwungen wird, erhebt sich wieder einmal die brennende Frage nach dem tieferen Grund dieser kosmischen wie menschlichen Erschütterungen. Es ist die uralte Frage nach dem Schicksal. Selbst der Mensch des rationalen Denkens, der Verfechter der exakten Naturwissen-

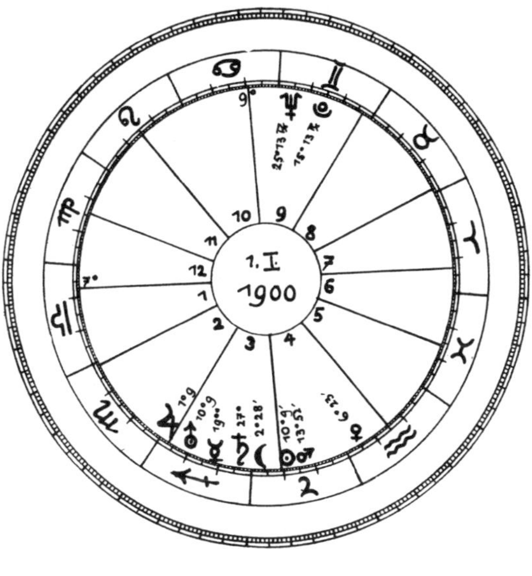

Das Horoskop des 20. Jahrhunderts

schaften, der „auf dem Boden der Tatsachen" stehende Existenzialist unseres Zeitalters wird allgemein skeptisch und zweifelt an der „Allmacht des Willens", an der Vernunft und jener sattsam bekannten These der zielstrebigen Aufwärtsentwicklung im Bereiche alles Existierenden.

Jene gewaltige Umbruchperiode, die mit dem ersten Weltkriege begann und bis zum heutigen Tag in immer hektischeren Fieberkurven die ganze Menschheit in kürzeren oder längeren Intervallen einer totalen Wende entgegentreibt, ist nicht mehr zu übersehen, nicht mehr abzuleugnen und kann in keiner Weise mehr ausschließlich „biologisch" gedeutet werden.

Vernunft, Intellekt und Geist — die vielgerühmten Attribute des homo sapiens — dienen in immer steigenderem Ausmaße der Massenvernichtung. Bewußte Individualität weicht unbewußtem, triebhaftem und affektivem Kollektivismus: Die wenigen „zielstrebigen" Hirne aber sind längst am Werk, eben jenen Ast abzusägen, auf dem die irrende Menschheit noch zusammengekauert sitzt.

Gibt es nun — so fragen sich die wenigen noch selbständig Denkenden — eine befriedigende Antwort auf die Frage nach den Ursachen dieser abgründigen Menschheitsentwicklung, und wer vermag sie zu geben? Gewiß — es gibt eine Wissenschaft, die nicht mit Tag und Jahr, sondern in Weltzeitaltern rechnet, und ihr Name ist Kosmobiologie.

Diese Wissenschaft lehrt die Aufeinanderfolge kosmischer Zeitalter, an deren jeweiligem Übergang (der fließend gedacht werden muß und niemals auf einen Bereich von etwa 50 bis 100 Jahren konzentriert sein kann!) stets ein totaler Umbruch stattfindet. Dieser Umbruch bezieht sich sowohl auf tellurische, geologische und meterologische Veränderungen wie auch ganz besonders auf geistige Wenden der Völker — ja der ganzen Menschheit!

Diese großen Kultur- und Völkerwenden waren nun schon den alten Weisen bekannt, denn sie sprachen vom „großen Jahr", einem Zeitraum von rund 26000 Sonnenjahren, und damit hat es folgende Bewandtnis:

Die Präzession des Frühlingspunktes und der Ablauf der Kulturen

Um 150 v. Chr. entdeckte Hipparch von Alexandrien neuerdings die sogenannte „Präzession", die vor ihm schon ein geheimes Urwissen darstellte und im Verlauf der Jahrtausende wieder in Vergessenheit geraten war. Bekanntlich besteht der zodiakale Tierkreis aus zwölf einzelnen Zeichen, beginnend mit dem Widder. In grauer Vorzeit deckte sich nun dieses Zeichen Widder des Zodiaks mit dem gleichnamigen Sternbild des Widder. Aber etwa alle 2160 Sonnenjahre verschiebt sich dieser Frühlingspunkt um ein Zeichen,und erst nach genau 25920 Sonnenjahren decken sich Sternbild und Zodiak wiederum. Man nennt dies die „Präzession" oder das Vorrücken des Frühlingspunktes (Widder),und diese Wanderung durch alle zwölf Zeichen nannten die Alten das „große Weltenjahr" oder ein Äon. Ein Zwölftel — also 2160 Sonnenjahre — beträgt daher ein „Weltenmonat", und dies ist, wie schon erwähnt, auch jene Zeitspanne, die der Frühlingspunkt benötigt, um ein Tierkreiszeichen zu durchwandern.

Immer, wenn dieser Vorgang der Präzession wieder einmal fällig wird, ist auch eine neue Phase in der Menschheitsentwicklung angebrochen. Vor diesem Anbruch oder besser Umbruch eines neuen „Weltenmonats" stehen wir nun, wobei allerdings „Abschluß" und „Neubeginn" solcher Kultur-Epochen zeitlich nicht auf 50—100 Jahre fixiert werden dürfen — dies wäre allzu menschlich gedacht —, der Übergang erfolgt vielmehr „fließend", aber dennoch recht spürbar, wie wir im weiteren Verlauf dieser Deutung sehen werden.

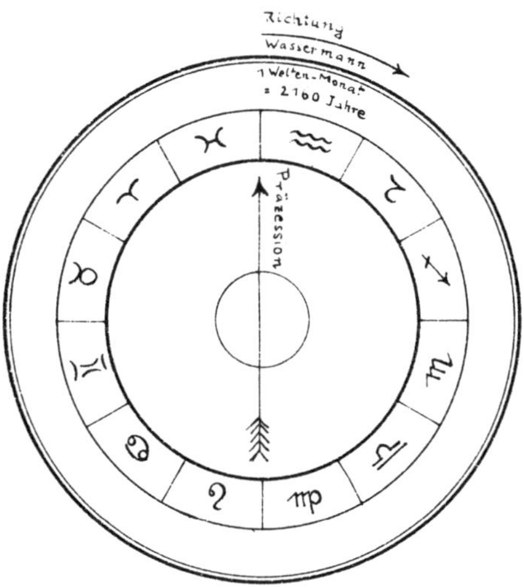

Die Präzession oder das Vorrücken des Frühlingspunktes vom Zeichen Fische ins Zeichen Wassermann

Die uranische Zeitenwende oder das „Wassermann-Zeitalter"

Vor rund 2000 Jahren trat der Frühlingspunkt in das Zeichen Fische ein, jenes Zeitalter der christlichen Kultur, deren frühchristliches Symbol bekanntlich die Fische waren! Wieder 2000 Jahre vor dem Fische-Zeitalter regierte die Widder-Epoche (Widder als jüdisches Opferlamm), und noch einmal 2000 Jahre früher befand sich die Kultur im Zeichen des Stier oder jener Hochkultur der alten Ägypter (Stier-Kult).

Wir selbst leben nun im Ausgang des Fische-Zeitalters und befinden uns bereits im Übergang zum Wassermann-Zeitalter, denn der Frühlingspunkt schreitet jetzt von den Fischen ins Zeichen Wassermann hinüber. Einige Forscher, wie Hentges, behaupten nun, die ersten Auswirkungen der uranischen Umsturzperiode hätte bereits mit der großen französischen Revolution (1792) begonnen, andere wieder betrachten die kommende Jahrhundertwende um 2000 als die eigentliche Wirkungsperiode des Wassermann-Zeitalters.

Wer indessen die Zeichen der Zeit zu deuten weiß, insbesondere die grundlegende Umwälzung im technischen Denken des letzten halben Jahrhunderts bis herauf in unsere Tage unter Einkalkulierung der ungeheuren beiden Weltkriegs-Katastrophen, der wird kaum mehr daran zweifeln, daß die Weltenuhr wieder einmal eine Umdrehung vollendet und daß sich eine völlig neue Epoche unter schmerzhaften Geburtswehen ankündigt. Wir leben bereits inmitten dieser Wende, und diesem kosmischen Geburtsakt gehen heftige tellurische Erschütterungen und Menschheits-Katastrophen voraus. Es ist dem letzten Drittel des 20. Jahrhunderts vorbehalten, die eigentliche Wende einzuleiten.

Für den Astrologen befinden sich die vergangenen Jahrzehnte sehr eindeutig unter der Herrschaft des Uranus, jenes Planetensymbols der revolutionären Umstürze aller bestehenden Gesellschaftsordnungen oder, um es kurz und prägnant auszudrücken, als dem Bruch mit der Tradition. Tradition ist z. B. der Gedanke des „Königtums" oder des Absolutismus. Wieviele Throne sahen wir wanken und stürzen seit Beginn des ersten Weltkrieges!? Und wieviele bestehende Throne sind nur noch äußere Symbole. Eine Parallele hierzu ist die immer steigendere Bedrohung jeglichen Individualismus im Sinne der Unterdrückung oder gar Zerstörung der Individualität.

Planetare Beeinflussung des „Zeitgeistes"

Im Grunde genommen sind aber alle Krisen unserer Zeit nur die vorletzten Zuckungen eines völlig vermaterialisierten Zeitgeistes, dem der kosmische Erneuerer Uranus den Todesstoß versetzt. Was wir Menschen dieser Zeit infolge unserer geistigen Gebundenheit an eben diese Epoche als abgründig, ja apokalyptisch empfinden, ist dennoch nur die Krise vor der späteren Heilung.

Die neue Umdrehung der Zeiger der Weltenuhr ins Zeichen Wassermann verkündet nichts weniger als einen völlig neuen „Zeitgeist". Da dieser Begriff identisch ist mit unserem Weltbild, ja mit planetaren Umwälzungen, die ihrerseits wiederum ein völlig neues Denken auslösen müssen, so wird es verständlich, daß traditionelle, konservative Anschauungen sich nicht von heute auf morgen kampflos ergeben werden. Ein riesenhafter, ja gigantischer Kampf völlig entgegengesetzter Weltanschauungen muß stattfinden, in dem Systeme, Völker, ja Kontinente aufeinanderprallen. Daß in diesem mörderischen Kampf der Ideen, Geister, Weltanschauungen kein Kompromiß mehr zustandekommen kann, weiß jeder, der die früheren Kultur-Umbrüche der stattgehabten Präzessionen in ihrer geschichtlich-historischen Tragweite studierte. Sie hängen zusammen mit kosmischen Gesetzen und mit dem Umlauf der Superiorplaneten Uranus und Pluto sowie anderer kosmischer Faktoren, die erst noch entdeckt werden.

Selbst auf ganz bestimmten Sektoren, wie beispielsweise im Gebiet der Meteorologie, zeigen sich „Zeichen" („Es werden Zeichen geschehen..."), denn wer vermöchte die seit Jahren immer heftiger auftretenden Störungen der Großwetterlagen, der Naturkatastrophen, die Taifune, Vereisungen, Schnee- und Hitze-Katastrophen, Überschwemmungen und Vulkanausbrüche noch zu leugnen? Sie sind nichts anderes als Folgeerscheinungen kosmisch bedingter Ursachen, planetarer Dynamik! Derselben Dynamik entspricht auf irdischem Plan die Verwirrung der Geister, der Kampf aller gegen alle, jener Massenwahn und jenes Gehetztsein des modernen, technisch orientierten Menschen, der seine Seele verloren hat und nun rettungslos ins Labyrinth der Materie verstrickt ist.

Um diese Verstrickung wieder zu lösen, sind wahrhaft plutonische Kräfte am Werk, denn jede Neu-Entwicklung führt zunächst wie ein Pendel durch den tiefsten Punkt.

Das Werk Plutos im uranischen Zeitalter

Dieses gigantische Werk der Menschheitserneuerung zu fördern ist die Aufgabe Plutos: Bevor das Pendel der Entwicklung nach oben zielt, muß es durch das Chaos hindurch, und so zeigt sich uns Menschen des ausgehenden 20. Jahrhunderts Pluto noch als Planet des Kollektivismus, des Massenwahns, der Massen-Veranstaltungen, Massen-Vergnügungen und des Massen-Tötens! Maschine, Technik, Weltraum-Rakete, Atombombe — alles dies ist das Werk Plutos in Verbindung mit uranischer Dynamik. Die Menschheit muß durch das Inferno der Selbstzerstörung und des Massendenkens (in der Hand einzelner abgründiger Plutoniker!) hindurch, bis sie zu neuer und gewandelter Erkenntnis gelangt. Noch haben die Schlachtfelder des Uranus nicht genügt — Pluto steuert die Hirne der Erfinder, Physiker, Chemiker an die Grenze der Technik, die mit der „Atom-Zertrümmerung" eben erst begann.

Da nun eine echte Kulturwende nicht ohne geistige Erneuerung vor sich gehen kann, ist diese Geistes-Wende das große Ziel im Zeichen des Wassermann. Aber sie wird nicht kommen, bevor das Alte, Erstarrte geborsten ist. Dieser in mancherlei Hinsicht gewaltsame Vorgang der Umwälzung geht in unserer Zeit vorwiegend über den Weg der Technik, denn noch spricht die Menschheit des ausgehenden 20. Jahrhunderts nur auf die materiellsten Reize an. So wird es die Aufgabe Plutos sein, die Menschheit reif zu machen für den uranischen Geist der Erneuerung.

Pluto — der Planet der Atombombe

Die bisherigen Forschungen zahlreicher Experten des In- und Auslandes bewiesen übereinstimmend, daß die höchste Gestirn-Dynamik im Hinblick auf Umbruch, Wende, Chaos, Kampf und Zerstörung des Alten vom 1930 entdeckten Planeten Pluto ausgeht. Er ist in Wahrheit der Bahnbrecher des kommenden Wassermann-Zeitalters, und seine spezielle Funktion scheint im brutalen Sturz des Alten zu liegen. Er steigert die technischen Erfindungen dieser Übergangsperiode bis zu jenem gefährlichen Punkt, an dem das Zünglein an der Waage ebenso gut in die Richtung der Selbstvernichtung (Spaltung des Atomkerns) wie in die neue Richtung einer völligen Umkehr der Menschheit vom bisherigen materialistischen Zeitgeist weisen kann.

In diesem Sinne wird er zum Vollstrecker jener kosmischen Wende, die wir durch das Vorrücken des Frühlingspunktes ins Zeichen Wassermann bereits angedeutet sehen.

Die Pluto-Dynamik als Zeitgeist bedeutet nicht mehr und nicht weniger als den Untergang einer alten Welt, die hoffnungslos im Mammonismus festgefahren ist. Zwischen den konservativen Mächten, die an der Aufrechterhaltung der alten Ordnung und ihrer Systeme, Gesetze und Dogmatik interessiert sind, und den Kündern einer völlig neuen Welt- und Geistesanschauung wird es einen erbitterten Kampf geben, und da sich innerhalb dieser konträren Lager die Geister scheiden müssen, werden die Konflikte der kommenden Jahrzehnte zu Menschheitskonflikten in kontinentalen Ausmaßen heranreifen.

Dieser chaotischen Auflösung des Alten wird und muß im 21. Jahrhundert, dem Jahrhundert des anlaufenden Wassermann-Zeitalters, die Neuordnung folgen (siehe auch die Weissagungen des Nostradamus!).

Heute noch tragen Uranus/Pluto das Janusgesicht entsprechend der positiv/negativ oder geistig/materiellen Wirkung jeglicher Planetendynamik. Pluto, der im Todeszeichen Skorpion herrscht, ist heute noch der „Vernichter", und seine grausame, unerbittliche, ja apokalyptische Wirkung zeigte sich schon in den ersten beiden Weltkriegen, als er mit dem Saturn unheilvolle Aspekte bildete, die er übrigens 1955/56 und 1965 wiederholt. Seine eigentliche Machtperiode aber kommt, wenn er in sein eigenes Zeichen Skorpion eintritt, was 1983/84 der Fall sein wird. Die großen, kosmischen Aspekt-Kreuzungen sind lediglich die Zeiger auf der Weltenuhr, und niemand, weder Menschen noch Völker, können sich dem jeweiligen „Zeitgeist" entziehen.

Entsprechend der plutonischen Gewalt wird die Menschheit durch ihre technischen Experten nunmehr in eine völlig neue Phase ihrer Existenz geführt, denn Pluto beginnt bereits seit einem Jahrzehnt die Entfesselung der Naturkräfte vorzubereiten. Die Anfänge der Raketengeschosse reifen mehr und mehr zu Projekten interplanetarer Raumschiffahrt heran. Die Erschließung gebundener Energien in der Spaltung des Atomkerns, in der künftigen Auswertung der Sonnenwärme und sonstiger in der Erde enthaltenen Kräfte (Vulkankräfte) kann das Gesicht der Erde verändern und dem Menschen eine Neuorientierung seiner Lebenszustände bringen. Pluto zielt auf das Gigantische, Tollkühne, Waghalsige. Alles, was der uranisch gefärbte Intellekt des Menschen in umstürzlerischer, revolutionärer Weise ersinnt, bringt Pluto erst praktisch zur Durchführung.

Waren es in grauer Vorzeit die magischen Seelenkräfte des Menschen, der aus seiner transzendentalen Verbundenheit schöpfte, so wirkt der Mensch von heute in seiner transzendentalen Verlassenheit im Bereich der entfesselten Materie und ihrer Kräfte, deren die Atom-Energie eine der größten sein wird.

Mit der Atom-Bombe aber gelangten die plutonischen Kräfte der Zerstörung bereits an ein frühes Ziel der Zivilisationsvernichtung, und die Gefahren für die Menschheit werden immer größer, wenn tote, vermaterialisierte Technik und lebendige innere Geisteshaltung miteinander nicht mehr Schritt halten können. Diese Divergenz zwischen dem technischen Golem und dem geistigen Homunculus wird zum Faust-Problem der gesamten Menschheit dieses zu Ende gehenden Zeitalters der Fische!

ASTROLOGIE UND PSYCHOLOGIE

Bezeichnete man früher die Planeten Uranus und Neptun als „Transsaturnier" (weil außerhalb der Saturnbahn), so rechnet die moderne Astrologie heute schon mit den Transneptuniern (weil außerhalb der Neptun-Bahn gelegen), und der erste einigermaßen erforschte Planet dieser Art ist Pluto. Inzwischen sind drei weitere „Transneptunier" theoretisch errechnet, wobei man beispielsweise vom Planeten „Vulkan" in groben Umrissen die Ephemeride (Gestirnstands-Berechnung) besitzt. Auch diese Planeten werden eines Tages entdeckt werden, wie man Pluto entdeckte. Vorläufig ist das Forschungsmaterial noch gering.

Aber auch das vorhandene Forschungsmaterial über die Transsaturnier darf nicht überbewertet werden (noch viel weniger jenes der Transneptunier!), da heute noch nicht jeder Mensch von vorneherein auf die Wirkung dieser erdfernsten Gestirne anspricht.

Man findet vielmehr erst dann eine prägnante Einwirkung auf Charakter und Schicksal, wenn alle diese neueren Planeten (Uranus, Neptun, Pluto) mit den Hauptlichtern (Sonne und Mond), dem Merkur, dem Aszendenten oder Meridian eine engere Beziehung oder Aspektierung aufweisen. Insbesondere Mond und Merkur in Verbindung mit Uranus, Neptun, Pluto lassen erst eine individuellere Wirkung erkennen.

Hier gilt ein sehr wichtiger Grundsatz: Je mehr ein Mensch im Animalischen dahin dämmert, desto weniger darf man von ihm eine spürbare Reaktion auf unwägbare, ferne und subtile kosmische Einflüsse erwarten. Seine „Antenne" ist auf die Verarbeitung dieser kosmischen Energieströme noch gar nicht gestimmt.

Dies bringt uns zu einer sehr beachtenswerten Einschränkung astrologischer „Einflüsse" auf den Menschen: Es kommt ganz auf die psychologische Lagerung, auf die jeweilige „Nerven-Antenne" eines Menschen an, ob und welche Gestirnwirkungen er überhaupt registriert. Jeder Arzt weiß, daß es ausgesprochene „Nervenmenschen" gibt, aber auch solche, die auf Schmerz, Schockwirkungen und dergl. viel weniger prompt reagieren. Im letzteren Fall ist die „animalische Dichte" vorherrschend, und die schönsten Neptun-Einflüsse, die wir etwa in einem solchen Horoskop erkennen, finden bei solchem Menschen keinerlei Resonanz. Primitiv gesprochen gibt es Boxer und Lyriker, Muskelmenschen und Empfindungsnaturelle.

Mit diesem groben Vergleich möchten wir drastisch zum Ausdruck bringen, daß eine vollendete Horoskop-Deutung den ganzen Menschen, wie er „leibt und lebt", benötigt, daß man also aus nichts als einem Geburtsdatum (selbst nicht dem genauesten mit Geburtsminuten-Angabe) und ohne jeglichen Kontakt mit dem betreffenden Nativen niemals den psychologischen Kern eines Menschen und damit die „Klaviatur" der Gestirnwirkungen herausschälen kann.

Der Astrologe muß also in erster Linie auch Psychologe sein, sonst bleiben seine „Analysen" überaus problematisch, und er wird aus Gestirnkonstellationen Dinge prognostizieren, wozu der Horoskop-Eigner überhaupt keine Anlage besitzt.

So kann beispielsweise ein markanter Neptuneinfluß im Horoskop einen Niedrigstehenden zum Betrüger, den seelisch Gereiften zum Medium und den hochgeistigen Menschen zum Mystiker machen. Analog ergibt sich für sämtliche Konstellationen diese Problematik, denn — um ein noch krasseres Beispiel zu nennen — der triebhafte Affektmensch kann durch eine Mars-Satur-Beziehung im Horoskop zum Mörder werden — der seelisch Sensible empfindet die gleiche Konstellation als Hemmung, der geistig Hochstehende kann damit zur Selbstentäußerung gelangen und wächst über sein Schicksal hinaus.

Vom Psychologischen her gesehen, müssen wir daher planetare Faktoren umwerten in Impulse und Reaktionen. So beginnt die moderne psychologische Horoskop-Deutung schon bei den Erdraumfeldern und Quadranten und deutet damit die seelische Struktur auf, gemäß dem alten Lehrsatz „Charakter ist Schicksal". Die jeweiligen Bewußtseins-Ebenen, auf denen ein Mensch nun sein „Schicksal" formt, sind aus einem Horoskop nicht auf Anhieb zu erkennen. Wer es dennoch versucht, gerät in das Labyrinth der Fehldeutungen. Einigermaßen verrät es uns noch die Position des Merkur in seiner Gesamtaspektierung, insbesondere, wenn er in Beziehung zu transsaturninen Planeten steht.

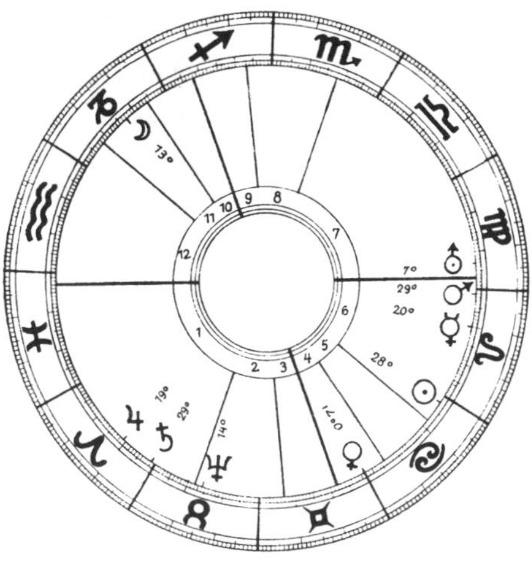

Horoskop
des Grafen Hermann Keyserling
Beispiel eines Horoskops mit überwiegender Besetzung der unteren Horoskop-Hälfte: Metaphysiker, Philosoph!

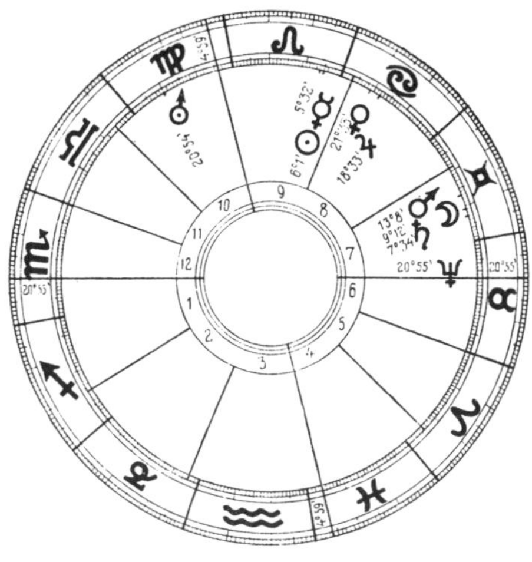

Das Horoskop Benito Mussolini, geboren 29. Juli 1883, nachmittags 2 Uhr, zu Varano di Costa
Das Horoskop zeigt sämtliche Planeten in der oberen Horoskop-Hälfte!

Die Horizontal-Achse eines Horoskops (vom Aszendenten zum Deszendenten) schneidet dasselbe in eine obere und untere Hälfte und symbolisiert damit schon Tagbewußtsein und Unterbewußtsein. Menschen mit überwiegender Besetzung der unteren Horoskop-Hälfte setzen sich mit der Welt im Inneren — Menschen mit Planetenballungen in der oberen Horoskophälfte dagegen mit der Welt im Äußeren auseinander. Es wird nun klar, daß beispielsweise eine Mars/Saturn-Konstellation im „Quadranten der Tat" (von Feld X bis Feld XII) eine ganz andere Bedeutung haben muß als jene in der unteren Hälfte, etwa im „Quadrant des Erleidens" (Feld VI bis VII) und der Verinnerlichung.

Planeten in der unteren Raumhälfte eines Horoskops wirken also vorwiegend „nach innen", tendieren zum Suchen, Forschen, Erkennen über das Gefühl, und das „Unbewußte" ist der Träger des psychologischen Erlebens. Planeten in der oberen Raumhälfte eines Horoskops tendieren in die Welt der Taten, der Erscheinungen, der Veräußerlichung, und alles „Schicksal" wird von außenher erlebt. Die „Auseinandersetzung" mit dem lebendigen Geschehen wird zur führenden Bewußtseins-Ebene. Diese psychologischen Ebenen des Handelns oder Erlebens werden durch weitere Abgrenzungen in eine Ost- und Westhälfte sowie deren jeweilige Quadranten zu einer tiefgehenden Analyse der urtümlichen Wesensstruktur eines Menschen. Wie unendlich weit sich eine solch psychologisch fundierte Analyse von der Jahrmarkt-Astrologie entfernt, wird nun wohl auch dem Laien klar werden.

Gemessen an der Tradition und den stets gültig bleibenden Grunderkenntnissen der „Klassiker", ist die Astrologie eine uralte Wissenschaft. Gemessen an den heutigen Forschungsergebnissen, ist sie eine der jüngsten Wissenschaften, und die neueren Erkenntnisse der astromedizinischen Forschung, die schon über praktisch erhärtete „Krebs-Formeln" (Halbsummen oder Schnittpunkte) verfügt, sind der intensivste Beweis dafür.

Gibt es „Glücks- oder Unglücks-Horoskope"?

Wert und Unwert astrologischer Thesen

Immer wieder wird an den praktischen Astrologen die Frage nach dem „Glück" (gemeint ist damit meist die Frage nach Besitz, Geld, Lotterie, glückliche Heirat usw.) gerichtet.

Abgesehen davon, daß Glück und Unglück äußerst relative Begriffe sind und schon für zwei Menschen nicht dieselbe Bedeutung haben, kann man aus einem Horoskop selbstverständlich mit ziemlicher Klarheit erkennen, ob einem Menschen beispielsweise auf seinem Erdenweg so manches „zufällt" — ob er also ein leichteres, müheloseres und erfolgreicheres Leben zu erwarten hat, oder ob sein Horoskop mehr die Tendenz der harten Durchsetzung, der schweren Arbeit, der großen Widerstände und des Lebenskampfes an sich aufzeigt.

Wiederum muß in erster Linie erwähnt werden, daß es hierbei ganz auf die Struktur eines Menschen ankommt, denn dem einen ist die Tat, die willensbetonte Durchsetzung, der Kampf mit dem Leben eine innere Notwendigkeit — dem anderen wieder wäre eine Art „dolce far niente" höchste Glückserfüllung. Somit ist jede Horoskop-Konstellation zunächst relativ, auch die angeblich „schlechte" oder kritische. Die Konstellationen eines Horoskops sind nichts anderes als „Rohstoff". Erst was der Mensch aus all seinen Anlagen, Fehlern, Vorzügen, Kenntnissen und Begabungen macht, ist „gekneteter Rohstoff" oder Schicksal. Es gibt nun gewisse Konstellationen, Horoskop-Dominanten und Aspekt-Kreuze, die von vorneherein symbolisch andeuten, daß ein Mensch mit äußerster Willenskraft und seelisch-geistiger Bewährung an sich und seinem latenten Schicksal zu arbeiten haben wird, soll er der „disharmonischen" Gestirn-Dynamik Meister werden. Daß es in jedem Falle darauf ankommt, die Lebensaufgabe zu meistern, ist des Schicksals tiefster Sinn, und alle Prüfungen, Lebenskrisen oder „Unglück" schlechthin sind nichts anderes als Bewährungsproben und Meilensteine auf dem Wege der Ich-Vollendung. „Schicksal" (oder das Geschickte) ist in jedem Sinne Selbsterfüllung. Wer die planetaren Kräfte als „Fatum" oder blindwütige Dynamik auffaßt, gleicht jenem Menschen, der behauptet, die Lokomotive ziehe den Zug, während doch Dampf oder Elektrizität die treibenden Faktoren sind.

Saturn, der Planet der Reife und des Schicksals

Ein stark gestellter Saturn ist neben vielen anderen Faktoren in einem Horoskop das Symbol für den „Vollstrecker des Schicksals". Befindet er sich beispielsweise als „aufsteigender Planet" oder als dominierender Planet in markanter Position, so ergibt sich im weltlichen Sinne immer erschwerte Anerkennung oder mühevolle Durchsetzung, harte Willenseinsätze und heftiges Mühen im Bereich der Materie.

Ein Planet ist „aufsteigend", wenn er am Aszendenten, im Feld I oder noch in den angrenzenden Feldern XII, II, III konstelliert ist. Saturn wird zur Horoskop-Dominante, wenn er sich am Aszendenten oder am oberen Meridian oder in den Feldern I und X befindet.

Wer sich die Mühe macht und etwa in statistischer Auswertung eine Vielzahl von Horoskopen mit Saturn im Berufsfeld X oder nahe dem Meridian (Spitze X) untersucht, wird stets finden, daß es sich um Kampf-Motive im Schicksal handelt. Die Umwelt (oft sogar schon das Elternhaus und das Geburtsmilieu) zeigt Lebensbedingungen, die die eigene persönliche Durchsetzung und den weltlichen Ehrgeiz äußerst erschweren oder durchkreuzen. Dem Menschen ist die Aufgabe gestellt, an den Widerständen zu wachsen. Jeglicher Erfolg und alle weltliche „Prosperität" muß schwer erkämpft werden,oder dem endgültigen Erfolg und Aufstieg kann ein Sturz von der Höhe folgen. In sehr überzeugender Weise künden z. B. die Saturn-Positionen im Feld X der Horoskope von Napoleon Bonaparte, Napoleon III. und insbesondere bei Hitler diesen Sturz!

Bei sehr exponierten Schicksalen, wie im Falle Napoleon Bonaparte, führt der Saturn gleich dem „Versucher" auf steile Höhen der Macht und des Ruhmes. Durchschaut der Mensch die saturnine Versuchung nicht oder greift er in vermessenem Ehrgeiz und eitlem irdischem Wahn zu den Sternen, so setzt die volle Kraft des Saturn ein,und der Sturz von der Höhe ist unausbleiblich.

Die Macht des Saturn wird nicht wie im Falle des Jupiter zu strahlendem Glanz und weithin sichtbarer Autorität, sondern stets zur Bürde. Wer auf Grund seines Horoskops und einer markanten Saturn-Konstellation rechtzeitig erkennt, daß er den schweren Weg der Pflicht, der Ausdauer, Geduld und der inneren wie äußeren Bewährung zu gehen hat, der wird im Glück nicht leichtsinnig oder gar vermessen werden,und im „Unglück" wird er nicht verzweifeln.

Ein vorwiegend „saturnines" Horoskop symbolisiert also in erster Linie, daß ein Mensch seinen Lebensweg in langsamer, ausdauernder und stetiger Pflichterfüllung zu gehen hat. Die materielle Expansion macht keine Sprünge,und nichts fällt ihm mühelos in den Schoß. Fleiß, Sparsamkeit, Geduld und Beharrlichkeit stehen vor jedem Erfolg, denn Saturn verlangt Treue zum Werk, Hingabe und Stetigkeit.

Die „Versuchungen" und Bewährungsproben muß der unter Saturn Geborene an seinem glühenden Ehrgeiz erkennen.

Noch ist die Astrologie nicht in der Lage, in exakt wissenschaftlicher Weise solche „Schwingungen" oder „Strahlungen" wie beispielsweise den vorherrschenden Saturneinfluß auf einen Menschen nachzuweisen oder zu erklären. Übersetzen wir aber das Symbol des Saturn mit Konzentration, Gründlichkeit, Vorsicht und festigender Seelenhaltung, so kommen wir dem „Saturneinfluß" in einem Horoskop schon wesentlich näher, denn eben aus dieser psychologischen Grundhaltung der Konzentration und des ehrgeizigen Willens zur Durchsetzung ergibt sich „Schicksal" in Form des Strebens, Mühens und der Selbstbehauptung.

Wer Planeten als symbolische Kräfte auffaßt, wird sein Horoskop nicht so sehr als deterministischen „Schicksalsweiser" betrachten, sondern als „Psychogramm", das ihm Seelenkräfte aufzeigt, deren Zügelung oder Aktivierung vollständig in seinem eigenen Willen liegen! Niemand kann behaupten, daß er durch intensive Arbeit am eigenen Ich nicht in der Lage wäre, seinem Leben einen gewissen Plan und damit eine zielstrebige Richtung aufzuzwingen. Ein Mensch mit kraftvoll konstelliertem Saturn wird nicht in erster Linie „Hemmung, Widerstand und Mühen" als beherrschenden Faktor seines Lebens betrachten, sondern er wird gerade mit Hilfe dieses saturninen Prinzips der Zähigkeit seinem Leben ein individuelles Ziel setzen, um dann mit „Hilfe der Sterne", also in diesem Falle des Saturn, über Ausdauer, Strebsamkeit und Bescheidenheit dieses Ziel unfehlbar auf dem Wege der täglichen Pflichterfüllung zu erreichen. In diesem Sinne wird er seine „Sterne beherrschen", und dies wäre für den Psychologen nichts anderes als das Entfalten unserer naturgegebenen (saturninen) Seelenkräfte. Falls Saturn in unserem Horoskop als „Stern der Pflicht" aufleuchtet, werden wir unsere Lebensaufgabe niemals durch Leichtsinn, Sorglosigkeit und Oberflächlichkeit meistern können, sondern über all unserem Tun muß Konzentration oder Gründlichkeit liegen.

Es gibt nun Horoskope, die schweres Erdulden und mancherlei seelisches Leid verkünden. Sie verraten schon meist durch gewisse Aspekt-Kreuze erhöhtes Schicksal.

So verraten mächtige Uranus-Konstellationen immer äußerst dynamisches, umwälzendes Schicksal, und Horoskope, die Quadrat- und Oppositionsaspektierungen zwischen Uranus, Saturn, Pluto oder Mars unter sich aufzeigen (die indische Astrologie spricht hier von „karmischen Kreuzen"), sind Anzeichen von gewaltsamem Erleben, schicksalhaften Faktoren im äußeren Lebensablauf, die ungewollt und ungerufen in unser Leben treten werden.

Fixsterne als Verursacher außergewöhnlicher Schicksale

Schon die klassische Astrologie befaßte sich mit Einflüssen außerhalb unseres Sonnensystems, und es gibt ein umfangreiches und ziemlich gesichertes Material vom grauen Altertum bis herauf in neuere Zeit über die Wirkung von Fixsternen erster und zweiter Ordnung.

Wiederholt zeigte sich in der Praxis, daß beim Studium ungewöhnlicher Schicksalsabläufe die traditionellen Gestirnkonstellationen nur eine recht unzureichende Erklärung für das exponierte Schicksal eines berühmten oder berüchtigten Menschen abgaben. Manchmal verhelfen dann die Planetenbilder, Schnittpunkte oder Halbsummen (die neuesten Forschungen der sogenannten „Hamburger Schule") zu einem tieferen Erkennen. Überraschend häufig aber findet man in solchen ungewöhnlichen Horoskopen Fixstern-Positionen an markanten Punkten, etwa in Konjunktion zur Sonne, zum Aszendenten, Meridian oder einem dominierenden Gestirn des Horoskops. Die Wirkung der Fixsterne unterliegt jedoch einer wichtigen Einschränkung: Die Breitengrade der Planeten und Felderspitzen sollen mit den Breitengraden der Fixsterne keine allzu großen Unterschiede bilden. Der Orbis (=Umkreis) soll nicht über 5 Grad betragen.

Fixsterne, die also in der Ekliptik stehen (Sonnenbahn), haben die größte Wirkung — Fixsterne hoch über oder unter der Ekliptik verlieren völlig an Einfluß auf das Horoskop. Allerdings fand man in der Praxis, daß sehr starke, helleuchtende Fixsterne (1. Ordnung) selbst bei hoher Breite noch stärker wirkten als Fixsterne 2. Ordnung (lichtschwache) bei geringer Breite.

In der Beobachtung und Erforschung ev. Fixsternwirkungen zu wichtigen Horoskop-Punkten ging man selbstverständlich wiederum empirisch vor. Man untersuchte zahllose Horoskope exponierter Persönlichkeiten und fand die Forschungen der Alten größtenteils bestätigt, daß Fixsterne erster Ordnung an wichtigen Horoskop-Stellen oder in Konjunktion mit den „Lichtern" (Sonne, Mond) den Menschen aus der Masse heraus einzeln, ihm Ruhm, Ehren, Aufstieg, Macht oder aber Sturz, Lebenskrisen, Gewalttaten bringen. Ptolemäus sammelte bereits ein großes Material, das dann später von Morin de Villefranche überliefert wurde. Dieses klassische Material ist heute kritisch gesichtet und ausgesiebt. Vieles hat sich bewährt. Bekannt ist der Ausspruch des Hofastrologen Kaiser Rudolf II. Tycho de Brahe: „Fixsterne sind wie Mütter, die von einer Planetenkonjunktion befruchtet, Schicksal gebären (während sie unaspektiert „unfruchtbar" bleiben). In der Tat sind Fixsterne in starken „mundanen Würden" (also in Konjunktionen zu Eckfeldern) die Ursache für so manche plötzliche und durch andere Konstellationen kaum vorhersehbare Wendungen im Leben. Wichtig ist allerdings auch, daß die Fixsterne fast exakt mit wichtigen Horoskop-Punkten oder Planetenkonstellationen verbunden sind (also mit einem Orbis von möglichst nur 1—2 Grad). Das bisherige gesichtete Material ergab in allen Fällen überdurchschnittliche Lebensläufe, sogar noch bis zu 8 Grad Breite der Fixsternpositionen.

Einer der astrologisch wirksamsten Fixsterne ist Algol im Sternbild des Perseus. Sein Name kommt aus dem Arabischen: al Ghoul: Der böse Geist. Trotzdem Algol eine hohe Breite von 22 Grad besitzt, wirkt er doch erstaunlich stark und zuverlässig in den Lebensläufen berüchtigter Persönlichkeiten. Interessant ist hierbei, daß beispielsweise der Sexual-Massenmörder Kürten und ein zweiter Massenmörder mit sexueller Triebverirrung, Haarmann, und eine weitere Bestie in Menschengestalt: Der Frauen-Massen-Mörder Landru den Fixstern Algol in Konjunktion mit dem Aszendenten hatten! Robespierre hatte Algol dicht bei der Sonne. Ebenso hatte dies Kurt Eisner, der Führer der Räterepublik in München (ermordet). Die Konjunktionen oder Oppositionen zu Mars zeigen ganze Reihen statistischen Materials von Mördern, Enthaupteten, Ermordeten! Hier hat sich die Wirkung im Falle des Algol einwandfrei bewiesen. Algol befindet sich in 25 Grad Stier (Geburtstage vom 14.—18. Mai).

Ein weiterer, überaus wirksamer Fixstern erster Größe ist Regulus, den schon die Alten den „königlichen Stern" nannten. Er soll „Beziehungen zu den Mächtigen, zu Königen und Berühmtheiten, Würdenträgern und Herrschenden" bringen. Diese Tendenz ist nicht von der Hand zu weisen, denn eine ganze Menge regierender Persönlichkeiten, aber auch Leute, die auf andere Macht ausüben oder in hoher Gunst stehen, besitzen diesen Fixstern an wichtiger Stelle ihrer Horoskope. So ist er im Horoskop Napoleon Bonapartes in Konjunktion mit der Sonne. Dasselbe zeigt das Horoskop Kaiser Franz Josef I., ferner des Kronprinzen Rudolf von Österreich. Je nach den Aspekten, die auf diesen Fixstern fallen, wird das Schicksal auch im außergewöhnlichen Sinne tragisch, wie wir das bereits bei den erwähnten Horoskopen bestätigt finden. Auch Heinrich von Kleist (Konjunktion Regulus zum Aszendenten), Tolstoi, Strindberg gehören hierher. Das Horoskop des amerikanischen Autokönigs Ford zeigt Regulus mit dem Mars in Konjunktion.

Regulus befindet sich in 29 Grad Löwe und hat daher Konjunktion mit der Sonne aller um 20.—24. August Geborenen.

Der dritte mächtigste Fixstern ist Spica, der Stern der Künstler (insbesondere Bühne, Schriftsteller, Komponisten, Bildhauer etc.), der großen Aufstieg und weithin sichtbare Popularität auslöst, aber auch hohe Ehren und Ruhm verleiht, zumindest Protektionen und Auszeichnungen. Diesen Spica-Einfluß hatten Friedrich Nietzsche, Oscar Wilde — aber wie bei jedem Fixstern 1. Größe können ungünstige Aspektierungen neben Aufstieg und Ehren auch tragisches Ende bewirken. Im Jahre 1953 kommt der Saturn mit Spica in engste Konjunktion, gleichzeitig aber auch Uranus und Neptun (der erstere in Quadratur, der zweite in Konjunktion) in äußerst kritische Aspektierungen. Hier kann diese dreifache Aspektierung dieses ungewöhnlich markant wirkenden Fixsterns im Weltgeschehen eine katastrophale Wirkung haben,und da sich die Zusammenkunft im Zeichen Waage vollzieht, werden vermutlich Länder oder Kontinente unterm Zeichen Waage diese Wirkung am stärksten zeigen (Länder unter der Waage sind: Österreich, Indochina, Japan, Ober-Ägypten, China, Argentinien).

Spica befindet sich in 23 Grad Waage und damit in Konjunktion mit der Sonne um 14.—18. Oktober Geborenen.

Außer diesen genannten Fixsternen gibt es selbstverständlich noch eine ganze Reihe weiterer einflußreicher zweiten Grades, wobei besonders noch Aldebaran in 9 Grad Stier und Sirius in 13 Grad Krebs sowie Antares in 9 Grad Schütze eine bewiesene Rolle im Horoskop spielen.

Gestirn-Amulette, Edelsteine und Talismane und ihre Beziehungen zum individuellen Horoskop

Die Magier, Eingeweihten und Astrologen früherer Jahrhunderte kannten und schufen Talismane, Edelsteine und Gestirn-Amulette, die in Beziehung standen zu kosmischen Schwingungen, denn „alles ist mit allem verbunden", und ein uralter hermetischer Lehrsatz des Weisen Hermes Trismegistos lautet: „Wie oben, so unten!"

Man ging hierbei von der unbestreitbaren Tatsache aus, daß nicht nur der Mensch, sondern auch die sogenannten „toten Dinge" wie Edelsteine, Mineralien, erst recht natürlich Pflanzen ganz bestimmte eigengesetzliche Strahlen empfangen und aussenden. Die heute mehr und mehr zu einer anerkannten Wissenschaft heranreifende Radiästhesie (Pendellehre und Wünschelrutenforschung) beweist dies eindeutig genug.

Es gab noch im Altertum (und ganz besonders bei den alten Ägyptern!) ein vollständiges magisches Wissen über die Aura und Strahlungen bestimmter Metalle und Edelsteine. Man setzte diese Dinge in Verbindung mit dem individuellen Horoskop, z. B. mit dem „Geburtsherrscher", dem bestaspektierten Planeten oder einem machtvoll konstellierten Gestirn im Horoskop,und schuf darnach unter Beachtung von Gestirnstunden und gewissen Planeten-Rhythmen ein Amulett oder einen persönlichen Talisman, der nicht nur schützen, sondern auch die Kraft des betreffenden Planeten auf den Träger des Talisman verstärken sollte.

Die Ausstrahlung und Schwingung des Edelsteins mußte mit der Schwingung oder Aura seines Trägers übereinstimmen. So ergab sich ein umfangreiches Spezialwissen, das sich zum Teil heute noch erhielt, dessen magischer Ritus jedoch größtenteils in Vergessenheit geriet. Lediglich in Indien, Tibet, China und bei gewissen afrikanischen Negerstämmen hat sich dieses Urwissen erhalten.

Hierbei muß jedoch in Betracht gezogen werden, daß der Mensch unserer Zeit eine ganz andere Beziehung — genauer gesagt: keine Beziehung mehr zu diesem verschollenen Wissen hat, da er heute der technischen Magie ergeben ist im Gegensatz zur psychischen Magie jener Zeiten! Ein „Glücksstein", den sich ein Mensch heute nach astrologischen Gesichtspunkten zu einem Ring verarbeiten läßt, dürfte schwerlich dazu beitragen, ihm tatsächlich Glück oder Erfolg zu bringen, denn hier spielt das magische Moment (siehe den Abschnitt „Magie"!) eine ausschlaggebende Rolle. Es ist aber einwandfrei bekannt, daß auch heute noch indische oder ägyptische Amulette und „Unglückssteine" ihren Trägern tatsächlich Unglück brachten (siehe die Abschnitte „Bannfluch" etc. unter „Magie"!). Es kann nicht geleugnet werden, daß jedes Mineral und jeder Edelstein ganz bestimmte Strahlen aussendet, und geübte Pendelforscher können diese Tatsache sofort unter Beweis stellen. Es gibt eben im ganzen Kosmos keine „tote Materie". Das, was wir „tot" wähnen, besitzt lediglich tieferes Schwingungs-Aggregat als etwa eine lebende Pflanze.

Tabelle der Edelsteine, Metalle, Wochentage und Zahlen in ihrer Zugehörigkeit zu den Tierkreiszeichen

Widder	12. 3.–20. 4.	Diamant, Amethyst Sardonyx	Eisen	1, 10	Dienstag
Stier	21. 4.–21. 5.	Heller Saphir Achat, Karneol	Kupfer	6	Freitag
Zwillinge	22. 5.–22. 6.	Bergkristall, Beryll Topas, Aquamarin	Quecksilber	3	Mittwoch
Krebs	23. 6.–23. 7.	Smaragd, Chalzedon	Silber	7	Montag
Löwe	24. 7.–23. 8.	Rubin	Gold	2	Sonntag
Jungfrau	24. 8.–23. 9.	Jaspis, Smaragd	Bronze	3	Mittwoch
Waage	24. 9.–23. 10.	Diamant, Beryll	Kupfer	6	Freitag
Skorpion	24. 10.–22. 11.	Topas, Amethyst	Eisen	1, 10	Dienstag
Schütze	23. 11.–22. 12.	Dunkler Saphir, Türkis, Granat	Zinn	5	Donnerstag
Steinbock	23. 12.–20. 1.	Onyx, Chrysopras	Blei	4	Samstag
Wassermann	21. 1.–19. 2.	Indischer Saphir	Platin	10	Samstag
Fische	20. 2.–20. 3.	Chrysolith, weißer Saphir, Hyazinth	Platin	11	Donnerstag

Mit der vorstehenden Tabelle wollen wir dem astrologisch interessierten Laien eine Übersicht geben über die speziellen Zusammenhänge zwischen Metallen, Edelsteinen, Zahlen usw. und den ihnen zugehörigen Tierkreiszeichen und Planeten. Wählt man einen Edelstein, so sollte er also gemäß den alten magischen Regeln jenem Gestirn unterstehen, das die beste Konstellation oder beste Aspektierung oder mächtigste Wirkung im Horoskop aufweist.

ASTROLOGIE UND MEDIZIN

Die Astro-Medizin spielt in der modernen Kosmobiologie heute schon eine sehr beachtenswerte Rolle, und es gibt eine große Anzahl Ärzte, die laufend statistische Forschungen anstellen. Die Spezialuntersuchungen

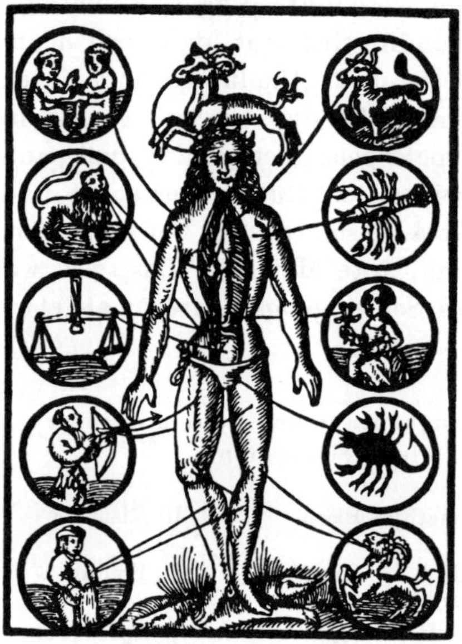

anhand von Hunderten von Horoskopen ergaben ganz besonders bei Krankheitsbefund TB, Krebs (Carcinom des Magens im besonderen!), Leber- und Gallenleiden, Nervenlähmungen, Nierenleiden, Unterleibsleiden schon ganz bestimmte, immer wiederkehrende Konstellationen und Aspektverletzungen bestimmter Planeten unter sich, so daß das Material über diese Krankheitsgebiete als gesichert gelten kann. Ganz besonders ergibt die modernste Analyse gemäß den Planetenbildern und „Halbsummen" im Horoskop hervorragende und überzeugende Grundlagen, auf denen ständig weiter aufgebaut wird. Krankheitsbezügliche Felder im individuellen Horoskop sind die Felder I, VI, VIII und XII. Aber auch jeder stark gestellte „Übeltater" (wie Mars, Saturn, Uranus) und insbesondere die Position der Sonne sowie des Aszendenten geben Krankheits-Symptome. Man ist hier mehr als bei anderen Forschungen ausschließlich auf die empirische Forschung (Wissen aus Erfahrung) angewiesen, und nur klinische Reihen-Untersuchungen anhand der Horoskope führen zu gesicherten Ergebnissen.

In einem gewissen Sinne hat jedes Tierkreiszeichen eine Inklination oder Entsprechung zu bestimmten Körperorganen! Die alten Weisen sprachen von der Übereinstimmung des Mikrokosmos (dem kleinen Menschen) mit dem Makrokosmos (dem „großen Menschen" oder dem Universum). Die Tabelle der körperlichen Organe und ihre Entsprechungen in den Tierkreiszeichen zeigt diese Zusammenhänge auf.

Tabelle der körperlichen Organe und ihrer Entsprechung zu den Tierkreiszeichen

Widder	21. 3.—20. 4.	Kopf, Gesicht, Augen, Kopfnerven, Gehirn
Stier	21. 4.—21. 5.	Hals, Rachen, Kehlkopf, Mandeln, Nase, Stimmbänder
Zwillinge	22. 5.—22. 6.	Lunge, Bronchien, Arme, Hände, Rippenfell
Krebs	23. 6.—23. 7.	Magen, Schleimhäute, Brust, Brustfell
Löwe	24. 7.—23. 8.	Herz, Arterien, Rücken, Rückenmark, Blutumlauf
Jungfrau	24. 8.—23. 9.	Bauchgegend, Eingeweide, Leber, Milz, Verdauung
Waage	24. 9.—23. 10.	Nieren, Harnblase, Venen, Prostata, Lymphe
Skorpion	24. 10.—22. 11.	Sexualsystem, Leisten, Ausscheidungsorgane
Schütze	23. 11.—22. 12.	Hüften, Schenkel, Muskeln, sekundär Lungen
Steinbock	23. 12.—20. 1.	Knie, Gelenke, Knochensystem, Haut, Galle
Wassermann	21. 1.—19. 2.	Kreislauf, Unterschenkel, Herzschäden, Venen
Fische	20. 2.—20. 3.	Füße, Gedärme, Lymphe.

ASTROLOGISCHE WINKE ZUR KINDER-ERZIEHUNG

Die Astrologie ist für den Erzieher, den Lehrer und vor allem für die Eltern eine wertvolle Möglichkeit, Wesensanlage und Charakterart eines Kindes rechtzeitig in seinen Grundzügen zu erkennen. Wie in jedem Falle einer gültigen Aussage aus dem Horoskop ist freilich auch hier das Gesamt-Horoskop entscheidend, insbesondere der Aszendent, ferner die Positionen und Aspektierungen von Sonne, Mond, Mars und Merkur.

Bis zu einem gewissen Grad aber lassen sich auch aus dem Zeichen, in dem sich die Sonne zur Zeit der Geburt befand, wichtige Hinweise zur Erziehung eines Kindes geben. Im folgenden seien einige grundsätzliche pädagogische Winke aufgeführt:

Kinder mit der Sonne im Zeichen Widder (21. 3.—20. 4.) sind nicht immer leicht erziehbar, denn schon sehr früh erwacht hier der Eigenwille sowie ein auffallend selbstbewußter Persönlichkeitskern, der sich nur ungern einem fremden Willen beugt. Unverkennbar ist die Tendenz zum Anführen, Leiten und Organisieren im Spiel. Widder-Kinder haben eine angeborene Vitalität, eine innere Rastlosigkeit und einen nie erlahmenden Erlebnishunger. In den seltensten Fällen sind sie Spielverderber, zeigen aber eine rechthaberische Note innerhalb der Gemeinschaft. Es wird leicht gelernt, rasch aufgefaßt, oft auch schnell wieder vergessen. Konzentration vermißt man zugunsten einer großen geistigen Wendigkeit. Früh zeigt sich Handfertigkeit, Bastel-Talent und technischer Sinn. Die Erziehung sollte nicht „autoritär" sein, eher „kameradschaftlich". Die Periode der „Flegeljahre" zeigt sich hier besonders prägnant. Widder-Kinder versuchen stets, den eigenen Willen durchzusetzen.

Kinder mit der Sonne im Zeichen Stier (21. 4.—21. 5.) sind äußerlich etwas ruhiger, abwartender, phlegmatischer und zeigen wenig Lerneifer. Das Erfassen eines Wissensgebietes geht langsam, keinesfalls mühelos vor sich. Aber das Erlernte „sitzt". Auffallend ist ein gewisser Eigenwille oder besser Eigensinn, der um so stärker in Erscheinung tritt, je mehr das Kind auf Widerspruch stößt. Früh versucht es, seine Wünsche über Hartnäckigkeit durchzusetzen. Trotz ist eines der Haupt-Motive in den kindlichen Reaktionen. Die psychische Aufgeschlossenheit von Kindern aus dem Zeichen Stier ist nicht groß. Seelische Konflikte im jugendlichen Alter, ausgelöst durch Fehler in der Erziehung, können Verkapselung, Abriegelung im eigenen Ich auslösen, und man erhält dann als Pädagoge oder Lehrer sehr schwer Zugang zur Psyche solcher Kinder.

Kinder mit der Sonne im Zeichen Zwillinge (22. 5.—22. 6.) sind von aufgeweckter Wesensart und sehr lebhaftem Naturell. Schon sehr früh zeigt sich Mitteilsamkeit, Eindrucksfähigkeit und Wissensdurst, der im jugendlichen Alter zur Neugierde wird. Das Lernen fällt überaus leicht, aber das Erlernte wird oft rasch vergessen. Die Eltern sollten die angeborene Wendigkeit, Regsamkeit und den Hang zur Vielseitigkeit durch Erziehung zur Gründlichkeit stützen. Wirksam ist hier weniger das Gefühl, als der allezeit aufnahmebereite Intellekt. Kinder aus dem Zeichen Zwillinge flunkern gerne und zeigen früh Talent im „Erfinden" von Ausreden und Vorwänden. Die leicht und schnell auftretende Ablenkbarkeit und Zerstreutheit muß bekämpft werden.

Kinder mit der Sonne im Zeichen Krebs (23. 6.—23. 7.) sind in früher Jugend äußerst eindrucksfähig, ja schüchtern und im Seelischen schnell verletzbar. Das Kind kommt rasch zum Weinen, da die Ansätze zur Selbstbehauptung noch sehr gering sind bei gleichzeitiger Empfindlichkeit des Selbstgefühls. Lob wie Tadel fallen hier auf besonders fruchtbaren Boden. Es ist eine starke Bindung zum mütterlichen Prinzip vorhanden (das später zur Bindung an Heim und Familie heranwächst). Der Wesenskern bleibt lange Zeit verwundbar, und Tadel oder gar Zurücksetzung in Gegenwart anderer schafft frühzeitig Komplexe. Erzieher wie Eltern sollten versuchen, sich in die Psyche dieser

Kinder einzufühlen. Mit guten Worten und gewisser Aufmunterung hat man hier bessere Erfolge in der Erziehung als etwa mit Härte oder Strenge. Der Glaube an sich selbst und die eigenen Kräfte muß frühzeitig geweckt werden, da die Psyche eher zu Minderwertigkeitskomplexen neigt als zum Selbstbewußtsein. Der Wille ist nicht anhaltend, sondern zeigt leichte Ermüdbarkeit. Das Zeichen hat in der Regel Spätreife zur Folge.

Kinder mit der Sonne im Zeichen Löwe (24. 7.—23. 8.) haben einen selbstbewußten Wesenskern und einen Hang zur Willensdurchsetzung. Innerhalb der Gemeinschaft oder der Kameraden versucht das Kind „anzugeben" bzw. aufzutrumpfen. Es besteht bald die Tendenz zu Konflikten mit „Respektspersonen", wie Vater, Erzieher, Vorgesetzter. Stolz ist dem Wesen eingeboren, das die „Bestätigung" des eigenen Ich durch die Um- und Mitwelt sucht. Man versuche, dem Kinde frühzeitig auch das Recht des anderen vor Augen zu führen, da sich sonst Überheblichkeit und allzu große Egozentrik einstellen. Kinder zeigen gerne ihren „Besitz" und versuchen in Gesellschaft, zum „Mittelpunkt" zu werden. Prahlerei, Überheblichkeit und allzu betontes Ichbewußtsein muß durch eine Erziehung zur Natürlichkeit korrigiert werden. Die Wünsche und Triebe sind unter diesem Zeichen äußerst stark und drängend. Das Kind will gerne „eine Rolle spielen".

Kinder mit der Sonne im Zeichen Jungfrau (24. 8.—23. 9.) sind gerne etwas reserviert, zurückhaltend, aber äußerst gute und genaue Beobachter. Der Intellekt ist rasch erfassend, oft schon frühzeitig etwas satyrisch bis kritisch. Meist zeigt sich Fleiß und Genauigkeit, Pünktlichkeit. Der Wesenskern ist etwas passiv, leicht gekränkt bis eingeschüchtert, tritt nicht gerne hervor, fühlt sich eher innerhalb der Gemeinschaft am wohlsten und paßt sich den Verhältnissen an. Sogenannte „Fleiß-Schüler". Gewisser Egoismus macht sich früh bemerkbar. Selten „Anführer", eher Ausführer der Ideen anderer. Die Gesundheit ist manchmal in früher Jugend recht anfällig, wird dann mit zunehmendem Alter robuster. Viele „Musterschüler" sind unter Jungfrau-Kindern zu finden. Gegenüber lebhafteren Typen zeigen sie Lust und Freude am Lernen.

Kinder mit der Sonne im Zeichen Waage (24. 9.—23. 10.) sind empfindlich und recht labil im Gemüt. Angeborenes Gefühl für Nettigkeit, manchmal zeigt sich früh Eitelkeit und große Empfänglichkeit für Lob oder Schmeichelei. Im allgemeinen freundliches Wesen und daher viel Kameradschaften und Freundschaften. Waage-Kinder lernen rasch, kleine Vorteile durch Schmeicheln und „List" zu erringen. Selbst im Kind erwacht schon früh ein Geltungsbedürfnis,und die Eltern sollten keine Bevorzugungen dulden. Beliebtheit durch Freigebigkeit. Der Wille ist schwach und nachgiebig. Gefühlsverletzungen werden sehr stark empfunden. Auf die engere Umgebung, die Kameraden und Spielgefährten ist zu achten, da das Waage-Kind viel von anderen annimmt und überhaupt zur Nachahmung neigt.

Kinder mit der Sonne im Zeichen Skorpion (24. 10.—22. 11.) zeigen früh Eigenwillen und können in bohrender Weise fragen, bis ihre Neugier befriedigt ist. Das Zeichen bringt Früh-Entwicklung und Früh-Reife. Meist „Tatendrang" und Neigung zu kleinen Abenteuern. Die Anpassungsfähigkeit ist sehr gering. Skorpion-Kinder wollen alles ergründen, erkennen, erforschen, zumal auch die Phantasie früh entwickelt scheint. Fast immer haben sie ihre kleinen Geheimnisse und sprechen sich nicht leicht aus. Die Erziehung muß Wert auf Vertrauen legen. Das Wesen ist etwas in sich verkapselt und sucht nicht unbedingt die Gemeinschaft, daher manchmal recht verschlossen, besonders dem Lehrer oder einer „Respektsperson" gegenüber. Zugang zu der Psyche dieser Kinder erhält man nur durch liebevolles, verstehendes Eingehen. Härte oder Zwang läßt nichts erreichen. Weckt im Gegenteil das schlummernde Mißtrauen und die abwehrbereite Vorsicht.

Kinder mit der Sonne im Zeichen Schütze (23. 11.—22. 12.) sind von außerordentlicher Lebhaftigkeit und zeigen große Lust am Spiel und besonders am Sport, an der körperlichen Bewegung überhaupt. Daneben erwacht früh ein Drang zu Freiheit und Ungebundenheit. In den seltensten Fällen sind Schütze-Kinder Stubenhocker und lernen daher nicht allzu gerne. Die Phantasie ist äußerst rege,und ein gewisser Hang zum Abenteuer ist immer vorhanden. Mitteilungsbedürfnis. Geheimnisse können nicht bewahrt werden („Plaudertasche"). Die Gefühls-Reaktionen sind recht impulsiv, teils voreilig. Man erziehe das Schütze-Kind frühzeitig zur Durchführung des Begonnenen, selbst im Spiel. Es zeigt sich sonst Zersplitterung und spätere Entschlußlosigkeit. Die sehr freimütige und offenherzige Wesensart darf nicht unterdrückt werden.

Kinder mit der Sonne im Zeichen Steinbock (23. 12.—20. 1.) sind selten aufgeschlossen und anlehnungsbedürftig. Sie offenbaren früh einen etwas härteren Wesenskern und leben mehr nach Innen. Sie sind leicht gekränkt und verletzt und können dann lange nachtragen, ehe sie etwas vergessen. Das Auffassen und Lernen macht in sehr früher Jugend zu schaffen. Das Zeichen hat Spät-Entwicklung zur Folge. Erzieher und Eltern müssen auf Gemeinschaftsgefühl achten und das Kind unter Kameraden belassen, da es sich sonst früh absondert. Der Kontakt zum „Du" in jeder Form wird nicht leicht gefunden, daher oft gewisse Versponnenheit oder ein Hang zur Absonderung. Das Kind kann auch im Spiel lange mit sich allein sein. Schüchternheit kann früh auftreten. Im Willen etwas hartnäckig, unnachgiebig.

Kinder mit der Sonne im Zeichen Wassermann (21. 1.—19. 2.) sind verträumt, konzentrieren sich nur schwer auf eine Sache, werden leicht abgelenkt, und das Lernen fällt schwer, wenn der Lehrgegenstand nicht interessiert. Das Gefühlsleben ist außerordentlich wach, und das Kind braucht viel Liebe, Verständnis. Im allgemeinen aber heiter und zu „Unfug" allezeit aufgelegt. Spiel, Tiere, Natur ziehen stark an. Bei „Befehl" oder autoritärer Erziehung erwacht schnell die angeborene Widerspenstigkeit. In Güte und mit verständnisvollem Eingehen auf die eigenen Interessen und Wünsche ist aber alles erreichbar. Das Kind reagiert vornehmlich auf Sympathie oder Antipathie und hat eine geradezu intuitive Art, den Wesenskern von fremden Menschen zu erfühlen.

Kinder mit der Sonne im Zeichen Fische (20. 2.—20. 3.) sind ängstlich bis empfindlich und leicht zu Tränen bereit. Der Wesenskern ist überaus weich, gutherzig, gemütvoll. Oft im Lernen faul bis phlegmatisch. Die Stimmungen können rasch umschlagen und der Wille ist recht labil. Die Phantasie ist enorm rege. Freude an allem, was die innere Vorstellungskraft beschäftigt. Märchen fallen auf fruchtbaren Boden. Erzieher und Eltern sollten der weichen und nachgiebigen Gemütsart früh Rechnung tragen und das Kind nie sich selbst überlassen, zumal von dem jeweiligen Umgang alles abhängt. Es besteht die Tendenz, Gesehenes, Gehörtes oder Erlebtes zum „Vorbild" zu nehmen.

Tabelle der Städte nach dem Tierkreiszeichen

Widder:	Berlin, Birmingham, Braunschweig, Florenz, Krakau, Marseille, Neapel, Padua, Saragossa, Utrecht, Verona, Lindau.
Stier:	Dublin, Palermo, Parma, Mantua, Rhodos, Zürich, Luzern, St. Louis, Leipzig, Würzburg, Metz, Hannover, Lübeck.
Zwillinge:	Brügge, London, Villach, Plymouth, Versailles, Löwen, San Franzisko, Melbourne, Cordova, Nürnberg, Mainz, Bamberg, Kissingen.
Krebs:	Amsterdam, Bern, Mailand, Venedig, Tunis, Algier, York, New York, Manchester, Stockholm, Konstantinopel, Genua, Cadix, Trier, Görlitz, Magdeburg.
Löwe:	Rom, Prag, Linz, Ravenna, Bristol, Portsmouth, Philadelphia, Damaskus, Chikago, Bombay, Koblenz, Ulm, Baden.
Jungfrau:	Straßburg, Lyon, Toulouse, Paris, Boston, Norwich, Brindisi, Korinth, Los Angeles, Basel, Breslau, Heidelberg, Erfurt, Riga, Jerusalem.
Waage:	Graz, Wien, Antwerpen, Johannisburg, Kopenhagen, Wiesbaden, Frankfurt a. M., Freiburg, Heilbronn, Speyer, Schwäb. Hall, Landshut.

Skorpion:	Dover, Davos, Brixen, Liverpool, Messina, New-Orleans, Washington, Baltimore, Hull, Milwaukee, Halifax, Newcastle, Cincinnati, Valencia, Frankfurt an der Oder, München, Danzig, Gent, Tübingen, Baden-Baden.
Schütze:	Budapest, Avignon, Toledo, Narbonne, Cadix, Köln, Meißen, Rothenburg ob der Tauber, Stuttgart, Gotha.
Steinbock:	Brüssel, Oxford, Port Said, Jülich, Cleve, Mecheln, Moskau, Posen, Warschau, Augsburg, Brandenburg, Konstanz, Stettin, Ulm.
Wassermann:	Salzburg, Pisa, Brighton, Trient, Berlin, Hamburg, Bremen, Ingolstadt.
Fische:	Alexandrien, Sevilla, Worms, Regensburg.

Tabelle der Länder nach Tierkreiszeichen

Widder:	England, Dänemark, Japan (nach anderen Quellen Waage), Deutschland, Syrien, Teile Palästinas.
Stier:	Schweden, Klein-Asien, Weiß-Rußland, Polen, Lothringen, Persien, Irland, Cypern, griechischer Archipel, Kaukasus.
Zwillinge:	Vereinigte Staaten von Nordamerika, Belgien, Lombardei, Unter-Ägypten, Sardinien, West-England, Armenien, Tripolitanien, Flandern, Wales.
Krebs:	Holland, Schottland, Neu-Seeland, West-Afrika, Paraguay, Mauritius, Indien (nach anderen Quellen Steinbock).
Löwe:	Frankreich, Italien, Sizilien, Böhmen, Nord-Rumänien, Kalifornien, Chaldäa.
Jungfrau:	Kroatien, Kärnten, Etschtal, Niederschlesien, Türkei, Schweiz, Griechenland, West-Indien, Assyrien, Mesopotamien, Kreta, Babylonien, Kurdistan, Brasilien, Elsaß.
Waage:	Deutsch-Österreich, China, Japan, Indochina, Tibet, Kaspisches Meer, Ober-Ägypten, Savoyen, Birma, Argentinien, Livland.
Skorpion:	Bayern, Algier, Marokko, Jütland, Norwegen, Transval, Katalonien, Lappland.
Schütze:	Arabien, Australien, Dalmatien, Ungarn, Mähren, Slavonien, Spanien, Toskanien, Provence, Madagaskar.
Steinbock:	Brandenburg, Thüringen, Hessen, Mecklenburg, Posen, Steiermark, Englisch-Indien, Afghanistan, Thrazien, Mazedonien, Montenegro, Albanien, Bosnien, Bulgarien, Mexico, Litauen, Island.
Wassermann:	Arabien, Rußland, Walachei, Abessinien, Schweden, Westfalen, Finnland.
Fische:	Portugal, Kalabrien, Galizien, Normandie, Nubien, Sahara, Batavia, Brasilien (nach anderen Quellen Jungfrau), Ceylon, Malta.

Diese Zuteilung der Länder zum Zodiak erlangt eine gewisse Bedeutung in der Mundan- oder politischen Astrologie! Hinsichtlich Reisen und Aufenthaltsort rieten die alten Astrologen, nur in solche Länder zu reisen oder dort seinen Wohnsitz aufzuschlagen, in deren Zeichen ein glücklicher und gut aspektierter Planet im Horoskop befindlich ist. Dagegen sollte man solche Länder vermeiden, in deren Zeichen ein „Übeltäter" wie Saturn, Mars, Uranus konstelliert ist.

Astrologische Psychogramme

Wenn man das übliche Kreishoroskop in eine Spirale verwandelt, wie sie auf Farbtafel Spirale (Mandala) zu sehen ist, so fallen die Tierkreiszeichen in das ihnen entsprechende Element, also

Widder, Löwe Schütze,	in das Feuerelement
Stier, Jungfrau, Steinbock	in das Erdelement
Zwillinge, Waage, Wassermann	in das Luftelement
Krebs, Skorpion, Fische	in das Wasserelement.

Die uralte Symbolik der Elemente wird dadurch wieder aktuell. Aus der Astrologie ergibt sich dann eine Psychologie des Menschen und ein Modell seines Wesens, in dem

F e u e r der Vitalität, dem Willen und der Ichheit,
E r d e der Bindung an Leib und Realität,
L u f t dem Geist, der bewußten Ordnung und der Anderheit,
W a s s e r der Seele und der Lösung von der Materie

gleichzusetzen ist. Die beiden unteren Elemente, Feuer und Wasser, sind die Urkräfte des Lebens, die sich in den beiden oberen Elementen manifestieren. Dadurch erhalten wir eine Zweiteilung in Leben und Form. (Farbtafel.) Auf der Lebensseite steht das Subjekt (S), auf der Formseite das Objekt (O). Der Wille drängt zur Realisierung im Erdelement (S ⟶ O) und der Geist zur Verbindung mit der Seele (O ⟶ S).

Das Feuer- und Luftelement verbindet die männliche Achse („die Welt als Wille und Vorstellung"), das Erd- und Wasserelement die weibliche Achse (die Welt als „Leib und Seele"). Neben diesem Achsenkreuz erkennen wir ein zweites, das Achsenkreuz der Grenzsituationen zwischen den Elementen. Hier müssen wir die Stelle besonderer Spannungen annehmen. Wer sich weiter über diese Probleme orientieren will, sei auf mein Buch „Das Geheimnis des Tierkreises" (Otto Wilh. Barth-Verlag, München-Planegg, 1949) verwiesen.

Aus dieser tiefenpsychologischen Begründung der Astrologie ergab sich eine neue und verblüffend einfache Methode der graphischen Darstellung eines Horoskops, aus dem der Aufbau des Charakters bzw. das Gefüge eines Menschen nach seiner Elementbesetzung zu erkennen ist. Es zeigt sich, daß hier ein in der Praxis brauchbarer Charaktertest gefunden wurde, der aber zugleich auch einen wesentlichen Beitrag zur Grundlagenforschung der Astrologie darstellt und imstande ist, durch seine Überzeugungskraft bei dem Vergleich verschiedenartigster Charaktere die astrologischen Gesetze zu beweisen. Es ist hier nicht der Platz, näher auf diese Methode einzugehen, die einer weiteren Publikation vorbehalten ist.*) Es seien aus meiner großen Sammlung zur Veranschaulichung der Methode nur einige markante Beispiele herausgegriffen.

Abb. 1. Nostradamus. Hier fällt sofort die außerordentlich starke Besetzung der Grenzsituation zwischen Feuer und Erde, d. h. Wille und Realität, auf. Ähnliche Verhältnisse fand ich bei Goethe und Swedenborg. Das Subjekt wendet sich hier also mit einer breiten Front der Realität der Welt zu.

Abb. 2. Vincent van Gogh. Wie bei Nostradamus ist die Subjektseite besonders betont; dort ist jedoch das Geistelement fast ebenso stark besetzt wie das Erdelement. Bei dem holländischen Maler und revolutionierenden Expressionisten sehen wir das Geistelement unbesetzt. Er gab seine Predigerlaufbahn auf und stürzte sich mit Leib und Seele in die Malerei, getrieben von einem unbändigen Willen, seiner inneren Schau der Natur Ausdruck zu verleihen. So wurde er einer der ersten „modernen" Maler.

Abb. 3. Richard Wagner. Bei diesem einzigartigen Meister der Oper und des Theaters ist die Fähigkeit der Darstellung, dank der ganz besonderen Besetzung der Formseite, zu einer extremen Meisterschaft gediehen. Wir erkennen aber auch zugleich, daß dem Menschen nur eine bestimmte Anzahl von Faktoren zur Verfügung steht. Sollen diese auf der einen Seite zu einer besonderen Höhe geführt werden, so kann es nur auf Kosten der übrigen Elemente geschehen.

Abb. 4. Der große astrologische Forscher Choisnard, der unter dem Namen Flambart wichtige Gesetze der astrologischen Vererbung entdeckte, zeigt die Schwerkraft seiner Veranlagung auf der Geist- und Seelenseite und, im Gegensatz zu Nostradamus, eine besonders starke Besetzung der Grenzsituation zwischen Luft und Wasser, wo die Hauptbewegung vom Objekt zum Subjekt zurückführt, damit aber auch in den schöpferischen Urgrund der Archetypen. Da die Astrologie zu den großartigsten Urbildern, die die Menschheit besitzt (Archetypen), gehört, wird hier das große Interesse des Geistes und der bewußt machenden Wissenschaft für diese Gesetze aus dem Psychogramm erklärlich.

Die neue Methode hat sich als Charaktertest besonders bewährt bei der vergleichenden Untersuchung von Gemeinschaftsverhältnissen.

*) Ein die Psychogramme auf einheitlicher Basis darstellender „Psychometer" wurde von Dr. med. Heinrich Reich, München, ausgearbeitet.

Abb. 5. Vater und Sohn. Der Vater harmonisch, sensibel und künstlerisch veranlagt, kann sich mit seinem Sohn kaum verständigen, da dieser ein merkwürdiger Eigenbrötler ist, stark introvertiert, trotzig und dem Lernen auf der Mittelschule abgeneigt. Nach der abnorm starken Willenszacke und der fast fehlenden Geist-Besetzung tritt eine Veranlagung für eine sportliche, vielleicht auch besonders geartete handwerkliche Betätigung dem Ehrgeiz des akademisch gebildeten Vaters entgegen, der aus dem Sohn einen „Studierten" machen will, für den er offenbar nicht geeignet ist.

Abb. 6 zeigt das Gemeinschaftshoroskop eines Arzt-Ehepaars. Die Besetzung der Frau liegt vorwiegend auf der Willens- und Erdseite, die des Mannes durchaus entgegengesetzt auf der Geist- und Seelenseite. Sie ergänzen sich in der beruflichen Zusammenarbeit vorzüglich, zeigen jedoch im Zusammenleben eine dauernde Spannung und vielerlei unglückliche Mißverständnisse infolge der charakterlichen Gegensätze. Hier gilt beinahe das Wort: „Er kann nicht leben ohne sie, aber auch nicht mit ihr".

Um Mißverständnissen vorzubeugen, muß darauf hingewiesen werden, daß das Urbild des Menschen, wie es vererbt wird, an sich von allen Elementen wahrscheinlich gleich viel mitbekommt. Nach der astrologischen Lehre erfolgt jedoch im Geburtsmoment eine zusätzlich kosmische Prägung mit den augenblicklichen Planetenkonstellationen, so daß dadurch eine individuelle kosmische Wandlung vor sich geht. Diese Auffassung vertrat schon Paracelsus. Aus dem Beispiel von van Gogh sehen wir, daß der Pfarrerssohn wohl große geistige Interessen mitgebracht hat, von ihnen aber zu Gunsten seiner Malerberufung Abstand nahm. Wir müssen also aus diesen und vielen anderen Beispielen die Lehre ziehen, daß die Astrologie nur in Verbindung mit den allgemein menschlichen Erfahrungen und den anderen Wissenschaften ein dann aber auch wirklich brauchbares Instrument zur Menschenkenntnis und Menschenführung darstellt.

Aus vergleichenden Untersuchungen zahlreicher Psychogramme läßt sich folgern, daß diese Art der graphischen Darstellung in der Berufs- und Eheberatung ebenso wie in der Betriebs-Psychologie eine Rolle spielen wird; denn es hat sich gezeigt, daß innerhalb einer Berufsgruppe sich auffallend ähnliche Psychogramme ergeben. Allerdings gibt uns das Spiralhoroskop und diese daraus entstandene Methode noch vielerlei Probleme zu lösen auf. Werden hier doch grundsätzliche Fragen der Psychologie, Pädagogik, ja selbst der Philosophie aufgeworfen.

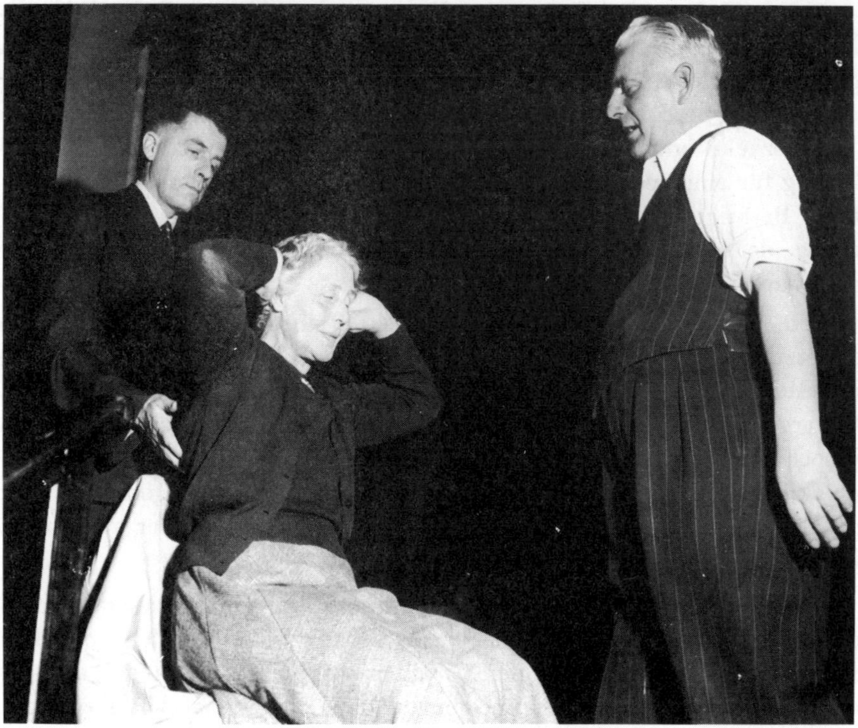

Voll Erstaunen und Freude stellt Mrs. Finchkite fest, daß sie ihre Arme bis zu ihrem Hinterkopf bewegen kann!

Seit vielen Jahren war Mrs. Finchkite, die an Arthritis leidet, unfähig, sich selbst zu frisieren, da sie ihre Arme nicht zu ihrem Kopfe heben konnte. Nach Behandlung durch den spiritualistischen Heilkundigen Harry Edwards und seinen Gehilfen George Burton ist ihr dies jedoch wieder möglich, und ihre große Freude spiegelt sich in ihren Zügen wider.

1)

2)

3)

4)

5)

6)

Psychogramme

nach Dr. med. Heinrich Reich, München

1) Nostradamus 2) Vincent van Gogh 3) Richard Wagner
4) Choisnard-Flambart 5) Vater und Sohn 6) Arzt-Ehepaar

Farbenerklärung: Rot = Feuerelement, blau = Luftelement, gelb = Erdelement, grün = Wasserelement

Literaturhinweise:

Abel, E. L. Die geheimnisvollen Kräfte des Mondes. Heyne.
Allen, M. Astrologie für das Neue Zeitalter. Werkstatt-Edition.
Arroyo, S. Astrologie, Karma und Transformation. Hugendubel.
Aureus, W. Astrologie und Horoskop. Gondrom.
Baumgartner, H. Esoterische Astrologie im Geiste des Wassermanns. Baumgartner.
Brunhübner, F. Der neue Planet Pluto. Schikowski.
Campion, N. Der praktische Astrologe. Interbook.
Chu, W. K./W. A. Sherrill Astrologie des I Ging. Diederichs.
Curcio, M. Lebensberatung: Chinesische Astrologie. Ariston.
Döbereiner, W.
— Astrologisch-homöopathische Erfahrungsbilder zur Diagnose und Therapie von Erkrankungen. Hugendubel, 2 Bände.
— Astrologisches Lehr- und Übungsbuch. Hugendubel, 6 Bände.
Ebertin, R.
— Anatomische Entsprechung der Tierkreisgrade. Ebertin.
— Das Jahresdiagramm als Lebenshilfe. Ebertin.
— Sterne helfen heilen. Ebertin.
Freeman, M. Astrologische Prognosemethoden. Edition Astrodata.
Gauquelin, M.
— Planetare Einflüsse auf Persönlichkeit und Lebensweg. Bauer.
— Kosmische Einflüsse auf menschliches Verhalten. Bauer.
— Die Wahrheit der Astrologie. Aurum.
Greene, L./S. Arroyo Saturn und Jupiter. Hugendubel.
Grimm, A. M. Astrologisches Wetter-Lehrbuch. Baumgartner.
Hamaker-Zondag, K. M. Stundenastrologie. Hugendubel.
Hof, W./E. Schäck Rationale Astrologie. Baumgartner.
Huber, L. Was ist esoterische Astrologie? API.
Hürlimann, G. I. Astrologie. M & T.
Karrer, I. Tierkreis und Jahreslauf. Sphinx.
Lentner, G. v. Die hohe Kunst des Kartenlegens. Huter.
Lionel, F. Die heilige Astrologie. Aurum.
Löhlein, H. A. Handbuch der Astrologie. Goldmann.
Meyer, H. Astrologie und Psychologie. rororo.
Mihira, V. Lehrbuch der Altindischen Astrologie. Urania.
Morey, R. A. Was ist dran am Horoskop? Brunnen.
Mütsch-Engel, A. Bäume lügen nicht. Droemer Knaur.
Muirden, J. Der Halleysche Komet und wie man ihn beobachtet. Deuticke.
Niehenke, P. Kritische Astrologie. Aurum.
Paris, E. -G. Das Horoskop der Menschheit. Urania.
Playfair, G. L./S. Hill Die Zyklen des Himmels. Zsolnay.
Rohm, R. H. Die Berechnung der Häuser und Planeten. Rohm.
Rumburg, O. Horoskope und Politik. Rohm.
Schmatzberger, H. Aszendenten. März.
Seelmann-Holzmann, H. Astrologie und Rationalitätsmuster. Campus.
Sicuteri, R. Astrologie und Mythos. Aurum.
Sorge, J. M. Psychodynamische Astrologie: Die eigenen Wege finden. Ariston.
Tiede, E. Astrologisches Lexikon. Baumgartner.
Wassilko-Serecki, Gräfin Z. Astrologische Betrachtung über die Krebskrankheit. Baumgartner.
Weinreb, F. Die Astrologie in der jüdischen Mystik. Thauros.
Widmann, W./K. Schütte Welcher Stern ist das? Franckh-Kosmos.

Symbolik, Mystik und Traditionskraft der Farben

Das physiologische Wunder des farbigen Sehens, der Empfindung der Farben, wird noch weit übertroffen von der seelischen Komplikation ihrer Wahrnehmung und ihres Begreifens. Magische Kräfte und mystische Beziehungen schienen und scheinen nicht nur primitiven Völkern und Personen mit den Farben im Bunde. Auch der moderne, aufgeklärte Großstadtmensch fühlt sich von ihnen stark berührt. Psychologie und Medizin, Physik und Chemie bemühen sich, hinter die Geheimnisse der Farben zu kommen.

Seitdem am Höhepunkt des Magdalenien die prähistorischen Jäger ihre Bilder der lebensbestimmenden Tiere, wie Mammut, Bison und Wildpferd,mit Blut, Milch und farbigen Erden an die Wände der Höhlen gemalt haben, hat die Farbe für die Menschen aller Epochen und Kulturen körperlich und seelisch die größte Bedeutung. Selbst in dieser naturwissenschaftlich und technisch so aufgeklärten Welt hat sie ihre alte Magie für große Teile der Menschheit bewahrt. Sie ist ein formendes Element, besitzt nicht nur einen starken Ausdruckswert an sich, sondern sie sagt auch etwas aus vom Wesen der Dinge, an denen sie erscheint. Als ein Urphänomen ist sie den Menschen seit Urzeiten auf das innigste verbunden. Alle Farbensymbolik setzt ein ursprüngliches, sehr inniges Verhältnis zu den Farben voraus.

Farbe wirkt nicht nur als Objekt sinnlicher Wahrnehmung ästhetisch, sondern auch als innerer Stimulus symbolisch. In ihrer Empfindung vereinigen sich für die Menschen die Wirkungen physikalischer Reize physiologischer Netzhaut- und Gehirnprozesse sowie psychischer Erscheinungen.

Besser als abstrakte Definitionen und theoretische Ableitungen beweist das praktische Experiment eines technischen Gelehrten den Einfluß der Farben auf das Verhalten der Menschen:

Vor einigen Jahren führte ein schwedischer Forscher, bekannt als Autorität auf dem Gebiete der Elektrotechnik, in Stockholm ein interessantes Experiment durch, um den Beweis zu erbringen, daß die Farben einen viel größeren Einfluß auf den Menschen ausüben, als gemeinhin angenommen wird. Er lud zwanzig urteilsfähige, einwandfrei farbentüchtige Personen zu einem großen Diner. Die Gäste gerieten in die beste Laune, als ihnen beim Betreten des Speisezimmers köstliche Gaumengenüsse versprechende Düfte in die Nase stiegen. Sie setzten sich erwartungsvoll und nahmen vergnügt den Löffel zur Hand, als sie die herrliche Kapaunersuppe im Teller hatten. In diesem Augenblick jedoch schaltete ein an der Saaltür stehender Diener auf einen Wink des Gastgebers das normale Licht aus und an dessen Stelle ein zweites ein, das durch Filter ging, die nur den roten und grünen Teil des Spektrums durchließen. Der schwedische Forscher erhob sich und bat die Eingeladenen, sich durch die sonderbare Beleuchtung doch ja nicht im Essen stören zu lassen. Er garantierte, daß jede der auf den Tisch kommenden Speisen tadellos zubereitet sei und in normalem Licht auch vollkommen normal aussehen würde. Es handelte sich nur um ein kleines Experiment. Er bat um Entschuldigung, wünschte jedermann einen guten Appetit und setzte sich wieder. Aber mit dem guten Appetit der Gäste ging es mehr und mehr bergab, je weiter das Essen fortschritt. Der Fisch schien schwarz wie die Nacht. Das Truthahnfleisch sah aus, als tröffe es von Blut. Der Spargel blitzte violett. Die Erbsen verbreiteten Schreck im tiefsten Blau. Die Konversation flaute ab. An der Tafel herrschte statt Bankettfreude hochgradiges Unbehagen. Der Gastgeber war der einzige, der bei guter Laune blieb und herzhaft zugriff. Er ging mit gutem Beispiel voran und ermunterte nach allen Seiten.

Aber es half nichts. Als dann gar eine Dame sich mit leisem Schrei des Entsetzens erhob und zur Türe eilen wollte, weil der Wein in ihrem Glas zu Rhizinusöl geworden zu sein schien, fand der Forscher, nun sei es an der Zeit, das Experiment abzubrechen. Er gab dem Diener an der Tür einen zweiten Wink, und einen Augenblick später ergoß sich an Stelle des filtrierten wieder volles Licht über den Saal. Und siehe da: alle Speisen lagen so lecker auf den Tellern, daß jedermann es wagte, mit dem Essen wieder einzusetzen. Sogar die Dame, die geglaubt hatte, Rhizinusöl getrunken zu haben, setzte sich verschämt und lachend wieder, als sie den Wein in ihrem Glas neuerdings in natürlichem Glanz erblickte. Das Bankett endete für die Eingeladenen wie für den Experimentator in Frohmut und Zufriedenheit.

Die Gäste waren um eine unerwartete Erfahrung reicher, und der Gastgeber hatte die experimentelle Bestätigung dafür gefunden, daß die Farben nicht nur für das Auge, sondern ebensosehr für Nase und Gaumen etwas Entscheidendes bedeuten.

Die Gegenprobe wurde 1948 in England gemacht. W. H. Emery, der Geschäftsführer von sechs gutbürgerlichen Restaurants in Manchester, hatte den Mut, in aller Öffentlichkeit Experimente mit seinen Gästen zu machen, um ihr Verhalten gegenüber ungewohnten farbigen Effekten beim Essen zu beobachten. So ließ er z. B. ein Gericht servieren, dessen Fleisch grün, dessen Kohl braun, dessen Kartoffel rot und dessen Karotten violett waren. Die Farbstoffe waren völlig harmlos, aber die Gäste, denen die Platten vorgesetzt wurden, fühlten sich abgestoßen und sandten die Speisen zurück. Aber Mister Emery blieb nicht bei solchen Späßen wie grüne Beefsteaks. Durch Studien, an denen mehr als tausend Personen unbewußt teilnahmen, fand er heraus, daß die Farbe ein höchst wichtiger Faktor für den Verkauf von Lebensmitteln ist, und er stellte fest, welche Kombinationen von Farbtönen am wirksamsten für Lebensmittelgeschäfte und Speiselokale sind. Indem er die Erfahrungen dieser Studien in feinen Restaurants praktisch anwendete, erreichte er ein bedeutendes Ansteigen der abgegebenen Lunchportionen.

Die Chromik, die alte Lehre von den Beziehungen der Farben, hat Philosophen, Maler und Schriftsteller immer wieder zu Traktaten angeregt, in denen sie den geheimen Ursprüngen der Wirkungen der Farben nachspürten. Mit Goethe's Farbenlehre hatten diese Äußerungen, ehe das Zeitalter der Naturwissenschaften seine umwälzenden Entdeckungen machen konnte, den ersten Höhepunkt erreicht. Der Farblosigkeit des 19. Jahrhundert folgte die Zeit der Extravaganzen der Expressionisten, der Farbströme ihrer Schulen in Frankreich und Deutschland, der leidenschaftlichen Äußerungen der Maler, welche die Farben dramatisierten, der Regisseure und Bühnenbildner, welche die schier unbegrenzte Macht der Farben über die Gefühle in den Dienst ihrer künstlerischen Absichten stellten. In der Tat vermag die Farbe nicht nur zu verschönern, bezwingend und reizend zu wirken, zu betonen, Stimmung und Rhythmus zu unterstreichen, sie kann sprechen, erwärmen, erheben, berauschen und heilen, aber auch trauern und töten.

Faßte Leonardo da Vinci die Farben als etwas Geistiges auf, waren sie für Goethe „Taten und Leiden des Lichts", so nannte sie eine indische Legende „ein geraubtes Stück aus dem Paradies".

Die starken, ungebrochenen Farben haben im Leben der Völker seit jeher in den bedeutenden Epochen der Kunst immer eine entscheidende Rolle gespielt. Die gesunde Volkskunst aller Länder hat an Trachten, Geräten und Häusern ungebrochene Farben vielfältig verwendet. Die großen Kunstepochen schufen ihre monumentalen Bauten, festlichen Gewänder, heraldischen Symbole ebenso verschwenderisch und virtuos mit starken Farben. Mit der Entwicklung der Farbenphotographie, des farbigen Fernsehens und der Lichtfarben für das Theater, als einem der wichtigsten materiellen Kunstmittel, deutet sich eine phantastische Fülle unerschöpflicher Möglichkeiten an, die berufen erscheint, völlig neue Formen und Erlebnisse der Aufklärung und Unterhaltung zu schaffen.

Symbolik

Um das Erlebnis der Farbe ganz zu verstehen, muß man erkennen, daß es sich dabei nicht nur um ein ästhetisches Phänomen handelt, sondern, daß das ganze Ober- und Unterbewußtsein mitspielt. So eng verbunden fühlen sich die Menschen seit uralter Zeit den Farben, daß sie ihnen menschliche Eigenschaften und Funktionen beilegen, daß sie sie einbeziehen in ihre Gefühlssphäre, sie beleben und beseelen. ,,Am farbigen Abglanz haben wir das Leben." Jahrhunderte lang, ehe die Gesetze der Perspektive gefunden waren, haben die Menschen Ideen und Gefühle durch Farben ausgedrückt.

Wer die Wirkungen der Farben auf die Menschen wirklich ganz verstehen will und nach Erklärungen für oft sonderbar erscheinende Handlungen sucht, der wird die Symbolik der Farben durch die Jahrhunderte mit viel Interesse und großem Vorteil verfolgen.

Die Sprache, immer ein guter Maßstab für die Verbundenheit der Menschen mit der Materie, ist in vielerlei Formen mit der Farbe verquickt. Farben und ihre Kombinationen ,,vertragen, ergänzen, beißen und schlagen sich, wirken ruhig oder unruhig" usw. Man spricht von giftigem Grün und mildem Blau, von ernstem Schwarz und süßem Rosa, von schreiendem Gelb und geheimnisvollem Violett, von matten, lauten, gedämpften und leisen, von vornehmen, zurückhaltenden und aufdringlichen Farbtönen. Mit Schwarz ist der Eindruck des Düsteren, Geheimnisvollen, Magischen verbunden. Die schwarze Kunst, das schwarze Schaf haben im deutschen eine üble Nebenbedeutung, wie im englischen ,,blackmail (Erpressung) black leg (Gauner) black guard (Lumpengesindel). Der symbolhafte Charakter der Farbe wird unterstrichen durch die interessante Tatsache, daß die ,,sprachliche Aufhellung" der Farbe (selbst in der nüchternen Kaufmannssprache) eine Abschwächung der schlechten Bedeutung bewirkt, z. B. ,,Schwarzer Markt", aufgehellt und abgeschwächt in ,,Grauer Markt". Man spricht vor allem von ,,kalten und warmen Farben", trotzdem der Temperatursinn unmittelbar gar nichts mit ihnen zu tun hat. Aber die Beziehung zur Temperatur gibt doch eine Erklärungshilfe. Bei strahlender Sonne treten in der Landschaft die „warmen Farben" gelb, rot, orange hervor, während an kühlen, sonnenlosen Tagen die „kalten Farben" blau und grün dominieren. „Kalt und warm" sind aber auch geläufige Wortbilder für Charaktere und Gemütszustände, und damit sind wir mit einem Schritt in der uralten Farbensymbolik, die ein ursprüngliches, enges menschliches Verhältnis zu den Farben voraussetzt.

Wir erhalten eine tiefgründige Erklärung durch die Zuordnung der vier Farben Rot, Gelb, Blau, Schwarz, Weiß — in der Antike zu den entsprechenden menschlichen Temperamenten. Rot als Farbe des Lichts, der Luft und des Blutes gehört zum Sanguiniker. Gelb entspricht dem Feuer und der Galle des Cholerikers. Daher leiten die warmen Farben Rot und Gelb ihre Qualität vom aktiven, sanguinischen Temperament her. Schwarz bedeutet die Erde und die schwarze Galle des Melancholikers, Weiß das Wasser und den Schleim des Phlegmatikers. Erde und Wasser charakterisieren die kalten Farben und das ihnen zugeordnete melancholische und phlegmatische Temperament. Unerkannt von den Spielern lebt die antike Bedeutung der vier Farben im deutschen Kartenspiel weiter, das im Laufe der Jahrhunderte aus einem schicksalhaften Orakel zu einem mehr oder weniger harmlosen Zeitvertreib geworden ist.

Bei den alten Ägyptern war Feuerrot das Zeichen der Sonnenglut und Sinnlichkeit, Schwarz das Symbol der Nacht, der Unterwelt, der Totentrauer, Blau das Sinnbild des Wassers, Weiß die Farbe des Lichts, der Oberwelt, des frohen Lebens.

Im chinesischen Kulturkreis stimmt die Symbolik der Farben trotz der räumlichen Entfernung, der rassischen Verschiedenheit und des Fehlens jeder persönlichen Berührung in den ältesten Zeiten stark mit jener der europäischen Antike überein. Grün und Blau ist dort die Farbe des Holzes, des Himmels und der Klugheit; Rot des Feuers, der Sonne und der Tugend; Gelb der Erde, des Windes und der Gesundheit; Weiß ist die Farbe des Metalls, der Kälte, des Mondes und der Reinheit; Schwarz steht für Wasser, Regen, Ernst und Laster. Ganz ähnlich wie im Abendland sind die Götter des alten China weiß, die Dämonen rot, die Teufel schwarz. Alle antiken Religionen besaßen im Kultus und Mythos bestimmte Farben, die heute im bäuerlichen Brauchtum, in Sage und Märchen, aber auch im Leben der Städter zu finden sind.

Cassiodor, ein Schriftsteller der römischen Spätantike, bezog die Farben des Zirkus grün, blau, rot, weiß, die im Leben des Volkes eine gewaltige Rolle spielten, in christlicher Symbolik auf die Jahreszeiten. Nachdem bereits im Frühchristentum bestimmte Farben eine liturgische Bedeutung besaßen, hat Papst Innozent III. († 1216) für den römisch-katholischen

Kultus die fünf Farben Weiß, Rot, Grün, Violett und Schwarz in seiner Schrift „De sacro altaris mysterio" in ein dauerhaftes, heute noch gültiges System gebracht.

Weiß ist die Farbe des Lichts, Sinnbild der Freude, Unschuld und ewigen Glorie an den Festen des Herrn, der Jungfrau Maria, der Engel und der Heiligen, die nicht Märtyrer sind. Sie herrscht an Sonn- und Wochentagen der österlichen Zeit und dient für das heilige Sakrament und bei der Beerdigung kleiner Kinder.

Rot ist die Farbe des Blutes und des Feuers, Sinnbild jener flammenden und verzehrenden Liebesglut, welche durch den Heiligen Geist im Herzen entzündet wird, jener opferwilligen, siegreichen Liebe, welche das teuerste irdische Gut, das Leben im Märtyrertod dahingibt und sterbend triumphiert. Dementsprechend herrscht sie an Pfingsten, an den Leidenstagen des Herrn und an Märtyrertagen.

Grün ist die Farbe des jugendfrischen Lebens, Sinnbild der Fruchtbarkeit, der göttlichen Gnade sowie der Hoffnung auf Seligkeit. Sie herrscht an den Sonn- und Wochentagen nach dem Fest Epiphanias und nach Pfingsten.

Violett ist die Farbe ernsten Bußgeistes und wahrer Bußgesinnung, Sinnbild anspruchsloser Demut, heiliger Abgeschiedenheit, sanfter Herzenstrauer, schmerzlichen Sehnens und stillen Heimwehs nach dem Himmel. Sie herrscht an Sonn- und Wochentagen der Advents- und Fastenzeit sowie an den Bittagen und am Fest der Unschuldigen Kinder.

Schwarz, der Gegenpol von Weiß, ist die Farbe des erloschenen Lebenslichts, des Todes und Grabes. Zeichen der tiefsten Trauer und Klage, wie sie durch den Tod verursacht wird. Sie herrscht am Karfreitag und bei Gottesdiensten für Verstorbene.

Gold gilt für Weiß, Rot und Grün; Silber für Weiß und Blau. Gelb und Braun sind ausdrücklich im Rahmen der Gottesdienstordnung verboten. Die liturgischen Farben beweisen im tiefsten Grunde die Konstanz ihrer Symbolik durch die Jahrtausende. Sie stehen nicht nur in engster Beziehung zu Goethe's Farbenlehre, sondern sie stimmen überrraschenderweise überein mit den Grundfragen der Theorie, die Young-Helmholtz im Jahre 1859 aufgestellt haben. Sie bilden aber auch das Fundament der drei modernsten Verfahren der Farbenphotographie von Lumière, Kodak und Agfa. Ihre wirtschaftliche Wirkung ist im profanen Leben der Gegenwart deutlich spürbar.

Die Alchimie des Mittelalters ordnete Rot den Säuren, Blau den Basen zu. Die gleiche Lakmusreaktion muß ebenso nachdenklich stimmen wie die Aussage von Kindern, die säuerliche Bonbons als „gut und rot'', andere als ,,schlecht und blau'' bezeichnen. Heute noch unerklärlich, deuten sich in solchen Erscheinungen die Farben als eine ,,Urqualität'' an, die vom Kinde — vor dem Erwachen des begrifflich gliedernden Verstandes aus dem Unbewußten — optisch als rot und blau, geschmacklich als sauer und alkalisch empfunden und bezeichnet werden.

Bei dem engen Zusammenhang der Farben mit dem Sexualleben der Menschen ist es nicht verwunderlich, daß sich in Zeiten des Gefühlsüberschwanges eine besondere Farbensymbolik der Liebe entwickelte. Im Mittelalter fanden sich Liebes- und Freundschaftspaare in der Schätzung einer Farbe oder eine Farbenkombination. Beziehungsreich und dem Eingeweihten leicht deutbar waren die leuchtenden Turnier- und Kampffarben der ritterlichen Wappen, Schleifen und Pferdedecken, die zu Devisen der Damen wurden, für welche die Ritter Lanzen brachen. In vielen Gedichten und Liedern weben geheimnisvoll und unverständlich für die Heutigen die Farben ein lebendiges Dasein.

In der Glanzzeit der Minne, im 11. und 12. Jahrhundert, übertrug die französische Ritterschaft die kirchliche Farbensymbolik auf den Frauendienst. Die Farbensymbolik der Liebe, der viele elegische Verse entstammen, dauerte über das Verschwinden des strengen Minnedienstes hinaus einige Jahrhunderte; sie hat die Mode vielfach beeinflußt und deutliche Spuren im Volkslied und Brauchtum hinterlassen.

Aus dem 14. Jahrhundert stammt ein deutsches Volkslied, das beginnt:

In Schwarz will ich mich kleiden,
Dieweil's Trauren bedeut.
Von wegen meines Buhlen
Der mir ganz Urlaub geiht,
Urlaub ohn' alle Schuld.

In einem französischen Gedicht der gleichen Zeit erklärte ein Ritter aus höfischem Stamm einer minniglichen Frau die Bedeutung der sechs Kleiderfarben: Grün sei der Anfang, der Träger sei überhaupt oder zur Zeit von Minne frei:

Wohl heuer zu diesem Maien
In Grün will ich mich kleiden
Der liebste Buhle, den ich hab'
Der will sich von mir scheiden!

Mit dem neuen Frühling will er ein neues Liebesleben beginnen. Rot, heißt es in dem Liede weiter, bedeutet die Not des Liebhabers, die wie feurige Kohle brennt. Blau bezeichnet Treue und Stetigkeit, ,,Blau tragen" heißt im 14. Jahrhundert beständig sein. Weiß läßt die Hoffnung des Liebenden merken, Schwarz aber ist der Ausdruck für Zorn und Trauer über vergeblichen Minnedienst oder der Untreue der Geliebten. Gelb, selten gewählt, bedeutet der Minne Sold, das „reiche, minnigliche Gold" der endlichen Erfüllung aller Wünsche.

Das 15. Jahrhundert erhob diese Farbendeutung zum Kanon, indem es in „hedonischer" Logik dem Gefühl die Entscheidung über die Wahrheit zuwies. In einem Fastnachtsspiel treten die Liebesfarben personifiziert auf und ein Heidelberger Lied der Zeit lautet:

„Und da ich meinen Buhlen hät,
Da trug ich Blau, bedeutet stät:
Die Farb ist mir benommen.
Nun muß ich tragen schwarze Farb,
Die bringt mir keinen Frommen.
Schwarze Farb, die will ich tragen,
Darin will ich mein Buhlen klagen.
Ich hoff', es währt nit lange,
Schneid ich mir eine grüne Farb,
Die ist mit Lieb umfangen:
Grüne Farb ist ein Anfang.
Weiße Farb, hab immer Dank!
Wo findt man deinesgleichen?"

Die zweifarbige Mode wird im Liederbuch der Clara Hätzlerin nach dem gleichen Grundsatz erklärt, und in einem Volkslied des 16. Jahrhunderts zählt ein Jüngling die Kleider auf, die er sich zur Fastnacht machen läßt und die Liebe, Hoffnung und Beständigkeit bedeuten sollen:

Einen Kittel aus weißem Zwilch mit einem roten Strich, einen blauen Hut, auf den er einen Kranz mit roten Nelken steckt; am Ärmel ein roter und blauer Streifen.

Von dieser romantischen Farbensymbolik der Liebe haben sich nur wenige Reste erhalten. Wo sie aber noch erscheint, wie im bekannten Volkslied „Mädel, ruck, ruck, ruck an meine grüne Seite", wird der tiefere Sinn nicht mehr verstanden, denn er meint: „Rück näher her zu mir, ich bin für die Liebe frei".

Als europäische Farbe der Trauer geht Schwarz auf klassische Überlieferungen zurück, die in der antiken Symbolik fußen. Bei den Germanen galt Weiß als Trauerfarbe, bei den Ägyptern Gelb. Zur Zeit Luthers im 16. Jahrhundert war Braun üblich, in China war die Trauerfarbe Blau, am Englischen Hof Rot. Zum Zeichen der Trauer um den gefangenen

Herzog trug die Jungfrau von Orléans bei ihrem Einzug in die Stadt einen Überwurf von „verlorenem Grün". Unter Ludwig XV. und Napoleon I. war Violett die offizielle Trauerfarbe. Weiß ist das Zeichen des Friedens. Es soll das Herz des Siegers erweichen. Wer die weiße Fahne hißt, bietet seine Unterwerfung an. Rot wird auf Etiketten für Gifte und für schnelle Beförderung der Postsendungen gebraucht. Rote Radler sind Eilboten.

In der Heraldik lebt die Symbolik der Farbe, wissenschaftlich festgelegt, weiter. Sie bezieht sich z. B. in England nicht nur auf das britische Staatswappen, sondern auch auf Städte, Schulen, Rugby-Mannschaften und Vereinigungen oder Firmen, denen diese Wappen zur Führung verliehen wurden: British Broadcasting Corporation, Lloyds of London, The Worshipful Company of Haberdashers.

Die Heraldik kennt neun Farben oder teintures:

Gold (gelb oder or) gilt für Ehre und Ergebenheit,
Silber (weiß — argent) bezeichnet Glauben und Reinheit,
Rot (gules) bedeutet Eifer und Mut,
Blau (azure) heißt Ernst und Frömmigkeit,
Schwarz (sable) bedeutet Schmerz und Reue,
Grün (vert) bedeutet Jugend und Hoffnung,
Purpur bezeichnet Hoheit und Rang,
Tenne ist ein Orangeton, der Stärke und Dauerhaftigkeit versinnbildlicht,
Murrey oder sanguine ein rötlicher Purpur, bedeutet „Opfer bringen".

Die festgelegten Schraffierungen, Strichelungen und Punktierungen dieser heraldischen Farben in Schwarz-weiß-Darstellungen haben sich zur Erkennung der beabsichtigten Farbigkeit auch für andere Zwecke als sehr brauchbar erwiesen.

Die Farbensymbolik ist im Bewußtsein des Volkes verblaßt und in die Nähe des Aberglaubens und der sentimentalischen Romantik verdrängt. Aber ihre unbewußte Beziehung zum täglichen Leben ist noch vielfältig und tief verankert. Nicht nur in Kultur, Brauchtum und Kunst ist sie zur Selbstverständlichkeit geworden, sondern auch in der Wirtschaft und Technik, so daß mit ihr gerechnet werden muß. Auf der Grundlage des uralten, vielfach nur schwach verschütteten Kulturgutes gewinnen die Erkenntnisse der modernen Farbenforschung überraschende Bestätigungen. Manches, das noch vor wenigen Jahrzehnten als primitiver, phantastischer Aberglaube oder okkulte Mystik verlacht wurde, erhält im Lichte neuer wissenschaftlicher Forschung vielfach ein faszinierendes, reales Leben.

Jedoch ist gegenüber dem Volksmund eine wichtige Einschränkung zu machen. Die weit verbreitete Meinung, Rot sei die Liebe, Grün die Hoffnung, Blau die Treue, Weiß die Unschuld, Gelb der Neid, die zu so vielfältigen sentimentalischen Spekulationen führt, beruht auf einem unschuldigen Mißverständnis. Es gibt keine eindeutige Wirkung einer Farbe in der Richtung einer Gemütsbewegung oder gar einer Suggestion, die in der gewünschten Richtung unfehlbar wirkt. Die seelischen Charaktere der Farben und ihre Verbindungen wirken nicht an sich, sondern erst im Gesamtzusammenhang ihrer Erscheinung. Dabei spielen nicht nur bewußte oder unbewußte Symbolreste eine leitende Rolle, sondern vor allen Dingen die autogenen Ideenverbindungen oder Assoziationen.

Mystik der Farben

Die Zeit, in der die Naturwissenschaften in den Farben lediglich etwas Stoffliches zu sehen glaubten, gehört nach den Erkenntnissen der letzten Jahrzehnte endgültig der Vergangenheit an. Es hat sogar den Anschein, daß durch eine starke Neigung zum Hintergründigen heute im Rahmen der Parapsychologie die Mystik der Farben stark überschätzt wird. Aber gleichgültig, wie man sich dazu stellt, das mystische Gebäude des Farbigen, wie es der religiösen Betrachtung entsprang muß als eine Realität angenommen werden. Die immer wiederkehrende Dreizahl der Bibel, die heilige Sieben, werden in Beziehung gebracht zu den sieben Farben des Regenbogens. Jede Farbe hat in dieser Schau ihre spezifische Eigenschaft und Wirkung auf den Menschen. Aus den Glasfenstern der gotischen Kathedralen strahlen geheimnisvoll die Farben, wirken in mystischer Kraft auf die Andächtigen und erfüllen die ästhetischen Besucher mit Staunen und Bewunderung.

Das große Geheimnis des Mysteriums der Farben rührt an die Empfindungen der Menschen. Franz Delitsch schrieb in seinen Farbenstudien des Jahres 1888 über Violett — den Purpur — das seit Jahrtausenden die bevorzugte Farbe der Priester ist:

> „Weil der Farbstoff des alten Purpur überaus kostbar war und der Eindruck prächtig ist, erscheinen Purpurkleider im Buche der Richter als Tracht der midianitischen Könige, und ohne Zweifel war Purpur schon in der mosaischen Zeit (wenn auch nicht in Ägypten, wo der Pharao nach priesterlicher Weise in einem Überwurf von durchsichtigem feinstem Weiß abgebildet wird), Zeichen höchster herrschaftlicher Würde. Darum wird der Purpur der Kleider des Hohenpriesters sagen wollen, daß er Diener des Gottes ist, von welchen das jenseits des

Schilfmeers gesungene Lied bekennt: ,Der Herr wird der König sein immer und ewig'. "

Die Wirkung des Violett auf die meisten Menschen ist psychisch lähmend. Im Mittelalter wurden Klosterkapellen der strengen Orden in violetten Tönen ausgemalt. Das sollte die ,,Abtötung des Fleisches" unterstützen.

Blau wirkt beruhigend und tröstend. In seinem Anblick findet der innerlich aufgewühlte Mensch wieder Ruhe.

Farbtraditionen

Mit der Symbolik hängen eng zusammen die Farbtraditionen, deren Verständnis aus der Betrachtung vorgeschichtlicher Zeiten und primitiver Völker erwächst — durch sprach- und kunstgeschichtliche Vergleiche bestätigt wird. Schließt man sich der Betrachtungsweise Goethes in seiner ,,Geschichte der Farbenlehre" an (nicht der Farbenlehre an sich), so entwickelt sich ein fesselndes Bild der Triumphe, oder wie Goethe sagt: ,,Der Taten und Leiden durch die Jahrhunderte".

Zeitalter und Kulturen haben ihr bestimmtes Verhältnis zur Farbe, das natürlich nicht in ein System gepreßt, sondern physiognomisch erfaßt werden muß. Die einfachste Unterscheidung ist die zwischen Farbfreudigkeit und Farbenunlust, welch letztere Goethe in seiner Zeit steigen sieht: ,,Gebildete Menschen haben einige Abneigungen vor Farben. Es kann dies teils aus Schwäche des Organs, teils aus Unsicherheit des Geschmacks geschehen, die sich gern in das völlige Nichts flüchtet... Die Frauen gehen nunmehr fast durchgängig weiß, die Männer schwarz. Zwischen diesen Polen liegen unendliche Möglichkeiten der Farbe als Ausdruck und Sinnbild".

Die prähistorischen Menschen und die primitiven Völker der Welt bedienten sich nach den Ergebnissen sprach- und kunstgeschichtlicher Vergleiche für ihre Malerei, Tätowierungen und den Schmuck des Hausrats sowie der Kultgegenstände der einfachen Farben Schwarz, Weiß und Rot, deren Rohstoffe ihnen die Erde, Pflanzensäfte und das Blut lieferten. Aus diesen Farben traten ihnen im Licht des Tages und der Dunkelheit der Nacht die Freuden und Schrecken des Daseins in guten und bösen Dämonen entgegen. Waren die Felsbilder der Neolithiker magische Symbole, so lebt die Farbensymbolik der Tätowierungen unbewußt in den kosmetischen Schminkfarben der mehr oder weniger mondänen Weiblichkeit fort.

Im frühen Mittelalter war die Farbe von dem überall in das Leben hineinwirkenden Hintergrund des Göttlichen erleuchtet. Deshalb wohnt die stärkste Farbigkeit zunächst in den bunten Fenstern der Kathedralen, wo das Licht nicht auf die Farbe trifft, sondern sie durchscheint. Um hier bestehen zu können, gewinnt die Farbe eine spätere nie wieder erreichte Tiefe und Glut. Das Geheimnis des roten und blauen Glasflusses von Chartres oder Freiburg ist Geheimnis geblieben. In der Tafelmalerei freilich hat es die Farbe schwer, gegen den übermächtigen Goldgrund des Glaubens ihr irdisches Sondersein zu entwickeln. In dieser Abhängigkeit vom Ewigen jedoch entfaltet die Farbe eine köstliche Unbefangenheit. Man denke an die frische Buntheit der Miniaturen in den Stundenbüchern oder noch an die ,,Ruhe auf der Flucht" des Lucas Cranach.

Wenn die Farben des Mittelalters vom Goldgrund der Ewigkeit Leuchtkraft und Grenze erhalten, so ist die vorherrschende Farbe der Renaissance ein von innen her glänzendes Blau. Es ist dasselbe Blau, das man vom Süden her über die lombardischen Seen auf die Alpen schauend erblickt. Rosa, duftiges Braun, lichtes Grün der Frührenaissance bekommen von diesem Blau ihre zarte Festigkeit. Von dem Farbgeist bestimmt, ist jenes Blau zugleich der kommende Hintergrund des abendländischen Daseins: Unendlichkeit, die nicht mehr mit dem Göttlichen schlechthin zusammenfällt. Je stärker die rein irdische Art dieser neuen Unendlichkeit in den Menschen wirkt, desto satter und selbstsicherer wird die Farbe. Die Verweltlichung der Farbe im schönsten Sinn erweckt aber auch das vom Mittelalter gebändigte Dunkel der Erde. Dem Farbenmut der Renaissance folgt im Zeitalter der Glaubenskriege die Herrschaft des Braunen und des Grauen über die Kunst, die Möbel, die Raumgestaltung. Ein möglichst dunkles Braun ist die Lieblingsfarbe des 17. Jahrhunderts. Viel rinnt in der neuen Farbstimmung zusammen: Der furchtbare Ernst des Daseins, die Müdigkeit nach dem Aufschwung der Renaissance, der freiwillige Verzicht auf ihre Menschheitshoffnung, der Sieg des Denkens über das Anschauen und der Gottesgelehrsamkeit über die Gottinnigkeit und endlich das Bedürfnis einer erschütterten Welt nach Würde und Haltung, die man durch helle Farben gefährdet glaubt. Am Ende des 16. Jahrhunderts tragen die Männer am Hof von Burgund Schwarz als Ausdruck der Vornehmheit. Von Burgund wandert das Schwarze nach Spanien, von da wieder zum Adel Frankreichs und wandert fort, bis es im 19. Jahrhundert seinen Triumph in ganz Europa feiern kann. Wo das 17. Jahrhundert einmal andere Farben als Braun verwendet, sucht es doch durch die Technik des Hell-Dunkel des ,,Clairobscur" dem Bild wenigstens eine braune Tönung zu geben. Die Manier der „Grisaille", nämlich ganze Gemälde und sogar Fresken nur durch lauter verschiedene Schattierungen von Grau zu bestreiten, bildet demgegenüber bereits eine erste Aufhellung, die sich im Rokoko vollendet. Die ermatteten Farben des 17. Jahrhunderts, denen durch einen gelegentlichen, verzweifelt wirkenden Farbüberschwang nur unglaubwürdig widersprochen wird, überwindet das Rokoko durch seinen heiteren Bereich gestillter Farben. Dies Zeitalter bejaht die Sinnlichkeit, aber nicht mit der vom Sündengefühl verstärkten Kraft des Mittelalters oder der geistigen Lust der Renaissance. Seine Sinnlichkeit ist vornehm, gereinigt, entschwert. Dem entsprechen die Farben oder richtiger, seine Farben sind das Rokoko. Die Farbe wird besänftigt, die Erdkraft herausgezogen. Darum herrschen im 18. Jahrhundert Moosgrün, Rosa und Haselnußbraun, Perlgrau und Pistazie, Altsilber und Pfirsich. Auch die natürlichen Haarfarben, Blond, Braun und Schwarz werden als zu schroff empfunden und mit weißen oder grauen Perücken verdeckt. Die Perücken des 17. Jahrhunderts waren dagegen der Farbtönung der Zeit entsprechend, lichtbraun bis kastanienbraun.

Im Gegenschlag zum Rokoko läßt das folgende napoleonische Zeitalter wenige Farben hart aufeinander treffen. Das Weiß und Gold der Wände und Decken steht unvermittelt gegen sich und das Mahagoni der Möbel, Weinrot der Vorhänge, Meergrün der Sofas und den Malachit oder Onyx der Tischplatten und Vasen. Der duftige Pastellreiz der Farben ist aufgegeben; er kehrt auch in der bürgerlichen Gesellschaft des beginnenden 19. Jahrhunderts, dem Biedermeier, nicht zurück. Dessen Farben sind versöhnlicher miteinander als die des Empire, ergeben aber deshalb keineswegs den Einklang des Rokoko. Tabakbraun, pflaumenblau, zeisiggrün, zitronengelb treten in betonter Harmlosigkeit zusammen, unter deren Oberfläche die Macht der Entfärbung weiter wächst. Die scheinbare „Solidität" der Biedermeier-Farben kommt von dem andringenden Dunkel in ihnen.

Das Entfärbungsstreben der Neuzeit tritt verräterisch in der deutschrömischen, betont christlichen Malerschule des aufsteigenden 19. Jahrhunderts, den sogenannten „Nazarenern", hervor. Auch bei Künstlern großer Gesinnung wie Rethel oder Cornelius kann die Farbe nicht mehr das Werk erfüllen. Es bleiben riesenhafte Flächen voll Umriß und Schraffierung, welche den Eindruck ängstlicher Leere hervorrufen.

Der fast völlige Sieg der Entfärbung im 19. Jahrhundert versinnbildlicht sich in der Herrschaft des Schwarz. Zweckmäßigkeitsgründe, die oft angeführt werden, wie die Anpassung an das Kohlen- und Maschinenzeitalter, erklären eigentlich nichts. Richtiger wäre zu sagen, daß die Macht, welche das Leben der Menschen damals im ganzen umformte, auch das Schicksal der Farben bestimmte. Diese Macht lenkte die Kräfte der Menschen einseitig auf Iudustrie, Technik und Politik. Statt einer Gesellschaft, welche, wenn auch verstellt und schwer erkennbar, den Gedanken einer überirdischen Ordnung spiegelte, verlangte sie die unterschiedslose Gleichheit von nur Arbeitenden. Und die Heiterkeit eines Daseins, das seiner Wurzeln und seines Zieles im Jenseits bewußt, inzwischen die Erde genießt, wich dem großartigen Ernst der Pflichterfüllung um ihrer selbst willen. Dieselbe Macht verlangte das Schwarz und setzte es durch als Grundfarbe der Zeit.

Die Pflicht für den Mann, in seiner Kleidung lebhafte Farben oder am besten die Farbe überhaupt zu meiden, wobei neuerdings für Jagd und Sport einige Zugeständnisse gemacht werden, erscheint heute so selbstverständlich, daß wir die umwälzende Art jener Veränderung nicht ermessen. Bis zu ihr konnte wie im Tierreich auch beim Menschen der Mann als das entschieden farbenfreudigere Geschlecht gelten. Der leuchtende Wappenrock des Ritters, der gotische Modeherr, der Stutzer der Renaissance und schließlich trotz der vorübergehenden Trübe des 17. Jahrhunderts noch der Kavalier des Rokoko und die Biedermeier-Eleganz gaben ihren Frauenwelten an Farblust nichts nach, sondern eher reichlich vor. Die Trennung von Mann und Farbe mag mit dem untergründigen Umsturz im 19. Jahrhundert zusammenhängen, den wir als Verlust der unbefangenen Sinnlichkeit kennzeichneten. Eine andere, gleichzeitig vollzogene Trennung, nämlich die zwischen der Farbe und ihren alten natürlichen Grundstoffen, wie Krapp, Färberwaid, Indigo zugunsten der künstlichen Farbmittel scheint mehr äußerlicher Art. Und doch wirkt sie unverkennbar auf die Stellung der Farben in der Kunst. Wer sich jetzt nach der Farbe sehnt und sie erzwingen will, läuft auch bei den reinsten Absichten Gefahr, ins Unwahre, Laute, Harte zu geraten. So, in aufsteigender Reihenfolge ihres menschlichen Ranges, Makart, Piloty, Guéricault, Stuck, Feuerbach. Hierher gehört auch das widrige Seegrün des Jugendstils wie das Eigelb der Neubiedermeier.

Am Ende des 19. Jahrhunderts ergab sich durch die Farbenfreudigkeit des Expressionismus eine bedeutsame Wandlung im Gebrauch der Farbe in der Malerei. Durch die freie, ungebundene Verwendung der Farben entstand geradezu ein Optimismus der Farbigkeit, der im lebhaften Gegensatz stand zur strengen Farbengesetzmäßigkeit der mittelalterlichen Kunst.

Der Expressionismus erlebte die Grundfarben und ihre Nuancen als eigene Werte. Die Farbgebung richtete sich nicht wie ehemals in traditioneller Gesetzmäßigkeit nach dem Objekt, dem Gegenstand der Malerei, sondern der Stoff, der Gegenstand des Bildes mußte sich nach der Harmonie der Farben richten. Mit der Entdeckung des Eigenwertes der Farben war an Stelle der Symbolik die Ästhetik getreten.

Die Pioniere Manet, Monet, Dégas fanden in Cézanne ihre Vollendung. In der Fortsetzung dieser Prinzipien haben die neuen Expressionisten, mit Seurat an der Spitze, die farbige Fläche in Flecke, Punkte und Strichelchen aufgelöst — Pointillisten. Diese Tendenz, dem menschlichen Auge die Arbeit des Zusammenschauens zu überlassen, der komplizierten Netzhaut des Auges ein ähnlich gegliedertes System im Bild gegenüberzustellen, führte van Gogh zum höchsten Triumph.

Nach dem 1. Weltkrieg bricht überraschend ein förmlicher Schrei nach Farbe aus. Am grellsten tönt er aus den Farbversuchen des Expressionismus. Es ist nicht Freude an der Farbe, die hier gesucht wird. Die Farbe soll Retterin, Heilerin für das aufgewühlte Innere der Menschen sein. Darum wird sie in großen Mengen stark, abstufungslos angewandt. Ganze Häuserwände werden in Zinnober oder Schokoladenbraun getaucht; im Inneren der Räume einfarbige Flächen übergangslos aneinandergesetzt. Was der Farbe an Tiefe und Echtheit fehlt, soll die Bewegung schaffen. Daher die Feuerlinien, Blitzzacken, eckig abgebrochenen Kurven der expressionistischen Dekoration. Die Bemühung als Ganzes schlägt fehl. Es gelingt nicht, den Bruch zwischen Farbe und Leben zu schließen: Es entsteht oft ein Eindruck, als ob mittelalterliche Kathedralenfenster in Maschinenhallen mit Zementböden eingesetzt wären.

Nicht weniger überraschend als der Farbausbruch des Expressionismus wirkt das schnelle Abgleiten zu der Zahmheit der folgenden Jahre. Gegen das nun vorwaltende Blau, Rosa, Seladongrün, Beige der Zeitspanne von 1924 bis 1931 erscheinen die Farben des Biedermeier geradezu brutal.

Wohl haben einzelne starke Künstlerpersönlichkeiten, wie Adam Elsheimer, Claude Lorrain, Poussin, die Trübe des 17. Jahrhunderts gesprengt, haben sich Caspar David Friedrich, Ingres, Delacroix, Leibl, Manet, Renoir triumphierend über die Entfärbung des 19. Jahrhunderts erhoben — aber diese Siege des starken „Ich" in den Zeiten der Ungunst für die Farben ändern nichts an den deutlichen Zeittendenzen durch die europäischen Jahrhunderte. Sie führen aber zum Problem der „Lieblingsfarben", der Zugehörigkeit bestimmter Farben zu bestimmten Menschen und zu den Grundlagen einer zukünftigen Farbenkultur.

Symbolik, Mystik und Magie der Farben, ihre Kraft, die Assoziationen zu erleichtern und Illusionen entstehen zu lassen, sind nur ein Teil ihrer Wirkungen auf die Menschen. Um die Wirklichkeit zu finden, die hinter jenen so veränderlichen Reaktionen steht, welche die Psychologen „Empfindungen" nennen, bedürfen wir der Metaphysik. Nirgends ist der Spruch des hl. Augustinus wahrer als bei den Farben: „Die Dinge, die wir sehen, sind nur ein Zeichen dessen, was wir nicht sehen."

Farben in der Heilkunde

Die Anwendung der Farben bei den Bemühungen der Priester, Magier und Ärzte, Krankheiten zu heilen, ist sehr alt. Das Licht galt als göttliche und allmächtige Kraft. Von den Farben nahm man an, daß sie das Schicksal der Menschen in weitem Maße beeinflussen, ja beherrschen. Die Ärzte im alten Ägypten und Griechenland zogen die Farben in ihrer Heilkunst ebenso heran, wie die gelehrten Araber des Mittelalters und die Alchimisten der Renaissance. Im krausen Gemisch der magischen Formeln und Rezepte spielt neben Talismanen, Kräutern und Tränken die Heilkraft der Farben eine bedeutende Rolle. Die moderne Medizin hat mit der Anerkennung der seelisch-körperlichen Ganzheit des Menschen wiederum die Wirkung der Farben in ihre Untersuchungen stärker einbezogen. Noch ist die Zurückhaltung skeptischer Ärzte gegenüber der allgemeinen Anwendung von Teilergebnissen begreiflich. Aber die Methoden der Heilung durch Farben gewinnen ständig an Bedeutung und Anerkennung.

Die Wirkung der Farben auf den Menschen erschöpft sich weder in ihrem optischen Reiz noch in den physiologischen Netzhaut- und Gehirnprozessen und den psychischen Erscheinungen, sondern die materielle Farbe an sich, der Farbstoff, wirkt in bestimmten Fällen lindernd oder heilend. Ihre Wirksamkeit ist keineswegs erschöpft mit dem Angezogen- oder Abgestoßenwerden, mit unbewußten Symboldeutungen, Assoziationen und Illusionen. Daß die Materie der Farbe ebenso wie ihre Wahrnehmung das Befinden der Menschen beeinflußt, Krankheiten lindert oder heilt, ist sowohl primitiven, wie kultivierten Völkern der alten und neuen Welt seit vielen Jahrtausenden bewußt. Goethe hat das Grenzgebiet zwischen Farben und Heilkunde in seiner Farbenlehre vielfach betreten. Können manche seiner Schlüsse vor dem Urteil der modernen Physik nicht mehr bestehen, so werden andere „sinnlich-sittliche" Ergebnisse zu wertvollen Anregungen der heutigen Forschungstätigkeit. Die Farben der Nahrungs- und Genußmittel, die wir im täglichen, persönlichen Experiment des Essens und Trinkens erleben, führen geradewegs in das moderne medizinisch-pharmakologische Forschungsgebiet.

Durch bestimmte natürliche oder künstliche Farben der Nahrungsmittel werden die Magensäfte auf dem Wege über das Auge angeregt. Dieser Vorgang bildet die Brücke zum Verständnis der rein innerlichen Wirkung von Farben, die uns besonders auf dem Gebiet der Heilkunde entgegentritt. Es ist dabei die Farbe selbst, die tätig wird. Der gute Einfluß des Heidelbeersaftes bei Mund- und Zahnkrankheiten beruht auf der Blaufärbung, indem der Farbstoff tief in die erkrankten Gewebe eindringt.

Ganz deutlich zeigen die Einflüsse der verschiedenen Farbtöne auf den menschlichen Organismus die in den schönsten Farben leuchtenden synthetischen Farbstoffe, die aus schwarzem Teerstoff hergestellt werden. Sie vermögen auf die inneren Funktionen des menschlichen Körpers einzuwirken und sind — weil sie im hohen Grade die Fähigkeit besitzen, Krankheitserreger zu töten, ein unerläßlicher Helfer im Kampf gegen Krankheit und Tod.

Der Einfluß der Farben innerhalb des menschlichen Organismus auf nicht optischem Wege wird durch den großen Anteil starkfarbiger Tiere und Früchte bei der Idiosynkrasie, der Überempfindlichkeit gegen bestimmte Nahrungsmittel und Blumen, illustriert. Neben Eiweißverbindungen in Milch, Eiern und Fleisch rufen besonders violette Primeln, Hummer, Erd- und Himbeeren solche Idiosynkrasien hervor. Zwischen den Möglichkeiten des Heilens und Schadens durch innerlich aufgenommene Farbstoffe liegt der weite Raum unauffälliger, meist ungeklärter Einflüsse. Worauf die Wirkung von Farben innerhalb von Organismen zurückzuführen ist, um welche subtile Kräfte es sich hier handelt, ist noch nicht völlig erkennbar. Die Wirksamkeit dieser Stoffe allein aus ihrer chemischen Zusammensetzung deckt sich ja mit der heilsamen Anwesenheit oder gar Vorherrschaft der Farbstoffe, während der Versuch, sie farblos zu verabreichen, die Wirksamkeit aufhebt.

Die heftigen Wirkungen des Rot, das vom inneren Erregungs- oder Schwächezustand gefordert wird, bei Nahrungsmitteln, die im negativen Sinn als Idiosynkrasien bereits erwähnt wurden, äußern sich günstig in Paprika und Tomate.

Von den Möglichkeiten, kranke Menschen mit Farbstoffen zu behandeln, bis zu dem Versuch, mit Farben selbst eine Heilwirkung zu erzielen, war nur ein Schritt. In Amerika, Schweden und Deutschland sind seit geraumer Zeit Bestrebungen im Gange, das Befinden der Menschen durch Farbeinwirkungen zu beeinflussen. Sie gehen Hand in Hand mit den Bestrebungen der „somatischen" Medizin und der „industriellen Psychologie", zur bewußten Verwendung der Farben in Krankenhäusern, Ruheräumen, Arbeitsstellen und an Maschinen aller Art. Leistungssteigerung, Erhöhung des Wohlgefühls an der Arbeitsstätte und Verhütung von Betriebsunfällen sind das Ziel. Während Rot, die große Dominante, die Erregung des menschlichen Nervensystems verstärkt, am einfachsten verständlich erscheint, ist die Wirkung des Blau wesentlich schwieriger zu verstehen. Blaues Licht vermindert die Erregung so sehr, daß die moderne Chirurgie ernstlich bestrebt ist, in besonderen Fällen Unempfindlichkeit gegen Schmerzen durch Einwirkung von blauem Licht zu erzielen. Orange und Gelb wirken schwächer als Rot, wobei der gelben Farbe ein aufheiternder und nervenstärkender Einfluß zuzukommen scheint. Violett und Grün hingegen wirken ähnlich wie Blau. Gallen- und Leberkranke haben vielfach eine starke Neigung zur grünen Farbe. Es scheint eine polare Beziehung zu bestehen zwischen kranken Menschen und bestimmten Farben.

Im Purpur wird das Rot, das an sich die stärkste, auffallendste Farbe bildet, durch die Beimischung des Dunkels, der Nacht, noch vertieft und übersteigert. Purpur, das in der Reihenfolge des Spektrums noch jenseits des Violetts steht und mit dem sich der Farbkreis schließt, wurde als dichteste Verleiblichung irdischer Fülle nicht nur zur Farbe der Macht, sondern es trägt als „Sehpurpur" in sich noch immer ein großes ungelöstes Geheimnis. In augenlosen Meerestieren, wie dem Seeigel,findet sich ein Purpurfarbstoff, der die Funktion des Sehorgans ausübt. Dieser Sehpurpur nimmt die optischen Reize auf und leitet sie weiter. Auch hier läßt sich nicht zwischen dem chemischen Stoff des Sehpurpurs und der Farbe unterscheiden. Es ist die Farbe selbst, die in jenen Tieren auf eine uns Augengeschöpfen unbegreifliche Weise zum Auge wird.

Den deutlichen Einfluß der Farben auf Kranke und Leidende hat man sich auch ganz allgemein bei der Ausmalung der Räume von Spitälern, Kliniken und Sanatorien zu Nutze gemacht. Eintönige Krankenhaussäle und -gänge streicht man in freundlichen, wohltuenden Farben. Wie zweckvoll wäre es, Ämter und Behörden dazu zu bringen, auch die Wände der Räume, in denen die Parteien verkehren müssen, sinnvoll zu streichen, um die Erregung und Spannung der meist unfreiwilligen Besucher zu beruhigen.

Literaturhinweise:
Bauer, W./I. Dümotz/S. Golowin Lexikon der Symbole. Heyne.
Brusius, H. Die Magie der Edelsteine. Ariston.
Lüscher, M. Der 4-Farben-Mensch oder der Weg zum Inneren Gleichgewicht. Goldmann.
Wilson, A./L. Bek Farbtherapie. O. W. Barth/Scherz.

Die Prophetie

Nostradamus

Auszug aus einer Betrachtung seines Lebens, seiner Bücher, seiner Voraussagen bis in die heutige Zeit

Das 16. Jahrhundert gab der Menschheit eine Reihe von wertvollen, ja grundlegenden Erkenntnissen auf dem Gebiet der Philosophie und der Astronomie.

Wie schwer hätten es unsere Astronomen ohne ihre berühmten Vorbilder Kepler und Kopernikus! Auf ihren Theorien konnte weiter gebaut werden bis zu den heutigen phantastischen Fortschritten der Astrophysik. Die Erfindung des Buchdrucks verhalf der Reformation zur Eroberung der Massen. Eine schnelle Verbreitung fanden die Schriften des Paracelsus, dem ersten Arzt, der für die damalige Zeit ein neues naturwissenschaftliches Weltbild schuf. Er erklärte die Geheimnisse der Körperfunktionen und erkannte die magischen Kräfte, die in den Menschen selbst und in den Pflanzen ruhen.

Für die heutige Zeit noch interessanter sind für die immer suchenden Menschen die Weissagungen, die Biographien und die Bücher von Nostradamus. Dem geheimnisvollen Zauber der seherischen Aussprüche können sich wohl nur wenige Menschen entziehen. Die Zenturien allein bilden für diejenigen, welche Interesse an den Voraussagen von Ereignissen aller Art haben, ein reiches Feld zum Erforschen, Grübeln und Deuten. Aus der erst nur scheinbaren Unklarheit der Prophezeiungen des Nostradamus kristallisieren sich für den ernsthaften Forscher eine Reihe wirklich zutreffender Weissagungen heraus. Aber es bleibt noch genug übrig, das heute noch immer von neuem gedeutet und geklärt werden muß. Beim Lesen der Zenturien erscheint es den meisten unfaßbar, daß ein Menschengeist ferne, zukünftige Ereignisse bis zum Jahre 3797 voraussagen konnte. Gerade in diesen Jahren sind viele Prophezeiungen nach und nach geklärt worden und haben den Wahrheitsbeweis in sich.

Michel de Notre Dame, der sich der Sitte der Zeit entsprechend „Nostradamus" nannte, wurde in Frankreich, in der Provence, in dem kleinen Ort Remy am 14. Dezember 1503 mittags geboren. Sein Vater war Arzt. Seine Mutter hatte ein Elternhaus, in dem die Wissenschaften, besonders Mathematik, Philosophie und Himmelskunde, gepflegt wurden. Ihr Vater war bekannt als Gelehrter und Leibarzt des Herzogs von Calabrien. Seine besonderen Kenntnisse von Mystik, Magie, Astrologie, Konzentrationsübungen hatte er von einer Asketensekte übernommen, deren Schüler er gewesen war.

Man kann sich vorstellen, wie wichtig für Michels zukünftiges Leben es war, daß der Großvater die genaue Stunde der Geburt feststellen konnte. Tüchtige Astrologen unserer Zeit haben sie genau auf 11 Uhr 14 Minuten vormittags errechnet.

Was gab es da zu sehen? Es konnte einem fast den Atem nehmen! Ein Aszendent von 12 Grad 35 Minuten, Fische! Von diesem Grad sagt der Seher Charubel in seinem Buch „Die Grade des Zodiaks": Dem darin Geborenen geht ein Licht auf, er erhält Inspirationen und geht den rechten Weg, der aufwärts führt und heller und immer heller wird."

Sonne und Merkur befanden sich in günstigen Sextilaspekten. Die Sonnenstellung im 10. Felde verhieß einflußreiche, hochstehende Gönner. Der Mond im achten Haus! Er zeigte das reiche Maß an Mystik. Vor dem Leid der Venusquadratur würde er sich nicht schützen können. Es war auch schon vorauszusehen: Frauen würden ihn nicht von seiner großen Berufung abhalten können. Seine immens starke Schaffenskraft zeigte der Mars.

Diese astrologischen Feststellungen gaben der Erziehung des Enkels die Richtlinien. Der Knabe zeigte schon in frühen Jahren eine auffallende Begabung für Wissenschaften, Mystik und Himmelskunde. Durch seinen Fleiß war er seinen Altersgenossen weit voraus.

Nach dem Tode des Großvaters kam Nostradamus nach Avignon, um die „humanen" Wissenschaften zu studieren. Er vertiefte sich mit größtem Eifer in die Philosophie und theoretische Medizin. Im Alter von 22 Jahren praktizierte er schon als Arzt. Mit 25 Jahren machte er sein Doktorat mit Auszeichnung.

Auf dem Wege nach Toulouse — in Agen — lernte er den berühmten Philologen Julius Scaliger kennen, der lange Jahre das Leben des jungen Gelehrten reicher machte.

Nach kurzer Ehe starben seine Frau und seine zwei Kinder. Nun verließ er den Ort Toulouse, der so traurige Erinnerungen für ihn hatte, und wanderte zehn Jahre durch Italien und Frankreich.

1544 führte ihn das Schicksal zurück nach Frankreich. In Salon aux Craux, einem kleinen Ort zwischen Avignon und Marseille, lernte er Anna Pontia Gemella, eine Patriziertochter, kennen und lieben. Sie heirateten und bewohnten ein kleines Häuschen im Viertel von Fareioux.

Nostradamus war aus innerer Notwendigkeit mit Leib und Seele Arzt. Sein positives medizinisches Wissen, sein starker Wille, sein gütiges, hilfsbereites Herz, seine magnetisch-heilenden Hände linderten Schmerzen und seine klugen Worte beruhigten seelischen Kummer. Das Wort Furcht schien ihm unbekannt — Gefahren und Ansteckungen erschreckten ihn nicht. Eher zwang ihn Klugheit und weiter Blick zur Vorsicht. Es ist bekannt, wieviel Hexenprozesse, Todesurteile wegen schwarzer Magie und Ketzerei im 16. Jahrhundert durchgeführt wurden. Wieviel Alchimisten gab es, denen ein trauriges Geschick einen gewaltsamen Tod brachte!

Seine große Menschen- und Weltkenntnis, die er besonders auf seinen zehn Wanderjahren erworben hatte, halfen ihm, die Herzen und das Vertrauen zu erobern, so daß sich sein Ruf schnell weit verbreitete. Den größten, aber auch erfolgreichsten Kampf mußte er in den Jahren 1546/47 gegen die Pest führen. Städte wie Marseille, Aix en Provence, Lyon, Agen holten ihn. Er wurde als Wunderarzt verehrt. In rotem Wams und ebensolchen roten, festen Stiefeln tauchte er in den stark verseuchten Vierteln auf, verlangte rücksichtslos gründliche Straßenreinigung, ließ die Zimmerwände mit Weinessig abwaschen und war die Hoffnung der Pestkranken. Als Radikalmittel verordnete er Knoblauch- und immer wieder Knoblauchessen. Von seinem Großvater hatte er übernommen, daß gegen Pest Türkis und Granat Talismane wären. Die Träger dieser Steine glaubten, daß die Pest keine Gefahr für sie wäre und blieben auch meistens gesund. — So berichtet es zumindest die Überlieferung. Er erntete Dank — aber auch der Neid der Kollegen bereitete ihm bittere Stunden. „Calvinist ist er!" hieß es. Das war eine Verleumdung. Nostradamus war bis zu seinem Tode ein guter Katholik. Aber die Sticheleien hörten nicht auf. Als weiser Philosoph zog er sich nach Salon zurück, gab seine Praxis auf und widmete sich seinen Büchern und astrologischen Beobachtungen und Studien. Seine medizinischen Bücher wurden schnell berühmt und gesucht. Die erste Auflage seines Buches „Schminken und Gerüche" (Des Fards et des Seintures), die in Lyon gedruckt wurde, war 1552 vergriffen. Ebenso seine Sammlung „Ausgewählte Rezepte der Gesundheit", die 1556 erschienen.

In dem so interessanten wie amüsanten Buch heißt es:

„Michaelis Nostradami:

Deß Weitberümten / Hocherfarnen / Philosophi / Astrologie / und medici / zwei Bücher / darinnen warhafftiger / gründlicher / und vollkommner bericht gegeben wirt / wie man erstlich einen ungestalten Leib / an Weib und Mannspersonen außwendig zieren / schön / und junggeschaffen machen / und allerley wolriechende / köstliche und krefftige Wasser / pulfer / dl / feyssen / rauchkertzlin / bisamkugeln / zu mancherley gebrechen dienstlich / artlich zu bereyten...

AVIGNON

Erstlich in Französischer sprach von jhme beschrieben: Nun aber unserem vatterlande zu gutem / in das gemein Teutsch auff das trewlichste verdolmetscht / durch Hieremiam Martium, bestelten Doktore der Arztney zu Augsburg. (Am 24. Februar 1572.)

Von jeher war es der Wunsch der Frauen, möglichst gut auszusehen und lange jung zu bleiben. Gerade für diese Sorgen hatte Nostradamus großes Verständnis. Das Rezept für seine Gesichtscreme wurde im wahrsten Sinne des Wortes mit ,,Andacht'' ausgeführt. Es hieß: ,,laß auch nit langer sieden, als zwey Paternoster, und zwey Ave Maria möchte sagen...'' Die Länge der Gebete war nicht nur Zeitmesser, sondern auch eine Konzentrationsübung, die die genaue Herstellung ohne Abschweifen erleichterte.

Eine moderne Kosmetikerin müßte eigentlich schon aus Forschungsinteresse diese Creme einmal so zusammenstellen: ,,Schweineschmeer,

Rosenwasser, Äpfel, Schalen von Pomeranzen und Limonen, Zitronatäpfel werden zerhackt und zerstoßen. Dazu kommen „florentinische Vyolwurtz, negelin (Gewürznelken), gummi storacis calamitae, kalmus" und, um es besonders gut zu machen, noch etwas graue Ambra. Nichts ist mit dieser Pomade zu vergleichen, die mancherorts den Wunsch nach ihrem Besitze wachrufen könnte:

„Ja, so ein Weybsbild, wenn sie aus dem Wasser, oder der Badestuben geht, ein wenig von dieser Pomade nimbt, sich ins beth niderlegt, schwitzt, und das angesicht damit bestreicht, so wirts auß einer heßlichen Hecuba, ein überaus schöne Polyxena."

Ambra wurde im 16. Jahrhundert nicht nur ihres Duftes wegen gern genommen, sondern man hielt viel von ihrem magischen Einfluß. Wenn eine Frau nicht immer dieselbe Salbe nehmen wollte, konnte sie, um einen besonders zarten Teint zu erhalten, folgenden Rat annehmen:

„Um ein lauteres Angesicht zu machen, nimm Hafermehl mit Bleiweiß vermengt, im Wasser gesotten und damit das Angesicht gewaschen, macht es schön und rein."

Für das Schlafmittel: „Milch vermengt mit weißen Magsahmen" (Mohn) sind sicher viele Patienten dankbar gewesen. Ebenso für das Mittel gegen Husten und Keuchen „Natterwurz in Honig" gepulvert, und: „Wem das Haupt weh tut, der nehme Wermut, Betonien und Fenchel, seihe das zusammen und wasche damit das Haupt." Gegen alle Krankheit, so der Mensch in sich hat, empfiehlt er:

„Man soll nehmen Kramatbeeren, die in einem Mörser stoßen, guten Wein daran gießen und es stehen lassen bis an den dritten Tag. Dann nimm ein schneeweißes Tuch und seihe es da durch ein Glas. Man lasse es darinnen stehen drei Tage und darnach nüchtern getrunken, bessert sich der Kranke."

„Schneeweiße Tücher" zum Filtrieren spielen bei den Mixturen eine große Rolle. Eine Heilsalbe kann nur helfen, wenn sie bei Neumond angesetzt und vom Vollmond ab gebraucht wird.

Kramatbeeren (Vogelbeeren), Wacholderbeeren (letzteres besonders gut gegen Durchfall) und Hollerbeeren gegen Fieber, werden besonders dringend empfohlen. Die Meinung der Bauern: „Vor Hollerstauden und Krawitten lüft ich mein Huat" war damals schon sehr verbreitet.

Viele Rezepte gelten dem „Rosmarin". Ein Zusatz zum Bad wirkt nicht nur kräftigend, sondern vor allem „verjüngend". Rosmarinsaft schärft die Augen, schließt leichter Wunden, heilt Gelbsucht, läßt Sommersprossen verschwinden. Plagen dich Flöhe und sonstiges Ungeziefer? Ein Sprengen mit Rosmarin-Essenz — schon sind die Quälgeister verschwunden. Wunderwirkungen hat der Rosmarin-„Wein". Er gibt gute Laune, vertreibt schlechten Atem, sorgt für bessere Verdauung, reinigt das Blut, Podagraschmerzen verfliegen. Es heißt, der Duft allein dieser segenbringenden Pflanze wirkt als Aphrodisiacum. Nostradamus hat aus dieser Pflanze ein Öl gepreßt, welches als Heilmittel und als Parfum beliebt war.

In den Büchern gibt er noch Anweisungen zur Zubereitung von Haarfärbemitteln und stark duftenden Seifen. In den Seifen und Schminken ist vielfach Bienenwachs enthalten. Vielseitig wie Nostradamus war, gilt auch ein Kapitel dem „Einmachen von Früchten". Hier wird der Honig dem Zucker vorgezogen. Immer wieder der Honig als herzstärkend und als Verjüngungsmittel gepriesen. Durch seine tiefe Naturverbundenheit, durch seine immer neuen Versuche und Experimente und dem ehrlichen Willen, der Menschheit zu helfen, waren lange Zeit die medizinischen Bücher von Nostradamus eine wertvolle Gabe.

Astrologe und Seelenarzt

Sitz' ich des Nachts, zu forschen in geheimen Dingen,
Allein, zurückgelehnt auf ehernem Gestühl,
Dann läßt die Einsamkeit und ihre kleinen Flammen das gelingen,
Was für den Glauben nimmer ist zuviel.

Faß' ich die Wünschelrute an den Zweigen,
So dringt's wie eine Welle mir durch Kleid und Glieder:
Furcht, eine Stimme heißt mich schweigen,
Göttlicher Glanz. Göttliches schwebt hernieder.

Dies schrieb Nostradamus über sich selbst. Wir wissen, daß er wenig Schlaf brauchte. Vier Stunden genügten ihm.

Seine astrologischen Berechnungen wurden auf Grund genauer astronomischer Studien aufgestellt. Nostradamus hat den Stand der Gestirne bewundernswert genau berechnet, obwohl ihm doch nur mangelhafte Behelfe zur Verfügung standen. Das interessanteste ist das Horoskop von Adam, welches auf den 25. April 4184 vor Christi von Nostradamus errechnet wurde — als Grundstock seiner weiteren Voraussagen. Der Astronom Wöllner aus Elberfeld hat diese seltsame Berechnung als richtig bestätigt.

Die Nacht gab ihm die stärksten Kräfte, und der Sternenhimmel war ihm Lebensquell. Er konnte sich von seinem körperlichen Sein lösen und in andere Dimensionen gleiten.

Von seinem Häuschen in Salon sah er den weiten Sternenhimmel. Manchmal sah er in einer Schüssel Wasser das Spiegelbild der Sternenwelt, um sich schneller zu konzentrieren. Es scheint, daß Nostradamus verschiedene Wege für sich gefunden hat, um in die Zukunft zu schauen. Der eine Weg war die verstandesmäßige Berechnung. Von dieser redet er in seiner Vorrede im Buch an Heinrich II., betont aber, daß er Seele, Geist und Gemüt von aller Sorge, Kümmernis und Aufregung frei mache durch Ruhe und Stille des Innern. In der Vorrede spricht er von „geoffenbarten Inspirationen", die er erhalten hat, wenn er bisweilen in der Nacht „sympathisch" (lympathisch) angeregt wurde und die Stunden für seine Berechnungen gar zu schnell verflogen.

Zwei Centurien haben die Überschrift: „Vom göttlichen Geist ergriffen weissagt die Seele," also war auch Nostradamus überzeugt, daß seine Weissagungen „gottgewollt" sind. Seine astrologischen Berechnungen sind auch oft im Trancezustand bei schlafendem Oberbewußtsein entstanden. Wir wissen jedoch, daß Nostradamus genau die Jahreszahlen und Namen richtig vorausgesagt hat. Le Pelletier, der erste Übersetzer des Druckes von Pierre Rigaud (Lyon 1568), konnte in zirka 200 Quartains eingetroffene Weissagungen, teilweise mit Jahreszahlen und Namen, bestätigen.

Die Astrologie war für Nostradamus das äußere Gerüst für seine Voraussagen. Hinzu kam eine unerklärbare, große, einmalige hellseherische Begabung. Hellsichtigkeit kommt öfters vor — aber nie war sie bei einem Menschen so auffallend stark ausgebildet wie bei Nostradamus. Er sah Bilder, farbig bewegt, auch mit akustischen Empfindungen verbunden. Er sah Epochen, Jahrhunderte, Jahrtausende an sich vorüberziehen — bis zum Weltuntergang, den er für das Jahr 3797 errechnete. Wenn wir das bedenken, ist uns das Bibelwort: „Und Tausend Jahre sind wie ein Tag" wieder nah.

Bemerkenswert ist, wie sich Eduard Rösch, der die Prophezeiungen auch übersetzt hat, das Zustandekommen der Visionen bei Nostradamus erklärt: „Er denkt an eine Magnetisierung durch das Einsaugen des Magnetismus der Sterne mittels der ‚Augen', wodurch eine lympathische Anregung des Bauchnervensystems (Inspiration) erfolgt sei." Nostradamus scheint — so sagt Rösch — die Lymphgefäße für die „Kanäle des magnetischen Fluidums" anzusehen, weil sie die außerhalb und innerhalb des Körpers von ihnen aufgenommenen und umgewandelten Flüssigkeiten dem venösen Gefäßsystem in der Nähe des Herzens, am eigentlichen Sitz des Bauchnervenlebens, zuführen. Die Inspirationen, die wohl die stärkste Konzentrationskraft voraussetzen, sind so klar und zwingend für Nostradamus, daß er sie niederschreiben muß aus innerster Notwendigkeit, seelischem Zwang und quälendem Herzweh.

Die Schriftsprache war die eines Gelehrten. Ein Gemisch von Languedoc-Dialekt mit mittelalterlichem Latein. Hineingestreut sind spanische, portugiesische, italienische, hebräische und griechische Ausdrücke.

Anfänglich hatte er seine Prophezeiungen historisch geordnet. Bedenken und Angst wegen Anklagen von der Inquisition, die im 16. Jahrhundert ihre höchste Stufe erreicht hatte, veranlaßten ihn, die zeitliche Reihenfolge seiner Vierzeiler scheinbar willkürlich zu verändern. Vielleicht wollte er auch nicht die Verantwortung übernehmen. Er mischte seine Quartains — einem Puzzlespiel vergleichbar — so durcheinander, daß es den späteren Deutern seiner Weissagungen schwierig war, herauszufinden, auf welche Ereignisse sich die einzelnen Vierzeiler beziehen. Seine eigenen Worte bestätigen dies:

„Ich gebe in dem Spiel von tausend dunklen Reimen
Entdeckend und verbergend, was die Zukunft wird entkeimen
An Haupterlebnissen der großen Potentaten,
Der Neugier eine Folter, die sie nicht erraten,
Denn eine lange Reih' von Dingen ist verzeichnet,
Die man erst dann erkennt, wenn sich der Tag ereignet."

1. Nostradamus hat seine 939 Zukunftsbilder in 22 Bücher, die 22 Jahrhunderten entsprechen, eingeteilt, und zwar in 13 zu 43 Vierzeilern, 8 zu 42, 1 zu 44 Versen.

2. Er hat die Vierzeiler in Verwirrung gebracht, indem er sie nach einem ganz bestimmten Stichwort (11 Buchstaben) auf die verschiedenen Bücher neu verteilte.

3. Er hat den Vierzeilern ihren Platz in ihren Büchern in einer höchst merkwürdigen Art zugewiesen.

4. Sodann hat er die neugewonnenen Bücher noch einmal durcheinandergewürfelt, in derselben Weise, wie er die Sätze seines lateinischen Briefes verwirrt hat. (Siehe: Loog.)

5. Er hat die wirkliche Zahl der Bücher verschleiert, in dem er sie mit der doppeldeutigen Überschrift „Centurien" in zehn Bücher verteilte.

Nostradamus verwendet für Geschehnisse in der Zeitspanne von zehn Jahren selten mehr als 4—6 Zeilen. Es ist anzunehmen, daß längst nicht alle Verse, die sich vermeintlich auf unsere Gegenwart beziehen, sie auch wirklich betreffen. Aber sicher hat er sich schon Vorstellungen von Flugzeugen, Unterseebooten und Bomben gemacht.

MARSEILLE

Die Stadt Lyon, welche durch ihre geistige Lebendigkeit, ihre günstige geographische Lage (viele Landstraßen und Flüsse führten hindurch) im 16. Jahrhundert eine Großstadt geworden war, konnte den Ruhm für sich in Anspruch nehmen, die erste Auflage von Nostradamus Weissagungen gedruckt zu haben. Die Meinungen über dieses Buch waren sehr gegensätzlich. Von der einen Seite hörte er Spott und Hohn, von der anderen wurde er bewundert und gläubig anerkannt.

Sein Ruf als Astrologe und Prophet verbreitete sich schnell. Könige und Fürsten holten ihn an ihre Höfe und behielten ihn als ihren Gast längere Zeit bei sich. In Paris war es der Kardinal von Bourbon, der Nostradamus auch seinen Freunden zuführte. Reich an Ehren und Geschenken kehrte er dann in sein stilles Haus nach Salon zurück. Allerdings lag es ihm gar nicht, irdische Güter anzusammeln. Er half den Armen,und Schenken war ihm Lebensbedürfnis.

Seine größte und treueste Verehrerin war wohl Katharina von Medici, die Gemahlin Heinrich II. Diese italienische Prinzessin hatte für damalige Zeit ein großes Wissen und besondere Interessen für Astronomie und Astrologie. In ihrem Schloß Chambord hatte sie sich auf dem Dach des Turmes eine Sternwarte eingerichtet: „Pour consulter nuitament les cieux de les étoiles."

1556 mußte Nostradamus für die Königin die Horoskope ihrer vier Söhne stellen. Er sagte das Unvorstellbare voraus: drei würden Könige werden! Allerdings verschwieg der Seher, daß die Krönung des einen verursacht war durch den Tod des Bruders. Nostradamus Prophezeiungen von der Abdankung Karls V. und dem Tod Heinrichs II. wurden Wahrheit.

Le lyon jeune le vieux surmontera
En champ bellique par singulier duelle:
Dans cage d'or les yeux luy crevera,
Deux classes une, puis mourir, mort cruelle.

Der junge Löwe wird den alten überwinden
Auf kriegerischem Felde durch Einzel-Zweikampf:
In goldenem Käfig wird er ihm die Augen ausstechen,
Von zwei Brüchen der erste, dann sterben eines grausigen Todes.

In einem Turnier stach Graf Montgomery dem König das Auge aus. Der Speer drang durch das goldene Visier des Helmes (cage d'or). Der König starb an dieser Verwundung im 40. Lebensjahr.

Es wird wohl niemandem einfallen, diese Ereignisse dem Zufall in die Schuhe zu schieben. Ebenso folgendes nicht:

Der Herzog Philibert von Savoyen und seine Gemahlin Margarete baten den Seher, ihnen die Zukunft ihres 1556 zu erwartenden Kindes zu sagen. Nostradamus prophezeite einen Knaben, der ein großer Feldherr werden würde. Eine Verwundung, die er sich im Frieden zuziehen würde, würde ihn hemmen. Tatsächlich — gerade als der junge Prinz Karl seinem Freund, dem Grafen Carignan, sein Horoskop zur Ansicht zeigen wollte — stieß er den Tisch um, der ihm auf das Bein fiel und es erheblich verletzte. Nun glaubte der Prinz auch genau sein Todesdatum zu wissen und meinte, 97 Jahre alt zu werden, denn Nostradamus hatte es festgesetzt, wenn auf eine neun eine sieben folgen würde. Der Prinz starb in seinem 69. Lebensjahr. Also war gemeint, daß auf 69 die 70 folgt.

Dieses Beispiel zeigt aber auch, wie zweideutig die Prophezeiungen sein können und daß erst nach dem Geschehen ein klares Bild erscheint.

Die zweite Voraussagung traf 1589 ein: König Heinrich III. wurde im Lager zu St. Cloud durch den Dolch des fanatischen Dominikanermönches Jaques Clément ermordet.

Erschütternd wirkt noch nachträglich die Deutlichkeit, mit welcher Nostradamus das Schicksal König Ludwigs XVI. und Maria Antoinettes aufzeichnete (20. Quartain, IX. Centurie):

De nuict viendra par la forest de Reines
Deux pars, vaultorte, Herne la pierre blanche,
Le moyne noir en gris dedans Varennes:
Esleu Cap. cause tempeste, feu, sang, tranche.

Des Nachts werden kommen durch die Pforte der Königin
Zwei Ehegatten, Irrweg, die Königin der weiße (Edel)stein,
Der verlassene König in grau (gekleidet), Sie (werden) in Varennes (ankommen)
Die Wahl des Kapetingers ist Ursache des Sturmes, Feuer, Blut, Hackmesser (Guillotine).

Die königliche Familie floh in der Nacht vom 20. zum 21. Juni 1791 durch eine Geheimtür. Der König war grau angezogen, die Königin hatte ein weißes Kleid an. Fallbeil, Feuer und Blut waren keine leeren Worte.

Aufschlußreich ist auch der 100. Quartain, der bis in unsere Zeit hineinreicht.

Le grand empire sera par Angleterre
Le pempotam des ans plus de trois cens:
Grandes copies passer par, mer es terre,
Les Lusitains n'en seront pas contens.

Das große Reich England wird allmächtig werden.
Große Heere werden kommen zu Wasser und zu Lande.
Die Portugiesen werden nicht erfreut sein.

Die Weltherrschaft Englands fing mit der Unterwerfung der Niederlande in der Mitte des 17. Jahrhunderts an. Nach der Voraussage von Nostradamus könnte man England nur noch ein halbes Jahrhundert der Macht zusprechen.

Vollkommen zutreffend beschreibt Nostradamus die Regierungszeit von Napoleon I. im 13. Quartain der 7. Centurie:

De la cité marine tributaire
La teste raze prenda la satrapie
Chasser sordide qui puis sera contraire,
Par quatorze ans tiendra la tyrannie.

Von der tributpflichtigen Seestadt
übernimmt der rasierte Kopf die Herrschaft
Verjagt die schmutzigen Geizhälse,
welche später feindlich sein werden,
durch 14 Jahre übt er die Gewaltherrschaft.

Die Regierungszeit Napoleons I. dauerte vom 19. November 1799 bis zum 13. April 1814. Also genau wie Nostradamus angab: 14 Jahre! Im Gegensatz zu den französischen Bourbonenkönigen des 17. und 18. Jahrhunderts, die Perücken trugen, hatte Napoleon sein Haar kurz schneiden lassen.

Treffend und wichtig für die Geschichte sind die Weissagungen, die der Seher in seinem berühmten langen Brief an Heinrich II. schrieb. In der 25 Jahre dauernden Periode von 1792—1817 sah Nostradamus das ganze Elend der verschiedenen Kriege mit Plünderungen, Brandstiftungen. Es waren die republikanischen Feldzüge gegen Deutschland und Österreich, die Kriege gegen Spanien und England, Napoleons Expeditonen nach Italien und Ägypten und Rußland. Der letzte Feldzug war entfacht worden durch Napoleons Flucht von Elba.

Diese Stichproben aus den Briefen und Centurien zeigen, daß Nostradamus nicht nur Namen und genaue Beschreibungen von Personen wußte, sondern auch die Dauer der verschiedenen Perioden der kommenden Geschichte fühlte.

Der fürchterliche Brand von Amsterdam 1658, der einen großen Teil der Stadt vernichtete, wurde von Nostradamus ebenfalls vorausgesagt.

Auch das Schicksal Napoleons III. hat Nostradamus gewußt. Im 92/III heißt es:

Goldfarbener Feuerschein sieht man vom Himmel bis zur Erde,
Geschlagen vom Hochgeborenen, wunderbares Geschehnis,
Großes Menschengemetzel: Gefangen genommen wird der Neffe des Großen.
Der Stolze entgeht einem aufsehenerregenden Tode!"

Nostradamus hat Napoleon III. — als den Neffen Napoleons I. — in seinen Aufzeichnungen mit ,,nepveu" (neveu) bezeichnet.

Napoleon III. hat in einem authentischen Brief an den Grafen Reille seinen Schmerz bekundet, daß es ihm nicht vergönnt war, an der Spitze seiner Truppen zu sterben. Der Seher meinte es mit den Worten: ,,Morts d'espactacles." Der Hochgeborene ist Kaiser Wilhelm I. Der Feuerschein lag über Sedan. Die Gefangennahme der französischen Armee war etwas ganz Unerhörtes.

Der Nostradamusforscher ,,Le Pelletier", der als erster die altfranzösischen Ausdrücke, wie sie in dem ersten Druck von Pierre Rigaud (Lyon 1568) stehen, übersetzt hat, wußte auch zu lesen, was zwischen den Zeilen stand. Aber die Zeit war damals für exakte Erklärungen nicht reif. Die heutigen Nostradamusforscher haben es sicher genau so schwer — aber sie dürfen alles schreiben, was sie enträtseln.

Leicht verständlich sind die Quartains über England. Ein großer Teil der Weltgeschichte ist in vier Zeilen enthalten. Eine erstaunliche seherische Leistung.

III/57: „Nach einem Blutvergießen wird sich das Britenvolk in 290 Jahren siebenmal verändern.

Keine Stütze von Frankreich, sondern von Deutschland.

Der Widder irrt am polnischen Bastard!"

NOSTRADAMUS

Die sieben Veränderungen sind:

1649 wurde Karl I. enthauptet und England Republik unter Oliver Cromwell.

1660 wird Karl II. englisch. König.

1685 waren im Lande schwere Aufstände, weil Jacob II. die katholische Kirche wieder im Lande einführen wollte.

1689 wird Jacob II. durch Wilhelm III. von Oranien entthront.

1711 hatte die Königin Anna große wirtschaftliche Krisen durchzukämpfen.

1714 wurde der Kurfürst von Hannover Georg I. englischer König.

1939 begann der Krieg gegen Deutschland.

Wenig glückverheißend sind für England noch zwei weitere Quartains:

III/70: „Großbritannien wird die Flut verheeren,
Die besonders Engelland beweint,
Krieg Ausoniens (Italien) neuer Bund erklären,
So daß man sich gegen ihn vereint."

XI/50: „Um dieselbe Zeit gedrückt zu Boden,
England durch des Wolfes Gang zu 'n Toten,
Mit dem Wasser sieht das Feuer ringen,

Das es neu nun mit ‚ner Maß' entzündet
Menschenblut von Menschenhaut umrindet,
Zu der Schwerter wildem Tanz, der Klingen".

Diese letzten 10 Zeilen sind eine weitere Bestätigung des Quartain III/57 und für unsere Zeit aktuell. Das einst mächtige England muß heute schwer kämpfen, nicht nur im eigenen Lande. Das indische und chinesische Geschäft ist verloren, das ägyptische und sudanesische stark bedroht. Im Ölstreit mit Persien hat es Ansehen und kostbare Anlagen verloren.

Den ersten Weltkrieg hatte Nostradamus angekündigt, und zwar, daß ein Attentat den äußeren Anlaß dazu geben würde. Es steht im

II/57: „Bevor die Kultur im Weltkrieg zusammenbricht
Wird ein Großer eines gewaltsamen Todes sterben."

Die Ermordung des österreichischen Thronfolger-Paares in Sarajewo 1914 war das erste Anzeichen für den kommenden Krieg.

Verschiedene Quartains sprechen von den anfänglichen Siegen der Deutschen und ihren späteren Niederlagen. Nostradamus sieht das Ringen um Verdun, den Ort St. Quentin in Gefahr und ahnt sogar die weittragenden Geschütze:

II/67: „Blitze schleudert in Burgund ein Ungetüm.
Niemals dürfte man das mit einer Maschine machen können.
In ihrer Behörde (Senat) benachrichtigt ein lahmgewordener Priester die Feinde über die Angelegenheit."

Der Satz mit dem lahmgewordenen Priester ist Wahrheit. Es sind Akten vorhanden über einen Spionagefall, bei dem ein Abt Cochin eine entscheidende Rolle spielt.

Mehrere Quartains können mit dem deutschen Zusammenbruch 1918 in Zusammenhang gebracht werden.

Zum Beispiel:

V/75: „Wenn sich ihnen der Sieg schon zuneigt werden die Truppen abfallen."

VII/67: „Auf der Flotte bricht Meuterei aus.
Zehn werden abgeschickt zum Offiziersmord."

VI/25: „Durch Mars wird die Monarchie zu Gegensätzen geneigt sein,
Wegen des großen Sünders in verzehrender Unruhe
Schwarz-rot-gelb wird die Hierarchie ergreifen
Die Urheber werden an einem nebligen Tage dazu greifen.

Merkwürdigerweise war an dem Tage der Revolution in Berlin ein drückendes Nebelwetter.

Auch die russische Revolution 1918, die Ermordung des Zaren, die Hetzen gegen die Religion und die Sprengung der Moskauer Erlöserkirche, beschreibt der Prophet deutlich:

„Große Ärgernisse in den Tempeln
Rechnet man sich noch zur Ehr' und Ruhm.
Einer, dem sie goldene Münzen stempeln
Kommt in unerhörten Qualen um!"

Auf die soziale Umschichtung und Flucht zahlreicher Fürsten und Gelehrten aus Rußland deutet folgendes:

„Wissen" wird man in dem Reich entwerten.
Die es besaßen, sind beim Thronwechsel arm
Stütz- und geldlos flüchten die Gelehrten,
Der Gelehrsamkeit sich Gott erbarm!"

Viel Stoff zum Nachdenken gibt uns in der 1. Centurie der 14. Quartain: „Des Sklavenvolkes Gesänge, Lieder und Forderungen werden — während Fürsten und große Herren als Gefangene in den Gefängnissen sitzen —, von Dummköpfen ohne Verstand als göttliche Offenbarungen für die Zukunft aufgenommen!"

Sicher ist Rußland gemeint und der Bolschewismus. Aber in welchem Lande sind die Dummköpfe zu finden, die ihr Heil im Bolschewismus sehen?

Sehr bedenklich stimmt:

„Schwache Schiffe sich zusammenscharen
Feinde unangreifbar auf dem Wall
schwach Wratislaw bangt vor'm Überfall
Lübeck, Meißen hält zu den Barbaren."

Wir wissen, der Bolschewismus sucht sich zu verbreitern und bedroht Deutschland.

Eindeutig klingt es im

35/III: „In der Tiefe des Abendlandes, an fernem Orte,
wird armer Leute Kind geboren,
Durch seine Beredsamkeit verführt er große Scharen,
Seine Tyrannei bedroht den Orient und den Halbmond."

Sicher trifft dies auf Stalin zu.

Erschütternd wirken die Auslegungen der Nostradamus-Weissagungen, die im 6. Jahrgang 1951, Heft Nr. 9, der „Kristall-Illustrierten", S. 270, zu lesen sind (ohne Angabe des Autornamens):

„Genau vor 350 Jahren prophezeite Nostradamus: Halb grau-, halb bräunlich wird den Krieg eröffnen. In der Nacht gibt es Überfälle und Plünderungen. Der Braune wird überwältigt und durch die Kelter gequetscht. Sein Tempel steht offen. Zwei werden auf Gips geröstet!" — Wie erschreckend deutlich steht uns Hitlers und Eva Brauns Tod vor Augen! Sie verbrannten auf Zementboden (damals war Zement nicht bekannt — wohl aber Gips). Der Tempel, die Reichskanzlei, stand offen, als die Russen eindrangen. Ein mörderischer Tumult entstand. Weiter heißt es: „Waffenlärm brandet einen langen Zeitraum hindurch zum Himmel empor. Der Wald mitten in der Stadt stürzt zusammen. Knutenhiebe, Gewissensbisse, Schwerter. Die Fackel fliegt der Stadt mitten ins Gesicht, wenn die Alleinherrschaft des Hadrie unterliegt."

Berlin 1945. Mitten in der Stadt, der Tiergarten brennt lichterloh! Gewissensbisse, Kampf, Brand! Eine grauenvolle Tragödie beginnt. Der Alleinherrscher, den Nostradamus „Hadrie" nennt — die Schlange Hydra —, beginnt mit dem verhängnisvollen Buchstaben „H" = Hitler, endet mit „A" = Adolf!

Der grausame Tod Mussolinis wird so geschildert:

V/21: „Latiums Monarch vom Tode ereilt,
Durch die eigenen Günstlinge vernichtet,
Feuer angezündet, Raub geteilt,
Die Verwegenen öffentlich gerichtet."

Wir wissen, am 28. April 1945 wurde Mussolini und seine Freundin Clara Petacci erschossen und nachher noch von den Partisanen aufgehängt. Wo das viele Gold geblieben ist, welches er mit sich führte, ist heute noch nicht geklärt.

Die Warnung, die im folgenden Vers klar ausgesprochen wird, hat leider nichts genützt:

VIII/106: „Fremde Fürsten, seltsame Gelüste!
Mache, daß Dein Land sie nicht umziehn!
Furchtbare Gefahren es bringen müßte
in so manchen Ländern, selbst in Wien!"

Es sieht leider so aus, als ob das schöne Wien und Österreich seinem Schicksal nicht entgehen kann, ebenso wie der Einmarsch von Hitler in Österreich nicht verhindert werden konnte.

„Ein Kapitän aus Großdeutschland
wird dem König Hilfe heucheln
und so den Pannoniern wirklich Hilfe bringen.
Der Aufstand verursacht großes Blutvergießen."

Interessant ist, daß Nostradamus für das Land um die mittlere Donau die Bezeichnung „Pannonien" gebrauchte.

Im folgenden Vers erkennt man die Entstehung und Ausbreitung des Nationalsozialismus, auch in Österreich:

„Eine neue Sekte wird entstehen der Philosophen,
die den Tod, Ehren und Reichtum verachten.
Von den deutschen Bergen werden
sie nicht begrenzt sein. Sie werden Unterstützung
und Druckmittel finden, damit man ihnen folgt."

Hitlers Werdegang und Schicksal spiegeln sich in zwei Quartains:

X/46: „Schnöder Tod folgt bald unwürdigem Leben.
Neuer Kurfürst wird in Sachsen ernannt.
Braunschweig muß ihm Liebeszeichen geben
Liefern den Aufwiegler aus an's Land."

Es ist bekannt, daß Hitler bis 1932 staatenlos war, nur der Ernennung zum braunschweigischen Regierungsrat verdankte er seine Einbürgerung.

VIII/41: „Fuchs gewählt, der den Heil'gen spielt,
leise schleicht, an Gerstenbrot sich letzet,
dann sich plötzlich als Tyrannen fühlt,
auf den Hals den Fuß den größten setzet."

Als Hitler gewählt wurde, konnte niemand die tragischen Folgen, die seine Regierung für das deutsche Volk hatte, ahnen.

Nostradamus fürchtet den Luftkrieg, warnte vor Aufruhr und erwähnt eine Widerstandsbewegung. Dieser Vers konnte nur nach diesem Weltkrieg verstanden werden:

VI/34: „Fliegend Feuer wird den großen Führer
der Belagerten in Schrecken setzen.
Es erheb'n im Innern sich Aufrührer,
die die Armen in Verzweiflung setzen."

Für unsere heutige Zeit treffend charakterisiert finden wir diese Worte:

VIII/102: „Zwischen den Monarchen und mächtigen Herren
wird viel über den Frieden gesprochen,
man kann sich aber nicht einigen,
weil zuviel Gegensätze bestehn."

Gerade die letzten zwei Zeilen sind wirklich nicht übertrieben. Sehr treffend für unsere Zustände waren folgende zwei Quartains:

VIII/17: „Die Güter und der Wohlstand werden aufhören
durch drei Genossen wird die Welt in Unruhe gebracht
der Feind erobert die Seestadt und behält sie
Hunger, Feuer, Blut, Pest und alle Übel doppelt".

II/18: „Regenstürme, die heran sich wälzen
bringen plötzlich sie in große Not.
Steine, Himmel, Feuer im Meer, Felsen
stürzen die Umringten in den Tod."

Der Prophet spricht nicht nur von Bomben und Minen, sondern auch die Luftschutz-Sirene erkennt man in den folgenden Worten

II/75: „Wenn man die Stimme des ungewöhnlichen Vogels
durch die Sprachrohre des Daches hört,
wird der Scheffel Weizen so teuer sein,
daß die Menschen sich gegenseitig auffressen werden."

Menschenfresser gab es im Kriege in weitentlegenen Gegenden Rußlands.

Leider nur allzu wahr sind die nächsten Verse, die vom heutigen Rußland reden und den vielen armen Gefangenen, die mit ihrer letzten Kraft arbeiten müssen:

„Wenn der Feind Treue versprochen hat,
Wird man sie dem Feinde nicht halten.
Die Gefangenen werden zurückbehalten.
Der erste Teil wird vom Tod ergriffen,
Der Rest im Arbeitshemd. Verdammt wird der Rest,
damit man unterstützt wird!"

Interessant ist auch, wie Nostradamus dieses Kriegsbild sah:

„Brabant, Flandern, Gent, Brügge, Boulogne werden vorübergehend mit dem großen deutschen Reich vereinigt.

Doch wenn der Waffenkampf beendigt ist, wird der große Fürst von Armenien Kampf ansagen."

Die Nostradamus-Forscher sind sicher, daß mit dem Fürst von Armenien nur Stalin gemeint sein kann.

Weiter heißt es: „Ein Mann auf dem Lande geboren, wird das Oberhaupt sein. Eine Truppenmacht, die für die Berge bestimmt ist, wird das Meer überschreiten."

Aber es ist beruhigend für die westliche Erdhälfte, daß Nostradamus zuletzt keinen Sieg des Armeniers sieht.

Weit in die heutige Zeit blickend spricht der Seher von Stalin und der großen Ost-West-Spannung.

Zwei Quartains hierüber lauten

IV/56: „Nach dem Siege wuterfüllte Sprache
Rührig schafft in dumpfer Ruh der Geist
Eine Rede hält des Siegers Rache
die zusamt den Knochen brät' das Fleisch."

Außerdem:

VIII/103: „Wieviel Wut, ach wieviel Not und Drang
Wird man bei so vielen Leut'n erkennen
Nie noch sah man solchen Hang,
Als die Wölfe haben, flink zu rennen."

Das Resultat der Friedenskonferenz scheint der Prophet im Wettrüsten gesehen zu haben.

Wunderbar erscheint es, mit welcher Ausdruckskunst Nostradamus schon Erfindungen beschrieb, die zu seinen Lebzeiten noch in sehr weiter Ferne lagen. Sogar die technische Schönheit der Flugzeuge hatte er vor Augen:

I/29: „Wenn den Land- und Seefisch wälzt gewaltig
Auf dem Sand die Meeresflut herein,
Wunderbar, erschrecklich, schöngestaltig,
Wird der Feind bald an den Mauern sein."

Ob Nostradamus wohl sich ein U-Boot so genau vorgestellt hat, wie es 400 Jahre später konstruiert wurde? Er beschreibt es folgendermaßen:

II/5: „Wenn in einem Fisch, in dem Waffen und Briefe
eingeschlossen werden, derjenige hinausfährt,
der später den Krieg führen wird, dann wird seine
Flotte auf dem Meere gute Fahrt haben, wenn sie bei Latium
erscheint."

Bemerkenswert ist die Beschreibung der Inflation von 1919 und die Versenkung der Flotte von Scapa Flow:

III/13: „In dem Kasten schmilzt das Geld vom Blitze,
Von zwei Gefangenen einer frißt den anderen,
Hingestreckt, wer an der Bürger Spitze,
In den Meeresgrund die Flotten wandern."

Diese Vision wird den Seher nicht so erschüttert haben, wie das Vorausahnen der Atombomben, die er dramatisch beschreibt:

VI/97: „Fünfundvierzig Grad wird Himmel glühn
Feuer nahn der großen neuen Stadt
Groß im Augenblick die Flammen sprühen
Von Normannen man die Probe hat."

Wir denken hier an Hiroshima und Nagasaki, die vorher durch Erdbeben vernichtet waren — und nachher wieder aufgebaut wurden. Die Atombomben vernichteten dann beide Städte total.

Neben wirklich geschichtlich wichtigen Tatsachen streift Nostradamus auch manchmal nebensächliche Geschehnisse wie

II/28: „Der Vorletzte, den man „Prophet" heißt, wird Diana (die Jagd und den Wald) für seine Tagestätigkeit erwählen, wenn er sich zur Ruhe setzt. Weit wird er schweifen mit rasendem Kopfe, wenn man ein großes Volk vom Joch befreit."

Hermann Göring, der ja auch Reichsforstmeister war, hat jeden ruhigen Tag und jede freie Stunde der Jagd gewidmet.

Die Tragik des Nürnberger Kriegsprozesses spiegelt sich in folgenden Worten

X/77: „Dreißig trifft die Acht des Bettelordens
All ihr Gut in Gegners Hand sie sehen.
Ihr Verdienst wird gerechnet als Vergeh'n."

Zu den harten Urteilen wurde auch der Vermögensverlust der Kriegsverbrecher ausgesprochen.

Weiter sieht Nostradamus das „blockierte Berlin"

I/54: „Elend wird die Stadt zugrund gerichtet
die unsel'ge durch den neuen Rat.
Sie ist voll von verbrecherischer Saat
Schwaben ihrer Selbstherrschaft vernichtet."

Nostradamus hat öfters für Deutschland das Wort „Schwaben" gebraucht.

Andere Städte in unserer jetzigen Zeit müssen Nostradamus sehr beschäftigt haben

I/32: „Bald wird man das große Reich verlegen
und der Ort, den man erkor,
Klein, in einer kleinen Mark gelegen,
Schwingt in kurzen sich dadurch empor."

Es ist zu überlegen: war Bonn oder Frankfurt gemeint?

Sehr charakteristisch scheinen die Verse, die auf Franklin D. Roosevelt und seine zweite Wahl zum Präsidenten der USA im Jahre 1940, weisen:

III/75: „Wenn den Lahmen auf den Thron sie tragen,
Spricht ihn der verwandte Bastard an,
ihn wird und das Reich die Krätze schlagen,
und zu spät wird die Genesung nah'n."

Es ist bekannt, daß Roosevelt durch eine Kinderlähmung im Rollstuhl gefahren werden mußte.

Für sein Land sah Nostradamus die Schrecken des Weltkrieges in seiner ganzen Wucht

I/20: „Tours, Orléans, Blois, Anger, Reims, Nantes werden durch plötzlichen Überfall erschreckt. Kriegsvolk fremder Sprachen liegt im Lande. Regierung und Land, Meere werden erzittern.''

Selbst so ein kleines neues Land wie Israel hat Nostradamus in seinen Weissagungen gesehen

VIII/96: „Die Synagoge, die unfruchtbar war und keine Früchte brachte, wird zwischen den Ungläubigen Aufnahme finden. Von der Tochter Babylon geht die Verfolgung aus. Elend und traurig wird sie werden, die Flügel wird man ihr abschneiden.''

Damit scheint die Gründung des Staates Israel gemeint zu sein, und die Kämpfe zwischen Israeliten und Arabern. Die abgeschnittenen Flügel können als Hinweis auf die Judenverfolgung unter Hitler gedeutet werden.

Auch über Spanien haben wir Weissagungen

X/48: ..Tief aus Spaniens Hintergrunde rücken
Von Europas Enden wird die Schar,
Kommend in die Näh' von Lancias Brücken
Schlägt'ne Bande seine große Schar.''

Wir wissen, daß diese Worte der spanischen Revolution 1936 gelten, dem Bürgerkrieg und den bolschewistischen Umtrieben. Weiter sieht Nostradamus:

„Ein mächtiger König wird in Spanien kommen,
unter das Joch zwingt er den ganzen Süden.
Schwächen wird er den Halbmond
und dem Heidenvolk die Flügel knicken.''

Wenn man die Bezeichnung „rot'', die mehrmals in den Weissagungen von Nostradamus erscheint, auf den Kommunismus bezieht, muß man folgenden Vierzeiler auf unsere Gegenwart deuten:

„Gegen die roten Parteien werden sich verbünden
Feuer, Wasser und Eisen, während des Friedens
werden die Seile vernichtet: zu diesem Zeitpunkt
werden die Ränkeschmiede zugrunde gehen.
Außer einer Weltmacht und die kann die ganze
Welt vernichten.''

Die Nostradamus-Experten beziehen auch folgenden Vers auf unsere Gegenwart:

„Nach Kampf und gewonnenen Seeschlachten hat der große Neptun (USA) den höchsten Gipfel seiner Macht erreicht. Der rote Gegner wird vor Furcht bleich werden, wenn er den großen Ozean in Schrecken versetzt."

Wird Franco eines Tages König werden? Es könnte auch der jetzt 14 Jahre alte Prinz von Asturien gemeint sein, der spanischer Thron-Prätendent ist.

Die meisten Voraussagungen von Nostradamus sind im allgemeinen nicht sehr optimistisch. Aber es gibt doch einige — gerade für die Zukunft —, die zuversichtlicher klingen. Es tut gut zu wissen, daß nach den Jahren 1952/54 vierzig Jahre des Friedens und des Aufbaus kommen sollen. Allerdings gegen die Gewalt der Naturkatastrophen können wir uns nicht schützen.

Wir lesen im I/17:

„Vierzig Jahre lang wird Iris (der Regenbogen) erscheinen. Vierzig Jahre wird sie jeden Tag gesehen werden. Die dürre Erde wird in der Trockenheit sich ausdehnen, und große Überschwemmungen treten ein.

Iris, der Regenbogen, gilt als Sinnbild des Friedens. Erst 1994 werden neue Krisen und Katastrophen durch den Antichrist verursacht werden.

Weiter sehen ernsthafte Nostradamusforscher, daß der rote Ostblock noch andere Formen annehmen kann und sich vor allem auf die arabischen Staaten erstrecken wird.

Friedlicher klingen folgende Worte:

„Das Menschengeschlecht, das von den Engeln (Angelsachsen) abstammt, wird ein Reich friedvoller Einigkeit gründen. Gefangen sitzt der Krieg auf der ‚halben' Welt. Lange wird der Frieden bewahrt."

Selten hat Nostradamus so etwas Tröstliches gesagt. Ebenso wohltuend ist es, für unsere vielgeplagten Zeitgenossen zu erfahren:

Der Weltuntergang ist nach den mühevollen und präzisen Berechnungen erst für das Jahr 3797 zu erwarten. Der Todestag der Menschheit verwandelt sich in eine glorreiche Auferstehung, und ein gütiger Gott wird uns die wahre Seligkeit geben. Nostradamus glaubte fest an die Auferstehung. Ebenso war er davon überzeugt, daß niemand seinem Schicksal entgehen und sich der ihm zugedachten Last entziehen kann. Nur sein Glaube an Gott und das sorgenlose Jenseits kann den Menschen die Bürde des Lebens erleichtern. Der Tod würde ihm gegenüber barmherzig sein — dies wußte der Seher ganz genau. An einem Frühlingstag im Jahre 1566 zeichnete er in die Ephemeriden für den Sonnenstand am 1. und 2. Juli in der Mitte ein kleines Kreuz und bemerkte daneben am Rande: Hic propre mors est. (Hier naht der Tod.)

Folgender darauf bezugnehmender Quartain aus dem Jahre 1564 war die Bestätigung:

„De retour d'Ambassade, don de Roi mis au lieu;
Plus n'en fera: sera alle a Dieu:
Parans plus proches, amis freres du sang
Trouve tout mort pres du lict et du banc."

"Zurückgekehrt legt' ich des Königs Gabe nieder;
Die Arbeit ist vollbracht, ich geh zu Gott;
Mir nahm Verwandte, Freunde, Blutsbrüder,
Bei einer Bank an meinem Bett werd' tot ich gefunden."

Nach seiner Rückkehr von Arles, wo er Karl IX. beraten hatte, waren diese Verse entstanden. Es wundert uns sicher nicht, daß alles so kam, wie dieser seltsame Prophet es auch für sich selbst vorausgesehen hatte. Ende Mai des Jahres 1566 machte er sein Testament und nahm als gläubiger Katholik die Sakramente. Am 1. Juli hatte er einen schweren Gichtanfall, wie sie ihn schon seit Jahren plagten.

Sein bester Freund Jean Aimé Chavigni besuchte ihn und versprach am nächsten Morgen wieder zu kommen. Nostradamus aber meinte: „Der Sonnenaufgang wird mich nicht mehr unter den Lebenden finden!"

Am 2. Juli 1566 fand man ihn tot auf seiner Bank in seinem Zimmer. Der friedliche und gütige Ausdruck seines Gesichtes zeigte, daß Nostradamus um die tiefste Erkenntnis wußte: „Der Tod ist das Tor zum Leben."

Literaturhinweise:

Kemmerich, M. Prophezeiungen. Alter Aberglaube oder neue Wahrheit.
Kristall-Illustrierte, 6. Jhrg. 1951, Nr. 9. Aus der Reihe: Die ganz großen Geheimnisse, XVI. Teil.
Loog, C. Die Weissagungen des Nostradamus.
Quinz-Sappada, H. Nostradamus und seine Prophezeiungen für das XX. Jahrhundert.
Rösch, E./W. Faber. Das Schicksalsbuch der Weltgeschichte. Die Prophezeiungen des Michael Nostradamus.

Neuere Literatur:

Carter, M. E. Prophezeiungen in Trance des größten Propheten der Gegenwart Edgar Cayce. Ariston.
Cayce, E. Bericht von Ursprung und Bestimmung des Menschen. Goldmann.

Centurio, N. A.
— Die großen Weissagungen des Nostradamus. Goldmann.
— Nostradamus. Turm.
Church, W. H. Die 17 Leben des Edgar Cayce. Ariston.
Dimde, M. Nostradamus entschlüsselt. Bohmeier.
Ebon, M. Können wir in die Zukunft sehen? Ullstein.
Ernst, E. R. Nostradamus. Böhlau.
Fontbrune, Max de Was Nostradamus wirklich sagte. Ullstein.
Fuchs, E. (Hrsg.) Nostradamus. Moewig.
Kissener, H. Prophezeiungen. Drei Eichen.
Lang, R. Neues zur Seherin von Prevorst. Resch.
Lomer, G. Die Prophetie der Natur. Baumgartner.
Putzien, R. Nostradamus. Drei Eichen.
Schnyder, H. Wie überlebt man den III. Weltkrieg. Hesemann.
Silver, J. Prophezeiungen bis zur Schwelle des dritten Jahrtausends. Ariston.
Stearn, J.
— Der schlafende Prophet. Droemer Knaur.
— Prophezeiungen in Trance 1911 bis 1998. Ariston.

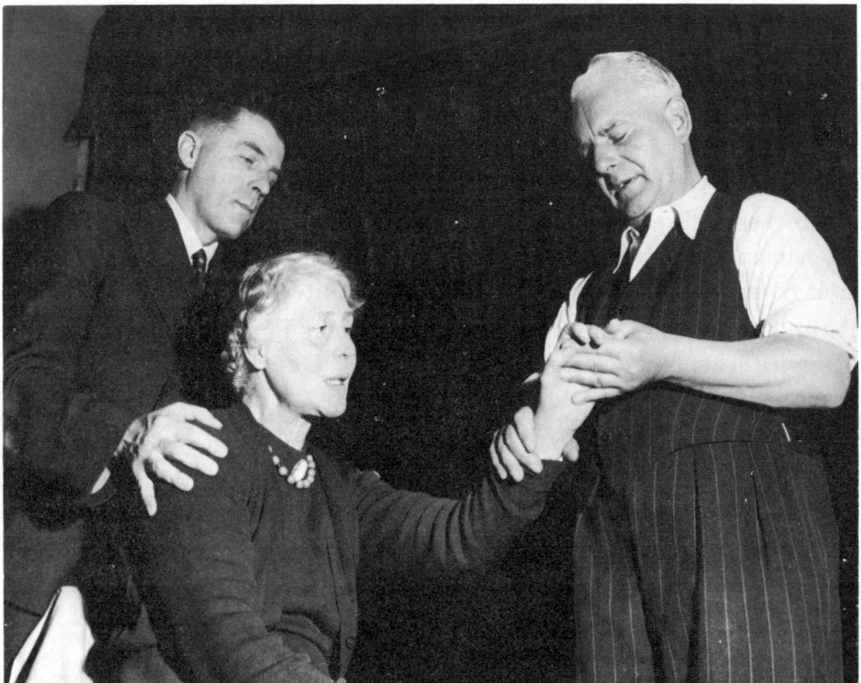

HARRY EDWARDS' HEILENDE HÄNDE

Der spiritualistische Heilkundige Edwards hält Mrs. Finchkite's Hände, während sie ihm von ihrer rheumatischen Arthritis erzählt. Sein Gehilfe, George Burton, stützt ihre Schultern. Die Anwesenden verfolgen mit Aufmerksamkeit die Ereignisse.

Die Magie

I. URSPRUNG UND WESEN DER MAGIE

Warum ist der Einfluß des einen Redners ein so unvergleichlich größerer als der eines andern? Sie könnten dieselben Worte gebrauchen, aber von dem einen „zünden" sie, ja sie bringen die Zuhörer außer sich vor Begeisterung, im andern Falle gehen sie zum einen Ohr hinein und zum andern Ohr hinaus!

Oder gehen wir durch eine Gemäldegalerie. Da ist ein Bild, welches uns zu längerem Verweilen zwingt und das wir nicht mehr vergessen können, während uns die andern „kalt" lassen.

In all diesen Fällen fühlen wir uns innerlich von einer geheimnisvollen Macht ergriffen und sind in diesem Augenblick nicht mehr dieselben, sondern gewandelt. Es ist gewissermaßen ein Stromkreis geschlossen worden, in welchem eine Kraft zirkuliert, welche uns in den alltäglichen und allgewohnten Ereignissen des Lebens unbekannt ist. Es ist ein Wunder geschehen, eine Wirkung, die geheimnisvolle Bildekräfte der Seele wachruft. Ein Schleier scheint für einen Moment gehoben, und wir blicken in eine Welt, die mächtiger und sinnvoller erscheint als die unsrige. Es ist die Welt der geheimen Mächte. Von ihr geht eine magische Wirkung aus; aber für den heutigen Menschen ist es schwer zu sagen, was man eigentlich unter Magie verstehen soll.

Gleichzeitig erweckt bei den meisten Menschen der Begriff Magie das Bild eines Zwanges durch unberechenbare Einflüsse, und deshalb ist Magie bei der akademischen Wissenschaft verpönt, weil sie dem kritischen Geist mit verständlicher Logik nicht zu erklären ist. Darum wird die Magie als Folge der Leichtgläubigkeit und des Aberglaubens ungebildeter Menschen abgetan. Auf der anderen Seite erleben wir jedoch den faszinierenden und bezaubernden Einfluß mancher Persönlichkeiten und eine unmittelbare Gewalt der Seele des einen auf die Seele des andern.

Goethe nannte das Unfaßbare den Dämon, und für ihn war er der gute Genius. Das Dämonische in der Magie wird aber auch als bösartig empfunden, namentlich wenn man sich die magischen Einflußmöglichkeiten in den Händen egoistischer Menschen vorstellt. Niemand will ihnen wehrlos ausgesetzt sein. Darum erscheint es immerhin wichtig, sich mit diesen Erscheinungen zu befassen. Mit Rücksicht auf die allgemeine Verständlichkeit können jedoch nur einzelne wichtige Punkte herausgegriffen werden, und es liegt im Wesen des magischen Verständnisses, möglichst erleben zu lassen und daher eigene Erlebnisse und Tatsachenberichte zu geben anstelle von Auszügen aus alten Büchern und mehr oder weniger theoretischen Betrachtungen.

Bedenken wir, daß das Wort I-mag-ination nicht bloß Ein-bild-ung im heutigen leicht verächtlichen Sinn bedeutet. Drehen wir den Wortstamm MAG um, so erhalten wir GAM (griechisch GAMOS), die Verbindung, die Zeugung, die Ehe (Monogamie, Polygamie). Es liegt also in dem Begriff Magie eine geheimnisvolle Verbindung von einem Subjekt mit einem Objekt (S—O) beschlossen, einer gegenseitigen Beeinflussung, die sich größtenteils dem bewußten Wissen entzieht, da wahrscheinlich eine Bildkraft und Bildekraft — nennen wir sie einmal kurz das MAG — hier am Werke ist, die sich dem Zugriff des „gemeinen Verstandes" entzieht.

Aber wir verlangen heute Beweise. Der moderne Mensch will eine Welt ohne Geheimnis. Er glaubt nicht mehr an Wunder. Sein Leitbild ist die sichtbare und greifbare „Natur", von diesem ist er „fasziniert", d. h. verzaubert. Doch fängt er schon da und dort an, sich über seine „Einbildungen" zu wundern.

Wir wollen versuchen, seine „I-mag-ination" zu wecken und eine eingeschlafene Stelle seiner Seele wachzurütteln, damit er sieht, wie viel „Magie" ihn auch heute noch leitet und — verleitet.

II. DIE MAGIE BEI DEN VERSCHIEDENEN VÖLKERN

1. Magie der Primitiven

Zu den Grunderfahrungen jedes Menschen gehören Geburt, Liebe und Tod. Ein magisches Band schließt sich um diese Erlebnisse ganz besonders bei den Naturvölkern. Die primitiven Völker sind der Natur noch so verbunden, daß sie es vermögen, ihre Seele der Umwelt einzubilden, wo dann schließlich alles beseelt ist: der Baum, der Berg, die Quelle und der Fluß, aber besonders Sonne. Mond und Sterne. Ihre Ahnen, so denken sie sich, bevölkern als gute und böse Geister ihre Umwelt; man muß sie gutstimmen oder abwehren.

Da alles Magische vorwiegend auf dem Urgrund der Seele (Anima) gedeiht, so ist der Animismus der Primitiven die Ursache magischer Wirkungen, die wir heute in diesem Sinne weder kennen noch begreifen. Ein ganzes Gewebe von Ahnenbildern und Ahnengeboten, Totems und Tabus umgibt die Naturvölker, und ihre Verletzung und Beleidigung kann so aus rein psychischen Ursachen zum Tode führen.

Bei einer Inspektionsreise auf die Deportationsinsel Nusa Kembangan an der Südküste Javas habe ich selbst einen Fall erlebt, wie nur durch ein harmlos ausgesprochenes Wort, offenbar aus einer tief wurzelnden Todesfurcht, ein Mensch innerhalb von 24 Stunden gestorben ist. Es war ein wegen Mordes zu Zwangsarbeit verurteilter Javane, der mir während meines dortigen Aufenthalts als Waschboy zugeteilt wurde. Er hatte meine neuen weißen Tropenanzüge zusammen mit farbigen Socken gewaschen und dadurch alles verdorben. Ich rief ihm nichtsahnend auf malaiisch zu „Kwe mesti mati" — Du mußt sterben. Am andern Tag war er tot, ohne daß man irgendwelche Ursache finden konnte. Ungewollt war ich zum „Magier" für den Primitiven geworden.

Auf der Reise nach Indien lag unser Dampfer auf der Reede von Port Said. Es erschien ein Neger mit seiner merkwürdigen doppeltönigen Trommel, auf der die eine Seite mit einem größeren, die andere mit einem kleineren Fell bespannt war. Er sammelte erst einen Kreis von Kindern um sich, zu dem dann auch die Eltern hinzutraten, und es gelang ihm tatsächlich, in kurzer Zeit mit seinen Rhythmen einen magischen Kreis zu bilden, in dem alles nach seinen ungewohnten Trommelschlägen zu tanzen anfing. Eine magische Wirkung, die in die Tiefe des Unbewußten hinabwirkte.

Der primitive Mensch steckt voll von unerklärlichen Widersprüchen. Der Dajaker auf Borneo ist an sich ein geduldiger und gutmütiger Mensch. Und doch muß er, um heiraten zu können, seiner Braut drei schön präparierte Köpfe eines feindlichen Stammes zum Geschenk machen. Die Totems am Eingang ihrer Dörfer enthalten Gehirn-, Herz- und Geschlechtsteile von auf grausamste Weise Getöteten, da man glaubt, daß die an die Organe gebundene seelische Kraft nur dadurch wirksam bleibe, wenn die Opfer unter furchtbaren Martern zu entsetzlichen Schreien gezwungen werden. Eine Reihe von solchen rituellen Mördern mußten dann auch ihre „Tat" an Ketten auf der genannten Deportationsinsel Nusa Kembangan büßen.

Der magische Mensch lebt in ständiger Furcht vor Verlusten seiner seelischen Substanz. Diese Substanz eines ganzen Stammes nicht vergehen zu lassen, macht die Papuas auf Neu-Guinea zu Menschenfressern. Hier werden die Alten nicht begraben, sondern rituell aufgegessen.

Der animistisch-magische Mensch steht also in seiner kindlichen Primitivität und Naivität unter der ständigen Furcht vor Geistern. Wir bezeichnen das wohl als „Ein-bild-ung", ein deutsches Wort für I-mag-ination.

2. Magie im alten Orient

Leo Frobenius hat auf das magische Band, welches sogenannte Kulturkreise verbindet und von andern abgrenzt, besonders hingewiesen. Es sind nicht nur gemeinsamer Glaube, gemeinsame Religion, sondern vielfach absonderlich erscheinende Gebräuche und Rituale, vor allem gegenüber den Toten.

Der Totenkult hat im alten Ägypten zu fantastischen Kulturleistungen geführt, wie sie z. B. die Entdeckung des Grabes von Tut-anch-amon an den Tag gebracht hat. Die Beschreibung des ersten Anblicks der unvorstellbaren Schätze in den Grabkammern wirkt auch auf den nüchternsten Menschen faszinierend. Jahrtausende schlummerten sie zusammen mit dem einbalsamierten König im Dunkel der Zella, geschaffen nur aus dem Glauben, daß sie der Seele des Toten zum Nutzen gereichen werden. Der Bau der Pyramiden ist heute noch von unerklärlichen kosmischen Geheimnissen umwoben, und ein Sonnenuntergang bei der Sphinx von Gizeh wirkt auch auf uns noch in voller magischer Kraft. Die unglaublichen technischen Fähigkeiten der alten Ägypter werden von manchen Forschern auf magische Weise erklärt. Obgleich die vier von Thut-Mosis (1480—1447 v. Chr.) errichteten Obelisken, die jetzt große Plätze in Rom, Konstantinopel, London und New York zieren, nur einen winzigen Bruchteil jener Wälder von Säulengängen, Pylonen, Sphinxen und Riesenstatuen ausmachten, bereitete ihr Transport sowohl den Römern wie der modernen Technik die größten Schwierigkeiten. Thut-Mosis war der Urgroßvater Echnatons, des Mannes der schönen Nofretete, und deren Sohn war der jungverstorbene Tut-anch-Amon, dessen Grab am 26. November 1922 von Howard Carder und Lord Carnavon eröffnet wurde. Bekanntlich starben die Leiter der Expedition eines plötzlichen Todes. Wirkung der Fluchformeln, welche die Isispriester verfaßten und auf der Brust vieler Königsmumien anbrachten?

Die Magie gewisser Tiere, wie der Tempelkühe, Totenvögel, Zauberschlangen, spielte in Ägypten eine besondere Rolle. Neben den heiligen Katzen, von denen sogar Mumien existieren, erregte besonders ehrfürchtiges Staunen der „heilige Pillendreher" — ein schwarzer, oft auch in herrlichstem Smaragdgrün leuchtender, nach Moschus duftender Käfer, der mit seinem schaufelförmigen Kopf und den rechenartigen Vorderbeinen Kotkugeln bis zu Faustgröße anfertigt, um sie dann ohne Unterbrechung in mehreren Tagen zu verzehren und als eine endlose Schnur wieder auszuscheiden.

Dieser Scarabäus, Abb. 1, gilt als Ebenbild des Lichtgottes, der den Sonnenball um den Himmel rollt. Er wurde aus dem verschiedensten Material als Amulett, als Grabbeilage, aber auch als Heilmittel verwendet und auch heute noch in Ägypten zum Verkauf angeboten.

Abb. 1. Scarabäus oder der hl. Pillendreher

Bei den Babyloniern und alten Semiten spielte der Geist des Tieres mit aller seiner Dämonie eine noch größere Rolle als in Ägypten. Das semitische Weltbild ist magisch und realistisch, was nur scheinbar ein Widerspruch ist; denn auch die Magie ist eine Art Realismus, der die Erde erobern will, nur mit anderen Methoden als den gewöhnlichen. Die Magie und ihre ständige Begleiterin, die Astrologie, entwickelte sich durch ein jahrhundertelanges Probieren und Sammeln von Erfahrungen, nicht anders als die Medizin.

Beim Wahrsagen aus dem Vogelflug umgrenzten die Auguren mit ihrem Krummstab einen „magischen Tempel" (Kontemplation) aus dem Himmel, um in ihm den Krähenflug zu sichten. Diese und andere magische Praktiken, wie das Wahrsagen aus dem Schimmel an der Hauswand, die Leberschau, die Kartomantie, haben sich von hier aus über die ganze Welt verbreitet: nach Osten bis zu den Chinesen, nach Westen bis zu den Griechen und Römern. Und wenn wir in der Silvesternacht noch Blei gießen, so ist das ein babylonisches Erbteil.

Ein Ritt auf dem Rücken eines Kamels durch die Wüste Arabiens unter dem glitzernden Sternenhimmel zwingt uns unmittelbar in den Bann der Sternenmagie dieser Ursprungsländer der Astrologie. Nicht nur die unermeßliche Großartigkeit des Firmaments, sondern auch seine unentrinnbare Gesetzmäßigkeit gräbt sich der Seele so tief ein, daß die Mathematik des Himmels ein unmittelbarer Bestandteil der Seele wird. In ihr entsteht gewissermaßen ein inneres Firmament — wie Paracelsus sagt —, und aus diesem schöpferischen Urgrund entstehen dann die geheimnisvollen Gesetze für Kabbala und Tarot. Die Zahlenmagie spielt im Tarot und in der Kabbala eine große Rolle. Wir werden in einem späteren Kapitel darauf noch besonders zu sprechen kommen.

3. Magie im alten Griechenland

Auf eine wesentlich höhere Ebene schwang sich die Magie im alten Griechenland empor, und hier war es besonders die Geheimlehre des Pythagoras (582—507 v. Chr.) und seiner Schule, die in einem allerdings streng geschlossenen Kreis von Eingeweihten ihre magischen Erfahrungen entwickelten und verbreiteten. Die Prinzipien von Maß und Wert gingen hier eine wunderbare Ehe ein. Wenn Pythagoras, sicher weit älteren Traditionen folgend, die Töne der Musik, also das Hörbare und über das Ohr auf die Seele Wirkende, in Zahlenverhältnisse

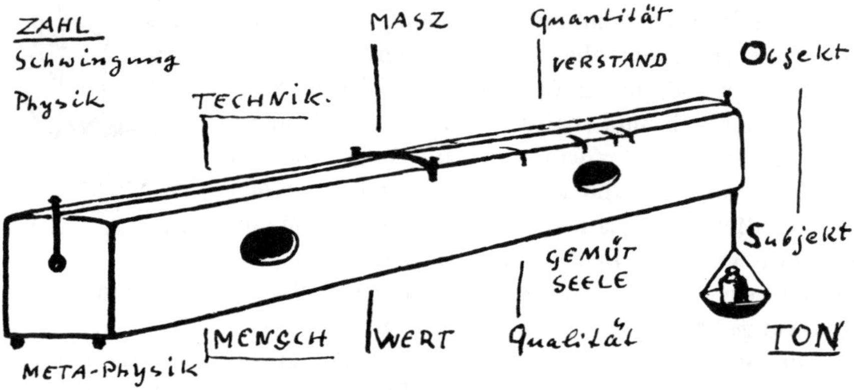

Abb. 2. Monochord des Pythagoras
Über den Klangkörper ist eine Saite gespannt, deren Zeugerton beim Anschlagen Obertöne hervorruft

der Intervalle umwandelte, so war für ihn und seinesgleichen das Umgekehrte mindestens ebenso wichtig. Materielles und mittels der Zahl Errechenbares (Saitenlänge des Monochord, Gewicht und Spannung, Abb. 2) erhielt eine seelische Gestalt, einen psychischen Wert. Das Gewicht, die Spannung der Saite, ihr Tonus (wir werden am Schluß unserer Betrachtungen noch einmal darauf zurückkommen) bestimmt also den „Zeugerton" und seine Obertöne und damit die seelische Wirkung. Es bestehen psychophysische, leib-seelische Resonanzen vom Menschen zur Materie; seelische Formen, wie wir sie in der Tiefe unseres Unterbewußtseins in uns tragen, stellen den magischen Rapport her, sowohl in der Wirkung der Musik, wie etwa auch im Verhältnis zu den Edelsteinen.

Denn alles ist mit allem durch die magische Macht der Zahlen und der Musik verbunden: die Erde, ein gewaltiger Akkord, eine Vorstellung, die unserem Verstand nur wenig sagt, dafür aber um so mehr zu unserem Herzen spricht. Das Bild einer allumfassenden Sphärenharmonie steigt aus dem dunklen Urgrund dem Menschen immer mehr ins Bewußtsein. So kommt es zur astralen Symbolik und astralen Magie des griechischen Götterhimmels.

Zu den Geheimriten der Pythagoräer gehörten außer der Musik auch rhythmische Gemeinschaftstänze. So sollte offenbar eine magische Verbindung entstehen mit dem aus jenen geheimnisvollen Urgrund tönenden Gestaltungen, welche die Welt im Innersten ordnen und formen. Aus der Pythagoräischen Schule entwickelte sich eine Methode der Bezähmung der Dämonen durch Musik und Tanz. Die sogenannte Eurhythmik führt zur Eudaimonia, d. h. zum Wohlverhalten der Dämonen. Hier haben wir eine der Wurzeln der Weißen Magie. Rudolf Steiner versuchte die Eurhythmie neu zu beleben, und die „Harmonik" von Hans Kayser erweckt aufs neue das pythagoräische Wissen um den „Ton der Welt".

Bei den Pythagoräern und den ihnen verwandten Orphisten — Orpheus bezauberte mit seiner Musik die wilden Tiere — diente als Mittel der Bannung offenbar auch ein atemtechnisches Prinzip. Dieses stand später im Zentrum des eleusinischen Kultes. Wir wissen von einer zweieinheitlich geprägten Formel „HYE — KYE = Regne — Befruchte". Das empor zum Himmel gesprochene HYE wurde mit einer tiefen Einatmung verbunden, das zur Erde hinabgesprochene KYE von einer tiefen Ausatmung begleitet; gleichzeitig mit der Einatmung sollen Wassergüsse verabreicht worden sein. Eine späte Erinnerung lebte in den Kuren des Pfarrer Kneipp auf.

Die magische Wirkung des griechischen Theaters, dessen Besuch noch ein wahrer Kult war, beruhte vor allem auf der anonym-rhythmischen Wirkung der Sprechchöre, gegenüber denen der Einfluß der Einzelschauspieler mit der dumpfvibrierenden Maske (Persona) und den überlebensgroß machenden Stelzenschuhen (Kothurn) erhöht wurde.

4. Indische Magie

Zweck der Yoga (s. d.) ist es, das magische Band herzustellen zwischen der exoterischen, sichtbaren, außenweltlichen und der esoterischen, unsichtbaren, inner- und überweltlichen Sphäre und dafür aus dem irdischen Leib ein möglichst vollkommenes Instrument zu machen. Nicht zu be-greifen, sondern zu er-greifen und er-griffen zu werden ist der Sinn der Lehre. Je vollkommener die Verbindung, desto magischer die

Ein- und Ausstrahlung. Hier spielen jedoch eine Hauptrolle die gleichzeitige Anwendung heiliger, d. h. heilender Sprüche (Mantras) und Riten (Tantras).

Drüben an der Ostküste von Mitteljava liegt ein noch kaum von Europäern betretenes Gebirge. Dorthin führte mich eine Inspektionsreise, vor deren Abschluß mir der residierende Bruder des Sultan der Vorstenlanden ein Schattenspiel (Wayang Kulit) nach altem Ritus anbot. Es beginnt abends 6 Uhr mit der plötzlich eintretenden Nacht und endet früh 6 Uhr mit dem plötzlich eintretenden Tag. Das kleine Theater ist durch die aufgespannte Leinwand in zwei Teile geteilt. Auf der Seite der Heiligen Lampe sitzt der Fürst mit seinen Gästen,und vor ihm werden die großen, aus Büffelhaut geschnittenen Figuren aus der Kiste geholt und in den weichen Stamm eines frisch geschlagenen Bananenbaumes gesteckt. Hinter der Leinwand hockt das Volk und darf nur die Schatten sehen. Vor Beginn des Spieles steht in der Mitte Meru, der Hl. Berg, das blattförmige Symbol der Erde. Der Dalang (Märchenerzähler) fragt, welches Stück ich hören wolle. Ich bitte ihn um eines mit Krishna und Ardjuna aus der Mahabarattam. Der zartgliedrige Krishna als Gott mit Flügeln und Krone spricht auf dem Bild (Abb. 3) mit dem plumpen Erddämon bei der Eröffnung des Spieles. Der Märchenerzähler bewegt die Figuren mit an den Händen der Puppen befestigten Stäbchen. Im Lauf des Spieles entwickelt sich ein Kampf zwischen guten und bösen Geistern, im Verlauf dessen Bismo, der Anführer der bösen,durch einen Pfeil einer der fünf Frauen des Ardjuna getötet wird.

Beim Abschied am andern Tage ist der Regent sehr bestürzt und meint, es sei etwas Schreckliches geschehen, da der nun vor einem fremden und ungeschützten Gast getötete Dämon Rache nehmen werde. Er habe schon den Zauberpriester veranlaßt, Gegenmaßnahmen zu ergreifen. Tatsächlich starb kurz darauf sein Bruder, der alte Sultan von Djokjakarta,und ich selbst bekam meinen ersten Malaria-Anfall, der so schwer war, daß ich tagelang bewußtlos lag. Wir würden sagen ,,Zufall'', der Javane jedoch ,,schwarz-magischer Einfluß''. Die rituell ausgeführten Wayang-Spiele sind in seinen Augen spiritistische Sitzungen, auf denen die Geister der Puppen auch wirklich anwesend sind.

Das Mangowunder klärte sich mit Hilfe von 20 Gulden als ein Taschenspielertrick auf. Der ,,Yogi'' schwor zwar, es würde ihm Shiwa die Arme verdorren lassen, wenn er es verrate. Tatsächlich schien vor unseren Augen aus einem Mangokern ein kleines Bäumchen zu wachsen mit einer Blüte und schließlich auch Frucht. Aber für das Geld deckte mir dann der ,,Zauberer'' in der stillen Kammer das Geheimnis auf. Er hatte

Abb. 3. Javanisches Schattenspiel
Hauptfiguren sind Krishna und ein Erdgeist. Szene aus Mahabarattam (Indisches Heldenepos)

sich die verschiedenen Stadien des außerordentlich rasch wachsenden Baumes gesammelt und in einem Korb unter vielen verschiedenfarbigen Seidenschleiern verborgen, die er so geschickt immer wieder in die Erde pflanzte und aus dem seidenen Tuch enthüllte, daß am Schluß „das Wunder" als eine vollendete Erscheinung den Nichtwissenden überraschte.

Mondzauber auf Bali

Von ferne klingt aus dem Tempel ein tiefer Gong herüber und erinnert daran, daß heute in der Vollmondnacht das Fest von Suma oder Tula, der Mondgöttin, gefeiert wird. Das Dorf verschwindet, tief eingebettet in der Landschaft, vollständig unter der tropisch wuchernden Vegetation. Unheimlich groß und nahe scheint der Mond. Seine Strahlen ergreifen die Seele in einer magischen Gewalt, ganz anders als bei uns im gemäßigten Klima.

Aber nur der lichten Gewalt des Vollmondes gilt das Fest; denn Samisari, der schwarze Mond, ist böse und der Freund der Butas: der ruhelosen Geister unerlöst Dahingegangener.

Auf einer Anhöhe unter großen heiligen Feigenbäumen steht der Tempel. Für diese Nacht hat sich in seinem Bezirk ein Markt ausgebreitet mit rasch errichteten Bambusbuden, kleinen Öllämpchen und dem Aroma von arabischem Kaffee und geröstetem Ziegenfleisch. Aber noch durchdringender sind die Düfte der seltsamen tropischen Blumen, welche sich Männer und Frauen aus den Körben holen zum Schmuck für das Fest der Mondgöttin.

Da liegt auch der Tanzplatz vor dem Eingang zum Tempel. Den Weg hinauf flankieren die glatten Schäfte hoher Königspalmen. Sie leuchten im weißen Mondschein wie griechischer Marmor. Am Ende dieser majestätischen Allee, jenseits der Tanzarena, steht das Tjandi Bentar, das hohe gespaltene Tor, durch das eine steile Treppe hinauf- und wieder herunterführt in den Vorhof des Tempels. Unheimlich glotzen die steinernen Dämonen in dem irisierenden Licht des Mondes und dem flackernden Feuer zahlreicher Fackeln. Dieses Wechselspiel von kalten und warmen Lichteffekten gibt ihnen eine phantastische Lebendigkeit. Der Rand des Tanzplatzes füllt sich mit den Jünglingen des Dorfes: ihre nackte Brust leuchtet in einem blassen Ocker. Sie bilden einen magischen Kreis, in dessen Mitte die Tänzerin auftritt. Sie kommt in feierlichem Schreiten mit ihren Helferinnen die hohe Tempeltreppe herab (Abb. 4). Das Gamelang-Orchester mit seinen kleinen und großen Gongs, seinen Xylophonen und Bambusglocken, hockt unter einem Waringin, dem heiligen Feigenbaum Indiens, und läßt seine melancholisch-monotonen und dämonisch-dumpfen Rhythmen ertönen. In

Abb. 4. Mondzauber auf Bali
Die Tempeltänzerin verläßt den Vorhof des Tempels durch die gespaltene Pforte und geht zum Tanzplatz. Dämonen an der Tempelmauer und zu beiden Seiten der Stufen

dem Baum hängen Hunderte von „Fliegenden Hunden", riesenhafte Fledermäuse, von denen der eine oder andere gespenstisch leise über die Häupter der Menschen geistert.

Die Tempeltänzerin, nicht älter als 12 Jahre, hat sich nun, von zwei kleinen Mädchen flankiert, in die Mitte auf den Boden gehockt. Ihr hoher Kopfputz, verziert mit funkelnden Steinen und duftenden Melattiblüten, glitzert im Mondschein. Sie hat eine hauchdünne seegrüne Seidenjacke an und einen langen, straff anliegenden goldgestickten und tiefvioletten Sarong mit langer Schleppe um die Hüften gewickelt.

Die Gamelang-Rhythmen werden lockender und leidenschaftlicher, die Tänzerin erhebt sich langsam, ihr Oberkörper wiegt sich. Es steigt eine mitreißende Melodie auf, die von den Männern mitgesungen wird. Wir hören immer Dja-Djangir-Djangir-Djangiran, nach ihr heißt der ganze Tanz Djangiran. Die hockenden Männer drehen immer lebhafter ihre Oberkörper im Kreis und schütteln Schulter und Zwerchfell mit schnaubendem Aus- und Einatmen; im selben Rhythmus biegt sich das Mädchen wie eine Blume unterm Strahl des Mondes. Sie reckt sich hoch auf, beugt den Kopf ruckartig und wie innerlich erzitternd, bald nach vorwärts und rückwärts, nach links und rechts. Ihre ausgestreckten, mit Öl gesalbten und mit vielen glänzenden Goldreifen geschmückten Arme schillern und glitzern wie Schlangenleiber im Mondschein. Die Fingerspitzen halten die Enden eines langen Seidenschleiers, der um ihre Hüften geschlungen ist, und bewegen ihn in graziösem Spiel, zuweilen eigenartig vibrierend wie die Zweige eines Baumes im Wind. Dann wieder schleudert sie die Enden in die Luft, daß sie im Mondschein wie hauchfeine Gebilde aus Geisterhand auf- und niederschweben, ein Bild der phantastischen Orchideen des Urwaldes.

Immer wieder wiederholt sich derselbe Rhythmus und dieselbe Melodie und steigert sich schließlich zu einem gewaltigen Brausen. Ein orgiastischer Taumel ergreift das Mädchen und die heftig atmenden Männer, lallende Laute mischen sich mit dem Tosen des Meeres und dem Rauschen der Palmen. Die mystische Zaubermacht der senkrecht stehenden Vollmondscheibe scheint sie alle ergriffen und verwandelt zu haben, in der Berauschtheit sind die Leiber entfesselt. Der kosmische Mensch gerät hier in seine letzte Ekstase. Dazu kommt der schwere Narkoseduft aus Tausenden von Blüten.

Mit einem mächtigen Akkord bricht die Musik plötzlich ab. Die Verzauberung löst sich. Aus der Entrückung in eine ferne Welt kommt die Rückkehr zu der Gemeinschaft der Menschen. Es beginnt die Opferprozession. Aus dem Dunkel der großen Bäume lösen sich die Frauen des Dorfes, mit vielmeterhohen, blumengeschmückten Bambusgebilden auf dem Kopfe. Sie schreiten die Tempelstufen hinauf, durch die soeben die Tänzerin verschwunden ist. Es beginnt der Sambajang Dewa, der eigentliche Gottesdienst.

Die Jünglinge atmen noch berauscht im magischen Kreis. Bei einer gedämpften Gamelang-Musik sitzen sie nun ruhig zusammen und zünden sich ihre in ein Maisblatt selbstgedrehte Zigarette an, deren scharfer Duft sich mit dem aufsteigenden Weihrauch aus dem Tempel verbindet. Die Spannung zwischen Menschnatur und Allnatur hat sich entladen, die bösen Geister, die Banaspati, sind gebannt.

In anderen Formen des balinesischen Tempeltanzes wird die junge Tänzerin mit Räucherwerk in eine Art Trance versetzt. Die von ihr in diesem Zustand ausgestoßenen Laute deutet der Priester als Äußerungen der Gottheit.

Hahnenkampf

Das Hahnengefechtshaus gehört zum Tempelbezirk, und der Hahnenkampf stellt ein Opfer an die Dämonen dar: somit wird er ein Teil des Gottesdienstes. Die wohldressierten Hähne, scharfe Messer am Sporen, sind mit ihrer ewigen Fechtlust und Arroganz der eine Dämon des Kampfes; der zweite sein ewiger Genosse, der Silberling, der Mammon, die schnöde Gewinnsucht, die eigenes und fremdes Glück gefühllos opfert.

In unserer Zeit finden diese Dämonen im Militarismus und Kapitalismus den Ausdruck ihrer mordenden Form.

5. Chinesische Magie

Chinesisches Schriftzeichen
TEH
= Tugend = Magie

Nirgends erlebt man so stark, daß Magie aufs engste mit dem ihr angemessenen Kulturkreis verbunden ist wie in China. Schon die Schriftzeichen haben noch magischen Charakter. Richard Wilhelm übersetzt TEH (Abb. 5) mit Magie statt mit Tugend. Dann müßte eigentlich TAO-TEH-KING des Laotse heißen: „Die Sammlung des Weges zur Magie". Lösen wir dieses Zeichen in seine Radikale (Grundzeichen) auf, so bedeutet es die menschliche Gemeinschaft, Sonne und Herz unter einem Dach. Es ist also gewissermaßen der vollkommene, d. h. Magie ausstrahlende Mensch.

Der J-Ging

Das Buch der Wandlungen

Das Prinzip des Yan und Yin liegt dem J-Ging, dem „Buch der Wandlungen" zugrunde. Der Grundgedanke des Ganzen ist die Wandlung, der Sinn des TAO und des TAI-GITU. Es war zunächst eine Sammlung von Zeichen für Orakelzwecke; positiv = männlich = ein einfacher, ungeteilter Strich, weiblich = ein geteilter Strich. Auch heute noch wird mit Werfen von Spielmarken, die auf der einen Seite rot (männlich) = Strich, auf der anderen Seite grün (weiblich) = halbiert = halbierter Strich, das Orakel des J-Ging befragt. Oder es werden Münzen geworfen: Zahl gilt als „Yin" und zählt zwei (- -), Bild als „Yan" und zählt drei (—), z. B. 2 Yin und 1 Yan ergeben eine sieben, usw.

2+2+2 = 6 = weiblich = wandelbar
2+2+3 = 7 = männlich = nicht wandelbar
2+3+3 = 8 = weiblich = nicht wandelbar
3+3+3 = 9 = männlich = wandelbar.

Ein Leitgedanke des Buchs der Wandlungen ist seine Ideenlehre. Die acht Grund-Zeichen ergeben 64 Kombinationen von Wandlungszuständen, entsprechend der Lehre Laotse's, daß alles, was in der Sichtbarkeit geschieht, die Wirkung eines Bildes, einer Idee im Unsichtbaren ist. Zu den Bildern kommen die Urteile, welche andeuten, ob eine Handlung Heil oder Unheil, Reue oder Beschämung mit sich bringt.

Es ist erstaunlich, wie treffend die Antworten ausfallen, da sich aus diesem „Buch der Wandlungen" ein Buch höchster Weisheit entwickelt hat. Seine 64 Zeichen beantworten eine gestellte Frage; ist in dem Wurf eine 6 = 3×2 (weiblich) oder eine 9 = 3×3 (männlich) enthalten, so wandelt sich die Polarität 6-weiblich in 7-männlich, 9-männlich in 8-weiblich und gibt dann als Ergänzung eine gewandelte Antwort. Ein für das Wesen der Magie sehr aufschlußreiches Beispiel (siehe Tabelle auf der nächsten Seite):

Im J-Ging, dem „Buch der Wandlungen", entspricht dem TEH = Magie das Zeichen für die Gestaltung: SIAU TSCHU = des Kleinen Zähmungskraft. Es setzt sich zusammen aus dem Zeichen für das Schöpferische (1—3), zugleich das Bild des Himmels, und darüber der Wind, das Bild des Sanften (4—6), des organisch Gestaltenden (im Griechischen PNEUMA = der Hauch, der Geist). Wenn wir das Zeichen weiter in seine sich wandelnden Bestandteile auflösen, so haben wir von oben nach unten das Sanfte, das Licht (Li = der Schein) (3—5), das Heitere

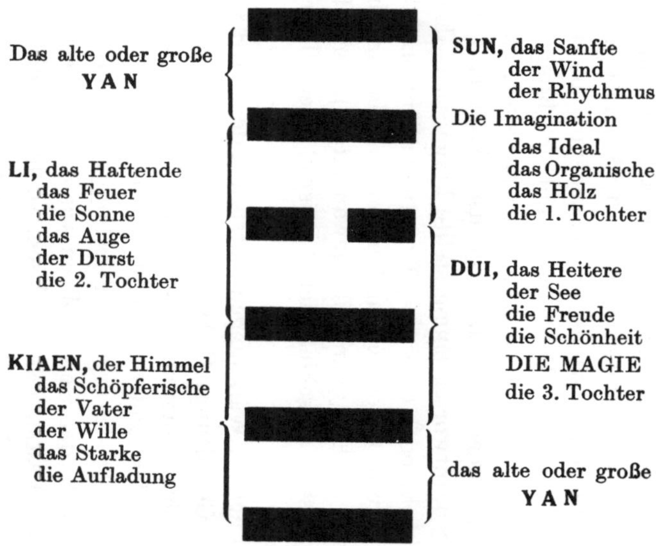

SIAU TSCHU
Des Kleinen Zähmungskraft
die Gestaltungskraft
DIE MAGIE
das Mag
natura naturans

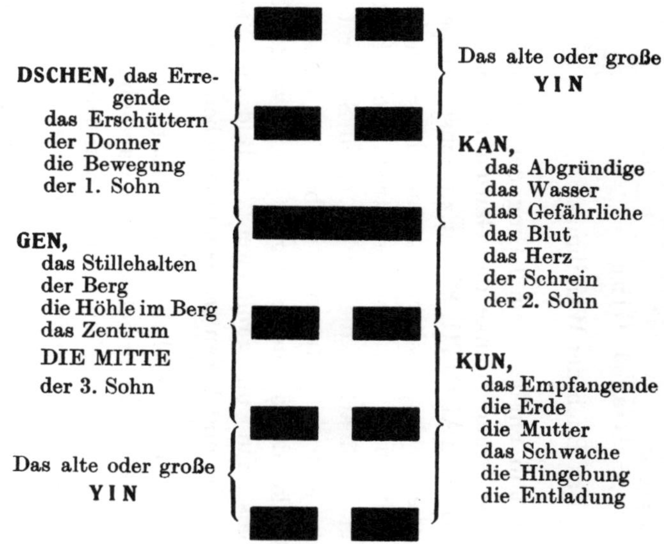

YÜ
Die Begeisterung
die kosmische Musik
das Magierte
das Gam
natura naturata

(= die Schönheit) (2—4) und das Schöpferische (1—3). In diesem Übergang liegt die ganze Fülle des Ewig-weiblichen beschlossen. Es entfaltet sich nach der Lehre des Buchs der Wandlungen (J-Ging) in SUN = das Sanfte, LI = die Flamme und DUI = der See. Diese drei Erscheinungsformen vom Eindringenden über das Klar-leuchtende zum Heiteren, In-sich-beruhenden sind die drei Stufen des weiblichen Yinprinzips, getragen vom Schöpferischen. Es kommt zum Ausdruck, daß der Geist ohne Magie das Machtloseste ist, was es auf der Welt gibt, mit Magie das Mächtigste, was jemals auf Erden gewesen ist. Die vollständige Wandlung ergibt das Zeichen Yü = „Begeisterung", die „kosmische Musik" als Wirkung der Magie. Das Zeichen Yü = die Begeisterung, besteht aus dem Zeichen KUN = die Erde, das Empfangende (1—3), dem Zeichen GEN = das Stillehalten, der Berg, die Mitte (2—4), dem Zeichen KAN = das Abgründige, das Wasser, d. h. Herz und Blut (3—5) und dem Zeichen DSCHEN = das Erregende, der Donner, die Bewegung (4—6). Der Vorgang wäre in einfachster Wiedergabe: Die Ausdruckskraft hat den Ausdruck hervorgerufen.

Abb. 6

Chinesischer Metallspiegel mit magischem Bild

Bei den Kennern und Könnern des J-Ging bewährt sich die Magie auch im Abendland. Und es sind dadurch die uralten Orakelsprüche des Buches der Wandlungen immer wieder von einer überraschenden Treffsicherheit. Durch die willkürliche oder unbewußte Manipulation der Hand ist, wie C. G. Jung in „Das Geheimnis der Goldenen Blüte", S. XIII sagt, „die Qualitas occulta des Zeitmoments ausgedrückt durch das Hexagramm im J-Ging lesbar geworden".

Nicht nur im Märchen ist der Spiegel ein magisches Instrument, er wird in China seit alten Zeiten als solcher verwandt. Auf Abb. 6 ist ein Metallspiegel abgebildet, auf welchen chinesische Schriftzeichen als Bild hauchdünn eingeätzt sind. Man muß mit dem Rücken gegen den Mond hineinblicken; es sollen aber auch in der direkten Bespiegelung des eigenen Gesichts, wie an der Wand, magische Wirkungen hervorgerufen werden.

Das Urbild des Magischen ist der chinesische Drache als Wappen und Siegel des Herrschers. Auf seinem Drachenthron war der Kaiser mehr als ein Mensch. Er besaß das Band, welches Himmel und Erde vereinigt. Der Drache war das Symbol des Flüssigen und Allgegenwärtigen, alles Durchdringenden, des Ewig-sich-erneuernden und immerdar Wandelnden, das TAO-Grundprinzip der menschlichen Seele.

Die Magie scheint bei den Chinesen eine Art Naturwissenschaft zu sein, zu deren Ausübung vielerlei Instrumente gebraucht werden; außer den Spiegeln merkwürdige, mit feinstem Sand gefüllte Trichter, welche beim Pendeln auf einer darunter liegenden Metallplatte Figuren erzeugen, die durch die Geister der Ahnen hervorgerufen sein sollen. Allerdings eignet sich hierzu nur die chinesische Schrift.

Als ein Missionar einmal einen Mandarin fragte, warum denn gerade in China so viele gute und böse Geister herrschen, bekam er zur Antwort, weil die Menschen daran glauben. Bei diesem Volk der Mitte ist der Priester noch ein Techniker der Magie, ein Kenner der Welt der geheimen Mächte, welche das Sein beherrschen.

6. Japanische Magie

Die magischen Praktiken und Techniken konnten sich in Japan zu einer noch größeren Höhe entwickeln als im benachbarten China und nahmen dabei durchgeistigte Formen an, die sie sozusagen bei uns „salonfähig" machen.

Die Natur und Religion des Japaners, der Shinto, heißt zwar der Weg der Geister,' entsprechend dem dort herrschenden Ahnen- und Götterkult. In seiner Weiterentwicklung führen jedoch noch viele andere Wege (DO = Tor) zur magischen Verbindung mit dem Geist.

Etwa in unserer Renaissancezeit hat sich innerhalb der buddhistischen ZEN-Sekte in Japan eine noch vollkommenere Technik der magischen Beherrschung entwickelt. Durchsichtigkeit ist ein Lieblingswort des ZEN, aber im Sinne der künstlerischen Inspiration und Imagination und nicht des logisch scheidend-unterscheidenden Denkens. „Kein Verlaß auf Worte" ist ein ZEN-Wahrspruch. Dagegen spricht die Kunst unmittelbar zum Wesen des Menschen. Schriftkünstler und Landschaftsgärtner, das waren die ersten ZEN-Meister. Dann kamen die Schwertkünstler. Ihr Wahlspruch lautet: „Solange man an die eigene Sicherheit denkt, kann man den Kampf niemals gewinnen". Das Schwert besitzt magische Kräfte. Die Technik der magischen Beherrschung bindet Subjekt (S) und Objekt (O), den Fechter, das Schwert und das Ziel zu einer Ganzheit und Einheit.

Dazu gehört u. a. die Kunst des Bogenschießens. Dabei muß der Schütze eine magische Verbindung mit dem Ziel herstellen, so daß der Pfeil gewissermaßen von dem Ziel unfehlbar angezogen wird.

Beim ZEN ist der Wille das Primäre: Jeder kann das, was er will; denn auf der „Anderen Seite" steht das Unerschöpfliche zur Verfügung. Was ein Mensch aus seiner tiefsten Seele heraus will, das wird er gestalten.

Zur ZEN-Schulung gehört allerdings ein ZEN-Meister. Die Pädagogik des ZEN beruht auf der unmittelbar magischen Ausstrahlung des im ZEN Vollendeten.

KWA-DO, der Blumenweg, beruht auf einer uralten Tradition: durch bestimmte Anordnung von Blumen und darauf gerichtete Meditation geistige Bilde-Kräfte zu erwecken, zu üben und zu bewahren.

Auch das streng eingehaltene Zeremonial der Teezeremonie (CHA-DO) gilt als magischer Weg. Der Sinn der feierlichen Teezeremonie ist die Reinigung der sechs Sinne von allem Unreinen und das Erreichen von SABI, der Stille, und WABI, des Einsseins mit sich selbst aus innerer Wahrhaftigkeit. Das Geheimnis liegt in der Verbindung von SUNYATA (Leere) mit TATHATA (Sein) — Nicht-Ich und Ich. So kommt der Zauber des Wesens im Teekult zur Wirkung.

Abb. 7. Toko-noma
Japanischer Hausaltar mit Rollbild, Kwado und Räucherstäbchen

Vergessen wir in diesem Zusammenhang aber auch die Institution der GEISHA nicht, welche in einer strengen staatlichen Erziehung zur Ich-losigkeit viele uralte Riten beherrschen muß, und nicht, wie man sich bei uns noch vorstellt, etwa eine Dienerin zweifelhafter Erotik ist, wie die Oiransan, die Bewohnerin der Yoshiwara. Soweit sich in den Wirrnissen der Zeit die heiligen Tempeltraditionen noch erhalten haben, ist nicht nur ihre äußere Aufmachung im streng geschnittenen Kimono, sondern auch die seelische Haltung eine überpersönliche, magische, von echtem Charme. Wenn dazu noch die vorgeschriebene Etikette vollendet beherrscht wird, entsteht ein typisches Zeremoniell von unvergeßlicher Wirkung.

Von hier aus führt die Brücke zum altjapanischen Theater, dem NO. Nicht nur das Psalmodieren alter Volksweisen, sondern auch der Kult der Bewegung und Sprache in alten Gewändern knüpft ein magisches Band mit fernster Vergangenheit.

Jedes japanische Haus, selbst das der Ärmsten, enthält ein Tokonoma, eine Bildnische, einen Hausaltar, Abb. 7, in welcher, je nach der Jahreszeit wechselnd, das rituell geordnete Blumen- oder Blätterarrangement aufgestellt und dahinter das zugehörige Rollbild (Kake-mono) aufgehängt wird. Diese langen Rollbilder enthalten immer neben dem Tuschbild getuschte Schriftzeichen, welche in ihrer Vieldeutigkeit die magische Verbindung zum Ganzen herstellen.

7. Indianische Magie

Die gigantischen Bauwerke der Inkas geben uns dieselben technischen Rätsel auf wie die der Ägypter. ,,Wenn die Beschwörung und der Kult'', sagt Edgar Dacqué, ,,den Stein nicht wirklich beeinflußt und abgelenkt, den Pfeil nicht wirklich in seiner Bahn bestimmt hätten, so würden die ,Wilden' ebensowenig weiter geschworen haben, wie wir weiter den Flug eines Geschosses berechnen und den Lauf eines Geschützes ziehen würden, wenn wir nicht wüßten und erfahren hätten, was für eine gewaltige Wirklichkeit dieses Tun herbeiführt. Beide Male handelt es sich um die Nutzanwendung von Kräften der Natur, gewonnen durch Ausbildung und Ausübung gewisser geistiger Fähigkeiten, also um eine Art Wunder. Einen schwachen Abglanz jener Fähigkeiten, erblicken wir noch heute hier und da in dem Phänomen der Telepathie und Telekinese (s. d.). Sie war bei den Alten offenbar zur Telekinese und Teleplastik gesteigert, zur Kraft der Fernwirkung, Fernstrahlung und Materialisation''.

Die Anziehungskraft der indianischen Schilderungen eines Karl May für Jung und Alt beruht auf der magischen Einheit von Volk, Landschaft und Tier.

Die Tier-Magie spielt bei den Indianerstämmen eine Rolle als Stammeszeichen, die natürlich hier viel tiefere Wirkung hat als etwa bei uns noch der gallische Hahn oder der russische Bär.

Die Indianer verwandelten ihr Gesicht selbst durch die Tatauierung und durch Kriegsbemalung. Ihre Tanzmasken zeigen häufig die magische Wirkung des Drehwirbels. (Abb. 8.)

Mittelamerika ist in besonderem Maße das Land der magischen Gifte, wie z. B. das Mescalin oder Peyotl, einem Kaktussaft, dessen

Wirkung den Azteken wahrscheinlich schon vor der Eroberung durch Cortez bekannt war und von den Indianern in ihren mythischen Ritualen verwendet wurde. Es erzeugt einen Rauschzustand, in welchem Ornamente, Bauten, Landschaften und Lebewesen in bunten Farben erscheinen. Vielfach haben die Visionen symbolische Bedeutung. Wahrscheinlich sind auch bei der Friedenspfeife in früheren Zeiten magische Kräuter zur Anwendung gekommen.

Abb. 8. Indianische Tanzmaske

8. Magie im Abendland

Die abendländische Magie ist wohl in der Hauptsache ein Erbteil der Mittelmeerländer, die ja in frühen Zeiten, wie schon beschrieben, von Ägypten und Babylonien aus mit magischen Praktiken bekannt gemacht wurden. Es herrschten jedoch auch bei den Urvölkern und nördlicher hausenden Stämmen, wie den Etruskern, Kelten und Druden, magische Gebräuche und ein stark magisch beeinflußter Dämonenglaube, wie z. B. der an die Werwölfe und „Wildfräulein" bei den Germanen, die Elben und Alpe der deutschen Sagen. Es sind die sogenannten Incubi und Succubi, wie wir sie bei der „Sexualmagie" näher besprechen werden. Die Entdämonisierung ist durch das Christentum weitgehend vorgenommen worden, aber aus natürlichen Gründen niemals vollständig gelungen.

Die Runen waren ursprünglich magisch geworfene Stäbchen, Geheimzeichen, aus denen gewahrsagt wurde, im Grunde nicht anders als das beim J-Ging in China der Fall ist.

Der Magismus, die „Urdummheit" der Primitiven, liegt auch den „Abendländern" seit Urzeiten bis auf das „Heute" im Blute. Wir werden dafür später vielerlei Beweise beibringen. Das „Blut als besonderer Saft" dürfte auch der modernste Mediziner nicht ganz ohne ein leises, aus tiefsten Brunnen aufsteigendes Gruseln betrachten. Nur hat der aufgeklärte „Aberglauben" dafür Worte wie „innere Sekretion", Suggestion, erbliche Veranlagung usw. gefunden. Die Tatsachen bleiben dieselben, der Mensch selbst hat sich dabei nur wenig verändert.

Der Philosoph und Pädagoge Eduard Spranger (Tübingen) schreibt 1947 in „Magie der Seele": „Jahrtausendelang haben die Menschen nicht anders als magisch denken können, absoluter Unsinn kann es nicht gewesen sein, doch etwas, dem ein tiefes Recht für ganz wesentliche Angelegenheiten des menschlichen Lebens innewohnte, für die es uns zu unserem Schaden verloren gegangen ist".

Der Ethnologe Ad. E. Jensen, Direktor des Frobenius-Instituts in Frankfurt am M., kommt in seinem neuen Buch „Mythos und Kult bei den Naturvölkern" (Wiesbaden 1951) zum Schluß, daß „erhebliche Unterschiede zwischen alltäglicher und magisch-gesteigerter Seelenlage bestehen".

Das magisch-mystische Weltbild ist vom mittelalterlichen Menschen nicht zu trennen. In den gotischen Kathedralen mit dem magischen Lichtzauber der hohen Farbfenster, den im Dunkel der Stufen versteckten oder als Wasserspeier auf das Dach verbannten Dämonen und Kobolde konnte es sich voll ausleben. Zu den Bauhüttengeheimnissen gehört auch das Wissen um die göttliche Geometrie von Maß und Zahl. (Vgl. Abb. 2.)

H. K. Agrippa von Nettesheim

Die Bücher des großen Heinrich Kornelius Agrippa von Nettesheim, dessen in den Jahren 1530 in Antwerpen erschienene vierbändige „Philosophia occulta" erst gewissermaßen das Kompendium der gesamten mittelalterlichen Magie darstellt, sind eine Fundgrube magischen Wissens, vor allem durch ihre Symbolik, die astrologischen und alchimistischen Angaben, die Lehre von den Signaturen und die Zahlenmagie. Alle bekannten magischen Quadrate gehen auf ihn zurück. Die Quintessenz wird durch die menschliche Seele zur Aktivität veranlaßt, und in dieser Gewalt, die sie dadurch über die Materie gewinnt, liegt der Grund der Wirksamkeit, der Charaktere, der Bilder und Zauberformeln und gewisser wunderbarer Experimente.

Der Stein der Weisen, der PAIS, ist nichts anderes als eine irdisch sichtbare Konstellation der Weltseele, der Akasha der Hindu-Philosophie und der Goldenen Blüte der Chinesen.

Der Mensch kann, wenn er sowohl durch Leidenschaft in seiner Seele als auch durch die gehörige Anwendung natürlicher Dinge, sich himmlischer Gaben teilhaftig gemacht hat, einen weniger Starken bannen und zum Gehorsam zwingen. Die Wurzel dieses Bannes aber ist ein starkes und bestimmt ausgesprochenes Verlangen der Seele unter Beihilfe des himmlischen Einflusses.

Während also die Mystik auf alle Beweise und Verwirklichungen verzichtet und nur im Aufgehen der Seele in Gott ihr höchstes Ziel erblickt, ist es Ziel der Magie, eine irdische Wirkung zu erreichen und mit Hilfe der Weltseele eine diesseitige und jenseitige Macht zu erlangen. Agrippa schreibt darüber: „Die magische Gewalt setzt beim Menschen eine große Würdigkeit voraus; denn unser Gedanke, unsere höchste Geisteskraft ist allein der Wundertäter in uns."

„Die natürliche Würdigkeit ist eine möglichst gute Disposition des Körpers und seiner Organe, welche die Seele nicht durch die Dichtigkeit der Materie verfinstert und ihr durch eine Störung und dicke Feuchtigkeit schadet. — Wem aber die Natur nicht so günstig ist, der muß diesen Mangel durch Erziehung, durch eine geeignete Lebensweise und durch einen glücklichen Gebrauch natürlicher Dinge ersetzen, bis er zur nötigen inneren und äußeren Vollkommenheit gelangt" (III, 3).

Man sieht hier, daß die Tradition der Pythagoräer weiter wirkt und die Zahlensysteme der Gnostiker, die auf das Bibelwort zurückgehen: Gott hat alles eingeteilt nach Zahl, Rhythmus und Maß. Agrippa stützt sich durchaus auf die Kabbala, deren System bei ihm zum Schlüssel aller Geheimnisse geworden ist.

„Das Wort ist Fleisch geworden", bedeutet einen magischen Vorgang. Denn Magie ist ein aktiver Eingriff des Geistes in die Natur. Im Gegensatz zur Mystik, die mehr ein passives Hinwenden zum Geist darstellt. (Vgl. Tafel J-Ging.)

Dr. Faustus war bekanntlich eine historische Figur. Schon in der ersten mündlichen Überlieferung, die noch zu seinen Lebzeiten aufkam, steht er fix und fertig da als der Schwarzkünstler und Teufelsbündler, als der Meister magischen Wissens und Beschwörer der Geister Griechenlands, kurz:als die Seele der deutschen Renaissance. Und Goethe hat nur die letzte Summe gezogen. Er gilt aber seitdem als ein wesentliches Bild der deutschen Seele.

Goethe ist schon in Studentenjahren durch seine Bekanntschaft mit der „Herrenhuterischen", Frl. von Klettenberg, mit dem Werk des Paracelsus bekanntgemacht worden und hat selbst im Giebelzimmer des alten Frankfurter Geburtshauses eine „alchimistische Küche" sich eingerichtet. Als er in jener Zeit durch eine hartnäckige Geschwulst am Halse sehr geplagt war, fand er nach vergeblicher Behandlung durch „Arzt und Chirurgus" Heilung durch ein spagyrisch-magisches Universalmittel. So erscheint Goethe früh dem Wesen des alchimistischen Prozesses durchaus aufgeschlossen, ganz im Sinne des Paracelsus.

PARACELSUS

Theophrastus Philippus Bombastus von Hohenheim wurde am 10. November 1493 in Einsiedeln (Schweiz) geboren als einziger Sohn aus einem alten schwäbischen Adelsgeschlecht der Hohenheims. Das Heimatschloß der Hohenheim liegt in Schwaben, südlich von Stuttgart bei dem Dorfe Plieningen. Den Beinamen PARACELSUS = Über-Celsus erhielt er von seinen Schülern, da er die größte medizinische Autorität seiner Zeit, Celsus, zu übertrumpfen vermochte.

In unserem Zusammenhang wollen wir uns aber nicht mit dem großen Arzt und Naturforscher Paracelsus befassen, sondern mit seiner Astrologie und seiner „Magie". Ohne diese wäre er allerdings nur ein geschickter, aber kein genialer Arzt gewesen. Für ihn als große überragende Persönlichkeit ist Magie eine natürliche Kraft, unbegreiflich für die von ihm heftig bekämpften „Schriftgelehrten", aber auch für die vielen „Scharlatane", die sich auf die Hilfe von Geistern und Dämonen berufen.

In die „Welt der Geheimen Mächte" gehört aber der Einfluß des „Gestirns". In einem von Paracelsus Hauptwerken, dem „Paramirum" (1531), ist das „Firmament des Menschen" der Angelpunkt der Lehre von den Beziehungen zum Kosmos. Noch deutlicher schreibt er in seinem Mantischen Entwurf: „Der Mensch ist die kleine Welt, das ist der Mikrokosmos. Aus der Ursachen, daß er die ganze Welt ist, indem daß er ist ein Auszug aus allen Sternen und allen Planeten, aus dem ganzen Firmament, aus aller Erden und allen Elementen. Dieses corpus mikrokosmi astrale sind die Gestirnskräfte im Menschen. „Dieweil der Mensch gleich ist gemacht dem Gestirn" (Paragranum 8, 98), vollziehen sich die Abläufe draußen und drinnen in der entsprechenden Weise. Der Mensch besitzt ein Fenster, über das die Verbindung mit den Sternen hergestellt wird. Das Glas dieses Fensters ist der Wille; „es muß etwas im Leib sein, das die Gestirne annimmt, so sie im Leib wirken". Er sucht, wo er findet, den Himmel in einem jeglichen mit seiner Konkordanz, denn jeder hat seinen besonderen Himmel von Geburt her.

Wenn in dem großen Gesamtspiel der Gestirnkräfte sich Disharmonien ergeben, falsche Gewichtsverteilungen oder Lücken, dann ist etwas krank. Es muß dem Heilkundigen also daran liegen, das rechte Gleichgewicht im Gestirn wieder herzustellen. Jedes Mineral, jedes Kraut verkörpert selbst eine Gestirnskraft. Der Arzt muß wissen, „den astralischen Mars und den gewachsenen Mars einander untertänig zu machen und zu konjugieren und zu vergleichen" (3. Traktat von der Alchimie, Paragranum 8, 182). „Denn hierin liegt der Butz, den noch nie kein

Arzt vom ersten bis auf mich gebissen hat, also wird das verstanden, daß die Arznei soll in die Gestirn bereitet werden und daß sie Gestirn werden".

Hier tritt der magische Zusammenhang zwischen Arzt und Medizin im Lehrgebäude des Paracelsus deutlich in Erscheinung. Alles, was im Makrokosmos vor sich geht, vollzieht sich ebenfalls im Mikrokosmos des Menschen, modifiziert im Individuum nach seiner eigenen siderischen Struktur. Der Mensch erfährt diese Ausrichtung bei seiner Einbeziehung in die Welt. Diese erste Prägung bedeutet eine grundsätzliche Vorformung. Der große Himmel „imprimiert", sagt Paracelsus und meint damit die „geprägte Form, die lebend sich entwickelt".

In der „Philosophia sagax" (XII, 49): Der weise Mensch muß in einem immer erneuten Kontakt mit den Gebieten, von denen er Wissen haben will, stehen. Er muß sich in ihr Wesen versenken, nicht nur das Wissen um sein Horoskop, sondern dieses nur in Verbindung mit der Meditation über sein Horoskop, gibt dem Menschen seine Mächtigkeit über die Welt, über die Welt des Stoffes und die Welt der Kräfte.

So sah Paracelsus den Arzt als einen Weisen und Magier, der sich der Tugenden aller Dinge bedient. Die erste Säule der Medizin ist für Paracelsus die Sympathie und die zweite die Astrologie, die dritte Alchimie. Jedes Ding besteht nicht nur aus einem materiellen, sondern auch aus einem immateriellen Teil, der den ersteren wie eine Hülle umgibt. Diese Hülle von Strahlungen, Aura oder Perisoma genannt, ist der Sitz und Träger aller Qualitäten, mögen sie nun wissenschaftlich bekannt sein oder nicht. Die vierte Säule der Medizin ist die Tugend des Arztes. Die Synthese dieser vier Qualitäten führt zur Kraft der I-mag-ination, der Ursache aller Magie. „Drumb so ist der Imagination die Welt nit zu weit; mag wohl imaginieren über tausend Meil und auch imprimieren über tausend Meil; mag auch wohl imaginieren bis in Himmel und wohl imprimieren in Himmel". — „Unser Speculatio im Imaginieren geht als wohl hinauf als die ihr (der Sterne) herab. So wir dermaßen uns in das Imaginieren geben, so werde unsere Flüche wahr, aber ihre Vergiftung (= schlechte Konstellationen) ist unser Krankheit".

Hier folge ein Beispiel eines astrologischen Medikamentes.

Lilium Paracelsi

Antimon	4
Zinn	1
Kupfer	1

miteinander schmelzen, pulvern.

Hinzufügen: Salpeter 6. Weinsteinsalz 6.

Die Stücke in einem Schmelztiegel stark erhitzen; wieder pulverisieren. Dann das Ganze heiß in ein Gefäß mit 90%igem Alkohol (32 Teile), in einer Retorte auf dem Feuer destillieren und filtrieren. Die Eigenschaft dieses heute vergessenen Präparates soll in besonderer Weise die Polarisation eines Individuums ,,rectifizieren'' und sei daher ein astrales Medikament erster Ordnung.

Die Magie hat also die Aufgabe, das Sympathieverhältnis, d. h. die harmonisch-astrale Schwingung von Talismanen und Signaturen, von pflanzlichen und metallischen Medikamenten festzustellen und durch Kenntnis diese Bedingungen bewußt zu steigern.

Jakob Böhme hat die Paracelsische Lehre der Signaturen als die magische Ur- und Natursprache in seinem Buch, ,,De Signatura rerum'' zusammengefaßt: ,,Denn das Innerliche arbeitet stets zur Offenbarung, — wie es sich hat in soviel Formen und Gleichnissen offenbaret, als wir solches an Sternen und Elementen sowohl Kreaturen, auch Bäumen und Kräutern sehen und erkennen''. Das Wesen der Natur und des Menschen zu erkennen und sich mit ihm aktiv auseinanderzusetzen ist das Ziel des magischen Wissens.

Der Jesuitenpater Athanasius Kircher (1601—80) hat dann das magische Gesamtwerk des Paracelsus und seines Lehrers Agrippa vollendet (Ars magna, lucis et umbrae).

MELANCHOLIA

Für Kaiser Maximilian, den ,,letzten Ritter'', schuf Albrecht Dürer das Trostblatt ,,Melancholia''. Es entstand im Todesjahr der Mutter des Künstlers, das magische Quadrat unter der Glocke enthält u. a. die Zahlen des Datums 17. 5. 1514,und ist wahrscheinlich der Niederschlag zahlreicher Ateliergespräche, die der Kaiser mit dem Künstler führte. Es weht ein Geist der Resignation in dem Dämmerlicht des Blattes, zu dem der Künstler sagte, ,,das Problem der geometrisch zu bestimmenden absoluten Schönheit weiß nur Gott allein''.

In der Übergangsepoche vom Mittelalter zur Neuzeit schwankt der Glaube zwischen der Gottergebenheit und Gottesherrlichkeit des Menschen. Unter den vier Elementen, aus welchen der Weltbaumeister die Schöpfung geschaffen hat, ist die Erde dem melancholischen Temperament zugeordnet und wird von Saturn beherrscht. Ist dieser Planet ein böser Schicksalsformer oder der gute Genius des längst vergangenen goldenen Zeitalters? Das wäre die Frage der weißen und schwarzen Magie.

MELANCHOLIA

von Albrecht Dürer

Abb. 9

Dem Geist des Saturn ist das Blatt gewidmet. Über seine Tiefgründigkeit denkt der sybillische Genius nach, den Kopf auf die geballte Faust gestützt, in der rechten Hand den geöffneten Zirkel haltend, dessen einer Schenkel hinaufweist zu dem fernen Zentrallicht und dessen anderer in die Höhe zu der geheimnisvollen Leiter: ihr Anfang und ihr Ende ist nicht zu erkennen. Am Gürtel der Frau hängt ein Schlüssel: Was soll er öffnen?

Die Mitte des Bildes und des Zirkels weist auf das göttliche Kind. Es sitzt auf dem Mühlstein, einem alten alchimistischen Symbol der Wandlung. Zu Füßen der Frauengestalt liegen die Werkzeuge des Zimmermanns: das Richtscheit, der Hobel, Zange und Nägel. Daneben aber auch die mittelalterliche Universalmedizin, die Klistierspritze; bekanntlich ein gutes Allheilmittel gegen die melancholischen Anwandlungen der leiblichen Verhärtung.

Als Gegenpart der beiden menschlichen Figuren, der alten Erdmutter und des Kindes, erkennen wir links den schlafenden Hund, zwischen dem Symbol der Vollendung, der Kugel, und dem merkwürdigen facettierten Stein. Soll die Kugel die Kirche bedeuten, wie das Weihrauchfaß daneben andeutet, und der kristallinische Stein die Alchimie? Denn neben ihm erkennen wir einen chymischen Ofen. Sind hier die beiden Gegensätze der damaligen Zeit, die Lehre der gegebenen Vollendung gegenüber der Aufgabe der Arbeit am Menschen, dargestellt? Neben dem Stein steht aber die Stufenleiter zur unsichtbaren Höhe, und über den beiden Figuren die doppelsinnigen Symbole der Waage, der Sanduhr und der Glocke über dem magischen Quadrat.

Über diese unlösbaren Gegensätze spannt sich der versöhnende Regenbogen, ein Gebilde aus Feuer und Wasser, über den luftigen Himmel des Hintergrundes: eine vielsagende Zusammenfassung der drei Elemente Feuer, Wasser und Luft gegenüber dem der Erde. Sie in der Quinta essentia zu vereinigen wäre sowohl das Ziel der aktiven Magie wie auch der passiven Mystik. So haben wir also in diesem Blatt die ganze Problematik der Magie des Mittelalters zusammengefaßt und einen Ausblick in die kommenden Zeiten des aktiven Eingreifens des Menschen in die Gesetze der Erde und der Eroberung der Kräfte der Natur.

In der Renaissance tritt als Gegenbewegung zu der in die Beherrschung der Außenwelt vorstoßenden „Erfolgsmagie" das Wiederaufleben einer hintergründigen geheimen Magie, wie sie für den Kenner in Werken von Leonardo und Giorgione enthalten ist. Leonardo's

Mona Lisa zeigt das eigentlich Irisierende ihres hintergründigwissenden Lächelns um die geheimen Gesetze, welche die Welt regieren. Eine merkwürdige Verbindung dieser beiden magischen Richtungen tritt dann im Barock auf; es ist die Zeit der großen „Scharlatane", eines Comte de Saint-Germain, Casanova und Cagliostro. Für Eliphas Levi (Abbé Constant) wird die Magie zu einer historischen Angelegenheit, die durch die „Aufklärung" überwunden zu sein scheint.

Ein unwiderstehlicher magischer Einfluß geht auch im Abendland von den Wirkungsstätten und den Gräbern großer Menschen aus, wie z. B. von dem Grab Kaiser Friedrich II. und seiner Gemahlin in Palermo, Michelangelo's Mediceer-Gräbern in Florenz und vom Grab Napoleon I. im Invalidendom.

III. ZAHLEN- UND BILDMAGIE

1. Zahlenmagie

Die ungeraden Zahlen gelten als männlich, die geraden als weiblich. Zwei männliche oder zwei weibliche Prinzipien können kein selbständiges Leben schaffen; erst die Vereinigung beider erzeugt ein selbständiges Wesen. Wir können für männlich und weiblich auch positiv und negativ einsetzen und kommen dabei auf die zwei Ur-Polaritäten der Welt: Tag und Nacht, positive und negative Elektrizität, elektro-magnetische Anziehung und Abstoßung, positiver Atomkern und negative Atomschale. — Der im Kapitel Chinesische Magie besprochene J-Ging beruht auf diesem Prinzip.

„Wenn Du 1-2-3-4 zählst, wenn Du die Zahl 36 nennst, hast Du unsern Eid gesprochen". Was bedeutet diese Geheimformel des Pythagoras und seiner Schule? Die Summe der vier ersten Zahlen (der Tetraktys der vier Elemente des Pythagoras) ergibt 10; und $10 \times 36 = 360$, die Gesamtzahl der Winkel eines Kreises und die Anzahl der Tage des alten Sonnenjahres. $1 \times 2 \times 3 \times 4 = 24$. Die Zahlen sind nach dem Glauben der Pythagoräer und besonders Platos selbständige Wesenheiten mit gestalt-bauender Kraft. Aus fünf Wesenheiten ist die Welt erschaffen, nämlich aus den vier Elementen und der Quinta essentia:

1 — dem Willen,
2 — der Erde
3 — dem Geist und
4 — dem Wasser;

das 5. Element, der Äther des Pythagoras, untersteht dem Merkur, bei den Ägyptern dem Thot.

Die Magie der Zahlen haben wir schon bei Pythagoras als Ursprung geheimnisvoller Mächte kennengelernt. Mit wie wenig Zahlen unendliche Wirkungen von unendlicher Verschiedenheit erzielt werden können, hat z. B. Rosemann errechnet, ,,daß nämlich bei 12 Tischgästen über 400 Millionen verschiedener Tischordnungen möglich sind, bei 32 Skatkarten noch viel mehr Spiele, daß mit 20 Schriftzeichen alles Gedankengut niedergeschrieben werden könne''.

Die Schöpferkraft der Zahlen steigert sich noch in den Geheimnissen der modernen Erbforschung durch die Kombination der 48 menschlichen Chromosomen, von denen jedes eine große Zahl von Genen trägt, und jedes Gen aus komplizierten Ketten von Eiweißmolekülen aufgebaut ist.

Nach Donaldson sind im menschlichen Gehirn etwa 12 Milliarden Ganglienzellen vorhanden. Von diesen befinden sich nach Thompson 9.200 Millionen allein in der Großhirnrinde. Denkt man sich nun, daß nur eine Million Rindenzellen in allen nur möglichen Kombinationen miteinander verbunden wären, so erhält man nach Herrick die Zahl von $10^{2783600}$ verschiedener Schaltungen. Zum Vergleich: Die Astrophysik schätzt die Zahl der Atome im sichtbaren Weltall nur auf 10^{66}.

Magische Quadrate

Natürliches Quadrat

1	2	3
4	5	6
7	8	9

Magisches Quadrat

4	9	2
3	5	7
8	1	6

Hexen-Quadrat

10	2	3
0	7	8
5	6	4

Achter-Quadrat

3	5	7
4	0	2
8	1	6

Hexeneinmaleins

aus Faust I. — Goethe

Du mußt verstehn!
Aus eins mach zehn,
und zwei laß gehn
und drei mach gleich —
so bist Du reich!
Verlier die vier!

Aus fünf und sechs —
so sagt die Hex —
mach sieben und acht:
Dann ist's vollbracht.
Und neun ist eins
und zehn ist keins.
Das ist das Hexeneinmaleins!

Aus eins mach zehn:	1—Gott und 0—Schein = 10: Welt, Maja;
und zwei laß gehn:	1+1 = 2 = Polarität (Eros), Dualität (Karma);
und drei mach gleich:	1+2 = 3 = Ego, die Dreieinheit, Sattwa;
verlier die vier:	1+3 = 4 = die niedere Quaternität, die Physis;
aus fünf	1+4 = 5 = Kunst
und sechs:	1+5 = 6 = Opfer;
mach sieben und acht:	1+6 = 7 = Erleuchtung, Buddha
so ist's vollbracht:	1+7 = 8 = Erlösung;
und neun ist eins:	1+8 = 9 = Nirwana, Freiheit;
und zehn ist keins:	1+9 = 10= Vergänglichkeit, Alles und Nichts.

Mit der Zahlenmystik des Oktogon beschäftigt sich M. Buchhold, München. Es ist ein durch ein Auswürfelungssystem gewonnenes Testmittel zur Klärung der persönlichen Situation. Der Deutungsvorgang gründet sich auf die magischen Werte der Zahlen und deren Verhältnisse zueinander. Über die Gewinnung der Schwungzahlen oder Dynamiken und die Durch- bzw. Ausspiegelungsmethoden sei hier nur soviel gesagt, daß die Häufigkeit des Auftretens einer Zahl ihre Bedeutung hat, sowohl bei der Additions- wie bei Multiplikationsanalysen.

Die Magie des Würfels sowohl wie die des J-Ging beruht auf dem Glauben, aber auch auf der Erfahrung, daß ein unsichtbarer Zustand sich mit Hilfe dieser Mittel in einen sichtbaren, nach bestimmten Regeln deutbaren verwandelt und je nach der Art der Frage und der Grundeinstellung sich ein geistiges oder materielles Urteil ergibt.

2. Der Tarot

Eines der ältesten Orakel ist der Tarot, welcher sowohl auf Zahlen- wie auf Bildmagie beruht; denn zur okkulten Praxis gehört die universelle Signaturenlehre, deren Deutung Spezialzweige wie Astrologie (Analogiebeziehung zwischen Sternenhimmel und Mensch), Chirologie (die Hand als Wesens- und Schicksalsspiegel), die Mantra- und Tantrapraxis des Yoga ergänzen. Ein von der Imagination ausgehendes System ist mit dem Tarot gegeben, einem aus 22 Haupt- und 56 Nebenkarten bestehenden Bilderwerk, das in profanen Kreisen schließlich zum banalen Kartenspiel, dem Tarock, entartete. Auf der beigegebenen Tabelle sind die Entsprechungen der Zahlen, astrologischen Zeichen und symbolischen Deutungen mit den 22 Hauptkarten des Tarot gegeben.

Nr. 1. Der Magier

Nr. 6. Der Liebhaber

Nr. 10. Das Glücksrad

Nr. 21. Die Welt

			Tarot-Karten	Zodiakalzeichen und Planeten	Bedeutung	Tarot-Karten	
1	aleph	a	Magier	Sonne	Wille	le Bateleur	I
2	beth	b	Tempelpforte	Mond	Wissen, Geheimnis	la Papesse	II
3	ghimel	g	Isis terania	Erde	Gemeinschaft, Entschlossenheit Aktion	l'Impératrice	III
4	daleth	d	Kubus	Jupiter	Tat, Fülle, Macht, Realisierung	l'Impéreur	IV
5	hé	e	König der Geheimnisse	Merkur	Religion, Eingebung, Inspiration	le Pape	V
6	vau	vna	2 Räder	Jungfrau	Sexus, ird. u. himml. Liebe, Prüfung	l'Amoureux	VI
7	zain	z	Wagen des Osiris	Schütze	Triumph, Sieg	l'Echarior	VII
8	heth	h, ch	Themen	Waage	inneres Gleichgewicht, Gerechtigkeit	Justice	VIII
9	teth	—	verschleierte Lampe	Neptun	Vorsicht, Verschleierung, Weisheit, Klugheit	l'Erémite	IX
10	iod	i, j, y	die Sphinx	Steinbock	Glück, irdischer Besitz, Wechsel des Glücks	la roue de Fortune	X
11	caph	c, k	der Löwe	Löwe	Kraft, Geistesmacht	la Force	XI
12	lamed	l	das Opfer	Uranus	Sühne, gewaltsamer Tod	l'Ependu	XII
13	mem	m	die Sense	Saturn	Tod, Übergang, Wandlung	le Mort	XIII
14	noun	n	Gemeinschaft d. Menschen	Wassermann	Ausgleich, Selbstzucht	Tempérance	XIV
15	samech	x	Taifun	Mars	Schlange, Fatum, Magie	le Diable	XV
16	hain	o	Turm mit Blitz	Widder	Zerstörung, Ruine, Katastrophe	la maison J Dieux	XVI
17	pé	f, p, ph	Stern der Magier	Venus	Hoffnung, Wahrheit, Glaube	L'Etoile	XVII
18	tsadé	sch, tsh	Dämmerung	Krebs	Enttäuschung, Falschheit	la Lune	XVIII
19	coph	q	das Licht	Zwillinge	Glück, Freude	le Soleil	XIX
20	resh	r	Auferstehung der Toten	Fische	Erneuerung, Auferstehung, Erwachen, Wiedergeburt	le Jugement	XX
21	shin	s	die Krone	Stier	Erfolg	le Monde	XXI
22	tau	th	das Krokodil	Skorpion	Vergeltung, Mißerfolg, Illusion	le Mat	XXII

3. Bildzauber

Das Bild heißt lateinisch I-mag-o und die Einbildung I-mag-ination. Hier weist also der Stamm MAG auf die Bedeutung des Bildes für die Magie hin. Runen, Amulette und Talismane sollen die sichtbaren Zeichen unsichtbarer, aber wirkungsvoller Bildekräfte sein.

Zur Unterstützung der Imagination und einer Art „Hellsehen", die eine Weissagung (Manteia) ermöglicht, dienen eine Reihe von Methoden, wie z. B. die schon besprochene Spiegelschau (speculatio), die übrigens im Mittelalter auch im Abendland vielfach zur Herbeiführung von Visionen und Intuitionen geübt wurde. Dazu gehören auch der Zinnteller und die Schusterkugel des Jakob Boehme, eine Art Autohypnose, welche bei entsprechender Veranlagung zu einem Bewußtwerden innerer Bilder führen kann.

In neuester Zeit sind Testmethoden entwickelt worden, welche ebenfalls geeignet sind, einen Rapport zu unbewußten Seelenbildern herzustellen. Rorschach hat das bekanntlich mit Klexographien zu erreichen versucht. Wenn man nämlich solche aus schwarzen, roten und grünen Farben entstandene Klexbilder einem zu Testierenden vorlegt und ihn über seine Eindrücke befragt, so erhält man u. U. einen tiefen Einblick in seine seelischen Grundhaltungen.

In dem Tuanima-Psychotest (Tuanima-Verlag, München 22) sind solche seelischen Strukturen durch Meditation auf Symbole in „abstrakten, nicht-gegenständlichen Farb-Form-Komplexen" dargestellt.

Auf diese Weise ist es erfahrungsgemäß möglich, mittels Wahl von je 5—12 Karten aus 36 Darstellungen, getrennt durch Sympathie oder Antipathie, nach Umdrehen auf die Symbolseite ein deutbares Seelengemälde zu erhalten. Dieser „Seelenbaum" besteht von unten nach oben, entsprechend dem beigegebenen Symbolverzeichnis aus folgenden vier Schichten:

Serie I — Nr. 1— 9 Grundkräfte
Serie II — Nr. 10—18 Grundeinstellungen
Serie III — Nr. 19—27 Subjektive Haltungen
Serie IV — Nr. 28—36 Objektbeziehungen.

Aus der Form des „Seelenbaumes" (Abb. 10) können u. a. Schlüsse gezogen werden auf die breite oder schmale Basis der „magischen" Grundkräfte bzw. auf eine jeweilige Öffnung oder Sperrung des Zugangs zu ihnen und die Verhältnisse der Eu-daimon-ia. Diese Methode stellt einen Grenzfall dar zwischen magischer und wissenschaftlicher

Aussage und Deutung und eröffnet der Forschung nach den Bildekräften der Seele sowohl in der psychologisch-analytischen wie auch in der kunstschöpferisch-synthetischen Richtung ganz neue Perspektiven.

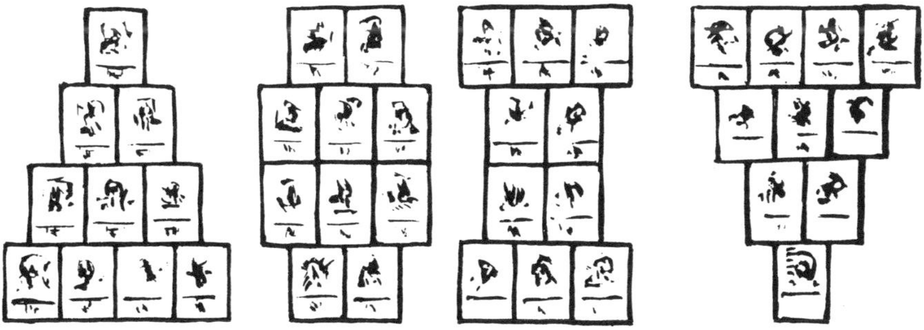

Abb. 10 Tuanima-Psychotest

4 Formen des „Seelenbaumes"

I. Breite Basis der Grundkräfte
II. Breite Mitte der Grundeinstellungen und subjektiven Haltungen
III. Schmale Mitte: Spannung zwischen Grundkräften und Objektbeziehungen
IV. Schwache Basis, Überwiegen der Objektbeziehungen

Das sogenannte Kartenlegen mit den üblichen Spielkarten ermöglicht in der Hand von besonders dazu Begabten eine Aufdeckung von seelischen Situationen, aus denen sich u. U. ein Schicksal deuten läßt. Vergleichen wir die Bedeutung der Wahrsagekarten in den verschiedenen Ländern, z. B. Deutschland, Frankreich, Italien, so stoßen wir auf große Widersprüche. Vielleicht fallen sie in das Gebiet der sogenannten Ambivalenz der Symbole, d. h., dasselbe Zeichen kann sowohl eine gute wie eine schlechte Bedeutung haben, nicht nur an sich selbst, sondern auch durch die Lage, die es z. B. zur näheren Umgebung bzw. zu der Karte des Fragestellers einnimmt. In umstehender Tabelle, sind einige der vielen Bedeutungen angegeben. Wie bei allen mantischen Methoden kann also von einer Sicherheit in der Auslegung keine Rede sein.

Nach der alten Lehre der vier Elemente, die auch die Grundlage der meisten Kartenspiele ist, werden zunächst vier Karten aufgelegt, und zwar bedeutet nach der Zahlenlehre der Kabbala

1 — die Person des Fragers, das Ich
2 — das Verhältnis zur Umgebung
3 — die Hilfen
4 — das Schicksal.

Karten	Herz Rot	Symbole nach Swedenborg	Pik Grün	Symbole nach Swedenborg	Karo Schellen	Symbole nach Swedenborg	Kreuz Eichel	Symbole nach Swedenborg
König	Fragesteller, Geliebter, Ehemann	Kavalier	älterer Herr Vater, Verschwiegenheit	Luftballon	jüngerer Herr Erfolg	Banner	Neider Gunst d. starken Gönner	Löwe
Dame	Fragestellerin Geliebte, Ehefrau	Amazone	ältere Dame Mutter, Verlust (auch wieder finden)	Iltis	jüngere Dame Reise, Wiedersehen	Wagen	Neiderin Rivalin Einbildung, Stolz	Tulpe
Bube	Glückskarte Harmonie	Harfe	Nachricht Reise, versäumte Gelegenheit	Fasan	Glück, Ehre unerwartetes Geschenk	Taube	Verleumdung Falschheit	Uhu
10	Wunscherfüllung, Ehe	Kranz	Weite Reise Kummer, Krankheit	Wolf	Reichtum, Erbschaft, Geld	Strom	Überraschung lg. Weg, Hindernisse, Streit	Karawane
9	Freundschaft Liebesglück	Rose	Unbestimmtheit Heuchelei	Chamäleon	Erfolg i. d. Liebe, Zufall, Glück i. Spiel Abenteuer	Segelschiff	Verlust, Eifersucht, Undank, Streit	Tiger
8	Besuch Veränderung Vorbestimmung	Astrologe	demnächst Spott, Schwierigkeiten	Pfau	Anerkennung Geheimnisse	Adler	Krankheit, Täuschung, Schein Anstrengung	Falter
7	Großes Glück Liebe, Schicksal	Wasserfall	Unternehmen Beruf, Überwindung v. Schwierigkeiten	Leuchtturm	Erfolg, Mut Spekulation	Helm	Kummer, Leid aber auch fester Wille, Kraft	Schlange im Blumengarten
AS	Haus, Fest, Tanz	Komet	Behörde Vernunft Überlegung	Habicht	Nachricht	Bote	Trauerhaus aber auch Freudeschrecken	Elefant

In einer anderen volkstümlichen Fassung:

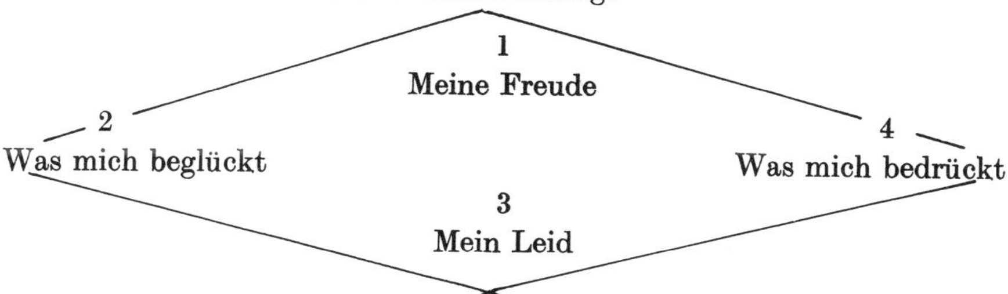

oder astrologisch:

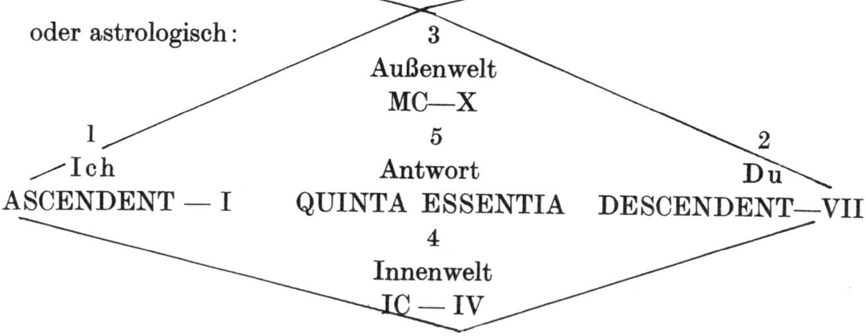

So gibt es eine Reihe von Methoden, die zum Teil noch auf die alte Kartomantie durch den Tarot zurückgehen.

Diese Kartomantie ist in dem „Astromantischen Schicksalsspiel (AS)" von Dr. I. Egenolf als eine Möglichkeit magischer Schicksalsbefragung erschienen. Der Verfasser sagt jedoch selbst: „Natürlich stellt die Prophetie-Tätigkeit hohe Anforderungen an die siderische Kraft des Fragers. — In Wirklichkeit ist es so, daß jeder, der in die Zukunft schauen will, eines hohen Geistesfluges bedarf".

Damit wären wir wieder bei der „natürlichen Würdigkeit" des Agrippa von Nettesheim angelangt und erkennen gleichzeitig die Schwierigkeit, über magische Praktiken ein „wissenschaftlich gesichertes" Urteil zu fällen. Wenn „sichere" Resultate nur in der Hand des „Würdigen" zu erreichen sind, wird der „Unwürdige" diese Methoden natürlich verwerfen und als Hokuspokus, Spielerei oder Wahnsinn bezeichnen. Seltsam bleibt allerdings, daß diese „Würdigen" so häufig zu den „Einfältigen und Armen im Geiste" gehören.

Eine besonders von Filmschauspielerinnen und „höchsten Würdenträgern" frequentierte Kartenlegerin in Rom erklärte, sie könne mir keine Karten legen; denn hinter mir sehe sie einen „Guru" (Meister), der das verbiete. Sie schickte mir aber dann doch später einen geweihten „Faden" gegen böse Einflüsse, die sie gesehen habe.

IV. MAGISCHE MEDIZIN

In diesem Kapitel soll versucht werden, an einigen Beispielen die unmittelbare körperliche Beeinflussung auf magischem Wege zu beschreiben.

1. Sexual-Magie

Die magische Wirkung des Bildes (I-mag-o = Bild, I-mag-ination = Einbildung, Ideomagie) ist im Grunde Träger des Sexus und noch mehr des Eros. Das Bild kann ein Liebesverhältnis unmöglich machen. So beschreibt Goethe in einem Gedicht eine vergebliche Schäferstunde mit einem Bauernmädchen, denn das Bild seiner Frau „stand quer".

Die Verknüpfung von Sexualerlebnissen mit bestimmten Formen (Schuh, Handschuh, Schmuck) wird als Fetischismus bezeichnet. Die Fixierung und Koppelung eines Bildes, einer Ursprungsszene, einer bestimmten Situation, an ein sexuell-erotisches Erlebnis gilt bei primitiven Völkern als magisch, es hat sich aber im Grunde bei uns nichts verändert; man gibt nur demselben Vorgang einen moderneren Namen.

Abb. 11

Fruchtbarkeits-Göttin

Bei rituellen Zeremonien spielen Fruchtbarkeitssymbole eine mit urreligiöser Magie verbundene Rolle: die Fruchtbarkeits-Göttin (Abb. 11), aus der Südsee, der phallische Hahn aus Bali (Abb. 12) und die Krötenlampe (Abb. 13), aus den ersten christlichen Jahrhunderten. Letztere ist eine Verbindung zwischen Heiden- und Christentum und dient auch als Symbol der Wiedergeburt, wie der griechische Text beweist.

Abb. 12

Phallischer Hahn

Als Votivgabe spendete man in Bayern Krötenbilder der hl. Kümmernus, eine von der Kirche nicht anerkannte mann-weiblich dargestellte Heilige. All dies gehört in das Gebiet des Bildes und der Ähnlichkeit, also des sogenannten Analogiezaubers, wie er sich im geheimen ja auch heute noch, etwa beim Spargelessen, erhalten hat.

Die berühmte Kanone von Batavia, ein Erinnerungsstück an die Kämpfe der Eingeborenen mit der Ostindischen Kompagnie, wird von den Frauen zur Behebung der Unfruchtbarkeit benützt, indem sie sich bei Sonnenaufgang rittlings darauf setzen.

Alle früheren Religionen hatten einen orgiastischen Untergrund. Von hier aus geht ein geheimnisvolles Band bis in unseren Karneval. Wir können dabei auch heute noch die Mittel erleben, mit denen vor Jahrtausenden eine magische Ganzheitssituation erzeugt wurde. Rhythmus, Tanz, Maske, Schmuck und Düfte erzeugen in einer nächtlichen Begegnung eine Lösung von den Fesseln des Ich in einem dionysischen Rausch. Es wirken also eine Reihe von Faktoren alle in derselben Richtung und erzeugen eine Massenbewegung, welche alle Teilnehmer in dieselbe Ekstase versetzen kann.

Abb. 13

Frühchristliche Krötenlampe

Ein erotisches Mysterium

DAS TAUSENDJÄHRIGE REICH

Früher: Das Paradies der Lüste

Triptychon von Hieronymus Bosch (um 1450—1516)

Es gab immer Sekten, bei denen eine merkwürdige Verschmelzung eines religiösen Kultes mit sexual-magischen Handlungen auftrat. Als Beispiel geben wir einen Hinweis auf das Triptychon von Hieronymus Bosch, welches bisher unter dem Namen „Das Paradies der Lüste" bekannt war und auf Grund einer sehr tiefschürfenden Analyse durch den Kunsthistoriker Dr. Wilhelm Fränger als Kultbild der Sekte der sogenannten Adamiten oder Perfektionisten, der Brüder und Schwestern vom Freien Geist, festgestellt wurde. Es ist darin der Heilsweg einer religiösen Liebeslehre, ein erotisches Mysterium, geschildert, in dem der alte Zwiespalt zwischen Geist und Trieb im Zeichen einer neubegriffenen Gottnatur trotz Tod und Teufel überbrückt wird. Das Kultbild war geschaffen für einen logenartigen Mysterienbund, der sich als Kreuzung des platonischen Eros mit der Johanneischen Agape erweist. So wird die Liebe der Geschlechter zu einem gnostischen Mysterium.

Im Paradiesflügel wird die Dreiergruppe von Christus, Adam und Eva in einem geschlossenen Stromkreis zu einem magisch-energetischen Zusammenhalt verbunden. „Aus dieser Kraft- und Segensüber-

tragung spricht eine Aneignungsmagie, welche den Körperendigungen, Scheitel, Hand und Fuß, ein ganz besonderes Vermögen der Ausstrahlung und des Empfangens von Manakräften zugeschrieben hat''. Es handelt sich also um eine Einweihungszeremonie der Jüngerschaft des Freien Geistes. Es ist der Garten Eden mit dem ,,Baum des Lebens'' und den ,,Sakramentshäuschen des Lebensbrunnens'', in dessen genauer Mitte des Bildes das gnostische Auge mit der Eule einen magischen Konzentrationspunkt bildet.

Als Gegenstück blickt ein angsterfülltes Augenpaar im rechten Höllenflügel hinter einem Todesbaum hervor, dessen verdorrter Stamm aus vereistem Sumpf sich unheimlich emporreckt und das ausgelaufene Lebensei durchspießt hat. An einer Stange über dem Beinhaus des Klosters hängt der große Schlüssel, unbefugt an sich gerissen und den berufenen ,,Propheten'' vorgehalten. ,,Wehe

Euch, Schriftgelehrte, Ihr habt den Schlüssel der Erkenntnis weggenommen, Ihr kommt nicht hinein und wehret denen, die hineinwollen" (Matthäus 23, 13 und Lukas 11, 52). Der Sexus ist des Messers Schneide. Wird er bemeistert, hält der Aufbau stand, wird er mißbraucht, zerfällt das Leben. Die Entzwei ung der Geschlechter hat eine tolle Schar von „Taumelgeistern" hervorgebracht. Die Rückverknüpfung zwischen Geist und Trieb ist abgeschnitten, was zum Absterben der vegetativen Kräfte und zur Überzüchtung des Gehirns führt.

Die Mitteltafel stellt das Paradies der Anhänger des Freien Geistes dar. In der Mitte der Triumphzug um das Lebenswasser. „In seiner Anhäufung von Fruchtbarkeitssymbolen und seinem jauchzenden und tollenden Geschwärm stellt dieser zeremonielle Umritt einen Vegetationskult dar, der durch die MANA - Ausstrahlung, der in den Früchten, Tieren und jungen

Teil I

Männern aufgehobenen Zeugungskräfte, die Erdfruchtbarkeit befördern soll. Die lunarische Passivität von zwei Dutzend nackter Mädchen wird von dem gewaltigen Kreislauf der solarischen Aktivität der Jünglinge umfangen wie ein Kreislauf um das Zifferblatt der Schöpfungs-Sonnenuhr. In den einzelnen Liebesszenen des Bildes wirkt die eigentümliche Alchimie der Liebe, was von dem Liebespärchen in der Kugel im allereigentlichsten Sinn des Wortes gilt; denn wie die Windhaube des Löwenzahn, die sich aus unzähligen Samensporen zu einem wie zum Wegblasen gewichtslosen Ballen zusammensetzt, einer alchimistischen Retorte gleicht, so wird die Destillationshaube gerade in der Geheimsprache der Laboranten „Brutkammer" genannt, in der es um die Erzeugung „güldener Menschlein", weißer Lilien und roter Rosen geht. Die

Teil II

Lehre, daß die quintessentielle Lebenskraft ein ebenso natürliches wie göttliches Geheimnis, gleich Essen oder Trinken, in sich berge, daher nicht bloß der Zeugungsabsicht oder Leibesnotdurft dienen dürfe, sondern als eine heilige Kommunion mit den Wachstumskräften des Himmels und der Erde zu verstehen sei , erklärt uns dieses Bild der himmlischen und irdischen Liebe. Das Ganze stellt also ein Kultbild des „Kosmogonen Eros" dar, dessen ideeller Drehpunkt das „Stirb und Werde" ist.

Die Stufenleiter, welche Eros und Sexus miteinander verbindet, war seit jeher das Schlachtfeld weiß-magischer und schwarz-magischer Kräfte. Hier steht im wahrsten Sinn des Wortes der Hexenkessel des Schicksals, aus dem je nach weiß- und schwarz-magischen Gesetzen Geschöpfe des Himmels und Geschöpfe der Hölle emporsteigen.

Teil III

Im frühen Mittelalter und später auch bei Hexenprozessen wurden der Phallus und phallusartige Gebilde als „Schwörglieder" benützt, wie andrerseits Testis, d. h. Zeuge, mit Testes, d. h. Hoden, und testare, d. h. zeugen, mit be-zeugen eines Stammes sind. An dieselbe Stelle gehört auch das Fascinum und der Fascio als Zeichen der Macht (der Stamm fas = göttlicher Ausspruch, Gebot, Satzung). Er wird im weißmagischen Zusammenhang zum Fascinosum.

Teil IV

Wir sprachen schon von den Succubi und Incubi, den Elben und Alpen und sogenannten Buhlteufeln. Darum werden sinnliche Träume auch heute noch als Alpminne bezeichnet. Diese und auch die Beeinflussung der sexuellen Potenz im positiven und negativen Sinne spielte bei Hexenprozessen eine große Rolle.

Von Paracelsus sind einige meistens talismanische Gegenmittel bekannt, so z. B. ein eiserner Dreizack, der von einem am Weg gefundenen

Hufeisen am „Freitag in der Stunde Saturni" geschmiedet werden muß. An einem Sonntag morgen, eh die Sonn aufgeht, müssen die Charaktere eingraviert werden, und zwar u. a.: Jupiter zwischen den Zeichen Krebs und Löwe und das rätselhafte Wort APDOSEL. Nach Eliphas Levi soll AP griechisch gelesen werden, also AR = Archäus (der „Urgeist", Archaeus des Paracelsus), DO hebräisch, also umgekehrt OD, und SEL = Salz, eine alchimistische Potenz. Drei P am Stiel haben phallische Bedeutung und sollen die entwickelten astralischen Kräfte auf den Sexualkomplex beziehen.

Ein anderes Mittel besteht aus bestimmten Zeichen, die auf neues Pergament geschrieben und neun Tage, jeden Tag erneuert, um die entsprechende Stelle gebunden werden müssen. Am Morgen wird jedesmal das Pergament verbrannt und die Asche in einem Glas warmen Weins eingenommen.

Für die Erkenntnis des Wesens der Magie ist es wichtig, hier die große Bedeutung des Erstmaligen, gewissermaßen des Status nascendi, des Geburtsmoments einer Situation, als äußerst wirksam zu betrachten. Die magische Gegenwirkung, etwa eine Vertreibung des Liebeszaubers, muß hier einsetzen und einen neuen Status nascendi hervorrufen. Die verschiedenen Methoden entsprechen natürlich dem Entwicklungsgrad und Kulturkreis eines Volkes bzw. Menschen. Das Kernproblem, um das sich alles dreht, ist und bleibt die I-mag-ination. Die Kunst, die Bildekräfte der Seele zu leiten und zu lenken, wird immer mit dem Geheimnis der Magie, mit der Kraft des MAG rechnen müssen. Paracelsus gab Talismane und Spruchbänder, der moderne Psychotherapeut gibt hypnotische und posthypnotische „Befehle", in neuester Zeit auf — Mag-netophonband.

2. Magische Heilmethoden

Der Glaube an die Heilkraft bestimmter Personen, aber auch „lebloser Gegenstände" erlaubt es, von magischen Heilmethoden zu sprechen. Beim magischen Ur-Menschen beruhte die Medizin fast ausschließlich auf dieser Grundlage. Wir sehen sie jedoch auch heute noch nicht nur auf dem Lande, sondern auch bei Gebildeten unvermindert in Wirkung treten. Schamanen oder Medizinmänner primitiver Völker verdanken ihre Erfolge nicht nur der sogenannten Mana-Ausstrahlung ihrer Person, sondern auch dem Vertrauen, dem unbedingten Glauben, der Bereitschaft und der Erwartung auf Heilung von seiten der Patienten. In diesen alten Zeiten und in diesen Kulturkreisen wird ja die Krankheit noch als ein böser Dämon betrachtet und also mit Beschwörungen, einem bestimmten Zeremoniell „ausgetrieben". Das Abbrennen von Weihrauch, Annehmen bestimmter Haltungen, der sogenannte Tempelschlaf, sind Hilfsmittel zur Einfügung in ein heilendes Milieu, aus deren Zusammenwirken eine Potenzierung des heilenden Einflusses zustande kommt. Dies ist die magische Wirkung von altbewährten Kultstätten heilender Gottheiten.

Wesentlichen Einfluß hat auch das vertrauensvolle Gebet der Gläubigen an diesen Wallfahrtsorten der Heilung. In unserer Zeit hat Lourdes eine Weltberühmtheit durch seine Heilerfolge erhalten. Wir beobachten dabei immer den wichtigen Faktor der Massenbewegung, welche schon bei der Anreise den Strom der Gläubigen in einer bestimmten Richtung beeinflußt. Gerade hier zeigt sich, wie weiträumig der Begriff Magie ist und wie bei solchen Heilungen eine über das Natürliche hinausgehende, also übernatürliche Wirkung zum mindesten von den daran Beteiligten empfunden wird.

Überall finden wir in bekannten Wallfahrtsorten sowohl diesseits wie besonders jenseits der Alpen eine Unmenge von Gedenktafeln und Votivfiguren, welche uns den Erfolg dieser Heilungen vor Augen führen. Wir sehen da in Wachs abgebildete Gliedmaßen, aber auch Lungen, Herzen und andere Organe.

Der hl. Blasius ist ein Spezialist für Halsleiden,und wir sind als Kinder noch mit den gekreuzten brennenden Kerzen am Hals gegen Diphterie geschützt worden. Paracelsus empfahl noch Wachsmännchen gegen Veitstanz. Die Bauern tragen Goldplättchen im Ohr gegen Augenkrankheiten. Magisch wirkt auch auf viele Patienten die Apparatur des modernen Arztes mit ihrem weißen Lack und blitzendem Chrom.

Unter die magischen Heilmethoden könnte man auch die Christian Science rechnen, eine Art von Gesundbeten, eine Bewegung, die sich 1866 aus kleinen Anfängen unter Führung ihrer Stifterin Mary Baker-Eddy zu einer weltweiten Methode entwickelt hat.

Da die Heilmethode von Coué heutzutage nur auf Suggestion zurückgeführt wird, so ist auch hier daneben eine Gemeinschaftswirkung von Massenbewegungen im Spiele, die teilweise in das Gebiet der Magie fällt. Die besonderen Heilerfolge, die dem Wirken eines Mannes wie Gröning zugeschrieben werden, beruhen wohl ebenfalls auf diesen Massenwirkungen. Es scheint hier aber auch eine Methode im Spiele zu sein, Kräfte von Gesunden auf Kranke zu übertragen. Man konnte beobachten, wie nur aus Neugierde an den Heilungen teilnehmende Menschen eine Art Übertragung von Krankheitssymptomen von in der Nähe befindlichen Kranken an sich erlebten. Die „besprochenen"

Staniolkugeln und Feldspatkristalle Grönings sind durchaus als magische Heilmittel zu betrachten, die aus dem Glauben an ihre Wirkung heraus zu einem Erfolg führen können. Wir wollen jedoch später noch versuchen, diese Art „Glauben" weiter zu erklären.

Moderne Magier bedienen sich auch moderner Mittel; so Zeileis in Gallspach, an sich eine faszinierende Persönlichkeit mit seinem langen Zauberbart. Der große, abgedunkelte Massenbehandlungsraum in Gallspach erstrahlte im magischen Licht großer Geisler'scher Fluoreszens-Röhren,und er selbst hatte einen Zauberstab in der Hand, eine mit verschiedenen Edelgasen gefüllte Röhre, die unter den hochfrequenten Schwingungen in eigentümlich oszillierenden und irisierenden Farben aufleuchtete, mit denen er seine „Diagnosen" stellte. Am wirksamsten war jedoch seine kräftige Hochfrequenzdusche, deren rotviolette Strahlen auf das Haupt oder andere Organe des Patienten niederprasselten und von der gewaltigen Hand des Heilers abgeleitet wurden. Die Erfolge waren tatsächlich überraschend; natürlich durch die Kombination der Magie der Persönlichkeit, dem modernen technischen Ritual der Hochfrequenz und der Massensuggestion der ungeheuerlichen Menge der Heilsuchenden. Die wie Pilze aufschießenden zahlreichen Zeileis-Institute sind ohne Ausnahme bald eingegangen; denn ihnen fehlte der „Zauberer von Gallspach".

In Italien übt der bekannte Magus di Napoli eine ausgedehnte internationale Praxis aus und neben ihm in letzter Zeit ein ausgesprochener Bauernheiler Zio Eugenio, dessen Spezialität aber auch ist, besonders den Liebeskummer und vor allem Eifersucht zu vertreiben. Er bedient sich auch eigens zusammengesetzter Liebestränke. Sie bestehen angeblich aus den Auszügen vom Herzen einer Taube, der Leber eines Spatzen, dem Eierstock einer Schwalbe und der Niere eines Hasen.

Die Wirkung der Sympathiemittel der mittelalterlichen „Dreckapotheke" beruht auf dem merkwürdigen Analogiezauber, z. B. das Allheilmittel Mumia, das tatsächlich zu einem ausgedehnten Handel mit ägyptischen Mumien führte. Bei alten Bauern sah ich noch einen in Alkohol aufbewahrten Skorpion oder exotische Spinnen gegen die Beschwerden des Alters. Der Mandragorawurzel oder Alraune und der chinesischen Ginsengwurzel wurden ebenfalls Wirkungen der Lebensverlängerung zugeschrieben.

Die Herstellung spagyrischer Heilmittel im „Pelikan" (Abb. 14) wird unter dem Abschnitt Magische Rituale besprochen. Paracelsus wendete sie neben anderen astrologischen Heilmethoden an, die alle auf magischer Grundlage beruhen. Nach seinen Angaben wurden aus bestimmten, den betreffenden Planeten zugeschriebenen Metallen zusammengesetzte Talismane getragen gegen Erkrankungen der den verschiedenen Tierkreiszeichen unterstehenden Körperteile. Gegen Hirnkrankheiten z. B. ein Widder-Talisman, ,,dess Widder Sigill wirdt auss nachfolgenden Stucken gemacht: Nemlich Eysen j. Loth, Silber 3 j., Goldt ein halb Loth, Kupffer 3 ss.''

Pelikan
Alchimistisches Gerät zur rotierenden Destillation (Spagyrik) Abb. 14

Ein modernes Aufleben der Paracelsischen Spagyrik- und Signaturenlehre ist durch Rudolf Steiner's Anthroposophie herbeigeführt worden. Schon Strindberg will beobachtet haben, daß die Eisblumen am Fenster eines Zuges sich ändern, je nachdem man durch eine Gegend mit Laub- oder Nadelwäldern fährt. Erstaunliche Ergebnisse erzielt man mit ,,Kupferchlorid-Kristallisationen als Reagenz auf Bildkräfte des Lebendigen''. Der Schwebezustand kurz vor der Auskristallisation ist als der schon genannte Status nascendi besonders geeignet, die Einwirkung formender Kräfte zu fixieren. Es bietet sich hier die Gelegenheit zur ,,Imprägnation'', worauf schon Paracelsus hingewiesen hat.

V. WEISSE UND SCHWARZE MAGIE

Der Mensch ist ein ambivalentes, schizothymes Geschöpf, d. h., er schwankt zwischen den Polen des Guten und Bösen und ist gespalten schon durch die Tatsache des Männlichen und Weiblichen. Fressen oder Gefressenwerden, Hammer oder Ambos sein, das sind die Schicksalsfragen, die ihn dauernd von einem zum andern Pol werfen. Lebenstrieb und Todestrieb nennt es Freud, oder auch Sadismus und Masochismus, und Klages Selbstbehauptung und Selbsthingabe. Das Abendland hat 2000 Jahre an der Bezähmung der Dämonen und Dämonien gearbeitet. Diese Arbeit ist sicher nicht vergeblich gewesen. Aber sie brechen immer aus, wenn der Druck nachläßt.

Während man in fernöstlichen Tempeln Balis, Chinas und Japans in horizontaler Richtung durch die Vorhöfe der Dämonengottheiten schließlich bis zum ,,Allerheiligsten'' gelangt, ist, wie schon gesagt, die Anordnung z. B. in gotischen Domen eine vertikale. Die Dämonen sitzen unter den Säulen und an den Dachtraufen. Die Verdammung der Magie an sich entspringt der unbedingten Forderung des abendländischen

Menschen nach Willensfreiheit und der Angst, von dem Ausgeliefertsein an einen physischen Automatismus und der Hilflosigkeit gegenüber der Faszination eines Idols, ein anderes Wort für I-mag-o, das Bild.

Es gibt keine Zweiheit, keine Polarität oder Antinomie, die als Polarität oder Antinomie frei existieren könnte. Immer ist ein Drittes mit im Spiel. Die Gegensätze sind nur dann Polaritäten, wenn sie in einem gemeinsamen Wirkungsfeld den Sinn, das Höhere Dritte, verwirklichen. Fehlt eins, so fehlt beides, und auf Abb. 15 erkennen wir in der Spitze des Dreiecks das „höhere Dritte" als den Sinn, welcher das Kraftfeld der entgegengesetzten Pole zusammenhält, aber darunter lauert als dunkler Gegenspieler der „Widersinn". Das schwarze Dreieck als Symbol des KAN, des „Abgründigen", des Wassers, des Dunklen, des chaotischen Seelengrundes.

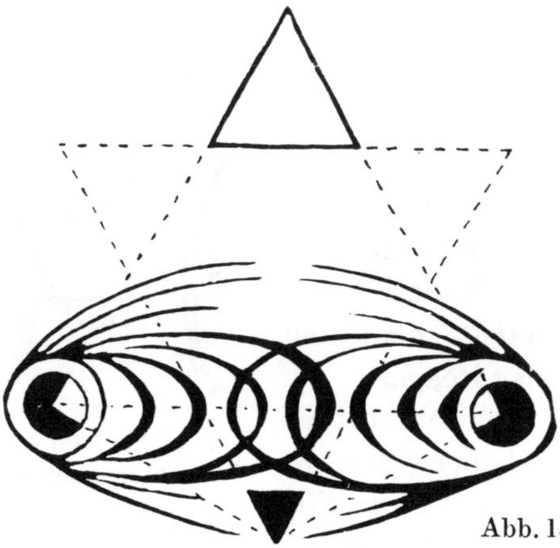

Abb. 15

Polarisation
mit dem Sinn und Widersinn

Der Begriff Magie ist, wie eingangs gesagt, mit dem Abscheu und der Furcht vor bösartigen Beeinflussungen schwer belastet. Schon im Mittelalter unterschied man weiße und schwarze Magie, und auch heute noch verbindet man mit der Vorstellung des Segens glückliche und aufbauende Gefühle, mit denen des Fluchs unglückliche und zerstörende. Leben wir heute in einer entzauberten Welt, in dem endlichen Gelingen des Dämonenbannes?

Schwarzmagische Techniken sind bei primitiven Völkern sehr verbreitet. Der holländische Ethnologe Nieuvenhuis, der zum erstenmal die Insel Borneo durchquerte, berichtet von dort beobachteten Fernwirkungen, Erblindungen, Todesfällen, die dadurch erreicht wurden, daß kleinen Puppen unter bestimmten Beschwörungen die Augen ausgestochen oder das Herz durchbohrt wurde, aber auch bei uns sind solche Praktiken weit verbreitet gewesen. Eliphas Levi erzählt von einer mit einem Zauberspruch umwickelten Kröte, die er aus dem Bett einer englischen Prinzessin herausgeholt hat, die an unstillbaren Blutungen litt.

Aus dem Mittelalter wird folgende Geschichte erzählt: Ein Mann war nach Rom wallfahren gegangen. Unterdessen spann sich ein Liebesverhältnis seiner Frau mit einem fahrenden Schüler an, der sie zur Ehe begehrte. Sie beschlossen, den Mann auf magische Weise zu töten. Der Liebhaber machte aus 6 Pfund Wachs ein Bild, mit der Absicht, mit dem Pfeil darauf zu schießen. Unterdessen traf aber der fromme Mann in Rom einen Seher, der ihn warnte. Er nahm ihn zu sich ins Haus, setzt ihn in ein Bad und gab ihm einen Spiegel in die Hand. In diesem sah er seine Frau mit dem Liebhaber, der eben im Begriff war, auf das Wachs-Bild zu schießen. Der Seher befahl ihm, jedesmal, wenn der andere schießen wollte, unter das Wasser zu tauchen. Dies geschah dreimal. Nach dem 3. Fehlschuß starb der Liebhaber, und die Frau begrub ihn unter dem Haus. Nach Rückkehr des Mannes wurde die Frau als Hexe verbrannt.

Die magische Gestaltungskraft kann ebenso in den Dienst einer aufbauenden wie einer zerstörenden Macht treten. Man sagt, der Blick der Schlange bannt und fasziniert das Kaninchen, so daß es das Opfer wird eines in der Natur selbst liegenden Zaubers. Die Natur mit dem menschlichen Geist zu ebensolchen Wirkungen zu zwingen, ist die eigentliche Schwarzkunst der Magie. In der „weißen" Richtung wird sie als Theurgie, in der „schwarzen" als Satanie bezeichnet.

In Italien, besonders in der Gegend von Neapel, scheint man noch sehr empfindlich zu sein für den „Bösen Blick" und macht die Corni, eine bestimmte Handstellung (Abb. 16) zur Abwehr des Zaubers. Zwischen den Augenbrauen scheint ja die größte Kraft und Konzentration zu liegen, und zusammengewachsene Augenbrauen (Skorpion!) gelten in dieser Hinsicht als ein gefährliches Zeichen.

Abb. 16
Corni (Italien)

Unter Guna-Guna versteht man auf Java die mit Hilfe eines Zauberers bewerkstelligte Schädigung von Feinden, unter der besonders häufig die weißen Frauen zu leiden hatten, wenn der Mann vorher eine farbige Geliebte besaß. So hörte ich von einem Fall in Nord-Sumatra (Atjeh), wo ein dauernder Kleinkrieg der Holländer gegen die fanatischen Atjeh'schen Fürsten geführt wurde, daß dort eine Offiziersfrau an einer zunehmenden Lähmung beider Beine litt. Der zugezogene eingeborene Arzt ließ auf dem Weg zum Bad, den sie täglich zweimal zurücklegte, nachgraben, und es soll ein Hahn gefunden worden sein, in dessen Schnabel ein arabischer Zauberspruch gefunden wurde. Ihr Mann hatte vor seiner Heirat eine Babu.

VI. MAGISCHE RITUALE

Die Aktivität des magischen Weges bedingt den bewußt nach weißer oder schwarzer Magie gewollten Ablauf einer Handlung, deren Ziel es ist, eine magische Situation zu schaffen. Wir haben das bei dem Mondzauber auf Bali bereits kennengelernt. Der Tempeltanz mit oder ohne Maske und Weihrauch ist bei östlichen Völkern noch immer eine bewährte Übung. Auch die bereits beschriebenen Wege des ZEN entsprechen, soweit es sich um Zeremonien handelt, bestimmten festgefügten Ritualen, die beherrscht werden müssen, um eine bestimmte magische Wirkung zu erreichen.

Ein heiliges Mahl in Indien, das sogenannte Sambahan,geht folgendermaßen vor sich: Der Priester, Zauberer oder Magier, was dort ungefähr dasselbe ist, wird bei der Einweihung eines Hauses, bei einer Hochzeit oder auch bei einer Erkrankung bzw. der Beschwörung böser Geister eingeladen. Er setzt sich in die Mitte des Raumes, in welchem in der Mitte ein magischer Kreis gezogen ist und nach vier Seiten bestimmte Speisen aufgestellt werden. Je nach dem Zweck werden verschiedene Sorten von Weihrauch abgebrannt und entsprechende Handhaltungen (Mudras) ausgeführt. Das Ganze spielt sich innerhalb eines sogenannten Mandalas ab, und die Beschwörungsformeln richten sich nach den vier Quadranten des Kreises, die ja nach dem Zweck der Handlung eine verschiedene Bedeutung haben. Die Teilnehmer an dem magischen Ritual bilden den äußeren Kreis, der Magier ißt von den geweihten Speisen und verteilt sie an die Teilnehmer; es findet also auch eine Art Liebesmahl statt.

Ein bekanntes magisches Ritual spielt sich in der Hexenküche von Goethe's Faust I. ab. Wir erleben die magischen Tiere (Kater, Meerkatzen), das Zaubersieb und den Zauberspiegel, das Erscheinen der Hexe in der Flamme, den Zauberkreis, das geheimnisvolle Buch mit dem auf S. 750 besprochenen Hexeneinmaleins. Mephisto sagt dazu: „Es war die Art zu allen Zeiten, durch drei und eins und eins und drei, Irrtum statt Wahrheit zu verbreiten". Es ist das alte Wort der Schlange (Megistophis = die große Schlange), den Menschen vom Baum der Erkenntnis die Gottgleichung zu versprechen (1 = Gott, 3 = Ich). Die Verjüngungszeremonie mit Hilfe der Diabolie des Hexenquadrats (Durcheinanderwerfen des ursprünglich weiß-magischen Quadrats) ergibt ein Philtrum, nach dessen Genuß Mephisto verspricht:

„Du siehst, mit diesem Trank im Leibe,
Bald Helenen in jedem Weibe".

Wir haben bereits eine mittelalterliche Form einer magischen Zeremonie bei den Alchimisten kennen gelernt und wollen nur noch kurz auf die magische Kraft der Symbole als „Transformatoren seelischer Energien" (C. G. Jung) eingehen. Da ist z. B. der sogenannte „Pelikan" gebräuchlich, ein Gefäß wie Abb. 14, welches der rotierenden Destillation diente. In ihm fand ein sogenannter spagyrischer Prozeß statt, wobei durch Lösung und Bindung ein besonderer Zustand der Materie erzeugt werden sollte. Aber ganz abgesehen von der Herstellung magischer Heilmittel, gilt dies Opus alchemicum als Symbol der seelischen Wandlung, der Transmutation. Der Bauch des Gefäßes ist der Bauch der Mysterien, nach C. G. Jung das Unbewußte. In ihm findet die Kochung in der Verbindung von Feuer- und Wasserelement statt. Der sogenannte melusinische Ares, Anima und Animus, erleidet in der Feuerqual eine Reinigung. In der Verbindung von Vater und Mutter, der conjunctio, entsteht der filius, das Kind, das Gelbe Licht, die Goldene Blüte. Im Helm des Gefäßes findet die Coronatio statt unter Mithilfe des serpens mercurialis, der Merkurischen Schlange. Ein Geheimnis der hermetischen Kunst.

Für den weißen Magier war also nicht die Herstellung des irdischen Goldes das Ziel, sondern des himmlischen Goldes, des wahren „Steines der Weisen", durch innere Läuterung und Erleuchtung mit Hilfe des „symbolischen" (zusammenfügenden), nicht diabolischen (auseinanderreißenden) alchimistischen Rituals. Dabei soll nicht geleugnet werden, daß es das nie erreichte Ziel der „Scharlatane" und „Schwarzkünstler" war, reelles Gold zu machen.

VII. MAGIE IN DER GEGENWART

1. Magische Gebräuche

Magie herrscht auch heute im wahrsten Sinne des Wortes überall: Nur merkt es der moderne „aufgeklärte" Mensch nicht. Der „denkende Mensch" gibt nicht viel auf Symbole, der „aufgeklärte" wird symbolschwach. Die magische Funktion des Symbols ist die Brücke zur Transzendenz, d. h. in ein Reich, welches hinter den Dingen waltet. Nur Künstler als mit der I-mag-ination begabte Menschen stehen ihm noch offener gegenüber.

Sex-Appeal und Charme enthalten magische Bestandteile, die einen auf dem Gebiet des Leiblichen, die andern auf dem Gebiet des Seelischen. Eine Kombination beider führt zur Unwiderstehlichkeit. „Für was soll ich studieren, wenn ich alles für und durch ein Lächeln erreichen kann?" erklärte eine sehr intelligente, aber nicht intellektuelle Frau.

Circe hat bekanntlich den Odysseus trotz seines Heimwehs lange an sich gefesselt, seine Kameraden aber in Schweine verwandelt. Das „Becircen" ist heute auch noch im Schwang, und Marlene Dietrich wird wohl nicht mit Unrecht als größte Circe unserer Zeit bezeichnet. Ihre charmante Vulgarität, verbunden mit einer unübertrefflichen Selbstsicherheit, stellt sie grandios im „Blauen Engel" dar.

Auch in der christlichen Menschheit haben sich noch urmagische Gebräuche erhalten. Am 1. Mai (nach der Walpurgisnacht) wird der Maibaum aufgerichtet und mit vielerlei Symbolen geschmückt als Überbleibsel eines uralten Wald- und Baumzaubers zur Erlangung von Fruchtbarkeit der Frauen und Felder.

Der Weihnachtsbaum und der Osterhase enthalten beide urmagische Symbole, nämlich den Lebensbaum und das Weltenei. Wir finden sie auf indischen Tempeln ebenso wie auf alt-peruanischen Reliefs; auf dem Höllenbild von Hieronymus Bosch ist ja, wie gesagt, das Weltenei ausgelaufen, auf den ausgetrockneten Lebensbaum gespießt als Folge einer bösen Magie. In der Silvesternacht wird das Bleigießen geübt, und unter dem Einfluß des Silvesterpunsches können sich oft groteske Wirkungen ergeben.

An die Türen der Bauernstuben macht man am Dreikönigstag das C + M + B. Diese drei Könige heißen „die drei Magier aus dem Morgenland" und es mag sich hinter dem C + M + B das alte alchimistische Symbol der Vereinigung C (Conjunctio) von M — Mater und B — Pater verbergen, also auch ein „Fruchtbarkeitssegen".

Wir haben schon im Abschnitt Zahlenmagie darauf hingewiesen, daß der Tarock ein später Ableger des alten Tarotspiels ist, wie denn überhaupt das Kartenspielen mit den Symbolen der vier Elemente, Feuer, Erde, Luft und Wasser (vgl. Abb. 11), eine längst vergessene magische Handlung darstellt. „Das Schicksal mischt die Karten, wir spielen" (Grazians Handorakel). Das neue südamerikanische Kartenspiel Canasta hat eine unglaubliche Verbreitung gefunden als Mischung von Glücksspiel und Intelligenzspiel. Das Roulette in den Spielcasinos übt nicht nur eine Anziehungskraft aus durch die vage Vorstellung des Gewinns, sondern durch die dumpf-magische Anziehungskraft des primitiven Spieltriebs. In bürgerlichen Kreisen wird durch das allabendliche Legen von Patiencen oder Rommèspielen diesem Trieb gefrönt.

Mit dem Spiel bilden Trinken und Rauchen eine merkwürdige Einheit, welche sehr nach der unbewußten Fortsetzung uralter magischer Gebräuche aussieht. Der Rauch und das berauschende Getränk dienten schon bei den Primitiven zur Herbeiführung einer magischen Situation. Der Alkohol stärkt das Potential der Primitiv-Person und erleichtert dadurch bis zu einem gewissen Grad — um mit Paracelsus zu sprechen — die Konkordanz in zwischenmenschlichen Beziehungen. Dagegen hat das Rauchen mehr eine Befreiung der Ich-Person von störenden Eindrücken der Außenwelt zum Ziel und stellt so vielfach Ersatz für eine Versenkung dar, wie sie ja in einer ganz anderen Weise als Vorbereitung magischer Aktivität geübt wird.

In der Kinderstube wird heute noch mit dem bösen Wolf bange gemacht und damit eine Welt beschworen, unter der der primitive Mensch jahrtausendelang gelitten hat. Wenn die Kinder mit dem Teddy-Bär schlafen gehen und die Mädchen mit den Puppen spielen, so klingen hier noch magische Beziehungen an, wie sie seit frühesten Zeiten der Menschheit wirksam waren.

2. Moderne Magie

Daß heute neben den Gesetzen der Logik, der Vernunft und der „reinen" Naturwissenschaft auch die Forschung nach den geheimnisvollen Urgründen der menschlichen Seele das Interesse der Wissenschaftler erregt, macht den Weg frei für das Verständnis der Magie. Denn in der „Primitiv-Person" liegen nicht nur die Quellen der geheimen Mächte, sondern hier öffnet sich auch die Stelle, auf die sie wirken. Es kommt nur darauf an, daß man seine Augen nicht verschließt und nicht nur in dem hellen Schein der Ratio (Vernunft) wandeln will, sondern auch den Mut hat, in Dämmerungen und Dickichte der Irratio (des Unbewußten) hinabzusteigen. Dann erkennt man, daß sogar von der modernen Technik Ströme magischen Einflusses ausgehen. Das Auto z. B. ist nicht für wenige ein magisches Instrument, das nicht bloß das Gefühl der Beherrschung der Materie erweckt, sondern auch dem Besitzer vielfach den Glorienschein einer geheimnisvollen Macht zu verleihen scheint. In den merkwürdigsten Formen leben „abergläubische Gebräuche" auf, wie z. B. Maskottchen bei den Autofahrern und Schutztiere bei den Fliegern, ganz zu schweigen vom Sport. Hier löst der Besitz der Siegestrophäe (Lorbeerkranz, Pokal, Medaille, „Rosa Trikot", „Blaues Band" u. a.) eine ganze Skala magischer Wirkungen aus.

Wenn die moderne Kunst eine besondere Vorliebe für die Primitiven zeigt, für das Archaische und Exotische, so bewegt sie sich im Fahrwasser der Magie, und man spricht deshalb von Neomagismus in der Malerei. Dieser beruht zu einem nicht geringen Teil auf Anleihen bei altchinesischen und peruanischen Bilderschriften, bei den Tausende Jahre alten magischen Höhlenbildern aus Altamira und den Negerplastiken aus Zentralafrika. Es läßt sich oft schwer sagen, wieviel echte Magie in einer modernen Malerei noch enthalten ist. Aber es kommt ja vor allem auf die Wirkung an, und diese magische Wirkung ist heute wieder stärker auf einen der Magie im guten und bösen Sinn viel mehr geöffneten Menschen gerichtet. Die „Unverständlichkeit" des modernen Kunstwerks beruht zum Teil darauf, daß für den modernen Maler und Komponisten nicht das Kunstwerk selbst das Letzte und Wichtigste darstellt, sondern der Vorgang, der zu diesem führt. Es handelt sich also beim modernen Künstler mehr um eine Entladung untergründiger Mächte, um Protest und Notwehr, aber auch um den magischen Willen zur Bezauberung. Hier spielt der schon öfters erwähnte Status nascendi, also das alchimistische Chaos die geheimnisvolle Rolle. Picasso schreibt über sich selbst, „keine vorgefaßten Formideen, vielmehr, daß sich diese erst während der Arbeit einstellen". Ob dabei ein Kunstwerk herauskommt, hängt von der Persönlichkeit und dem schöpferischen Urgrund des Künstlers ab. Für die einen ist Picasso ein Scharlatan und Hexenmeister, ein Zyniker ohne Charakter, ein Zersetzer des Humanismus, für die andern das überragendste malerische Genie, der Weltmaler Nummer Eins, je nachdem der „magische Rapport" mit dem Betrachter hergestellt und die Imagination angeregt wird. Hohe Kunst hat jedoch immer einen magischen Einfluß, und das Werk eines Genies wird stets als ein Beweis des magischen Realismus gelten können, selbst wenn scheinbar nur „Natur" dargestellt ist. Jedoch scheint in unserer Zeit das Magische geradezu Mode geworden zu sein, und die großen Vorgänger wie Bosch, Goya, Munch, Ensor, Klee und Kubin haben unzählige Nachfolger gefunden, wie in der Literatur E. T. A. Hoffmann, Meyrink und Rilke. Dieser hat in seinen Duineser Elegien und Sonetten an Orpheus besonders überzeugende magische Töne angeschlagen und gibt uns vielleicht Möglichkeiten der tieferen Einsicht in das Wesen der Magie, wenn er z. B. sagt:

> „Ohne unsern wahren Platz zu kennen,
> Handeln wir aus wirklichem Bezug,
> Die Antennen fühlen die Antennen".

Über die moderne Bühne gehen die magischen Beziehungen der zwanghaft oder vergeblich Liebenden, die der Abgeschiedenen und des Todes, wie z. B. in „Unsere kleine Stadt" von Thornton Wilder, „Der seidene Schuh" von Claudel, „Traumspiel" von Strindberg. Noch mehr als die

Ges. gesch. Original Dr. Heinrich Reich

Mandalaspirale — Spiralhoroskop

Das Mandala und die Kundalini-Spirale sind die ältesten Archetypen. Wird das Kreis-Horoskop in eine dreifache Spirale aufgelöst, so fallen die entsprechenden Tierkreiszeichen in ihre Elemente, d. h. Widder, Löwe, Schütze in das Feuerelement, Stier, Jungfrau, Steinbock in das Erdelement, Zwillinge, Waage, Wassermann in das Luftelement, Krebs, Skorpion, Fische in das Wasserelement.

Feuer = Wille, Ichheit — **Luft** = Geist, Anderheit, bilden die männliche Achse (die Welt als Wille und Vorstellung); **Erde** = Leib, Realität, Bindung — **Wasser** = Seele, Lösung, stellen die weibliche Achse dar (die Welt als Leib und Seele).

Feuer und Wasser bilden die Subjektseite (S), das Leben; Erde und Luft die Objektseite (O), die Form.

Die drei Glieder der Spirale entsprechen den drei Reifegraden der Primitiv-Person, der Ich-Person und der Universal-Person. Sie beginnen jeweils im Feuerelement.

Die Mitte ist die geheimnisvolle Quinta essentia, das „Auge" der Ewigkeit, der Anfangspunkt der Spirale, welche auch mathematisch aus dem Unendlichen kommt.

Bühne zieht aber der Film als Traumfabrik die Register des Magischen. Hier kommt auch die Magie der Persönlichkeit in den Stars voll zur Geltung. Sie entsprechen den Wunschbildern des Publikums,und ihr Zauber beruht auf dem gegenseitigen Rapport der seelischen Bildekräfte.

Die moderne Werbe-Psychologie macht sich die Erkenntnis der magischen Beeinflussung der Primitiv-Person mehr oder weniger bewußt zunutze. Ludwig von Holzschuher hat in seinem Buch „Praktische Psychologie" ausführlich auf die Rolle hingewiesen, die die „Primitiv-Person" im Menschen spielt. In der praktischen Wirklichkeit sowohl der Wirtschaftswerbung wie der politischen Propaganda ist der Erfolg viel mehr von Stimmungsmomenten und Gefühlen abhängig als von vernünftigen Überlegungen. Diese kommen oft erst nachträglich zustande, nachdem der Mensch schon für oder gegen etwas gewonnen ist. „Bei der Primitiv-Suggestion werden ins Ich-Bewußtsein Vorstellungen projiziert, womit das Ich bewogen werden soll, sich den primitiven Wünschen und Neigungen anzuschließen". Die Primitiv-Vorstellung lebt im Ich-Bewußtsein stets als eminent gefühlsbesetzte Bilder mit steuernden und abstimmenden Affekten. „Das schwankt zwischen der spannungsfreien, beschaulichen „Wunsch"-Vorstellung, der stark-dynamischen „Trieb"-Vorstellung, der dräuenden „Angst"-Vorstellung und der „Zwangs"-Vorstellung, die meist mit unwiderstehlicher Macht auf Erfüllung drängt". Wir werden noch sehen, wie innig Magie und Primitiv-Person zusammenhängen.

3. Die Welt-Magie

Die Technik der Politik steckt noch in den Kinderschuhen und ist ein Tummelplatz magischer Einflüsse: schwarz, grau und nur wenig weiß. Oxenstierna zu seinem Sohn: „Du läßt Dir ja gar nicht träumen, mit wie wenig Weisheit die Welt regiert wird". Aberglauben und Phantasielosigkeit, Mangel an Voraussicht, sind nur äußere Zeichen der magischen Zwangsläufigkeit in der Weltgeschichte. Denn zwischen den menschlichen Beziehungen und noch mehr zwischen den Völkern dieser Welt spielen die sogenannten Imponderabilien, das Unwägbare und Irrationale, also „das Unerklärliche", eine geheimnisvoll-unheimliche Rolle.

Wir erleben heute, wie wenig sich Vernunftgründe in der Welt behaupten können. Aber auch die Gefühle sind einem raschen Wandel unterworfen. Darüber schreibt Friedell: „Die wahre Tragödie der Weltgeschichte besteht nicht darin, daß Throne stürzen, Kunstwerke verfallen, sondern daß Gefühle verlöschen", und mit ihnen die Magie der Symbole, können wir hinzufügen.

Die Nationen zeigen ein lebhaftes Bedürfnis, nicht nur ihre eigenen magischen „Denkmäler" als die anerkannten Symbole ihrer Macht zu erhalten, sondern auch möglichst viel von eroberten Ländern besiegter Nationen zu sich selbst hereinzunehmen. So brachte man nicht nur des Nationalheros Napoleon I. Leichnam nach Paris, sondern Napoleon selbst ließ unter schon genannten außerordentlichen Schwierigkeiten einen besonders imposanten Obelisken aus Ägypten nach Paris holen und am Place de la Concorde aufstellen. Von da aus erstreckt sich eine Prachtstraße, die Champs Elysée, zum Arc de Triomphe, vor dem heute die ewige Flamme am Grabe des Unbekannten Soldaten brennt und wo täglich ein magisches Ritual sich abspielt. Alte Gebäude sind oft Ausstrahlungsstätten von Magie,und nur dem modernen Menschen war es vorbehalten, sie als „Postkartenplunder" zu stempeln und zu zerstören. Wie zu Zeiten des Bildersturms im 16. Jahrhundert erleben wir heute wieder eine Entzauberung, Entmagisierung und Zerreißung der Bilder.

Man sagt, das Kaisergeschlecht der Japaner, also der Mikado, stamme unmittelbar von der Sonnengöttin Amaterasu ab. Wenn man heute darüber lächelt, muß man auch in Kauf nehmen, daß das früher Undenkbare geschah: „Volk versucht den Kaiserpalast zu stürmen".

Auch in der Französischen Revolution kamen nicht nur Köpfe und Institutionen ins Rollen, vielmehr verloren die alten Zeichen ihre magische Wirkung. Und dennoch, was knüpft sich alles an den Namen Versailles, das berühmte Schloß des Roi soleil, des Sonnenkönigs Ludwig XIV. Wenn die Magie eines Namens Geschichte gemacht hat, so sicherlich dieser.

Fascio ist die Bündelung widerstrebender Gewalten, welche zusammengebunden eine unwiderstehliche Macht darstellen. Dies ist in der Weltgeschichte immer wieder versucht und betätigt worden. Wir haben ja erst diese Versuche im Faschismus überstanden. Aber wahrscheinlich werden sie unter verschiedensten Namen immer wieder auftreten, da sie offenbar einem Grundgesetz menschlicher Machtbildung entsprechen. Hier zeigt sich das Wesen des Magischen als die eingangs angedeutete Kraft der Bindung (GAM) zum Zweck einer ganzheitlichen Wirkung (MAG).

Krisen im Weltbild entstehen immer aus einem länger dauernden Schwebezustand zwischen Krieg und Frieden, den für magische Wandlungen schon öfters erwähnten Status nascendi, den Geburtsmoment neuer Bilder. Dann streiten die zwei Weltrealitäten miteinander, die Welt der erschaffenen Bilder und die Welt des schöpferischen Urgrunds.

Es kommt dann zu dem schon erwähnten Bildersturm, den man dann in unserem Zusammenhang als Exmagination bezeichnen muß zum Unterschied von der Imagination, dem Aufbau von Bildern.

Magische Einflüsse werden kaum mehr empfunden, wenn sie zur Gewohnheit geworden sind; dazu gehört der Einfluß der Presse. Denn die Druckerschwärze erscheint heilig. Wir leben in Fiktionen und Schlagwörtern. Am Eingang unserer Aufklärungszeit stand die Devise Bacon's: Wisdom is power — Wissen ist Macht. „Wer weiß, beherrscht die Natur". Heute scheint sich eine Umkehr vorzubereiten. Der Fetisch „Ratio" (Vernunft) hat viel an magischer Wirkung verloren. Zu viele Imponderabilien haben heute das Schicksal der Völker in Bewegung gesetzt. Während wir die Welt zu verwandeln glauben, bemerken wir nicht den Wandel, der sich in uns selbst vollzieht. Auch wir haben noch Götzenbilder, Idole, die sehr gefräßig sind und böse werden, wenn wir ihnen ihr Futter vorenthalten.

Wer könnte auf solch schwankendem Grunde ein beständiges Gebilde aufbauen? Der Vernunftmensch, der Denker und der Wissenschaftler schaffen sich eine nüchtern festgelegte, aber auch ehrfurchtslos-ungläubige, kurz: eine „aufgeklärte" Welt. Die Welt des Künstlers ist naiv, primitiv und wundergläubig, und nur das Genie könnte beides vereinigen; denn nur das Genie besitzt diese aktive Phantasie der Imagination, die allein imstande ist, den magischen Trank aus dem schöpferischen Quell des Urgrundes heraufzuholen.

4. Moderne Erklärung der Magie

In dem Wort Imago, das Bild, aber auch im Magus und Magister, d. h. Meister, ist der Wortstamm MAG enthalten. Schon Kant unterschied „Der große Kopf und der Günstling der Natur". Nicht der, der viel gelernt hat, ist der Meister, sondern der eine magische Ausstrahlung hat, und nicht durch den Schein wirkt, sondern durch das Sein. Der wahre Magier stellt eine Ordnungskraft dar, mit Feldwirkung wie ein Mag-net. Auch hier wieder der Stamm MAG!

In der Natur sind überall geheimnisvolle Bildekräfte am Werk, ohne die auch nicht der geringste Grashalm entstehen würde, geschweige denn ein Mensch. Diese sind also ein Jenseits der Natur, wenn auch in der Natur und durch die Natur selbst Wirkendes. Aber sie vermögen die Natur schöpferisch zu beeinflussen und aus einer transzendenten, d. h. jenseits der Natur liegenden Wirklichkeit, in eine reale greifbare Wirklichkeit überzutreten. Die Welt sei eine „I-mag-ination des Schöpfergottes" sagt der Inder.

Schopenhauer erklärte schon lange vor Darwin sehr treffend und anschaulich, „jedes Organ sei eine ‚fixierte Sehnsucht', der Ausdruck eines Willensaktes". Was man andauernd und intensiv sich denkt, sich vorstellt, wird man schließlich. Das schöne deutsche Wort „sich etwas einbilden" drückt dieses Verhältnis zwischen geistiger Ursache und physischer Wirkung sehr plastisch aus. Prentice Mulford lehrt: „Die Materie ist nur die Form des Gedankens, die sich dem Äußeren so offenbart. Jeder unserer Gedanken ist eine Realität, eine Kraft (bitte sich das zweimal vorzusagen)". — „Jede Imagination ist eine unsichtbare Realität, und je länger, je intensiver sie festgehalten wird, desto mehr von ihr wird sich in jene Form des Seins umsetzen, die man fühlen, sehen, berühren, wahrnehmen kann". Man könnte diesen Vorgang auch als Ideomagie bezeichnen (Hellpach).

Es ist eine unheilvolle Zwangsvorstellung, ein Fetischismus des „aufgeklärten" naturwissenschaftlichen Zeitalters, den unaufgeklärten und vielleicht auch nicht aufklärbaren Rest zu bagatellisieren und zu verdrängen. Das bewußte Ich weigert sich, von diesen Problemen Notiz zu nehmen. Aber die Person als Ganzes zahlt teuer für diese Unterlassung, mit dem Verzicht auf ein volles Leben. Die ganze Welt besteht aus Materialisationen, sichtbaren und unsichtbaren. Jetzt, wo die Welt wieder reifer wird für eine Wiedergeburt der Magie, kommen die, wenn auch erst zögernden Beweise von Rhine an der Duke-Universität über Telepathie und Fernsehen. „Wer sich nicht über die Wirklichkeit hinauswagt, der wird nie die Wahrheit erobern", sagt Schiller (Über die ästhetische Erziehung des Menschen, 10. Brief, Ende).

Aus vielerlei chemischen und biologischen Gründen dürfen wir annehmen, daß der status nascendi, d. h. der Zustand des Gebärens, der Geburtsmoment, für äußere Einflüsse besonders empfindlich macht. Auf dieser bekannten Tatsache beruht die Engramm-Theorie der Nativität. Da ja das Atemzentrum und seine nervösen Zusammenhänge offenbar stark in das magische Geschehen eingebaut sind, folge hier eine kurze Beschreibung des biotonischen Zentralorgans. (Abb. 17.)

Das Althirn ist ein Teil des Stammhirns, also der ältesten Gehirnregion, und das eigentliche Organ der Primitiv-Person und enthält rhythmische Regulierungen, wie Atemzentrum, Herzzentrum, aber auch die obersten Drüsen der inneren Sekretion: die Hypophyse (Hirnanhangdrüse) und die Epiphyse (Zirbeldrüse). Diese hängt entwicklungsgeschichtlich mit dem sogenannten dritten Auge (Scheitelauge) zusammen und manches spricht dafür, sie als Zentralorgan des magischen Geschehens zu betrachten. Denn von ihr geht einerseits die Regulierung der elektromagnetischen Spannung (Tonus) des Gehirns aus, (vgl. das Monochord des Pythagoras, Abb. 2), andererseits schließt sie sich unmittelbar an die sogenannte Vier-Hügel-Gegend an. Diese scheint aber der Sitz wichtiger Urbilder zu sein. Meist wird ja das Sonnengeflecht als magisches Zentrum betrachtet. Es hat jedoch seine oberste Zentrale und Projektion an der Schädelbasis inmitten des Althirns. Dabei weisen neueste Untersuchungen (Ph. Stöhr, Scheidt) darauf hin, daß das Gesamtnervensystem ein zusammenhängendes Ganzes (Syneuron) darstellt und damit dieser Nerven-Gespinst-Mensch mit seinen millionenfachen „Antennen" ein besonders geeignetes Instrument für das Aus- und Eindringen von Bildern (Imaginationen) darstellt.

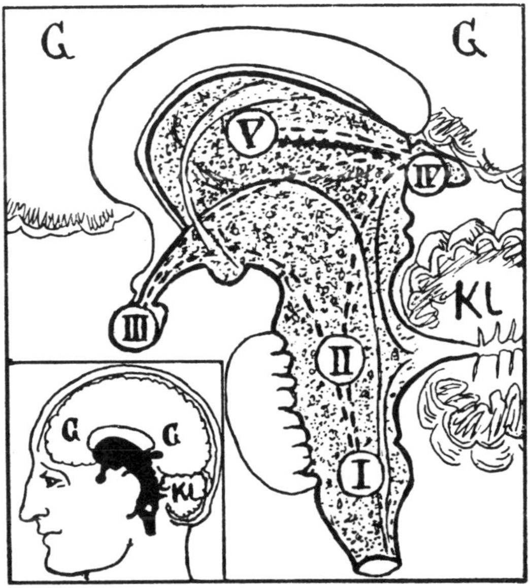

Abb. 17

Althirn

Biotonisches Zentralorgan, Sitz der Primitiv-Person

Neuhirn = Großhirn (G) + Kleinhirn (Kl) — hell
Althirn = Stammhirn — dunkel

I. Atemzentrum
II. Roter Kern (Muskelspannung) = Tonus
III. Hirnanhangdrüse (Hypophyse)
IV. Zirbeldrüse
V. Tela choreoidea (Sekretion der Gehirnflüssigkeit)

Die großen Adepten der Magie wie Nettesheim, Paracelsus, Athanasius Kircher, Boehme, aber auch Goethe haben immer wieder darauf hingewiesen, daß der Mikrokosmos der Menschen eine getreue Spiegelung des Makrokosmos darstellt. „Wie oben, so unten" ist das Geheimnis des Hermes Trismegistos. In dieses magische Geheimnis einzudringen, hilft die Meditation des Horoskops, wie besonders Paracelsus in seiner schon erwähnten „Philosophia sagax" empfiehlt. Ein Mittel dazu ist die Mandalaspirale (Farbtafel) oder das Spiralhoroskop. Hier finden wir in den vier Elementen (der Tetraktys des Pythagoras), der Quinta essentia, dem magischen Auge der Mitte, den Weg zur Selbsterkenntnis, d. h. Auffindung und Meisterung der Kräfte des Selbst.

Goethe als Genie war der „schauende Mensch". Er bezeichnet deshalb als wichtigste Funktion des ganzen Menschen: „Denken ist Anschauung, anschauende Urteilskraft, exakte sinnliche Phantasie, produktive Einbildungskraft — also I-mag-ination". Paracelsus sagt, „die Höhe des Menschen ist der Mensch". In diese Bereiche kann allerdings die „exakte" Wissenschaft nicht hinaufsteigen. Sagt doch Goethe zu Eckermann: „Das Schlimmste aber ist, daß alles Denken zum Denken nichts hilft, man muß von Natur richtig sein".

Die Psycho-Hygiene erfordert aber nicht nur das Wissen um psychische Bildfunktionen und die Erweckung der Kräfte zu ihrer Abwehr, sondern auch die Möglichkeiten einer Erleichterung und Steuerung des Lebens durch die magische Wirkung der Bilder. Bilder, die in unseren Persönlichkeitsbereich eingeführt werden, wollen sich zur Wirklichkeit gestalten. Es geht nicht an, Magie mit Suggestion und Hypnose abzutun. Die betonte Objektivität der Wissenschaft ist die Folge eines Lebensgefühls, das die Sicherheit über das Geheimnis stellt und sich dadurch das Wundern abgewöhnen will. Wahrscheinlich ist die Imagination, die Bereitschaft, Bilder zu realisieren, zu verwirklichen, ein Ur-Phänomen der Natur.

Dazu gehört aber auch der Glaube. Er ist die Kraft, welche uns ermöglicht, aus Teilstücken ein ganzes Bild aufzubauen. Aber „das Wunder ist des Glaubens liebstes Kind". Dabei bleibt es immer eine offene Frage, was echte I-mag-ination sei und was lediglich „i-mag-inär erscheint. Es wird vieles in der Rumpelkammer des „Aberglaubens" abgestellt, weil es in das gerade herrschende Weltbild nicht hineinpaßt.

Auf Abb. 18 sei versucht, auf einem Bild eine Rückschau und Gesamtübersicht zu geben, was in der Welt der geheimen Mächte als wesentlich erschien. Paracelsus lehrt, daß das Wichtigste für die Magie die Kenntnis der kosmischen Situationen und des „inneren Firmaments" sei. Also gehört das Horoskop bzw. die Astrologie nicht nur zur Kunst, sondern auch zum Verständnis der Magie.

Der Chaduzäus, der Heilstab des Hermes oder Merkur, gilt als Symbol und als Vermittler magischer Wirkungen. Wir sehen ihn auf dem Bild als weiße und schwarze Schlange, die die männlichen und weiblichen Tierkreiszeichen verbindet und die männliche und weibliche Seite der Planeten umschließt. In der Mitte des Bildes, anstelle der Erde, bildet das TAIGITU, das Zeichen von YAN und YIN, das magische Zentrum.

Zwischen dem Zeichen des Krebses und dem Zeichen des Löwen formt sich gewissermaßen der Stab, um den sich die Schlange windet, aufsteigend aus der Vereinigung (CONJUNCTIO) von Sonne und Mond,

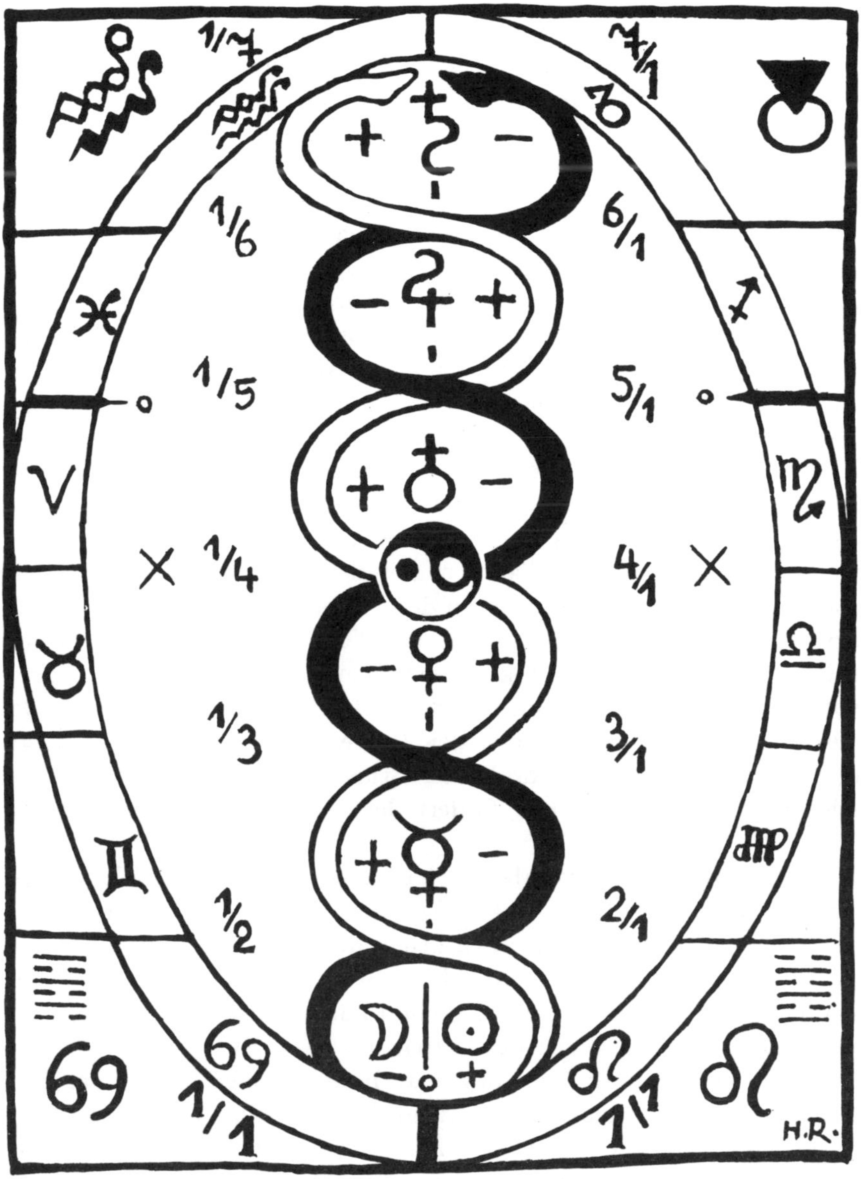

Abb. 18

Die Synthese

Magische Doppelschlange, der Heilstab des Merkur, das TAI-GITU des YAN und YIN, der Zodiak, die Chakrams der tantrischen Yoga, die siebenstufige Himmelsleiter des Pythagoräischen Monochord und die letzten Wandlungszeichen des J-Ging dem Neumond oder Schwarzmond. Das ,,Unvereinbare", das Feuer- und Wasserelement, ist hier vereinigt. Es ist das HIEROS GAM-OS, die heilige Hochzeit der Alten. In dem entgegengesetzten Zeichen des Steinbock und des Wassermann, in der Opposition, tritt sich das mann-weibliche Sonne-Mond-Prinzip mit der größten Spannung gegenüber. Im Zeichen des Wassermann findet das seinen Ausdruck durch die weiße und schwarze Schlange desselben Zeichens; das Bewußte, Taghelle und das Unbewußte, Dunkle, sind miteinander zu einer Einheit verbunden, aber nun nicht als das ,,Unvereinbare" des Feuer- und Wasserelements, sondern als eine Polarität im Luftelement, dem Symbol des Geistes. Im Zeichen des Steinbock, der ursprünglich Ziegenfisch hieß, läßt sich das schwarze Dreieck — im J-Ging KAN das ,,Abgründige" (s. Tafel J-Ging und Abb. 15) — getragen vom Kreissymbol des Lichts — im J-Ging LI — das ,,Haftende" — analysieren. Wir haben also hier im Zeichen der Universal-Person (s. Farbtafel = 3. Kreis der Mandalaspirale) die magischen Zeichen des Tierkreises vor uns. Was in der Tiefe als primitive Ordnung aus dem ,,Chaos" emporstieg, ist in der Höhe zu einer mächtigen Ordnungsgewalt geworden. Hier steht dann Saturn als ,,Hüter der Schwelle", und es gilt das Wort des Agrippa von Nettesheim, ,,die magische Gewalt setzt beim Menschen eine große Würdigkeit voraus", dem Paracelsus hinzufügt, ,,die Höhe des Menschen ist der Mensch". Hier in den Zeichen der Universal-Person ist weiße Magie möglich, aber gleichzeitig droht der Sturz in die satanische Tiefe der schwarzen Magie; denn hier fordert der unerlöste ,,Schatten" (C. G. Jung) sein Recht.

Auf dem Bild finden wir aber auch die zwei letzten der 64 Wandlungszeichen aus dem J-Ging: links ,,Vor der Vollendung", rechts ,,Nach der Vollendung". Sie entsprechen genau der Anordnung der schwarzen (weiblichen) und weißen (männlichen) Bögen der Schlange. Die eingeschriebenen Bruchzahlen ergeben addiert immer 1; sie stammen von dem geheimnisvollen Monochord des Pythagoras (Abb. 2).

Ein diesem Hermes-Stab ähnliches Bild erkennen wir in der tantrischen Schule der indischen Yogi, in der Kundalini-Yoga, dem Nâdi-System des Schlangenstabes mit den sechs Chakrams, deren unterster im Buddha-Sitz derselben Stelle entspricht wie die Sonne-Mond-Konjunktion in unserem Bild. Von hier aus steigt Pingalâ, die männliche Sonnenströmung, und die weibliche Mondströmung, Idâ, nach oben, während der Stab dem Mittelkanal Sushumnâ entspricht. Wir finden hier eine merkwürdige Übereinstimmung mit dem Opus Alchemicum, mit dem magischen Werk der Alchimisten.

Aus Abb. 18 ergibt sich also eine magische Zusammenfassung der astrologischen Lehre, des J-Ging und der Yoga, womit man sich ein Bild machen kann von den geheimen Zusammenhängen, die sich hier über die ganze Welt erstrecken. Die Tabelle des Tarot zeigt als die Tarotkarte Nr. 12 den „Hängenden", der mit seinen Beinen ein Kreuz und mit den herabhängenden Händen und dem Kopf ein Dreieck bildet. Dies ist ein Symbol der Saturn-Stellung am oberen Kopfende der Schlange als Herrscher der Zeichen Steinbock und Wassermann. Merkwürdig, daß diese Karte 12 auch den hebräischen Buchstaben „L" trägt, das LAMBDA des Pythagoras, die Stelle der „Umkehr" im Schlangenstab. Die Umkehr der Sonnenbahn im Zodiak (Tierkreis) entspricht aber dem „Zeugerton" des Pythagoras. Wer sich in diese merkwürdigste Stelle des Zodiak versenkt und in die Musik der siebenstufigen Himmelsleiter, erkennt hier die gefährliche „Schwebung des Miß-Tons" aus der Konfrontierung der weißen Schlange (Dur-Tonarten) und der schwarzen Schlange (Moll-Tonarten). Hier fällt der Engel der „Tempérance" (Karte 14 des Tarot, s. Tabelle) ein. Der Engel „Wassermann" gießt die zwei Krüge ineinander aus, nur die „Temperierung" gestattet die Harmonie der 12 Tonarten — ein magisches Geheimnis.

Mit dem Tuanima-Psychotest aber können wir die Ursachen erforschen, weil die seelischen Haltungen und Gestaltungen mit Sympathie oder Antipathie, mit Zuneigung oder Abneigung geladen sind. Dadurch blicken uns immer wieder die Gesetze des Horoskops an (Aalener Experiment 1951), also die „Imprägnierung" des individuellen Mikrokosmos des Menschen mit der Planetenstunde des Makrokosmos.

Rousselle sagt im Eranos-Jahrbuch 1935: „So wie nämlich der Himmel seine Ordnung und sein Ordnendes hat, soll der Mensch sein TAO (DO = Weg) erkennen und entsprechend der kosmischen Ordnung verwirklichen. Überall aber im All, wo diese geheime Ordnung wirkt, offenbart sich ein geradezu Magisches, chinesisch genannt TEH, und wer das TAO in sich verwirklicht auf der Bahn seines inneren Wandels, der hat auch die Urkraft des Weltalls".

Literaturhinweise:

Anrich, E. Groß Göttlich Ordnung.
Bernus, A. v. Alchymie und Heilkunst.
Buttersack, F. Außersinnliche Welten.
Danzel, K. W. Der magische Mensch.
Egenolf, I. Kartomantie.
Fränger, W. Das tausendjährige Reich (Triptychon von Hieronymus Bosch).
— Die Hochzeit zu Kana.

Freimark, H. Okkultismus und Sexualität.
Friedell, E. Kulturgeschichte Ägyptens und des alten Orients.
Gehlen, A. Über die Verstehbarkeit der Magie.
Görres, J. v. Mystik, Magie und Dämonie.
Hartlaub, G. F. Das Unerklärliche.
Hellpach, W. Das Magethos.
Heyer, G. R. Vom Kraftfeld der Seele.
Heyer, G. R./F. Seifert. Reich der Seele.
Holzschuher, L. v. Praktische Psychologie — Die Primitiv-Person im Menschen.
Huebner, F. M. Zugang zur Welt.
J-Ging: Das Buch der Wandlungen (Richard Wilhelm).
Jordan, P. Verdrängung und Komplementarität.
Jung, C. G. Die Beziehungen zwischen dem Ich und dem Unbewußten.
— Paracelsica.
— Psychologie und Alchemie.
Kayser, H. Akróasis.
Keyserling, Graf H. Das Buch vom Ursprung.
Kröner, W. Die Wiedergeburt des Magischen.
Krüger, H. Kupferchlorid-Kristallisationen.
Kükelhaus, H. Urzahl und Gebärde.
Leisegang, H. Die Gnosis.
Piobb, P. Formulario di Alta Magia.
du Prel, C. Das Rätsel des Menschen.
Reich, H. Das Geheimnis des Tierkreises.
Reko, V. A. Magische Gifte.
Rothacker, E. Die Schichten der Persönlichkeit.
Schwabe, J. Archetyp und Tierkreis.
Sedlmayer, H. Verlust der Mitte.
Spranger, E. Die Magie der Seele.
Spunda, F. Das Weltbild des Paracelsus.
Suzuki, D. T. ZEN und die Kultur Japans.
Trampler, K. Die große Umkehr (Gröning).
Wilhelm, R. Der Mensch und das Sein.
Wirz, O. Das magische Ich.

Neuere Literatur:

Ashley, L. R. N. Die Welt der Magie. Bastei.
Bardon, F. Die Praxis der magischen Evokation. Bauer.
Beeken, J. R. Die heilige Magie des Abramelin. Schikowski.
Bog, R. Die Hexe. Kreuz.
Bourne, L. Autobiographie einer Hexe. Droemer Knaur.
Brennan, J. Experimentelle Magie. Sphinx.
Butler, W. E. Die hohe Schule der Magie. Bauer.
Cavendish, R. Die schwarze Magie. Schikowski.
Douval, H. E. Bücher der praktischen Magie. Bauer.
Dülmen, R. van (Hrsg.) Hexenwelten. Fischer.
Frater, V. D. Handbuch der Sexualmagie. Akasha.
Friedländer, S. Katechismus der Magie. Aurum.
Haack, F. -W.
— Satan — Teufel — Luzifer. A. R. W.
— Aberglaube — Magie — Zauberei. Evang. Presseverband f. Bayern.
Horst, G. C. Zauber-Bibliothek. Aurum, 7 Bände.
Przybszewski, S. Die Gnosis des Bösen. Zerling.
Schindelholz, G. Exorzismus. Panorama.
Silva, R. Magie in der Medizin — gestern und heute. Ariston.
Wehrli, M. (Hrsg.) Historie von Doktor Johann Faust. Manesse.
Zier, U. Die Gewalt der Magie. Reimer.

Yoga und Psychosomatik

Mit der vorliegenden Yoga-Darstellung wird der Versuch gemacht, eine Brücke von der Ebene des Allgemeinverständlichen bis zur Ebene des in einer Yoga-Versenkung verwandelten Bewußtseinsprinzips zu schlagen, um sowohl dem Laien als auch dem erfahrenen Praktiker und in das Gebiet Eingeweihten etwas Neues zu geben.

Der Verfasser.

Es herrscht im Westen die Ansicht, daß der in Indien und Tibet beheimatete Yogi stets von Mystik umwittert sei und sich nur mit okkulten Dingen befasse; dabei greift er doch in der Praxis in das alltägliche Leben hinein und berührt persönliche Belange. Er geht dabei vom Gegenwärtigsten aus, das unser Leben berührt: vom Leiden. So alt wie die Menschheit selbst ist das Leiden und die Angst, die durch das Leiden verursacht wird und die selbst wieder die Ursache des Leidens ist. In dieser Erkenntnis wurzelt die Weisheitslehre der geheimnisvollen Yogis,

deren Ziel es ist, das Leiden schon im Leibe auszulöschen. So bedeutet der Tod dem Yogi wohl Gelegenheit zu höchster Erkenntnis; die Aufhebung des Leidens aber überläßt er nicht dem „Großen Tröster", sondern er weiß, daß in der menschlichen Natur verborgene Kräfte liegen, die, so sie von allen Hemmungen befreit werden, alles Leiden überwinden lassen. Geburt ist Leiden wie das Altern, die Krankheit und der Tod, das Nichterlangen von Herbeigewünschtem ist Leiden.

Yoga vernichtet das Leiden durch die Erweckung schlummernder Kräfte, die dem Menschen innewohnen, wenn er sich ihrer auch nicht bewußt ist. Geburt ist Leiden: In der Aufhebung dieser Konsequenz des Daseins gipfelt der Yoga-Weg. Unter Geburt ist die Erlangung, besser gesagt: die Wiedererlangung des körperlich gebundenen Bewußtseins, zu verstehen, jenes Bewußtseins, das nach dem Sterben „Jenseitiges" erleben läßt. Mit diesem Erleben ist das Widerfahren der „Gedankencharakter", nämlich der wahren Inhalte der Gedanken, verbunden, die allen Worten und Taten vorausgehen. Bildet doch jeder Gedanke die Wurzel von Worten und Werken! Beim Denken beginnt der Yoga-Weg. — Altern ist Leiden: Die Übungen der Körperbeherrschung und der des Geistes, wie sie der Yoga kennt, stemmen sich dem Altern entgegen. Alt-sein heißt nicht, lange auf Erden gelebt zu haben, sondern Siechtum erleben. Siechtum ist Armut an Kräften. Dem Yogi sind die Kräfte der Lebenserhaltung vertraut, und er vermag sie kraft seines Willens und Wissens neu zu erwecken. In ihm sind die aufbauenden Kräfte wach bis zum Tod, den er als ein Tor betrachtet, durch das er bewußt und furchtlos hindurchschreitet. Der Körper ist dem Geist untertan. Krankheit ist Leiden: Die Lebensweise der Menschheit wird in ständig zunehmendem Maße durch die Technik bestimmt. So brachte die Entwicklung der Technik und der durch sie begünstigte Fortschritt in der Wissenschaft vor allem im Gesundheitswesen einen großen Aufschwung. Wenn dieser Fortschritt auch sehr zu bewundern ist — seine traurige Begleiterscheinung ist die allgemeine Zurückbildung der natürlichen Abwehrkraft des Körpers, denn der Fortschritt betraf nicht allein das Gesundheitswesen, sondern brachte viele scheinbare Erleichterungen des Daseins mit sich, die sich wie Gift auf die Gesundheit von Körper und Seele auswirken müssen. Schon im alten Ägypten war die Krebskrankheit bekannt, und die Gelehrten sind der Ansicht, daß die damaligen Menschen gerade auf Grund ihrer überfeinerten Kultur besonders anfällig für diese Krankheit waren. Der schlimmste Nährboden für die Mehrzahl aller Erkrankungen ist die seelische Unausgeglichenheit des gehetzten und durch Existenzsorgen zerrütteten Menschen. Der Schlüssel zu allen seelisch bedingten Leiden liegt in einer „Leidens-Bereitschaft", die zunächst innerlich angenommen, dann jedoch durch die Daseinsumstände von außen aufgezwungen wird. Dieser — meist unbewußten — Bereitschaft zu leiden, ist Schach zu bieten. Wer in diesem Sinne sein Schicksal in die Hand nimmt, indem er den Körper der von der reinen Vernunft gesteuerten Willenskraft unterwirft, zerstört seine innere Leidensbereitschaft, die die natürliche Lebensfreude und die aus ihr stammende Kraft auffrißt. Denn wir dürfen das absichtliche Siechtum, welches an der Seele beginnt, keinesfalls mit aufrichtiger Kasteiung verwechseln, welche die Unabhängigkeit der Seele von den Schwächen des Körpers zum Ziele hat. Im höchsten Gebirge der Erde

HATAYOGI RAO LIEBT DIE KÄLTE!!

Merkwürdige Szene am Ufer der „Serpentine" im Hyde Park, London.

Parkbesucher, die sich heute morgens in der Nähe der „Serpentine" befanden, waren erstaunt, einen Mann mit nacktem Oberkörper zu sehen, dem offensichtlich das kalte Frostwetter Behagen bereitete. Es handelte sich um HATA YOGI LAKSHMANASANDRA SKRIKANTA RAO, der über zahlreiche mystische Kräfte verfügt, die er sich durch jahrelange Ausübung des uralten indischen Yogikultes erworben hat. Er schluckt eiserne Nägel, kaut Glassplitter, trinkt rauchende Salpetersäure, schreitet bloßfüßig über glühende Kohlen und läßt sich, wenn nötig, stundenlang begraben. Temperaturen von um Null Grad bereiten ihm kein Unbehagen.

Obige KEYSTONE-Aufnahme zeigt HATAYOGI RAO der, ungeachtet des harten Frostwetters, den heutigen Morgen in tiefer Meditation versunken am Ufer der „Serpentine" verbringt.

leben Yogis unter klimatischen und biologischen Verhältnissen, denen kein Europäer gewachsen sein dürfte, ohne ernstlichen Schaden an seiner Gesundheit zu nehmen. Es leben Yogis im Himalaya, die mit einem Minimum an Nahrung und oft nur mit einem Lendenschurz bekleidet eine hervorragende geistige und körperliche Verfassung aufweisen. Der bekannte Tibet-Forscher Dr. Tichy berichtete über einen solchen ihm persönlich bekannten Einsiedler, der in einem Alter von 65 Jahren wie ein 25jähriger aussah. Fernerhin berichtete Dr. Tichy an Hand von Lichtbildern über Yogis, die auf nackten Felsen ihren mystischen Versenkungsübungen nachgingen. Der Forscher schloß seine Ausführungen

EIN YOGI ISST GLAS

Yogi Rao zerbricht ein Wasserglas mit seinen Zähnen und schickt sich an, die Splitter zu verspeisen.

WAS YOGA FÜR SIE TUN KANN... WENN SIE NUR WOLLEN...

Leshmonasendra Srikanta Rao befindet sich im Auftrag von Hata Yogi in besonderer Mission in England. Anscheinend macht sich diese Missionsreise gut bezahlt, denn er selbst gibt zu, bisher £ 125.000 verdient zu haben. Er hat sich eine Wohnung gemietet, die ihn £ 10.—.— pro Woche kostet. Seine Vorführungen sind tatsächlich sehr eindrucksvoll und haben sogar das Interesse der phlegmatischen Londoner erweckt. Er nennt seine Lehre die „Yoga des Wohlbefindens" und, um seine Widerstandsfähigkeit gegenüber normalen menschlichen Gefühlen und seine Unempfindlichkeit gegen Unbilden, Eigenschaften, die auf unbedingte Beherrschung durch seinen Geist und seinen eisernen Willen zurückzuführen sind, unter Beweis zu stellen, ließ er sich eine volle Stunde lang nur mit einem Lendenschurz bekleidet auf dem hartgefrorenen Boden des Hyde Park nieder, schluckte eiserne Nägel, aß Glassplitter und bot sich an, Salpetersäure zu trinken. Wir alle verdienen unseren Lebensunterhalt auf verschiedene Weise, und dies ist nichts anderes als eine der vielen Möglichkeiten, dies zu tun, wenn sie auch aus dem normalen Rahmen fallen mag. Hata ist 59 Jahre alt und wurde als Sohn armer brahmanischer Eltern in einem 43 Meilen von Bangalore entfernten Orte geboren. Nach dem Tode seines Vaters zog er als junger Mann auf Wanderschaft und wurde ein Jünger der Yoga-Lehre. Er reiste weit umher und lehrte seine Schüler die Selbstdemütigung. Er erregte das Erstaunen vieler Ärzte und zeigte seine Kunst vor mehreren britischen Vizekönigen und Statthaltern Indiens.

mit dem Gedanken, daß dem Europäer derartige Übungen vielleicht sinnlos erscheinen mögen, während diesen Einsiedlern im Himalaya die uns gewohnte Lebensart als sinnlos erscheint. Sie hätten von uns nichts,

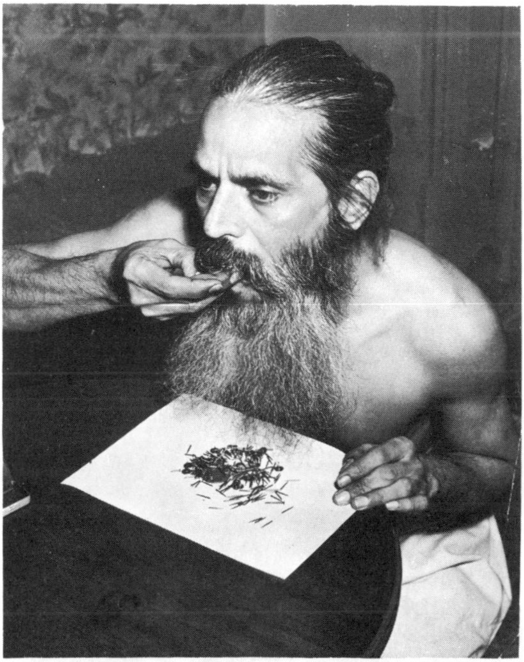

DER YOGI VERSPEIST NÄGEL

RAO ißt Drahtstifte und Nägel, die ihm gut zu bekommen scheinen. Er behauptet, durch Willenskraft allein alle physischen Widerstände überwinden zu können.

wir dagegen von ihnen alles zu lernen. — In diesem Zusammenhang möchte ich einem weit verbreiteten Irrtum entgegentreten, der den Begriff „Yogi" mit dem falsch verstandenen Begriff „Fakir" gleichsetzt. (Das Wort „Fakir" heißt wörtlich übersetzt „der Arme" und setzt bei seinem Träger nicht, wie fälschlicherweise vielfach angenommen, artistische Fähigkeiten voraus.) Auf die Bedeutung des Wortes „Yogi" gehe ich im Verlaufe meiner späteren Ausführungen näher ein. Es sind Menschen, für welche die Zeit ihren Atem anzuhalten scheint, ebenso wie sie selbst in der Lage sind, unglaublich lange Zeit ohne Atmung zu sein. Jene sensationellen Berichte über sog. Fakire, die sich lebendig begraben lassen, entbehren durchaus nicht der Wahrheit. — Tod ist Leiden: Für denjenigen, dem das Leben nicht die innere Erfüllung gebracht hat, wird der Tod leidvoll sein. Es ist nicht Voraussetzung, sich äußerlich ausgelebt zu haben, um dem Tode gelassen ins Angesicht sehen zu können, aber man muß sich selbst gefunden haben. Alles Erleben gewinnt erst Inhalt und Gewicht in jener „inneren Verarbeitung", die sich in der Seele vollzieht. Erst in der

BARFUSS AUF GLÜHENDEN KOHLEN 27. März 1952

SWAMI SEEWANAND, ein 39jähriger Yogi, der den Westen bereiste, setzt nun seine eigenen Landsleute während einer Vorführung seiner Künste vor einem Auditorium in Neu Delhi in Erstaunen. Es macht ihm gar nichts aus, eine lebende Giftschlange zu verspeisen,und er machte sich erbötig, sich in aller Öffentlichkeit während der Durchführung des berühmten indischen Seil-Tricks photographieren zu lassen. Er ist bereit, mit einem vom Publikum beigestellten Seil zu arbeiten, wenn dasselbe eine Länge von hundert Fuß und eine Dicke von zweieinhalb englischen Zoll besitzt.

Diese durch Keystone Photo festgehaltene Szene zeigt ein Mädchen aus dem Publikum, das vor den aufmerksamen Blicken Swami Seewanands zum Erstaunen der Zuschauer bloßfüßig über glühende Kohlen schreitet.

Bezogenheit zum eigenen Ich wird aus den leeren Schemen des Schicksals das Erfahren, welches die Persönlichkiet bildet und Abgeklärtheit verleiht. Im Tode soll das Leben seine Krönung finden: Die reine menschliche Persönlichkeit erhebt sich über alle irrenden Strebungen und Unzulänglichkeiten des Geistes und des Körpers; denn sie ist das Gefäß der wahren Wesenheit des menschlichen Seins, die das Ebenbild der Vollendung ist. In der Befreiung des tiefsten Wesenskerns der menschlichen Natur erwacht die höchste Form der Freude, welche in der Erfüllung der eigenen wahren und bis zur Todesstunde verborgenen Natur ihren Ausdruck findet. Die Seele jedoch muß das Licht der Selbsterfüllung in sich geboren

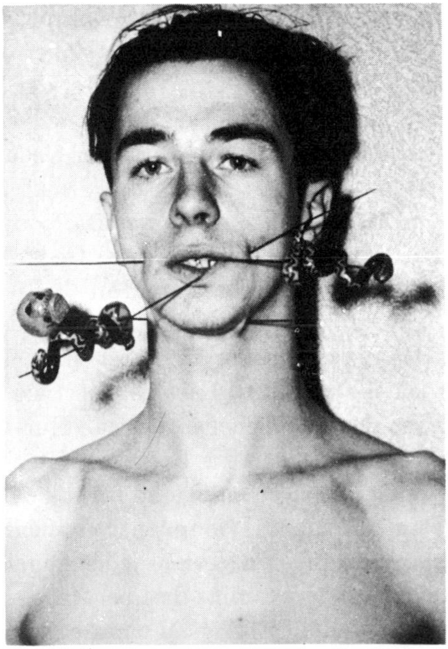

STÄRKER ALS EIN FAKIR

Yoga da Gama ist das Pseudonym eines 24 Jahre alten Schweden, der zur Zeit in einem großen Stockholmer Varieté in einer „Fakirentum" betitelten Nummer auftritt, die großes Aufsehen erregt. (In einiger Zeit wird er auch in einem berühmten Pariser Varieté zu sehen sein.)

Yoga da Gama scheint sich vollkommen wohl zu fühlen, während zwei Nadeln seine Wangen und eine dritte seinen Hals durchbohrt.

haben, und diese Selbsterfüllung ersprießt aus der Bewußtheit des gesamten eigenen Daseins. Man soll in sich Helle tragen, die man das Selbst nennt, dessen Licht am Ende des Daseins in das „Unbekannte" hinüberleuchtet. So wird der Tod für den, in dessen Innerem das Ganzheitserlebnis des Daseins lebendig geworden ist, nicht leidvoll sein. Sein eigenes Wesen offenbart ihm die Ruhe und Stille der Wunschlosigkeit. So muß das eigene Sein durch Yoga gleichsam wie ein noch unbekanntes Land entdeckt und manches „Geheimnisvolle" dem Bewußtsein vertraut gemacht werden. — Das Nichterlangen von Herbeigewünschtem ist Leiden: Es gibt ein Gefühl, das sich zeigt, wenn man von dem Gelingen eines gefaßten Planes felsenfest überzeugt ist. Es tritt auf, wenn der gefaßte Plan in die organische Entwicklung des eigenen Geschicks harmonisch eingeordnet ist. In diesem Fall wird man den erwarteten Erfolg als etwas Selbstverständliches erachten und sich über das ,,Glück'' niemals wundern. Die Sammlung auf das Erstrebte geschah zwanglos, und man ließ sich durch nichts in seinem Denken abbringen, sondern folgt einer ,,inneren Stimme'', die den Weg wies, der dem eigenen Wesen verwandt ist. Diese innere Stimme, der man sich vorbehaltslos anvertrauen darf, wird erst in der Unbewegtheit der Gedanken wach, und in der Leere der Vorstellung entfaltet sich das den Erfolg wie ein Stromwirbel anziehende Element der Gedankenkraft, das erst hervortritt, wenn die vorwegnehmende Vorstellung des Gedankens den Weg frei gibt. Der Yogi nennt es ,,Das Sich fallen lassen''. Die Leere der Gedanken zieht das Geschehen wie ein Trichter in den Sog der natürlichen Strömung. Das Wesen dieses Wirbels ist einem Taifun vergleichbar: völlige Unbewegtheit in der Mitte. Hier bedeutet sie die Gedankenleere, die sich so als Achse des Geschehens erweist. Nur Unbewegtheit kann Achse sein! Der Wille ist dem in der Leere erfühlten Verlauf der schicksalshaften Bestimmung gleichgerichtet und färbt sie in der Leere der Unbewegtheit nach seiner Tendenz. Wie innen, so außen: Die Gedanken vermögen Kräfte auszulösen, die den Verlauf jeder Angelegenheit wesentlich beeinflussen. Am deutlichsten kommt dies bei Angelegenheiten zum Ausdruck, deren Verlauf von dem Entscheid eines bestimmten Mitmenschen abhängt. Welche Richtung sein Denken auch haben mag, es wird vom eignen in starkem und oft stärkerem Maße, als durch das gesprochene Wort beeinflußt. Die orientalische Gelassenheit hat in dem stets verbindlichen und keineswegs erzwungenen Unbekümmertsein (Unbewegtsein), das der Widerspiegel einer inneren Fröhlichkeit sein muß, welche ,,grundlos'' ist, eine nicht abzustreitende Bedeutung für den Verkehr mit den Mitmenschen. Sie muß aus einem innerlichen ,,Loslassen'' resultieren, weswegen auch von einer ,,Loslassenden Geisteshaltung'' gesprochen werden kann, durch die das Gemüt unabhängig wird vom Gedankengang und den Eindrücken von außen. Im Loslassen des vorstellungsgeborenen Wunsches geschieht das Ergreifen durch den Willen. Man soll sich keinen Zustand ausmalen und sich in Vorfreuden sonnen, dafür jedoch eine Geisteshaltung bewahren, als wäre der Zustand schon eingetreten und einem seine Freuden Nebensache. Nur die Unbewegtheit der Gedankenleere gestattet diese Bewußtseinszucht. Das Gewünschte sei mit dem eigenen Wesen auf einen Nenner gebracht, und der

Zugang darf nicht durch Vorwegnahme des Erwarteten versperrt werden; denn wenn sich der Strom erst im Gedankenbild „kristallisiert" hat, ist eben dasjenige zum Unbeweglichen geworden, das fließen soll, während das Unbewegte (das innere Erleben) fließt. Yoga deckt die Zusammenhänge auf. Sie liegen im innersten Wesen eines jeden begründet. Die Kraft aus dem Willen wird einer systematischen Schulung unterzogen, indem sie über alle Vorstellung hinausreicht und aus einer anderen Wurzel stammt. —

Ein Anfang

Wer auf der Speiche des Schicksalsrades sitzt, wird herumgewirbelt und bleibt passiv. Wer sich auf die Achse des Schicksalsrades zu schwingen und sich dort zu behaupten vermag, erhält die Aktivität der Gewaltlosigkeit. Das Schicksal ist im Inneren. Die Erscheinungen sind nur seine Reflexion. So ist die Erscheinungswelt das Sich-Spiegelnde des Inneren. Die Innenwelt ist einem Samenkorn vergleichbar, aus dem sich alle Wahrnehmungen entwickeln. „In dir beruht das Weltall!" lautet der wesentlichste Satz der Yoga-Philosophie. In der Reflexion durch die Sinnesorgane erscheint die innere Welt als Erscheinungswelt, und das selbstbezogene Geschehen resultiert aus den Samenkörnern, die in den Gedanken ruhen. Dieses „selbstbezogene Geschehen" — Schicksal genannt —, welches vom „Denk-Sinn" reflektiert wird, vollzieht sich in Wellen. Wenn man nun das seinem Wesen Eigene verwirklichen will, hat dies in dem Rhythmus der Wellen des kosmischen Gesetzes zu geschehen. In diesem Sinne geschieht z. B. die Angleichung der Lebensgewohnheiten an den Rhythmus, der in der Himmels- bzw. Erdumdrehung zum Ausdruck kommt. Er schwingt in genau begrenzter Regelmäßigkeit des Aufeinanderfolgens von Schwingungselementen, die den fünf „Mandala"-Prinzipien, den vereinten Fundamenten allen Seins — bzw. den Elementen: Äther, Luft, Feuer, Erde, Wasser — entsprechen. Jeder dieser Schwingungen eignet eine gewisse Verfassung — besser gesagt — ein gewisses „Klima", welches sich auf die geistkörperliche Konstitution bezieht. — Mit dem Aufgang der Sonne beginnt die erste Schwingung. Sie sei hier kurz die „blaue" genannt. Wie alle folgenden überschattet sie für 24 Minuten das „Feld". Ihr Klima ist die Ruhe und Sammlung, die Unbewegtheit der Leere. Das Klima der ihr folgenden „grünen" ist Gerafftheit in schnellem Vollzug von kurzem Bestand. Ihr folgt die „rote"; ihr Klima ist konsequente, jedoch disharmonische Besitzergreifung. In der „gelben" herrscht das Klima der Harmonie und ihrer Entfaltung von dauerndem Bestand.

In der „weißen" erzeugt sich die eingebungsreiche, zügige Angelegtheit eines fast so ausschweifenden wie schöpferischen Klimas. Die Wirkung dieser „*Tattwas*", wie sie der Inder nennt, begünstigt den Verlauf des in ihrer Herrschaft eingeleiteten Beginnens im Sinne ihres Klimas. Hiebei kommt dem durch „Gleichzeitigkeit" Verbundenen die Kraft der Schwingung zugute. Auf das Gesetz, welches „ursächlich verbindend gleichlaufend" macht und scheinbar unzusammenhängende Vorgänge gleichzeitig zur Auslösung bringt, indem es sie gewissermaßen wie auf einer photographischen Platte zusammen aufnimmt, die in dem Archiv der grundlegenden Geschehenswandlungen ein verlaufbestimmendes Gleichnis hat, wird noch zurückgegriffen werden. Von diesem Gesichtspunkt aus empfiehlt es sich, diejenigen Lebensgewohnheiten zu durchbrechen, welche durch Umstände erhalten werden, die mit Mißerfolgen verknüpft sind bzw. jemals im Verein (gleichzeitig) mit Mißerfolg zusammen auftraten (ausgelöst wurden). Wenn die Zusammenhänge der Ursachen auch nicht erkenntlich sind, so daß man annehmen möchte, die erwähnten Lebensgewohnheiten hätten mit den von Mißerfolg begleiteten Umständen nichts zu tun, so besteht doch eine Verbindung. Durch gleichzeitiges Auftreten von bestimmter Lebensgewohnheit und Mißerfolg geschah Aneinanderknüpfung von beiden; denn in dem vorher erwähnten „Unpersönlich-objektiven Archiv der Geschehenswandlungen", welches eine genau begrenzte Anzahl von Verlaufsmöglichkeiten umfaßt, erscheinen beide gewissermaßen auf einer und derselben „photographischen Platte", von der aber bereits ein „Negativ" seit jeher vorhanden ist. (Siehe Kapitel „Magie", Dr. Reich über I-Ging!) Die Lebensgewohnheit resultiert aus der „Handhabung" des „Denkorgans". Aus dem Denken entfaltet sich die Tat, aus der Tat die Gewohnheit bzw. das „Selbstgefühl". Da der Mensch aus Mangel an reinem Bewußtsein seiner selbst sich des Umweges über den Körper bedienen muß, wird das Denken am besten auf folgende Weise in den rechten Rhythmus gebracht. Das Selbstgefühl — der „Hauch der Lebensgewohnheit" — hängt mit dem Rhythmus des Herzschlages eng zusammen. Diese „Pulsation" besitzt in der Atmung die stärkste Verkörperung aller „Gewohnheiten des Lebens". Im Atem werden Gewohnheit und Leben zu einem. Atmung, Herzfunktion und Blutkreislauf stellen eine dreifach entfaltete, im Prinzip jedoch vereinte Pulsation dar. Die Atmung reguliert die Herzfunktion, die ihrerseits den Blutkreislauf bestimmt. Der Blutkreislauf durchpulst die Nervengebiete im Kopf und beeinflußt somit das Denken. In seinem Strom dringt die Atmung durch den ganzen Körper. Da die bewußte

Regulierung des Atems weit leichter gelingt, als die der Herzfunktion, geht man vom Atem aus und darf folgern: wer richtig atmet, denkt richtig und dem Rhythmus des Gesetzes, welches alles zu harmonischer Entwicklung bringt, angeglichen. Pulsation ist das Wesen des Lebens und der Atmung, daher die Atmung zur bewußten Pulsation des Körpers werden muß, d. h. aus der Flachheit zu rhythmischer Tiefe verdichtet. Wer richtig denkt, wird richtig handeln,und so ist auch sein äußerliches Tun in den Strom des Geschehens eingeordnet, was den Erfolg zeitigt. Da aus der Tat sich die Gewohnheit bildet, schließt sich der Ring. Hierin kommt das Wesen des Yoga zum Ausdruck. Es bedeutet „Herangleichung" an kosmischen Rhythmus. Wer aber der Harmonie seiner „Klänge" teilhaftig werden will, muß in diesem Rhythmus „tanzen". (Über rechtes Atmen sei an dieser Stelle nicht mehr gesagt, als daß der Atem im Sinne des Lebensprinzips den gesamten Körper durchpulsen muß, um selbständige Wesensform im Bewußtsein zu erlangen, die wie ein bewußtes zweites Leben in einem selbst beharrt, so daß man mit ihm gleichsam „geschwängert" ist.) Die bewußte Angleichung des Selbstgefühls an den Lebensrhythmus, wie es die ihm angeglichene Atmung auslöst, versetzt das Denken und das Bewußtsein in die Lage, an der Harmonie teilzunehmen. Das Bewußtsein in seiner losgelösten Form und das Wissen um das Selbst kann sich leichter entfalten und damit das Ganzheitserlebnis des Daseins anlegen. Im Ganzheitserlebnis versinkt die Leidensbereitschaft! — Eng mit der Leidensbereitschaft verknüpft ist die Angst. In der Sprache der Yogi bedeutet das Wort „*Angam*" (Sanskrit): „Zusammendrücken". Wer seine Persönlichkeit durch die Daseinsumstände zusammendrücken lassen muß, wird zum Raub der Angst,und das Leiden beherrscht das „Feld". Wer aber die eigene Persönlichkeit erfüllt mit dem Wissen um die Ganzheit allen Seins und sich mit ihr unmittelbar als eins zu fühlen in der Lage ist, der findet zu seinem Selbst in der Erfüllung seiner Bestimmung, welche es ist, das Ganze im einen — in sich selbst — zu begreifen,und er selbst erdrückt das Leiden durch das Gewicht seines Selbst. „Das bist du!", so lautet die hohe Weisheitsformel der Yogis, du bist das Geschehen, also bist du es, der das Leiden begründet und die Leidlosigkeit. In dir ruht alle Wahrnehmung! Damit taucht gleichzeitig die Frage nach dem „Wahrnehmer" auf; denn im Wesen der Wahrnehmung bekundet sich, daß etwas von jemandem wahrgenommen wird, d. h.,daß alle Eindrücke „von außen" und durch das „Bildarchiv" des Gedächtnisses eine gesonderte Existenz voraussetzen, welche Eindrücke in geordnete Gestalt bringt, bzw. „wahrnimmt". Dieser Wahrnehmer, welcher jeder selbst ist, indem er aus Sinnesorganen und Geist besteht, erzeigt sich als Synthese von Geist und Körperlichkeit. Diese „Geist-Körperlichkeit" nun dem vom reinen Bewußtsein gelenkten Willen untertan zu machen und damit den sonst ungelenkt funktionierenden Sinnesbereich des Körpers und des Denkorgans durch die Bewußtmachung zu „beseelen", ähnlich wie der tote Stein vom Bildhauer „beseelt" wird, ist Aufgabe des Yoga. Ebenso wie jedem Beginnen ein Gedanke vorausgeht, so wird auch der Yoga-Weg mit dem Denken eingeleitet; denn die Gedanken führen, wie schon angedeutet, ihr eigenes Dasein und zwingen sich selbständig dem Wahrnehmer auf, indem sie sich nach ihrem Charakter zusammenhängen und eine undurchreißbare Kette bilden, durch die der reine Wille gefesselt ist. Diese Gedankenverkettung (Assoziation) muß durch bestimmte Denkübungen (Meditationen) beherrscht werden. So spricht man von einem Yoga der Geistes- und Körperbeherrschung. Erst wenn nach der bewußten Ausschaltung der Gedanken diese durch den Wahrnehmer selbst bestimmt, zur Kette gereiht und festgehalten werden, kann man von Beherrschung des Geistes sprechen. Die sich aufdrängenden Gedanken werden in Leere aufgelöst, wodurch das reine Bewußtsein erweckt werden kann; durch dieses vermag der unabhängige Wille, der auch den Körper seiner Herrschaft unterwirft, sich zu entfalten. Man könnte den Eindruck gewinnen, daß die oft ans Wunderbare grenzenden Fähigkeiten der Yogis — die zu beschreiben weniger Wert hat als das Mittel, sie zu erreichen — lediglich durch die Kraft eines ungeheuer geschulten Willens hervorgerufen werden. Der Wille selbst ist nicht der eigentliche Träger dieser Kraft, sondern ihr Auslöser. Die Kraft beruht in der Leere des „reinen Bewußtseins" welches gewissermaßen das „andere Ufer" ist, das dem Bewußtsein („Ufer") gegenüberliegt; dieses kann zwar „rein" sein, indem es von Gedanken geleert ist, trägt aber nicht an sich die Leere ausmachende Elemente, die in ihrer unterschiedslosen Einheit mit dem Träger („Reines Bewußtsein") identisch sind. Das von Gedanken freie Bewußtsein ist jedoch die unumgängliche Vorstufe des „reinen Bewußtseins". Ersteres kann seine Gedanken mit dem Objekt zur Einheit bringen (identifizieren), letzteres ist an sich mit seinem Objekt identisch. Die oben besprochene Kraft ist gewissermaßen die Strahlung des „reinen Bewußtseins". Gemäß der Erkenntnis, daß diese Kraft im innersten Wesenskern der menschlichen Natur selbst begründet liegt und der Mensch in seiner innersten Natur die Schlüssel zu den Geheimnissen trägt, gestaltet sich das Leben aller Yoga-Praktiker: Durchleuchtung des eigenen Wesens; Bewußtmachung unbewußter Vorgänge im Körper wie in der Seele. Hier ist unter Seele

„Innenwelt" zu begreifen, wie überhaupt in der Yoga-Philosophie der Seele dreierlei Bedeutung zugemessen wird.

Die „Innenwelt"

Die drei innerweltlichen Bereiche, die durch die dreifache Entfaltung der Seele begründet sind, und ihre Wechselwirkungen lassen sich am besten in einem meditativen Bild (Imagination) veranschaulichen. Man möge sich, um sich die Wechselbeziehungen zwischen Bewußtem, Unterbewußtem und Unbewußtem klarzumachen, einen See vorstellen (s. Abb. I). Das Wasser ist gleichsam die Seele. Der Grund des Sees, auf dem alle Ablagerungen aufgestapelt liegen, ohne je verloren gehen zu können, wenngleich sie sich dem allesschluckenden Grund verbinden und in dessen Tiefe es keine Strömung des Wassers gibt — ist das Unbewußte. Das Gebiet zwischen diesem Grund und dem Wasserspiegel ist dem Unterbewußten vergleichbar. Die Gedanken aller Wahrnehmungen sowie aller Eindrücke, die aus dem Gedächtnis resultieren, sind, um bei unserem Bild zu bleiben, durch die Bewohner des Sees, die Fische, versinnbildlicht, teils mehr, teils weniger beleuchtet vom „Sonnenlicht", das durch das Wasser herabdringt. Da ist ständige Bewegung, ja selbst im Traum schwingen „Fische" und „Schlingpflanzen" durcheinander. Das durch das Sonnenlicht im Wasser beleuchtete Gebiet gilt als das Bewußte. Dieses ist die Synthese aus Geist und Körper, soweit sie bekannt ist. Der Intellekt registriert sozusagen die „Fische", und aus der Kette ihrer Reihenfolge setzt sich das Oberbewußtsein zusammen (Oberbewußtsein = bewußte Gedanken). Man bedenke, daß die Individualität des eigenen Ich zunächst nur als Gedanke verfolgt werden kann. Der „Lichtstrahl im Wasser" ist der „Wahrnehmer" aller Gedanken: der Intellekt. Er und die Gedanken bilden in ihrer Einheit den „Geist" d. h. den Verstand, während in unserem Bild das Wasser als Stofflichkeit — nicht etwa als See — aufgefaßt, die „Körperlichkeit" versinnbildlicht. Diese „Geistkörperlichkeit" ist der „Wahrnehmer". Das Bewußte ist die Wahrnehmung der „Geist-Körperlichkeit" bzw. diese zeigt sich als das Bewußte, welches als das erhellte Gebiet im Wasser Versinnbildlichung fand. Daraus dürfte ersichtlich sein, daß „Geist-Körperlichkeit" und Bewußtsein (Bewußtes) gewissermaßen zwei Gesichter an einem Haupt sind, welches der „Wahrnehmer" ist. Es ist mit ihm nicht der Intellekt gemeint, der nur die Gedanken allein wahrnimmt, sondern die eigene Individualität. — Die Strömung des Wassers sind die gewaltigen seelischen Impulse, die uns zu unbewußtem Handeln antreiben und denen selbst die Gedanken folgen müssen. Im freien Raum über dem Wasserspiegel herrscht das ungetrübte Licht der Sonne, das seine Kraft selbst unsichtbar bis auf den tiefsten Grund des Sees hinabsendet: Das „reine Bewußtsein!" Es stammt von der „Sonne". Sie versinnbildlicht hier das „wahre Selbst", das nach dem Ebenbild des Vollendeten beschaffen und mit ihm vereinigt ist — untrennbar und unvergänglich. Es ist die letzte Einheit in der Religion. — Yoga nun ist es, das Licht des Tages unabgelenkt in die Tiefe dringen zu lassen, weswegen die seelischen Impulse besänftigt und die Gedanken zur Ruhe gebracht werden müssen. Dann wird eine „unbekannte Pflanze" aus dem Grunde des Sees emporwachsen, um ans Licht des Tages vorzustoßen und um sich endlich auf der Wasserfläche ruhend wie eine Lotosblume zu entfalten. Dies ist die Verwandlung des eigenen Seins, das Ziel des Yoga. Das Emporwachsen der Lotos ist der Yoga-Weg. Keiner, der ihn beschritten hat — durch viele Daseinsphasen der Entwicklung hindurch —, hat das Geheimnis seiner wahren Natur eher ergründet, als dieses selbst sich dem Licht des reinen Geistes verbrüdert hat. Mehr und mehr wird es sich in die Dämmerung vorschieben und die Gedanken werden sich vor ihm entsetzen und in ihre „Schlupfwinkel" zurückkehren. Einmal wird das Denken schweigen müssen, wenn erst erkannt ist, daß das Zurückführen in seine Quelle die wahre Einsicht gibt.

Die Lotosblume ist das Sinnbild der Vollendung. In ihrem Emporwachsen bekundet sich jene Kraft, von der vorher die Rede war und die vom Willen ausgelöst wird. Das ist das Loslassen des „Bewegt-Vielfachen" unter gleichzeitigem Festhalten des „Unbewegt-Leeren". Es ist auch das Festhalten des Einfachen: In der Sammlung aller Sinne und in der Konzentration auf einen Punkt wird das „Tageslicht" durch das „Wasser" gleichsam wie in einer Brennlinie gesammelt. Wenn kein „Wogengang" es zerstreut, geschieht die Willensentfaltung. — Die Lotosblume hat in der indischen Weisheitslehre sowohl als Symbol, wie etwa in diesem Bild, als auch als abstraktes (überkörperliches) Prinzip (Mandala) eine große Bedeutung. Als letzteres erfüllt sie die mystische Versenkungswelt und wird in der Bedeutung als Mandala auch „Seelenblume" genannt.

Das Mandala als Ausgangspunkt

bildet die Basis und das Sammelprinzip der Yoga-Philosophie, und der Yoga-Weg ist im „Anlegen des Mandala" zu verstehen. Es bildet den Schlüssel für alle Yoga-Elemente und ist als die in Versenkung bewußtgemachte Struktur des Gesetzes der Wirklichkeit, welches

Vom Blatt der Lotosblume, die ein Symbol des Vollendeten ist, wird der Yogi getragen und über dem See des unbewußten Seins ist er des kosmischen Bewußtseins (Sonne) teilhaftig.

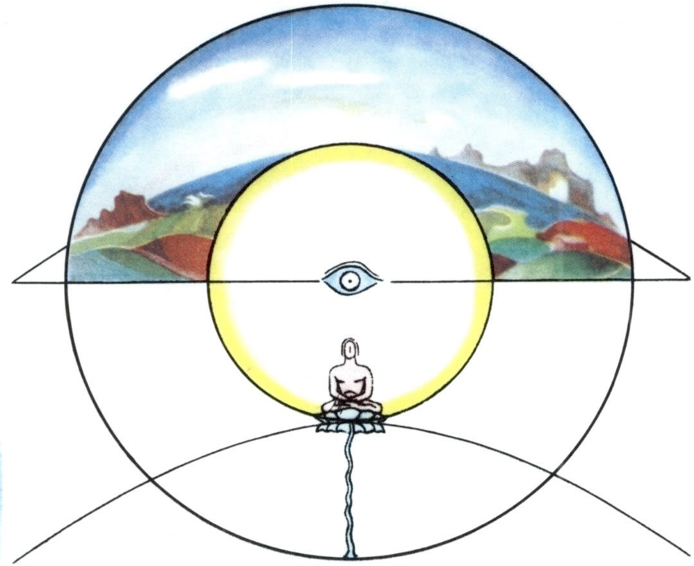

Nach Originalen von Anja Decker

Das Mandala als Struktur des Bewußtseins in der Wahrnehmung von Himmel und Erde und die unbewußte wahre Natur des Seins, die von der Lotos getragen wird und die Essenz des Geistes ist.

Dharma genannt wird, anzusehen. Das Dharma ist im Mandala dreieinheitig entfaltet, was sich in ihm als die „Essenz" abzeichnet, die den Geist durchdringt und die das „So- und nicht anders Sein" begründet. Die Yogalehre besitzt im Mandala eine gesetzgebende Größe, welche sowohl auf Grund eines versenkungsbedingten Erlebens der „mystischen Wirklichkeit" als auch in der Wesenheit allen empirisch-stofflichen Seins ihren Bestand hat und somit Physik und Metaphysik, Mikrokosmos und Makrokosmos, „Dieseitiges" und „Jenseitiges", sowie Begriffe, wie Raum, Zeit, Kraft, auf einen Nenner bringt. — In unserem Meditationsbild ist die „Herangleichung" (bzw. „An-jochung") des „Wahrnehmers", der aus Körperlichkeit, vorstellungsbedingt unterscheidendem Denken („Geist") und Bewußtsein besteht, an die im „Anlegen des Mandala" (Emporsteigen der Lotos) bewußt gewordene „wahre Natur" des menschlichen Seins versinnbildlicht. Diese im Mandala angelegte d. h. mit dem „Wahrnehmer" bewußt einsgewordene wahre Natur des menschlichen Seins wird im folgenden unter der Bezeichnung „Lumenkörper" geführt. Dieser Lumenkörper ist dem sichtbaren Leib an Wesenheit und Eigenschaften weit übergeordnet und besteht aus einer durch Kraftströme verbundenen Kette mystischer Zentren, die dem Mandala angehören. Obwohl er sich im Körper (Mikrokosmos) befindet, wurzelt er in Erde und Himmelsraum, und seine Ausdehnung ist nicht von seiner Gestalt abhängig. Seine „Haut" ist Feuer im Sinne des Raumes, den sein Licht bzw. das Feuerlicht einnimmt. Es besteht aus Kraftströmen, die ihrer Natur nach männlichen und weiblichen Pol bilden, sowie aus der Vereintheit beider. Die Natur des Lumenkörpers besteht aus dem Prinzip des Bewußtseins an sich, das der „Fluß" ist, der die beiden „Ufer" scheidet und dessen Wesenheit das Mandala ist. Zudem besteht der Lumenkörper aus den im Mandala wurzelnden „Quellen" des Seins, die die Konstitution des Mandala ausmachen und „*Chakras*" genannt werden, welche die mystischen Zentren sind. (Darauf wird an anderer Stelle noch ausführlicher eingegangen!) — Der Lumenkörper hat eine ihn vorbereitende Vorstufe, die man sozusagen als seinen „kleinen Bruder" bezeichnen darf und für den zwecks Unterscheidung der Name „Stimuluskörper" verwendet wird, weil der Name einen Antrieb ausdrückt. Er besteht aus „lebendigem" Atem bzw. aus der Pulsation, die in Atmung, Herzfunktion und Blutkreislauf gleichermaßen ihren Ausdruck findet und sie im Lebensprinzip vereint. Außerdem besteht er aus dem Modell der „leiblichen Gestalt", welches wie die „Aura" zu denken ist und durch das die sichtbare Form angelegt wird. Diese beiden Bestandteile — „lebendiger Atem" und „Modell" — verhalten sich zueinander wie weiblicher und männlicher Pol. Dem Stimuluskörper eignet das „reine", d. h. von Gedanken geleerte Bewußtsein, und an Stelle des differenzialen (verstandlich unterscheidenden) Denkens besitzt er das sogenannte „magische Denken", welches das „Sich-einsfühlen" mit der Ganzheit allen Seins bedeutet und dessen Objekt, das von diesem Gesichtswinkel aus betrachtet wird, die symbolisch gebundene „Urform" (Archetyp) ist (Symbol-denken!). Die „Anjochung" des „Wahrnehmers" an den Lumenkörper ist Yoga. Die Anjochung an den Stimuluskörper aber ist das Ziel der Psychosomatik. Mit der Erweckung der wahren Natur des menschlichen Seins ist eine Verwandlung des Bewußtseinsprinzips verbunden, aus welcher eine völlig andere Logik resultiert als die dem Verstand eigene. Ihr Ausgangspunkt kommt im magischen Denken zum Ausdruck. Das verwandelte Bewußtseinsprinzip läßt nicht in Begriffen denken, sondern zunächst in Symbolen und Archetypen, auf noch höheren Ebenen in „Elementalen", „Substratialen", „Elementen der abstrakten Versenkung" (siehe Farbtafel). Danach sind auch die Versenkungsstufen geordnet, und jede hat ihre eigene Logik. Lediglich in einer bestimmten, nämlich der vierten (welche die erste formfreie Schau bietet, in der sich das Wesen des Mandala offenbart), sind alle die Logiken in eine einzige Logik zusammengefaßt. Aus dieser Versenkungsstufe erhellt das Geheimnis des Mandala in der Weise, daß sie das Mandala als das in Versenkung bewußtgemachte körperlose Fundament allen Seins bzw. als das in Versenkung zur Erlebbarkeit gebrachte Weltgesetz erkennen läßt. Dieses Weltgesetz (Sanskrit: Dharma d. h. „Träger") ist in seiner Leerheit das früher erwähnte „reine Bewußtsein", in seiner Dichtgedrängtheit aber das Substrat (die selbst basislose, unkörperliche Basis) des in einem Weltall zusammengefaßten Mikro- und Makrokosmos. Die sichtbare (wahrnehmbare) Erscheinungswelt resultiert erst aus den acht „kausalgesetzlich-effektiven" innerhalb der fünf „radikalen" Prinzipien des sich als Mandala vereinheitlichenden Dharma, dem in der Yogalehre Göttliche Wesenheit beigemessen wird. Das Mandala besteht aus den fünf „radikalen" Prinzipien, die die wahren „Seinsformen" der folgenden Weltenbegriffe sind bzw. die „wahre Natur" ihres Seins offenbaren. Die Yogalehre begründet ihre Erkenntnisse in dem Wissen, daß die anschließend aufgezählten „Welten-begriffe" (Formen des Seins) selbst nicht existieren, sondern nur ihre Begründungen, welche die fünf radikalen Mandalaprinzipien sind. Sie existieren also nur in ihren sie begründenden Mandalaprinzipien! Das Mandala besteht somit aus den Begründungen der „fünffachen Konstitution des

Weltalls", die nur als das (fünffache) Mandala (ihre Begründung) wahres Sein hat. — Die ,,Konstitution" des Weltalls bzw. die Weltenbegriffe:

Kausalgesetz (Karma) bzw. Schicksalsgesetz, das alles Geschehen ausmacht, ihm entspricht die ,,mystische Versenkungsfarbe" Grün.

Erscheinungswelt (Maya), die die Sinneswahrnehmung ausmacht, ihr entspricht die ,,mystische Versenkungsfarbe" Rot.

Innenwelt (Manas bzw. Citta-dhatu), die die Zusammenwirkung ausmacht, ihr entspricht die ,,mystische Versenkungsfarbe" Gelb.

Basisgesetz (Dharma), das das Prinzip des Bewußtseins an sich ausmacht, ihm entspricht die ,,mystische Versenkungsfarbe" Weiß.

Wirklichkeitswelt bzw. Meditationswelt (Dhyana-loka), die die übersinnliche Wahrnehmung ausmacht, ihr entspricht die ,,mystische Versenkungsfarbe" Blau.

Dazu ist zu sagen, daß in der Versenkung in die Geheimnisse des Seins dieser ,,fünf Flügel des Weltgebäudes" der Yogi mit dem dem Versenkungszustand angehörenden Bewußtsein die Wurzeln der ,,fünf Weltglieder" vereint und in ihren Wechselwirkungen erschaut. In dieser Vereintheit erscheinen so die fünf Weltglieder als ihre eigenen Wurzeln bzw. in ihrer Urform und wahren Gestalt. Sie bestehen aus den sog. Elementen der formfreien Sphäre (abstrakten Versenkung), die durch das Sich-Versenken in die in den heiligen Schriften stehenden Erkenntnisauslösungsmotive bewußt werden. Wenn diese hier auch nicht zu erwähnen sind und nicht verstanden werden könnten, so gereicht doch zum Verständnis der Hinweis, daß, so von den angeführten Motiven in der Versenkung ausgegangen wird, die Beschaffenheit der oben aufgezählten Weltprinzipien erforscht werden kann. Dabei fallen die Ausgangsmotive in einem Prinzip zusammen, und das ist je eines der fünf in Farben ausgedrückten Mandalaprinzipien. Im Mandala, in welchem sich diese ,,fünf Gesichter am Haupt der Welt" offenbaren, läßt sich das Geheimnis des eigenen Seins ergründen, welches das getreue Abbild ihrer Zusammengefaßtheit als Mandala ist. Die mystischen Versenkungsfarben erscheinen in Versenkung nicht ohne weiteres als Vertreter der oben erwähnten Elemente der formfreien Sphäre, sondern diese Elemente, die der abstrakten Versenkung zu eigen sind, können mit symbolisch-mystischen Farben ,,bekleidet" werden, wobei sich allerdings eine Gesetzmäßigkeit äußert, nach der bestimmte Farben für bestimmte abstrakte Versenkungselemente ,,ansprechen", indem sie sich den ihnen entsprechenden Elementen selbstbedingt zuordnen. Die Gesetzmäßigkeit dieser ,,Sympathie" resultiert aus dem Umstand, daß die erwähnten

Farben als „Lichter" in der „jenseitigen" Welt, die als Wirklichkeit gilt, eine in ihrer Bedeutung zwar von den Elementen der abstrakten Versenkung abgeleitete, dennoch aber autonome Existenz haben. — Die fünf radikalen Mandalaprinzipien, zuzüglich eines sechsten Prinzips, welches die Leerheit ihrer Vereintheit im „weißen", nämlich das „reine Bewußtsein ist", entsprechen den oben angeführten „Logiken" bzw. den Existenzformen, von denen:

Körperliche Form und Symbol als Vorstellung bzw. Empirisches (Materielles), — Archetyp (Urform) und Elementale (Formfluß) als Denksubstanz bzw. „Seelenstoffliches", — Substratiale (Mandala) und „Abstraktes Versenkungselement" als Wirklichkeit bzw. Formfreies (Nichtmaterielles) — zusammengefaßt, — die Dreifachheit aller Wesen und Dinge begreifen lassen (s. Farbtafel).

Wenn, wie die Versenkung es zeigt, die empirische (formhafte) Körperlichkeit verschwindet, integriert (Integration = Wiederherstellung auf höherer Ebene) sich das abstrakte Element im Mandala, während sich die Substratiale als abstraktes Versenkungselement in seine Potenz erhebt. Erscheint die empirische Form wieder, verdichten sich die Substratiale und das abstrakte Element wieder zu einem Prinzip, indem die Bewußtmachung der Substratiale als Mandala wegfällt. Die Vollendung des Wesenszustandes hebt diese „radikale" (bis auf die Wurzel gehende) Fünfheit als Dreieinigkeit auf. Dieser Wesensvollendungszustand ist anfangslos bereits im Mandala vorhanden, und zwar als Viereinigkeit, in Gestalt der vier absoluten (an sich aufgeschlüsselten) Prinzipien, die das „sechste" (die Leere des weißen Prinzips = reines Bewußtsein) ausmachen. Dieses gilt somit als das „Klare" (Farblose). Die Dreieinheit von grünem, gelbem und rotem Prinzip wird durch das weiße verkörpert, während die Dreiheit der selben Prinzipien die drei „Ursprünglichen" darstellt, die innerhalb des grünen Prinzips liegen. Dieses entfaltet sich in der Achtheit des Gesetzes von Ursache und Wirkung, der die acht grundsätzlichen Geschehenswandlungen zugrunde liegen. Aus der Dreiheit im Mandala resultiert die Achtheit, indem ihre Wechselbeziehungen acht Möglichkeiten aufweisen. Das an sich fließende *Dharma* beschreibt in seiner Dichtgedrängtheit als Gesetz von Ursache und Wirkung (*Karma*) die Kausalkette und das Mandala ist im Zustand seines Fließens somit drei-geteilt. — Aus dem Karmagesetz erhellt, daß der Mensch das Produkt seiner Gedanken ist. Strenggenommen äußert sich das Sein als Mensch in der bewußten Individualität, der ein Denken vorausgehen muß, um bewußt sein zu können. Der „Wahrnehmer" muß erst durch das Bedenken seiner Existenz gefunden sein, ehe er als die

Individualität gelten kann. Was den Menschen über das Tier erhebt, ist zunächst die Tatsache, daß er seine Individualität wahrnimmt. In dieser Wahrnehmung seiner Individualität wird das Ich als Gedanke bewußt. Da nun außer dem sichtbaren Leib und dem Verstand keine wahrnehmbare Größe besteht, die als das Ich gelten könnte, und die Seele noch keineswegs eine unbedingte Individualität voraussetzt, insolange sie nicht durch Yoga als „Wahres Selbst" Bewußtsein geworden ist, existiert nur ein Schein-Ich. In der Yogalehre gilt es als der „Ich-wahn" (Ahamkara). Hieraus folgt, daß der Mensch kein absolutes Ich besitzt, sondern daß er sich bzw. sein auf Verstand und Körper gegründetes individuelles Bewußtsein erst mit dem wahres Sein begründenden „Brennpunkt" der selbst basislosen Basis (Dharma) identifiziert. Da alle Gebilde vergänglich sind und der Ich-Gedanke ein Gebilde der Vorstellung ist, muß das Ich, das nur im Gedanken beruht, ebenso vergänglich sein. Auf diese Weise steht dem wahren Selbst (Atman) ein scheinbares Selbst (Anatman) gegenüber und der Wirklichkeitswelt eine Wahnwelt (Maya-Wahn, Schein). So gilt die Erscheinungswelt, wie sie durch die Sinne wahrgenommen wird, als nicht wirklich, und für den Begriff „Materie" wie überhaupt für alle äußere und innere Wahrnehmung wird die geheimnisvolle Funktion des Dharma gesetzt, wie sie im Mandala ihren Ausdruck findet. Erst in der Leere des Dharma, in der Erkenntnis des Nicht-Selbst, erwacht das „Wahre Selbst" und in ihm wahre Individualität als das „An-sich-sein". Wenn auch damit die Einswerdung mit dem wahren Selbst (Atman) noch nicht vollzogen ist, so lebt doch der bereits erwähnte „Lumenkörper", indem zwar die in ihm gelegenen mystischen Zentren noch nicht im „reinen Bewußtsein" verwirklicht sind, welche die Quellen aller stofflichen Wahrnehmung — von der kompaktesten bis zur feinsten darstellen, wohl aber, daß das „dieseitige Ufer" des Bewußtseins verlassen und in das „Flußbett" des Bewußtseinsprinzips an sich (Dharma) eingetreten wurde. Der „Brennpunkt" des Dharma (Gesetz der Daseinsfunktionen) ist als Fluxion (in Fluß befindliche Größe) aufzufassen. Diese sich in Versenkung bewußt zu machen heißt das „vorstellungslose Denken", ein formfreies Denken (Arupa-Dhyana; dhya = Denken) üben bzw. das Prinzip des Bewußtseins an sich zu verwirklichen, welches die Leere des Dharma ist, das sonst die Vorstellungen der Erscheinungswelt trägt. — Besteht das Denken aus Vorstellung, so wird dieser Ursache gemäß dem Kausalgesetz Karma als Wirkung die vorstellungsbegleitete (Sinnes-)Wahrnehmung folgen, d. h., die Wirkung ist erscheinungsweltlich und die geistige Anlage des Begreifens wird im Reich der Formen verhaftet sein. —

Besteht das Denken aus Symbolen, so gestattet es das sich im Prinzip des Bewußtseins an sich auswirkende Karma zwar nicht, über das Bildhafte hinauszudringen, ermöglicht jedoch in das Reich des Unterbewußten insoweit vorzustoßen, als aus ihm das Verständnis für das bindungschaffende Gleichnis zu schöpfen ist. — Besteht das Denken aus Archetypen, so ist das Teilhaftigsein allgemeingültiger Motive in der Innenwelt gewährleistet, die dem Bewußtsein entrückt und nur bei seelisch schöpferischen Menschen die Urformen in dem ihnen eigenen „Goldenen Schnitt" zu einem Erlebnis werden lassen. Kunstwerke sind aus dem in sich harmonischen Reich der Archetypen erstanden, woraus auch ihre Allgemeingültigkeit und die Überzeitlichkeit ihrer Wirkung ersichtlich ist. — Besteht das Denken aus Elementalen, so ist mit ihm übersinnliche Kraft verbunden, wie etwa Strahlung, die Heilwirkung haben kann oder Befähigung für magische Praktiken sowie für das Erleben und Erfassen von Übersinnlichem. Alle magische Betätigung kann nur erfolgreich sein, wenn im Archiv der Gedankenursachen, welches das aufgespeicherte Karma (Sanchita) ist, Elementalen vorhanden sind. Die Menge bestimmt das Ausmaß der Veranlagung. Die Elementale bildet das Übergangsglied zum formfreien Denken bzw. zum formfreien Element, der Substratiale. Erscheint doch die Substratiale als Mandala in der Form der Elementale, die eine an sich in Fluß befindliche Form ist. Dieses geschieht in der dritten Versenkungstufe. In der vierten Versenkungstufe herrscht das formfreie Denken, woraus erhellt, daß das Denken an sich die oben erwähnte Fluxion des Dharma ist und in der formfreien Sphäre mit dem Bewußtsein an sich eins ist. Denken an sich ist nicht eine Kette von sich durch Vergleichsschluß aneinanderreihenden Gedankengliedern (Assoziation), sondern infolge seiner unterschiedslosen Konstitution (Leerheit der einzelnen Ströme) — nacktes Bewußtsein. Besteht das Denken aus Substratialen, so ist es streng genommen kein Denken mehr, da der Denkvorgang an sich Bewußtsein an sich ist, wenn er mit keinerlei Vorstellung verbunden ist. Freilich ist Versenkung notwendig, um diesen „Vorgang an sich" zu erleben, denn das von Vorstellungen freie Denken hat erst dann Wert im Sinne der Yogalehre, wenn es wahrgenommen wird. Der reine Vorgang offenbart das Gesetz der Daseinsfunktionen als an sich absolutleeren Behälter, in dem das Bewußtsein an sich das wahre Selbst erhellt. Das „Denken" in Substratialen bzw. das „bewußt in Substratialen Sein" verwandelt die Substratialen in Elemente der abstrakten Versenkung, in denen sich Dreieinigkeit verkörpert und die ihrer inneren Natur nach gleichsam wie ein Aggregat (Zusammenfassung mehrerer, unter einander in direkter Bezogenheit stehender und gegenseitig ihren Wert festlegender Größen) im Einen aufgehen, und dieses Eine ist dem wahren Selbst identisch! Jede der angeführten Sphären, in denen sich das Denken bewegen kann, hat ihr Aggregat abstrakter Elemente. Sie alle aber gehen in der zusammenfassenden Gesetzmäßigkeit des Dharma, die im Mandala zum Ausdruck kommt, in dem Einen (Jiva) auf. Aus diesen Betrachtungen ist ersichtlich, daß das eigene Sein davon abhängt, in welcher Sphäre gedacht wird, wobei jedoch der Menge des darin Gedachten wesentliche Bedeutung zukommt. Wer beispielsweise ein einzigesmal in Versenkung in einer Elementale zu „denken" vermochte, besitzt höchst geringe, aber unvergängliche magische Fähigkeit. — Wer einmal in Versenkung einer Substratiale bewußt war, hat das Mandala als Selbst erlebt, worauf die Größe der magischen Fähigkeiten keinen Einfluß hat. Dadurch, daß sich das in Versenkung erlebte Mandala selbstbedingt in die Leere des Bewußtseins an sich auflöst bzw. dadurch, daß sich die Substratiale durch ihr Bewußtwerden als Mandala in das Element der formfreien Versenkungsphäre verwandelt, wird die Bindung der Kausalität bzw. ein wirkungszeugendes Glied des Karma ausgelöscht. Wenn sämtliche Ursachen, die das Karmaarchiv ausmachen, auf diese Weise ausgelöscht sind und die Substratialen, die das Dharma ausmachen, welches das nicht durch Ursachen unterschiedgebend gebundene Karma ist — in die abstrakten Elemente verwandelt sind, ist die Befreiung erreicht. Die im Einen aufgegangenen Elemente der formfreien Versenkung sind das wahre Selbst!

Die Grundlage für das Anlegen des Mandala

Yoga erstrebt die Auflösung des körpergebundenen Daseins, das sich in dem Kreislauf (Sangsara) vollzieht und unbedingt Leiden bedeutet, da alle Form leidvoll, vergänglich und ohne absolute Basis (wesenlos) ist — durch die Vermeidung des „Bekleidens" des Basisgesetzes (Dharma) mit wirkungzeugenden „Bindungen", gewissermaßen also durch die Vermeidung aller „Ursachen". Diese Ursachen, die die Ursachen des Leidens sind, werden das „Nichtwissen" (des Dharma) und die „Begierde" (nach Manifestation des Daseins in individuell-sinngebundener oder individuell-übersinnlicher Form) genannt. Als Ursachen gelten alle Gedanken, die formhaft sind, und damit auch die Symbole, Archetypen und in gewissem Sinne die Elementalen ebenfalls, die an die Stelle der empirisch-formhaften Gedanken treten können. Erst wenn an ihre Stelle in Versenkung die Substratialen treten — (Substratialen sind Einzelglieder des Dharma, von denen jedes das gesamte Dharma ist) —

und den „Wahn der Vielheit", die jeden Unterschied schafft, auflösen, geschieht das Vermeiden der Ursache. Ansonsten werden eben die Substratialen „gebunden", das heißt mit dem den Unterschied und damit die Vielheit schaffenden Aspekt bekleidet. Aus dem Unterschied resultiert das Leiden. Der erwähnte Aspekt ist der „Ich-Wahn" (Asmimana), der das Weltall von der eigenen Individualität getrennt bzw. unterschieden auffassen läßt und das Wirkliche für unwirklich, vor allem aber das Unwirkliche (den Leib und die Erscheinungswelt), für wirklich nehmen läßt. Auf diese Weise durchsetzt der einen gesonderten Stand bedingende Aspekt das Dharma mit drei „Gesichtern". Das erste ist die Masse der Ursachen, das zweite ist deren Auslösung, und das dritte ist die Masse der „eben in diesem Augenblick" neu hinzukommenden Ursachen bzw. der neuerdings „gebundenen Substratialen". In diesem Zustand wird das Dharma Karma genannt, welches drei „Bereiche" hat. Die bereits gelegten Ursachen bilden ein Archiv (Sanchita = Ursachenarchiv), in dem die Vergangenheit beruht. Seine Auslösung (Prarabdha) durch die es aus der Latentese zur Aktivität gelangt, bildet das „Daseinerleben" bzw. das „Standpunkt-Prinzip" des Bewußtseins, in der die Gegenwart beruht. Die neugebildeten Ursachen bilden eine Kette, die sich in das Archiv eingliedert und dabei die Art und Weise der Auslösung beeinflußt. Ihre Masse (Kriyamana) ist das „Gefäß der Zukunft". Das Karma ist relativ. Wenn es der Innenwelt (gelbes Mandalaprinzip) entspricht, d. h., wenn es mit ihm identisch ist, so daß Sanchita, Prarabdha und Kriyamana zugleich und restlos gegenwärtig sind, ist es das Bewußtsein an sich (weißes Mandalaprinzip). Ist es dreigeteilt (eben „Karma"), so ist es das grüne und gelbe und rote in Vereinung, und das ist die Wurzel des „Materiellen" (blaues Mandalaprinzip). Im grünen Mandalaprinzip (Karma) ist das grüne Prinzip als Sanchita, das gelbe als Prarabdha und das rote als Kriyamana vorhanden. Wenn im folgenden vom Mandala gesprochen wird, so ist damit das in Versenkung bewußtgemachte Dharma verstanden; denn in Versenkung, die im Sinne des Karma eine Wirkung in dem Reich der Formen zeitigt, werden keine Ursachen geschaffen. Das Kriyamana (rotes Prinzip im grünen Mandalaprinzip) ist die Summe allen Nichtwissens und der Begierden, kurz: der „Manifestationswille". Wenn an seine Stelle die Yoga-Anstrengung tritt, so wird damit die Anlegung des Mandala begründet. Ist das Mandala angelegt, wird das Karma wirkungslos, indem die Bindungen zerstört bzw. in der Leere der unterschiedslosen Dreieinheit des Dharma aufgelöst werden und sich dabei in Substratialen zurückverwandeln, die im Zustand ihrer Bewußtheit in Elemente der formfreien Welt integriert werden. Das Mandala beeinhaltet sich selbst sowohl als weißes als auch als grünes Prinzip. In dem in Versenkung bewußtgemachten Dharma (Mandala) ist das rote Prinzip die Erscheinungswelt; im grünen Prinzip innerhalb des Mandala aber ist das rote Prinzip das Kriyamana.

Jedes der fünf Mandalaprinzipien ist das ganze Mandala, indem das Mandala eben fünf Zustände oder Phasen zeigt. Wenn der Versenkungszustand eintritt, wird das Wesen des Karma bzw. die Funktion des Karma bewußt, indem das Sanchita, Prarabdha und Kriyamana zugleich im Prarabdha stehen. Somit ist das Prarabdha, da es selbst der Träger des Sanchita wird und das Kriyamana verschwindet, Bewußtsein an sich; denn das Sanchita, das nun das Prarabdha ausmacht, ist ohne diesen seinen Aspekt Dharma. Wenn das Prarabdha vom Sanchita nicht mehr getrennt ist, d. h. nicht mehr im Dharma steht, und es in drei Aspekte teilend zum Karma macht, indem umgekehrt das Karma im Prarabdha steht und also aspektlos ist, ist es Dharma. Man erkennt, das Dharma geht aus dem Karma hervor und ist dennoch der Träger des Karma. — Das Dharma ist so wie ein „Perpetuum Mobile" („das beständig Bewegte") aufzufassen, wenn es zugleich als Karma vorhanden ist. Als solches (Perpetuum Mobile) produziert es in jedem Augenblick das Weltall. Der Abstand von „Augenblick" zu „Augenblick" ist praktisch nicht vorhanden, indem der „Produktionsvorgang" fließend, mit dem ihm folgenden identisch ist. Der Ort des Dharma ist das Weltall, welches Makrokosmos und Mikrokosmos (der Mensch) als eines verkörpert. Der Produktionsfluß geschieht, indem das Dharma die drei Phasen grün, gelb, rot annimmt und aus jeder das ihr zugehörende Weltenprinzip strahlt. Indem die drei Phasen zu einem „Fluß" zusammengefaßt sind, der gleichzeitig mit ihnen ist, besteht er als vierte Phase (weiß), und indem sie in dieser Einheit doch drei Phasen bleiben, also „verdichtet" sind, besteht die fünfte Phase (blau).

Das Wesen der Versenkung

Den Inhalt einer Yoga-Versenkung kann man natürlich nicht verstehen, wenn man nicht selbst Versenkung geübt hat. Das „Sich-Ausschalten" ist noch lange keine Versenkung im Sinne des Yoga. Man lasse daher die im folgenden beschriebenen Vorgänge, die das innere Wesen der Versenkung darstellen, auf sich wirken, und man kann auf Grund der gegebenen Definitionen der Versenkungselemente, die am besten durch Farben ausgedrückt werden, da es für sie keine verstandeslogischen Worte gibt, die ihr Geheimnis ganz erklären — sich ein annäherndes Bild davon machen, was Versenkung eigentlich ist. Einen anderen Weg das Unaussprechliche auszudrücken, gibt es nicht. Dieses Unaussprechliche aber ist der Kern des Yoga! Durch das Lesen zwischen den Zeilen „wird das Gut erlangt", indem der Rhythmus des Gehirns Intuition gibt.

Das Anlegen des Mandala in Versenkung und die Versenkungstufen, in denen sich die Mystik der Meditationswelt abzeichnet

Wer Yoga begreift, betreibt Yoga! Nachdem das Bewußtsein „verlagert" und durch Zurückführung der Gedanken auf ihren Quell „gereinigt" ist, wird das „Große Symbol" (das bedeutendste Element der abstrakten Versenkung) in seiner Wesenheit als Auslösungsmotiv mit dem Bewußtsein verquickt. Das sprachlich-logische Denken ist erloschen, und an seine Stelle tritt die dreieinige Essenz des Bewußtseins, die durch das Auslösungsmotiv in die Innenwelt getragen wird. Indem die wahre Natur des eigenen Seins bewußt wird, tritt an die Stelle des Selbst eine Leere und das Selbst hebt sich von dieser ab. Es entfaltet sich aus der Leere, eine rhythmische Funktion, die das gegenüberstehende Selbst aufschlüsselt, und zwar dadurch, daß sie es in eine Gestalt bringt, die selbst Rhythmus ist. Dieser Rhythmus zeigt die Phasen des Mandala, indem er einer fließenden Selbstpotenzierung zugrunde liegt. Das Mandala steht als Rhythmus spiegelgleich gegenüber und potenziert sich in mich (in die Leere) hinein, wobei gleichzeitig die Phasen Weiß (Bewußtsein an sich, nämlich die Wechselwirkung von mir zum Mandala) und Blau (Mandala) einerseits sowie die Phasen Grün und Rot im Mandala andererseits einander gegenüberstehen und ihr gemeinsames Produkt die Leere ausmacht, indem sie sich gegenseitig auflösen, denn das Grün und Rot ihm gegenüber ist die Wechselwirkung zwischen dem Weißen und Blauen. Ein fadendünner Strom verbindet mich mit meinem Spiegelbild (Mandala), und dieser ist die Wechselwirkung. Seine Ausdehnung ist der mathematische Punkt und dennoch ohne Grenze. Das Mandala ist nicht das Spiegelbild der Leere, sondern das der Wechselwirkung zwischen ihm und der Leere, bzw. es ist das Spiegelbild der Potenzierung (Mandalarhythmus), durch die es sich in die Leere „hineinpotenziert". Die im Spiegelbild enthaltenen zwei Potenzen (grün und rot und weiß und blau) haben die Natur von Sonne und Mond. Der Ort ist Licht in der Wesenheit des Raumes, der von ihm eingenommen wird (Lumen). Zum Verständnis des Erlebens des Mandala muß wiederholend gesagt werden, daß die fünf Mandalapotenzen nur im Sinne mystischer

Symbole als Farben erscheinen und in Wirklichkeit die fünf radikalen, auf die Wurzel des Seins gehenden Archive (Aggregate) der abstrakten Versenkungselemente sind. In einer Dreieinheit beschreiben sie — ähnlich wie ein Kaleidoskop, aber periodisch sich wiederholend — den Rhythmus des fließenden Dharma, wobei sie sich in einer (dreieinheitig entfalteten) Viereinheit in Leere auflösen und sich gleichzeitig (synchron) als deren Strahlung in einer (dreieinheitig entfalteten) Fünfheit in Funktion setzen. Trotz des Umstandes, daß keine der dabei zum Ausdruck kommenden absoluten vier Phasen festgehalten werden kann, da eben das Festhalten (Verharren in Unbewegtheit) die Schnelligkeit des Phasenwandels erhöht, zeichnen sich die fünf radikalen Prinzipien deutlich ab. Wenn es allerdings gelingt, in Unbewegtheit zu verharren bzw. die Verdichtungsphase (blau) festzuhalten, steigert sich der Rhythmus in die Leere der Formfreiheit, was bedeutet, daß sich das Mandala in das Element der abstrakten Versenkung integriert, wobei die weiße Phase sich mit der grünen vereinigt, die gelbe sich mit der roten vereinigend die blaue ersetzt — die blaue zur Strahlung der, dabei ,,Farblosigkeit" (Klarheit) erlangenden weißen und dabei selbst klar wird und sich mit ihr als die an sich die Klarheit darstellende Leere vereinigt. — Genauer erklärt besteht der Inhalt der Versenkung zunächst aus dem Ausgangsmotiv, das sich im Gelben Prinzip befindet. Als Ausgangsobjekt gilt somit das Gelbe Prinzip, das vom ,,Auge der Versenkung" als erstes ,,durchlaufen" wird. Dann erscheint das Grüne, dessen Erkenntnisinhalt aber erst im Weißen bewußt wird, während das Weiße funktionsmäßig als das Grüne fungiert bzw. sich der Inhalt des Weißen im Grünen auswirkt, bei dessen Bewußtwerden der eigentliche Versenkungszustand eintritt. Hiemit ist die Verwandlung des Bewußtseinsprinzips bzw. das ,,Anlegen des Mandala" verbunden. Damit besteht das Mandala anfangs aus dem Grünen (Karma). In ihm zeichnet sich seine Strahlung als das Rote (Maya) ab. Indem die Kreisgrenze des Mandala das Zentrum (Mittelpunkt) bildet, strahlt das Rote ,,von außen" in das Grüne hinein. Beider Kooperation gebiert ,,Zwischen Beiden" das Gelbe, das beide in sich einschließt (Innenwelt-Cittadhatu).*)

Dadurch ist die Dreieinheit verwirklicht, indem alle drei Phasen ineinander liegen, da alle Mandalaprinzipien als eine und dieselbe Hohlkugel, die wie die Pupille und Iris im Auge zu denken ist, erscheinen. Diese

*) Wenn sie „Zwischen Beiden" zusammentreffen, ergibt sich die Wechselwirkung (Nada), wenn sie sich aber im Zentrum treffen, die Vereinigung (Bindu), wodurch die Kreisgrenze (Zentrum) „re-reflektiert" wird bzw. mit dem „Zwischen Beiden" zusammenfüllt.

Dreieinheit bringt sich selbst, durch eben die dreieinige Verdichtung, die als das Blaue Prinzip (Wirklichkeitswelt) gilt, zur Auflösung, die als das Weiße (Basisgesetz) gilt. Da das Weiße dabei mit dem Grünen eine Einheit darstellt (als „unpersönliches Geschehen an sich" — bzw. „Fließen" des Dharma) — ist der status quo ante wiederhergestellt. Indem nun das Blau das Grün-gelb-rot ist und das Weiß ebenfalls, verhält sich das Blaue zum Weißen, wie das Rote zum Grünen. Da, wie aus dem Vorangegangenen ersichtlich, an sich das Weiße dem Grünen identisch ist, widerfährt die Wirklichkeitswelt (Blaues) als Erscheinungswelt (Rotes), was alle Körperhaftigkeit als Mandalafunktion erklärt. Das Weiße ist an sich dem Grünen und das Blaue mit dem Roten identisch. Das Gelbe stellt lediglich die „durchlaufene" Potenz des Mandala (Grün und Rot) dar. Daraus erhellt, daß der Anfang mit dem Ende identisch ist, obwohl ein „Raum" dazwischen liegt — und daß das Mandala gleichzeitig vom Gelben nach dem „Klaren" und vom „Klaren" nach dem Gelben hin bzw. von außen nach innen und von innen nach außen — oder sphärisch gesehen: von „unten" nach „oben" und von „oben" nach „unten", potenziert ist. Dieses bedeutet den „Hangsa", die Ein- und Ausatmung des Weltalls. — In der Grünen sowohl wie in der Gelben und der Roten Potenz des Mandala, von denen jede als Mandala für sich gilt, sind das Grüne und Rote als Wechselwirkung eingeschlossen. Das Blaue ist das Grüne und das Rote zusammen mit ihrer Wechselwirkung (Gelbes), welches das unbewußte Grüne (Weißes) und das unbewußte Rote (Blaues) bzw. das unbewußte Weiße (Rotes) und das unbewußte Blaue (Grünes) — zusammen ist. Das unbewußte Grüne (Weißes) ist das sog. Mondmandala und das unbewußte Weiße (Rotes) das sog. Sonnenmandala. Im Zustand ihrer Bewußtheit sind die angeführten Prinzipien alle das Weiße als Mandalarhythmus. Dieser ist das Bewußtsein an sich. Ist das Weiße jedoch nicht als Mandalarhythmus in Funktion gesetzt, also unbewußt, so ist es das Rote. Man erkennt, daß es lediglich eine Frage des Bewußtseins ist, ob der Kreislauf fortbestehen oder unterbrochen werden soll. Erinnern wir uns an das Beispiel mit den beiden Ufern. Das Bewußtsein an sich verwandelt sich selbstbedingt in das reine Bewußtsein, wenn in seinen Strom eingetreten bzw. wenn der Fluß, den es ausmacht, bewußt wird. Der Mandalarhythmus ist es, der den Kreislauf in sieben Phasen bzw. Toren aufhebt und ihn in seiner Nichtbewußtheit dennoch trägt. Hier sei die Tatsache nachdrücklichst wiederholt, daß die Mandalafarben Elemente der abstrakten Versenkung ausdrücken. Ein Element der abstrakten Versenkung ist ein durch Versenkung zum Auge der Erkenntnis („Reines Bewußtsein") gewordenes Einzelglied des Dharma

(Mandala), welches doch zugleich das ganze, archipelgleiche Dharma ist. Es ist eine unvorstellbar subtile Größe, die in der Yogaversenkung vor dem „geistigen Auge" erscheint und dennoch dieses „geistige Auge" selbst ist. Dabei offenbart sich in ihm, daß das „Reine Bewußtsein" und das „Wahre Selbst" nur zwei Begriffsformen bzw. zwei Aspekte einer und derselben Größe darstellen. — Die fünf Mandalapotenzen schlüsseln sich im Mandalarhythmus auf. Sie sind aber bereits als aufgeschlüsselte Größen in Gestalt der Aggregate aus abstrakten Versenkungselementen vorhanden. Diesen gehören die Sphären an. Die Elemente der abstrakten Versenkung sind zugleich Erkenntnis und Sein und Wahrheit, so sie im Einen aufgehen. Dieses ist das „Große Symbol". Das Bewußtsein an sich identifiziert sich mit ihm, indem es dem Yogi (der es in Versenkung selbst ist) zugleich das (wahre) Selbst, das „An-sich-sein" und die Erkenntnis verleiht. Daher sind mit dem Erscheinen der Mandalaphasen Erkenntnisse verknüpft. So wird mit dem Erscheinen des Grünen Prinzips, das als das aufgeschlüsselte Geheimnis des schicksalbedingten Geschehens bzw. des Reiches der Form gilt, die Erkenntnis der ersten Versenkungsstufe („Wodurch das Seiende ist") bewußt: Das Geheimnis des Schicksals (Karma) als Gesetz von Ursache und Wirkung bzw. die inneren Zusammenhänge im Kausalgesetz, durch welches das Dasein begründet ist. Ferner werden bewußt die Gesetze des Denkens und das Gesetz, in welchem alles Erleben gezeitigt wird: daß es keine Form an sich gibt, sondern nur ein Geschehen bzw. ein: „die Form sehen". — Die Dharmische Zusammenwirkung der Daseinsfaktoren, aus der die Wahrnehmung resultiert (was als Karma-Prarabdha bezeichnet wird). Mit dem Erscheinen des Roten Prinzips, das als das aufgeschlüsselte Geheimnis der erscheinungsweltlichen Vielheit (Zweithaftigkelt) — bzw. des Reiches des Symbols gilt, wird die erste Erkenntnis der zweiten Versenkungsstufe („Wovon das Seiende unterschieden ist") bewußt: die Wahnhaftigkeit aller erscheinungsweltlichen Wahrnehmung, daß die Erscheinungswelt nur in der Innenwelt (Citta-dhatu) beruht und daß der Wahn (Maya = die Erscheinungswelt) keine absolute Basis besitzt. Es wird ferner erkannt, daß das wahre Ich von der erscheinungsweltlichen Wahrnehmung und der Synthese aus Verstand und Körper verschieden ist und daß das verstand-(geist)-körperliche Ich in Wahrheit nicht existiert. Wahres Handeln wird von unwahrem unterschieden, wobei ein sehr strenger Maßstab auftaucht. — Mit dem Erscheinen des Gelben Prinzips, das als das aufgeschlüsselte Geheimnis der innenweltlichen Nichtvielheit (Zweitlosigkeit der Gleichheit) bzw. des Reiches des Archetyps (Urform) gilt, wird die zweite Erkenntnis der zweiten Versenkungsstufe („Womit das Seiende identisch ist") bewußt: Daß das Wahn-Ich (Asmimana) bzw. die Individualität des „Wahrnehmers" (Synthese aus Geist und Körper) mit dem Erscheinungsweltlichen identisch ist („Das bist Du!") und daß das Ich im Denken beruht. Es wird erkannt, daß die Geist-Körper-Synthese, die dieses Ich darstellt, dem Komplex der als Sanchitakarma aufgespeicherten Ursachen identisch ist bzw. deren Brennpunkt (Auslösung oder Wirkung) das Prarabdha selbst ist. Ferner wird bewußt, daß das Weltall in einem selbst beruht und daß man selbst das Eine und die Ganzheit ist. — Das sich in der zweiten Versenkungsstufe automatisch vereinigende Rote und Gelbe Prinzip zeigt sich in einander genau entgegengerichteten Erkenntnissen, die erst im Mandala als Blaues Prinzip ihre Aufschlüsselung finden. Da in diesem Dualismus (Zweithaftigkeit) von Rotem und Gelbem die unterscheidende Erkenntnis zum Ausdruck kommt, obwohl das Gelbe die Zweitlosigkeit bedeutet, bilden sie eine Versenkungsstufe. — Mit dem Erscheinen des Weißen Prinzips, das als das aufgeschlüsselte Geheimnis des Prinzips des Bewußtseins an sich, in dessen Zustand als fließendes Basisgesetz bzw. des Reiches der Elementale gilt, wird die Erkenntnis der dritten Versenkungsstufe („Was das Seiende in Wahrheit ist") bewußt: Es offenbart sich der Fluß des Dharma in seiner inneren Natur, die der Phasenwandel ist. — Das zur Verdichtung (Angam) führende Ineinanderfließen der an sich leeren Substratialen, wobei das Mandala in seiner Vollständigkeit geschaut wird. Es wird erkannt, wie die Einzelglieder des Dharma (Angam) — jede auf die Mandalagestalt gegründet, in der durch die Beschaffenheit des Karma bestimmten Art zum Bewußtseinsstrom werden, der das Maya (die Erscheinungswelt) in Wahrheit ist Ebenso wird bewußt, was alle Weltenglieder in Wahrheit sind (indem der Makrokosmos im Mikrokosmos verstanden wird): Dharma = Fluxion. In dieser Versenkungsstufe geschieht außerdem die Erhellung des Yoga-Geheimnisses, in dessen Wesen sich das Geheimnis der „Großen Symbols" spiegelgleich abzeichnet. Die dritte Versenkungsstufe darf insofern als „Arupa" (formfrei) gelten bzw. als abstraktes Abbild der formfreien vierten Versenkungsstufe, als eine Elementale im Mandalarhythmus durch keine empirischen Mittel, nicht einmal durch Effekte, wie ein laufendes Kaleidoskop oder ein Trickfilm sie zu erzeugen vermag, dargestellt werden könnte. Dessen ungeachtet ist sie gewissermaßen noch „Form", indem sie dem inneren Auge eine Wahrnehmung bietet. Der Mandalafluß, der als Elementale erscheint, ist insofern nicht darstellbar, als alle fünf Phasen nacheinander und doch in jeder möglichen Reihenfolge durcheinander und obendrein gleichzeitig miteinander folgen. Wenn dies auch unglaublich erscheint, so vermag doch das Auge der Versenkung über die Dimensionsgesetze hinauszudringen. — Das Erscheinen des blauen Prinzips geschieht an der Schwelle zur formfreien Versenkung, weswegen es als die Verdichtung der grünen, gelben und roten Phase gilt. Die Unbewegtheitbeharrung in der vierten Versenkungsstufe löst die Dharma-Verdichtung, die im Vorangegangenen als blaues Prinzip, das mit dem weißen wie ein Spiegelbild abwechselte, erschien. Dadurch wird die Ebene der Spiegelung überwunden und die Leerheit des Basisgesetzes hebt die Abhängigkeit vom Kausalgesetz auf. Dabei wird das Geheimnis der vollkommenen Anjochung (Yoga) an das Selbst in einer wahren Wesenheit bewußt, das sich als Dreieinigkeit von „An-sich-sein" (des „Reinen Bewußtseins"), Erkenntnis (der Identität dessen mit dem „Wahren Selbst") und „Wahrem Selbst" offenbart. — Mit dem Erscheinen der Leerheit (Klarheit), die als das aufgeschlüsselte Geheimnis der formfreien Wirklichkeitswelt bzw. des Reiches der Substratiale gilt, wird die Erkenntnis der vierten Versenkungsstufe („Was das Seiende als Wahrheit ist") bewußt: Es offenbart sich als ein im einen Selbst aufgehendes Aggregat dreieiniger Elemente der formfreien Versenkung, die die Vielheit und damit den „vollkommenen Widerspruch" auflöst und als unterschiedslose Einheit erklärt, die weder Formen noch Qualitäten kennt. Mit der formfreien Welt „sympathisiert" keine Symbolfarbe, weswegen sie hier die klare (Farbe) genannt wird. Die Ebene der Qualitäten ist verlassen, wenn der formfreie Rhythmus des Mandala durch die „Hineinpotenzierung" des Mandala in die Leere, die an Stelle des Selbst ist, geschieht. (Das Mandala hat sich in die Leere, die „mein Selbst" ausmacht „hineinpotenziert".) Mein „Gegenüber" ist der formfreie Mandalarhythmus, und mein Gegenüber bin ich selbst. Zwei Gleiche existieren als ein Einziges. Das Eine der zwei Gleichen ist die zwei Gleichen und das Andere der zwei Gleichen ist, was sie trennt. In diesem Zustand sind sie einander vollkommenster Widerspruch. Das „sich in die Leere Hineinpotenzieren" im Gegenüber ergab den Mandalarhythmus. Das „sich in die Leere Hineinpotenzieren", die die Leere meines Selbst ist, aber ergab die Versenkungsstufen. Während sich der mit ersteren verbundene Phasenwandel sich unablässig wiederholend fortsetzt, geschieht zeitlich unabhängig von seinem in einen Augenblick zusammenfallenden Phasenwandel die langsame Potenzierung auf die Leere zu, die mein Selbst ausmacht. Das Mandala potenziert sich in demselben Rhythmus in die Leere der Formfreiheit hinein, in welchem sich sein Phasenwandel vollzieht, der dabei selbst Leerheit wird. Das Mandala gegenüber und die Wechselwirkung zwischen ihm und der Leere bzw. zwischen ihm und mir verhalten sich zueinander wie Mutterschoß und Frucht, während sie sich zugleich im ,,Gegenüber" befinden und dort wie männliches und weibliches Prinzip zueinander in Funktion gesetzt sind (Sonne und Mond). Im formfreien Rhythmus des Mandala, der nicht mehr (dreieinheitig entfaltete) Fünfheit, sondern (dreieinheitig entfaltete) Viereinheit ist, zeichnen sich das in Einem aufgelöste blaue und weiße Prinzip als die beiden höchsten Elemente der abstrakten Versenkung ab, die gewissermaßen die Brennpunkte aller durch Yogaversenkung zu Bewußtsein gebrachten Substratialen sind. Das in Leerheit aufgelöste Weiße ist die spiegelgleiche Entsprechung des ,,Wahren Selbst". Das in Leerheit aufgelöste Blau ist die spiegelgleiche Entsprechung des ,,Reinen Bewußtseins". Sie verhalten sich zueinander wie Mutterschoß (Blaues) und Frucht (Weißes). — Für den Zustand ihrer Vereinung wird das ,,Große Symbol" gesetzt, denn ihre Vereinung ist das Vollendete.

Die Leere

Die vier, an sich eine Einheit bildenden Mandalaphasen, die den vier Versenkungsstufen entsprechen und die gleichzeitig mit dem Mandalafluß parallel laufend sich im Mandalafluß befindlich vollziehen, sind die vier Häupter des Absoluten, der die Leere ausmachende, formfreie Mandalarhythmus. Sie sind die vier formfreien ,,Ingredienz-Phasen", die das ,,klare" Prinzip darstellen. — Während des Mandalaflusses schlüsseln sich auf: Das Blaue durch die Vereinigung von Rot und Gelb in Gelb (verursacht durch die Aufschlüsselung von Grün durch Weiß). — Das Rote durch das Blau, das an seine Stelle tritt bzw. durch die Vereinigung von Rot und Gelb in Rot (verursacht durch die Aufschlüsselung von Weiß durch Grün). — Das Grüne durch das Weiße. — Das Weiße durch das Grüne — das Gelbe durch die Einheit von Weiß und Grün. —

(Anmerkung für Versenkungspraktiker: das Gelb ist das ,,Grün und Rot"!) — Das Aufgeschlüsselte an sich ergibt die dreieinheitig entfaltete Viereinheit. — Das aufgeschlüsselte Blau = Rot ist die Erkenntnis der Gleichheit und der Unterscheidung bzw. des vollkommenen Widerspruchs und äußert sich im Erkennen des Geheimnisses der Fleischwerdung und des Todes (Materiewerdung und Auflösung). — Das aufgeschlüsselte Grün ist die Erkenntnis aller aufgestapelt gewesenen Ursachen (Bindungen) und äußert sich in dem uranfänglichen Wissen über alle Daseinsformen. — Das aufgeschlüsselte Gelb ist die Erkenntnis der Identität des Selbst mit dem „Wahren Selbst" bzw. des wahren „Selbst" mit dem „an sich Vollendeten".

Diese drei „Aufgeschlüsselten" sind das „Dreifache Wissen". Sie sind die aus dem „Großen Symbol" strahlende Essenz des Bewußtseins an sich, die untrennbar ist vom „Großen Symbol". — Das aufgeschlüsselte Weiß ist unterschiedslose Masse von Erkenntnis. Es ist die Leere des „Wahren Selbst", die endgültige „Befreiung" aus dem Sangsara. Es ist das „Unmani", das keinen Rhythmus kennt. Es ist unbeschreibbar. In ihm spiegelt sich das „Dreifache Wissen", ohne daß es Spiegel ist. Es ist das „abgewendete Haupt", das Unaussprechliche des „Großen Symbols". — Ebenso wie das „Große Symbol" mit vier vereinigten Bränden verglichen werden kann, die in dreifacher Lohe emporflammen, ist die reine Erkenntnis die Vereinigung von den vier Erkenntnissen der Ursache, des Gegensatzes, der Identität und der wahren Existenz des Seins, die sich dreifach entfaltet, indem die Ursache durch das Sein der Erkenntnis mit dem Erkennen des „Wahren Seins" zusammenfällt. Diesen vier Erkenntnisaspekten entsprechen die Mandalaprinzipien: Grün, Rot, Gelb, Weiß. (Der „Vierhäuptige" besitzt vier Arme!) — Vielleicht wird dem Leser die Symbolik des indischen Denkens etwas verständlicher. Dem europäischen Denken ist ungewohnt und vielleicht überhaupt unbekannt, daß man allen Formen des Seins außer einer unbekannten, die Mandala heißt, die Existenz absprechen sollte. Aus dem Erlebnis des Mandala aber ergibt sich unzweideutig, daß alles Seiende nur in seiner Begründung, die das Mandala ist, wahrhaft existiert. Sogar das „Reine Bewußtsein" existiert nur als seine Begründung, da es jedoch das Mandala selbst ist, ist es überhaupt nur als seine Begründung aufzufassen, indem es keine durch Sinn oder Denk-Sinn wahrnehmbare Seinsform aufweist. Das Mandalaerlebnis erübrigt ein Nachdenken über alles, was ist, indem die fünf „Phasen" in ihrer Gesamtheit die Identität des eigenen Selbst mit allen Seinsformen erkennen lassen. „Nichts ist wirklich außer Dharma", so lautet ein indischer Spruch. Das Dharma ist die Wurzel und die Pflanze zugleich. Sein Wirken zeichnet sich im Mandala ab und stellt eine Kette — besser gesagt: einen Fluß aufeinanderfolgender Befruchtungs- und Zeugungsakte, die gleichzeitig erfolgen, dar. Diese Funktion von Ei und Samen ist der Mandalarhythmus. Auch aus der beschriebenen Versenkung ist diese Funktion ersichtlich.

Das „Yoga-Gewächs"

Hier sei an das Meditationsbild erinnert, in welchem die aufsteigende Lotosblume die wahre Natur des Seins versinnbildlicht und zugleich das Symbol des Yoga-Weges darstellt. Sie ist in der Innenwelt — besser gesagt: sie ist im Innern. Das Innere ist der im Mikrokosmos vereinigte Mikrokosmos und Makrokosmos. Das ist die „Wahre Natur" des menschlichen Seins, die im Inneren des Leibes ist, ohne das Innere des Leibes zu sein. In der wahren Natur des menschlichen Seins liegen die Begründungen allen Seins: die fünf „Gesichter" (Phasen) des Dharma-Mandala. Das Sein schlechthin ist vom menschlichen Sein nicht zu trennen. Wenn nun die Frage nach der Seele auftaucht, so ist zu antworten, daß in der Yogalehre die im Inneren beruhende Ganzheit allen Seins, das Weltall·im Innern, als diese Seele gilt. Ihr Symbol ist die Lotosblume, und sie selbst ist eben die wahre Natur des menschlichen Seins — das Mandala. Auf einfachste Weise ausgedrückt besteht das Mandala aus dem „Im Innern" und dem „Von Außen" (ein „Außen" gibt es nicht, — indem das „Außen" die Wahnwelt der Erscheinungen ist). Es gibt nur ein von außen: nämlich die Reflexion des „Im Innern", und diese Reflexion ist das Außen selbst. Das Innere aber ist das Mandala, indem es das „Im Innern und von Außen" zugleich ist. Die Innenwelt ist der durch das „Von Außen" im Innern gezeugte „Brennpunkt", in welchem das Innere und das von Außen wiederum in einem (Inneren) vereinigt sind. So stellt das Innere die Leerheit, das von Außen die Strahlung und das „zwischen Beiden" ihr Gleichnis dar (s. Farbtafel), in welchem sie „potenziert" sind, d. h. um sich selbst vervielfältigt (Befruchtung und Zeugung). Diese Dreiheit kommt in der Struktur als Beschaffenheit des Mandala deutlich zum Ausdruck. Das vereinigte Weiße und Grüne Prinzip ist die Welt in Innern, das Rote ist das „von außen", und das Gelbe stellt die Innenwelt dar. Im Zustand ihrer Bewußtheit bzw. ihrer Erleuchtung durch Yoga ist sie nicht mehr die Vereinigung von dem Grünen und dem Roten und in dieser seiner Potenziertheit das Blaue (Begründung des stofflichen Seins), sondern das „Im Innern": die an sich von allem Leiden befreite Seele selbst. Indem nun die Innenwelt sich in das „All im Innern" (Seele) verwandelt, wächst die Lotosblume — sich in ihren fünf Wesenheiten (Mandalaprinzipien) entfaltend — als das „Yoga-Gewächs" heran, das im Mandalafluß zum Ausdruck kommende Befruchtungs- und Zeugungsprinzip, welches vereinigt ist — sowie das in seiner Getrenntheit als Männliches und Weibliches Vorhandene — und das Neutrale stellen als Viereinheit die Entwicklungsbahn der „Yoga-Blume" dar. In ihr sind die Mandalaprinzipien gleichsam als ihre Blüten vorhanden, die untereinander verbunden sind durch die oben erwähnte Viereinheit. Auf der Yoga-Pflanze thront der reine Geist, das „Wahre Selbst" und über dem das „Namenlose", „Vollendete". Es sind die Leerheit des Mandala und die an sich Leerheit bedeutende Strahlung. Das Mandala ist in allen Sphären in irgend einer Form vertreten und so auch in der Innenwelt, die der Mikrokosmos ist. So rankt im menschlichen Leibe die Yoga-Blume in Gestalt der fünf Brennpunkte oder Phasen des Mandala. Die Entwicklungsbahn des Yoga-Gewächses ist der früher erwähnte „Lumenkörper". — Es soll nun erklärt werden, daß die im Körper befindlichen Mandalaprinzipien als „Motorische Zentren" des Dharma angesehen werden müssen, das die Grundlage des Kausalgesetzes ist und somit auch allen physikalischen Gesetzen zugrunde liegt. Im hohen Yoga werden diese Zentralen mit dem eigens erweckten „Schaltwerk" des durch die übersinnliche Individualität (Jiva) des „Wahren Selbst" mit objektivem Aspekt versehenen „Reinen Bewußtseins" in Verbindung gebracht. Es wird gewissermaßen eine Stromleitung vom „Reinen Bewußtsein" zu denjenigen Kraftzentralen gelegt, die sozusagen als die „Retorten" — als die Quellen der eigenen „Seinsform", gelten dürfen. Ihre Brennpunkte liegen inmitten des Körpers und ebenso ihre sie untereinander und mit dem Sitz des reinen Bewußtseins verbindende Bahn, die ihrerseits als „Körper" darf: sie ist der „Lumenkörper". So kann man den Lumenkörper als Kraftstrombahn bezeichnen, die im Querschnitt die Gestalt des viereinigen Mandala aufweist und wie eine Röhre gedacht werden kann, die die fünf Mandalaphasen verbindet und gleichzeitig die Bahn ihres „Fließens" ist, in der sie übereinander angeordnet liegen. Es ist eine Seinsform des Mandalastromes und befindet sich im Leiblichen, ohne dem Leiblichen anzugehören. Wenn in diesem Lumenkörper die fünf Quellen allen Seins und die beiden Leerheitsprinzipien zur Manifestation gelangen, resultieren daraus die unfaßlichen Fähigkeiten, die den Yogis zugesprochen werden. — Im Körper liegen die fünf Mandalaprinzipien, die tiefsten Einheiten allen Seins, und sie werden „Chakras" genannt, sie sind die Zentren der Fundamente. Über ihnen ragen die beiden „Vollendeten", die wie Mutterschoß und Frucht sind. So sind die fünf Mandalaprinzipien auch im Schoße der Allseele. Hier sind sie das „Kopfwesen" und liegen im Haupt, ohne dem Inneren des Hauptes anzugehören. Das Kopfwesen birgt das letzte Geheimnis. Im hohen Yoga, der die Erweckung der Kundalini ist (Kundalini ist das Gefäß des Weltalls bzw. allen Seins, das, im

Lumenkörper manifestierte leere Weiße Prinzip), geschieht die Auflösung des Gelben Prinzips (Element Erde) in dem als Grünes wirkenden Weißen (Element Wasser). Darauf dessen Auflösung im Roten Prinzip (Element Feuer), das hierauf in dem als Weißes wirkenden Grünen (Element Luft) Auflösung findet. Dieses gelangt anschließend im Blauen Prinzip (Element Äther) zur Auflösung, das seinerseits durch den Bindu (Weißes Prinzip an sich) aufgelöst wird in der großen Leere des „Reinen Bewußtseins", das selbst keine Auflösung erfährt, jedoch in den „Vierhäuptigen" eingeht, und zwar in Gestalt des sog. „Fünfgesichtigen", womit die Mandalaphasen als „Kopfwesen" gemeint sind. Das Kopfwesen ist die Integration des Lumenkörpers. Kundalini ist das in Viereinheit vollendete Mandala-Dharma, das im Lumenkörper manifestierte Weiße Prinzip an sich in der Welt des Mikrokosmos, welches in der Region des Kopfwesens den sog. Hangsa in Gestalt des „Großen Symbols" bildet. (Unter weißem Prinzip an sich ist der formfreie Mandalarhythmus zu verstehen: Das Dharma und Karma im Zustand ihres gegenseitigen Aufgeschlüsseltseins, was auch die Aufschlüsselung aller anderen Mandalaprinzipien bedeutet). Ebenso ist das Gelbe Prinzip an sich lediglich in der Bedeutung als Wechselwirkung aufzufassen: Nada. — Bindu ist die Vereintheit von Männlichem und Weiblichem, Nada ist die Wechselwirkung zwischen beiden, die ihre Getrenntheit voraussetzt. Beide können sowohl Weißes als auch Rotes Prinzip sein. In der Verwandlung von Nada in Bindu beruht das Geheimnis der Yoga-Magie!

Die Geheimnisse des Yoga halten sich selbst geheim! Jeder muß den Weg alleine gehen — am besten unter der Anleitung eines Yoga-Meisters (Guru), und so wird er die Brennpunkte des Mandala aus eigenem Vermögen erwecken. Nur das Wissen, das aus dem Selbst geschöpft ist, ist zugleich Sein. Mit der im folgenden beschriebenen Meditationsübung kann das Wesen des Mandala vielleicht geahnt werden: Wenn man die Geist-Körper-Synthese, den Mikrokosmos, als das „Kleine Ich" (Prarabdha-Nada) bezeichnet und das Mandala als das „Große Ich", so soll man sich in Meditation versenken, indem man sich innerlich (Innenwelt ist Nada) vorhält: Mein kleines Ich ist in meinem großen Ich, mein großes Ich ist in meinem kleinen Ich. (Prarabdha ist im Mandala, das Mandala ist im Prarabdha). Dabei ist immer das Eine das Gefäß des Anderen. Diese imaginative Einstellung des Geistes vollführe man in dem Rhythmus des Atems. (Einatmen: Das Mandala ist im Prarabdha — ausatmen: das Prarabdha ist im Mandala.) Man erinnere sich an dieser Stelle an das, was über den „Hangsa" gesagt wurde.

Wenn man bei der Übung die Mandalapotenzierung von außen nach innen und von innen nach außen betrachtet, so ist die Grenze des Erklärbaren erreicht.

DIE STELLUNG, DIE GRÖSSTE KONZENTRATION ERMÖGLICHT
Die Finger und die Beine müssen sich in der richtigen Lage befinden, um volle Yoga-Konzentration zu ermöglichen.

Diese Abhandlung erfordert zu ihrem Verständnis jene angestrengte Konzentration, die eine unumgängliche Konsequenz des Yoga ist und die doch zwanglos zu geschehen hat. Wer sie sich nicht zueigen machen kann, dem wird Yoga ein Geheimnis bleiben. Yoga ist Anjochung der Geist-Körper-Synthese an den sog. Lumenkörper unter gleichzeitiger Anjochung desselben an das Kopfwesen. Die im Yoga ausgeübte Magie bedeutet die Selbst-mit-Vereinigung mit dem Wesen des Mysteriums, was zu seinem Begreifen die eigene Vervollkommnung voraussetzt. Hier unterscheidet sie sich von der sog. „Schwarzen Magie", die nicht diese Anjochung des eigenen Wesens an das des Mysteriums bedeutet, sondern lediglich eine „Ahmung" (Nachahmung) des Mysteriums versucht, deren Gelingen daher auch von vielen äußerlichen Manipulationen abhängt. Während sich die Yoga-Magie selbst geheim hält, kann die „Schwarze Magie" durch Worte soweit übermittelt werden, daß man sie in Funktion setzen kann. Ihre Erfolge bleiben in der Region der Wahnwelt verhaftet!

Wie aus der vorangegangenen Ausführung ersichtlich, befinden sich die fünf Mandalaphasen als „Kopfwesen" im Haupt und als „Chakras" im Körper. Unter einander verbunden sind die Chakras durch den „Lumenkörper", und sie sind der Lumenkörper selbst im Zustand seiner Erfülltheit mit ihrer gemeinsamen Essenz, die das im Weißen Prinzip vereinigte Mandala ist. Zugleich müssen sie aber als die Elemente, Erde, Wasser, Feuer, Luft, Äther, gedacht werden, und hieraus wird auch verständlich, daß der Lumenkörper Erdboden und Himmelsraum verbindet. Zugleich ist der Lumenkörper die Bahn des Dharma-Mandalaflusses, in welchem sich das Weibliche und Männliche, Befruchtung und Zeugung sowie das sie einschließende Überpersönliche abzeichnen. Diese grundlegenden Mandalabereiche (Wirkungsformen des Mandala) sind als Mond und Sonne und Feuer-Licht (Lumen) zu denken. Es muß der Ausgangspunkt der Yogalehre wiederholt werden, der besagt, daß der Makrokosmos und der Mikrokosmos im letzteren untrennbar vereint aufzufassen sind. Der Lumenkörper wird durch „Kundalini" erfüllt. Kundalini wird die Schlange genannt, die die oftmals beschriebenen Fundamente allen Seins, die Mandalaphasen, durch ihr Emporsteigen im Lumenkörper nacheinander aufrollt, im „Einen" des leeren Mandalarhythmus auflöst und auf der Ebene des Kopfwesens gleich ihnen ihre Wiederherstellung erfährt. Bei ihrer Rückkehr in das Gelbe Mandala (Erde) setzt sie die Fundamente allen Seins — die Mandalaprinzipien wieder in Funktion. Dieses ist die äußere Form der Ein- und Ausatmung der Welt, die sich in der Region des Mandalabereichs, welches als das „Von Außen" bezeichnet wird vollzieht. Dieser Mandalabereich ist sowohl das Rote (Element Feuer, daher auch Lumenkörper) als auch das Blaue (welches sich zum Weißen ebenso verhält wie das Rote zum Grünen). Daher ist auch das Gelbe (Element Erde) als innerhalb des Blauen befindlich aufzufassen, wenn an Stelle des Grünen das Weiße ist und mit ihm in Einheit den leeren Mandalafluß (Bindu) ausmacht. — Entgegen dem versenkungs- bzw. yogabedingten Zustand der wahren Natur des Seins (Mandala) ist im Normalzustand im Mandala das Weiße Prinzip durch das Blaue ersetzt, indem dieses, das Grünrote und Gelbe in sich verdichtend, anstatt des Weißen mit dem Grünen zusammenfällt. Diese Dreieinheit fällt, da das Blaue mit dem das „im Innern" seines Mandala ausmachenden Grünen identisch ist, fortlaufend als Blaues in diesem „im Inneren" (Grünen) zusammen, verdichtet sich mit jedem Phasenwandel des Mandalarhythmus fortlaufend als Blaues im Grünen, welches als Mandalabereich das „Im Innern" genannt wird. Somit hat das Rote, dessen Mandalabereich das „Von Außen" ist, sozusagen „keinen

Platz mehr", — es wird durch den Verdichtungsvorgang „abgestoßen". Dieses „abgestoßen-werden", von dem sich im Innern verdichtenden Mandala (in welchem sich die Einheit von Mikrokosmos und Makrokosmos offenbart) bedingt ein kurzes Vorhandensein des Roten in dem im Innern verdichteten Mandala, welches (das Vorhandensein) sich zwar fließend wiederholt, während seines Bestehens aber bereits aufgehoben ist. Dieses ist Prarabdha, das Erleben des Daseins. Der Fluß, der sich aus dem sich fortlaufend wiederholenden Vorhandensein, das eigentlich kein Vorhandensein ist, ergibt, indem jedes „Vorhandensein" wie ein Glied (Angam) einer endlosen Kette in das nachfolgende übergreift, ist der unbewußte Fluß des Dharma: Das Erleben der Erscheinungswelt, die daher das Rote Prinzip ist. — Der von dem Roten eingenommene Raum im Mandala wird durch das sich nach innen Verdichten des Mandala absolute Leere (Shunya). Das Rote ist also lediglich die Flußbahn des sich im Innern Verdichtenden — die absolute Leere des Mandalarhythmus („Reines Bewußtsein"). Man erkennt, daß allein Rhythmus an sich existiert: Das Bewußtseinsprinzip an sich. Im Zustand seiner Bewußtheit in Versenkung ist es dreifach entfaltet (Weißes Mandalaprinzip). Im nichtbewußten Zustand (Normalzustand) aber ist der Rhythmus das Bewußtsein des „diesseitigen Ufers"; das Bewußtsein der Erscheinungswelt. Der durch den Dharma-Mandalafluß sich fortsetzende Verdichtungsaspekt bzw. der Kegel, der sich (schematisch gesehen — durch die räumliche Zuspitzung, praktisch gesehen — durch die fortlaufende Verdichtung im Dharma-Mandalafluß) ergibt, ist der mystische „Weltenberg": Meru. — Das „Im Innern" ist im Normalzustand nicht das Mandalazentrum. In Versenkung jedoch, in der sich sowohl Normalzustand als auch Versenkungszustand spiegeln, erscheint der Normalzustand in der Weise, daß das Blaue (Grün-Gelb-Rot) am Ort des Gelben steht bzw. das „Im Innern" nur die Wechselwirkung von absolut leerem Weiß am Ort des Grünen und absolut leerem Blau am Ort des Roten ist. — Das ist die Vereinigung der an sich absolut leeren Mandalapotenzierung — aus der der Impuls des formfreien Mandalarhythmus resultiert — mit seiner absolute Leerheit seienden Strahlung (Rhythmus). Das Zentrum also ist die Einheit von absolut leerem Weiß am Ort des Grünen und absolut leerem Blau am Ort des Roten. Letzteres aber ist der formfreie Mandalarhythmus, der durch das Zentrum (Ort des Grünen) fließt. Er ist die Kundalini und ist Shakti (Kraft). — Die Leere (Shunya) des Mandalarhythmus ist das „Reine Bewußtsein" (Antaratma). — Das spiegelgleiche Erleben des Ganzen, wie es hier beschrieben ist und in Versenkung geschieht, wobei das Ganze hier beschriebene als Mandala erscheint, ist das „Bewußtsein an sich" (Dharma). — Das in Versenkung erschaute — nämlich das Verdichtete bzw. das Grün-Gelb-Rot (die wahre Natur des Seins: vereinter Mikro- und Makrokosmos) ist das Mandala. — Das mit der Leere identische Mandala ist das „Wahre Selbst" (Jivatma). Das „Identisch-sein" des Mandala-Erlebnisses (Bewußtsein an sich) mit der Leere (Shunya) ist der „Vierhäuptige".

Überblick

Zu den vorangegangenen Abhandlungen muß bemerkt werden, daß die Methode der Darstellung das an sich äußerst schwerverständliche Wesen des Yoga nur durch mehrmaliges Wiederholen der Gedankenmotive aufzuschlüsseln vermag und daß sie in diesem Sinne auch jener bewährten Darstellungsart ähnelt, die in indischen Originaltexten zu finden ist. Es ist nötig, stets auf die Gesetzmäßigkeit, die sich im Mandala offenbart, zurückzugreifen, denn gerade in dieser Gesetzmäßigkeit beruht das Bindeglied, welches in europäischen Schriften über Yoga zumeist ausgelassen wird. Es empfiehlt sich daher auch beim Studium anderer Schriften, diesen Schlüssel heranzuziehen, denn durch das Mandala wird alles, was sich auf Yoga und zum Teil auch auf die Magie anderer Länder bezieht, auf einen gemeinsamen Nenner gebracht. Das Mandala läßt das innere Wesen des Yoga erkennen, und wer erst dieses verstanden hat, ersieht sogleich den tiefen Sinn der anscheinend oft als sinnlos angesehenen äußeren Übungen. Durch das Erfassen des inneren Wesens des Yoga wird das Bewußseinsprinzip auf jene Ebene verlagert, die eigentlich erst zum Begreifen des Yogageheimnisses befähigt. — In den heiligen Originaltexten sind die Geheimnisse in einer den Verstand überhaupt nicht berücksichtigenden Weise dargestellt. Solche, ohne gediegene Versenkungspraxis durchaus nicht begreifbaren Darstellungen, wie sie zum Beispiel in den „Tantras" zu finden sind und die obendrein ständig mit „Elementen der abstrakten Versenkung" operieren, die eigens wieder in Versenkung „kennengelernt" sein müssen — obgleich sie die „Wurzelwelt" des Bekannten bilden, werden von einem Yoga-Meister (Guru) dem Schüler mittelst einer geradezu undurchschaubaren Methode begreiflich gemacht. Nach meiner Ansicht scheint die Beschreibung des Mandalagesetzes, wie sie hier versucht wurde, die einzige Möglichkeit zu sein, dieses unersetzliche Wirken eines Guru zu einem winzigen Teil nachzuahmen, da sie zu einem „Sichvertiefen" in an sich lebendige Elemente des Seins zwingt. Die eigentliche Praxis umfaßt eine große Anzahl genau eingeordneter Übungen, die je

Form und Symbol

Elementale →

Substratiale →

Substratiale (Innenraum) mit Phasenwandel der Elementale →

Zeichenerklärung für die Substratiale:

Die, durch die Identität von b und x bewirkte „Ausatmung" von Tribindu (a-c-e) aus der Region (b=x) in die Region (e=y) und die „Einatmung" in die Region (x), respektive die hiedurch verursachte „Ausatmung" von Tribindu (a-c-e) aus der Region (b) in die Region (d) und die „Einatmung" in die Region (x), was die Identität von b und x bewirkt, ist der Hangsa.

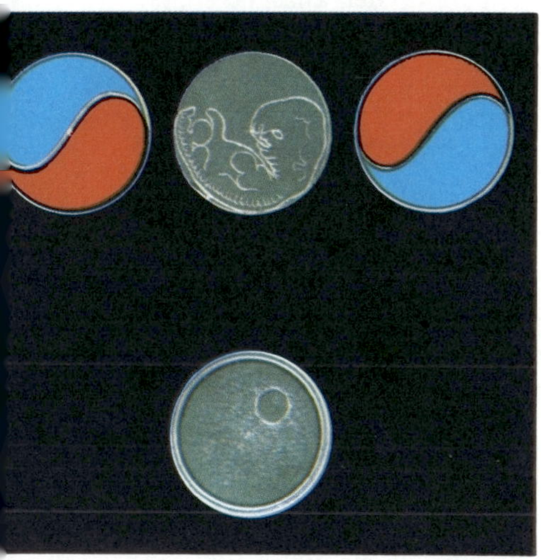

Archetyp mit Beispiel (Embryo) und befruchtetes Ei als Beispiel für eine Elementale.

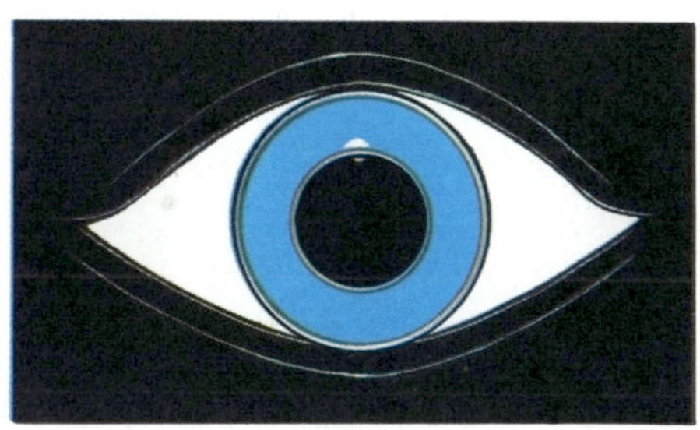

Das Auge als Gleichnis für die Mandala-Grundstruktur: Pupille ist das „Im Innern", Iris ist das „Von Außen", der Lichtreflex ist das „Zwischen beiden".

Nach Originalen von Anja Decker

zu einem Mandalaprinzip gehören, und wiederum andere, die den Vereinigungen der Mandalaprinzipien entsprechen. Die bemerkenswertesten sind die Versenkungen, in denen die Elemente der übersinnlichen Welt bewußtgemacht und damit verwertbar werden. Neben diesen Übungen der Versenkung stehen die Meditationen, in denen die durch die Versenkung bewußtgemachten Elemente in Gestalt vollkommen begriffener Symbole mit der Innenwelt verquickt und damit „magisch" wirksam gemacht werden. Der „Stoff" dieser Elemente der abstrakten Versenkung ist das wahre Sein aller Wesen. Die symbolgebundene Kraft ist von einer „klanglichen Stofflichkeit" (Mantra) und zugleich von einer imaginativen (Citta = „Denksubstanz"): Mudra. Als Ausgangsmotive für die Versenkungen werden symbolische Meditationsobjekte verwendet, die zu Einrichtung bzw. Schaltung und Präzisierung der Wechselwirkungsverhältnisse zwischen den Aspekten, Verquickungen und den abstrakten Versenkungselementen im Mandala dienen. Somit erscheint das Symbol (Mudra) nicht als ein Gleichnis oder Sinnbild, sondern als die „Bindung", als der in Funktion setzende Knotenpunkt des magisch-übersinnlichen Wirkungsgesetzes.

Aus diesen Überlegungen heraus ergaben sich auch die gesamten, auf Gebet und Zauberspruch aufgebauten Riten, die in den Ausführungen von Dr. Heinrich Reich erörtert werden. Die Versenkung in diese symbolbedingt „magisch gebundenen" Elemente der abstrakten Versenkung stellt die höchste Yoga-Form (Samadhi) dar, in der alle Elemente der erscheinungsweltlich manifestierten Welt, wie Erde, Wasser, Feuer, Luft, Äther, in den abstrakten Versenkungselementen aufgelöst werden und damit diese Welt in der „jenseitigen". Das bedeutet keineswegs den Tod, sondern die Verwandlung der eigenen Natur. So werden zugleich mit diesen fünf Elementen die ihnen zugerechneten Funktionen der Sinnenbereiche mitaufgelöst, und zwar auch der Denksinn, an dessen Stelle das „Reine Bewußtsein" tritt. Zur Erreichung des Yoga-Zieles, welches, wie erkenntlich geworden sein dürfte, in der Erweckung des „Wahren Selbst" (welches lediglich ein Aspekt des „Reinen Bewußtseins" ist) beruht, dienen äußerlich oft ganz verschiedene Wege. Wenn man so von mehreren Yoga-Formen hört, kann die Meinung entstehen, daß manche geisteswissenschaftliche oder auch künstlerische Betätigung eine Form von Yoga sei. Dazu ist zu sagen, daß die angeführten Betätigungen neben der orthodoxen Yogapraxis anfänglich eine vorteilhafte Bereitschaft auslösen können, daß sie aber einmal derselben Auflösung anheimfallen müssen, die dem Denksinn und allen anderen Sinnen beschieden ist. Nur was im „Großen Symbol" besteht und dessen

Sein anfangslos ist, ist unvergänglich. Es ist durch äußerlich verschiedene Wege zu erreichen, die aber alle Yoga sein müssen. Eines haben sie gemeinsam: Die restlose, ehrfurchtsvolle Hingabe des Gemüts, welches Manas ist, an das „Große Symbol", in der die klangliche und seelische „Stofflichkeit" des „Großen Symbols" ihren Ausdruck findet. Sie ist die „Heilige Silbe", mit der alle Hinwendungen beginnen und enden.— Das „Große Symbol" ist das in der Region des „Fünfgesichtigen", der das „Kopfwesen" ist, wiedererstandene Mandala. Dort stellt es die Dreieinheit dar, wie sie bereits beschrieben wurde und die das anfangslose und unvergängliche Licht der absoluten Leere ist, in die sich das Mandala verwandelt findet.

Das Anlegen des Mandala in der Meditation, durch die es „magisch" wirksam gemacht wird

Zum magischen Wirksammachen der fünf Mandalaprinzipien durch „Symbolbekleidung" wird folgendermaßen meditiert. 1. Zur Erweckung der Mandalaprinzipien in ihrer Wesenheit als Chakras im Mikrokosmos: Jedes Mandalaprinzip wird als Lotos meditiert, der versehen ist mit Farb-, Klang- und Formsymbolen im Innern sowie mit Symbolen auf seinen Blättern, deren Farbe und Anzahl ebenfalls symbolische Bedeutung hat. — Auf das Gelbe, in welchem einer Schlange gleich in einer Spirale eingeringelt die Kundalini ruht und in dem der Lumenkörper wurzelt und das „Große Symbol" in seiner Wesenheit als das die Erkenntnis auslösende Motiv der „Vierhäuptige" in dieser seiner Wesenheit als das „Kind" auf einem Schwan (Hangsa) thront, als Lotos mit vier Blättern. Sein Name als *Chakra* ist *Muladhara*. — Auf das als Grünes wirkende Weiße (*Svadhisthana-Chakra*), in dessen Innerem der „Fünfgesichtige" in seiner Wesenheit als Dharma-Angam (Substratiale) in Gestalt eines Fisches (Matiya) (...der nur im Fluß des Bewußtseins an sich lebt) das vorherrschende Symbol darstellt, als Lotos mit 6 Blättern. — Auf das Rote (*Manipuraka-Chakra*) als Lotos mit zehn Blättern nebst einem dreifache Reflexion (des Roten Mandalaprinzips) ausdrückenden Dreieck im Innern. — Auf das als Weißes wirkende Grüne, welches das „All im Innern" ist (*Anahata-Chakra*), als Lotos mit zwölf Blättern, die das dreifach entfaltete Vierfache ausdrücken, nebst einem Hexagramm, welches das ineinander verquickte weiße und rote Dreieck darstellt, im Innern. — Auf das Blaue (*Vishudda-Chakra*) als Lotos mit 16 Blättern nebst einem den statischen Mandalazustand ausdrückenden und den Mandalakreis in sich einschließenden Dreieck im Innern. — Auf das Leerheitsprinzip (Klares) als Lotos mit zwei Blättern, die das Weiße als Leerheit und Blaue als Leerheit seiende Strahlung (ihre Einheit ist Bindu) ausdrücken. — Das Innere ziert das „Große Symbol" selbst — in das Dreieck des aufgeschlüsselten Mandala eingeschlossen. Der Name des Leerheitsprinzips in seiner Wesenheit als *Chakra* ist „*Ajna*".

2. Zur Integration der Mandalaprinzipien in ihre Wesenheit als die fünf „Gesichter" des Kopfwesens wird meditiert: Auf das Gelbe als zwölfblättriger Lotos — bzw. auf das dreifaltig-vierfache Mandala, mit denjenigen Symbolen auf seinen Blättern versehen, durch deren innenklangliche Wiedergabe (Mantram) der „Fünfgesichtige" angerufen wird. — Auf das als Grünes wirkende Weiße als ein aus sechs ineinander verquickten Klangsymbolen (die zugleich als Formsymbole gelten) bestehendes Dreieck, dessen Gestalt einem Mandala (dem, aus drei Räumen bestehenden) ähnelt. — Auf das Rote als eine dem Blitz ähnliche Wechselwirkung, die wie der Strahl zu denken ist, der Himmel und Erde verbindet, jedoch seine Bedeutung innerhalb des Mandala hat. — Auf das als Weißes wirkende Grüne als ebensolche Wechselwirkung von der Natur eines Blitzes, jedoch im Sinne der durch sie vollzogenen Vereinigung der Pole, wie sie durch Himmel und Erde verkörpert sind bzw. im Sinne der in beiden gleichermaßen vorhandenen Energien, durch die sich der Blitz erst auszulösen vermag. — Sowohl für das als Weißes wirkende Grüne als auch für das Rote gilt, daß auf die Wechselwirkung in der Weise meditiert wird, daß in ihr die Dreieinheit: Pol-Pol-Wechselwirkung, einem Dreieck gleichend zum Ausdruck kommt. — Auf das Klare als ein aus Juwelen bestehendes Mandala. Diese Juwelen, die die Gesamtheit aller formfreien Elemente der abstrakten Versenkung darstellen und deren den Sternen gleiches, jedoch an Intensität den Blitzstrahl selbst übertreffendes Funkeln in vielfacher Einheit schimmert, sind wie Tautropfen zu denken, deren Natur zwar Wasser ist, die jedoch in der Luft entstanden sind. — Auf das Leerheitsprinzip bzw. das leere Rote als die Vereinigung der Meditationsinhalte des Roten und des als Weißes wirkenden Grünen, in der Weise, daß in den beiden Polen sowohl als auch in der Wechselwirkung die beiden Pole und die Wechselwirkung vereint gesehen werden, wodurch die Polarität anschließend im Sinne des „Großen Symbols" aufgeschlüsselt werden kann. Es wird nun also auf den „Vierhäuptigen" in seiner Wesenheit als die von ihm ausgehenden Kraft, die eine höhere Wesenheit der Kundalini ist, meditiert. Dieses Prinzip wird auch der im Kopfwesen befindliche „Hangsa" (Parahangsa = höchster Hangsa)

genannt, womit der Atemhauch des Vierhäuptigen gemeint ist, in dessen Dreieinheit sich das Mandala in das Kopfwesen verwandelt und sein formfreier Rhythmus sich vollzieht, der die Mandalaprinzipien ein- und ausatmet. Der Hangsa (Ein- und Aushauch) bildet die die fünf Wurzelwelten (Mandala) entfaltende und dieselben wieder in die Leere der Formfreiheit einziehende Wesenheit des „Großen Symbols", das der „Vierhäuptige" ist. So sind der Aushauch die Erhaltung, der Einhauch die Auflösung, die beide gleichzeitig im Mandalarhythmus zum Ausdruck kommen. — Das „Große Symbol" ist Sat (Wahrheit), das ist der Vierhäuptige (Unmani), — Chit (Leben an sich ohne Maya-Wahrnehmung), das ist der formfreie Mandalarhythmus (Hangsa-Kundalini), und Ananda (Seiendes), das ist der Fünfgesichtige (das formfreie Mandala). Man kann auch sagen: Sat ist die unbewegliche Leerheit, Chit ist die Leerheit als Mandalarhythmus („Reines Bewußtsein") und Ananda ist die Leerheit als Mandala („Wahres Selbst"). — In einem der Dreieinheit ist sie selbst vollständig.

3. Auf die durch den Fluß der Mandalaphasen sich hindurchziehenden Prinzipien des männlichen und weiblichen Aspekts des Mandalaflusses wird, da sie durch die grundsätzlichen Kooperationspunkte der Wechselwirkung (Nada) von Grün und Rot im Grünen sowohl als auch im Roten entstanden sind, und im doppelgeschlechtlichen (Hermaphrodit) Raum des verdichteten Mandalaflusses liegend, ein Geflecht feiner Adern bilden, wie auf feine Fäden von Charakter der durch Sternschnuppen erzeugten Leuchtspur von weißer und roter Farbe meditiert. Sie sind das unbewußte Grüne Prinzip (Weißes) und das unbewußte Weiße Prinzip (Rotes), und ihre Natur ist Mond und Sonne, während die Natur des verdichteten Mandalaflusses, der sie einschließt und aus der Wechselwirkung von Grün und Rot im Gelben Prinzip gebildet ist, dem Feuer entspricht. Der überpersönliche (sächliche) Aspekt ist das Klare Prinzip (Reines Bewußtsein) und gilt in diesem Zusammenhang als die allerfeinste „Ader", die innerhalb der weiblichen liegt und durch die sich die Kundalini erhebt. Diese „Adern" werden Nadi genannt. Eine Nadi ist eine „Bahn aus Kontaktfunken". Die weibliche wird Nadi-Ida, die männliche Nadi-Penggala und die überpersönliche die Nadi des Vierhäuptigen in seiner Wesenheit als *Shabdha* (Prinzip des Klanges, Kundalini) genannt. Der verdichtete Mandalafluß aber, der sie einschließt und selbst doppelgeschlechtlich ist, wird als Nadi Sushumna bezeichnet. Im Querschnitt erscheint die Nadi Sushumna in der Gestalt des verdichteten Mandala, indem in ihr die männliche und in dieser die weibliche und in dieser die überpersönliche Nadi ihren Platz hat. Somit ist sie zwischen

beiden und schließt sie dennoch in sich selbst ein. Sie entspricht dem vereinten Gelben und Roten (Blauen) Mandalaprinzip, welches in ihr als verdichtetes Mandala den Berg Meru darstellt. Die Nadis entspringen aus dem „Samenkorn" des Yogagewächses (Kanda) an der Stelle des gelben Mandalaprinzips (Muladhara-chakra) und gehen bis in das klare Mandalaprinzip (Ajnachakra), welches ein Abbild des Kopfwesens ist. In ihm sind alle Nadis vereint in Leerheit und deren Strahlung, die sich wie Männliches und Weibliches zueinander verhalten. Ihre Vereinung ist Bindu. Zur Erweckung der Kundalini, die alle Mandalaprinzipien nacheinander und in Ajna-chakra auflöst und, wie schon erwähnt, eine tiefere Wesenheit des Hangsa ist, indem sie alle Wesen durch die Atmung mit Leben begabt — dienen neben diesen, in den Abhandlungen über das Mandala und die Chakras beschriebenen Versenkungen und Meditationen gewisse Atemübungen, deren Wesen ebenfalls aus den Abhandlungen hervorgeht. — Die oben erwähnten Symbol-Lotose, durch die, so sie in Meditation magisch in Funktion gesetzt werden, das Mandala selbst magisch wirksam gemacht wird, sind reich an Einzelsymbolen, die mit einer unvergleichlichen Farbenfülle und Zergliederung die vielen Elemente der abstrakten Versenkungswelt, die ihnen entsprechen, genau erfassen. Das gleiche gilt von den Symbolen in der Region des Kopfwesens, die von einem „tausendblättrigen Lotos" überschirmt den Fünfgesichtigen darstellen. Diese Symbole sind allerdings noch bedeutend subtiler und geheimnisvoller, wie überhaupt die Mandala-Fünfheit als Kopfwesen eben die subtilere Form die feinere Form bzw. die Integration der an sich tieferstehenden Chakras ist. Ebenso ist die Kundalini aufzufassen, die, so sie nicht erweckt ist, in Spiralgestalt die zwölf Aditja's beschreibt, welche die zwölf Tierkreiszeichen sind, die die Sonne in den zwölf Monaten durchläuft.

Mit dieser Yoga-Darstellung soll dem Leser erstmalig jener Schlüssel gezeigt werden, der der Wissenschaft noch unbekannt ist und zu dessen Verständnis der Mandalarhythmus erst in Versenkung erlebt sein muß, um das Geheimnis des Kopfwesens und der Chakras sowie die Symbolik begreifen zu können. Vor allem ist auch das Erlebnis des Mandalarhythmus zum Begreifen der Nadi's unerläßlich, da man sich von ihnen niemals eine Vorstellung machen kann, wenn man sie nicht innerhalb des Mandalaflusses aufblitzen und damit die drei Funktionsbereiche des Mandala kennzeichnen sah. Sie erscheinen im Mandala wie Lichtpunkte ohne Dimension und sind doch die Ganzheit des Mandala, wie überhaupt der kleinste Teil in ihm den Charakter seiner Ganzheit hat. Wenn nun die Mandalaprinzipien wie in ihrer Wesenheit als Chakras einzeln nebeneinander (übereinander) liegen, so erscheinen die Lichtpunkte notwendig als Linien bzw. als Adern von der Gestalt einer Leuchtspur. Der durch den fließenden Rhythmus bedingte ständige Austausch der drei Mandalabereiche von seiten der Mandalaprinzipien verwandelt die Leuchtspur-Linien notwendig in ein Geflecht, welches graphisch nicht darstellbar ist. Einen Hinweis darauf gab die meines Wissens noch in keiner europäischen Yoga-Darstellung behandelte Gesetzmäßigkeit des Phasenwandels im Mandalarhythmus, die in der Beschreibung der Versenkung eingehende Erörterung fand. Sie ist der „Schlüssel". Es dürfte kein Leser existieren, der, so er in der Lage ist, die geheimnisvollen Meditationen und Versenkungen durchzuführen, ihre Inhalte nicht bereits in irgend einer Form weiß, denn die Inhalte werden aus dem Inneren geschöpft, welches das „Im Innern" ist. Jeder, der den Weg der Anjochung gegangen ist, hat im Prinzip genau das gleiche erlebt. Bei der Ausarbeitung dieses Werkes zeigte sich z. B., daß das von Herrn Dr. Heinrich Reich schon vor Jahren und unabhängig von meinen Erfahrungen ausgearbeitete Mandala-Spiralhoroskop auf keiner anderen Grundlage basiert als auf eben demselben Mandala-Gesetz, welches in meinen Abhandlungen dargetan wurde, und daß seine Essenz somit viele Jahrtausende erlebt hat, denn das Mandala ist ein uraltes Gut des menschlichen Wissens. Darüberhinaus wußte Herr Dr. Reich vor Jahren noch nicht, daß sein damals geschaffenes Gemälde, welches den Einband dieses Buches ziert, genau das veranschaulicht, was den Inhalt meines Beitrages ausmacht, und ich wiederum hatte diesen meinen Beitrag bereits fertiggestellt, als mir das Bild erstmalig vor Augen kam! In gewissen Bezirken versteht man einander ohne Worte, und das Denken macht dem Erschauen Platz. Es spricht für sich, wenn sich zeigt, daß eine eigene Versenkungserfahrung mit einer bereits jahrtausendealten identisch ist. Yogi's haben es auch nicht nötig, eine äußerliche Körperschaft zu bilden, denn im Innern ist kein Unterschied. Yoga-Versenkung und Meditation ist im Kern immer das gleiche!

Yoga-Formen

Eine jüngere und klarere Form des Yoga ist der sog. Inana-Yoga, dessen inneres Wesen hier aufgezeigt wurde, dessen methodischer Ausgangspunkt jedoch nicht die primären Mandalaversenkungen sind, sondern das Sichversenken in das reine Bewußtsein, welches das Wahre Selbst von vornherein formfrei im Mandala anlegt und zu demjenigen Zeitpunkt zum Bewußtsein wird, zu welchem das Mandala mit ihm bereits identisch ist. In dieser hervorragenden Yoga-Form erübrigen sich die magischen Symbole, indem das Sichversenken in formfreie Versenkungselemente das Prinzip des Bewußtseins und das eigene Sein auf einer immer höheren Entwicklungsstufe anlegt und das Selbst mit dem Mysterium auf eine Stufe bringt. Die Erkenntnis an sich (die eine Wesenheit des Vierhäuptigen ist) ersetzt die magische Bindung, indem sie sich selbstständig in Sein verwandelt. Das Inaṅa verwirklicht das Mandala als „Wahres Selbst", indem das Bewußtsein an sich (Dharma) das Mandala als Rhythmus ist und die Körperbeherrschung auf rein geistiger Ebene.

Manche ziehen es vor, den Weg durch die Verwirklichung des Bhakti-Yoga zu beschreiten. Darunter ist die höchstmögliche Steigerungsform der Tugend und der Reinheit des Gemüts zu verstehen, die unter dem Gesichtswinkel der ständigen Betrachtung der an sich unpersönlichen sog. Unermeßlichen (vier Gemütshaltungen) zu geschehen hat. Dies erfordert das unbedingte Beharren in: 1. Liebe für alle Wesen. 2. Mitleid für alle Wesen. 3. Mitfreude für alle Wesen. 4. Gleichmut für alle Wesen. — Im Sinne des Mandalagesetzes, nach dem alle Erscheinungen in einem selbst beruhen, identifiziert sich der Bhakti-Yoga mit allen Wesen, wie sie in allen fünf Elementen leben (worunter auch Geister Verstorbener und Dämonen gemeint sind), und sendet ihnen dadurch die oben vermerkten vier Hinwendungen zu ihrem und damit zu seinem Heil. Indem im Gleichmut die Leere des reinen Bewußtseins zum Ausdruck kommt, geschieht hier eine mächtige Verwirklichung des Dharma-Prinzips. In der hiezu notwendigen Vertiefung erfolgt die meditative Vergegenwärtigung der fünf Himmelsrichtungen (der Zenit gilt als fünfte), indem diese gemäß der Ordnung des „Kopfwesens" nur die Reflexion der Gehirngebiete sind. Der Bhakti bildet gewissermaßen einen automatischen Reflektor der in ihm geweckten Kraft. Die Praxis dieser Methode ist von großer Wirkung begleitet und ebenso schön wie tiefgründig. In ihr offenbart sich das tiefste Geheimnis der Magie, die mit der Verwandlung von Wechselwirkung in Vereinigung gleichzeitige Verwandlung der Vereinigung in Wechselwirkung (Nada-Bindu).

Ähnlich ist die Methode des Karma-Yoga. Das Karma ist, wie bekannt, das Gesetz des Schicksals, das über den Tod hinausreicht und somit auch die Beschaffenheit des jenseitigen Erlebens bestimmt. Gemäß diesem Ursachengesetz müssen alle gelegten Ursachen zu einer Wirkung führen. Der Karma-Yoga beruht in der konsequenten Einhaltung der Gewissensforderung auf der Basis einer immerwährend wachen Reflexion der Bewußtseinsvorgänge. Auf diese Weise ist der Karma-Yoga in der Lage, alle neuen Ursachen zu vermeiden. Er erfordert, daß man sich niemals zum Werkzeug machen läßt und sich aller seiner Handlungen und der sie einleitenden Gedanken voll bewußt ist. Dabei stützt er sich auf das auch in allen anderen Yoga-Formen unerläßliche System der Gedankenassoziations-Bestimmung, welches bestimmte Gedankengänge in eine vorher angelegte Bahn zwingt. Auf diese Weise kann das Bewußtsein von gewissen Motiven überhaupt nicht befleckt werden. „Guttat ist gut — Nichttat ist besser!" — Arbeit kann Nichttat sein! — Die Assoziationsbeherrschung (der Gedanken) beruht in der selbstbedingten Gegenwart des Mandala als Bewußtseinsstruktur (s. Abb. 6) und der Mandalafunktion als das Bewußtsein selbst im Bewußtsein. Wenn bestimmte Eindrucksmotive bzw. Motive für Gedankenaneinanderkettung mit dem stets unwandelbar gleichen Strukturgeber des Bewußtseins verquickt sind, kann ihre Auslösung als Impulse für alle Gemütsverfassungen vorausbestimmt oder unterbunden werden. Es ist eine ständige geistige Observanz.

Häufig werden Hatha- und Raja-Yoga unterschieden, wobei dem ersteren die Bedeutung eines körperlichen, dem letzteren die Bedeutung eines geistigen Yoga beigemessen wird. Diese Unterteilung kann zu dem Trugschluß führen, daß der Hatha vermeidbar sei und daß sich die Erfolge des Raja körperlich nicht auszuwirken brauchten. — Am besten kommen diese Zusammenhänge in der achtfachen Aufgliederung der vereinten Yoga-Praktiken zum Ausdruck, die hinsichtlich der Intensität der Ausübung zwar nacheinander, im Prinzip jedoch gleichzeitig beobachtet werden müssen.

Die acht „Glieder" des Yoga

Die Yogapraxis gliedert sich in die folgenden acht Übungsweisen (Disziplinen), die eigentlich alle Yoga-Formen zusammenfassen und von denen, so der Yoga-Weg ernstlich beschritten werden soll, keine ausgelassen werden darf. — 1. Yama bedeutet vor allem die sittlich-moralische Zucht und die Einhaltung folgender Gebote: nicht töten, keine Unkeuschheit begehen, sich von Lüge, Diebstahl, Gewalttätigkeit und jeder Art von Würdelosigkeit fernzuhalten. Zusammenfassend betrifft diese Disziplin die Vermeidung der gröberen Form des Abweichens von der Wahrheit (Satya). — 2. Niyama bedeutet einen Verfeinerungsgrad und betrifft vor allem die innerliche Vernichtung jeglicher Art von Leidensbereitschaft. Niyama ist vollbewußte Lebensführung und Konzentrationsfertigkeit und auch religiöse Andacht, sowie eine Reihe von Feinheiten in der Wahrheitspflege (wie man sich zum Beispiel enthalten soll anzunehmen bzw. den irrigen aber selbstschmeichlerischen Gedanken zu fassen, man hätte in seinem Mitmenschen irgend etwas anderes zu sehen als die Reflexion der in einem selbst wurzelnden Ursache oder die Tat irgend eines Anderen würde nicht in einem selbst beruhen!). Im Rahmen des Niyama ist auch die Pflege der Mantras inbegriffen, mit denen man gleichsam das eigene Fluidum entflammen muß. Bei ununterbrochener Selbstbeherrschung in allem Gehaben sei man sich des höheren Selbst stets bewußt, und man erkenne sich selbst als Verursacher allen Geschickes an. Zurückgezogenheit (vor allem auch von den Angehörigen und von Menschen mit ungeeigneter Ausstrahlung) ist eine Forderung, ebenso wie die strenge. aber zwanglose Askese (Fleischnahrung und Alkoholgenuß verpesten das eigene Fluidum und vernichten zeitweilig die Bereitschaft zu Yoga). Nicht nur ein Verlangen nach Dasein in sinnengebundener Form ist bedingungslos zu vermeiden, sondern sogar das Verlangen nach Dasein in übernatürlicher Form! Alle nicht meditativen Erbauungen sind eines Yoga unwürdig! Auch die Einteilung der Gewohnheiten und der geistigen Beschäftigungen nach den Rhythmen der Tattwas gehört zu Niyama. Sein Ziel ist die Herausisolierung einer ruhenden Mitte der eigenen Persönlichkeit, die nicht dem ständigen Wandel des Ich durch die Entwicklungszyklen des Lebensablaufs unterworfen ist. — 3. Die das Auffinden in der Disziplin „Asana" zusammengefaßten Übungen haben dreifachen Sinn: Erstens den der Körperbeherrschung bzw. die Verwirklichung der Ruhe und das Beharren in ihr, zweitens mystischer Kraftzentren und drittens die Angleichung des mikrokosmischen „Hauchwesens" an mystische Symbole durch ebensolche symbolische Posituren. Während die beiden letzteren nicht genauer beschrieben werden können und daher einige Abbildungen beigegeben sind (s. Abb. Yoga-Stellungen), die diesem Zwecke dienen, dürften sich für den Europäer selbst die ausgesprochenen Ruhestellungen, die unter voller Konzentration auf sie eingenommen werden, nicht ohne weiteres eignen. Als Ersatz dient folgende psychosomatische Stellung: Mit dem Einnehmen der „Sitzart" ist die Entspannung des gesamten Körpers und das innerliche „Loslassen" untrennbar verknüpft, man imaginiere dabei ein helles Blau. Zu diesem Zweck dient am besten ein bequemer Sessel, in den man sich im Vollbewußtsein des Verrichtens hineinsetzt. Die Sitzfläche muß genau der Höhe der Unterschenkel entsprechen, so daß die Oberschenkel parallel auf ihr aufliegen und die Knie nicht einen Winkel nach oben bilden und nicht nach außen fallen können. Um gerade bzw. aufrecht zu sitzen, legt man unter das Kreuz ein Kissen. So an den Sessel Armlehnen vorhanden, legt man die Unterarme in der Weise darauf, daß die Handflächen hohl aufliegen,

DIESER YOGI BRACHTE SEIN HERZ ZUM STILLSTAND

Auf Einladung der indischen Gesandtschaft kamen zwei Yogis nach Paris, um ihre Kunst vor der medizinischen Fakultät der Pariser Universität zu demonstrieren. In Gegenwart prominenter Gelehrter führten der 60jährige Professor Goswuani und sein 49jähriger Schüler, Dr. Parmanick, unbekleidet eine Reihe von Übungen vor, die eine vollkommene Beherrschung der internen Muskulatur ermöglichen. So gelang es ihnen beispielshalber, die Magentätigkeit schlagartig auszuschalten und auch die Herztätigkeit zum Stehen zu bringen. Die Abbildung zeigt Dr. Parmanick während einer seiner in Paris vorgeführten Übungen.

während die Ellenbogen nach außen ausweichen. Man kann auch die Hände über die Stirnkante der Armlehnen herabhängen lassen, wobei dann je nach der Länge der Armlehnen die Ellenbogen entweder auf ihnen aufliegen oder seitwärts ausweichen. Der Kopf ist durch ein Kissen gestützt, welches im Nacken ruht. Für den Fall, daß die oben besprochene Sitzhöhe nicht der Höhe der Sitzfläche entspricht, erhöht man den Sessel, unterlasse aber das Unterlegen von Kissen unter das Gesäß. Sollten keine Armlehnen vorhanden sein, so lasse man die Oberarme seitlich des Körpers herabhängen und lege die Unterarme angewinkelt in den Schoß, so daß die Handinnenflächen nach oben gekehrt sind, wobei die rechte Hand „schwer" in der linken ruhen muß. — 4. Pranayama hat die hochwichtige Bedeutung der Verwirk-

Dr. Parmanick bei einer Yogi-Übung.

SO MUSS MAN ES MACHEN: Eine der Stellungen, die vollkommene Beherrschung des Körpers durch den Geist ermöglichen.

lichung des Haucherlebnisses, das im Prinzip dem Leben gleichgesetzt ist. Wer die Abhandlungen über Kundalini und den Hangsa und die über Wesensvereinigung von Mikro- und Makrokosmos recht verstanden hat, dem muß über Prarayama nichts Genaueres mehr gesagt werden. Er möge sich lediglich das Wesen des Yoga vergegenwärtigen, welches Heran- bzw. Anjochung ist! Da die richtige Ausführung der Atemregulierung nur durch persönliche Anleitung möglich ist und eine falsche zu Schäden führen kann, ist eine durchaus wirksame und an Meditation heranführende Übung zu wählen (es ist die „Loslassende Art" der Atemregulierung, für die

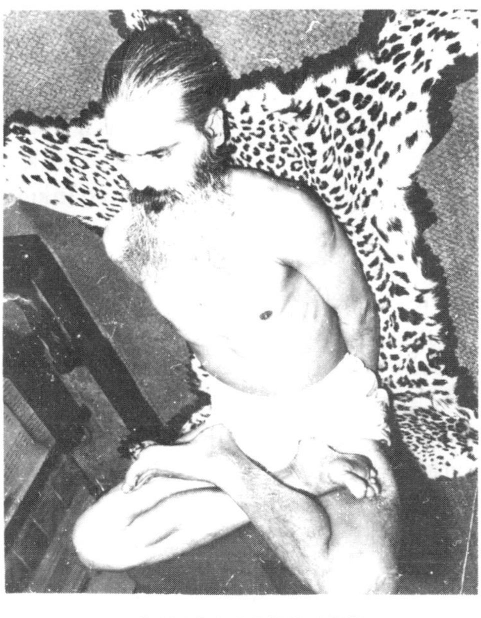

EIN YOGI RUHT AUS

In solcher Stellung kann der Geist das körperliche Ich überwinden.

das „Loslassen" des Ich-Gedankens Vorbedingung ist ebenso wie die Einstellung „ich-werde geatmet"): Wenn der Körper in der in „Asana" beschriebenen Weise entspannt ist, geschieht die Festhaltung des Gefühls der eigenen Unbeteiligtheit an der Atmung, so daß sich das daraus ergebende Empfinden mit der Farbe-Imagination verbindet. Die Vereintheit der Farbe-Imagination mit dem Unbeteiligtheitsempfinden bildet den Übergang zu der Vorstellung, daß man sich am Strande des Meeres befindet, welches blau schimmert, wie der Himmel den Horizont beschreibt. Indem nun die blauen Wogen im Rhythmus des Atmens heranrollen (einatmen!), bis das Wasser in Schulterhöhe reicht, senkt sich in der Ferne der Horizont (Zwerchfell), indem darauf die (blauen) Wogen zurückweichen (ausatmen), hebt sich der Horizont in der gewaltigen Welle. Das Wasser sinkt dabei bis zu den Füßen herab. Dieser Wogengang atmet mich, dieser Wogengang lebt mich. — 5. Pratiahara umfaßt die Verfahren, die gegen die Aufnahme von „Nahrung" für die Sinnesorgane und den „Denksinn" gerichtet sind. So werden die Eindrücke „von außen" abgewehrt, damit die für die Meditation oder Versenkung erforderliche Ruhe hergestellt werden kann. Die Abwehr und Ausschaltung der störenden Gedanken geschieht durch die bereits beschriebene Assoziationsbeherrschung, die durch bewußte Vereinigung des Bewußtseins selbst mit der Leerheit des Mandalaflusses erreicht wird und der die Umkehr eines Gedankens und seine Rückführung bis in seine Wurzel erfordert. Da diese Wurzel nichts anderes als ein Brennpunkt im Mandalafluß ist, kann durch das Festhalten desselben sich kein eine Assoziation herstellender Gedanke bilden. Psychologisch betrachtet ist das Auslösungsmotiv der Gedankenassoziation zwecks Reflexion des Bewußtseinsprinzips auf sich selbst eingestellt, wodurch an Stelle des Produktes des Vergleichsschlusses, der den Gedanken hervorruft, die Funktion selbst bewußt wird. Mit ihr läßt sich jedes beliebige Motiv verquicken, so es im ihrem Rhythmus geschieht, aber auch jedes Motiv ausschalten. Die Assoziationsbeherrschung, in der die Gedanken umgewendet und in der Wurzel aufgelöst werden, ist eine sehr bemerkenswerte Praktik. Sie befreit den Willen aus der ihn ablenkenden Gedankenverkettung. Psychologische Einsicht und damit Gleichmut resultieren aus ihr. —

6. Dharana bildet die aus physiologischen Motiven oder durch Assoziationsreflexion entfaltete Konzentration auf bestimmte Objekte, die entweder bildlich formhaft (wie in der Imagination), körperlich (wie in der „Kasina"), symbolisch (wie in der Meditation) oder formfrei (wie in der Versenkung) sein können. Verbinden sich Imagi-

nation und körperliche Empfindung, so ist das die sog. Kontemplation, deren Ziel die Erweckung des „Stimuluskörpers" ist. Verbinden sich das Objekt der Meditation (Mudra) und das der Versenkung, so ist das der Zustand des Samadhi. In einer Kasina-Übung wird ein Objekt, wie eine Flamme, ein Gestirn, eine Schale mit Wasser oder in Mandalafarben gestrichene Scheiben, mit gleichzeitiger Konzentration auf das Kraftzentrum zwischen den Augenbrauen und den durch dasselbe strömenden Mandalafluß (der es imaginativ mit dem Objekt verbindet) solange betrachtet, bis bei geschlossenen Augen das innerliche Nachbild in Gestalt eines helleuchtenden Gestirns (Mond) eintritt. Dort wird es mit dem inneren Auge weiterhin festgehalten, während seine Leuchtkraft zunimmt und der Versenkungszustand eintritt. (Für diese Übung ist es erforderlich, ohne Tränen der Augen betrachten zu können). Das innerliche Nachbild wird in der Meditation mit einer bestimmten Mudra versehen, wie z. B. der Mond mit dem Erhaltungsprinzip des Hangsa (der Manifestation, Erhaltung und Auflösung, nämlich die drei „Gunas": Rajas, Tamas, Sattwa, einschließt) in engster Verbindung meditiert wird. Für die Kontemplation eignet sich am besten die Verbindung von Atem, Feuer-Imagination und der Vergegenwärtigung der Blutströmung in einem bestimmten Teil des Körpers, der dann eine Wärmeempfindung erfährt. Diese Übung, in der Strömung und Wärme verschmelzen, ist ein probates Verfahren zur Beeinflussung des vegetativen Nervensystems, während die Strömung im Sinne des „Lumenkörpers" (Tumo) es Yogi's gestattet, in Eiseskälte nasse Tücher an ihrem Leib in kurzer Zeit zu trocknen und jeden Kältegrad des Himalayagebirges zu ertragen. — Die Disziplinen: Dhyana und Samadhi zu beschreiben, erübrigt sich, da dieselben in den vorangegangenen Abhandlungen über das Anlegen des Mandala und des damit verbundenen Erweckens der Kundalini sowie der damit verstandenen Wirksammachung der Mandalaprinzipien als Chakras bereits ausführlichst geschah. — Zur psychosomatischen Entfaltung des Yoga, die eine niedere Form darstellt, ist zu sagen, daß die obenstehenden Übungen dem psychosomatischen Effekt dienen und daß dieser Effekt auf die Dreifachheit aller Dinge zurückzuführen ist, die bereits beschrieben wurde und aus der hervorgeht, daß die Innenwelt dadurch den Körper zu beherrschen vermag, daß Vorstellung und Denksubstanz sich vereinigend im Reich der Formen eine Wirkung auszulösen vermögen. Sie finden diese Vereinigung in der Kontemplation, die ein tieferstehendes Gleichnis des Samadhi ist. — Im Innern ist alles bereits vorhanden, ehe es körperlich in Erscheinung tritt.

Es geht darum, die Innenwelt der Gedanken und des Gemüts mit demjenigen in Verbindung zu bringen bzw. an dasjenige „heranzujochen", welches „Im Innern" ist, und das ist die Seele.

Literaturhinweise:

„Die Schlange". Der Text des Shat Chakra-Nirupana und des Paduka-Panchaka, kommentiert von Shri Purnanandayati und Shri Kalicharana. Aus dem Indischen übersetzt von A. Avalun.
„Das Tibetanische Totenbuch" (Bardo-Thödol) aus der englischen Fassung des Lama Kazi Dawa Samdup. Herausgegeben von W. Y. Evans-Wentz. Übersetzt und eingeleitet von Luise Göpfert-March, mit einem psychologischen Kommentar von C. G. Jung.
Schultz, J. H. Das Autogene Training (Konzentrative Selbstentspannung).
Buddhistische Monatshefte. Organ des deutschen Zweiges der „Maha Bodhi Society of Ceylon".

Neuere Literatur:

Aivanhov, O. Surya-Yoga. Prosveta.
Besant, A. Raja-Yoga — der königliche Yoga. Hirthammer.
Bidian, A. A. Yoga für Anfänger. Englisch.
Chia, M. Tao Yoga. Ansata.
Devi, I. Ein neues Leben durch Yoga. Ariston.
Feuerabendt, S./D. Hammer Yoga und die Ärzte. Hesemann.
Haich, E. Sexuelle Kraft und Yoga. Drei Eichen.
Hittlemann, R. Yoga — das 24-Stunden-Programm. Heyne.
Johnson, J. P. Pfad der Meister. Drei Eichen.
Leeming, J. Yoga und die Bibel. Drei Eichen.
Luby, S. Hatha Yoga. Ehrenwirt.
Michel, P. Das Weltbild der Yoga-Meister. Aquamarin.
Poeppig, F. Yoga und Meditation. Novalis.
Ramm-Bonwitt, I. Yoga Nidra — der Schlaf der Yogi. Bauer.
Sivananda, S. S. Das Sonnengebet. Humata.
Vivekananda, S.
— Inana-Yoga. Bauer, 2 Bände.
— Karma-Yoga und Bhakti-Yoga. Bauer.
— Raja-Yoga. Bauer.
Wagner, C. Yoga für Frauen. Humboldt.

Personenverzeichnis

(Fette Ziffern sind Abbildungen)

D

E

F

G

H

N

O

P

R

S

Sch

St

T

U

V

W

Y

Z

Sachverzeichnis

(Fette Ziffern sind Abbildungen)

L

M

St

T

Abbildungen nach Originalen und aus den Archiven der Autoren
sowie von Presseagentur Keystone